I0885459

Début d'une série de documents
en couleur

BUREAU DE L'AGENCE GÉNÉRALE

DU CLERGÉ DE FRANCE

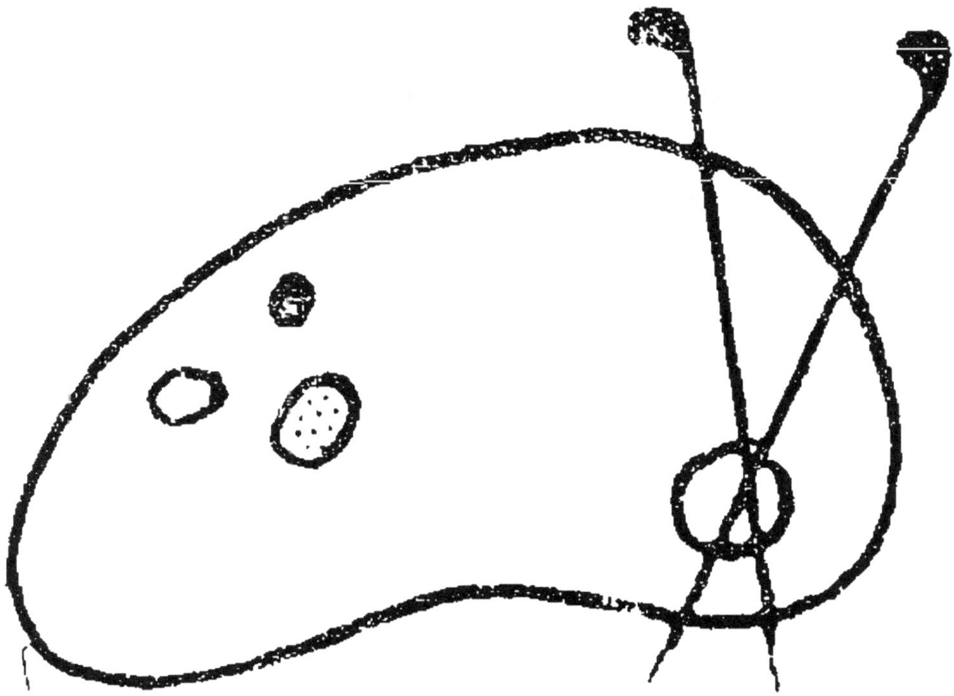

Fin d'une série de documents
en couleur

RAPPORT
DE L'AGENCE
DU CLERGÉ,
DEPUIS 1780 JUSQU'EN 1785.

RAPPORT DE L'AGENCE,

CONTENANT

LES PRINCIPALES AFFAIRES

DU CLERGÉ,

DEPUIS 1780 JUSQU'EN 1785.

PAR M. L'ABBÉ DE PÉRIGORD, ET M. L'ABBÉ DE BOISGELIN,

ANCIENS AGENTS GÉNÉRAUX DU CLERGÉ.

A PARIS,

CHEZ FRANÇOIS AMBROISE DIDOT L'AÎNÉ,

IMPRIMEUR DU CLERGÉ DE FRANCE.

M. DCC. LXXXVIII.

RAPPORT
DE L'AGENCE,
CONTENANT
LES PRINCIPALES AFFAIRES
DU CLERGÉ,
DEPUIS 1780 JUSQU'EN 1785.

Par M. l'abbé DE PÉRIGORD, *et M. l'abbé* DE BOISGELIN,
anciens agents généraux du Clergé de France. *

MESSEIGNEURS ET MESSIEURS,

L'HONNEUR d'être associés aux travaux du premier corps du royaume, l'heureuse nécessité de communiquer avec les principaux membres de ce corps illustre et d'entretenir avec eux des relations que leurs vertus et leurs lumieres rendent si précieuses, la facilité d'acquérir les connoissances les plus convenables à notre état, l'art difficile de les mettre en usage et de les perfectionner par

* Nous ne plaçons point ici le rapport que nous avons fait à l'assemblée de 1782; il est inséré dans le procès verbal de cette assemblée. Nous serons obligés pourtant de rappeller, dans le cours de notre rapport général, celles des affaires terminées à cette premiere époque, dont il nous a paru utile de conserver les pieces justificatives.

l'expérience; tels sont les fruits que vos agents doivent recueillir de leurs fonctions : frappés de ces grands avantages, persuadés qu'à l'émulation la plus louable il ne pouvoit s'offrir d'objet plus noble et plus intéressant, le plus ardent de nos vœux fut celui d'être honorés de l'agence de vos affaires.

Votre bonté daigna nous confier cet emploi; nous nous rendons le témoignage de l'avoir exercé avec zele. Constamment animés de la plus vive reconnoissance, mais confondant peut-être le desir de faire le bien avec le pouvoir de l'exécuter, nous avons toujours été soutenus par l'espoir de trouver enfin quelques occasions de justifier votre choix.

Ces flatteuses illusions, qui nous ont encouragés en poursuivant notre carriere, nous abandonnent en la finissant, et s'évanouissent aujourd'hui. Arrivés au terme où nous devons vous rendre un compte exact de la situation de vos affaires, et de la part que nous y avons eue, nous ne voyons plus que notre travail et nos juges. Tous nos prédécesseurs ont redouté ce moment : nous avons médité leurs rapports, et il nous a été facile d'y voir que leurs craintes, que vos suffrages mêmes n'avoient pu vaincre, étoient en eux l'expression d'un sentiment qui ajoutoit un nouveau prix à leurs services. Nous éprouvons en ce moment les mêmes inquiétudes, et nous sommes loin de pouvoir nous rassurer par les mêmes motifs: de la bonne volonté, des efforts plutôt que des succès, c'est tout ce que nous pouvons présenter à une assemblée qui, par le concours le plus heureux, réunit les plus rares talents sous un chef digne de la présider (1), sous un chef pour qui toutes les places ont été des moyens nouveaux de déployer la noblesse de son caractere et la vigueur de son génie patriotique. Dans l'administration d'une des plus vastes et des plus importantes provinces du royaume, il sait con-

(1) M. Dillon, archevêque de Narbonne.

cilier tous les grands intérêts qui lui sont confiés; honoré de l'estime et de la bienveillance de son roi en ménageant les besoins et respectant les privileges de sa province; également chéri de sa province en maintenant l'autorité du souverain; dépositaire fidele des volontés du prince et des vœux des sujets, il les dirige habilement au but qu'ils se proposent tous, au plus grand bien public; et parmi vous, MESSEIGNEURS et MESSIEURS, combien de fois n'a-t-il pas entraîné tous les suffrages par ces discussions fortes et lumineuses, par cette éloquence qui sait élever tous les sujets, et dans laquelle l'énergie de l'expression répond toujours à la profondeur des idées! Qu'il nous permette de céder ici au mouvement général que par-tout sa présence excite; et dût la modestie, qui releve en lui l'éclat de tant de qualités publiques, nous reprocher l'expression de nos sentiments, nous ne craindrons pas de lui dire que c'est moins aux talents, quels qu'ils soient, qu'à des qualités personnelles, qu'à la franchise et à la vérité d'un caractere sensible et généreux, qu'il doit à la fois et l'admiration qu'il commande et l'attachement qu'il inspire.

Nous avons à vous entretenir, MESSEIGNEURS et MESSIEURS, de la religion dont vous êtes les chefs, de votre jurisdiction, de vos droits, de votre administration. Nommer ces objets, c'est citer les titres honorables de ceux d'entre vous qui les ont si dignement défendus. Devant des juges aussi éclairés, dont les talents rappellent sans cesse et rendent, en quelque sorte, sensible la prééminence que vous devez à la dignité de votre caractere, et qui tient par vos privileges à la constitution même du royaume; devant de tels juges, il nous en coûte bien peu d'abandonner notre amour propre, et nous l'oublions entièrement, en songeant aux ressources de cette assemblée pour corriger ce que nous lui offrons de défectueux, achever ce que nous laissons imparfait, et terminer ce que nous n'avons pu finir.

Nous aurons d'abord l'honneur de vous rappeller les vœux des assemblées de 1780 et de 1782, les projets de loix et de déclarations qu'elles ont suivis ou formés, les démarches trop infructueuses que nous avons faites pour en obtenir l'exécution. Votre prudence décidera quels sont, parmi ces différents projets, ceux qui vous paroissent réclamer plus promptement votre crédit et vos sollicitations. Nous vous proposerons ensuite les objets que les dernieres assemblées n'out pas trouvé assez préparés, et qu'elles ont cru, par leur extrême importance et leurs grandes difficultés, devoir s'emparer de vos premiers moments. Nous terminerons notre rapport par le compte des affaires de jurisdiction et des affaires temporelles dont nous nous sommes occupés, soit par notre influence directe, soit par l'attention particuliere qu'elles nous ont paru mériter. Enfin, MESSEIGNEURS et MESSIEURS, si nous osions parler de votre administration devant des personnes qui en connoissent si parfaitement tous les ressorts, et qui les dirigent avec tant d'habileté, peut-être nous vous demanderions la permission de vous soumettre quelques idées dont nous ne sommes redevables sans doute qu'à l'habitude de traiter vos affaires. Ce plan n'est pas différent de celui de nos prédécesseurs. Nous savons que le plus sûr moyen de remplir vos intentions, d'avoir quelque droit à vos suffrages, eût été de nous rapprocher de ces modeles; et nous regrettons trop de leur être si inférieurs dans tous les points où ils nous ont laissé les meilleurs exemples, pour ne pas prendre d'eux au moins ce qu'il nous est plus facile d'imiter. L'ordre que nous venons de tracer nous paroît développer exactement l'objet des rapports d'agence. Le but principal, l'utilité particuliere de ces rapports est de vous exposer l'état actuel de vos affaires, de lier les travaux d'une assemblée avec les travaux des assemblées précédentes, de perpétuer dans vos vues de sagesse et de prudence, dans vos projets, dans vos délibérations, dans vos démarches, cet ensemble, cet accord soutenu, cette espece d'unité qui fait toute la force d'une administration dont les avantages sensibles seroient plutôt enviés qu'ils ne pourroient être contestés.

Notre rapport, MESSEIGNEURS et MESSIEURS, ne contiendra pas un très grand nombre d'articles, et nous ne croyons pas devoir nous en plaindre. Sans doute il est flatteur pour vos agents de venger de grands intérêts, de réprimer des entreprises dangereuses, de résister à des adversaires puissants, de déployer pour la défense de vos droits et de vos privileges un courage ferme, une grande érudition, une connoissance approfondie des principes ecclésiastiques, des loix du royaume, de la jurisprudence des cours; et vous nous prévenez, MESSEIGNEURS et MESSIEURS, en désignant par vos regards plusieurs prélats que nous voyons au milieu de vous, et dont l'agence s'est fixée dans notre souvenir par tous ces genres de succès. Mais vous pensez, MESSEIGNEURS et MESSIEURS, et ils le pensoient eux-mêmes, que, dans une religion toute pacifique, pour des ministres qui ne respirent que l'union, la concorde et la charité, le plaisir de la victoire est toujours trop payé par la douleur d'avoir eu des ennemis à combattre: pénétrés, comme vous, de ces sentiments, si nous pouvions espérer que rien n'eût échappé à notre vigilance, moins nous aurions eu d'affaires à vous proposer, plus nous aurions été fiers de notre disette, persuadés que l'agence la plus agréable au clergé seroit celle où le zele le plus actif auroit eu peu d'occasions de se signaler, où l'exactitude la plus scrupuleuse auroit peu de choses à dire, où la gloire d'avoir surmonté les obstacles, le mérite de les avoir écartés ou prévenus, seroient remplacés par le bonheur plus doux de n'en avoir pas rencontré.

Sachant, MESSEIGNEURS et MESSIEURS, combien vous avez répandu de lumieres sur la plupart des objets des sciences ecclésiastiques, nous ne nous sommes

LES PAGES 183-184 ONT ETE RELIEES A LA PLACE
DES PAGES 7-8 , MANQUANTES.

pas flattés un moment de vous intéresser dans notre rapport, ou par des idées neuves, ou même par une maniere nouvelle de vous présenter des idées communes. Nous nous étions bornés d'abord à souhaiter de pouvoir ne pas vous répéter des vérités qui vous sont familieres, et dont vous avez fait le sujet de vos premieres méditations ; cependant nous avons cru qu'il pouvoit être utile de développer dans plusieurs articles les maximes même les plus connues, de faire sentir leur liaison intime avec des conséquences dont la certitude, pour ne pas frapper ou entraîner également tous les esprits, n'en est pas moins incontestable ; il est nécessaire de fermer toutes les voies du doute et de l'indécision à ces personnes qui seroient tentées de dire que nos principes sont moins certains, puisque nous ne les prouvons plus, que nous les abandonnons, puisque nous cessons de les rappeller. Ce motif nous a fait penser qu'il étoit permis, et peut-être prescrit à vos agents de redire devant leurs maîtres les choses qu'ils en ont apprises : l'attention seule avec laquelle vous écoutez ces vérités suffit pour les confirmer de plus en plus, et leur vaut une consécration nouvelle. Ainsi d'âge en âge l'enseignement se perpétue ; ainsi chacune de vos assemblées reçoit, conserve et transmet la tradition ; ainsi vous formez un anneau de cette chaîne immense par laquelle vous tenez, d'un côté, aux premiers apôtres de l'évangile, et, de l'autre, à ceux que la providence réserve à répéter encore les mêmes vérités au milieu des ruines du monde.

Parvenus à la fin de nos travaux, en sentant redoubler notre attachement pour le corps auquel nous nous étions dévoués, nous ne pouvons nous défendre d'un sentiment douloureux ; nous croyons que nous allons avoir moins de droit à ses bontés ; il nous semble que nous appartiendrons moins à chacun de vous, lorsque nous cesserons d'appartenir à tous. Une idée consolante vient pourtant adoucir nos regrets. Nous quittons le soin de vos affaires ;

être renvoyés devant monseigneur l'archevêque de Bordeaux, à l'effet par lui de procéder à l'union, soit à l'hôpital général, soit à l'hôtel-Dieu de ladite ville de Parthenay, des quatre établissements de la Maison-Dieu, Notre-Dame d'Allone, la Voyolle et Puychevrier. Ils obtiennent un arrêt le 21 août 1782, en vertu duquel ils ont fait intimer monseigneur l'évêque de Poitiers, qui a été obligé de défendre à l'appel comme d'abus.

Le seul exposé des faits, et les principes indiqués par la réponse de monseigneur l'évêque de Poitiers, suffisent pour faire voir que jamais appel d'abus ne fut plus téméraire et plus destitué de tout fondement.

Lorsque l'église cede à regret aux loix d'une impérieuse nécessité qui l'oblige à supprimer et éteindre un monastere, les biens du monastere supprimé n'en restent pas moins dans le domaine et sous la main de l'église. Le fondateur de tout établissement ecclésiastique a nécessairement deux intentions: d'abord l'intention générale, primordiale et essentielle de rendre gloire à Dieu, en lui faisant hommage d'une partie de ses biens, en lui consacrant cette portion, en la donnant et l'aumônant à l'église; ensuite, l'intention particuliere de rendre à Dieu cet hommage par tel établissement plutôt que par tel autre. Le motif particulier n'est que secondaire et subordonné au motif général. Le motif général, de rendre un hommage à Dieu par la consécration d'une partie de ses biens, est indépendant du motif qui a fait choisir, pour preuve de cet hommage, tel établissement. L'établissement peut donc changer sans porter atteinte à l'intention primordiale, laquelle subsiste à jamais. De là s'est établi parmi nous la maxime inviolable, que les donations pour fondations sont perpétuelles par elles-mêmes; qu'elles ne deviennent pas révocables par l'extinction du corps, ou de l'établissement qui en a été l'objet; qu'elles tiennent ce caractere, non d'une disposition extraordinaire du fondateur, mais de leur nature et de la constitution qui leur est propre.

*

L'établissement venant à être supprimé, l'église se fait une loi de substituer à cet établissement un autre établissement ecclésiastique, pour ne pas frustrer l'intention du fondateur, laquelle, en effet, ne peut être satisfaite que par cette substitution.

L'évêque du diocese où est l'établissement éteint, est chargé d'exécuter la substitution. Si l'établissement est supprimé par le pape, et que le bref désigne l'espece du nouvel emploi des biens, l'évêque s'y conforme; s'il n'est point désigné, il demeure au choix de l'évêque comme ayant primitivement l'administration et l'intendance générale de tous les biens du diocese.

Dans le choix des œuvres pies et utiles à l'église, on donne naturellement la préférence à d'autres établissements ecclésiastiques publics, aux cures, aux séminaires, aux colleges, aux hôpitaux; mais aucun de ces établissements n'a plus de droit qu'un autre au profit de la substitution: le séminaire peut être choisi plutôt que les colleges et les hôpitaux; et tel college, tel hôpital, plutôt que tel autre college et tel autre hôpital; nul d'eux n'a un droit réel qui puisse l'autoriser à des *requisitions et sommations*. Chacun de ces établissements, connoissant ses besoins, peut-être se les exagérant, a la faculté de présenter sa supplique, sa requête: mais c'est à l'évêque à peser tous les motifs, et à se décider selon les vues de sa sagesse. Si une ville a droit de *sommer et de requérir,* pourquoi une autre ne l'auroit-elle pas également? si elles *requierent* toutes, l'impossibilité de faire droit à toutes anéantit le droit de chacune.

A besoins égaux, les habitants du lieu où l'établissement supprimé est situé, méritent quelque considération: mais cette circonstance, tirée du local, n'est pas un *droit;* il n'en résulte qu'une *convenance*: une convenance n'est pas un titre pour *sommer et requérir.* Monseigneur l'évêque de Poitiers avoit tous les égards dus à cette convenance, en manifestant son intention d'unir à l'hôtel-

Dieu

quelques points de vue particuliers dans la question, et qui, sans doute très insuffisantes, nous ont paru néanmoins devoir vous être présentées, par la raison qu'un objet de cette importance ne sauroit être envisagé sous un trop grand nombre d'aspects.

La délibération de 1780 présente deux objets distinctement énoncés : elle exprime, d'une part, le desir d'assurer à tout curé portionnaire la plus parfaite exécution des vues de l'édit de 1768; et, de l'autre, celui de pourvoir de la maniere la plus convenable à une amélioration ultérieure proportionnée aux différents besoins des lieux. Ce double vœu, proclamé dans tout le royaume, a dû porter l'attention des dioceses sur tous les moyens de venir au secours des curés, sur ceux qui naissent d'une loi générale et uniforme, et sur ceux qui résultent des loix particulieres et locales: mais il nous a été facile de voir, dans les mémoires qui nous ont été adressés, qu'aucun de ces moyens n'avoit pu entraîner tous les esprits.

Plusieurs dioceses redoutent les loix générales, ces dispositions uniformes qui, confondant à la fois tous les lieux, tous les décimateurs, semblent menacer de ruine des établissements précieux, et ne subvenir qu'imparfaitement aux besoins différents des curés portionnaires: ils pensent que des loix particulieres, déterminées sur la nature des besoins et sur les ressources locales, peuvent seules écarter tous les inconvénients, rassurer les décimateurs pauvres, concilier les intérêts divers, opérer le plus grand bien possible des pasteurs, sans causer la perte d'aucun bénéfice utile, et que, par cette heureuse combinaison, elles présentent le système de législation le plus parfait.

D'autres dioceses ne sont pas également frappés de ces avantages: ils pensent que des difficultés sans nombre doivent faire échouer ces dispositions particulieres; que si chaque diocese offre des ressources, il présente aussi une foule d'embarras pour leur application : ils craignent que l'impossibilité d'accorder tous les intérêts ne soit un obstacle invincible à la plupart de ces arrangements; que les décimateurs qui supporteront dans quelques dioceses une partie de l'augmentation, ne réclament avec force contre une imposition qui n'aura pas lieu dans les dioceses voisins, ou sur plusieurs décimateurs du même diocese; que les curés ne murmurent de l'inégalité de leur traitement; que les uns et les autres n'accusent de partialité, et la loi, et celui qui l'aura provoquée. Dans les dioceses où l'amélioration s'opérera seulement par les unions, ils craignent, pour les curés dont les besoins sont urgents, la lenteur inévitable de l'effet de ces unions. Et puis, comment le législateur s'assurera-t-il qu'on a évité tout arbitraire dans ces distributions inégales? comment déterminera-t-on un principe sûr qui regle les différentes fixations? presque toutes les bases sur lesquelles elles porteront ne sont-elles pas mobiles? ne pourront-elles pas varier d'une année à l'autre, et reproduire par-là les mêmes inconvénients qu'on aura voulu éviter? enfin peut-on espérer qu'on obtiendra, pour assurer le sort des curés, plus de cent loix différentes, lorsqu'on pense que Louis XIII, qui voulut introduire une seule inégalité pour une partie du royaume, se vit contraint, par les réclamations qu'elle excita, de rendre à la loi son ancienne uniformité?

Voilà, MESSEIGNEURS et MESSIEURS, les principaux motifs des dioceses pour appuyer ou combattre l'une et l'autre des opinions qui ont été si souvent discutées. Votre sagesse les balancera, et se déterminera pour celle qui promet le plus d'avantages, et qui fait craindre le moins d'inconvénients; peut-être même est-il permis de croire que vous ne donnerez l'exclusion à aucune: mais, dans toutes les suppositions, nous avons pensé qu'il ne seroit pas inutile d'examiner s'il n'existe pas un principe général d'augmentation, un principe puisé dans la loi même dont on se propose d'affermir l'exécution, qui, sans nuire à des dispositions particulieres qui pourroient être exécutées dans quelques dioceses, assure du moins à tous les pasteurs la subsistance qu'ils semblent avoir droit de réclamer. C'est à cette recherche que nous avons cru devoir nous livrer, et c'est la délibération de 1780 qui nous y a conduits.

Le premier article de cette délibération nous annonce le desir sincere du clergé d'exécuter dans toute leur étendue les vues de la loi de 1768. Cette loi accorde à chaque curé portionnaire 500 livres, c'est-à-dire 400 livres ou 420 livres pour la représentation de l'ancienne portion congrue, et le surplus pour le dédommagement de la perte des novales : et ce qu'il faut remarquer, elle accorde cette somme comme valeur de 25 setiers de bled, mesure de Paris. Il est donc de premiere justice d'assurer d'abord aux curés la valeur de cette quantité de bled, puisque 500 livres ne la représentent plus à l'époque actuelle. Mais les intentions de la loi de 1768 ne se bornent pas là ; cette loi nous apprend en même temps qu'en déterminant cette quantité, elle a voulu donner aux curés une subsistance proportionnée aux anciennes fixations.

S'il étoit donc prouvé que la portion déterminée par l'édit de 1768, soit en argent, soit en grains, ne représente pas et n'a pas représenté, à l'époque de l'édit, une somme équivalente à celle qui étoit accordée par les loix anciennes, il nous paroîtroit également juste, également nécessaire, pour remplir le vœu de la loi de 1768, et par-là même le vœu de la délibération du clergé de 1780, d'accorder d'abord à tous les curés la somme correspondante aux anciennes fixations, avant de se livrer à des combinaisons particulieres. Il est donc important, sous tous les rapports, de rechercher si les dispositions de la loi de 1768 répondent aux intentions qu'elle manifeste, et si elle accorde réellement aux curés la somme proportionnelle qu'il est certain qu'elle a voulu leur accorder.

Charles IX fixa la portion congrue, en 1571, à 120 livres. Louis XIII, après quelques variations dans sa loi, détermina, en 1634, cette même portion à 200 livres; Louis XIV, en 1686, à 300 livres; et Louis XV, en 1768, à 500 livres, y compris le dédommagement pour les novales. Il est reconnu que la fixation de Louis XIII, dans son rapport avec toutes les denrées, est inférieure à celle de Charles IX; celle de Louis XIV s'en rapproche davantage.

C'est donc à cette derniere fixation que nous avons dû nous arrêter. La premiere répond à une époque de troubles moins propre à présenter un point fixe de comparaison. Voici donc le problême que nous nous sommes proposé.

300 livres ayant été regardées comme suffisantes à l'honnête subsistance d'un curé en 1686, quelle étoit la quantité proportionnelle qu'il falloit lui accorder en 1768, et qu'il conviendroit de lui accorder actuellement?

Pour arriver à la solution de ce problême, deux moyens se sont présentés à notre esprit: le premier consiste à apprécier les différentes causes générales agissant dans toute l'étendue du royaume, et agissant presque uniformément sur les denrées de premiere nécessité, qui, depuis 1686, ont dû en rehausser le prix, ou, ce qui revient au même, affoiblir à leur égard la valeur de l'argent; le second consiste à déterminer, aux deux époques, le prix général de ces denrées, ou à rapporter ces différentes denrées à une seule qui puisse servir de mesure pour toutes.

Ces deux moyens devant s'éclairer mutuellement dans la recherche de la solution du problême, nous avons pensé qu'il pouvoit être intéressant de les analyser l'un et l'autre, et cette raison nous fera pardonner sans doute l'extrême sécheresse de la discussion à laquelle nous allons nous livrer.

Trois causes générales ont concouru pour rehausser tous les prix depuis 1686, et pour faire qu'un même nombre de *livres tournois* n'ait pas actuellement la même valeur, et ne puisse plus répondre à la même quantité de denrées. La premiere, c'est le changement arrivé dans le marc d'argent; la seconde, la multiplication de la quantité d'argent; la troisieme, l'accroissement des impôts.

Remarquons qu'il ne s'agit ici que des denrées nécessaires, qui, n'étant point sujettes à de grandes variations dans la demande qu'on en fait, doivent être plus particulièrement soumises à l'action des causes générales.

L'action de la premiere de ces causes d'augmentation des prix, celle qui provient de la variation du marc d'argent, peut se calculer avec précision, puisqu'elle dépend d'une loi du prince. Pour en bien déterminer l'influence, et pour prévenir en même temps toute erreur dans son application, il est essentiel de ne pas perdre de vue que ce changement du marc n'est pas un changement réel et intrinseque de la valeur de l'argent: sa valeur réelle ne dépend pas de l'autorité; ce n'est absolument, par rapport au marc, à la demi-livre d'argent, qu'un changement de nom; la même quantité, le même poids d'argent, qu'on nommoit, par exemple, 30 *livres tournois*, s'appelle 50 livres, voilà tout: le changement affecte donc uniquement la *livre tournois*, puisque cette livre, qui exprimoit auparavant la trentieme partie du marc d'argent, n'en exprime plus que la cinquantieme, et qu'elle perd par conséquent de sa valeur dans cette proportion. Remarquons pourtant que, quoiqu'à la longue les prix doivent se régler sur ce changement de nom, et que ce qui coûtoit 30 livres doive en coûter 50 pour rester précisément au même prix, ils ne s'y proportionnent pas dans l'instant même: les denrées conservent quelque temps un prix d'habitude; ce qui s'achetoit 6 livres ne coûte pendant quelque temps que 6 livres, soit qu'on ne connoisse pas assez généralement le changement que vient d'éprouver le marc, soit qu'on s'accoutume difficilement à croire que le même nom de *livre tournois* ne réponde plus à la même valeur réelle. Il suit de là qu'à l'époque précise du changement, la comparaison du marc pourroit induire en erreur, et que le même poids d'argent, à la faveur du nouveau nom qu'il a reçu, représente pendant quelque temps, par l'empire de l'habitude, une plus grande quantité de denrées.

Mais lorsque la nouvelle dénomination du marc a subsisté long-temps, il faut bien nécessairement que les prix, s'ils ne sont pas gênés, se reglent sur elle, et que, pour obtenir la même denrée, on donne précisément le même poids d'argent sous le nouveau nom qu'il a reçu de la volonté du prince, à moins pourtant que la denrée, pour quelque cause particuliere, ne soit à meilleur marché: sans cela, un simple changement de dénomination produiroit réellement un accroissement de richesse; ce qui est évidemment impossible. On est donc alors autorisé à demander, pour obtenir un paiement parfaitement égal, que la somme de *livres tournois* qu'on accorde, soit déterminée précisément sur le changement qu'a subi le marc; qu'en un mot on accorde toujours le même poids, la même quantité spécifique d'argent, quelque nom que la loi ait voulu lui donner.

Si l'on applique ces réflexions à la fixation de la portion congrue, il paroîtra qu'en vertu de cette seule cause il étoit convenable d'élever en 1768 cette portion bien au-delà de la somme fixée par l'édit. En 1686, où elle avoit été portée à 300 livres, le marc d'argent monnoyé étoit à 26 livres 15 sous, et y étoit depuis sept ans. L'on donnoit donc alors au curé un peu plus de onze marcs d'argent. En 1768 le marc d'argent monnoyé au même titre étoit à 49 livres 16 sous, et avoit été porté à cette valeur numérique quarante-deux ans auparavant, à l'époque de la refonte générale. 26 livres 15 sous de l'année 1686 étoient donc en 1768 représentées par 49 livres 16 sous, et par conséquent 300 livres de 1686 répondoient exactement à 558 livres 10 sous de 1768. Il paroît donc que c'étoit cette somme qu'il falloit d'abord accorder au curé (sans y comprendre le dédommagement pour les novales), et cependant on ne lui accorda en tout que 500 livres.

En un mot, en 1686 la loi accorda au curé 300 livres, c'est-à-dire un peu plus de onze marcs d'argent. Si le marc n'avoit éprouvé aucun changement de nom, on eût toujours continué, sans doute, à donner au curé la même quantité d'argent; on n'eût pas cru pouvoir en retrancher. Mais le changement qui est survenu dans le marc par l'autorité du prince n'en a point altéré la valeur réelle : on ne conçoit donc pas qu'on ait pu se dispenser de lui en donner le même nombre; et comme ce même nombre de marcs exprime actuellement et exprimoit en 1768 558 livres 10 sous, il étoit donc naturel, en vertu de ce seul changement, d'assurer d'abord au curé ce nombre de livres tournois.

Ce rehaussement numérique arrivé dans le marc est la premiere cause générale de l'accroissement des prix : mais on voit clairement que cet accroissement n'est pas une augmentation réelle.

La seconde cause de l'accroissement des prix est l'avilissement de la monnoie provenant de sa quantité toujours croissante par l'exploitation continuelle des mines. Il est bien essentiel de remarquer ici que cette augmentation de la quantité d'argent n'a aucun rapport avec le changement du marc. Si l'une étoit liée à l'autre, la valeur du marc baisseroit à mesure que la quantité d'argent augmente, puisque l'argent, devenu plus commun, doit naturellement avoir une moindre valeur effective. Il n'en est pas ainsi : la quantité d'argent a considérablement augmenté depuis cent ans; cependant, depuis cette même époque, la valeur numérique ou nominale du marc, loin de diminuer, a presque doublé. Il faut donc actuellement, pour se procurer les mêmes objets dont le prix n'est pas diminué, d'abord une augmentation numérique, c'est-à-dire un plus grand nombre de livres tournois correspondant au changement nominal arrivé dans le marc d'argent, et il faut ensuite une augmentation réelle, une plus grande quantité, un plus grand poids d'argent, à raison de la multiplication de sa masse. Il est certain néanmoins que l'augmentation de la masse du numéraire n'a pas actuellement, sur la plupart des prix, une influence qui soit en raison exacte de cette augmentation. Cette influence fut très marquée dans le siecle qui suivit immédiatement la découverte de l'Amérique; mais elle s'est affoiblie depuis, sur-tout à l'égard des denrées de premiere nécessité qui paroissent moins exposées aux grandes variations des prix. Le luxe s'empare d'une grande portion de cette surabondance d'argent, il s'en use et s'en consomme chaque jour davantage; et les besoins des échanges, que le commerce multiplie continuellement dans tous les pays qui marchent vers une plus grande prospérité, doivent augmenter sans cesse la demande et l'emploi des métaux précieux: il n'en est pas moins vrai que cette augmentation a été si considérable en France depuis un siecle, qu'elle a dû nécessairement diminuer la valeur intrinseque de l'argent, et opérer par-là une hausse dans les prix numéraires des denrées pendant l'espace qui s'est écoulé entre 1686 et le moment actuel.

La troisieme cause générale du renchérissement des denrées est l'accroissement continuel des impôts. Il est vrai que l'impôt n'est pas assis sur toutes les consommations; il est également vrai que son activité sur plusieurs ouvrages de l'industrie est affoiblie par le progrès des arts, qui, en simplifiant tous les travaux, a une tendance naturelle à en diminuer le prix: mais elle conserve une grande partie de sa force sur les ouvrages les plus essentiels, et sur les nombreux objets de premiere nécessité soumis aux aides, à la gabelle, aux droits de traites, etc.: et comme cette action est continue, comme elle est presque générale, il en résulte un surcroît de dépense qui équivaut,

vaut, pour ainsi dire, à un renchérissement total.

Voilà les trois causes générales de l'accroissement des prix. De ces trois causes, la premiere n'opere qu'un renchérissement de nom en exigeant le nombre de *livres tournois* qui est indiqué par le changement du marc; mais les deux autres, savoir, une plus grande masse d'argent en circulation et l'accroissement de l'impôt, operent une hausse réelle, puisqu'elles obligent de donner réellement une plus grande quantité d'argent.

En partant de ces données, on arrive avec assez de vraisemblance à la solution du problême. La portion congrue devoit être, en 1768, de 558 livres 10 sous par le seul changement du marc, c'est-à-dire en conservant au curé le même poids, la même quantité d'argent qui avoit été donnée en 1686; et nous avons vu qu'il n'y avoit pas plus de motifs pour retrancher de cette quantité, qu'il n'y en auroit eu pour diminuer les 300 livres, si le marc d'argent n'avoit pas éprouvé de variations. La portion congrue devoit être au moins de 640 livres par l'addition de 80 à 100 livres pour les novales; et jusques-là la conséquence nous paroît rigoureuse. Enfin quand on n'eût évalué en 1768 qu'à un sixieme de cette premiere augmentation le double effet provenant de la multiplication de la masse d'argent et de l'action de l'impôt (ce qui certainement ne peut paroître exagéré), il en eût résulté à cette premiere époque plus de 680 livres, tandis que la loi n'en accorda que 500: et comme il est certain que ces deux dernieres causes n'ont pas cessé d'agir depuis 1768; que, si l'action de la premiere (l'augmentation de la masse d'argent) n'a pas été très sensible dans ce court intervalle, celle de la seconde (l'impôt) l'a été extrêmement sur presque toutes les denrées nécessaires; il doit paroître incontestable que les 300 livres de 1686, jointes au prix des novales, ne peuvent, en 1785, être représentées par une somme inférieure à 700 livres.

Il est vrai que l'influence de ces deux dernieres causes

d'accroissement ne se calcule que par approximation, et qu'à cet égard la solution du problême ne peut être parfaite : mais la premiere cause, celle qui tient au changement du marc, celle dont l'action depuis un siecle a été la plus forte, se calcule avec rigueur; ce qui est l'essentiel, puisqu'elle seule eût suffi pour augmenter considérablement en 1768 la portion congrue; et quant aux deux autres, il étoit nécessaire du moins de les indiquer, par la raison que leur résultat, de quelque maniere qu'on l'apprécie, est toujours à l'avantage des curés.

Du développement de ces trois causes, quoique les deux dernieres ne conduisent qu'à des approximations, sort une réflexion frappante, qui n'est que le résumé de tout ce que nous venons de dire; c'est qu'en accordant 500 livres, tant pour la portion congrue que pour les novales, l'édit de 1768 a donné au curé une quantité d'argent moindre de plus d'un marc que celle qui représentoit la seule portion congrue en 1686, sans y comprendre les novales, et qu'il a donné cette quantité inférieure à une époque où la masse totale d'argent mise en circulation s'étoit prodigieusement accrue en France, et où de plus les impôts avoient presque tous renchéri. Il nous paroît impossible de concilier cette réflexion avec une égalité de traitement aux deux époques, et par conséquent avec le vœu de la loi.

Voilà les résultats que présente l'analyse des causes principales de l'accroissement du prix des premieres denrées, sans considérer ici le prix d'aucune denrée en particulier. Comme ce sont les trois seules causes générales de l'accroissement des prix, ce sont les seules dont nous ayons dû calculer l'effet.

Le second moyen de solution du problême est l'évaluation réelle du prix des denrées aux deux époques que l'on compare. Cette double évaluation semble devoir conduire à des conséquences plus précises et plus exactes. Si l'on pouvoit en effet connoître combien 300 livres produisoient il y a cent ans, dans toute l'étendue du royaume, de denrées de premiere nécessité, ou, ce qui revient au même, quel étoit au juste le degré d'aisance que 300 livres pouvoient procurer à chaque curé de chaque diocese, et trouver ensuite à quel prix cette même quantité de denrées, ce même degré d'aisance répond actuellement dans toutes les parties du royaume, la solution du problême seroit parfaite; mais malheureusement cela est impossible à connoître, puisque même il est impossible qu'aucune somme déterminée remplisse, pour tout le royaume, les conditions de ce problême. Au défaut de ce moyen, on a pris dans le temps une marche beaucoup plus simple, mais dont il nous semble que les résultats ne pouvoient être suffisamment exacts. Au lieu de considérer la valeur des denrées dans tout le royaume, on l'a observée dans une seule ville, à Paris; et au lieu de prendre toutes les denrées de cette ville, on n'en a pris qu'une. On a fait servir de base à l'estimation de la portion congrue la quantité de bled dont le législateur, à chaque mutation de la loi, avoit accordé le prix, non suivant le grand nombre des marchés du royaume, mais en s'arrêtant au marché de Paris. L'on a trouvé que vingt à vingt-deux setiers correspondoient à ce prix; que c'est réellement ce qu'avoient accordé Charles IX en 1571, et Louis XIV en 1686; le premier, en accordant 120 livres, et le second, 300 livres. L'on a cherché ensuite à quelle somme ce nombre de setiers répondoit en 1768, pour accorder au curé cette somme, sur le principe que dans tous les temps la même quantité de bled suffit pour subsister, et que le prix de cette premiere denrée doit à la longue régler celui des autres objets nécessaires: on a conclu généralement que vingt à vingt-deux setiers, et vingt-cinq à raison du dédommagement des novales, correspondoient actuellement à l'honnête subsistance d'un curé, et on en a accordé le prix en donnant 500 livres.

On doit regretter qu'un principe qui paroît aussi

lumineux que simple, ne puisse fixer pour toujours la législation: mais, sans parler ici de la différence assez considérable qui existe entre le prix du bled à Paris et dans les différentes provinces, une réflexion naturelle vient troubler la justesse du principe d'où on est parti; c'est que, dans la réalité, le prix du bled ne s'éleve pas, ou du moins ne s'est pas élevé avec celui des autres denrées. C'est un fait consigné dans toutes les tables de comparaison entre les prix des denrées, que depuis cent ans le prix du bled n'a pas suivi la progression des autres prix, en les prenant dans leur généralité (car un exemple particulier ne doit rien faire ici). Sans doute le bled est de toutes les denrées celle qui semble destinée à être la mesure la plus exacte des différentes valeurs; elle est la premiere des denrées; à elle seule, elle surpasse de beaucoup la valeur de toutes les autres; elle n'est point sujette aux grandes variations qui naissent de la disproportion entre la demande et l'offre; la production et la consommation se correspondent; le travail que le bled exige de l'homme est presque toujours le même: il doit en résulter plus d'uniformité, plus de constance dans le prix; mais il n'en est pas moins vrai que plusieurs causes ont dérangé le rapport entre le prix du bled et celui des autres denrées de premiere nécessité. Parmi ces différentes causes, il en est deux générales: l'une, c'est que, depuis le ministere de Colbert, le gouvernement, en encourageant la vente et le transport des autres marchandises, a cru devoir le plus souvent arrêter l'essor du prix du bled, et le contenir par des loix prohibitives; la seconde, c'est que toutes les marchandises, tous les objets de consommation, ceux même qui sont le moins soumis au caprice de la mode, et qui sont le plus généralement nécessaires, tels que vin, sel, viande, drap, cuir, toile, etc. etc. outre l'imposition sur la terre qui leur est commune avec le bled, puisqu'elle affecte toutes les matieres premieres, sont soumis à des impôts, à des droits particuliers qui depuis cent ans ont reçu un accroissement très considérable. Cette augmentation de droits a dû nécessairement produire sur tous ces objets, sur tous les salaires, une augmentation de prix que n'a pas supportée le bled, puisque ni le bled ni le pain ne sont assujettis à ces droits.

La premiere de ces deux causes, le défaut de liberté, a dû abaisser le prix du bled, du moins dans les années ordinaires; la seconde, l'impôt, toujours croissant sur les autres consommations, a dû continuellement rehausser leur prix. L'ancienne proportion entre le prix des denrées et celle du bled s'est donc trouvée entièrement dérangée. La conséquence naturelle de cette observation, c'est qu'un nombre quelconque de setiers ne représente plus, année commune, la valeur que ce même nombre avoit il y a cent ans. Il faut toujours, pour la nourriture d'un homme, la même quantité de bled estimée ordinairement à trois setiers par an: mais les autres setiers, qui doivent être échangés, ne peuvent plus produire par l'échange une égale quantité de denrées; et en réduisant à l'estimation la plus foible l'action des deux causes qui ont altéré l'ancienne proportion, nous pensons que, si vingt-cinq setiers de bled, prix et mesure de Paris, étoient nécessaires à la subsistance d'un curé il y a cent ans, il convient de lui en accorder maintenant de trente à trente-deux.

Ainsi, MESSEIGNEURS et MESSIEURS, par quelque moyen qu'on cherche à résoudre le problême que nous nous sommes proposé au commencement de ce rapport, il nous paroît d'abord rigoureusement prouvé que la portion congrue actuelle est inférieure à l'ancienne. Il est pourtant certain que la derniere loi, en la déterminant, a voulu la rendre équivalente: ses intentions n'ont donc pas été remplies. La délibération de 1780 a jugé qu'il falloit s'occuper des moyens de remplir les intentions de cette loi. Il paroît donc conséquent de chercher avant tout à élever la portion actuelle à la valeur de l'ancienne portion ; et comme tout conduit à croire qu'on ne peut parvenir à cette égalité qu'en accordant au moins 700 livres, si la portion est déterminée en argent, ou trente à trente-deux setiers de bled, si elle l'est en grains, nous concluons qu'il convient d'abord d'assurer à tous les curés cette augmentation.

On dira que cette opération ne remédie pas à tous les maux que souffrent les curés, et que pourtant elle accablera les décimateurs.

Elle ne remédiera pas à tous les maux : non sans doute ; mais elle les soulagera tous. Par-là un assez grand nombre des curés sera probablement au pair de ses premiers besoins, et voilà l'essentiel ; un petit nombre un peu au-dessus, et c'est un bien ; plusieurs seront encore au-dessous, et c'est à l'égard de ceux-ci que pourront s'opérer, par la voie des unions, des dispositions locales et particulieres : mais comme ils auront déja éprouvé un soulagement réel, ils en attendront l'effet avec bien moins d'inquiétude.

Quant aux décimateurs, plusieurs, sans doute, souffriront ; mais nul n'aura droit de se plaindre, puisqu'on ne propose ici que la loi. Les premiers intérêts en ce moment sont ceux des pasteurs ; le premier vœu à leur égard est celui de la justice : il faut avant tout le remplir ; et s'il en résulte quelques inconvénients particuliers, on s'occupera ensuite des moyens de les réparer.

Les différentes idées, MESSEIGNEURS et MESSIEURS, que nous avons l'honneur de vous soumettre, ne présentent pas à beaucoup près tous les détails qu'exige un travail complet sur les portions congrues : nous avons cru devoir nous renfermer dans un seul objet, et nous sentons même que notre travail ne peut être de quelque utilité qu'en passant par les mains habiles à qui vous avez confié cette importante affaire.

§ II.

RÉDACTION DES ACTES DE BAPTÊME.

DÉCLARATION DE 1782.

En 1782 le roi a donné une déclaration, en date du 12 mai, *concernant les actes de baptême sur les registres des paroisses :* elle a été enregistrée, deux jours après, au parlement de Paris, sans aucune modification, pour être exécutée, dans le ressort, selon sa forme et teneur.

Le préambule de la déclaration tend à donner des curés et vicaires, considérés comme rédacteurs des actes de baptême, une idée absolument différente de celle qui paroît avoir été jusqu'alors universellement établie.

Le dispositif de la déclaration développe encore davantage l'idée du préambule. La nature des fonctions des curés et vicaires, pour la rédaction des actes, est déterminée et fixée dans les termes suivants :

« Voulons et nous plaît que l'article 4 de la déclara-
« tion du 9 avril 1736 sera exécuté dans tout notre
« royaume, pays, terres et seigneuries de notre obéis-
« sance, selon sa forme et teneur; et icelui interprétant en
« tant que besoin est ou seroit, enjoignons à tous curés
« ou vicaires, lorsqu'ils rédigeront les actes du baptême
« qu'ils auront administré, et dont ils attesteront la vérité
« par leurs signatures apposées au bas desdits actes, de re-
« cevoir et d'écrire les déclarations de ceux qui présente-
« ront les enfants au baptême, conformément à ce qui est
« ordonné par l'article 4 de la déclaration du 9 avril 1736;
« et par notre présente déclaration, leur faisons défense,
« et à tous autres, d'insérer par leur propre fait, soit dans
« la rédaction desdits actes, soit dans les registres sur les-
« quels ils sont transcrits ou autrement, aucunes clauses,
« notes ou énonciations, autres que celles contenues aux
« déclarations de ceux qui ont présenté les enfants au

« baptême, sans pouvoir faire aucunes interpellations sur « les déclarations qui seront faites par ceux qui présentent « les enfants au baptême : le tout sous les peines portées « par l'article 39 de la déclaration du 9 avril 1736. »

L'assemblée du clergé de 1782 reconnut facilement l'objet d'utilité que le législateur s'étoit proposé en publiant la déclaration. Les indiscrétions les plus légeres des pasteurs dans la rédaction des actes de baptême pourroient troubler le repos des familles, et jeter des nuages sur la certitude de l'état des citoyens. Le soin d'écarter toutes les inquiétudes de ce genre étoit bien digne d'un roi sans cesse occupé du bonheur de ses sujets : mais en rendant hommage aux vues bienfaisantes de sa majesté, l'assemblée crut appercevoir qu'elles ne seroient pas remplies par la déclaration ; le clergé pensa que l'exécution littérale de la loi pourroit souvent contrarier les intentions les plus pures du législateur, affoiblir aux yeux des peuples le respect pour le sacerdoce, exposer les plus précieux intérêts de la société à la légèreté, à la malignité, aux passions basses des gens sans poids et sans autorité, et peut-être un jour, par des suites encore plus funestes, altérer la paix intérieure et la tranquillité du royaume.

Ces inconvénients, ces dangers, qui ne peuvent, MESSEIGNEURS et MESSIEURS, échapper à votre pénétration, toucherent vivement l'assemblée de 1782 : elle nomma des députés pour en conférer avec M. le garde des sceaux, lui demander un sursis à la nouvelle loi, ou du moins pour obtenir qu'il voulût bien ne pas l'adresser aux cours souveraines qui ne l'avoient pas reçue, et recommander à celles auxquelles elle auroit été envoyée de ne pas en presser l'exécution dans leur ressort. Par la même délibération, l'assemblée nous chargea de mettre sous vos yeux ce que nous aurions pu réunir de travaux et d'observations sur un objet aussi important.

M. le garde des sceaux accueillit favorablement les représentations du clergé, et parut frappé des inconvénients qui

qui lui furent exposés par les commissaires députés : il assura en termes exprès que, s'il le falloit, il retravailleroit la nouvelle loi, et promit au surplus qu'elle ne seroit pas adressée aux cours souveraines, et qu'on n'en presseroit pas l'exécution dans le ressort du parlement de Paris.

Les dispositions du chef de la magistrature vous donnent lieu, MESSEIGNEURS et MESSIEURS, d'espérer la révocation ou l'interprétation de cette loi. Pour répondre, autant qu'il est en nous, aux vœux de la précédente assemblée, et pour exécuter ses ordres, nous aurons l'honneur de soumettre à vos lumieres un résultat de nos recherches et de nos réflexions sur cette matiere intéressante.

Les curés ou leurs vicaires sont chargés de rédiger les actes de baptême; ils doivent inscrire ces actes sur deux registres, les signer sur l'un et l'autre registre, n'y laisser aucun blanc, n'y écrire aucun nombre en chiffres, n'y faire aucun interligne, mettre par renvoi, au bas de l'acte ou à la marge, les mots omis, en les paraphant : s'il est nécessaire de faire quelque rature, il est enjoint de rendre compte des mots raturés au bas de l'acte et avant les signatures. L'un des deux registres doit demeurer entre les mains du curé ou du vicaire; l'autre registre doit être porté ou envoyé sûrement au greffe du juge royal : le greffier est tenu, aux termes de l'ordonnance, de le recevoir, d'y faire mention du jour qu'il aura été apporté, et d'en donner une décharge. Tous ces détails, MESSEIGNEURS et MESSIEURS, vous sont parfaitement connus ; mais il est utile de les remarquer : rien ne prouve mieux toute l'importance de l'objet que la multitude de ces précautions.

Pour exercer cette partie du ministere, les curés et les vicaires sont revêtus d'un caractere public. Tout annonce le grand intérêt de la société à l'exacte et fidele exécution de ce réglement.

Quelle est l'origine de cet établissement? quels en ont

été les motifs? quelle utilité peuvent en retirer l'église, l'état, les citoyens? quels devoirs sont prescrits à ceux auxquels est confiée la rédaction des actes de baptême? L'examen de ces questions nous a paru nécessaire pour mieux saisir le sens et l'esprit de la déclaration de 1782.

Toutes les nations policées eurent soin de conserver des indications fideles sur la distinction des classes, des familles, des individus de la société. Cet ordre étoit nécessaire aux Juifs pour la séparation des tribus et l'exercice des fonctions religieuses. Chez les Grecs on déclaroit au magistrat la naissance des enfants, en distinguant ceux qui étoient nés d'un mariage légitime et ceux qui devoient le jour à une autre union. Les Romains avoient dans chaque famille un registre qui contenoit les mêmes notes, avec la séparation des enfants nés des femmes libres et des enfants qui avoient eu pour meres des esclaves; outre ces registres domestiques et particuliers, les peres étoient obligés, par une constitution de l'empereur Antonin, de se présenter devant le garde du registre public pour y faire de semblables déclarations. Nous ignorons si ces peuples qui subjuguerent les plus belles contrées de l'Europe, et que les Romains appelloient barbares, le furent assez pour dédaigner d'avoir au peuple vaincu l'obligation d'une police aussi utile. Ce qui nous paroît le plus certain, c'est que la France doit au clergé l'usage de tenir des registres exacts sur la naissance, le baptême, la filiation et la parenté des citoyens. Nous en voyons de légeres traces dès le temps d'Hincmar de Reims, au neuvieme siecle. Le concile de Trente, sess. 24, *de reformatione*, chap. 2, suppose l'existence de ces registres, et ordonne aux curés d'y inscrire les noms des parrains et des marraines. Depuis cette époque il est fait une mention expresse des registres de baptême dans la plupart de ces conciles provinciaux qui se tinrent alors en si grand nombre, et qui s'empresserent d'introduire dans le royaume la réforme nécessaire et les sages dispositions du concile qu'ils crurent pouvoir se concilier avec le génie de notre nation et les libertés de notre église.

On ne peut douter de l'intention de l'église dans l'établissement des actes et des registres de baptême.

Le baptême, selon le langage des théologiens, est la porte des autres sacrements : les seuls enfants d'adoption sont capables de les recevoir, en y apportant les dispositions nécessaires; les profanes et les infideles doivent être écartés de nos saints mysteres.

Certains degrés de consanguinité et d'affinité produisent un empêchement dirimant au mariage.

L'alliance spirituelle forme un autre empêchement dirimant.

Les canons de l'église défendent d'admettre aux ordres sacrés avant un âge prescrit; ils défendent aussi de promouvoir à ces mêmes ordres des enfants illégitimes.

Ces réglements, et plusieurs autres qu'il est inutile de rapporter, prouvent d'abord qu'il eût été impossible à l'église de veiller au maintien de points très importants de sa discipline, si elle n'eût employé des moyens sûrs pour constater l'époque de la naissance des fideles, leur baptême, les noms de leurs peres et meres, des parrains et marraines, en un mot l'état et la légitimité de chaque individu.

Ces mêmes réglements, l'obligation et la nécessité de s'y conformer, doivent encore nous convaincre que la preuve du baptême, de l'âge, de l'état des enfants, n'intéresse pas seulement et exclusivement la puissance civile : cette preuve ne peut être étrangere à l'église. Avant que l'administration temporelle eût adopté un établissement aussi utile, et depuis qu'elle l'a perfectionné, les connoissances relatives à cet objet ont toujours été nécessaires à l'église pour le maintien de sa discipline, pour l'observation exacte des canons reçus et autorisés dans le royaume.

Il est donc vrai que la puissance ecclésiastique a pu

employer et qu'elle a sagement introduit l'usage des actes et registres de baptême comme un moyen propre à constater l'état des fideles.

Aussitôt que la renaissance des lettres eut fait germer en France des idées plus saines d'économie sociale et politique, la puissance civile, qui souvent admit nos loix lorsqu'elle les crut propres à établir ou assurer l'ordre public, voulut faire servir à ces vues la police ecclésiastique sur les registres de baptême.

La premiere ordonnance de nos rois, qui ait quelque rapport à cet objet, est celle de Villers-Cotterets donnée par François Ier en 1539. On vit enfin à combien d'inconvénients étoit exposée la preuve testimoniale, qui, pendant long-temps, avoit été seule employée pour constater l'état des citoyens. L'ordonnance de François Ier établit la preuve par écrit; il ordonne, par l'article 50, que « des sépultures des personnes tenant bénéfices sera fait « registre en forme de preuve par les chapitres, colleges, « monasteres et curés, qui fera foi pour la preuve du temps « de la mort. »

L'article 51 porte « qu'il sera fait aussi registres en « forme de preuve des baptêmes, qui contiendront le « temps et l'heure de la nativité; et, par l'extrait dudit re- « gistre, se pourra prouver le temps de la majorité ou mi- « norité, et fera pleine foi à cette fin. »

« Afin, dit l'article 52, qu'il n'y ait faute auxdits re- « gistres, il est ordonné qu'ils seront signés d'un no- « taire . . . . . avec le curé ou vicaire respectivement, et « chacun en son égard. »

Enfin il est ordonné par l'article 53 « que les curés se- « ront tenus mettre lesdits registres, par chacun an, par- « devant le greffe du prochain siege du bailli ou sénéchal « royal, pour . . . y avoir recours, quand métier et besoin « sera. »

Cette premiere loi avoit le défaut commun à presque tous les essais des hommes; elle n'étoit qu'une ébauche imparfaite ; elle ne faisoit aucune mention des mariages ; elle ne parloit des sépultures que pour un seul cas particulier, pour une seule espece d'intérêts publics, ceux des bénéficiers ; elle ne faisoit même servir sa disposition universelle sur les actes de baptême qu'à constater la majorité ou la minorité. Mais dans cette loi, que son insuffisance a bientôt fait oublier, vous avez sans doute remarqué, MESSEIGNEURS et MESSIEURS, une disposition importante pour le sujet que nous traitons ; il est prescrit d'ajouter, sur les registres des baptêmes et sépultures, la signature d'un notaire à celle du curé. Cette adjonction du témoignage de l'officier civil au témoignage du ministre ecclésiastique démontre bien clairement le double rapport de ces registres à l'administration ecclésiastique et à l'administration civile ; et l'on étoit bien éloigné de prétendre alors, comme on voudroit l'insinuer aujourd'hui, que l'église n'a pas le droit de veiller à l'exactitude, à la fidélité, et par conséquent à la forme des actes déposés dans ces registres, *respectivement et en son égard*, comme le dit expressément le législateur.

Après l'ordonnance de Blois, qui suppose, mais qui n'ordonne pas la tenue des registres des baptêmes, mariages et sépultures ; après celle de 1629, qui contient à ce sujet des dispositions trop vagues et trop générales ; après l'ordonnance plus connue de 1667, dans laquelle le titre 20 est presque tout entier employé à développer des regles sages et précises sur cette matiere, Daguesseau, dont le nom ne sera pas moins célebre dans l'histoire de la législation que dans celle des lettres, acheva de perfectionner une loi aussi importante, et rédigea cette déclaration de 1736 qui, jusqu'à nos jours, a fixé dans tout le royaume et dans tous les dioceses la pratique que nous y voyons généralement et uniformément établie ; et, dans le préambule de la déclaration, le législateur ne craint pas d'avouer que c'est au clergé, à l'usage introduit librement dans quelques dioceses, qu'il doit l'une des dispositions les plus utiles de la loi, l'article qui ajoutoit aux formalités déja prescrites *la précaution nouvelle d'obliger les curés à tenir deux registres dont tous les actes sont signés en même temps par les parties; en sorte que l'un de ces deux registres, également originaux, est déposé au greffe du siege royal, l'autre registre double demeurant entre les mains des curés.*

Ainsi la déclaration de 1736 est interprétative de l'ordonnance de 1667, et l'ordonnance de 1667 étoit un développement des précédentes ordonnances et de l'édit de 1539, dont l'usage de l'église donna l'idée à François Ier.

La puissance temporelle, en adoptant les réglements du clergé sur la tenue des registres de baptême, se proposa les mêmes vues relativement aux effets qui avoient un rapport direct avec les intérêts civils; c'étoit qu'ils pussent servir, dans l'occasion, à constater l'état des citoyens. Les loix émanées de nos souverains sur cette matiere annoncent ces intentions dans les termes les moins équivoques; ces motifs sont allégués dans la premiere de ces loix, dans l'ordonnance de 1539, dans celle de Henri III en 1579, dans l'édit de 1593, dans l'édit de Neuchâtel de 1635. Le même esprit se fait remarquer dans différents articles de l'ordonnauce civile de 1667, titre 20, et notamment à l'article 14, dans le préambule de l'édit de 1691, et dans celui de l'édit de 1705.

La déclaration de 1736, en parlant des loix ci-devant publiées au sujet des registres de baptême, mariage et sépulture, dit que ces loix *ont voulu que les preuves de l'état des hommes fussent assurées par des actes authentiques.*

La déclaration même de 1782 reconnoît ce caractere dans les registres de baptême; elle dit que *cet établissement étoit nécessaire pour l'intérêt commun des familles et pour le bon ordre de la société;* elle avoue que les inexactitudes dans la rédaction de ces actes pourroient donner lieu *à des interprétations préjudiciables à la tranquillité des sujets, puisqu'elles pourroient tendre à répandre des nuages sur la possession de l'état de chacun d'eux.* L'intérêt commun des familles, le bon ordre de la société, la tranquillité des sujets, la possession de l'état de chacun d'eux, tels sont donc les grands objets d'utilité publique que s'est proposés l'administration en adoptant, en établissant, en perfectionnant l'usage des registres de baptême.

Ces intentions du législateur étoient trop marquées pour être méconnues par les tribunaux. Les arrêts de différentes cours font voir que les actes de baptême ont été, dans plusieurs questions d'état, une preuve efficacement employée pour constater, aux yeux de la justice, la légitimité ou l'illégitimité des enfants.

Les dispositions des loix sur les registres de baptême et les arrêts rendus conformément à ces dispositions, ont fait dire aux jurisconsultes que l'état d'une personne pouvoit, en certains cas, se prouver par son extrait baptistere; et Denisart, au mot *possession*, nomb. 3, assure qu'on doit regarder cette assertion *comme une maxime certaine.*

A cette maxime est liée une autre vérité, comme les moyens tiennent à la fin; c'est que les actes de baptême, n'importe quel en soit le rédacteur, doivent contenir fidèlement et exactement les énonciations relatives à l'état des enfants.

C'est ainsi qu'il faut expliquer et entendre l'article 4 de la déclaration de 1736. Le texte, à la vérité, dit seulement qu'il faut faire mention du nom des pere et mere de l'enfant: mais on s'écarteroit entièrement de l'esprit de la loi, si l'on pensoit qu'elle n'a point voulu prescrire qu'aux noms des pere et mere on ajoutât l'énonciation de la qualité qui leur convient relativement au mariage. La déclaration, dans son préambule, dit que les registres de baptême *sont des actes authentiques qui assurent l'état des hommes.* Il faut donc, pour se conformer à l'esprit de cette loi et à celui des loix antérieures, qu'aux noms des pere et mere on ajoute la qualité qui peut assurer la preuve de l'état de l'enfant, la qualité qui convient à ses pere et mere relativement au mariage.

Par cette raison, un enfant étant né aux sieur et dame Feyderbe de Madave pendant les contestations survenues sur la validité de leur mariage, un arrêt du 13 mars 1722 défendit qu'il fût qualifié de *légitime* dans l'acte de baptême. C'auroit été, dit Denisart au mot *baptême, reconnoître l'état de l'enfant par provision.*

Lorsque les tribunaux ont cru devoir ordonner la réformation des actes de baptême, ils ont constamment prescrit, avant et depuis la déclaration de 1736, que les curés ajouteroient aux noms des pere et mere la qualité relative au mariage. Dans le procès de la demoiselle Marie Aurore, fille naturelle du maréchal de Saxe, par arrêt du 4 juin 1766, il fut ordonné que l'extrait de baptême de ladite demoiselle seroit réformé, et qu'après ses noms de *Marie Aurore*, au lieu de l'énonciation de *fille de Jean-Baptiste la Riviere et de Marie Linteau sa femme*, il seroit écrit *fille naturelle de Maurice, comte de Saxe, maréchal général, etc.*

Cette intention de l'article 4 de la déclaration, annoncée dans le préambule de la déclaration elle-même, expliquée par la jurisprudence des cours, n'est pas moins évidemment confirmée par l'usage constant et universel. Nous osons assurer que, dans toute l'étendue du royaume, jusqu'au moment de la déclaration de 1782, les curés et vicaires, ou autres préposés aux fonctions du ministere, n'ont rédigé aucun acte de baptême sans ajouter aux noms des pere et mere l'énonciation de la qualité qui leur convient relativement au mariage. Cette énonciation se fait généralement dans tous les actes, en ajoutant au nom de la mere la qualité de *femme*, d'*épouse*, ou autre équivalente, consacrée pour exprimer l'état du mariage légitime. Lorsqu'il n'y a point de mariage entre les pere et mere de l'enfant, on omet, après le nom de la mere, la qualité de *femme*

femme ou d'*épouse*. La douceur et la politesse de nos mœurs a fait imaginer cette omission pour constater, de la maniere la moins odieuse, l'illégitimité de l'enfant: mais cette formule n'en est pas moins expressive. Dans l'interprétation reçue, dans l'acception entendue par tout le monde, elle exprime l'illégitimité de l'enfant, l'illégalité de l'union de ses pere et mere, et par conséquent le défaut de mariage.

En consultant le plus grand nombre des rituels qui ont été rédigés, soit avant, soit après la déclaration de 1736, il nous a été facile de nous convaincre que cette méthode de rédiger les actes de baptême étoit suivie dans tous les dioceses, dans toute la France. Elle est pratiquée sous les yeux de l'administration ecclésiastique, de l'administration civile, des cours, du public, sans aucune contradiction ni réclamation, et comme l'exécution naturelle de l'article 4 de la déclaration de 1736.

Nous sommes bien éloignés de vouloir ici faire entendre que les actes de baptême sont la principale preuve de l'état des enfants; nous savons que l'acte de la célébration du mariage est la base sur laquelle l'état des citoyens est particulièrement établi: mais il n'en est pas moins vrai que, dans quelques circonstances, les registres de baptême ont servi et peuvent servir à cette preuve d'état; et quelque rares que doivent être ces circonstances, il suffit qu'elles puissent quelquefois se rencontrer, pour que les loix aient dû prescrire, aux personnes chargées de la rédaction de ces actes, l'exactitude la plus scrupuleuse dans les énonciations relatives à l'état des enfants, et pour que ces énonciations soient absolument conformes à l'esprit de toutes les loix et de tous les réglements ecclésiastiques et civils concernant les registres de baptême.

Mais quel a été, jusqu'à l'époque de la déclaration de 1782, le ministre de confiance, l'homme public choisi spécialement par la puissance ecclésiastique et par la puissance civile pour certifier la vérité de ces énonciations?

Il nous semble que, sur la vérité de faits aussi importants pour l'ordre public, c'est aux curés ou vicaires, aux ecclésiastiques rédacteurs des actes, que la société s'en est particulièrement rapportée. Cette préférence nous paroît prouvée et justifiée par la qualité des personnes qui doivent, aux termes de la loi, signer les actes de baptême.

L'article 4 de la déclaration de 1736 dit que l'acte sera signé sur les deux registres, tant par celui qui aura administré le baptême, que par le pere, s'il est présent, le parrain et la marraine.

De ces quatre personnes, quel est le ministre de confiance choisi par la loi ?

Le pere peut être absent lors de l'administration du baptême ; la loi le suppose expressément : or peut-on dire, peut-on penser que, pour l'exactitude des énonciations et la fidélité de l'acte de baptême, celui-là est le principal ministre, le ministre de confiance choisi et déterminé par la loi, dont la loi a prévu l'absence, dont la loi n'a pas suppléé l'absence ?

Les parrains et les marraines n'ont pas plus de qualités pour être présumés ou regardés comme les principaux certificateurs des énonciations relatives à l'état de l'enfant ; ils n'ont cette autorité ni dans l'intention de l'église, ni dans l'intention de la puissance civile.

L'église seule a fait des réglements sur le choix des parrains et marraines ; elle les appelle *susceptores*, *sponsores*, *fidejussores*, *patrinos*. Les réglements de l'église sont bien relatifs à ces qualités de répondants, de cautions de la foi, de peres spirituels ; aucun de ces réglements n'a de rapport à la qualité de ministre de l'acte et de certificateur de ces énonciations.

Les loix civiles ne donnent point aux parrains et marraines la dénomination de témoins ; elles n'ont rien statué sur les qualités qu'ils doivent avoir. Ces mêmes loix s'expriment bien différemment sur les personnes qu'elles chargent de constater les actes de mariage : « Assisteront

« aux actes de mariage, est-il dit à l'article 7 de la déclara-
« tion de 1736, quatre témoins dignes de foi et sachant
« signer, s'il peut aisément s'en trouver dans le lieu qui
« sachent signer: leurs noms, qualités et domiciles, seront
« mentionnés dans lesdits actes: lorsqu'ils seront parents
« ou alliés des contractants, ils déclareront de quel côté
« et à quel degré: et l'acte sera signé sur les deux registres,
« tant par celui qui célébrera le mariage, que par les con-
« tractants ensemble, par lesdits quatre témoins au moins ».
Les quatre personnes désignées dans cet article sont les principaux témoins, les témoins de confiance choisis par le législateur: aussi entre-t-il à leur égard dans des détails circonstanciés ; il leur donne le nom de *témoins ;* il en fixe le nombre ; il en détermine les qualités: car, comme le remarque très bien Denisart au mot *mariage,* page 29, tome 3, la déclaration de 1736 n'a pas dû rapporter toutes les dispositions des loix concernant la capacité des témoins; elle les a toutes comprises sous l'expression générale de *témoins dignes de foi*, c'est-à-dire capables d'être témoins suivant les loix et ordonnances précédentes.

Les loix du prince ne regardent donc pas, dans les actes de baptême, les parrains et marraines comme témoins principaux, comme témoins de confiance. L'autorité civile n'ignore pas que, suivant les regles ecclésiastiques dont l'observation est vue et consentie par le gouvernement temporel, il suffit, si l'enfant baptisé est un garçon, que le parrain ait quatorze ans, et qu'il n'importe quel âge ait la marraine; et que, si l'enfant baptisé est une fille, l'âge du parrain est indifférent, pourvu que la marraine ait douze ans au moins. Des enfants de quatorze ou de douze ans, et quelquefois moins âgés, peuvent-ils être réputés par le ministere public comme témoins capables, comme témoins principaux et de confiance pour certifier les énonciations qui importent le plus à la tranquillité et à la sûreté de l'état des citoyens?

On oppose ici une difficulté tirée du préambule de la

déclaration de 1736, où il est dit que *les sujets du roi auront l'avantage de s'assurer par leur signature une preuve de leur état.* Le curé n'ayant aucune preuve d'état à s'assurer par sa signature, on en conclut que les seules signatures capables d'assurer à l'enfant une preuve d'état dans les registres de baptême sont les signatures du pere, du parrain et de la marraine.

Nous répondons en premier lieu que les mots du préambule qu'on oppose n'ont de rapport qu'aux actes de célébration de mariage, qui doivent être signés par les parties contractantes, et qu'en ce cas seul il est littéralement vrai que les sujets du roi trouvent dans les registres l'avantage de s'assurer par leur propre signature une preuve de leur état.

Nous observerons encore que si l'on vouloit appliquer aux actes de baptême les mots du préambule, la même raison ôteroit également tout le poids de la signature du pere, des parrains et des marraines, puisque cette signature n'est pas capable d'assurer leur état. Dans l'acte de baptême, il n'est question de l'état ni du prêtre, ni du pere, ni des parrains et marraines; il s'agit uniquement d'assurer l'état de l'enfant: le pere, le parrain et la marraine y contribuent par leurs signatures, lorsqu'elles sont jointes à celle du curé, signature spécialement nécessaire, et sans laquelle l'acte de baptême n'auroit aucune forme.

S'il est vrai que, jusqu'à l'époque de la déclaration de 1782, le ministre rédacteur de l'acte ait été regardé comme l'homme public choisi par la puissance ecclésiastique et par la puissance civile pour certifier les énonciations relatives à l'état de l'enfant, ce ministre auroit trahi la confiance de ses supérieurs dans l'ordre ecclésiastique et dans l'ordre civil, si, dans la rédaction des actes de baptême, il eût consigné, sur-tout relativement à l'état de l'enfant, des énonciations dont la fausseté lui auroit été connue: son devoir essentiel est la plus grande exactitude, la fidélité la plus scrupuleuse. La premiere qualité d'un ministre public, c'est la véracité. Les loix, pour constituer la capacité des témoins, n'ont exigé tant d'autres qualités, qu'afin de parvenir plus aisément à s'assurer qu'il auroit celle-là. Le curé, pénétré de ces maximes si importantes pour le bon ordre de la société, ne les perdra jamais de vue dans la rédaction de ses actes; il en écartera soigneusement tout ce qui pourroit rendre l'état de l'enfant incertain ou équivoque. La seule probité lui fera rejeter avec horreur toutes les énonciations par lesquelles la haine ou d'autres passions chercheroient à priver de sa légitimité un enfant né dans les chastes liens du mariage : mais aussi une impartialité sévere et indispensable le mettra en garde contre la compassion qui voudroit donner les avantages de la légitimité à l'enfant dont l'existence seroit malheureusement le fruit du désordre ou du libertinage; il songera qu'une pareille énonciation apporteroit les dissentions, les procès, le trouble dans les familles, qu'elle pourroit assurer injustement des droits à l'enfant, au préjudice des droits les plus justes et les plus sacrés de plusieurs autres citoyens; enfin il pensera que, dans ce moment, il garantit, autant qu'il est possible dans cet ordre de choses purement moral, à l'administration, à la société, au public, tout ce qu'il énonce, et que tous ses devoirs se réduisent à un seul, celui d'être vrai.

Ce que nous venons de dire se réduit à quatre idées principales qui sont étroitement liées entre elles.

1°. Les actes de baptême ont été institués par la puissance ecclésiastique et par la puissance civile pour pouvoir servir, dans le besoin, à la preuve de l'état des enfants, c'est-à-dire à la preuve de leur légitimité ou illégitimité.

2°. Les actes de baptême doivent donc contenir exactement les énonciations relatives à l'état des enfants. Il paroît certain que les arrêts qui ont ordonné dans ces derniers temps la réforme de quelques registres de baptême, ont eu principalement pour objet de suppléer ou de corriger ces énonciations lorsqu'elles avoient été omises, ou lorsque les cours les ont jugées fausses ou obscures.

3°. Le ministre rédacteur de l'acte a dû être regardé, jusqu'à l'époque de la déclaration de 1782, comme le ministre de confiance choisi par l'administration ecclésiastique et par l'administration civile pour certifier la vérité de ces énonciations. La déclaration même de 1782 porte en termes exprès que les rois prédécesseurs de sa majesté, et sa majesté elle-même, *ont bien voulu se reposer sur la sagesse et l'exactitude des curés et vicaires pour celle de la rédaction des actes de baptême.*

4°. Le ministre rédacteur de l'acte de baptême, jusqu'à l'époque de la déclaration de 1782, auroit trahi la confiance publique, s'il eût inséré dans les actes de baptême des énonciations dont la fausseté lui auroit été connue.

Tels sont les principes que nous avons cru pouvoir vous présenter après avoir consulté le plus grand nombre des rituels anciens et modernes, après avoir cherché avec attention et impartialité à saisir l'esprit des réglements ecclésiastiques et des loix du souverain sur la tenue des registres de baptême.

La déclaration de 1782 change entièrement ces idées, et il nous semble qu'elle s'écarte, contre les intentions du législateur, des seules vues d'utilité publique qu'on ait pu se proposer en établissant les registres de baptême, et qu'on puisse encore se proposer aujourd'hui en voulant perfectionner cet objet de police.

Le préambule de la déclaration distingue dans les actes de baptême *le fait relatif au sacrement que les curés ou vicaires ont administré*, et *les faits relatifs aux qualités personnelles à l'enfant ou à l'état de l'enfant.* Les curés et vicaires attestent d'abord par leur signature la vérité de l'administration du sacrement : à l'égard des faits relatifs aux qualités personnelles à l'enfant ou à l'état de l'enfant, la déclaration dit que les curés et vicaires *certifient seulement par leursdites signatures que les parrains et marraines, et le pere (s'il est présent), ont fait telles ou telles déclarations en présentant l'enfant à l'église pour être baptisé.*

Ainsi, pour les faits relatifs aux qualités personnelles à l'enfant ou à l'état de l'enfant, le curé n'est plus le ministre principal, l'homme de confiance qui atteste et garantisse à la société la vérité de ces faits: il certifie bien que, sur ces faits, on lui a présenté telles déclarations, telles énonciations; mais la vérité de ces déclarations, de ces énonciations, est attestée et garantie à la société seulement par les parrains et marraines, ou par le pere, s'il est présent: c'est à ces derniers que l'administration civile veut s'en rapporter sur la vérité de ces faits; c'est à ces derniers que l'administration ecclésiastique doit s'en rapporter pour l'exécution des réglements de sa discipline, pour lesquels elle peut être intéressée à connoître les qualités personnelles à l'enfant ou à l'état de l'enfant.

Vous avez vu, MESSEIGNEURS et MESSIEURS, que la déclaration admet et exprime l'hypothese de l'absence du pere, et qu'elle ne regle rien de nouveau pour le cas de cette absence. Nous aurons l'honneur de vous faire encore observer que la déclaration laisse subsister les loix et l'usage de l'église sur l'âge et la qualité des parrains et marraines, et qu'aujourd'hui, comme il se pratiquoit avant la déclaration, il est toujours libre de recevoir, pour parrains et marraines, des personnes qui n'auroient pas encore atteint l'âge de puberté.

En supposant donc le pere absent, la déclaration des faits relatifs aux qualités personnelles à l'enfant ou à l'état de l'enfant pourra être abandonnée à la discrétion de deux impuberes, qui peut-être n'entendront pas le sens de leur déclaration, qui du moins le plus souvent ne connoîtront pas la valeur de cette déclaration, qui sûrement seront incapables d'imaginer et de prévoir les effets et les suites qu'entraînent la vérité, la fausseté ou l'obscurité de cette déclaration. Pour procurer à la société les avantages et les preuves d'état qu'elle s'attend à trouver dans les registres de baptême, on lui donne, comme certificateurs et comme témoins de faits les plus importants, des personnes auxquelles on se garderoit bien de confier les plus légers intérêts; et cette confiance, dont la loi veut bien honorer deux enfants, elle la retire, elle déclare même qu'elle n'a jamais voulu la donner à une personne qui est nécessairement majeure, à un prêtre, à un homme dont le caractere, les fonctions, le choix qu'on en fait, supposent et exigent les connoissances, la sagesse, la maturité du jugement, la probité, et toutes les autres qualités qui peuvent rendre un témoin imposant et respectable.

Et qu'on ne dise pas que cette absence du pere, cette minorité des parrains et marraines, sont accidentelles; que le plus souvent le pere est présent au baptême; que, pour l'ordinaire, les parrains et marraines ont l'âge et les autres qualités que les loix exigent dans les témoins.

Cette observation ne peut pas justifier l'inconvénient de la loi: la loi est générale; elle a pour objet le bien commun; elle s'étend à tous les cas, sur-tout à ceux qui ont été connus et prévus par le législateur. La loi veut et la société demande que l'acte soit authentique, même en l'absence du pere: la loi ne peut donc vouloir que du pere dépende l'authenticité d'un acte auquel il n'a, dans certains cas, aucune part. La loi veut et la société demande que l'acte soit authentique, même lorsqu'il est fait en présence de deux impuberes: la loi ne peut donc vouloir que l'authenticité de l'acte soit seulement appuyée sur des témoins de ce genre.

Si l'on prétend réduire les curés et vicaires à la simple qualité de notaires qui reçoivent des énonciations sans les garantir, il falloit répandre plus de lumieres sur la forme des actes à rédiger, et sur les devoirs des rédacteurs. On sait que, pour les actes instrumentaires ou passés en présence de notaires, il est prescrit que les témoins aient au moins

moins vingt ans; qu'ils soient mâles, régnicoles, connus et domiciliés, capables d'effets civils; que, dans certains cas, ils puissent et sachent signer. La déclaration n'entre dans aucun de ces détails; elle n'exige aucune précaution pour le choix des témoins chargés de déposer sur les faits relatifs à l'état des enfants; elle défend aux curés toute observation, toute interprétation, même toute interpellation sur les faits énoncés: une telle loi ne paroît-elle pas s'écarter des vues d'utilité publique auxquelles sont destinés les registres de baptême?

Puisque ces registres peuvent quelquefois servir de preuve à l'*état* des enfants; puisque les tribunaux, quoique les loix ne le disent pas disertement, regardent les actes de baptême comme une des principales preuves de l'état des enfants; puisque la déclaration suppose, dans ces actes, *des faits relatifs à l'état de l'enfant;* puisqu'elle dit encore que *les interprétations sur ces faits peuvent être préjudiciables à la tranquillité des sujets, et qu'elles pourroient tendre à répandre des nuages sur la possession de l'état de chacun d'eux;* alors, certes, il importe à la société, et la raison exige, non que les actes de baptême contiennent des déclarations quelconques, non que les registres soient des recueils informes d'énonciations incertaines et hasardées, mais que les faits consignés dans ces actes, comme bases de cet état, soient vrais, et que la vérité en soit assurée autant qu'elle peut l'être; et si la loi interdit aux curés et vicaires tout jugement sur le mérite et la valeur des déclarations, si les registres cessent d'avoir l'espece d'autorité que ce jugement devoit leur donner et leur donnoit en effet dans l'opinion publique, il est de la sagesse et de la prudence du législateur d'y suppléer du moins par des mesures nouvelles pour le choix et la qualité des témoins.

Il est aisé de prévoir à quels dangers peuvent être exposés les ministres de l'église par le silence de la loi sur la nature et les qualités de ces témoins. Il peut se présenter, et souvent l'on est obligé dans les campagnes de recevoir, pour parrains et marraines, des personnes grossieres, ignorantes, à qui la pauvreté de leur état n'a pas permis de se procurer les foibles avantages de l'éducation la plus commune, qui ne savent ni lire, ni signer leur nom. La loi ne défend pas de les admettre. Nous ne demanderons pas s'il est bien utile au public que l'autorité des registres repose sur le jugement de telles personnes plutôt que sur celui des curés et vicaires: mais nous demanderons s'il est impossible que parmi ces personnes ignorantes il s'en trouve qui soient animées de quelque sentiment de haine contre leur curé; qu'elles lui dictent des déclarations fausses, scandaleuses; qu'elles aient ensuite la mauvaise foi de dénier ces déclarations et d'accuser le ministre de l'église de les avoir insérées de son propre fait. Ces déclarations n'étant pas signées par ceux qui les ont faites, quelle ressource la loi assure-t-elle au curé pour repousser l'accusation, pour se soustraire à l'animadversion des tribunaux et à la rigueur des peines si justement décernées contre des calomnies d'un genre aussi grave?

L'instabilité, les incertitudes, les abus sans nombre, paroissent inévitables dans ces déclarations non signées, et sur lesquelles les curés n'auront plus ni le droit ni la liberté de faire connoître leur sentiment. On pourroit chercher à remédier au mal, en se procurant la signature de deux témoins distingués du parrain et de la marraine qui ne savent pas signer: mais ces témoins seront-ils toujours faciles à trouver, sur-tout dans les circonstances où le parrain et la marraine auroient projetté quelque machination secrete, quelque intrigue criminelle? de quel droit le curé invoquera-t-il le secours de ces deux témoins? quelle autorité a-t-il pour les interpeller? les évêques mêmes, qui croiroient cette addition à la loi, utile et convenable, pourroient-ils la conseiller ou l'ordonner aux curés et vicaires? cette modification de la loi, émanée des supérieurs ecclésiastiques, seroit-elle approuvée du gouvernement, lorsqu'il paroît bien clairement avoir le dessein de diminuer plutôt que d'augmenter l'influence des ministres de l'église sur cet objet de la législation? enfin, en supposant de sa part toutes les facilités, qu'on ne doit pas espérer, pour permettre de modifier la déclaration, le besoin de ces précautions négligées par le législateur ne prouve-t-il pas, et l'imperfection de la loi, et la nécessité de l'interpréter ou de la révoquer?

Les inconvénients qu'elle présente ne se bornent pas aux déclarations des parrains et marraines impuberes, aux énonciations des parrains et marraines qui ne savent pas signer; des abus très nombreux, très dangereux, peuvent encore naître des déclarations faites par des parrains et marraines qui seroient majeurs, et qui confirmeroient les déclarations par leurs signatures. Quelques curés et vicaires se sont permis d'insérer dans les actes de baptême des faits inexacts ou faux touchant l'état des enfants; voilà le mal que la déclaration de 1782 veut arrêter et prévenir. Un champ libre est ouvert à toutes les déclarations des peres, parrains et marraines, sans qu'elles puissent être contredites en aucune maniere par le rédacteur de l'acte: voilà le remede prescrit par la déclaration; n'est-il pas plus pernicieux que le mal lui-même? En voulant éviter un inconvénient, la loi ne deviendra-t-elle pas la source d'inconvénients et plus fréquents et plus graves? Si des scrupules, une trop grande délicatesse, des principes d'une probité trop sévere, l'indiscrétion ou la négligence, peut-être même quelques passions des ministres de l'église, peuvent altérer la vérité des faits dans les actes de baptême; ces fautes, des erreurs encore plus funestes à la tranquillité des sujets, plus capables de répandre des nuages sur la possession d'état, ne sont-elles pas également et plus à craindre de l'impéritie, de la malignité, de la cupidité de quelques uns des peres, des parrains et marraines? Monseigneur l'archevêque d'Arles, dans l'assemblée de 1782, montra avec force de quelle dangereuse conséquence seroit la liberté illimitée de ces déclarations pour l'état, l'honneur et la fortune des citoyens; il développa sur chacun de ces points de vue les réflexions les plus frappantes. Nous ne les répéterons pas ici : nous ajouterons seulement que, si l'on peut juger du caractere et de la moralité des hommes d'après leur éducation, leurs principes, la gravité de leur ministere, la sainteté de leur état, leurs propres intérêts; les infidélités, les énonciations équivoques, nuisibles et calomnieuses, sont bien moins à présumer de la part des curés et vicaires que de la part des autres témoins de l'acte de baptême ; témoins sur la qualité desquels les loix n'ont rien statué; témoins qui peuvent se présenter au hasard, qu'on admet communément sans choix, et qu'il seroit dangereux de récuser sans des raisons très fortes. Nous ajouterons encore que les judicieuses réflexions de monseigneur l'archevêque d'Arles sont confirmées par des faits qui ne peuvent vous être inconnus, et dont les tribunaux ont retenti dans vingt procès sur des questions d'état, procès occasionnés par les infidélités des déclarations des peres, des parrains et marraines, quoiqu'alors il fût libre aux curés et vicaires d'exprimer leur sentiment sur la valeur et le mérite de ces déclarations.

La loi de 1782, en réformant un abus très rare, pourroit donc donner lieu à d'autres abus plus nombreux et plus graves.

Il nous semble même que les infidélités consignées dans les registres de baptême par les déclarations des parrains et marraines, doivent nécessairement entraîner des suites beaucoup plus difficiles à prévenir, que n'en peuvent avoir les inexactitudes commises par les curés et vicaires dans la rédaction des actes. S'il arrivoit malheureusement qu'un curé eût l'imprudence d'insérer dans l'acte de baptême quelque fait préjudiciable à l'état de l'enfant, le pere, s'il est présent, le parrain et la marraine, ont facilement et dans le moment même la connoissance du délit; ils peuvent en instruire les parties intéressées, et les tribunaux offrent à celles-ci les secours les plus prompts et les plus aisés pour redresser le grief, pour réparer le scandale, l'injure, ou l'injustice. Il n'en seroit pas ainsi des déclarations faites par des parrains et marraines, esclaves de leurs propres passions, ou de quelques passions étrangeres: ces déclarations, inscrites dans les registres par un rédacteur qui n'auroit pu ni dû opposer aucune réclamation, aucune interpellation, peuvent être long-temps inconnues des parties intéressées; le temps donnera du poids et de la consistance à la calomnie; et peut-être un jour l'enfant en deviendra la malheureuse victime.

Tels sont, MESSEIGNEURS et MESSIEURS, les principaux inconvénients que nous avons cru remarquer dans la déclaration de 1782.

Nous conclurons, avec monseigneur l'archevêque d'Arles, que, cette déclaration ne répandant aucune lumiere sur la forme des actes à rédiger, ni sur les précautions à prendre par les rédacteurs, les personnes éclairées peuvent encore former des vœux pour la publication d'un réglement général, uniforme, et revêtu de la sanction du souverain, et que c'est moins un réglement prohibitif que des loix directives sur cette matiere importante, qui rempliroient l'attente de la nation.

§ III.

DÉCLARATIONS A SOLLICITER.

MESSEIGNEURS ET MESSIEURS,

SUIVANT l'ordre que nous nous sommes imposé, la premiere partie de ce rapport est destinée à remettre sous vos yeux les principaux articles sur lesquels les deux dernieres assemblées ont desiré des décisions de sa majesté: nous allons vous rappeller littéralement les délibérations qu'elles ont prises à ce sujet, et vous faire part des réponses qui nous ont été faites, pour que vous connoissiez promptement les objets qui méritent vos premieres et vos plus actives démarches.

ARTICLE Ier.

Déclaration qui regle, 1°. « que les ecclésiastiques « auxquels le *visa*, ou institution canonique, aura été re- « fusé, ne pourront dans aucun cas être envoyés en pos- « session et jouissance des fruits du bénéfice contentieux « qu'après que les cours de parlement auront déclaré *y* « *avoir abus dans l'ordonnance de refus;* 2°. que, même dans « ce dernier cas, la récréance ne pourra leur être adjugée « qu'en grande connoissance de cause, et *sous la condition* « *expresse* de fixer un terme fatal, après l'expiration du- « quel, si les prétendants ne font apparoir d'un titre ca- « nonique, ils seront irrévocablement déchus de tous « droits, et leurs bénéfices déclarés vacants et impétra- « bles. »

Cet article est le deuxieme du cahier de l'assemblée de 1780. Sa majesté a répondu qu'*elle se référoit à la réponse déja faite à l'assemblée ; qu'elle avoit donné ses ordres à ses procureurs généraux, afin que l'on n'abusât pas des dispositions de l'édit de 1695, et qu'elle les renouvelleroit.*

La réponse ultérieure de M. le garde des sceaux est à-peu-près dans les mêmes termes ; elle porte que *le roi, après avoir mûrement réfléchi sur cet objet, a jugé à propos de se borner à donner des ordres à ses procureurs généraux, afin que l'on n'abuse pas des dispositions de l'édit de 1695, et que sa majesté y veillera.*

Depuis long-temps, et dès l'assemblée de 1723, cette déclaration est desirée par le clergé ; elle a été sollicitée particulièrement par l'assemblée de 1775. Le motif de cette demande est fondé sur un abus véritablement déplorable. Les ecclésiastiques auxquels on a refusé le *visa*, jouissent de leurs revenus, et n'exercent aucune fonction : ainsi des bénéfices à charge d'ames deviennent des bénéfices simples ; des canonicats, des cures, sont, pour ainsi dire, possédés en commende ; et des sujets réputés indignes ou incapables par leurs supérieurs, paroissent obtenir une sorte de faveur refusée aux ecclésiastiques irréprochables qui ne perçoivent les fruits de leurs bénéfices, qu'autant qu'ils en remplissent les charges et qu'ils les desservent avec exactitude.

ARTICLE II.

Déclaration portant « qu'aucun ecclésiastique ne pourra être dorénavant pourvu de cure ou de bénéfice à charge d'ames, soit sur la présentation des patrons, soit en vertu de ses degrés et autres expectatives, soit par la voie de la prévention en cour de Rome, ou de la résignation en faveur, soit enfin à quelque titre et par quelque collateur que ce soit, s'il n'a exercé pendant *deux ans* les fonctions de vicaire, secondaire, ou autre de *prêtre* employé au service spirituel des paroisses, ou s'il n'a été *approuvé*, pour la confession ou la prédication, le temps et espace de quatre années. »

Cet article est le troisieme de vos cahiers : il a paru *mériter l'attention de sa majesté;* elle a promis *de s'en occuper et de faire connoître ses intentions.* M. le garde des sceaux nous a répondu qu'*il s'occupoit de cet objet, afin de mettre sa majesté en état de faire connoître ses intentions.*

Il n'est aucun de vous, MESSEIGNEURS et MESSIEURS, qui ne soit profondément convaincu de tous les avantages qui résulteroient de cette déclaration pour le bien spirituel des peuples et pour l'honneur du clergé. S'il est un état qui exige des essais, des épreuves, de l'expérience et un apprentissage laborieux, c'est sans doute celui qui est chargé du ministere le plus saint et le plus difficile. Puisque vous n'avez pas encore obtenu la déclaration que vous desirez sur cet objet, ne pourriez-vous pas espérer de votre crédit et de la pureté de vos motifs l'établissement du concours pour tous les bénéfices auxquels est attaché le soin des ames ? il nous semble que ce seroit le remede le plus efficace contre le mal dont vous gémissez.

ARTICLE III.

Déclaration sollicitée depuis long-temps par le clergé, par laquelle,

1°. « Il seroit fait inhibition et défense à toutes personnes, excepté aux peres et meres, tuteurs et curateurs, freres et sœurs, oncles et tantes, de former opposition aux mariages, soit des majeurs, soit des mineurs, « ni d'interjeter appel comme d'abus de publications de « bans, sous quelque prétexte que ce puisse être, à moins « que ce ne soit pour empêchement dirimant, auquel cas « les causes en seront déduites dans les exploits d'opposition ou d'appel comme d'abus, le tout sous peine de « 300 livres d'amende, et même d'être poursuivi extraordinairement suivant l'exigence des cas, n'entendant « néanmoins préjudicier aux actions à fin de dommages « et intérêts que pourroient former les parties.

2°. « Il sera également défendu à tous huissiers de

« prêter

« prêter leur ministere pour pareilles oppositions et ap-
« pels comme d'abus sous les mêmes peines, et même
« d'interdiction, au défaut par eux de déduire, dans les
« exploits qu'ils signifieront, les causes d'opposition ou
« d'appel comme d'abus.

3°. « A l'égard des ouvriers et des habitants, tant des
« villes que des campagnes, qui seroient hors d'état de se
« pourvoir en justice réglée pour avoir main-levée des op-
« positions à leur mariage, ou pour faire statuer sur les
« appels comme d'abus qui seroient interjetés de la publi-
« cation de leurs bans, toutes les poursuites nécessaires
« pour y parvenir seroient faites à la requête et diligence
« du ministere public, tant dans les officialités que dans
« les justices royales.

4°. « On jugera ces sortes de causes à l'audience et
« sommairement autant que faire se pourra. Seront tenus
« les tiers opposants de faire vuider leur opposition dans
« un terme fatal et de rigueur, après l'expiration duquel,
« s'il n'étoit intervenu aucun jugement interlocutoire ou
« définitif, il sera passé outre par les curés sur la demande
« et requisition des parties. »

Cet article est le quatrieme des cahiers. Sa majesté a répondu que *la demande contenue dans cet article méritoit une grande attention, et qu'elle la feroit examiner.*

M. le garde des sceaux nous a répondu sur cet objet dans les mêmes termes que pour l'article précédent.

Les oppositions mal fondées, indécentes et vexatoires, auxquelles vous souhaitez que la sagesse du roi mette un frein, ont excité le zele des assemblées de 1755, 1760 et 1765. Nous sommes convaincus que cet objet fixera votre attention par un motif bien digne de vous. Les suites fâcheuses de ces oppositions, dont la malignité se fait un jeu cruel, fatiguent et désolent plus particulièrement les classes inférieures de la société; et c'est à ces classes inférieures, c'est aux pauvres, que vous accordez avec prédilection vos secours et vos soins. Monseigneur l'archevêque d'Arles fit observer à l'assemblée de 1780 que les trois premieres dispositions de la déclaration que sollicite le clergé ont déja été autorisées par le parlement de Paris dans un arrêt de réglement du 28 août 1778. Vous devez espérer que la bonté du roi ne se refusera pas aux vœux réunis du clergé et de la magistrature, et qu'il daignera adopter des précautions sages qui n'ont d'autre but que la tranquillité des citoyens et le bon ordre de la société.

ARTICLE IV.

Déclaration portant,

1°. « Que toute personne qui voudra contracter ma- « riage sera tenue d'en faire publier les bans dans la pa- « roisse de son origine ainsi et de la même maniere que « dans les paroisses de son domicile de droit et de fait, « avec défense à tous les curés, vicaires et autres prêtres, « de passer outre à la célébration d'aucun mariage, avant « qu'il leur soit apparu du certificat de ladite publication, « dont il sera fait mention expresse dans l'acte de célé- « bration, ainsi que des publications faites dans les pa- « roisses du domicile de droit et de fait.

2°. « La paroisse d'origine des enfants sera toujours « celle où ils ont été baptisés.

3°. « Les curés, vicaires, et autres prêtres chargés de « la célébration des mariages, inscriront par jour toutes « les publications de bans qu'ils auront faites, et les certi- « ficats de publications qu'ils auront donnés et délivrés, « dans un registre qu'ils tiendront à cet effet, lequel re- « gistre sera double et sujet aux autres formalités prescrites « par la déclaration du 9 avril 1736 pour les registres de « baptême, mariages et sépultures.

4°. « Lorsque le mariage se célébrera ailleurs que dans « les paroisses où les bans en sont publiés, une note « placée à la marge du registre desdites annonces et pu-

« blications, annoncera, et le jour où le certificat de pu-
« blication aura été délivré, et le nom propre et distinctif « de la paroisse pour laquelle aura été faite la remise dudit « certificat.

5°. « Seront tenus les curés et autres prêtres de la pa- « roisse d'origine d'exprimer, dans le certificat de publica- « tion qu'il leur écherra de délivrer, que les registres de « publications ont été par eux vus et visités, et que les « parties ont ou n'ont pas contracté d'engagements au- « tres que ceux mentionnés dans l'annonce actuelle des « bans. »

Cet article est le cinquieme du cahier du clergé, auquel sa majesté a répondu.

La derniere réponse de M. le garde des sceaux a été que *sa majesté a examiné cette demande, et a reconnu que les formalités proposées par cet article seroient plus embarrassantes qu'utiles, qu'il étoit de sa sagesse de ne rien ajouter sur cet objet aux dispositions des loix et des ordonnances.*

Le clergé s'est proposé, dans cet article, d'arrêter, par des obstacles insurmontables, les personnes qui, au mépris des loix, de la religion et de la société, tenteroient de contracter un second mariage lorsqu'elles seroient encore dans les liens du premier. Les classes les moins élevées de la société n'offrent que trop d'exemples de ces désordres. L'église, pour les prévenir, a ordonné la publication des bans de mariage, et ses décrets ont été adoptés par les loix civiles: mais l'assemblée de 1780 en a remarqué l'insuffisance; car ils ne prescrivent les publications de mariage que dans les lieux du domicile de droit et de fait; et ces domiciles étant sujets à des changements fréquents, il est possible de cacher dans une nouvelle résidence les engagements formés dans une autre. Le projet de loi dont s'est occupé l'assemblée de 1780 écarteroit ces fraudes; chaque individu seroit obligé de faire publier ses bans de mariage dans la paroisse d'origine, et la preuve de cette publication seroit conservée dans un registre qui déposeroit d'une alliance antérieure, si elle avoit été contractée. Les nouvelles formalités présentent, il est vrai, des lenteurs et des frais, et c'est le motif qui s'est opposé à l'accomplissement du vœu de l'assemblée de 1780: mais ces formalités, qui seroient sans doute trop gênantes pour les sujets du roi nés dans les colonies, pourroient être modifiées à leur égard: et quant aux citoyens régnicoles, il ne nous paroît ni très dispendieux, ni très embarrassant de faire publier des bans, et d'en retirer le certificat du lieu d'origine; les relations, qu'il est si commun d'entretenir avec le lieu de son origine, donneroient à la plupart des sujets du roi les plus grandes facilités pour se conformer à ce réglement. Vous penserez peut-être que les avantages d'une loi aussi précieuse, aussi utile à l'ordre public, doivent vous engager à faire de nouvelles instances pour l'obtenir.

ARTICLE V.

Déclaration, laquelle

1°. « Soumette à une résidence fixe, déterminée et « constante (sauf les exceptions bien et duement prou- « vées), les dignitaires des chapitres non *chanoines*, les- « quels demeureroient privés d'une portion de revenus « plus ou moins grande, selon que seroit plus ou moins « long le terme de leur absence, le tout applicable aux « pauvres des lieux, sur la requête, ou des administrateurs « de l'hôpital, ou du curé de la paroisse, ou du promoteur « du diocese.

2°. « La même déclaration régleroit le nombre et la « qualité des officiers commensaux des maisons royales « qui devroient être tenus présents dans le chapitre, de « maniere que l'on excluroit du bénéfice de l'exemp- « tion, non seulement les charges incompatibles avec la « dignité de la profession cléricale et la sévérité des mœurs « ecclésiastiques, mais encore celles qui n'auroient réelle-

« ment et de fait aucun service ni fonction à exercer, et
« même toutes les charges purement laïques et profanes;
« autres néanmoins que les emplois importants pour
« l'état, lesquels continueront à jouir des distinctions ci-
« devant accordées. »

Cet article est le sixieme du dernier cahier. Le roi vous a assurés par sa réponse que *l'objet de cette demande lui a paru louable et digne du zele des évêques et archevêques pour l'édification des fideles et pour l'honneur de la religion, qu'il s'en occupera et fera connoître ses intentions.*

Et M. le garde des sceaux nous a répondu : *Quant aux demandes portées aux articles 6, 7 et 8, du cahier de 1780, concernant les dignitaires des chapitres non résidants et chanoines privilégiés, les anciennes unions faites en faveur des églises collégiales, et les cures des villes murées, il n'a pas encore été possible de faire tout le travail nécessaire pour mettre sa majesté en état de prendre une détermination définitive.*

Dans la premiere partie de cet article, l'assemblée de 1780 a desiré faire cesser un abus qui devient tous les jours plus sensible dans l'église de France. Des ecclésiastiques pourvus de dignités considérables dans une église cathédrale ou collégiale, se prétendent exempts de la résidence, sur le prétexte qu'il n'y a point de prébende attachée à leur dignité. Les motifs les plus forts s'élevent contre ces prétentions, toujours condamnables quand il n'y a pas un titre d'exemption formel et bien précis. En général un dignitaire est obligé, par l'établissement même de son bénéfice, de contribuer au service du diocese; il est tenu, dans l'église dont il est un des principaux membres, de concourir à la majesté du culte; il doit enfin au chef-lieu de son bénéfice des secours temporels: son absence prolongée l'empêche de remplir ces devoirs que la religion et les vues d'une politique saine réclament également.

Des raisons non moins pressantes autorisent les plaintes

de l'assemblée au sujet de cette multitude de charges ou commissions qui tous les jours servent de prétexte à des chanoines pour éluder la loi sévere de la résidence. Si la discipline de l'église approuve que nos princes retiennent auprès d'eux quelques ministres de la religion; si elle consent que des ecclésiastiques se consacrent à des travaux civils, quand ils sont importants pour l'église et pour l'état, elle s'élevera toujours contre ceux qui, pour se soustraire au joug d'un devoir qui les gêne, recherchent des places vacantes et abandonnées depuis long-temps, en font créer de nouvelles sans fonctions et dont le titre seul découvre l'inutilité; elle s'élevera toujours contre ces ecclésiastiques qui abandonnent des fonctions respectables, auxquelles leurs bénéfices les consacrent, pour se livrer à un service purement séculier, peu important, quelquefois même incompatible avec la dignité de l'état clérical et la sévérité des mœurs qu'il exige.

Ces maux, quelque sensibles qu'ils soient, ne peuvent cesser que par une loi précise du souverain; elle seule peut proscrire, et cette tolérance sur laquelle les dignitaires appuient leurs prétentions, et ces brevets que jusques-là vous croirez devoir respecter par égard pour l'autorité dont ils émanent.

Si vous n'avez pas encore obtenu sur ces deux objets le réglement que l'assemblée générale de 1780 avoit demandé, la maniere dont le vœu de cette assemblée a été accueilli par sa majesté nous fait espérer que de nouvelles sollicitations détermineront le succès de votre demande.

ARTICLE VI.

« Déclaration qui étende à toutes les églises collégiales « du royaume la validation des anciennes unions faites au « profit des églises cathédrales, prononcée en 1769. »

Cet article est le huitieme de votre cahier. Sa majesté y a répondu en ces termes : *Je prendrai cet objet en considé-*

ration, et je me ferai représenter à cet effet la déclaration de 1769. Dans l'article précédent nous avons eu l'honneur de vous rendre compte de la réponse que M. le garde des sceaux a faite à celui-ci.

Par la loi de 1769, le souverain a légitimé toutes les unions de bénéfices faites anciennement en faveur de quelques établissements privilégiés dans l'église. L'assemblée de 1780 a demandé que les chapitres collégiales jouissent de la même faveur. Les motifs de cette demande ont été que les unions de bénéfices, par lesquelles on a pourvu autrefois à la dotation de ces chapitres, ont été faites dans des vues louables et avec connoissance de cause; qu'on y a observé les formalités usitées dans le temps; que les omissions qu'on leur reproche ont eu leur principe dans l'ignorance où on étoit alors des solemnités exigées pour ces sortes de procédures ; que la possession longue, paisible, qui a suivi ces unions, atteste qu'elles ont été regardées comme légitimes : elles ont d'ailleurs été faites au profit d'établissements respectables, dignes en général de la protection des deux puissances, et dont plusieurs sont recommandables aux dioceses par les services qu'ils y rendent. Les particuliers qui réclament ces patrimoines n'ont d'autre motif que la cupidité, et ne peuvent acquérir de titre que par des contestations scandaleuses. Enfin des arrêts particuliers du conseil ont déja accordé à quelques églises collégiales la sauve-garde que l'assemblée de 1780 sollicitoit pour toutes.

Il nous paroît, MESSEIGNEURS et MESSIEURS, qu'une demande, appuyée de l'autorité de l'exemple, qui réunit en même temps des motifs de justice, des raisons de faveur, des vues d'utilité générale, ne peut manquer de fixer votre attention, et nous aimons à nous persuader que votre recommandation procurera aux églises collégiales la tranquillité que nos efforts n'ont encore pu leur obtenir.

ARTICLE VII.

« Déclaration qui fixe dans les ressorts de tous les parlements, comme il est fixé dans les ressorts des parlements d'Aix, Bordeaux, Grenoble et Dijon, le nombre « des villes murées dont les cures doivent être possédées « par des gradués. »

Cet article est le huitieme du cahier. Le roi a répondu qu'*il n'avoit pas perdu de vue le projet de fixer dans les ressorts de ses parlements le nombre des villes murées, et qu'il continueroit à s'en occuper.*

M. le garde des sceaux nous a donné sur cet article la même réponse qu'à l'article VI.

En vous rappellant aujourd'hui cet objet, MESSEIGNEURS et MESSIEURS, nous exécutons les ordres de l'assemblée de 1780. Elle nous chargea, par une délibération du 27 juillet, de veiller avec une attention particuliere sur l'envoi et l'enregistrement des lettres-patentes dans les divers parlements, et de rendre compte à l'assemblée de 1785 du résultat des diligences par nous faites sur un point si propre à maintenir dans les dioceses la paix et l'uniformité. Nous n'avons rien négligé pour obtenir l'exécution générale d'un réglement si utile au clergé et à chaque diocese ; nous regrettons que le résultat de nos vives instances soit si peu satisfaisant. Le clergé attend depuis plusieurs années que sa majesté daigne terminer une affaire dont toutes les difficultés paroissent applanies. Les agents de 1755 solliciterent et obtinrent de chaque évêque un état des lieux de leurs dioceses qui pourroient mériter le nom de ville, et requérir des degrés de la part des curés. Tous ces états furent remis alors à M. le chancelier, qui en donna communication aux procureurs généraux des parlements et aux intendants des provinces. Ces préalables exactement remplis fournirent à cette assemblée une raison de solliciter et un motif d'espérer la la prompte expédition des lettres-patentes, et leur envoi aux parlements qui ne les ont pas encore reçues.

ARTICLE VIII.

Déclaration depuis long-temps sollicitée par le clergé, laquelle, « étendant à tous les colleges ci-devant occupés par les Jésuites, les dispositions des lettres-patentes données en 1763 pour le college particulier de « Toulouse, ordonne que les cures dépendantes des bénéfices unis à ces colleges, seront à la disposition libre « des archevêques et évêques diocésains. »

M. le garde des sceaux a répondu que *cet objet exigeoit des détails qu'il n'a pu encore se procurer.*

Il est extrêmement intéressant que ces bénéfices-cures reviennent à la disposition de l'ordinaire; leur collation est un des attributs les plus essentiels de l'autorité épiscopale, et, à cet égard, le retour au droit commun a toujours été favorisé par le législateur. Le droit de nommer à ces bénéfices est entièrement étranger à l'objet des unions operées en faveur des colleges; et lorsqu'il est exercé par des bureaux laïques, il n'est que trop souvent une source d'abus: il est d'ailleurs contraire aux droits des évêques, au maintien de la discipline et de la subordination dans le clergé, au vœu des paroisses, et aux véritables intérêts des fideles. Ces motifs ont déja déterminé le législateur par rapport au diocese de Toulouse; et comme ils ont une égale force pour les autres, on doit espérer que vos sollicitations obtiendront que ces dispositions favorables s'étendent également sur tous.

ARTICLE IX.

Déclaration, laquelle, « en confirmant en tant que de « besoin toutes les loix ci-devant rendues au sujet des « aliénations, des emprunts et des remboursements, con- « tiendroit,

1°. « Défenses à tous bénéficiers, corps ecclésiastiques, « séculiers et réguliers, exempts et non exempts, de faire « aucunes aliénations d'immeubles, même par voie d'é- « change, sans qu'au préalable il n'ait été fait un procès « verbal *de commodo et incommodo*, et que l'évêque dio- « césain n'y ait donné son consentement.

2°. « Défenses à tous bénéficiers, chapitres, corps et « communautés religieuses, de faire aucun emprunt de « deniers, sans une autorisation spéciale et expresse de « l'évêque diocésain.

3°. « Défenses de consentir aucune constitution de « rente que sous la condition expresse qu'il sera fait un « fonds destiné à rembourser chaque année une partie « des capitaux.

4°. « Défenses de faire aucun remboursement de rente, « tant aux fabriques qu'aux bénéficiers et communautés « de filles, que l'évêque diocésain n'en ait été prévenu « et averti, afin qu'il puisse veiller à ce que les deniers de « rachat soient employés au profit des bénéficiers, com- « munautés et fabriques, et non à d'autres usages. »

M. le garde des sceaux nous a fait la même réponse qu'à l'article précédent. On ne peut s'empêcher de reconnoître la sagesse des dispositions contenues dans cet article, et de desirer que le roi les consacre; elles tendent toutes à prévenir la dissipation des biens ecclésiastiques, et elles ont été provoquées par des abus dont il est d'autant plus important d'arrêter le progrès, que le clergé, ayant perdu la faculté d'étendre les limites de son patrimoine, doit être plus vigilant sur la conservation de ce qu'il possede.

ARTICLE X.

Déclaration, laquelle, « pour prévenir toutes les « contestations à naître sur le paiement des pensions « vicariales, et en interprétant la déclaration du 29 jan-

« vier 1686, et l'édit du mois de mai 1768, porte,

1°. « Que la clause de la déclaration du 29 janvier « 1686, où il est dit, *Voulons que, dans les paroisses où il « y a présentement des vicaires, il sera payé la somme de cent « cinquante livres pour chacun desdits vicaires*, ne doit s'en- « tendre que des vicaires *établis contradictoirement avec les « gros décimateurs*.

2°. « Que, dans le cas où les gros décimateurs seroient « en possession immémoriale de ne pas payer les pensions « des vicaires et les portions congrues des curés, ni de « contribuer au paiement d'icelles, ils ne pourront être « obligés à la nouvelle charge qui leur seroit imposée que « du jour du jugement qui les y auroit condamnés, ou « tout au plus du jour de la demande desdites pensions « et portions congrues, pourvu que la demande ne soit « pas antérieure de plus d'un an au jugement qui en or- « donneroit le paiement.

3°. « Que, dans le cas où les décimateurs auroient pré- « cédemment payé les pensions des vicaires et les por- « tions congrues, ou contribué à leur paiement, lequel « auroit été ensuite interrompu, ils ne soient tenus qu'au « paiement de l'année échue au jour de la demande, ou « tout au plus à celui des trois années qui précedent im- « médiatement le jour de la demande, en sorte que, si « elle n'est faite qu'un an après la cessation du service, « on ne puisse demander que deux années; si elle est « faite deux ans après la cessation du service, on ne puisse « demander qu'une année; et si on attend trois ans à for- « mer la demande, elle ne puisse avoir d'effet, confor- « mément à l'ordonnance de 1535. »

Cette déclaration a été demandée par le clergé à la suite d'un arrêt du parlement de Bretagne, qui tend à établir une jurisprudence inquiétante pour les décimateurs, en protégeant des maximes entièrement contradictoires avec les dispositions que vous venez d'entendre:

il est facile de voir que ces dispositions sont conformes et à l'esprit de la loi et aux véritables principes.

1°. L'édit de 1686, en soumettant le décimateur au paiement de 150 livres pour les vicaires, n'a certainement pas voulu lui imposer cette obligation par rapport à tous ceux indistinctement qui portoient le nom de vicaire ; il l'a restreinte à ceux qui seroient légitimement établis, et dont la nécessité seroit constatée ; et comme cette nécessité ne peut être bien assurée qu'autant que les personnes intéressées à la contester, telles que les décimateurs, ont été appellées, c'est nécessairement des vicaires établis contradictoirement avec les décimateurs que la loi doit s'entendre.

2°. Il est certain que, si le décimateur est en possession immémoriale de ne pas payer les pensions des vicaires, il ne doit y être soumis que du jour du jugement ou de la demande, et qu'il seroit injuste d'exiger de lui des arrérages antérieurs ; car le décimateur ne peut être soumis aux arrérages d'une dette, qui n'existe que par le jugement même qui la déclare.

3°. Enfin, si les décimateurs ont précédemment payé les pensions des vicaires, et que le paiement en ait été interrompu, ils ne peuvent être tenus du paiement que pour les trois dernieres années tout au plus. Les pensions vicariales ne sont en effet que des pensions alimentaires ; or, à l'égard de ces dernieres pensions, l'ordonnance de 1635 déclare expressément qu'on ne peut en demander arrérages de plus de trois ans passés.

§ IV.

AFFAIRE DES FOI ET HOMMAGES.

Il seroit difficile, MESSEIGNEURS et MESSIEURS, de trouver dans vos annales une affaire plus importante pour le clergé que celle des foi et hommages dont vous attendez la décision: ses principes tiennent au droit public de la monarchie; son succès intéresse la liberté féodale de vos biens. Nous ne doutons pas que nosseigneurs de la commission ne vous exposent, dans le cours de vos séances, tous les détails, tous les éclaircissements et tous les développements dont cette matiere est susceptible. Cependant, ayant eu l'honneur, en qualité de vos agents, d'être membres de cette commission, et prenant à cette affaire tout l'intérêt qu'elle doit nous inspirer, nous croyons ne pouvoir nous dispenser de mettre sous vos yeux un résumé pas nous renfermerons dans les bornes les plus étroites. Ceux qui recherchent quelque utilité dans les rapports d'agence, trouveroient qu'il manque au nôtre un article essentiel, s'ils n'y voyoient aucune trace de ce grand procès. D'ailleurs une question d'abord si obscure, et dont il a fallu aller fouiller les principes sous les débris des antiques monuments de la féodalité, une telle question ne sera que plus éclaircie étant envisagée sous des points de vue plus variés. Enfin notre précis auroit encore un avantage réel, quand il ne serviroit qu'à vous mieux faire connoître l'importance et le mérite du travail de la commission.

La question se réduit à savoir si le clergé est obligé pour ses biens aux devoirs des fiefs envers le roi, c'est-à-dire à la foi et hommage, aveu et dénombrement par détail. Il y a près d'un siecle et demi que la question s'est élevée: la déclaration de 1674 en a été le principe; celle de 1725, avec des dispositions plus marquées, n'a fait que la déterminer davantage. Dans cet intervalle, différents arrêts de surséance ont laissé l'affaire indécise. Au commencement du regne actuel elle a été reprise avec la plus grande activité, et le gouvernement a voulu qu'elle fût définitivement jugée. En conséquence il a été rendu en 1775 un arrêt qui accorde au clergé le temps nécessaire pour mettre ses titres en regle et disposer ses moyens. L'assemblée établit alors une commission, dont monseigneur le cardinal de la Roche-Aymon fut nommé président. Après sa mort on s'assembla chez feu monseigneur de Beaumont, archevêque de Paris, puis chez monseigneur l'archevêque de Narbonne, ensuite chez monseigneur le cardinal de la Rochefoucauld.

En 1780 la commission présenta son premier mémoire. Il est divisé en deux parties relativement aux deux époques principales de notre gouvernement. La premiere s'étend depuis la fondation de la monarchie jusqu'à la fin de la seconde race; la deuxieme, depuis Hugues Capet jusqu'à nous. Ces deux époques étoient d'autant plus essentielles à remarquer, que les fiefs, tels qu'ils existent aujourd'hui, n'étoient point connus dans la premiere, et que, dans la seconde, les inféodations furent multipliées jusqu'à la démence. On verra dans un instant ce qu'a de commun cette disparité dans les mœurs de ces siecles avec la défense du clergé.

Dans la premiere partie du mémoire on a prouvé que tous les biens des églises furent véritablement allodiaux, parceque telle étoit la nature des anciennes possessions, et que la féodalité n'en avoit point encore altéré la franchise originaire. Pour l'éclaircissement de cet article, il y a plusieurs remarques à faire. La premiere, c'est que la souveraineté et la suzeraineté sont deux droits très différents: l'une ne présente que le domaine public du prince sur les personnes et les biens de ses sujets, sans lequel il est impossible de concevoir une confédération politique, un gouvernement, un état: l'autre est l'effet d'un contrat particulier des citoyens entre eux, sous l'autorité tutélaire du souverain et des loix. Celle-ci, bien loin de se confondre avec la premiere, la suppose déja établie, parceque c'est d'elle seule qu'elle tire, comme tous les autres contrats, sa sanction et sa force.

2°. L'alleu n'est autre chose qu'une propriété antique telle qu'elle fut fixée par le droit primitif des nations : à ce titre, il ne reconnoît au-dessus de lui que le domaine public de la couronne. Il n'en est pas ainsi du fief. Indépendamment de cette sujétion commune à tous les biens, il se trouve encore dominé par une autorité particuliere qui dérive, non de la constitution sociale, mais des intérêts et des stipulations civiles des citoyens ; il est, suivant tous les auteurs, la concession usufruitiere et perpétuelle d'un immeuble, sous la réserve de la propriété directe dans les mains du concédant, et à la charge des services dans celles du concessionnaire. De ce partage naissent deux relations différentes : l'une, du propriétaire de la glebe inféodée à l'usufruitier ; l'autre, de l'usufruitier au propriétaire. La premiere s'appelle suzeraineté ; la seconde, vassalité. Pour maintenir tout à la fois les droits et les devoirs respectifs qui dérivent de ces associations, on a régulièrement stipulé la foi et hommage, l'aveu et dénombrement de la part du vassal, et l'obligation de l'investiture de la part du suzerain. C'est sur cette base que se sont élevés les fiefs que nous connoissons aujourd'hui, avec les modifications que le temps, les intérêts et les mœurs y ont nécessairement apportées.

3°. On ne connoissoit dans la premiere époque que les bénéfices et les alleux. Les bénéfices étoient des démembrements passagers des terres du fisc, ou des alleux des propriétaires à la charge de certains services. Ces dons, qui ne furent dans l'origine que des concessions précaires et mobiles, devinrent patrimoniaux et héréditaires avec le temps : ce caractere de propriété perpétuelle, joint au souvenir ineffaçable de leur condition primitive, a formé de ces biens la majeure partie de nos fiefs actuels, et fourni le modele sur lequel les autres se sont formés.

D'après ces observations il a été facile de prouver l'allodialité des anciennes possessions des églises. On voit en effet, par les chartres et les monuments de ces siecles, que les biens qu'elles acquirent alors leur furent donnés avec tous les caracteres des alleux, et jamais à la maniere des bénéfices connus et pratiqués alors par le souverain et les grands. Le service public d'une religion qui devoit se perpétuer dans la durée des âges, détermina tout ensemble et la libéralité des fondateurs et la perpétuité qu'ils imprimerent à leurs dons.

Dans la seconde époque, les fondations ne sont pas moins allodiales : c'est le même esprit qui les anime; mais les regles qui les dirigent sont différentes. L'élévation de Hugues Capet sur le trône, préparée par les troubles qui agiterent la France sous les descendants de Charlemagne, fut le principe d'une révolution dans les biens du royaume. La nécessité où il se trouva de se concilier les grands l'obligea à consentir l'hérédité et la perpétuité des bénéfices auxquels étoient attachés la délégation de la justice et le pouvoir des armes. L'esprit militaire s'empara de tous les ordres de l'état; la féodalité, qui en est le principal appui, se multiplia à l'excès ; la plupart des alleux passerent insensiblement sous son joug ; l'antique gouvernement de la nation s'éclipsa peu à peu, et le régime féodal s'établit dans presque toutes nos provinces.

Cependant les fondations ne furent jamais plus fréquentes. Malgré les désordres de ces siecles, nos ancêtres n'oublierent jamais que la religion fit toujours partie de la constitution politique de la monarchie, et que travailler à leur donner une base plus solide par la stabilité de leurs dons, c'étoit travailler pour l'état en général, qui ne voyoit, dans son culte, qu'un moyen de plus pour se former des sujets fideles, les lier d'une maniere plus étroite au gouvernement, et consacrer, par une sanction nouvelle

nouvelle, les droits et l'autorité du souverain.

Les fondateurs ne purent donc composer leurs libéralités que de deux sortes de biens; des alleux qui s'altéroient sans cesse, et des fiefs qui, de toutes parts, s'établissoient sur leurs ruines. A l'égard des premieres, il est clair qu'elles furent aussi franches que celles qui les avoient précédées, parceque les donateurs transmirent aux églises ces biens comme ils les possédoient eux-mêmes, et que l'alleu ne pouvoit perdre sa franchise que par des stipulations formelles; quant aux autres, elles ne purent être faites qu'à la charge des obligations féodales dont les biens étoient grevés, à moins que, par des clauses absolument contraires à celles qui avoient dénaturé ces biens, ils n'eussent recouvré leur liberté primitive.

Ainsi, pour continuer la chaîne des possessions allodiales des églises, et établir l'uniformité de leur patrimoine dans les deux époques, il faut que l'ouvrage de la féodalité ait été détruit: or il est prouvé, par les chartres et les titres de leurs acquisitions, que la féodalité disparut sur les biens aumônés, en vertu des formules qui s'introduisirent alors. Ces formules sont celles de franc-alleu, de franche-aumône, et d'amortissement: toutes ont pour objet d'éteindre la mouvance et ses droits; on y voit les parties intéressées concourir à cette révolution, chacune dans les degrés respectifs de sa mouvance. C'est ainsi que le droit public des premiers âges s'est maintenu dans les dotations postérieures, malgré les vicissitudes du temps, des intérêts et des mœurs.

L'inspecteur du domaine a répondu à ce mémoire: il combat la franchise naturelle des biens dans la premiere époque, et leur affranchissement dans la seconde; ce qui divise son ouvrage en deux parties. Dans la premiere, il prétend que la féodalité remonte au berceau de la monarchie; que la chose du fief étoit connue, quoique le mot fût ignoré; et qu'alors, comme aujourd'hui, la féodalité avoit répandu ses influences sur toutes les propriétés du royaume. Le fondement principal de cet étrange systême est que tout est nécessairement soumis au domaine du prince, les biens, les personnes, et la jurisdiction qu'elles exercent: les biens et les personnes, en vertu du contrat fédératif; les jurisdictions, parcequ'elles sont des émanations du pouvoir suprême qui doivent être reconnues à la couronne par des devoirs quelconques.

Dans ce systême, les alleux ne signifient plus que des propriétés incommutables, exemptes peut-être des charges pécuniaires des fiefs, mais toujours assujetties à la suzeraineté du roi, parcequ'elles sont nécessairement sous l'empire de sa jurisdiction, ou de celle des délégués de sa puissance. De là, la regle, *Nulle terre sans seigneur;* et celle-ci qui lui est analogue, *Nul seigneur sans seigneur.* Pour donner plus de poids à ces maximes, l'inspecteur du domaine rappelle les anciens usages de la nation; il y voit des hommes honorés de la confiance du prince sous les noms particuliers de ducs, de comtes, de marquis, et sous la dénomination commune de *graffions* ou de *sénieurs*. Ces mandataires de la souveraineté exerçoient dans leurs cantons le pouvoir de la justice et des armes; leur autorité embrassoit l'universalité des citoyens; tous furent obligés de se ranger sous leurs ordres, particulièrement après le traité fait à *Mersein* sur la Meuse entre Charles le Chauve et ses freres. Pour conserver à la couronne l'unité indestructible de ses régales, ces hommes puissants prêtoient serment au souverain, et lui vouoient une fidélité sans bornes. Rien de plus naturel dès-lors que le vasselage et la mouvance des églises. Leurs biens étoient soumis au domaine du souverain, et leurs chefs exerçoient, en son nom, sur les hommes de leurs terres, le pouvoir de la justice et des armes. C'étoit donc pour eux une obligation indéclinable d'en reporter l'exercice à la couronne, par des actes de fidélité ou d'hommage.

Dans la seconde partie de son mémoire, il attaque les

formules de franc-alleu, de franche-aumône et d'amortissement. Selon lui, elles n'annoncent tout au plus que la libération des charges pécuniaires des fiefs: c'est en cela seul que les biens peuvent être réputés allodiaux. Quant à la féodalité proprement dite, il est impossible de les en affranchir, parcequ'elle est dans l'ordre des régales majeures, qu'elle fait partie de la couronne, et que, dans les principes de notre droit public, celle-ci commande au roi lui-même, qui lui devroit hommage, s'il n'en confondoit tous les droits dans sa personne.

A l'égard des témoignages des auteurs et des publicistes, l'inspecteur du domaine les écarte d'un seul mot, en disant qu'ils n'ont point remonté assez haut dans l'étude de nos monuments, et que d'ailleurs ils sont en contradiction avec eux-mêmes, et les uns avec les autres.

La commission a répondu à ce mémoire dans l'ordre qu'il présente. Elle a établi, d'après les principes de la matiere, les monuments de l'histoire et l'autorité des publicistes, les caracteres qui distinguent la puissance publique du prince et sa suzeraineté. Il reste prouvé qu'elles sont étrangeres l'une à l'autre; que la premiere tient à la formation des sociétés, à la constitution originaire des peuples; et la seconde, aux intérêts différents qui peuvent avoir lieu sous l'empire de la souveraineté; que l'auteur se contredit lui-même, lorsqu'il implore, à l'appui de ses idées, cette maxime du droit romain qui appartient à tous les états politiques, *Ad Caesarem potestas et imperium omnium pertinet, ad singulos proprietas*, lui qui convient d'ailleurs que le systême féodal a été inconnu aux Romains, aux Grecs, et même aux François, jusqu'au siecle de Charlemagne; que la sujétion des alleux à la suprématie du prince et aux jurisdictions déléguées ne les confondit jamais avec les tenures de nos états modernes; que les jurisdictions peuvent bien être la matiere d'une inféodation, mais qu'elles ne sont ni le principe ni la source de la féodalité, parceque, suivant tous les auteurs françois et étrangers, il n'y a rien de commun à cet égard entre les fiefs et la justice.

Pour répandre plus de clarté et d'intérêt sur cette matiere, on a remonté à l'origine des fiefs. On a vu, dans les monuments de toutes les nations européennes, que jamais ces possessions singulieres ne se sont formées que par des conventions positives; que tout est de fait dans la matiere des fiefs, et qu'il a fallu, pour rendre féodal un héritage ou un droit quelconque, l'accord de deux citoyens, dont l'un démembroit ses alleux sous la réserve de la propriété directe dans son domaine, et l'autre en recevoit l'usufruit à la charge des services, soit que l'inféodation ait été réelle, soit qu'elle ait été fictive. La différence de ces deux contrats est que, dans le premier, c'est le seigneur qui donne, et que, dans le second, c'est le vassal, parceque, maître de son domaine, il consent à le tenir désormais sous la mouvance d'un suzerain pour être protégé et défendu. Avant ces opérations réciproques des vassaux et des suzerains, la féodalité n'avoit sur ces biens aucun empire: aussi voit-on les propriétaires déclarer, dans les unes, que ces biens sont des alleux dans leurs mains, et des fiefs dans celles de leurs vassaux, *Quod suum erat feodum, nostrum verò allodium;* et dans les autres, qu'avant l'hommage auquel ils veulent bien s'assujettir, ces biens étoient indépendants de toute seigneurie particuliere; mais qu'ils vont cesser d'être des alleux, et se confondre à jamais avec les fiefs, en vertu des conditions auxquelles ils les ont soumis.

Quant aux jurisdictions, outre qu'elles sont étrangeres à la féodalité, tout annonce qu'elles ne sont point essentiellement féodales; que cette obligation est une chose indifférente aux prérogatives de la couronne; que le droit d'inspection qui appartient au souverain, celui de ressort et des appellations à ses justices, suffisent pour maintenir les jurisdictions dans la dépendance légitime du trône, et empêcher qu'elles ne fassent, dans l'état, autant de souveraines rivales et destructives de la puissance suprême.

On a encore discuté la matiere des *séniorats* et des honneurs : on les a suivis dans les révolutions qu'ils ont éprouvées depuis le commencement de la monarchie jusqu'au traité de *Mersein* : on a remonté à leur origine, examiné leurs différentes especes, discuté leur nature et leurs effets. Le résultat de ce travail est que le mot *sénieur*, qui, dans son étymologie, signifie *ancien*, *vieillard*, n'indique dans notre gouvernement, et dans ceux où il est encore en usage, que la supériorité politique d'un homme sur un autre. Les mandataires de l'autorité, connus sous cette dénomination, avoient, avec les hommes libres, trois rapports différents : ils étoient les administrateurs de la justice du prince ; ils conduisoient les citoyens à la guerre ; ils distribuoient en bénéfices les terres fiscales, et leurs propres alleux aux hommes libres qui se recommandoient à eux. Les deux premiers rapports n'ont rien de commun avec la vassalité réelle des citoyens et la féodalité de leurs domaines ; ils n'indiquent que les obligations essentielles des sujets envers l'état, à l'exécution desquelles les *sénieurs* étoient préposés. Le troisieme a sans doute quelque analogie avec les fiefs ; car les bénéfices, à la perpétuité près, en ont tous les caracteres : mais, sous ce point de vue, les *séniorats* ne présentent qu'une source restreinte de féodalité et de vasselage, parceque tous les citoyens ne participerent pas à ces largesses, et que les propriétés qu'ils possédoient n'étoient pas des concessions bénéficiales.

Dans la deuxieme partie de sa réponse, la commission a rétabli l'énergie des formules de franc-alleu, de franche-aumône et d'amortissement : elle a montré, par les monuments qui les contiennent, que toutes étoient relatives à la féodalité qui grevoit les héritages avant la donation ; qu'elles avoient été, dans les vues des fondateurs, véritablement extinctives de la mouvance réelle, parcequ'en général elles sont exprimées dans ces termes : *Extincto jure feodali, a nexu feodali, ab omni jure feodali, ab omni dominio feodali, ab omni jure temporali immunem, ecclesiae tradidimus; quidquid juris et dominii habebamus, capitulo dimittimus.*

On s'est étendu davantage sur les amortissements. Il étoit nécessaire de concilier nos jurisconsultes, qui, dans la discussion de leurs effets, ne paroissent pas toujours d'accord ni entre eux, ni avec eux-mêmes. A l'appui de ces contradictions apparentes, l'inspecteur du domaine a cru pouvoir dépouiller les amortissements de nos rois de leur efficacité naturelle, et les réduire à un simple jugement de l'ordre public, qui prononce sur les inconvénients attachés à l'immobilité des possessions ecclésiastiques. Pour dissiper ces obscurités et rappeller ces formules à leur droit originaire, on a pris l'amortissement dans sa source, et on l'a suivi dans ses progrès. Il résulte de cet examen que, si, pendant les deux premieres races où les fiefs n'existoient pas, l'amortissement a eu pour unique objet de lever les obstacles que l'ordre public apportoit aux acquisitions des églises, il prit un nouveau caractere à la naissance des fiefs et sous le gouvernement féodal; que, dans les chartres du douzieme siecle, où l'usage de ce mot commence à devenir plus fréquent, parceque la féodalité étoit alors plus répandue, il est aussi employé pour éteindre la directe sur les héritages aumônés; que l'indemnité qui l'accompagna eut un rapport nécessaire avec la diminution de la mouvance seigneuriale et la restriction de ses droits; que l'amortissement enfin, lorsqu'il passa du domaine des seigneurs dans celui de la couronne, ne perdit rien de son antique énergie toutes les fois qu'il ne fut pas restreint par des stipulations positives. Dans le seizieme siecle en effet on voit souvent les seigneurs s'opposer à l'affranchissement des acquisitions nouvelles, et suspendre, par la fiction de *l'homme vivant et mourant*, la féodalité prête à s'éteindre sous la loi des amortissements. C'est à ces réserves qu'il faut rapporter les incertitudes et les contradictions apparentes de nos auteurs, qui prononcent tout à la fois que ces formules éteignent la mouvance, et qu'elles la laissent subsister.

La réplique de l'inspecteur du domaine ne présente rien de nouveau pour le fond : elle offre cependant des raisonnements assez spécieux, dont il est nécessaire de vous rendre compte ; ils se réduisent à cinq.

1°. Il y a sans doute une différence entre la souveraineté et la suzeraineté du prince ; elle consiste en ce que la premiere est incommunicable, et que la seconde lui est commune avec ses sujets : mais le monarque n'en a pas moins la suprématie féodale sur l'universalité des personnes et des biens de la nation, parceque toutes ces seigneuries particulieres ne sont, par rapport à la suzeraineté du prince, que comme les canaux d'un grand fleuve relativement aux eaux qui les alimentent.

2°. Le franc-alleu peut bien se dérober à la directe et aux droits pécuniaires, mais non à la féodalité elle-même, parceque celle-ci est dans l'ordre des régales majeures, et que les autres ne sont que des droits accessoires et additionnels à la mouvance suzeraine.

3°. Les propriétaires d'alleux devoient le service militaire, comme les possesseurs de bénéfices : donc la féodalité pesoit également sur tous les héritages.

4°. Les églises possedent des fiefs ; donc elles tiennent au régime féodal ; donc elles relevent du souverain par la voie des hommages.

5°. Si les églises ne reconnoissoient pas de supérieur en féodalité, elles ne pourroient réclamer aucun droit de directe et de mouvance, parceque, de droit commun, toutes les terres sont en roture ; que le fief, au contraire, est une possession noble, et que cette prérogative, dans les terres comme dans les personnes, est une source de privileges qui ne peuvent avoir que le souverain pour auteur.

Telles sont en substance les nouvelles objections du domaine, et rien de plus simple que la réponse.

1°. En réfléchissant sur les principes du gouvernement politique des nations, et sur ceux du régime féodal, on voit que la souveraineté et la suzeraineté ne different pas simplement par des rapports extrinseques et fugitifs, mais encore par leur nature, leurs caracteres et leurs effets : or, dans le systême de l'inspecteur, la substance de ces droits est la même, puisqu'en derniere analyse, ils ont pour base l'une et l'autre cette maxime constitutionnelle de tous les états, *Ad Cæsarem potestas et imperium omnium pertinet*, *ad singulos proprietas*, et que les eaux d'un fleuve et des canaux qui y aboutissent, symbole de la souveraineté et de la suzeraineté selon lui, sont absolument les mêmes.

2°. Dire que la directe ou la mouvance seigneuriale n'est qu'un accessoire de la féodalité, c'est présenter des idées nouvelles, inconnues à tous les publicistes, et contraires aux monuments de l'histoire. La directe, ou la mouvance d'une terre, est tellement de l'essence du fief, que, pendant plusieurs siecles, cette dénomination fut souvent donnée à des héritages qui ne relevoient de personne, par cela seul qu'ils avoient des mouvances ou des terres subordonnées à leur glebe par la directe féodale ou censuelle.

3°. Le service militaire étoit sans contredit une obligation commune aux allodiaires et aux possesseurs des terres fiscales : mais cela ne suffit pas pour conclure également à la vassalité des uns et des autres ; les choses les plus opposées peuvent avoir des rapports communs. Le service militaire n'est par lui-même qu'une obligation naturelle à tous les membres d'un état. Si, dans ces temps d'anarchie, il fut stipulé comme une charge indéclinable du fief, jamais il n'en constitua la nature : le fief résulte essentiellement de la concession d'un héritage, sous la réserve de la directe et des services.

4°.

4°. On peut avoir des fiefs sans relever de personne ; tenir au système féodal par une extrémité sans y être attaché par l'autre. Tels sont encore aujourd'hui les possesseurs de ces francs-alleux nobles, échappés aux ambitieuses influences du régime féodal ; leurs terres commandent à des glebes subordonnées, sans être commandées par aucune. Si cette prérogative, infiniment rare aujourd'hui dans les possessions ordinaires, forme néanmoins le droit public et général des églises, c'est que celles-ci sont restées dans leur premier état par l'immobilité qui caractérise leur domaine, et que les autres, par les révolutions du commerce, des intérêts et des mœurs, ont subi la loi des institutions féodales.

Pour traiter ce point important de la discussion avec toute la clarté qu'il exigeoit, on a montré les différentes sources de la puissance suzeraine des églises. Tels sont entre autres les démembrements de leurs terres, par les *précaires* et les *libellaires*, sous la premiere race ; par les concessions bénéficiales, sous la seconde ; par les *advocaties* et les *vidamies*, sous la troisieme, etc.

5°. Tout ce que l'inspecteur du domaine avance sur la distinction des biens nobles et roturiers, sur les privileges de la noblesse attachés exclusivement aux fiefs, sur les regles actuelles de leur formation, est puisé dans des principes modernes qui ne peuvent être d'aucune conséquence pour les temps dont nous parlons. S'il n'est plus possible de créer aujourd'hui des fiefs avec de simples alleux, si régulièrement un héritage qui ne releve pas en fief d'un autre est censé roturier, si le propriétaire ne peut s'en faire des mouvances, c'est que les temps sont changés ; c'est que le service militaire est aujourd'hui réglé sur d'autres principes ; c'est que l'ordre des contributions publiques n'est plus le même, et que, pour asseoir les impositions sur une base solide, il a fallu déterminer d'une maniere invariable l'état et la qualité des biens.

Il résulte de cette discussion que l'allodialité des biens ecclésiastiques, établie dans le premier âge sur le droit commun de la nation françoise, a été maintenue dans les siecles postérieurs par les usages, les mœurs publiques, et les formules qui ont consacré les dotations nouvelles.

C'est M. Laget qui a rédigé ces mémoires; vous y trouverez, MESSEIGNEURS et MESSIEURS, l'ordre, la logique et la sagesse qui caractérisent ce jurisconsulte. Ses occupations ne lui ayant pas permis de se livrer aux recherches qu'exigeoit l'instruction d'une affaire aussi importante, la commission en chargea M. l'abbé Parent. Cet ecclésiastique n'a rien négligé pour répondre à sa confiance. Dans l'intervalle de l'assemblée de 1775 à celle-ci, il a fourni trois mémoires considérables, et il travaille à un quatrieme qui est la réponse à celui de la chambre des comptes: tous sont très méthodiques, et la question des foi et hommages y est approfondie et traitée sous tous les points de vue qu'elle présente, soit dans ses principes, soit dans ceux de l'inspecteur du domaine. On a fait imprimer les mémoires tels que M. Laget les a rédigés, afin que l'assemblée et les autres prélats du royaume pussent juger par eux-mêmes la question et ses moyens. Nous croyons, à ce titre, devoir conserver dans notre rapport, comme des matériaux précieux pour la défense des immunités féodales, ceux que M. l'abbé Parent a rédigés; et nous y sommes excités par le vœu des prélats de l'assemblée de 1782, qui voulurent en avoir des exemplaires, mais dont ils ne purent tirer aucun avantage par les fautes considérables qui s'y étoient glissées. La difficulté de la matiere, les citations fréquentes qu'on y rencontre, la langue qu'on y parle, et l'inexpérience des copistes, ont été cause de ces inexactitudes, et l'impression nous paroît être le seul moyen de les éviter. M. l'abbé Parent trouvera d'ailleurs, dans le procès verbal de cette assemblée, une marque de la satisfaction du clergé pour le zele et l'activité qu'il a apportés dans ce travail ; ce sera sa premiere, et vous penserez sans doute que ce ne doit pas être son unique récompense.

Il y a, MESSEIGNEURS et MESSIEURS, bien des circonstances sur lesquelles nous croyons inutile de vous arrêter plus long-temps ; vous en trouverez le détail dans le rapport de monseigneur l'archevêque d'Aix à l'assemblée de 1780, et dans celui de M. l'abbé de Boisgelin à l'assemblée de 1782.

Enfin ce long et pénible travail dont monseigneur l'archevêque de Narbonne a donné le premier plan dans son rapport de 1775, a été terminé par deux ouvrages de monseigneur l'archevêque d'Aix, dont la clarté, la précision et la méthode ont achevé de répandre le plus grand jour sur cette affaire importante. Le premier est un coup d'œil rapide sur toutes les questions que peuvent présenter l'ancienne et la nouvelle féodalité des biens du royaume ; elles y sont liées les unes avec les autres dans l'ordre le plus naturel ; la théorie des amortissements, qui paroît d'abord si obscure et si difficile par la complication des intérêts qui s'y sont joints, devient simple et facile sous sa plume ; et on les voit jusqu'en 1724 toujours dirigés vers l'extinction de la mouvance féodale sur les biens aumônés aux églises.

L'autre est le résumé des conférences qui se sont tenues entre les commissaires du roi et ceux du clergé. Cet ouvrage présente de nouvelles questions et un nouvel intérêt. Indépendamment des matieres qui avoient exercé jusques-là les écrivains du clergé, l'auteur y présente une discussion sommaire des nouveaux principes qui lui furent exposés dans le cours de son assemblée. On y retrouve la même facilité dans la discussion, les mêmes ressources dans les moyens et la même justesse dans les raisonnements.

Sa majesté, dont toutes les démarches sont dictées par la

justice, s'est déterminée, d'après le rapport de son conseil, à demander l'avis des premiers présidents et des procureurs généraux de ses cours, avant de rien statuer de définitif sur une matiere qui intéresse autant le clergé de son royaume.

JURISDICTION

ET MATIERES BÉNÉFICIALES.

§ Ier.

Affaire de MM. les évêques d'Arras et de S. Omer contre les abbayes de S. Vaast et de S. Bertin.

c'est le même rapport que celuy inséré p 231 du P. V. de 1785

A PEINE, MESSEIGNEURS et MESSIEURS, étions-nous entrés dans la carriere de l'agence, que nous apprîmes que MM. les évêques d'Arras et de Saint Omer avoient déféré au conseil un arrêt du parlement de Paris, comme portant atteinte à la partie la plus sacrée de la jurisdiction épiscopale, et que le conseil venoit d'ordonner la communication de leur requête. Sur le motif d'une telle réclamation, nous cherchâmes à nous pénétrer de la nature de cette affaire, et à bien saisir ses rapports avec les intérêts dont le maintien venoit de nous être confié. Nous fûmes bientôt convaincus que l'arrêt du parlement de Paris étoit une surprise faite à la religion des magistrats, puisqu'il tendoit à ébranler l'autorité épiscopale en contrevenant aux loix. Cette conviction intime, nous attachant au succès de cette affaire, dut exciter notre activité. Plusieurs fois l'instance fut sur le point d'être rapportée au conseil, et toujours quelque incident nouveau recula ce rapport : mais, à chacune de ces époques, nous marquâmes vivement notre intérêt par nos démarches, et nous manifestâmes hautement les motifs de cet intérêt à plusieurs magistrats du conseil. Cette raison seule nous obligeroit en ce moment à vous faire part de cette affaire : nous ne vous devons pas seulement un compte exact de nos démarches ; nous sommes responsables à vos yeux des opinions même que nous avons établies dans la défense de vos intérêts. Pendant tout le cours de notre agence, il ne nous a pas été permis de croire que ces opinions étoient libres, qu'elles nous appartenoient. C'est comme vos agents que nous les avons manifestées ; c'est à ce seul titre qu'elles ont eu droit de se produire : c'est à vous à juger si elles représentent fidèlement vos propres sentiments.

Nous avons soutenu avec confiance que l'arrêt du parlement de Paris du 3 février 1778, qui a confirmé l'exemption de deux abbayes, sans qu'elles aient représenté aucun titre constitutif d'exemption, étoit contraire au droit public du royaume sur la jurisdiction épiscopale, et que par conséquent la demande en cassation méritoit d'être accueillie. Pour vous mettre à portée de juger si cette opinion est conforme à vos principes, nous devons vous rapporter, en peu de mots, les faits essentiels qui appartiennent à cette affaire.

Les deux abbayes, de Saint Vaast et de Saint Bertin, formoient, depuis l'époque du concile de Trente, une espece de congrégation avec quatre abbayes qui sont maintenant sous la domination autrichienne, et se prétendoient exemptes de la jurisdiction épiscopale. En 1768 l'activité de cette congrégation fut suspendue par un ordre de l'impératrice reine : les deux abbayes, redoutant alors, pour leur privilege, l'effet du nouvel édit de 1768 qui déclaroit déchu de l'exemption tout monastere qui, n'étant pas sous chapitres généraux, ne s'uniroit pas à quelque congrégation, présenterent leur requête à l'ordre de Cluni, et obtinrent en 1775 un décret d'agrégation à cet ordre. Ce décret ayant été, la même année, revêtu de lettres-patentes, MM. les évêques d'Arras et de Saint Omer, dans les dioceses desquels étoient situées les deux abbayes, formerent opposition à l'enregistrement de ces lettres comme tendantes à soustraire illégalement ces deux abbayes à leur jurisdiction : mais il intervint un arrêt du parlement de Paris le 3 février 1778, qui, sans s'arrêter à l'opposition formée par lesdits évêques, ordonna qu'il seroit passé outre à l'enregistrement desdites lettres-patentes. C'est contre cet arrêt que les deux prélats se sont pourvus en cassation, et le conseil a ordonné, le 22 mai 1780, la communication de leur requête.

Il nous paroît certain, MESSEIGNEURS, que cet arrêt blesse la jurisdiction épiscopale. Cette jurisdiction, qui prend sa source dans l'évangile, s'étend indistinctement sur tous les fideles; aucune loi n'en a jamais excepté les religieux; loin de là, ils sont expressément nommés dans le concile général de Chalcédoine, dans un grand nombre de conciles de l'église gallicane, et dans les capitulaires de nos rois. Tels sont les fondements inébranlables du droit public qui assure aux évêques l'autorité sur les réguliers : et telle est l'évidence de ce droit, que les religieux de Saint Vaast et de Saint Bertin ont été forcés de lui rendre hommage.

C'est donc un principe bien reconnu, que, de droit commun, les religieux sont soumis à la jurisdiction de l'ordinaire.

De ce que le droit commun accorde cette autorité à l'évêque, on a conclu dans tous les temps qu'il faut donc un titre bien formel, bien authentique, pour opérer une exemption légitime; et cette conséquence, rigoureusement déduite, est devenue elle-même un principe. Or le parlement de Paris, en confirmant le décret d'agrégation, en confirmant par-là l'exemption des religieux, ne s'est appuyé sur aucun titre, puisqu'il est de fait que le parlement n'a point eu égard aux conclusions de l'avocat général qui demandoit la représentation des titres primitifs. Il est donc prouvé, par ce seul raisonnement, que le parlement est contrevenu au droit public sur la jurisdiction épiscopale.

Cette conséquence deviendra bien plus sensible par la discussion des motifs qui ont déterminé cet arrêt.

Au défaut de titres, le parlement n'a donné et n'a pu donner d'autres bases à son arrêt que deux moyens dans lesquels se sont renfermées alternativement toutes les défenses des religieux. Le premier, c'est que les abbayes ont joui long-temps de l'exemption, et qu'une longue possession doit avoir la force d'un titre; le second, c'est qu'elles se sont réunies en congrégation, et que, dans ce cas, le concile de Trente et les ordonnances du royaume légitiment irrévocablement même les exemptions douteuses.

Il importe au clergé général de mettre à découvert toute l'illusion, tout le danger de ces moyens. Si la possession équivaut ici à un titre, la jurisdiction épiscopale n'est donc pas imprescriptible; si le concile de Trente et les loix du royaume consacrent et légitiment les exemptions douteuses, il existe donc une dérogation expresse au droit commun: et l'une et l'autre de ces conséquences attaquent l'autorité épiscopale.

Nous établissons donc, en premier lieu, qu'aucune possession n'a pu légitimer l'exemption des religieux, parceque la jurisdiction épiscopale est imprescriptible.

Si nous cherchons un appui dans le sentiment des jurisconsultes, des canonistes, nous les trouverons tous d'accord, tous invariables sur ce point, que la jurisdiction de l'évêque est à l'abri de toute prescription. Si nous invoquons l'autorité des magistrats les plus célebres, nous trouverons, dans M. Servin, *que la loi ecclésiastique n'avoue ni la prescription, ni la possession, en matiere d'exemption;* car, dit-il, *comme le sujet ne prescrit point contre son seigneur, les abbés et monasteres ne se peuvent point exempter de leur évêque:* dans M. Bignon, *que l'autorité est imprescriptible par non usage ou autrement:* dans M. Talon, *que ce qui appartient à l'évêque, de droit divin, ne se prescrit point, ni par aucune possession immémoriale, ni par aucune coutume, tant ancienne qu'elle puisse être. Qui a jamais vu,* ajoute-t-il, *un enfant prescrire contre son pere, un sujet contre son prince?* Enfin, si nous consultons ces maximes de droit, ces axiomes irréfragables, dont l'autorité captive également le jurisconsulte et le législateur lui-même, nous y trouverons littéralement, *Quod jure communi non*

possidetur,

possidetur, nullâ praescriptione acquiritur . . . Sunt jura quae non praescribuntur ut subjectio, et autres principes qui s'appliquent directement à la jurisdiction des évêques, et qui tous en démontrent l'imprescriptibilité.

Ces autorités puissantes suffiroient sans doute; mais elles acquerront bien plus de force, elles opéreront une conviction bien plus intime, si l'on remonte au principe même et à l'origine de la prescription.

Dans toute société, les biens ne pouvant appartenir au premier occupant, la propriété a dû s'acquérir d'abord par des titres tels que les achats, les échanges, les donations; et il dut paroître alors naturel de penser que les titres qui les avoient fait acquérir étoient les seuls moyens légitimes de les posséder; que par conséquent tout possesseur sans titre étoit un usurpateur : mais on ne tarda pas à s'appercevoir combien cette conséquence étoit hasardée. S'il étoit possible que le possesseur sans titre eût usurpé, il étoit également possible que le propriétaire par titre eût abandonné son bien dans l'intention d'abdiquer sa propriété, qu'il se fût dessaisi de son titre, et qu'il l'eût ensuite recouvré par fraude ou par violence. Entre ces possibilités contraires, le législateur, réduit à ne pouvoir découvrir avec certitude la vérité, mais obligé de veiller au maintien de l'ordre, d'assurer la tranquillité des familles, et de ne point laisser flotter les propriétés incertaines, dut chercher le principe de sa décision dans la connoissance du cœur humain, et faire sortir la loi du milieu des probabilités suivantes: comme la propriété ne s'acquiert que dans l'intention de posséder, il est à présumer que celui qui avoit la propriété, et qui n'a point possédé pendant long-temps, a eu intention de renoncer à sa propriété : comme les loix donnent mille moyens de s'opposer à l'usurpation, il est à présumer que celui qui depuis long-temps possede sans trouble n'a point usurpé : en un mot, comme il est naturel que celui qui a la propriété possede, il est aussi naturel de penser que celui qui possede à la propriété: de là naquit la loi de la prescription.

Si l'on applique ces réflexions à la jurisdiction épiscopale, on verra combien elles lui sont étrangeres. Cette jurisdiction n'est pas fondée sur des titres particuliers, elle est appuyée sur l'évangile, sur les loix émanées des deux puissances, sur le droit commun : il ne peut donc y avoir lieu à des présomptions contre elle. Dès que la loi parle, elle défend de présumer, ou elle ordonne de présumer en sa faveur. Vainement on diroit qu'un titre d'exemption est possible, que la possession doit le faire présumer, et qu'il n'est pas permis de supposer la mauvaise foi dans le possesseur. Ce raisonnement perd ici toute sa force. La possession fait ordinairement présumer un titre, cela est vrai: mais la loi, tant qu'elle est en vigueur, doit toujours faire présumer qu'elle n'a reçu aucune atteinte; qu'un titre qui lui est contraire n'existe pas; et ces présomptions l'emportent nécessairement sur toute autre. Ce principe est la base du maintien de l'ordre public; il est le plus ferme appui des loix, et il a consacré parmi nous la maxime, que *l'abus ne se couvre par aucun laps de temps : Abusus perpetuò clamat.* La seule raison qu'on en donne, c'est que l'abus est une contravention à la loi contre laquelle on ne prescrit jamais.

Ainsi la loi, le droit commun, défendent l'autorité épiscopale contre les atteintes de la prescription.

On peut fortifier cette conséquence par de nouveaux raisonnements.

La prescription, dans son principe, suppose que le propriétaire par titre a renoncé à son droit : or cette supposition n'est pas permise quand il s'agit de la jurisdiction épiscopale, parceque cette jurisdiction n'est pas un bien libre entre les mains de l'évêque, qu'elle renferme en même temps un droit qu'il doit conserver à ses successeurs dans son intégrité, et un devoir qu'il est tenu de remplir lui-même.

La prescription prend sa source dans la nécessité d'assurer la tranquillité publique, et d'affermir le maintien du bon ordre: or il est évident que le bon ordre n'a jamais pu demander que des religieux fussent affranchis de l'autorité que les loix ont établie sur eux.

Enfin la prescription est nécessaire, parceque, sans elle, souvent on ignoreroit à qui appartiennent les biens: or ici il ne peut y avoir de doute, puisque la loi, qui est un titre toujours vivant, toujours visible, montre sans cesse le véritable propriétaire, et nous oblige de le reconnoître.

Tout concourt donc à démontrer l'imprescriptibilité de la jurisdiction épiscopale.

Ce premier moyen, sur lequel a pu s'appuyer l'arrêt du parlement, est donc entièrement illusoire.

Il n'est pas moins certain, en second lieu, que le concile de Trente et les ordonnances du royaume n'ont pas dérogé au droit commun, sur la jurisdiction épiscopale, en faveur des monasteres qui s'uniroient en congrégation; et ce second moyen n'a pas plus de fondement que le premier.

Inutilement chercheroit-on ici, MESSEIGNEURS et MESSIEURS, à détourner votre intérêt de l'affaire de MM. les évêques d'Arras et de Saint Omer, sur le prétexte que le concile de Trente n'est pas reçu en France, et que le parlement a seulement jugé, par son arrêt, que ce concile avoit établi une exception qui doit avoir lieu pour la Flandre et l'Artois, où ses décrets sont en vigueur. Dans ce cas-là même il ne seroit pas, sans doute, inutile de faire voir que cet arrêt impute injustement à un concile général une disposition qui tendroit à énerver les principes sur la jurisdiction épiscopale: mais il est essentiel de remarquer qu'on ne s'est pas seulement autorisé du concile de Trente dans cette affaire, mais encore des loix du royaume, de l'ordonnance de Blois, art. 27, de l'édit de 1768, art. 6, de celui de 1773, etc. dont on s'est fait un appui continuel ; et quand même ces loix n'auroient pas été aussi expressément invoquées, une interprétation vicieuse du décret reflueroit nécessairement sur elles. Leurs dispositions sont, à très peu de chose près, les mêmes que celles du concile. L'ordonnance de Blois a adopté presque littéralement ce décret. L'édit de 1768 se réfere à l'ordonnance de Blois; celui de 1773 confirme la loi de 1768. Toutes ces loix sont donc enchaînées au décret du concile, et s'identifient en quelque sorte avec lui; et comme il importe singulièrement au clergé général de France qu'une jurisprudence nouvelle n'en altere pas le sens, en les rendant protectrices d'exemptions illégitimes, il doit être également important pour lui de défendre le décret du concile, qui est la source et le modele de ces loix, contre une pareille imputation.

Il est donc nécessaire de discuter ici ce décret.

Avant de se livrer à cette discussion, il est impossible de ne pas voir que le sens qu'on attribue au concile est souverainement improbable. Comment se persuader que cette sainte et savante assemblée, dont l'objet étoit de réformer l'église, de proscrire les abus, de faire revivre les loix, de rappeller l'antique discipline, ait voulu s'écarter aussi ouvertement des loix les plus pures et les plus anciennes, contredire le vœu persévérant de l'église toujours ennemie des exemptions, consacrer, étendre même un abus contre lequel s'étoient élevés avec force les plus illustres et les plus savants personnages de l'église, et que les conciles généraux de Vienne et de Constance avoient voulu abolir entièrement? et combien ces raisons deviennent puissantes, lorsqu'on se pénetre des sentiments des peres de ce concile au sujet des exemptions ; lorsqu'on pense que l'assemblée des prélats, convoqués par Paul III pour marquer les abus que le concile devoit réformer, mit les exemptions au nombre des plus criants, en les qualifiant d'abus *intolérables* et *scandaleux* pour toute l'église ; que les princes et évêques d'Allemagne s'écrioient qu'il falloit les révoquer toutes, comme contraires au droit commun; que les évêques espagnols s'exprimoient dans les mêmes termes, et que les ambassadeurs françois n'excepterent de cette proscription générale, que l'exemption des chefs d'ordre, des monasteres qui en dépendoient, et de ceux qui rapporteroient des titres constitutifs de leurs privileges! Peut-on croire que, dans cette disposition des esprits, les peres du concile se soient montrés favorables aux exemptions, au point de protéger même celles qui étoient sans titres, celles qui étoient les plus illégitimes, en donnant le moyen de les légitimer par une simple agrégation?

Voici le texte dont on a tant abusé; rendons-lui son véritable sens.

Monasteria omnia (chap. 8 , sess. 25) quae generalibus capitulis aut episcopis non subsunt, sed sub immediata sedis apostolicae protectione ac directione regi consueverunt, teneantur, infra annum et deinde quolibet triennio, sese in congregationem redigere. Quòd si praedicta exequi non curaverint, episcopis in quorum diœcesibus loca praedicta sita sunt... subdantur.

Qu'on pese bien les termes de ce décret, l'on y verra deux dispositions très distinctes: la loi imposée à tous les monasteres sans distinction qui avoient coutume d'être régis par le saint siege, de se réunir en congrégation, *Monasteria omnia quae sub immediata sedis apostolicae protectione ac directione regi consueverunt, teneantur, etc.* et la peine de destitution du privilege pour les inobservateurs de la loi, *Quòd si praedicta exequi non curaverint, episcopis subdantur:* mais il est impossible d'y découvrir rien audelà, et d'y trouver que tout privilege, même vicieux, sera légitimé par le seul fait de l'agrégation.

Si l'on objecte qu'en prononçant la déchéance d'un privilege, dans le cas où l'on ne se soumettra pas à la condition imposée, c'est dire suffisamment que, par sa soumission à la loi, on sera maintenu dans son privilege; on peut accorder cette conséquence: oui, sans doute, c'est dire que l'on conservera le privilege légitime qu'on avoit, mais non que l'on acquerra celui qu'on n'avoit pas; c'est dire que le privilege restera tel qu'il étoit, authentique et incontestable, s'il l'étoit déja, mais incertain, s'il l'étoit auparavant; c'est menacer de l'anéantissement le privilege le plus légitime, mais ce n'est pas garantir le privilege vicieux. On peut fortifier ce raisonnement par une comparaison rigoureusement exacte. Si un édit ordonnoit à tous ceux qui possedent la noblesse, ou qui se prétendent nobles, de se faire enregistrer, sous peine de déchéance, que résulteroit-il de cet édit en faveur de ceux qui l'auroient exécuté et contre ceux qui ne l'auroient pas exécuté? Celui qui, avec un titre légitime de noblesse, ne se seroit pas soumis à la loi, perdroit les privileges de la noblesse; mais celui qui n'auroit qu'une possession usurpée, une prétention mal fondée, seroit-il ennobli par le seul fait de l'enregistrement? Le soutenir, ce ne seroit pas interpréter le législateur, mais le remplacer; ce seroit s'arroger le droit d'ajouter une nouvelle disposition à sa loi.

Ces raisonnements ont plus de force encore quand on les applique à l'ordonnance de Blois et aux édits confirmatifs de cette ordonnance; car ici il n'est pas même question de possession d'exemption, comme dans le concile; il n'est parlé que des monasteres *qui prétendent être exempts*, et il leur est ordonné de *se réduire à quelque congrégation de leur ordre* (aux termes de l'ordonnance de Blois), ou *de demander à se réunir à quelques unes des congrégations légalement établies* (aux termes de l'édit de 1768), sous peine d'être soumis à l'évêque. Il faudroit donc en conclure, dans le sens donné par le parlement au concile de Trente, que nos loix ont voulu accorder, dans ce cas, la force d'un titre, même à la prétention la plus chimérique dénuée de toute possession. Il peut paroître naturel, il est vrai, qu'on jouisse de l'exemption, dès qu'une fois on est légalement agrégé à un monastere exempt: mais, en ce cas, la seule prétention à être exempt autorise-t-elle à demander cette agrégation contre le vœu de l'évêque, qui est le vrai supérieur? autorise-t-elle à s'en prévaloir malgré sa réclamation persévérante? Une telle disposition, qui devroit être énoncée dans les termes les plus énergiques, n'est pas même indiquée. Il faudroit, sans doute, qu'il se fût opéré dans notre législation un bouleversement bien extraordinaire, puisqu'en 1560 l'ordonnance d'Orléans, loin de consacrer la simple prétention à être exempt, avoit même proscrit tous les privileges particuliers d'exemption, quelque légitimes qu'ils pussent être, pour ne laisser subsister que les privileges des chefs d'ordre.

Quel étoit donc le but du concile, en ordonnant à tous les monasteres qui possédoient l'exemption, de se réunir en congrégation, s'il n'a pas voulu, par-là, leur donner à tous indistinctement le moyen d'assurer leur exemption? Son dessein n'est pas difficile à pénétrer; il a voulu mettre un frein à l'indépendance des réguliers. La plupart des monasteres qui étoient exempts ou qui prétendoient l'être, n'avoient réellement aucun supérieur; l'évêque ne l'étoit point à cause de l'exemption; le pape ne pouvoit l'être qu'illusoirement à cause de la distance: l'anarchie régnoit donc dans ces maisons. Pour y remédier, le concile auroit pu, et peut-être a-t-il voulu anéantir toutes les exemptions: mais une aussi grande entreprise eût essuyé des contradictions trop puissantes. Il eût été à souhaiter, du moins, qu'en laissant subsister les exemptions bien établies, il pût proscrire celles qui étoient vicieuses: mais cette séparation exacte eût entraîné trop de difficultés et de lenteurs; il ne restoit donc qu'à ordonner à tous ceux qui étoient ou se croyoient exempts, de se mettre sous chapitres généraux, sous peine de perdre, par le seul fait de la désobéissance, leur privilege réel ou prétendu. Par ce sage tempérament, on s'assuroit provisoirement qu'ils seroient tous soumis à une autorité : mais on laissoit toujours aux évêques le droit de réclamer leur jurisdiction, si l'exemption étoit douteuse; comme aussi on laissoit aux religieux la faculté de se défendre, s'ils avoient un droit réel à l'exemption.

Mais supposons, en finissant, par une surabondance de droit, que les textes du concile et de l'ordonnance ne soient pas aussi clairs que nous l'avons établi, et que nos preuves se bornent à donner à notre explication le même degré de vraisemblance que peut avoir celle qu'a supposée le parlement : tel est l'avantage de la cause des évêques, que, même dans cette supposition si éloignée de la vérité, le décret et l'ordonnance seroient décisifs contre les religieux.

C'est une maxime fondamentale que, lorsqu'une exemption est contraire au droit commun, si les termes qui paroissent l'établir sont obscurs, ils doivent toujours être interprétés en faveur du droit : ainsi le doute seul du sens des textes sur lesquels les religieux ont établi leur prétention, prouveroit que ces textes leur sont contraires; et, par une espece de paradoxe apparent, qui est pourtant rigoureusement vrai, si le texte qu'invoquent les privilégiés est douteux, la conséquence contre leur privilege est certaine.

Il suit, de tout ce que nous avons dit, que ni le concile de Trente, ni les ordonnances, n'ont voulu confirmer des exemptions vicieuses, dans le cas où elles seroient jointes au fait d'une agrégation improuvée par l'évêque diocésain, mais seulement remédier, par une disposition sage, aux désordres que des exemptions trop multipliées devoient nécessairement entraîner.

Le parlement, par son arrêt du 3 février 1778, est donc contrevenu au droit public du royaume.

Ce droit public, en effet, accorde aux évêques la jurisdiction spirituelle sur tous les fideles de leurs dioceses indistinctement.

On

On ne peut donc, sans contrevenir à ce droit, reconnoître une exemption particuliere, si ce n'est dans le cas où elle est rigoureusement établie.

Celle des religieux de Saint Vaast et de Saint Bertin ne l'a pas été par des titres, puisqu'ils n'en ont pas produit; ni par une ancienne possession, puisque la possession n'a aucune force contre le droit commun; ni en vertu d'un privilege particulier accordé par les loix, puisque ce privilege n'existe pas.

Le parlement de Paris n'a donc pu, sans blesser le droit public, reconnoître l'exemption de ces religieux; mais, en confirmant le décret d'agrégation de ces religieux à un ordre exempt, malgré l'opposition des évêques, il a reconnu et confirmé leur exemption: il est donc, par son arrêt, contrevenu au droit public du royaume, et par conséquent MM. les évêques de Saint Omer et d'Arras sont autorisés à en espérer la cassation.

Nous avons cru devoir donner quelque étendue à la discussion de cet arrêt, non seulement parcequ'il attaque directement la jurisdiction épiscopale, mais aussi parcequ'il met en danger des principes qui veillent à la conservation de toutes les loix. Cette double raison nous paroît mériter, MESSEIGNEURS et MESSIEURS, que vous daigniez recommander particulièrement cette affaire à nos successeurs.

§ II.

Séminaire d'Oléron.

L'AFFAIRE du séminaire d'Oléron, dont nous avons à vous entretenir, est d'une grande importance par sa liaison avec un objet qui est une des parties les plus essentielles et des principales bases du gouvernement ecclésiastique. Personne, MESSEIGNEURS et MESSIEURS, ne connoît mieux que vous la sublimité de la vocation de ceux que vous préposez à la conduite des ames. Inspirer l'amour pour la religion, le respect pour ses ministres, l'attachement à la patrie, l'obéissance au souverain; entretenir ou rétablir la paix, l'union et la tranquillité dans les familles; rapprocher, par les doux sentiments de la fraternité, des hommes que la variété des passions et l'opposition des intérêts ne tendent que trop à diviser; prévenir, réprimer, réparer les scandales; ramener, avec une charité tempérée par la circonspection, ceux qui s'égarent; guider, par la sainteté des préceptes et des exemples, ceux qui marchent dans le sentier de la vertu; former pour la génération présente, préparer pour les générations futures, des peres économes et laborieux, des meres chastes, industrieuses et vigilantes, des enfants dociles, des maîtres indulgents, des domestiques fideles; soulager, par une compassion agissante, tous les genres d'infortunés; les fortifier par la patience, lorsque les travaux les excedent; les consoler par la résignation, lorsque l'inclémence des saisons, les ravages des éléments, leur ravissent leur fortune, et souvent jusqu'à l'espoir de la rétablir; les calmer par la soumission, lorsque les impôts que commandent les besoins de l'état, les surchargent et les aigrissent: tels sont les premiers devoirs des curés dans les villes et dans les campagnes: est-il une plus noble destination? est-il des fonctions plus utiles à l'église et à l'état?

Les qualités nécessaires pour remplir dignement ces fonctions augustes, sans doute l'expérience les cultive et l'âge les mûrit; mais les séminaires sont spécialement institués pour les faire germer dans le cœur et l'esprit des jeunes éleves qui aspirent à l'honneur du sacerdoce. Pour l'exécution de ces grandes vues auxquelles les séminaires doivent leur établissement, les évêques ont besoin de coopérateurs également sages, zélés et instruits. L'attention la plus sérieuse, l'examen le plus réfléchi, doivent présider à un choix qui ne peut avoir que des suites très funestes ou très avantageuses. Tout ce qui peut empêcher les évêques de préférer, non seulement ce qui convient en ce genre, mais encore ce qui convient le mieux;

tout ce qui peut limiter, gêner, contraindre un pareil choix, est absolument contraire aux droits sacrés, je dirai même, aux obligations indispensables du premier pasteur du diocese.

Cependant M. de Révol, ancien évêque d'Oléron, avoit, sans le vouloir, préparé à ses successeurs des entraves sur un objet qui doit être du ressort de la jurisdiction la plus libre et la plus volontaire. M. de Révol, prélat d'un mérite distingué, paroît avoir été une de ces ames honnêtes qui ne présument jamais que le relâchement et les imperfections puissent se glisser où elles voient dominer les vertus et la ferveur. Il voulut établir un séminaire en 1708; il en donna la direction aux religieux Barnabites de Lescar; et, parcequ'il les trouva propres alors à un ministere si difficile, il pensa qu'ils le seroient toujours. D'après ces idées, M. de Révol adopta les Barnabites avec tant de confiance, que, dans les actes d'érection du séminaire, dans un établissement doté des biens du diocese, formé pour les avantages et l'utilité du diocese, les religieux ne virent, ou ne voulurent voir que la dotation, les avantages et l'utilité de leur propre maison. Imbus de ce préjugé, les Barnabites ont opposé à monseigneur l'évêque d'Oléron actuel la résistance la plus marquée, lorsque ce prélat, par des raisons particulieres, a voulu leur retirer la conduite de son séminaire. Ils ont porté la contestation au parlement de Pau : ce tribunal rendit, le 26 septembre 1778, un arrêt qui assuroit, non seulement aux Barnabites, directeurs du séminaire d'Oléron, mais à ceux du college de Lescar, la possession, soit de la maison, soit de tous les biens de ce même séminaire, sans aucune distinction, ni des bénéfices, ni de tous autres biens ecclésiastiques qui, dans l'origine, ou par la suite, y avoient été unis. Monseigneur l'évêque d'Oléron prit le parti de se pourvoir contre cet arrêt. L'arrêt fut cassé par sa majesté au conseil des dépêches le 13 mars 1780, et le jugement du fond renvoyé au bureau des affaires ecclésiastiques. Les

Barnabites formerent opposition à l'arrêt de cassation; et tel étoit l'état de l'affaire, lorsque monseigneur l'évêque d'Oléron supplia l'assemblée de 1780 de vouloir bien interposer son crédit et ses bons offices, pour le maintien de ses droits qui lui étoient communs avec tout l'ordre de l'épiscopat.

Monseigneur l'évêque de Clermont rendit compte de cette contestation à l'assemblée; il en développa l'origine, la marche, les conséquences; il démêla les subterfuges des religieux Barnabites; il exposa les raisons décisives de monseigneur l'évêque d'Oléron, et il n'eut pas de peine à persuader à l'assemblée que peu d'affaires pouvoient solliciter, à plus juste titre, toute l'autorité de ses recommandations.

D'après le rapport, et conformément à l'avis de la commission, la compagnie pria monseigneur l'évêque de Clermont et M. l'abbé du Lau de voir M. le garde des sceaux, M. le rapporteur et MM. les commissaires du conseil, pour leur faire connoître tout l'intérêt que l'assemblée prenoit à l'affaire de monseigneur l'évêque d'Oléron. M. le garde des sceaux promit d'y donner une attention toute particuliere, et tout annonçoit un arrêt définitif entièrement conforme aux vœux de l'assemblée, lorsqu'au mois de novembre 1781, les Barnabites, prévoyant cet arrêt, préférerent de souscrire une transaction par laquelle, entre autres points, ils se soumettoient à remettre à M. de Révol la direction du séminaire de Sainte-Marie d'Oléron et l'administration des biens et revenus y attachés, qui leur avoient été confiés en 1708; à lui faire l'abandon de tous les biens et fonds dépendants de ce séminaire, pour, par M. l'évêque actuel et ses successeurs, confier la direction dudit séminaire et l'administration de ses biens et fonds à qui bon lui sembleroit; à lui restituer, dans un court délai, les dépens auxquels ledit seigneur évêque avoit été condamné envers eux au parlement de Pau; et enfin à ce qu'il fût passé de concert un jugement au bureau des affaires ecclésiastiques, qui terminât la contestation d'une maniere conforme aux clauses de l'acte.

Monseigneur l'évêque d'Oléron, ami sincere de la paix, crut devoir consentir à cette transaction, d'autant qu'elle étoit une reconnoissance des principes qu'il avoit invoqués; qu'il en résultoit un désistement de l'opposition qu'ils avoient formée à l'arrêt de cassation du 13 mars 1780, et que, par là, elle devenoit en quelque sorte un titre pour tout le corps épiscopal.

§ III.

Approbation de maître d'école.

On ne peut trop admirer la vigilante piété de nos rois dans les précautions sages dont ils ont entouré l'éducation de cette partie si nombreuse et si intéressante des peuples qui est destinée à puiser, dans les petites écoles, les principes des mœurs et de la religion : sans doute il étoit essentiel de la sauver des malheurs de l'ignorance, en ouvrant de toutes parts des sources d'instruction; mais il l'étoit bien plus encore de s'assurer que ces sources seroient toujours pures, et d'écarter d'une jeunesse aussi précieuse tout ce qui pourroit altérer l'innocence de ses mœurs. Pour remplir un si respectable objet, nos rois ont pensé que le meilleur moyen étoit de laisser aux premiers pasteurs le droit d'inspection le plus étendu sur les personnes chargées du soin de ces écoles. Ils ont ordonné d'abord que les maîtres et maîtresses d'école, avant d'en remplir les fonctions, seroient approuvés par les supérieurs ecclésiastiques; et comme une premiere approbation peut avoir été surprise, et que, dans aucun cas, elle ne peut rassurer pour l'avenir, ils ont voulu que ces mêmes maîtres fussent tellement soumis à la surveillance des premiers pasteurs, que les archevêques, évêques, et leurs archidiacres, en cours de visite, conservassent toujours le droit de les examiner, et pussent même les destituer, s'ils n'étoient pas satisfaits de leur doctrine ou de leurs mœurs. Cette double disposition, renfermée dans l'article 14 de l'édit de 1606, et plus littéralement encore dans l'article 25 de l'édit de 1695, est un reste précieux de l'ancienne influence du clergé sur tout ce qui appartenoit à l'éducation de la jeunesse.

En 1781, un maître d'école du diocese de Boulogne, nommé Gollio, crut pouvoir se soustraire à cette dépendance. Après avoir tenu quelque temps les écoles dans une paroisse où l'on avoit formé des plaintes sur sa conduite, il fut élu en la même qualité de maître d'école par les habitants d'une autre paroisse, nommée Crémarest; et comme il prévit que l'évêque lui refuseroit l'approbation, il se décida à remplir ses nouvelles fonctions, sans se présenter pour l'obtenir. L'archidiacre, faisant sa visite dans cette paroisse au commencement de l'année 1782, et voyant que le sieur Gollio, dont la conduite lui étoit déja suspecte, s'étoit ingéré, contre toutes les regles, dans la tenue des écoles, lui défendit de continuer ses fonctions. Le sieur Gollio ne tint aucun compte de cette défense: alors, sur la requête de l'avocat du roi de Boulogne, intervint, à la sénéchaussée de Boulogne, une sentence contradictoire qui lui défendit provisoirement de faire les fonctions de maître d'école à Crémarest, et qui, faute de comparution, fut suivie d'une sentence définitive et confirmative de sa destitution. Le sieur Gollio, loin d'obéir à ces sentences, se pourvut au parlement, et obtint un arrêt de défense qui assigna jour pour venir à l'audience, toutes choses demeurantes en état. C'est en cette cour que l'instance s'instruisit entre lui et M. le procureur général.

Le principal moyen du sieur Gollio étoit que les pouvoirs qu'il avoit déja obtenus pour enseigner dans une paroisse, le dispensoient d'en demander de nouveaux pour une seconde; comme si le droit que les loix accordent aux supérieurs ecclésiastiques de surveiller constamment le maître d'école, et d'en prononcer la destitution dans la paroisse même où il a été approuvé, ne démontroit pas qu'à bien plus forte raison ils ont le droit de l'examiner, lorsqu'il est appellé dans un autre endroit.

Conformément à ce principe, un arrêt rendu en la grand'chambre le 15 juin 1782 ordonna que les sentences de la sénéchaussée de Boulogne sur mer seroient exécutées par provision selon leur forme et teneur, et que les habitants de Crémarest seroient tenus de présenter à l'ordinaire un autre sujet par eux élu, pour qu'il fût admis à faire les fonctions de maître d'école, s'il en étoit jugé capable.

§ IV.

Collation de l'ordinaire sur vacance de droit.

Grand-Conseil.

Diocese d'Auch.

QUOIQUE le pouvoir des ordinaires, de conférer les bénéfices de leurs dioceses, ne soit déja que trop restreint par les réserves et les exceptions autorisées ou tolérées, le peu qui vous reste, MESSEIGNEURS, vous est encore disputé quelquefois par des entreprises indiscretes et des systêmes hasardés : c'est ainsi que feu monseigneur l'archevêque d'Auch fut obligé, en terminant sa carriere édifiante, de faire défendre devant les tribunaux un droit de collation que lui assuroit sa qualité d'ordinaire, et dont il n'avoit fait que l'usage le plus légitime. Avant de vous exposer les doutes qu'on cherchoit à jeter sur son droit, il nous paroît nécessaire, MESSEIGNEURS, de vous rendre compte en peu de mots des faits qui donnerent lieu à la contestation.

En 1466 le comte d'Armagnac et Jean d'Armagnac Lescun, archevêque d'Auch, conçurent le dessein de fonder une collégiale composée de douze religieux Prémontrés, dans la chapelle de Notre-Dame de Vic-Fézenzac dépendante de l'abbaye de la Case-Dieu. Pour doter convenablement cette collégiale, les fondés de pouvoirs du comte d'Armagnac et de l'archevêque d'Auch furent autorisés à consentir, de leur part, qu'on unît à la chapelle de Vic les revenus de quatre chapelles dénommées, produisant alors cinquante écus d'or, et les revenus de trois cures, au nombre desquelles étoit celle de S. Jean-Poutge et Pléhot son annexe. Le titulaire de la chapelle de Vic fut chargé de recevoir l'investiture de ces bénéfices et de la cure de S. Jean-Poutge, au nom de l'église collégiale. L'union se fit avec la clause précise, que, dans le cas où les religieux qui devoient former la collégiale cesseroient, à raison de leur petit nombre, de faire le service prescrit, il seroit libre à l'archevêque d'Auch de révoquer son union, de disposer, de sa propre autorité, du bénéfice uni, et de le conférer à qui bon lui sembleroit, sans aucune déclaration préalable: « Item, in casu quo, futuris temporibus, « à dictis divinis officiis et prædictis missis, per dictos reli- « giosos instituendos dicendis, cessaretur propter pauci- « tatem numeri servitorum . . . . fuit expressè conventum « et actum quòd præfatus dominus archiepiscopus, qui « nunc vel tempore futuro erit, dictas cessionem et unio- « nem valeat revocare, possitque præfatam ecclesiam « (Sancti Joannis de Poutge) cum suis annexis *propriâ* « *auctoritate* recipere, *et eam cui voluerit conferre vel aliò dis-* « *ponere, declaratione aliquatenùs super hoc non expectatâ* ». Tels furent les motifs, les clauses, les conditions de l'union ; on les trouve en termes exprès, non seulement dans la procuration donnée par M. l'archevêque d'Auch au sieur de Marre, son grand vicaire et official, pour faire l'union, mais dans l'acte même d'union. La clause résolutive est encore exprimée d'une maniere aussi formelle dans un autre endroit de l'acte. Le frere de S. Maurice, titulaire ou granger de la chapelle de Vic, s'étoit obligé, par serment, de faire réaliser les causes de l'union, d'en faire observer toutes les conditions. On prévoit le cas où lui et ses successeurs grangers n'accompliroient pas ces conditions: on déclare qu'alors l'union sera comme non avenue, et la cure rétablie en son premier état: « Si con- « tingeret præfatum grangerium super juramenti observa- « tione dispensationem de facto obtinere, vel aliàs præ- « missa non complere, *dictae unio et concessio pro infectis* « *et non concessis habeantur, omniaque in pristinum statum* « *reducantur* ». Il est encore nécessaire de remarquer que

la

la cure de S. Jean-Poutge, au temps de l'union, étoit séculiere, et que, pour la conservation de son état de sécularité, il fut expressément stipulé, dans l'acte d'union, qu'elle continueroit d'être desservie par un prêtre séculier, et qu'à cet effet on imposoit au *granger* l'obligation de présenter à l'archevêque d'Auch *unum presbyterum saecularem sufficientem et idoneum*, pour y exercer les fonctions pastorales, *qui exercebit curam dictae parochialis ecclesiae, missas parochiales . . . . et alia divina officia.*

Par le titre de l'union qui existe, et qu'on vient de rapporter, il est incontestable que le décret fut rendu sans remplir aucune des formalités essentielles: nulle information *de commodo et incommodo;* nulle audition du titulaire de la cure, des paroissiens, des autres parties intéressées; toutes ces regles, prescrites par les saints décrets, reçues dans le royaume, furent ouvertement méprisées.

Les causes de l'union, telles qu'elles sont exprimées dans l'acte, ne furent jamais, aux yeux de l'église, un motif assez puissant pour déterminer l'union d'un bénéfice à charge d'ames. Le concile de Trente, dans la session 24, chapitre 13, *de reformatione,* défend d'unir aux églises canoniales des bénéfices-cures: disposition si sainte, disoit en 1665 M. l'avocat général Talon, que les états de Blois l'ont embrassée dans les articles 22 et 23. Aussi cette union n'eut-elle jamais son accomplissement; elle resta dans les termes d'un simple projet. L'établissement de la collégiale n'eut réellement point lieu; on ne vit jamais à Vic-Fézenzac douze religieux résidants sous la forme réelle d'un chapitre faisant le service prescrit par l'acte d'union. La chapelle de Notre-Dame de Vic a conservé son ancien état; elle est demeurée un prieuré simple, connu indifféremment sous le nom de grange, prévôté ou hospice, où l'on a envoyé de temps à autre un ou deux religieux; elle n'a jamais cessé d'être possédée et administrée par un religieux de la Case-Dieu. Les provisions, les actes de prise de possession, tous les autres titres représentés, constatent la vérité de tous ces faits.

Mais en supposant, contre le témoignage des monuments, que la collégiale avoit été établie, avoit subsisté autrefois, il étoit indubitable que, sous l'épiscopat de feu monseigneur l'archevêque d'Auch, et long-temps avant, on n'appercevoit aucun vestige de cette prétendue collégiale.

M. de Montillet voyant que la supposition prévue dans l'acte d'union, *pro futuris temporibus*, étoit réduite en fait; voyant que, dans la chapelle de Notre-Dame de Vic, on avoit cessé, à cause du petit nombre des chanoines, *propter paucitatem numeri servitorum*, de célébrer les offices, de dire les messes ordonnées; voyant que l'inexécution bien évidente de la clause résolutive remettoit toutes choses dans leur premier état, *omnia in pristinum statum reducantur;* monseigneur l'archevêque d'Auch, assuré de toutes ces circonstances décisives, suivant le droit qui lui avoit été spécialement conservé par l'acte même d'union, de sa propre autorité, *propriâ auctoritate*, sans déclaration préalable, *declaratione aliquatenùs super hoc non expectatâ*, donna et conféra, le 26 mars 1774, au sieur Despiau, la cure séculiere de S. Jean-Poutge, comme vacante par la nullité des collations ou provisions qui, depuis l'union prétendue, avoient été données à des religieux Prémontrés, ajoutant à ses provisions la clause, *vel alio quocumque modo*.

Les Prémontrés se pourvurent, au grand-conseil, contre les provisions données au sieur Despiau: ils essayerent d'abord de défendre l'union; mais ils renoncerent bientôt à l'espoir de faire maintenir un décret vicieux et abusif dans tous ses points; ils dirigerent principalement leur attaque contre la substance même des provisions de l'archevêque; ils prétendirent que la cure, étant réguliere, n'avoit pu être conférée à un séculier; que la collation par dévolut n'appartenoit qu'au pape, et qu'un évêque diocésain ne pouvoit conférer un bénéfice comme vacant par nullité des titres précédents; que l'ordinaire n'avoit pas le droit d'insérer, dans ses provisions, la clause *vel alio quovis modo;* que, dans tous les cas, avant de conférer, l'ordinaire étoit obligé de déclarer, par un jugement préalable, la vacance du bénéfice.

Ces foibles raisons ne pouvoient soutenir une discussion sérieuse.

Ici d'abord les religieux Prémontrés alléguoient très inutilement, et entièrement hors de propos, les bulles et lettres-patentes qui établissent l'imprescriptibilité de leurs cures. Ce privilege, il est vrai, rend invariable l'état de régularité de ces bénéfices. La prescription quarantenaire, qui a la force de changer la nature de régularité ou de sécularité des bénéfices, ne peut influer sur les cures de l'ordre de Prémontré: mais le privilege ne s'applique qu'aux cures véritablement régulieres et dépendantes du même ordre. La cure de S. Jean-Poutge étoit séculiere dans le temps de l'union; l'acte d'union en fournit lui-même la preuve littérale; elle devoit continuer d'être desservie par un prêtre séculier. Il étoit porté, par la clause résolutive, qu'au cas de son inexécution, la cure de S. Jean et ses annexes resteroient sous le pouvoir de l'évêque; qu'il seroit libre, comme avant l'union, de la conférer à qui bon lui sembleroit. Les provisions en vertu desquelles les Prémontrés avoient joui des revenus de cette cure, avoient toujours été radicalement nulles par l'illégalité des motifs de l'union, par l'inobservation de ses clauses, par la nullité de l'union elle-même: la cure étoit donc toujours demeurée séculiere; et monseigneur l'archevêque, en ne conférant point cette cure à un séculier, auroit enfreint, bien loin de l'observer, la regle *saecularia saecularibus, regularia regularibus.*

Cette prétention des religieux Prémontrés une fois écartée, il n'étoit pas difficile de dissiper les autres nuages qu'ils vouloient répandre sur le pouvoir des ordinaires, dans le genre de collation employé par monseigneur l'archevêque d'Auch.

1°. C'étoit sans aucune espece de fondement que l'on entreprenoit de réserver au pape seul et d'enlever aux évêques le droit de conférer sur vacance par incapacité, par nullité de titre, par dévolut.

Les évêques, étant, par leur caractere, les collateurs ordinaires de tous les bénéfices de leurs dioceses, ont le pouvoir de les conférer de toutes les manieres qui ne leur sont pas défendues par le droit reçu dans le royaume. Les réserves dont nous avons parlé sont des exceptions à la regle générale : mais toutes ces exceptions sont nommées, déterminées par la loi; peut-on en citer une seule qui interdise aux évêques la collation des bénéfices vacants de plein droit? Nous voyons au contraire ce pouvoir des évêques reconnu, confirmé, et par les saints décrets, et par les ordonnances de nos rois : ainsi, dans les premiers siecles de l'église, lorsque la translation d'un ecclésiastique à un emploi différent, ou sa promotion à un degré supérieur, faisoit vaquer le bénéfice qu'il avoit possédé auparavant, l'évêque, sans attendre sa démission, pouvoit disposer de ce bénéfice *de plano* et sans aucune formalité. Ainsi le quatrieme concile de Latran déclare que celui qui recevroit un second bénéfice à charge d'ames, en possédant déja un de la même espece, seroit, de plein droit, privé de ce premier bénéfice, et que l'ordinaire pourroit le conférer librement à un autre : *Is ad quem prioris spectat donatio, illud . . . . liberè conferat cui meritò viderit conferendum. (Extrav. 28 de multa, cap. de praebendis et dignitatibus.)* Ainsi le second concile de Lyon, sous le pontificat de Grégoire X, veut que l'évêque puisse conférer de plein droit le bénéfice-cure qui deviendroit vacant faute par le pourvu de se faire promouvoir aux ordres nécessaires. Ainsi la pragmatique et le concordat recommandent à l'ordinaire de s'informer soigneusement s'il n'y a pas, dans son diocese, quelques ecclésiastiques qui possedent un bénéfice sans avoir de titre ; et s'il en rencontre quelques uns, il est autorisé, ou à faire un nouveau titre à ses possesseurs illégitimes s'il les en trouve dignes, ou à disposer du bénéfice en faveur de tel autre sujet capable qu'il voudra choisir. *Tit. de pacificis possessoribus.*

Le droit des ordinaires est également assuré par l'art. 22 de l'édit du contrôle des bénéfices, par l'art. 4 de l'ordonnance d'Orléans, par les art. 12 et 46 de l'ordonnance de Blois. Tel est le sentiment des auteurs les plus instruits qui ont traité cette matiere.

A ces autorités supérieures on opposeroit en vain l'opinion particuliere d'un ou deux parlements qui refusent à l'ordinaire le pouvoir de conférer sur la vacance de droit, et qui ne reconnoissent de véritables provisions en ce genre que celles du pape. Sur quels motifs ces cours peuvent-elles fonder une jurisprudence si contraire au droit commun des évêques, aux canons de l'église, aux loix de l'état, à la jurisprudence des autres tribunaux? Nous n'en voyons de raison ou de prétexte que dans l'usage extrêmement rare, et, pour ainsi dire, dans la désuétude où vous êtes et où vous devez être de l'exercice de ce pouvoir ; et cette désuétude a dû naturellement s'établir sur la nature de la vacance de droit, et sur la différence connue entre la maniere dont le souverain pontife et les ordinaires exercent leur pouvoir de conférer d'après la vacance de droit.

L'évêque peut conférer à qui bon lui semble.

Le pape est obligé de conférer à celui qui, le premier, lui présente sa supplique ; il est collateur forcé ; il ne fait et ne peut faire aucune acception de personne.

Un bénéfice n'est vacant de plein droit que lorsque le titulaire avoit contracté, à l'époque de sa nomination, ou qu'il a contracté, depuis sa nomination, une incapacité qui le rend, *ex jure*, indigne du bénéfice.

Or qu'un dévolutaire vienne avertir l'évêque d'une

incapacité qu'il a découverte, sa délation, son caractere présumé, le rendent si défavorable, que, selon toute apparence, il sera jugé indigne de remplacer le titulaire dont il dénonce l'incapacité ; il doit craindre de ne retirer, de son avis, que la honte d'une telle démarche.

Que ce même dévolutaire s'adresse au pape, il est sûr, s'il est le plus diligent à porter la funeste nouvelle, qu'il en aura pour récompense la dépouille du bénéficier incapable.

Le desir d'envahissement, qui anime communément les dévolutaires, doit donc, de préférence, les diriger vers la cour de Rome; et les évêques ne doivent presque jamais être dans le cas d'exercer leur pouvoir sur ce genre de vacance.

Si, comme le souhaite l'église, on n'étoit excité à donner connoissance de l'incapacité titulaire que par des intentions pures, par l'amour de l'ordre, par le zele pour le maintien des regles et de la discipline, sans doute, MESSEIGNEURS, on auroit vu les ordinaires faire un usage plus fréquent des collations sur la vacance de droit: mais s'ils n'exercent pas, de fait, le pouvoir de conférer par cette voie, leur droit, à cet égard, n'en est pas moins incontestable, n'en doit pas moins être protégé par des tribunaux défenseurs des libertés de l'église gallicane.

Lors donc, MESSEIGNEURS, que M. l'archevêque d'Auch a donné des provisions de la cure de S. Jean-Poutge sur la nullité des titres précédents, il a usé d'un droit qui vous appartient à tous dans vos dioceses, d'un droit que vous tenez de votre ordination, de votre caractere épiscopal. M. de Montillet fit de ce droit un usage d'autant plus légitime, qu'il l'exerça de son propre mouvement, sans y être excité par une demande en dévolut, et d'après la connoissance qu'il s'étoit procurée, par ses propres recherches, de l'incapacité des religieux qui se prétendoient titulaires.

2°. Monseigneur l'archevêque d'Auch, après avoir exprimé dans ses provisions qu'il conféroit le bénéfice comme vacant par nullité de titre, ajoute qu'il le confere encore, de quelque autre maniere qu'il soit devenu vacant: c'est la clause *vel alio quocumque modo*, dont les religieux Prémontrés soutenoient que l'ordinaire n'a pas droit de se servir.

Il est vrai qu'autrefois on a douté de ce pouvoir des évêques; mais aujourd'hui il est reconnu sans difficulté: c'est l'avis du commentateur sur la pragmatique, au titre *de causis*, paragraphe *item quoad monasteria*, sur le mot *aliàs;* Ruzé, Pastor, du Moulin, Louet, Vaillant, et tous les auteurs modernes, sont de cet avis. L'évêque, dit du Moulin, sur la regle *de publicandis resignationibus*, n. 200, peut, quand il le veut, ajouter cette clause, parcequ'il n'est point obligé d'exprimer, dans ses provisions, le genre de vacance. Il le peut encore, dit Louet sur ce nombre du commentateur de du Moulin, parceque, suivant les maximes de France, les évêques peuvent tout ce qui ne leur est pas défendu par le droit reçu dans le royaume. L'évêque, dit Vaillant sur cette observation de M. Louet, a droit de nommer sur tout genre de vacance; et c'est avec prudence que quelques collateurs ordinaires inserent dans leurs provisions la clause *aliàs*, ou *alio quocumque modo. Ubi vacatio inducitur, eam potest replere collator ordinarius, et ideo* cautè *aliqui collatores ordinarii hanc clausulam suis provisionibus inserunt.*

La seule question qu'on peut faire ici raisonnablement, est de savoir si la clause *vel alio quocumque modo* seroit utile au pourvu dans le cas où la vacance, exprimée dans les provisions, ne seroit pas la véritable; comme si les provisions désignoient la vacance de plein droit sur la nullité des titres précédents, tandis que, dans la réalité, le bénéfice ne seroit vacant de droit que par une autre espece d'incapacité.

Les principes nous conduisent à croire que, dans ce cas même, la clause seroit avantageuse au pourvu. Dans l'hypothese, le bénéfice est véritablement vacant de droit, de quelque maniere qu'il le soit : le collateur a eu l'intention de le conférer ; le collateur a eu droit de le conférer ; il auroit déterminé spécialement le genre de vacance, s'il l'avoit mieux connu ; il l'a déterminé équivalemment ; il ne faut rien de plus, parcequ'en général l'ouverture de la vacance donne ouverture au droit de collation de l'ordinaire : *Ubi vacatio inducitur, eam potest replere ordinarius.* En supposant même que la clause ne pût produire aucun effet, on ne pourroit tout au plus la regarder que comme inutile et superflue ; et, dans le droit, ce qui abonde ne vicie point : *Superflua non nocent.* Enfin, dans l'espece présente, la cure de S. Jean-Poutge vaquoit réellement par le genre de vacance exprimé dans les provisions de monseigneur l'archevêque d'Auch : *Ob prædictarum collationum et provisionum nullitatem.*

Mais, du moins, disoient les adversaires du nouveau pourvu, l'ordinaire, dans tous les cas, étoit-il obligé de rendre, avant de donner ses provisions, un jugement préalable qui eût déclaré la cure vacante.

Ce dernier moyen n'étoit pas plus solide que les autres. Le quatrieme concile de Latran, et le second concile de Lyon, que nous avons déja cité, nous offrent les premiers exemples d'une vacance *ipso jure* ou *ipso facto* expressément marquée dans le droit. Lorsque le second concile de Lyon enjoignit aux pourvus des bénéfices-cures de prendre les ordres nécessaires pour pouvoir exercer les fonctions du ministere, il ne se contenta pas de décerner la peine de privation *ipso jure* du bénéfice contre ceux qui négligeoient de se faire ordonner ; il ajouta encore la clause, *nullâ etiam praemissâ monitione :* clause bien remarquable, et qui prouve sensiblement que, suivant l'intention du concile, le collateur ordinaire pouvoit conférer librement le bénéfice, sans être assujetti à faire au possesseur aucune monition canonique, à prononcer aucune déclaration préalable de la vacance du bénéfice.

Un

Un titre même coloré n'empêche pas l'évêque, collateur ordinaire et perpétuel, de conférer le bénéfice sur nullité de titre, sans déclaration préalable de cette nullité. La déclaration préalable ne pourroit être nécessaire que pour éviter les erreurs et les surprises sur ce genre de vacance : or ces erreurs et ces surprises ne sont point à craindre de la part des ordinaires; ils n'ont pas coutume d'accorder les bénéfices, même ceux qui vaquent de plein droit, sur la requête ou supplique des impétrants; ils conferent de leur propre mouvement; ils connoissent exactement, et les qualités des sujets, et les qualités des bénéfices : on ne doit donc présumer dans leurs provisions ni obreption ni subreption : *Apud ordinarium*, disent les canonistes d'après le commentateur de la pragmatique, *non cadit subreptio, cùm ipse praesumatur scire possessionem facti alterius*.

Cette maxime est si vraie, par rapport aux collations des ordinaires sur la vacance de droit, que les dévolutaires mêmes, qui ont obtenu de semblables provisions en cour de Rome, *sont admis et reçus à en faire poursuites, encore qu'il n'y ait aucune déclaration précédente* : c'est la disposition textuelle de l'art. 46 de l'ordonnance de Blois.

Nous savons que l'art. 4 de l'ordonnance d'Orléans avoit *enjoint à tous prélats et collateurs ordinaires de ne bailler aucuns dévoluts plutôt et auparavant que le pourvu par l'ordinaire ait été déclaré incapable.* Mais, premièrement, la dérogation à cet article est formellement stipulée par l'art. 46 de l'ordonnance de Blois; *nonobstant*, y est-il dit, *le contenu en l'ordonnance* d'Orléans : et quand même la dérogation ne seroit pas précise, les dispositions de ces deux ordonnances se concilieroient parfaitement, en appliquant la déclaration prescrite par l'art. 4 de l'ordonnance d'Orléans, aux seuls cas où les bénéfices doivent devenir vacants et impétrables par la sentence du juge, et non aux genres de vacance qui emportent la prévention de droit.

Monseigneur l'archevêque d'Auch avoit encore ici un avantage décisif: par l'acte même d'union il étoit dispensé spécialement de toute déclaration préalable. La cure de S. Jean-Poutge, comme vous l'avez déja vu, MESSEIGNEURS, avoit été annexée à la chapelle ou grange de Vic-Fézenzac, à la condition que, dans le cas où les causes et les clauses de l'union ne seroient pas fidèlement et exactement remplies, tout rentreroit dans le premier état, et que, de sa propre autorité, il pourroit, à son gré, disposer de la cure, sans avoir besoin de faire précéder sa nomination d'aucune espece de déclaration: *declaratione aliquatenùs super hoc non expectatâ*. Toute déclaration préalable de sa part étoit donc absolument inutile; il en étoit exempt par la nature même du contrat qu'il avoit passé avec les religieux Prémontrés.

Sur des raisons aussi victorieuses est intervenu, au grand-conseil, le 8 février 1781, arrêt contradictoire qui déclare qu'il y a abus dans l'acte d'union de la cure de S. Jean-Poutge à la grange de Vic-Fézenzac, comme ayant été faite sans cause, qu'il n'y a abus dans les provisions de cette cure accordées par monseigneur l'archevêque d'Auch au sieur Despiau; maintient le sieur Despiau en possession et jouissance de la même cure; condamne le granger de Vic en la restitution des fruits au profit du sieur Despiau, à compter du jour de la prise de possession dudit sieur Despiau, et en tous les dépens.

Il a été jugé, entre autres choses, par le même arrêt, que les religieux Prémontrés ne peuvent appliquer leur privilege d'imprescriptibilité aux unions de bénéfices; que les évêques diocésains peuvent conférer, pour cause de l'inexécution des principales clauses des décrets d'union, pour nullité des titres précédents, par dévolut, avec la clause *vel alio quovis modo*, sans déclaration préalable; et que leurs pourvus ne sont point assujettis aux formalités rigoureuses prescrites par nos ordonnances contre les dévolutaires.

§ V.

Si les collations nombreuses, réservées au pape et au roi, soit par le droit, soit par l'usage, contrarient quelquefois vos plans de sagesse pour la perfection du gouvernement de vos dioceses; cependant l'éminence de la dignité du pape et du roi; la qualité dans l'un, de chef de l'église; dans l'autre, de protecteur de l'église; les présomptions légitimes, que le pere des fideles, le pere du peuple, ne se proposent et ne veulent que le plus grand bien de la religion et de l'état; ces motifs, fortifiés, dans des prélats françois, par un respect et un attachement au saint siége qui ne s'est démenti dans aucun siecle, par un amour pur pour nos rois qui saisit toujours les occasions de se signaler, qui les cherche, et qui souvent est le premier à les faire naître; toutes ces considérations, MESSEIGNEURS, plus frappantes encore dans le cours actuel des choses et dans cette assemblée, peuvent adoucir les regrets de vos pertes. Il n'en seroit pas de même, et ce seroit un désordre intolérable, si des laïques, simples particuliers, venoient à usurper le droit, non de présenter et de nommer aux bénéfices, mais de les conférer pleinement et avec une autorité indépendante de l'église. C'est sous ce point de vue, MESSEIGNEURS, qu'il nous a paru intéressant de vous parler d'un arrêt du parlement de Paris, rendu le 18 mai 1781. La contestation portée à ce tribunal donna lieu de développer, contre les collations laïques, des principes que le clergé n'abandonnera jamais.

Collation laïque.

College de Limoges.

Parlement de Paris.

Le prieuré de Camines, situé dans le diocese de Cahors, vaqua, le 5 janvier 1774, par le décès de Henri Maurice, dernier titulaire.

M. l'évêque de Cahors le conféra d'abord, *jure libero*, au sieur Pradelle; puis, *in vim gradûs*, au sieur Rocques; ensuite, au même titre, au sieur Boudres.

Le sieur Duclos le demanda en cour de Rome, le

croyant régulier, et en obtint des provisions en commende; quelque temps après il le résigna au sieur Calmette, sous la réserve de 250 livres de pension.

Enfin le frere Nicolas, chanoine régulier de la congrégation de France, imaginant que ce bénéfice étoit régulier et à la pleine collation du college de Limoges, demanda au bureau d'administration de ce college et en obtint des provisions *pleno jure*, datées du 28 février 1774.

Cette foule de contendants ne pouvoit manquer d'occasionner des instances en complainte. Le litige subsistoit encore, lorsque la régale s'ouvrit dans le diocese de Cahors, au mois de novembre 1776; et alors, par brevet du 8 décembre, le roi en pourvut, comme vacant en régale, M. l'abbé le Blanc de S. Fleurien, vicaire général du diocese de Vence.

Le pourvu par l'évêque, le porteur de provisions de cour de Rome, les gradués ou leurs représentants, céderent avec respect au titre imposant du régaliste, et se désisterent de toutes poursuites; le seul frere Nicolas ne craignit pas d'entrer en lice. Le sieur abbé le Blanc ayant obtenu du parlement de Paris un arrêt qui lui permettoit d'assigner les contendants, et cependant lui accordoit l'état du bénéfice, la cause fut placée et plaidée contradictoirement : le chanoine régulier produisit des titres que le parlement crut devoir examiner plus particulièrement; en conséquence il fut prononcé un appointement le 10 août 1779.

Pendant que le parlement se préparoit, par un plus mûr examen, au jugement définitif, le chanoine régulier réunissoit tous les moyens qui pouvoient lui être favorables : le bureau et les administrateurs du college de Limoges avoient gardé un profond silence durant toute la contestation; le frere Nicolas leur fit entendre qu'il défendoit leurs propres intérêts; il sollicita leur intervention et les détermina à faire cette démarche; ils présenterent, à cette fin, leur requête le 10 août 1780.

Le religieux collataire, le bureau collateur, faisoient cause commune et soutenoient leur droit par le raisonnement suivant.

Le prieuré de Camines est à la pleine collation du prieuré de Lartige : en 1683 le prieuré de Lartige a été uni, avec tous ses droits, circonstances et dépendances, au college de Limoges, alors tenu par les Jésuites. Les Jésuites, par cette union, sont devenus les pleins collateurs du prieuré de Camines : après la dissolution de la société, les droits des Jésuites ont été transmis au bureau et aux administrateurs du college de Limoges ; c'est donc à ce bureau, à ces administrateurs, qu'appartient aujourd'hui la libre et pleine collation du prieuré de Camines.

Le sieur abbé le Blanc disputa d'abord sur le fait qui servoit de base à son adversaire, et fit voir qu'il étoit au moins très douteux que le prieuré de Camines eût jamais été à la pleine collation ou même à la simple présentation du prieuré de Lartige. Nous ne vous entretiendrons pas, MESSEIGNEURS, de cette discussion particuliere ; elle ne touche point aux droits du clergé : mais, en supposant que la pleine collation du prieuré de Camines eût jadis appartenu au prieuré de Lartige et eût été transportée aux Jésuites de Limoges, s'ensuivroit-il qu'elle eût passé, qu'elle eût pu être transmise au bureau d'administration du college, à des officiers municipaux, à un corps purement laïque? C'étoit, au fond, dans ce seul point que les deux prétendants au prieuré avoient resserré leurs moyens et borné leur défense, et cette question intéresse essentiellement nos grands principes sur la collation des bénéfices.

Il est indispensable de rappeller ici la remarque si connue des canonistes et des jurisconsultes, que, dans tous les titres ecclésiastiques, on distingue l'*office* et le *bénéfice*. L'*office* est l'obligation d'exercer en tel lieu certaines fonctions du ministere de l'église, dont le pourvu a été rendu capable par son ordination : ces offices et ces fonctions se diversifient suivant la différence et la variété que nous voyons dans le ministere et la hiérarchie ecclésiastique.

Le *bénéfice* du titre ecclésiastique consiste dans les fruits, le revenu, le temporel, dont on donne l'administration et la jouissance à celui qui doit acquitter tel *office*, exercer telles fonctions.

Lorsque les apôtres commencerent à enseigner l'univers, non seulement ils avoient la puissance d'ordonner des évêques, des prêtres, et, sous eux, d'autres ministres; mais ils étoient encore autorisés à établir, à instituer ces différents ministres dans les lieux où ils seroient nécessaires pour y exercer les fonctions de leur ordre respectif: ainsi S. Paul avoit laissé, dans l'isle de Crete, Tite, son disciple, pour établir des ministres dans chaque ville. Ces institutions, déterminées par les apôtres et leurs successeurs immédiats, étoient précisément la distribution des différents *offices;* les titres ecclésiastiques, les évêchés mêmes, n'avoient rien de plus que cette autorisation du supérieur pour exercer dans tel endroit les fonctions de l'ordre: l'*office* étoit donc tout ce qui constituoit alors le titre ecclésiastique, et jamais il ne dut venir dans la pensée des fideles que de pareils titres pussent dépendre de l'autorité séculiere, et que de simples laïques pussent les conférer.

Dans la suite, et sur-tout depuis que l'église eut obtenu les hommages et la faveur des souverains, on attacha à l'exercice des fonctions, à l'obligation de les remplir, en un mot à l'*office*, l'administration de certains revenus, ensuite la jouissance de ces mêmes revenus; cet accessoire du titre fut appellé le *bénéfice*, et les titulaires furent nommés *bénéficiers*, de même que, dans ces premiers temps, les revenus en terres données aux soldats par les empereurs furent connus sous le nom de *bénéfices*, et leurs possesseurs, sous le nom de soldats *bénéficiers*.

Van-Espen renferme en peu de mots toutes ces idées

que présente la nature des titres ecclésiastiques. Le titre ecclésiastique est, selon lui, *jus perpetuum ministrandi in ecclesia, episcopi auctoritate institutum, et percipiendi fructus ei annexos*. De-là vient cette espece d'adage que le *bénéfice* est pour l'*office*, et que, dans le titre, c'est l'*office* qui est l'objet principal.

L'*office* est donc purement spirituel; il ne peut être institué et conféré que par la puissance spirituelle: et quoique, de nos jours, l'*office* soit, dans le titre, joint au *bénéfice*, quoiqu'ils soient l'un et l'autre inséparables, cependant l'*office* est toujours demeuré le même; sa réunion avec le *bénéfice* n'a pu ni dû changer sa nature. Ce n'est qu'en s'écartant de ces notions élémentaires, en feignant de les méconnoître ou de les oublier, qu'on peut révoquer en doute l'illégitimité des collations faites par des laïques. Toutes les fois qu'on veut élever des doutes sur ce point, il est donc nécessaire de revenir sur les anciens principes. En considérant les titres ecclésiastiques, il est nécessaire que l'esprit ne se laisse pas entraîner par la seule idée de temporalité, qui n'est que secondaire et accessoire, et qu'on ait la bonne foi d'y voir toujours l'idée de spiritualité qui doit être l'idée dominante; alors les collations laïques de pleine autorité nous paroîtront encore aujourd'hui aussi extraordinaires qu'elles auroient paru aux premiers siecles de l'église, à l'époque où l'essence du titre consistoit dans l'office seul, dans la seule obligation d'exercer les fonctions toutes spirituelles imposées et prescrites par l'office.

C'est d'après ces maximes qu'il est reconnu par tous les auteurs, qu'un laïque est incapable de conférer purement et simplement un bénéfice ecclésiastique, et qu'il ne peut acquérir ce droit, même par la prescription. « Il « seroit inutile, dit d'Héricourt dans ses consultations « (tom. I, pag. 111), d'alléguer en sa faveur la possession. « Cette possession pourroit bien prouver, s'il ne s'agissoit « que d'un simple droit de présentation, parceque les

« laïques, capables d'avoir un droit de patronage, peuvent « acquérir ce droit, même contre une église : mais il n'en « est pas ainsi d'un laïque qui prétend avoir le droit de « conférer un bénéfice purement ecclésiastique, parce- « que, pour acquérir un droit par la possession, il faut « être capable de posséder ce droit ; et, quelque longue « que soit la possession de celui qui possede un droit dont « il est incapable, elle ne doit être regardée que comme « un abus, qu'il faudroit réformer avec d'autant plus de « sévérité, qu'il est ancien. »

Tout ceci a une application particuliere, lorsqu'il s'agit de bénéfice-cure ; et, dans l'espece présente, il étoit prouvé que le prieur de Camines avoit eu autrefois la charge des ames. Mais si le prieuré étoit devenu bénéfice simple, ce changement ne l'avoit pas soustrait à l'empire des regles générales. Un bénéfice, quoique simple, est toujours un droit spirituel ; il a été érigé, décrété par l'église ; ce qu'il fut dans son origine, il l'est toujours, à moins d'une disposition contraire ordonnée par l'autorité de l'église : il faut donc, pour en jouir légitimement, avoir l'institution, la permission de l'église ; et, dans le fait, il étoit constant que le prieuré de Camines avoit été conféré par le pape, par l'ordinaire, et, de tout temps, sujet, comme bénéfice purement ecclésiastique, à toutes les loix de l'église.

Tous les efforts du chanoine régulier se brisoient contre cette barriere insurmontable. Pour échapper aux raisonnements, il ne manqua pas de recourir aux comparaisons et aux exemples ; il prouva très au long qu'il existoit en France des bénéfices de collation laïque ; que non seulement le roi, mais encore de simples particuliers, avoient, sur ces bénéfices, une autorité pleine et entiere ; il en concluoit que les laïques ne sont pas incapables de conférer des bénéfices *pleno jure*, et que les administrateurs du college de Limoges avoient pu acquérir ce droit par les lettres-patentes de 1764, en vertu desquelles

desquelles ils étoient subrogés dans tous les droits des Jésuites. Ainsi, disoit-il, nous voyons tous les jours des bénéfices purement ecclésiastiques, dépendants des abbayes et conférés de tout temps par des ecclésiastiques, passer dans les mains du roi, et devenir des bénéfices de pleine collation royale par l'union des titres de ces abbayes avec extinction.

Nous ne dirons point ici que des arguments de parité ne peuvent ébranler un principe vrai, que les mauvais exemples ne sont jamais dangereux que par une mauvaise logique, parcequ'en effet les mauvais exemples ne sont que des faits opposés à la droite raison, et que, dans cette lutte, le fait ne doit pas triompher de la raison, mais que la raison toute seule doit suffire pour faire condamner les faits, quelque nombreux qu'on les suppose: nous n'avons pas besoin de cette maxime, qui est d'une vérité imprescriptible et universelle, pour répondre aux comparaisons et aux exemples qu'on vient de citer.

Outre les titres purement ecclésiastiques, les titres proprements dits, nous connoissons encore une autre espece de bénéfices que les jurisconsultes appellent profanes et temporels, à cause de leur origine toute séculiere. On se formera une idée claire de ces sortes de titres, en réfléchissant sur cette origine, et sur les degrés par lesquels ils ont dû passer pour devenir tels que nous les voyons.

Un seigneur obtient de l'église la permission d'avoir chez lui, et pour sa maison, une chapelle ou oratoire: il choisira des chapelains dont le ministere sera d'y offrir le sacrifice de la messe, d'y réciter quelques autres prieres, et, pour prix de ce service absolument intérieur et personnel, le seigneur déterminera des honoraires, qui seront payés aux chapelains aussi long-temps qu'ils exerceront leurs fonctions. Jusques-là, nous ne voyons qu'une simple commission révocable à la volonté du seigneur, lequel peut, à son gré, la supprimer ou la confier à d'autres. Telle est l'origine, tel est le premier état des bénéfices temporels.

Que ce seigneur, touché du bien spirituel et des avantages temporels qui résultent, pour lui et pour les siens, de ce ministere particulier, souhaite d'en étendre la durée au-delà de la sienne ; qu'il veuille assurer le sort de ces aumôniers ou chapelains, et le rendre indépendant de l'indifférence et de l'inconstance de ses successeurs, alors il détachera de son patrimoine une portion de revenus, il la destinera à l'entretien de ces aumôniers, il ordonnera qu'ils en aient à l'avenir la disposition, il défendra de les révoquer lorsqu'ils auront été nommés à cet emploi : mais cet emploi ne passera pas encore ses premieres limites ; il demeurera toujours borné au service intérieur et personnel. Dans ce second cas, le bénéfice temporel se rapproche beaucoup du titre ; il en acquiert une des propriétés principales, *le droit stable et permanent* d'exercer des fonctions, et de percevoir les fruits qui y sont attachés : *Jus perpetuum ministrandi et percipiendi fructus.* Cette stabilité, cette permanence ôte à la commission ce qu'elle avoit de précaire, et la fait participer à la dignité du bénéfice.

Le service intérieur et personnel franchit son enceinte ; il se répand au dehors ; il n'est plus restreint aux commodités particulieres du seigneur, de sa famille et de sa maison ; il pourvoit aux besoins spirituels du peuple du voisinage ; la chapelle n'est plus un oratoire, c'est une église où les fideles se rassemblent, où le culte s'exerce avec solemnité, où l'office est public, et quelquefois paroissial ; les aumôniers ne sont plus des chapelains domestiques ; ils forment un chapitre, un corps ecclésiastique avec distinction et prééminence sur d'autres corps ecclésiastiques ou religieux : dans ce dernier état, le bénéfice temporel est élevé à la nature du bénéfice véritable, du titre réellement ecclésiastique, titre qui donne, et le droit stable d'exercer certaines fonctions spirituelles, de percevoir les revenus qui y sont attachés, et encore le droit d'exercer ces fonctions, non plus pour le seul service d'un particulier, mais pour l'utilité de l'église : *Jus perpetuum ministrandi in ecclesia.*

Les bénéfices temporels, dans le second, et, à plus forte raison, dans le premier des degrés où nous les avons considérés, peuvent être à la pleine collation des laïques, et c'est dans cet état qu'on doit leur appliquer les regles, ou, pour mieux dire, l'exemption des regles que leur attribuent du Moulin, et, après lui, quelques magistrats célebres : mais, dans le troisieme degré, dans le dernier état où nous voyons aujourd'hui quelques uns de ces bénéfices, ils n'ont plus de temporalité que dans leur source et relativement à l'époque de leur fondation ; dans la suite, par la publicité et la solemnité des fonctions, ils sont devenus spirituels et ecclésiastiques ; et si, dans cet état, ils sont encore conférés par des laïques, ce ne peut être que du consentement de l'église, en supposant la permission et la mission de l'église. La différence du spirituel et du temporel dans les bénéfices, la distinction des deux puissances, doivent fixer, à cet égard, toutes les idées. On doit juger ainsi des bénéfices même de collation royale. Dans ces collations, dit le rédacteur de vos mémoires (tome II, page 1102), le roi exerce ses droits « sur le *bénéfice* ou temporel des titres ecclésiastiques . . . et non « sur la mission, institution et entiere disposition requises « pour l'exercice des fonctions de l'*office* ecclésiastique « de ces titres : il est vrai que la puissance ecclésiastique « n'y paroît par aucun acte formel ; on a présumé que les « ministres de l'église, auxquels il appartient de communiquer les pouvoirs requis . . . . étant informés de cet « usage, et ne réclamant point, ils consentent qu'il continue, et que, par ce consentement, les pourvus par sa « majesté sont autorisés de l'église à remplir les obligations de l'office de ces titres. Il a pu convenir à la paix

« et à l'union, si nécessaires entre les ministres des deux « puissances, d'en user ainsi; . . . . . et la voie de se con« tenter du consentement d'une des deux puissances a pu « être considérée comme un tempérament de concilia« tion qui a paru convenable. »

Ces tempéraments, ces voies de conciliation, cette supposition du consentement de la puissance ecclésiastique sur l'usage ancien de quelques collations laïques et sur les collations royales, ne peuvent avoir lieu, lorsqu'un corps laïque essaiera d'usurper la collation d'un bénéfice purement ecclésiastique, qui fut, de tous les temps, à la pleine disposition des ministres ecclésiastiques; et jamais le bureau du college de Limoges n'a pu sérieusement se croire favorisé de ce consentement présumé de l'église pour la pleine collation du prieuré de Camines.

Enfin, MESSEIGNEURS, pour écarter toutes les inductions que des laïques voudroient tirer des collations royales, nous terminerons cet article par une réflexion qui fut faite à l'assemblée de 1780 dans une affaire analogue à celle dont nous venons d'avoir l'honneur de vous rendre compte.

« Si l'on veut, disoit-on, assimiler les droits seigneu« riaux aux droits royaux en matiere de patronage ou de « collation, nous pourrions répondre, . . . que les droits « royaux sont si éminents, qu'ils ne souffrent point de pa« rité, et que c'est une témérité de leur comparer les « droits de sujets, quels qu'ils soient; et nous repousse« rions ainsi une objection que le respect pour l'autorité « suprême doit interdire, et à laquelle il fournit la réponse « la plus décisive. »

L'arrêt du 18 mai débouta les administrateurs du college et leur pourvu, et adjugea le prieuré de Camines au régaliste.

§ VI.

Intrusion.

Diocese de Die.

Parlement de Grenoble.

Nous ne pouvons nous dispenser, MESSEIGNEURS et MESSIEURS, de mettre sous vos yeux une affaire malheureusement trop ancienne, qui, par son importance, fixa d'abord l'attention et mérita les premiers soins de l'assemblée de 1782. Puisque, malgré les plus vives sollicitations de notre part, nous n'avons pu la terminer, et que nous sommes obligés d'en remettre la poursuite et le succès entre vos mains, il est nécessaire d'en rappeller l'origine et d'en reprendre les détails.

Le sieur Buissonnier, ayant surpris, en sa faveur, une résignation de la cure de Monestier-Clermont, diocese de Die, se pourvut, en cour de Rome, pour faire admettre sa résignation; les provisions lui furent refusées par défaut d'envoi d'un certificat d'idonéité; il eut recours au parlement de Grenoble, qui, par arrêt du 19 mars 1781, reçut son appel comme d'abus, et le renvoya devant l'évêque diocésain pour en obtenir des provisions. M. l'évêque de Die, qui, depuis quelques années, avoit retiré à cet ecclésiastique les pouvoirs de prêcher et de confesser, ne crut pas devoir lui conférer un bénéfice à charge d'ames; il lui refusa les provisions, et donna, pour motif de son refus, la révocation de pouvoirs antérieure à la résignation. Sur le refus de l'évêque diocésain, le sieur Buissonnier eut recours au métropolitain, M. l'archevêque de Vienne. Le métropolitain répondit à la requête du résignataire, *qu'il n'y avoit pas lieu à lui accorder les provisions de la cure qu'il demandoit, ni même de procéder à l'examen de sa capacité, mœurs et doctrine.* Sur cette réponse, le sieur Buissonnier se pourvut de nouveau au parlement de Grenoble, qui le renvoya devant le plus ancien évêque de la province : ce prélat ne lui fut pas plus favorable que le métropolitain. Le sieur Buissonnier eut encore recours au parlement. La matiere agitée et discutée à la grand'-chambre, il y eut partage de voix; et la tournelle ayant vuidé le partage en faveur de cet ecclésiastique, deux conseillers-clercs du parlement furent successivement commis pour lui conférer le titre demandé. Ces deux magistrats ayant refusé et motivé leur refus par écrit, un arrêt ou ordonnance du 31 août 1782 commit aux mêmes fins le sieur Mesnilgrand, chanoine de l'église de Grenoble, lequel n'hésita pas de conférer la cure, et de donner des provisions au résignataire, en vertu, dit-il dans sa collation, de la commission qui lui a été donnée par le parlement de Grenoble : *Virtute commissionis nobis à suprema curia parlamenti Gratianopolitani concessae.*

Ainsi, quoique le sieur Buissonnier n'eût produit aucune espece de provisions; quoique le *visa* lui eût été refusé par l'évêque diocésain et par l'archevêque métropolitain; quoiqu'on n'eût pas encore épuisé, par un troisieme renvoi légal, tous les degrés de la jurisdiction ecclésiastique; l'institution canonique, le régime des ames, un pouvoir tout spirituel, ont été conférés au résignataire, en vertu d'une commission de cour séculiere, par un chanoine, par un ecclésiastique étranger au diocese de Die, et tout-à-coup érigé en réformateur, en supérieur de tous les prélats de la province, de tous les supérieurs hiérarchiques : et c'est avec de telles provisions que le sieur Buissonnier exerce depuis plusieurs années les fonctions curiales dans la paroisse de Monestier-Clermont.

C'est dans cet état que l'affaire fut spécialement recommandée à l'assemblée générale de 1782, par la province de Vienne. Monseigneur l'archevêque d'Arles en fit le rapport à l'assemblée; elle jugea, comme ce prélat, que cette affaire *étoit moins la cause de la province de Vienne, que celle du clergé de France et même de l'église entiere; qu'elle étoit de nature à devoir être suivie au nom de tout le clergé, même par voie d'intervention, si besoin étoit ou seroit.*

Les prélats, chargés de voir M. le garde des sceaux, pour réclamer la justice et la protection de sa majesté, trouverent le chef de la magistrature dans les dispositions les plus favorables : il assura que la requête en cassation de l'arrêt du parlement de Grenoble seroit retenue au conseil des dépêches; il ajouta même que cette demande étoit sans difficulté, s'agissant d'une affaire qui concernoit l'ordre public, et qui, par conséquent, étoit de nature à être portée devant sa majesté.

Nous osons nous flatter, MESSEIGNEURS, que l'intérêt du clergé, manifesté d'une maniere aussi sensible, nous est auprès de vous un garant bien sûr de tout le zele avec lequel nous avons suivi cette affaire après la séparation de l'assemblée.

Notre premier soin fut de rédiger un mémoire, dont l'objet principal étoit de faire voir que, pour opposer à un si grand scandale un remede prompt et efficace, rien n'étoit plus digne des sentiments religieux de sa majesté et conforme aux regles de l'administration, qu'un arrêt du conseil des dépêches donné de propre mouvement; qu'un arrêt sur requête ne pourroit pas avoir la même célérité, et seroit exposé à beaucoup plus de difficultés. L'autorité du roi, disions nous, la prudence et la sagesse de son conseil sauroient sans doute écarter ces difficultés: mais la nature de la cause n'exigeoit nullement qu'on s'y exposât par une instance contradictoire. Le conseil n'avoit besoin d'aucuns nouveaux éclaircissements; les principes sur cette matiere sont fixes et invariables. L'affaire n'étoit point de celles dans lesquelles des vues de prudence, ou des considérations de bien public, peuvent quelquefois permettre des ménagements et des restrictions. L'autorité séculiere ne peut, dans aucun cas, donner le pouvoir de dispenser les choses saintes, d'exercer des fonctions purement spirituelles; l'autorité séculiere ne peut contraindre les supérieurs ecclésiastiques de conférer ces pouvoirs aux sujets qu'ils en croient indignes. C'est à ces maximes que se réduisoit toute la question; et ces maximes, le clergé ne peut ni les méconnoître, ni les dissimuler, ni les changer, ni les modifier, parcequ'elles tiennent à l'essence de la religion, parcequ'elles sont la base de l'administration établie par Jesus-Christ lui-même.

Les loix du royaume, ajoutions-nous, sont pareillement claires et précises : la transgression de ces loix ne peut être déguisée ni palliée ; les faits sont publics et constants ; il est notoire que la collation a été refusée au sieur Buissonnier par la cour de Rome et par tous les supérieurs dans la hiérarchie ; qu'il n'a reçu d'aucun d'eux l'institution canonique ; qu'une ordonnance d'une cour séculiere a commis un simple chanoine, un ecclésiastique d'un diocese étranger, pour lui conférer les pouvoirs spirituels ; que ce chanoine a exécuté cette commission, a conféré ces prétendus pouvoirs ; que le sieur Buissonnier, en vertu de ces pouvoirs, exerce publiquement dans sa paroisse les fonctions curiales, administre et profane les sacrements, affiche l'insubordination et la désobéissance ; l'infraction à notre droit public est manifeste ; tout nous paroissoit donc devoir déterminer sa majesté à déployer son autorité suprême pour rétablir l'ordre aussi visiblement interverti.

Ces grands principes furent reconnus ; et si sa majesté ne jugea pas à propos de rendre l'arrêt de propre mouvement, qui étoit l'objet de nos vœux, elle voulut que notre réclamation restât sous ses yeux. Nous présentâmes au conseil des dépêches une requête, dans laquelle nous fîmes valoir les moyens qui établissent si solidement les droits et l'autorité des supérieurs ecclésiastiques.

Les irrégularités de la procédure du parlement de Grenoble étoient frappantes : mais il nous parut essentiel de rappeller les regles inviolables que les constitutions de l'église et les constitutions civiles ont fixées sur cette matiere.

Dans un bénéfice, on distingue deux objets absolument différents : les biens dépendants du bénéfice, et les fonctions

fonctions imposées au bénéficier. Le *visa*, ou les provisions que donnent les évêques, renferment ces deux parties. En tant qu'elles ont rapport au droit de percevoir les revenus, ces provisions sont appellées par les canonistes l'*institution collative:* comme relatives au droit d'exercer les fonctions du bénéfice, elles sont connues sous le nom d'*institution canonique*, ou *autorisable.*

Le droit de percevoir les fruits du bénéfice est quelquefois sujet à des contestations dont le jugement peut être du ressort des tribunaux séculiers: ainsi l'autorité séculiere a le droit de mettre en possession civile, et même d'accorder la jouissance des biens temporels du bénéfice.

Il n'en est pas de même de l'institution canonique; pour s'en convaincre, il suffit de connoître sa nature.

L'institution canonique, pour un bénéfice-cure, est la mission donnée par les supérieurs à celui qui est nommé au bénéfice: c'est la collation de la jurisdiction dont les pasteurs du second ordre doivent être revêtus pour gouverner les ames, administrer les sacrements, dispenser les choses saintes.

La conduite des ames, la dispensation des choses saintes, étant d'un ordre entièrement surnaturel, la jurisdiction qui donne le pouvoir d'exercer ces fonctions sacrées, et l'autorité qui confere cette jurisdiction, doivent nécessairement être du même ordre, et ne peuvent émaner que de la puissance spirituelle Cette puissance spirituelle, les évêques en sont les seuls dispensateurs dans leurs dioceses, parceque, seuls, ils en ont reçu la plénitude dans leur ordination. En vertu du caractere de chef, de surveillant, de surintendant du troupeau, l'évêque seul est constitué, par l'église et par Jésus-Christ lui-même, pour conférer à un ecclésiastique nommé à un bénéfice-cure, les pouvoirs spirituels dont il a besoin pour l'administration spirituelle de sa paroisse. L'évêque accorde ces pouvoirs et l'institution canonique, lorsque le sujet lui paroît avoir les qualités requises ; et il est rigoureusement obligé de la refuser à celui qu'il juge incapable d'un ministere aussi important, et dont les fonctions, pour le bien de l'état autant que pour l'avantage de la religion, ne doivent être confiées qu'à des hommes recommandables par leur capacité, et sur-tout par leurs vertus.

L'ordinaire ou l'évêque est sujet à erreur, puisque les plus pures intentions ne garantissent pas toujours de la surprise. L'église a prévu le mal; un sage réglement de sa discipline en offre le remede. L'ecclésiastique refusé a droit de se pourvoir, par appel simple, auprès du métropolitain; si le refus est confirmé par celui-ci, on peut encore s'adresser au pape, et en obtenir des commissaires sur les lieux, pour terminer définitivement la question.

Ainsi, l'évêque diocésain peut être réformé par le métropolitain, comme le métropolitain peut l'être par les délégués du saint siege, parceque, dans ce cours d'appel, on procede toujours de l'inférieur au supérieur hiérarchique : mais, dans l'ordre ecclésiastique, comme dans l'ordre civil, une jurisdiction ne peut être réformée avec autorité que par une jurisdiction supérieure. La raison en est ici bien sensible. Puisqu'il s'agit d'administration spirituelle, de pouvoirs spirituels, qui, en vertu de la puissance des clefs, doivent être communiqués, par l'ordinaire, à un prêtre soumis à sa jurisdiction, il est manifeste que le refus de cet ordinaire ne peut être suppléé que par un juge qui ait une puissance du même genre, et qui, de plus, soit revêtu d'un caractere propre à lui faire acquérir, par l'appel, une autorité jurisdictionnelle sur le sujet de l'évêque diocésain: ce qui ne peut convenir qu'au seul supérieur hiérarchique de l'ordinaire.

On ne peut donc appeller du refus de l'évêque diocésain à tel autre prélat que ce soit, lequel n'auroit simplement que la qualité d'évêque, parceque nulle loi ne donne à celui-ci une autorité jurisdictionnelle sur l'évêque diocésain, ni sur le clergé dont l'évêque diocésain est le chef: il en est de même d'un métropolitain quelconque, à l'égard du métropolitain de l'ordinaire, qui ne doit être réformé que par le pape son supérieur hiérarchique: c'est ainsi que l'on ne peut appeller d'une cour souveraine à une autre cour souveraine.

A plus forte raison seroit-ce renverser tous les principes du gouvernement ecclésiastique que de vouloir faire réformer l'évêque diocésain par son inférieur, par un simple prêtre auquel manquent également et la plénitude de puissance qui confere les pouvoirs, et la jurisdiction, soit sur celui qui les donne, soit sur celui qui les demande. Ainsi encore, dans l'ordre judiciaire établi parmi nous pour les affaires civiles, il est inoui qu'un parlement soit réformé par un présidial ou un bailliage.

Lorsqu'un ecclésiastique a épuisé les jurisdictions de l'ordinaire, du métropolitain, du pape, si les trois jugements sont conformes, l'affaire est consommée. Et par qui pourroient lui être suppléés ces pouvoirs spirituels et d'un ordre surnaturel? par un supérieur ecclésiastique? il n'en est plus après le pape; par l'autorité séculiere? l'autorité séculiere, quelle qu'elle soit, n'a point cette puissance spirituelle et d'un ordre surnaturel de laquelle seule peuvent émaner les pouvoirs du même genre; elle n'a, sur le nommé au bénéfice, aucune jurisdiction spirituelle: elle est donc radicalement incapable d'accorder ou de suppléer ces pouvoirs dont la nature est absolument étrangere à toute puissance civile. Si, malheureusement, les trois refus étoient abusifs, l'autorité séculiere pourroit prononcer qu'il y a abus; elle pourroit envoyer en possession civile: mais elle ne pourroit jamais suppléer à l'institution canonique, parceque jamais elle ne peut dispenser les pouvoirs purement spirituels.

Si, dans des cas rares et extraordinaires, un refus illégitime pouvoit être confirmé par tous les tribunaux ecclésiastiques, il ne pourroit cependant être réformé, lorsqu'il auroit été prononcé en dernier ressort: cet inconvénient inévitable tient à la nature des hommes; il est impossible que leurs jugements soient toujours exempts d'erreurs; il est impossible que, dans une administration qui leur est confiée, on puisse remédier à tous les défauts que leur foiblesse doit y mêler. Les jugements des tribunaux séculiers sont exposés au même inconvénient. Dans des affaires qui intéressent la fortune, la vie, l'honneur des citoyens, il peut arriver que des juges, abusés par les apparences, séduits par des préjugés, quelquefois même entraînés par des passions étrangeres, rendent des sentences ou des arrêts peu conformes aux loix: et cependant, lorsqu'on a parcouru toutes les voies d'appel, lorsqu'on a employé tous les moyens de cassation et de renvoi, lorsqu'on a statué en dernier ressort, il ne reste plus de ressource à la partie plaignante, quand même sa condamnation lui paroîtroit et seroit réellement contraire à l'équité. La loi a voulu que, pour le bien de tous, et même aux dépens de quelques uns, les contestations eussent un terme, et ne pussent pas s'éterniser. Quand il existeroit un tribunal qui auroit le droit de réformer le pape pour le refus injuste de provisions, ce tribunal ne pourroit-il pas encore s'écarter de la vérité, et ne seroit-on pas cependant forcé de s'en tenir à ce jugement que l'on suppose absolument définitif? Il est donc également inutile et impossible qu'il existe en France une autorité qui ait le droit de conférer l'institution canonique, après le refus persévérant du pape et des évêques, seuls juges dans l'ordre où est renfermée cette institution.

Nos rois, reconnoissant la vérité de ces principes, les ont confirmés de toute leur autorité dans les édits et ordonnances que leur sagesse et leur piété leur ont fait rendre sur cette matiere.

Ils ont statué

Que ceux qui auront obtenu, par prévention ou autre impétration, en cour de Rome, un bénéfice ayant charge d'ames, ne pourront entrer en possession ou jouissance dudit bénéfice, qu'après avoir obtenu le *visa* de l'archevêque ou évêque diocésain, ou de son vicaire général en son absence, avec défense aux impétrants de se pourvoir ailleurs, et aux juges d'avoir égard aux titres des pourvus qui ne seroient pas conformes à la loi.

Que les gradués, les présentés par les patrons, soit laïques, soit ecclésiastiques, même les pourvus en régale, *seront tenus de se présenter devant l'ordinaire, pour en obtenir l'approbation et mission canonique, avant de pouvoir faire aucune des fonctions de leur ministere.*

Que, dans le cas où l'ordinaire refuseroit l'institution canonique, les cours et autres juges ne pourront contraindre les archevêques et évêques de donner des provisions des bénéfices dépendants de leur collation, *ni prendre connoissance du refus*, à moins qu'il n'y ait appel comme d'abus, auquel cas il est ordonné auxdites cours et juges *de renvoyer pardevant les supérieurs ecclésiastiques* desdits prélats et collateurs.

Que les pourvus, après avoir essuyé trois refus consécutifs des ordinaires et des supérieurs, ne pourront plus être reçus à faire poursuite pour le même bénéfice.

Que, si les cours et autres juges permettent aux pourvus des bénéfices, à qui les archevêques et évêques auront refusé de donner des *visa*, d'en prendre possession pour la conservation de leurs droits, *ils ne pourront y faire aucunes fonctions spirituelles et ecclésiastiques en conséquence desdits arrêts et réglements.*

Que les juges ne pourront maintenir ces ecclésiastiques en possession sans grande connoissance de cause, *et*, seulement, *à la charge d'obtenir* visa *des ordinaires, ou de leurs supérieurs, avant de faire aucunes fonctions spirituelles.*

Telles sont les dispositions de l'ordonnance de 1571, art. 11; de l'ordonnance de Blois, art. 12 et 64; de l'édit de Melun, art. 14 et 16; de l'ordonnance de 1629, art. 21 et 22; de la déclaration de 1657, art. 5; d'une autre déclaration de 1666, art. 6; enfin, de l'édit de 1695, aux art. 2, 3, 6, 7 et 9.

L'autorité royale et l'autorité ecclésiastique se sont donc réunies en France pour établir, ou plutôt pour reconnoître et maintenir, 1°. que nul pourvu d'un bénéfice à charge d'ames ne peut exercer les fonctions spirituelles de son bénéfice, sans avoir préalablement obtenu l'institution canonique ; 2°. que l'institution canonique est du ressort de la puissance spirituelle exclusivement; 3°. que l'institution canonique ne peut être conférée que par l'évêque diocésain; 4°. qu'au refus de l'ordinaire, l'institution canonique ne peut être suppléée, ni par une autorité séculiere, quelle qu'elle soit, ni par un ecclésiastique du second ordre, en quelque dignité qu'il soit constitué, mais uniquement par les supérieurs de l'ordinaire dans l'ordre hiérarchique; 5°. qu'après les refus consécutifs de ces supérieurs, le pourvu ne peut plus être reçu à faire poursuite du même bénéfice; 6°. que, si l'autorité séculiere jugeoit abusifs ces refus, et de l'ordinaire, et des supérieurs, par une suite de ce jugement il pourroit arriver quelquefois que le pourvu obtînt la possession civile et la jouissance des fruits de son bénéfice, mais que jamais ce jugement ne pourroit lui tenir lieu d'institution canonique.

De ces maximes, toujours respectées par nos rois, naissent deux conséquences qui méritent la plus sérieuse attention.

La premiere, c'est que l'institution prétendue canonique, donnée par l'autorité séculiere, ou par un évêque non supérieur de l'ordinaire, ou par un ecclésiastique du second ordre, en vertu d'une commission quelconque de l'autorité séculiere, qu'une telle institution seroit radicalement nulle par défaut absolu de pouvoirs.

La seconde conséquence, c'est que les fonctions qu'exercent les prétendus curés munis d'une pareille institution sont également nulles et de nulle valeur; qu'elles deviennent autant de profanations; que ce défaut de pouvoirs, s'il est connu des paroissiens, doit jeter, dans leurs consciences, les plus justes inquiétudes, et, s'il en est ignoré, les entretient dans une sécurité funeste; que les évêques, comptables à Dieu de ces désordres scandaleux, doivent les réprimer par les moyens qu'il a mis en leurs mains; qu'après avoir, par des motifs de prudence et de charité, suspendu les actes de leur justice envers des ecclésiastiques rebelles, ils seroient enfin obligés d'y recourir, si la justice du roi ne daignoit elle-même rétablir l'ordre en maintenant les regles aussi ouvertement violées.

La confiance du clergé dans la justice de nos souverains est d'autant mieux fondée, qu'il a toujours été favorablement écouté et secouru efficacement lorsqu'il a réclamé l'autorité royale contre de semblables entreprises des tribunaux séculiers. Les arrêts irréguliers de différents parlements sur cette matiere, cassés par des arrêts du conseil, sont en si grand nombre, qu'il seroit impossible de les rappeller tous ici: nous nous contentâmes de citer ceux qui avoient un rapport plus immédiat à l'objet de notre requête.

Par arrêt du conseil, du 11 juillet 1670, le roi a cassé l'arrêt du parlement de Bordeaux, du 23 février de la même année, qui, sur le refus de M. l'évêque de Sarlat et de M. l'archevêque de Bordeaux d'accorder un *visa* au sieur Amazil pour cause d'incapacité, l'avoit renvoyé pardevant le premier prêtre constitué en dignité, pour recevoir l'institution canonique.

Par arrêt du conseil, du 24 avril 1687, le roi a cassé les arrêts et ordonnances du parlement de Grenoble, du 13 février 1685, du 28 juillet même année, et du 24 mai 1686, au sujet d'un refus de *visa*, fait par M. l'évêque de Toulon au sieur Daniel, lequel avoit été renvoyé, par le parlement, devant le premier prêtre constitué en dignité, pour recevoir l'institution de la cure de la Segne.

Par arrêt du conseil, du 3 mars 1704, le roi a cassé un

arrêt du parlement de Metz qui avoit commis un chanoine en dignité, pour donner à un résignataire le *visa* d'une cure du diocese de Verdun, sur le refus de l'évêque.

Par arrêt du 19 mai 1737, le roi a cassé deux arrêts du parlement de Metz des 19 et 26 juillet 1736, qui, sur le refus de l'ordinaire d'accorder un *visa* au sieur Husson, l'avoient renvoyé pardevant le premier chapitre de Metz pour recevoir son *visa*.

Par arrêt du 24 octobre 1770, le roi a cassé un arrêt du parlement de Bordeaux, qui, sur le refus de M. l'archevêque de Bordeaux et de tous les évêques suffragants de cette métropole, permet au sieur Girardeau de se retirer devant un dignitaire ecclésiastique pour en recevoir les provisions de la cure du Pian.

Par arrêt du 14 août 1771, le roi a cassé un arrêt du parlement de Paris, du 4 février 1766, lequel renvoie le sieur Dezalais devant M. Boucher, chantre de l'église S. Honoré, et conseiller en la cour, pour obtenir de lui des provisions du prieuré-cure de Notre-Dame de Chalais, diocese de Poitiers.

Louis XVI, imitateur fidele de la justice de ses prédécesseurs, n'a pas montré moins de fermeté ni moins de zele pour faire respecter des droits si solemnellement consacrés par l'autorité réunie des deux puissances : sa majesté a senti, dès le commencement de son regne, que cet amour de l'ordre, qui la caractérise, consiste principalement à retenir les différentes classes de ses sujets dans les bornes qu'une sage économie de la loi et la nature même de leurs fonctions leur ont prescrites. Le sieur Odobès, pourvu, par résignation, en cour de Rome, de la cure de S. Pierre de Bresse, diocese de Châlons-sur-Saone, avoit essuyé, de la part de l'ordinaire, deux refus consécutifs de *visa* pour cause d'incapacité; ces deux refus avoient été confirmés, pour la même cause, par M. l'archevêque de Lyon, supérieur métropolitain de l'évêque de Châlons: sur l'appel comme d'abus, du sieur Odobès, le le parlement de Dijon avoit prononcé qu'il y avoit abus dans les refus, et avoit nommé un conseiller en la cour pour examiner de nouveau le pourvu et lui donner l'institution canonique, s'il le trouvoit capable; conformément à cet arrêt, le magistrat commis avoit conféré au pourvu une prétendue institution, en vertu de laquelle celui-ci n'avoit pas craint d'exercer les fonctions spirituelles. En vain M. le procureur-général du parlement de Bourgogne, excité par le devoir de son ministere, s'étoit rendu opposant à cet arrêt; il avoit été débouté de son opposition par arrêt du 28 juin 1774, et le sieur Odobès avoit été maintenu dans le droit de faire toutes les fonctions curiales, en vertu du *visa* donné par le conseiller de la cour. Sa majesté, instruite et frappée de tant d'irrégularités, *ne pouvant*, dit-elle, *laisser subsister des arrêts aussi contraires aux loix de son royaume, et voulant faire cesser une entreprise aussi manifeste sur la jurisdiction ecclésiastique*, par un arrêt de son conseil d'état, du 22 décembre 1775, cassa et annulla les deux arrêts rendus en sa cour de parlement de Dijon au profit du sieur Odobès, les 6 août 1771 et 28 juin 1774, ainsi que tout ce qui s'en étoit suivi et pourroit s'ensuivre.

Après que sa majesté a daigné faire connoître aussi clairement ses intentions sur des entreprises toujours infructueuses et si constamment réprimées par l'autorité royale, il est sans doute étonnant que le parlement de Grenoble n'ait pas craint de les renouveller dans la cause du sieur Buissonnier. Les derniers arrêts de cette cour *entreprennent, sur la jurisdiction ecclésiastique, très manifestement*, et sont *plus contraires aux loix du royaume* que ne l'étoient ceux du parlement de Dijon. Dans l'affaire du sieur Odobès, le pape avoit admis la résignation faite en sa faveur, et lui avoit donné des provisions : dans l'affaire présente, tous les supérieurs légitimes ont refusé et les provisions et le *visa;* le résignant, prédécesseur du sieur Buissonnier dans la cure de Monestier-Clermont, tient encore à cette cure par tous les liens spirituels qui l'y attachoient. Le sieur Buissonnier ne peut produire en sa faveur aucun titre réel, et jamais prise de possession ne réunit, plus visiblement que la sienne, tous les caracteres d'une véritable intrusion.

Nous exposâmes avec confiance ces raisons dans notre requête; elles furent présentées au conseil par M. le baron de Breteüil, et ses conclusions nous furent favorables : tout nous faisoit donc espérer qu'après des délais, peut-être indispensables, mais dont les suites nous touchoient vivement, le scandale alloit enfin cesser dans le diocese de Die; cependant le conseil jugea à propos de rendre un arrêt de *soit communiqué*. On a demandé au parlement de Grenoble les motifs de son arrêt; et depuis la signification de l'acte de produit, en date du 27 novembre dernier, l'avocat du sieur Buissonnier n'a fourni encore aucunes défenses.

Nous ne doutons pas, MESSEIGNEURS et MESSIEURS, que vos puissantes sollicitations n'obtiennent bientôt la décision d'une affaire sur laquelle il paroît impossible d'avoir de plus amples éclaircissements, et que nous avons tâché d'amener à sa maturité, par toutes les démarches et tous les soins qui étoient en notre pouvoir.

§ VII.

Prévention.

Diocese de Montpellier.

Parlement de Toulouse.

PAR l'autorité des canons, par celle de la raison, par les premiers principes d'une bonne et sage administration, l'évêque est et doit être le seul collateur ordinaire de tous les bénéfices séculiers et réguliers de son diocese.

Dans la réalité, sans parler des brevets de serment de fidélité, des brevets de joyeux avénement, des lettres d'indult, de l'expectative des gradués, des patronages laïques, des patronages ecclésiastiques, l'évêque aujourd'hui, par les réserves des bénéfices *in curia*, par les réserves des bénéfices en pays d'obédience, par les commendes, par les préventions, par les résignations et permutations, est dépouillé de la nomination de presque tous les bénéfices de son diocese.

Par l'autorité des canons, par celle de la raison, par les premiers principes d'une bonne et sage administration, les bénéfices, pour le bien de l'église et de l'état, ne doivent être conférés qu'au plus digne, après un mûr examen, une prudente combinaison des talents des bénéficiers et des besoins des bénéfices.

Dans la réalité, le souverain pontife se trouve obligé de conférer les bénéfices au plus diligent, au plus avide, sans distinction, sans préférence, sans choix et sans discernement.

L'église de France n'a cessé de gémir de ces étonnantes contradictions entre les principes et la pratique, entre le droit et les usages. Et pourroit-elle sur-tout ne pas ressentir vivement les plaies profondes que font à la pureté de l'antique discipline les résignations *en faveur* et les préventions en cour de Rome? Combien de fois ces entraves n'ont-elles pas gêné ou tout à fait empêché ces choix judicieux par lesquels vous voudriez, MESSEIGNEURS, dans votre prudence et votre sagesse, en procurant aux fideles les plus grands avantages, récompenser les plus dignes de vos coopérateurs et inspirer à tous les ecclésiastiques une louable émulation ?

L'autorité du souverain, d'accord avec les vœux du clergé, a multiplié les réglements, pour diminuer les abus et pour réprimer ceux du moins qui, dans ces sortes d'impétrations, devenoient les plus fréquents et paroissoient les plus scandaleux; mais les abus, proscrits sous une forme, reparoissent bientôt sous une autre, et n'ont souvent besoin que de ce déguisement, pour se jouer de la loi et pour échapper à sa vigilance.

Vous en avez, MESSEIGNEURS, un exemple dans ce genre de préventions, flétri depuis long-temps sous le nom de *courses ambitieuses*: la collation sur vacance *per obitum* suppose, non une mort probable ou prévue, mais une mort réelle; et comme la mort d'un bénéficier françois doit naturellement être connue du collateur plusieurs jours avant que de l'être de la cour de Rome, des ecclésiastiques avides imaginerent un moyen de faire prévenir, par le pape, la collation même la plus prompte de l'ordinaire : ils faisoient retenir à Rome des dates sur les bénéfices dont les titulaires, attaqués de quelques maladies dangereuses, étoient encore vivants. Dans cette manœuvre honteuse, toutes les dates antérieures à la mort du titulaire étoient, à la vérité, infructueuses; mais le titulaire venoit-il à mourir? alors ils faisoient expédier des provisions sur la premiere date utile et du lendemain même du décès, et ils s'assuroient ainsi le bénéfice, malgré toute l'exactitude et les précautions de l'ordinaire.

Pour arrêter le cours de cette criminelle et odieuse cupidité, Benoît XII, vers le milieu du quatorzieme siecle, établit la regle *de impetrantibus beneficia viventium*, et déclara indigne d'être pourvu d'un bénéfice, après le décès du titulaire, quiconque auroit demandé, pendant la vie du titulaire, ce bénéfice comme vacant par mort.

La loi étoit claire et précise: il fallut avoir l'air de s'y soumettre; mais on trouva l'art de l'éluder. Lorsque l'extrême danger d'un bénéficier donnoit une très grande probabilité, une certitude morale de sa mort prochaine, on expédioit à Rome un courier, qui n'arrivoit qu'après la mort du titulaire. La demande à Rome étant postérieure au décès, on prétendoit avoir respecté la regle *de impetrantibus, etc.*, et le droit du collateur ordinaire n'en étoit pas moins anéanti.

Ces méprisables subterfuges étoient trop futiles pour en imposer long-temps. L'époque de la demande du bénéfice étoit véritablement l'époque du départ du courier; le courier partoit avant le décès, et l'impétrant avoit réellement demandé le bénéfice d'un titulaire vivant. Mais, pour ôter plus sûrement toute espece de prétextes à ces impétrations frauduleuses, Jean XXIII, par la fameuse regle *de verisimili notitia obitûs*, établit que toute provision *per obitum* seroit absolument nulle, à moins que, depuis la mort du dernier titulaire jusqu'à la grace accordée, il ne se fût écoulé assez de temps pour que, du lieu où le titulaire étoit décédé, la vacance eût pu parvenir vraisemblablement à la connoissance du pape. Cette derniere regle, dit-on dans vos mémoires, a été reçue et autorisée dans le royaume, comme fondée sur le droit commun; elle a été enregistrée au parlement le 10 novembre 1493; elle est devenue une loi de l'état, non comme une regle de la chancellerie romaine, mais comme une regle dictée par l'équité naturelle, ainsi que la regle *de impetrantibus*. On juge en France que ces deux regles n'en seroient pas moins observées parmi nous, quand même le pape voudroit les supprimer ou les retirer de la chancellerie romaine : on juge aussi que le pape ne peut y déroger, et que toute dispense ou dérogation, insérée, à cet égard, dans une provision de cour de Rome, doit être déclarée abusive.

Par le concours et la réunion de ces deux loix, on croyoit avoir enfin triomphé de l'avidité des préventionnaires: mais les ressources de l'avidité sont inépuisables. Quelques parlements l'ont attaquée avec zele et poursuivie avec courage; et pourtant elle se défend encore. Nous pensons donc, MESSEIGNEURS et MESSIEURS, qu'il est également de l'honneur et de l'intérêt de votre assemblée de seconder ces efforts des tribunaux, jusqu'à ce jour malheureusement trop infructueux.

Retenus par la honte, et sans doute encore plus par les peines attachées à l'infraction de la regle *de impetrantibus* et de la regle *de virisimili notitia*, les préventionnaires n'oserent plus les heurter de front, ni faire passer tantôt un homme vivant pour un homme mort, comme dans leurs suppliques, tantôt un homme mort pour un homme vivant, comme dans les recelés de corps; ils trouverent plus adroit, plus ingénieux, d'avoir la dépouille du mort, en confessant au souverain pontife, et même en lui attestant que le titulaire vivoit : ils demanderent donc le bénéfice, non sur la seule et expresse vacance par décès, mais principalement par résignation, et subsidiairement par décès éventuel, avec dérogation à la regle *de verisimili;* et, pour frustrer plus sûrement les collateurs, ils eurent le secret de cumuler dans un seul acte les deux genres de collations étrangeres les plus fatales au droit de collation des ordinaires. La supplique combinée, disoient-ils, quoiqu'elle se termine par les provisions obituaires, est cependant hors de l'empire des deux regles de chancellerie, parceque, dans son origine, elle porte spécialement sur la résignation en faveur, et que les deux loix *de impetrantibus* et *de verisimili* ne regardent que les suppliques qui ont pour seul but, pour objet direct, les provisions par décès : dans la supplique cumulatoire, les provisions n'étant obituaires qu'accidentellement, il est naturel qu'on déroge, en leur faveur, aux deux regles qui n'auroient jamais été promulguées, si la demande, avant la mort des titulaires, n'avoit jamais été faite en cour de Rome que sur des résignations en faveur.

Vous êtes étonnés, MESSEIGNEURS et MESSIEURS, que ce système ait pu s'accréditer : il fut d'abord rejeté par un arrêt du parlement de Paris, de 1544; mais bientôt après il fut protégé par un autre arrêt de la même cour, de 1589; et depuis, malgré les solides objections et les observations judicieuses du célebre du Moulin, il fut consacré par les jugements uniformes des autres tribunaux : tous les auteurs l'adopterent sans scrupule et sans examen; et le rédacteur même des mémoires du clergé, après l'avoir désapprouvé, s'abandonne au torrent, et convient (tome XII, page 1477) *que cet usage ne souffre aucune difficulté dans la jurisprudence.*

Ainsi l'usage efface la honte et consacre les abus. Celui-ci a régné, presque sans contradiction, jusqu'à nos jours : mais enfin le parlement de Rouen a interrompu, en 1732, le cours de cette dangereuse prescription ; et, depuis cette époque, le grand-conseil, en 1759, 1762, 1763, et le parlement de Paris, en 1765, ont jugé que des provisions obituaires, accordées sur la supplique pour résignation, et subsidiairement *per obitum*, ne pouvoient profiter à l'impétrant, à moins que du jour, non de l'expédition du courier, mais de la mort du titulaire, il ne se fût écoulé le temps nécessaire pour que cette mort eût pu vraisemblablement parvenir à la connoissance du pape.

Vous appercevez, MESSEIGNEURS et MESSIEURS, les motifs de cette jurisprudence qui ne devroit pas être nouvelle. La résignation est nécessairement annullée par la mort du résignant, *morte mandantis mandatum extinguitur:* le bénéfice ne peut donc être conféré à Rome sur une résignation qui est anéantie ; il ne peut donc être conféré, il n'est réellement conféré par le pape que sur la vacance *per obitum ;* et ce genre de vacance, d'accessoire qu'il étoit, est devenu le principal, et même le seul qui puisse donner quelque consistance à la provision : or toute provision *per obitum*, sans aucune exception, est nécessairement soumise à la loi *de verisimili ;* le pape ne peut déroger à cette loi qui est loi du royaume : toute provision *per obitum* est donc radicalement vicieuse, dès qu'elle est contraire à cette loi ; et tout ce que peut opérer la demande en résignation, laquelle, par la mort du résignant, dégénere en demande accessoire de principale qu'elle étoit, c'est de soustraire le suppliant à la peine portée par la regle *de impetrantibus.*

Il semble que des principes si simples n'ont besoin que d'être présentés aux tribunaux pour déterminer leurs jugements. Cependant cette jurisprudence n'est pas encore universellement établie. Sans parler des autres cours dont nous ignorons les sentiments, il est au moins douteux que l'erreur n'ait pas encore des partisans au parlement de Toulouse. En 1781, M. de Resseguier, avocat général, y donna un requisitoire pour faire défendre aux banquiers-expéditionnaires du ressort de cette cour d'insérer la clause *per obitum* dans les suppliques sur résignations, et, par conséquent, dans les provisions elles-mêmes. M. de Resseguier voyoit, dans l'usage de cette clause, un abus assez grave pour être réprimé par un arrêt de réglement; il y voyoit une extension illimitée de la prévention du pape, déja trop funeste au droit des collateurs, en la renfermant dans ses plus justes bornes. Le parlement de Toulouse nomma quatre commissaires pour examiner la proposition de M. l'avocat-général. Les commissaires firent leur rapport, et la cour ne jugea pas à propos de prononcer. Peu de temps après le requisitoire de M. de Resseguier, il s'est élevé, au parlement de Toulouse, une contestation très vive sur ce genre de provisions.

L'abbé de Bon, titulaire du prieuré simple de Montarnaud, diocese de Montpellier, en passa, le 16 juin 1781, la procuration, *ad resignandùm*, en faveur de M. l'abbé Bourguignon de S. Martin son neveu; le courier fut expédié le 17 et arriva à Rome le 24; l'abbé de Bon mourut dans l'intervalle. Le 29 juin, un vicaire général de monseigneur l'évêque de Montpellier nomma à ce même prieuré, comme vacant par mort, M. l'abbé de S. Souplet, qui prit possession par procureur le 18 juillet suivant. Sur le procès entre les deux contendants, intervint, le 17 juin 1782, un arrêt du parlement de Toulouse, qui déclara n'y avoir abus dans les provisions de M. l'abbé de S. Martin, et le maintint en plein possessoire du prieuré. M. l'abbé de S. Souplet s'est pourvu en cassation contre cet arrêt; sur la requête il a été rendu, au conseil d'état, le 17 octobre 1783, un arrêt qui a cassé celui du parlement de Toulouse, et renvoyé le rescisoire ou le fond de la cause à juger au parlement de Paris; M. l'abbé de S. Martin a formé opposition à l'arrêt du conseil, et c'est dans cet état que l'affaire est actuellement.

Nous ignorons quel sera le succès de l'opposition de M. l'abbé de S. Martin: nous ne sommes pas instruits

positivement

positivement des motifs qui ont fait rendre l'arrêt du parlement de Toulouse ; mais nous savons que M. l'abbé de S. Souplet a soutenu, devant ce tribunal, que la regle *de verisimili* devoit nécessairement s'appliquer aux résignations et aux provisions expédiées après la mort du résignant ; et que M. l'abbé de S. Martin, s'appuyant de l'ancienne jurisprudence, a fait plaider le contraire.

D'après l'opposition qui regne entre la jurisprudence ancienne et la jurisprudence nouvelle dans les mêmes tribunaux, entre la jurisprudence de quelques tribunaux et la jurisprudence actuelle des parlements de Paris, de Rouen, et du grand-conseil, pour fixer les incertitudes et des cours et des particuliers, pour tarir la source ruineuse de mille contestations, nous pensons, MESSEIGNEURS et MESSIEURS, et nous soumettons cette idée à votre sagesse et à vos lumieres, qu'il seroit nécessaire de solliciter auprès de sa majesté une déclaration, par laquelle le roi, en adoptant et confirmant, en tant que de besoin, la regle *de impetrantibus beneficia viventium*, et celle *de verisimili notitia obitûs*, défendroit généralement aux banquiers expéditionnaires dans toute l'étendue du royaume, de charger, par leurs envois ou commissions sur résignations, leurs correspondants en cour de Rome, d'insérer dans leurs suppliques la clause *etiam per obitum*, et à toutes ses cours d'avoir aucun égard à ladite clause dans les provisions sur résignations faites en cour de Rome, dans lesquelles elle se trouveroit insérée ; ou, si vous trouvez cette disposition sujette à quelques inconvénients, de supplier sa majesté que sa nouvelle déclaration portât du moins, en termes exprès, que, malgré la clause *per obitum*, les provisions, données en cour de Rome sur résignations, ne pourroient avoir aucun effet ni profiter à l'impétrant dans le cas de la mort du résignant, survenue après la date desdites provisions.

Pour peu qu'on examine la nature des provisions de cour de Rome, accordées après la mort du résignant sur la supplique en résignation avec la clause *per obitum*, on découvrira presque toujours, sous ce léger travestissement, de véritables courses ambitieuses. Un titulaire est attaqué d'une maladie mortelle; on est persuadé qu'il y succombera: on ne se hasarde point à demander son bénéfice par simple prévention; le déshonneur, et la privation même du bénéfice, seroient le prix de cette téméraire demande: mais on arrache au mourant une résignation, dans ces instants douloureux où l'esprit est abattu, où le jugement se trouble au milieu des angoisses de la mort. Sans doute l'avidité prévoit que l'existence de cet acte frauduleux va s'évanouir avec le dernier soupir du titulaire; ainsi l'on ne peut douter qu'on n'envoie solliciter, comme vacant par mort, le bénéfice d'un titulaire vivant: le nom seul de la prévention est changé, mais la prévention reste la même. La déclaration, qui défendroit d'insérer, dans la supplique pour résignation, la clause *per obitum*, forceroit la prévention de se montrer sous son véritable nom, et la soumettroit aux regles qui doivent en réprimer les abus. Les résignations en faveur, les préventions, sont défavorables par elles-mêmes; on doit les resserrer dans les bornes les plus étroites, et ne pas souffrir qu'elles usurpent une extension à laquelle se refusent les loix bien entendues.

§ VIII.

Révocation de vicaire.

Diocese de Lisieux.

Parlement de Rouen.

Le pouvoir de lier et de délier, d'absoudre les péchés, ce pouvoir si extraordinaire est sans doute tout-à-fait surnaturel: il n'appartient qu'à Dieu; Dieu seul a pu le communiquer à qui il a voulu, comme il a voulu, avec les restrictions et les limitations qu'il a jugé convenables dans les desseins de sa sagesse et de sa bonté. Ce qu'il lui a plu de statuer sur des objets aussi sublimes, aussi élevés au-dessus de toutes les conceptions humaines, les hommes ne peuvent l'apprendre que de lui, dans les écrits qu'il a inspirés, dans les décrets de son église, seuls dépôts où il ait voulu consigner ses loix et ses volontés suprêmes. La doctrine que nous puisons dans ces sources pures et sacrées est connue et respectée de tous les fideles; ils savent que le pouvoir de remettre les péchés a été spécialement et éminemment confié aux apôtres et aux évêques leurs légitimes successeurs: les évêques l'ont reçu avec la plénitude de l'esprit saint, et c'est le moyen le plus efficace qu'ils aient entre leurs mains pour le salut des ames, dont ils sont particulièrement chargés, et dont ils doivent particulièrement rendre compte à Dieu. J. C., connoissant que sa religion divine soumettroit l'univers entier, et que bientôt les évêques ne pourroient, seuls et par eux-mêmes, pourvoir aux besoins multipliés du troupeau dont ils sont les premiers pasteurs, leur donna des coopérateurs et des adjoints, et il voulut que les prêtres participassent au pouvoir de lier et de délier. Les évêques conferent donc aussi aux prêtres, par l'ordination, le pouvoir de remettre les péchés; mais les prêtres n'étant destinés qu'à aider et à suppléer les évêques, le pouvoir qu'ils reçoivent est circonscrit, et nécessairement subordonné aux besoins des évêques, des dioceses et des fideles : et tel est en effet l'ordre que nous voyons établi dès les premiers siecles de l'église. S. Ignace, S. Clément, S. Cyprien, Tertullien, voisins des temps apostoliques, pleins de l'esprit, pénétrés des leçons des apôtres dont la voix sembloit encore retentir à leurs oreilles; tous ces grands hommes, nos peres et nos maîtres dans la foi, nous disent que dans l'église tout doit être réglé par l'évêque: *Omnis actus ecclesiae per episcopos gubernatur* (Cypr. epist. 12). Ils répetent que, dans l'église, les prêtres, ainsi que les diacres, ne doivent rien faire que sous le bon plaisir de l'évêque : *Presbyteri et diaconi, nisi volente episcopo, nihil efficiant* (can. apost. 38). La prédication, l'instruction, le baptême, la réconciliation des pénitents, la conduite des ames, tout étoit du ressort des évêques, administré sous l'autorité des évêques, le plus souvent exécuté par les seuls évêques. Lorsque leur zele infatigable eut reculé les conquêtes de la religion, lorsqu'il leur fut devenu impossible de parcourir en détail tous les points du cercle immense de leurs devoirs, ils appellerent les prêtres à leur secours; du centre de l'église principale où ils les tenoient réunis, ils les envoyerent dans les différents cantons de leurs dioceses, les choisissant à leur gré, les bornant à tel district, à telle espece de fideles, à tel genre de fonctions, occupant leur zele ailleurs quand ils les y jugeoient plus nécessaires, les rappellant auprès d'eux s'ils les y croyoient plus utiles, leur donnant enfin ou leur substituant de nouveaux coopérateurs toutes les fois que l'économie de l'administration paroissoit l'exiger. Les prêtres, dociles à la voix de leur chef, voloient par-tout à ses ordres, et ne se plaignoient, ni de ce que leur mission étoit plus ou moins étendue, ni de la voir révoquer, ni même de n'en avoir aucune: ce qui étoit conforme à la volonté de l'évêque leur paroissoit conforme à la regle; ce qui étoit fait par son ordre, ils le trouvoient légitime. Dans la suite, les limites des paroisses furent posées, les revenus des prêtres de la campagne furent déterminés; leurs fonctions devinrent perpétuelles, leurs titres permanents; la charge des ames y fut invariablement attachée, et ils formerent dans le clergé une classe distinguée, sous le nom de curés et de pasteurs du second ordre. Mais les curés, pour être institués en titre, n'en furent pas moins subordonnés aux évêques, et ceux-ci sont toujours restés les premiers pasteurs, les pasteurs immédiats de tous les fideles de leurs dioceses. Depuis l'érection des cures, outre les pasteurs du premier et du second ordre, on a continué de voir, dans l'église, des prêtres qui ne sont attachés à aucune église et qui n'ont aucun bénéfice à charge d'ames; et cette troisieme classe de ministres étant aujourd'hui dans le même état où se trouvoit l'ordre entier des prêtres avant l'établissement des paroisses et l'institution des titres, ils doivent être régis par la même discipline, soumis à la même subordination, et sujets, pour l'exercice de leurs pouvoirs, aux limitations dans lesquelles voudra les renfermer l'autorité épiscopale, laquelle peut seule mettre ces pouvoirs en activité.

Ainsi, d'après les regles inviolables et l'usage constant de l'église, pour exercer validement et légitimement le pouvoir de remettre les péchés donné au prêtre dans son ordination, il est nécessaire qu'après avoir reçu cette puissance d'ordre, il reçoive encore de l'évêque la puissance de jurisdiction. Lorsque l'évêque, en communiquant au prêtre cette jurisdiction, lui confere en même temps un titre qui le lie à une portion du troupeau, qui l'attache à une église particuliere; cette jurisdiction est ordinaire, fixe, stable et irrévocable, sinon dans les cas de droit: elle est simplement déléguée, lorsqu'elle est confiée au prêtre sur la tête duquel ne repose aucun titre; l'évêque alors, en consultant sa conscience, sa prudence et ses lumieres, borne cette jurisdiction selon les temps, les lieux, les personnes; et, s'il survient des changements dans les motifs et les circonstances qui l'ont déterminé à la donner, il est le maître de ne la point renouveller; il peut même la révoquer entièrement avant son expiration.

Ces principes, clairement établis par le concile de Trente, développés dans vos conciles provinciaux et dans vos assemblées, protégés par les édits et les ordonnances de nos rois, maintenus par l'autorité des magistrats, ont cependant été quelquefois attaqués; l'orgueil, la jalousie, l'esprit de parti, l'erreur et l'hérésie, souvent même l'intérêt, et la crainte de perdre des émoluments attachés au droit d'exercer les pouvoirs, ces préjugés, ces passions, ont cherché à répandre des nuages sur la vérité; mais ces nuages se sont dissipés, et elle a reparu dans tout son éclat. Le parlement de Normandie n'a pas balancé à lui rendre hommage dans une contestation élevée, par les curés et le vicaire de Cerquigny, contre monseigneur l'évêque de Lisieux.

Il existe dans la paroisse de Cerquigny, diocese de

Lisieux, deux curés portionnés par le gros décimateur de cette paroisse, possédant un de ces bénéfices connus en Normandie sous le nom de personnats.

Un arrêt du parlement de cette province, du 16 mars 1689, a jugé que, de temps immémorial, il étoit dû un vicaire dans la paroisse de Cerquigny, lequel seroit également portionné par le personnataire gros décimateur.

Le sieur Maurey arriva vicaire à Cerquigny le 2 juin 1775. Le temps de ses pouvoirs fut limité, par monseigneur l'évêque de Lisieux, à la premiere semaine de juillet de l'année 1776: les pouvoirs, expirés à cette époque, ne furent point renouvellés par l'évêque.

Le gros décimateur ayant constaté, par un certificat de l'évêque diocésain, produit au procès, que le sieur Maurey n'avoit plus de pouvoirs pour être vicaire, il lui refusa la portion congrue.

De son côté, le sieur Maurey, muni d'un certificat des curés de Cerquigny, qui attestoient qu'il étoit toujours leur vicaire, intenta action contre le gros décimateur devant le juge de Beaumont-le-Roger, pour le faire condamner à lui payer sa portion congrue.

Le premier juge, par sa sentence, débouta le sieur Maurey de sa demande, aux soumissions du gros décimateur, 1°. de payer la portion congrue à un vicaire, lorsqu'il seroit revêtu de pouvoirs suffisants accordés par l'ordinaire; 2°. de payer au bénéfice du trésor ladite portion congrue pour le temps qu'il n'y aura pas de vicaire dans ladite paroisse.

Le sieur Maurey appella de cette sentence au parlement, et conclut à ce que le gros décimateur fût déclaré non recevable, ou en tout cas mal fondé, à lui refuser le paiement de sa portion congrue, et à trois mille livres d'intérêt pour le retardement qu'il lui avoit fait éprouver dans le paiement de sa pension.

Sur l'appel, les curés de Cerquigny étoient intervenus au procès, avoient donné adjonction aux conclusions du sieur Maurey, et avoient conclu, de leur chef, à être maintenus dans le droit de choisir leurs vicaires parmi les prêtres approuvés, et de les conserver autant de temps qu'ils le jugeroient à propos.

Monseigneur l'évêque de Lisieux étoit pareillement intervenu en cause d'appel, et avoit conclu à ce qu'il fût fait défense au sieur Maurey de prendre la qualité de vicaire de Cerquigny.

Pour soutenir leurs conclusions, les curés prétendoient qu'ils étoient ordinaires dans leur paroisse, qu'ils pouvoient déléguer à leurs vicaires la totalité, ou seulement une partie de leurs fonctions; qu'à la vérité le sieur Maurey n'avoit pas la permission actuelle de l'évêque diocésain d'administrer le sacrement de pénitence, mais que cette permission n'étoit pas nécessaire pour l'administration des autres sacrements, ni pour l'exercice d'autres fonctions qu'il leur plaît de déléguer à leur vicaire, comme de faire des prônes, des catéchismes, etc. que l'approbation de l'évêque n'est qu'un simple certificat d'idonéité; que cette approbation, une fois accordée, doit toujours avoir son effet, d'après la maxime, *Semel approbatus, semper approbatus;* que c'est par usurpation que les évêques se sont arrogé le droit de donner des lettres de vicariat; que cet usage récent est contraire à l'ancienne discipline de l'église, à la jurisprudence des arrêts, et au sentiment des meilleurs théologiens : ils cherchoient enfin à appuyer ces assertions sur des autorités, et sur quelques consultations d'avocats.

Vous voyez, MESSEIGNEURS et MESSIEURS, à quel point les curés de Cerquigny s'écartoient des vrais principes : ils paroissoient croire que, dans la plus parfaite des administrations, dans l'administration de l'église, J. C. qui l'a fondée, le Saint-Esprit qui la dirige, n'ont jamais établi dans la hiérarchie ces rapports de soumission, d'obéissance, de dépendance des ministres secondaires envers les premiers pasteurs, des disciples envers les maîtres, des enfants envers les peres spirituels, des inférieurs de tout genre envers les supérieurs ; rapports de subordination absolument nécessaires pour maintenir le bon ordre dans tout gouvernement, pour entretenir l'harmonie dans toute société sagement réglée.

Les curés, par le *visa* de l'évêque, par l'institution canonique, et par leur titre, acquierent la jurisdiction ordinaire sur les fideles renfermés dans l'étendue de leur paroisse : mais la jurisdiction ordinaire des curés peut-elle anéantir celle qui appartient essentiellement aux évêques sur tous les sujets de leurs dioceses, même sur les ecclésiastiques ? Parceque les pasteurs du second ordre sont institués en titre, les évêques ont-ils cessé d'être les premiers pasteurs, les pasteurs immédiats des ames confiées à la vigilance des curés ? Les curés, établis seulement pour soulager les évêques, les curés, coadjuteurs et coopérateurs des évêques, sont-ils devenus, par quelque loi nouvelle, des chefs absolus qui puissent exercer leurs fonctions indépendamment des évêques ? En un mot, la jurisdiction des curés, pour être ordinaire, a-t-elle cessé d'être subordonnée, de pouvoir même être limitée dans plusieurs cas ? De pareilles idées, MESSEIGNEURS et MESSIEURS, jetteroient la confusion dans le gouvernement de l'église. L'érection des curés en titre, leur inamovibilité, ce nouvel ordre dans la discipline, qui est variable selon les temps et les lieux, ne peut jamais, ni altérer le caractere de l'épiscopat et du sacerdoce, ni affoiblir les relations de supériorité et de dépendance essentiellement fondées sur la nature et sur la distinction immuable de ces deux caracteres.

Comment les curés de Cerquigny osoient-ils soutenir qu'un simple prêtre sans titre, sans bénéfice à charge d'ames, est approuvé pour toujours, dès qu'il est une fois approuvé ? ignoroient-ils donc les droits et les devoirs des évêques dans le choix des prêtres qui se destinent à l'exercice du ministere ? avoient-ils oublié que l'évêque, seul

seul juge de leur capacité, doit connoître leurs talents, leur science, leurs vertus, leur piété, et même leur caractere, leurs imperfections, leurs défauts; que ce n'est qu'après avoir discerné et balancé leurs qualités diverses, qu'il peut employer avec utilité celui-ci, qui n'en est encore qu'aux éléments de la grande science du gouvernement des ames, dans les campagnes où la multitude des occupations et l'heureuse simplicité des mœurs rendent les vices moins fréquents et moins graves; celui-là, dont la vertu n'a pas encore poussé de profondes racines, dans les lieux où les exemples sont meilleurs et les scandales moins séduisants; cet autre, remarqué comme plus instruit et plus courageux, dans les endroits où la licence est plus effrénée, le vice plus audacieux, l'impiété plus entreprenante : que souvent un prêtre, lorsqu'il a obtenu d'être approuvé, s'abandonne à une dangereuse oisiveté ; qu'en négligeant d'acquérir de nouvelles connoissances, il perd celles même qu'il avoit acquises, et qu'alors l'évêque doit le rejeter comme un arbre qui ne rapporte aucun fruit; qu'un ecclésiastique, propre d'abord aux fonctions auxquelles il s'étoit consacré, peut ensuite, par des fautes, par des malheurs, par les préjugés des peuples, déchoir de leur estime, être privé de leur confiance, et devenir pour eux une pierre de scandale, que la prudence et une sage condescendance obligent d'écarter loin d'eux; que, dans la disette des sujets, le supérieur est quelquefois obligé de se servir des moins capables, en attendant que la providence lui en suscite de meilleurs? les curés de Cerquigny ne savoient-ils pas que, si l'évêque n'est point éclairé par ces observations, son administration sera nécessairement vicieuse ou imparfaite; et que, si elles doivent le diriger dans ses choix, il faut, pour qu'elles ne soient pas vaines et illusoires, qu'elles l'autorisent à restreindre, à limiter, à révoquer les pouvoirs donnés, d'après ce qui lui aura paru plus avantageux pour les fideles, pour les prêtres approuvés, et pour les curés eux-mêmes?

Sans doute monseigneur l'évêque de Lisieux n'a pas négligé ces puissants moyens pour venger ses droits et son autorité; en conséquence il réclamoit l'exécution de l'art. 11 de l'édit de 1695 ; il invoquoit l'usage constamment observé dans les dioceses de la province de Normandie, les statuts du diocese de Lisieux, ceux des autres dioceses, qui défendent à tous prêtres, quoiqu'approuvés pour confesser, d'exercer les fonctions de vicaires dans une paroisse, s'ils n'ont un mandement spécial ou lettres de l'évêque pour cet effet.

L'affaire suffisamment discutée dans les écrits des parties, il est intervenu, le 29 mars 1783, arrêt, par lequel « la cour, sans avoir égard à l'intervention des curés de « Cerquigny, faisant droit sur l'appel dudit Maurey, a « mis et met l'appellation au néant; ordonne que ce dont « est appel sortira effet; condamne l'appellant en douze « livres d'amende envers le roi; faisant droit sur l'inter- « vention de l'évêque de Lisieux, et y ayant aucunement « égard, a fait et fait défense audit Maurey de se qualifier « vicaire de Cerquigny; ordonne que les curés de ladite « paroisse seront tenus de choisir un prêtre, et de le pré- « senter à l'évêque diocésain dans un mois, du jour de la « signification du présent arrêt, aux fins d'obtenir les pou- « voirs nécessaires pour exercer les fonctions de vicaire « dans ladite paroisse; a condamné et condamne ledit « Maurey et les curés de Cerquigny, chacun en droit « soi, aux dépens, etc. »

Cet arrêt a été rendu au rapport de M. l'abbé de Ruallem, conseiller de grand'chambre au parlement de Normandie, magistrat distingué par ses lumieres et ses talents, qu'il a très utilement employés à la défense des droits de l'épiscopat sur le point dont il s'agit; il a présenté les moyens en faveur de monseigneur l'évêque de Lisieux avec une force et une solidité qui devoient entraîner les opinions des juges. Ayant obtenu de lui la communication de son rapport, sous le titre de *motifs de l'arrêt*, nous avons pensé, MESSEIGNEURS et MESSIEURS, que ce travail de M. l'abbé de Ruallem, si recommandable d'ailleurs, acquerroit à vos yeux un nouveau prix comme un témoignage de l'attachement du parlement de Normandie aux vrais principes de la hiérarchie ecclésiastique. Une telle considération, dont l'intérêt du clergé est le principal objet, nous a déterminés à vous proposer la discussion détaillée de cette affaire dans les propres termes de M. l'abbé de Ruallem.

« Il est dû un vicaire dans la paroisse de Cerquigny; « cela est demeuré constant par l'arrêt de la cour du 16 « mars 1689.

« Les curés de cette paroisse doivent être forcés à en « obtenir un qui soit capable de les aider dans toutes les « fonctions curiales. M. l'évêque de Lisieux, les parois- « siens, tant collectivement qu'individuellement, ont « qualité pour les y contraindre.

« L'établissement d'un vicaire intéresse l'ordre public « et le bien général d'une paroisse. Quand l'évêque dio- « césain a une fois jugé cet établissement nécessaire, sa « durée ou sa cessation ne doit pas être abandonnée à la « disposition des curés: or ce seroit leur donner le droit « de l'anéantir, ou de le restreindre, si on leur laissoit la « liberté de prendre, pour les aider dans leurs fonctions, « des prêtres qui n'auroient pas reçu de l'évêque les pou- « voirs nécessaires et actuellement existants, pour les « exercer dans toute leur intégrité.

« En effet, que doit-on entendre par le vicaire d'une « paroisse? c'est le prêtre qui remplace le curé selon le « besoin, *vicem gerens curati*: il doit donc être capable « de faire tout ce que le curé pourroit faire lui-même.

« Ses principales fonctions sont celles de prêcher et « de confesser. Le prêtre qui n'a point le pouvoir de « remplir ces fonctions importantes, si essentielles au « service spirituel d'une paroisse, sera, si l'on veut, un « chapelain, ou un habitué, commis par le curé: mais ce « ne sera jamais un vicaire.

« Pour ne laisser aucun doute sur un point aussi im-
« portant dans le procès, il faut examiner quelle est, à
« cet égard, la discipline de l'église de France depuis le
« concile de Trente.

« Ce n'est pas dans les autorités de théologiens étran-
« gers qu'il faut la chercher, comme ont fait les curés de
« Cerquigny, mais dans les loix canoniques et civiles, et
« dans le sentiment des canonistes françois les plus ac-
« crédités sur cette matiere. Le concile de Trente, sess.
« 23, chap. 15, *de reff.* a arrêté *qu'à l'avenir l'approbation*
« *de l'évêque sera nécessaire à tout prêtre, même régulier, non*
« *pourvu de bénéfices à charge d'ames, pour entendre les con-*
« *fessions des fideles.*

« Cette loi, prescrite par le concile de Trente, a été
« renouvellée par plusieurs conciles de France, qui ont
« même exigé que le prêtre, approuvé par l'évêque, ob-
« tienne de lui *par écrit la faculté, la permission, ou le pou-*
« *voir* d'entendre les confessions des fideles.

« C'est ainsi que s'en expliquent les conciles d'Em-
« brun, de Rouen et de Narbonne.

« Nullus deinceps qui in ecclesia parochiali non præ-
« sit, confessiones audiat, nisi priùs ab episcopo appro-
« batus fuerit et *facultatem scripto obtinuerit.*

« C'est sur ce principe que la déclaration du roi Char-
« les IX, du 14 août 1562, fit une loi aux curés *de ne*
« *prendre pour vicaires que des personnes de suffisance, bonne*
« *vie et mœurs*, tels approuvés par l'évêque diocésain ou
« son vicaire.

« C'est aussi ce que porte l'arrêt de réglement fait au
« conseil du roi le 4 mars 1669 (journal des audiences,
« tome III), sur une contestation qui s'étoit élevée entre
« l'évêque d'Agen et les ecclésiastiques de son diocese.

« Cet arrêt défend aux ecclésiastiques séculiers et ré-
« guliers de prêcher ni de confesser, *sans avoir obtenu la*
« *permission de l'évêque*; il veut *que ledit sieur évêque puisse*
« *leur donner son approbation limitée pour le lieu, les per-*

« *sonnes, le temps, et pour les cas à lui réservés*.... que, con-
« formément aux regles et à l'usage de l'église de France, *le-*
« *dit sieur évêque puisse révoquer son approbation pour confes-*
« *ser, avant même que le temps d'icelle soit expiré . . . sans que*
« *ledit sieur évêque soit obligé de s'expliquer de la cause de la-*
« *dite révocation dont sa conscience demeurera chargée . . . et*
« *enfin que, pour prévenir les contestations qui pourroient*
« *survenir, dans les autres dioceses du royaume, pour raison*
« *et au sujet de pareilles approbations et révocations, sa ma-*
« *jesté ordonne que le présent réglement y soit observé.*

« Cet arrêt présente deux réflexions bien remarqua-
« bles: la premiere, que les ecclésiastiques séculiers et
« réguliers, qui n'ont point de bénéfices à charge d'ames,
« ne peuvent confesser ni prêcher sans avoir obtenu la
« permission de l'évêque diocésain; la seconde, que les
« évêques peuvent limiter cette approbation pour le lieu,
« le temps et les personnes. Ces dispositions, conformes,
« suivant qu'il est dit dans cet arrêt, aux regles et à l'usage
« de l'église de France, se trouvent encore renouvellées
« d'une maniere bien précise par l'art. 11 de l'édit de
« 1695.

« Il porte: *Les prêtres séculiers et réguliers ne pourront*
« *administrer le sacrement de pénitence, sans en avoir obtenu*
« *la permission des évêques ou archevêques*, lesquels la pour-
« ront limiter *pour les lieux, les personnes*, le temps *ou les*
« *cas, ainsi qu'ils le jugeront à propos, et la révoquer, même*
« *avant le terme expiré, pour causes survenues depuis à leur*
« *connoissance, lesquelles ils ne seront pas obligés d'expli-*
« *quer, et sans que lesdits séculiers et réguliers puissent conti-*
« *nuer de confesser, sous quelque prétexte que ce soit, sinon*
« *en cas d'extrême nécessité, jusqu'à ce qu'ils aient obtenu de*
« *nouvelles permissions.*

« L'article 10 de cet édit contient les mêmes disposi-
« tions, à l'égard des pouvoirs de prêcher, que les ecclé-
« siastiques, tant séculiers que réguliers, sont obligés
« d'obtenir de l'évêque diocésain.

« Il suit de ces principes, que les permissions de prê-
« cher et de confesser, jugées nécessaires pour tous les
« prêtres séculiers et réguliers non pourvus de bénéfices
« à charge d'ames, peuvent être limitées pour le temps, et
« que, quand le terme de leur durée est expiré, ou qu'elles
« sont révoquées, ceux à qui elles ont été accordées ne
« peuvent plus être comptés au nombre des prêtres ap-
« prouvés, jusqu'à ce qu'ils aient obtenu de nouvelles
« permissions.

« Conséquemment les curés de Cerquigny, qui con-
« viennent, par leurs conclusions, que leur vicaire doit être
« choisi dans le nombre des prêtres approuvés, ne peu-
« vent pas être entendus à dire que le sieur Maurey, qui
« n'est point actuellement approuvé, a les qualités re-
« quises pour être leur vicaire.

« Leurs conclusions même impliquent, à cet égard, con-
« tradiction, parcequ'il faut convenir que n'avoir jamais
« eu de pouvoirs, ou bien en avoir qui n'existent plus,
« c'est, aux yeux de la loi, exactement la même chose.

« Si des loix générales pour tout le royaume on passe
« aux réglements ecclésiastiques qui régissent depuis un
« temps immémorial les différents dioceses de la province
« de Normandie, il ne doit plus rester aucun doute sur le
« défaut de qualité du sieur Maurey, ni sur le mérite de
« l'intervention de M. l'évêque de Lisieux.

« Le titre 15 des statuts synodaux du diocese de Lisieux
« défend à tous prêtres, quoiqu'*approuvés pour confesser,*
« *d'exercer les fonctions de vicaire dans le diocese, s'ils n'ont*
« *un mandement spécial ou lettres de l'évêque pour cet effet.*

« On a vu que les statuts des autres dioceses de la pro-
« vince, cités dans les écrits des parties, sont absolu-
« ment conformes sur ce point à celui du diocese de
« Lisieux.

« Ainsi, c'est une regle ancienne, généralement et
« constamment suivie dans tous les dioceses de la pro-
« vince de Normandie, que nul ecclésiastique ne peut

« prendre la qualité de vicaire ni en exercer les fonctions
« s'il n'a un mandement spécial ou lettres de l'évêque
« diocésain pour cet effet.

« En vain objecteroit-on que les statuts de ces diffé-
« rents dioceses n'ont point été homologués au parle-
« ment.

« Il est de principe, reconnu par les canonistes, que
« les statuts faits par un évêque sur un point de discipline,
« et publiés dans une assemblée synodale, doivent être
« provisoirement observés par tous les ecclésiastiques du
« diocese, jusqu'à ce qu'ils aient été anéantis par une au-
« torité compétente, et en suivant les formes prescrites
« soit par la voie de l'appel simple, ou celle de l'appel
« comme d'abus.

« *Un statut synodal*, dit d'Héricourt dans son traité
« des loix ecclésiastiques (p. 286, éd. de 1771), *sur un*
« *point de discipline ou de police ecclésiastique, ne doit point*
« *avoir moins de poids qu'une sentence de l'official, ou qu'une*
« *ordonnance de l'évêque, qui sont exécutées par provision,*
« *suivant la disposition des canons et des ordonnances, dès*
« *qu'il s'agit de la correction des mœurs et de la discipline ec-*
« *clésiastique.*

« Depuis la publication qui a été faite, dans le siecle
« précédent, des statuts synodaux du diocese de Lisieux,
« le titre 15, dont il s'agit, absolument conforme à la dis-
« cipline qui s'observe dans toute l'église de France, a été
« constamment et uniformément exécuté. Aucun ecclé-
« siastique ne s'est pourvu contre pour le faire réformer;
« il doit donc être maintenu provisoirement et continuer
« d'avoir son exécution à l'égard de tous les ecclésiasti-
« ques du diocese de Lisieux.

« Inutilement encore a-t-on objecté dans les écritures
« du procès, en faveur des curés, que la limitation des
« pouvoirs pour le temps et les lieux peut s'appliquer aux
« ecclésiastiques qui ne sont attachés à aucune église,
« mais qu'elle n'est pas applicable aux vicaires des pa-

« roisses que les curés ont choisis pour leur communiquer « leurs fonctions, parceque quand les vicaires sont une « fois approuvés, ils le sont pour toujours.

« Cette objection et la maxime sur laquelle elle est ap- « puyée répugnent également à l'esprit de l'édit de 1695.

« 1°. L'art. 11 comprend généralement tous les ecclé- « siastiques qui n'ont point de bénéfice à charge d'ames, « et il ne fait aucune distinction en faveur des vicaires : « c'est le cas d'appliquer la regle, *Ubi lex non distinguit*, « *nec nos distinguere debemus*.

« 2°. L'art. 12 du même édit excepte tous les ecclé- « siastiques qui ne doivent point être compris dans les « dispositions des deux articles précédents. Or il n'ex- « cepte que les curés et autres qui ont des bénéfices à « charge d'ames.

« *N'entendons, par cet article, comprendre dans les articles « précédents les curés, tant séculiers que réguliers, qui pourront « prêcher et administrer le sacrement de pénitence..... sans « aucune permission plus spéciale*.

« Il est donc clair que l'intention du législateur a été « de comprendre les vicaires, de même que les autres « prêtres, dans le nombre de ceux dont la permission de « prêcher et de confesser, accordée par les évêques, peut « être limitée pour le temps et les lieux.

« Ainsi, c'est évidemment contrarier l'intention du lé- « gislateur, que de soutenir que l'approbation une fois « donnée à un vicaire subsiste toujours.

« C'est ce qui a été formellement décidé par l'arrêt du « conseil, rendu du propre mouvement du roi, le 2 oc- « tobre 1779.

« Cet arrêt, après avoir jugé la contestation particu- « liere entre l'évêque de Chartres et le curé de Digny, « de son diocese, renouvelle l'exécution de la déclaration « de 1562 et de l'édit de 1695, et par une disposition gé- « nérale pour le maintien de la discipline ecclésiastique « dans tous les dioceses du royaume, *fait défense à tous prêtres*,

« *prêtres, non pourvus ni possesseurs légitimes de bénéfices à*
« *charge d'ames,* quoiqu'ils aient été précédemment ap-
« prouvés, *d'exercer lesdites fonctions (de prêcher ni de con-*
« *fesser) sans l'autorisation spéciale, préalable et* actuelle
« *de l'évêque diocésain : le tout sous telle peine qu'il appar-*
« *tiendra.*

« S'il restoit encore quelques doutes sur une vérité aussi « certaine, ils seroient bientôt effacés par le sentiment « unanime des canonistes qui ont écrit depuis l'édit de « 1695.

« Jousse, dans son commentaire sur cet édit, page 67, « dit que, *par l'art.* 11, *l'évêque peut, à l'égard des simples* « *prêtres, limiter leurs pouvoirs pour les temps, les lieux et les* « *personnes..... au lieu qu'à l'égard des curés, l'évêque ne* « *peut limiter leurs pouvoirs dans leurs paroisses, parceque* « *les fonctions des curés à l'égard de leurs paroisses, sont des* « *fonctions nécessaires....... ainsi ces pouvoirs ne peuvent* « *point être limités, encore moins révoqués. Il n'en est pas de* « *même des* vicaires des paroisses, *il leur faut* une appro- « bation spéciale de l'évêque : *leur place n'étant point un* « *titre,* ils sont dans le cas de la regle ordinaire.

« La Combe, dans son recueil de jurisprudence cano- « nique, *verbo* CURÉS VICAIRES, page 174, se fait la ques- « tion suivante :

« *On demande si l'évêque peut ôter un vicaire dont le curé* « *est content; et, faute par le vicaire de se retirer, s'il peut* « *l'interdire?* Il répond : *Cela ne peut faire de difficulté, l'é-* « *vêque a le droit d'approuver ou de retirer les pouvoirs des* « *ouvriers qui travaillent dans son diocese; il peut limiter les* « *pouvoirs d'un vicaire pour le temps et pour le lieu, suivant* « *les art.* 10 *et* 11 *de l'édit de* 1695 : *il n'y a que les curés qui* « *soient exceptés de leur disposition; par conséquent les vicaires* « *y sont soumis. Si le vicaire refuse d'obéir, il encourt les* « *peines de ceux qui exercent les fonctions sans pouvoirs.*

« Cet auteur ajoute, page 175, *qu'un curé ne peut com-* « *muniquer sa mission à tout autre prêtre, sans l'approba-*

« *tion de l'évêque, et qu'un vicaire, une fois établi, peut être*
« *privé de ses pouvoirs.......* Aussi ajoute-t-il ensuite : *La*
« *mission du curé est incommunicable : ce n'est point le curé*
« *qui donne mission au vicaire, il en choisit seulement dans*
« *le nombre de ceux à qui l'évêque donne la mission, et qui*
« *est la même dans un vicaire que dans tout autre prêtre.* Il
« en donne la raison; c'est qu'ils sont également *compris*
« *dans l'art.* 11 *de l'édit de* 1695. Il se fonde sur l'autorité
« du concile de Narbonne, can. 31, qui porte : *Cogantur*
« *sacerdotes* (curati) *vicarios offerre episcopis.*

« Il résulte, du sentiment de cet auteur, deux réflexions « importantes : la premiere, que les vicaires ne tiennent « leur mission que de l'évêque et non des curés ; la se- « conde, qu'un prêtre privé des pouvoirs de l'évêque, « soit qu'ils ne lui aient jamais été accordés, soit qu'ils « aient été révoqués, ou qu'ils soient expirés après le « temps limité, ne peut être regardé comme vicaire, ni « admis à en faire les fonctions.

« Durand de Maillane, dans son dictionnaire de droit « canonique, *verbo* VICAIRES, dit que *ces prêtres, que l'on* « *appelle aussi secondaires*, n'ont pour tout titre que la « mission ou l'approbation de l'évêque.

« Me le Camus lui-même est aussi de ce sentiment dans « son commentaire sur l'édit de 1768, page 285.

« *De ce que*, dit-il, *l'évêque est le pasteur général du dio-* « *cese, de ce qu'aucun prêtre ne doit y exercer les fonctions* « *du ministere sans qu'il en soit instruit, et sans que, suivant* « *les réglements des derniers siecles, il l'ait approuvé*, il s'en- « suit *bien que les curés ne sauroient prendre pour vicaires des* « *prêtres* non approuvés ; *mais il ne s'ensuit pas que les curés* « *n'aient pas le droit de choisir leurs vicaires parmi les prêtres* « *spécialement approuvés par l'évêque.*

« Il est donc certain, d'après le sentiment de cet auteur, « tant de fois invoqué par les curés de Cerquigny dans « leurs écritures, qu'un prêtre qui n'est point *spéciale-* « *ment approuvé par l'évêque* ne peut être vicaire. Or il est

« constant que le sieur Maurey n'est pas maintenant « muni de l'approbation spéciale et actuelle de l'évêque « de Lisieux; conséquemment il ne peut pas être regardé « comme vicaire de Cerquigny.

« Mais, si le sieur Maurey n'est point vicaire, par le « défaut des pouvoirs de l'évêque, il n'y en a plus main- « tenant à Cerquigny. Cependant il a été jugé qu'il doit « y en avoir un qui soit capable d'aider au desservice spi- « rituel, dans toutes les fonctions curiales. Les curés « doivent donc être contraints à l'obtenir de M. l'évêque « de Lisieux, suivant les formes prescrites et la discipline « usitée dans toute l'église de France.

« En un mot, les curés, de leur aveu, ne pourroient « choisir pour vicaire un prêtre non approuvé par l'évê- « que; ils ne peuvent donc conserver pour vicaire un « prêtre que l'évêque n'approuve plus.

« Les arrêts cités par les curés ne prouvent rien contre « ce sentiment, parcequ'ils n'ont point d'application à « l'espece présente : les uns ont été rendus contre des « vicaires qui refusoient de se retirer, après avoir été con- « gédiés par les curés; les autres, contre des curés pri- « mitifs qui prétendoient choisir les secondaires, ou « vicaires amovibles, au préjudice des vicaires perpé- « tuels.

« Dans la premiere classe est l'arrêt du parlement de « Paris, de 1639, rapporté par Gohard, en son traité des « bénéfices, et par Denizard, *verbo* VICAIRES. Cet arrêt dé- « clare abusive une sentence de l'official de Troyes, qui « avoit rétabli des vicaires de l'église de S. Jean de la « même ville, que le curé avoit congédiés.

« Dans la seconde classe doivent être rangés les trois « arrêts du parlement d'Aix, rapportés par Boniface : l'un « du 13 décembre 1674, au profit du sieur Fabvre, vicaire « perpétuel de Roquebrune; le second, du 20 février « 1679, au profit du vicaire perpétuel d'Esparon; le troi- « sieme, du 13 avril de la même année, au profit du curé

« vicaire perpétuel de Valerne. Par ces trois arrêts, les « vicaires perpétuels furent maintenus dans le droit de « nommer leurs secondaires, au préjudice des curés pri- « mitifs qui le leur contestoient. Mais quelle application « tous ces arrêts peuvent-ils avoir à l'espece présente? au- « cune sans doute.

« Ce n'est point ici un vicaire qui prétende se main- « tenir dans la paroisse de Cerquigny, malgré les curés; « ce n'est point un gros décimateur, vicaire perpétuel, « qui veuille s'arroger le droit de choisir le vicaire qu'il « portionne: mais ce sont des curés insubordonnés, qui « prétendent conserver leur vicaire malgré leur évêque; « c'est un prêtre désobéissant qui se réunit à eux, afin de « se maintenir dans sa place, malgré le défaut de pouvoirs « nécessaires pour en exercer les fonctions. Il en est de « même de l'arrêt du 5 septembre 1730, rendu au parle- « ment de Paris contre le décimateur de Boissy-Mauvoi- « sin, près Chartres. Gohard, qui rapporte cet arrêt en sa « théorie et pratique du droit canonique (quest. 1re, art. 16, « n°. 6, tom. I, page 170), annonce que le vicaire dont « il étoit question, avoit reçu de l'ordinaire les pouvoirs « de prêcher et de confesser dans la paroisse de Boissy- « Mauvoisin, et même dans le canton à quatre lieues à la « ronde. On jugea avec raison que le gros décimateur « n'avoit pas qualité pour refuser la portion congrue à un « ecclésiastique qui travailloit dans la paroisse, du con- « sentement du curé et en conséquence des pouvoirs qui « lui avoient été accordés par l'évêque. Mais le sieur « Maurey pourroit-il bien s'assimiler à cet ecclésiastique, « lui à qui l'ordinaire a refusé des pouvoirs, et qui a même « reçu des ordres formels de son évêque de se retirer de « la paroisse de Cerquigny? Non sans doute.

« Aux principes et aux autorités se joignent encore les « considérations résultantes de la prérogative épiscopale. « Par l'institution divine, un évêque est le pasteur immé- « diat du troupeau qui lui est confié, il est ordinaire dans

« tout son diocese, et de sa qualité d'ordinaire dérive né-
« cessairement la faculté de déléguer. Si tous les ecclé-
« siastiques qui travaillent dans son diocese ne tiroient
« pas de lui uniquement leurs pouvoirs et leur mission,
« il cesseroit d'être le premier pasteur, et le droit de com-
« mettre immédiatement tous ceux qu'il juge à propos
« d'employer dans les paroisses seroit bientôt anéanti;
« droit cependant inébranlable dans la main des évêques,
« essentiel au gouvernement des ames, et qui est, comme
« on l'a vu, si solidement établi sur les monuments de
« l'ancienne discipline ecclésiastique, sur le vœu unanime
« des conciles, sur le sentiment des auteurs les plus ac-
« crédités et sur les dispositions d'une jurisprudence uni-
« forme.

« On ajoutera à ces observations que le bien du gou-
« vernement des dioceses exige même que les qualités
« personnelles des ecclésiastiques qui sont envoyés dans
« les paroisses, soient toujours relatives à la nature, à la
« difficulté du desservice, et souvent même à un concours
« de circonstances locales et particulieres, dont les évê-
« ques seuls peuvent être les juges : voilà pourquoi,
« comme le remarque Duperray, cette partie de leur ju-
« risdiction est une branche de la mission qui dépend
« plus essentiellement du caractere épiscopal. C'est aussi
« par ces considérations que les ordonnances leur ont si
« formellement assuré le droit essentiel dont ils jouis-
« sent, de limiter les pouvoirs accordés aux vicaires selon
« les temps, les personnes et les lieux, de les révoquer,
« même avant qu'ils soient expirés, sans être tenus d'en
« expliquer les causes ni les motifs.

« Aussi, lorsque, dans des circonstances particulieres,
« les évêques ont jugé à propos de commettre des vicaires
« ou confesseurs sans la participation, ou même contre le
« gré des curés, leurs ordonnances ont été confirmées
« par les arrêts des cours. Tels sont ceux rendus au par-
« lement de Paris, l'un du 26 juillet 1691, en faveur de

« l'évêque d'Angers, contre le curé de S. Jean de Mau-
« rès; un second du 14 juillet 1700, en faveur du cardinal de Noailles, contre le curé de S. Roch de Paris; et un « troisieme, du 20 mars 1722, en faveur de l'évêque de « Troyes, contre le curé de Villenaux.

« Ce dernier arrêt présente même une disposition re- « marquable, c'est qu'il renvoya *le curé de Villenaux par-* « *devers l'évêque de Troyes, pour lui faire les représentations* « *qu'il jugera nécessaires, sauf à l'évêque à y avoir tel égard* « *qu'il jugera à propos.*

« La raison de cette disposition est que le droit qu'ont « les évêques d'accorder ou de refuser les pouvoirs de « vicaire à un prêtre pour travailler dans leurs dioceses, « de même que celui de les limiter ou de les révoquer, « dépend essentiellement du caractere épiscopal, et qu'ils « ne sont point obligés d'expliquer leurs motifs.

« Il demeure donc démontré que, dans la discipline « actuelle de l'église de France, c'est à l'évêque à insti- « tuer les vicaires de son diocese pour le temps qu'il juge « convenable. Il n'est pas moins certain que, quand les « pouvoirs conférés par l'évêque sont expirés, l'ecclésias- « tique à qui ils ont été accordés, n'a plus le droit de « prendre la qualité de vicaire, ni d'en exercer les fonc- « tions.

« Ce point certain de discipline est fondé, comme on « l'a vu, sur le canon 31 du concile de Narbonne déja « cité, qui porte: *Cogantur curati vicarios offerre episcopis.* « C'est aussi ce qui a été formellement décidé par deux « arrêts du parlement de Toulouse: le premier, du 12 « juillet 1678, rapporté par M. de Catelan (liv. Ier, chap. « 10, tome Ier, page 46), qui ordonna que le vicaire amo- « vible seroit nommé par le vicaire perpétuel, et pré- « senté à l'*évêque* diocésain; le second, de 1702, qui a « confirmé une ordonnance de M. l'évêque de Bazas, qui « avoit ordonné que le curé de Castelnau pourvoiroit, « dans un mois, à la desserte de la succursale d'Alligues « par un prêtre qu'il lui présenteroit.

« Cet article important de la discipline ecclésiastique « tient essentiellement à la mission que les évêques ont « reçue de Dieu, et l'on ne peut l'enfreindre sans intro- « duire le plus grand désordre dans la conduite des dio- « ceses.

« D'ailleurs, quand on supposeroit, ce qui n'est pas « présumable, que quelques évêques pourroient abuser « du droit qu'ils ont incontestablement de limiter et de « révoquer les pouvoirs des prêtres amovibles, ce ne se- « roit pas une raison pour y donner atteinte : première- « ment, parceque ce droit est constant ; secondement, « parceque, pour éviter quelques abus isolés et toujours « incertains, il ne faut pas autoriser un mal général et cer- « tain en favorisant l'insubordination, et en préparant « aux évêques les plus grandes difficultés dans le gouver- « nement de leurs dioceses.

« *Les pouvoirs donnés aux vicaires amovibles*, dit Duper- « ray dans son commentaire sur l'édit de 1695, tome Ier, « page 172, *dépendent absolument de l'évêque; il sait ce qui « est convenable dans son diocese et ce qui est dangereux, cela « est de jurisdiction gracieuse ; le refus et la révocation sont « de faculté, comme la permission et la tolérance : il n'y a « rien de plus graciable; cela n'est ni de la jurisdiction volon- « taire ni de la jurisdiction contentieuse : mais c'est une autre « espece qui est une branche de la mission, et dépend plus es- « sentiellement du caractere épiscopal, et l'évêque n'est point « obligé d'expliquer les causes et les motifs de ce qu'il fait pour « la jurisdiction gracieuse.*

« C'est aussi évidemment d'après ce principe que le « parlement de Paris renvoya, en 1722, le curé de Ville- « naux pardevers l'évêque de Troyes, en se référant à « l'honneur et à la conscience de ce prélat.

« Ce fut aussi sur ces considérations que le parlement « de Besançon, par son arrêt du 17 février 1772, déclara « n'y avoir abus dans la permission de confesser dans la « paroisse de Poligny, donnée au sieur Ribaud par M. le

« cardinal de Choiseul, archevêque de Besançon, quoi-« que les lettres d'approbation continssent la clause, « *Etiam dissentiente parocho ;* clause qui avoit servi de « fondement à l'appel comme d'abus qu'avoit interjeté « le doyen-curé de Poligny. Tant est inébranlable le droit « qui appartient aux évêques de commettre au salut des « ames les ecclésiastiques qu'ils en jugent dignes, sans « qu'ils soient comptables de l'exercice de ce droit, pour « lequel les saints canons et la jurisprudence civile s'en « rapportent à leur sagesse et à leur conscience.

« Les autorités que les curés de Cerquigny ont voulu « puiser dans différentes coutumes, et entre autres dans « celle de Paris, ne peuvent rien contre ce sentiment.

« Indépendamment de ce que ce n'est point dans des « articles de coutume qu'il faut aller chercher la décision « d'un point de discipline ecclésiastique, c'est que les « lettres de vicariat, données par les curés, dont ces cou-« tumes exigent le dépôt au greffe des jurisdictions des « lieux pour la validité des testaments qui seroient reçus « par les vicaires, ne sont autres que des certificats qui « constatoient si le prêtre qui avoit reçu un testament, « étoit effectivement vicaire ; mais jamais elles n'ont dé-« cidé que les vicaires tenoient leurs pouvoirs des curés. « Une pareille décision ne pouvoit pas faire la matiere « d'une loi municipale.

« On voit, au contraire, que plusieurs coutumes, entre « autres celle de Poitiers, supposent que le vicaire est mu-« ni des pouvoirs de l'évêque : *Le testament*, dit-elle, *peut « être reçu par le vicaire ayant puissance du diocésain.*

« Il demeure donc constant, d'après toutes ces obser-« vations et ces autorités, que le sieur Maurey n'est plus « vicaire de Cerquigny, que défenses doivent lui être « faites d'en prendre la qualité, et que les curés doivent « être contraints, dans le délai fixé par l'arrêt, de présen-« ter un autre prêtre à M. l'évêque de Lisieux, à l'effet « d'obtenir de lui les pouvoirs nécessaires avant qu'il

« puisse

« puisse exercer aucune des fonctions de vicaire dans « ladite paroisse. »

§ IX.

Révocation d'un curé chanoine régulier de la congrégation de France.

Diocese de Meaux.

Parlement de Paris.

L'ÉTABLISSEMENT des titres pour les bénéfices à charge d'ames n'a pas communiqué généralement et indistinctement l'inamovibilité à tous les curés. Les curés, appartenants aux différentes congrégations des chanoines réguliers de l'ordre de saint Augustin, sont, à cet égard, exceptés du droit commun. Par lettres-patentes sur l'arrêt du conseil, données au mois d'octobre 1679, concernant l'ordre des chanoines réguliers de la congrégation de France; par l'arrêt du conseil d'état rendu en forme de réglement le 22 septembre 1678, et les lettres-patentes de 1700 pour les cures de l'ordre de Prémontré; par la déclaration du 27 février 1703 concernant l'ordre de la Trinité; par une autre déclaration du 22 octobre 1710, relative aux chanoines réguliers de la Chancelade, il a été statué que les chanoines réguliers de ces différentes congrégations, pourvus de cures-vicaries perpétuelles, ou prieurés-cures de leur ordre, pourront, *sans aucune monition précédente, et sans forme ni figure de procès*, être révoqués et retirés de leurs bénéfices, et envoyés en des monasteres de leur congrégation par le chapitre ou le supérieur général, pour fautes par eux commises, ou scandale connu de leur évêque et de leur supérieur, et même pour le bien et avantage de l'ordre, s'il y échéoit, du consentement cependant des archevêques ou des évêques, dans les dioceses desquels les bénéfices sont situés, et non autrement.

Ces sages réglements, MESSEIGNEURS et MESSIEURS, sont dus, en partie, aux demandes et aux sollicitations de vos assemblées; ils étoient nécessaires pour rétablir l'ancienne discipline et le bon ordre, souvent négligés et méconnus autrefois par cette nouvelle espece de ministres. Toutes les cures sont naturellement séculieres.

L'église, voulant favoriser l'établissement des congrégations de chanoines réguliers, leur accorda, dans plusieurs dioceses, pour la dotation de leurs maisons, les revenus de quelques cures, à la charge aux supérieurs de ces maisons de les faire desservir par leurs religieux. Cette origine des prieurés-cures, ou des cures régulieres, annonce qu'elles ne sont point des titres inamovibles : c'étoient des commissions passageres, de simples obédiences données par les supérieurs à un ou plusieurs religieux pour gouverner, en leur nom et comme leurs représentants, des paroisses dont l'administration avoit été confiée solidairement à la communauté par les archevêques ou évêques diocésains. Les supérieurs, sans doute, avoient le droit de faire rendre compte à ces religieux de leur conduite ; ils les changeoient, les rappelloient selon les besoins, ou des paroisses, ou de leurs maisons ; enfin ils étoient regardés et subordonnés comme des vicaires révocables au gré de ceux qui les employoient.

L'homme aspire à une indépendance qui tourne souvent à son malheur ; et les lieux consacrés à l'abnégation de sa propre volonté et à la plus parfaite soumission, ne mettent pas toujours à l'abri de ce desir immodéré. Dans la suite des temps, ces religieux, simples députés, destituables au bon plaisir de leurs supérieurs, relâcherent les liens de l'obéissance ; ils furent moins exacts à rendre compte des revenus de leurs paroisses ; bientôt ils les retinrent, s'en emparerent, et ne craignirent pas d'en disposer comme d'un bien qui leur appartenoit ; et, pour couvrir leurs infidélités d'un voile spécieux, ils se prétendirent établis en titre et absolument inamovibles. A la faveur de cette opinion, disant à leurs supérieurs qu'ils ne leur étoient plus soumis, puisqu'ils dépendoient des évêques, comme curés en titre ; aux évêques, qu'ils ne dépendoient pas d'eux, puisqu'ils étoient soumis à leurs supérieurs comme religieux, ils secouerent également le joug, et du supérieur séculier, et du supérieur régulier ;

et de là s'introduisirent dans le gouvernement de ces paroisses tous les désordres qui sont la suite nécessaire de l'anarchie. Ces abus multipliés exciterent la vigilance de l'administration ecclésiastique et civile; et ce fut pour les réprimer, que le roi, dans son conseil d'état, rendit les arrêts de septembre 1678, d'avril et août 1679, et, dans la suite, perfectionna cette importante partie de la législation par les lettres-patentes et les déclarations que nous avons eu l'honneur de vous citer.

Malgré des loix aussi claires, aussi formelles, rendues après le plus mûr examen et sur les motifs les plus justes, le frere le Normand de Villers, chanoine régulier de la congrégation de France, prieur-curé de la paroisse de Choconin, diocese de Meaux, s'est élevé contre la destitution canonique qui lui a été signifiée par ses supérieurs; et il n'a pas craint d'invoquer l'autorité des tribunaux séculiers pour tenter d'y faire légitimer sa désobéissance.

Le frere de Villers fut pourvu, en 1771 ou 1772, du prieuré-cure de Notre-Dame de Choconin. Sur la fin de 1782, monseigneur l'évêque de Meaux et M. l'abbé de sainte Genevieve penserent que, pour le bien de la religion, il étoit nécessaire de retirer ce religieux de sa cure, et de l'envoyer dans une maison de la congrégation. Monseigneur l'évêque de Meaux excita le zele de l'abbé de sainte Genevieve, lui demanda avec instance la révocation du frere de Villers; et, pour constater le consentement qu'il donnoit à cette révocation, il l'envoya en bonne et due forme à l'abbé de sainte Genevieve, en date du 6 décembre 1782. Le 10 du même mois, l'abbé assemble les supérieurs majeurs de la congrégation, les instruit de la demande de monseigneur l'évêque de Meaux, leur en expose les motifs, leur annonce le dessein où il est d'y déférer, et sa résolution est confirmée par l'approbation de l'assemblée. Le 20, révocation par l'abbé de sainte Genevieve, et obédience donnée au frere de Villers pour se retirer dans l'abbaye de saint Acheuil.

Le 24, signification, selon les formes, du consentement de l'évêque, de la révocation et de l'obédience, desquels le frere de Villers interjette appel comme d'abus au parlement de Paris, ainsi que de tout ce qui a suivi.

Les moyens présentés par le frere de Villers sont trop frivoles pour qu'il pût raisonnablement se flatter qu'un tribunal équitable et éclairé dût y avoir le moindre égard.

Il alléguoit que sa révocation, prononcée sans raisons notoires, sans motifs dont on lui eût fait part, sans aucune requisition du procureur général de l'ordre, étoit, par tous ces défauts, contraire aux statuts de sa congrégation et au droit commun établi par l'édit de 1686; que, si quelques décisions postérieures avoient paru déroger à ce droit commun, elles ne pouvoient servir de principe aux jugements de la cour, où elles n'avoient jamais été enregistrées.

On lui répondoit que toutes ses assertions étoient autant d'erreurs.

1°. La révocation étoit parfaitement conforme à tous les statuts de la congrégation. Par les nouvelles constitutions (partie 5, chap. 12, art. 13), il étoit reconnu que l'abbé de sainte Genevieve est en droit de destituer les religieux-curés de sa congrégation, sans monition précédente, sans forme ni figure de procès, comme s'expriment les différentes loix sur cette matiere: *Sine strepitu juris forensibusque formalitatibus agere potest.*

Dans un autre endroit des constitutions, au chapitre *de promovendis ad beneficia cum animorum regimine conjuncta*, en laissant à l'abbé toute l'autorité pour écarter du gouvernement des ames ceux qu'il en jugera indignes, on fixe les précautions qu'il doit prendre, afin de procéder avec prudence à la destitution des sujets incapables. On veut, 1°. qu'il demande le conseil et obtienne l'agrément des supérieurs majeurs, ou assistants de la congrégation; 2°. qu'il ait par écrit le consentement donné à la révocation par l'évêque diocésain; 3°. qu'il ne destitue pas sans raison: *Ne tamen ad arbitrium et nutum amovibiles reddantur pastores nostri, hos auctoritati superiorum limites sapienter constituendos duximus: 1°. ut à solo praeposito generali, de consilio et assensu assistentium, jus revocationis exerceri possit; 2°. ut revocationi expressè scripto consentiat episcopus diœcesanus; 3°. ut non fiat nisi justis de causis.*

Toutes ces considérations avoient été remplies exactement dans la révocation du frere de Villers: les supérieurs majeurs avoient été consultés par l'abbé; ils avoient approuvé la révocation; elle se faisoit de concert avec l'évêque; le consentement du prélat étoit authentique, et les supérieurs ne s'étoient décidés à cet acte de sévérité que pour des raisons légitimes: à la vérité ils n'avoient pas rendu compte de leurs motifs au chanoine destitué; mais ils n'y sont obligés, ni par les statuts, ni par la volonté du législateur. Les causes qui déterminent l'abbé à prononcer la révocation, il n'en est comptable qu'à l'évêque diocésain et au chapitre général de la congrégation: *Caveat*, est-il dit à la fin de l'art. 13 déja cité, *ne quid, in re tanti momenti, pronuntiet de quo non solùm episcopo diœcesano . . . . . sed etiam congregationi ipsi per capitulum generale repraesentatae, rationem reddere non possit.*

En vain le frere de Villers soutenoit-il que sa révocation n'avoit pu se faire selon les regles et les statuts de son ordre, sans qu'elle fût précédée de la requisition du procureur général de la congrégation.

Il fut aisé de lui faire voir que, dans le chapitre 8, *de pœnis pro varietate culparum infligendis*, où cette requisition du procureur général de l'ordre est prescrite, il ne s'agit que de corrections paternelles, de privation de voix active et passive, de destitution des offices, de détention, et autres peines semblables, dont le seul objet est le maintien de la discipline intérieure. Pour les fautes et les peines graves de ce genre, le ministere du procureur général de l'ordre peut être nécessaire; mais il n'est exigé nulle part pour la destitution des prieurs-curés, laquelle peut se prononcer sans bruit, sans formalités, sans allégation de motifs, et même pour le seul avantage de la congrégation : *Sine strepitu.*

2°. On convient que la révocation aussi libre d'un curé est contraire au droit qui est devenu commun depuis que les cures ont été érigées en titre : mais outre que cette dérogation au droit commun ne seroit qu'un retour à un autre droit commun plus ancien dans l'église, cette dérogation actuelle est précisément ordonnée par la loi concernant les curés des congrégations de chanoines réguliers. Le législateur connoissoit le droit commun ; le législateur a voulu excepter, a formellement excepté les curés réguliers de ce droit commun, et de la regle établie dans l'édit de 1686. Ces loix de dérogation et d'exception spéciale sont reconnues et respectées dans tout le royaume ; elles ont été enregistrées, sans modification, au grand-conseil, où les causes des chanoines réguliers de la congrégation de France sont commises ; elles ont été adoptées même par le parlement de Paris, lequel enregistra aussi sans modification, le 19 février 1687, les lettres-patentes du mois d'octobre 1686, où sont rappellées les différentes décisions pour la révocabilité de toutes les cures en général de la congrégation de France.

La révocation du frere de Villers, justifiée par des raisons aussi décisives, fut confirmée par l'arrêt du 20 février 1783. La cour, faisant droit sur l'appel comme d'abus, sans s'arrêter à la requête du curé dont il est débouté, prononce *qu'il n'y a abus ;* en conséquence ordonne que, dans le délai de quinzaine, ledit religieux sera tenu de se retirer dans la maison qui lui a été indiquée, le condamne en l'amende suivant l'ordonnance, et en tous les dépens.

M. l'abbé de sainte Genevieve, n'ayant pas oublié les services importants rendus à sa congrégation par monseigneur l'archevêque de Bordeaux, le pria de lui donner, dans cette occasion, une nouvelle preuve de sa bonne volonté, et de vouloir bién employer son crédit et ses bons offices pour maintenir un réglement dont l'exécution n'assure pas moins l'autorité des évêques que celle des supérieurs de la congrégation. Monseigneur l'archevêque de Bordeaux sollicita, auprès des magistrats, avec tout le zele qui l'anime lorsqu'il s'agit de vos intérêts, et nous nous fîmes un devoir de seconder ses démarches.

§ X.

Interdit.

Diocese de Saintes.

Parlement de Bordeaux.

TANDIS, MESSEIGNEURS et MESSIEURS, que, dans les ressorts des parlements de Paris et de Normandie, l'autorité des magistrats, par la sagesse de leurs arrêts, affermissoit l'autorité épiscopale et réprimoit des ecclésiastiques insubordonnés qui l'avoient attaquée ou méconnue; au parlement de Bordeaux, l'entreprise la plus inouie, la surprise la plus manifeste faite à quelques magistrats de cette cour, réclamoit toute la vigilance et toute l'activité du clergé: il s'agissoit d'un des points essentiels de votre jurisdiction. La levée la plus incompétente d'un interdit juridiquement et solemnellement prononcé par une sentence expresse d'officialité, donnoit à monseigneur l'évêque de Saintes les plus vives alarmes, aux prêtres et aux curés de son diocese les plus pernicieux exemples, au peuple d'une grande paroisse le scandale le plus affligeant, en exposant à une profanation certaine les choses les plus saintes et les plus sacrées.

Au mois de décembre 1780, le sieur David, curé de Saint Brunet, diocese de Saintes, connu déja dans les tribunaux par ses emportements et ses violences, osa publiquement, dans l'église, en chaire, au milieu des plus augustes fonctions de son ministere, insulter grièvement et nommément le sieur Fourchaud, lieutenant particulier au sénéchal de Saintes, et toute sa famille. L'offensé porte sa plainte au lieutenant criminel de Saintes, qui lui en donne acte, permet d'informer, informe, et décrete le curé d'ajournement personnel. Le promoteur du diocese revendique son justiciable ; le lieutenant criminel prononce le renvoi, en ordonnant que l'instruction sera continuée conjointement : l'official décrete aussi le sieur David d'ajournement personnel le 15 fevrier 1781, et ajoute au décret que ledit sieur David demeurera interdit de toutes fonctions curiales et sacerdotales.

Déja, MESSEIGNEURS et MESSIEURS, vous prévoyez par quelle voie le sieur David cherche à éviter la juste punition qui le menaçoit. Un moyen introduit d'abord pour corriger quelques erreurs dont les hommes les plus sages et les plus éclairés ne sont pas toujours exempts, pour redresser des infractions que la prudence, l'équité, la modération de votre gouvernement rendent infiniment rares ; un moyen dont ensuite on a si souvent abusé pour secouer le joug d'une salutaire discipline, et se soustraire à l'autorité légitime ; ce moyen, si fatal à votre jurisdiction, l'appel comme d'abus, ne pouvoit échapper à un homme du caractere du sieur David. Il interjette donc, au parlement de Bordeaux, appel simple de la procédure du lieutenant criminel, puis incidemment appel comme d'abus de celle de l'official ; il fait plus, il présente requête à ce qu'il plût au parlement le relever de son interdit, et le renvoyer à ses fonctions. A la faveur de plusieurs fausses allégations, de prétendus moyens d'abus qui n'avoient nulle réalité, il fait illusion à la cour, et obtient, le 28 avril 1781, un arrêt qui ordonne que, « sur les appels simples et comme d'abus, « les parties viendront plaider ; cependant, ayant égard à « la requisition dudit David, a levé et leve l'interdit par « lui encouru, et le renvoie à ses fonctions ». L'irrégularité de cet arrêt est frappante. La censure en général, comme l'a définie (1) un des jurisconsultes les plus favorables à l'autorité et aux prérogatives des cours séculieres, la censure est une peine *ecclésiastique* prononcée contre quelque

(1) Jousse, comm. sur l'édit de 1695, art. 41.

quelque fidele, par laquelle il est privé *des biens spirituels dont Dieu a laissé la disposition à l'église.* L'interdit, selon le même auteur, est une *censure* par laquelle le supérieur *ecclésiastique défend aux ecclésiastiques certaines fonctions de leur ordre.* La censure est donc une peine ecclésiastique; elle n'atteint que les ames; elle est une émanation du pouvoir de lier et de délier que J. C. a confié à son église, et n'a confié qu'à son église. Les cours séculieres ne peuvent donc prononcer directement sur ce genre de peine, sans briser la barriere qui sépare à jamais les deux jurisdictions. De quelle témérité ne seroit point accusé et ne seroit point coupable un supérieur ecclésiastique qui oseroit lever un interdit d'un officier de magistrature, je ne dis pas prononcé, mais seulement encouru par un décret d'ajournement personnel! L'entreprise d'une cour séculiere, de relever un prêtre d'un interdit, non seulement encouru, mais prononcé contre lui, n'est pas moins étrange; et l'on doit la regarder du même œil, avec cette différence encore, toute en faveur du supérieur ecclésiastique, que celui-ci n'auroit violé que des dispositions humaines soumises à la puissance des hommes, et qu'ils peuvent changer à leur gré, tandis qu'une semblable entreprise des cours séculieres tend à bouleverser un ordre de choses dépendant de Dieu seul, établi par Dieu seul, et que Dieu, par sa volonté suprême, a placé hors de la sphere de toute autorité humaine, à quelque degré d'élévation qu'on la suppose.

Ces principes, que nous devons défendre avec force toutes les fois qu'ils sont attaqués, ont été respectés et clairement reconnus par nos rois, et par les plus puissants de nos rois, soit dans leurs loix, soit dans les arrêts de leurs conseils. L'atteinte que venoit de porter à ces principes le parlement de Bordeaux, attira toute l'attention de l'assemblée provinciale de cette métropole: elle en fit un des premiers articles qui devoit être présenté à l'assemblée générale de 1782; et, à cette derniere assemblée, il fut rendu compte de cette importante affaire, par monseigneur l'archevêque d'Arles, dans un de ces rapports dont il suffit de citer l'auteur pour en apprécier le mérite. Ce prélat, avec cette fécondité de ressources et d'expédients que lui donne la connoissance profonde de nos loix et de notre jurisprudence, proposa plusieurs moyens pour faire réformer un arrêt que vous ne pouviez laisser subsister.

Le premier vœu de la commission de la jurisdiction, dont monseigneur l'archevêque d'Arles exprimoit les sentiments, étoit que M. le procureur général du parlement de Bordeaux se portât tiers opposant à cet arrêt.

Le second moyen étoit d'essayer de faire recevoir la tierce opposition du syndic du diocese de Saintes à l'arrêt du parlement de Bordeaux, en ce qui concernoit la levée de l'interdit. Ce moyen étoit conforme à la loi, et pouvoit être justifié par l'exemple. La loi existoit dans l'art. 50 de l'édit de 1695, portant « que les syndics des « dioceses seront reçus, dans les bailliages royaux, et « même dans les cours de parlement, à poursuivre, comme « parties principales ou intervenantes, les affaires qui re« gardent la religion, le service divin, l'honneur et la di« gnité des personnes ecclésiastiques des dioceses qui les « auront nommés ». Et quelle affaire, disoit monseigneur l'archevêque d'Arles, intéressoit plus *la religion et le service divin* que celle dont il s'agissoit? L'exemple se trouvoit dans une tierce opposition formée, par le syndic du diocese de Noyon, à un arrêt du parlement de Paris, dans une cause qui avoit aussi l'autorité de l'église pour objet: opposition qui fut reçue et jugée favorablement par un second arrêt du même parlement, du 8 juillet 1752.

Au défaut de la tierce opposition faite au nom du procureur général, ou de celle du syndic du diocese, la commission proposoit, pour troisieme moyen, la demande en cassation de la part de monseigneur l'évêque de Saintes, sauf à décliner le conseil des parties pour saisir de la connoissance de l'affaire le conseil des dépêches.

Les services rendus au clergé par monseigneur l'évêque de Saintes pendant le cours de son agence, n'auroient pas manqué de lui procurer les bons offices de l'assemblée dans une affaire qui intéressoit ce prélat aussi vivement, eût-elle été moins importante pour l'église entiere : l'assemblée la prit donc en très grande considération; elle fit faire des démarches pressantes auprès de M. le garde des sceaux, et elle délibéra que vos agents accorderoient même leur intervention, si le genre de poursuite qu'adopteroit monseigneur l'évêque de Saintes la rendoit nécessaire.

La tierce opposition de M. le procureur général offroit l'avantage de laisser au parlement le soin de se réformer lui-même, ménageoit par-là sa délicatesse, et éloignoit tout prétexte à la plus légere mésintelligence entre deux corps que l'intérêt des mœurs et de la religion, l'intérêt des peuples, leur intérêt mutuel, rapprochent naturellement, et devroient toujours unir par les liens les plus étroits. Une raison aussi puissante détermina monseigneur l'évêque de Saintes à tenter cette voie, et les moyens lui en furent applanis par M. Dudon, procureur général. Ce magistrat étoit persuadé que l'arrêt obtenu par le sieur David *choquoit ouvertement les premieres notions de l'ordre public, dénaturoit tout, confondoit les deux autorités, détruisoit toutes les regles de la subordination;* il pensoit que *les magistrats ne sont jamais plus grands et plus dignes de la vénération des peuples que lorsque, s'élevant au-dessus des formes accoutumées, ils saisissoient avec empressement les moyens qu'on leur offroit de rétracter l'erreur dans laquelle ils étoient tombés, et de rendre hommage à la loi.*

Pénétré de cette idée, M. le procureur général, dans son requisitoire, présenta avec énergie les motifs de son opposition : « L'official, disoit-il, peut décréter « d'ajournement personnel : mais l'official peut aussi,

« en décrétant d'ajournement personnel, ajouter au dé« cret l'interdit des fonctions sacerdotales; et alors cet « interdit étant une censure prononcée par l'autorité de « l'église, il n'appartient qu'au juge d'église de lever cet « interdit.

« Pour bien se fixer sur ce point de compétence, « il faut distinguer l'interdit qui résulte du décret, « comme du décret de prise de corps, d'avec l'interdit « ajouté au décret : quand l'interdit résulte du décret, cet « interdit subsiste, et doit perpétuellement produire son « effet jusqu'à ce que ce décret soit anéanti par la voie de « l'appel simple, ou par la voie de l'appel comme d'abus; « quand l'interdit est ajouté au décret, l'interdit subsiste « par lui-même, et l'autorité séculiere ne peut jamais y « prononcer directement. Le supérieur, dans l'ordre de « la hiérarchie ecclésiastique, est le seul qui puisse lever « cet interdit; et, dans ce cas, comme dans l'autre, l'in« terdit subsiste jusqu'à ce que, par la voie de l'appel « simple ou de l'appel comme d'abus, le décret ait été « anéanti.

« Les tribunaux séculiers ne peuvent donc point « isoler l'interdit du corps du décret, prononcer direc« tement sur l'interdit avant de prononcer sur le décret: « les tribunaux séculiers ne sont juges que de l'abus; « c'est à eux qu'il appartient de décider si le décret est « abusif ou s'il ne l'est pas. Mais tant que l'appel com« me d'abus subsiste, et que la cause est indécise, il « n'appartient point au juge séculier de lever une cen« sure prononcée par l'autorité de l'église : il est juge « de l'abus que le juge d'église a pu faire en prononçant « la censure ; mais il n'est pas juge de la censure en elle« même.

« La censure est une peine purement spirituelle sur « laquelle le magistrat séculier ne peut point porter ses « regards; et, lors même qu'il déclare qu'il y a abus, il « n'emploie jamais aucune prononciation qui puisse an-

« noncer de sa part une compétence directe pour con-
« noître de la censure prononcée par le juge d'église.
« L'interdit ne peut être levé que par celui qui a droit de
« le prononcer ; et de même que les cours séculieres ne
« peuvent point interdire un prêtre des fonctions sacer-
« dotales, de même elles ne peuvent point lever l'inter-
« dit prononcé par l'autorité ecclésiastique, et rendre à
« un prêtre l'exercice des fonctions qui lui ont été inter-
« dites par l'autorité de l'église.

« Ces raisons sont si palpables, ajoute ce magistrat,
« et l'incompétence des tribunaux séculiers si évidem-
« ment démontrée, qu'il n'est pas possible de laisser sub-
« sister l'arrêt du 28 avril 1781. »

En conséquence il requit « lui être donné acte de l'op-
« position qu'il déclaroit former envers l'arrêt ; . . . remet-
« tant les choses au même et semblable état qu'elles
« étoient avant la levée de l'interdit demandée par ledit
« David, être ordonné qu'il se pourvoiroit devant l'offi-
« cial du diocese de Saintes, pour y être fait droit ainsi
« qu'il appartiendra. »

La force de ce requisitoire fit, sur l'esprit des magistrats auxquels il étoit adressé, toute l'impression que doit produire la vérité, lorsqu'on ne craint pas de l'entendre ; ils convinrent unanimement que l'arrêt étoit contraire à tous les principes, et qu'on ne pouvoit le justifier sous aucun prétexte. Néanmoins on éleva quelques difficultés prises du côté de la forme, et elles donnerent lieu de différer de prononcer. Ce délai annonça à monseigneur l'évêque de Saintes qu'il ne devoit plus espérer du parlement la rétractation de l'arrêt ; il fut prévenu qu'il feroit inutilement de nouveaux efforts auprès de ce tribunal, qui lui indiqua en quelque sorte lui-même l'autorité du souverain, comme pouvant seule anéantir ce que la cour avoit fait.

Monseigneur l'évêque de Saintes, après avoir épuisé toutes les voies de ménagement et de modération, fut donc obligé de recourir à ce moyen : il présenta au conseil sa requête en cassation ; il y développa ses motifs ; il prouva que la nature et, pour ainsi dire, la spiritualité de la peine d'interdit ; les loix du royaume les plus claires et les plus formelles, sur-tout les articles 40 et 41 de l'édit de 1695, les décisions du conseil des 16 mars 1646, 27 septembre 1730, 2 octobre, 21 avril, 2 juin 1731, les arrêts du parlement de Paris de 1721 et 1726 ; en un mot, que les raisons et les autorités s'élevoient également contre l'arrêt du parlement de Bordeaux ; que ce jugement, si insoutenable dans le fond, n'avoit pas même le mérite des formes. L'article 40 de l'édit de 1695 veut que « les cours ne puissent faire défenses d'exécuter des dé« crets, même ceux d'ajournements personnels décernés « par les juges d'église, ni élargir les prisonniers, sans « avoir vu les procédures et informations sur lesquelles « ils auront été rendus ». L'arrêt du 28 avril 1781 étoit plus qu'un arrêt de défense. Dans l'opinion la plus outrée, l'arrêt de défense, s'il pouvoit avoir quelque trait à la levée de l'interdit, n'en auroit qu'en formant un préjugé *indirect* de l'abus de l'interdit encouru. L'arrêt de 1781 statuoit *directement* sur la levée d'un interdit prononcé : il alloit donc plus loin qu'un arrêt de défense ; il demandoit donc plus de précautions ; il exigeoit plutôt un examen mûr et réfléchi qu'un simple vu des procédures et des informations. L'arrêt, cependant, ne faisoit nulle mention du vu des charges, et cette omission lui imprimoit encore une nouvelle marque de nullité.

Des contraventions si manifestes et si multipliées déciderent la proscription de l'arrêt. Le roi, dans son conseil des dépêches, tenu le 14 mars 1783, cassa ledit arrêt, en ce qu'il avoit levé l'interdit encouru par le sieur David, et l'avoit renvoyé à ses fonctions, faisant sa majesté défense au sieur David de donner aucune suite audit arrêt.

Mais cet arrêt subsistoit toujours, en ce que le conseil avoit ordonné que, *sur les appels simples et comme d'abus, les parties viendroient plaider.* La procédure fut donc reprise, au parlement de Bordeaux, sur les anciens errements, et l'affaire s'instruisit de nouveau. Monseigneur l'évêque de Saintes demanda à être reçu partie intervenante. En vain le curé combattit cette intervention, elle fut admise; et, par arrêt du 19 juillet 1783, il fut déclaré qu'il n'y avoit abus dans les procédures, décret et jugement de l'officialité, et le curé fut condamné en l'amende et aux dépens.

Ainsi tout est rentré dans l'ordre, qui avoit été interverti d'une maniere si extraordinaire par le transport de jurisdiction le plus caractérisé.

Notre dessein n'est pas d'approfondir ici les principes qui s'opposeront toujours à de pareilles entreprises : mais l'inobservation téméraire d'un interdit légalement prononcé compromet le salut des fideles, la validité des sacrements, le respect dû à la célébration de nos mysteres, les droits de la hiérarchie, le pouvoir de l'église. Dans une matiere qui a de tels rapports, tout nous paroît important; et nous croirions avoir à nous reprocher quelque négligence, si nous ne nous arrêtions un moment à relever, à ce sujet, une erreur qu'on cherche à introduire.

Quelques auteurs modernes prétendent qu'à la vérité les arrêts de défense d'exécuter un décret de prise de corps prononcé par l'official, ne peuvent autoriser l'ecclésiastique qui les auroit obtenus, à exercer les fonctions qui lui sont prohibées par l'interdit encouru ; mais que les arrêts de défense, portant sur les décrets d'ajournement personnel, même accompagnés de la sentence d'interdit, ont la vertu particuliere d'autoriser l'ecclésiastique auquel ces arrêts auroient été accordés, à exercer ses fonctions, sans qu'il soit obligé, ni d'attendre le jugement définitif de l'appel comme d'abus, ni de recourir au supérieur ecclésiastique pour être relevé de son interdit.

Vous sentez, MESSEIGNEURS et MESSIEURS,

tout le danger de cette nouvelle opinion. Les décrets de prise de corps sont très rares dans les officialités ; les décrets d'ajournement personnel avec sentence d'interdit le sont moins ; et c'est précisément dans ces cas, où le scandale peut devenir plus fréquent, qu'un ecclésiastique, prévenu de crime ou de faute grave, pourroit, à l'aide d'un arrêt de défense qu'il est si facile d'obtenir, braver impunément votre autorité, et se dérober à l'effet d'un acte de rigueur dont l'objet, dans l'esprit de charité qui vous dirige, est moins de punir le coupable que de lui épargner des profanations.

Il n'est pas à craindre que cette opinion s'établisse par les foibles raisons dont on veut l'étayer : mais elle peut s'accréditer par la sorte de réputation de l'ouvrage qui la défend ; elle est exposée, développée et soutenue dans le commentaire de l'édit de 1695, d'un conseiller au présidial d'Orléans, art. 40, note 5, page 339. Cet auteur est souvent cité ; il sera souvent copié ; et, dans la jurisprudence, autant et peut-être plus que dans toute autre science, les copistes parviennent à faire loi quand ils sont parvenus à faire nombre.

La raison pour laquelle on voudroit persuader que l'arrêt de défense, sur un décret d'ajournement personnel avec interdit, emporte la levée de l'interdit, quoiqu'elle ne s'ensuive pas de l'arrêt de défense sur un décret de prise de corps ; c'est que la loi, dit-on, le prononce ainsi pour l'arrêt de défense sur un décret de prise de corps, et qu'elle ne le décide pas pour l'arrêt d'ajournement personnel, même avec interdit.

La loi, il est vrai, ne porte pas textuellement que l'arrêt de défense d'exécuter le décret d'ajournement personnel ne peut influer sur la levée de l'interdit, comme elle le décide de l'arrêt de défense d'exécuter le décret de prise de corps : mais l'induction est trop claire pour qu'il ait été nécessaire d'exprimer cette disposition en termes exprès. L'interdit ne peut être levé par

par l'arrêt de défense sur décret de prise de corps, parceque l'interdit, de sa nature, est une peine spirituelle hors de la puissance des juges séculiers: par l'arrêt de défense sur décret d'ajournement personnel, l'interdit ne change point de nature: l'arrêt de défense sur décret d'ajournement personnel ne produit donc pas plus d'effet sur l'interdit que n'en peut produire l'arrêt de défense sur décret de prise de corps.

D'ailleurs il est très aisé de concevoir pourquoi la premiere partie de l'article 40 ne prononce pas que les ecclésiastiques ne pourront, pour exercer leurs fonctions, s'autoriser des arrêts de défense sur décret d'ajournement personnel, quoique la seconde partie déclare qu'ils ne pourront pas les exercer d'après les arrêts de défense sur décret de prise de corps. La premiere partie parle des décrets d'ajournement personnel purement et simplement, sans faire mention de la sentence d'interdit qui peut être ou n'être point ajoutée au décret. Il n'est pas unanimement convenu que le décret d'ajournement personnel, sans aucune sentence d'interdit, fasse encourir par lui seul l'interdit qu'emporte toujours le décret de prise de corps: il étoit donc inutile que la loi déclarât ce que doit devenir un interdit dont l'existence est douteuse, en décidant expressément que l'interdit, lorsqu'il est certainement encouru, doit subsister malgré les arrêts de défense.

Nous ajouterons encore que le législateur, au commencement de l'article 40, veut instruire seulement *des préalables* à observer par les cours avant de rendre des arrêts de défense sur décrets d'ajournement personnel ou de prise de corps, et qu'à la fin du même article, il parle *des effets* des arrêts de défense relativement à l'exercice des fonctions après l'interdit: il fait connoître clairement ses intentions sur les suites des arrêts de défense, lorsqu'il traite cet objet; il ne devoit rien dire de ces suites à l'endroit où il ne veut que prescrire les préalables des arrêts de défense.

On dit que les arrêts de défense sur décrets d'ajournement personnel, devant, selon l'édit, n'être rendus que sur le vu des charges, forment, par là même, un préjugé contre l'abus de l'interdit.

Mais n'est-il pas sensible que les arrêts de défense sur décrets de prise de corps ne doivent pas moins être rendus sur le vu des charges que ne doivent l'être les arrêts de défense sur décrets d'ajournement personnel? n'est-on pas forcé de convenir, par le texte même de la loi, que l'arrêt de défense sur décret de prise de corps, quoique rendu sur le vu des charges, ne fait point présumer l'abus de l'interdit encouru ou prononcé? D'après ces aveux, auxquels il est impossible de se refuser, pourquoi l'arrêt de défense sur décret d'ajournement personnel pourroit-il anéantir l'interdit que laisse, dans toute sa force, l'arrêt de défense sur décret de prise de corps?

Au défaut de raisons solides, on voudroit nous imposer par l'autorité d'un nom célebre dans la magistrature. En 1717, dans une affaire de quelques ecclésiastiques du diocese d'Orléans, portée par appel comme d'abus au parlement de Paris, M. Joly de Fleury, alors avocat général, et depuis procureur général, assura qu'il ne falloit pas douter que l'arrêt de défense, obtenu par ces ecclésiastiques, ne les eût rétablis dans leurs fonctions, et que le recours à l'official, pour la levée provisoire de leur interdiction, étoit inutile.

Nous n'avons pas entre les mains le plaidoyer de M. Joly de Fleury; nous ignorons sur quels motifs il pouvoit fonder cette assertion: mais l'exemple du parlement de Bordeaux, qui donne lieu à ces réflexions, nous fait voir que même les compagnies les plus éclairées peuvent s'écarter quelquefois de la vérité, et que, lorsqu'il s'agit de la défendre, en respectant l'autorité de celui qui la combat, on peut encore conserver la liberté d'examiner et de juger ses raisons.

Nous trouvons étonnant que cette opinion ait été

avancée et soit accueillie par des hommes qui connoissent les regles et les usages des cours séculieres sur les arrêts de défense donnés pour leurs propres officiers. Un juge est interdit de droit lorsqu'il a été rendu contre lui un décret d'ajournement personnel; alors il ne peut faire aucune fonction de sa charge; il ne peut même assister à aucun acte de justice, à peine de nullité, dommages et intérêts des parties: non seulement il est et demeure responsable de ces dommages et intérêts; mais les autres juges et officiers qui, sachant l'interdiction du décrété, auroient souffert qu'il eût assisté, connu et jugé les procès avec eux, sont solidaires avec lui de ces dommages et intérêts. Si le décret, qui emporte interdiction, est émané de la cour, l'interdiction ne peut être levée provisoirement que par un arrêt de la cour, qui prononce *expressément* le rétablissement. Dans le cas même où le décret a été rendu par un juge inférieur, un simple arrêt de défense ne suffit pas pour opérer la restitution provisoire de l'officier décrété; il est nécessaire que l'arrêt de défense porte et exprime *disertement* cette restitution dans les fonctions: tant les cours séculieres sont persuadées que la pureté de la réputation, l'exemption de toute tache, est indispensable pour exercer dignement la noble fonction de juge! Des magistrats chrétiens pourroient-ils penser que la sainteté du ministere le plus auguste demandât moins de délicatesse et de précautions que n'en exige l'honneur de la magistrature? L'arrêt de défense, obtenu par un ecclésiastique, ne peut donc suffire pour lever l'interdit, en faisant présumer l'abus de l'interdit. Le rétablissement dans les fonctions doit être prononcé *en termes exprès* par le juge compétent, et le seul juge d'église peut avoir cette compétence dans une affaire purement spirituelle.

Et qu'on ne dise pas que, dans le cas de l'appel comme d'abus d'un interdit, lorsque la cour a prononcé qu'il y a abus, par cela seul l'interdit devient nul, sans que l'ecclésiastique ait besoin de recourir au juge d'église pour se faire rétablir dans ses fonctions ; qu'ainsi c'est véritablement la cour séculiere qui leve alors l'interdit.

Ce raisonnement ne seroit qu'une vaine subtilité ; pour la dissiper, il suffit de se rappeller les principes. Une censure ne peut avoir d'effet qu'autant qu'elle est prononcée par un jugement légal ; lorsqu'il est déclaré qu'il y a abus, il est déclaré que le jugement qui a porté la censure est illégal : dès-lors la censure est regardée comme non avenue, comme non prononcée, comme nulle, et rien n'oblige de recourir au supérieur pour se faire relever d'une censure qui n'existe pas ; que l'on sait n'avoir jamais existé. La nullité de la censure vient donc de la nullité du jugement qui l'avoit prononcé, et non de l'absolution du magistrat séculier, qui ne peut *porter ses regards* sur un ordre de choses purement spirituel, ainsi que l'a reconnu ouvertement M. le procureur général du parlement de Bordeaux, en adressant la parole à la cour elle-même.

§ XI.

Union.

Diocese de Poitiers.

Parlement de Paris.

En 1782 l'autorité épiscopale fut obligée de se défendre contre un genre d'attaque absolument nouveau. Les habitants de la ville de Parthenay susciterent à monseigneur l'évêque de Poitiers une difficulté dont l'idée avoit jusqu'à présent échappé à l'esprit de discorde, malgré sa fécondité.

Il existe, dans le diocese de Poitiers, quatre monasteres qui sont dans le cas de la suppression : celui de la Maison-Dieu, ordre de saint Augustin, situé dans un fauxbourg de la ville de Parthenay ; celui du Bois-d'Allone, à deux lieues de cette ville ; celui de la Voyolle ; et enfin celui de Puychevrier. Ces trois derniers monasteres sont de l'ordre de Grammont ; le troisieme et le quatrieme sont éloignés, l'un de douze, l'autre de quinze lieues, au moins, de la ville de Parthenay. Cette position des quatre maisons religieuses n'est point ici une circonstance inutile, parceque, dans un procès où il a été impossible de trouver une seule raison de droit, où les habitants de Parthenay n'ont pu alléguer que des raisons de convenance, le prétendu voisinage des quatre monasteres a fourni le plus puissant raisonnement.

La ville de Parthenay a un hôtel-dieu qu'elle ne trouve pas assez riche; elle projette l'établissement d'un hôpital qui n'est pas encore doté; elle desire un maître de lecture et d'écriture, un maître de latinité, et, sous lui, un régent: elle a beaucoup de vues; elle n'a point de moyens; elle jette les yeux sur les quatre monasteres dont la suppression est décidée; elle calcule que les revenus de ces maisons feront équilibre avec les dépenses qu'exige l'exécution de ses plans; elle demande à monseigneur l'évêque de Poitiers l'union de tous les biens des quatre monasteres aux différents établissements qu'elle veut former. Monseigneur l'évêque de Poitiers montre les dispositions les plus favorables pour unir à l'hôtel-dieu les biens du monastere de la Maison-Dieu, fondé dans un fauxbourg de la ville : mais il leur fait connoître qu'il existe dans le diocese d'autres besoins que ceux de la ville de Parthenay, que sa sollicitude pastorale ne se borne pas à la seule ville de Parthenay, et qu'il réserve à une autre destination les biens des trois autres monasteres. Les habitants de Parthenay ne devoient voir, dans les intentions de monseigneur l'évêque de Poitiers, qu'une disposition très libre qui contrarioit leurs desirs : mais, comme si le seul desir étoit un titre de propriété, ils voulurent trouver, dans le refus de leur évêque, une injustice formelle qui les dépouilloit d'un patrimoine légitime. Ils envoyerent à Poitiers deux députés; et ceux-ci, assistés de deux notaires, armés de toutes les formalités avec lesquelles on peut réclamer un droit acquis, oserent faire au prélat « *sommations* d'incessamment ordonner et pro« céder à l'union et application des revenus desdits mo« nasteres, selon le vœu des habitants de la ville de Par-

« thenay, protestant néanmoins, dans le cas où ledit sei-
« gneur évêque en seroit refusant, de se pourvoir contre,
« par les voies de droit, pardevant qui et ainsi qu'il ap-
« partiendroit, pour parvenir aux fins de leursdites récla-
« mations, *requisitions et sommations*: de tout quoi ils ont
« requis acte. »

Ainsi des biens consacrés à Dieu, donnés à l'église, appartenants au diocese de Poitiers, dont l'emploi est réservé, par leur nature, à la disposition libre du supérieur ecclésiastique, ces biens sont réclamés par les habitants d'un seul canton d'un vaste diocese, comme devant être appliqués à eux seuls, exclusivement à tout autre besoin, à tout autre établissement ecclésiastique ou civil du diocese entier.

Monseigneur l'évêque de Poitiers a répondu, ainsi qu'il est constaté par le procès verbal, « qu'il connoissoit
« les besoins de la ville de Parthenay tout aussi bien que
« ses députés peuvent les connoître, et qu'il est disposé à
« prendre les moyens qui sont praticables, pour y subve-
« nir; mais qu'il est surpris que lesdits députés prennent
« la voie de la requisition dans une affaire où ils ne peu-
« vent être juges, et dans laquelle ils n'ont d'autres droits
« que ceux qu'ils peuvent espérer de la bonté de monsei-
« gneur comte d'Artois, fondateur du monastere du Bois-
« d'Allone; que la voie de la représentation et de la sup-
« plique étoit la seule qui pût leur convenir, etc. »

Cette réponse, dictée par la sagesse et la prudence, ne satisfait pas les députés; ils persistent *dans leurs requisitions et sommations*, prennent la réponse pour *un refus*, protestent de se pourvoir par les voies de droit; et, pour effectuer la menace, les officiers municipaux et habitants de la ville de Parthenay présentent, au parlement de Paris, une requête tendante à être reçus appellants comme d'abus de la réponse de monseigneur l'évêque de Poitiers, contenant refus de satisfaire à leur sommation, concluent à ce qu'il soit dit qu'il y avoit abus, et en conséquence à être renvoyés devant monseigneur l'archevêque de Bordeaux, à l'effet par lui de procéder à l'union, soit à l'hôpital général, soit à l'hôtel-dieu de ladite ville de Parthenay, des quatre établissements de la Maison-Dieu, Notre-Dame d'Allone, la Voyolle et Puychevrier. Ils obtiennent un arrêt le 21 août 1782, en vertu duquel ils ont fait intimer monseigneur l'évêque de Poitiers, qui a été obligé de défendre à l'appel comme d'abus.

Le seul exposé des faits, et les principes indiqués par la réponse de monseigneur l'évêque de Poitiers, suffisent pour faire voir que jamais appel d'abus ne fut plus téméraire et plus destitué de tout fondement.

Lorsque l'église cede à regret aux loix d'une impérieuse nécessité qui l'oblige à supprimer et éteindre un monastere, les biens du monastere supprimé n'en restent pas moins dans le domaine et sous la main de l'église. Le fondateur de tout établissement ecclésiastique a nécessairement deux intentions : d'abord l'intention générale, primordiale et essentielle de rendre gloire à Dieu, en lui faisant hommage d'une partie de ses biens, en lui consacrant cette portion, en la donnant et l'aumônant à l'église; ensuite, l'intention particuliere de rendre à Dieu cet hommage par tel établissement plutôt que par tel autre. Le motif particulier n'est que secondaire et subordonné au motif général. Le motif général, de rendre un hommage à Dieu par la consécration d'une partie de ses biens, est indépendant du motif qui a fait choisir, pour preuve de cet hommage, tel établissement. L'établissement peut donc changer sans porter atteinte à l'intention primordiale, laquelle subsiste à jamais. De là s'est établie parmi nous la maxime inviolable, que les donations pour fondations sont perpétuelles par elles-mêmes; qu'elles ne deviennent pas révocables par l'extinction du corps, ou de l'établissement qui en a été l'objet; qu'elles tiennent ce caractere, non d'une disposition extraordinaire du fondateur, mais de leur nature et de la constitution qui leur est propre.

L'établissement venant à être supprimé, l'église se fait une loi de substituer à cet établissement un autre établissement ecclésiastique, pour ne pas frustrer l'intention du fondateur, laquelle, en effet, ne peut être satisfaite que par cette substitution.

L'évêque du diocese où est l'établissement éteint, est chargé d'exécuter la substitution. Si l'établissement est supprimé par le pape, et que le bref désigne l'espece du nouvel emploi des biens, l'évêque s'y conforme; s'il n'est point désigné, il demeure au choix de l'évêque comme ayant primitivement l'administration et l'intendance générale de tous les biens du diocese.

Dans le choix des œuvres pies et utiles à l'église, on donne naturellement la préférence à d'autres établissements ecclésiastiques publics, aux cures, aux séminaires, aux colleges, aux hôpitaux; mais aucun de ces établissements n'a plus de droit qu'un autre au profit de la substitution: le séminaire peut être choisi plutôt que les colleges et les hôpitaux; et tel college, tel hôpital, plutôt que tel autre college et tel autre hôpital; nul d'eux n'a un droit réel qui puisse l'autoriser à des *requisitions et sommations*. Chacun de ces établissements, connoissant ses besoins, peut-être se les exagérant, a la faculté de présenter sa supplique, sa requête: mais l'évêque tient la balance, et la fait pencher selon les vues de sa sagesse. Si une ville a droit de *sommer et de requérir*, pourquoi une autre ne l'auroit-elle pas également? si elles *requierent* toutes, l'impossibilité de faire droit à toutes anéantit le droit de chacune.

A besoins égaux, les habitants du lieu où l'établissement supprimé est situé, méritent quelque considération: mais cette circonstance, tirée du local, n'est pas un *droit;* il n'en résulte qu'une *convenance:* une convenance n'est pas un titre pour *sommer et requérir.* Monseigneur l'évêque de Poitiers avoit tous les égards dus à cette convenance, en manifestant son intention d'unir à l'hôtel-dieu

dieu de Parthenay les biens de la Maison-Dieu, situés dans un fauxbourg de la ville. Il n'existoit nulle convenance de ce genre entre les trois autres maisons et la ville de Parthenay; et il peut exister, il doit même exister mille autres especes de convenances entre les trois monasteres supprimés, et tant d'autres établissements d'un des dioceses du royaume les plus étendus.

L'union est une collation à perpétuité. Quel ecclésiastique oseroit s'arroger le droit de sommation pour se faire conférer par son évêque un bénéfice qui seroit à sa libre et entiere disposition? L'union est tellement de la jurisdiction gracieuse, qu'il n'est pas permis de se pourvoir au métropolitain contre un décret d'union.

La cause fut jugée d'après ces maximes incontestables, et l'arrêt du 31 août 1784 déclare qu'il n'y a abus dans la réponse de monseigneur l'évêque de Poitiers, condamne les habitants à l'amende et aux dépens, sauf à eux à se pourvoir pour être procédé, si faire se doit, à l'union de la Maison-Dieu à l'hôtel-dieu de Parthenay.

BIENS TEMPORELS, IMMUNITÉS, ET ADMINISTRATION DES DÉCIMES.

§ Ier.

Dimes de Normandie.

IL est peu de vos assemblées, MESSEIGNEURS et MESSIEURS, où l'on ne vous défere des atteintes portées aux droits des décimateurs. Dans tous les temps l'esprit d'intérêt, si fécond en ressources, et si redoutable par son activité, a tenté de se soustraire à ce droit, en éludant les principes qui le consacrent; et trop souvent ces prétentions illégitimes ont été protégées par des arrêts: mais du moins ces arrêts isolés, contre lesquels vous n'avez cessé d'élever votre voix, en faisant craindre, pour l'avenir, une nouvelle jurisprudence, n'avoient pas la force de l'établir irrévocablement; ils menaçoient les principes, mais ils ne les renversoient pas; ou, s'ils les méconnoissoient par rapport à un fruit particulier, ils en respectoient l'autorité sur les autres. Aujourd'hui, nous avons à nous plaindre d'un arrêt qui, sous le nom de réglement, introduit la législation la plus étendue et la plus dangereuse, qui ébranle presque tous les principes du droit décimal, qui frappe tous les décimateurs d'une grande province, qui anéantit tous les monuments sur lesquels reposoit une possession antique et solemnellement reconnue, et qui, par le plus étrange renversement des regles qui président à toute sage administration, semble avoir dirigé ses coups les plus funestes sur la classe des décimateurs la plus pauvre, la plus malheureuse et la plus digne de toute protection. Tel est l'arrêt de réglement du parlement de Rouen, du 25 mai 1784.

Nous allons vous faire connoître l'esprit et les dispositions de cet arrêt, contre lesquels tous les principes s'élevent.

Suivant le parlement de Rouen, toutes les dîmes de Normandie sont ou *solites* ou *insolites*. Les dîmes solites sont les seules qui soient exigibles de droit ; elles se bornent aux quatre gros fruits exclusivement, *froment*, *seigle*, *orge* et *avoine*. Toutes les autres dîmes, sans aucune exception, sont *insolites*, et ne peuvent être réclamées par le décimateur qu'autant qu'il établit son droit sur elles par une preuve rigoureuse de quarante ans de possession consécutive.

Ces dîmes insolites, qui comprennent tous les fruits, hors ceux qu'on appelle les gros fruits, composent, dans cet arrêt, deux classes. Celles de la premiere classe sont assujetties à la preuve de possession de dîmer le fruit contesté, par et depuis quarante ans, sur le fonds même, sans aucun égard à l'usage observé sur les héritages voisins. Dans cette classe sont compris les *bois*, *prés*, *genêts*, *étangs*, ect. et, sous le nom de *prés*, le *trefle* ou *trémaine*, le *sainfoin*, la *luzerne*, et autres prés artificiels. La seconde classe comprend toutes les autres productions de la terre. La dîme de ces productions est soumise à la preuve de possession quarantenaire, non sur le fruit même contesté, mais sur le grand nombre des fruits de même espece cultivés dans le canton. Pour toutes les dîmes, soit de la premiere, soit de la seconde classe, c'est toujours au décimateur à faire sa preuve. Ce n'est, dans aucun cas, au décimable à établir son exemption.

Le parlement érige en principe général, que la dîme n'est point due à raison du fonds, mais à raison du fruit. On ne peut donc réclamer une dîme, parcequ'un fruit remplace sur un fonds une production qui étoit décimable. Le parlement applique ce principe à la Normandie, et proscrit, par ce moyen, toute dîme de substitution.

Enfin, comme les conversions de culture pourroient être trop funestes aux décimateurs, le parlement leur assure, ou plutôt leur fait espérer, à titre d'indemnité, la dîme sur tout ce qui excédera les deux tiers du terrain cultivé.

Voilà, en substance, les principales dispositions de l'arrêt de réglement: en voici les conséquences.

Si les quatre gros fruits composent exclusivement la classe des dîmes *solites*, ou exigibles de droit; si toute autre production cultivée, quoique beaucoup plus étendue, beaucoup plus importante dans un canton, n'est pas par cela même sujette à la dîme, il suit nécessairement, ou que le droit commun n'a jamais assuré au clergé la dîme de toutes les productions de la terre, ou que ce droit a été dans la suite presque entièrement anéanti.

Si, pour la dîme de tous les autres fruits, sans exception, on exige, de la part du décimateur, une preuve de possession quarantenaire, il suit d'abord que toute dîme de nouveaux fruits est nécessairement proscrite; et, par rapport aux fruits anciens, il suit que tous les décimables sont autorisés, sont même encouragés à refuser provisoirement toutes les menues dîmes qu'ils ont payées les années précédentes: et, comme la preuve de possession demandée ne peut s'établir par titre, puisqu'on ne conserve aucun acte qui atteste le paiement de la dîme; comme une preuve de possession non interrompue pendant quarante ans est très difficile à établir par témoins dans un canton particulier, et qu'elle est même presque impossible en Normandie, où le parlement, contre tout principe, récuse le témoignage des propriétaires de la paroisse, il suit rigoureusement que le droit sur aucune de ces dîmes, fussent-elles d'un usage immémorial, ne pourra presque jamais être constaté.

Si les herbages artificiels sont assujettis à une preuve de perception quarantenaire sur le même fonds, il est évident que cette dîme est entièrement abolie, puisque les herbages ne sont cultivés qu'un très petit nombre d'années sur le même terrain; et il est essentiel de remarquer que la dîme des herbages est de la plus grande importance en Normandie, et qu'elle forme la moitié des dîmes perçues dans cette province.

Si la dîme de substitution n'a pas lieu, comme il sera bientôt démontré qu'elle existoit avant l'arrêt, il suit que le parlement enleve aux décimateurs de cette province le moyen le plus important de conserver et de réclamer les dîmes.

Enfin, si la dîme d'indemnité n'est ouverte qu'après les deux tiers, il suit qu'un grand nombre de décimateurs seront réduits à un tiers de leurs anciens droits; et, en supposant que le tiers de la paroisse soit chargé de gros fruits, dont la dîme appartient au principal décimateur, le décimateur pauvre, qui n'avoit droit qu'aux menues dîmes qu'il percevoit sur les deux tiers, s'en verra entièrement dépouillé, et sera réduit absolument à rien, sans pouvoir réclamer aucune indemnité.

Des dispositions, qui conduisent à des conséquences aussi funestes, ont dû s'appuyer sur des principes bien étranges. Ces principes, qu'il nous a paru intéressant de connoître, nous les avons trouvés dans le rapport même qui paroît avoir déterminé l'arrêt du parlement de Rouen, et qui nous est parvenu comme motif de cet arrêt. On y établit que les dîmes n'appartiennent pas au clergé par le droit commun; que le droit divin qu'il invoque est une chimere; que les capitulaires de nos rois, sur lesquels il s'appuie, ne présentent pas un titre plus solide, puisque, dans le principe, ils ont été l'ouvrage de l'erreur, et que, quelque autorité qu'on leur suppose, elle a dû nécessairement périr avec les capitulaires, qui, dit-on, suivant Montesquieu, disparurent sous la troisieme race; que, depuis ce temps-là, la dîme, réduite insensiblement par différentes loix, est tombée entièrement sous l'empire de l'usage. Quant au principe de substitution, ce principe, dit-on encore, contraire à toutes les jurisprudences, vicieux en lui-même, injuste envers les décimables, ne peut se soutenir à la faveur de quelques arrêts dont le clergé de Normandie ne cesse d'abuser.

Il est indispensable de montrer la fausseté de toutes ces assertions, de rendre en même temps au clergé général ses droits, et au clergé de Normandie ses privileges:

Et pour rapprocher ici les vrais principes, des dispositions de l'arrêt, de ses conséquences et des motifs qui l'ont dicté,

Nous établissons, 1°. que, de droit commun, la dîme de tous les fruits de la terre appartient au clergé; que par conséquent on ne peut réduire la dîme, exigible de droit, à celle des quatre gros fruits, et demander, sur tous les autres, la preuve de possession au décimateur; 2°. que, dans le cas où l'on pourroit demander cette preuve, il seroit souverainement injuste de demander, pour les herbages, la preuve de cette perception sur le fonds même; 3°. que la dîme de substitution est appuyée, en Normandie, sur des monuments incontestables, et que le parlement n'a pu la proscrire; qu'enfin la dîme d'indemnité qu'il accorde est évidemment insuffisante.

1°. Le droit commun assure au clergé la dîme sur tous les fruits de la terre. Pour établir cette vérité, nous n'avons point recours à une institution divine, comme on se plaît à nous le redire perpétuellement. Nous avons soutenu, et nous ne craignons pas que notre opinion soit démentie par cette assemblée, qu'il n'y a de droit divin, en matiere de dîme, que l'obligation des fideles de pourvoir à la subsistance des pasteurs; mais que la dîme elle-même, quoiqu'accordée par la piété dans les premiers siecles de l'église, quoique recommandée par les peres, ordonnée même par plusieurs conciles particuliers, et consacrée par un usage presque universel long-temps avant Charlemagne, trouve son principal fondement dans les loix de l'état. Nous étions bien loin de vouloir donner à un droit incontestable l'unique appui d'une opinion qu'on pourroit combattre avec trop d'avantage.

Ce qui établit invinciblement notre droit, ce sont les capitulaires, ce sont ces loix anciennes et respectables nées dans les assemblées mêmes de la nation, qui, suivant Baluze, se concilierent, par leur haute sagesse, les hommages et la vénération des états voisins. Dans cette suite de loix, si connues, si souvent invoquées, et dont il est inutile, sans doute, de rappeller en ce moment les dispositions littérales, on lit clairement que la dîme est de droit, et non pas volontaire; qu'elle s'étend à tous les fruits de la terre, sans aucune exception; que les fonds même, consacrés à la religion, n'en sont pas affranchis; que tout le monde, sans distinction, y est soumis, et que les réfractaires à la loi doivent être punis sévèrement.

Voilà nos preuves, voilà nos titres, et rien, n'en affoiblira jamais l'autorité: mais comme cette autorité des capitulaires a été fortement attaquée dans les motifs de l'arrêt, nous devons chercher ici à lui rendre toute sa force.

On a prétendu que ces loix sont l'ouvrage de l'erreur, et qu'elles doivent leur naissance à des opinions superstitieuses. Ce reproche, eût-il quelque fondement, laisseroit encore à la loi son autorité. Des magistrats n'ont pu ignorer combien il seroit dangereux de prétendre qu'il est permis de se soustraire à une loi, dès qu'on croit avoir découvert, dans le motif si souvent incertain du législateur, quelques traces des opinions qui régnoient de son temps. Ce principe, s'il étoit adopté, jetteroit l'incertitude la plus alarmante sur l'autorité de presque toutes les loix, et pourroit même renverser la loi la plus juste et la plus nécessaire; mais Montesquieu, dont l'opinion est invoquée avec tant d'assurance, défend expressément les loix de Charlemagne contre cette imputation. *Les loix de ce prince sur la dîme*, nous dit-il (Esprit des Loix, liv. Ier, chap. 12), *étoient l'ouvrage de la nécessité; la religion seule y eut part, et la superstition n'en eut aucune.*

On objecte que ces loix ont perdu leur autorité; qu'elles disparurent au milieu de la confusion qui couvrit les regnes des successeurs de Charlemagne.

Accordons ici qu'en effet les capitulaires ne sont plus des loix. Quand nous ne verrions en eux que des monuments antiques, des monuments historiques, ces monuments nous attesteroient toujours que le droit de dîme n'a point été usurpé dans le principe; qu'il ne tire point sa force et son origine de l'usage; qu'il a été consacré pendant plus d'un siecle par les loix nationales. Il seroit donc incontestable qu'à cette époque ce droit existoit dans toute sa vigueur: or un droit une fois existant, une fois affermi, n'a pas besoin de l'impression continuelle de la loi pour subsister. Dès qu'il est prouvé qu'il a été accordé ou confirmé par une autorité légitime et toute puissante, qu'il n'a pas été expressément révoqué, et que le corps qui l'a reçu ne l'a point laissé perdre, cela seul doit suffire. Les loix qui en contenoient le titre pourroient disparoître; le droit accordé se soutiendroit par lui-même. En un mot, de quelque autorité que l'on dépouille les capitulaires, ils prouveront toujours que le droit de dîmer tous les fruits de la terre appartenoit au clergé légitimement; qu'il a été reconnu par la loi, par le prince, par la nation: et voilà le droit commun que nous réclamons.

Mais est-il donc vrai que les capitulaires, considérés comme loix, ont perdu leur autorité; que ce sont des loix mortes qu'il n'est plus permis d'invoquer? nous sommes bien loin de le penser.

C'est un principe éternel en matiere de loi, un principe consacré par tous les jurisconsultes, un principe essentiel au maintien de l'ordre, que la loi est, de sa nature, perpétuelle, c'est-à-dire qu'elle subsiste toujours, qu'elle est toujours vivante tant qu'elle n'est pas expressément révoquée, ou qu'elle n'est pas tombée en désuétude par une coutume contraire bien établie.

Par conséquent, tant qu'on ne fera pas voir la loi qui a révoqué

révoqué celle des capitulaires ; tant qu'on ne montrera pas les monuments qui attestent qu'elle est tombée en désuétude par une coutume contraire et générale, il sera toujours permis d'en réclamer l'autorité.

Si Montesquieu dit qu'après l'érection des grands fiefs on n'entendit plus parler de ces capitulaires, c'est que l'autorité royale, qui en étoit la premiere source, fut alors presque entièrement anéantie, et dut entraîner dans sa chûte les loix qui étoient son ouvrage : mais ces loix durent aussi revivre avec elle; et, dans le désordre qui donna naissance aux diverses coutumes, les loix ne perdirent, ne purent perdre que ce qui fut abrogé par des dispositions contraires : or, parmi ces différentes coutumes rédigées sous Charles VII, les unes ne parlent point de la dîme; les autres rendent hommage au droit primitif, même dans les exceptions qu'elles autorisent ; pas une n'annonce qu'elle soit la source de ce droit. Les dispositions des capitulaires conservent donc, à cet égard, leur premiere autorité pour établir le droit commun du clergé, c'est-à-dire le droit de dîmer toutes les productions qui ne sont point affranchies de la dîme, ou par une exception générale, ou par une exception particuliere bien établie.

Aussi, dans ces derniers temps, les canonistes, les jurisconsultes, les parlements eux-mêmes, invoquent les capitulaires comme des loix de l'état; et M. Pithou, dont le nom est si respecté, dit expressément dans son traité des libertés de l'église gallicane, art. 10, « que les capitu« laires, quoiqu'ils renferment plusieurs loix et décrétales « des papes, portent sur leur front la marque de l'autorité « royale, et sont réputés pour la loi du royaume, et ob« servés par le seul respect de la majesté du prince. »

Donc, les capitulaires, et comme monuments historiques, et comme loix, ont une égale force pour établir le droit que le clergé réclame.

Allons plus loin. Quand on ne pourroit assigner avec

précision l'origine de notre droit, quand on ne pourroit montrer le titre qui lui auroit donné naissance, quand les capitulaires n'existeroient plus pour lui rendre témoignage, on le retrouveroit encore au milieu des traces que ce droit a laissées; on verroit que, malgré la diversité des coutumes qui régissent les différentes provinces du royaume, par-tout les fruits principaux sont assujettis à la dîme. Cette perception invariable, ne pouvant être l'ouvrage du hasard, obligeroit à remonter à une loi primitive qui, par son autorité, l'eût mise à l'abri de la mobilité de l'usage et des atteintes de la cupidité. En consultant les âges qui ont précédé le nôtre, on remarqueroit plus d'uniformité dans les principes des auteurs qui ont parlé des dîmes, et moins de contestations de la part des décimables; et là, on reconnoîtroit un ancien droit général qui s'est insensiblement affoibli; on verroit que les anciens jurisconsultes accordent le droit au clergé, et les exemptions au décimable; que les ordonnances de nos rois supposent toujours la dîme acquise de droit, puisqu'elles ne parlent jamais de la prescription qui la fait acquérir, mais seulement de celle qui la fait perdre: enfin, ce qui acheveroit de convaincre qu'il existe un droit primitif, supérieur à l'usage, c'est qu'on verroit que certaines dîmes sont reconnues par-tout comme imprescriptibles: on en concluroit qu'elles n'ont pas été établies par l'usage; car si l'usage avoit eu la force de les établir, il auroit conservé, sans doute, la force de les détruire.

Nous ne craignons pas de paroître avoir donné un trop grand développement aux principes qui établissent ce droit; les nombreuses contestations qui s'élevent chaque jour sur la dîme en réclament le maintien, et nous avons dû prendre occasion de celle où ils ont été le plus ouvertement méconnus, pour en rappeller toute l'autorité.

Dira-t-on qu'une législation, postérieure aux capitulaires, a anéanti ce droit pour l'asservir entièrement à l'usage? Il est vrai que, quatre siecles après, on apperçoit des traces de quelques exceptions fondées sur la coutume, et que les loix ont laissé subsister ; mais loin que le droit ait péri par ces exceptions, il a toujours été confirmé par elles.

Si Philippe Auguste, dans une ordonnance mille fois objectée, déclare que les dîmes seront perçues comme elles l'avoient été auparavant, *decimae reddantur sicut hactenùs redditae sunt*, il n'a pas voulu, sans doute, substituer à l'autorité du droit l'autorité de l'usage. On sait qu'il rendit son ordonnance à l'occasion de trois sortes de productions, qui, dans certains cantons, étoient, depuis longtemps, affranchies de la dîme. En disant qu'en général les dîmes continueroient à être payées comme elles l'avoient toujours été, c'étoit dire clairement qu'il ne prétendoit rien changer par rapport à la dîme, qu'il laissoit subsister les exceptions là où elles étoient bien établies, et qu'il maintenoit le droit sur tout le reste.

Si Philippe le Hardi accorde de l'autorité à l'usage en matiere de dîme, il fait naître de cet usage, non le droit du décimateur, mais l'exemption du décimable : *Usus longissimus, per quem non praestantibus jus acquiri potest, observetur.* « Que l'on maintienne le droit qu'un long usage « peut acquérir à ceux qui ne paient point la dîme ». Ce droit étoit donc pour les décimables, pour ceux qui ne payoient point la dîme : *Jus non praestantibus ;* et il est à remarquer qu'il ne pouvoit s'acquérir que par un très long usage : *Usus longissimus.*

Si l'ordonnance de Blois veut que les procès sur la dîme soient jugés selon la coutume, l'ordonnance de Melun nous apprend qu'il n'est question ici que de la quotité des dîmes ; et quant à la dîme elle-même, l'ordonnance de Blois déclare qu'on ne peut alléguer contre elle d'autre prescription que celle de droit. Le droit est donc toujours pour le décimateur, et l'exemption pour le décimable, mais seulement dans le cas où il l'établit par prescription.

Il n'est donc pas permis de dire que les dîmes sont tombées sous l'empire de l'usage, ou du moins il importe de dissiper l'équivoque que présente cette expression. Il est vrai que les dîmes sont soumises à l'usage, en ce sens, que les loix permettent qu'un usage ancien, un usage bien établi de ne point payer la dîme de certains fruits, en affranchisse le décimable : mais, après les preuves qui établissent le droit du clergé, il est impossible de dire que ce droit soit uniquement fondé sur l'usage, puisque le clergé peut toujours présenter un titre primitif, un titre fondé sur la loi, et qui est antérieur à tout usage.

Nous avons établi qu'il existe, en faveur du clergé, un droit ancien qui lui assure la dîme de toutes les productions, et que ce droit n'a point été révoqué par les loix subséquentes, quoique ces loix aient autorisé quelques exceptions. Il suit de là que, par-tout où les loix ou les anciennes coutumes n'ont point reconnu d'exemption, le droit conserve toute sa force; que le décimateur, à l'abri de ce droit, n'a plus rien à prouver; que le décimable, qui réclame une exception particuliere, est tenu de l'établir; et que, par une derniere conséquence, le parlement n'a pu réduire à quatre fruits le droit du clergé, en lui laissant, sur tous les autres, l'obligation de le prouver par une possession quarantenaire.

2°. Le parlement n'a pu s'autoriser d'aucun principe pour demander une preuve de quarante ans de dîmer, sur le même fonds, les herbages artificiels. Il est vrai que, long-temps avant l'arrêt, on regardoit, en Normandie, la dîme de quelques productions comme tellement inusitée, qu'on exigeoit, en effet, du décimateur qui la réclamoit, qu'il établît la possession où il étoit de dîmer sur l'héritage même la production contestée : mais les loix ou les coutumes de cette province ont eu soin de bien marquer ces productions; ce sont les bois, foins et genêts, dont il est fait mention dans l'ordonnance de Philippe Auguste, et dans le réglement si connu en Normandie sous le nom de *placités;* les étangs et les pêcheries, qui sont nommés dans les lettres-patentes accordées par Louis XII à la requête des états de Normandie: voilà les seuls objets soumis à la rigueur de cette preuve. Il n'est pas question ici d'herbages artificiels, qui, alors, n'étoient pas même connus, et aucune espece d'analogie n'a pu les comprendre dans la même classe: tous les autres objets sont incultes, et les herbages sont un objet de culture: ces objets sont constamment attachés au même terrain, et peuvent, par conséquent, être soumis à une preuve quarantenaire sur ce terrain; et les herbages artificiels ne sont point permanents, ils ne sont cultivés qu'un très petit nombre d'années sur le même endroit: le parlement n'a donc pu les assujettir à cette preuve, qui, à leur égard, est rigoureusement impossible, sans déclarer ouvertement qu'il vouloit les affranchir pour toujours de la dîme.

3°. Le parlement n'a pu proscrire en Normandie la dîme de substitution. Un principe, qui rentre dans le droit primitif; un principe, qui s'est affermi dans une province de temps immémorial; qui, depuis six cents ans, a été le fondement des droits et la base des propriétés du clergé de cette province; qui, pendant cette longue suite d'années, a été réclamé toujours avec succès; qu'une jurisprudence ancienne, une jurisprudence non interrompue jusqu'à nos jours, a consacré par un nombre prodigieux d'arrêts, n'a pu être renversé par un arrêt du parlement: cet acte législatif excede évidemment les bornes de son pouvoir. Or, tel est le principe qui consacre, en Normandie, la dîme de substitution, le principe renfermé dans cette maxime: *Mutatâ superficie fundi, non mutatur jus decimandi.* Cette maxime, il est vrai, n'est point reçue pour tout le clergé de France. L'édit de 1657, qui l'établissoit généralement, n'a point été enregistré; mais elle est incontestablement établie en Normandie. Depuis l'an 1234 on présente une longue suite d'arrêts qui l'ont constamment maintenue, et, dans ces derniers temps, deux arrêts de réglement la confirment irrévocablement ; l'un, de 1749; l'autre, de 1763. Le premier, rendu à la suite d'une contestation particuliere, présente, dans son énoncé, un peu d'embarras ; mais on y voit clairement deux choses : la premiere, c'est que la dîme est accordée sur certaines pieces de terre, par la raison, dit l'arrêt, qu'elles ont été *précédemment labourées ;* et voilà le principe de la substitution : la seconde, c'est qu'il déclare que l'arrêt de *Freville*, rendu un siecle auparavant, ne peut faire loi qu'entre les parties ; or personne n'ignore en Normandie que cet arrêt n'a jamais été invoqué que pour se soustraire à la loi de substitution. L'arrêt de réglement de 1749 a donc voulu consacrer cette loi. Celui de 1763, sur les pépinieres, est d'une évidence frappante: « La cour, toutes les « chambres assemblées, donnant réglement, ordonne « que les pépinieres ne seront sujettes à dîme que quand « elles seront excrues sur des fonds qui auront payé dîme « par et depuis quarante ans ». Cet arrêt n'a pas besoin d'être discuté : déclarer que les pépinieres sont exemptes de dîmes par elles-mêmes, et que cependant elles y deviennent sujettes lorsqu'elles croissent sur un terrain décimable depuis quarante ans, c'est évidemment consacrer la dîme de substitution.

On a opposé très souvent à cette loi de substitution l'arrêt célebre connu en Normandie sous le nom de *Freville*, rendu en 1647 : mais cet arrêt ne présente certainement aucune difficulté contre elle ; il ordonne que, dans ce canton, « les terres labourées depuis quarante « ans, quoique changées en herbages, seront assujetties « à la dîme, si mieux n'aiment les propriétaires laisser en « labour le tiers de toutes leurs terres, et payer les choses « naturellement décimables des bestiaux qui pâture- « roient sur leurs héritages ». On voit d'abord que l'arrêt ordonne que la dîme soit payée à titre de substitution : *Les terres labourées depuis quarante ans, quoique changées en herbages, seront assujetties à la dîme;* voilà le principe général. Il y déroge ensuite; mais c'est en obligeant les propriétaires à donner une dîme équivalente: *Si mieux n'aiment les propriétaires laisser en labour le tiers de toutes leurs terres, et payer les choses naturellement décimables des bestiaux qui pâtureroient sur leurs héritages.* Ces dernieres expressions seroient une dérision pour le décimateur, si la dîme du tiers conservée, jointe à la dîme des bestiaux surajoutée, n'avoit représenté équivalemment la dîme de substitution sur tout le terrain. Au reste, le réglement de 1749 nous a appris que cet arrêt de *Freville* ne faisoit loi qu'entre les parties, et nous a fait connoître par-là qu'il tenoit uniquement à des circonstances locales.

Dira-t-on que la loi de substitution est trop favorable au décimateur? Mais elle n'est qu'un retour vers le droit commun; mais, dans la réalité, elle tend bien moins à augmenter les dîmes qu'à conserver les anciennes; mais enfin on ne la réclame ici que parcequ'elle est établie sur des monuments incontestables.

Si l'on ajoute qu'elle devroit être réciproque pour le décimable, et lui assurer l'exemption de la dîme, lorsqu'un fruit décimable remplace un fruit qui ne l'est pas, il est aisé de répondre que la loi de substitution est admise pour le décimateur en vertu d'une ancienne jurisprudence, et que, cette jurisprudence n'en faisant point l'application au décimable, il n'est pas permis de la tourner en sa faveur. Il en est de la substitution, en matiere de dîme, comme de l'indemnité. L'indemnité est toujours accordée au décimateur, et on n'a jamais prétendu qu'elle pût être réclamée par le décimable.

Enfin, si l'on érige en principe qu'en matiere de dîme ce n'est pas le fonds qu'il faut considérer, mais le fruit, on répondra que ce principe est véritable par-tout où la substitution n'est pas en usage, mais qu'il ne peut être appliqué à la Normandie.

La dîme de substitution étoit donc bien établie dans

cette province, et le parlement n'a pu la proscrire sans renverser les titres les plus anciens et les plus légitimes.

Il est vrai qu'il propose un moyen d'indemnité; mais quel moyen? D'abord il doit paroître remarquable qu'après avoir détruit la dîme de substitution de sa propre autorité, il ne propose l'indemnité qu'avec réserve, *Jusqu'à ce que, par sa majesté, il en ait été autrement ordonné;* en sorte qu'il ne doute pas de son pouvoir, lorsqu'il s'agit de nuire aux décimateurs, et qu'il ne commence à le révoquer en doute que lorsqu'il est question de réparer une partie des maux qu'il leur fait éprouver. Mais, en second lieu, qui ne voit combien cette dîme d'indemnité, qui ne doit s'ouvrir qu'après que les deux tiers des terres productives seront couverts en fruits non décimables, est insuffisante? Par cette disposition, le parlement s'écarte ouvertement de sa propre jurisprudence, puisque l'arrêt de *Freville* lui-même, qu'il semble avoir pris pour modele, accordoit, outre la dîme du tiers, un dédommagement pour la dîme qu'il faisoit perdre sur les deux autres tiers; et il s'écarte de la jurisprudence de tous les autres parlements, qui n'ont jamais porté si loin la rigueur, et qui, pour prévenir une trop grande réduction des droits des curés, fixent ordinairement l'indemnité après le quart ou le tiers du terrain converti en fruits non décimables. M. le chancelier d'Aguesseau, qui préparoit une loi à ce sujet, étoit si éloigné des dispositions séveres du parlement de Normandie, qu'il balançoit même entre le tiers, le quart et le cinquieme.

Nous venons de vous exposer, MESSEIGNEURS et MESSIEURS, les vices de cet arrêt qui nous ont paru le plus frappants; vous avez vu qu'il anéantit tout les principes du droit décimal, en réduisant à quatre fruits le droit du clergé sur la dîme, et en imposant, sur tous les autres, aux décimateurs la nécessité d'établir leur droit par une preuve de possession que les maximes de sa jurisprudence rendent habituellement impossible; qu'il renverse le privilege

lege le plus solidement établi en Normandie, en supprimant la dîme de substitution qu'une jurisprudence ancienne et deux arrêts de réglement du même parlement sembloient avoir affermie pour toujours ; qu'il supprime entièrement la dîme des herbages, c'est-à-dire la moitié des dîmes de Normandie, en exigeant, contre tout principe, pour cette espece de production, une preuve qui est démontrée rigoureusement impossible ; enfin qu'il porte la rigueur à l'excès, en n'accordant la dîme d'indemnité qu'après la conversion des deux tiers du terrain en fruits non décimables.

Nous avons déja observé que cet arrêt nuit sur-tout aux décimateurs pauvres, et la preuve en est sensible : les dîmes des quatre gros fruits, les seules dont il assure le droit, ne leur appartiennent pas ; presque toutes les dîmes vertes, qui étoient leur seule ressource, leur sont enlevées par l'arrêt ; enfin ils peuvent les perdre toutes sans obtenir aucune indemnité : leurs intérêts sont donc particulièrement sacrifiés dans cet arrêt. Si l'on ajoute maintenant que l'arrêt encourage les conversions de culture par l'exemption de dîme, et que ce sont les grands propriétaires qui font ces conversions, on ne pourra se défendre d'une réflexion qui seule, si elle n'eût échappé à MM. du parlement de Rouen, auroit, sans doute, averti leur justice et leur délicatesse : c'est que, parmi les décimables, ce sont les riches que le nouvel arrêt favorise ; et, parmi les décimateurs, ce sont les pauvres auxquels il va devenir le plus funeste.

Et dans quel temps cet arrêt, si fatal aux curés, a-t-il paru ? dans le temps où le clergé général regardoit comme le devoir le plus pressant de sa justice de s'occuper des moyens d'améliorer leur sort, et où tous les ordres des citoyens, frappés de l'insuffisance de leur dotation, sembloient unir leurs vœux pour hâter ce changement dans toute l'étendue du royaume.

A peine cet arrêt eut-il été rendu, qu'il excita une

réclamation presque universelle dans toute la Normandie; il répandit l'alarme et la consternation parmi tous les curés de cette province; il livra leurs paroisses à l'anarchie la plus déplorable; il sema la discorde entre les pasteurs et les paroissiens: des dîmes, que la mauvaise foi même n'avoit jamais osé contester, furent universellement refusées; dans certains cantons, tous les curés se virent entièrement dépouillés de toute espece de dîme; et tel fut l'égarement des esprits au milieu de cette confusion de principes, que l'on se crut en droit de refuser celles même que l'arrêt de réglement avoit sauvées de la proscription.

Nous ne tardâmes pas à être instruits, et de l'arrêt, et de ses suites funestes. De toutes parts les décimateurs de Normandie nous adresserent leurs plaintes, nous confierent leurs malheurs, et nous nous empressâmes de solliciter pour eux la justice qu'ils réclamoient à tant de titres.

Nous rappellâmes dans le plus grand développement tous les principes qui s'élevoient contre cet arrêt, et qui en demandoient hautement la cassation; mais, malgré nos plus vives instances, l'administration se refusa constamment à adopter ce moyen. Nous desirâmes du moins que les décimateurs de Normandie fussent provisoirement rétablis dans leur ancien état jusqu'au moment où le roi daigneroit prononcer définitivement sur le fond de l'arrêt: cette seconde demande n'eut pas un sort plus favorable.

Alors nous crûmes voir que l'administration vouloit balancer les demandes respectives des deux parties, adoucir, d'une part, le sort des décimateurs devenu trop rigoureux par le nouvel arrêt, mais en même temps accorder quelque chose aux vœux du parlement de Normandie; et une loi nouvelle, sur les dîmes de cette province, pouvoit seule remplir ce double objet. Ce dernier projet paroissant entièrement arrêté, nous cherchâmes du moins à l'accorder avec les intérêts essentiels des décimateurs, et à leur ménager, dans les dispositions de cette loi, des compensations qui pussent les dédommager de la perte des droits qu'on paroissoit décidé à leur retirer; et c'est à cette espece de négociation que nous étions réduits à nous livrer au moment où vous vous êtes assemblés. Cet événement, si intéressant pour toute l'église gallicane, doit rendre aux décimateurs de Normandie toutes leurs espérances: ce n'est plus maintenant une nouvelle loi qu'ils ont droit d'attendre, mais l'entiere suppression d'un arrêt dont presque toutes les dispositions sont abusives. Les secours qu'ils ne pouvoient se permettre de l'insuffisance de nos moyens, ils les attendent d'une assemblée où l'importance de leur cause trouvera des défenseurs dignes d'elle, et où de si grands intérêts rencontreront les talents, la force et l'autorité, dont le concours est si nécessaire pour les faire reconnoître et respecter.

§ II.

Dîmes de Languedoc.

Les nouvelles maximes que le parlement de Toulouse a cherché depuis long-temps à accréditer sur le droit décimal, particulièrement sur les menues dîmes, et la rigueur des preuves auxquelles il soumettoit le décimateur dans toutes les contestations qui s'élevoient à ce sujet, ont provoqué plusieurs fois les réclamations du clergé. Dans ses dernieres assemblées, il a fait auprès du roi les plus vives instances pour obtenir une loi qui, rappellant ce parlement aux vrais principes sur la dîme, pût rétablir la tranquillité dans les différents dioceses de son ressort. Sa majesté, après avoir reconnu la justice de ces sollicitations, a adressé des lettres-patentes au parlement de Toulouse le 16 mars 1783. Ces lettres ont éprouvé d'abord des modifications à l'enregistrement: mais les modifications ont été levées par de nouvelles lettres du 8 mai de la même année, suivies de lettres de jussion du 10 décembre; enfin toutes les dispositions de la loi ont été enregistrées le 16 mai 1784.

Dans le préambule de la loi, le roi déclare que l'importance de la matiere ne lui permet de s'occuper, quant à présent, que du genre de preuves qui pourroient être exigées des décimateurs, lorsqu'ils seront obligés ou admis à prouver leur possession : c'est donc uniquement sous ce point de vue qu'il convient de considérer la nouvelle loi, et de la rapprocher de la jurisprudence du parlement.

Suivant les maximes du parlement, le décimateur, pour établir sa possession sur un fruit contesté, étoit tenu de prouver une perception de dîme pendant trente ans consécutifs, et par des témoins autres que les salariés ou préposés à la dîme. Il falloit que cette perception eût été exercée sur les deux tiers des habitants, et que ces deux tiers possédassent les deux tiers du territoire. Une telle possession pouvoit seule lier l'universalité des habitants. Il falloit que, pendant tout le temps, la perception eût été faite à une cote fixe, et qu'elle eût été faite constamment dans le lieu où la dîme doit se prélever. La moindre variation en ce genre ôtoit à la prestation des décimables le caractere d'une dette, pour ne lui laisser que celui d'une aumône volontaire.

La nouvelle loi déclare que les variations, soit dans la quotité des dîmes, soit dans la maniere de les percevoir, ne doivent point tirer à conséquence contre le droit du décimateur ; que la preuve de possession ne peut jamais être ordonnée, s'il y a titre ou jugement suffisant sur le genre ou l'espece du fruit contesté ; que, lorsque les décimateurs seront obligés ou admis à la preuve, ils ne doivent être tenus de l'établir sur la majeure partie des possesseurs des fonds que dans le cas seulement où il s'agira de fruits non sujets à la dîme dans les lieux circonvoisins ; mais que, s'il s'agit de fruits sujets à la dîme dans les environs, il suffit d'établir la preuve sur la majeure partie des cultivateurs du fruit contesté ; enfin que les anciens fermiers, ainsi que les anciens dîmeurs, ou autres préposés à la perception de la dîme, pourront être entendus comme témoins dans les enquêtes qui seront ordonnées.

Tels sont les principaux articles des lettres-patentes adressées par sa majesté au parlement de Toulouse.

Nous ne nous permettrons, à leur égard, aucune discussion : le moindre rapprochement suffit pour faire voir qu'elles renversent plusieurs maximes adoptées par ce parlement; et ses efforts réitérés pour en obtenir la modification ou l'entiere révocation, ne permettent pas d'en douter. Sous ce point de vue, la loi doit paroître favorable au clergé. Sans doute qu'en lui opposant toute l'autorité des principes sur le droit décimal, ou plutôt en s'arrêtant à la liaison que quelques unes des dispositions de la loi peuvent avoir avec ces principes, on prouveroit qu'elle laisse bien des choses à desirer : mais on ne doit pas perdre de vue que des inductions ne sont pas la loi même, et qu'ici le législateur les a toutes écartées en déclarant que son intention n'a pas été de prononcer sur le fond du droit, ni de déterminer dans quel cas le décimateur est tenu d'établir son droit par des preuves, mais seulement quelles sont les regles que l'on doit suivre lorsque ces preuves sont ordonnées. Une autre considération arrête toutes nos réflexions, c'est que, depuis le temps où les lettres-patentes ont été enregistrées, aucune plainte, aucune réclamation des décimateurs, n'est parvenue détaillée jusqu'à nous; et tant qu'une loi, née du besoin de ramener la tranquillité, paroît remplir cet objet important, on doit toujours la regarder comme un bienfait, quoiqu'il soit permis d'en desirer, même d'en demander une plus favorable et plus conforme aux principes.

§ III.

Dîmes engagées.

Affaire de M. l'évêque de Lescar.

Grand-Conseil.

L'ÉGLISE peut-elle toujours réclamer une dîme possédée par un laïque à titre d'engagement? Cette question doit trouver sa solution dans le caractere même qui constitue l'engagement.

La convention connue sous ce nom présente uniquement à l'esprit l'idée d'un gage qu'on donne pour servir de sûreté à une somme que l'on reçoit: c'est la tradition d'un fonds, d'un héritage, avec faculté d'en jouir jusqu'au remboursement de la somme dont il est le garant. Le titre de l'engagiste lui apprend donc toujours que sa jouissance n'est que précaire; que la propriété ne lui a point été transmise; que celui qui a engagé l'héritage s'est réservé le droit de le dégager : et comme on ne peut jamais combattre ni changer le titre de sa possession, il suit que, par aucun laps de temps, on ne peut prétendre à la propriété d'un bien qu'on n'a reçu qu'à titre d'engagement.

Si ce principe est incontestable, s'il s'applique nécessairement à tous les biens engagés, à combien plus forte raison n'a-t-on pas droit de l'invoquer lorsqu'il s'agit d'une dîme détenue par un laïque à ce titre, c'est-à-dire d'un bien qui, par une consécration particuliere, est purement ecclésiastique; qui, de droit commun, ne peut appartenir aux laïques; qu'ils ne peuvent jamais réclamer qu'au seul titre d'inféodation, et lorsque ce titre est solidement établi; d'un bien qui, suivant tous les principes, ne peut, dans aucun cas, être légitimement aliéné, et qui appartient tellement à l'église, qu'à la différence de ses autres biens, le droit de le percevoir ne peut lui être ravi par aucune prescription?

Tel est le précis des moyens que M. l'évêque de Lescar a développés au grand-conseil pour se faire autoriser à rentrer dans la jouissance de deux portions de dîmes qui avoient été distraites de son siege.

Un ancien évêque de Lescar, M. de Sallettes, obtint, le 13 mai 1644, un arrêt du parlement de Pau, qui lui permit d'engager les dîmes des deux villages d'Ilos et d'Austou, pour employer le prix qui en proviendroit au rachat de plusieurs biens qui avoient été enlevés à son siege pendant les troubles de religion. En exécution de cet arrêt, M. de Sallettes, le 29 du même mois, engagea les dîmes de ces deux cantons à M. le baron de Rebenac moyennant la somme de 10,800 livres, monnoie du pays; et avec cette somme il rentra dans les biens dont son évêché avoit été dépouillé par les religionnaires.

M. l'évêque de Lescar actuel recouvra, non le titre de cet engagement, mais un acte essentiel relatif à ce titre, qui fut passé entre M. de Sallettes et M. de Rebenac le jour même du contrat d'engagement. Il est exposé, dans cet acte, que, *par contrat du même jour, le seigneur évêque a baillé au sieur de Rebenac, à titre d'engagement, les dîmes d'Ilos et d'Austou pour le prix de* 10,800 *livres*. M. l'évêque de Lescar, muni de cet acte et de l'arrêt du parlement, crut devoir redemander aux héritiers de M. de Rebenac l'ancien patrimoine de son église, en offrant de rembourser le prix principal de l'engagement, et autres sommes qu'on justifieroit avoir été payées légitimement.

Ce prélat soutenoit d'abord que, quand même les dîmes auroient été réellement aliénées par l'acte de 1644, les héritiers de M. le baron de Rebenac n'auroient pas le droit de les conserver, ni à titre de dîmes ecclésiastiques, puisque les laïques sont incapables de les posséder, ni comme dîmes inféodées, puisque toute inféodation de dîmes postérieure au concile de Latran est nulle.

Mais il établissoit, en second lieu, que M. le baron de Rebenac n'avoit pas en sa faveur un contrat d'aliénation, mais un simple engagement. M. l'évêque de Lescar n'en représentoit pas, il est vrai, le titre constitutif; la grosse originale étoit et devoit être dans la famille de M. de Rebenac, comme formant le titre de sa jouissance: mais il y suppléoit abondamment par des actes qui étoient si intimement liés avec ce titre, qu'ils ne pouvoient laisser aucun doute, ni sur son existence, ni sur sa nature. L'un de ces actes, l'arrêt du parlement, établissoit que l'ancien évêque de Lescar n'avoit pu consentir qu'un engagement; l'autre, l'acte passé entre les parties le même jour que le contrat, démontroit que c'étoit réellement un contrat d'engagement qui avoit eu lieu, et en faisoit connoître les conditions. Il produisoit aussi différents actes authentiques dans lesquels les successeurs de M. le baron de Rebenac se reconnoissoient formellement pour engagistes du seigneur évêque de Lescar par rapport aux dîmes de ces deux cantons. Ce fait essentiel étoit donc rigoureusement prouvé, et la représentation du titre lui-même n'auroit pu rien ajouter à la force de ces preuves.

Aussi les successeurs de M. de Rebenac s'attacherent moins à contester le fait qu'à en détourner les conséquences; ils prétendirent que l'engagement primitif s'étoit changé en propriété, et fonderent leurs prétentions sur la déclaration du 22 juillet 1702, et sur l'édit de juillet 1708. La premiere, disoient-ils, confirme, moyennant une taxe, *tous les détenteurs des biens, droits et revenus ecclésiastiques, de quelque nature qu'ils soient, vendus, aliénés ou engagés à faculté de réméré, dans les termes qui sont expirés;* elle les confirme *dans la possession et jouissance à titre de propriété incommutable :* ce sont les expressions de la loi. Et quant à l'édit de 1708, il veut, article premier, que *tous les propriétaires et possesseurs des dîmes inféodées et patrimoniales, qui en ont joui paisiblement pendant cent ans à quelque titre que ce soit, soient maintenus dans la propriété, possession et jouissance desdites dîmes, en payant une taxe de deux années de leur revenu actuel.* Les héritiers de M. de Rebenac concluoient de ces deux loix que leur propriété étoit devenue incontestable, et que M. l'évêque de Lescar étoit non recevable dans sa demande.

Il étoit important pour le clergé, MESSEIGNEURS et

et MESSIEURS, qu'on n'accueillît pas dans les tribunaux ces fins de non recevoir qui priveroient les bénéficiers du droit d'exercer, pour leurs églises, les réclamations les plus justes. Les réponses de M. l'évêque de Lescar nous ont paru mettre entièrement vos droits à couvert.

Ce prélat a observé d'abord, par rapport à la déclaration de 1702, que, quelque générale que soit l'énonciation des biens et droits ecclésiastiques dont la propriété est *confirmée* au détenteur, rien n'autorise à y comprendre les dîmes ecclésiastiques; que les laïques étant, selon le droit commun, incapables de les posséder, dès que la loi n'y a pas dérogé expressément, elle a laissé subsister cette incapacité. Il ajoutoit que les dispositions de la loi n'ont de rapport qu'aux seuls actes translatifs de propriété; qu'elle a voulu couvrir les aliénations, et non les engagements; que, si elle confirme les aliénations à faculté de réméré, c'est seulement dans le cas où le terme de réméré est déja expiré; que, par-là, elle montre bien clairement qu'elle n'a pas voulu comprendre les simples engagements, puisque, dans l'engagement, la faculté de retour n'a point de terme; que le sens de la loi ne pouvoit être équivoque; qu'elle fut rendue sur une délibération du clergé de la même année; que cette délibération porte que le clergé renonce à la faculté de rentrer dans les biens qui avoient été aliénés suivant les formes de droit, et pour cause de subventions accordées depuis 1556; et il observoit qu'aucun de ces caracteres ne pouvoit s'appliquer à l'engagement de 1644 fait par l'ancien évêque de Lescar.

Les réflexions de M. l'évêque de Lescar sur l'édit de 1708 n'étoient pas moins décisives. Il remarqua d'abord, avec le plus grand nombre des auteurs qui ont parlé de cet édit, que ce n'est qu'un édit bursal qui n'eut point d'exécution, et qui n'apporta aucun changement à la jurisprudence, comme il est prouvé par différents arrêts rendus dans le même temps : en second lieu, l'édit n'accorde le privilege que pour les propriétaires et possesseurs de dîmes inféodées, et M. de Rebenac n'étoit qu'engagiste d. dîmes ecclésiastiques ; que pour les dîmes possédées cent ans avant 1708, et la possession de M. de Rebenac ne remontoit qu'à soixante-quatre ans avant cette époque ; enfin que pour les détenteurs qui avoient acquitté la finance ordonnée par l'édit, et l'on ne justifioit point que cette condition eût été remplie.

Les moyens employés de part et d'autre dans cette contestation en avoient fait la cause du clergé ; nous y prîmes le plus grand intérêt ; nous eûmes la satisfaction d'apprendre que le grand-conseil, par son arrêt du premier mars 1782, avoit confirmé la demande de M. l'évêque de Lescar, et l'autorisoit à rentrer dans la possession des dîmes engagées, à la charge de restituer le prix principal de l'engagement, et les sommes qui, depuis, auroient été légitimement payées. Cet arrêt fut déféré au conseil privé du roi comme contraire aux loix de 1702 et de 1708 : mais sa majesté n'y a point vu cette prétendue contravention ; elle a rejetté la demande en cassation, et ce second arrêt, du 24 mars 1783, est une nouvelle consécration de vos principes.

§ IV.

Dîmes. Réparations d'église.

ON ne peut trop s'étonner que, dans le temps où le produit de la dîme s'altere et s'affoiblit de toutes parts, on s'étudie à chercher des prétextes pour en exagérer les charges, et que même les loix de l'état les plus précises ne mettent pas, à cet égard, les décimateurs à l'abri de toute inquiétude. Il est très vrai que la dîme doit contribuer aux réparations des églises paroissiales ; mais il n'est pas moins certain que, dans tous les temps, les paroissiens et biens-tenants ont aussi été appellés à la contribution nécessaire pour l'acquit de cette charge. Si cette assertion avoit besoin d'être fortifiée par des preuves, nous les trouverions dans les monuments les plus reculés; dans un des capitulaires de nos rois, dans un concile de Rome de l'an 826, dans celui de Ponthion de l'an 876, dans un grand nombre de conciles et décrétales des douzieme et treizieme siecles, et principalement dans l'ordonnance de Blois, dans celle de Melun, dans la déclaration du 18 février 1661, dont les dispositions, aussi claires que rigoureuses, étendent indistinctement l'obligation de pourvoir à la réparation des églises, et sur les décimateurs, et sur les habitants des paroisses. Le principe étoit donc généralement reconnu. Son application seule, confiée à la sagesse des évêques, put faire naître des difficultés. On ne dut pas tarder à sentir le besoin d'une regle fixe qui, écartant toute discussion entre les contribuables, déterminât la quotité respective de leurs contributions. Dans le silence absolu des loix à cet égard, l'usage commença, dès le treizieme siecle, à établir la distinction entre la nef et le chœur; à charger les possesseurs des dîmes, des réparations du chœur, et les paroissiens, de celles de la nef. Cette regle parut assez juste et naturelle, et la convenance de déterminer ainsi la charge des contribuables sur la nature même du lieu qu'ils occupoient dans l'église, devint insensiblement le fondement d'une jurisprudence qui étoit déja presque universelle lorsqu'elle fut consacrée par l'édit de 1695.

Aux termes de l'art. 21 de cet édit, *les ecclésiastiques qui jouissent des dîmes.... seront tenus de réparer et d'entretenir en bon état le chœur des églises paroissiales dans l'étendue desquelles ils levent lesdites dîmes;* et suivant l'article 22, *seront tenus pareillement les habitants desdites paroisses d'entretenir et de réparer la nef des églises, etc.*

Rien de plus clair, de plus précis, que ces deux dispositions; elles reçoivent une nouvelle force de l'article 5 de l'édit de 1768 sur les portions congrues, et leur autorité s'accroît encore de toutes les preuves qui attestent qu'elles sont l'expression la plus vraie de l'ancienne discipline.

Cinq curés établis dans la jurisdiction de Clermont, diocese d'Agen, étoient donc bien en droit de réclamer contre une imposition ordonnée par M. l'intendant de Bordeaux pour la réparation de la nef d'une église du canton. Les deux tiers de cette imposition étoient assis sur les biens fonds du territoire, et ceux des curés qui étoient possesseurs de biens fonds taillables dans l'étendue de cette jurisdiction, s'y soumirent sans difficulté: mais le dernier tiers ayant été réparti sur les personnes en proportion de leurs facultés, il étoit évident que cette derniere imposition, qu'on voulut leur faire supporter, devoit leur être étrangere. Si elle avoit pour prétexte les dîmes qu'ils possédoient, on contrevenoit à l'édit de 1695; si on les imposoit comme sujets capitables, on blessoit ouvertement les immunités ecclésiastiques qui les affranchissoient de toute imposition personnelle. Sous tous les points de vue, leur réclamation étoit donc parfaitement juste.

L'évidence de ces raisons leur mérita l'intérêt et la protection de l'assemblée de 1780. Cette assemblée, pénétrée de l'injustice qu'on exerçoit à leur égard, nous chargea d'employer nos bons offices pour faire réformer la décision du commissaire départi de la généralité de Guienne.

Les plaintes des curés s'étant renouvellées quelque temps après, nous écrivîmes à M. Joly de Fleury contrôleur général des finances; nous lui rappellâmes les motifs et les titres de nos réclamations, et nous le priâmes de suspendre du moins la levée de cette imposition jusqu'au moment où il se seroit fait rendre un compte exact de cette affaire. Ce ministre déféra entièrement à notre demande, et fit passer les ordres les plus prompts pour que l'imposition fût suspendue. Depuis ce moment, aucune plainte des curés n'est parvenue jusqu'à nous: ce silence de leur part nous est un témoignage qu'ils n'ont plus été troublés dans leurs privileges.

Dans le diocese de Troyes, le curé de Rambecourt fut aussi inquiété pour le même sujet. Vers la fin de l'année 1782, il fut compris dans le rôle des réparations de la nef de l'église de Chassericourt son annexe, à raison des dîmes novales qu'il possédoit dans le territoire de cette église succursale. Ses premieres réclamations auprès du subdélégué n'ayant produit aucun effet, il s'adressa à nous, et se plaignit en même temps, et de l'imposition, et de l'excès de l'imposition. Nous nous empressâmes de déférer ses plaintes à M. l'intendant de Champagne, et notre démarche produisit l'effet que nous avions droit d'attendre. M. l'intendant, rendant expressément hommage aux dispositions de l'édit de 1695 que nous avions rappellée dans notre lettre, ordonna sur-le-champ que le curé de Rambecourt fût rayé du rôle où il avoit été imposé.

§ V.

Dîmes. Défrichement. Conseil d'état.

LA guerre, cette calamité publique qui les réunit toutes, est sur-tout fatale au plus nécessaire des arts, à l'agriculture. Convaincu de cette importante vérité, le feu roi, dès les premiers moments de tranquillité qui suivirent la paix de 1763, se hâta de ramener ses regards sur cette partie intéressante de l'administration intérieure. Sous un des plus heureux climats de l'Europe, chez un peuple où l'on ne cesse de calculer l'influence de l'agriculture sur la population, l'influence de la population sur la puissance des empires, le prince vit des terrains spacieux délaissés sans honneur et sans culture; il se proposa de porter l'activité de sa nation vers le défrichement de ces terres incultes, et il connoissoit assez le clergé pour le croire digne de seconder ses vues patriotiques. Ceux qui gouvernent ne doivent pas ignorer, en effet, MESSEIGNEURS et MESSIEURS, combien l'agriculture vous est redevable. Ces terres, jadis languissantes sous une stérilité honteuse, devenues aujourd'hui des campagnes si fertiles, doivent leur fécondité à ces laborieux cénobites qui, en maintenant les bonnes mœurs par leurs exemples, en défendant la religion par leurs écrits, surent enrichir l'état par leur industrie. Animés du même esprit, empressés, comme le clergé le fut dans tous les temps, de concourir aux projets qui tendent au bien public, et qui peuvent rétablir ou accroître la prospérité de la nation, vous vous fîtes un devoir, en 1765, d'augmenter, par vos sacrifices, les encouragements que le souverain se proposoit de donner aux défrichements; vous renonçâtes, pour quinze années, à la dîme des productions qui naîtroient sur les terres défrichées; le souverain, de son côté, les exempta de toute imposition pendant le même temps, et ce double affranchissement fut l'objet de la loi de 1766.

La récompense, promise à ceux qui se rendoient utiles par une culture dispendieuse, ne devoit pas être, pour les autres, un prétexte de refuser le paiement d'une dette légitime. Par les articles 2 et 3 de la déclaration, sa majesté ordonne que ceux qui voudront entreprendre des défrichements, et jouir des privileges qui leur sont accordés, seront tenus de déclarer au greffe de la justice royale des lieux, et à celui de l'élection, la quantité de terres qu'ils veulent défricher, avec leurs tenants et aboutissants, et de faire afficher à la principale porte de l'église, par un officier public requis à cet effet, une copie de leur déclaration dont il sera dressé procès verbal. Il seroit à desirer que, conformément à la lettre de la loi, ces déclarations fussent fournies avant de commencer les défrichements; alors il seroit facile de distinguer les terrains dont la culture mérite d'être encouragée, de ceux dont la culture n'a pas droit aux récompenses de la loi. Lorsque l'ancienne surface du terrain a disparu, ce discernement ne peut plus se faire que par une enquête souvent contestée, et toujours coûteuse; mais si la lettre de la loi n'est pas rigoureusement suivie, il est du moins nécessaire que les formalités qu'elle prescrit soient remplies dans les premiers temps du défrichement. Une déclaration publique et détaillée des terres inutiles qu'on a mises en culture est le seul moyen de prévenir la fraude, et d'écarter des demandes qui n'auroient d'autre motif que la cupidité.

Ces mêmes formalités deviennent encore plus nécessaires pour obtenir du souverain la prorogation des privileges. Par l'art. 5 de la déclaration de 1766, sa majesté s'est réservé de proroger les exemptions au-delà du terme commun fixé par la loi; mais elle ne prétend user de ce pouvoir que dans une circonstance, c'est lorsqu'*après avoir entendu les décimateurs, curés et habitants, la nature et l'importance des défrichements paroîtront l'exiger.* L'enregistrement de la déclaration ajoute même qu'aucune prorogation de privilege ne pourra être accordée sans lettres-patentes enregistrées. Telles sont les précautions que le législateur a prises pour empêcher que des dispositions bienfaisantes ne devinssent une source d'injustices.

Nous avons vu l'application de ces maximes dans un arrêt contradictoire rendu, au conseil d'état, le 27 mai 1783, entre le sieur Lombard, curé de la Queue en Brie, et l'adjudicataire du bail emphytéotique de la terre des Bordes, située dans cette paroisse. L'adjudicataire succédoit à des fermiers qui avoient amélioré l'état de cette terre. En 1780 il représenta au conseil que les défrichements entrepris sur la terre des Bordes depuis 1765 étoient également importants et dispendieux; qu'il en restoit beaucoup d'autres à faire qui exigeroient aussi des avances considérables. Pour se dédommager des anciennes dépenses et fournir aux nouvelles, il supplia sa majesté de prolonger pour quinze années les exemptions dont il disoit avoir joui, ainsi que ses prédécesseurs, en vertu de la loi de 1766; et il obtint un arrêt qui lui accordoit jusqu'en 1785 les exemptions qu'il demandoit.

Cet arrêt, qui avoit été rendu sans que les parties intéressées eussent été entendues, qui d'ailleurs n'avoit point été revêtu de lettres-patentes enregistrées, parut néanmoins suffisant au fermier des Bordes pour autoriser un refus de dîme. Sur le refus, le sieur curé de la Queue le fit assigner au châtelet de Paris. Alors le fermier lui fit signifier l'arrêt qu'il avoit obtenu, et, par cette signification, l'affaire fut portée au conseil, où le sieur Lombard forma son opposition à l'arrêt.

Il prétendit que le fermier actuel et ses prédécesseurs n'avoient point été dans le cas de jouir des privileges accordés par la déclaration de 1766; qu'ils avoient toujours payé, ou en nature ou par abonnement, la dîme de tout ce qui avoit été cultivé sur leur ferme. Il ajoutoit que les mouvements de terre, dont s'occupoit alors le fermier, n'étoient pas un véritable défrichement; que ses dépenses n'étoient pas considérables, et qu'il en étoit plus que dédommagé par le produit de ses fouilles. Le fermier contestoit tous ces faits: mais il y avoit un point dans la cause qui ne pouvoit pas être combattu. Il étoit reconnu que le fermier n'avoit pas rempli les formalités auxquelles la loi avoit attaché la prorogation des privileges; pour l'obtenir, il n'avoit point fait entendre les décimateurs, curés et habitants, et sa concession, suivant le vœu des cours, n'avoit point été revêtue de lettres-patentes enregistrées. Nous fîmes valoir ces moyens auprès de MM. les commissaires du conseil; nous représentâmes combien il étoit important de soumettre ces concessions particulieres à la lettre de la loi, afin d'éviter des surprises qui ne seroient pas moins préjudiciables à l'intérêt de l'état qu'à celui des décimateurs. Ce moyen eut le succès que nous en espérions. L'arrêt contradictoire, qui est intervenu, a débouté le fermier de ses demandes, fins et conclusions. Sa majesté explique elle-même le motif de son arrêt: « Faute par le fermier, dit l'arrêt, de s'être conformé à ce qui est prescrit par l'article 5 de la déclaration « de 1766. »

§ VI.

§ VI.

Dîmes. Défrichemens de bois. Parlement de Paris. Grand-Conseil.

TANDIS que le gouvernement regarde les bois comme une partie du domaine public confiée à sa surveillance; que les loix se sont armées de rigueur pour en prévenir le dépérissement; qu'elles ont cru devoir mettre, à cet égard, une gêne à la liberté même du propriétaire, et que la sévérité de ces précautions n'a pu rassurer entièrement la nation contre la crainte d'une disette dont elle semble menacée depuis long-temps, il doit paroître, sans doute, bien étonnant qu'on ait pu croire que le législateur, brisant tout-à-coup ces entraves salutaires, avoit voulu, non seulement rendre aux particuliers une liberté funeste au bien public, mais même exciter et encourager, par des récompenses, la dépopulation des bois et leur entiere dévastation: tel est pourtant le systême de ceux qui veulent que les exemptions accordées aux défrichements s'étendent aux conversions des bois en terres labourables. La loi de 1766 est bien loin de favoriser une aussi étrange opinion. Cette loi, dictée par des vues d'utilité publique, a voulu assurer des récompenses à tous ceux qui défricheront les terres incultes: mais, pour écarter toute équivoque sur le sens de ces expressions, elle détermine elle-même ce qu'il faut entendre par *terres incultes*. Aux termes du préambule, ce sont les seules terres *inutiles*: suivant le premier article, ce sont celles qui, depuis quarante ans, n'ont donné *aucune récolte*, c'est-à-dire aucun produit; et, suivant l'article 2, celles *qui ne sont point en valeur*. Or il est manifeste que ces caracteres sont entièrement inapplicables aux bois dont l'*utilité*, le *produit* et la *valeur* sont incontestables: ils ne conviennent qu'aux terres stériles, aux terres abandonnées, les seules dont le défrichement mérite d'être encouragé. L'article 8 de la même déclaration est encore plus décisif; il rappelle expressément l'ordonnance des eaux et forêts, dont presque toutes les dispositions tendent à prévenir la dégradation des bois; et loin d'y déroger, il les confirme. Il ne se borne pas là; il confirme les arrêts et réglements qui défendent de défricher les terres *vaines et vagues* qui sont aux *rives des bois et des forêts.* La loi pouvoit-elle exprimer plus clairement qu'elle étoit très éloignée d'encourager le défrichement des bois qu'en renouvellant la défense de défricher les terres, même les plus incultes, qui les avoisinent?

Ces raisonnements ont été, pendant le cours de notre agence, opposés avec succès aux prétentions de plusieurs décimables.

Deux particuliers de la paroisse de Mingot, diocese de Nevers, refuserent au sieur Roussel, curé de Mingot, la dîme sur un canton de bois qu'ils avoient converti en labour en 1770. Ils prétendoient que la culture de ces terrains étoit dans la classe des cultures encouragées et récompensées par la loi, et ils ajoutoient, à l'appui de leurs prétentions, que les bois qu'ils avoient détruits étoient de peu de valeur. Le bailliage de Saint Pierre-le-Moutier accueillit ces raisons, et rejeta, par une sentence du premier février 1778, la demande du curé, qui appella de cette sentence au parlement de Paris. Comme il étoit hors de doute, dans la cause, que le terrain mis en labour étoit auparavant en nature de futaie, que les propriétaires avoient vendu les arbres à l'époque du défrichement, qu'ils avoient même fait une coupe vingt-cinq ans auparavant, le parlement, sans s'arrêter à la circonstance du peu de valeur des bois, jugea que le privilege de la loi ne devoit pas s'appliquer à ce défrichement; et, par arrêt du 20 février 1781, il infirma la sentence du bailliage de Saint Pierre-le-Moutier, et condamna les cultivateurs à payer au curé de Mingot la dîme contestée.

Les principes qui ont déterminé l'arrêt du parlement de Paris dans l'affaire que nous venons de rappeller, avoient déja été développés au conseil, et présentés dans toute leur force par M. l'archevêque d'Arles. Ce prélat obtint, le 24 avril 1775, la cassation de deux arrêts rendus par le parlement de Toulouse ; l'un, contre l'archiprêtre de Lavardens, diocese d'Auch, et l'autre, contre le curé de Caussade, diocese de Tarbes, qui réclamoient, chacun dans sa paroisse, la dîme sur des terrains labourés, ci-devant plantés en bois. Ces deux cassations, prononcées le même jour après le plus mûr examen, et sur le vu des motifs du parlement de Toulouse, sembloient devoir mettre fin à ces affaires : cependant nous les avons vues reparoître pendant notre agence. Le sieur Dufaut, partie adverse de l'archiprêtre de Lavardens, et le sieur Sabail, adversaire du curé de Caussade, ont formé opposition aux arrêts du conseil : ils en ont été déboutés en 1781 ; et le grand-conseil, à qui le jugement du fonds avoit été renvoyé, a condamné le premier, par arrêt du 17 juillet 1783, et le second, par arrêt du 3 mars 1785, à payer, tant pour le passé que pour l'avenir, la dîme sur les héritages mentionnés au procès, et ci-devant couverts en bois.

Vous remarquez, MESSEIGNEURS et MESSIEURS, l'accord qui se trouve entre la jurisprudence du conseil de sa majesté et celle du premier parlement du royaume. Cette précieuse uniformité de principes semble vous promettre que vos droits sur la dîme, en pareille circonstance, n'éprouveront plus de contradictions.

§ VII.

Dîmes. Exemption. Ordre de Saint Lazare.

QUELLE est l'étendue du privilege qui exempte l'ordre de Saint Lazare de payer la dîme sur ses possessions? Cette question, MESSEIGNEURS et MESSIEURS, s'est élevée tandis que nous étions les dépositaires de votre confiance. Voici quels ont été le principe et la suite de cette affaire intéressante pour tous les décimateurs du royaume, et dans laquelle les agents de l'ordre de Saint Lazare avoient obtenu une intervention auguste, celle de MONSIEUR, frere du roi.

La ferme de la Borde près Orléans, dépendante de la commanderie magistrale de Boigny, possede des terres dans les dîmaires des cures d'Atray et de Neuville, et dans celui de Tillay Saint-Benoît, appartenant aux religieux de Saint Benoît-sur-Loire.

Il étoit prouvé, par des actes de foi et hommage, que cette ferme ne faisoit point partie de l'ancienne dotation de l'ordre de Saint Lazare, que c'étoit une acquisition faite par voie d'échange; et une copie non signée de cet acte d'échange autorise à le rapporter à la date du 11 décembre 1606.

Jusqu'au moment de l'échange, la dîme avoit été perçue sur les terres et dépendances de la seigneurie de la Borde; elle avoit continué d'être payée après l'échange: les décimateurs offroient la preuve du fait; ils rapportoient même plusieurs baux dans lesquels les fermiers de la Borde étoient chargés d'acquitter ce devoir: ainsi il étoit incontestable que la ferme de la Borde n'avoit point encore joui de l'exemption de la dîme. Le refus de la payer a été fait, la premiere fois, à la fin de l'année 1781. Le fermier a prétendu que l'ordre de Saint Lazare jouissoit du double privilege d'exemption de dîme et d'imprescriptibilité, et qu'il avoit toujours le droit de cesser cette contribution, quand même il s'y seroit soumis pendant plusieurs siecles.

Le refus du fermier obligea les décimateurs à le faire assigner au siege royal de Neuville par exploit du 7 décembre 1781. Les agents de l'ordre rendirent MONSIEUR, frere du roi, partie intervenante dans la contestation qu'ils firent évoquer au grand-conseil; ils y réclamerent l'exemption de dîme sur toutes les terres dépendantes des ordres de Saint Lazare et du Mont-Carmel, et en particulier sur les domaines de la commanderie de Boigny, conformément aux bulles qu'ils prétendoient avoir été accordées à ces ordres, et dont ils demanderent l'exécution.

Tel étoit l'état de cette affaire lorsque nous en eûmes connoissance. Plus un nom aussi respectable que celui de MONSIEUR pouvoit jeter de défaveur sur la cause des décimateurs, plus nous nous sommes crus obligés de venir à leur secours. Saint Louis souffrit qu'on le condamnât *à payer à son curé la dîme de son jardin :* nous avons pensé que l'héritier de son nom l'étoit aussi de sa justice religieuse et de cette noble impartialité ; et nous avons rendu hommage à ce sentiment, en manifestant hautement notre intérêt pour les décimateurs.

La dîme est due de droit commun sur tous les fruits de la terre qui n'en ont pas été affranchis par la coutume des lieux. Ce droit décimal est consacré par des loix civiles qui remontent jusqu'aux temps les plus anciens de la monarchie ; cependant il a éprouvé, dans son exercice, quelques exceptions en faveur de certains ordres qui ont été exemptés du paiement de la dîme. Pour se former une idée juste de la nature des choses, il faut toujours, autant qu'il est possible, remonter à leur origine. L'esprit de pénitence, de mortification et de recueillement, le goût de la solitude, la crainte salutaire des dangers du monde et des scandales du siecle, déterminerent souvent les fondateurs d'ordres religieux à préférer, pour leurs demeures, des endroits écartés du commerce des hommes, des lieux d'un aspect triste et sauvage, des terrains abandonnés et incultes ; ils chercherent à domter les passions par l'activité, à se procurer par leur travail une subsistance indépendante et qui ne fût point onéreuse aux peuples, et ils cultiverent les especes de déserts où ils s'étoient relégués. L'église devoit récompenser leur zele, et l'état encourager leur industrie : ainsi on exempta de la prestation de la dîme ceux qui défrichoient des landes stériles. Les décimateurs y perdoient peu ; l'agriculture étoit favorisée. Mais ces exemptions, portées au-delà des défrichements, seroient bientôt devenues nuisibles aux pasteurs ; l'église jugea nécessaire d'y pourvoir, et ne tarda pas à renfermer dans de justes bornes les concessions obtenues par les ordres religieux. Le quatrieme concile de

Latran, en 1215, défendit à l'ordre de Cîteaux d'acquérir des terres sujettes à dîme; et s'il en recevoit, il lui ordonna de continuer d'en payer la dîme, quand même ces terres seroient cultivées par les religieux. Il étendit ensuite son décret à tous les ordres qui jouissent de semblables privileges : *Et hoc ipsum ad alios regulares qui gaudent similibus privilegiis extendi volumus et mandamus.* (*Cap. nuper de decimis.*) Cette premiere restriction en matiere d'exemption de dîmes, établie par un concile général, a été reçue en France, et est devenue un point immuable de notre jurisprudence.

Une seconde restriction, qui n'est pas moins importante, est que la prescription anéantit ces exemptions. L'ordre même des Templiers, sur qui la prescription avoit d'ailleurs moins de pouvoir, ainsi que sur l'ordre de Malte, y étoit cependant soumis en matiere de dîme. Le pape Innocent III confirme cette regle dans le chapitre (*Accedentibus, extra, de privilegiis et excessibus privilegiatorum*) : *Si abbas et monachi ostenderint quòd à Templariis decimas è terris praedictis per quadraginta annos continuè perceperint sine lite, vos ad praestationem ipsarum Templarios compellatis.* La même maxime est adoptée par tous nos jurisconsultes qui ont écrit sur les dîmes. *Si les exempts de dîme par privilege*, dit d'Héricourt (Loix ecclésiastiq. part. 4, chap. 1er, n°. 40), *l'ont payée de certaines terres pendant quarante années, ils doivent continuer de la payer sur ces terres, sans qu'ils puissent se prévaloir de leurs exemptions. La prescription n'est jamais plus favorable que quand il s'agit d'un retour au droit commun.*

Nous avons donc deux maximes établies dans le royaume en matiere d'exemption de dîme : la premiere, que les ordres, même les plus privilégiés, ne peuvent user de leurs exemptions que sur les terres qu'ils possédoient avant le quatrieme concile de Latran, qu'ils font valoir par leurs mains, ou qu'ils afferment par des baux qui n'excedent pas neuf années ; la seconde, que les décimateurs ordinaires peuvent prescrire contre l'exemption par une possession de quarante ans. Ces maximes, avouées dans tous les tribunaux, et qui sont suivies contre les ordres même les plus favorisés, tels que l'ordre de Malte, devenoient, dans la circonstance, décisives contre l'ordre de Saint Lazare, puisque la terre dont il refusoit la dîme n'appartenoit à cet ordre que depuis 1606, et que, depuis cette époque, les décimateurs ecclésiastiques en ont toujours perçu la dîme.

Nous devons vous montrer, MESSEIGNEURS et MESSIEURS, comment les agents de l'ordre de Saint Lazare ont tâché d'écarter de la cause l'application de ces principes.

Ils ont opposé, premièrement, deux bulles : l'une, de Pie IV, en 1566, *Inter assiduas ;* et l'autre, de Pie V, de 1567, *Sicut bonus agricola.* Ils prétendent que ces bulles ont accordé à l'ordre de Saint Lazare une exemption de dîme, que cette exemption s'étend généralement à toutes leurs propriétés, et qu'elle ne peut être anéantie par aucune possession contraire de la part des décimateurs.

Mais d'abord on pourroit demander par quels liens l'ordre de Saint Lazare, actuellement existant en France, tient à l'ordre auquel ont été adressées les bulles de Pie IV et de Pie V. Dans un rapport de l'assemblée de 1772, monseigneur l'archevêque de Toulouse a prouvé que l'ordre de Saint Lazare, dont parlent les papes Pie IV et Pie V, étoit un ordre religieux d'Italie hospitalier et militaire en même temps ; que cet ordre, après avoir été éteint par Innocent VIII, avoit été rétabli par Léon X ; qu'il avoit à Capoue un grand maître, chef de tout l'ordre ; que c'est à ce grand maître seul, et, en sa personne, aux chevaliers qui lui étoient subordonnés, que les souverains pontifes ont adressé leurs bulles ; que cet ordre a été ensuite uni à l'ordre de Saint Maurice en Savoie, et soumis à son grand maître. Monseigneur l'archevêque de Toulouse a fait voir ensuite que l'ordre connu en France sous le nom de Saint Lazare n'a point suivi les révolutions du premier; qu'il n'a jamais connu le grand maître résident en Italie; qu'il ne reconnoît point non plus celui qui en exerce les droits en Savoie. Il prouve que, si ces ordres ont eu autrefois le même berceau et des regles communes, tous les liens ont été rompus à l'époque où celui d'Italie a obtenu des privileges; qu'il n'y avoit alors entre eux qu'une dénomination commune; et cette identité de nom n'est pas un titre pour que l'un de ces ordres puisse s'approprier les bulles et les privileges qui ont été accordés à l'autre.

On a observé de plus que ces bulles n'ont point été revêtues en France de lettres-patentes, et que les bulles des papes portant établissement d'un ordre, ou concession d'exemption, n'ont aucune exécution en France sans cette formalité que nos loix exigent, et qui sont un des soutiens de nos libertés.

MM. de Saint Lazare disoient, il est vrai, que les bulles de Pie IV et de Pie V sont rappellées dans un bref qu'ils ont obtenu, au dernier siecle, du cardinal de Vendôme, légat *à latere* en France; que ce légat, dans son bref, avoit appliqué les bulles de Pie IV et de Pie V à la partie de l'ordre de Saint Lazare qui étoit en France, et qu'elles sont censées vérifiées avec le bref qui en fait mention. Mais il auroit fallu prouver en même temps que les cours, en vérifiant une bulle, croyoient, par cela même, vérifier toutes celles qui y sont rappellées, quoique celles-ci n'aient été, ni présentées, ni examinées, ni transcrites sur les registres des cours; il auroit fallu sur-tout prouver qu'un privilege, cité vaguement dans la requête des parties, qui n'est point expressément renouvellé dans le dispositif de la loi, pouvoit néanmoins appartenir à la loi. Le dispositif du bref du cardinal légat ne fait aucune mention des bulles de Pie IV et de Pie V; il ne donne pas même une nouvelle extension à celles qu'il rappelle; il se borne à approuver et confirmer ce qui avoit été légi-

timement

timement fait jusqu'à présent en faveur des ordres de Saint Lazare et du Mont-Carmel existants en France: *Approbamus legitimè concessa eisque simul et separativè quo modo libet competentia.* Les bulles, qui ne regardoient pas auparavant l'ordre de Saint Lazare existant en France, ne le regardent pas davantage depuis le cardinal de Vendôme.

Nous avons cru, MESSEIGNEURS et MESSIEURS, devoir vous arrêter quelques instants à l'examen des bulles de Pie IV et de Pie V, parceque ce sont les titres qui sont toujours invoqués avec le plus de complaisance par l'ordre de Saint Lazare dans les prétentions qu'il croit pouvoir former contre le clergé. La bulle de Pie IV a été révoquée par celle de Pie V: la bulle de Pie V n'a point été enregistrée dans nos cours; elle n'a, parmi nous, aucune autorité; elle n'a de rapport qu'à l'ordre de Saint Lazare d'Italie; elle ne peut donner aucun droit à l'ordre de Saint Lazare de France, devenu célebre de nos jours, mais absolument étranger à l'ordre du même nom retombé bientôt dans l'oubli d'où la faveur momentanée de quelques papes l'avoit retiré.

On auroit pu, d'après l'examen de ces bulles, contester à MM. de Saint Lazare l'exemption même de la dîme, puisque, pour affranchir ses terres du droit décimal, il faut, suivant nos loix, un titre d'exemption, et que les agents de l'ordre ne rapportoient point d'autre titre que ces bulles dont nous avons prouvé qu'ils ne pouvoient tirer aucun avantage: mais les décimateurs de la ferme de la Borde se sont renfermés dans leur cause; ils ont conclu simplement que MM. de Saint Lazare ne pouvoient point établir par ces bulles un privilege imprescriptible et universel d'exemption en matiere de dîme, parcequ'en supposant que ces bulles pouvoient regarder l'ordre connu en France sous le nom de Saint Lazare, en supposant qu'elles ont eu la sanction qui leur étoit nécessaire, le texte même de ces bulles s'opposoit à l'étendue qu'on vouloit leur donner.

La bulle de Pie IV, *Inter assiduas*, contient, à la vérité, les plus grands privileges; mais celle de Pie V, *Sicut bonus agricola*, a pour but de les restreindre : ainsi on ne peut s'appuyer que sur les privileges que cette derniere bulle a laissé subsister: or, en matiere d'exemption de dîme, ce religieux pontife ne reconnoît d'autres droits à l'ordre de Saint Lazare que ceux dont jouissent les autres ordres privilégiés: *Exemptionibus quibus alii regulares cujuscumque militiae milites utuntur, et eodem modo quo illi uti possint.* C'est donc traiter en France les chevaliers de Saint Lazare avec toute la faveur qu'ils peuvent desirer, que de suivre, pour leur exemption de dîme, la jurisprudence qui regle à cet égard les autres ordres religieux et militaires.

Les agents de l'ordre alléguoient encore des bulles de Paul V, du cardinal de Vendôme, légat *à latere*, de Clément IX, des lettres-patentes de 1664: mais tous ces titres n'offroient aucune disposition relative à l'exemption de la dîme, à l'imprescriptibilité de cette exemption. La bulle de Paul V écarte même toute idée de ce genre. Une des clauses insérées dans cette bulle de création de l'ordre, clause garantie par Henri IV qui sollicitoit cet établissement, porte que sa dotation ne pourroit jamais être prise sur aucun des biens et revenus de l'église : *De bonis merè laïcalibus, non tamen beneficialibus, seu ex reditibus ecclesiasticis, ut praefertur, dotandis.*

L'ordre citoit dans la cause un premier arrêt du parlement de Paris, du 26 février 1714, qui autorise le grand maître de Boigny à refuser la dîme de la terre de la Pérouse, dépendante de sa commanderie; mais le curé d'Épiez, contre qui cet arrêt a été rendu, n'articuloit pas la possession de percevoir la dîme, et il demandoit même le paiement des arrérages. Cet arrêt ne prouvoit donc pas que l'exemption de la dîme fût imprescriptible dans l'ordre de Saint Lazare.

Il citoit aussi un arrêt du 5 août 1732 contre le curé de Guyancourt près Versailles : on lit sur le registre en marge de cet arrêt : *Lu à l'audience.* Or les greffiers du conseil désignent ainsi les arrêts passés de concert, sans aucun examen ni discussion, soit de la part des magistrats, soit de la part du ministere public, et ces arrêts ne lient que les parties qui les ont consentis. On trouve le même défaut dans un autre arrêt de 1778, rendu contre le curé de Croixmare et le fermier de l'abbé de Jumiege. L'affaire étant au moment d'être plaidée, les parties retirerent leurs papiers des mains de leurs défenseurs, sous prétexte qu'elles ne vouloient plus plaider. Les parties étant d'accord, et le fonds de l'arrêt étant convenu entre elles, il fut aisé d'y faire insérer ce qui pouvoit convenir à leurs intérêts. De pareils arrêts ne prouvent certainement point la jurisprudence d'une cour ; ce ne sont que de simples transactions auxquelles on a donné une forme judiciaire pour les rendre plus imposantes.

Telle est la discussion qui a été fournie par les parties au grand-conseil. Les moyens des décimateurs étoient extrêmement simples : ils n'ont point examiné si l'ordre de Saint Lazare avoit ou non des titres d'exemption de la dîme ; ils ont simplement soutenu que son exemption devoit être resserrée dans les bornes qui avoient été mises aux privileges de cette espece par les loix canoniques et par la jurisprudence constante du royaume ; qu'il ne pouvoit pas la réclamer pour les biens qu'il avoit acquis depuis le quatrieme concile de Latran, ni pour ceux que le clergé étoit en possession de dîmer depuis plus de quarante ans. Ces deux exceptions se réunissoient pour écarter d'une maniere victorieuse la demande de MM. de Saint Lazare. La ferme de la Borde, qu'ils vouloient affranchir de la dîme, n'avoit passé entre leurs mains qu'en 1606 ; les décimateurs y avoient toujours perçu la dîme, et ils alléguoient non seulement une possession de quarante ans, mais ils prouvoient que cette ferme, depuis qu'elle est dans l'ordre de Saint Lazare, n'a jamais joui de l'exemption de la dîme.

MM. de Saint Lazare vouloient faire adoucir en leur faveur la sage rigueur de nos maximes en matiere d'exemption de dîme; mais ils s'appuyoient sur des bulles qui ne leur appartiennent pas, qui ne peuvent avoir aucune autorité en France, et dont le résultat seroit d'ailleurs de les assimiler simplement aux ordres qui jouissent de l'exemption de la dîme. Ils invoquoient les loix et les bulles qui ont pour objet d'établir l'ordre du Mont-Carmel, et de lui unir l'ordre de Saint Lazare : mais ils n'ont trouvé, dans ces titres, aucune disposition expresse sur l'exemption de la dîme. Enfin ils citoient des arrêts qui ne donnent point à leurs privileges l'étendue qu'exigeoit la cause. Ces moyens, respectivement plaidés à l'audience du grand-conseil, ont été mûrement examinés dans un délibéré solemnel pour lequel s'étoient unis plusieurs conseillers des deux semestres. On y a reconnu la justice des demandes des décimateurs, et elles leur ont été adjugées par arrêt du 6 septembre 1783.

§ VIII.

Préciputs sur les dîmes.

Réparation de presbytere.

Chapitre de Joinville.

L'ÉDIT de 1695, en séparant avec précision et déterminant irrévocablement, dans les articles 21 et 22, les charges respectives des décimateurs et des habitants des paroisses, ne borne pas la charge de ceux-ci à la réparation de la nef des églises; il leur impose, par le même art. 22, l'obligation de fournir aux curés un logement convenable : *Seront tenus pareillement les habitants desdites paroisses d'entretenir et de réparer la nef des églises et la clôture des cimetieres, et de fournir aux curés un logement convenable.*

Une disposition aussi précise d'une loi qui a fixé, à cet égard, notre droit public, ne devoit jamais, ce semble, éprouver de difficultés et de contradictions.

Cependant, peu de temps avant l'assemblée de 1780,

M. l'intendant de Champagne se crut en droit d'en éluder l'autorité; il ordonna qu'on comprît dans le rôle d'impositions, pour la reconstruction de différents presbyteres, plusieurs décimateurs, et entre autres le chapitre de Joinville, uniquement pour raison de leurs dîmes. Vainement ces décimateurs réclamoient l'exécution de l'édit de 1695: on écarta leur requête par une décision de M. le directeur général des finances, qui portoit que, suivant les anciens canons, les dîmes étoient chargées de toutes les réparations relatives au service divin; que, si l'édit de 1695 les a déchargés des réparations des nefs, il n'en est pas de même des presbyteres, et qu'à cet égard il n'est pas permis d'étendre les dispositions qui dérogent au droit commun.

L'assemblée du clergé de 1780 fut justement étonnée de ces assertions. Il est impossible, en effet, de citer aucun canon, aucun concile, qui ait jamais imposé aux décimateurs la charge des réparations des presbyteres; l'ancienne discipline ne laisse pas même appercevoir la plus légere trace qui puisse servir de prétexte à ce systême. Quelques conciles des quinzieme et seizieme siecles, qui sont les premiers monuments qui puissent donner, à cet égard, des lumieres exactes, déclarent positivement que les paroissiens sont tenus de cette obligation. Depuis cette époque, et bien avant la loi de 1695, cette décision a été confirmée par la jurisprudence de différents parlements du royaume, et notamment par un arrêt de réglement du parlement de Paris, du 14 mars 1673, qui interprete, dans ce sens, les ordonnances de Blois, de Melun, et la déclaration de 1661. Enfin l'édit de 1695, qui, loin de déroger au droit commun, ne fit que consacrer l'usage et la jurisprudence, prononça cette même obligation des paroissiens de la maniere la plus positive. Ce n'est pas par une extension de ses dispositions qu'on cherche à le conclure, c'est la disposition même de l'édit. Aux termes de cette loi, les paroissiens sont obligés de fournir aux curés un logement convenable : la loi veut donc qu'ils soient obligés de le réparer, lorsque, faute de cette réparation, le logement cesse d'être convenable. Cette conséquence n'est pas une simple induction, c'est la loi elle-même.

Conformément aux dispositions de cette loi, l'assemblée de 1780, touchée des plaintes des décimateurs de Champagne, sollicita avec instance et obtint un arrêt du conseil du 8 octobre 1780, qui, rétablissant les vrais principes si ouvertement méconnus, maintint les décimateurs de cette province dans l'exemption qu'ils réclamoient.

Mais si les dîmes sont affranchies de toute contribution pour réparations presbytérales, les *préciputs* sur les dîmes jouissent-ils du même avantage? On entend ici par *préciput* une portion fixe et annuelle prélevée sur les fruits de la dîme par un des co-décimateurs, moyennant laquelle il a renoncé à son droit décimal.

Le même chapitre de Joinville en Champagne, à qui on avoit voulu faire supporter la charge des réparations d'un presbytere à raison de ses dîmes, fut assigné, en 1781, en vertu d'une ordonnance de M. l'intendant, pour être présent, le 6 du même mois d'août, à la visite et reconnoissance des réparations à faire à une maison curiale d'une paroisse dans laquelle il ne possédoit qu'un *préciput* sur les dîmes. Cette premiere démarche de M. l'intendant manifestant l'intention de le faire contribuer à l'acquit de cette charge à raison de ce *préciput*, le chapitre de Joinville s'adressa à nous pour se diriger dans la conduite qu'il devoit tenir.

Nous répondîmes avec confiance que les *préciputs* sur les dîmes devoient, à cet égard, être assimilés aux dîmes elles-mêmes ; qu'ils en étoient une partie, et qu'ils devoient par conséquent jouir de la même exemption ; que si l'on objectoit que les *préciputaires*, n'étant pas assujettis aux différentes charges des décimateurs, ne devoient pas participer à leurs privileges, il étoit aisé de répondre qu'ils étoient tenus des mêmes charges subsidiairement, et en cas d'insuffisance de la dîme ; que, sous ce rapport, ils étoient dans le cas des dîmes inféodées ; que même ils étoient tenus de ces charges avant les dîmes inféodées, d'abord après l'épuisement de la dîme ecclésiastique : et puisqu'il étoit certain qu'il avoit été tout récemment décidé dans le conseil, à l'occasion de la cure de Lorris, que même les dîmes inféodées, en leur qualité de dîmes, ne devoient pas concourir à la construction des presbyteres, il s'ensuivoit qu'à bien plus forte raison les *préciputs* sur la dîme, tenant plus immédiatement encore à la dîme ecclésiastique dont ils ne sont qu'un prélevement, devoient jouir de la même faveur.

Ces différents motifs, que nous adressâmes au chapitre de Joinville, ayant été communiqués à M. l'intendant de Champagne, nous eûmes la satisfaction d'apprendre qu'il les avoit entièrement adoptés, qu'il les rappelloit même presque littéralement dans sa réponse au subdélégué de Joinville, et qu'appliquant aux *préciputs* l'arrêt du conseil du 8 octobre 1780 rendu au sujet de la dîme elle-même, il enjoignoit à son subdélégué de ne point faire contribuer ces *préciputs* à aucune dépense de presbytere ; et, dans le cas où le chapitre de Joinville auroit été imposé pour cet objet, de lui faire restituer le montant de cette imposition.

Ce seroit le moment, MESSEIGNEURS et MESSIEURS, de vous entretenir des lettres-patentes du 5 septembre dernier, qui, s'écartant des dispositions de l'édit de 1695, chargent les décimateurs des territoires de Dunkerque, Bourbourg et Gravelines, de la totalité des réparations des églises paroissiales et presbyteres : mais cette affaire, très importante en elle-même et par les suites qu'elle fait craindre, sera incessamment mise sous vos yeux. Nous n'avons garde de prévenir ici le rapport qu'on doit vous en faire.

Plusieurs autres affaires de dîme, qui intéressent sur-tout le droit décimal, nous ont occupés pendant le cours de notre agence : le plus grand nombre ne nous a été connu que par des décisions défavorables ; et nous nous empresserions de les déférer à votre zele, si nous ne savions qu'elles sont en ce moment entre les mains habiles que vous avez chargées du soin de vous faire connoître dans toute leur étendue, et les nombreuses atteintes que ce droit éprouve depuis long-temps, et les moyens efficaces d'arrêter leurs progrès.

§ IX.

Coupes de réserves. Lettres-patentes. Marc d'or.

Le gouvernement s'est montré favorable aux représentations que nous lui avons faites sur une affaire qui intéresse essentiellement la plus grande partie des bénéficiers du royaume. Les loix, qui ont mis en réserve le quart des bois des gens de main-morte pour croître en futaie, ont eu deux objets : le premier, de ménager aux bénéfices et communautés, auxquels ces bois appartiennent, des secours contre les dépérissements et les accidents imprévus, qui, sans cette ressource, entraîneroient à la longue la ruine de ces établissements ; le second, d'assurer à l'état et aux particuliers des magasins toujours subsistants dans lesquels ils trouveroient des bois pour la construction et pour le chauffage.

Pour remplir ce double objet, il étoit également nécessaire, et d'empêcher des coupes indiscretes qui dégraderoient les bois sans une utilité réelle pour le bénéfice, et de ne pas surcharger l'exploitation de ces coupes de formalités lentes et ruineuses qui tromperoient tout-à-la fois l'attente du bénéfice qui réclame des secours, et celle de la société dont les besoins demandent un prompt service.

L'administration, suffisamment éclairée par le rapport des officiers de la maîtrise, tant sur l'état des bois dont on demandoit la coupe, qus sur l'emploi des deniers qui en provenoient, crut pouvoir dispenser des formalités

formalités accablantes de l'ordonnance des eaux et forêts du mois d'août 1669 ; et depuis plus de cinquante ans elle étoit dans l'usage d'accorder les coupes des réserves sur de simples arrêts du conseil portant dispense des lettres-patentes et de l'enregistrement.

Cette dispense a commencé d'avoir lieu lorsque le feu roi a ordonné la retenue du dixieme du produit de ces coupes en faveur des pauvres communautés de religieuses. Cette circonstance prouve que sa majesté s'est déterminée à exempter ces coupes de la formalité des lettres-patentes et de l'enregistrement, non seulement par des vues de sagesse, mais encore par la nécessité d'accorder aux gens de main-morte une indemnité pour la nouvelle charge qu'on leur imposoit.

De nouveaux ordres donnés l'année derniere rappellerent les formalités rigoureuses de l'ordonnance de 1669. On imposoit en même temps un droit de marc d'or sur les permissions d'exploiter ces réserves, et on déchargeoit celles qu'obtiendroient les communautés laïques de la retenue du dixieme qu'elles avoient payé jusqu'à présent pour le soulagement des pauvres maisons religieuses.

Ce changement inattendu alloit replonger l'exploitation des réserves dans l'état de crise où elle s'étoit trouvée auparavant; il assujettissoit ces coupes à un nouveau droit; enfin il entraînoit la chûte d'une foule de maisons religieuses qui ne se soutiennent que par les secours qu'elles reçoivent sur les coupes des bois. Nous crûmes devoir en instruire nosseigneurs les évêques qui se trouvoient à Paris, et nous assurer de leurs secours et de leurs lumieres avant de faire aucune démarche dans une affaire aussi importante.

D'après leur avis, nous représentâmes à l'administration que les motifs qui avoient engagé le gouvernement à dispenser des formalités rigoureuses de l'ordonnance de 1669 subsistoient encore dans toute leur force ; que le clergé, se trouvant toujours soumis à la retenue du dixieme en faveur des communautés religieuses, avoit les mêmes droits pour réclamer une dispense qui lui avoit été accordée pour l'indemniser de cette retenue. Les coupes des réserves n'étant jamais accordées sans un rapport préalable des officiers des maîtrises particulieres, qui étoit ensuite vérifié sur les lieux par le grand maître, ces précautions étoient suffisantes pour éclairer le gouvernement sur l'état des bois, sur leur destination, sur leur emploi, en un mot, pour régler cette partie de l'administration avec promptitude et sûreté; double avantage qu'on ne doit jamais perdre de vue.

Les anciennes formalités qu'on vouloit rappeller étoient une surcharge inutile, et les motifs de sagesse qui ont engagé à s'en écarter ont acquis une nouvelle force depuis que les cours se sont mises dans l'usage de n'accorder aucun enregistrement sans une instruction préalable. Cette instruction, toujours lente, toujours dispendieuse, le seroit bien davantage dans la plupart des parlements de province, où l'on est dans l'usage d'envoyer sur les lieux, et à grands frais, un commissaire du parlement, suivi d'un substitut du procureur général et du greffier. S'il arrivoit que la réserve à couper fût dans le ressort d'un parlement, et que l'emploi des deniers dût se faire dans le ressort d'une autre cour, il faudroit alors un double enregistrement, une double instruction. Sans un avantage réel pour le gouvernement, le produit des grandes réserves seroit notablement diminué, et celui des petites entièrement absorbé par les frais; et il étoit aisé de prévoir que plusieurs bénéficiers, justement effrayés de l'appareil de ces formalités, des lenteurs et des frais qui en seroient la suite, renonceroient à l'avantage si douteux de leurs coupes, et laisseroient dépérir leurs bois.

En supposant qu'il n'y eût pas les plus grands inconvénients à soumettre l'exploitation des réserves à la formalité des lettres-patentes, on ne pouvoit avec justice exiger du clergé, pour cet objet, un droit de marc d'or. Ce droit, établi dans le principe sur les seuls offices de judicature, a été étendu, par l'édit de 1770, aux *graces*, *honneurs*, *dignités* et *privileges* accordés par sa majesté : mais, d'après ces dernieres extensions, le marc d'or ne peut être exigé que pour des *graces* proprement dites, et il ne peut pas s'appliquer à des permissions qui ne sont que des autorisations de forme et de pure administration.

Si les bois mis en réserve sont soustraits à la jouissance usufruitiere des bénéficiers par des vues supérieures du gouvernement, cet ordre n'empêche pas que ces bois ne soient une propriété du bénéfice ; et quand les circonstances prévues par la loi, telles que le grand âge des bois, telles qu'un accident arrivé dans un bénéfice, et qu'il faut réparer, exigent l'exploitation d'une réserve, la permission qu'en donne le souverain est un acte de justice rigoureuse; c'est une simple autorisation pour exercer un droit réel et acquis, à laquelle le souverain n'a pas voulu faire supporter l'impôt onéreux dont il accompagne les graces qu'il accorde.

Tels sont les motifs que nous avons présentés avec la confiance que nous inspiroient la bonté de la cause et l'équité de ceux qui devoient la décider. M. le garde des sceaux, dans une lettre qu'il nous a fait l'honneur de nous écrire le 16 juillet dernier, a bien voulu nous envoyer une copie de celle qu'il venoit d'adresser sur cette matiere à M. de Beaumont. Dans cette lettre à l'administrateur, M. le garde des sceaux reconnoît toute la force des raisons qu'avoit exposées l'administration des domaines et bois, à laquelle nous avons remis un mémoire pour soustraire la permission des coupes à la disposition impérative de l'ordonnance de 1669, et s'en rapporte à sa prudence sur cet objet. En conséquence, les permissions accordées cette année pour l'exploitation des réserves ont été données par des arrêts du conseil portant la clause ordinaire de la dispense des lettres-patentes; et les bénéficiers mêmes, auxquels le conseil avoit fait expédier des arrêts à la charge de lettres-patentes, et qui pour cela avoient négligé de les retirer, en ont obtenu de nouveaux entièrement dégagés de ces entraves.

Quelque intéressante que fût, MESSEIGNEURS et MESSIEURS, et à la religion, et à l'état, la cause des pauvres communautés de religieuses, nous ne l'avons point traitée dans le mémoire que nous avons mis sous les yeux du ministere. Cette cause étoit puissamment défendue par la commission chargée de veiller aux intérêts de ces communautés. Nous ne devons pas vous laisser ignorer que nous sommes principalement redevables du succès de nos démarches dans cette affaire aux soins que se sont donnés MM. les commissaires, et particulièrement monseigneur le cardinal de la Rochefoucauld.

§ X.

Fours bannaux. Chapitre de Saint Malo. Conseil d'état.

SANS vouloir fixer, et moins encore justifier l'origine de toutes les bannalités qui existent dans le royaume, il est certain qu'un grand nombre dérive de conventions libres et volontaires, et ne laisse appercevoir qu'une compensation juste des sacrifices que les seigneurs ont faits pour l'avantage de leurs vassaux. Aujourd'hui que le temps a effacé les traces de cette origine, les vassaux ne veulent plus voir dans ces droits qu'une servitude pénible dont ils sont impatients de secouer le joug; les tribunaux eux-mêmes ont pour principe d'en resserrer l'exercice dans les bornes les plus étroites; et ce principe, favorable à la liberté publique, doit paroître intéressant à défendre: mais si ces droits, par-là même qu'ils portent quelque atteinte à cette liberté, ne sont pas suscesptibles d'extension et de faveur, il n'est pas moins certain qu'ils doivent être maintenus tels qu'ils sont, lorsqu'ils s'appuient sur des titres incontestables et une possession légitime; car alors ils prennent les caracteres d'une véritable propriété, et cette propriété, comme toutes les autres, doit reposer en sûreté sous la protection de la justice et la sauve-garde des loix.

Le parlement de Bretagne s'est écarté ouvertement de ces principes dans une affaire qui intéressoit le chapitre de Saint Malo, et dont nous sommes obligés de vous rappeller l'espece et les détails.

Il existe à Saint Malo une bannalité qui est l'inverse de la plupart des autres, puisqu'elle ne nuit point à la liberté des particuliers. Là, tous les habitants ont le droit de cuire chez eux le pain destiné à leur consommation et à celle de leur famille: mais les titres les plus multipliés, et une possession de plus de quatre cents cinquante ans, assujettissent ceux qui font cuire le pain pour autrui à le porter aux fours bannaux du chapitre, qui est seigneur de la ville conjointement avec M. l'évêque.

Au mépris de ces titres et de cette possession, le parlement de Rennes rendit un arrêt le 11 août 1778 qui maintenoit les boulangers de la ville de Saint Malo dans la faculté d'avoir des fours particuliers pour y faire cuire le pain de leur commerce, et tous les propriétaires de ces fours dans la liberté de les leur affermer.

Sur le compte qui fut rendu de cette affaire en 1780 par M. l'archevêque d'Aix, l'assemblée arrêta d'accorder ses bons offices au chapitre de Saint Malo, et nous fûmes chargés de donner une attention particuliere à l'instance pendante au conseil en cassation de l'arrêt. En exécution de vos ordres, nous avons suivi cette instance avec tout le zele que nous commandoient votre confiance et les devoirs de notre place; et nous avons eu la satisfaction d'obtenir la justice que vous réclamiez.

Les moyens de cassation qu'offroit l'arrêt étoient décisifs; ils ne pouvoient échapper à la sagesse du conseil. Le premier moyen se tiroit de la contravention à l'art. 49 de l'édit de 1695, qui veut que les ecclésiastiques jouissent de tous les droits, dîmes, justice, et de toutes autres choses appartenantes à leur bénéfice, et qui enjoint aux cours et juges de les y maintenir, quand même ils ne rapporteroient que des titres et preuves de possession. Les preuves de la possession du chapitre remontoient à son établissement même. Le procès verbal des commissaires qui, en 1321, mirent à exécution la bulle de sécularisation de l'église de Saint Malo, rapporte, dans l'énumération des revenus dont elle jouissoit, le four bannal de la ville: on voit même, par une transaction sur procès du 28 juillet 1362, passée entre l'évêque et le chapitre, d'une part, et les habitants de Saint Malo, de l'autre, qu'à cette époque personne n'avoit droit de four sans la permission du seigneur, et que la bannalité s'exerçoit de la maniere la plus étendue.

A l'appui de ces titres anciens, le chapitre invoquoit des arrêts du parlement, des reconnoissances envers le roi, des aveux des habitants, des lettres-patentes, ordonnances d'intendant, arrêts provisoires, etc. Nous n'entrerons pas dans la discussion de tous ces titres, qui, jusqu'à nos jours, établissent invinciblement la possession du chapitre; il nous suffit d'observer qu'elle étoit tellement reconnue, que, dans l'instance sur laquelle est intervenu l'arrêt du 11 juin 1778, les adversaires du chapitre n'ont osé élever aucun doute, ni sur le fait, ni sur les titres qui le constatoient. La contravention de l'arrêt à la disposition de l'édit de 1695 étoit donc manifeste, et seule elle auroit suffi pour anéantir l'arrêt, parcequ'elle formoit un titre légal et invincible que la loi met au-dessus de toute exception.

Le second moyen de cassation résultoit de l'atteinte portée par l'arrêt à un édit donné par Anne de Bretagne en 1513, ainsi qu'à un arrêt du conseil d'état, du 16 mai 1744.

Il s'étoit élevé, au commencement du seizieme siecle, des contestations entre les habitants de Saint Malo et le chapitre de cette ville. La reine Anne, voulant les terminer, fit mander d'envoyer des députés de part et d'autre revêtus de pleins pouvoirs, et elle régla, de leur consentement, tous les chefs de contestation par un édit du 8 novembre 1513. L'article 14, qui est relatif à la bannalité, est ainsi conçu : *Pourra chacun des habitants en ladite ville . . . . avoir un four en sa maison, auquel il pourra faire cuire son pain nécessaire . . . . . pour lui et sa famille seulement, sans en pouvoir vendre, et sans y cuire le pain des voisins; ains soient, en celui cas, ceux qui le feront, perpétuellement privés d'avoir four.* Cette décision de la reine Anne fut agréée de toutes les parties, et le consentement du chapitre et des habitants est rapporté dans l'édit même en ces termes : *Lesquels, volontairement et sans aucune contrainte, ont acquiescé, consenti pour agréable le présent arrêt, sentence et ordonnance.*

Rien de plus clair, de plus précis que la disposition de cet édit. Chaque habitant peut faire cuire chez lui le pain à son usage et à celui de sa famille : le boulanger, comme habitant, le peut aussi; mais son droit est borné là, et il en est déclaré déchu s'il cherche à l'étendre au pain de son commerce. Le parlement de Rennes a donc contrevenu à cet édit en affranchissant les boulangers de la bannalité du chapitre.

Or, sous quelque point de vue qu'on considere l'édit, ou comme ordonnance, ou comme jugement, il devoit faire loi pour le parlement, puisqu'il étoit émané de l'autorité souveraine, et qu'il avoit été adressé par la reine Anne aux gens de son conseil, cour de parlement et des comptes, avec injonction expresse de le garder inviolablement, sans l'enfreindre ni souffrir aucune chose être faite au contraire. Ne voulût-on même regarder cet acte que comme une simple transaction, on trouveroit encore que le parlement a enfreint les loix du royaume en relevant les habitants de leur acquiescement à cette transaction autrement que par la voie des lettres de rescision. Rien ne peut donc le justifier de s'être écarté des dispositions de l'ordonnance d'Anne de Bretagne. Ce titre, aussi respectable que décisif, littéralement exécuté pendant près de trois siecles, a été solemnellement confirmé par un arrêt du conseil du 14 octobre 1746. Le droit de bannalité étoit avoué alors, il ne s'agissoit que de régler quelques différends sur le prix de la cuisson et du poids public. Par l'article premier de cet arrêt, il est ordonné que le sieur évêque de Saint Malo et le chapitre de ladite ville seront tenus d'avoir dans différents quartiers de la ville autant de fours qu'il sera nécessaire pour le service public; et l'article 7 autorise chaque habitant à avoir dans sa maison un four pour son service seulement, conformément à l'édit de la reine Anne de 1513.

Aucun habitant de Saint Malo ne peut donc, aux termes de cet arrêt, avoir de four que pour son service, que pour lui et sa famille, comme le porte l'édit cité, et personne ne peut étendre l'usage de ce four particulier au service public, puisque le service public est réservé aux fours bannaux, et que c'est à raison de ce service que l'arrêt impose à M. l'évêque et au chapitre de Saint Malo l'obligation d'avoir autant de fours qu'il est nécessaire. Tel est le droit consacré par l'arrêt du conseil, droit qui méritoit d'autant plus d'être respecté, qu'en exécution de cet arrêt le chapitre venoit de faire une dépense considérable pour la construction de quatre nouveaux fours: c'est dans ce moment même que le parlement l'a privé de la bannalité.

On avoit objecté que, l'édit de la reine Anne ne nommant pas expressément les boulangers, ils ne devoient pas être compris dans la défense. Une pareille difficulté étoit bien frivole. L'édit défend à tout habitant de cuire chez lui du pain pour vendre; n'est-ce pas le défendre aux boulangers? Si le nom ne s'y trouve pas, l'objet de cette profession pouvoit-il y être plus clairement exprimé? La fabrication du pain destiné à être vendu caractérise encore

core mieux l'état de boulanger que la dénomination même. Le parlement de Rennes l'avoit ainsi jugé en 1623 en faisant défense aux boulangers de Saint Malo de cuire à leurs fours du pain, si ce n'est pour l'usage et la provision de leur famille seulement. En 1694 il avoit prononcé les mêmes défenses ; et, par un dernier arrêt rendu en 1773, le chapitre avoit été maintenu provisoirement dans son droit de bannalité contre les boulangers.

On cherchoit aussi à se faire un titre de l'avantage qui résulteroit de l'anéantissement de la bannalité. Si ce moyen étoit adopté, tous les droits féodaux seroient par-là même anéantis, puisqu'il n'est aucun de ces droits qui ne soit une charge pour les vassaux. *Et que deviendroit alors la propriété, ce bien si sacré auquel nos rois ont déclaré eux-mêmes qu'ils sont dans l'heureuse impuissance de donner atteinte ?* C'est la réflexion que faisoit M. Seguier, en déférant en 1775 à l'animadversion du parlement de Paris un ouvrage sur les inconvénients des droits féodaux.

La discussion de l'affaire du chapitre de Saint Malo ayant été soumise à l'examen du conseil du roi, il est intervenu arrêt le 14 janvier 1781 qui casse celui du parlement de Rennes, et tout ce qui s'en est ensuivi, et évoque les demandes et contestations.

Les adversaires du chapitre, cherchant à éloigner le jugement du fonds, ont tenté une demande au conseil, à l'effet d'être autorisés provisoirement à faire cuire le pain de leur commerce dans tels fours qu'ils jugeroient à propos. Cette demande étoit inadmissible, puisqu'il est de principe que la provision est due au titre et à la possession ; d'ailleurs le provisoire avoit été jugé au parlement de Rennes en 1773 en faveur du chapitre. L'arrêt de 1773, n'ayant pas été cassé, subsistoit dans toute sa force, et formoit un obstacle invincible contre toute demande provisoire : aussi elle a été rejetée par arrêt du conseil, du 14 janvier 1782, rendu contre les boulangers et contre les maire, échevins et habitants de Saint Malo. Ce second arrêt du conseil a ordonné que l'arrêt du parlement de Rennes, du 28 juillet 1773, seroit exécuté.

Les moyens employés pour la cassation de l'arrêt touchant au fond même de la contestation, il y a tout lieu d'espérer que l'arrêt définitif maintiendra le chapitre de Saint Malo dans son droit de bannalité.

§ XI.

Célestins de Lyon.

Biens réclamés par le roi de Sardaigne.

Conseil des dépêches.

PARMI les affaires dont le succès n'a pas répondu à nos vœux, il est sur-tout essentiel de vous faire connoître celles qui ont entraîné la discussion de quelques principes généraux dont il devient chaque jour plus indispensable de maintenir l'autorité. De ce nombre est l'affaire de la suppression des Célestins de Lyon, et la contestation que cette suppression a fait naître entre le roi de Sardaigne représentant le fondateur de la maison, et le syndic du diocese. En vous en rendant compte, notre intention est de vous faire voir que les principes importants, qui sembloient menacés dans tout le cours de la contestation, n'ont reçu aucune atteinte formelle par le jugement qui l'a terminée. Le caractere constitutif des fondations, leur irrévocabilité, la nature des clauses qui en limitent la durée, l'interprétation de ces clauses dans le cas de l'extinction d'un monastere; tels étoient les points principaux liés étroitement à cette affaire, et qui ont dû nous intéresser à sa défense.

Amédée VIII, comte de Savoie, ce prince célebre dans l'histoire de l'église, voulant consacrer au culte de la religion des biens qu'il possédoit entre le Rhône et la Saône, y fonda en 1407 un monastere de Célestins, dont l'ordre existoit depuis le treizieme siecle. Dans la crainte que ces fonds ne fussent un jour dissipés, il défendit aux religieux de les transférer, ou aliéner en tout ou partie, sans son agrément ou celui des comtes de Savoie ses successeurs, et inséra la clause expresse qu'en cas de contravention, lui ou ses successeurs rentreroient dans la propriété de la partie des biens qui auroit été aliénée. Ce sont les termes mêmes de l'acte de fondation.

Cette maison fut supprimée en 1778 en vertu d'un bref du pape Pie VI, revêtu de lettres-patentes duement enregistrées, et fulminé à l'officialité de Lyon le 30 septembre 1779. L'extinction de ce monastere fit vaquer les biens qui appartenoient aux religieux; et, le 26 novembre de la même année 1779, M. l'archevêque de Lyon, sur la requête du syndic du diocese, rendit un décret qui unit tous les biens du monastere au clergé de son diocese, pour être appliqués à des usages *pieux* et *utiles*, conformément aux dispositions du pape et aux intentions du roi.

On ignoroit alors l'intérêt que le roi de Sardaigne étoit en droit de prendre à la maison des Célestins de Lyon; sa qualité de représentant du fondateur n'étoit pas connue: mais on apprit que, le 11 mai 1780, il avoit formé, entre les mains de M. le procureur général du parlement de Paris, opposition à l'enregistrement de toutes lettres-patentes concernant la réunion ou l'emploi quelconque des biens des Célestins de Lyon: alors M. l'archevêque, sur une nouvelle requête du syndic de son diocese, se hâta de communiquer par les voies de droit, au roi de Sardaigne, son décret d'union de 1779, et supplia sa majesté sarde d'agréer les dispositions contenues dans le décret, ou d'expliquer ses intentions de la maniere qu'elle jugeroit plus à propos. Le roi de Sardaigne ayant gardé le silence pendant cinq mois, M. l'archevêque rendit un dernier décret, qui, faute de comparution, donnoit défaut contre le roi de Sardaigne duc de Savoie, et, pour le profit du défaut, ordonnoit que le décret du 26 novembre 1779 sortiroit son plein et entier effet.

Le roi de France, informé de l'opposition du roi de Sardaigne et de ses prétentions sur une partie des biens des Célestins en vertu de la clause insérée dans l'acte de fondation, et considérant qu'une réclamation de cette nature méritoit de sa part une attention particuliere, évoqua, tant l'opposition du 11 mai 1780, que toutes demandes formées ou à former relativement au même objet, circonstances et dépendances. C'est au conseil des dépêches que l'affaire s'est terminée.

Tels sont les faits principaux qu'il étoit essentiel de mettre sous vos yeux pour rendre plus sensible l'application des principes qui ont été invoqués dans cette affaire.

Le sens littéral de l'acte de fondation n'a souffert aucune difficulté. Le comte de Savoie avoit accordé des biens à ce monastere avec une clause de réversion dans le cas où ces biens seroient transférés ou aliénés: on en convenoit de part et d'autre. La question se bornoit donc à savoir si cette clause avoit été accomplie par l'extinction du monastere.

Les défenseurs du roi de Sardaigne prétendirent que le droit de retour étoit ouvert, soit parceque le don, ayant été fait exclusivement aux Célestins, devoit, à leur extinction, retourner naturellement à sa source, soit parceque leur suppression renfermoit l'espece d'aliénation qui, suivant la clause de l'acte, devoit opérer le retour des biens aumônés.

Le syndic du diocese de Lyon trouva sa défense dans les maximes du droit sur les fondations.

C'est un principe fondamental, que toute donation est, par sa nature, irrévocable; que le donateur se dépouille tellement de sa propriété, que la mort du donataire, que l'extinction même de sa famille n'opere point la réversion du don, sans une clause spéciale. Ce principe, proclamé hautement par les loix, loin de s'affoiblir lorsqu'il est appliqué aux fondations, doit en recevoir une nouvelle force, puisque toute fondation est un don privilégié, un don que la religion consacre, et sur-tout puisqu'ici le véritable donataire ne meurt jamais. Quel est, en effet, l'objet essentiel, l'intention premiere d'un fondateur? c'est de rendre un hommage à Dieu par le sacrifice d'une partie de ses biens ; c'est de les consacrer à l'accroissement de son culte : or cet hommage qu'il rend à la divinité, c'est à l'église universelle qui préside à son culte qu'il l'adresse, c'est elle qui l'accepte, c'est elle seule qui a le droit de l'accepter ; et lorsque la fondation a pour objet l'établissement d'un monastere, ce droit de l'église, toujours incontestable, devient bien plus sensible encore, puisque tout monastere a besoin de son autorité pour être établi, et de ses loix pour être gouverné. Il suit de là rigoureusement que, dans toute fondation, c'est l'église qui est le donataire, que par conséquent des biens aumônés pour un établissement religieux lui appartiennent irrévocablement, et qu'ils font toujours partie de son domaine, quelque révolution que subisse l'établissement particulier auquel ils avoient été destinés.

Ces maximes trouvoient ici une application directe. Le comte de Savoie avoit consacré des fonds à l'établissement d'un monastere de Célestins ; cet établissement avoit été détruit : ces fonds restoient donc de droit à la disposition de l'église, et les représentants du fondateur ne pouvoient les réclamer sur le motif que la maison des Célestins de Lyon avoit cessé d'exister.

Malgré la certitude inébranlable de ces principes, et quoiqu'il pût paroître naturel de penser que tout don fait à l'église est perpétuel et indéfectible comme elle, on reconnoît néanmoins que les dons des fondateurs peuvent être restreints, et que l'église, en acceptant une donation avec des clauses révocatoires, se lie elle-même par les conditions auxquelles elle se soumet, et sur la foi desquelles le fondateur consent à se dépouiller de ses biens.

Mais du moins on doit se hâter de conclure que le don du fondateur n'est révocable qu'en vertu d'une clause bien précise ; que la fondation étant perpétuelle par sa nature, le sens des termes qui la limitent doit être clairement déterminé ; et qu'il est sévèrement défendu de chercher à étendre ces restrictions sous prétexte d'analogie, ou par des inductions souvent trompeuses.

L'acte de fondation du comte de Savoie exprimoit une clause résolutoire en cas d'aliénation. Cette clause n'est pas rare dans les fondations. Le fondateur, qui veut affermir la destination de ses dons, et la mettre à l'abri de l'inconduite ou de la dissipation, menace la désobéissance à ses volontés de la perte de ces mêmes biens dont il consent à faire le sacrifice : mais, dans cette aliénation, doit-on comprendre aussi l'extinction du monastere ? non, sans doute. Puisque chaque clause est de rigueur, on doit en respecter la disposition littérale, et sur-tout ne pas chercher à suppléer ce qu'il eût été si facile au fondateur d'exprimer, s'il avoit eu l'intention qu'on lui suppose. Les termes mêmes de la fondation du comte de Savoie s'y opposoient ouvertement. Ils n'attachent la réversion des biens qu'à un acte défendu aux religieux : *Inhibemus vobis religiosis ac successoribus vestris*, est-il dit dans cet acte. Or la suppression d'un monastere n'est point et ne peut être un objet de défense pour les religieux. Enfin, indépendamment de ces raisons, et quand il seroit permis de donner à la clause la plus grande extension, les premieres regles d'analogie proscrivoient celle qu'on a voulu leur donner. Une suppression de monastere et une aliénation de biens de la part des religieux ne sont point une même chose, n'ont aucun rapport ensemble, et présentent même à l'esprit des idées entièrement disparates. La suppression n'est pas l'ouvrage de celui qui est supprimé ; l'aliénation est toujours le fait de celui qui aliene : par l'une, on est dépouillé en vertu d'une force majeure ; par l'autre, on se dépouille librement : dans les deux cas, on perd la propriété de ses biens ; mais, dans l'aliénation seule, on en dispose. Voilà deux causes, deux effets parfaitement distincts ; rien de moins identique ni de moins analogue : on ne pouvoit donc, sous aucun prétexte, appliquer à la suppression ce que la clause de l'acte avoit restreint au seul cas de l'aliénation de la part des religieux.

Pleinement convaincus de la solidité de ces moyens

et de leur liaison intime avec les principes fondamentaux sur les fondations, nous les avons développés dans un mémoire que nous avons présenté à plusieurs magistrats du conseil, et que nous avons appuyé par nos démarches.

Mais on a opposé au syndic du diocese de Lyon que les Célestins se trouvoient dans un cas particulier; que leur suppression avoit été volontaire, et même provoquée de leur part; que s'ils n'avoient pas aliéné leurs biens, ils avoient consenti, par des actes capitulaires, à ce qu'ils fussent aliénés; que leur acquiescement étoit très exprès, et que ce consentement formel équivaloit à une véritable disposition de leurs biens.

En reconnoissant à plusieurs égards la vérité de ce fait, nous étions loin d'admettre cette conséquence: nous pensions, en effet, avec le syndic du diocese de Lyon, que l'acquiescement des religieux n'avoit pas eu plus d'influence sur l'aliénation de leurs biens que sur l'extinction de leur monastere, et que l'une et l'autre étoient l'ouvrage de l'autorité entièrement indépendante de leur consentement.

Cependant il a été jugé par un arrêt du conseil des dépêches, du 12 janvier 1784, qu'attendu que la clause de réversion, stipulée dans la chartre de fondation, se trouve accomplie par le consentement que lesdits religieux Célestins ont donné à leur suppression, et le transport et abandon qu'ils ont fait de leurs biens au sieur archevêque de Lyon, sa majesté sarde, comme représentant le fondateur, seroit envoyée en possession de tous les objets énoncés et compris dans ladite chartre de fondation.

Malgré la défaveur de cet arrêt pour le clergé du diocese de Lyon, du moins on peut y voir qu'il a conservé aux principes généraux sur les fondations toute leur autorité; il n'attaque nullement l'irrévocabilité inhérente à leur nature: on ne peut en inférer que, dans le cas de l'extinction d'un monastere, les biens aumônés pour son établissement soient réversibles au donateur; on n'est pas même en droit d'en conclure que, lorsqu'il existe une clause expresse de retour en cas d'aliénation, la clause se trouve accomplie par-là même que le monastere est supprimé: l'arrêt tend seulement à établir que cette aliénation a lieu, lorsque les religieux supprimés consentent expressément à leur suppression et à la disposition de leurs biens.

Nous avons cru devoir, MESSEIGNEURS et MESSIEURS, vous faire part de cette affaire, et vous montrer que l'arrêt qui l'a terminée se borne à ce seul cas particulier, parceque des principes qui vous sont chers, des principes essentiels ayant été continuellement invoqués ou combattus pendant la contestation, il eût pu paroître naturel de croire qu'un jugement défavorable les avoit compromis.

§ XII.

Abbaye de S. Mesmin.

Biens aliénés.

Parlement de Paris.

LES volontés des fondateurs sont irrévocables; ce principe est de droit public. Comme la nation, intéressée à la puissance du souverain, a voulu rendre inaliénable le domaine des rois, ainsi les peuples, intéressés aux propriétés de l'église, ont voulu rendre inaliénable le domaine de la religion et des pauvres. Il importe à l'état que le trésor du culte public ne passe jamais en des mains étrangeres, que le nécessaire des indigents ne se perde point dans l'opulence des riches. Les biens du clergé sont consacrés par la piété publique. Les dons que les peuples ont faits à la religion, et que la religion partage entre le service des églises et les besoins des peuples, forment une mense commune; c'est un patrimoine universel, un domaine perpétuel, qui, passant successivement dans toutes les familles, y porte l'illustration, l'aisance ou le nécessaire, y féconde le talent, le mérite, l'industrie, et, conservant toujours la pureté de son origine, nous vaut le bonheur de de soulager le peuple, de faire chérir le prince et respecter la religion: aussi les loix protegent-elles les biens du clergé; elles ne permettent d'aliénation que dans des cas extraordinaires, et même alors leur sévérité atteste combien leur protection est vigilante et attentive; elles exigent des formalités dont l'observation leur paroît indispensable dans un acte qui blesse en quelque sorte le droit public de la nation.

Ces principes ont trouvé un nouvel appui dans un arrêt obtenu par M. de Rastignac, abbé de Saint Mesmin, qui poursuivoit au parlement le désistement d'une aliénation illégale faite par un de ses prédécesseurs.

L'abbaye de Saint Mesmin possédoit, dans la paroisse de Saint Avit de Maizieres, les droits de justice, de censive, de dîme et de présentation à la cure du lieu. M. Rose, abbé de Saint Mesmin, aliéna tous ces droits, en 1611, pour la somme de 3000 livres. Il disposa de cette partie de la dotation de son abbaye comme d'un bien profane dont il auroit eu la propriété. Cette vente ne fut point précédée de l'information *de commodo et incommodo*. Les religieux, essentiellement intéressés à ce changement, ne furent point appellés; on se dispensa même d'obtenir des lettres-patentes d'autant plus indispensables, que les biens aliénés appartenoient à un bénéfice consistorial et de fondation royale: on ne respecta pas davantage les loix de l'église reçues dans le royaume, qui interdisent aux laïques les dîmes ecclésiastiques, et qui défendent, sous des peines séveres, de vendre un droit de patronage personnel. L'aliénation n'étoit d'ailleurs d'aucune utilité pour le bénéfice; les réparations de l'abbatial, qui en furent le prétexte, étoient une charge personnelle du titulaire: c'étoit par conséquent sur ses revenus, et non sur les fonds de l'abbaye, que devoient se prendre les sommes nécessaires pour l'acquitter; enfin la lésion considérable, qui, comme l'observe la Combe, n'est point couverte par les solemnités, s'offroit ici de la maniere la plus frappante.

Une aliénation, dans laquelle toutes les regles avoient été violées, ne devoit pas subsister. M. l'abbé de Saint Mesmin a réclamé les droits de son abbaye. Un de ses prédécesseurs, M. l'abbé Gédoin, avoit formé la même demande en 1686. Par sentence des requêtes du palais, du 13 février 1692, il fut autorisé à rentrer dans la possession des différents objets aliénés, à la charge d'en laisser jouir les détenteurs pendant trente ans conformément à la déclaration de 1675, et de leur restituer la somme de 3000 livres. M. l'abbé Gédoin appella de cette sentence; mais la mort l'empêcha de suivre son appel. M. l'abbé de Rastignac a repris la procédure par acte du 19 septembre 1775.

La sentence dont il a relevé l'appel présentoit plusieurs irrégularités. 1°. Elle obligeoit le titulaire à restituer des deniers livrés à son prédécesseur, et employés par lui à acquitter une dette personnelle. Suivant notre jurisprudence, c'étoit aux héritiers de ce prédécesseur à restituer le prix de la vente. 2°. Cette sentence assuroit aux acquéreurs, pendant trente ans, la jouissance du bien aliéné, et par-là elle assimiloit une vente particuliere, faite contre toutes les loix, aux engagements contractés, avec la permission du souverain, pour cause de subvention publique.

M. l'abbé de Rastignac pouvoit, sans doute, suivre l'appel sur ces deux griefs: mais il s'est contenté de demander que son bénéfice fût réintégré dans sa propriété, en offrant de rembourser le prix de la premiere acquisition.

Les adversaires n'ont pas prétendu justifier l'aliénation en elle-même; ils ont seulement cru pouvoir écarter les demandes de M. l'abbé de Rastignac par des fins de non recevoir: pour cela, ils ont opposé, 1°. l'ancienneté de leur jouissance, dont ils ont voulu se faire un moyen de prescription; 2°. ils ont fait valoir des actes particuliers passés entre les possesseurs du bien aliéné et les abbés de

Saint Mesmin, par lesquels, ont-ils dit, la premiere aliénation a été affermie; 3°. ils ont soutenu que la déclaration de 1702 interdisoit aux bénéficiers toute recherche contre les possesseurs des biens aliénés qui avoient acquitté la finance fixée par cette même déclaration.

Nous avons dû, MESSEIGNEURS et MESSIEURS, nous réunir à M. l'abbé de Saint Mesmin pour repousser des moyens ouvertement contraires à vos principes. Nous avons représenté aux magistrats chargés du jugement de cette affaire, 1°. que, dans la circonstance, l'ancienneté de l'aliénation ne pouvoit donner ouverture à la prescription. C'est un principe de droit, que le laps de temps ne peut légitimer une possession lorsqu'on présente le titre vicieux qui en est la source, lorsqu'on prouve que ce titre et sa nullité ont toujours été connus des possesseurs, et sur-tout lorsqu'on établit que leur jouissance a été constamment troublée par ceux qui ont eu intérêt à la combattre. Tels étoient les caracteres de la possession des adversaires de l'abbaye. M. l'abbé de Saint Mesmin présentoit le titre d'aliénation de 1611, et en démontroit les nullités. Ces biens ont passé aux différents acquéreurs sous le titre de biens aliénés par l'abbaye de Saint Mesmin, et les abbés de Saint Mesmin n'ont cessé de réclamer contre cette aliénation. Ils l'ont attaquée en 1630, 1641, 1663, jusqu'en 1692, en 1722, en 1769. Il n'y a donc aucune époque où les détenteurs du bien de l'abbaye aient eu cette jouissance ferme et tranquille qui fait présumer la bonne foi, et sans laquelle il ne peut y avoir de prescription. Ce premier moyen étoit donc entièrement inapplicable dans la circonstance.

2°. Les actes particuliers, invoqués par les adversaires de l'abbaye, n'avoient pas plus de force pour écarter les poursuites de M. l'abbé de Rastignac. Ils ont opposé d'abord un arrêt rendu en 1625 contre un abbé de Saint Mesmin, et dont le motif fut que le défenseur de l'abbé *n'avoit su dire cause valable pour soutenir l'appel.* Un motif aussi extraordinaire dans une affaire de cette nature a dû faire soupçonner une action collusoire. On a demandé pourquoi cet arrêt n'avoit pas été signifié dans le temps aux abbés de Saint Mesmin, pourquoi il ne leur a pas été opposé en 1630, pourquoi il ne l'a pas été dans les autres époques où ils se sont élevés contre l'aliénation: mais, en laissant à l'écart les circonstances particulieres, nous avons insisté sur les principes généraux qui devoient déterminer notre intérêt. L'arrêt qu'on opposoit avoit été rendu sans le concours des gens du roi; et, selon vos principes, l'intervention du ministere public étoit nécessaire pour prononcer sur les droits de l'église, et particulièrement sur ceux d'une abbaye de fondation royale. Les religieux de l'abbaye venoient d'être reçus, en 1781, parties intervenantes au procès; ils avoient formé contre cet arrêt leur tierce opposition, et, dans vos principes, cette opposition détruisoit entièrement la fin de non recevoir qu'on vouloit trouver dans l'arrêt. On a objecté aussi une transaction faite par M. de Chepy, abbé de Saint Mesmin, par laquelle il renonçoit à la revendication des biens aliénés: mais on n'a présenté qu'un simple projet qui n'a jamais eu d'exécution; et quand même ce projet auroit été consommé, il n'auroit pu obliger les successeurs, puisque le ministere public n'y étoit pas intervenu.

Mais de toutes les fins de non recevoir, la plus contraire à vos principes étoit celle qu'on faisoit naître de la déclaration de 1702. Les adversaires de l'abbaye avoient acquitté la finance exigée par cette loi, et ils prétendoient avoir acquis, par ce moyen, la propriété incommutable des droits dont ils jouissoient. Cette prétention, si elle eût été adoptée, tendoit à enlever aux bénéficiers le droit de revenir contre les aliénations les plus illégales, dès qu'elles seroient antérieures au commencement de ce siecle.

Nous avons d'abord représenté que les auteurs qui ont discuté cette loi ne lui ont jamais accordé l'effet qu'on vouloit lui attribuer dans la cause ; ils ont tous pensé qu'elle avoit voulu rendre irrévocable les aliénations générales faites dans le cours du seizieme siecle pour cause de subvention publique, mais que les aliénations isolées, consenties par les bénéficiers pour des motifs particuliers, étoient toujours restées sous l'empire des loix générales. Pour ne laisser aucun doute sur la solidité de cette distinction, nous avons fait voir qu'elle étoit fondée sur le texte même de la déclaration.

1°. Le préambule de la déclaration annonce que la déclaration est intimement liée avec le contrat que le clergé venoit de passer avec le roi. Le souverain, après avoir rappellé ce contrat, ajoute : *Au moyen de quoi il ne nous reste plus qu'à faire expédier nos lettres de déclaration sur ce nécessaires, etc. Voulons et nous plaît, conformément au contrat passé entre nosdits commissaires et députés dudit clergé, etc.* Ainsi les dispositions de la loi et celles du contrat ont un rapport nécessaire. Ce que le souverain ordonne par sa déclaration est conforme à ce que les commissaires ont demandé au clergé, à ce que le clergé a accordé. Or les commissaires ont demandé, au nom du roi, que le clergé renonçât *à la faculté qu'il avoit conservée jusqu'alors de retirer les biens aliénés, dans le temps des guerres civiles, pour la conservation de la religion et de la couronne.* Ce sont les expressions dont ils se servent; et le clergé, par sa délibération, accorde uniquement que *les détenteurs des biens ci-devant aliénés sur les ecclésiastiques du royaume, suivant les formes de droit, et par permission des rois, pour fournir aux subventions depuis l'année 1556, en deviennent possesseurs incommutables.* Les dispositions de la loi regardent donc uniquement ces aliénations faites pour cause de subvention.

2°. Par la même déclaration de 1702, art. 5, les bénéficiers sont préférés aux détenteurs des biens du bénéfice, et peuvent y rentrer en payant une taxe modérée. S'il avoit été question, dans cette loi, des aliénations particulieres faites par les ecclésiastiques, il s'ensuivroit qu'un bénéficier auroit pu annuller des actes de vente ou d'échange les plus réguliers; ce qui eût été souverainement injuste: mais il étoit naturel que les églises, si elles le desiroient, pussent rentrer dans les biens qu'elles avoient aliénés pour cause de subvention, puisque nos rois avoient déclaré plusieurs fois que ces biens n'étoient qu'engagés.

3°. Toutes les circonstances viennent à l'appui de cette interprétation de la loi. La déclaration ne consacre que les aliénations qui ont commencé en 1556, et c'est l'époque où ont commencé les aliénations générales pour le secours de l'état. Elle rend propriétaires incommutables les acquéreurs dont la jouissance avoit été prolongée par des loix antérieures, et ces loix antérieures ne sont relatives qu'aux aliénations pour cause de subvention. Avant cette déclaration, il existoit des loix sur la validité des aliénations ecclésiastiques, et ces loix n'ont pas été révoquées. Enfin le souverain déclare, art. 11 de la même loi, qu'il n'entend pas préjudicier au droit qu'ont les bénéficiers de rentrer dans les biens de leurs églises qui ont été usurpés. Il n'a donc pas voulu consacrer toutes les aliénations, puisqu'une aliénation illégale est appellée une usurpation par les jurisconsultes. Ainsi l'opinion des jurisconsultes, le préambule de la loi et ses dispositions, s'élevoient contre l'extension que l'on vouloit lui donner. Ce systême ne pouvoit faire illusion à des magistrats éclairés. L'arrêt qui est intervenu a condamné le détenteur des biens de l'abbaye à s'en désister au profit de M. l'abbé de Saint Mesmin.

§ XIII.

Nous allons vous rendre compte, MESSEIGNEURS et MESSIEURS, d'une affaire considérable à laquelle nous n'avons pu refuser nos soins. Vos principes nous ont paru compromis; nous devions les défendre: mais, nous ne craignons pas de l'avouer devant vous, nous les avons défendus à regret, parcequ'on n'a semblé les invoquer que pour s'en faire un abri contre ses propres engagements: c'est l'affaire malheureuse de l'abbaye de Chaalis, dont tous les biens ont été saisis. Nous croyons d'autant plus important de la mettre sous vos yeux, que nous attendons de votre sagesse les moyens de prévenir, dans la suite, des affaires de ce genre, dans lesquelles il est aussi pénible de réclamer nos principes, qu'il est affligeant de les voir combattus.

Abbaye de Chaalis.
Emprunt.
Saisie réelle.
Grand-Conseil.

Les religieux de l'abbaye de Chaalis, ordre de Cîteaux, qui avoient déja contracté près de 900,000 livres de dettes, obtinrent du roi, le 27 mars 1767, des lettres-patentes qui leur permettoient d'emprunter à constitution de rente jusqu'à concurrence de 50,000 livres, pour en être par eux fait emploi à l'acquit des dettes actuelles exigibles dont ils se trouveroient grevés, et d'affecter et hypothéquer, pour sûreté de cet emprunt, tous les biens et revenus de leur mense conventuelle, à la charge par eux de rembourser les sommes qui leur seroient ainsi prêtées, dans le cours de dix années au plus tard, à compter du jour de l'enregistrement des lettres-patentes.

Sur la foi de ces lettres duement enregistrées au parlement, un particulier remplit, en 1768, l'emprunt ouvert par les religieux, passa un contrat de constitution de la somme entiere au denier 25, et, conformément aux lettres-patentes, il stipula l'emploi de ses deniers à l'acquit des dettes exigibles, et sa subrogation aux anciens créanciers.

En 1771, trois ans après, le créancier demanda qu'on

lui justifiât, et de l'emploi de la somme, et de la subrogation qui devoit être exprimée dans les quittances.

Les religieux n'ayant pu satisfaire à cette double demande, il obtint contre eux une sentence du Châtelet, qui les condamna à rembourser le capital : ils formerent opposition à cette sentence ; mais bientôt, sur l'expédient offert par eux-mêmes, il fut rendu, en 1772, après les conclusions du ministere public, une seconde sentence du Châtelet, qui les condamna à restituer la somme de 50,000 livres dans l'espace de trois ans, et, en attendant, d'en payer les intérêts au taux de l'ordonnance, c'est-à-dire à cinq pour cent.

Les religieux déclarerent capitulairement, et pardevant notaire, qu'ils acquiesçoient à la pleine et entiere exécution de ces jugements, et qu'ils renonçoient à se pourvoir contre eux par toute voie de droit.

Ainsi, en vertu des lettres-patentes, le remboursement auroit dû s'opérer en 1777, dix ans après leur enregistrement. Par la sentence d'expédient de 1772, il devoit être effectué en 1775 ; et cependant, en 1783, les religieux n'avoient encore fait aucun pas vers leur libération. A cette époque, le créancier, fatigué de tant de délais, fit saisir réellement toutes les possessions de l'abbaye. Le commissaire aux saisies réelles provoqua, de son côté, un bail judiciaire. Bientôt les immeubles de l'abbaye alloient être mis en vente et adjugés, lorsque l'autorité royale arrêta toutes ces poursuites également ruineuses et humiliantes, en évoquant au grand-conseil toute cette contestation.

Les religieux concluoient à ce que les sentences du Châtelet fussent infirmées ; que la saisie réelle et le bail judiciaire fussent déclarés nuls ; que le créancier fût déclaré non recevable à leur demander le remboursement du capital, aux offres par eux d'en payer la rente au denier 25, suivant les clauses du contrat. On demandoit contre eux que la saisie réelle et les baux judiciaires fussent maintenus.

Tel

Tel étoit l'état de cette affaire, lorsqu'elle parvint à notre connoissance, appuyée des plus fortes recommandations.

Il étoit sans doute affligeant de voir une communauté religieuse exposée aux rigueurs et à la honte d'une vente par décret; de la voir se dissoudre par les vices de son administration, et présenter aux regards du public l'effrayant tableau de ses dettes; de voir passer en des mains étrangeres des possessions immenses qu'une destination primitive avoit consacrées pour toujours à l'église; et il étoit à craindre que le jugement de cette affaire n'ébranlât les principes sur l'inaliénabilité des biens ecclésiastiques: sous ce point de vue, elle étoit digne du plus grand intérêt.

Mais, d'une autre part, elle s'offroit sous un jour bien propre à désintéresser. Des religieux avoient sollicité des lettres-patentes pour ouvrir un emprunt; ces lettres leur avoient été accordées à la charge d'un remboursement, et ce premier engagement n'avoit pas été rempli. Ils avoient été autorisés à affecter leurs biens fonds pour sûreté de l'emprunt; sans cette hypotheque, l'emprunt ne pouvoit avoir lieu; et après avoir profité de cette autorisation pour emprunter, ils soutenoient, contre leur créancier, que des lettres-patentes n'avoient pu imprimer cette hypotheque sur leurs biens. Leur contrat stipuloit des clauses essentielles, et ces clauses n'avoient pas été remplies. Deux sentences, auxquelles ils avoient acquiescé, les condamnoient au remboursement, et ils demandoient que ces mêmes sentences fussent infirmées. Enfin ceux qui s'intéressent à l'honneur et à la gloire du clergé ne pouvoient s'empêcher de craindre que cette contestation ne donnât lieu d'accuser nos maximes d'être un asyle ouvert à la mauvaise foi.

Partagés entre ces différents intérêts, jaloux de maintenir les regles qui assurent la stabilité de vos biens, mais desirant par-dessus tout de maintenir la fidélité religieuse qui est due à des engagements contractés sous la foi publique, voici, MESSEIGNEURS et MESSIEURS, la marche que nous crûmes devoir suivre.

D'abord, en considérant la question sous le point de vue le plus général, en ne voyant, d'une part, que les lettres-patentes qui ordonnent le remboursement à une époque fixe, et, de l'autre, un contrat de constitution, nous avons pensé que, dans la rigueur du droit, les principes pouvoient être invoqués pour les religieux; non qu'ils fussent excusables de n'avoir point effectué un remboursement qui leur avoit été prescrit par le souverain, sur lequel le créancier avoit dû compter; et auquel les religieux s'étoient soumis eux-mêmes (rien ne pouvoit, sans doute, les justifier à cet égard), mais parceque l'action, à fin de les y obliger, ne résidoit que dans le souverain, ou dans le ministere public chargé de l'exécution de ses volontés, et nullement dans le créancier. Les droits du créancier étoient dans l'acte qu'il avoit passé avec ses débiteurs; cet acte étoit un contrat de constitution. Un tel contrat, par sa nature, emporte toujours l'aliénation du capital; il est de son essence de priver irrévocablement le créancier du droit d'en réclamer le recouvrement: le créancier ne pouvoit donc l'exiger sans contredire son propre titre. Il est vrai que les lettres-patentes obligeoient les débiteurs au remboursement; mais, en n'autorisant qu'un emprunt par constitution, elles ôtoient en même temps au créancier la faculté de le demander. Les religieux, en le refusant, violoient l'engagement qu'ils avoient pris avec le roi; mais ils ne manquoient pas à celui qu'ils avoient contracté envers le créancier: ils trompoient ses espérances; mais ils ne blessoient pas ses droits.

C'est sous ce point de vue général que cette affaire nous fut d'abord présentée; et quoique déja la demande des religieux nous parût peu favorable, et qu'il nous en coûtât d'être obligés de défendre les droits de ceux dont nous improuvions les actions, ce sentiment n'obscurcit point à nos yeux la vérité des principes, et nous les opposâmes aux poursuites du créancier.

Mais nous ne tardâmes pas à nous appercevoir que l'affaire nous avoit été imparfaitement exposée ; que ce contrat n'avoit pas été fait libre de conditions et de clauses; qu'on y avoit stipulé, suivant l'usage, et l'emploi des deniers, et la subrogation des nouveaux créanciers aux droits et privileges des anciens, et que ces clauses si essentielles, et sur la foi desquelles le contrat avoit été conclu, n'avoient pas été exécutées par les religieux : et comme il est de principe que les conditions des contractants sont les premieres loix des traités, nous ne balançâmes pas à conclure contre les religieux que, par cela seul, ils avoient donné lieu à la résolution du contrat, et que le créancier avoit d'autant plus de droit de redemander son capital, que, par l'inexécution de ces clauses, sa rente devenoit moins assurée. Cette conséquence, rigoureusement déduite, acquit une nouvelle force, lorsque nous apprîmes que, faute par les religieux de justifier de l'exécution des clauses, deux sentences les avoient condamnés au remboursement; que la seconde de ces sentences avoit été rendue de concert avec eux ; qu'ils y avoient acquiescé formellement par une délibération capitulaire, et lui avoient imprimé par-là la force d'un arrêt; qu'ils l'avoient même constamment exécutée depuis, en acquittant l'intérêt de cinq pour cent auquel elle les condamnoit: ainsi tout se réunissoit pour autoriser le créancier à poursuivre la résolution de son contrat et la restitution de son capital; et nous étions bien loin de vouloir lui contester un droit qu'il avoit acquis par tant de titres.

Mais, en regardant comme incontestable ce droit du créancier auquel les religieux ne pouvoient opposer rien de solide, le desir de prévenir l'aliénation de leurs biens nous fit chercher tous les moyens possibles pour les défendre contre la saisie réelle, et pour établir que le droit qu'avoit le créancier de reprendre son capital ne devoit s'exercer que sur leurs revenus.

Pour parvenir à ce but, nous n'eûmes garde de prétendre, avec les religieux, que les lettres-patentes du souverain n'avoient pu hypothéquer leurs biens fonds, sur le prétexte qu'un statut de l'ordre de Cîteaux exigeoit une autre formalité : c'étoit aux religieux, qui connoissoient leurs statuts, pour qui seuls ces statuts étoient des loix, à la remplir avant de solliciter les lettres-patentes; mais il étoit inconcevable qu'ils voulussent faire tourner au détriment de leur créancier leur propre inexactitude, et qu'ils opposassent la prétendue nécessité d'une formalité inconnue, à celui qui avoit reçu du souverain, sur la demande même des religieux, l'assurance solemnelle que son capital seroit garanti par les biens du monastere. Nous avons donc pensé que cette hypotheque, établie suivant les formes usitées pour tous les emprunts des bénéficiers, étoit hors de toute atteinte : et quoiqu'il paroisse infiniment naturel de croire qu'en général ce qui a été légitimement hypothéqué à la sûreté d'une somme, peut être légitimement saisi par celui qui a droit de réclamer cette somme; que par conséquent, en reconnoissant le droit du créancier de l'abbaye de Chaalis de redemander son capital, il semble également naturel de reconnoître qu'il pouvoit l'exercer sur les biens fonds qui lui servoient de sûreté ; nous crûmes pouvoir écarter cette conséquence par les réflexions suivantes sur la nature de l'hypotheque dont les biens religieux peuvent être affectés.

Nous observâmes que l'intention du législateur, en autorisant l'hypotheque pour l'emprunt des religieux de Chaalis, n'avoit certainement pas été que les biens ainsi hypothéqués fussent un jour aliénés, puisque, bien loin de là, il avoit témoigné, en ordonnant le remboursement, qu'il ne vouloit pas même qu'ils fussent long-temps grevès de cette hypotheque ; que toutes les clauses des lettres-patentes tendoient évidemment à la conservation des biens du monastere, et qu'il paroissoit bien difficile de concevoir que des clauses conservatoires pussent être des titres pour demander l'aliénation de ces biens; que, dans le dessein d'en prévenir la dissipation, le souverain n'avoit consenti à l'emprunt que sous la condition expresse que la somme qui en proviendroit serviroit à acquitter d'anciennes dettes ; que l'hypotheque étant une suite nécessaire de l'emprunt, elle devoit être soumise à la même condition de l'emploi des deniers ; que cette condition étant clairement exprimée dans les lettres-patentes, le créancier, en prêtant son argent, devoit s'assurer de son exécution pour s'assurer par-là de son hypotheque; qu'il devoit, en passant les contrats de constitution, exiger que le capital par lui fourni demeurât en dépôt chez un notaire jusqu'au paiement effectif des anciens créanciers, avec obligation de l'appeller, lors de cet emploi, pour veiller à ses intérêts, et à ce que ses créanciers, par leurs quittances, le subrogeassent expressément à leurs droits et hypotheques ; que cette précaution étoit prescrite par tous les canonistes ; qu'elle étoit nécessaire à l'égard des communautés ecclésiastiques comme à l'égard des mineurs ; qu'il ne devoit pas ignorer qu'en autorisant cet emprunt, le roi n'avoit pas voulu, qu'il n'avoit pas même pu rendre les fonds du bénéfice responsables de ce qui ne seroit pas employé pour l'utilité du bénéfice ; que l'hypotheque sur les biens ecclésiastiques devoit s'assimiler à un privilege sur un héritage; que l'un et l'autre étoient le prix, non d'un argent donné pour un usage quelconque, mais d'un argent donné et employé pour la chose même; et que, par la même raison, on n'auroit pas droit de réclamer un privilege, si, en fournissant une somme pour l'acquisition d'un héritage, on ne prenoit pas le soin d'assurer cette destination, en faisant insérer dans le contrat qu'elle avoit servi à payer le prix de l'héritage. De même aussi il paroissoit qu'on n'a un droit véritable à l'hypotheque sur les biens d'un bénéfice qu'en faisant servir ses deniers à l'avantage du bénéfice, suivant les vues du souverain lorsqu'il a autorisé l'hypotheque, et en prenant les précautions nécessaires pour que cette destination ne soit pas trompée ; que, si l'hypotheque sur les biens fonds étoit indépendante de l'emploi de la somme prêtée, tous les biens ecclésiastiques pourroient se dissiper par la voie des emprunts, et qu'on éluderoit par-là les formalités rigoureuses que les loix exigent pour les aliénations; qu'à la vérité les religieux étoient inexcusables d'avoir détourné les 50,000 livres de leur destination ; mais que le créancier devoit aussi s'imputer de n'avoir pas veillé sur l'emploi auquel le souverain avoit attaché l'hypotheque ; que cependant l'inexécution des clauses du contrat, étant du fait des religieux, donnoit ouverture à la demande en cassation du contrat, et autorisoit le créancier à demander le remboursement de son capital; mais qu'il paroissoit naturel d'en conclure qu'il ne pouvoit le demander que sur les revenus et non sur les biens fonds.

Voilà par quels moyens, je dirois presque par quels efforts, nous cherchâmes à concilier, autant qu'il étoit possible, les droits incontestables des créanciers de bonne foi, avec les principes qui veillent à la stabilité des biens ecclésiastiques.

Cependant un arrêt du grand-conseil, du 31 mars 1784, a confirmé la saisie sur tous les biens de l'abbaye : mais tout nous porte à croire que cet arrêt a été l'ouvrage des circonstances, et nous ne pouvons dissimuler qu'elles paroissoient bien impérieuses.

L'inexécution des clauses du contrat donnoit incontestablement au créancier le droit de redemander son capital. Nous pensions, il est vrai, qu'il ne lui étoit permis de le réclamer que sur les revenus de l'abbaye, et nous n'avons rien épargné pour appuyer ce sentiment :

mais les circonstances résistoient à l'application que nous voulions en faire. La dette immense sous laquelle étoit accablée la communauté de Chaalis l'avoit réduite à un tel état de détresse, que, malgré les efforts de l'administration actuelle, ses revenus étoient encore au-dessous de ses charges. Ce genre de biens n'offroit donc aucun moyen d'acquitter une dette devenue exigible. Dans cette circonstance, le grand-conseil, obligé d'ordonner le remboursement, mais dans l'impossibilité de l'établir sur des revenus qui n'existoient pas, a cru devoir faire céder le droit du bénéfice à celui du créancier, et a confirmé la saisie des biens, qui, seuls, pouvoient acquitter la dette: mais il a voulu en même temps que toutes les poursuites fussent suspendues pendant un an, et cette disposition est une sorte d'hommage rendu à nos principes; elle nous annonce que c'est à regret qu'il a consenti à l'aliénation de ces biens, et qu'il a pensé que ce n'est qu'après l'épuisement de tous les moyens, qu'il est permis d'avoir recours à cette derniere ressource.

La nature de l'affaire dont nous venons d'avoir l'honneur de vous rendre compte, MESSEIGNEURS et MESSIEURS, semble nous inviter à vous soumettre quelques réflexions qu'elle nous a fait naître. Nous avons été frappés, et vous l'êtes sans doute avec nous, de l'énormité de la dette que des religieux ont contractée. Si, pour se libérer de cette dette immense, ils sont réduits à aliéner les fonds du monastere jusqu'à la concurrence de pareille somme, quelle perte pour l'église à qui ces fonds étoient consacrés! quelle perte pour la matiere imposable!

Comment une seule communauté a-t-elle pu s'obérer à ce point? Nous ne cherchons point à exagérer ses fautes; elle a, sans doute, éprouvé des malheurs qu'il seroit injuste de lui imputer: mais, parmi les causes d'un si grand dérangement, on doit compter sans doute aussi une excessive facilité à former des emprunts, dont plusieurs même n'ont pas été revêtus d'une autorisation légale ; une négligence prodigieuse à appliquer les sommes empruntées à l'emploi qui lui étoit prescrit, enfin la plus grande inexactitude à faire les remboursements ordonnés. Ces mêmes vices d'administration, qui peuvent entraîner la ruine des plus beaux établissements, existent peut-être dans d'autres communautés, et n'attendent qu'une occasion pour éclater d'une maniere aussi funeste. L'exemple que nous venons de mettre sous vos yeux autorise ces craintes, et vous demande, MESSEIGNEURS et MESSIEURS, les moyens de prévenir, pour la suite, de semblables désordres.

L'assemblée de 1780 a cru qu'il étoit important de solliciter une déclaration du roi qui défendît à tous les bénéficiers, corps et communautés religieuses, de faire aucun emprunt sans l'autorisation spéciale de l'évêque diocésain, et qui leur défendît aussi de consentir aucune constitution de rente que sous la condition expresse qu'il seroit fait un fonds destiné à rembourser chaque année une partie des capitaux. L'affaire malheureuse de l'abbaye de Chaalis fait sentir de plus en plus la sagesse de ces précautions : mais elle avertit en même temps que ces précautions ne suffisent pas ; que ce n'est pas assez que les communautés religieuses ne puissent faire que des emprunts nécessaires, et que les remboursements leur soient ordonnés, mais qu'il importe souverainement qu'on puisse s'assurer, et de la destination des deniers empruntés, et des remboursements qui sont prescrits. Pour cela, MESSEIGNEURS et MESSIEURS, ne pensez-vous pas qu'il conviendroit de demander au souverain que l'évêque ou le syndic diocésain eût le droit d'étendre sa surveillance sur ce double objet ? En réunissant ces précautions, les emprunts des bénéficiers deviendront plus rares, les intentions du souverain seront toujours remplies, la confiance des créanciers ne sera pas trompée, la destination des deniers sera sûre, l'emprunt ne pourra

pourra devenir une charge perpétuelle du bénéfice, et les établissements ecclésiastiques ne seront jamais exposés au danger de succomber sous le poids de leurs engagements.

Nous souhaitons à nos successeurs de n'avoir jamais à se montrer dans une affaire où le clergé ait ainsi à séparer ses droits de sa délicatesse, et dans laquelle la probité du corps puisse s'alarmer du zele même qu'inspire pour ses intérêts l'honneur d'être appellé à les défendre.

§ XIV.

Abbaye de Saint Faron.

Droits de justice et de seigneurie.

M. L'INSPECTEUR GÉNÉRAL du domaine a cru pouvoir attaquer les droits de justice et de seigneurie dont jouit l'abbaye de Saint Faron sur le fauxbourg de Meaux, appellé Saint Faron, et sur les territoires de Neufmoutier et de Penchard.

L'abbaye, pour justifier ses droits, a présenté quelques titres échappés aux flammes qui ont embrasé le monastere pendant les guerres de religion; elle a invoqué les monuments de notre histoire qui attestent la célébrité de cette abbaye et la nobilité de ses biens; et elle s'est principalement appuyée sur une possession éclatante, qui, soutenue par une foule d'actes, remonte, sans interruption, jusqu'au treizieme siecle.

M. l'inspecteur du domaine n'a pas pu contester cette possession; mais il a prétendu qu'elle n'avoit d'autre principe qu'une usurpation. Il soutenoit que les biens formant la dotation de l'abbaye n'étoient point des fiefs, soit parceque ceux qui les avoient donnés ne les possédoient point en fief, soit parcequ'à l'époque des fondations invoquées par l'abbaye les seigneuries n'existoient pas encore. Ces biens, passés à l'église sans aucun titre de nobilité, n'avoient pu en acquérir par la suite. Des biens amortis ne suivent pas les révolutions sociales; ils continuent d'être dans l'état où ils étoient avant l'amortissement. M. l'inspecteur concluoit de ces principes que l'abbaye pouvoit, à la vérité, posséder des héritages et des rentes foncieres, mais sans aucune justice ni seigneurie, et il a réclamé l'une et l'autre pour le roi en vertu du comté de Champagne et de Brie réuni à la couronne.

A quoi seroient réduits les établissements les plus respectables, non seulement aux yeux de la religion, mais même à ceux de la société, si, après une possession de plusieurs siecles, leur état pouvoit être contesté sous le vain prétexte d'une usurpation?

Les nouvelles idées de M. l'inspecteur attaquoient surtout les évêchés et les abbayes; et, d'après son systême, on se seroit fait un titre de leur ancienneté même pour combattre leurs droits.

Nous représentâmes aux magistrats chargés de prononcer sur cette affaire l'intérêt qu'y prenoit le clergé; nous observâmes que la possession, qui est la base sur laquelle repose la propriété d'un grand nombre de particuliers, acquéroit une nouvelle force quand elle s'appliquoit aux propriétés de l'église. L'article 7 de l'édit d'Amboise de 1572, les articles 47 et 54 de l'ordonnance de Blois, les articles 26 et 30 de l'édit de Melun, et l'article 49 de l'édit de 1695, veulent que les ecclésiastiques soient maintenus dans les biens, dîmes, seigneuries et justices appartenant à leurs bénéfices, quand même ils ne rapporteroient que des preuves de possession.

L'arrêt du conseil d'état du roi, du 7 août 1781, a confirmé ces principes. M. l'inspecteur général du domaine a été débouté de ses demandes, et l'abbaye de Saint Faron a été maintenue dans la propriété, possession et jouissance, tant de sa haute, moyenne et basse justice, que de sa seigneurie directe, et de tous les droits en dépendants, dans le fauxbourg de Saint Faron de Meaux, et sur les territoires de Penchard et de Neufmoutier.

§ XV.

LORSQUE, vivement pénétrés de la nécessité de venir au secours des ministres de la religion, vous annonciez à toute la France l'augmentation prochaine de la portion congrue, nous avons été bien étonnés d'apprendre qu'au nom du souverain on élevoit des difficultés dans une province sur le paiement de cette même portion déja si insuffisante.

Portion congrue acquittée par le domaine.

Menues fournitures.

Honoraires du prédicateur.

Le domaine du roi jouit de la dîme dans la paroisse d'Antibes. A ce titre il avoit toujours payé exactement la portion du curé et des vicaires, et acquitté les autres charges des décimateurs; mais, depuis quelques années, le directeur du domaine et ses préposés ont paru méconnoître cette obligation. Le curé et ses vicaires ayant réclamé leur portion à l'échéance des termes indiqués par la loi, ils ont été plusieurs fois repoussés sur le prétexte, ou qu'il n'y avoit point de fonds suffisants, ou que les différents créanciers du domaine éprouvoient tous des retards, que les états du roi n'étoient point arrêtés, ou enfin qu'ils n'avoient point encore été envoyés au directeur. Les préposés du domaine prétendoient même en 1782 pouvoir se faire un titre contre la demande des vicaires, de ce que ceux-ci ne communiquoient point au domaine l'extrait des lettres-patentes du 12 mai 1778 portant augmentation de 50 livres, comme si cette loi publique pouvoit être ignorée du domaine quatre ans après avoir été rendue, et sur-tout après qu'un arrêt du conseil, du 16 mai 1778, avoit positivement ordonné qu'elle fût exécutée à l'égard des vicaires d'Antibes. C'est sur de semblables motifs que le domaine éludoit, ou du moins qu'il reculoit sans cesse un paiement rigoureusement exigible. Instruits de ces vaines difficultés qu'on opposoit aux demandes les plus légitimes, nous nous empressâmes d'en faire part à l'administration, et de lui en marquer toute notre surprise. Nous représentâmes que la portion congrue étoit la premiere dette du décimateur; que c'étoit une charge privilégiée, une pension alimentaire, qui ne devoit être compromise par aucun événement; que sa modicité, aussi-bien que sa destination, devoient la garantir de tout retard; que la loi de 1768 avoit expressément ordonné qu'elle seroit payée de quartier en quartier, et par avance; que cette disposition étant générale et impérative, nul n'avoit droit de s'y soustraire; que le souverain lui-même, en qualité de décimateur, étoit soumis à sa propre loi, et que c'étoit outrager en même temps sa justice et ses sentiments que de vouloir ici réclamer une exception en sa faveur.

Ces raisons furent senties du ministre. Il donna promptement des ordres au directeur d'Aix pour qu'il fît cesser les plaintes du curé et des vicaires d'Antibes. Mais ce qui doit paroître étrange, c'est qu'il a fallu que ces ordres ministériels aient été renouvellés quatre fois en trois années; tant étoit fécond l'art des préposés du domaine pour susciter à chaque instant des difficultés nouvelles.

Le paiement de la portion congrue n'a pas été le seul objet des réclamations du clergé d'Antibes; il s'est plaint aussi de ce que le domaine refusoit de payer les *menues fournitures* connues en Provence sous le nom de *clerc et matiere*, et de ce qu'il avoit retranché un quart des honoraires du prédicateur du carême.

Au refus de payer les menues fournitures, nous avons opposé les lettres-patentes du 15 mai 1779, dont les dispositions à cet égard sont aussi claires que précises par rapport aux décimateurs de Provence; et quant à la réduction des honoraires, nous avons observé à l'administration que la ville d'Antibes seroit infailliblement privée de prédicateurs, si l'ancienne rétribution, déja assez modique, éprouvoit une diminution aussi considérable et aussi peu motivée. Sur ces raisons, il a été donné des ordres au directeur de la généralité d'Aix pour que cette double charge, dont l'objet étoit privilégié, fût acquittée dorénavant avec exactitude par le domaine.

§ XVI.

Brevet de conservation de la chasse accordé à Mgr. le duc d'Orléans dans le duché de Valois.

UN brevet accordé par sa majesté à M. le duc d'Orléans, le 12 juin 1784, pour la conservation de la chasse sur toutes les terres appartenantes aux gens de main-morte dans l'étendue du duché de Valois, nous avoit inspiré de justes alarmes, et par l'atteinte qu'il portoit aux droits des seigneurs de fiefs ecclésiastiques dans ce duché, et par les suites dangereuses que pouvoit avoir une concession de cette espece pour toutes les propriétés.

On paroît quelquefois ignorer, ou du moins on oublie trop souvent, que toutes les propriétés sont liées par des rapports communs, tellement étroits, qu'ils ne permettent pas qu'aucune d'elles soit ébranlée sans danger pour toutes les autres. C'est une erreur que de prétendre isoler la défense de ses droits, et c'est souvent une faute grave que d'abandonner légèrement ses propres intérêts. Celui qui soutient ses droits protege ceux des autres; et celui qui les néglige, quand on les attaque, compromet souvent les intérêts de ceux qui n'oseront plus se défendre en de pareilles circonstances. Tout se tient, tout s'enchaîne sous les yeux de la loi, dans l'ordre des possessions et des privileges. Les corps, plus à portée de veiller à la conservation de leurs propriétés, que les particuliers; les corps, qui ont une volonté plus courageuse, plus ferme, plus permanente, et qui jouissent de l'autorité d'une grande considération, donnent au reste des hommes l'exemple de l'ordre dans l'administration de leurs biens, et celui d'une juste défense dans le maintien de leurs droits. Ainsi les corps, par leur vigilance, leurs lumieres, leur zele, et leur activité, ont des titres bien mérités à la reconnoissance publique.

Sous le prétexte que le duché de Valois étoit désolé par des braconniers, on avoit engagé M. le duc d'Orléans à demander au roi un brevet de conservation; et le roi, en l'accordant à ce prince, *défendoit à toutes personnes de chasser, à quelque chasse que ce pût être, sans une permission expresse et par écrit de M. le duc d'Orléans, et ce, tant qu'il plairoit à sa majesté ; et pour l'exécution de ce brevet, et la punition des délinquants, sa majesté commettoit les officiers de la capitainerie de Villers-Cotterets.*

Le brevet avoit été enregistré en la maîtrise des eaux et forêts de Villers-Cotterets, le 3 août 1784.

Instruits de cette concession, nous nous sommes empressés de prendre les moyens nécessaires pour en arrêter les conséquences, et pour obtenir qu'elle fût entièrement révoquée.

Il nous a paru incontestable que le brevet accordé à M. le duc d'Orléans, pour la conservation de la chasse dans le duché de Valois, privant du droit de chasse les ecclésiastiques de cette contrée qui possedent des terres et des fiefs par les titres de leurs bénéfices, tendoit, par cela même, à dépouiller par-tout le clergé de ce droit.

Le droit de chasse est, par sa nature, un droit féodal et honorifique, inviolable, ainsi que toutes les autres propriétés; droit féodal pour le seigneur de fief, droit honorifique pour le seigneur haut-justicier.

Dans l'origine de la monarchie, ce droit étoit, comme chez les Romains, attaché par-tout à la propriété de l'héritage. On chassoit sur son propre fonds, et l'on pouvoit empêcher les autres d'y chasser. Telle étoit, du temps des premiers Francs, la regle de cette espece de propriété. Ils suivoient les principes que rappelle Justinien : *Qui alienum fundum ingreditur venandi aut aucupandi gratiâ, potest à domino, si is praeviderit, prohiberi ne ingrediatur.*

Liv. 2. t. 1. art. 12. *de ses instituts.*

La loi salique contenoit aussi plusieurs réglements pour la chasse; mais ces réglements n'étoient proprement que des loix de police qui protégeoient plus particulièrement ce droit général de propriété. En comparant l'article où Justinien parle de la chasse, on seroit tenté de croire que le titre 35 de la loi salique a été rédigé dans le même esprit, si l'on ne savoit pas que l'étude du droit romain est postérieure de plusieurs siecles à l'établissement de cette loi. Ce rapprochement nous a paru digne de remarque : quand la législation d'un peuple qui a passé par tous les degrés de la civilisation, et conservé des formes de liberté, se rapproche ainsi des loix simples d'une nation assez voisine de l'état de nature, elle présente en sa faveur un préjugé bien favorable.

Quoi qu'il en soit, le droit de chasse, regardé comme propriété privilégiée et distincte de celle de l'héritage où on l'exerce, c'est-à-dire du domaine utile, le droit de chasse n'a vraiment commencé qu'avec le système féodal; et, comme la plupart des autres droits qui tiennent à ce système, il est fondé sur une possession dont on ne peut fixer avec précision l'origine.

Du moment où le mot de fief a eu une acception déterminée, le droit de chasse a été regardé comme en faisant essentiellement partie. De là cette regle de Loysel: *Qui a fief, a droit de chasse.* Les possesseurs de fiefs, naturellement jaloux de cette prérogative agréable à des hommes belliqueux, en firent une loi dans l'étendue de leurs domaines : au moyen des défenses qu'ils publierent chacun dans son territoire, ce droit exclusif fut reconnu comme un droit inhérent au fief; et, à mesure que les seigneurs ont détaché par acensement des portions de leurs fiefs, ils se sont réservé la chasse sur les terres acensées.

Institut. coutumieres, liv. 2. tit. 2. art. 51.

Cette marche a été lente peut-être, mais nous la retraçons avec fidélité. D'abord et long-temps le seigneur, et même tout propriétaire, pouvoit empêcher de chasser dans ses forêts, héritages et garennes. Les établissements de S. Louis le défendent, sous peine d'amende, et nous voyons que les anciennes coutumes de Beauvoisis, rédigées en 1283, établissent les mêmes défenses : elles vont même jusqu'à condamner à mort ceux qui chassoient de nuit dans la garenne du seigneur (et cela fait horreur); mais quant au droit, établi depuis, de chasser sur les terres de ses vassaux, et d'interdire la chasse à tout autre, il n'étoit pas encore connu.

La premiere loi générale et précise, que nous connoissions sur cette matiere, est une ordonnance de Charles VI, rendue en 1386, qui restreint la faculté de chasser aux personnes *nobles*, et qui, par conséquent, associe à ce privilege les ecclésiastiques compris dans cette classe dès l'origine de notre législation. La même ordonnance conserve ce droit, nommément aux *gens d'église*, et même aux *non-nobles* qui en avoient le privilege; ce qui s'entendoit particulièrement des roturiers, quels qu'ils fussent, propriétaires de fiefs.

Il est aisé de puiser dans les ordonnances, depuis cette époque, une tradition écrite, non interrompue, dont notre principe est le résultat incontestable. Ainsi, par exemple, François Ier a reconnu, par son ordonnance de 1515, le droit qu'avoient les *seigneurs* de chasser dans leurs forêts, buissons et garennes. L'ordonnance de 1533 défend la chasse à tous gens, de quelque qualité qu'ils soient, *réservés les nobles.* A la vérité cette ordonnance n'a pas été enregistrée au parlement de Paris; elle a même été abolie par une autre ordonnance de l'année suivante; mais elle peut être citée comme un monument de plus qui indique l'esprit du temps, et la disposition d'une loi favorable aux ecclésiastiques, en ce que les nobles y sont réservés.

Art. 108. L'ordonnance d'Orléans, de 1560, maintient les gentilshommes (et par conséquent les ecclésiastiques) en leur droit de chasse *ès terres où ils ont droit.*

L'ordonnance de 1578 défend la chasse *à toute personne n'y ayant droit*, et la réserve *à tout propriétaire de fiefs.*

L'ordonnance de 1581, après avoir renouvellé la même défense, réserve expressément la chasse à la *noblesse*

blesse (et par conséquent aux ecclésiastiques) *ès cas et ainsi qu'il est porté aux anciennes ordonnances.* Art. 2.

L'édit de 1596, rapporté par Saint Yon dans sa Chronologie, contient *défense de chasser* pour toute personne *n'y ayant droit.* Toutes personnes *y ayant droit* sont donc exceptées.

A mesure que les temps se rapprochent, les loix deviennent plus précises. L'ordonnance rendue par Henri IV, au mois de janvier 1600, réserve *aux seigneurs de fiefs*, sans distinction, la faculté de chasser dans leurs forêts, buissons et garennes, même tirer de l'arquebuse *en l'étendue de leurs fiefs, et sur les terres, eaux et marais qui en dépendent, soit par eux-mêmes, soit par leurs garenniers, receveurs et domestiques.* Et qu'on n'objecte pas, quant aux biens ecclésiastiques compris dans le ressort du parlement de Paris, que l'ordonnance de 1600 n'y a pas été enregistrée ; car celle de 1601, qui l'a été dans ce parlement, contient la même disposition et les mêmes réserves. Art. 4. Art. 5.

Tels sont les principaux résultats que présentent sur cette matiere nos anciennes ordonnances.

Mais celle de 1669, qui régit incontestablement le royaume, fixe clairement, et sans qu'il soit besoin de recourir à l'analogie, le privilege de tout seigneur de fief, quant au droit de chasse. Dans l'article 14 du titre des chasses (c'est le 30e de l'ordonnance), le législateur s'exprime ainsi : *Permettons à nos seigneurs...... de chasser noblement...... dans leurs forêts, buissons, garennes et plaines.* Par l'art. 18, il déclare les seigneurs hauts-justiciers *en droit de chasser sur toute l'étendue de leur haute-justice*, et il réserve en même temps le droit des seigneurs de fiefs qui seroient enclavés dans la haute-justice. Voilà sans doute le droit du seigneur de fief bien clairement établi, bien déterminé ; cependant, par une déclaration du 12 octobre 1699, Louis XIV lui-même a cru devoir développer le principe de la loi qu'il avoit faite, et en indiquer expressément l'esprit. Il supprime, par cette déclaration, plusieurs des capitaineries, et il expose ainsi le motif de cette suppression.

« L'attention, dit-il, que nous donnons en toutes « choses à ce qui peut contribuer au soulagement des su- « jets, nous a fait remarquer avec peine le grand nombre « de capitaineries qui se sont établies dans notre royaume, « sous différents prétextes, et qui, *privant les seigneurs de « fiefs ou de haute-justice d'un droit qui leur est acquis par « nos ordonnances*, dépouille leurs terres *d'un de leurs « principaux droits*, ou en diminue la valeur. »

Rien de plus positif et de plus énergique. Par respect pour les propriétés, le législateur détruit un abus qui attaque *un des principaux droits* des seigneurs de fiefs, *un droit qui leur est acquis par les ordonnances.*

Aussi est-ce une maxime unanimement consacrée par les auteurs les plus estimés, que le droit de chasse appartient aux seigneurs de fiefs. Nous avons cité la regle de Loysel ; nous pourrions y joindre l'autorité de tous les jurisconsultes modernes. Despeisses, tom. III de ses œuvres, *Droits seigneuriaux*, tit. 6, sect. 7, nomb. 2 ; Pocquet, l'un des oracles du droit féodal, *Regles du Droit françois*, liv. 5, chap. 5, tit. 5, nomb. 12 ; Bourjon, *Droit commun de la France*, 4e part., chap. 1er, n° 1er ; le célebre Pothier, *Domaine de propriété*, n° 34 ; Prévôt de la Jannes ; l'annotateur d'Argou, y sont formels, et mettent en principe que le droit de chasse est essentiellement *attaché à la qualité de seigneur féodal.* Si nous voulions parcourir les arrêts qui attestent la jurisprudence sur cette question, nous multiplierions à l'infini les citations ; mais elles nous paroissent superflues, lorsque les loix se sont expressément et textuellement expliquées.

Nous nous contentons de rappeller ici que deux maximes générales à cet égard ont été invariablement consacrées dans les tribunaux. La premiere, c'est que le seigneur de fief est reçu à intenter plainte contre celui qui le trouble dans l'exercice du droit de chasse : or, l'action en complainte suppose un droit réel. La seconde, c'est que le seigneur de fief peut empêcher de chasser tous les censitaires, *soit roturiers, soit même gentilshommes.* Nous avons vu récemment un arrêt du 6 mai 1780 qui fait défense au sieur de Mainville, trésorier de France, de chasser sur les rotures à lui appartenantes dans l'étendue de la seigneurie du président de Boisgilbault. Le droit de chasse doit donc être rangé au nombre des propriétés, ainsi que le fief même. En dépouiller le seigneur du fief, c'est le priver d'une partie réelle de son fief ; et, quelle que soit la qualité du seigneur, il seroit aussi injuste de lui enlever ce droit que de lui ôter le domaine auquel il est attaché.

L'objection, que les ecclésiastiques ne peuvent exercer par eux-mêmes le droit de chasse, seroit aussi ridicule que frivole. Autant vaudroit objecter au propriétaire d'un bien que, s'il ne peut pas l'exploiter lui-même, il n'en a pas la propriété. Nos princes, en supposant le cas où les seigneurs de fiefs ne pourroient exercer en personne le droit dont nous examinons ici les bases, leur ont permis de l'exercer par leurs *garenniers, receveurs et domestiques.* Pour pouvoir conclure de la qualité des ecclésiastiques, qu'ils n'ont pas le droit de chasser dans leurs fiefs, il faudroit soutenir que les terres des bénéficiers sont d'une nature différente de celles des autres citoyens. Mais cette these, aussi impolitique que déraisonnable, est détruite par les ordonnances de nos rois. Ordonnance de 1600.

Charles IX, dans son édit de 1572, art. 7, donné à Amboise, dit : « Et pour ce que l'une des principales et « plus fréquentes voies de fait, dont notre royaume est « travaillé, provient de l'usurpation violente et indue que « font plusieurs de nos sujets du temporel *des bénéfices,* « *censives, terres, dîmes et champarts dépendants d'iceux,* et « que ce mal naît principalement de ceux qui, ayant leurs « maisons, terres et vignes, voisines desdits bénéfices. . . .

« voulons que ceux qui présentement usurpent lesdits « lieux et bénéfices aient à en laisser la possession vuide « dans la huitaine. »

La question qui nous occupe peut se réduire à des termes bien simples qui doivent la décider par la seule maniere de l'exposer. Point de loi en France qui n'atteste le respect du souverain pour les propriétés de ses sujets ; point de prétexte qui puisse leur porter atteinte. L'ecclésiastique propriétaire et citoyen a, comme le laïque propriétaire et citoyen, des droits dont les loix sont la sauve-garde.

Or il est aisé de voir que le brevet accordé à M. le duc d'Orléans privoit les bénéficiers et autres propriétaires ecclésiastiques du duché de Valois du droit de chasse attaché à leurs fiefs, et d'une partie de leurs droits de justice.

Donner la conservation de leurs chasses à M. le duc d'Orléans, c'étoit leur ôter la faculté d'y mettre des gardes.

Défendre à toutes personnes de chasser sur leurs terres sans permission de ce prince, c'étoit les priver du droit d'y faire chasser leurs domestiques, quoiqu'une loi formelle les y autorise; c'étoit les priver de la prérogative, qui caractérise le véritable propriétaire, d'user comme il veut, quand il veut, et par qui il veut, de sa propriété.

Commettre les officiers de la capitainerie de Villers-Cotterets pour la punition des délits, c'étoit ôter aux ecclésiastiques hauts-justiciers le droit de justice et de gruerie attaché essentiellement à leur propriété.

M. le duc d'Orléans n'avoit besoin, pour rendre hommage à nos droits, que d'en entendre l'exposé. Nous connoissions trop bien cet auguste prince pour ressentir la moindre inquiétude sur le succès de nos représentations: aussi l'avons-nous pris pour juge dans sa propre cause; et sa décision s'est trouvée, comme nous l'avions prévu, conforme à la justice et contraire à l'intérêt particulier de sa demande. Il n'a pas balancé à renoncer à une concession qui auroit blessé les droits d'autrui ; et non seulement il a donné des ordres pour que le brevet qui lui avoit été accordé n'eût pas d'exécution ; mais, averti que la loi avoit parlé, et persuadé que le véritable honneur et la premiere gloire des princes est d'obéir à la loi, ne voulant pas d'ailleurs qu'il restât dans les archives de sa maison le germe d'une prétention, le simulacre d'un titre contraire à la justice, il a renvoyé le brevet qui lui avoit été accordé.

§ XVII.

Taille. Curé de Germigny.

LES lettres-patentes de 1624 et 1626 déclarent *les ecclésiastiques séculiers et réguliers immuns et exempts de toutes tailles, aides, charges, impositions quelconques, dont les seigneurs et personnes nobles sont exempts ;* et cette exemption embrasse l'universalité de leurs biens, soit de patrimoine, soit de bénéfice. Dans la suite, il est vrai, pour prévenir des abus, on crut devoir la réduire, quant à l'exploitation des terres labourables, au nombre de terres que les nobles ou ecclésiastiques peuvent commodément faire valoir par eux-mêmes : mais les loix, en établissant cette restriction, rendent hommage au privilege, et en maintiennent l'exécution sur tout le reste.

Cependant le curé de Germigny, dans la généralité de Paris, avoit été compris au rôle de la taille de sa paroisse pour une maison qu'il avoit achetée à vie. La circonstance qui l'avoit déterminé à faire cette acquisition sembloit seule lui mériter la faveur de l'exemption. Ne pouvant parvenir à faire mettre la maison presbytérale en état, il s'étoit décidé, en attendant la reconstruction de cette maison, à se pourvoir d'une autre ; et cet arrangement, onéreux pour lui seul, étoit tout à l'avantage de ses paroissiens : il étoit d'ailleurs incontestable, d'après les loix du royaume, qu'on n'avoit aucun droit de l'imposer à la taille pour raison de cette acquisition. Nous nous en plaignîmes donc à M. l'intendant de Paris, et nous obtînmes, le 30 septembre 1784, la décharge de l'imposition, et des ordres pour que le curé ne fût plus imposé à l'avenir pour la maison dont il s'agissoit.

§ XVIII.

Taille tarifée.

Curés d'Alençon.

LA forme adoptée dans quelques endroits pour le prélévement de la taille ne peut changer la nature de cette imposition, ni par conséquent préjudicier à l'exemption du clergé. Son privilege seroit illusoire, si, pour l'anéantir, il suffisoit de donner à l'impôt une dénomination nouvelle ou une forme de perception différente.

Dans la ville d'Alençon, la taille est tarifée, et se paie, par remplacement, sur les denrées de consommation. L'adjudicataire du tarif voulut assujettir les ecclésiastiques de cette ville au paiement des droits pour les denrées destinées à leur usage. Nous déférâmes cette infraction de nos privileges à M. l'intendant d'Alençon. Ce magistrat, dans sa réponse du premier septembre 1782, nous témoigna sa surprise de la conduite de l'adjudicataire; il reconnut que, cette imposition étant représentative de la taille personnelle, tout ecclésiastique en étoit par-là même exempt, et nous assura qu'il alloit donner des ordres à l'adjudicataire pour qu'il cessât des poursuites dans lesquelles il succomberoit nécessairement. Depuis ce moment, les curés d'Alençon n'ont plus été troublés dans la jouissance de leur privilege.

§ XIX.

Vingtiemes.

Exemption de la retenue sur les rentes ecclésiastiques.

Religieuses Ursulines de Toulon.

LES rentes possédées par les bénéficiers, communautés et autres établissements faisant partie du clergé de France, sont exemptes de la retenue des impositions royales. Cette exemption, qui fait partie de vos immunités, a été reconnue par les déclarations du 27 octobre 1711 et du 8 octobre 1726. Si l'édit du mois de mai 1749, portant création du vingtieme, n'en fait pas une mention expresse, elle s'est toujours soutenue par la seule notoriété du droit, et a été confirmée par un arrêt du conseil rendu en forme de réglement général le 23 décembre 1751 sur la perception des vingtiemes.

Appuyés de ces autorités, qui toujours ont dirigé les décisions du conseil du roi, nous avons réclamé avec succès, pendant notre agence, cette partie de vos privileges qu'on a cherché à éluder.

Les religieuses de sainte Ursule de Toulon avoient placé, en 1770, en deux contrats de constitution, un capital de 13,000 livres dans un emprunt qui fut ouvert par les secrétaires du roi près la chambre des comptes de Provence, pour raison d'une augmentation de finance à laquelle le roi venoit de les assujettir.

Les rentes acquises aux religieuses par ce placement leur furent hypothéquées spécialement, tant sur cette augmentation de finance que sur les gages en provenant; et il fut expressément stipulé, dans les contrats, qu'elles leur seroient acquittées franches de toute imposition royale, et notamment des vingtiemes et sous pour livre d'iceux.

Les religieuses jouirent paisiblement de cette exemption jusqu'en 1777.

A cette époque, les secrétaires du roi voulurent leur retenir, et les vingtiemes, et les sous pour livre; et pour empêcher leurs réclamations, ils chercherent à élever des doutes dans leur esprit sur la validité même de leur acquisition, comme ayant été faite sans lettres-patentes, malgré l'article 14 de l'édit de 1749.

Ce moyen détourné ne pouvoit être d'aucun avantage pour leur prétention. Il étoit d'abord très naturel de penser que cette acquisition de rentes n'avoit pas dû subir la nécessité des lettres-patentes. L'édit de 1749 autorise en effet les main-mortables à acquérir, sans cette formalité, des rentes sur le roi. Or les religieuses avoient regardé et avoient dû regarder leur argent comme placé sur le roi, puisqu'il servoit à une augmentation de finance créée par le roi, qu'il avoit été versé dans le trésor royal, et que le roi s'étoit rendu, par son édit, garant de l'emprunt qu'il autorisoit.

Mais, en supposant que cette difficulté eût été réelle, les secrétaires du roi pouvoient seulement en conclure que l'acquisition de la rente étoit nulle, mais non que la rente devoit subsister avec la retenue des vingtiemes. Cette derniere conséquence n'avoit aucune liaison avec le principe qu'ils avançoient.

Cependant, pour se mettre à l'abri de toute difficulté, les religieuses crurent devoir solliciter des lettres-patentes confirmatives, en tant que de besoin, de leur acquisition. Nous appuyâmes fortement leur demande, qui nous avoit été recommandée par l'assemblée de 1780. Ces lettres ont été obtenues, comme elles le desiroient, au mois de mai 1781. Le roi y approuve formellement l'acquisition, et de plus ordonne que les clauses et conditions exprimées dans les contrats seront fidèlement exécutées. Nous avons déja remarqué que, parmi ces clauses, se trouvoit expressément l'exemption de toute retenue.

Ainsi tout prétexte de refus a été levé, et l'exemption que réclamoient les religieuses, qui déja leur appartenoit par le seul privilege du clergé, qui ensuite leur avoit été confirmée par la stipulation expresse portée dans les contrats, leur a été de nouveau assurée par les dispositions littérales des lettres-patentes.

§ XX.

Vingtiemes. Dot de religieuse. Hôtel-Dieu de Péronne.

SUR un prétexte non moins frivole on a voulu soumettre aussi à la retenue des vingtiemes une rente de 75 livres qui avoit été constituée pour servir de dot à une religieuse de l'hôtel-Dieu de Péronne. Le débiteur de la rente, après une longue contestation dont le détail seroit ici entièrement étranger, a prétendu se faire un moyen du défaut d'amortissement de cette rente.

On

On lui a opposé qu'une dot de religieuse étoit exempte de ce droit; qu'aux termes précis de l'article 2 de l'arrêt du conseil d'état du 13 avril 1751, servant de réglement général sur les droits d'amortissement, une somme donnée à des communautés sans aucune fondation ne peut y être sujette, et qu'une rente servant de dot représente uniquement cette somme; qu'en remontant au principe de l'amortissement, on voit qu'il n'a été établi que pour tenir lieu de dédommagement des pertes qu'éprouveroient le souverain et le public sur des biens sortant du commerce sans pouvoir y rentrer; qu'une rente donnée pour dot de religieuse, sans stipulation d'emploi ni de fondation, n'est pas un bien de ce genre, puisque la communauté peut en disposer librement comme d'un mobilier; que la déclaration du 16 juillet 1702 et l'édit du mois de mai 1708 prononcent très positivement, à l'égard de cette espece de rente, l'entiere exemption de ce droit; qu'enfin il étoit étrange qu'un particulier prétendît se faire un titre de l'existence d'un droit domanial que les préposés du domaine eux-mêmes n'avoient point réclamé, et qu'ils reconnoissoient hautement ne leur être point dû.

Les principes et leur conséquence ont été consacrés dans cette affaire. Le parlement de Paris, saisi de la contestation, a ordonné, par son arrêt du 9 avril 1785, que les arrérages de la rente de 75 livres seroient payés aux supérieurs et religieuses de l'hôtel-Dieu de Péronne, sans aucune retenue d'impositions royales. Pieces justificatives p. DXVIII

§ XXI.

Droits d'aides. Vin de passion. Curé de Coiffy. Cour des aides de Paris.

Il est peu de privileges qu'il nous soit permis de réclamer avec plus de confiance que celui qui nous assure l'exemption des droits d'aides. A nos titres généraux d'immunités se réunit ici un titre bien remarquable, puisque c'est aux sacrifices consentis par le clergé en 1561, que nos rois doivent d'être rentrés dans la jouissance de ces mêmes droits ; et ce titre, recommandable dans son origine, s'est affermi par chacun des engagements que le clergé a renouvellés, depuis cette époque, avec l'hôtel-de-ville. Dans le principe, le clergé reçut l'assurance d'être pour toujours affranchi de cet impôt. Cette assurance fut depuis consignée dans tous ses contrats, et en devint partie intégrante. Cependant ce privilege, quoique toujours reconnu, n'a point conservé sa généralité primitive : la loi de 1680 l'a resserré dans des bornes étroites ; mais du moins elle prononce en termes précis, art. 1er, tit. 9, l'exemption du droit connu sous le nom de droit *de gros*, pour tous les vins provenants du crû des bénéfices et des titres sacerdotaux ; et le roi, en 1775, rappellant cette disposition de la loi, a promis solemnellement qu'il n'en permettroit jamais l'infraction. L'autorité de cette promesse et l'évidence de la loi vous mettent sans doute à l'abri d'une infraction ouverte, mais elles ne peuvent garantir des interprétations arbitraires ; et ces interprétations, ressources inépuisables de la mauvaise foi, nous imposent chaque jour la nécessité de défendre une exemption qui sembloit ne devoir plus recevoir d'atteintes.

L'ordonnance de 1680, ne reconnoissant l'exemption du droit *de gros* que sur deux sortes de vins, celui du crû du bénéfice et celui du titre sacerdotal, a cru devoir prendre des précautions pour qu'on ne cherchât point à étendre ce privilege.

Elle ordonne, d'une part, art. 4, tit. 9, que les ecclésiastiques, lorsqu'il sera procédé à l'inventaire de leur vin après les vendanges, déclarent séparément la quantité de vin du crû de leur bénéfice, et celle qu'ils auront recueillie de leur patrimoine ; et elle leur enjoint aussi, art. 6 du même titre, de donner une déclaration, par tenants et aboutissants, de la quantité de vignes qui sont du temporel du bénéfice. Faute d'avoir observé l'une ou l'autre de ces formalités, elle prononce contre eux la déchéance de leur privilege.

Ainsi la loi borne l'exemption du clergé ; et cette exemption restreinte, elle la fait encore dépendre de ces deux conditions.

Sur le double prétexte de la limitation du droit et des formalités imposées par la loi, les commis aux aides, dans le diocese de Langres, prétendirent, en 1781, pouvoir assujettir au droit *de gros* le sieur Henriot, curé de Coiffy, pour les $\frac{4}{5}$ de ses vins, et lui refuserent, pour la premiere fois, les congés nécessaires pour la vente.

Ce curé recueilloit annuellement trois sortes de vins de son bénéfice, le vin des vignes de la cure, le vin des dîmes, et le vin connu sous le nom de *vin de passion*. Cette derniere espece de vin est une offrande volontaire, d'un usage ancien et général dans le canton, que les paroissiens accordent à leur curé, en reconnoissance des prieres qu'il fait dans le cours de l'année pour attirer les bénédictions du ciel sur les biens de la terre. Le curé de Coiffy n'avoit aucun vin de patrimoine, et ne recueilloit absolument que ces trois sortes de vins.

Pour se conformer aux dispositions de l'ordonnance, il avoit d'abord donné la déclaration, par tenants et aboutissants, de l'étendue de ses vignes ; et quant à la quantité de vin recueilli, il en avoit fourni l'inventaire, en 1781, comme les autres années, sous l'énonciation générale de vin de bénéfice.

Ces formalités avoient suffi, les années précédentes, pour lui assurer l'entiere exemption des droits de gros pour tous ses vins ; mais l'abondance des vins de 1781 devint un prétexte de refus. Le commis ne voulut plus connoître l'exemption que pour un cinquieme, et refusa constamment, à l'égard du reste, les expéditions nécessaires pour la vente. Après plusieurs sommations inutiles, le curé de Coiffy fit assigner le régisseur général à l'élection de Langres, et, sur sa demande, il intervint une sentence contradictoire, du 26 juin 1782, par laquelle le curé fut maintenu dans son exemption, et le régisseur condamné à lui faire délivrer, au bureau des aides, les expéditions nécessaires pour la vente en gros de tous les vins de son bénéfice.

Le régisseur appella de cette sentence à la cour des aides de Paris, et fonda son appel sur deux moyens : le premier, c'est que la déclaration faite par le curé étoit irréguliere, en ce qu'elle n'établissoit point de distinction entre les différents vins qu'il avoit recueillis ; le second moyen, qui étoit le prétexte du premier, c'est que le vin de *passion* n'étoit point un vin privilégié.

Ces deux moyens nous parurent faciles à écarter. La déclaration du curé ne distinguoit pas les différents vins qu'il avoit recueillis, parceque la loi n'ordonne pas cette distinction : elle ordonne de déclarer séparément les vins du crû du bénéfice, et les vins provenants de patrimoine. Le curé n'avoit aucun vin de patrimoine ; il n'y avoit donc pas lieu à la distinction ordonnée par la loi.

Le second moyen n'avoit pas plus de force : le vin de *passion* étoit exempt des droits dans les cantons voisins ; il l'avoit été de tout temps dans la paroisse de Coiffy, et il devoit l'être incontestablement aux termes de l'ordonnance de 1680. Suivant les dispositions de cette loi, le privilege s'étend sur tous les vins provenants *du crû du bénéfice :* or, qu'entend la loi par vins provenants du crû du bénéfice ? Il est certain qu'elle n'a pas voulu borner par-là le privilege aux vins recueillis des vignes mêmes du bénéfice ; car elle déclare expressément dans le même titre, art. 8, qu'elle reconnoît, pour vin du crû, et le vin des dîmes, et les vins provenants des pressoirs bannaux, lorsqu'ils appartiennent aux ecclésiastiques *à cause de leur bénéfice :* ce sont là ses propres termes. La loi veut donc qu'en général un vin soit réputé vin du crû du bénéfice, lorsqu'il est recueilli à cause du bénéfice, lorsqu'il est un produit du bénéfice, un fruit, une dépendance du bénéfice : mais le vin de *passion*, sous quelque point de vue qu'on le considere, ou comme offrande de la piété des fideles, ou comme une rétribution casuelle en denrées, a incontestablement ces caracteres : la loi a donc voulu lui accorder l'exemption. C'est en même temps et l'esprit et la lettre même de la loi qui le déclarent.

Ces raisons, que nous avons développées et appuyées de nos démarches, ont eu le succès que nous devions attendre. Sur les conclusions de M. l'avocat général Dambrai, qui les a rappellées avec force, la cour des aides a confirmé, avec amende et dépens, par arrêt du 31 juillet 1784, la sentence rendue à l'élection de Langres.

Pieces justificatives page DXXI

§ XXII.

Droit d'amortissement.

Filles de l'Union chrétienne de la ville de Mende.

Nos rois ont exempté du droit d'amortissement les dons et legs faits en faveur des pauvres. Le souverain, ne pouvant venir au secours de toutes les familles indigentes, a voulu accorder une grace particuliere aux dons pieux qui leur sont destinés ; le sacrifice qu'il fait de ses droits semble soulager ses regrets ; il veut participer au bien qu'il n'a pu faire, et sa bienfaisance se renouvelle toutes les fois que, parmi ses sujets, les bienfaiteurs se multiplient. Frappés de ces réflexions, ou plutôt, pénétrés de ces sentiments, nous avons dénoncé à la justice du roi l'entreprise de l'administrateur des domaines, qui prétendoit soumettre au droit d'amortissement une donation que les loix en avoient exemptée.

M. de Choiseul, évêque de Mende, avoit fait un legs en faveur des filles de l'Union chrétienne de la ville de Mende. Cette pieuse association a été formée pour élever dans la religion les pauvres filles de la ville et de la campagne, et sur-tout les nouvelles converties des Cévennes, ou celles qui paroîtroient disposées à rentrer dans le sein de l'église, pour leur donner gratuitement un asyle où elles trouvent les instructions convenables à leur état et à leur sexe, et enfin pour donner aux malades les soins que leur état exige. Tous ces objets de l'institut des filles de l'Union sont exprimés dans les lettres-patentes qu'elles ont obtenues en 1724. Leurs constitutions, homologuées au parlement de Toulouse, art. 20, portent que les sœurs de l'Union recevront chez elles, nourriront, entretiendront et éleveront gratuitement des filles pauvres, et sur-tout nouvellement converties, en aussi grand nombre que la situation de la maison et ses facultés le permettront.

Tel est l'établisement auquel M. de Choiseul légua 24,000 liv. sous la condition qu'il y auroit dans la maison quatre places gratuites pour quatre pauvres demoiselles de condition qui y seroient logées et nourries ; et prévoyant que, dans quelques circonstances, ces quatre places n'absorberoient pas le revenu de la somme léguée, il voulut que, dans ce cas, le surplus de la rente fût employé, avec les autres revenus de la communauté, à la nourriture et instruction gratuite des pauvres filles nouvellement converties, conformément au but de l'établissement.

Le préposé du domaine, instruit que les filles de l'Union avoient reçu le legs de M. de Choiseul, leur demanda, par exploit du 15 janvier 1783, le paiement de l'amortissement qui étoit liquidé, avec les droits y joints, à 6150 liv. Par un second exploit du 24 novembre de la même année, il fit saisir, entre les mains du trésorier des états de Languedoc, tous les arrérages des rentes appartenantes aux filles de l'Union, jusqu'à la concurrence de 6150 liv. Dans une premiere ordonnance M. l'intendant de Languedoc, après avoir examiné les moyens des parties, prononça, en faveur des filles de l'Union, la décharge de l'amortissement demandé, et la main-levée de la saisie ; mais l'administrateur du domaine appella de cette décision au conseil. Il prétendit qu'un legs fait à une communauté n'étoit exempt de l'amortissement que lorsqu'il y avoit le concours de deux conditions. La premiere étoit que la communauté, à qui la donation étoit faite, fût un hôpital proprement dit ; la seconde, que les fonds légués fussent destinés et employés au logement et à la subsistance des pauvres et des malades. C'étoit avec ces moyens que l'affaire avoit été présentée au conseil des finances lorsque nous en eûmes connoissance. Nous crûmes devoir opposer au système de l'administrateur du domaine le réglement de 1738, dont les principes et les dispositions devoient servir de base à la décision de cette affaire.

Nous avons fait voir 1°. que, dans les dispositions de l'arrêt du conseil de 1738, les hôpitaux n'étoient pas les seuls établissements affranchis du droit d'amortissement pour les dons qu'ils recevoient. Le réglement, après avoir parlé, dans l'art. 3, des hôpitaux généraux et particuliers, s'exprime ainsi, dans l'art. 4, à l'égard des autres établissements de charité : « Les maisons et écoles de charité « des paroisses, les charités des fabriques, ensemble les « assemblées des pauvres, tant des villes que de la cam- « pagne, par quelques personnes qu'elles soient régies « et administrées, ne paieront aucuns droits d'amortis- « sement pour toutes les acquisitions, échanges, dons et « legs..... qui seront destinés et employés, soit au loge- « ment, à la subsistance et au soulagement des pauvres « malades, soit à l'instruction gratuite de la jeunesse. »

Ces dispositions démontrent que le privilege accordé par le réglement de 1738 ne peut pas être borné aux seuls hôpitaux à l'exclusion des autres maisons ou écoles de charité. Seroit-ce donc le nom qu'on lit sur la porte d'une maison qui pourroit la faire jouir des privileges accordés par le réglement, ou les lui faire refuser? Le but d'un établissement, les fonctions auxquelles il se consacre, la destination des fonds qui lui sont légués, voilà les seuls objets que la loi considere ; car si une communauté qui auroit le titre d'hôpital avoit discontinué l'œuvre de charité que son nom suppose, ou si les sommes qu'elle reçoit n'étoient pas destinées à cet objet, elle n'est pas exempte du droit d'amortissement. C'est l'exécution rigoureuse de l'art. 5 du réglement de 1738. Ainsi, sous quelque titre, sous quelque dénomination qu'existe un établissement, le réglement l'exempte du droit d'amortissement, ou l'y soumet, selon que les dons et legs faits en sa faveur sont ou ne sont pas *destinés à la subsistance, l'entretien et le soulagement des pauvres et des malades, leur instruction gratuite et celle de la jeunesse.*

Nous avons fait voir, en second lieu, que les deux conditions exigées par le réglement de 1738 se réunissoient en faveur des filles de l'Union, quoique cette communauté ne portât pas le titre d'hôpital. Il étoit prouvé par les lettres-patentes, par les constitutions, par le testament même de M. de Choiseul, qu'elle a été établie pour élever de pauvres filles de la ville et de la campagne, les loger, les nourrir, les entretenir gratuitement et en aussi grand nombre que les facultés de la maison pourroient le permettre : il étoit prouvé qu'il y en avoit dans ce moment quarante-cinq dont la maison étoit chargée ; que vingt-cinq autres y trouvoient un asyle et des facilités pour leur subsistance, moyennant une modique rétribution de 36 liv. par an ; que deux seulement y payoient une pension un peu moins disproportionnée à leur dépense. Cette maison étoit donc, non un simple pensionnat, comme on avoit voulu le persuader, mais un asyle, une école de charité également honorable pour la religion et précieuse pour l'état.

Le legs de M. de Choiseul devoit être employé en entier à ces œuvres charitables, auxquelles les sœurs de l'Union se consacroient avec tant de zele : son premier objet est l'éducation de quatre demoiselles pauvres ; sa destination subsidiaire est l'instruction des pauvres filles, et sur-tout des nouvelles converties : ainsi toutes les conditions prescrites par le réglement de 1738 se réunissoient en faveur de l'exemption que nous sollicitons. Dans une circonstance toute semblable, les filles de l'Union offroient elles-mêmes un exemple qui auroit dû

arrêter

arrêter les nouvelles prétentions de l'administrateur du domaine. Une décision du conseil, donnée en 1748, les avoit affranchies de l'amortissement pour un legs fait avec des clauses pareilles à celles du testament de M. de Choiseul.

Tous ces motifs se réunissoient contre la réclamation du domaine. En conséquence, par une décision du 21 mars 1785, rendue au comité contentieux, les filles de l'Union chrétienne ont été dispensées du droit d'amortissement.

§ XXIII.

Droit de contrôle.

Délibérations de fabrique.

LA formalité du contrôle, sagement instituée par nos rois, est devenue souvent un moyen vexatoire par l'extension qu'on a voulu lui donner. Les nombreuses difficultés élevées, à ce sujet, entre les fermiers du roi et les différentes communautés, déterminerent sa majesté à rendre dans son conseil, sur les représentations du clergé, l'arrêt du 30 août 1740. Aux termes de cet arrêt, les délibérations prises par les chapitres, communautés, bureaux d'administration, fabriques, hôpitaux, ne peuvent être assujetties à ce droit que dans trois cas seulement: le premier, lorsque ces délibérations sont rédigées dans une forme qui les assimile à des actes de notaire; le second, lorsqu'elles sont produites en justice pour former une demande; le troisieme, lorsqu'elles contiennent une autorisation pour passer des actes en conséquence de ce qu'elles portent. Hors de ces cas, la loi prononce, à leur égard, l'exemption entiere du droit de contrôle.

Malgré ces dispositions précises, le vérificateur du domaine se crut en droit d'inquiéter plusieurs paroisses du diocese de Châlons-sur-Marne par rapport aux délibérations des fabriques concernant l'élection des marguilliers.

Il importe de remarquer que, dans ce diocese, la plupart des fabriques de campagne ne sont point dans l'usage de tenir des registres particuliers pour inscrire les délibérations de cette espece; seulement on fait mention, dans l'arrêté des comptes, de l'élection des nouveaux marguilliers, en les chargeant du reliquat des comptes qu'on leur remet entre les mains.

Le préposé du domaine, ayant compulsé ces comptes depuis 1765, dressa un procès verbal du défaut de contrôle des différentes délibérations portant élection de marguilliers; et, pour raison de cette prétendue contravention à la loi, il condamna les habitants à la restitution des droits et à une amende de 200 livres.

Instruits de cette entreprise, nous la déférâmes à M. le directeur général des finances. Il nous fut facile d'établir que, suivant l'arrêt de 1740, dont on se faisoit un prétexte, les délibérations dont il s'agissoit ne pouvoient être soumises à aucun droit de contrôle. On ne pouvoit en effet les y assujettir que dans le cas où l'on eût pu montrer qu'elles étoient conçues en forme d'actes notariés, malgré l'usage universellement observé dans la rédaction de ces actes. Or cela étoit bien évidemment impossible à établir, puisqu'ici les délibérations ne paroissoient sous aucune forme, et qu'il n'en existoit d'autre trace qu'une simple mention. Rien ne pouvoit donc justifier la répétition des droits de contrôle.

M. le directeur général, ayant fait part de nos représentations aux fermiers généraux, nous annonça, le 27 novembre 1780, qu'ils s'étoient empressés de prescrire à leurs employés d'abandonner les demandes qu'ils avoient formées à cet égard.

§ XXIV.

Bureaux diocésains.

Curés de Vienne.

Conseil d'état.

Le régime de vos bureaux diocésains a été, depuis plusieurs années, livré aux plus vives attaques. Des esprits inquiets, ennemis de ce qui existe, se sont agités en mille manieres pour en ébranler la constitution; et, sous le prétexte d'en bannir quelques vices, ils ont commencé par jeter le trouble dans les dioceses. Sans doute vous n'aviez pas besoin d'être avertis par leur inquiétude et leur mécontentement, pour sentir que la composition de plusieurs bureaux étoit susceptible de changements avantageux. Vous avez déterminé vous-mêmes ces changements; vous avez regretté que les loix, qui ont affermi les droits et la compétence des bureaux, n'aient pas en même temps dicté les regles qui devoient présider à leur formation; qu'un objet aussi important ait été abandonné à la volonté de chaque diocese; que cette liberté ait donné naissance à une variété prodigieuse d'usages qu'il est impossible de rappeller à un principe général; et, pour faire disparoître ces différences frappantes et consolider en même temps une administration trop souvent attaquée, vous avez présenté et développé dans plusieurs de vos assemblées le plan le mieux ordonné, le plus simple, le plus important, et le plus digne de toute confiance : mais, en ouvrant les voies à un nouvel ordre de choses, vous avez toujours pensé que, jusqu'au moment où ce plan recevroit une sanction légale, les usages, au défaut de loix, devoient être protecteurs de la constitution de chaque bureau; qu'il importoit également aux intérêts du roi et à la tranquillité des dioceses d'en maintenir la composition actuelle contre toutes les atteintes particulieres, pour ne pas en arrêter et en compromettre les opérations; que tout changement, même nécessaire, dans leur régime, dans le nombre et la qualité des députés, dans la maniere de les élire, ne pouvoit s'opérer que par voie d'administration, par le concours des évêques diocésains, ou des assemblées du clergé, et qu'il étoit sur-tout important que ce changement ne fût jamais, et qu'il ne parût jamais être le fruit d'une fermentation répréhensible. Ces principes, que vous n'avez cessé d'opposer aux entreprises qui ont menacé la constitution de vos bureaux, ont toujours été consacrés par l'autorité.

Voyez, dans le procès verbal de 1770, le rapport de M. l'archevêque de Narbonne.

Ainsi, lorsqu'en 1767 il s'éleva des troubles dans le diocese de Troyes au sujet de la nomination de deux députés au bureau diocésain, un arrêt du conseil, du 29 juillet 1767, confirma provisionnellement l'élection faite en la maniere accoutumée, en renvoyant les parties intéressées à la prochaine assemblée, pour être fait par elle, à ce sujet, tel réglement qu'il appartiendroit.

Ainsi, pour arrêter la fermentation qui commençoit à gagner les dioceses voisins, le roi, par un arrêt de réglement rendu en son conseil, de son propre mouvement, le 6 mai 1768, ordonna que l'assemblée du clergé lui présenteroit des mémoires pour un nouveau réglement sur l'administration des décimes; mais que, par provision, rien ne seroit innové dans ladite administration.

Le projet de réglement, présenté par le clergé en 1770, n'ayant pas été érigé en loi générale, l'arrêt du 6 mai 1768, qui, par sa généralité, embrasse tous les dioceses, conserve toute sa force: il est devenu la regle invariable des décisions du conseil; et, conformément à ses dispositions, ont été rendus, en 1768 par rapport au diocese de Vannes, en 1778 par rapport au diocese de Rodez, en 1780 par rapport à celui de Tréguier, des arrêts du conseil qui ont protégé le régime des bureaux diocésains contre toute innovation provoquée par les contribuables.

Cependant le sieur Reymond, curé de saint George à Vienne, qui étoit parvenu à se faire un parti par les espérances dont il avoit flatté plusieurs de ses confreres au sujet des portions congrues, conçut le projet de renverser la constitution du bureau des décimes de ce diocese.

Ce bureau, composé de M. l'archevêque, d'un député du chapitre, d'un bénéficier simple, d'un curé, d'un régulier, de deux avocats, d'un syndic et d'un secrétaire, s'étoit maintenu dans l'usage, qui lui est commun avec plusieurs autres dioceses, de se renouveller lui-même à la vacance de chaque place. En 1773, un archiprêtre, mécontent de cette forme établie, demanda en nom collectif au parlement de Grenoble que tous les curés du diocese de Vienne eussent la permission de s'assembler pour élire eux-mêmes leur représentant. Le parlement accueillit cette demande: mais le conseil du roi, jugeant que le parlement étoit incompétent dans une affaire de cette nature, cassa son ordonnance par un arrêt du 6 juin 1773, et évoqua à soi et à son conseil par le même arrêt les différentes requêtes et demandes. Alors les curés, perdant tout espoir de succès, ne donnerent aucune suite à leurs prétentions. En 1780, le sieur Reymond voulut les faire revivre. M. l'archevêque eut d'autant plus lieu d'en être surpris, que tout concouroit à écarter de l'administration de son bureau les soupçons et les reproches; que les autres classes de contribuables, également intéressées à choisir leurs députés, n'avoient jamais élevé aucune plainte, bien loin de se croire en droit d'intervertir l'ordre anciennement établi; que les curés avoient encore moins de droit de se plaindre, puisqu'ils étoient incontestablement de tous les contribuables les plus favorablement traités; que, depuis son avénement au siege de Vienne, son attention s'étoit portée continuellement vers les moyens d'adoucir le poids de leurs impositions; qu'en 1777 on forma de nouvelles classes toutes en leur faveur, et telles, qu'il en résulta dans la caisse des décimes un vuide considérable qu'on ne put remplir que par une augmentation de 2 sous 8 deniers par livre sur l'imposition de tous les autres contribuables; que, depuis cette époque, les requêtes en modération étoient devenues de plus en plus rares, et qu'au dernier bureau assemblé pour la confection des rôles on n'en avoit présenté aucune; qu'en attendant que le réglement proposé par le clergé en 1770 et 1775 fût érigé en loi, ou que les circonstances permissent à son bureau d'en demander l'adoption particuliere, il avoit cherché à condescendre le plus possible aux vœux des curés, sans altérer la constitution actuelle du bureau; qu'en conséquence, pour qu'un plus grand nombre d'entre eux fût à portée de prendre connoissance de l'administration des décimes, il avoit été arrêté que tous les quatre ans on procéderoit à l'élection d'un nouveau député des curés, et que, sur trois nominations, une seroit remplie par un curé de la partie au-delà du Rhône, et deux par les curés de la partie beaucoup plus étendue qui est en Dauphiné.

Une conduite aussi constamment attentive aux intérêts des curés sembloit défendre le bureau diocésain de Vienne contre les attaques du sieur Reymond, qui d'ailleurs n'étoit point autorisé dans ses poursuites par la majeure partie de ses confreres.

Cependant il répandit à Paris un mémoire, dans lequel, en attaquant, au nom des curés de Vienne, l'administration du bureau diocésain, il annonça la reprise de l'instance liée au conseil par l'arrêt du 6 juin 1773, et bientôt il présenta sa requête à cette fin.

Dans ce mémoire et cette requête, les curés fondent leur réclamation, 1°. sur ce que des faits établissent l'ancien droit des curés de Vienne de nommer, dans les synodes, leur représentant, et que d'ailleurs le bureau établit mal la possession qu'il invoque, puisque ses registres prouvent que l'archevêque a nommé les députés, et que le bureau n'a fait que les agréer; 2°. sur l'autorité de d'Héricourt; 3°. sur l'arrêt du conseil, du 5 mars 1771, rendu au sujet du diocese de Troyes; 4°. sur les principes établis dans le rapport de l'assemblée de 1770.

Il étoit facile d'écarter tous ces moyens.

L'ancien usage réclamé par les curés se réduisoit à un seul fait arrivé en 1634; et ce fait, qui fut évidemment une exception à la regle, puisque les autres contribuables n'élurent pas leurs députés, présente une nomination irréguliere, une nomination par laquelle les curés choisirent, contre tout principe, un chanoine pour leur député. Avant et après cette époque, les registres font foi que c'est toujours le bureau qui a été chargé de cette nomination même pendant la tenue des synodes; et si les curés remarquent que l'évêque présentoit le sujet, et que le bureau l'agréoit, n'est-ce pas avouer clairement que le droit d'élection étoit exercé dans le bureau par le concours de son chef et de ses membres?

L'autorité de d'Héricourt prouve seulement qu'il est dans l'ordre le plus naturel que chaque classe de contribuables choisisse ses députés, et cela est très vrai; mais cette convenance ne détruit pas les titres et les usages particuliers, et ce sont ces titres et ces usages que réclamoit le bureau de Vienne.

L'arrêt du 5 mars n'a été rendu que pour le diocese de Troyes; il n'étoit donc pas applicable à celui de Vienne.

Enfin les principes développés dans l'assemblée de 1770 ne donnent point le droit de troubler l'ordre établi; ils présentent un plan général: mais ce plan, tant qu'il n'est pas consacré par la loi, ne peut évidemment devenir un titre pour les contribuables.

Ainsi s'évanouissoient tous les moyens dont se servoient les curés de Vienne pour réclamer en justice le droit de se nommer des représentants; ils ne produisoient aucun titre en leur faveur. Le bureau diocésain s'appuyoit d'une possession incontestable de plus de cent trente ans; les autres contribuables, quoiqu'ayant tous un droit égal à celui des curés, ne formoient aucune réclamation, et presque par-tout la constitution des bureaux diocésains se maintenoit sous l'empire de l'usage.

Ces différentes raisons, que nous exposâmes avec confiance aux magistrats du conseil, que nous appuyâmes de nos fréquentes démarches, que nous fortifiâmes de tous les motifs de convenance, et que nous rapprochâmes des principes constamment suivis dans le conseil, ne nous permettoient pas de craindre que la requête des curés y fût accueillie: mais comme cette requête, quoiqu'inexacte dans plusieurs allégations, et dénuée de tout moyen qui eût la force d'établir un véritable droit, offroit pourtant, dans ses conclusions, le résultat des principes dont le clergé avoit lui-même provoqué l'exécution, nous assurâmes le conseil que M. l'archevêque de Vienne et son bureau étoient bien loin d'improuver le réglement proposé par le clergé en 1770; qu'ils l'adopteroient avec empressement; mais que ce réglement n'étant point encore devenu loi, ils pensoient qu'il étoit dangereux d'en hâter l'exécution, pour le diocese de Vienne, dans un moment où cette exécution étoit demandée par des esprits turbulents. Nous ajoutâmes que, même en maintenant la composition du bureau, l'arrêt du conseil ne rétabliroit pas la tranquillité, s'il n'étoit que provisoire; qu'en annonçant par-là des vues prochaines de réforme, il laisseroit des nuages sur l'administration actuelle du bureau; qu'il accréditeroit, aux yeux des contribuables, les inculpations du sieur Reymond; que cette espece de succès, dont il ne manqueroit pas de faire honneur à ses talents ou à son crédit, accroîtroit la confiance qu'il avoit eu l'art d'inspirer, fortifieroit un parti prêt à s'éteindre, et deviendroit un nouvel aliment à la fermentation. Nous crûmes donc essentiel à la paix et au bon ordre de demander, pour le diocese de Vienne, la maintenue pleine et entiere du régime actuel de son bureau. Conformément à nos vœux, sur le rapport de M. Moreau de Beaumont, il fut rendu, au conseil d'état du roi, un arrêt le 24 avril 1781, par lequel les curés de Vienne furent déboutés purement et simplement de leurs demandes, sans aucune énonciation d'un nouveau réglement pour l'avenir.

§ XXV.

L'ADMINISTRATION des décimes est dirigée par des regles sages qu'il importe de maintenir, et qu'à l'exemple de nos prédécesseurs nous avons dû réclamer avec force dans toutes les circonstances où l'on a voulu s'en écarter.

Impositions du clergé.

Abbaye du Relecq.

Conseil d'état.

Les religieux de l'abbaye du Relecq, ordre de Cîteaux, diocese de Léon, présenterent une requête au bureau diocésain pour faire modérer leur imposition. Le bureau, convaincu, sur le tableau même qu'ils communiquerent de leurs biens et revenus, qu'ils étoient taxés au-dessous du taux auquel il étoit permis de les imposer, rejetta leur requête. Sans doute, dans le cas où les religieux persistoient à croire qu'ils éprouvoient une sur-taxe, il leur étoit permis de poursuivre leur demande, en portant leurs plaintes à la chambre supérieure de Tours; mais ils ne devoient pas ignorer que tout autre moyen de réclamation leur étoit interdit. Au lieu d'adopter cette voie, la seule légitime, ils s'adresserent au parlement de Bretagne, et demanderent que, conformément aux art. 13 et 14 de la déclaration de 1750, le receveur des décimes du diocese de Léon fût tenu de faire imprimer à la fin de chaque année, pour l'année suivante, le département des impositions, dans lequel seroient spécifiées les sommes qui devoient être portées à la caisse générale, celles qui étoient destinées à l'acquit des charges du diocese, la somme imposée sur chaque contribuable, et l'évaluation du revenu sur lequel elle étoit assise, comme aussi d'afficher cet imprimé au greffe du bureau, et d'en donner des exemplaires à tous les imposés qui en demanderoient. Le parlement de Rennes, sur le fondement que cette déclaration avoit été enregistrée, en ordonna l'exécution par son arrêt du 19 août 1783, entièrement conforme aux conclusions des religieux.

La chambre diocésaine de Léon, instruite de cet arrêt, n'hésita pas sur le parti qu'elle avoit à prendre : elle se pourvut au conseil pour en obtenir la révocation, et nous accordâmes à la justice de cette demande les soins et les démarches qui pouvoient en accélérer le succès.

Nous représentâmes que la déclaration de 1750 avoit été rendue à une époque où l'imposition des différents dioceses se régloit sur d'anciens départements devenus très défectueux par le laps du temps; que néanmoins, sur les réclamations du clergé, qui déja s'occupoit de réformer cette partie essentielle de son administration, sa majesté promit, à cette même époque, de ne donner aucune suite à sa loi; qu'en effet aucune de ses dispositions n'a jamais été exécutée; que même elle est devenue absolument sans objet depuis que, par le nouveau département, les forces respectives des dioceses et des bénéfices sont balancées avec toute l'exactitude que comporte une opération aussi vaste; et que si le gouvernement crut ne devoir donner aucune exécution à cette loi dans les circonstances mêmes pour lesquelles elle étoit destinée, et lorsque le bien, qui en étoit le motif, n'existoit pas encore, à plus forte raison n'est-on pas fondé à la rappeller après que ce bien a été opéré.

Nous ajoutâmes que les religieux n'avoient aucun intérêt à en réclamer l'exécution; qu'aux termes des réglements et délibérations du clergé, on dresse dans chaque bureau un tableau des impositions du diocese dans lequel est exprimée la cotisation de tous les bénéficiers, ainsi que l'évaluation de leur bénéfice; qu'il est permis à chaque contribuable d'en prendre communication sans le déplacer, et de comparer par-là sa taxe avec celle des autres; que la plus sage administration n'a jamais rien accordé de plus; que l'impression, l'affiche et le déplacement, ne pouvoient donner de lumieres plus exactes; qu'il en résulteroit un surcroît de dépense très inutile; et que cette grande publicité ne produiroit d'autre effet que d'exciter des critiques et d'encourager des réclamations dictées le plus souvent par l'humeur ou le caprice.

Enfin nous observâmes que toutes les tentatives faites, à diverses époques, pour faire revivre la loi de 1750, avoient été réprimées par le conseil; que des ecclésiastiques du diocese de Troyes ayant obtenu du parlement de Paris un arrêt qui en ordonnoit l'exécution, il intervint aussitôt un arrêt, du propre mouvement de sa majesté, en date du 6 mai 1768, par lequel elle déclare qu'après s'être fait rendre compte des mesures prises par les assemblées de 1755, de 1760, de 1765, pour perfectionner l'administration des décimes, son intention est que, par provision, il ne soit rien innové dans ladite administration, les circonstances et dépendances, dans ce qui regarde la levée des décimes, les quittances des receveurs et la communication des départements; que cet arrêt devoit être regardé comme loi dans cette matiere, et qu'il avoit été la regle invariable des décisions du conseil. Nous observâmes sur-tout que, le 7 mai de la même année 1768, un bénéficier du diocese de Vannes ayant surpris au parlement de Rennes un arrêt entièrement semblable à celui que les religieux du Relecq venoient d'obtenir au même parlement, le 7 juin suivant le conseil en prononça la nullité.

Ainsi tout concouroit à proscrire le nouvel arrêt. Le conseil du roi, fidele aux principes qui l'avoient constamment dirigé, ordonna, le 10 du mois d'août 1784, que, sans s'arrêter à l'arrêt du parlement de Bretagne du 19 août 1783, les délibérations et réglements des assemblées du clergé concernant les décimes continueroient d'être exécutés selon leur forme et teneur; qu'il en seroit usé comme par le passé pour tout ce qui a rapport à l'administration des décimes; et que les différends qui pourroient s'élever à ce sujet dans le diocese de S. Pol de Léon seroient portés, en premiere instance, au bureau de ce diocese, et, par appel, à la chambre supérieure ecclésiastique de Tours.

§ XXVI.

Impositions du clergé.

Compétence des bureaux diocésains.

Conseil d'état.

NOUS avons à vous offrir, MESSEIGNEURS et MESSIEURS, un nouveau titre en faveur de l'autorité des bureaux diocésains sur tout ce qui intéresse le recouvrement des décimes.

Le sieur de Ribeaucourt, curé de la paroisse de Coutres, dans le diocese d'Amiens, étoit en reste de 415 liv. pour sa part contributoire aux impositions du clergé. Le receveur des décimes forma saisie-arrêt entre les mains de ses fermiers, et les assigna, eux et le curé, à la chambre diocésaine.

Les fermiers s'étant présentés dénoncerent différentes saisies et oppositions déja faites par d'autres créanciers, l'une par l'ancien curé de Coutres, pour la pension qu'il s'étoit retenue en résignant sa cure, l'autre par le sieur Carteron procureur au parlement de Paris.

L'ancien curé de Coutres, qui, pour raison de sa créance, s'étoit pourvu au bailliage d'Amiens, et y avoit même déja obtenu une sentence, se crut en droit d'assigner à ce tribunal le receveur des décimes.

Celui-ci, ne reconnoissant pour le fait des décimes d'autre jurisdiction que celle de sa chambre, obtint la permission d'y assigner et l'ancien curé et le sieur Carteron procureur.

Le procureur, de son côté, obtint dans le même temps des lettres de *committimus* en la chancellerie du palais de Paris, et assigna aux requêtes du palais et l'ancien curé et le receveur des décimes.

Enfin le sieur de Ribeaucourt, curé actuel, se porta appellant au parlement de Paris.

Ainsi quatre tribunaux s'étoient emparés de cette contestation. Pour faire cesser ce conflit, le syndic du diocese, à qui sa place imposoit le devoir de veiller au maintien des droits du bureau, prit le fait et cause du receveur, et se pourvut au conseil d'état pour obtenir qu'il fût fait défense à tous les contendants de faire aucune poursuite ailleurs qu'au bureau diocésain, et pour faire déclarer nul tout ce qui s'étoit fait à cet égard dans les autres tribunaux.

A l'appui de sa demande, il invoqua les lettres-patentes portant établissement des bureaux, les contrats passés entre le roi et le clergé, divers réglements particuliers, et principalement l'art. 35 de l'édit de 1599, qui attribue aux chambres, privativement à tout autre tribunal, la connoissance la plus illimitée de ce qui concerne le paiement des décimes, les différends qui peuvent en provenir, circonstances et dépendances, sans aucune chose excepter ni réserver, comme aussi le droit d'en poursuivre le paiement contre toutes sortes de personnes : il rappella enfin les différents arrêts du conseil qui ont solemnellement confirmé cette attribution dans toutes les circonstances où l'on a voulu lui porter atteinte ; l'arrêt du 25 juillet 1752, du 25 juin 1754; l'arrêt de propre mouvement du 6 mai 1768; l'arrêt du 6 septembre 1768, rendu précisément dans la même espece ; les arrêts du 11 mars 1776 et du 5 mai 1778, etc. etc.

Ces moyens, dont l'autorité étoit décisive, et que nous appuyâmes avec force auprès des magistrats, eurent tout le succès que nous desirions. Sur le rapport de M. Moreau de Beaumont, il intervint, le 10 août 1784, un arrêt du conseil qui, sans avoir égard aux assignations, sentences et arrêts déja obtenus, évoqua les instances pendantes aux requêtes du palais, et fit défense, tant à l'ancien et nouveau curé de Coutres, qu'au sieur Carteron, de se pourvoir ailleurs qu'au bureau diocésain, et, par appel, à la chambre supérieure ecclésiastique de Paris.

§ XXVII.

Adjoint du receveur des décimes et du greffier des insinuations et contrôle ecclésiastiques.

Charges municipales.

Diocese de Cahors.

Les édits portant création des offices de receveur des décimes assimilent, quant aux privileges, les titulaires de ces offices aux receveurs généraux des finances et autres principaux officiers comptables de sa majesté. En conséquence, ils les exemptent de toute charge publique et municipale, et cette exemption a son principe dans les soins assidus et le travail persévérant qu'exigent le recouvrement, l'emploi et la comptabilité des deniers du clergé. La même exemption est aussi accordée aux greffiers des insinuations et contrôle ecclésiastiques.

La plupart des dioceses ayant acquis la propriété de ces offices, les commis ou préposés nommés par eux pour en remplir les fonctions ont constamment joui de cette exemption : elle leur est assurée par les décisions du conseil et par les clauses expresses de vos contrats; et ils ont droit de la réclamer avec d'autant plus de fondement, que, dans chaque diocese, elle a été le prix d'une finance considérable.

L'assemblée municipale de Cahors désigna pour échevin, en 1770, le sieur la Peyriere, receveur des décimes, et greffier des insinuations et contrôle ecclésiastiques de cette ville. Il opposa à cette nomination le privilege de ses deux places, et, par ordre du ministre, la nomination fut révoquée. Depuis cette époque, l'âge et les infirmités ne lui ayant pas permis de continuer l'exercice de ses fonctions, le clergé agréa qu'il se choisît son fils pour adjoint à l'une et l'autre place. Malgré cette adjonction, le fils fut aussi nommé, en 1784, à la charge de premier consul : nous crûmes alors devoir faire valoir en sa faveur l'exemption qui avoit été assurée au pere, puisque, par le fait, son fils étoit chargé seul du travail des deux places, et que ce travail, dans un diocese de l'étendue de celui de Cahors, est absolument incompatible avec les devoirs d'une charge municipale, sur-tout avec celle de premier consul.

Ces raisons, que nous exposâmes à M. l'intendant de Montauban, furent favorablement accueillies. Il nous répondit, le 21 août 1784, que, sur les représentations qu'il avoit mises sous les yeux du ministre, et sur le compte qui en avoit été rendu à sa majesté, elle avoit bien voulu dispenser le sieur la Peyriere de la charge de premier consul, et qu'il avoit été procédé à une nouvelle nomination.

§ XXVIII.

Association des curés.

Conseil d'état.

Déclaration du roi.

Nous ne craignons point, MESSEIGNEURS et MESSIEURS, d'affoiblir l'intérêt que vous inspire le sort des curés, par la nécessité où nous sommes de vous rappeller en ce moment que plusieurs d'entre eux ont voulu chercher dans des associations illicites le moyen d'accélérer l'heureuse révolution que vous leur préparez. Ces ministres, que vous cherchez toujours à ménager, même dans leurs écarts, égarés sans doute par des esprits factieux, entraînés par des opinions trompeuses, ou séduits par de fausses espérances, n'ont donc pas vu que leurs intérêts reposoient en sûreté auprès de vous; que leurs droits vous seroient toujours sacrés; que le corps épiscopal mettoit sa gloire à les défendre; et que, des moyens légitimes étant ouverts à leurs réclamations, elles ne pouvoient que perdre de leur force en se produisant par des voies que les vrais principes condamnent.

Les loix du royaume défendent toute association entre personnes qui ne font point corps ni communauté dans l'état. Sur le prétexte d'un mécontentement, il ne peut être permis à des citoyens isolés de s'ériger en corps, de convoquer des assemblées, et d'unir leurs intérêts par les liens d'une confédération; ce principe, qui est de droit public, et dont le maintien importe souverainement au bon ordre et à la tranquillité des peuples, s'applique nécessairement aux curés. Ces ministres de la religion forment sans doute une partie bien précieuse de l'ordre du clergé : mais nulle part ils ne forment un corps séparé ; aucune loi, aucune possession, ne leur accorda jamais ce privilege : hors de leur paroisse ils n'ont donc aucun intérêt à défendre. A ces raisons essentielles, qui s'élevent contre toute association de leur part, s'unissent les motifs les plus puissants tirés de la constitution ecclésiastique. L'évêque est le chef du diocese ; il en est le premier pasteur : les curés ne peuvent donc séparer leurs intérêts des siens, ni chercher d'autre représentant que lui ou le syndic général qui l'aide dans ses fonctions. C'est à l'évêque qu'appartient le gouvernement des églises de son diocese, l'inspection générale sur tout ce qui peut intéresser l'ordre ecclésiastique, le droit de convoquer les assemblées que le bien du diocese demande : il est même le juge des raisons dont un curé s'autorise pour s'absenter de sa paroisse ; et par conséquent toute assemblée de pasteurs, à laquelle l'évêque n'a pas concouru, est par cela seul une assemblée illégitime.

Ces principes, appuyés sur les loix civiles et canoniques, ont été rappellés avec succès toutes les fois qu'on a voulu s'en écarter.

Un arrêt du conseil, rendu le 18 mai 1726, à l'occasion d'une requête de cent soixante-trois curés du diocese de Paris ; un arrêt du 14 juin 1727, au sujet d'un mémoire présenté par trente curés de la ville de Paris ; un arrêt du 5 février 1737, sollicité par vos agents, contre un mémoire des curés à portion congrue du diocese de Comminges ; un arrêt du parlement de Rouen, du 19 janvier 1746, contre les remontrances de soixante-neuf curés du diocese de Séez ; un arrêt du conseil, du 26 avril 1747, relatif aux curés du diocese de Tarbes ; un arrêt du parlement d'Aix, du 13 février 1753, qui révoque un arrêt sur requête, par lequel ce même parlement avoit autorisé les curés du diocese de Toulon à élire un syndic ; un arrêt du conseil, du 16 novembre 1775, qui annulle les

les protestations de soixante curés du diocese de Lisieux. Ces différents arrêts, qui se réferent tous aux loix et ordonnances du royaume, consacrent les principes que nous avons exposés, et attestent que les associations des curés, que tous les actes par lesquels ils ont voulu procéder en qualité de corps, ont été regardés dans tous les temps comme des entreprises illégales qu'il étoit nécessaire de réprimer.

Mais la passion et l'esprit d'intérêt méconnoissent les principes les mieux affermis, ou esperent pouvoir échapper à leur autorité.

En 1779, les curés du diocese de Provence, ainsi que ceux du Dauphiné, s'assemblerent pour concerter les moyens de se procurer une augmentation de portion congrue : croyant donner plus de force et voulant donner plus de suite à leur projet, ils établirent des syndics; ils arrêterent des délibérations; ils présenterent des mémoires; ils nommerent des députés à Paris, un syndic général, un receveur des contributions; ils formerent un comité permanent qui devoit être le centre de la correspondance; et leurs assemblées et leurs délibérations furent autorisées par les arrêts des parlements de Provence et de Dauphiné.

L'assemblée de 1780, à qui ces associations furent déférées, convaincue en même temps de leur illégitimité et des suites funestes qu'elles pourroient avoir dans tout le royaume, délibéra de porter ses plaintes à M. le garde des sceaux, et de solliciter les cassations des arrêts des deux parlements, ou une déclaration qui, renouvellant les loix et ordonnances du royaume, et fixant les principes de la législation sur cette matiere, servît à diriger la jurisprudence des tribunaux, et à prévenir dans la suite tous arrêts d'autorisation semblables.

Depuis cette époque de 1780, deux dioceses ont encore donné l'exemple de ces assemblées illégales, celui de Nancy et celui d'Aire.

Dans le premier, plusieurs curés se réunirent pour faire maintenir les offices des doyens ruraux tels qu'ils existoient dans le diocese de Toul avant l'érection de l'évêché de Nancy. Pour cela, ils prirent des délibérations en commun ; ils chargerent plusieurs d'entre eux de leurs pouvoirs ; ils s'imposerent même des contributions. Ces premiers mouvements, que le caractere si bien connu du prélat qui gouvernoit ce diocese nous permet à peine de concevoir, pouvoient produire une fermentation dangereuse. Pour en arrêter les progrès, M. l'évêque de Nancy se vit obligé de recourir à l'autorité : nous nous empressâmes de seconder ses démarches ; et, le 23 avril 1781, il fut rendu un arrêt du conseil d'état portant défense aux curés de ce diocese de s'assembler sans permission expresse de sa majesté, et évocation à elle et à son conseil des diverses demandes formées par les curés.

Dans le diocese d'Aire, les curés s'assemblerent au mont de Marsan le 16 janvier 1781. Ils sembloient d'abord ne vouloir s'occuper que d'obtenir une interprétation de l'article de l'édit des portions congrues qui a rapport aux dîmes novales. L'ancien évêque d'Aire, n'ayant pas vu d'inconvénients dans ce projet, se laissa surprendre un consentement qu'il ne tarda pas sans doute à se reprocher. Bientôt il put se convaincre que l'interprétation de l'édit des portions congrues n'étoit qu'un prétexte, puisqu'une fois réunis, les curés nommerent un syndic général, non seulement pour solliciter l'affaire des dîmes novales, mais pour suivre toutes les affaires qui leur seroient adressées par les députés de chaque archiprêtré.

Cette entreprise, illégitime en elle-même, nous parut d'une conséquence d'autant plus inquiétante, que déja nous étions instruits que plusieurs curés de ce diocese avoient soutenu publiquement des propositions ouvertement contraires à la jurisdiction épiscopale ; et il étoit à craindre que cette association ne devînt pour eux un moyen d'accréditer et de faire prévaloir leurs sentiments. Nous nous hâtâmes donc d'en instruire M. le garde des sceaux, et nous le priâmes d'employer son autorité pour arrêter le mal dans sa source. Dans la réponse qu'il nous adressa, il nous marqua qu'il prenoit le parti d'écrire à M. l'intendant d'Auch pour qu'il fît dire au sieur Curnans, curé de Garsin, et au sieur de Nozeilles, archiprêtre de Marsan, que le roi leur défendoit de se qualifier *syndic général des curés du diocese d'Aire*, ni *aide du syndic*, et d'en faire les fonctions. Cet ordre produisit l'effet que nous devions en attendre.

Ces différentes associations, qui pouvoient se reproduire encore dans différens dioceses, faisoient sentir de plus en plus le besoin de la déclaration que le clergé avoit sollicitée en 1780. Dans toutes les occasions nous en renouvellâmes la demande avec les plus vives instances; nos vœux furent enfin remplis: le roi rendit, le 9 mars 1782, une déclaration registrée au parlement le 12 du même mois, par laquelle, renouvellant les ordonnances et les réglements qui défendent à tous ceux qui ne font point corps ou communauté de s'assembler sans sa permission expresse, « il est défendu à tous les curés du « royaume de former entre eux aucune assemblée, de « prendre des délibérations communes, de nommer des « syndics et députés pour suivre l'effet desdites délibé- « rations, et de convenir d'aucune contribution, même « volontaire, pour subvenir aux frais des syndics, députés « et autres représentants, sans avoir obtenu de sa majesté « une autorisation expresse, sans préjudice toutefois des « assemblées synodales et autres assemblées ordinaires « duement établies et autorisées par les réglements, sta- « tuts et usages de leurs dioceses respectifs, lesquelles « continueront d'avoir lieu, comme par le passé, sous « l'autorité et inspection des ordinaires des lieux. »

PROJET
DE CORRESPONDANCE.

AVANT de mettre fin à notre rapport, MESSEIGNEURS et MESSIEURS, nous regardons comme un devoir de vous rappeller et de vous soumettre de nouveau les motifs qui, durant notre agence, nous ont fait desirer ardemment de voir s'établir, dans le clergé de France, une correspondance générale suivant le plan indiqué par une de vos plus illustres assemblées.

L'assemblée de Melun.

Après avoir déploré souvent les pertes fréquentes qu'éprouvent les ecclésiastiques dans les contestations qui leur sont suscitées, nous avons pensé que c'étoit répondre à la confiance dont vous nous honoriez que de chercher dans la sagesse de vos délibérations les moyens d'arrêter les progrès d'un mal dont les suites semblent menacer tout l'ordre ecclésiastique.

Parmi les causes de ce mal, il en est de puissantes, sans doute, qui n'ont pas échappé à nos réflexions; mais nous avons cru devoir particulièrement fixer nos regards sur celles dont il est plus en votre pouvoir d'arrêter l'influence, et qui, réprimées avec sagesse, laissent aux autres peu de moyens d'exercer leur activité.

Nous nous sommes convaincus qu'une partie des maux que nous déplorions prenoit sa source dans la maniere dont un grand nombre de bénéficiers commencent ou suivent les affaires dans lesquelles ils se trouvent engagés; que les uns, entraînés dans de fausses démarches, soit par leur propre inexpérience, soit par celle de leurs défenseurs, poursuivent imprudemment des prétentions illégitimes sur lesquelles un avis sage et désintéressé leur eût ouvert les yeux dans le principe; que plusieurs abandonnent les droits les mieux fondés, par ignorance des principes, et souvent par le seul découragement qu'inspire une premiere condamnation injuste ; que d'autres enfin succombent par de simples défauts de forme et par le mauvais choix des moyens dont ils s'appuient, tandis qu'une marche plus réguliere, et des moyens mieux choisis et mieux concertés, auroient incontestablement fait triompher leur droit. De ces considérations particulieres, élevant nos réflexions à celles qui vous touchent de plus près, nous avons eu lieu de remarquer que, dans les affaires les plus importantes et les plus étroitement liées aux grands intérêts du clergé, souvent les bénéficiers ne recourent point à vos agents, ou qu'ils y recourent trop tard, ou qu'ils ne leur adressent que des instructions insuffisantes, et que, par le concours de ces fautes, non seulement ils se privent des ressources les plus puissantes pour eux-mêmes, mais qu'en même temps ils préparent l'affoiblissement et la décadence des principes qui protegent le corps entier.

Frappés de ces inconvénients et des maux qu'ils entraînent, nous nous sommes étudiés à en connoître le remede. Il nous a paru qu'ils seroient puissamment attaqués dans leur source, si les syndics des dioceses étoient rappellés à leur destination premiere, c'est-à-dire s'il s'établissoit d'abord une premiere correspondance entre les syndics et les bénéficiers qui mît les syndics à portée de connoître, dans l'origine, les affaires qui surviendroient aux ecclésiastiques, et si ensuite, aidés des lumieres des évêques et des bureaux diocésains, MM. les syndics venoient au secours de l'inexpérience ou de la foiblesse, par des instructions, des conseils sages, des démarches actives, et par les différents moyens propres à arrêter des contestations naissantes, ou à les suivre avec succès lorsqu'il seroit impossible de les éviter. Après avoir exercé ce premier ministere, qui tiendroit toute son autorité de la confiance, les syndics en affermiroient et en étendroient les avantages par une seconde correspondance suivie régulièrement avec vos agents: cette correspondance comprendroit les détails essentiels des affaires survenues dans le diocese qui auroient quelque rapport avec les intérêts du corps, de celles qui auroient été terminées à l'avantage ou au désavantage du clergé, de celles qui réclameroient les bons offices de vos agents ou les lumieres de leur conseil; et ces détails seroient accompagnés de réflexions plus ou moins étendues sur les motifs des arrêts, sur les variations de la jurisprudence, et sur les principes qui paroissent la déterminer le plus communément.

De cette double correspondance, qui rameneroit à un centre commun tous les intérêts ecclésiastiques, il nous a semblé, MESSEIGNEURS et MESSIEURS, que résulteroit, pour les particuliers, la réunion de tous les secours qui peuvent assurer le maintien de leurs droits; pour le corps entier du clergé, une heureuse harmonie, un accord parfait dans le plan de ses défenses, qui rendroient son administration plus imposante encore et plus respectable; pour vos agents, une connoissance plus étendue, plus sûre des diverses atteintes portées à vos privileges, ou des jugements qui les consacrent; enfin pour vos assemblées, un tableau général de toutes les branches de l'administration ecclésiastique, une instruction vaste et toute préparée, où elles verroient avec certitude et sans nul délai tout ce qu'il leur importe de connoître, où paroîtroient jusqu'aux plus légers changements survenus dans la jurisprudence de tout le royaume, et d'après laquelle elles pourroient déployer promptement et avec plus de confiance toute l'activité de leur zele et toute la force de leurs sollicitations.

C'est pour assurer au clergé ces précieux avantages que l'assemblée de Melun, qui jetta les premiers fondements de notre administration temporelle, institua les agents généraux et les syndics: le vœu de cette célebre assemblée ne sauroit être méconnu.

« La compagnie, nous dit-elle, après avoir délibéré « sur le réglement qu'il faudroit tenir au maniement des « affaires du clergé, ordonne qu'il seroit établi à la suite « de la cour deux agents généraux qui auroient charge du « clergé; qu'il y auroit dans chaque diocese un syndic dio- « césain, et dans chaque métropole un syndic métropo- « litain; que les syndics métropolitains s'adresseroient « aux agents, et les bénéficiers particuliers aux syndics, « dans toutes les affaires qui pourroient intéresser le dio- « cese directement ou indirectement, et que les agents « donneroient avis aux syndics métropolitains de tout ce « qui s'entreprendroit contre l'ordre ecclésiastique, le- « quel syndic feroit passer l'avis à chaque syndic dioce- « sain.

« Lorsqu'il se présentera quelque affaire qui intéresse « tout le clergé, les syndics diocésains et les métropoli- « tains s'assembleront dans l'endroit qu'ils jugeront le « plus convenable, afin que toutes les provinces soient « unanimes en ce qui concerne la cause commune de « l'église; et le syndic métropolitain avertira les deux « agents des résolutions qui auront été prises dans la « province.

« Quand il sera besoin que les provinces s'avertissent « l'une l'autre, les syndics métropolitains s'avertiront ré- « ciproquement de tout ce qu'ils penseront appartenir à « la cause de l'église, afin que les provinces soient tou- « jours unies et unanimes en ce qui sera de sa défense. »

Ainsi, dans le projet que nous avons eu l'honneur d'adresser aux dioceses, le seul développement a été notre ouvrage; et ce développement, nous n'avons cru avoir droit de le lui offrir qu'après avoir été encouragés par des conseils éclairés, à qui nous l'avions soumis. Ainsi, en desirant que les bénéficiers se concertassent avec les syndics, et les syndics avec vos agents; que, dans la conduite des affaires ecclésiastiques, il régnât une parfaite unanimité entre tous les membres du corps, et que cette unanimité fût resserrée par les liens d'une étroite correspondance, nous n'avons fait que rappeller un de vos réglements, et nous avons pensé, MESSEIGNEURS et MESSIEURS, que vos droits, ouvertement attaqués de toutes parts, en demandoient la prompte exécution.

Déja plusieurs dioceses ont adopté ce plan avec zele et ont vu dans son exécution la source des plus grands avantages ; mais nous n'avons garde de dissimuler que quelques uns, en applaudissant aux vues qu'il renferme, ont paru craindre qu'il n'éprouvât des difficultés. Nous devons, MESSEIGNEURS et MESSIEURS, vous faire part des motifs de leurs craintes, et de la maniere dont nous avons cru devoir les écarter.

On a craint que cette surveillance de MM. les syndics ne déplût aux différents bénéficiers des dioceses.

Il étoit aisé de répondre que les bénéficiers n'auroient pas même un prétexte pour se plaindre ; que jamais leur sort ne dépendroit des syndics ; qu'on leur offroit des conseils, des lumieres, des démarches, qui naturellement devoient tourner à leur avantage ; mais qu'ils pourroient toujours, à leur gré, ou les refuser, ou en faire usage ; recourir directement à vos agents, ou conduire leurs affaires par eux-mêmes ; qu'en un mot cet établissement devroit son succès à la confiance la plus libre, et que l'empreinte de l'autorité n'y paroîtroit nulle part.

On a paru craindre aussi que les tribunaux, qui déja voient avec peine les interventions des syndics, ne prissent ombrage de ce projet de correspondance.

Nous avons remarqué que ce projet ne multiplie point les interventions; qu'il n'apporte à cet égard aucun changement aux droits des syndics, déterminés par la loi; mais seulement qu'il les met en état de mieux connoître, et de connoître toujours dans le principe, dans quel cas leur intervention est nécessaire. Ce projet n'a, d'autre part, rien qui puisse alarmer des magistrats; ce n'est point une

innovation

innovation, moins encore une entreprise ; c'est l'exercice des fonctions auxquelles sont appellés les syndics par leur institution même ; c'est un moyen de défense puisé dans le droit naturel, puisqu'il a pour unique objet, non d'envahir, mais de conserver ; enfin c'est un plan dont l'adoption doit tourner également à l'avantage des séculiers et des ecclésiastiques, en ce que naturellement il doit tarir la source des contestations. Il n'auroit pu faire naître quelque inquiétude qu'autant qu'il eût été annoncé avec un éclat qui eût fait méconnoître entièrement l'esprit qui l'avoit dicté ; et c'est pour prévenir cet inconvénient, dont nous avions pressenti les suites, que nous avons dressé nous-mêmes un projet de lettre extrêmement simple, et telle qu'il nous a paru convenable qu'elle fût écrite par MM. les syndics aux bénéficiers des dioceses. Nous en avons soumis, dans le temps, l'idée et l'exécution à la sagesse de messeigneurs les évêques.

On a opposé à l'exécution de ce projet la difficulté de trouver, dans les dioceses, des syndics qui réunissent les talents et les lumieres que nous leur avons supposés.

Mais sans atteindre à ce degré de perfection, sans posséder toutes les qualités dont l'ensemble doit être si rare, et dont néanmoins nous avons cru devoir présenter le tableau à l'émulation, il nous a paru incontestable qu'il n'étoit aucun syndic qui, par l'avantage de sa position, ne pût rendre des services importants dans un diocese. En affaires, le zele et le travail offrent de grandes ressources, et peuvent rendre utile la médiocrité même : les succès, les encouragements, font souvent éclore des talents ; et l'usage, l'expérience, donnent toujours des lumieres précieuses. On ne doit pas d'ailleurs isoler ici le syndic ; il faut toujours le voir entouré des lumieres de la chambre, de l'évêque qui en est le chef, des personnes éclairées qui pourront y être appellées, et à portée de se procurer celles du conseil du clergé lorsqu'il sera nécessaire d'y recourir. C'est à l'aide de ces secours que, déja recommandables par eux-mêmes, les syndics réuniront les titres qui appellent la confiance publique.

Mais n'est-il pas à craindre qu'ils ne succombent sous le poids de leurs fonctions? pourront-ils suffire à la multitude des détails qui aboutiront à eux de toutes les parties d'un diocese?

Ici, MESSEIGNEURS et MESSIEURS, nous devons publiquement rendre hommage aux sentiments qui les animent. Pas un d'entre eux ne nous a paru effrayé de sa nouvelle charge; pas un n'en a calculé les peines et les embarras; ils n'y ont tous vu qu'un nouveau moyen d'être utile, et ils l'ont tous embrassé avec le plus généreux dévouement: déja même plusieurs nous ont donné des preuves remarquables d'activité et de talent; et nous aimons à vous citer ici les syndics d'Amiens, d'Agen, de Châlons-sur-Marne, de Cahors, de Chartres, de Dijon, du Mans, et principalement M. l'abbé Rozand, syndic du diocese de Luçon, et M. l'abbé Moutié, syndic du diocese d'Orléans, dont l'exactitude, le zele, et la parfaite intelligence, nous ont paru mériter les plus grands éloges.

Nous pensons, MESSEIGNEURS et MESSIEURS, que ces occupations, ces détails, que l'imagination se plaît à grossir, offriront dans la réalité moins d'embarras que l'on ne pense. Un syndic occupé non à traiter toutes les affaires ecclésiastiques d'un diocese, mais seulement à diriger, par des avis concertés avec la chambre, les bénéficiers qui librement auront recours à lui, et à correspondre tous les trois mois avec vos agents, pourra suffire, pour l'ordinaire, à ces fonctions que l'habitude rendra encore de jour en jour moins pénibles. Si pourtant il arrivoit que, dans certains dioceses, la confiance, devenue universelle, lui attirât un nombre d'affaires dont il fût accablé, cette difficulté seroit elle-même la preuve la plus sensible du succès de cet établissement; il s'ensuivroit que son utilité seroit universellement reconnue; et sans doute alors chaque diocese s'empresseroit de venir au secours du syndic, pour alléger le fardeau de ses fonctions devenues si intéressantes.

Il est une autre difficulté qu'a dû naturellement faire naître le juste intérêt qu'inspirent MM. les syndics, et à laquelle il n'étoit pas en notre pouvoir d'opposer tous les moyens qui peuvent la résoudre. Si le zele et les talents des syndics peuvent suffire à leurs nouvelles occupations, du moins est-il vrai qu'habituellement elles seront assujettissantes. Est-il juste que le sacrifice de leurs peines leur soit infructueux? et des services constamment utiles au clergé doivent-ils rester sans récompense? Nous étions bien loin de chercher à affoiblir la force de cette objection : mais nous n'avons pu leur offrir dans un travail honorable que ce qui en est une suite nécessaire ; le bonheur de faire le bien, la considération, la confiance publique, des moyens de déployer leurs talents, et de nouveaux droits à la reconnoissance de leur corps : nous avons pensé néanmoins que des travaux aussi utiles leur attireroient, dans les dioceses, des distinctions particulieres ; et nous pensons aussi, MESSEIGNEURS et MESSIEURS, que si vous adoptez ce projet, vous trouverez dans votre sagesse les moyens d'encourager et d'exciter au plus grand bien possible le zele et le talent que vous mettrez en activité.

Quelque confiance qu'ait dû nous inspirer, MESSEIGNEURS et MESSIEURS, un projet consacré par une de vos plus illustres assemblées, et auquel les syndics et vos agents même doivent leur établissement, nous avons été loin de croire que nous pouvions, en le rappellant, lui imprimer le dernier degré de perfection et de stabilité. Notre zele pour les avantages du corps qui avoit daigné nous confier ses intérêts, nous a fait seulement desirer de l'essayer, en quelque sorte, pendant le cours de notre agence, et de lui préparer par-là la sanction de cette assemblée. Nous avons toujours pensé, et nous n'avons cessé de le dire, que c'étoit à elle, et à elle seule, qu'il appartenoit d'en former un établissement solide, de le perfectionner, de le modifier par des changements heureux, et de l'affermir par une autorité qui lui assurât la confiance universelle.

Entre les divers changements dont il peut être susceptible, qu'il nous soit permis en finissant, MESSEIGNEURS et MESSIEURS, de vous en proposer un qui paroît le simplifier, et dont M. l'archevêque de Toulouse nous témoigna, dans le temps, qu'il desiroit l'exécution. Son opinion est pour nous un puissant motif de vous en faire part.

Ce prélat a paru craindre que, dans l'état actuel des choses, la correspondance une fois généralement établie ne devînt pénible et pour vos agents et pour le conseil du clergé ; que la multitude de discussions dont ils seroient assaillis à la fois, souvent même avant qu'il fût nécessaire de réclamer leurs soins, ne leur laissât peu de loisir pour s'en occuper, ou du moins qu'ils ne se vissent obligés de consumer, pour des affaires qui ne seroient pas encore mûres, un temps précieux qui devoit être réservé pour les plus urgentes : il a pensé que ces difficultés disparoîtroient si l'assemblée actuelle se déterminoit à établir, non des syndics métropolitains, comme l'avoit délibéré l'assemblée de Melun, mais des syndics généraux, dans les villes de parlement, pour les dioceses qui seroient du ressort ; qu'alors la correspondance se formeroit entre les syndics diocésains et les syndics généraux, entre ceux-ci et vos agents ; que par-là les agents seroient également instruits de tout ce qu'il leur importeroit de savoir, principalement de tous les arrêts qui intéresseroient le clergé général ; que même leurs relations, plus resserrées, en deviendroient plus utiles, parcequ'ils ne seroient interrompus que pour des affaires importantes et au moment où il seroit essentiel qu'elles leur fussent adressées ; que cet établissement produiroit pour le corps entier du clergé tous les avantages que retirent les ordres religieux de l'institution de leurs procureurs généraux dans les villes de parlement ; et qu'enfin le projet rempliroit plus exactement encore le vœu de l'assemblée de Melun, qui avoit établi les syndics métropolitains pour intermédiaires entre vos agents et les syndics des dioceses.

A ces réflexions nous pourrions peut-être ajouter que, dans ce nouvel ordre de choses, les syndics généraux suppléeroient par leur vigilance à ce qui, dans l'ordre actuel, pourroit échapper à quelques syndics des dioceses ; que le petit nombre de ces syndics généraux permettroit une grande sévérité dans le choix ; que, dans toutes les causes d'appel, ils seroient pour les bénéficiers des solliciteurs éclairés, des intercesseurs puissants, et que, parfaitement instruits de la jurisprudence des cours, ils la feroient connoître avec exactitude, et rendroient par-là des services importants à vos assemblées, qui se plaignent constamment de la rareté ou de l'insuffisance des instructions qu'on leur adresse.

Mais nous devons sur-tout ajouter comme un point essentiel que, dans le cas où cet ordre de correspondance seroit établi, toujours il seroit libre aux syndics des dioceses, et même à chaque bénéficier, de recourir directement aux agents sans passer par les syndics généraux ; que néanmoins les relations habituelles des agents s'établiroient avec ces derniers syndics ; que les agents enverroient aux syndics généraux non seulement toutes les consultations qui intéresseroient les bénéficiers de leur ressort, mais toutes celles encore qui, par leur importance, mériteroient de leur être adressées, pour leur servir de regle dans des circonstances semblables ; et que, par ce moyen, dans chaque ville de parlement, il se formeroit un dépôt de connoissances ecclésiastiques, et comme un foyer de lumieres qui maintiendroient dans tout le royaume, avec l'uniformité de vos vues, la pureté de vos principes.

Nous sentons vivement, MESSEIGNEURS et MESSIEURS, combien ces réflexions gagneroient à vous être présentées par M. l'archevêque de Toulouse; et c'est pour nous en ce moment un nouveau sujet des regrets que son absence nous inspire.

La nature du projet dont nous venons d'avoir l'honneur de vous entretenir, et qui nous paroît digne de votre protection, son importance, et les suites qu'il peut avoir pour tout l'ordre ecclésiastique, nous permettent d'espérer, MESSEIGNEURS et MESSIEURS, que vous voudrez bien en faire le sujet de vos délibérations.

CONCLUSION. NOUS sommes parvenus au moment de rendre aux personnes qui nous ont aidés dans la carriere de l'agence la justice qui leur est due, et c'est avec empressement que nous nous acquittons de ce témoignage public d'estime et de reconnoissance. Cet hommage n'est pas seulement offert à leurs talents; il est un caractere de conduite, un dévouement des personnes, un usage heureux des qualités de l'ame, qui rehausseront toujours à vos yeux le prix des lumieres et la valeur réelle des travaux utiles.

Le conseil du clergé a éprouvé, pendant le cours de notre agence, des pertes affligeantes, et dans le moment où les privations devoient être le plus vivement senties. En proposant le plan d'une correspondance générale entre les agents du clergé et les syndics des dioceses, entre les syndics des dioceses et les bénéficiers, nous avons nécessairement attiré à nous une multitude de questions à résoudre. Si nous eussions négligé d'y répondre avec soin; si même, dans nos réponses, nous n'eussions rappellé les principes avec développement, nous aurions perdu un des principaux avantages de notre projet, l'espérance de le voir un jour, par son utilité générale, mériter votre sanction: mais l'étendue de la correspondance n'a point empêché son exactitude; de nouveaux efforts des membres qui restoient au conseil ont réparé sans cesse les pertes qu'il venoit d'essuyer, et nous avons vu avec plaisir ce que peut le zele, dans les personnes qu'anime l'amour de vos intérêts.

Pour préparer votre délibération sur le choix que vous avez à faire, nous allons avoir l'honneur de vous indiquer les personnes que la voix publique nous a désignées comme plus capables de répondre à votre confiance, et les plus dignes de consacrer leurs talents à votre service.

M. Camus, par ses connoissances, par son travail facile et la maniere claire dont il présente tous les objets qu'il traite, a justifié la confiance que sa réputation nous avoit inspirée. Être nommé le premier est un droit qu'il s'est acquis de notre reconnoissance. Nous vous nommerons ensuite M. Courtin, M. Treilhard et M. Gaignant, quoique plus jeune, mais que l'adoption de M. Laget a distingué de bonne heure. Nous pensons qu'une telle recommandation sera puissante auprès de vous, en remarquant cependant que le mérite personnel de M. Gaignant, et son alliance avec un homme qui vous est cher, se réunissent heureusement pour concilier vos suffrages, et pour écarter les réflexions qui nous font, en général, regarder toute adoption héréditaire comme abusive et dangereuse. Il est un autre jurisconsulte qui nous a paru digne d'attirer vos regards; c'est M. Hervé, canoniste instruit, et auteur d'un ouvrage estimé sur les matieres féodales: ses connoissances sur cet objet peuvent devenir utiles dans les circonstances actuelles. Si vous aviez le projet d'adjoindre un avocat au conseil à M. Rigault, qui présente trop souvent, dans l'altération de sa santé, un témoignage des longs services qu'il vous a rendus, la réputation et les recommandations vous désigneroient M. Samson du Perron; et peut-être lui donneriez-vous d'autant plus volontiers vos suffrages, que, jeune encore, il appartient à une compagnie où l'on paroît s'occuper moins des matieres canoniques auxquelles il s'est particulièrement appliqué; en sorte qu'il seroit peut-être de votre sagesse de saisir cette occasion de former parmi les avocats au conseil un défenseur digne de votre confiance.

Pour nous, MESSEIGNEURS et MESSIEURS, nous n'occupons déja plus la place à laquelle nous avons dû l'honneur de participer à votre administration, et vos agents parlent aujourd'hui devant vous pour la derniere fois. Pourroient-ils consacrer ces derniers moments à un devoir plus doux que celui de déposer dans votre sein l'hommage de leurs sentiments et le tribut de leur reconnoissance? Nous avons été comblés des témoignages de votre bienveillance, de vos bontés, et même de votre affection ; car c'est le nom qui convient le mieux aux encouragements que nous a prodigués votre indulgence : cependant il ne nous sera plus permis de vous exprimer publiquement nos sentiments et nos vœux, et c'est là le plus sensible de nos regrets.

Une réflexion vient encore accroître ces regrets; c'est de nous montrer si sensibles à notre retraite, quand nous avons tant de raisons de craindre de vous avoir paru peu dignes des fonctions honorables que vous daignâtes nous confier.

Dans la carriere que nous venons de parcourir, où tous les genres de talents ont occasion de paroître et de briller à la fois, où chaque pas offre une occasion nouvelle de se signaler, où tant de prélats ont laissé des exemples mémorables, où nous avons eu l'avantage de nous exercer sous les yeux d'un chef brillant de gloire et de talents, et dont cette assemblée confirme et consacre la haute réputation, il est sans doute affligeant de nous être si peu distingués, et de ne pouvoir, après tant de modeles, laisser de nous de plus glorieux souvenirs.

Mais le témoignage que nous pouvons nous rendre à nous-mêmes de notre zele, ce sentiment intérieur qui nous a soutenus contre notre propre foiblesse, et que nous ne voulons pas dissimuler par l'expression d'une fausse modestie, ce sentiment nous garantit du moins de tout reproche; et s'il nous obtient votre estime, nous ne regretterons plus un éclat auquel nous avions si peu droit de prétendre.

Mais déja, MESSEIGNEURS et MESSIEURS, nous partageons avec vous les espérances que vous avez conçues de vos nouveaux agents, et qu'ils se sont hâtés de justifier par des preuves honorables.

L'union qui regne entre eux nous rappelle avec un charme inexprimable combien nous avons trouvé de douceur et d'avantages dans une union qui ne s'est jamais démentie; et, en voyant l'ardeur qui les anime, nous retrouvons encore en nous ces premiers mouvements que nous ressentîmes dans la même circonstance, et que doivent si vivement inspirer l'avantage d'appartenir au clergé, l'amour de sa gloire, et l'honneur de posséder sa confiance.

FIN DU RAPPORT DE L'AGENCE DE 1780 À 1785.

TABLE
DU RAPPORT.

Biens temporels, immunités, et administration des décimes.

FIN DE LA TABLE DU RAPPORT.

PIECES JUSTIFICATIVES DU RAPPORT D'AGENCE DE 1780 A 1785.

PIECES JUSTIFICATIVES
DU
RAPPORT D'AGENCE
DE 1780 À 1785.

DÉCLARATION
DU ROI
CONCERNANT LES PORTIONS CONGRUES,

Donnée à Versailles, le 2 septembre 1786.

Registrée en parlement, le cinq septembre mil sept cent quatre-vingt-six.

LOUIS, par la grace de Dieu, roi de France et de Navarre, à tous ceux qui ces présentes lettres verront, SALUT. Le feu roi, notre très cher et très honoré seigneur et aïeul, a, par son édit du mois de mai mil sept cent soixante-huit, fixé la portion congrue des curés à cinq cents livres; et par notre déclaration du douze mai mil sept cent soixante-dix-huit, nous avons fixé celle des vicaires à deux cents cinquante livres: mais la cherté progressive de tous les objets nécessaires à une honnête subsistance ayant affoibli l'appréciation fixée en argent par ledit édit et par ladite déclaration, nous avons vu avec satisfaction les assemblées du clergé de notre royaume solliciter, de notre bienfaisance et de notre autorité, les moyens de venir au secours d'une classe de nos sujets si digne de notre protection; nous nous sommes donc proposé d'augmenter une dotation devenue insuffisante. Mais en déterminant, par une loi générale, la nouvelle obligation des décimateurs envers les curés et vicaires à portion congrue, nous ne remplirions qu'imparfaitement nos vues, si nous n'avions pas égard à la différence qui se trouve entre les divers dioceses, relativement à leurs besoins et aux ressources plus ou moins suffisantes qu'ils peuvent avoir pour y subvenir. Le compte que nous nous en sommes fait rendre nous a fait connoître qu'il y avoit beaucoup de paroisses dans lesquelles l'entiere dîme n'équivaudroit pas au montant de la portion congrue; que même dans le nombre des cures qui auroient droit de jouir de cette prestation, il s'en trouveroit plusieurs, sur-tout dans les villes, qui auroient besoin d'un secours plus considérable, à raison des dépenses auxquelles les exposent des circonstances locales; que l'état de plusieurs décimateurs, précieux à conserver, tels que les chapitres de cathédrales, les hôpitaux, les séminaires et les colleges, seroit notablement détérioré par l'obligation d'acquitter une nouvelle augmentation; qu'il seroit nécessaire de préparer des fonds pour procurer des pensions de retraite aux ministres des autels, que l'âge ou les infirmités mettroient hors d'état de continuer avec fruit leurs fonctions; qu'il seroit convenable de venir au secours de plusieurs fabriques, spécialement par un emploi plus utile des biens attachés aux consorces et confraternités. Des objets aussi variés ne peuvent être réglés par une mesure commune: et nous avons jugé qu'il falloit y employer des moyens appropriés à l'état de chaque diocese. Plusieurs ordonnances des rois nos prédécesseurs indiquent la suppression, réunion et partage des bénéfices et établissements les moins importants, comme la voie la plus naturelle de pourvoir aux besoins de ce genre: il nous a donc paru nécessaire d'interposer notre autorité, à l'effet de faciliter et d'assurer le succès des moyens les plus convenables de consommer un ouvrage aussi digne de notre justice, que de notre zele pour la religion, et de notre amour pour nos sujets. A CES CAUSES, et autres à ce nous mouvant, de l'avis de notre conseil, et de notre certaine science, pleine puissance et autorité royale, nous avons dit, déclaré et ordonné, et par ces présentes signées de notre main, disons, déclarons et ordonnons, voulons et nous plaît ce qui suit:

ARTICLE PREMIER.

La portion congrue des curés et vicaires perpétuels de notre royaume sera et demeurera fixée à la somme de sept cents livres, à compter du premier janvier prochain.

ARTICLE II.

La portion congrue des vicaires sera et demeurera fixée à la somme de trois cents cinquante livres, aussi à compter du premier janvier prochain, sans que les décimateurs curés ou non curés puissent être tenus de payer d'autres vicaires que ceux que les archevêques ou évêques diocésains jugeront convenable et utile d'établir ou de conserver.

ARTICLE III.

Les décimateurs, autres que les curés, seront et demeureront tenus des portions congrues desdits vicaires, dans toutes les paroisses où ils sont dans l'usage actuel de les acquitter, quand bien même les curés desdites paroisses ne se réduiroient pas eux-mêmes à la portion congrue; et ne pourront les curés qui sont en usage de payer leurs vicaires en tout ou en partie, s'en décharger sur les décimateurs ecclésiastiques ou laïques, si ce n'est en optant pour eux-mêmes la portion congrue portée en l'article premier.

ARTICLE IV.

Les curés ne pourront ni résigner, ni permuter leur bénéfice, avec réserve de pension, à moins qu'il ne reste au nouveau titulaire le montant net de ladite portion congrue, après ladite pension acquittée, non compris le casuel et les fondations; et seront en tout cas les pensions réservées en contravention de la présente disposition, réduites par nos baillis et sénéchaux, et autres juges des cas royaux, ressortissant nuement à nos cours de parlement, sauf l'appel en nosdites cours.

ARTICLE V.

Exhortons les archevêques et évêques de notre royaume, et néanmoins leur enjoignons de procéder incessamment, suivant les formes requises et accoutumées, par voie d'union de bénéfices-cures ou non cures, ou autres biens ecclésiastiques, à l'exception toutefois des bénéfices et cures dépendants du patronage laïque, à la dotation des curés et vicaires, auxquels l'abandon total des dîmes n'assure pas un revenu équivalent à la portion congrue, et notamment à la dotation des cures de villes; comme aussi à l'amélioration ultérieure des cures qui jouissent d'un revenu égal à la portion congrue, lorsque les circonstances locales paroîtront l'exiger; et seront encore lesdites unions utilement employées, soit à assurer d'équitables indemnités aux établissements qui en paroîtront susceptibles, soit à procurer des pensions de retraite aux anciens curés, vicaires et autres prêtres, que l'âge ou les infirmités contraignent à quitter les fonctions du ministere.

ARTICLE VI.

Exhortons pareillement les archevêques et évêques, et néanmoins leur enjoignons de procéder incessamment, dans leurs dioceses, aux suppressions, translations et unions de cures qu'ils estimeront convenables, et notamment dans les villes ou bourgs où il s'en trouvera plusieurs, dont la population seroit moindre de deux mille paroissiens de tout âge; et ce, sans préjudice des oppositions des seigneurs, des communautés d'habitants, des paroissiens, et des patrons ou collateurs; lesquelles oppositions seront en tout cas, s'il en survient, jugées en la maniere ordinaire, conformément aux loix et ordonnances: n'entendons néanmoins que la disposition du présent article puisse être appliquée aux cures dépendantes du patronage laïque, ni à celles des seigneurs qui ne peuvent avoir séance aux états de leurs provinces, que lorsqu'ils sont seigneurs de paroisses.

ARTICLE VII.

Les patrons et collateurs ecclésiastiques des bénéfices dont nous avons cru devoir autoriser la suppression, pour remplir les objets ci-dessus mentionnés, seront entendus en la forme ordinaire, sans néanmoins que leur consentement puisse être réputé nécessaire, même à l'égard des bénéfices réguliers, ni leur refus empêcher l'effet desdites suppressions, dérogeant, quant à ce, à l'article XVIII de l'édit du mois de décembre *mil six cent six*; et seront les oppositions desdits patrons ou collateurs, ou de tous autres, s'il en survient, jugées en la forme ordinaire, et conformément aux loix et ordonnances.

ARTICLE VIII.

Seront pareillement entendus, en la forme ordinaire, les communautés d'habitants, marguilliers ou fabriciens, qui auroient quelques droits de patronage; sans néanmoins que leur refus puisse empêcher les suppressions des consorces, fraternités ou obiteries, en titre de bénéfices, dépendants desdites communautés d'habitants, marguilliers ou fabriciens, ou dont il nous auroit paru convenable d'autoriser la suppression, soit pour améliorer le sort des curés ou vicaires desdites paroisses, soit pour accroître la dotation de leurs fabriques; et leurs oppositions, s'il en survient, seront jugées en la maniere accoutumée.

ARTICLE IX.

Ne pourront les bénéfices dont nous aurons approuvé la suppression, pour remplir les objets ci-dessus mentionnés, être, à compter du jour de la présentation des lettres-patentes que nous adresserons à nos cours à cet effet, résignés, ni permutés, ni même, en cas de vacance, conférés ou impétrés, sans néanmoins que les biens en provenants et les revenus d'iceux puissent tourner au profit des œuvres auxquelles ils seront destinés, qu'en vertu des décrets des archevêques ou évêques diocésains, et duement revêtus de lettres-patentes enregistrées en nos cours.

ARTICLE X.

Les contestations qui pourront naître au sujet de l'exécution de notre présente déclaration, même celles qui pourroient s'élever à raison des oppositions dont il est parlé ci-dessus, seront portées, en premiere instance, devant nos baillis et sénéchaux, et autres juges des cas royaux, ressortissants nuement en nos cours de parlement, sans que l'appel des sentences et jugements par eux rendus, en cette matiere, puisse être relevé ailleurs que dans nosdites cours de parlement; et ce, nonobstant toutes évocations qui auroient été accordées par le passé, ou qui pourroient l'être par la suite, à tous ordres, congrégations, corps, communautés ou particuliers; et seront, au surplus, toutes les dispositions de l'édit du mois de mai mil sept cent soixante-huit, concernant les portions congrues, fidèlement exécutées en tout ce qui ne seroit pas contraire à la présente déclaration. Si donnons en mandement à nos amés et féaux conseillers, les gens tenant notre cour de parlement à Paris, que ces présentes ils aient à faire registrer, et le contenu en icelles garder, observer et exécuter selon leur forme et teneur, et ce, nonobstant toutes choses à ce contraires : car tel est notre plaisir; en témoin de quoi nous avons fait mettre notre scel à cesdites présentes. Donné à Versailles, le deuxieme jour de septembre, l'an de grace mil sept cent quatre-vingt-six, et de notre regne le treizieme. *Signé*, LOUIS. *Et plus bas:* Par le roi, le b[on] de Breteuil. Et scellée du grand sceau de cire jaune.

Registrée, ouï, et ce requérant le procureur général du roi, pour être exécutée selon sa forme et teneur; à la charge que les archevêques et évêques ne pourront procéder à la suppression et union d'aucuns bénéfices-cures ou non cures, ou autres biens ecclésiastiques, qu'en exécution de lettres-patentes, duement enregistrées en la cour, sous le contre-scel desquelles seront attachés des états contenant les différents besoins de leur diocese, le montant desdits besoins, ensemble des états des bénéfices et autres biens ecclésiastiques destinés à y pourvoir, et du revenu de chacun desdits bénéfices et autres biens ecclésiastiques; comme aussi à la charge que la prohibition de résigner, mentionnée en l'article IX, n'aura lieu que du jour de l'enregistrement des lettres-patentes, mentionnées en la premiere disposition dit article IX. Arrêté, en outre, que ledit seigneur roi sera très humblem supplié d'autoriser les archevêques et évêques à procéder, par préféren à la suppression et union des bénéfices réguliers, exempts ou non exem même des monasteres des réguliers qui se trouveroient dans les cas po par les articles VII, VIII, IX et X, de l'édit de mars mil sept cent soixa huit, registré le vingt-six des mêmes mois et an; comme aussi des mo teres dont les religieux pourroient être retirés dans d'autres maisons de ordre ou congrégation, sans être à charge auxdites maisons, et sans pr dice des prestations qu'il sera trouvé juste d'attribuer aux monasteres con vés pour l'acquit des fondations et l'entretien de la conventualité, et à l plication des revenus desdits monasteres et menses aux objets mentio en la présente déclaration; le tout en se conformant, par les archevêqu évêques, aux formes prescrites par les canons reçus dans le royaume, e les ordonnances, édits et déclarations, duement registrés en la cour; et c collationnée de la présente déclaration, envoyée aux bailliages et sénéch sées du ressort, pour y être lue, publiée et registrée : enjoint aux subst du procureur-général du roi esdits sieges d'y tenir la main, et d'en cer la cour dans le mois, suivant l'arrêt de ce jour. A Paris, en parlement to les chambres assemblées, le cinq septembre mil sept cent quatre-vingt

Signé, YSABEAU.

DÉCLARATION
DU ROI,

Concernant les actes de baptême sur les registres des paroi

Donnée à Versailles, le 12 mai 1782.

Registrée en parlement le 14 desdits mois et an.

LOUIS, par la grace de Dieu, roi de France et de Nava à tous ceux qui ces présentes lettres verront, SALUT. L XIV, un de nos augustes aïeux et prédécesseurs, ayan donné, au mois d'août 1667, par une loi générale pour to les provinces de notre royaume, que les preuves de l'âge mariage, et du temps du décès, fussent reçues par des regi en bonne forme, qui feroient foi et preuve en justice, en même temps occupé du soin de régler la forme des a qui devroient être écrits et rédigés sur ces registres. Da dessein de perfectionner des établissements si nécess pour l'intérêt commun des familles et pour le bon ordr la société, le feu roi, notre très honoré seigneur et aïe fait publier la déclaration du 9 avril 1736, par les disposi de laquelle, en rassemblant les sages précautions des précéde précédentes, il a expliqué ses volontés de la maniere la plus capable de ne laisser aucun prétexte pour s'écarter de l'esprit et de l'objet des anciennes loix. Il s'est élevé cependant, en quelques paroisses de notre royaume, des difficultés sur la maniere d'exécuter l'article IV de ladite déclaration, qui porte que, dans les actes de baptême, il sera fait mention du jour de la naissance de l'enfant, du nom qui lui sera donné, de celui de ses pere et mere, parrain et marraine, et que l'acte sera signé sur les deux registres, tant par celui qui aura administré le baptême, que par le pere (s'il est présent), le parrain et la marraine. Nous avons été informés que quelques curés ou vicaires, affectant de ne pas distinguer, lors de la rédaction desdits actes, le fait relatif au sacrement de baptême qu'ils ont administré, et dont ils attestent la vérité par leurs signatures, et les faits relatifs aux qualités personnelles à l'enfant ou à l'état de l'enfant, à l'égard desquels ils certifient seulement, par leursdites signatures, que les parrains et marraines, et le pere (s'il est présent), ont fait telles ou telles déclarations en présentant l'enfant à l'église pour être baptisé, se sont cru permis d'entrer en connoissance du mérite de ces déclarations, et d'exprimer même dans les actes leur sentiment personnel sur le fond de ces déclarations par différentes clauses ou énonciations, selon la maniere dont ils s'en trouvoient affectés; comme s'ils pouvoient excéder les bornes du pouvoir de rédiger ces actes, qu'ils ne tiennent que de notre autorité, et supprimer, altérer ou affoiblir, par leur propre fait, la forme dans laquelle il a été ordonné que ces actes seroient rédigés, et les termes dans lesquels les déclarants ont exprimé leurs déclarations. Voulant faire cesser les inconvénients qui pourroient résulter d'interprétations aussi préjudiciables à la tranquillité de nos sujets, dès qu'elles pourroient tendre à répandre des nuages sur la possession de l'état de chacun d'eux, nous avons jugé à propos d'interpréter, en tant que de besoin, la déclaration de 1736, et d'expliquer, à cet égard, nos intentions si clairement, qu'il ne puisse plus rester aucun doute sur la maniere dont les déclarations des parrains et marraines, du pere même (s'il est présent), doivent être reçues par lesdits curés et vicaires, et sur la conduite qu'ils doivent tenir dans la rédaction d'actes aussi importants, et pour l'exactitude desquels les rois nos prédécesseurs et nous, avons bien voulu nous reposer sur leur sagesse et sur leur exactitude. A CES CAUSES, et autres à ce nous mouvant, de l'avis de notre conseil, et de notre certaine science, pleine puissance et autorité royale, nous avons dit, déclaré et ordonné, et par ces présentes, signées de notre main, disons, déclarons et ordonnons, voulons et nous plaît, que l'article IV de la déclaration du 9 avril 1736 sera exécuté dans tout notre royaume, pays, terres et seigneuries de notre obéissance, selon sa forme et teneur; et icelui interprétant, en tant que besoin est ou seroit, enjoignons à tous curés ou vicaires, lorsqu'ils rédigeront les actes du baptême qu'ils auront administré, et dont ils attesteront la vérité par leurs signatures apposées au bas desdits actes, de recevoir et d'écrire les déclarations de ceux qui présenteront les enfants au baptême, conformément à ce qui est ordonné par l'article IV de la déclaration du 9 avril 1736, et par notre présente déclaration: leur faisons défenses, et à tous autres, d'insérer, par leur propre fait, soit dans la rédaction desdits actes, soit sur les registres sur lesquels ils sont transcrits ou autrement, aucunes clauses, notes ou énonciations, autres que celles contenues aux déclarations de ceux qui auront présenté les enfants au baptême, sans pouvoir faire aucunes interpellations sur les déclarations qui seront faites par ceux qui présentent les enfants au baptême; le tout sous les peines portées par l'article XXXIX de la déclaration du 9 avril 1736. SI DONNONS EN MANDEMENT à nos amés et féaux conseillers, les gens tenant notre cour de parlement à Paris, que ces présentes ils aient à faire registrer, et le contenu en icelles garder et observer pleinement et paisiblement, cessant et faisant cesser tous troubles et empêchements, et nonobstant toutes choses à ce contraires: CAR tel est notre plaisir; en témoin de quoi nous avons fait mettre notre scel à cesdites présentes. DONNÉ à Versailles, le douzieme jour du mois de mai, l'an de grace mil sept cent quatre-vingt-deux, et de notre regne le neuvieme. *Signé*, LOUIS. *Et plus bas:* Par le roi. *Signé*, AMELOT. Et scellée du grand sceau de cire jaune.

Régistrée, ouï et ce requérant le procureur-général du roi, pour être exécutée selon sa forme et teneur, et copie collationnée de ladite déclaration envoyée aux bailliages et sénéchaussées du ressort, pour y être lue, publiée et registrée: enjoint aux substituts du procureur-général du roi esdits sieges d'y tenir la main, et d'en certifier la cour dans le mois; et icelle déclaration notifiée, à la requête des substituts du procureur-général du roi, aux curés des paroisses situées dans l'étendue du ressort de leur siege, suivant l'arrêt de ce jour. A Paris, en parlement, les grand'chambre et tournelle assemblées, le quatorze mai mil sept cent quatre-vingt-deux.

Signé, DUFRANC.

ARRÊT
DU PARLEMENT DE PARIS,

Contenant réglement pour les oppositions aux mariages.

Du vingt-huit avril mil sept cent soixante-dix-huit.

Vu, par la cour, la requête présentée par le procureur général du roi, contenant qu'ayant été informé que, dans l'étendue de la sénéchaussée de Gueret, il s'étoit introduit un abus par rapport aux oppositions que l'on formoit à la célébration des mariages, et à l'appel comme d'abus qu'on interjettoit de la publication des bans, sous prétexte d'intérêts civils, ou de promesses verbales de mariages ; la cour, par arrêt du dix avril mil sept cent soixante-dix-sept, a fait défenses à toutes personnes de former opposition aux mariages, soit des mineurs ou des majeurs, ni d'interjetter appel comme d'abus des publications de bans, sous prétexte d'intérêts civils ou de promesses verbales de mariage, sous telle peine qu'il appartiendra, et même d'être poursuivies extraordinairement suivant l'exigence des cas. La cour a pareillement fait défenses à tous huissiers de prêter leur ministere pour de pareilles oppositions et appels comme d'abus, sous peine d'interdiction, et même aussi d'être poursuivis extraordinairement : que le procureur général du roi a été informé que, dans l'étendue de plusieurs autres sieges du ressort de la cour, le même abus s'est introduit, ce qui fait que le procureur général du roi doit proposer à la cour d'étendre l'exécution de l'arrêt du dix avril mil sept cent soixante-dix-sept, pour tous les sieges du ressort; et comme il arrive très souvent que les habitants de la campagne ne sont pas en état d'avancer les frais nécessaires pour avoir la main-levée des oppositions qui ont été formées à leurs mariages, ce qui fait retarder les mariages de convenance, souvent les empêche et cause par conséquent un préjudice considérable à la société, le procureur général du roi doit proposer à la cour d'ordonner qu'en pareil cas il sera pourvu à la requête de ses substituts dans les bailliages et sénéchaussées, pour faire prononcer la main-levée des oppositions, et que quant aux appels comme d'abus qui pourront être interjettés des publications de bans, il y sera pourvu à la requête du procureur général du roi. A CES CAUSES, requéroit le procureur général du roi qu'il plût à la cour ordonner que l'arrêt dudit jour dix avril mil sept cent soixante-dix-sept sera exécuté ; en conséquence, faire défenses à toutes personnes, excepté aux peres et meres, tuteurs et curateurs, freres et sœurs, oncles et tantes, de former oppositions aux mariages, soit des mineurs, soit des majeurs, ni d'interjetter appel comme d'abus des publications de bans, sous quelque prétexte que ce puisse être, à moins que ce ne soit pour empêchement dirimant, auquel cas les causes en seront déduites dans les exploits d'oppositions ou d'appel comme d'abus, sous peine de trois cents livres d'amende, même d'être poursuivis extraordinairement, suivant l'exigence des cas : faire pareillement défenses à tous huissiers de prêter leur ministere pour de pareilles oppositions et appels comme d'abus, sous les mêmes peines, et même d'interdiction, au défaut par eux de déduire, dans les exploits qu'ils signifieront, les causes d'oppositions ou d'appel comme d'abus; ordonner que pour les ouvriers et habitants, tant des villes que de la campagne, qui ne seront pas en état de se pourvoir en justice, pour avoir la main-levée des oppositions à leurs mariages, ou pour faire statuer sur les appels comme d'abus qui seroient interjettés des publications de leurs bans, il sera, quant auxdites oppositions, fait les poursuites nécessaires à la requête des substituts du procureur général du roi, dans les bailliages, sénéchaussées et sieges royaux, autres que les prévôtés et châtellenies, pour faire prononcer la main-levée desdites oppositions et pour poursuivre les opposants, conformément à l'arrêt à intervenir; et que, quant aux appels comme d'abus, il y sera statué à la requête du procureur général du roi; ordonner que l'arrêt à intervenir sera lu et publié, l'audience tenante des bailliages, sénéchaussées et autres sieges royaux, inscrit sur les registres desdits bailliages, sénéchaussées et autres sieges royaux, imprimé et affiché par-tout où besoin sera; enjoindre aux substituts du procureur général du roi dans lesdits sieges, d'y tenir la main, et d'en certifier la cour dans le mois. Ladite requête signée du procureur général du roi. Ouï le rapport de Me Sahuguet d'Espagnac, conseiller : Tout considéré:

La cour ordonne que l'arrêt dudit jour dix avril mil sept cent soixante-dix-sept sera exécuté ; en conséquence, fait défenses à toutes personnes, excepté aux peres et meres, tuteurs et curateurs, freres et sœurs, oncles et tantes, de former oppositions aux mariages, soit des mineurs, soit des majeurs, ni d'interjetter appel comme d'abus des publications de bans, sous quelque prétexte que ce puisse être, à moins que ce ne soit pour empêchement dirimant, auquel cas les causes en seront déduites dans les exploits d'oppositions ou d'appel comme d'abus, sous peine de trois cents livres d'amende, même d'être poursuivis extraordinairement suivant l'exigence des cas; fait pareillement défenses à tous huissiers de prêter leur ministere pour de pareilles oppositions et appels comme d'abus, sous les mêmes peines, et même d'interdiction, au défaut par eux de déduire, dans les exploits qu'ils signifieront, les causes d'oppositions ou d'appel comme d'abus : ordonne que, pour les ouvriers et habitants, tant des villes que de la campagne, qui ne seront pas en état de se pourvoir en justice pour avoir la main-levée des oppositions à leurs mariages, ou pour faire statuer sur les appels comme d'abus qui seroient interjettés des publications de leurs bans, il sera, quant auxdites oppositions, fait les poursuites nécessaires, à la requête des substituts du procureur général du roi, dans les bailliages, sénéchaussées et sieges royaux, autres que les prévôtés et châtellenies, pour faire prononcer la main-levée desdites oppositions, et pour poursuivre les opposants conformément au présent arrêt; et que, quant aux appels comme d'abus, il y sera statué à la requête du procureur général du roi: ordonne que le présent arrêt sera lu et publié, l'audience tenante des bailliages, sénéchaussées et autres sieges royaux, inscrit sur les registres desdits bailliages, sénéchaussées et autres sieges royaux, imprimé et affiché par-tout où besoin sera; enjoint aux substituts du procureur général du roi dans lesdits sieges d'y tenir la main, et d'en certifier la cour dans le mois. Fait en Parlement, le vingt huit avril mil sept cent soixante-dix-huit. Collationné, *Signé*, LUTTON.

Signé, DUFRANC.

COPIE de la lettre écrite à M. l'abbé de Périgord, agent général du clergé, par M. le garde des sceaux.

A Paris, le 12 mai 1785.

J'AI reçu, Monsieur, avec votre lettre du 28 mars dernier, l'état des objets sur lesquels MM. du clergé demandent la décision du roi.

Le premier de ces objets est la demande que le clergé a faite, par l'article II du cahier de 1780, sous le titre, *Possession civile et jouissance des fruits des bénéfices,* d'une déclaration qui regle, 1°. que les ecclésiastiques auxquels le *visa,* ou institution canonique, aura été refusé, ne pourront dans aucun cas être envoyés en possession et jouissance des fruits du bénéfice contentieux, qu'après que les cours de parlement auront déclaré y avoir abus dans l'ordonnance de refus.

2°. Que, même dans ce dernier cas, la récréance ne pourra leur être adjugée qu'en grande connoissance de cause, et sous la condition expresse de fixer un terme fatal, après l'expiration duquel, si les prétendants ne font apparoir d'un titre canonique, ils seront irrévocablement déchus de tous droits et leurs bénéfices déclarés vacants et impétrables.

Le roi, après avoir mûrement réfléchi sur cet objet, a jugé à propos de se borner à donner des ordres à ses procureurs généraux, afin que l'on n'abuse pas des dispositions de l'édit de 1695, et sa majesté y veillera.

Le second et le troisieme objet sont relatifs aux demandes portées dans les articles III et IV des cahiers de 1780, concernant les nominations des bénéfices à charge d'ames, et les oppositions aux mariages. Je m'occupe de ces deux objets, afin de mettre sa majesté en état de faire connoître ses intentions.

Le quatrieme objet concerne l'article V du cahier de 1780, sous le titre de publication de bans de mariages dans la paroisse d'origine. Sa majesté a examiné cette demande, et a reconnu que les formalités proposées par cet article seroient plus embarrassantes qu'utiles, et qu'il étoit de sa sagesse de ne rien ajouter, sur cet objet, aux dispositions des loix et ordonnances.

Quant aux demandes portées aux articles VI, VII et VIII du cahier de 1780, concernant les dignitaires des chapitres, non résidents, et chanoines privilégiés, les anciennes unions faites en faveur des églises collégiales et les cures des villes murées, il n'a pas encore été possible de faire tout le travail nécessaire pour mettre sa majesté en état de prendre une détermination définitive.

Il en est de même des demandes de l'assemblée de 1782, concernant les cures dépendantes des bénéfices unis aux colleges ci-devant occupés par les Jésuites; les aliénations, emprunts et remboursements des bénéficiers et corps ecclésiastiques; les pensions vicariales.

Ces objets exigent des détails que je n'ai pu encore me procurer.

Mais je ne négligerai pas de prendre les ordres du roi, sur tous les objets restés indécis, le plutôt qu'il sera possible.

On ne peut rien ajouter aux sentiments avec lesquels je vous suis, Monsieur, bien véritablement attaché.

Signé, DE MIROMÉNIL.

MÉMOIRE

SUR L'AFFAIRE

DES FOI ET HOMMAGES,

PAR M. L'ABBÉ PARENT,

Docteur de la maison et société de Sorbonne, vicaire général d'Orléans, etc.

En réponse au mémoire de l'inspecteur du domaine (1).

QUAND le clergé de France soutient la liberté féodale de ses biens, et se refuse aux prestations exigées par les officiers du domaine, ce n'est point un droit nouveau qu'il introduit, une prérogative et des privileges singuliers qu'il réclame; c'est l'ancien droit public de la nation françoise; c'est le droit originaire et constitutionnel des possessions ecclésiastiques, dans lequel il s'est conservé jusqu'ici depuis le commencement de la monarchie.

En effet, qu'est-ce que le droit public? C'est un corps de principes et de maximes qui fixe d'une maniere permanente l'état des personnes et celui des biens dans une société civilisée. Ce droit est général ou particulier: l'un est le droit de la nation entiere, l'autre est celui des différents corps politiques qui la composent: tous les deux sont l'ouvrage des intérêts, des coutumes et des mœurs publiques, auxquels les loix viennent ensuite donner le sceau de l'autorité.

Les changements que le temps, les intérêts et les passions amenent insensiblement sur leurs traces, peuvent opérer à la longue une révolution dans ce droit public; ses antiques maximes, minées sourdement par l'activité continuelle des causes qui l'avoient introduit, peuvent disparoître enfin pour faire place à de nouvelles mœurs, à de nouvelles loix, à un nouveau droit.

Mais si la révolution n'a point été générale; si, au milieu

(1) Quoiqu'il y ait eu quatre mémoires faits par M. l'abbé Parent dans l'affaire des foi et hommages, on n'en donne ici que le second, parcequ'il contient tous les principes du premier, et que les deux autres ne présentent que des développements, et de simples applications aux nouvelles difficultés du domaine.

de toutes ces vicissitudes, des provinces ou des corps politiques sont demeurés constamment attachés à leurs anciennes maximes, c'est par elles seules qu'ils doivent être gouvernés; leur ancien état appuyé sur leurs titres, leur possession, et les loix, forment autour d'eux une triple enceinte contre laquelle doivent se briser tous les efforts des hommes.

D'où nous viennent ces maximes si généralement consacrées dans nos mœurs, que l'abus ne se couvre par aucun laps de temps, que les privileges et les exemptions ne doivent point être reconnus, à moins qu'ils ne soient établis sur des titres constitutifs et réguliers? C'est parceque le droit public est, de sa nature, imprescriptible; que, tant qu'il subsiste, rien n'est capable de nous soustraire à son empire. Aussi lorsqu'il est question de privileges et de titres particuliers, c'est d'après les principes de l'ordre public qu'il faut les examiner; c'est par lui qu'il faut les restreindre s'ils excedent leurs limites, les éclaircir s'ils sont obscurs, les interpréter s'ils sont équivoques, les rejetter si les titres n'en sont pas réguliers : tous les efforts du raisonnement, la possession la plus constante, la prescription la plus longue, viennent se briser contre cet écueil. En effet, pourquoi la prescription a-t-elle lieu dans le droit civil? C'est parceque le véritable propriétaire peut être inconnu. Mais, en matiere de droit public, il ne l'est jamais; c'est le droit lui-même qui est en quelque sorte le véritable propriétaire; et les privileges, loin d'étouffer sa voix, sont autant de témoins qui déposent en sa faveur, parcequ'ils ne se présentent jamais que comme des dérogations à ses maximes.

Malgré les troubles de la monarchie et les changements successifs qui ont fait passer une grande partie des alleux sous le joug de la féodalité, il en existe encore; l'allodialité fait encore le droit public de plusieurs de nos provinces; le Languedoc, le Dauphiné, la Bourgogne, plusieurs communautés municipales, comme Saint-Quentin, Ahun, Tournai, Chauni, reconnoissent encore la maxime, *Nul seigneur sans titre.* Dans toutes ces provinces l'allodialité est toujours présumée, et elle ne peut être combattue que par des titres.

Le clergé de France, qui, par les principes de sa constitution, n'a point vu, depuis le regne de Hugues Capet, flotter dans ses mains ses antiques possessions, n'a point à craindre qu'allodiales dans leurs sources, elles aient dégénéré par le temps; toutes les circonstances se sont réunies pour les maintenir dans leur intégrité primitive.

Ce

Ce droit antique de la nation sur l'allodialité des biens acquiert, à son égard, une force nouvelle par la nature même des fondations ecclésiastiques; il est de principe parmi nous qu'elles appartiennent à l'ordre public, parceque la religion en fait une partie essentielle, et qu'elles sont destinées pour son culte.

Aussi n'y a-t-il rien de plus sacré dans nos mœurs que ces monuments de la libéralité de nos ancêtres; c'est sous la foi publique que les établissements religieux ont pris naissance; c'est avec toutes les générations que leurs fondateurs ont contracté, parceque celle avec laquelle ils existoient leur présentoit, dans ses vœux et ses serments, les vœux et les serments de toutes les générations futures.

Ce n'étoit point encore assez pour assurer à leurs dispositions ce caractere de perpétuité qu'elles devoient avoir; comme si leur expérience eût soulevé devant eux un coin du voile qui leur déroboit l'avenir, ils appellerent les loix au secours de la religion: c'est ainsi qu'après avoir trompé en quelque sorte la vigilance du temps, et soustrait les actes de leur volonté à la révolution des âges, ces pieux fondateurs sont descendus dans la nuit du tombeau.

Ces principes de l'équité naturelle, et gravés par elle dans le cœur de tous les hommes, ont passé dans le corps de notre droit public ecclésiastique; ils font partie du dépôt précieux de nos libertés; ce sont eux que M. d'Aguesseau développoit avec tant d'énergie, lorsqu'il remplissoit les augustes fonctions du ministere public.

« Personne n'ignore, disoit-il, qu'en quelques matieres « que ce puisse être, séculieres et ecclésiastiques, les fonda- « tions sont de droit public, incapables d'être effacées par le « nombre des années, ou détruites par la longue possession; « qu'on ne peut violer les sages dispositions d'un fondateur, « et mépriser ses saintes intentions sans commettre une « espece de sacrilege. L'église, la justice, le public, prennent « sous leur protection la volonté des patrons, des fondateurs; « et comme leur autorité réside en vos personnes, vous en « devenez les conservateurs; vous les défendez de l'injure « des temps, de la prévarication, ou du moins de la négli- « gence des titulaires; vous vous chargez enfin de les faire « exécuter dans un temps où leur nom sera effacé de la mé- « moire des hommes; et bien loin que la possession puisse « autoriser des usages contraires, elle ne sert qu'à vous les « faire paroître plus odieux et plus illégitimes. »

Ce respect que nous devons aux volontés des fondateurs, comprend tout à la fois et les biens de leurs fondations et la maniere dont ils les ont donnés : l'un est aussi sacré que l'autre ; la liberté ou la servitude d'un bien intéressent également les droits de la propriété : donc si les fondations ont été faites d'une maniere allodiale, c'est aller contre la disposition des fondateurs que de vouloir les assujettir aux devoirs et aux servitudes de la féodalité.

Et comme, dans les provinces et les coutumes allodiales, on ne verroit que des atteintes données aux propriétés dans les devoirs des fiefs auxquels on voudroit les asservir ; il doit en être de même des possessions du clergé, puisque le droit commun des fondations ecclésiastiques lui assure également l'allodialité et la propriété de ses biens.

Mais comment reconnoître l'existence de ce droit? C'est par les titres et les monuments publics, d'une part; de l'autre, par la possession constante dans laquelle on s'est toujours maintenu. On verra, dans le cours de cet ouvrage, que ces deux caracteres se réunissent en faveur des biens du clergé, pour en assurer la franchise et l'immunité féodale.

Ce n'est pas dans les trois premiers siecles de l'ere chrétienne qu'il faut aller chercher les titres des biens et des possessions ecclésiastiques : ces siecles, gravés en caracteres de sang dans les annales de l'église, ne nous présentent que le tableau de ses persécutions et de ses larmes. Les ministres de la religion, toujours en butte aux cruautés des empereurs, ou de leurs officiers, ne subsistoient alors que par la libéralité manuelle et passagere des fideles; obligés de se dérober sans cesse aux regards inquiets d'un gouvernement jaloux, il leur fut impossible d'établir un culte public et une constitution réguliere : ce ne fut que lorsque Constantin eut rendu la paix à l'église par sa conversion au christianisme, qu'elle commença à posséder des fonds et à avoir des revenus assurés pour la subsistance de ses ministres; on vit alors le culte public s'élever sur des regles constantes, la discipline de l'église prendre une marche plus assurée, sa police et sa hiérarchie temporelle se former sur le modele de la constitution de l'empire.

Au moment où les Gaules passerent sous la domination des Mérovingiens, la religion chrétienne y étoit déja florissante; on y avoit même tenu des conciles sur la discipline et la doctrine. Les églises d'Arles, de Narbonne, de Bordeaux, de Limoges, de Lyon, de Sens, d'Auxerre, de Paris, de Rouen, etc. étoient dès-lors des églises considérables. Les donations des fideles et la libéralité des empereurs en avoient déja assuré la stabilité; on voit, dans dom Bouquet (1), un diplôme, ou lettre de Clovis, qui montre quelle étoit alors la consistance de ces églises, et l'autorité des évêques dans les Gaules. Vouloir faire remonter jusques à ces siecles, et aux biens dont ces églises jouissoient alors, les influences de la constitution féodale, ce seroit sans doute confondre les temps et brouiller tous les faits dans l'histoire de la monarchie.

Que les églises aient été, sous les empereurs, assujetties pour leurs biens aux charges de l'état, ou qu'elles en aient été exemptes, ce point est absolument étranger à notre objet; les fiefs n'existoient point alors, cela suffit pour les exempter des devoirs qui y sont attachés, à moins que l'on ne prouve que telle étoit la constitution politique des Francs lors de leur conquête, ou qu'en posant les fondements de leur nouvel empire ils établirent la féodalité, comme la loi universelle qui devoit désormais gouverner les personnes et les biens.

Mais outre que ce système est démenti par tous les historiens, par les capitulaires de nos rois, par tous les auteurs qui ont écrit sur la féodalité, et par l'exemple même de quelques unes de nos provinces, dont l'allodialité fait encore le droit public; c'est que, dans la discussion que nous allons faire des principes du domaine, on verra que la constitution féodale n'a jamais été la constitution primitive de l'empire des Francs, ou qu'il s'est établi, en faveur des églises, un droit public absolument incompatible avec les devoirs de la féodalité.

Pour procéder avec ordre, et présenter une discussion complette de la réponse du domaine, nous la diviserons en deux parties.

La premiere est un corps d'observations préliminaires à la question qui s'éleve aujourd'hui.

La seconde contient les principes de l'inspecteur sur la nature et les droits de la féodalité, le rapprochement de ces principes de ceux du clergé, et la réfutation de ses moyens.

Cette division formera le plan général de notre réponse et de la discussion à laquelle nous allons nous livrer pour rétablir les véritables principes de la matiere, les développer de plus en plus, et leur donner un nouveau jour, en faisant disparoître les obscurités et les équivoques que l'inspecteur du domaine s'est efforcé d'y répandre.

(1) Tom. IV, pag. 54, an. 510.

PREMIERE SECTION.

EXAMEN DES OBSERVATIONS PRÉLIMINAIRES.

PREMIERE OBSERVATION.

Dans l'affaire des foi et hommages, la question se réduit à savoir si le clergé, possédant des fiefs, doit en remplir les obligations.

JAMAIS il n'entra dans les idées du clergé de soustraire des biens véritablement féodaux, et tenus du roi en cette qualité, aux obligations que leur imposent les principes et les regles des fiefs. Depuis qu'il est question d'assujettir la masse universelle de ces biens aux prestations féodales, c'est-à-dire depuis plus d'un siecle, le clergé n'a jamais établi sa défense que sur la nature même de ses possessions, qui le met dans une classe absolument différente des autres sujets du royaume. Il se croit exempt de ces services, soit à cause de ses anciennes propriétés, qui remontent à une époque antérieure à l'institution des fiefs, soit à cause des formules d'affranchissement qui concernent ses dotations nouvelles.

Frappé de l'appareil féodal qui éclate dans la plus grande partie des possessions ecclésiastiques, l'inspecteur les a facilement confondues avec les fiefs ordinaires. De-là cette alternative pressante, ou, pour nous servir de ses expressions, cet argument d'impossibilité dont il demande la solution : *Que le clergé renonce à ses fiefs, ou qu'il reconnoisse la source légitime dont ils sont émanés.*

Pour dissiper ces obscurités, nous observerons, avec Brussel, que rien n'est plus équivoque que la signification de ces mots *feodum* et *feodus*, dans nos anciens monuments ; tantôt ils se prennent pour la mouvance dans laquelle est une terre, tantôt pour tout ce qui releve de cette terre (1). Suivant Schilterus, auteur très versé dans la connoissance du droit féodal, on entend par fief, tantôt le bénéfice ou l'acte par lequel une chose est donnée en fief, quelquefois la chose elle-même, souvent le droit que le donateur a sur la chose donnée, c'est-à-dire le domaine direct ; souvent le domaine utile du concessionnaire (2). Il est donc nécessaire de distinguer

(1) Brussel, tom. I, parag. 4, pag. 18. (2) Schilterus, de septem clypeis.

deux sortes de féodalités, l'une active et l'autre passive. La premiere est celle que le propriétaire d'une terre exerce sur des biens de sa dépendance ; la deuxieme est celle à laquelle il est soumis lui-même pour sa propriété. Suivant l'état actuel des fiefs, il est assez rare que ces deux féodalités ne marchent point ensemble ; c'est-à-dire que presque toujours un seigneur dominant reconnoît lui-même un supérieur de mouvance, auquel il reporte et sa glebe dominante et les biens qui en dépendent, soit à titre de fiefs, soit à titre de cens.

Sans contredit, les ecclésiastiques exercent, pour la plupart de leurs biens, tous les droits de la féodalité ; mais sont-ils eux-mêmes assujettis à ces droits envers d'autres propriétaires, ou reconnoissent-ils un supérieur dans l'ordre féodal? Ici deux questions se présentent, l'une de droit et l'autre de fait : quant à celle-ci, le clergé soutient que, par le droit public de ses fondations, il n'est point assujetti à ces droits, c'est-à-dire que sa glebe propre, régulièrement parlant, ne reconnoît aucun seigneur de mouvance ; mais cette question étant l'objet spécial du mémoire, elle nous devient absolument étrangere ici.

Dans le droit, il prétend que ce systême n'a rien qui puisse choquer les maximes fondamentales de notre droit public ; il se réduit à présenter des biens libres de toute suzeraineté, auxquels cependant d'autres biens sont assujettis féodalement. En effet, est-il donc si étrange qu'un citoyen possede un fonds libre dans l'ordre féodal, ne relevant que du roi comme roi et à cause de sa couronne, ainsi que les mouvances qui lui appartiennent? Une longue expérience nous a familiarisés avec ces idées ; malgré l'empire presque universel de la féodalité réelle, il existe encore dans le royaume une multitude d'alleux nobles; tous ont des biens dans leur dépendance féodale, aucun d'eux ne releve de personne. Quelle peut être la raison de cette prérogative? C'est qu'il n'est point essentiel de reconnoître un suzerain pour avoir une mouvance, c'est que le contrat féodal est dans la classe des contrats ordinaires, c'est qu'il est de droit positif, et qu'il résulte des intérêts et des stipulations.

L'inspecteur lui-même est obligé de rendre hommage à ces idées, en reconnoissant, à la tête de son mémoire, qu'il y a une différence essentielle entre la souveraineté du roi et la suzeraineté qu'il exerce ; que la subordination d'un bien à un autre a été inconnue à toutes les nations civilisées qui ont précédé l'ere de Charlemagne, et qu'il existe encore, dans le royaume, des francs-alleux nobles, c'est-à-dire des biens qui ont des mouvances, sans en reconnoître aucune.

Ainsi les grands propriétaires, maîtres absolus de leur glebe, auront pu en détacher quelques parties, et les donner en bénéfice, suivant les mœurs de ces siecles, pour améliorer par-là leur domaine, récompenser des services rendus ou s'en assurer la continuation. Qu'ensuite ces secours personnels, aussi fugitifs et aussi précaires dans l'origine, que ces possessions mêmes, se soient réalisés sur ces terres, par la révolution qui les rendit héréditaires et perpétuelles, alors la glebe dominante sera devenue une glebe de mouvance, sans rien perdre de sa liberté primitive, soumise, en tout ce qui intéresse l'état et la couronne, à la seigneurie publique, elle aura sans doute acquis, dans l'ordre civil, de nouveaux rapports, par l'hérédité éventuelle de ces possessions précaires et dépendantes ; mais ses rapports avec la souveraineté n'auront subi par-là aucune vicissitude.

Ce n'est point ici sans doute le lieu de développer toutes les causes introductives des loix féodales dans les possessions des citoyens et des églises ; nous aurons occasion de suivre et d'examiner en détail les progrès des fiefs en France, en discutant les principes du domaine. Mais il suit de ces réflexions passageres, que tous les degrés de l'échelle féodale ne sont pas des degrés nécessaires, que la féodalité peut s'arrêter aux sujets de sa majesté, qu'on peut tenir au système féodal par une extrémité sans y être attaché par l'autre.

Ecoutons sur cela l'annotateur du traité du domaine. Cette hiérarchie féodale, dit-il, « qui, dans cet ordre, n'a que Dieu « au-dessus d'elle, cette tête féodale ne remonte pas toujours « jusqu'au roi ; la distinction de ce qu'on appelle franc-alleu « noble dans le royaume, en fait la preuve. Si on dit que le « roi est souverain fieffeux dans son royaume, cela veut dire « qu'il est le chef de la hiérarchie générale, abstraction faite « des petites hiérarchies particulieres, que les titres et les cou- « tumes peuvent consacrer, à la tête desquelles se trouve un « franc-alleu noble, où la hiérarchie s'arrête. Il est donc sou- « verain fieffeux de droit commun, sauf les titres particuliers « qui tirent, hors de cette hiérarchie générale, ce franc-alleu « avec ses dépendances (1). »

Ce n'est donc pas une contradiction de la part du clergé, de

(1) Traité du domaine, tom. I, pag. 363, notes.

soutenir tout à la fois l'allodialité de ses héritages, et d'exercer les droits de la mouvance féodale sur les terres qui en dépendent : il suffit pour cela que ses mouvances soient des terres démembrées de ses posssessions primitives ; que, malgré la révolution des temps, elles n'aient point secoué le joug de cette dépendance, et que ces terres, ou ces glebes dominantes, toujours soumises à la souveraineté, n'aient jamais contracté les obligations féodales envers aucun seigneur particulier. Par-là on conçoit comment le clergé, sans manquer à ce qu'il doit à l'état et au roi, peut refuser, pour ses biens, les prestations féodales, et les exiger néanmoins sur ceux de ses mouvances. L'existence actuelle des francs-alleux nobles dans le royaume, et le droit public d'une grande partie de nos provinces, qui reconnoissent encore la maxime, *Nul seigneur sans titre*, sont l'abrégé de toutes les explications que l'on pourroit attendre sur cette matiere.

DEUXIEME OBSERVATION.

Le clergé ne refuse point la foi aux seigneurs particuliers, et la refuse au roi.

Ce n'est point parceque la féodalité est devenue le droit commun d'une partie de nos provinces, que les ecclésiastiques se soumettent à ces devoirs envers les seigneurs particuliers ; c'est parceque, dans les différentes donations qui leur ont été faites, la réserve de la mouvance ou des clauses équivalentes a été stipulée ; c'est parceque les titres que les seigneurs présentent à l'appui de ces droits, sont des titres constitutifs ou possessoires, dont il n'est pas possible d'écarter les dispositions. A cet égard il n'y a aucune différence entre le roi et les seigneurs particuliers ; mais aussi leur condition sera la même encore, si les uns et les autres en donnant leurs biens aux églises, les ont dégagés des servitudes et des droits auxquels ils étoient assujettis envers eux, parceque la féodalité est dans l'ordre des contrats ordinaires, qui, formés par le concours des volontés, peuvent et doivent se résoudre par le concours des volontés contraires.

Si donc il y a quelque différence entre eux, c'est par rapport aux effets de l'amortissement. Lorsque l'héritage acquis par l'église est dans la mouvance immédiate du roi, ou que le roi lui-même est le donateur, si, par l'acte de donation et celui de l'amortissement, il n'a fait aucunes réserves sur ces biens, dès ce moment l'église jouit de ses bienfaits dans une liberté parfaite; et prétendre alors à l'immunité féodale de ces biens, ce n'est point, de la part de l'église, refuser au souverain les droits qui lui sont dus, c'est vouloir profiter de ses dons, avec tous les avantages qu'il lui a plu de leur accorder. Nous verrons en effet, dans le cours de ce mémoire, que régulièrement la formule connue sous le nom d'amortissement emporte avec elle, suivant tous nos jurisconsultes, l'extinction des droits de la mouvance, à moins que par des clauses et des réserves on n'ait voulu en suspendre ou en diminuer l'énergie; mais lorsqu'il s'agit d'un bien acquis ou donné à l'église dans la mouvance des seigneurs, quelle que soit la nature de l'amortissement, si les seigneurs n'ont pas voulu consentir à l'extinction de leur mouvance, il doit nécessairement se réduire à l'exercice de la puissance publique, qui permet bien la consécration d'un fonds au service de la religion, mais qui ne porte aucune atteinte aux droits que les seigneurs respectifs dans l'ordre de la féodalité peuvent y prétendre.

TROISIEME OBSERVATION.

La protection que le roi accorde au clergé de son royaume, est-elle un titre suffisant pour en exiger les aveux et dénombrements ou les déclarations par détail?

Par la déclaration de 1674, les ecclésiastiques sont obligés de rendre au roi aveux et dénombrements pour les biens qu'ils possedent dans sa mouvance ou sous sa protection; ainsi l'allodialité la plus parfaite est un titre insuffisant pour soustraire leurs possessions aux devoirs de la féodalité réelle, et la protection que le roi leur accorde les fait rentrer dans la classe des possessions ordinaires: si c'est un droit nouveau que le souverain veuille exiger aujourd'hui, le clergé n'a plus rien à répondre, toute discussion devient ici superflue; mais s'il s'agit d'une ancienne prérogative du trône, il se permettra d'en discuter les principes et les effets suivant le droit public du royaume.

En général la protection de nos rois, et leur sollicitude envers les églises, n'est autre chose que l'ancienne clientele, ou cette garde particuliere que l'on accorde aux foibles contre les entreprises des hommes puissants: c'est l'idée que nous en donnent tous les publicistes. Elle dérive naturellement de la constitution de l'église et de son existence dans l'état;

l'état; mais ni la garde, ni l'ancienne clientele, n'ont été des titres suffisants pour exiger de ceux qui en étoient l'objet, la foi et l'hommage, l'aveu et dénombrement de leurs biens. Toutes les choses, dans l'ordre de la société comme dans celui de la nature, ont des propriétés et des caracteres qui les distinguent : or il est de principe parmi nous, comme chez toutes les nations qui se gouvernent par la jurisprudence des fiefs, que les aveux et dénombrements, la foi et hommage, sont des devoirs vassalitiques et des actes de féodalité réelle; qu'ils supposent un seigneur de mouvance; et que cette seigneurie emporte nécessairement avec elle l'idée de la concession d'un héritage sous la réserve du domaine direct au profit du concédant, et d'un service particulier de la part du concessionnaire. Tous ces droits sont étrangers à la protection souveraine; et quelle que puisse être son énergie, il y aura toujours une différence absolue entre le patron et le suzerain, le protecteur et le seigneur dominant, le sujet protégé et le sujet vassal. La garde du souverain, toujours réglée par des principes qui lui sont propres, se bornera nécessairement à protéger les biens comme ils sont, sans en changer la nature, et les rendre féodaux d'allodiaux qu'ils étoient (1) : c'est la doctrine de Dumoulin; selon lui la clientele ou le patronage n'eurent pour fondement que la bienveillance; la féodalité au contraire s'est établie par la concession d'une chose immobiliere. Si les clients mettoient leurs biens et leurs personnes sous la tutele de leurs patrons, ils n'en conservoient pas moins le domaine absolu des uns et des autres; ils ne voyoient en eux que les défenseurs et non les maîtres de leurs propriétés: mais, dans le vasselage, on reconnoît le seigneur pour le maître de la chose donnée; la propriété directe lui en appartient, il n'y a que les droits utiles qui passent aux feudataires. Le patronage s'étendoit indistinctement à toutes les possessions et à tous les intérêts du client; la vassalité, par la nature même du contrat qui l'engendre, ne va pas au-delà des biens féodaux: les obligations militaires n'étoient point annexées aux clienteles, comme elles l'étoient aux fiefs dans l'origine; les clients étoient les enfants de la paix, la guerre étoit l'état naturel des vassaux (2).

(1) Nec ipsum monasterium cæsarum ab ejus superioritate exemptum fuit, sed inviolatum sub ipsius tutela permanens. Hæc tamen de qua diximus imperialis superioritas non concernit dominium aliquod directum vel utile, sed duntaxat concernit jurisdictionem et protectionem in universum. (Magerus, de advocatia armata, c. 11.)

(2) Priscis siquidem temporibus patronatus et clientela solâ benevolentiâ niteba-

Considérées du côté du souverain, cette tutele, cette garde, qui veillent sans cesse sur le foible pour garantir sa personne et ses biens, sont sans doute un apanage essentiel de sa couronne; elles dérivent de cet empire suprême qu'il exerce dans l'étendue de ses états: mais, comme le remarque le savant auteur de l'Avouerie armée, cet empire n'entraîne point après lui le domaine ou la propriété directe des biens; la jurisdiction seule et la défense en sont les effets naturels.

Un coup d'œil jeté sur les deux époques principales de notre gouvernement, rendra cette vérité plus sensible: dans la premiere, qui s'étend depuis Clovis jusqu'à Hugues Capet, ou plutôt jusqu'à la destruction du régime féodal, on ne connoissoit pas assez les véritables principes sur lesquels les nations policées ont établi, depuis, les fondements de leur constitution; la justice se réduisoit ordinairement à des compositions pécuniaires, auxquelles les coupables refusoient souvent de se soumettre, et dont les offensés ne se contentoient pas toujours. Cette législation barbare, fortifiée par l'usage et les mœurs de la nation, autorisoit le droit de guerre parmi les citoyens, jusqu'à ce que les officiers publics eussent interposé l'autorité royale, en forçant les parties de payer ou d'accepter les compositions de la loi.

Dans cet état les invasions et les déprédations étoient fréquentes: les grands et les libres propriétaires, qui jouissoient dans leurs terres de la force armée, ne cessoient d'accabler les plus foibles; les églises et les monasteres, indéfendus par les principes mêmes de leur constitution, furent, comme les foibles, presque toujours en proie à leurs poursuites ambitieuses: de là cette foule de loix et de capitulaires concernant les honneurs et les biens des églises (1); de là cette multitude de vidames et d'avoués qui n'étoient que les représentants de nos rois, chargés de veiller pour eux à leur défense et à leur tranquillité (2).

Cette protection royale dans ce premier âge est ce que

tur et stabat, feodus autem solâ rei immobilis investiturâ consistit...... Ille cliens quondam patronum non rerum suarum dominum, sed suî suorumque et fortunarum omnium protectorem agnoscebat: hic verò ut verum et directum certæ rei beneficiatæ dominum recognoscit; ille ita suorum reliquorumque bonorum nec dominum nec protectorem agnoscit. Illic utrinque patrocinii et obsequii fides ad omnia in personis et rebus et negotiis universis extendebatur; hic ad limites rei beneficiariæ coercetur. Hinc infinita alia manant dissimilia. (Dumoulin, tit. 1er des Fiefs, pag. 6, n°. 21.)

Ex his nulli non liquet veterum illum patronatum clientelamque nunquam fuisse id quod vocant feodum, seu civilem conjunctionem...... eamque tam à feudo distare reipsâ et effectu quàm distat vocabulo.

Jurisdictionem enim et conservationem subditorum concernunt, et non patrimonium ut hodie simplex feudalitas. (Ibid. tit. 1er, pag. 5, n°. 9.)

(1) Capitul. de Charlem. tom. I de Baluze, pag. 786 et 1202, *et passim*.

(2) Ibid. pag. 352, 378, 1110.

nos anciens monuments appellent *mainbournie;* ce mot, qui est anglo-saxon d'origine, signifie *tutele,* défense: *Sub nostro mundeburno vel defensione.* Il se trouve dans les chartres de nos premiers rois, dans les formules de Marculphe, dans les diplômes des empereurs françois et allemands (1). La mainbournie ou la garde royale eut deux objets: le premier fut d'attribuer les causes ecclésiastiques à des tribunaux particuliers, au maire du palais sous la premiere race, au comte palatin sous la seconde, au grand sénéchal sous la troisieme, jusqu'à la suppression de cette charge dans la famille des ducs d'Anjou (2); le deuxieme fut de pourvoir à la sûreté des ministres et de leurs possessions par divers réglements. Ainsi prévenir la déprédation des biens ecclésiastiques par les préceptions d'immunités, c'est-à-dire les défenses faites au juge séculier d'établir dans le domaine des églises le siege de leur audience, aux commissaires royaux de s'y faire défrayer eux et leur suite, *Ut nullus judex publicus ad causas audiendas, vel paratas faciendas terras, ingredi audeat,* etc. opposer une digue efficace à la licence de ces siecles, *Propter illicitas malorum infestationes;* arrêter les entreprises criminelles des grands par les menaces de l'anathême et des compositions exorbitantes, *Si quis contra hanc cautionem insurgere tentaverit, iram Dei omnipotentis incurrat et centum auri libras exsolvat* (3); enfin repousser la force et l'oppression par la force de l'autorité armée, ce fut, avec le privilege des évocations, en quoi

(1) Igitur cognoscat magnitudo vestra, quòd nos apostolicum et venerabilem illum episcopum aut abbatem ecclesiæ vel monasterii, cum omnibus rebus vel hominibus, juxta ejus petitionem, propter malorum hominum inlicitas infestationes, sub sermonem tuitionis nostræ visi fuimus recepisse, ut sub mundeburde vel defensione inlustris viri illius majoris domûs nostri cum omnibus rebus præfatæ ecclesiæ aut monasterii quietus debeat residere, et sub ipso viro illo illustris vir ille causas ipsius pontificis aut abbatis....... etiam in palatio nostro sequi deberet.

Volumus, ut cazæ Dei et episcopi, et Dei homines clerici et monachi et nonnæ talem mundeburdem et honorem habeant, sicut tempore antecessorum nostrorum habuerunt. (Form. de Marculphe, liv. 1er, ch. 24).

(2) Ut sub mundeburde vel defensione inlustris viri majoris domûs nostri..... et vir ille causas illius pontificis.... in palatio nostro sequi deberet.

Similiter, ut res monasterii quas modò habent, non priùs ab ullo auferantur quàm aut ante dominum Pippinum, aut ante comitem palatii illius præfata ratio deddetur. (Baluz. Capitul. Ludov. pii, an. 822, tom. I, pag. 630.)

(Voyez les Origines, tom. III, pag. 343 et 344.)

(3) Si quis, quod nequaquam futurum credimus, contra hanc cautionem insurgere et hanc violare tentaverit; imprimis iram Dei omnipotentis incurrat, et centum auri libras exsolvat. (Magerus, de advocatia armata.)

Quæ legali judicio acquisivit, vel deinceps acquirere poterit in mobilibus et immobilibus..... sub nostro recipimus mundeburdio..... et jussimus ei hoc nostræ auctoritatis præceptum inde conscribi per quod decernimus, ut si aliqua querimonia ex his omnibus adversùm se orta fuerit, quæ sibi damnosa apparuerit, ut liceat sibi suoque advocatori ad placitum wadiare, et ut nullus reipublicæ minister audeat infrà tuas terras.... ingredi; causâ pignorandi.... quicumque fuerit, sciat se compositurum millia nummorum auri, etc. (Muratori, Antiq. d'Italie, tom. I, pag. 919 et 922.)

consista cette protection particuliere de nos rois envers les églises dans ces siecles barbares: *Utrumque interesse cæsari, et propriam tueri coronam et ecclesiam defensare* (1). Or, pour faire sentir aux églises les effets salutaires de la protection souveraine, il n'étoit pas nécessaire de les obliger à la foi et hommage, à l'aveu et dénombrement de leurs biens. S'il étoit question de voies de fait, d'invasions, d'injustices évidentes; de droit elles pouvoient être repoussées par la force de l'autorité armée, et elles l'étoient toujours. Si, au contraire, il s'agissoit de demandes régulieres et légales, elles se terminoient, comme celles de tous les citoyens, par la discussion juridique et non féodale des titres, conformément aux loix qui régissoient les biens.

Sous la deuxieme époque, la protection de nos rois, plus restreinte dans ses effets, n'a point changé de nature; le cours de la justice, réglé sur des principes moins variables, fit insensiblement cesser les guerres particulieres, et avec elles cette espece de clientele qu'elles avoient rendue nécessaire. Dans ce nouvel ordre de choses, préparé par la ruine du gouvernement féodal et l'accroissement de l'autorité souveraine, les voies de fait ne sont plus admises; nul ne peut être l'arbitre de ses querelles particulieres; et si quelqu'un a des demandes à former, ou des prétentions à défendre, il n'y a plus d'autre voie pour lui que celle des tribunaux. La protection du monarque, en qui réside la puissance publique, n'est plus, comme autrefois, l'application de la force, mais celle des principes de la justice, dont il est le défenseur et le gardien. A cet égard le clergé n'ayant pas plus de privileges que les autres classes de citoyens, il n'est pas plus obligé qu'eux à l'aveu et dénombrement de ses biens pour cette protection générale.

La protection particuliere que le roi lui accorde, n'est pas un titre plus puissant pour l'assujettir à ces charges; elle consiste aujourd'hui à maintenir par la sanction des ordonnances l'ancienne économie de l'église, à veiller sur sa police générale et particuliere, à préserver sa jurisdiction des atteintes qu'elle pourroit éprouver, à prévenir la dissipation de ses biens par les formalités rigoureuses de leur aliéna-

(1) Hauteserre, *de ducibus et comitibus*, pag. 24.

Ecclesiæ, inquam, positæ sub mundeburdio regio, tum quòd ecclesiæ est in republica quæ universâ principis tutelâ et præsidio foveretur, tum quòd reges nostri ecclesias..... plerasque fundaverunt, vel quia fundatores privati ecclesias et cœnobia à se posita, ut in tuto essent, advocatiæ et tutelæ principum passim commendaverunt. (Hauteserre, ibid. pag. 21.)

tion, à les régir dans la vacance, à intervenir enfin par la voie du ministere public dans toutes les contestations qui les intéressent.

Or, qu'y a-t-il de commun entre ces dispositions et la formalité des dénombrements? les unes sont étrangeres à la question des propriétés qui nous occupe, et l'on ne voit dans les autres que des réglements analogues à leur destination et aux vicissitudes qu'elles peuvent éprouver par la condition de leur possesseur. Les biens consacrés au culte religieux devant être stables et permanents comme lui, les ministres de l'église n'en étant d'ailleurs que les usufruitiers, il étoit naturel qu'ils fussent placés sous la garde immédiate de nos souverains, et que la propriété en fût assurée par des dispositions particulieres; mais toutes ces ordonnances, à l'instar de celles qui reglent la propriété et les droits des citoyens, n'ont pour but que de guider les magistrats et de préparer les oracles de la justice. Les citoyens ont leurs loix, les églises ont les leurs. Les premieres forment le droit commun de la nation, les autres le droit particulier des églises: c'est dans ces loix spéciales et dans la nécessité de leur observation rigoureuse, que repose aujourd'hui le privilege de la protection souveraine. Cette prérogative n'est point une dérogation contraire à nos loix; c'est le fruit d'une législation éclairée, assortie à la nature des circonstances et à la condition des biens ecclésiastiques. Sous ce point de vue, les monasteres et les églises sont assimilés aux orphelins et aux pupilles, dont les biens et les droits ont toujours été réglés par des ordonnances particulieres; du reste toutes les contestations sur leurs propriétés et leurs droits se terminent encore comme celles de tous les sujets, par l'inspection des titres qui les concernent: donc, puisque la protection générale du roi envers ses sujets, et la protection particuliere qu'il accorde à quelques uns d'entre eux, n'assujettissent pas leurs propriétés aux formalités rigoureuses des aveux et dénombrements par détail, comment celle qu'il accorde aux églises, étant essentiellement la même, quoiqu'exercée par des moyens différents, pourroit-elle les assujettir à ces obligations?

QUATRIEME OBSERVATION.

Est-il vrai que la question des foi et hommages se soit élevée il y a cinq cents ans; qu'elle ait été terminée par les deux déclarations, et que c'ait été, de la part du roi, une grace inutile et superflue de la soumettre à un nouvel examen?

Le clergé, en rendant hommage aux bontés du souverain, qui, après des délais réitérés, a daigné soumettre encore à un examen juridique la contestation sur la féodalité de ses biens, ne peut méconnoître non plus les effets de sa justice. La maniere dont elles étoient rédigées étoit un nouveau motif pour en suspendre l'exécution.

On peut rappeller à trois articles principaux la disposition de ces ordonnances. Par le premier, les ecclésiastiques sont obligés de fournir des déclarations par détail de tous les fiefs, terres et seigneuries relevant du roi, et situés dans sa directe, ainsi que de tous les autres biens qui leur appartiennent à cause de leurs bénéfices tant en fief qu'en roture. Le deuxieme assujettit encore à ces devoirs toutes les terres qu'ils possedent dans la directe des seigneurs particuliers. Par le troisieme enfin, la protection du roi est un titre subsidiaire qui étend ces obligations à toutes les propriétés du clergé, quelle qu'en puisse être la nature, *soit pour les biens qu'ils tiennent dans nos censives ou mouvances, ou sous notre protection.* Ces deux derniers articles ne se trouvent point, il est vrai, dans la déclaration de 1725; mais comme celle de 1674 doit être exécutée dans tout ce qui n'est pas réformé par la deuxieme, et que celle-ci n'y apporte aucune dérogation, on doit les regarder comme des dispositions communes à toutes les deux.

D'après cet exposé sommaire de ces loix, est-il vrai que la contestation sur les foi et hommages dûs au roi par les biens des églises, ait été jugée par elles, et qu'elle se soit élevée il y a cinq cents ans? D'abord, à quelque époque qu'on en fasse remonter l'origine, il est certain qu'elle ne peut regarder que ceux qui sont assis dans la mouvance du souverain, sans quoi les ecclésiastiques seroient plus rigoureusement traités que les autres sujets du royaume. En effet, il est de principe et d'usage, dans la matiere des fiefs, que les seigneurs laïques ne doivent les foi et hommages, aveux et déclarations par détail, qu'à leurs seigneurs dominants, qui les reportent de degré en degré jusqu'au chef de l'économie féodale. En soumettant à ces devoirs envers le roi l'universalité des biens ecclésiastiques, quelle qu'en soit la mouvance particuliere, ce n'est donc plus l'ancien droit qu'elles rappellent, c'est un droit nouveau qu'elles introduisent. Cette rigueur dans le dispositif de ces loix vient sans doute de ce que la protection du prince est regardée comme un titre suffisant pour assujettir à ces devoirs les biens du clergé. Mais, dans l'examen que nous avons fait de cette importante question, on a vu que la garde ou la tutele royale des églises n'a jamais été, dans le royaume, le fondement naturel et nécessaire des obligations féodales; ces dispositions exorbitantes ne peuvent donc être regardées comme un jugement solemnel et un témoignage authentique du droit public de la nation sur la féodalité des héritages.

On ne peut pas dire non plus que cette contestation remonte à une époque aussi ancienne. On a vu, par l'analyse que nous avons présentée de ces deux loix, 1°. qu'elle embrasse actuellement la masse entiere des biens du clergé; 2°. qu'il s'agit de les assujettir à tous les devoirs des fiefs, et cela malgré les titres qui pourroient en assurer l'allodialité; 3°. que le principe de ces obligations est la directe du souverain, ou la protection efficace qu'il accorde aux églises par les droits de la couronne. La question réduite à ces justes termes, il n'est pas difficile d'en fixer l'origine.

Les plus anciennes loix sur cet objet, qui soient parvenues à notre connoissance, sont celles de Philippe le Long, de l'année 1320 (1). Loin d'y voir les ecclésiastiques assujettis aux prestations féodales, elles les dispensent de faire un nouveau serment, de payer aucune finance, et de donner à l'avenir aucune déclaration nouvelle. Les autres ordonnances de ce prince, qui ont quelque rapport à cette matiere, n'ont pour objet que les droits d'amortissement et de nouveaux acquêts pour les acquisitions des églises; c'est la disposition formelle de celle du 24 février 1316 (2).

L'ordonnance de Charles V, de l'an 1374, a quelque chose de plus positif; il en résulte que les ecclésiastiques furent poursuivis, il y a près de quatre cents ans, dans quelques provinces, pour la foi et hommage. Mais, entre ces poursuites et celles qui se font aujourd'hui en vertu des deux déclarations, la différence est immense; car l'ordonnance de ce prince n'a pour objet que Toulouse, Carcas-

(1) Voyez Fontanon, et le procès-verbal de l'assemblée du clergé de 1775, rapport de M. l'archevêque de Narbonne.

(2) Tom. I des ordonnances du Louvre.

sonne et Beaucaire; encore parmi les évêques et les ecclésiastiques de ces départements, Charles V distingue-t-il ceux qui étoient dans l'usage de lui prêter la foi et hommage d'avec ceux qui n'y étoient point. Par rapport à ceux-ci, il défend qu'on les soumette à ces formalités onéreuses; et par rapport aux autres, il ne veut pas que sous ce prétexte, et pour ces prestations auxquelles ils sont assujettis par l'usage, on en exige des droits plus forts que ceux qui ont été perçus par le passé.

Cette distinction, consacrée par l'ordonnance de Charles V, montre que la question qui s'éleva alors est bien différente de celle qui s'éleve aujourd'hui. Là il ne s'agit que de quelques sénéchaussées et de quelques églises de ces départements; on n'y parle point de la protection que le roi accorde au clergé de son royaume : dans les deux déclarations au contraire, les obligations féodales sont imposées à tous les biens du clergé, et la protection du roi est un nouveau titre pour les y soumettre.

Mais pourquoi la foi et hommage fut-elle exigée de quelques ecclésiastiques de ces sénéchaussées? La réponse est facile : il n'y avoit pas encore de loi qui interdît aux ecclésiastiques la faculté d'acquérir des fonds. Cette loi prohibitive, et qui oppose une barriere infranchissable à l'accroissement du patrimoine des églises, n'est que du dernier regne. Avant l'édit de 1749, tous les seigneurs, depuis saint Louis, avoient bien la faculté de contraindre l'église de mettre hors de ses mains les acquisitions qu'elle pouvoit faire dans leurs fiefs ou leur mouvance; mais l'acquisition des églises n'étoit point radicalement nulle, comme elle l'est aujourd'hui : les seigneurs pouvoient renoncer à cette faculté, ou l'église pouvoit la prescrire, si, dans l'an et jour de la notification de ces acquisitions nouvelles, les seigneurs ne l'avoient point exercée, sauf toutefois le droit d'indemnité pour les dommages qu'elle leur occasionnoit par ces acquisitions, et ceux d'amortissement ou de nouvel acquêt dus au domaine pour la jouissance passée et future de ces biens.

Ainsi, faute de l'amortissement ou de la renonciation des seigneurs, soit à titre gratuit, soit à titre onéreux, aux droits qu'ils avoient à réclamer, tous ces biens demeuroient dans l'ordre de la féodalité : tant que le roi n'avoit pas donné son attache à la franchise de ces nouvelles acquisitions, ou que, par la présomption d'une possession immémoriale, elles n'avoient point été réduites à la qualité des anciennes dotations,

tions, il étoit le maître d'en régler les conditions dans les mains du clergé, et de les assujettir aux devoirs ordinaires des fiefs, parceque s'il étoit le suzerain de ces biens, c'étoit à lui à leur imprimer en dernier ressort la franchise et l'immunité féodale.

Le prince, dont les officiers ne pouvoient pas toujours suivre exactement les accroissements successifs de la propriété des églises, ordonnoit de temps en temps des recherches pour le paiement des droits qui étoient dus à son domaine, et, par une suite nécessaire, la prestation des devoirs féodaux dont ces biens n'avoient point encore été déchargés, parceque les acquisitions des églises n'en avoient changé ni la qualité ni la nature. C'est pourquoi les ordres que Charles V donne à ses officiers dans l'ordonnance que nous venons de rapporter, ne sont point absolus, mais subordonnés et relatifs à la qualité de ces biens, de même que ceux qui, par la force de la possession, avoient une présomption d'allodialité ou de franchise féodale, étoient naturellement soustraits aux obligations et aux devoirs imposés par la féodalité.

A cette loi succedent près de deux siecles de silence de la part du législateur : *on ne peut,* dit un grand prélat de l'église de France, *recueillir des lumieres sur la pratique de ces temps que par quelques faits particuliers* (1); toutes les loix qui furent rendues dans cet intervalle par Charles le Bel, Philippe de Valois et le roi Jean, jusqu'à François Ier, n'eurent pour objet que les droits d'amortissement dus pour les nouvelles acquisitions des églises. Il en fut de même des ordonnances rendues sous ce prince et ses successeurs Henri II, Charles IX, Henri III, Henri IV, Louis XIII, Louis XIV et Louis XV, jusqu'à la déclaration de 1724; par-tout on voit qu'il n'y est question que des acquisitions nouvelles qui, n'ayant pas encore reçu, par la forme de l'amortissement, la franchise et l'immunité des dotations anciennes, devoient être assujetties à ces droits : c'est la raison pour laquelle François Ier, en convoquant, par son ordonnance de 1539, le ban et l'arriere-ban, n'y appelle que les ecclésiastiques possédant des biens non amortis; c'est par le même principe que ses successeurs, dans les ordonnances qu'ils ont rendues sur le fait des amortissements, font remonter plus ou moins haut l'époque à laquelle doit commencer la recherche de ces droits, et qu'elles se terminent toutes, ainsi

(1) Rapport de Mgr l'archevêque de Narbonne, procès verbal de l'assemblée de 1775.

que les arrêts d'enregistrement, par dispenser les ecclésiastiques de donner des aveux et dénombrements et des déclarations par détail de leurs biens amortis.

Telles sont les lettres d'amortissement données par François Ier au diocese de Paris; celles d'Henri II, de 1547, pour tout le clergé du royaume; celles de Charles IX, du 15 septembre 1572, du 13 novembre même année, du 12 février 1574, enregistrées au parlement; de Henri III, en date du 3 mars 1575, enregistrées le 19 août suivant; celles du 20 mai 1577, rendues sous le regne de ce même prince; celles d'Henri IV, du premier mai 1596, enregistrées au parlement le 13 du même mois; celles du 9 août 1606, rendues après la pacification des troubles du royaume, et l'arrêt d'enregistrement qui en fut fait à la chambre des comptes; les lettres patentes de Louis XIII, du 20 août 1612 (1).

Tels sont encore plusieurs arrêts de la chambre des comptes, rendus en conformité de ces maximes (2): les lettres d'amortissement accordées au clergé en 1641, et différents arrêts du conseil intervenus depuis dans des affaires particulieres, prouvent combien les principes du gouvernement étoient incertains sur cette matiere.

Ce ne fut donc qu'en 1635 que la question des foi et hommages, des aveux et dénombrements, commença à se généraliser et à ne plus être traitée sous le rapport seul de l'amortissement. A cette époque, le conseil du roi, sans faire aucune distinction des biens d'ancienne et de nouvelle dotation, ne voulut plus accorder que des arrêts de surséance, dont le terme fut plus ou moins éloigné.

Enfin, après plusieurs arrêts du conseil qui fixent la maniere dont les ecclésiastiques doivent fournir leurs aveux et dénombrements, parut la déclaration de 1674, qui assujettit tous les biens du clergé, de quelque nature qu'ils soient, à la formalité des déclarations, sans préjudice des foi et hommages, aveux et dénombrements pour ceux qui sont dans la mouvance de sa majesté.

Voilà de quelle maniere cette contestation s'est engagée; c'est, à proprement parler, à partir de cette déclaration préparée par toutes les contradictions que le clergé éprouva de la part des officiers du roi pour ses acquisitions nouvelles, que la question des foi et hommages s'est présentée dans les termes où nous la traitons aujourd'hui. La déclaration de 1725 n'a fait que confirmer la généralité de ces dispositions.

(1) Recueil d'amortissements, tom. I, pag. 292. (2) Mémoire de le Gentil.

Avant cette époque, toutes les recherches du gouvernement ne furent que des opérations de finance ; et si elles eurent trait à la féodalité, ce ne fut que relativement à des biens qui n'avoient point encore reçu, de la main du roi ou des particuliers, le sceau de l'immunité féodale.

Voyons actuellement s'il étoit inutile de soumettre cette affaire à un examen juridique.

La question, telle que nous la traitons aujourd'hui, est une question de droit public; elle embrasse toutes les possessions des églises, soit celles qui leur furent consacrées avant l'introduction de la féodalité, soit celles qui leur ont été données depuis : il s'agit de savoir si tous ces biens sont de véritables fiefs sujets aux foi et hommages, et aveux et dénombrements, ou déclarations par détail. Pour fixer ses idées sur cette matiere, il faut, en quelque sorte, feuilleter toutes les parties de notre droit public, ecclésiastique et politique, examiner quels furent les mœurs et les usages des différents siecles, et à quelles conditions les biens furent donnés aux églises.

Sous ce point de vue, l'affaire des foi et hommages est encore une question de propriété, parceque la nature et la qualité de ces possessions doivent être aussi sacrées que ces possessions elles-mêmes : or, une question de propriété n'a pu être décidée que d'après un examen préalable, et d'après la discussion des titres qui l'établissent.

Ce n'étoit donc pas de la part du roi une grace inutile et superflue que d'accorder au clergé le temps nécessaire pour préparer les moyens de sa défense; et quoique les titres des églises soient entre les mains de tout le monde, cela ne suffisoit pas, comme le dit l'inspecteur du domaine, pour juger en connoissance de cause une affaire de cette nature. Si les titres récents qui ont leur source dans nos mœurs et dans nos loix actuelles ont besoin d'être approfondis et rapprochés de la question qui divise les parties, s'il est nécessaire de les comparer encore avec leurs prétentions respectives, que sera-ce, lorsqu'il s'agira de titres dont la date se perd dans la nuit des temps, dont les expressions, les clauses et les formules tiennent à des mœurs antiques, à des usages, à des loix, à des principes étrangers à ceux qui nous gouvernent aujourd'hui ? Comment, à moins d'un examen et d'une discussion détaillée, en tirer les conséquences nécessaires pour terminer une question aussi importante que celle de l'allodialité ou de la féodalité des possessions ecclésiastiques dans les différents âges de la monarchie.

Oui, sans doute, c'est sur la liberté primitive des héritages, sur les chartres de franches aumônes et d'amortissement, et aussi sur la concession pure et simple des alleux qui subsisterent encore sous le régime féodal, que le clergé établit la franchise et l'allodialité de ses possessions. La mesure, l'énergie et l'étendue de ces titres est, si l'on veut, une question de droit; mais est-il bien vrai qu'elle ne puisse et ne doive être décidée que par des principes et non par les titres?

Dans toutes les sciences, si l'on excepte celles qui sont purement rationnelles, les principes ne sont que les résultats de l'expérience et des rapports uniformément observés entre les objets et les choses. Les loix positives elles-mêmes, qui semblent d'abord s'élever au-dessus de cette regle, n'ont point une autre origine. Le législateur voit les usages et l'esprit général qui dirigent sa nation, il saisit ces rapports, et suivant qu'ils conviennent à l'intérêt des citoyens, à l'ordre public, ou qu'ils lui sont contraires, il les consacre ou les proscrit par la sanction de ses ordonnances.

Dans la contestation qui nous divise, les principes qui doivent servir de base à la décision, ne sont également que le produit des usages et des mœurs publiques de la nation françoise: pour les reconnoître et les approfondir, il est donc nécessaire de remonter jusques aux dépôts qui les contiennent; ces dépôts sont les chartres des églises et les monuments de notre histoire; et ce n'est qu'en les interrogeant qu'on pourra se former des idées justes des alleux, des bénéfices, des fiefs, et des différentes loix qui ont régi ces biens. En voyant passer fréquemment sous ses yeux ces monuments de la piété des fideles et de la munificence de nos rois, on connoîtra l'esprit général qui a présidé à la dotation de nos églises, les obligations et les services qui leur étoient imposés, la nature et les effets des formules dont les bienfaiteurs ont accompagné ces actes de leur libéralité.

Pourquoi donc isoler ces principes de leurs titres, puisque ceux-ci sont la source des autres, et que leur rapprochement seul peut nous en faire connoître l'étendue et l'énergie? Où l'inspecteur du domaine, et ceux qui l'ont précédé dans cette carriere, croient-ils avoir puisé les principes de la féodalité des biens, si ce n'est dans les sources primitives et les annales de notre histoire? Pourquoi les formules de l'allodialité, de franche aumône et d'amortissement, leur paroissent-elles compatibles avec la féodalité, et des titres impuissants pour établir l'immunité et la franchise de la mouvance, si ce n'est qu'ils ont cru reconnoître, dans nos anciens usages et les monuments qui les renferment, la compatibilité de ces formules avec les charges de la mouvance féodale. Il n'est point ici question de prononcer sur la légitimité de ces prétentions respectives du clergé et des officiers du domaine ; il nous suffit d'avoir établi que c'est dans les titres mêmes, c'est-à-dire dans les chartres de donation et de confirmation des biens des églises, qu'il faut puiser et étudier les principes qui doivent préparer la décision de leur franchise ou de leur servitude féodale.

CINQUIEME OBSERVATION.

Est-il vrai que le clergé général n'ait aucun intérêt à se soustraire aux foi et hommages, aveux et dénombrements, ou plutôt qu'il soit de son intérêt de rendre des aveux et des déclarations par détail de ses biens?

L'INTÉRÊT général du clergé, dans l'affaire des foi et hommages, se réduit à conserver ses biens dans l'état où ils lui ont été donnés; dépositaire des libéralités de la nation envers le culte public et les églises, il doit les transmettre à ses successeurs, avec les privileges et les franchises qui lui ont été accordés : ces biens sont ceux de la religion même, et par conséquent de l'état, parceque la religion fait partie de sa constitution depuis l'établissement de la monarchie ; ainsi quelque intéressants que puissent être, pour la stabilité de ces possessions, les obligations et les devoirs de la féodalité, il suffit au clergé, pour avoir un intérêt de s'y soustraire, que, par leur nature et la volonté générale de la nation, elles n'y soient point assujetties. En défendant la franchise et l'immunité féodale de ses biens, le clergé ne fait autre chose que réclamer le droit public et le vœu universel de ses bienfaiteurs dans toutes les classes des citoyens, parceque ses biens et leur franchise sont également leur ouvrage.

S'il étoit vrai, comme le dit l'inspecteur du domaine, que la question se réduit à jurer au roi qu'il n'abusera jamais de ses dons contre lui, le clergé ne différeroit pas un instant de se soumettre à la disposition des deux loix contre lesquelles il ose aujourd'hui réclamer la justice du souverain; il sait qu'établi par le législateur des hommes pour gouverner son église, c'est à lui à donner dans tous les temps et le précepte et l'exemple de la soumission qui lui est due : aussi, dans tous les temps, les prélats du royaume se sont-ils constamment acquittés de ces devoirs. Après leur sacre, et avant que d'entrer dans l'administration spirituelle de leurs dioceses, et temporelle de leurs biens, ils jurent au roi de lui être fideles, c'est-à-dire de ne faire servir l'un et l'autre qu'à l'avantage de la religion et à l'intérêt du souverain; et puisqu'en effet, et de l'aveu même de l'inspecteur du domaine, ce serment est encore relatif à l'investiture totale de la temporalité ou de la glebe qui leur est confiée, il ne s'agit donc point, dans la contestation qui s'éleve, de jurer au souverain qu'on n'abusera pas contre lui de ses bienfaits. C'est donc en changer l'état, et intervertir toutes les idées, que de présenter la demande des foi et hommages, aveux et dénombrements, sous le voile du serment nécessaire que tout administrateur doit prêter au souverain pour l'assurer de sa fidélité dans l'exercice de ses fonctions. Ce n'est pas de ce devoir qu'il s'agit; à cet égard le souverain est satisfait: les prélats, comme évêques et comme sujets, seront toujours empressés de renouveller ces serments. Ce qu'on demande au clergé, c'est de reconnoître encore la mouvance féodale de ses biens, et les droits d'une suzeraineté universelle, indifférente d'ailleurs à la couronne du prince; c'est pourquoi, sans entrer ici dans la question du plus grand intérêt du clergé, il lui suffit que le droit des fiefs soit incompatible avec la qualité de ses héritages, pour qu'il continue de s'y soustraire.

Au reste, les dénombrements et déclarations par détail ne sont pas l'unique moyen d'assurer la propriété des églises; et quelque avantageux qu'ils puissent être à la stabilité de leurs possessions, ils leur seroient plus onéreux encore. Les frais immenses qu'entraînent la rédaction des aveux et la forme dans laquelle ils doivent être rendus, la perception arbitraire d'une foule de droits qui varient suivant les tribunaux et dont le taux n'est fixé par aucune ordonnance, les conflits de jurisdiction qui s'éleveroient entre les cours, les contradictions multipliées et les procès sans nombre qu'ils feroient naître sur les propriétés ecclésiastiques, dont la plupart des titres ont été adirés par le temps, les incendies, les ravages des guerres et la négligence des titulaires, ruineroient infailliblement la majeure partie des bénéfices, sans profit pour le souverain, et avec une diminution sensible de ses ressources.

Qu'on se rappelle ce qui s'est passé à l'occasion des recherches sur les amortissements, en 1639 et 1640: les poursuites du domaine furent portées si loin, les formalités qu'on exigea pour les déclarations, furent si minutieuses dans leur objet, si exorbitantes dans leurs effets, que Louis XIII se crut obligé d'en arrêter le cours. Il n'y vit, comme il le déclare lui-même, que des dépenses excessives et inutiles pour les églises et son domaine. C'est pour cela que sur les remontrances du clergé assemblé à Paris, et en contemplation des sommes qu'il avoit accordées à Mantes, le roi dispensa, en 1646, les ecclésiastiques du royaume de fournir désormais aucune déclaration de leurs biens amortis et non amortis, comme aussi la quittance des droits d'amortissement (1).

Sans doute le clergé doit remplir les engagements qu'il a contractés; et si les biens qu'il a reçus de la libéralité de tous les ordres de la nation lui avoient été donnés avec les charges et les droits attachés aux biens féodaux, les regles de la justice et de l'équité, celles de la soumission qu'il doit au roi, ne lui permettroient pas de réfléchir un instant sur les demandes qui lui sont faites : mais il soutient que l'allodialité ou l'immunité féodale est le droit commun de ses possessions ; il croit trouver dans les archives de la nation, dans les chartres et les titres des églises, la preuve de ce droit particulier, qui a régi et gouverné son patrimoine, parcequ'il fut un temps où la féodalité, n'étant pas encore connue, ne pouvoit répandre ses influences sur les biens des églises ; parceque si les particuliers possédoient, dans le temps du régime féodal, des biens grévés des obligations qu'il entraîne, ces biens, en passant aux églises, en ont été affranchis par le concours de ceux qui y avoient intérêt dans l'ordre féodal; qu'en conséquence, soumis en tout à la puissance publique et à la souveraineté du roi, ils n'ont dû reconnoître que les droits de la couronne et de l'état, qui résident dans sa personne. En un mot, le patrimoine des églises de France est-il soumis à la suzeraineté féodale du roi? Voilà le véritable état de la question, et de l'intérêt que le clergé peut avoir dans les contestations des foi et hommages.

(1) Recueil d'amortissements, tom. I, pag. 292.

SECONDE SECTION.

EXAMEN DES PRINCIPES DU DOMAINE.

DANS le premier mémoire qu'il a donné, le clergé avoit divisé sa défense en deux époques, dont l'une s'étendoit depuis l'origine de la monarchie jusqu'à l'établissement des fiefs, l'autre depuis l'introduction des fiefs jusqu'à nous.

Dans la premiere, le clergé soutenoit l'allodialité de ses possessions, parceque les églises et les monasteres avoient été dotés d'une maniere perpétuelle, et que les fiefs n'existoient pas encore; dans la seconde, parceque les alleux n'ayant pas tous subi le joug de la féodalité réelle, les donations allodiales continuerent, et que celles qui furent faites de biens déja soumis à la loi des fiefs, furent réduites à la qualité des anciennes, par la force des formules et des clauses assez ordinairement employées dans ces actes.

L'inspecteur du domaine attaque ces deux principes: il établit 1°. que les possessions du clergé sont essentiellement féodales dès l'origine de la monarchie; 2°. que, depuis l'introduction des fiefs, les biens donnés aux églises n'ont point été affranchis des obligations qui résultent de la féodalité.

Ainsi cette partie de sa réponse présente deux objets à discuter: le premier est la franchise naturelle et primitive des héritages; le deuxieme est l'affranchissement des biens aumônés aux églises, depuis l'introduction de la féodalité.

CHAPITRE PREMIER.

Examen de la liberté primitive des héritages, et de la franchise originaire des anciennes dotations de l'église de France.

SUIVANT l'inspecteur du domaine, la maxime *Nulle terre sans seigneur* « remonte à l'origine de la monarchie: les « justices exercées par les seigneurs laïques à titre d'office et « de délégation, par les évêques comme un apanage de leurs « propriétés, ont constitué ce qu'on appelloit des honneurs; « ces honneurs, connus sous le nom de séniorats, sont la source « primitive des fiefs, parceque le fief n'est autre chose qu'un « degré de grandeur, surajouté aux droits des possessions « ordinaires,

« ordinaires, consacrés par le traité de Mersen, qui obligea les « hommes libres de se choisir un sénieur ; ils ont préparé la « naissance des fiefs chez les seigneurs laïques, et en ont pro-« duit de réels chez les seigneurs ecclésiastiques : la raison « de cette différence est que les séniorats et les honneurs « furent d'abord flottants et passagers dans la main des pre-« miers, et toujours patrimoniaux et héréditaires dans celle « des monasteres et des églises. »

C'est ainsi que l'inspecteur du domaine explique et développe l'origine, les progrès et la nature des fiefs en France. Voyons si cette exposition est aussi fidele qu'elle est imposante.

Dans ce systême, la maxime *Nulle terre sans seigneur* est tout à la fois le fondement et la preuve de la qualité féodale des biens, depuis l'origine de la monarchie jusqu'à nous : ainsi, pour présenter une discussion complette de ce principe, nous examinerons 1°. la maxime *Nulle terre sans seigneur*, en elle-même, c'est-à-dire son antiquité, son origine et sa signification propre ; 2°. la nature et l'influence des jurisdictions sur les héritages assis dans les territoires respectifs; 3°. le caractere des séniorats dans les différents âges, et particulièrement après le traité de Mersen ; 4°. enfin la qualité des justices dans leurs rapports nécessaires avec l'autorité souveraine dont elles sont émanées.

ARTICLE PREMIER.

Examen de la maxime Nulle terre sans seigneur, *des causes de son introduction et de ses effets dans les principes de l'inspecteur.*

Pour nous familiariser avec cette maxime, l'auteur remonte jusqu'à la naissance des sociétés, c'est-à-dire au moment où les hommes et les biens ont été assujettis au joug salutaire des loix et aux conventions sociales qui marchent à leur suite: nous pourrions nous dispenser de le suivre dans le cours de ces observations; car, après avoir tracé le tableau de la formation des sociétés, il convient que les principes qui ont assujetti les personnes dans ce nouvel état, ne peuvent nous éclairer sur la subordination des héritages entre eux; que les Grecs et les Romains, quoique très versés dans le grand art de la police, ont cependant ignoré celle qui a rapport aux fiefs, et cette échelle singuliere des héritages subordonnés les uns aux autres dans les différents états qui se sont élevés sur les débris de leur empire. Cependant, quoique ces observations soient étrangeres à l'affaire des foi et hommages, nous croyons devoir nous y arrêter un instant, afin de relever les erreurs où s'engage l'écrivain du domaine dès les premiers pas de la contestation.

Sans doute la liberté naturelle des héritages est comme la liberté naturelle de l'homme; mais est-il bien vrai qu'antérieurement aux loix positives des sociétés, l'homme soit un être libre et indépendant? Antérieurement aux loix positives des sociétés, l'homme est nécessairement en famille; dès ce moment il dépend de ceux qui lui ont donné la naissance; cette dépendance, fondée long-temps sur sa foiblesse et ses besoins, s'établit, par la suite et lorsque l'homme peut se passer du secours de ses auteurs, sur une base aussi solide, celle du respect et de la reconnoissance.

Par quel moyen ces hommes, indépendants par la nature, ont-ils ensuite été assujettis aux loix et subordonnés les uns aux autres dans les différents ordres des sociétés? C'est, dit-on, par la *justice*, qui, *imitant la nature*, établit une subordination entre tous les individus qui la composent; mais si l'homme est un être indépendant par la nature antérieurement aux loix positives et constitutionnelles des sociétés, la justice qui établit entre eux ces rapports, ne peut que déroger à la nature, loin d'en imiter les opérations.

Si, comme le dit l'inspecteur, les biens, dans l'ordre de la nature physique, sont quelquefois subordonnés entre eux par leurs positions respectives; si des héritages dominés par d'autres sont obligés de recevoir les eaux de ceux qui les commandent par leur élévation, à quoi bon comparer la liberté des héritages à la liberté naturelle de l'homme, qui est un être libre et indépendant, hors des confédérations sociales et des loix positives qui les établissent.

Il s'agit de savoir, nous dit-il encore, comment un héritage a pu être inférieur ou supérieur à un autre dont il est supposé avoir fait originairement partie. En réduisant la question à ces termes, la comparaison est encore étrangere, et jamais la sujétion respective des personnes dans l'état social ne pourra nous éclairer sur la féodalité et les degrés divers qu'elle établit entre les biens.

Dans l'état social, il n'y a que deux sortes de subordination personnelle; l'une est celle de la nature, l'autre est celle de la constitution politique. La premiere résulte des rapports nécessaires établis entre les hommes par les loix de leur naissance, de leurs forces et de leurs moyens; la seconde est la subordination de tous à l'autorité souveraine : dans cet ordre, tous les individus sont égaux; leurs droits, quoique plus ou moins étendus, sont les mêmes aux yeux de la loi, parceque dès qu'il n'y a qu'un souverain, il ne peut y avoir que des sujets; la diversité des rangs établis entre eux par les loix nécessaires de l'administration, ne donne aucune atteinte à leur égalité sociale; l'autorité des officiers publics n'est que la souveraineté elle-même qui s'exerce par ces moyens toujours relatifs aux gouvernements des nations.

Dans cet état surajouté à la nature, la condition des héritages n'est pas différente de celle des personnes : ils reconnoissent comme elles la double subordination de la nature et de l'ordre politique; la premiere dérive de leur situation locale, l'autre de la souveraineté à laquelle ils doivent être soumis, comme les possesseurs eux-mêmes, parceque le concours des uns et des autres est nécessaire à la stabilité de l'ordre légal.

Mais qu'y a t'il de commun entre l'assujettissement naturel et politique des biens, et leur dépendance féodale? Lorsqu'un héritage acquiert envers un autre des rapports de mouvance, ce n'est ni en vertu de la nature, ni en vertu du contrat fédératif : les conventions réciproques des citoyens en sont l'unique principe; par elles, il se forme, dans les propriétés d'un état, une subordination nouvelle, il est vrai, mais absolument indifférente à sa constitution politique; l'héritage assujetti féodalement reconnoît alors un autre maître distinct du possesseur et du souverain lui-même : c'est donc se livrer à une discussion inutile et défectueuse que de remonter à l'origine des sociétés, pour expliquer la formation et les progrès de la féodalité dans le royaume. S'il y avoit quelque comparaison à faire entre les personnes et les biens dégénérés féodalement de leur allodialité primitive, ce ne seroit point assez de recourir à la subordination politique des personnes; il faudroit encore, comme le dit Loiseau (1), supposer que les citoyens ont dégénéré dans l'état social, et qu'indépendamment du joug des loix, ils ont encore subi celui d'une servitude particuliere, en reconnoissant un nouveau maître entre eux et le souverain : alors la comparaison seroit exacte, et l'on auroit un tableau fidele de l'état des biens, par celui de la condition des

(1) Traité des seigneuries.

personnes; mais aussi l'on s'éloigneroit des véritables principes de l'ordre légal, où les personnes, comme les biens, ne sont soumises qu'à la souveraineté et aux loix qui en émanent.

Quelle est donc l'époque de la féodalité parmi nous? Comment s'est-elle formée? D'où procede cette dépendance graduelle des héritages, qui, malgré les titres qui la décorent aujourd'hui, n'en est pas moins une servitude? Ce problême ne peut être sans doute résolu que par l'histoire: mais ce n'est point elle qui en a formé les nœuds, comme le dit l'écrivain du domaine; toutes les obscurités qui se rencontrent dans les annales des nations, sont le fruit de la succession des âges, des guerres, et des révolutions arrivées dans leur gouvernement et dans leurs mœurs; la main destructive du temps, qui éloigne insensiblement les faits et en abolit les traces, jette nécessairement, dans les monuments qui lui échappent, des obscurités que l'intérêt des passions et les ténebres de l'ignorance augmentent encore. Mais l'histoire, soit qu'on la prenne pour les faits recueillis et conservés dans les archives d'une nation, soit qu'on l'envisage comme la description méthodique et chronologique des événements considérés dans leurs effets et dans leurs causes, rapprochés par l'esprit d'observation, discutés par une critique sage et judicieuse, loin de multiplier ces entraves, ne peut que les écarter et les détruire.

Quoi qu'il en soit de ces réflexions, la maxime *Nulle terre sans seigneur*, et le développement historique de son origine, doivent, suivant l'inspecteur du domaine, jetter le plus grand jour sur les causes et les progrès de la féodalité en France.

Dans son systême, « la seigneurie, telle qu'elle existe dans « nos mœurs, n'est autre chose que la participation de la puis- « sance publique, ou l'exercice de la jurisdiction sur un ter- « ritoire circonscrit et limité: cet exercice fut confié aux « grands de la nation, qui jouissoient tout à la fois de l'ad- « ministration de la justice et du pouvoir des armes; ce ne « fut d'abord entre leurs mains qu'une simple délégation, « qu'un office surajouté aux droits de la possession ordinaire. « Ces offices, connus sous le nom d'honneurs et de séniorats « dès l'origine de la monarchie, furent les premiers éléments « des fiefs; les regles d'une bonne administration leur don- « nerent une sorte de stabilité dans les familles; la foiblesse « de nos souverains, l'abus de la puissance, et l'usurpation « de ces officiers publics, les rendirent héréditaires, et en

« firent des fiefs ; le consentement des seigneurs à la vente « de ces honneurs les rendit commerçables, ils acquirent « par-là le caractere de biens patrimoniaux et disponibles au « gré des possesseurs : c'est ainsi que les honneurs, en revê- « tant, dans leur cours, les qualités des anciens héritages, « ont été insensiblement amenés à l'état de nos fiefs actuels. « Devenus les vassaux du roi par un serment de fidélité « distingué de celui de tous ses sujets, ces hommes puissants « voulurent en avoir à leur tour; pour cela ils décomposerent « leurs droits et se firent des serviteurs par l'abandon des « terres de leur domaine et par la stipulation contractuelle « de devoirs semblables à ceux qu'ils rendoient au souverain: « delà les inféodations ordinaires, et tous les degrés de l'é- « chelle féodale; delà la maxime *Nulle terre sans seigneur*, « qui est la récapitulation de ces usages et du droit public « qu'ils ont introduit. Elle présente deux sens : dans le pre- « mier elle signifie que tous les individus d'une nation sont « soumis à l'autorité publique ; dans le deuxieme, qu'il n'y a « aucune partie de terre qui ne soit soumise à la juridiction « seigneuriale, c'est-à-dire qui ne reconnoisse entre elle et « le souverain une autorité intermédiaire. C'est, sous ce « second point de vue, qu'il y a une différence entre la sou- « veraineté et la suzeraineté : dans la premiere, le roi est seul, « sans émule et sans rivaux; dans la seconde, il a autant de « collegues qu'il y a de sujets associés à la puissance publique « par la jurisdiction qu'ils exercent dans leurs domaines ».

Il suit de cette analyse, que la jurisdiction des territoires est la source de toutes les seigneuries, et que ces différents rameaux de la puissance publique, émanés de la couronne, vont faire désormais la destinée féodale de tous les biens du royaume ; il n'est pas possible, sans doute, d'assigner une cause plus simple et plus féconde tout ensemble à une multitude de phénomenes aussi variés que ceux de la féodalité universelle des terres. Mais qu'entend-on par seigneurie ? Pour écarter toutes les obscurités que cette exposition nous présente, il nous faut remonter, avec nos auteurs, aux notions les plus générales de la seigneurie, pour redescendre ensuite par une pente plus facile à ses différentes especes.

La seigneurie en général signifie supériorité, puissance en propriété, comme le dit Loiseau (1). Elle se divise en seigneurie publique et en seigneurie privée. Dans la premiere, il y a

(1) Traité des seigneuries.

deux degrés : l'un est celui de la seigneurie universelle ; c'est la souveraineté elle-même qui prend des noms différents, suivant les diverses constitutions des peuples, mais qui, chez les François, est connue, depuis l'origine de leur gouvernement, sous le nom de monarchie royale : le second degré est la seigneurie subalterne ; elle se trouve dans les jurisdictions exercées par quelques membres de l'état, dans leurs territoires respectifs, sous le ressort de la souveraineté.

La seigneurie privée, deuxieme espece de seigneurie, quoique dans un sens impropre, est la supériorité qu'un propriétaire exerce sur des biens de sa dépendance et dans la propriété d'autrui ; on la divise en directe et en utile : celle-là est le domaine qu'un seigneur s'est réservé sur un héritage de sa propriété, qu'il a concédé à un autre, à la charge de certains services ; celle-ci est le domaine utile qui appartient au concessionnaire, moyennant les devoirs auxquels il s'est engagé envers celui dont il l'a reçu.

Dans la contestation qui s'engage aujourd'hui, il s'agit de savoir à laquelle de ces seigneuries les biens des églises doivent être assujettis : il n'est pas question de la seigneurie publique universelle ; cette seigneurie n'est autre chose que la monarchie royale, à laquelle personne ne peut ni ne doit se soustraire. Il ne devroit pas être question non plus de la seigneurie particuliere et jurisdictionnelle, parcequ'elle rentre dans la premiere dont elle n'est qu'une émanation, et parceque tout le monde convient qu'il n'est aucune terre dans le royaume qui, soit dans le domaine du roi, soit dans celui des seigneurs particuliers, ne reconnoisse une puissance intermédiaire entre elle et la couronne. Mais cette jurisdiction à laquelle toutes les terres sont sujettes, est-elle constitutive de mouvance, ou bien doit-on recourir à la seigneurie privée pour connoître le caractere et l'origine des fiefs? Est-ce par les jurisdictions exercées dans les territoires respectifs, ou bien par la seigneurie privée, c'est-à-dire la directe des héritages, que la féodalité s'est établie? En un mot les jurisdictions temporelles, exercées par le clergé sur les biens de ses domaines, ont-elles imprimé à ses possessions un caractere féodal, et par cela même ses héritages sont-ils obligés à la foi et hommage, aveu et dénombrement? Voilà la véritable question qui se présente au jugement du conseil ; pour la résoudre, voyons ce que l'on entend par fief, et quel est l'état actuel de ces possessions dans le royaume.

Le fief est une concession d'héritage ou de droits immobiliers faite par le seigneur, sous la réserve de la propriété directe, et avec translation seulement au vassal de la propriété utile; propriété restreinte et imparfaite, parcequ'elle n'est accordée qu'à la charge de la fidélité, des droits et devoirs retenus par le seigneur et consentis par le vassal. Cette définition est celle de tous les auteurs.

Le fief, dit Cazeneuve (1), est un héritage qui, ayant été donné sous l'obligation de la foi et du service personnel, s'il s'agit d'un bien noble, et sous l'obligation de la censive, s'il est roturier, reconnoît une puissance supérieure autre que la souveraine, laquelle se réserve la principale domination sur la chose donnée, et ne laisse à celui qui la tient qu'une possession imparfaite. Cette définition lui paroît si légitime, qu'aujourd'hui même où les fiefs sont patrimoniaux, héréditaires et commerçables, il regarde comme une expression peu correcte la dénomination de propriété qu'on leur donne, parcequ'en matiere d'inféodation, dit-il, la propriété demeure au pouvoir de celui à qui appartient la seigneurie directe; il cite à cette occasion une foule de jurisconsultes qui, pour mieux saisir la nature du fief, l'ont comparé avec l'alleu dont le possesseur a la propriété seul et sans partage.

Chantereau le Fevre (2), qui a remonté jusques à l'origine des fiefs, dit que c'est une portion de terres ou un héritage donné par un particulier à un autre en propriété et en usufruit perpétuel, à la charge que le concessionnaire et les successeurs s'obligeront à jamais, vis-à-vis le donateur et ses représentants, de lui rendre la fidélité et le service envers et contre tous, excepté le souverain.

Hauteserre, après avoir montré que les fiefs ne peuvent point dériver des anciennes clienteles pratiquées chez les Romains, ni des terres accordées par les empereurs aux vétérans et aux soldats des frontieres, dit que les fiefs ont d'abord été des possessions viageres, soumises à la volonté du concédant; que la propriété du fief ne passe point au vassal, et qu'elle reste entre les mains du seigneur (3).

C'est sur le fondement de ces idées et de ces notions, puisées dans la concession libre d'un héritage sous la réserve de la directe, que portent les réflexions du nouvel auteur du

(1) Traité du franc-alleu de Languedoc, ch. 9.

(2) De l'origine des fiefs, liv. I, ch. 4.

(3) At feuda ab origine.... temporaria fuere, et pro dantis arbitrio adempta, nec feudi proprietas transfertur in vassallum, sed manet penes dominum. (Hauteserre, de origine feudorum pro moribus gallicis, cap. X.)

traité de la souveraineté. Il observe, à ce sujet, que c'est dans le roi seul que réside le véritable domaine des fiefs et arriere-fiefs de sa mouvance, parceque ne relevant de personne, la plénitude de la propriété ne convient qu'à lui seul, qu'elle n'a pu être communiquée à des seigneurs subalternes, et que si on leur attribue encore le domaine direct sur les fiefs de leur mouvance, c'est un abus, parcequ'ils n'ont autre chose qu'un usufruit sur la totalité de la concession qui leur a été faite par le souverain (1).

Pour donner plus de poids à ses idées, cet auteur rapporte ce passage de Dumoulin dans sa préface sur le titre des fiefs: « Le domaine direct du bénéfice donné en fief ne passe « point au concessionnaire, mais la propriété en demeure « au seigneur; et le domaine utile, qui passe à son vassal, est « si peu de chose, que, dans l'usage des fiefs, il n'est réputé « que comme usufruit et même comme rien, si on le com- « pare avec le domaine direct (2). »

Il n'y a sur ce point aucune différence entre les écrivains étrangers et les nôtres : on lit dans le recueil connu sous le nom de *Usus Feudorum*, rédigé par Obertus de Horto et Gerardus Niger (3), consuls à Milan sous le regne de Frédéric Barberousse, que dans le fief qui est la concession d'une chose immobiliere, la propriété reste entre les mains du concédant, et l'usufruit dans celles du concessionnaire, à la charge des services qui ont été stipulés dans l'acte d'inféodation.

C'est ainsi qu'il est parlé des fiefs dans un passage des loix d'Alphonse, rapporté par du Cange (4).

Schilterus, dans son commentaire du droit féodal allemand, s'exprime sur cela avec la plus grande précision : il distingue deux sortes de domaine; l'un qui renferme la plénitude du droit, *dominium plenum;* l'autre qui n'a pas la même étendue, *minùs plenum.* Le premier donne au possesseur de l'héritage le droit d'user et de disposer de sa chose, et particulièrement celui de l'aliéner à son gré : le second ne donne pas cette faculté; c'est pour cela, dit-il, que dans

(1) Traité de la souveraineté du roi, tom. I, pag. 601.

Dumoulin, préface sur le titre des Fiefs, n°. 9 et 10.

(2) Certum est autem rei beneficiariæ in feudum traditæ non transire dominium directum in clientem seu vassallum, sed remanere proprietatem penes dominum, et solùm transferri in clientatum quoddam utile dominium, quod est adeo debile ut in usibus feudorum reputetur ususfructus, imò ad comparationem directi dominii nihil ferè reputatur. (Dumoulin, præfatio Feudorum, n°. 9 et 10.)

(3) Quod ex benevolentia alicui ita datur, ut proprietate quidem rei immobilis beneficiatæ penes dantem remanente, ususfructus illius ita ad accipientem transeat. (Liv. II, des Fiefs.)

(4) Voyez du Cange, au mot *Feudum.*

le

le droit teutonique, l'on distingue deux especes de biens, les allodiaux et les féodaux. Le premier, continue-t-il, qui inféode une partie d'héritage, a le grand domaine direct sur la chose inféodée; le vassal qui l'inféoderoit à son tour, ne pourroit avoir que le domaine subordonné. On distingue trois sortes d'investitures : l'une emporte la fidélité des services et constitue ce que nous appellons fief; l'autre s'accorde à la charge d'un cens, et s'il est stipulé que, faute de paiement, on perdra le domaine de la chose, ce n'est qu'une emphytéose; si cette stipulation ne s'y trouve pas, c'est une terre censale: toutes ont ceci de commun entre elles, qu'elles appartiennent à la classe des bénéfices, et qu'elles sont des concessions du domaine imparfait, *minùs pleni* (1). Il dit encore, dans son ouvrage sur les sept boucliers qui composent la hiérarchie féodale de l'empire, que souvent le fief se prend pour le droit ou le domaine direct que le donateur s'est réservé, souvent encore pour le domaine utile qui repose entre les mains du concessionnaire de l'héritage (2).

Le savant et profond écrivain des antiquités d'Italie définit le fief, d'après Seldenus et Vossius, une récompense et une solde accordée pour des services : c'est le droit de jouir à perpétuité d'un héritage étranger à la charge du devoir militaire, ou de toute autre obligation envers l'auteur du bienfait (3).

Enfin Spelman, d'accord en cela avec tous nos auteurs françois, ne fait point consister le fief dans l'héritage luimême, mais dans le droit d'en user et d'en jouir suivant les charges prescrites par l'auteur de la concession. Dans le fief, continue-t-il, il y a deux choses à considérer, la propriété et l'usufruit; l'une demeure entre les mains du concédant, l'autre dans celles du concessionnaire, et passe encore à ses hoirs masculins et féminins à perpétuité : les conditions de cette jouissance sont la fidélité envers le seigneur et les devoirs militaires, soit qu'elles aient été stipulées par des clauses positives, soit qu'elles n'aient été consenties que par une promesse générale (4).

(1) Primus infeudans habet dominium directum majus, et secundus infeudans dominium directum minus; hujus dominii utilis traditio dicitur vestitura et investitura, linguâ teutonicâ *Leymany*. Hinc tres species investituræ, quas communi vocabulo beneficii comprehendimus : in hoc conveniunt quòd sint concessiones dominii minùs pleni; in hoc differunt, quòd talis concessio fiat, aut ob fidelitatem, et propriè feudum vocatur, aut ob censum duntaxat præstandum, etc. (Schilterus, juris germ. comment.)

(2) Schilterus, de septem clypeis imperii.

(3) Nemo autem ignorat simili ferè pacto feuda olim et nunc contributa ut vassalli, cùm res poscit, domino feudi militent, eumque fide, armis atque consiliis adjuvent. (Muratori, Antiq. d'Italie, tom. I, p. 547.)

(4) Feudum..... est illud quod ex bene-

L'état où se trouvent aujourd'hui les fiefs, vient à l'appui de ces témoignages: tous les droits pécuniaires qui marchent à leur suite, sous le nom de lods, *laudamenta*, lesquels marquent l'approbation et le consentement que le seigneur supérieur donne au transport et à la vente de ces biens, les solemnités différentes des investitures, toutes les loix en un mot qui les gouvernent et les régissent, sont une suite de ces concessions originaires, et les garants du domaine ou de la propriété directe que le seigneur s'étoit réservée sur ces biens.

Il suit de tous ces témoignages qu'il entre nécessairement dans l'idée d'un fief la concession, ou réelle, ou fictive, ou présumée, soit d'un héritage, soit d'un droit immobilier, à la charge de services de la part de celui qui le reçoit: ces services, stipulés dans le contrat d'inféodation, sont, par une suite nécessaire, la source du partage des deux domaines qui entrent comme parties constituantes dans la nature et la formation du fief; la propriété directe, qui est celle du seigneur concédant; et la propriété utile ou l'usufruit perpétuel, héréditaire et commerçable, qui sera celle du concessionnaire. L'auteur n'en convient-il pas lui-même, en disant que toute la question se réduit à retrouver dans nos mœurs les causes et l'origine de la subordination d'un bien à un autre?

Ainsi remonter à l'origine des jurisdictions pour établir l'antiquité et l'universalité de la maxime *Nulle terre sans seigneur*, c'est se livrer à une discussion étrangere à celle qui doit nous occuper; jamais les jurisdictions, considérées dans leurs états successifs, ne pourront nous offrir, ni les éléments, ni les caracteres essentiels des fiefs; dans l'ordre féodal, qui, chez les nations modernes de l'Europe, s'est établi à la suite de la confédération politique, il faut expliquer encore cet assujettissement graduel des terres en vertu duquel un héritage est possédé sous le domaine particulier d'un seigneur ou d'un premier propriétaire. La jurisdiction montre bien la subordination commune des personnes et des biens: mais cette subordination n'est point celle de l'économie des fiefs; elle n'est que la sujétion civile, légale et nécessaire, qui dérive de l'autorité publique, ou plutôt les jurisdictions particulieres des seigneurs ne sont elles-mêmes que cette autorité rendue plus active, plus vigilante et plus

volentia alicui ita datur, ut proprietate quidem rei immobilis beneficiatæ penes dominum remanente, ususfructus illius rei ita ad accipientem transeat ut ad eum hæredesque suos..... in perpetuum maneat, ob hoc ut ille et sui hæredes fideliter domino serviant. (Spelman, Glossar. verbo *Feudum*, pag. 216.)

rapprochée par l'interposition de ces délégués passagers ou perpétuels du prince.

C'est ainsi qu'en ont pensé tous les auteurs étrangers ou françois qui ont suivi l'origine, les progrès et la nature de notre gouvernement dans les différents âges : dans les descriptions qu'ils nous en donnent, ils parlent tout à la fois et des jurisdictions des territoires dans lesquels la France étoit alors divisée, et des propriétaires qui ne reconnoissoient d'autre supériorité sur leurs biens, que la puissance publique représentée par l'autorité des districts et des cantons.

Qu'on lise les œuvres de Grégoire de Tours, de Fredégaire, du moine de saint Gal, d'Aimoin, de tous nos chroniqueurs, et la collection de nos capitulaires ; par-tout on verra les alleux soumis aux jurisdictions territoriales, et conserver sous leur influence ces propriétés caractéristiques qui les séparent des anciens bénéfices et de nos fiefs actuels : c'est ce qui fait dire à Koop et Pfeffinger, deux jurisconsultes célebres d'Allemagne, que le degré de puissance auquel les seigneurs s'éleverent par la jurisdiction, ne nuisit point aux droits de leurs propriétés ; que si, par elle et l'exercice qu'ils en firent au nom du roi, ils furent appellés *comtes*, ils ne furent véritablement seigneurs *(dynastæ)* que par les propriétés libres et allodiales qu'ils possédérent (1).

Nos auteurs modernes ne s'expriment point avec moins d'énergie. Duaren nous apprend que la jurisdiction n'a rien de commun avec les fiefs, et que ce sont des droits différents. Il n'est pas vrai, dit-il (2), qu'on ne puisse tenir un alleu dans le royaume sans reconnoître un seigneur, à moins que la coutume des lieux n'y fût contraire : ainsi, pour éloigner de cette maxime tout ce qui pourroit la rendre défectueuse, il faut l'entendre de la jurisdiction : *Ideo debent intelligi verba hæc sine domino, id est sine jurisdictione alterius.*

(1) Comites namque à regibus merovingicis præcipuè quidem ad judicandum erant constituti, atque cuilibet pagus sive districtus quidam subjectus, intra quem, nomine regis, magnâ auctoritate exercebat jurisdictionem civilem et criminalem. Præter hoc jurisdicendi officium, comites etiam, sub regibus stirpis merovingicæ, habuere curam rerum militarium, et præfuerunt exercitui in provincia sua, subjectosque habebant sibi centuriones et decanos. Quis ergo miretur, quòd comites, hoc ævo, tantâ invaluerint auctoritate; quòd denique, præter beneficia hæc comitatuum à regibus sibi concessa, plerique possederint allodia, adeoque comites dicti fuerunt ob jurisdictionem quam nomine regis exercebant, dynastæ verò ob allodia quæ possidebant?

(Joann. Koop, tractatus juris publici, pág. 10 et 11.)

(2) Nec verum est quòd dicitur neminem posse tenere allodium sine domino, nisi contraria in aliquibus locis sit consuetudo; ideo hâc ratione intelligi debent (ut vitio res careat) hæc verba sine domino, id est sine jurisdictione alterius. (François Duaren, *sur les coutumes des fiefs*, ch. 21, n°. 10.)

Donc la féodalité consiste, suivant lui, dans un domaine réel sur les biens; et quoique les justices établissent un domaine légal et juridique sur l'universalité du territoire, tous les héritages assis dans leur district ne sont pas féodaux pour cela, et soumis à une glebe de mouvance.

Nos rois, dit Cazeneuve, exercent dans leurs états deux sortes de domination, l'une royale et l'autre féodale : dans la premiere, ils sont seuls; dans la seconde, ils ont presque autant de collegues qu'il y a de seigneurs dans le royaume. Quant à la premiere, nous leur devons les aides, les subsides, nos personnes et nos biens, toutes les fois que le requierent les nécessités de l'état; dans la domination féodale, on leur doit les cens, les quints, requints, les lods et ventes, et toute la suite des droits seigneuriaux (1). Après avoir montré la différence des alleux et des fiefs, parceque ceux-là relevent d'un seigneur particulier, et que ceux-ci en sont indépendants, il envisage les alleux du côté du souverain : il établit que, par rapport à lui, cette indépendance ne peut point être absolue ; que s'ils sont exempts des droits féodaux et de la directe seigneuriale, cependant ils ne peuvent se dérober à son domaine public; qu'à cet égard tous les biens du royaume ne composent qu'une seule et même classe (2). C'est ainsi qu'en rendant hommage à la vérité des principes, il se réunit avec tous les auteurs, qui, en combattant pour la franchise des alleux, s'empressent de reconnoître le district, la jurisdiction et le droit public de la souveraineté sur ces biens. Ces principes sont ceux de Bodin, de Furgole, et de tous nos publicistes (3).

C'est sur ce fondement que Benedicti, auteur très versé dans la matiere des fiefs, dit que les biens n'en conservent pas moins leur allodialité pour être situés dans la circonscription d'une justice, parcequ'autre chose est la propriété d'un bien libre, et autre chose est la jurisdiction. Qu'entend-il par alleu? C'est un héritage, dit-il, qui n'est reporté à personne, et qui ne fait aucun service; la jurisdiction à laquelle il est soumis n'éclipse point ce caractere, et la propriété pleine et entiere n'en reste pas moins entre les mains du possesseur; il suffit en un mot, pour qu'un héritage conserve son allodialité, que le domaine absolu n'en soit dans la reconnoissance de personne: *Sufficit ad essentiam allodii*

(1) Cazeneuve, traité du franc-alleu de Languedoc, pag. 68.

(2) Cazeneuve, ibid. pag. 94.

(3) Voyez Furgole, traité du franc-alleu, pag. 59 *et passim;* Bodin, dans son traité de la république.

quòd à nemine quoad plenam proprietatem recognoscatur, et nulli faciat servitutem (1). Il n'est pas possible sans doute de mieux fixer les limites entre les droits de la propriété et les devoirs de la justice, entre la jurisdiction et la féodalité, entre un seigneur justicier et un seigneur de mouvance.

Chantereau Lefevre s'exprime aussi disertement sur cet objet: durant les six premiers siecles de la monarchie, dit-il, l'autorité royale ne fut point divisée; on ne connoissoit en France d'autres sujets que ceux de l'état et du souverain: mais les justices et les comtés, devenus héréditaires, firent éclore une nouvelle seigneurie qui eut ses sujets comme le roi avoit les siens, parceque ces hauts seigneurs y réunirent insensiblement les droits régaliens; alors la puissance royale fut en quelque sorte démembrée. Dans ce nouveau systême engendré par la révolution des fiefs, les héritages, quoiqu'assujettis à ces souverainetés subalternes, ne perdirent point leur liberté primitive: un nouveau degré de puissance, il est vrai, s'éleva entre les propriétaires et le souverain; mais tous ces seigneurs ne revendiquerent que les droits du roi, qu'ils avoient, pour ainsi dire, remplacé dans ces cantons (2).

La Thaumassiere (3), écrivant pour le franc-alleu de Berry, n'ignoroit pas la nature des alleux et des fiefs, et les droits de la justice; il savoit sans doute que, par leur situation locale, tous ces biens étoient soumis aux jurisdictions des territoires: en a-t'il conclu pour cela qu'ils devoient être confondus, pour ne plus composer qu'une seule et même classe sous la dénomination de biens féodaux? Non sûrement; il distingue d'abord deux sortes d'alleux: l'un, suivant l'expression de Dumoulin, est l'alleu par excellence; c'est le domaine de nos rois, le patrimoine de la couronne, qui, par sa nature et les droits de son origine, jouit d'une liberté perpétuelle et indéfinie, et ne doit aucune reconnoissance à personne: l'autre,

(1) Nec minùs dicuntur res allodiales quòd in districtu, territorio seu jurisdictione imperatoris aut regis sint sitæ, cùm aliud sit rei quamvis liberæ proprietas, et aliud jurisdictio. Sufficit enim ad essentiam allodii et ejus substantiam quòd à nemine quoad plenam proprietatem sit recognitum et nulli faciat servitutem, licèt jurisdictio sit alterius. (Benedicti, decis. n°. 15.

(2) Chantereau Lefevre, traité de l'usage des fiefs en France.

(3) Le franc-alleu peut être pris de deux sortes, ou pour un héritage absolument indépendant, et en ce sens il n'y a point de franc-alleu que les véritables souverainetés; c'est ce que témoigne Dumoulin sur la coutume de Paris, parag. I, glos. 1re: *Antonomasticè allodium est terra salva, seu sacrum dominium regis, suæque coronæ patrimonium, quod est verè, simplicissimè et absolutè allodium nativâ suâ naturalis juris libertate originaliter et perpetuò gaudens, nullius unquam hominis servituti aut recognitioni subditum.* Le franc-alleu se prend en outre pour un héritage exempt des droits seigneuriaux, quoique situé dans la justice d'autrui, parcequ'en France nous ne reconnoissons pas de franc-alleu qui n'étoit sujet à la souveraineté du roi. (La Thaumassiere, traité du franc-alleu de Berry, ch. II, pag. 6.)

dit-il, est un héritage exempt de tous les droits seigneuriaux, qui n'est tenu d'aucun seigneur foncier; c'est une terre non féodale, sur laquelle personne n'a à réclamer aucune servitude, aucun domaine. Il s'appuie sur le texte de nos coutumes, sur le témoignage de nos écrivains, tels que l'auteur du grand coutumier, Beaumanoir, etc.

Après cette définition, il demande si de pareils biens peuvent exister dans le royaume: il répond, avec Benedicti, que lorsque les officiers du domaine combattent l'existence de ces héritages, ils ont raison si, les confondant avec le patrimoine du prince, les défenseurs du franc-alleu prétendoient qu'ils ne relevent que de Dieu et qu'ils ne sontsou mis qu'à lui seul; mais que c'est à tort qu'ils s'obstinent à ne point reconnoître des biens allodiaux, parceque les partisans de leur indépendance les ont toujours considérés sous deux rapports, du côté de la propriété et du côté de la jurisdiction: comme propriété, ces biens jouissent d'une liberté parfaite, parcequ'ils ne doivent à personne aucun service personnel ou réel; comme biens possédés dans l'état, ils reconnoissent l'autorité du roi, et en outre la jurisdiction territoriale des seigneurs interposés entre le souverain et les propriétaires de ces biens (1).

Dans le chapitre suivant, l'auteur distingue le franc-alleu des particuliers en deux especes, le noble et le roturier: celui-ci est une terre qui n'a ni justice, ni fief, ni censives, mais pour laquelle on n'est point assujetti aux cens, aux lods et ventes, ni à aucunes redevances qui emportent la directe seigneurie; le franc-alleu noble, au contraire, est celui qui a la justice, des fiefs et des censives dans sa mouvance.

Quelles sont les obligations de ces héritages? L'auteur distingue encore la glebe et la justice qui leur est attachée: quant à la justice, elle releve du roi; quant à la glebe elle-même, elle est toujours libre et allodiale. Pourquoi? C'est que la justice, quoiqu'annexée au franc-alleu, ne fait pas néanmoins partie de la propriété et du domaine de la terre; mais elle subsiste d'elle-même et n'a rien de commun avec lui (2).

Salvaing (3), qui a traité de l'usage des fiefs du Dauphiné,

(1) Si de tali allodio nemini quàm Deo subdito loquatur, officiarii regis certè verum dicunt, quòd *talia allodia in regno esse non possunt*, sed capiendo allodium pro re libera et franca respectu proprietatis.... quæ *à nullo tenetur nec recognoscitur*...... *est* tamen subjecta jurisdictioni regiæ quoad ressortum justitiæ saltem supremæ, allodia esse in regno possunt. (Benedicti, apud la *Thaumassiere*, ibid.)

(2) Voyez la Thaumassiere, ch. 3, ibid. Voyez encore le chap. 25.

(3) *Mais outre que cette regle, au sens* que quelques uns lui donnent, n'est reçue

développe ces idées avec la plus grande précision : en reconnoissant la généralité de la maxime *Nulle terre sans seigneur*, il assure qu'elle ne peut être entendue que de la jurisdiction et non de la seigneurie directe, c'est-à-dire qu'il n'y a aucune terre qui ne releve de quelqu'un, quant à la justice : c'est pour cette raison, dit-il, qu'Antoine Loysel, très versé dans la connoissance de notre droit françois, ne l'a point mise dans ses institutes coutumieres sous le titre de cens, ni sous celui de fief, mais sous le titre de seigneurie. Il ajoute que la directe et la jurisdiction ont toujours été considérées comme des droits séparés et différents, et que le franc-alleu, malgré ses prérogatives, n'est point exempt de la justice du territoire dans lequel il est assis. Qu'est-ce que le franc-alleu, selon lui ? C'est un héritage qui n'est tenu que de Dieu, qui ne doit ni cens, ni rentes, ni relief, ni *servage* à personne pendant la vie ou à la mort du possesseur (1).

Le savant Spelman a bien saisi cette différence entre la directe des terres et la jurisdiction qui les commande : il dit, d'après l'auteur du grand coutumier, que les alleux sont diamétralement opposés aux fiefs, quoique soumis, comme eux, à la loi du district, parceque cette dépendance n'est que celle de la protection et de la justice, *quoad protectionem et jurisdictionem* (2).

La disposition de nos coutumes vient à l'appui de ces principes : c'est dans ces termes qu'elles s'expriment toutes, soit qu'elles admettent le franc-alleu de privilege, soit qu'elles reconnoissent le franc-alleu naturel ; par-tout elles nous présentent cette espece de biens, comme le contraste des biens féodaux, quoiqu'assujettis comme eux à la jurisdiction des lieux de leur situation (3).

Nous terminerons la liste déja trop longue de ces autorités

en Dauphiné qu'à cause d'un droit contraire, elle n'est proprement entendue que de la jurisdiction et non de la seigneurie directe ; c'est-à-dire, nulle terre qui ne releve de la justice de quelque seigneur...... En effet Me Antoine Loysel ne l'a pas mise en ses institutes coutumieres sous le titre du cens, ni sous celui des fiefs, mais sous le titre de seigneurie et de justice.

(Salvaing, de l'usage des fiefs, part. II, pag. 11.)

(1) Salvaing, ibid. pag. 3 et 4.

(2) Allodium feudo opponitur.... dicitur terra libera quam quis à nemine tenet nec recognoscit, licèt sit in alieno districtu et jurisdictione, ita quod solum est sub domino districtûs quoad protectionem et jurisdictionem. (Spelman, Glossar. verbo *Allodium*, pag. 27.)

(3) Le sujet qui tient sa terre en franc-alleu est exempt, à cause d'icelle, de foi, d'hommage, et de toute servitude quelconque, fors quand il est appellé en la cour de son seigneur, en la demande de qui il s'avoue sujet, il doit répondre de bouche qu'il avoue telle sa terre tenir en franc alleu, et s'en aller,... car cet affranchissement qui lui est donné ne lui permet pas contemner la jurisdiction de son seigneur, qu'il ne doive une fois déclarer ce que dit est. (Coutume d'Anjou, art. 140.)

Coutume du Maine, art. 152.

Voyez aussi coutume d'Orléans, art. 255.

par celle de Dumoulin ; elle est, pour ainsi dire, la récapitulation de nos principes. Ce jurisconsulte, après avoir balancé les droits des justices et des fiefs, nous apprend, sur l'autorité des docteurs, que les seigneurs des villes et des châteaux ne peuvent point, à ce titre, prétendre le domaine direct féodal, censuel, emphytéotique, ni exiger les services et les droits pécuniaires sur les terres de leurs enclaves ; et que si, pour parler le langage des feudistes, ils ont *une intention fondée dans l'universalité du territoire*, c'est quant à la juridiction (1).

Ailleurs, analysant la maxime *Nulle terre sans seigneur*, loin de conclure à la féodalité universelle par l'influence universelle et nécessaire des jurisdictions, il fait disparoître l'équivoque de cette maxime par la distinction des deux sens que renferme le mot de *seigneurie;* l'un est celui du domaine direct sur toute la glebe du territoire, l'autre est celui de la domination jurisdictionnelle du souverain et des seigneurs subalternes : d'après cela il conclut que la regle est vraie, s'il ne s'agit que de la justice, mais qu'elle est fausse, s'il est question de la seigneurie féodale et privée, parceque ce n'est point une obligation essentielle à tous les propriétaires du royaume de reconnoître sur leurs terres un domaine étranger (2).

Il suit de ces autorités, que les raisonnements de l'inspecteur du domaine ne roulent que sur des équivoques, c'est-à-dire sur la confusion des objets et des temps. Pour rétablir la vérité des principes, il est donc nécessaire de définir les termes et de fixer les époques.

La maxime *Nulle terre sans seigneur* présente deux sens absolument étrangers l'un à l'autre ; le premier est celui de la jurisdiction, l'autre est celui de la mouvance : entendue de la jurisdiction, elle veut dire qu'il n'y a aucun propriétaire qui ne doive reconnoître la haute justice du territoire, qui ne soit le justiciable d'un seigneur ; entendue de la mouvance ou de la directe, elle signifie que tous les héritages relevent d'un seigneur foncier, et ne sont que des propriétés

(1) Hinc est quòd domini civitatis, castrorum, et similes, non habent intentionem fundatam in aliquo directo dominio feodali censualive emphyteotico vel alia servitute pensitatione super rebus sitis in eorum territorio, sed solùm habent intentionem fundatam quoad jurisdictionem. (Dumoulin, coutume de Paris, titre des fiefs, glos. 1re, n°. 5.)

(2) Ex quibus liquet falsum esse illud dictum vulgare, non posse quem in hoc regno tenere terram sine domino, et hoc intelligendo sine domino scilicet directo, quam sit necesse in dominum directum soli recognoscere, sed intelligendo sine domino scilicet quin subsit dominationi et jurisdictioni regis, vel sub alterius dominio.... est verissimum. (*Dumoulin, ibid.*)

secondaires,

secondaires, qui, ayant fait originairement partie d'une glebe primitive, continuent d'être asservies envers le possesseur de cette glebe par les droits qui émanent du contrat d'inféodation.

Sous le premier aspect, elle est vraie sans doute, et remonte à l'origine de la monarchie, parcequ'il est dans la nature du gouvernement, que tous les citoyens ressentent les influences de l'autorité souveraine, soit qu'elle s'exerce immédiatement par le prince lui-même, soit que l'administration en soit confiée à des délégués passagers ou perpétuels de sa puissance, *Principis sunt omnia quoad jurisdictionem et protectionem :* mais aussi nous verrons qu'elle n'a rien de commun avec la féodalité des biens. Sous le second elle a, sans contredit, un rapport direct et nécessaire avec elle ; mais a-t-elle, en sa faveur, l'antiquité et la généralité que l'inspecteur lui accorde ?

Quant à son origine, elle ne peut être d'une date plus reculée que l'introduction des fiefs dans le royaume ; or il est reconnu par tous les publicistes et par l'inspecteur du domaine lui-même, que l'économie féodale est postérieure de beaucoup à l'époque de la constitution françoise. La directe féodale prit naissance dans les désordres de l'anarchie vers la fin de la seconde race, et, au commencement de la troisieme, l'hérédité, à laquelle les anciens bénéfices s'éleverent alors par la puissance des grands et la foiblesse de nos rois, en fut le principe et la source.

Par rapport à la directe censuelle, tous les auteurs en fixent l'origine aux onzieme et douzieme siecles ; préparée par les servitudes sous lesquelles gémissoient les peuples depuis l'anarchie, elle fut en partie consommée par l'établissement des communes et les affranchissements seigneuriaux. Les seigneurs qui avoient usurpé les droits de taille, de mortaille, et autres droits serviles *à volonté*, sur les hommes *de corps* et *conditionnés* de leurs domaines, accorderent enfin la liberté à ces hommes de *poote* comme on les appelloit alors, et commuerent les redevances qu'ils percevoient sur eux avant leur manumission, en cens réels et perpétuels sur les héritages. Ce ne fut pas seulement dans les affranchissements généraux qu'ils se conduisirent ainsi, ils en userent de même dans ceux qu'ils accorderent à des particuliers : on en trouve la preuve dans les chartres du seigneur de Culand, pour deux hommes de ses terres, en 1565. Le cens réel fut ainsi substitué aux anciennes servitudes, aux droits à merci, qui jusques-là avoient vexé les propriétés et les personnes ; ce cens emporta la directe seigneurie, parcequ'il fut le gage de la dépendance perpétuelle de la glebe et des profits pécuniaires dus aux mutations. Les baux à cens, les clauses positives, stipulées par les auteurs des inféodations, et les jeux de fief, autorisés par nos coutumes, acheverent la révolution.

Tel est le précis de nos auteurs, et notamment de la Thaumassiere dans son traité du franc-alleu du Berry. Il s'appuie sur les chartres de communes et d'affranchissements (1).

Qu'on parcoure en effet ces monuments de notre histoire moderne et de la liberté des peuples, par-tout on y verra la directe et ses droits établis par les stipulations réciproques des seigneurs et de leurs sujets : telles sont les coutumes accordées aux habitants de Lorris par Louis le Gros, confirmées par ses successeurs Louis le jeune et Philippe Auguste (2); celles de Bois-Commun, en Gâtinois, où les cens et les ventes sont réglés conformément à celles-là (3): telles sont encore les chartres d'affranchissement, accordées, dans les douzieme et treizieme siecles, aux habitants de Preuilly, de Charost, d'Ervy, de Châteauroux, de la Fere, de Vervins, d'Alby, (4), de Sugey, de Saint-Valery, et à ceux du fauxbourg Saint-Germain-des-Prés, par les seigneurs respectifs de ces cantons (5). Dans toutes on voit les mauvaises coutumes et les droits à merci commués en cens réels sur les héritages, et la servitude des personnes remplacée par la directe des biens ; toutes se terminent par les stipulations de cens réel, de retour, de droits fonciers, de lods et ventes : *Salvo censu nostro, reditibus nostris de fundo, terra et capitali..... denarios censuales solvendos, tres solidos persolvendos pro laudibus et venditionibus.*

C'est pourquoi Galand, qui avoit le plus grand intérêt de remonter à l'origine de ces droits, n'en produit pas d'exemple avant le dixieme siecle.

(1) J'estime qu'il y a plus de certitude de rechercher l'origine du cens dans nos anciennes coutumes, dans l'établissement des franchises, et dans l'affranchissement et manumission des habitants des lieux : car nous voyons, dans les anciennes chartres qui contiennent l'établissement des franchises et bourgeoisies, que les seigneurs qui avoient usurpé les droits de taille à volonté, et autres droits serviles sur leurs hommes de corps.... ayant résolu de rendre leur domination plus douce, accorderent la liberté à leurs hommes de *poote*, et commuerent les redevances qu'ils retenoient sur eux avant leur manumisssion, en cens annuels et perpétuels sur leurs héritages. (La Thaumassiere, traité du franc-alleu de Berry, ch. 16.)

Voyez encore le mémoire contre les communautés de l'Agénois et du Condomois, pag. 11.

(2) Ancienne et nouvelle coutume de Berry et de Lorris, page 349.

(3) Ordonnances du Louvre, tome IV, page 73.

(4) Galand, traité du franc-alleu.

(5) Antiquités de Paris, par Dubreuil, page 365.

Ce caractere de nouveauté, que porte avec elle la directe censuelle, n'a point échappé à nos auteurs : c'est ce qui fait dire aux uns, que la plupart des droits qu'elle établit sont bursaux, irréguliers, exorbitants (1) ; aux autres, qu'il ne faut pas juger des cens usités dans les premiers âges de la monarchie, par ceux que nous connoissons aujourd'hui, et que les seigneurs ne s'attribuerent les droits de lods et ventes que lorsqu'ils eurent connoissance de la loi de l'emphytéose par la découverte du code de Justinien (2).

Enfin les auteurs conviennent que si ces droits n'avoient pas été stipulés dans les chartres d'affranchissement, par elles les peuples et les propriétés auroient été restitués à leur liberté primitive. C'est ainsi que s'en expliquent la Thaumassiere et Guillaume de Nogent contemporain de Louis le Gros; ce dernier dit que l'affranchissement accordé par les barons délivroit absolument les affranchis de toutes les exactions qui se percevoient sur eux sous le nom de cens: *Cœteræ censuum exactiones quæ servis infligi solent omnimodis vacent* (3).

Il y avoit, dit du Cange, deux especes de manumission, l'une directe et l'autre conditionnelle: par la premiere, le sujet, rédimé de tout service envers son patron, recouvroit une liberté absolue dans sa personne et dans ses biens: la seconde n'étoit point aussi parfaite ; par les clauses qui l'accompagnoient, l'affranchi avoit encore des devoirs à remplir envers le seigneur qui la lui accordoit (4).

La directe censuelle établie par les chartres des communes, les affranchissements généraux et particuliers, propagée par les baux à cens, les clauses positives des inféodations et les jeux de fief, la maxime *Nulle terre sans seigneur* s'établit à son tour comme une suite naturelle de cette révolution.

D'abord on ne fut autorisé à exiger les droits de directe ou les lods et ventes, aux mutations, qu'autant qu'on étoit fondé en titre; c'est-à-dire que ces droits n'appartinrent qu'aux seigneurs qui les avoient expressément stipulés dans leurs baux à cens, ou dans leurs chartres de commune et de franchise. Par la suite tous s'étant régulièrement réservé

(1) Brodeau, sur la coutume de Paris, art. 76, n°. 12.

(2) Lauriere, notes sur la coutume de Paris, pag. 89.

(3) Voyez la vie de Guibert de Nogent.

(4) Manumissio directa dicitur absoluta, plenaria, nullo retento obsequio aut patronatûs jure : manumissionis species altera directæ opposita ea erat quæ sub conditione vel retento servitio aut obsequio fiebat, ita ut qui manu mittebantur, non plenariam libertatem consequerentur, sed quodam modo obnoxii remanerent. (DuCange, verbo *Manumissio*.)

ces droits dans les concessions d'héritages qu'ils faisoient à leurs hommes, on s'accoutuma dans ces contrées à regarder le cens comme emportant directe seigneurie; par là il s'établit un droit commun en vertu duquel on présuma que tous ceux qui ne pourroient pas montrer des titres possessoires ou primordiaux de l'allodialité de leurs biens, seroient réputés les tenir, soit en fief, soit en censives, du seigneur du territoire.

Familiarisés avec ces idées et ces usages, les rédacteurs de nos coutumes ne balancerent plus à les consigner dans ces recueils: mais, en se conduisant ainsi, ils ne prétendirent point rappeller une ancienne maxime consacrée déja par les loix nationales, ils n'eurent pour objet que de venir au secours des seigneurs qui n'avoient pour eux que la possession; et loin de vouloir donner atteinte aux droits des propriétaires qui avoient des titres pour s'y soustraire, tous se sont empressés de reconnoître les francs-alleux dans les coutumes allodiales, et même dans celles qui ne le sont pas. Peut-on présumer, en effet, qu'ils aient tous ignoré la loi qui régissoit les biens, ou qu'abusant de leur ministere, ils aient voulu préjudicier aux droits des seigneurs et du souverain?

La maxime *Nulle terre sans seigneur*, entendue de la directe des héritages, n'est donc, malgré sa généralité, qu'une maxime locale qui ne fut jamais le droit public du royaume, soit avant, soit depuis la réformation des coutumes. Ce ne fut que sous le regne de François Ier qu'on tenta, pour la premiere fois, de l'ériger en maxime universelle; c'est ce que nous apprennent Saint-Julien, Mezerai, l'abbé Dubos, Furgole et Boulainvilliers. Celui-ci l'appelle une maxime détestable (1). Les autres disent qu'elle est fausse et contraire à la liberté naturelle des biens (2). Quant à Saint-Julien, cet auteur, contemporain de François Ier, dit, en termes exprès, que ce fut le chancelier du Prat qui conseilla à ce prince d'abolir dans son royaume le franc-alleu noble et roturier; qu'il en fit publier l'édit, mais qu'il demeura sans exécution. Cette maxime, en effet, n'est point encore reçue dans les pays de droit écrit, ni dans les coutumes allodiales: à l'égard de celles qui l'ont admise, quoique les francs-alleux y soient rares, on y reconnoît néanmoins l'existence de ces biens (3).

(1) Boulainvilliers, histoire de l'ancien gouvernement de France, tome I.

(2) Voyez Dubos, histoire critique de la monarchie, discours préliminaire, page 52; Mézerai, abrégé chronologique, vie de François Ier, tome IV.

(3) Saint-Julien, mélange historique des fiefs, ch. 3, page 678.

Il ne suffit donc pas d'invoquer la maxime *Nulle terre sans seigneur*, ni de prouver l'antiquité des jurisdictions, pour établir la féodalité originaire et universelle des héritages. Tous nos publicistes rendent hommage à ces vérités: aucun cependant n'a reconnu les influences féodales des districts sur les biens, ou plutôt il y a parmi eux un concert unanime pour les écarter et les combattre.

Il ne suffit pas non plus de dire encore avec eux qu'il y a cette différence entre la souveraineté et la suzeraineté du prince et des seigneurs, que, dans la premiere, le monarque est seul et sans rivaux, au lieu que, dans la seconde, il y a autant d'émules qu'il y a de seigneurs de territoire. Ce langage simple et naturel, dans la doctrine des auteurs, est insuffisant dans le système du domaine: car de quoi est-il question? C'est d'apprécier les droits et les caracteres distinctifs de la souveraineté du roi et de la suzeraineté dont il jouit à titre de propriétaire. Or, en disant qu'il est seul dans l'une et qu'il a des rivaux dans l'autre, on ne répand aucune lumiere sur la nature de ces deux ordres, on n'en présente que les rapports extrinseques et la superficie: par là on sait que la souveraineté du prince differe de la suzeraineté des seigneurs; mais on ignore en quoi consiste cette différence, et, sur-tout, ce qui distingue la puissance suprême du monarque des droits de suzeraineté qu'il exerce encore par la constitution des fiefs.

Il y a plus: si la jurisdiction seule est le principe universel de la féodalité, à quoi bon distinguer les époques et les temps? l'instant qui a vu naître la monarchie a vu naître aussi les fiefs et la suzeraineté du roi. A l'époque de la constitution françoise, le royaume n'étoit-il pas divisé par districts et par cantons? dans ces départements, le souverain n'exerçoit-il pas la jurisdiction par les ducs, les comtes, les vicaires, les centeniers, les dizainiers, tous organes de son autorité et dépositaires de sa justice? En vain dira-t-on qu'ils n'étoient point héréditaires alors. Qu'importe l'hérédité de leurs offices? il ne s'agit point ici de la suzeraineté de ces mandataires, mais de celle du roi: cette hérédité dans leurs commissions n'est nécessaire que pour donner au monarque des rivaux dans la suzeraineté, et établir les différents degrés de l'échelle féodale; et puisque, suivant l'écrivain du domaine, il n'y a point de différence entre les alleux et les fiefs sous le rapport de la féodalité, parceque les uns et les autres étoient soumis également à la puissance publique, il suffisoit sans doute que cette puissance existât, et que tous les biens comme les personnes en reconnussent l'empire pour établir la féodalité sur eux: alors il n'y eût pas de degrés dans l'échelle féodale; mais ces degrés sont superflus et étrangers à sa nature.

Nous avons examiné jusqu'ici la maxime *Nulle terre sans seigneur* en elle-même; il est nécessaire à présent de la suivre dans ses détails et dans ses applications.

ARTICLE II.

Développement de la maxime Nulle terre sans seigneur, *dans le rapport des jurisdictions avec les biens du royaume.*

Si la maxime *Nulle terre sans seigneur*, prise dans le sens des jurisdictions, est le principe de la féodalité universelle des biens, deux choses se présentent à examiner: 1° l'état des biens actuels peut-il être regardé comme la production naturelle des jurisdictions territoriales? 2° en remontant à l'époque de leurs établissements dans les territoires, quel a été le sort et la destinée des biens du royaume?

§. Ier.

Que les jurisdictions attachées aujourd'hui à des héritages subordonnés entre eux, aient fourni de nouveaux aliments à la féodalité réelle; que même les justices non glébées puissent être concédées par le prince sous les charges et les conditions des fiefs; en un mot, que les justices, à l'instar des biens, aient ressenti les influences de la féodalité, c'est une question indifférente à la contestation qui nous divise: l'exposition de leur origine, de leur antiquité, et de leurs obligations envers le souverain, ne résout qu'une partie du problême de la féodalité universelle des héritages.

Dans l'économie féodale, il y a trois classes de biens à distinguer: celle des jurisdictions féodales, comme s'expriment les auteurs; celle des terres simplement féodales et sans justice; et celle des héritages censuels, qui sont dans la mouvance des uns et des autres.

Dans toutes, sans aucune exception, il faut reconnoître la distinction des deux domaines, le direct et l'utile, tous les deux fondés sur la concession ou le démembrement, soit réel, soit fictif, soit présumé, de l'héritage féodal d'une glebe primitive. Si donc la féodalité universelle des héritages a pris naissance au sein des jurisdictions, par elles seules on pourra se rendre compte et de la nature et de l'état actuel de ces héritages dans nos mœurs.

Quant aux terres de la premiere classe, comme baronnies, comtés, marquisats, et toutes celles auxquelles, sous des noms moins imposants, est également attaché le pouvoir de la justice, comment s'imaginer que la jurisdiction, en s'unissant à elles, a suffi pour les élever à la dignité des fiefs, et les soumettre à la directe seigneuriale sans aucune inféodation primitive? C'est un principe consacré dans la jurisprudence du royaume, que la justice et le fief sont deux choses séparables et souvent séparées; que l'une peut être donnée, vendue ou échangée sans l'autre. Dans cette supposition, il y a deux choses à remarquer: la premiere est que l'héritage privé de la justice a perdu cet honneur, cette dignité, ce caractere de grandeur surajouté à ses droits, et qui, dans le système de l'inspecteur, l'avoit élevé jusqu'au rang des fiefs; la seconde, que la glebe, après cette séparation, n'en est pas moins féodale qu'auparavant. Mais si la jurisdiction étoit le principe et la source de la féodalité universelle, une fois séparée de la terre, la féodalité s'évanouiroit avec elle, et la glebe, dépouillée de sa prérogative, rentreroit dans la classe des alleux anciens dont elle étoit sortie par le rang qu'elle occupoit dans l'ordre des justices: il faut donc, dans tous ces héritages, distinguer, avec nos auteurs, la justice, qui donne au propriétaire de la glebe une sorte de magistrature, et la directe seigneuriale, qui ne lui laisse que le domaine utile et l'usufruit perpétuel, assimilé parmi nous aux propriétés vulgaires.

Rien de plus ordinaire encore, dans la matiere des fiefs, que de voir la justice et la féodalité du territoire dans deux mains différentes: tel a la justice, disent nos jurisconsultes, qui n'a ni le fief ni la censive; tel autre a la directe d'un territoire, qui n'y exerce aucune jurisdiction (1). Souvent encore un seigneur propriétaire d'un héritage qui réunit le fief et la justice, reporte l'un et l'autre à des suzerains différents. La

(1) La directe et la justice ont toujours été considérées pour droits séparés et différents. (Salvaing, de l'usage des fiefs, seconde partie, pag. 3.)

Bacquet, traité des droits de justice, ch. 4, pag. 10.

Mazner, ancien praticien, tit. 26 des fiefs, n°. 22.

Pontanus, art. 65 de la coutume de Blois.

Loysel, institutes coutumieres, liv. 2, tit. 2.

Pocquet de Livoniere, n°. 9.

Jurisdiction, ressort d'icelle, et fief, n'ont rien de commun. (Coutume de Bourbonnois, art. 1.)

féodalité et la justice sont donc des propriétés distinctes qui n'ont rien de commun entre elles; l'une n'est donc pas le principe essentiel et constitutif de l'autre; ce n'est donc point par les justices que les terres ont contracté les obligations de la mouvance, de l'hommage et des services. Aussi tous ceux de nos jurisconsultes qui ont parlé des francs-alleux nobles ont-ils mis une différence extrême entre ces héritages et les fiefs : ils définissent les premiers ceux qui ont la justice et des mouvances ; et quelle que soit leur opinion sur la nature des justices et la qualité de leurs rapports avec la souveraineté du roi, ils ne confondent jamais la condition de leurs glebes avec celle des terres que la féodalité s'est asservies : dans celles-là, la propriété est véritablement divisée en directe et en utile, parcequ'elles relevent toutes d'une glebe de mouvance ; dans les autres, au contraire, la terre ne reconnoît qu'un seul domaine direct, celui du possesseur, et la justice qu'il y exerce encore ne fait aucun obstacle à la différence de leurs qualités respectives.

Pourquoi des propriétaires qui réunissent dans une même terre le fief et la jurisdiction, verroient-ils les aveux et dénombrements qu'ils en donnent blâmés si souvent quant à la justice, quoiqu'on reconnoisse d'ailleurs la qualité féodale de ces terres ? D'où vient dans ces actes la nécessité de la double énonciation du fief et de la justice, si ce n'est parceque la justice et le fief sont deux propriétés différentes, qui, loin d'être établies l'une par l'autre, n'ont absolument aucun rapport entre elles ? C'est la doctrine de Bacquet, de Loiseau, de la Thaumassiere, de Chopin et de Brodeau (1). C'est encore celle de Dumoulin.

Ce jurisconsulte, dont le génie vaste et profond a pénétré si avant dans les principes de la jurisprudence féodale, loin de regarder la justice, ou les jurisdictions, comme le principe universel des fiefs, nous apprend au contraire que le fief et la justice n'ont rien de commun, que ce sont des droits absolument différents, que la justice peut exister sans le fief, et le fief sans la justice, parcequ'ils ont l'un et l'autre des caracteres propres qui ne permettent pas de les confondre. Pour donner plus de poids à ces maximes, il en a fait l'application à cette espece particuliere

Un vassal possede un château ou un ample manoir avec

(1) Bacquet, traité des droits de justice, ch. 4.
La Thaumassiere, traité du franc-alleu de Berry, ch. 3.
Brodeau, art. 69 de la coutume de Paris, n°. 21.

des

des terres qui en dépendent; il obtient la justice pour son château et toutes ses dépendances: on demande si, dans ce cas particulier, la justice suivra le fief, *An cedat feudo?* Il répond que non, *Veritas est in contrarium.* La raison qu'il en donne est que la jurisdiction peut subsister par elle-même, et être séparée du château et de tous ses accessoires sans souffrir la moindre altération. Le château et les biens qui l'accompagnent pourront appartenir à l'un et la justice à l'autre; d'où il suit que le territoire peut exister sans la jurisdiction, et la jurisdiction sans le territoire, parceque la justice est une certaine qualité, un certain accroissement extrinseque au territoire auquel elle est attachée, en un mot d'une nature et d'une qualité absolument différentes.

Il cite à l'appui de cette décision l'autorité de Baldus, qui va encore plus loin que lui dans cette matiere: car il soutient que la jurisdiction attachée à un territoire n'en est pas seulement séparable, mais qu'elle en est véritablement séparée, quoiqu'elle existe et qu'elle soit exercée dans toute l'étendue de sa circonscription. Cet auteur, ainsi que ceux dont il implore le témoignage, ne connut donc jamais ce prétendu principe de notre droit public, les jurisdictions, fondement de la féodalité universelle, puisqu'il nous montre un fief constitué dans sa nature et dans son essence, revêtu de tous ses caracteres différentiels, qui vient de recevoir de la justice une prérogative de dignité qu'il n'avoit pas; celle-ci s'éclipsant sur le fief sans faire disparoître la féodalité; enfin la justice et les fiefs existant ensemble sans ressentir les effets de leur mutuelle énergie (1).

Ainsi les justices, en s'attachant aux territoires, n'ont pu établir sur eux la directe seigneuriale ou la féodalité réelle: la directe ou le domaine supérieur auquel un héritage est soumis, suppose donc nécessairement une concession originaire de la glebe, et de son démembrement volontaire d'une glebe primitive sous la condition des services. Cet assujettissement, ces obligations, disons-le avec Dumoulin, cette

(1) Quæro vassallus habens castrum vel amplum dominium cum certis adjacentibus prædiis, jurisdictionem in castro vel domo et prædiis feudi habens, an cedat feudo? Veritas est in contrarium, quia jurisdictio potest per se subsistere et separari solâ sui substantiâ à castro, prædiis et rebus feodalibus, quæ poterunt esse unius, et jurisdictio alterius..... imò potest esse territorium sine jurisdictione, et jurisdictio sine territorio, ut declarat Bartolus, quod est quædam qualitas territorii ab ipso separabilis; et sic licèt sit addita feudo, tamen dicitur augmentum extrinsecum, uno omninò alterius naturæ et qualitatis jurisdictio nedum sit separabilis, sed separatur, ut ait Bartolus. (Dumoulin, tit. des fiefs, parag. 1er, n°. 44.)

servitude (1), sont, dans la doctrine de tous nos publicistes, l'effet d'un contrat et du concours des deux volontés, celle du donateur et celle du donataire, celle du seigneur et du vassal : l'espoir et l'intérêt des services a décidé la liberté du premier ; l'appât et l'intérêt des récompenses a déterminé la résignation et le dévouement du vassal (2).

A quoi bon rappeller ici l'érection des fiefs en terres de dignités, et le fidéi-commis légal et perpétuel stipulé dans le formulaire de ces lettres?

1°. Cette clause ou cette stipulation, de retour à la couronne au défaut d'hoirs mâles et d'héritiers légitimes dans la ligne de l'impétrant, est bien postérieure à la constitution des fiefs ; elle ne remonte qu'au regne de Charles IX, et n'eut point d'autre objet que d'arrêter le cours de ces nouvelles dignités qui devinrent si communes sous les regnes orageux de ce prince et de Henri III son successeur. Les contestations qu'elles exciterent entre les anciens dignitaires et les nouveaux, occasionnerent alors des réclamations sans nombre de la part de la haute et ancienne noblesse du royaume : ce fut pour les faire cesser, en rendant ces impétrations plus difficiles et plus rares, qu'on stipula les différentes clauses dont celle-ci fait partie ; on voulut qu'elles ne donnassent aux nouveaux dignitaires aucune préséance sur les anciens qui auparavant avoient le pas sur eux. Ce ne fut même que sous cette condition qu'elles furent enregistrées dans les différentes cours du royaume, lorsqu'on eut dérogé à l'édit de Henri III, de l'année 1578, qui avoit sagement défendu l'érection de ces dignités nouvelles. Il fut encore réglé que l'ancien seigneur féodal ne perdroit point ses droits de suzeraineté sur la terre de son vassal malgré cette décoration (3).

2°. Dans toutes ces graces du prince, la dignité que l'on sollicitoit pour ses terres n'étoit point la jurisdiction, c'est-à-dire ce caractere de grandeur qui, dans les principes du domaine, constitue la féodalité des héritages ; ce n'étoit qu'un titre purement honorifique, puisqu'une des conditions requises pour obtenir l'érection de ces terres étoit qu'elles eussent déja haute, moyenne et basse justice (4). D'ailleurs qu'y a-t-il de commun entre l'érection d'un fief en terre de dignité et l'établissement de la féodalité par la voie des ju-

(1) Feudalis et censualis conditio est quædam servitus. (Dumoulin, coutume de Paris, art. *68*, n°. *5*.)

(2) Chantereau Lefevre, traité de l'usage des fiefs, ch. 3.

(3) Salvaing, de l'usage des fiefs, ch. 50, page 309.

(4) Salvaing, page 308.

risdictions? Par cela même qu'il s'agit de la décoration d'un fief, on suppose que la glebe a déja la nature et le caractere d'un héritage féodal. La féodalité n'a donc plus rien à faire sur lui; le degré par lequel il va s'élever jusqu'au rang des terres de dignité, est donc une chose indifférente à sa constitution; il étoit donc inutile et superflu pour le développement de la formation des fiefs de retracer la teneur et la forme de ces lettres.

Ce n'est pas cependant que le souverain, en accordant la jurisdiction à une glebe véritablement allodiale, ne puisse la faire dégénérer et la soumettre aux loix ordinaires des fiefs. Nous verrons qu'il n'a pas toujours fallu des intérêts aussi puissants pour opérer la métamorphose des alleux en fief: mais aussi le changement dans la condition de cette terre n'est point l'effet indéclinable et nécessaire de la jurisdiction; c'est celui d'une inféodation équivalente, c'est-à-dire de la volonté du souverain qui met à ce prix la grace qu'il accorde, et de celle du sujet qui consent à la recevoir sous cette onéreuse obligation (1).

Ainsi, pour soumettre à la féodalité toutes les possessions antiques et nouvelles des églises, ce ne sera point assez d'établir l'antiquité de leurs justices; il faudra prouver encore que, dans quelque époque que l'on considere les donations qui leur ont été faites, elles ne les ont reçues que sous la condition des fiefs, ou que les justices en sont par elles-mêmes le principe constitutif et primordial.

L'existence des francs-alleux nobles dans le royaume, malgré l'empire presque universel de la féodalité, résiste encore à cette supposition. La qualité de ces biens, soit qu'ils dérivent des anciens alleux de nature, soit qu'ils n'existent que par un privilege, n'en est pas moins diamétralement opposée à celle de nos fiefs actuels: c'est pour cela que dans la plupart de nos coutumes ils sont rangés dans deux classes distinctes, et que leurs dispositions sont différentes sur les droits et les obligations de ces biens; il n'y a, à cet égard, d'autre diversité entre les coutumes allodiales et celles qui ne le sont pas, si ce n'est que dans celles-ci le franc-alleu fait le droit commun de la contrée, et que dans celles-là il faut un titre positif pour l'établir.

Telles sont les coutumes de Vitry, de Saint-Quentin, de Chauni, de Tournay, d'Auxerre, d'Orléans, d'Anjou, de Chaumont, de Sezanne, etc. C'est ce qui fait dire à Bro-

(1) Ibidem, ch. 50, page 310.

deau (1), à Cazeneuve (2), à Dumoulin (3), et à tous les auteurs, que, dans les coutumes allodiales, les héritages sont réputés francs par la disposition du droit, allodiaux et libres de toutes censives s'il n'appert du contraire; par-tout en un mot où il est parlé de ces héritages, ils sont regardés comme étant exempts des servitudes et des droits pécuniaires, à la différence des fiefs, qui, par une suite des loix qui les gouvernent, y sont régulièrement assujettis. Certainement ces coutumes et leurs rédacteurs se sont entendus en séparant ces deux classes de biens, et en les opposant ainsi les uns aux autres; les auteurs et les commentateurs de ces rédactions, les cours qui les ont maintenus dans leurs franchises en écartant les prétentions des seigneurs, se sont également entendus: la différence entre ces deux classes a donc servi de base aux commentaires des uns et aux arrêts des autres.

Le défenseur du domaine, malgré tous les efforts qu'il fait pour les proscrire, convient enfin de l'existence des francs-alleux, quoiqu'en les réduisant au plus petit nombre: mais cette difficulté même qu'il éprouve pour en reconnoître quelques uns échappés comme par hasard aux influences de la féodalité, montre qu'il n'a point méconnu leurs caracteres; car enfin si ces héritages ne different point des fiefs, il étoit plus simple de trancher, comme il le fait ailleurs, la difficulté d'un seul mot, en disant que cette dénomination de libre et de franc-alleu ne s'oppose point à la qualité féodale des terres.

Quoi qu'il en soit de cette réflexion, que nous examinerons dans un instant, il résulte de ces principes que le franc-alleu mentionné dans nos coutumes est un héritage sur lequel la féodalité n'a point d'empire, et que le franc-alleu noble, qui ne differe du franc-alleu ordinaire que par une seconde prérogative, c'est-à-dire la justice qui appartient à sa glebe, a, comme lui, une nature et des propriétés antiféodales. La dignité ou le degré d'honneur auquel il est élevé par la jurisdiction du territoire, ne cause donc aucune altération dans son essence; sa liberté ou son indépendance d'une glebe de mouvance n'en reçoit donc aucune atteinte; la jurisdiction peut donc s'allier avec un héritage qui n'est point féodal; c'est donc tenter une voie inutile que de prétendre régler l'état et les qualités féodales des

(1) Arrêt 20 de Louet.

(2) Traité du franc-alleu, page 186.

(3) Coutume de Paris, paragraphe 1er, glose 1ère.

terres par la dignité qu'elles empruntent des jurisdictions qui les décorent.

En vain dira-t-on que ces terres n'existent dans le royaume que par un privilege : ce seroit méconnoître les loix qui régissent encore aujourd'hui les pays de droit écrit, et cette distinction fondamentale de nos coutumes en celles qui sont allodiales et celles qui ne le sont pas. Dans les pays de droit écrit, tels que le Languedoc, la Provence, le Dauphiné, la Bourgogne, le Roussillon, les héritages y sont, suivant la doctrine de tous nos publicistes, réputés francs et allodiaux par la nature, conformément au droit romain qui les régit et qui ne connut jamais la jurisprudence des fiefs (1). Ces biens y sont comparés à ceux qui, dans cette république, étoient possédés avec le meilleur droit, *optimo jure*. Ces biens étoient divisés en deux classes, ceux de l'Italie et ceux des provinces conquises. Les premiers, possédés *jure mancipi*, ou *jure Quiritum*, qui désignoit la puissance publique, portoient le nom de domaine quiritaire : cette dénomination pompeuse rappellant sans cesse à ces membres de l'autorité publique celle de citoyen romain, ils ne crurent pas pouvoir leur en donner une plus noble pour marquer leur caractere et leur indépendance. Les autres portoient le nom de biens, *nec mancipi*, ou de domaine bonitaire, parceque leurs maîtres n'étoient point membres de la souveraineté. Mais les uns et les autres étoient également possédés avec une franchise et une liberté absolue de tout domaine particulier, même après que le gouvernement populaire eut fait place dans Rome à celui des Césars (2).

Ce droit ne s'est pas conservé, sans doute, sans altération et sans mélange dans les provinces de droit écrit ; mais enfin il y subsiste encore, et régulièrement les héritages y sont réputés francs et libres, et non féodaux, par une suite nécessaire de ces anciens principes. Il en est de même des coutumes allodiales : la maxime *Nul seigneur sans titre* est encore la loi qui les régit ; et dès ce moment, pour les assujettir aux obligations féodales, il faut des titres particuliers, parceque la loi du territoire forme régulièrement le droit commun des héritages assis dans sa circonscription (3).

(1) Lettres-patentes du 9 octobre 1501, pour le Languedoc.

Voyez François-Marc, Salvaing, Basset, Chorier pour le Dauphiné.

Edit du mois d'octobre 1675, pour la Provence.

Arrêt du conseil, 1693, pour la Bourgogne.

(2) Salvaing, de l'usage des fiefs.

(3) Dumoulin, commentaire sur la coutume de Paris, tit. des fiefs.

Mais en admettant que tous ces héritages n'existent que par un privilege, il n'en est pas moins vrai qu'ils sont d'une nature absolument opposée à celle des fiefs, et que la féodalité n'est point un apanage si essentiel de la couronne, qu'elle ne puisse en être détachée sans établir à côté du trône une autorité rivale et destructive, une souveraineté. Un privilege de cette nature est absolument incessible; le roi lui même ne le pourroit communiquer à personne, comme le remarque très bien l'inspecteur du domaine, parcequ'il a au-dessus de lui sa couronne, qui réclame sans cesse ses prérogatives et ses droits.

Ces principes sur l'insuffisance des jurisdictions pour expliquer la féodalité des seigneuries proprement dites, s'appliquent encore avec plus d'énergie aux terres inférieures qui ont la qualité de fiefs sans participer à la dignité des justices: l'existence de ces possessions dans le royaume ne peut être un problême; il en existe dans toutes nos provinces. On ne peut douter, dit un auteur moderne, qu'il n'y ait beaucoup de fiefs sans justice (1). La Normandie en est un exemple: c'est même ce qui a fait dire à la plupart de nos auteurs qu'il n'y avoit rien de commun entre le fief et la justice; que s'ils marchent souvent ensemble, ils peuvent cependant exister l'un sans l'autre. Comment toutes ces terres sont-elles devenues féodales? ce ne peut être que par la voie des inféodations, c'est-à-dire des concessions et des démembrements, vrais ou supposés, d'une glebe primitive dont on présume qu'ils ont fait originairement partie. Ce n'est point ici le cas de recourir à la jurisdiction, à ce caractere de grandeur et de dignité, lequel échappé du sein de la souveraineté, doit y remonter sans cesse par la voie des hommages. Toutes ces terres portent avec elles l'empreinte de la féodalité; soumises à une glebe de mouvance, elles ont elles-mêmes des mouvances et des censives; et cependant les possesseurs de ces terres ne sont point les organes de la souveraineté, jamais ils ne furent associés à sa puissance, soit à titre de délégation ou d'office, soit à titre de patrimoine et d'hérédité.

A l'égard des terres censuelles, le problême de la féodalité réelle n'est pas plus facile à résoudre: car s'il est vrai que ces héritages, possédés à titre de cens, ne sont point des fiefs dans les mains des tenanciers, le cens représentatif de nos

(1) Dissertation de M. de Pompignan sur les biens nobles. Terrien et Jacquet.

tenures n'en est pas moins féodal dans les mains du seigneur; il suppose nécessairement, comme dans les fiefs, le démembrement originaire de ces fonds d'une glebe suzeraine, qui n'a pu conserver son intégrité qu'en les tenant tous sous son domaine par le moyen du cens, qui en est tout à la fois le gage et le symbole (1). C'est pourquoi, lorsque ces terres sont acquises par le seigneur direct du territoire, elles sont de droit réunies à son fief, à la différence des terres allodiales: c'est moins alors, dit Dumoulin (2), un changement dans l'état de ces héritages, qu'un retour à leur condition originelle.

Certainement si la féodalité n'est autre chose que l'association d'un propriétaire à la puissance publique, il est impossible de concevoir comment et par quel moyen tous ces héritages en ont reçu les loix. Le pouvoir de la justice, attaché originairement aux territoires, devenu héréditaire par le temps, peut être envisagé dans l'exercice qu'en font les seigneurs, et dans les obligations qu'il impose à ceux qui sont dans son enclave: c'est pourquoi toutes ces terres n'ayant, comme les fiefs simples, d'autres rapports avec les justices que celui de ces obligations, il faudra reconnoître dans ces divers degrés de la puissance publique une double influence, celle de rendre féodales les terres jurisdictionnelles par la dignité qu'ils leur communiquent, et celle de rendre féodaux nos simples fiefs et nos héritages censuels par la nécessité dans laquelle ils sont de ressortir à leur tribunal. Le fief ne consistera donc plus *dans un degré de grandeur surajouté au droit de la possession ordinaire, et dans l'association du possesseur de la terre décorée par la justice à la magistrature et à la puissance publique;* la sujétion naturelle des héritages possédés sans justice à la jurisdiction du territoire formera donc une source nouvelle d'où la féodalité se sera répandue sur les biens. Pour juger de l'état et de la nature des fonds dans l'ordre de la féodalité, il suffira de savoir s'ils ont la justice ou s'ils sont soumis à son empire: ce point seul décidera tout ensemble et de leur nature et du

(1) Le seul sujet pour lequel l'héritage censuel est censé réuni au fief, est que le seigneur ne pourroit relever de soi-même et se payer le cens.... Les deux qualités de seigneur et de vassal étant incompatibles en même personne, et pour ce les rotures qui ont été autrefois désunies du fief par les bans et concessions à cens, reprennent leur premiere nature et qualité féodale, quand elles retournent à leur source et leur origine. (La Thaumassiere, traité du franc-alleu de Berry, chap. 31.)

(2) Non tam est mutatio quàm reversio rei ad suam originem et primævum statum, et hoc non fit per mobilitatem, sed ut res defuncti redit ad suam naturam per resumptionem prioris naturæ et originalis conditionis. (Dumoulin, tit. des fiefs.)

rang qu'ils doivent occuper dans la hiérarchie des fiefs.

Dans ce systême, qui contraste d'abord avec le principe fondamental du défenseur du domaine, mais qu'il est forcé d'adopter et qu'il adopte en effet dans le cours de ses réflexions lorsqu'il établit l'identité des alleux et des fiefs sur leur sujétion commune à la puissance publique, que deviennent les francs-alleux roturiers, soit de nature, soit de privilege, reconnus par tous les auteurs comme une classe d'héritages sur lesquels la féodalité n'a point d'empire? Tous sont soumis à l'autorité des jurisdictions seigneuriales; et cependant, malgré les influences de l'enclave, tous conservent leur allodialité et leur liberté féodale sans altération et sans atteinte.

Pour éclaircir toutes ces idées, il faut distinguer entre l'homme du seigneur et son justiciable. Pour être le justiciable d'un seigneur, on ne devient pas son homme : ces deux qualités sont trop étrangeres l'une à l'autre pour avoir la même cause et la même origine. La premiere étoit la condition naturelle de tous les habitants d'une terre ; la seconde n'appartenoit qu'à ceux qui étoient dans la servitude ou dans la directe de l'enclave. C'est la réflexion d'un auteur très versé dans les antiquités du Dauphiné : on peut juger, dit-il, de leurs états respectifs par leurs obligations. Dans cette province, l'homme du seigneur étoit obligé envers lui à la prestation de l'hommage lige, qui étoit d'un usage général. Le seigneur avoit sur lui, en quelque lieu qu'il se retirât, droit de *suite* ou droit de *poursuite*, comme s'exprime encore la coutume du Nivernois; lui seul succédoit à ses biens, s'il venoit à décéder sans enfants. Le justiciable, au contraire, ne connoissoit aucune de ces obligations serviles, il ne rendoit point d'hommages il ne faisoit aucun serment de fidélité pour ses possessions : libre dans sa personne et dans ses biens, il prêtoit seulement au seigneur du territoire un serment pour son habitation, *ratione habitationis;* il lui promettoit de ne lui faire aucun tort et de lui rester fidele; c'est sous ce rapport qu'il lui étoit soumis; voilà à quoi l'obligeoit la jurisdiction du territoire. Ce serment fut jugé nécessaire pour établir la subordination des personnes ; mais par rapport aux biens, ils resterent ce qu'ils étoient, allodiaux, suivant les titres constitutifs ou possessoires, ou le droit commun de la province (1). Si les hommes d'un territoire étoient

(1) Mais s'ils ne sont hommes du seigneur, ils ne doivent que le simple serment de lui être fideles, *ratione habitationis*, sans aucune prestation d'hommage, suivant ce que dit Gui-Pape, *Si aliquis qui non est homo meus, moratur in terri-*

obligés

obligés au serment envers leur seigneur commun, ce n'est pas, dit Cujas, parcequ'ils tenoient de lui des terres féodales; la jurisdiction seule fut le principe de ces devoirs : *Non quod habeat feudum, sed quia de jurisdictione sit ejus* (1). Le temps et les mœurs ont fait disparoître cet usage, ainsi que les coutumes barbares dont nous avons parlé; les obligations personnelles et de *corps* auxquelles les hommes étoient assujettis, sont devenues réelles : c'est-à-dire que régulièrement ces personnes ne sont plus assujetties aujourd'hui que par rapport à leurs biens, leur condition s'est rapprochée de celle des justiciables; mais la nature de leurs possessions ne permettra jamais de les confondre entre elles.

D'après cette discussion analytique des différents héritages qui composent aujourd'hui le domaine de la féodalité, il est clair que la jurisdiction des territoires et des districts n'a pu leur imprimer ce caractere, et les faire dégénérer de la franchise originaire qu'ils avoient par le droit de la nature et des gens. Le droit de puissance publique, cette autorité jurisdictionnelle dont jouissent les seigneurs dans l'économie graduelle de leurs districts, sont donc insuffisants pour résoudre le problême politique et civil de la féodalité réelle. « Toutes « ces jurisdictions subordonnées dans l'ordre féodal ne doi- « vent être considérées que comme des dispositions et des ju- « gements préparatoires à cette jurisdiction en dernier res- « sort, par laquelle les causes se trouvent absolument et ir- « révocablement jugées » (2).

§. II.

Si le principe des jurisdictions est insuffisant pour expliquer tous les phénomenes de la féodalité des héritages, considérés dans leur état actuel, il n'est ni plus lumineux, ni plus fécond, si, en marchant contre l'ordre des siecles, on le considere au moment où les jurisdictions ont commencé à s'établir sur les territoires.

Quel étoit alors l'état des biens qui composoient le patrimoine de la France? En lisant les capitulaires de nos rois, nous voyons qu'ils étoient divisés en deux classes : l'une étoit celle des alleux ou des héritages tenus en propriété; l'autre étoit

torio meo ac jurisdictione, ipse non tenetur mihi præstare homagium vel fidelitatem, attamem ratione habitationis ipse est mihi subditus et adeo ipse debet mihi præstare sacramentum quod non erit mihi nocivus sed fidelis.... parceque nos ancêtres ont fait la différence entre la qualité d'homme et celle de justiciable. (Salvaing, de l'usage des fiefs, pag. 178.)

(1) Cujas, liv. 2, tit. 5, *de feudis*.

(2) Cazeneuve, traité du franc-alleu, chap. 17, n° 8, page 177.

celle des bénéfices ou des terres tenues à titre précaire. Dans la premiere étoient comprises les possessions du roi et celles des citoyens, tant François que Gaulois ou Romains: celles-ci s'appelloient alleux. Ce mot, dans sa racine et dans son étymologie, signifie *ancien*, comme nous l'apprenons par les antiquités du Nord (1), dont les langues ont conservé plus de rapport avec l'ancien celte, dont elles ne sont, ainsi que toutes celles de l'Europe, que des dialectes différents. Les autres, c'est-à-dire ceux qui composoient le patrimoine du prince, s'appelloient terres du fisc : les bénéfices étoient les différentes portions que le souverain détachoit de son domaine pour en gratifier ses fideles. Les alleux, dans la main des particuliers, étoient comme les biens du fisc dans celles du souverain de la nation, des propriétés libres et indépendantes de tout domaine et de tout service étranger, excepté envers l'état : c'étoient ou les terres dans lesquelles s'étoient maintenus les anciens habitants des Gaules, ou celles qui étoient échues aux conquérants de ces contrées par le sort, ou plutôt par le droit de la guerre. Tout le monde sait que tels étoient les mœurs et les usages des peuples barbares, que les ennemis qu'ils faisoient prisonniers les armes à la main devenoient leurs esclaves, eux et leur famille; et que, par une suite nécessaire, ils perdoient la propriété de leurs biens. Comme nos loix saliques et ripuaires ne parlent point d'un partage, bien différentes en cela de celles des Visigots et des Bourguignons, il est probable qu'il n'a point eu lieu chez les Francs; autrement les contestations et les difficultés qu'entraînent ces sortes d'opérations en auroient laissé des traces dans nos anciens monuments. Quoi qu'il en soit, toutes ces terres, à l'exception des bénéfices, étoient possédées en domaine absolu; celles des Gaulois, puisqu'ils vivoient sous la loi romaine, qui ne connut jamais la subordination des héritages entre eux; et celles des Francs, puisque l'auteur convient que toutes les nations qui ont précédé l'ere de Charlemagne l'ont également ignorée.

Ainsi, que toutes ces possessions soient appellées tour à tour des biens de famille, des propres paternels et maternels, des biens de succession, des hoiries avitines, des héritages

(1) *Allod and allud in the celto-hybermand tongue signifies antient or old... and hence the latinize word* allodium *or* alleudium, *in english* allend, *wich signifies an independant hereditary property of antient standing or possession.* C'est-à-dire : *Alleu* ou *allud* dans la langue celto-hybernoise signifie ancien ou vieux.... De là le mot latin *allodium* ou *alleudium*, qui signifie une hérédité indépendante et d'une possession ancienne. (*Collectanca de rebus hybernicis*, nomb. 3, pag. 222.)

de pere et de mere; que tantôt elles désignent des fonds opposés aux biens d'acquisition; qu'ensuite elles ne fassent avec eux qu'une même classe ; en un mot, sous quelque dénomination qu'elles se reproduisent, c'est toujours la même espece de biens ; ce sont toujours des propriétés franches, libres, possédées dans la plénitude d'un domaine absolu: cette variété dans les appellations n'indique que des rapports extérieurs et fugitifs ; ils ont pour base le mouvement et le jeu naturel des intérêts civils, qui, avec le temps, les a fait passer d'une famille dans une autre, d'un propriétaire à un autre propriétaire. Toutes ces observations sont fondées sur les dispositions des capitulaires, sur les anciennes chroniques, sur les chartres des églises, et particulièrement sur les notes du savant Bignon, d'Eccard, de dom Bouquet, sur ces mots de la deuxieme formule de Marculphe, *aut super proprietates aut super fisco* (1).

Sous Charlemagne et sous Hugues Capet, les alleux continuerent d'exister avec ces dénominations et ces caracteres; par-tout, dans les capitulaires de ce prince et de ses descendants, on les voit opposés aux bénéfices et aux concessions usufruitieres, qui seules peuvent nous représenter alors les fiefs que nous connoissons aujourd'hui. C'est pourquoi les publicistes d'Allemagne, qui ont traité ce point du droit public de la France et de l'Empire dans ces deux périodes intéressantes, nous retracent par-tout les alleux que les ducs, les comtes, et les hauts seigneurs en général, posséderent dans l'intérieur de leurs districts, comme des propriétés différentes de celles que la féodalité s'est asservies (2).

(1) His verbis duæ notantur bonorum species et velut maxima rerum divisio quæ eo sæculo recepta erat et ex capite 33 infrà colligi potest; omnia namque prædia aut propria erant aut fiscalia. Propria seu proprietates dicebantur quæ nullius juri erant obnoxia, sed optimo maximo jure possidebantur, ideoque ad hæredes transibant. Fiscalia verò beneficia sive fisci vocabantur quæ à rege ut plurimùm, posteaque ab aliis, ita concedebantur, ut certis legibus servitiisque obnoxia cum vita occupantis finirentur. Rursus proprium seu proprietas duplex: alia quippe allode seu hæreditas proprium paternum aut maternum erat; alia non a parentibus accepta, sed labore et parcimoniâ cujusque comparata, ex comparato aut ex conquisitu dicebantur. Sed postea et res comparatas allodii nomine vocaverunt, eoque proventum est ut allodia liberi juris prædia quæ nec fidem nec pensitationem deberent generaliter dicta sunt ad feudi differentiam, quo sensu allodii vocabulum adhuc hodie jure nostro usurpatur: hæc divisio passim apud medii sæculi scriptores notanda occurrit. (Comment. Bignonii, tome 2 de Baluze, pag. 875.)

(2) Comites dicti fuere ob jurisdictionem quam nomine regis exercebant, dynastæ verò ob allodia quæ possidebant. Tot verò nobiles liberos seu dynastas sub primis jamjam Francorum regibus multas terras allodiaque proprietatis jure possedisse dubitare nos non sinunt tot prædia monasteriis oblata, tot venditiones, cessiones, donationes, permutationes, tot optimæ hæreditates consanguineis, sive uti tunc loquebantur, parentibus suis relictæ, uno verbo tot amplæ dotes, quorum omnium haud rarò mentio fit in formulis Marculphi. (Joan. Koop, juris publici, pag. 15.)

Vide Obrecht, Prodrom. rerum alsaticarum, et Pfeffinger, liv. 1, tit. 16.

Comment ces anciennes propriétés sont elles devenues féodales ? L'inspecteur considere les jurisdictions dans deux époques : lorsqu'elles n'étoient que des offices et des délégations viageres, et lorsqu'elles sont devenues héréditaires et patrimoniales. Sous la premiere, elles ont préparé la naissance de la féodalité universelle, et, sous la seconde, elles l'ont consommée. Mais qu'est-ce que préparer la naissance de la féodalité et en donner les premiers éléments, comme s'exprime l'inspecteur ? Si dans le fief il y a partage et séparation de la propriété en deux domaines, le direct et l'utile ; si l'héritage féodal est nécessairement subordonné à une supériorité différente de la puissance publique, préparer la naissance des fiefs, c'est disposer les propriétés à cette dépendance particuliere : or puisque la jurisdiction considérée dans le souverain n'altere pas la liberté originaire des héritages, par quelle fatalité, confiée à l'administration de ses officiers, aura-t-elle préparé cette révolution ? Quelle différence y a-t-il entre le souverain administrant par lui-même, et ses officiers publics, organes de ses volontés ? N'est-ce pas la même autorité, la même puissance individuelle qui s'exerce par ces moyens divers ? Si donc, sous l'empire immédiat de la souveraineté, toutes les propriétés n'avoient rien de commun avec la loi féodale, comment s'en seront-elles rapprochées sous l'administration passagere des officiers et des magistrats ? Dans la deuxieme époque, c'est-à-dire lorsque les jurisdictions sont devenues perpétuelles et héréditaires, l'on ne voit pas davantage qu'elles aient pu consommer la féodalité des biens assis dans leur district. Comme c'est là le point capital de la défense du domaine, il est à propos, pour le bien entendre, de rappeller en deux mots les principes de la matiere.

La seigneurie publique, avons-nous dit, est, en général, cette autorité à laquelle tous les individus d'une nation sont soumis par la nature même de la confédération sociale ; elle réside chez nous dans le souverain, à qui appartient le droit éminent de disposer des biens et des personnes pour l'utilité générale de l'état. Cette puissance est ou universelle ou particuliere : la premiere est celle qui réside dans le prince seul ; elle s'appelle souveraineté : la seconde est l'autorité jurisdictionnelle, que quelques membres de la nation exercent, en vertu de leurs patrimoines, sur les habitants de leurs districts.

Il faut distinguer encore, avec tous les feudistes, une seigneurie privée, produite par la directe féodale et censuelle :

c'est la subordination civile d'une glebe inférieure à une glebe de mouvance. Peu importe que ce domaine ou cette supériorité directe d'un propriétaire sur un autre ne soient qu'abusivement compris sous la dénomination de seigneurie; toujours est-il que ce qui constitue la féodalité des biens est cette seigneurie impropre ou l'exercice d'un domaine direct, en vertu d'une glebe de mouvance sur des héritages inférieurs.

Si donc l'hérédité des justices fut le principe de la féodalité des terres, on ne doit plus retrouver, dans les onzieme, douzieme et treizieme siecles, où la féodalité fut dans sa plus grande vigueur, aucunes traces de l'ancienne liberté des héritages; toutes ces propriétés antiques, dénaturées par l'empire des jurisdictions héréditaires, ont dû faire place à de nouvelles possessions. Cependant rien de plus ordinaire dans ce période que ces anciennes propriétés; on les retrouve par-tout, et dans le domaine des hauts seigneurs, et dans celui des seigneurs subalternes, et dans les mains des citoyens de toutes les classes. Sans contredit les premiers, c'est-à-dire les comtes de Flandre, les ducs de Bretagne, de Languedoc, de Bourgogne, les comtes de Champagne et les dauphins de Viennois, étoient les organes de la puissance publique; les autres seigneurs l'étoient également, quoique dans un rang inférieur: à l'égard des citoyens, ils étoient soumis aux uns et aux autres, suivant les degrés respectifs de ces jurisdictions; tous étoient sous le domaine public de la couronne. Néanmoins si on consulte les chartres des églises et les histoires de ces provinces, on voit une multitude d'alleux transportés à ces établissements par la libéralité de tous: d'où pouvoient-ils provenir, si ce n'est de ces anciennes propriétés qui conserverent, sous la révolution des justices héréditaires, la liberté primitive dont elles jouissoient auparavant, et lorsque les justices n'étoient encore que des délégations concédées par le prince? Nous ne rappellerons pas ici toutes ces donations, le clergé les a suffisamment détaillées dans son premier mémoire.

La liberté des alleux ne fut donc point absolument éclipsée, à l'époque des jurisdictions héréditaires; et si ces héritages ont insensiblement dégénéré dans le royaume et formé des fiefs, cette révolution ne se fit pas sentir également dans toutes les provinces. « Pendant les neuvieme et dixieme sie-
« cles, et la plus grande partie du onzieme, la propriété, dans
« le Languedoc, semble avoir été absolument allodiale : à
« peine trouve-t-on, dans les actes de cette province, quel-

« ques vestiges de tenures féodales. Il paroît, d'après les chartres originales, publiées dans l'appendice de Pierre de Marca, que, dans ce même période, l'état des biens a été absolument le même en Catalogne et en Roussillon. La propriété « allodiale semble avoir existé plus long-temps encore dans les « Pays-Bas; on trouve, jusqu'au quatorzieme siecle, des traces « de ces possessions ». C'est ainsi, et presque dans les mêmes termes, qu'en a pensé le savant auteur de la vie de Charles Quint : il ajoute d'après les monuments qu'il a parcourus, qu'en Allemagne, en France et en Italie, une partie considérable des terres continuerent d'être possédées en franc-alleu, long-temps après qu'on y eut introduit l'usage des tenures féodales (1).

Aussi, dans tous les édits et déclarations qui ont été rendus sur les amortissements des acquisitions ecclésiastiques, nos rois ont-ils toujours distingué dans ces acquisitions celles qui ont été faites dans leurs fiefs, dans ceux des seigneurs et dans les alleux, *in feodis, retrofeodis et allodiis*. Cette distinction entre les différentes classes d'héritages se retrouve également dans les anciennes et dans les nouvelles ordonnances qui ont été rendues sur la matiere des fiefs (2).

L'inspecteur du domaine croit pouvoir éluder les conséquences de ces principes par les nuages qu'il répand sur la nature des propriétés allodiales ; suivant lui, on appelloit alleu ou hérédité ce que les citoyens possédoient à titre de patrimoine. « On n'entrera point, dit-il à ce sujet, en contro« verse avec le clergé : cette observation est très intéressante « pour la question de propriété ; il ne s'en agit point ici, elle « est étrangere à celle de la seigneurie, et ne fait aucun obs« tacle à la maxime *Nulle terre sans seigneur*. Les alleux « eux-mêmes étoient soumis à la seigneurie, c'est-à-dire à la « puissance publique. »

C'est ainsi que l'écrivain du domaine écarte la difficulté sans la résoudre. Comment en effet le clergé soutient-il l'immunité féodale de ses biens ? C'est parceque les terres qui composent aujourd'hui le patrimoine des églises, étoient originairement des alleux ; c'est que la plupart n'ayant point dégénéré sous le régime féodal, les bienfaiteurs ont pu les consacrer à la religion, avec la franchise qu'elles avoient dans leurs mains ; c'est qu'enfin, dans la plus grande vigueur des fiefs, une multitude de ces héritages asservis n'ont été

(1) Robertson, introduction à l'histoire de Charles-Quint, 2 vol. page 63.

(2) Voyez les ordonnances de Philippe III, Philippe le Bel et Philippe le Long, pour les amortissements.

transportés aux églises, qu'après avoir été rendus à leur premier état par le concours de toutes les parties intéressées.

Pour renverser ces principes fondamentaux de la défense du clergé, il ne suffisoit donc pas de reléguer, d'un seul mot, les alleux dans la classe des biens ordinaires, pour ne composer, avec les fiefs, qu'une même espece de biens; il falloit encore approfondir et discuter la nature de ces héritages, montrer que, soit dans les monuments de l'antiquité, soit dans les écrits de nos historiens, de nos publicistes et de nos jurisconsultes, ces propriétés n'ont rien qui les distingue des fiefs, et qu'ainsi le tableau de ces possessions, tel que le clergé l'a tracé dans son mémoire, ne peut servir d'appui à son système.

Mais qu'entend-on par alleux, et quel sens doit-on donner à cette expression? L'alleu, avons-nous dit, soit qu'on le considere dans sa dénomination simple, soit qu'on l'envisage dans la qualification de franc qui lui a été donnée, depuis l'hérédité des fiefs et la dégénération des alleux, par les causes que nous développerons dans un instant, signifie un héritage qui ne releve d'aucun seigneur féodal, dont la glebe est possédée en domaine absolu, sans partage de la propriété directe et utile, et dont la possession est réglée par le meilleur droit. Bien différent du vassal, du censitaire et de l'emphytéote, qui n'ont que le domaine utile de leurs biens, le possesseur d'un héritage allodial a sur lui le domaine direct et complet, tel qu'il fut fixé dans l'origine par le droit des nations: il ne reconnoît sur sa glebe aucun seigneur, soit à titre de patronage, soit à titre de directe (1).

Dans les cens qui se perçoivent sur les biens, il faut distinguer ceux qui ne sont que des charges foncieres et des retours annuels, et ceux qui émanent de la directe féodale: or, telle est la prérogative des alleux, que si quelquefois ils sont assujettis aux uns, jamais ils ne peuvent l'être aux autres, parcequ'il y a cette différence entre eux, que les premiers ne changent point la nature des héritages, et que les seconds établissent sur eux une supériorité qui les altere (2).

Si le fief consiste dans la concession d'un héritage, avec

(1) Qui tenet feudum in allodium, id est in plenam et absolutam proprietatem, habet integrum et directum dominium quale à principio de jure gentium fuit distributum et distinctum, et nullum soli dominum recognoscit sive tanquam patronum, sive tanquam alium dominum directum, nec possidet tanquam vassallus, nec tanquam censuarius, emphyteuta aut superficiarius, vel alio alibi inferiori dominio, sed jure veri et directi et absoluti dominii. (Dumoulin, tit. des fiefs.)

(2) Res allodialis non potest debere censum prout census in hoc regno accipitur, nec jura feodalia..... Res allodialis potest debere certum et annuum reditum, nihil habentem commune cum dominio qui non mutat naturam allodii, modo nul-

la réserve du domaine direct dans la main du donateur et à la charge des services de la part du concessionnaire, l'alleu, au contraire, est une propriété absolue, qui ne doit ni foi, ni hommage, ni investiture, ni aveu, ni dénombrement à personne, qui ne releve que de Dieu, et n'est assujettie dans le royaume qu'à la puissance publique de l'état et du prince. Ces héritages ont été nommés francs et libres, pour rendre encore, avec plus d'énergie, leurs qualités essentielles, et montrer qu'ils ne sont tous que les restes précieux des antiques possessions, échappées, par la faveur des circonstances, au joug de la féodalité réelle (1).

Ainsi, et d'après la discussion que nous avons faite de la nature des fiefs, on voit qu'il y a entre les alleux et ces biens une relation réciproque, fondée sur l'opposition même de leurs caracteres distinctifs; que l'un est une donnée pour parvenir à la connoissance de l'autre, c'est-à-dire que les alleux ne peuvent devenir fiefs et les fiefs devenir alleux sans perdre leurs propriétés respectives.

Cette exposition est le précis fidele de la doctrine de nos auteurs; c'est ce qu'en ont pensé Budée, Cujas, Dumoulin, Hottman Alciat, Chantereau Lefevre, Benedicti, la Thaumassiere, Cazeneuve, Hauteserre, Dominici, Furgole, les rédacteurs et les commentateurs de nos coutumes, Galand lui-même qui a combattu avec tant de chaleur le franc-alleu de nos provinces. Ces auteurs, appuyés sur les monuments successifs de tous les âges, nous montrent, dans les alleux et les fiefs, les deux extrémités d'une grande chaîne, dont le rapprochement ne s'est opéré que par les révolutions qui ont amené une partie des alleux à l'état des fiefs, en oblitérant dans ces biens les traces de leur nature originelle (2).

C'est sur ce fondement que tous ceux qui ont écrit pour ou contre l'allodialité des héritages, ont élevé le système de leur défense; quelque parti qu'ils aient embrassé pour en

lum jus dominii retinente. (Dumoulin, coutume de Paris, parag. 68, n° 2.)

Id tantùm adjiciam, prædia optimo jure et optimâ conditione quæ nihil pensitant, nec fidem nec homagium nec investituram debent, vulgo appellari allodia. (Cujas, liv. 8, observ. ch. 14.)

(1) *Allodium ita proprium est alicujus patrimonium quod à nomine alio tenetur nec recognoscitur nisi à solo Deo ita quod nulli faciat servitium personale et pecuniarium. Idcirco dicitur francum, quia sui juris est et nulli subjacens servituti.* (Benedicti, decision. 2, n° 5.)

(2) Alciat, verbo *Allodium*.

Allodium barbarum vocabulum est feudo contrarium, quo significatur possessio, vel res ita libera et soluta ab omni clientela, ut possessor ob eam fidem et clientatum nemini debeat. (Hottman.)

Galand, traité du franc-alleu, page 10.

Rebuffe, déclaration des fiefs, n° 31.

Salvaing, de l'usage des fiefs, partie 2, chap. 53, pag. 3, 4 et suivantes.

Cazeneuve, traité du franc-alleu, pag. 89.

étendre

étendre ou en diminuer l'énergie sur les biens du royaume, l'allodialité a toujours été pour eux le principe qui devoit décider de leur affranchissement ou de leur servitude féodale. C'est dans ces maximes qu'ont été attaqués et défendus le franc-alleu de Provence, de Languedoc, de Berry, et celui des différentes contrées qui reconnoissent encore la maxime *Nul seigneur sans titre*.

Mais veut on des témoignages plus désintéressés sur la nature des alleux ? qu'on interroge encore les auteurs étrangers.

On lit dans les antiquités d'Irlande, ouvrage plein de critique et de recherches, que le mot *allod* ou *allud* signifie, dans la langue des Celtes, *ancien* ou *vieux*, ce qui a existé originairement et dans les temps primitifs; delà ces expressions latines, *alodum* ou *allodium*, en anglois *alleu*, c'est-à-dire une propriété héréditaire, indépendante, et d'une possession très ancienne : on voit par-là combien est judicieuse cette réflexion de Dumoulin, que le possesseur de ces terres en a le domaine direct, tel qu'il fut fixé par le droit originaire des nations (1).

Ailleurs ces savants collectionnaires disent que les François, après la conquête des Gaules, y posséderent deux especes de biens. La premiere étoit les bénéfices qu'Alexandre Sévere avoit donnés en propriété aux soldats vétérans préposés à la garde des frontieres; la seconde étoit les alleux ou les terres allodiales, *allodial land*, dont il est question dans le titre 62 de la loi salique, rédigée sous Thierri, l'aîné des fils de Clovis. Sous ce nom étoient comprises les terres qui furent laissées en propriété à leurs anciens possesseurs, c'est-à-dire les premiers habitants des Gaules, soit Celtes, soit Romains, qui passerent sous le joug des François, et celles que ces conquérants acquirent par degrés, les uns par achat, les autres par succession, en conséquence des mariages qu'ils contracterent avec les filles des Gaulois, auxquelles, au défaut d'hoirs mâles, elles furent dévolues par le droit de la nature. Or quelle est, suivant ces auteurs, la signification de ce mot? c'est, disent-ils, une propriété du plus haut degré ; c'est une terre qui ne doit ni service ni redevance pécuniaire, qui est possédée franchement et librement, *freely and merely*. Ils citent, à l'appui de ces idées, le témoignage de Bolland, qui définit l'alleu un héritage ou toute autre possession libre

(1) Collectanea de rebus hybernicis, n° 3, pag. 222. *Vide suprà.*

qui jouit de la plénitude de son droit, et n'est tenue sous aucune charge clientelaire (1).

Le savant Obryn, évêque d'Irlande, définit également l'alleu une propriété héréditaire et franche qui subsiste depuis long-temps dans une famille, et passe des peres aux enfants sans être assujettie à des chefs-rentes, ou autres obligations envers un seigneur paramont (2).

Toutes ces notions des héritages allodiaux se retrouvent encore dans l'*Archeologia britannica* de mylord Haid (3). Par-tout l'alleu signifie une possession ancienne, antérieure par conséquent au régime féodal, et qui, placée hors de sa sphere, n'a point dégénéré de ses qualités originaires.

Spelman et les antiquaires d'Irlande, non contents de rapporter les caracteres constitutifs des alleux, établissent encore un parallele entre eux et les fiefs, afin de faire rejaillir de ce contraste une lumiere plus vive sur la différence de leurs propriétés respectives (4).

Muratori, dans son savant ouvrage des Antiquités d'Italie, après avoir donné les différentes étymologies de ce mot, définit les alleux des héritages qui sont tellement propres à ceux qui les possedent, qu'ils peuvent en disposer par la voie de toutes les stipulations contractuelles, sans l'autorisation d'aucun seigneur ou du prince. A ces biens, dit-il, sont opposés, par une suite nécessaire, les bénéfices, les fiefs, les emphytéoses, et en général tous les biens dont la propriété directe repose dans les mains d'un seigneur, et l'usufruit seul dans celles du possesseur (5).

C'est parceque ces deux domaines sont toujours divisés dans les fiefs et réunis dans les alleux, que cet auteur, Salvaing et Cazeneuve, regardent comme autant de clauses allodiales, ces formules qui reviennent si souvent dans les chartres des églises, *possidere ab integro, cum omni integritate;* par elles, continue ce dernier, on a voulu montrer que les alleux

(1) *In short may be defined a man's own land whatever he possesses freely and merely in his own right without obligation of any service or payment et any rent to another, and therefore may be called property in the highest degree.* C'est-à-dire: En un mot l'alleu peut être défini une terre propre que l'on possede franchement et purement dans son propre droit sans obligation d'aucun service ou d'aucune rente envers personne, c'est ce qu'on appelle encore une possession du dernier degré. (*Collectanea de rebus hybernicis*, n° 3, page 221.)

(2) Ibid.

(3) Archeologia britannica, præfatione et verbo *Allud*.

(4) Collectanea de rebus hybernicis, n° 3. Spelman, Glossar. verbo *Allodium*.

(5) Allodia bona nunc etiam dicuntur quæ in nostro jure sunt propria, nulliusque privatæ personæ juri obnoxia, ut ea pro libitu ad hæredes transmittere, vendere, commutare aut donare nobis liceat, non interdicente principe aliisve dominis irrequisitis. Allodiis opponuntur beneficia seu feuda, emphyteuses, aliaque bona quorum usum aut usum-fructum quisquam possidet, penes alium remanente dominio. (Muratori, Antiq. d'Italie, tom. 1, pag. 560.)

different des fiefs, où, par je ne sais quelle division, le domaine direct et l'utile se trouvent toujours séparés (1).

Nous pourrions appeller encore, à l'appui de ces principes, l'Allemagne et les autres nations de l'Europe, qui, sorties pour ainsi dire du même berceau, et soumises autrefois à la domination des Francs, ont conservé comme eux les vestiges de ces usages. Par-tout on y verroit les alleux et les fiefs reproduits sous des formes et des traits opposés, la séparation des deux domaines, le direct et l'utile, former la loi des fiefs, et leur réunion, celle des alleux et des francs-alleux actuels.

D'après cela, comment s'imaginer que, dans une question de droit féodal, l'examen de l'allodialité des héritages soit une discussion indifférente, et que c'ait été de la part du clergé une digression épisodique dans sa défense, que de rechercher la condition originelle des propriétés dans le royaume, pour suivre ses dotations depuis l'ancien état des alleux jusqu'au moment où la féodalité est venue terminer le cercle de leurs vicissitudes?

Pourquoi l'écrivain du domaine regarde-t-il encore cette discussion des alleux comme une chose indifférente? C'est, dit-il, 1° que les alleux étoient eux-mêmes soumis à la seigneurie publique et à la jurisdiction; 2° que la connoissance de ces biens n'intéresse que la propriété. Nous avons déja discuté le premier de ces principes en examinant l'influence des jurisdictions sur ces biens; cependant s'il restoit encore quelques nuages, ils seroient facilement dissipés par les exemples qui vont suivre de la formation des fiefs dans le royaume.

En effet, si, pour établir la féodalité universelle des biens, il suffit de les trouver assujettis à la jurisdiction des districts, d'où viennent ces efforts continuels des grands, et ces opérations réciproques des propriétaires et des seigneurs dans les 11e, 12e et 13e siecles, pour soumettre aux loix féodales les alleux de tous les ordres? Tous nos auteurs conviennent que la contrainte et la force furent une des causes principales de la dégénération des alleux dans les deux époques des bénéfices et des fiefs (2). Dans la premiere, les comtes revendiquerent les alleux de leurs contrées comme des bénéfices de leur concession : c'est ainsi qu'en Lan-

(1) Salvaing, de l'usage des fiefs.
Cazeneuve, traité du franc-alleu, pag. 91.
Dominici, de prærogativa allodiorum.
Hauteserre, de ducibus et comitibus.

(2) Cazeneuve, traité du franc-alleu, pages 121 et 122.

guedoc un nommé Jean, qui avoit été gratifié d'un alleu sous Charlemagne, fut troublé dans sa possession par le comte Adhémar, qui le réclamoit comme une terre bénéficiale de son comté (1). Dans la seconde, on voit l'église de Rome obligée de défendre les alleux que le comte de Melgueil lui avoit donnés en Languedoc, contre l'avarice de Milon, qui les vouloit asservir comme des terres de sa mouvance; les archevêques de Narbonne lutter sans cesse contre leurs comtes pour maintenir l'allodialité de leurs domaines; et le comte de Luxembourg parvenir à dénaturer les terres d'Albery et de Pierre de Narcey, qui étoient des alleux dans les mains de ces seigneurs. *Ut eorum res allodiales everteret in feuda* (2).

Quant aux inféodations volontaires, rien de plus fréquent dans nos annales; et l'on peut dire également que c'est à ces opérations politiques et civiles que la majeure partie de nos fiefs doivent leur existence.

Robert, comte de Dreux, entre dans la mouvance des comtes de Champagne en 1206, et devient leur homme lige pour les terres allodiales qu'il possédoit à Brenne et à la Fare. Avant cette époque, quelle étoit la condition de ces alleux? n'étoient-ce que de simples propriétés féodales comme toutes les autres, quoique distinguées d'ailleurs par la franchise des charges pécuniaires? On ne peut mieux en juger qu'en rapprochant l'ancien et le nouvel état de ces biens. Avant l'inféodation volontaire du comte, ils n'étoient tenus d'aucun seigneur: *Quod videlicet allodium de domino non tenebam.* Après l'inféodation, ils deviennent fief lige, et leur possesseur vassal des comtes de Champagne. *Et sciendum quòd de hoc allodio quod posui in feudo ligio, totus ligius sum comitissæ, etc.* (3).

Adhémar, comte de Valence, reconnoît volontairement tenir en fief du comte de Toulouse le château de Buis, et un grand nombre d'autres, avec les fiefs qui en relevoient. Quelle étoit avant cet acte d'inféodation la qualité de tous ces biens? il assure avec serment qu'il les possédoit jusqu'à ce jour en plein domaine et en pleine propriété, tant les terres qu'il tenoit immédiatement, que celles qui relevoient de lui

(1) Cazeneuve, traité du franc-alleu.

(2) Arrêt du parlement de Paris, décembre, an. 1336. (Cazeneuve, page 115.)

(3) Posui in eorum feudo ligio totum allodium meum quod est in dominio Braunæ et Farræ, quod de domino non tenebam; et sciendum quòd de hoc allodio quod posui in feudo ligio comitissæ et filii ejus Theobaldi, dominorum Campaniæ, totus ligius sum comitissæ et filii sui sicut dictum est, faciens forteritiam quæ erit jurabilis. an. 1206. (Galand, traité du franc-alleu, page 16.)

en fief, et sur lesquelles il avoit le souverain domaine; qu'ils étoient de véritables alleux, et qu'il n'en possédoit aucun en fief et sous la mouvance de personne (1).

C'est ainsi que le comte de Comminge est devenu vassal du comte de Toulouse. Armand Roger, son oncle, évêque de Comminge, lui conseilla de faire hommage à ce prince de toutes les terres qu'il possédoit dans son diocese et dans celui de Conserans: ce seigneur suivit ses conseils; et pour donner plus d'intérêt à sa démarche envers le comte de Toulouse, il déclare en même temps que toutes les terres qu'il vient de remettre dans ses mains pour les reprendre de lui en fief, n'ont jamais été tenues à ce titre de personne; que c'étoient des alleux propres, que lui et ses ancêtres avoient toujours possédés en cette qualité, et que cette possession se perdoit dans la nuit des temps (2).

Henri II, duc de Lorraine et de Brabant, et Vautier de Berthold, seigneur de Malines, traitent ensemble de leurs intérêts respectifs: un des articles de ce contrat est que tout l'alleu que possede le seigneur de Berthold, et que ses hommes tiennent en fief de lui dans la terre de Brabant, dans le marquisat d'Anvers, et dans les autres lieux de la domination du duc de Lorraine, le seigneur de Malines les reporte entre les mains du duc, lui en fasse la résignation, et qu'il reçoive cet alleu en fief, sans pour cela donner aucune atteinte à la jurisdiction haute et basse dont le seigneur de Malines jouissoit dans son territoire; et comme cette reconnoissance est gratuite de la part du seigneur de Malines, il est convenu entre les parties que le duc lui donnera une récompense qui sera arbitrée par Arnaud, seigneur de Wesemale.

En analysant cette chartre, que devient l'identité prétendue entre les alleux et les fiefs, et l'énergie des jurisdictions sur les terres? Ici on voit un alleu situé dans l'étendue de la domination régalienne des ducs de Lorraine et de Brabant, *In terra Brabantiæ, in marchionatu de Antuerpia, vel aliàs in*

(1) In verbo veritatis asserimus, confitemur et recognoscimus nostrum allodium et castrum de Buis, cum tenemento et territorio et pertinentiis suis, et omnia castra infrà scripta, quæ pleno proprietatis ad nos pertinent jure et ad manus nostras tenemus, et ea quæ a nobis tenentur in feudum et jure majoris dominii ad nos spectant, similiter esse nostra allodia, et nullum de illis tenere in feudum vel alio jure ab aliquo domino temporali. (Cazeneuve, traité du franc-alleu, chap. 11, page 113.)

(2) Et recognovit in præsentià suprà scriptorum virorum.... quòd feuda prædicta quæ modò recepit à sæpe dicto comite tolosano, ipse vel antecessores ejus non tenuerunt in feudum ab aliqua seculari vel ecclesiastica persona; imò erant allodium proprium, et ita ipse et antecessores ejus tenuerunt pro allodio cujus memoria non exstabat. (Cazeneuve, traité du franc-alleu, chap. 11, page 114.)

dominio ducis; le propriétaire de cette terre, le seigneur de Malines, étoit encore associé à la puissance publique par la jurisdiction haute et basse qu'il y exerçoit : cependant cette terre n'étoit point féodale auparavant, c'étoit un alleu ou une de ces propriétés antiques dont nous avons exposé les caracteres et la nature. En effet, si ce bien eût été un fief dans les mains du seigneur de Malines, l'accord passé entre le duc de Lorraine et lui ne seroit pas le titre constitutif de la féodalité de la glebe ; cependant ce n'est que par cette stipulation conventionnelle que cet alleu a vu s'éclipser ses anciens privileges, et qu'il a été soumis à la directe du duc de Lorraine, seigneur universel du territoire : la résignation, l'espece de déguerpissement qu'il en fait entre les mains de ce prince, la récompense qu'il reçoit, prouvent, du côté du vassal, que c'est l'époque de ses obligations féodales, et, du côté du comte, le premier titre constitutif de sa mouvance.

La maniere dont ce bien est possédé par le seigneur de Malines, celle dont il est possédé par ses vassaux ou ses hommes, ajoutent à ces considérations. Ces hommes sont dans la jurisdiction de Berthold ; celui-ci dans celle du duc de Lorraine et de Brabant, *in dominio ejus :* cependant les biens dont il s'agit sont des alleux dans ses mains, des fiefs dans celles des hommes de sa justice. Pourquoi cette différence ? c'est que Berthold avoit concédé ces terres sous ces obligations, et qu'il ne les tenoit de personne à pareil titre; mais, au moyen de l'acte qu'il vient de passer, il va se rapprocher de la qualité de ses hommes par les obligations qu'il a contractées à son tour envers le duc de Lorraine et par l'inféodation volontaire de sa seigneurie (1). Il suit encore de cette chartre que la possession des fiefs n'emporte pas toujours avec elle la vassalité du seigneur de ces terres, et que les justices ont toujours été regardées comme absolument étrangeres aux droits et aux devoirs de la féodalité.

La Bourgogne nous offre également le tableau de ces intérêts et de ces usages; si Guillaume de Soliac devient vassal des ducs de cette province, c'est par la conversion de ses alleux en fiefs: ces deux états successifs de ses propriétés sont clairement énoncés dans l'histoire de cette maison; on

(1) Omne allodium quod possidet dominus de Berthold et quod homines sui ab ipso tenent in feudum in terra Brabantiæ, in marchionatu de Antuerpiâ, vel aliàs in dominio ducis..... portavit in manus ducis et resignavit, et ab ipso duce recepit in beneficium jam dictum allodium, salvâ eidem Waltero justitiâ suâ altâ et inferiori... Et quia dictus Walterus de Berthold in manus ducis præfatum allodium resignavit, recompensationem faciet ipsi dux prædictus secundùm dictum Arnoldi, an. 1223. (Tom. 1, fondat. de Flandre, chap. 97, page 311.)

y voit ce damoiseau assurer qu'il ne tient de personne sa propriété, ses droits, son domaine et ses usages; qu'il les possede en pur, libre et franc-alleu : il ajoute que, pour son avantage et ses intérêts, il veut les recevoir du prince en fief lige par la formalité de l'hommage et des mains, *homagio manuali* (1).

Certainement les comtés de Toulouse et de Champagne, les duchés de Lorraine et de Bourgogne, s'étendoient sur toutes ces terres, parcequ'elles faisoient partie de leurs hautes seigneuries, et qu'elles étoient renfermées dans leurs limites : cependant, pour que ces biens soient devenus féodaux, il a fallu un acte exprès, un consentement formel des seigneurs particuliers; il a fallu changer leur qualité d'alleux en celle de fiefs. L'allodialité et la féodalité réelle étoient donc deux caracteres opposés, subsistant également sous la loi des jurisdictions territoriales; le fief n'est donc point un alleu, et cet assujettissement qui leur est commun n'établit donc entre eux aucune identité réelle. Car enfin que prétendent ici tous ces seigneurs? C'est de reconnoître la mouvance des comtes de Toulouse et de Champagne, des ducs de Bourgogne et de Lorraine; c'est de faire des actes qui changent absolument la nature de leurs possessions, en les faisant passer de l'état de biens allodiaux et libres à celui de biens de mouvance et de féodalité réelle.

En Dauphiné les propriétés et les seigneuries allodiales éprouverent les mêmes révolutions, c'est-à-dire qu'elles passerent sous le joug de la féodalité par la conversion des alleux en fiefs, fruit naturel et nécessaire des concessions réelles ou fictives de ces héritages. On lit, dans l'histoire de cette province, que les dauphins, qui aspiroient à la royauté, et qui ne pouvoient y réussir sans le concours de la noblesse, ne négligerent rien pour se la rendre favorable; le moyen qu'ils employerent, le plus sûr et le plus convenable tout à la fois aux mœurs de ces siecles, fut de soumettre à leur vasselage les nobles les plus capables de les servir ou de leur nuire. Ce plan s'exécuta par plusieurs inféodations, qui, quoique différentes entre elles, opéroient cependant toutes d'une maniere équivalente la conversion des alleux en fiefs: aux uns ils donnerent des héritages dépendants de

(1) Guillelmus de Soliaco domicellus, asserens per juramentum suum res, jura dominii et usagia ab aliquo non tenere, sed eadem in francum purum et liberum allodium se habere, *pro suo commodo* evidenti accepit in feodum ligium a nobili viro Hugone duce Burgundiæ cum homagio manuali quingentas panatas terrarum sitarum apud Chigiacum. (Du Cange, *Glossaire*, *tom.* 1, page 337, an. 1169.)

leur domaine ; ils acheterent des autres leurs châteaux et leurs terres ; quelques seigneurs, entraînés par des considérations puissantes, leur en firent des donations fictives ; ils acquirent de plusieurs autres, à prix d'argent, non les terres elles-mêmes, mais, ce qui leur fut également favorable, les hommages de ces terres (1). Quoique les dauphins, pour consommer leur indépendance, aspirassent à la royauté, ils n'en exercerent pas moins, à l'instar des hauts seigneurs, tous les droits régaliens ; leur jurisdiction s'étendoit également sur toutes les parties de leur principauté : cependant ils sont obligés de recourir à des opérations d'intérêts pour soumettre à leur vasselage les nobles propriétaires, rendre féodales les terres de cette province, et faire disparoître dans ces domaines l'allodialité qui s'opposoit au servage de leurs possesseurs.

Les hauts seigneurs ne furent pas les seuls qui furent obligés de recourir à ces voies pour multiplier les vasselages des personnes et la féodalité des biens. Si nos rois devinrent les suzerains de la plupart des seigneurs du royaume, ce fut en ménageant ces révolutions dans la nature des alleux primitifs. On lit, dans une chartre du livre de Saint-Just, cette déclaration que fait un seigneur en entrant dans la vassalité du souverain : « Qu'il soit notoire que je reconnois « aujourd'hui tenir du roi en fief et en hommage lige, contre « tous ceux qui peuvent vivre et mourir, la terre que je pos- « sédois auparavant en hérédité et en alleu (2). »

Si Guillaume de Laon, seigneur de l'Isle-Ancelot, se soumet à la suzeraineté de Philippe de Valois, et reconnoît posséder dans sa mouvance cette isle avec ses accroissements et la justice, cette reconnoissance est, de sa part, un acte absolument volontaire : il déclare qu'il les tenoit auparavant en pur et franc-alleu, sans avouer aucun suzerain, même quant à la justice ; ensuite il se reconnoît fidele vassal du roi et de ses successeurs, lui prête la foi dans la forme ordinaire, et c'est le sénéchal de Beaucaire qui reçoit son hommage (3).

C'est ainsi que, sous le regne de Charles le Bel, la ville de Champagni et la seigneurie de Longueville sont devenues des fiefs mouvants de la couronne. Le seigneur de ces domaines, portent les titres d'investiture, étant venu trouver le roi, lui

(1) Histoire du Dauphiné, page 842.

(2) Notum sit quòd ego cepi et teneo a domino meo rege in feudum et homagium ligium, contra omnes homines qui possunt vivere et mori, gamachias, quod est de hæreditagio meo quod tenebam in allodio. (Liv. de Saint-Just. fol. 9, verso.)

(3) Registre 66 du trésor des chartres, an. 1331.

témoigna

témoigna le desir qu'il avoit depuis long-temps de lui en faire hommage, et de les tenir de lui à cause de son comté de Champagne. Or quelle étoit la qualité de ces possessions? Il annonce qu'il les tenoit en franc-alleu, et qu'il desiroit les tenir du souverain en augmentation de fief. Le roi, après avoir reçu l'hommage de sa fidélité et le serment par lequel il s'engage pour lui et ses successeurs à lui rendre les devoirs de vassal à chaque mutation, lui en accorde l'investiture, et pour récompense de ce dévouement, qui accroît ses mouvances, il lui donne la somme de 520 liv. 9 sous 6 den. (1).

Cet usage n'étoit point particulier à la France, il fut généralement pratiqué chez toutes les nations qui avoient reçu la jurisprudence des fiefs. On lit, dans les origines palatines de Fresherus, que Poppon de Durn ne reconnut la suzeraineté des ducs de Baviere, comtes palatins du Rhin, que par un acte volontaire et des conventions respectives : du côté du vassal on certifie que tous les biens qu'on dévoue à la féodalité sont des alleux et des propriétés libres, et en même temps on s'oblige à les reprendre en fief du duc de Baviere, et de les tenir de lui en bénéfice *castral;* du côté du prince on dédommage le nouveau feudataire par une somme de cent marcs d'argent (2).

Zazius, jurisconsulte de Fribourg, ne donne pas à la plupart des fiefs une autre origine dans les états d'Allemagne. Un noble, dit-il, possede un bien propre en qualité d'alleu; il veut dénaturer cet héritage: comment y parviendra-t-il? C'est en le remettant entre les mains du prince, ou d'un prélat, et en reconnoissant qu'il le tient en fief de leur concession; c'est ce que nous avons vu pratiquer par un baron qui donna à son évêque une partie de son patrimoine pour le reprendre ensuite et le tenir de lui comme un bien féodal (3).

Dans nos provinces régies par le droit écrit, la plupart des fiefs dérivent de ces concessions spontanées qui furent

(1) Registre 59 du trésor des chartres, an. 1319, page 93.

(2) Nos Poppo de Durn, comes de Nupery..... protestamur etiam eidem domino (illustri palatino comiti, duci Bavariæ) proprietatem nostram in Schempreme dedisse liberè et solutè ad decem marcas argenti in certis reditibus æstimatam, et eamdem postmodo in feodum recipientes ipsi cum hæredibus nostris debemus pro castrali beneficio possidere. Dictus dominus noster dabit nobis accipitrem annualem. (Dominici, de prærog. allod. cap, 19. Marquardus Fresherus, de originibus palatinis.)

(3) Nobilis habens bona patrimonialia quæ dicuntur allodia, titulo allodii fecit ea feudalia, offerens in manum principis et prælati, et ab eodem in feudum recognoscens; id quod vidimus in persona baronis qui magnam patrimonii sui partem episcopo obtulit et ab eo in feudum recepit. (Zazius in epitome usûs feudorum, pag. 3, n° 20.)

si communes dans les onzieme, douzieme et treizieme siecles. En Bourgogne, presque toutes les seigneuries ne sont que des fiefs oblats, c'est-à-dire des héritages et des terres qui n'ont reçu l'empreinte de la féodalité que par des conventions entre les propriétaires et les hommes puissants; c'est pour cela que les loix qui les régissent sont si différentes de celles des autres provinces (1).

Rien de si ordinaire que ces fiefs dans les provinces d'Italie et dans les états fédératifs d'Allemagne. Dans toutes ces inféodations, disent les publicistes de l'empire, ce n'est pas le seigneur qui aliene, qui démembre son domaine et qui est la source de la concession; c'est le vassal. Bien différentes des inféodations ordinaires, celles-ci sont toutes à l'avantage du seigneur; c'est lui qui acquiert et qui reçoit. Il n'est pas douteux, continuent-ils, qu'en Allemagne la plupart des fiefs qui appartiennent à l'ordre équestre, et qui jouissent de l'immédialité sans être compris au nombre des états, ne dérivent de l'oblation que les nobles ont faite de leurs alleux en s'obligeant à les tenir désormais en fiefs, pour avoir, dans le seigneur qu'ils choisissoient, un protecteur de leurs personnes et de leurs biens. Que toutes ces inféodations se soient faites à prix d'argent, qu'elles aient été l'hommage d'une soumission gratuite et volontaire, toujours est-il qu'auparavant les alleux n'étoient pas des fiefs, et qu'il a fallu une convention positive entre l'allodiaire et le seigneur concessionnaire de ces héritages, pour établir dans les parties contractantes les qualités respectives de suzerain et de vassal, et dans les glebes celles de la mouvance féodale active et passive (2).

Tous ces seigneurs auroient-ils donc poursuivi, pendant six siecles, des illusions et des fantômes? peu éclairés sur les principes de leurs droits, auroient-ils méconnu les grands effets des jurisdictions, et cherché, dans des sources étran-

(1) Voyez Salvaing, traité de l'usage des fiefs, et l'histoire de Bourgogne.

(2) Feuda oblata, secundùm communem feudistarum sententiam, dicuntur quæ vassallus domino ex devotione vel alio *titulo* lucrativo liberè et cum omni causâ offert, ut ea vicissim feudi nomine a domino recipiat, et ita vassallus illius factus sese ditionesque suas commodiùs et utiliùs tueri possit. Cùm ergo tali curâ vassallus alienet et beneficium contribuat, non dominus, et contrà dominus acquirat et accipiat, non vassallus, hinc feuda isthæc oblata non solùm ad impropria referuntur.... Jam quidem negare nolo, atque id ipsum chartis suprà productis constat ordinem equestrem multa interdum prædia comitibus atque dynastis ex allodiis suis in feudum obtulisse..... Quòd si itaque omnia illa feuda oblata dicimus quæ vassallus ex allodiis suis obtulit, sive oblatio ista facta sit ex titulo lucrativo sive oneroso, negari nequit multa nobilium hodierna feuda quæ à comitibus, imò et potentioribus principibus, tenent, esse feoda oblata (Joan. Koop, tract. juris publici, observ. pag. 316.)

Voyez Gottob, thesaurus juris feudalis, tom. 3, de feudis oblatis, page 16.

Hirtius de feudis oblatis, tom. 1, partie 1, page 342.

geres, une mouvance qu'ils possédoient déja en vertu de leurs seigneuries? Dans tous ces actes, il ne s'agit point de quelques droits contestés de leur directe; c'est l'essence même de la féodalité qu'ils réclament, c'est la métamorphose absolue des alleux en fiefs qu'ils sollicitent. Si les droits des allodiaires sont équivoques et douteux, alors, pour assurer leurs prétentions, ils supposent d'anciennes concessions bénéficiales ou des inféodations primitives: lorsque l'allodialité est reconnue, ils emploient tous les moyens pour amener les propriétaires à l'inféodation de leurs domaines. Mais si l'allodialité des héritages n'est point un titre contre la féodalité, et que les jurisdictions en soient la source naturelle et nécessaire, tous ces efforts étoient superflus, la jurisdiction des districts étoit établie, la subordination graduelle des héritages à cette partie de la puissance publique étoit consommée, et, dès-là même, la qualité des alleux étoit un moyen bien frivole pour en soustraire les propriétaires à la vassalité et à l'hommage envers eux.

Si les alleux ont été convertis en fiefs, les fiefs à leur tour ont été convertis en alleux. Nous ne nous étendrons pas ici sur ces nouvelles opérations, qui, en rétablissant dans leur premiere origine les alleux dégénérés sous la loi des fiefs, prouvent de plus en plus la différence de ces propriétés; le chapitre de l'affranchissement des biens féodaux transportés aux églises nous en fournira une multitude d'exemples.

Ainsi les alleux existerent dans l'enceinte des jurisdictions avec toutes leurs prérogatives, sans que la justice dont ils étoient décorés, ou la supériorité des districts auxquels ils ressortissoient comme les fiefs, les aient jamais confondus avec ces possessions nouvelles.

La qualité de biens propres et héréditaires, que les fiefs ont acquise aujourd'hui, n'a point éclipsé non plus la différence essentielle entre les alleux et ces biens: l'allodialité ne consiste pas seulement dans la perpétuité et la stabilité de l'héritage, elle suppose encore une propriété absolue et indépendante de toute domination fonciere; cette prérogative incessible et incommunicable aux fiefs, à moins d'en vouloir changer la nature, élevera toujours entre les uns et les autres une éternelle barriere. Ce n'est pas en effet par quelques qualités communes et générales que les objets peuvent s'identifier et se confondre; il est nécessaire encore que tout ce qui en fait l'essence s'évanouisse, au trement il n'y auroit plus entre eux que des distinctions arbitraires et nominales.

Lorsque Guillaume le Conquérant eut introduit en Angleterre les coutumes féodales normandes, ce ne fut ni par la jurisdiction des *shires*, ou des comtés auxquels les alleux étoient assujettis comme les fiefs, ni par la qualité de biens héréditaires, qui leur étoit commune à tous, mais par leur franchise ou par leur sujétion à un domaine de mouvance, qu'ils apprécierent la nature et les droits de ces possessions respectives. C'est pourquoi dans le *Doomsday*, ou le rôle qui fut dressé des biens dans ce royaume après la conquête, on voit les alleux et les fiefs toujours distingués en deux classes, et les alleux dégénérés alors par les inféodations, n'être plus la même espece d'héritages qui existoient sous Edouard le Confesseur : *In allodium tenuerunt*. Les alleux étoient donc des possessions différentes de celles que le *Doomsday* dit être tenues d'un seigneur. Cette différence, comme le remarque l'éditeur de ces loix, ne pouvoit consister que dans une indépendance absolue de tout service seigneurial (1).

Aussi Spelman, en rendant hommage à la propriété et à la perpétuité des tenures féodales, ne les considere pas moins comme des héritages de concession, possédés sous un domaine particulier. Lorsque, dit-il, par le cours des événements, tous les héritiers d'une famille eurent acquis le droit de succéder dans les fiefs, et que ces sortes de possessions, de précaires et de versatiles qu'elles étoient au gré des concédants, eurent acquis insensiblement la stabilité et la pérennité des biens héréditaires, les fiefs furent confondus, en Angleterre, avec le domaine permanent des choses immobilieres, quoiqu'en vertu des coutumes féodales ces héritages reconnussent un seigneur supérieur : *Licèt ex more feodali dominum agnosceret superiorem* (2).

On lit encore, dans un ouvrage anonyme rapporté par Muratori, que très souvent la nature et les caracteres des fiefs se sont évanouis par l'ignorance où l'on étoit sur la

(1) Coutumes anglo-normand. *Doomsday*, tom. 1, page 236.

Feudorum servitutes in Britanniam nostram primus invexit Guillelmus senior, Conquestor nuncupatus, qui lege eâ à Normannia traductâ Angliam totam suis divisit commilitonibus ; innuit hoc ipsum, ut auctores taceam, codex ejus agrarius qui *Doomsday* appellatur. (Spelman, Gloss. page 218.)

(2) Cùm autem eò perventum esset ut in feudum succederet tota hæredum series, fieretque jam hæreditas firma et perpetua quæ primò fuerat ad voluntatem domini et instabilis, dici tunc cœpit feudum apud Anglos pro hæreditate et perpetuo rei immobilis dominio, licèt ex more feudali dominum agnosceret superiorem. (Ibidem, page 221.)

qualité de ces biens; qu'alors le vendeur, incertain s'ils étoient des propres ou s'ils étoient des fiefs, pour parer aux suites fatales de ces perplexités, recouroit à cette clause alternative et conditionnelle qui assuroit les droits de toutes les parties intéressées : Je vous vends ces biens comme des propres si ce sont des propres, et comme des fiefs si ce sont des fiefs. *Si proprium, pro proprio ; si feudum, pro feudo.* Si, au contraire, il connoissoit parfaitement la nature de ses héritages, il vendoit alors les propres comme des propres, et les fiefs comme des fiefs : *Proprium, pro proprio ; feudum, pro feudo.* Si enfin il savoit que le fonds qu'il vendoit n'étoit pas un propre, mais qu'il ignorât le seigneur de mouvance, il le vendoit comme un fief, sous l'obligation, de la part de l'acquéreur, de le reporter à son véritable seigneur, lorsqu'il viendroit à le connoître : *Vendebat pro feudo cujuscumque domini reperiretur* (1).

Les actes de ces ventes, ou plutôt ces formules, sont du treizieme siecle ; à cette époque, l'hérédité des fiefs étoit déja consommée : cependant, malgré leur rapprochement éventuel des anciennes propriétés, des biens propres par excellence, les fiefs ne sont jamais confondus avec eux ; les biens qui appartiennent à la classe des propres, c'est-à-dire les possessions avitines, ou les alleux, sont vendus comme des propres et non comme des fiefs, ceux-ci comme des fiefs et non comme des propres ; il y avoit donc une différence essentielle entre les alleux et les fiefs : quelle étoit-elle, si ce n'est, du côté des premieres, l'intégrité du droit qui caractérisoit la possession du détenteur, et, du côté des autres, la subordination à un domaine étranger, ou à une glebe de mouvance ?

A quoi bon retracer ici les obligations des alleux, aux charges communes de l'état ? L'inspecteur prétendroit-il en imposer par-là sur les deux économies de l'ordre social et de l'ordre féodal ; tout le monde connoît la différence de leurs droits et celle des devoirs qui en dérivent. Le premier est formé par la confédération universelle des individus qui le composent ; le second est le résultat des mœurs et des intérêts des personnes, sous la protection salutaire de l'au-

(1) Cùm autem venditor scire conjecturâ nequiret proprium ne esset quod vendebat an feudum, promiscuè vendebat : si proprium, pro proprio ; si feudum, pro feudo.

Joannem vendidisse Simoni..... proprium pro proprio, feudum pro feudo, testis est *Nicolaus Civitatensis : si verò noscebat proprium non esse, non autem cujus esset domini feudum, vendebat pro feudo cujuscumque domini reperiretur.* (Muratori, Antiq. d'Italie, tom. 1, page 651.)

torité publique et des loix. L'un a pour objet la défense générale de l'état; l'autre, la défense privée des individus. Dans l'un, les obligations sont indispensables et communes à tous; dans l'autre, elles dépendent des conventions et des stipulations contractuelles. L'ordre social n'est formé que par la subordination des personnes et des biens à l'autorité souveraine, et l'ordre féodal par la subordination respective des héritages entre eux. Dans le premier, la propriété est complette, parcequ'elle n'a au-dessus d'elle que l'autorité légitime, qui trouve, dans la contribution générale des personnes et des biens, les ressources nécessaires pour les protéger tous; dans l'autre, la propriété a, au-dessus d'elle, encore un seigneur particulier, qui ne l'a concédée que pour sa défense propre et celle du feudataire. Enfin, dans la confédération sociale, les biens ne sont soumis que par rapport aux personnes, parceque les personnes sans les biens ne peuvent se soutenir et composer un état légal; dans l'ordre féodal au contraire, les personnes ne sont réellement assujetties que par rapport aux biens.

Qu'importe encore que les bénéfices n'aient rien de commun avec les fiefs, si ceux-ci ne peuvent jamais être confondus avec les alleux, et que, dans quelque état qu'on les considere, ils présentent par-tout des caracteres inexplicables, sous l'économie seule des jurisdictions héréditaires?

Mais les bénéfices n'ont-ils pas d'ailleurs tout ce qui constitue la nature et l'essence de la féodalité, dans la doctrine même de l'inspecteur. On lit, page 112 de son mémoire: « La jurisprudence des séniorats s'approche beaucoup des « fiefs et en prépare la formation: c'est-à-dire, si, dans l'idée « des fiefs, on comprend la propriété patrimoniale, qui autorise un homme à user de l'héritage auquel on donne le « nom de fief, comme du patrimoine qu'il a reçu de ses « aïeux, il manque encore la chose et le nom; mais si ce « qui constitue le fief, est le vœu de tenir l'héritage comme « un bienfait de celui dans lequel on reconnoît la qualité « de seigneur, et d'employer à son service les forces qu'on « a reçues de lui; la chose y est, il n'y manque plus que le « nom. »

Ainsi on a la substance et la réalité des fiefs dans la possession d'un héritage à titre de bienfait, et dans les devoirs que s'impose celui qui l'a reçu, quelle que puisse être la dénomination de cette tenure: ce n'est donc plus l'honneur et la jurisdiction qui constituent seuls les fiefs et qui en préparent la formation; la féodalité résulte encore de la concession des terres, sous le vœu d'en consacrer l'usage au service et à l'intérêt du prince. Mais qu'est-ce que c'étoit que les anciens bénéfices, sinon ces libéralités du souverain, faites sous l'obligation des services et du serment? Et puisque les honneurs, qui, dans le systême du domaine, ne sont autre chose que les jurisdictions déléguées originairement, ne peuvent nous donner le germe et les éléments des fiefs, qu'autant qu'ils sont combinés avec les concessions d'héritages et le serment qu'elles entraînent, pourquoi, dans la recherche de l'origine des fiefs, les invoquer sans cesse et donner l'exclusion aux bénéfices? Les concessions viageres des terres ne sont-elles pas, relativement à leur qualité de biens héréditaires, ce que les jurisdictions comme offices sont aux jurisdictions patrimoniales? Si donc les fiefs parfaits, soit qu'ils aient cette dénomination, soit qu'ils ne l'aient pas encore, comprennent et les jurisdictions patrimoniales et les glebes héréditaires, ne doit-on pas retrouver, à pareil titre, les fiefs naissants dans les bénéfices anciens, puisqu'on y découvre une des parties intégrantes de nos fiefs actuels, les terres viageres, principe des propriétés patrimoniales, comme dans les séniorats les jurisdictions déléguées, principe des justices héréditaires? Il y a plus: c'est qu'à proprement parler, les anciens bénéfices n'étoient autre chose que les concessions passageres et des justices et des terres, qui, quelquefois divisées et quelquefois réunies dans les mêmes mains, ont donné naissance aux possessions féodales de nos jours, c'est-à-dire les simples justices inféodées, les glebes purement féodales et les justices glébées tenues à titre de fiefs. C'est la doctrine de tous les auteurs.

Dans la France, dit Hauteserre, les fiefs et les jurisdictions qui leur sont annexées sont compris aujourd'hui dans la classe des biens patrimoniaux. Les justices furent presque toutes accordées par le prince sur les colons, avec les terres qu'ils habitoient; souvent aussi les concessionnaires de ces dons, abusant des bienfaits du prince, se firent un titre de ces possessions bénéficiales et les usurperent; enfin, lorsque les fiefs, c'est-à-dire les bénéfices du prince, dégénérerent en propriétés héréditaires, la jurisdiction suivit la destinée de ces terres: c'est pour cela que nous voyons les fiefs et les justices presque toujours réunis dans nos monuments antiques; je dis presque toujours, parceque les fiefs, ainsi que les alleux, n'ont rien de commun avec la jurisdiction. *Dico ferè : nam feodum naturâ suâ nihil habet commune cum jurisdictione.* La preuve en est, continue-t-il, dans cette constitution de l'empereur Frédéric, par laquelle il est défendu à tout propriétaire d'alleu de comprendre, dans l'aliénation de ces biens, le district et la jurisdiction de l'empereur (1).

Que l'inspecteur du domaine se décide donc : ou c'est dans les honneurs, c'est-à-dire les administrations temporelles de la justice, que se trouve le germe des fiefs ; et alors pourquoi recourir au vœu de tenir l'héritage comme un bienfait de celui en qui on reconnoît la qualité de seigneur supérieur? ou c'est encore dans la concession bénéficiale des terres ; et pourquoi écarter les bénéfices de la formation des fiefs? ou c'est dans l'une et l'autre ensemble ; et alors les bénéfices n'en sont-ils pas, comme les séniorats, les principes élémentaires?

Mais pourquoi les bénéfices ne nous donneroient-ils pas les premiers éléments des fiefs? C'est, dit-on, que les fiefs sont des propriétés, et que les bénéfices n'en étoient pas. Cette considération, suffisante sans doute pour marquer la différence des uns et des autres, est sans force pour en écarter l'analogie. Il faut bien distinguer entre l'identité et l'analogie des objets : la premiere suppose une similitude parfaite ; la seconde ne peut subsister que par quelque différence entre eux ; ôtez cette différence, l'analogie est détruite et l'identité s'établit. Quoi! quelques rapports entre les alleux et les fiefs suffisent à l'inspecteur pour établir entre eux une conformité parfaite, et la disparité la plus légere entre les fiefs et les bénéfices écartera toute comparaison et toute analogie entre eux? Mais l'inspecteur ne les admet-il pas lui-même enfin, lorsqu'il dit que « les bénéfices ont eu quelque « chose de commun avec les fiefs à l'époque où la jurisprudence féodale s'est formée par la combinaison d'autres éléments ; qu'alors les bénéficiers, auxquels le titre de fief « devoit donner une propriété patrimoniale que le titre de « bénéfice ne leur donnoit pas, ont desiré transformer leur

(1) In Gallia feuda ita et jurisdictiones quæ feudis cohærent patrimonii jure censentur. Cum feudis plerumque a principe concessa jurisdictio in colonos, vel a beneficiariis usurpata occasione feudi possessionis, ac tandem feudis deficientibus in ditiones perpetuas facilè jurisdictio in fata feudorum concessit, unde ferè in veteribus monumentis feuda et jurisdictiones conjunguntur. Dico ferè : nam feudum naturâ suâ nihil habet commune cum jurisdictione nec allodium, ut in constitutione Frederici apud Radevicum : ad hæc, *qui allodium suum vendiderit, districtionem et jurisdictionem imperatoris vendere non præsumat.* (Hauteserre, cap. 11, de origine feudorum.)

« titre

« titre et y substituer celui de fief; ce qui s'est opéré, soit « par la concession du prince, soit en dérobant les traces de « l'ancienne propriété du domaine. »

C'est donc gratuitement qu'il s'éleve contre tous les auteurs qui ont regardé les bénéfices comme la premiere origine des fiefs parmi nous; s'il y a de l'inexactitude dans cette doctrine, elle provient de sa trop grande généralité: la majeure partie des fiefs n'a pas eu sans doute une autre origine que les bénéfices militaires, mais tous n'en dérivent point. On se rappelle ce que nous avons dit de la conversion des alleux en fiefs par le consentement volontaire ou forcé, gratuit ou à prix d'argent, des propriétaires de toutes les classes; ce fut une suite nécessaire de ce goût universel pour les inféodations, qui fut porté jusqu'à la démence dans les onzieme, douzieme et treizieme siecles : nous lisons, dans nos historiens, que les seigneurs, ayant épuisé leur domaine, se virent obligés de recourir à un genre d'inféodation inconnue jusqu'alors, qu'ils donnerent en fief des pensions sur leurs trésors, la gruerie des forêts, et des essaims d'abeilles (1).

Ce fut par tous ces moyens divers, employés depuis la dynastie des Capétiens jusqu'au treizieme siecle, que les fiefs se multiplierent si considérablement dans nos provinces: c'est pourquoi si les bénéfices ne furent ni l'origine ni la source de toutes les inféodations, on ne peut s'empêcher de reconnoître en eux, par l'hérédité qu'ils ont acquise, la souche d'une grande partie des fiefs, et le modele sur lequel les autres se sont formés (2).

Chantereau le Fevre, dont l'inspecteur réclame ici le témoignage, n'est point contraire à ces idées. S'il établit une disparité entre les bénéfices et les fiefs, elle est étrangere aux rapports que nous venons d'analyser : toute sa doctrine consiste à regarder comme une opération propre et particuliere à nos rois, l'institution des bénéfices considérés dans leurs causes, dans leur objet, dans leurs éléments, et dans les principes formels qui leur ont donné l'être; les inféodations, au contraire, comme l'ouvrage des citoyens, qui démembrerent leurs propriétés pour leur service particulier et leur

(1) Brussel, de l'usage des fiefs en France, tom. 1, page 42.

(2) Verùm nondum mihi satis persuasum est feudorum indolem qualem *nunc* habemus reperiri apud veteres Francos, quanquam non negem eos posuisse fundamenta ejusdem institutionis.... Sed cùm beneficia omnia non ejusdem speciei sint, propterea nominis communio nequaquam evincit veterum beneficia nihilum a feudis diversa fuisse. (*Muratori*, Antiq. d'Italie, dissert. 11, page 548, tom. 1.)

Brussel, de l'usage des fiefs en France, liv. 1, chap. 5.

intérêt personnel. Or, quel en est le résultat? que les fiefs n'ont rien de commun avec les anciens bénéfices militaires? que les jurisdictions appellées honneurs ont posé seules les premiers fondements de la constitution féodale? que le fief n'est autre chose qu'une propriété parallele et similaire avec les alleux? Non sans doute : car, malgré cette ligne de séparation qu'il trace, dans le chapitre III, entre les bénéfices et les fiefs en général, cet auteur n'y dit pas un mot des jurisdictions: par-tout il présente les fiefs comme des concessions d'héritages faites par le prince ou ses sujets dans leurs domaines respectifs; et il convient enfin lui-même que, dès le temps de Charles le Simple et de Louis d'Outremer, les ducs et les comtes n'avoient pas seulement rendu leurs districts héréditaires, mais encore qu'ils avoient conféré dès lors à pareil titre tous les bénéfices qui en dépendoient à ceux qui, s'attachant à leur fortune, s'engageoient à les servir fidèlement dans leurs guerres (1). N'est-ce pas, comme le remarque Brussel (2), convenir, après bien des circuits, que les fiefs, du moins quelques uns, ne sont autre chose que les anciens bénéfices donnés sous l'obligation du service militaire? C'est en effet ce que tous nos écrivains ont clairement exposé, et le pere Daniel sur-tout, dans son traité de la milice françoise.

Concluons, avec tous nos auteurs, que le domaine public de la couronne n'est pas le domaine privé de nos rois; distinguons, suivant les différents âges, quatre classes de biens dans le royaume, les alleux, les bénéfices, les fiefs et les jurisdictions. Les alleux comme tenant au droit primitif des nations, et les bénéfices comme établis dès l'origine de la monarchie, existerent long-temps ensemble, mais toujours avec des caracteres opposés. Les fiefs, qui ont fait disparoître absolument les bénéfices, et assez généralement les alleux, se sont, il est vrai, rapprochés de ceux-ci en s'éloignant de ceux-là; mais ils n'ont pas perdu tous leurs traits de ressemblance avec les uns, et contracté une identité parfaite avec les autres. Les fiefs, soit qu'ils émanent des anciennes concessions bénéficiales, soit qu'ils aient une autre origine, ne seront jamais qu'une classe intermédiaire entre ces possessions flottantes et précaires, et les propriétés allodiales. En un mot, si les fiefs, envisagés comme héréditaires, semblent tenir par une extrémité à ces anciennes propriétés des Francs,

(1) Chantereau Lefevre, liv. 1, chap. 8. (2) Brussel, chap. 2, liv. 1, page 61.

ils s'en éloignent par l'autre, et touchent aux bénéfices, parcequ'ils sont comme eux dans la dépendance d'un seigneur étranger. La raison de ce phénomene politique est que, dans l'économie morale, comme dans l'économie physique, rien ne se fait brusquement et par secousses, et que la marche de la nature y est toujours graduée d'une maniere plus ou moins sensible.

Quant aux jurisdictions, elles ont pu sans doute former une nouvelle branche dans l'économie féodale; mais, indifférentes à ses loix, elles n'ont pu être le principe ni de la dégénération des alleux, ni de la formation des fiefs. Ce nouvel ordre, inconnu dans les premiers siecles de la monarchie, n'est que le fruit des contrats, des intérêts, des usages et des mœurs.

Voyons actuellement ce que c'étoit que les séniorats et les honneurs, et quelle a été leur influence sur la propriété des héritages.

ARTICLE III.

Des séniorats et des honneurs considérés comme principes de la féodalité universelle.

Ce n'est point assez de trouver dans nos capitulaires le nom, les offices, l'existence des sénieurs, et de voir les hommes libres assujettis envers eux à des devoirs, pour en conclure que nos seigneurs féodaux actuels remontent à cette premiere origine, qu'ils ne sont que les successeurs naturels de ces anciens officiers du prince, et que le vasselage, à cette époque, fut le même que celui de nos institutions modernes. Si l'on ne veut s'arrêter qu'à l'écorce de ces loix, et à ces analogies nominales et fugitives, on s'expose infailliblement à confondre et à brouiller tous les objets: les mots survivent à la révolution des siecles, mais le temps et les mœurs en font disparoître souvent la signification et l'usage; c'est cependant sur ces frêles rapports que porte tout l'édifice de la défense du domaine.

« Les séniorats existerent dès l'origine de la monarchie. « Les sénieurs, connus sous le nom de ducs, de comtes, « de marquis, de graffions, étoient des personnes choisies « par le prince pour exercer dans les cantons le pouvoir de « la justice et des armes: cette prérogative, purement délé« guée dans l'origine, est devenue héréditaire par le temps; « dans l'un et l'autre cas, ce fut une obligation imprescrip-

« tible à ceux qui en étoient décorés, de reconnoître, par « des actes qu'on appelle hommages, la source dont elle « est descendue. Cette reconnoissance est ce qui constitue le vasselage; c'est l'essence même de la féodalité; la « chose y est, quoique le nom puisse n'y pas être encore. « Donc, puisque les monasteres et les églises ont eu en « propre et leurs biens et les justices qui y étoient annexées, « ils ont de tout temps possédé des fiefs; c'est donc une « obligation pour eux de les reporter au souverain par la « voie des hommages. »

Ce systême n'a rien d'imposant que par la confusion des objets et l'équivoque perpétuelle qui en résulte; en analysant ces idées, et les rangeant chacune dans leurs classes respectives, on en verra disparoître l'illusion, et avec elle ce prétendu principe de notre constitution féodale.

Il y a plusieurs choses à examiner dans ces séniorats; leur antiquité et leur origine, leurs différentes especes et leurs vicissitudes, leur nature et leurs effets.

Le mot de sénieur ne signifie en lui-même qu'*ancien, vieillard*. Par une suite des droits de la nature, il signifie quelque chose de plus, l'autorité du chef de la famille sur les enfants et les esclaves : on en trouve des vestiges précieux dans les annales des plus anciens peuples, les Israélites et les Celtes (1). Ce gouvernement primitif des familles fut tout à la fois la source et le modele des sociétés politiques; à mesure que les nations s'éloignerent de cette premiere simplicité, les sénieurs du gouvernement ne furent pas toujours les chefs des familles (2). Ces titres désignerent plus particulièrement les anciens que les différentes peuplades établirent pour les gouverner et les conduire à la guerre; c'est ainsi que, dans la grande famille des Germains, on désigna, sous le nom de sénieurs, les princes et les chefs des différentes tribus, qui, suivant Tacite, avoient dans les contrées le département de la justice et du pouvoir militaire (3). Aussi voyons-nous que les Usipetes et les Taneteres, nations germaniques qui habi-

(1) Voyez les Mœurs des Israélites, *passim*, et *Collectanea de rebus hybernicis*, n° 3.

(2) Nec senioribus (sic ea ætas comites aliosque dynastas vocabat ætatis nomine in reverentiæ auctoramentum dignitati accommodato) defuit providentia legum et canonum. (Hauteserre, duces et comites provinciales, page 87.)

(3) Eliguntur in eisdem conciliis et principes qui jura per pagos vicosque reddunt. Centeni singulis ex plebe comites, consilium simul et auctoritas, adsunt. (Tacite, de moribus Germanorum.)

Apud Germanos seniorum qui honores gesserunt, et pace ac bello claruerunt, maxima erat auctoritas; eorum præcipuè consilio respublica gerebatur. Apud Francos, gentem Germaniæ, sicuti apud cæteros Germanos, seniores sive majores natu erant atque vocabantur, qui postquam civiles aut militares magistratus gesserant, jam ut ætate sic dignitate provecti, etc. (Not. Gall. ad vocem *Rothomagum*, page 484.)

toient sur les bords du Rhin, avoient les anciens à leur tête lorsqu'ils vinrent trouver César dans son camp (1). Tous ces chefs des différentes peuplades furent remplacés chez les François, après leur établissement dans les Gaules, par les comtes, les ducs, les marquis, etc. tous connus sous la dénomination générale de *graffions*. Ce mot, comme on le voit dans la notice des anciens peuples germains, dérive de celui de *graven*, qui signifie vieillard (2). Si les comtes et les ducs étoient connus chez les Francs, lorsqu'ils habitoient les forêts de la Germanie, ils n'étoient, suivant la remarque de Tacite, que de simples compagnons et les camarades des princes (3).

Quoi qu'il en soit, sous la domination des Francs, et particulièrement sous les deux premieres races, on peut ranger les séniorats en quatre classes principales; les séniorats de famille, les séniorats clientélaires et de recommandation, les séniorats politiques et nécessaires, et les séniorats de bénéfice. Les premiers eurent pour fondement l'autorité naturelle du chef de la famille sur tous ceux qui étoient dans sa dépendance; les séniorats de recommandation étoient les engagements réciproques entre les patrons et les clients, les hommes puissants et les hommes foibles, qui s'attachoient à eux pour être protégés et défendus; les séniorats politiques étoient les différents offices constitués par le gouvernement pour l'administration générale de l'état; les séniorats de bénéfice s'établirent par la concession des terres faite à différents particuliers, dans la vue d'améliorer ses domaines ou d'avoir des hommes de guerre à ses ordres. Parcourons successivement toutes ces classes, et voyons si ces séniorats peuvent être regardés comme le principe universel de la féodalité.

Quant à la premiere, on distinguoit alors dans la famille en général quatre familles particulieres; la famille naturelle, la famille militaire, la famille servile, et celle des colons.

(1) Germani frequentes omnibus principibus majoribusque natu adhibitis, ad eum in castra venerunt. Julius Cæsar, comment. 4.

(2) Principes haud dubiè *graven*, hoc est senes sive seniores, ita ex canitie dicti, unde post apud Francos nomen gravionum, quo nomine ipsi comites suos nuncupabant, permansit. (Hirtius in not. veter. German. populorum, chap. 4, parag. 7.) Joan. Koop, tract. juris publici, page 7.

(3) Centeni singulis ex plebe comites, consilium simul et auctoritas adsunt. (Tacite, de moribus Germanorum.)

Cave tamen credas Francorum comites ejusdem fuisse cum his comitibus ex plebe electis dignitatis, cùm potiùs eos nobilissimo isto ordini annumerari, qui, à Tacito ut et a Julio Cæsare, principum nomine insigniuntur atque jura per pagos reddidere, viri eruditi jam dudum adnotuerunt. (Joan. Koop, tract. juris publici, page 7.)

Voyez Bignon, in notis ad Marculphum, form. 1, liv. 1, chap. 8, tome 2 de Baluze, page 888.

Voyez Hautesserre, de ducibus et comitibus, page 9.

Les peres et les enfants composoient la premiere; la seconde étoit formée des hommes que les propriétaires s'attachoient pour faire avec eux ou par eux le service militaire ; les personnes serves et libres, qui faisoient le service intérieur du maître, composoient la troisieme; et les hommes attachés à la culture des terres formoient la derniere (1). Toutes ces différentes places occupées dans une famille, établirent un séniorat dans le chef, et un véritable vasselage dans les membres. Voici ce que nous lisons dans le moine de Saint Gal : « Louis, qui fut ensuite roi de Germanie, ayant atteint sa septieme année, son pere voulut le présenter à Charlemagne; « après l'avoir instruit de quelle maniere il devoit se comporter en sa présence, il le conduisit au palais, où il resta quelques jours parmi les vassaux. L'empereur, qui l'avoit distingué dans la foule, demanda à qui il appartenoit. Il est à moi, « dit Louis le Débonnaire, et à vous si vous l'en jugez digne. Le « prince y consentit. Louis, pénétré de sa nouvelle dignité, « ne voulut plus reconnoître d'autre supérieur que l'empereur. Dès ce moment il prit une attitude fiere, et marcha « toujours à côté de son pere, au lieu de le suivre comme il « faisoit auparavant. Charlemagne, l'ayant remarqué, chargea « Louis le Débonnaire de lui en demander la raison. Quand « j'étois votre vassal, répondit le jeune prince à son pere, je « me tenois derriere vous; mais aujourd'hui que je suis votre « camarade, il est juste que je m'égale à vous (2) ».

Ainsi Louis le Débonnaire, comme fils de Charlemagne, étoit son vassal; Louis le Germanique l'étoit de Louis le Débonnaire à pareil titre, et il le devint encore de l'empereur par l'admission de sa personne dans le service du palais. Tous ces séniorats, comme on voit, n'avoient aucun rapport avec les propriétés; ils n'indiquent que la supériorité

(1) His itaque curtibus subjecta familia trifariè secernitur : prima ministerialis, quæ etiam militaris dicitur, adeo nobilis et bellicosa ut nimirum liberæ conditioni comparetur ; secunda verò censualis et obediens, *permagnifica et sui juris contenta* ; tertia, quæ nihilominùs serviens dicitur : sed tamen omnes sub dominio episcopi et ab ipso rectoris constituti consistuut. (Hist. noviotensis monasterii, auctore anonymo ejus loci monacho, tit. de Dagoberto rege et filio ejus, page 1128.

(2) *Sic eum ad palatium produxit*, cùmque primâ die vel secundâ inter reliquos statores eum præcuriosioribus oculis intueretur, dixit ad filium : Cujus est ille parvulus? Illo respondente quia meus, et vester si dignamini, postulavit eum dicens : *Da mihi illum.* Quod cùm factum fuisset, deosculatum serenissimus princeps pusionem remisit ad stationem pristinam. Ille mox dignitatem suam cognoscens et cuiquam post imperatorem secundum manere despiciens, collectis animis et membris compositissimè collocatis, æquato gradu *stetit juxta patrem suum. Quod providentissimus* adspectans Carolus, vocato ad se filio, præcepit ut interrogaret cognominem suum cur ita faceret vel quâ fiduciâ patri se adæquare præsumeret. Ille verò ratione subnixum reddidit responsum : Quando, inquiens, vester eram vassallus, *post vos, ut oportuit, inter commilitones* meos steteram ; nunc verò vester socius commilito, non immeritò me vobis coæquo. (Monach. Sancti-Galli, lib. 2, n°. 5.)

d'un chef sur les personnes qui lui étoient subordonnées. Le vasselage qu'ils engendroient n'étoit que personnel, et toujours proportionné dans sa durée à la vie du chef de la famille; il ne put affecter réellement les héritages des vassaux. Le vassal n'étoit alors qu'un homme attaché à la domesticité d'un autre: c'est ce qui résulte de la signification étymologique de ce nom. Suivant les glossaires tudesques, le mot latin *vassus* a été corrompu de celui de *was*, mot (1) cambrige, par lequel on désignoit une personne de condition libre, qui, à cause de la modicité de sa fortune, s'attachoit à un homme puissant. C'est ainsi qu'en ont pensé nos meilleurs auteurs, tels que du Cange, Chantereau le Fevre, Buxtorne et Muratori. Ce dernier compare les vassaux des premiers âges de la monarchie aux courtisans de nos jours, qui consacrent le service de leurs personnes à ceux dont ils ont à espérer des récompenses et des faveurs (2).

Il en fut de même des séniorats civils et volontaires établis par la recommandation. Quoique ces séniorats, envisagés dans leur origine, rentrent dans une des classes des séniorats de famille, cependant, à cause des révolutions qu'ils ont éprouvées d'après les vues politiques du gouvernement sur eux, et particulièrement au traité de Mersen, nous croyons devoir les examiner plus en détail, afin d'en mieux apprécier la nature et les effets sur les propriétés du royaume. Ces séniorats peuvent être considérés dans trois époques différentes, avant Charlemagne, sous le regne de ce prince et de son successeur, sous les enfants de Louis le Débonnaire, et particulièrement depuis l'assemblée de Mersen.

Sous la premiere race de nos rois, il n'y eut de séniorats nécessaires que ceux des différents offices établis pour l'administration politique et civile du royaume; tous ceux qui n'avoient point de sénieur particulier étoient obligés de marcher sous les ordres du comte ou autre délégué de l'autorité publique. La recommandation, cérémonie purement barbare, prit naissance chez les peuples du Nord (3). Les

(1) Mihi suspicio gravissima insedit, nihil opus fuisse beneficio apud Francos, ut quisquam vassus constitueretur. Vassi nomen non aliunde natum videtur, nisi a cambrica voce *gwas*, significante famulum, ministrum. (Muratori, Antiquités d'Italie, tome 1, page 547.)

(2) Quæ omnia eò nos deducunt ut intelligamus non dissimiles fuisse vassos ab honorariis famulis sive nobilibus sive ingenuis, quos nunc *cortigiani*, nomine *di corte* familiari, appellamus. (Muratori, Antiq. d'Italie, page 550.)

Erant igitur vassi iidem qui famuli, quod præterea videtur inducere *was* origo apud Bux tornium in Lexico Cambro-Britannico..... unde ministri et famuli principum propter commissam sibi bonorum seu officiorum curam dicti sunt vassi. (Du Cange, Dict. verbo *Vassus*.)

(3) Les origines de du Buat, tome 1.

coutumes déféroient chez eux la succession à l'aîné de la famille; les puînés, obligés par-là de chercher fortune dans le métier des armes, se trouvoient en quelque sorte obligés d'entrer dans la clientele de leurs freres. Cette loi est appellée *thanistri* dans les antiquités d'Irlande. Ce mot, celto-ibérien d'origine, exprimoit le séniorat ou la souveraineté domestique déférée à l'aîné de la famille (1).

C'étoit également la coutume chez les Germains et les Gaulois, dont Tacite et César nous ont décrit les mœurs, de se choisir un prince au service duquel on s'attachoit toute la vie (2). L'Allemagne, la France, l'Italie, et tous les états formés des débris de l'empire, après l'irruption des peuples du Nord, adopterent ces usages, qui ont persévéré chez eux avec les changements que le temps et les mœurs y ont introduits. Ces rapports entre les hommes foibles et les hommes puissants, connus sous les noms réciproques de séniorats et de vasselage, furent, sous Charlemagne et son fils, le fruit des conventions libres des citoyens entre eux. Lorsque Louis le Débonnaire accorda des terres aux Espagnols réfugiés dans ses états, il ne leur ordonna point, mais il leur permit de se recommander aux comtes à la maniere des Francs : *Noverint sibi licentiam esse concessam, ut se in vassaticum comitibus nostris more solito commendent.* Ce ne fut donc point une obligation, mais un privilege, dont il voulut qu'ils partageassent les avantages avec les nationaux (3).

Quoiqu'avant Charlemagne et sous son regne les séniorats ne fussent recommandés par aucune loi, le gouvernement ne tarda pas à s'appercevoir des ressources qu'il pouvoit en retirer, et des inconvénients qu'il avoit à craindre de ces engagements réciproques, si l'usage n'en étoit réglé par la disposition des loix : delà ces ordonnances si multipliées dans nos capitulaires, qui rendent les sénieurs responsables envers l'état de la conduite des hommes libres qu'ils avoient sous leurs ordres ; c'étoit à eux de faire exécuter le ban de convocation pour l'armée, d'y conduire les hommes

(1) Collectanea de rebus hybernicis, *ou* Dissertation on the law of the antient Irish, n°. 3.

(2) Cæteris robustioribus ac jampridem probatis aggregantur, nec rubor inter comites aspici..... *Magnaque et comitum* æmulatio.... et principum, cui plurimi et acerrimi comites... Hæc dignitas, hæ vires, magno semper juvenum electorum globo circumdari, *in pace decus*, in bello præsidium.... Jam verò infame in omnem vitam ac probrosum superstitem principi suo ex acie recessisse. Illum defendere, tueri, sua quoque *fortia facta gloriæ ejus assignare*, præcipuum sacramentum est. (Tacite, de moribus German. num. 13 et 14.)

(3) Præceptum primum pro Hispanis, n°. 6, page 57, tome 1 de Baluze.

libres,

libres, d'empêcher leur défection et de les obliger à comparoître dans les tribunaux, *pour y faire les justices*(1). Pour faire concourir de plus en plus ces administrations particulieres aux vues générales du gouvernement, Charlemagne, à l'exemple de Pepin son pere, ordonna aux hommes libres de prêter serment à leurs sénieurs pour leur utilité et l'intérêt du souverain (2).

Lorsqu'en 806 ce prince voulut partager ses états entre ses enfants, il fit de nouvelles loix sur les séniorats également assorties à la politique de ses vues; il défendit à chacun des rois de franchir les limites de ses états pour faire des excursions dans ceux des autres, de souffrir au nombre de ses sujets les hommes libres des autres royaumes qui abandonneroient leurs sénieurs contre leur volonté. Pour assurer l'exécution de ce réglement, il fut défendu à tous les sujets de l'empire de recevoir des bénéfices ailleurs que dans le royaume de son sénieur; mais en même temps il laissa à chaque homme libre de toute la domination françoise la faculté de se recommander dans celui qu'il voudroit après la mort du sien (3).

A l'exemple de son pere, Louis le Débonnaire voulut aussi partager son empire. Quoique le plan d'administration qu'il établit, differe de celui de Charlemagne, parcequ'il devoit se ressentir de la foiblesse de ses vues, toutes ses dispositions sur les séniorats sont exactement calquées sur les précédentes (4).

Par une suite nécessaire de ce partage, dont Charlemagne avoit donné l'exemple, on distingua dès-lors entre l'empire et les royaumes. Le premier étoit la patrie commune, l'état en général; les royaumes n'en étoient que des administra-

(1) De liberis hominibus qui super alterius terram resident et usque nunc a ministris reipublicæ contra legem ad placita trahebantur..... constituimus ut secundùm legem patroni eorum eos ad placitum adducant. (Ibid. Capitul. excerpta ex lege Longobardorum, cap. 23, tome 2 de Baluze.

Si aliquis missos eorum non obaudierit..... si alterius homo fuerit, illum regi præsentet. (Capitul. Caroli Calvi. tit. 14, cap. 4, page 65, tome 2 de Baluze.)

Quicumque liber homo inventus fuerit cum seniore in hostem non fuisse, plenum heribannum persolvere cogatur; et si senior vel comes illius eum domi dimisit, ipse pro eo eumdem heribannum persolvat, et tot heribanni ab eo exigantur quot homines domi dimisit. Et quia anno præsente unicuique seniori duos homines domi dimittere concepimus, illos volumus ut oculis nostris ostendant quia his tantummodo heribannum concessimus. (Capitul. 2, an. 812, tome 1 de Baluze et passim.)

(2) De juramento, ut nulli alteri per sacramentum fidelitas promittatur nisi nobis et unicuique proprio seniori ad utilitatem nostram et sui senioris. (Capitul. lib. 5, cap. 250, tome 2 de Baluze, et lib. 6, cap. 275, tome 1, page 968.)

(3) Charta divisionis imperii Francorum, cap. 1, an. 806, tome 1 de Baluze.

(4) Placuit inter prædictos filios nostros statuere atque præcipere propter pacem quam inter eos permanere perpetuò desideramus, ut nullus eorum fratris sui terminos vel regni sui limites invadere præsumat; sed adjuvet unusquisque illorum fratrem suum et auxilium illi ferat contra

tions différentes. On fut tout-à-la-fois sujet de l'empire et des états respectifs ; et pour maintenir, par une heureuse harmonie, ces deux rapports qui différencioient les sujets sans les diviser, on imposa aux princes la loi de se secourir mutuellement dans les guerres qui leur seroient suscitées audedans de la patrie et par les ennemis du dehors. Quant aux hommes libres, il leur fut défendu de quitter leur sénieur pendant sa vie, et de prendre des bénéfices ailleurs que dans sa domination : par-là on crut avoir suffisamment assuré l'ordre et la tranquillité de l'empire dans ses trois départements.

Ces ordonnances, aussi sages sans doute que le comportoit la politique de ces siecles, ne remédierent point aux abus. Sous Louis le Débonnaire et sous ses enfants, les séniorats, qui, dans le partage de l'empire, ne furent établis que pour sa défense, furent la source principale de toutes les guerres qui déchirerent son sein ; la liberté qu'on avoit de se choisir un sénieur dans quel royaume on voudroit après la mort du premier, et la faculté de demeurer dans un état différent de celui auquel on appartenoit par ses propriétés, firent oublier les rapports essentiels de tous les royaumes envers l'état en général. Bientôt la cupidité des citoyens et l'ambition des rois renverserent les limites que Charlemagne et son fils avoient posées pour la conservation des souverainetés et de l'unité dans l'empire ; chaque prince, ne voyant qu'avec un œil jaloux la puissance de ses collegues, voulut accroître ses états aux dépens des leurs. Pour réussir dans leur dessein, ils attirerent dans leur parti les sujets étrangers, en leur promettant des bénéfices dans leur royaume. Souvent les hommes libres et les seigneurs puissants, entraînés par l'appât de ces récompenses, s'alloient offrir d'eux-mêmes : ce sont ces hommes qui sont qualifiés d'infideles dans les Capitulaires de Charles le Chauve. De ce nombre

inimicos ejus juxta rationem et possibilitatem, sive intra patriam, sive contra nationes exteras.

Similiter præcipimus ut quemlibet liberum hominem qui dominum suum contra voluntatem ejus dimiserit et de uno regno in aliud profectus fuerit, neque ipse rex suscipiat, neque hominibus suis consentiat ut talem hominem accipiant vel injustè retinere præsumant.

.... Ut post nostrum ab hac mortalitate decessum homines uniuscujusque eorum accipiant beneficia unusquisque in regno domini sui et non in alterius, ne fortè per hoc, si aliter fuerit, scandalum aliquod accidere possit. Hæreditatem autem suam habeat unusquisque illorum hominum absque contradictione in quocumque regno, hoc cùm legitimè habere contigerit.

Et unusquisque liber homo post mortem domini sui licentiam habeat se commendandi inter tria regna ad quemcumque voluerit, similiter et ille qui nondum commendatus est. (Capitul. 1, sive charta divisionis imperii inter filios Caroli Magni, an. 806, tome 1 de Baluze.)

Charta divisionis imperii inter filios Ludovici Pii, an. 827, ibid.

étoient encore tous ceux qui, ne voulant pas prêter serment de fidélité à l'empereur ou à ses fideles, se ménageoient la ressource de s'attacher au prince dont ils pouvoient espérer davantage, suivant les circonstances (1).

Quoi qu'il en soit, les guerres civiles qui désolerent la France sous les enfants de Louis le Débonnaire, préparerent le traité de Mersen. Les hommes libres avoient porté si loin la licence dans ces temps malheureux, qu'au premier souffle de la discorde ils prenoient incontinent les armes (2). Lothaire, Louis et Charles le Chauve, fatigués de leurs dissensions, voulurent les faire cesser, en remédiant à ces abus: pour cela, ils indiquerent, en 847, à Mersen sur la Meuse, l'assemblée des trois états de l'empire; la paix y fut signée entre les freres, et on fit, sur les séniorats, un réglement général, dont voici les principaux articles.

Par le premier, qui est le deuxieme de la proclamation que Charles le Chauve fait au peuple françois, il est ordonné que désormais chaque homme libre choisira un sénieur dans le royaume, et qu'il le prendra ou dans la personne du prince, ou dans celle de ses fideles: par le second, il est défendu aux hommes libres d'abandonner le service des sénieurs sans une juste cause, et aux princes de les recevoir suivant l'antique usage de leurs prédécesseurs: par le troisieme, il est réglé que l'homme de chaque prince, dans quelque département qu'il habite, marchera avec son sénieur à la guerre ou pour ses autres intérêts, à moins qu'il ne s'agisse d'une invasion générale du royaume, auquel cas tous les sujets marcheront indistinctement à sa défense. A dater de cette ordonnance, disent les auteurs, il ne fut plus permis aux hommes libres de vivre sans sénieur (3).

On voit, par le détail de ces articles, que les séniorats à cette époque, quoique recommandés par une loi plus ex-

(1) Ut qui fidelitatem nobis promiserunt et post illud sacramentum ad fideles nostros in nostrum damnum se conjunxerunt, proprietas illorum in nostrum indominicatum recipiatur, donec ipsi per fide jussores in nostram præsentiam veniant.

Ut nullus infidelium nostrorum qui liberi homines sunt, in nostro regno immorari, vel proprietatem habere permittatur, nisi fidelitatem nobis promiserit et noster et nostri fidelis homo deveniat. (Capitul. Caroli Calvi, apud Thussiacum, tome 2 de Baluze, page 175.)

(2) Quinimo usque eò liberi homines hoc ævo astringebantur, ut nulli in regno vivere liceret quin suum haberet seniorem. Invaluit imprimis ista consuetudo, cùm perniciosæ illæ dissensionum flammæ inter filios Ludovici Pii flagrarent; quippe tantùm sibi tunc arrogabant liberi homines, ut dum suborirentur bella inter reges fratres aut eorum nepotes, quorum vellent partes facilè sequerentur. (Joan. Koop, tract. juris publici, page 35.)

(3) Volumus etiam ut unusquisque liber homo in nostro regno seniorem, qualem voluerit, in nobis et in nostris fidelibus accipiat.

Mandamus etiam ut nullus homo seniorem suum sine justa ratione dimittat, nec aliquis eum recipiat, nisi, sicut tempore

presse, furent essentiellement les mêmes que ceux qui étoient en usage dans les regnes précédents. Quelle fut donc la nature de ces sortes d'administrations ?

Dans le systême du domaine, la féodalité présente tour à tour des aspects différents : tantôt elle consiste dans le vœu de tenir l'héritage, comme un bienfait de celui en qui on reconnoît la qualité de seigneur supérieur ; tantôt elle consiste dans la supériorité des sénieurs sur les personnes recommandées : delà la maxime *Nulle terre sans seigneur*, qui, revêtue d'une sanction particuliere à l'assemblée de Mersen, consacra pour jamais la féodalité des biens. Si donc les séniorats sont le principe des fiefs, il faut que toujours ils aient été suivis de la concession d'un héritage à la charge des services, ou que leur autorité sur les vassaux ait suffi pour rendre féodales les terres qu'ils possédoient ; or rien de plus contraire à la nature des séniorats, que ces deux suppositions.

D'abord la recommandation, dans quelque époque qu'on la considere, ne fut pas nécessairement suivie de la concession des terres, et elle ne put pas l'être. Avant l'établissement des François dans les Gaules, on ne trouve aucun vestige de concession d'héritages ; les séniorats, bornés à la défense et aux services de ceux qui se recommandoient, n'engendrerent qu'une clientele et qu'un vasselage personnel ; des armes, des chevaux de bataille, furent la seule récompense des vassaux ou des camarades des princes (1).

Si, depuis leur établissement fixe dans ces contrées, la recommandation fut quelquefois suivie de la concession des bénéfices, le plus souvent aussi elle ne l'étoit pas. On voit, dans la loi des Visigoths, que parmi les *leudes* ou les fideles du roi, il y en avoit beaucoup qui servoient sans bénéfice. *Quod si inter leudes quicumque nec regis beneficiis aliquod consecutus* (2). Le moine de Saint-Gal nous parle d'un prélat

autecessorum nostrorum, consuetudo fuerit.

Et volumus ut cujuscumque nostrûm homo, in quocumque regno sit, cum seniore suo in hostem, vel aliis suis utilitatibus pergat, nisi talis regni invasio, quam *Lantweri* dicunt, quod absit, acciderit, ut omnis populus illius regni ad eam repellendam communiter pergat. (*Annuntiatio Caroli Calvi conventûs primi apud Marsnam, an.* 847, *tome* 2 de Baluze, page 44.)

(1) *Exigunt enim principis sui liberalitate illum bellatorem equum, illam cruentam victricemque frameam. Nam epulæ, et quanquam incomti, largi tamen, apparatus, pro stipendio cedunt. Materia munificentiæ per bella et raptus. Nec arare terram, aut expectare annum, tam facilè persuaseris, quâm vocare hostes et vulnera mereri; pigrum quinimò et iners videtur sudore acquirere quod possis sanguine parare.* (Tac. de morib. Germ. n° 14.)

Montesquieu, Esprit des Loix, liv. 3, des fiefs, chap. 3.

(2) Quod si inter leudes quicumque nec regis beneficiis aliquod consecutus, sed in expeditionibus constitutus de labore suo aliquid acquisierit, etc. (Legis Visigothorum lib. 4, cap. 5, tom. 1 de Baluze.

qui avoit depuis long-temps à son service un vassal distingué par sa naissance et son courage, à qui, bien loin d'avoir donné des bénéfices, il n'avoit jamais encore adressé une parole obligeante : *Cui tamen ille, ne dicam beneficium aliquod, sed ne ullum quidem aliquando blandum sermonem impendit* (1).

Sous Charlemagne, les séniorats furent aussi désintéressés. Par le capitulaire de ce prince de l'année 812, il est défendu à tout homme libre de quitter son sénieur, lorsqu'on en aura reçu la valeur d'un sou (2) ; le vasselage étoit donc gratuit quelquefois, et la concession d'un bénéfice ne l'accompagnoit pas toujours. Tel étoit celui des hommes casés, c'est-à-dire des vassaux admis par honneur dans le palais des rois et des grands : quelques uns avoient des bénéfices, et d'autres n'en avoient pas (3) ; c'est la remarque de Muratori (4), et Hincmar le dit formellement de la plus grande partie de la milice du palais (5). Les vassaux des seigneurs, appellés *vassalli militum erronei* par le moine de Saint-Gal, et les antrustions, n'avoient pas une condition différente. Tous ces hommes servoient pour la *consolation;* c'est ainsi, dit un savant de nos jours, qu'on appelloit les distributions de vivres et les autres libéralités manuelles qui leur tenoient lieu de gages (6).

L'inspecteur du domaine se trompe, en disant que c'est aux antrustions qu'ont succédé les ducs, les comtes, les marquis, les graffions ; ce langage supposeroit que les comtes n'étoient point connus lorsque les antrustions existerent, et que ceux-ci disparurent lorsque ces nouveaux délégués du prince figurerent dans notre gouvernement. Or il est certain que les ducs et les comtes remontent à l'origine de la monarchie : Aymoin nous parle du duc Winomade sous Childeric, d'Aurélien, qui, sous Clovis, possédoit le comté de Melun (7) ; et Gregoire de Tours nous montre les comtes

(1) Hic habuit unum vassallum non ignobilem civium suorum valde strenuum et industrium, cui tamen ille, ne dicam beneficium aliquod, sed ne ullum quidem blandum sermonem impendit. (Mon. Sancti-Galli, lib. 10, cap. 22, de gestis Caroli Magni.)

(2) Quod nullus seniorem suum dimittat postquam ab eo accepit valente solidum unum, excepto si eum vult occidere aut cum baculo cædere, vel uxorem aut filiam maculare, seu hæreditatem ei tollere. (Cap. 2, an. 813, tome 1 de Baluze, page 506.)

(3) De vassis qui intra casam serviunt et tamen beneficium habere noscuntur. (Capitul. Caroli Magni, an. 819, tome 1 de Baluze, page 495.)

(4) Vassi olim, seu vassalli vocabantur, quanquam nullum eis conferretur beneficium, neque ex vi beneficii, sed tantummodo ex munere vassallico præstari consuevit seniori fidelitatis juramentum, contra sæculis posterioribus ratione tantùm feodi vassallus quisque efficiebatur (Muratori, Antiquités d'Italie, tome 1, *de Vassis.*)

(5) Voyez Hincmar, *de ordine palatii.*

(6) Origines de du Buat, tom. 1.

(7) Childericus mittit qui Winomado adventum annunciet suum... Ille, apud castrum cui nomen *Barram*, ei occurrit... Præ-

revêtus du pouvoir de la justice et des armes en 585 et en 590. Sous les regnes de Gondebaut et de Childebert II (1), à l'égard des antrustions, l'établissement des ducs, des comtes, des marquis, des graffions, ne les fit pas disparoître; on les retrouve encore sous Charlemagne dans les loix barbares rédigées par ce prince (2). Qu'étoient-ce donc que les antrustions ? Des hommes qui venoient se mettre sous la protection du prince, et lui vouer une fidélité sans bornes. L'avantage principal de la *truste* n'étoit qu'une composition plus forte que celle des autres ingénus : ils pouvoient sans doute obtenir par la suite le gouvernement d'une province, d'un district, et des terres bénéficiales; mais, en qualité d'antrustions, ils n'avoient ni l'un ni l'autre. Tel est le précis de la formule que Marculphe nous a conservée de l'antrustionat (3).

Sous Louis le Débonnaire, le vassal fut également distingué du bénéficier, et les obligations de l'un ne furent pas toujours celles de l'autre. On voit la différence de ces vasselages dans la chartre de ce prince pour les Espagnols réfugiés dans ses états : par le chapitre 6, il permet à ces peuples de se recommander en vasselage aux comtes, suivant l'usage des Francs; il leur ordonne ensuite, dans le cas où ils en auroient obtenu des bénéfices, de leur rendre les devoirs que les sénieurs ont coutume d'exiger des nationaux pour de pareils bienfaits : *Et si beneficium aliquod quisquam eorum ab illo cui se commendaverit, fuerit consecutus.* etc. Cette expression conditionnelle dont il se sert pour les avertir de leurs nouvelles obligations, la différence des temps où elles se contractent, la distinction des causes qui les produisent, tout annonce que le bénéfice ne suivoit pas toujours la recommandation, et que l'un et l'autre engendrerent un vasselage différent. *Sese in vassaticum comitibus nostris more*

ceperat porrò præfatus dux Barrensibus, etc.

Clodovæus Meloduni castrum cedens Aureliano cum totius ducalis religionis jure beneficii concessit. (Aymoin, *de gestis Francorum*, lib. 1, cap. 7 et 14.)

(1) Gondovaldus autem comitatum meldensem super Werpinum competiit et causarum actionem agere cœpit. (Grégoire de Tours, liv. 8, chap. 18.)

Protinùsque directis rex litteris ad comitem urbis jubet ut eum (Animodum) vinctum in præsentia regis adduceret. (Ibid. lib. 2, cap. 16.)

(2) Si quis eum occiderit qui in truste dominica est, etc. (Lex Salic. tit. 43, cap. 4.)

Nam si ex truste regali fuerit, eadem compositio..... culpabilis judicetur. (Ibid. tit. 46, cap. 2.)

Capitula excerpta ex lege Longobardorum, an. 801, cap. 44.

(3) Rectum est, ut qui nobis fidem pollicentur, nostro tueantur auxilio; et quia ille fidelis veniens ibi in palatio nostro unà cum arimania sua in manu nostra trustem et fidelitatem nobis visus est conjurasse.... in numero antrustionum computetur; et si quis eum interficere præsumpserit, noverit se wirgildo suo solidis sexcentis esse culpabilem, hoc est pœnam triplo majorem quàm occidens hominem ingenuum. (Marculph. liv. 1, form. 8.)

Muratori, tom. 1, pag. 552.

solito commendent; voilà le vasselage personnel. *Et si aliquod beneficium consecutus fuerit, sciat de illo tale obsequium exhiberi debere;* voilà le vasselage réel ou le vasselage bénéficial (1).

Sous Charles le Chauve, la recommandation fut encore réglée par les mêmes principes. La chartre accordée par ce prince aux Espagnols contient les mêmes dispositions que celles de son pere (2). Quant au traité de Mersen, la loi qu'il imposa aux hommes libres de se choisir un sénieur, loin de confondre ces différences entre les séniorats clientélaires et ceux de bénéfice, les rend encore plus sensibles. Car enfin si les concessions viageres eussent toujours suivi la recommandation, comment tous les sénieurs, à moins de posséder toutes les propriétés du royaume, eussent-ils pu suffire à ces largesses? Et comment les obliger d'ailleurs au démembrement de leurs domaines, à moins de supposer encore qu'ils n'étoient, dans leurs mains, que des concessions bénéficiales du prince?

Ainsi les fiefs, considérés comme des terres bénéficiales, ne sont pas le produit nécessaire des séniorats de recommandation. Prouvons encore que l'autorité des séniorats sur les personnes recommandées, même en la supposant jurisdictionnelle, n'eut aucune influence sur la condition de leurs héritages.

En effet, pour asservir par elle les alleux à la directe féodale ou censuelle, il auroit au moins fallu qu'entre ces offices et ces biens il y eût eu un rapport nécessaire, et que tous les héritages eussent été compris sous le ressort des séniorats respectifs; car par-tout où les séniorats étoient sans activité, les terres ne purent en recevoir des impressions réelles: or telle fut la constitution de l'empire après sa division, que les biens des hommes libres étoient souvent situés hors de la sphere des séniorats, et qu'un propriétaire assujetti pour sa personne au séniorat d'un royaume, avoit ses héritages et ses possessions dans le gouvernement d'un autre. C'est la disposition des chapitres 9 et 10 de la chartre de Charlemagne, en l'année 806 : on y voit que les citoyens avoient la faculté de se recommander dans l'un des trois

(1) Noverint iidem Hispani licentiam a nobis esse concessam ut se in vassaticum comitibus nostris more solito commendent; et si quis beneficium ab eo cui se commendaverit, fuerit consecutus, sciat se de illo tale obsequium seniori suo exhibere debere quale nostrates homines de simili beneficio senioribus suis exhibere solent. (Præceptum primum pro Hispanis, Ludovici Pii, cap. 6, tom. 1 de Baluze, pag. 552.)

(2) Præceptum confirmationis pro Hispanis, cap. 10, tom. 2 de Baluze, pag. 28.

royaumes à leur volonté, que les bénéfices étoient les seules possessions qui fussent sous la loi des séniorats, parcequ'il ne fut pas permis d'en posséder autre part que dans le royaume de son sénieur. *Accipiant beneficium unusquisque in regno domini sui et non in alterius.* Par cette sage ordonnance, l'empereur voulut éviter les conflits des devoirs, et les scandales qui pouvoient en résulter: *Ne fortè per hoc, si aliter fuerit, scandalum aliquod accidere possit.* Mais, à l'égard des propriétés et des alleux, il fut réglé par le même article, que tous les sujets de l'empire pourroient les conserver ou les acquérir dans tous les royaumes indistinctement, pourvu que ce fût à titre légitime: *Hæreditatem autem suam habeat unusquisque in quocumque regno hoc eum legitimè habere contigerit* (1).

Louis le Débonnaire, dans les deux chartres qu'il donna pour la division de l'empire, la quatrieme et la vingt-quatrieme année de son regne, laissa également aux hommes libres, à quelque séniorat qu'ils appartinssent, la faculté de posséder, dans les trois royaumes, des propriétés, soit avitines, soit d'acquisition : la premiere, parcequ'avant le partage de l'empire, tous les sujets vivant sous une même domination pouvoient en posséder dans toutes les contrées, et qu'il eût été injuste de les en dépouiller dans la nouvelle constitution du gouvernement ; la seconde, parceque voulant, à l'exemple de son pere, conserver, malgré cette division, l'unité dans l'empire, par la communication des intérêts et les liens de l'affinité; il permit les donations, les ventes, les achats et les alliances entre tous les sujets des trois départements. Ces donations réciproques ouvrirent une source nouvelle aux propriétés des hommes libres, et furent un nouveau titre pour être tout à la fois propriétaire libre dans un royaume, et homme d'un sénieur dans un autre (2).

Sous Charles le Chauve il se fit sans doute un changement dans les séniorats, c'est-à-dire que le traité de Mersen les consacra par une sanction particuliere : c'est la remarque de l'inspecteur du domaine ; elle est conforme aux capitu-

(1) Capitulare primum, an. 806, sive charta divisionis regni Francorum Caroli Magni, cap. 9, tom. 1 de Baluze, pag. 443.

(2) Accipiant beneficia unusquisque in regno domini sui et non in alterius..... Hæreditatem autem suam habeat unusquisque hominum illorum absque contradictione in quocumque regno hoc eum legitimè habere contigerit. Si autem feminæ, sicut fieri solet, inter partes et regna fuerint ad conjugia postulatæ, non denegentur justè poscentibus; sed liceat eas vicissim dare et accipere et affinitatibus populos inter se sociare. Ipsæ verò feminæ potestatem habeant rerum suarum in regno unde exierint, quanquam in alio propter mariti societatem habitare debeant. (Charta divisionis imperii Ludovici Pii, an. 837, cap. 5 et 8, tome 1 de Baluze, page 687.)

laires

laires de ce prince. Mais cette nouveauté, introduite par la nécessité des circonstances, ne changea ni leur objet, ni leur nature, ni leur énergie : sous son regne comme sous les précédents, les alleux furent également placés hors des districts des séniorats, et, toujours étrangers à leur autorité, ils ne purent recevoir par eux le joug des obligations féodales. C'est ce qui résulte du cinquieme article de la proclamation de Charles le Chauve : on y voit que les libres propriétaires pouvoient encore, comme sous Charlemagne et Louis le Débonnaire, avoir leur sénieur dans un royaume différent de celui où leurs héritages étoient situés : *Et volumus ut cujuscumque nostrûm homo in cujuscumque regno sit*, etc. (1)

Par la missatique de 856, ce prince laisse aux François et aux Aquitains la liberté d'abandonner son séniorat, et d'en prendre un autre dans les états de ses freres : *Et mandat vobis noster senior quia si aliquis de vobis talis est cui suus senioratus non placet, et illi simulat ut ad alium seniorem melius acaptare possit, veniat ad illum.* Il leur promet encore un sauf-conduit pour sortir de son royaume : *Veniat ad illum, et ipse tranquillo animo donat illi commeatum* (2). Sans doute que les Aquitains ne devoient point abandonner leurs propriétés ; car, par une autre missatique, il leur permet tout à la fois de demeurer dans ses états et dans leurs alleux, pourvu qu'ils y vivent tranquillement et ne sollicitent plus ses autres sujets à la défection : *Si voluerint in suis alodibus consistere, et si voluerint cum seniore nostro manere, ita tamen ut cum pace vivant, clementer concedit.* Par ces dispositions, les Aquitains, maîtres de se choisir un autre sénieur, auroient eu leurs propriétés dans un royaume et leur sénieur dans un autre (3).

Lorsque Charles et Louis le Germanique s'assemblerent à Conflans, celui-ci, après ses différentes proclamations, voulut assurer la fortune de tous ceux qui, au mépris de la fidélité qu'ils devoient à Charles le Chauve, avoient porté les

(1) Et volumus ut cujuscumque nostrûm homo, in quocumque regno sit, cum seniore suo in hostem vel aliis suis utilitatibus pergat, nisi talis regni invasio, quam *Lantweri* dicunt, acciderit, ut omnis populus..... ad eam repellendam communiter pergat. (Capit. Caroli Calvi, annuntiatio apud Marsnam, tome 2 de Baluze.)

(2) Et mandat vobis noster senior, quia si aliquis de vobis talis est cui suus senioratus non placet, et illi simulat ut ad alium seniorem melius quàm ad illum acaptare possit, veniat ad illum, et ipse tranquillo et pacifico animo donat illi commeatum tantum ut ipsi et in suo regno et suis fidelibus damnum non faciat, et quod Deus illi cupierit et ad alium seniorem acaptare potuerit pacificè habeat. (Tit. 9, ad Francos et Aquitanos, cap. 13, pag. 84, tom. 2, ibid.)

(3) Tit. 22, ad eosdem per Hincmarum et alios, ibid. page 88.

armes contre lui et ravagé ses provinces; pour çela il demanda à son frere quel sort il leur réservoit. Ce prince distingue les alleux qu'ils possédoient par droit d'hérédité ou par acquisition d'avec les alleux et les honneurs qu'ils tenoient de sa libéralité. Quant aux premiers, il leur en accorde la libre possession: *Illorum alodes et de hæreditate, et de acquisitu, illis concedo.* Quant aux autres, il dit que cela dépendra de leur retour à sa personne, et qu'il en conférera plus amplement avec lui: *Sed de illis alodibus quos de mea donatione habuerunt et etiam de honoribus, sicut cum illo meliùs considerabo, illis qui ad me se retornabunt voluntariè faciam* (1). En effet, il étoit défendu par les capitulaires d'accepter des bénéfices dans une autre domination que celle de son sénieur; mais voulant assurer à son tour l'état de ses fideles, qui n'avoient fait la guerre à Louis le Germanique que pour sa défense légitime et parcequ'ils y étoient obligés par leur serment, il veut que ce prince les rétablisse dans la propriété des alleux qu'ils possédoient auparavant dans son royaume: *In hoc si frater meus meis fidelibus qui contra illum nihil misfecerunt, et me quando mihi opus fuit adjuverunt, similiter illorum alodes quos in regno illius habent concesserit* (2). Ainsi voilà deux sortes de personnes qui, ayant leur sénieur dans des royaumes différents, y posséderont réciproquement des propriétés allodiales: les premiers sont les anciens sujets de Charles, qui avoient porté les armes contre lui; les seconds sont ceux de ses sujets qui, fideles à leur serment, l'avoient servi dans les guerres que Louis le Germanique lui avoit injustement suscitées; les uns et les autres continuerent à posséder leurs alleux dans des états différents de ceux des sénieurs qu'ils s'étoient choisis.

Au retour de Conflans, Lothaire, Charles le Chauve, et Louis le Germanique, ratifierent ces articles; et pour assurer à jamais la tranquillité de l'empire, ils s'engagent envers tous les fideles à leur conserver chacun dans son royaume les

(1) Illis hominibus qui contra me sic fuerunt sicut scitis et ad meum fratrem venerunt, propter Deum et propter illius amorem et pro illius gratia totum perdono quod contra misfecerunt et illorum alodes de hæreditate et de conquisitu et quod de donatione nostri senioris habuerunt, excepto illo quod de mea donatione venit, illis concedo, si mihi firmitatem fecerint quòd in regno meo pacifici sint et sic ibi vivant sicut christiani in christiano regno vivere debent. In hoc si frater meus meis fidelibus qui contra illum nil misfecerunt, et me quando mihi opus fuit adjuverunt, similiter illorum alodes quos in regno illius habent concesserit, sed et de illis alodibus quos de mea donatione habuerunt et etiam de honoribus sicut cum illo meliùs considerabo, illis qui ad me se retornabunt voluntariè faciam. (Titul. 31, apud Confluentes annuntiatio Caroli, page 144, ibidem.)

(2) Ibidem.

loix et la justice dans leurs personnes, leurs honneurs et leurs propriétés, à quelque sénieur qu'ils appartiennent, *Et unusquisque fidelium nostrorum in regnis nostris, cujuscumque nostrûm sit homo, legem et justitiam in se et in suis proprietatibus habeat* (1); c'est-à-dire que les sujets de l'empire conserveroient leurs alleux de succession et d'acquêt dans les trois royaumes respectifs, quel que fût celui du séniorat sous lequel ils vivoient. *Sicut in capitulis constitutum est quæ antecessores nostri constituerunt* (2).

Mais si, par la constitution du gouvernement, les alleux ne furent pas toujours dans le ressort des séniorats, si le district des personnes et celui des biens sont toujours distingués, ces administrations ou ces offices n'avoient donc aucun rapport nécessaire avec la condition des héritages; les droits des sénieurs, toujours bornés aux personnes et au royaume dans lequel ils s'exerçoient, ne pouvoient donc pas atteindre les propriétés assises dans des états différents; on put donc avoir un sénieur sans que les héritages lui fussent asservis. Qu'étoit-ce donc que ces séniorats? D'après le tableau que nous en avons tracé, il est clair que toutes ces dignités, établies chez les Francs, continuées sous leur domination dans les Gaules, objet de l'attention du gouvernement sous la deuxieme race, ne furent alors qu'un ressort politique dont on se servit pour lier tous les citoyens à l'intérêt général de l'état. C'est pourquoi les serments des hommes libres envers leurs sénieurs sont toujours relatifs à l'intérêt du prince. *Ad nostram utilitatem* (3).

Rien n'étoit plus difficile que de soumettre les hommes libres au joug salutaire des loix (4). Avant Charles le Chauve, et sous son regne, la plupart d'entre eux se croyoient dispensés de servir le roi à l'armée, à moins qu'ils ne tinssent

(1) Et volunt ut fideles illorum talem legem et justitiam et tale salvamentum in regnis illorum habeant, sicut antecessores eorum tempore antecessorum illorum habuerunt. (Tit. 32, post reditum a Confluentibus, pag. 147, cap. 5, tom. 2 de Baluze.)

Et unusquisque fidelium nostrorum in regnis nostris, cujuscumque nostrûm sit homo, legem et justitiam in se et in suis proprietatibus et in suis honoribus habeat sicut tempore antecessorum nostrorum habuerunt, et in illis capitulis est constitutum quæ antecessores nostri constituerunt, et sicut nos apud Marsnam firmavimus et sicut nunc proximè apud Confluentes statuimus. (Tit. 35, annuntiatio Ludovici, cap. 3, page 170, ibid.)

(2) Annuntiatio Caroli, cap. 3, ibid.

(3) Capitul. lib. 5 et 6, cap. 250 et 275, tom. 1 de Baluze.

(4) Dicunt ipsi comites quòd alii eorum pagenses non illis obediant, nec bannum domini imperatoris adimplere volunt...... Sicut et alii qui dicunt se esse homines Pippini et Clodovæi, et tunc profitentur se ire ad servitium dominorum suorum quando alii pagenses in exercitum pergere debent, sicut iterùm alii qui remanent et dicunt quòd seniores eorum domini resideant. (Capitul. 3, an. 811, cap. 6, 7 et 8, tom. 1 de Baluze.)

de lui quelques bénéfices (1). Sous Charlemagne on força le propriétaire à contribuer au service de l'armée en proportion des biens (2). Sous Charles le Chauve on obligea tous les hommes libres à se choisir un sénieur (3). Par ce moyen on eut, pour ainsi dire, un cadastre général de tous ceux qui étoient en état de porter les armes. Tous ces sénieurs n'étoient autre chose que des capitaines chargés de conduire les citoyens à l'armée contre les ennemis de l'empire (4); car, bien loin de se faire mutuellement la guerre, les princes et leurs sujets devoient se regarder tous comme les enfants d'une même patrie, et s'intéresser unanimement à sa défense. Ce fut le vœu de Charlemagne et de son fils : ils ne voulurent point que les citoyens d'un royaume fussent étrangers aux autres; et c'est pour cela qu'ils laisserent à chacun la liberté de choisir son sénieur indistinctement parmi les princes ou leurs fideles. Ces séniorats n'étoient donc que des séniorats de commandement et d'autorité militaire: la jurisdiction, c'est-à-dire cette partie de la puissance publique qui consiste à rendre la justice aux sujets, ne les regardoit pas; elle appartenoit essentiellement aux ducs et aux comtes, qui avoient encore le pouvoir des armes par la constitution des loix. Ces officiers publics étoient les commandants généraux des troupes de leurs cantons; c'est pour cela qu'ils portoient toujours le bouclier en rendant la justice (5). Les sénieurs, si l'on en excepte quelques potentats distingués par la faveur du prince, n'étoient, par rapport à eux, que des officiers militaires et subalternes; c'est pourquoi il leur est expressément ordonné de remettre immédiatement aux comtes le commandement de leurs hommes, lorsque, retenus par le service du palais, ils ne pourroient eux-mêmes les conduire à l'armée (6). Les sénieurs étoient commandés par les

(1) *Voyez* Dominici, de prærogativa allodiorum, cap. 13 et 14.

Basnage, art. 102 de la coutume de Normandie.

Furgole, traité du franc-alleu de Languedoc, page 147.

(2) Ut omnis liber homo qui quatuor mansos vestitos habet de proprio suo sive de alicujus beneficio, ipse se præparet et ipse in hostem pergat sive cum seniore suo; qui verò tres mansos de proprio habuerit, huic adjungatur unus qui unum mansum habeat et det illi adjutorium ut ille pro ambobus ire possit; qui verò duos mansos tantùm de proprio habet, adjungatur illi qui similiter duos mansos habet, et unus ex his, altero illi adjuvante, pergat in hostem. (Capit. 1, an. 812, page 49, tom. 1 de Baluze.)

(3) Volumus etiam ut unusquisque liber homo in nostro regno seniorem qualem voluerit in nobis et in nostris fidelibus eligat. (Charta divisionis imperii, tom. 1 de Baluze.)

(4) Voyez le traité de la milice françoise du pere Daniel, chap. 2.

(5) Traité de la milice françoise, et les capitulaires.

(6) De vassis dominicis qui intra casam serviunt et tamen beneficia habere noscuntur, statutum est ut quicumque ex eis cum domino imperatore domi remanserit, vassallos suos casatos secum ire non retineat, sed cum comite cujus pagenses sunt ire permittat. (Capit. lib. 3, cap. 73, tom. 1 de Baluze.)

comtes, ceux-ci par les ducs; le roi étoit à la tête de tous. Cet ordre graduel dans le régime militaire est clairement exposé dans ce passage de Grégoire de Tours, où les généraux de Gontrand rejettent les mauvais succès de l'expédition contre les Visigoths sur l'indiscipline des troupes : *Nullus regem, nullus ducem, nullus comitem reveretur, unusquisque contra seniorem suum grassatur* (1).

Si d'ailleurs tous ces officiers avoient eu nécessairement la jurisdiction des personnes et des biens, comme il étoit libre à tous les sujets de l'empire de choisir leur sénieur après la mort du premier dans tous les royaumes et dans toutes les provinces; quels désordres ces séniorats n'eussent-ils pas causés dans l'administration des territoires et des districts! il auroit donc fallu qu'à chaque mutation de sénieur les comtés eussent été démembrés, et qu'il se fût établi dans chacun autant de tribunaux particuliers qu'il y auroit eu de séniorats différents.

Donc puisque les fiefs, envisagés dans cette premiere époque, ne consistent que dans la jurisdiction suivant l'écrivain du domaine; tous ces officiers ne furent point des seigneurs féodaux. La loi imposée à tous les citoyens de se ranger sous leur banniere regardoit indifféremment et ceux qui avoient des propriétés et ceux qui n'en avoient pas. *Ut omnis liber homo, in quocumque regno sit, seniorem qualem voluerit in nobis aut in nostris fidelibus accipiat.* La fidélité qu'on leur juroit n'eut rien de commun avec celle de nos institutions féodales; elle n'étoit promise, comme le remarquent nos auteurs, qu'à raison de la souveraineté (2); et le vasselage, qu'elle engendra par ces loix, ne fut que personnel (3). La mort du sénieur ou du vassal le faisoit disparoître; il n'emportoit point l'*hominium*, et la seigneurie directe qui est de l'essence de nos contrats féodaux et censuels. C'est pourquoi, dit Dominici, Raymond, comte de Toulouse, en promettant fidélité à Alexis empereur de Constantinople, refusa de lui en faire l'hommage, parcequ'il ne tenoit point de lui ses héritages et ses domaines (4).

(1) Nullus regem metuit, nullus ducem, nullus comitem reveretur; et si fortassis alicui ista displicent et ea pro longævitate vestræ vitæ conatur emendare, statim seditio in populo, statim tumultus exoritur, et in tantum unusquisque contra seniorem sævâ intentione grassatur, ut vix se credat evadere si tandem silere nequiverit. (Greg. de Tours, liv. 8, n° 30.)

Voyez la milice françoise du pere Daniel, cap. 2.

(2) Cazeneuve, traité du franc-alleu, page 153.

(3) Voyez Muratori, Antiq. d'Italie, tom. 1, page 552.

Les origines, tom. 1, chap. 4.

(4) Differentia quæ est hominium inter et fidelitatem maximè elucet apud Ray-

Il faut donc distinguer avec tous nos auteurs deux états dans le vasselage. Le premier est celui où il ne fut établi que par la seule recommandation ; alors on étoit vassal sans recevoir aucun bénéfice : c'est celui des premiers siecles de la monarchie. Le second fut établi par les concessions bénéficiales qui devinrent ensuite héréditaires : c'est celui des siecles postérieurs. Il y eut donc des vassaux personnels et des vassaux feudataires (1).

Qu'est-ce que l'inspecteur du domaine entend par ces questions de fait sur chaque arpent de terre que l'on voulut prévenir par le traité de Mersen? Sont-ce des contestations civiles sur la propriété des héritages? Mais soit que les possessions fussent asservies à la directe féodale par l'obligation de se choisir un sénieur, soit qu'elles ne le fussent pas, les contestations n'en subsistoient ou ne s'en élevoient pas moins, et la loi des séniorats étoit impuissante pour les prévenir ou les régler.

Sont-ce des contestations féodales? S'agissoit-il de régler l'étendue des mouvances? Mais quelle pouvoit être l'efficace d'une loi générale de féodalité, toujours changeante à la mort des sénieurs et au gré des sujets, pour prévenir ou terminer de pareils débats?

Les séniorats politiques et de jurisdiction proprement dite, c'est-à-dire les offices exercés par les ducs, les comtes, les marquisats, les graffions, n'ont pas un rapport plus direct avec la féodalité des héritages. Nous ne nous arrêterons pas long-temps sur cet article, il a été suffisamment approfondi dans l'examen qu'on a fait des rapports de la justice avec la féodalité des biens ; on y a vu que l'autorité de ces officiers sur les personnes et les propriétés des citoyens n'étoit que la puissance publique elle-même, qui s'exerçoit sur eux par ces délégués du prince. Or le domaine suprême du souverain et de l'état n'est point une suzeraineté, une supériorité féodale ; donc, envisagée dans ces différentes branches de son administration, elle n'a pas plus assujetti les terres à la féodalité réelle, que les sujets à la servitude personnelle. Il nous suffira donc d'éclaircir ici les équivoques qui naissent de la confusion des objets, en fixant les diffé-

mundum de Agiles, scriptorem expeditionis sacræ, dum refert Raymundum, Sancti Ægidii Tolosæ comitem, Alexio imperatori constantinopolitano fidelitatem quidem jurasse cui scilicet vitam et honorem se conservaturum, hominium apertè recusasse. (Dominici, de prærog. allodiorum, page 95.)

(1) Muratori, Antiquit. d'Italie, tom. 1, dissert. 11.

Les origines de du Buat, tome 1, ch. 4.

Chantereau Lefevre, de l'origine des fiefs, chap. 3, page 165 et 166.

Furgole, page 150.

rents rapports que les ducs et les comtes pouvoient avoir avec les hommes libres, et les différents titres auxquels ceux-ci leur étoient subordonnés dans leur ressort.

Les comtes exerçoient la justice civile et criminelle au nom du prince: *Undecumque à vicino suo aut criminaliter aut civiliter fuerit accusatus . . . . ad comitis sui mallum omnimodis venire non recusent* (1). Ils conduisoient à la guerre les hommes de condition libre: *Ut sicut homines cum comite suo in exercitum pergant* (2). Comme chargés de l'administration des terres du fisc, ils pouvoient donner aux citoyens des possessions du domaine, et comme possesseurs d'alleux, ils purent encore démembrer leurs propriétés, et les donner également en concessions viageres: *Et si beneficium aliquod quisquam eorum ab eo cui se commendaverit, fuerit consecutus, sciat de illo tale obsequium exhibere debere* (3).

Les publicistes de l'empire ont bien saisi ces différences: chacun de ces ministeres, disent-ils, assujettissoit les hommes libres à la personne des ducs et des comtes; mais la nature de cette sujétion étoit aussi différente que les titres qui l'engendroient. Par le premier, ils furent des sénieurs de jurisdiction; par le second, des sénieurs militaires ou des capitaines; par le troisieme, c'est-à-dire les concessions bénéficiales des terres du fisc ou de leurs alleux, ils exercerent les séniorats de bénéfice (4), dont il nous reste à discuter la nature et les effets.

Que les concessions bénéficiales aient contribué à étendre l'empire de la féodalité dans le royaume, c'est une vérité consignée dans tous nos monuments; on y trouve tout à la fois et les obligations particulieres des personnes, et la sujétion réelle des héritages, ou plutôt les héritages eux-mêmes sont le principe et la cause de l'assujettissement des personnes. Il eût été difficile en effet de s'y soustraire, lors-

(1) Præceptum pro Hispanis, cap. 2, page 550 de Baluze.

(2) Ibid. cap. 1.

(3) Ibid. Cap. 6 et passim in capitularibus.

(4) Cæterùm quocumque modo comites intueare, semper ipsis subjectos invenies liberos homines: sive enim considerentur ratione officii sui quo jurisdictionem civilem et criminalem in suo pago exercuerunt, et tunc ab ipsis judicabantur liberi homines..... sive ante oculos proponantur ut seniores, quo sensu dominicos seniores intelligit, et ibi iterùm ad obsequium ipsorum liberos homines adhortantur Capit. *Quicumque liber homo inventus fuerit anno præsente cum seniore suo in hostem non fuisse*, etc. *et si senior vel comes illius eum domi dimittat, ipse pro eo heribannum solvat;* sive etiam comites repræsentemus tanquam dominos feudales qui liberis hominibus tanta beneficia concepere, et tunc eo minùs subjectioni comitum sunt subducendi, quo magis obnoxia servituti fuit eorum conditio. (Joan. Koop, tract. juris publici, page 36, section 1.)

qu'on les avoit acceptés; l'incertitude de ces dons et le desir de les conserver dans sa famille durent rendre très flexibles aux volontés du seigneur ceux qui avoient eu part à ses graces (1). C'est pour cela qu'au siecle de Charlemagne il y eut tant de propriétaires puissants, qui dédaignerent de servir l'empereur en cette qualité ; tels étoient ces noblissimes qui voulurent détrôner ce prince et sa famille, dont ils ne pouvoient souffrir l'élévation (2). Tel fut encore, parmi les anciens Guelphes qui habitoient les confins de la Germanie, Ethicon, frere de l'impératrice Judith, femme de Louis le Débonnaire. Son fils ayant, à son insu, été admis dans le palais et le vasselage de l'empereur, reçut de ce prince, à titre de bénéfice, quatre mille manoirs dans la haute Baviere. Ethicon, en ayant eu connoissance, s'abandonna à la plus amere douleur: il ne voulut plus voir son fils, et passa le reste de ses jours dans une profonde solitude, ne pouvant se familiariser avec un événement qu'il regardoit comme une dérogeance à la dignité de sa maison (3).

Le temps et les mœurs ont insensiblement rendu héréditaires et patrimoniales ces concessions versatiles ; et en leur imprimant pour toujours le sceau de nos tenures actuelles, ils ont fait des bénéfices et de leurs auteurs autant de branches nouvelles dans l'économie des fiefs (4).

Mais, pour asseoir snr cette base la feodalité universelle des héritages et la maxime *Nulle terre sans seigneur*, il faudroit que toutes les propriétés du royaume eussent été originairement dans les mains du roi ou des seigneurs, et qu'elles n'eussent été transmises aux citoyens que par la voie des inféodations: or cette supposition résiste à tous les monuments de l'histoire. Lorsque les Francs firent la con-

(1) Si comites repræsentemus tanquam dominos feudales qui liberis hominibus, etc. (Joannes Koop, ibid. sect. 1.)

(2) Quidam gigantes..... ejus prolem habitudinis optimæ despicientes, *singuli sibi principatum regni arripere............ conati sunt*. (Monach. Sancti-Galli, lib. 2, cap. 17.)

(3) Ethico.... Judithæ frater.... genuit Henricum nomine. Hic itaque Henricus cùm ad militares annos pervenisset et suæ voluntatis compos fuerit, ignorante patre ad imperatorem se contulit, cùmque illi *summâ familiaritate sociaretur*..... tandem consilio principum et maximè ipsius imperatoris instinctu homagium et subjectionem fecit, et in beneficio quatuor millia mansuum in superioribus partibus Bavariæ ab eo suscepit. Quod cùm pater ejus percepisset, iratus nobilitatem suam et libertatem nimis esse declinatam, ultrà quàm credi posset, consternatus animo, dolorem suum omnibus caris suis exposuit, *et assumptis* duodecim ex illis, intra montana..... regalibus ædificiis et possessionibus ditissimis relictis, secessit, et ibi non amodo visens filium suum consenuit. (Monach. Wenghart, de Guelphis, cap. 3.)

Bochardus, Struvius, de allodiis imperii, cap. 2, page 239.

Voyez Leibnitz, *introductio ad collectanea script. brunsw.* n° 58.

(4) Nondum persuasum est feudorum indolem qualem nunc habemus reperiri apud veteres Francos, quanquam non negem eos posuisse fundamenta ejusdem institutionis. (Muratori, Antiq. d'Italie, tom. 1, pag. 548.)

quête

quête des Gaules, le monarque ne s'empara point de toutes les terres du royaume (1); on a vu les alleux et les bénéfices former, dans la possession des Francs, deux classes de biens très distinctes depuis Clovis jusqu'à Charles le Chauve, et les alleux conserver les mêmes caracteres sous le régime féodal, depuis Hugues Capet jusques à nous.

Pourquoi donc confondre sans cesse tous ces séniorats ensemble, et attribuer aux uns ce qui ne convient qu'aux autres? « Les délégués du prince, dit l'écrivain du domaine, « outre le serment général, en prêtoient encore un autre, « par lequel ils reconnoissoient tenir du souverain leurs hon- « neurs, et lui appartenir comme la terre confiée à leurs « soins.... Le fief consiste dans le vœu de tenir l'héritage « comme un bienfait de celui en qui on reconnoît la qualité « de seigneur supérieur ». Mais les alleux des propriétaires, soumis à la loi des districts, étoient-ils des bienfaits de ceux qui en avoient l'administration? mais les alleux des ducs, des comtes, des graffions, peuvent-ils être regardés comme des terres que le souverain confioit à leurs soins?

« Tous ces gens revêtus d'honneurs, continue-t-il, étoient « vassaux de la couronne. Voyant dans leurs mains quelque « chose de plus que l'ancienne propriété, voyant quelque « chose qui s'approchoit de la puissance publique, ils se sont « permis de décomposer leurs droits, et de se faire à eux- « mêmes des hommes et des serviteurs nobles par l'abandon « des terres de leurs domaines, en stipulant pour eux des de- « voirs semblables à ceux qu'ils devoient au roi; delà s'est « formé, sous le titre d'inféodation, un nouveau genre, une « nouvelle opération de commerce, à laquelle les mœurs et « l'usage ont donné une loi particuliere. Voilà la véritable « idée de l'échelle féodale ». Mais ces droits, dans lesquels les hauts seigneurs se sont maintenus, et qu'ils se sont permis de décomposer par les inféodations, que sont-ils? sont-ce les jurisdictions? sont-ce les terres bénéficiales du prince? sont-ce les propriétés qu'ils ne tenoient de personne? Au premier cas, les jurisdictions auront formé, si l'on veut, divers degrés dans l'échelle féodale : mais, malgré leurs reflets perpétuels sur tous les biens du royaume, les alleux des hauts seigneurs et ceux des habitants de leurs districts ne sont pas devenus féodaux (2). S'agit-il des terres qu'ils tenoient en

(1) Furgole, page 12.
L'abbé Dubos, histoire critique de la monarchie, tome 1.
Boulainvilliers, dissert. sur la noblesse de France, page 50.

(2) C'est de là que les seigneurs ont pris

bénéfice du prince? mais la féodalité, bornée à ces domaines, n'a pu entraîner sous son joug les propriétés primitives que l'on tenoit de ses ancêtres et non de la libéralité du souverain. S'agit-il enfin des terres allodiales des seigneurs? mais les inféodations qu'ils en firent ne durent pas remonter jusqu'au roi. Si la féodalité affecta ces héritages dans la possession des concessionnaires, elle dut s'arrêter aux propriétaires de ces domaines, parceque la source de ces inféodations étoit allodiale dans leurs mains : quant au roi, il ne put la réclamer que sur ses bénéfices ou ceux de ses ancêtres, comme étant des démembrements de son fisc.

Ainsi ni les séniorats de famille, ni les séniorats de recommandation, ni les séniorats politiques et de jurisdiction, ne peuvent être regardés comme le principe des fiefs parmi nous. Les bénéfices seuls nous en donnent les premiers éléments et la perfection dans les deux époques de notre monarchie; mais, toujours réglés par des stipulations particulieres, ils n'en furent jamais le principe universel et nécessaire. Voilà ce qu'il falloit distinguer, et ce que l'écrivain du domaine n'a point fait.

C'est de cette équivoque perpétuelle, et de la confusion de tous ces objets, que part le prestige de ses idées. Lorsqu'il veut généraliser la maxime *Nulle terre sans seigneur*, il recourt aux jurisdictions, qui sont sans contredit un principe universel; lorsqu'il en fait l'application aux héritages, il recourt aux inféodations contractuelles. C'est ainsi que, divisant au besoin ses principes, et les réunissant tour-à-tour, il évite tout à la fois les difficultés que chacun d'eux entraîne, et donne à chacun d'eux l'énergie et l'étendue qui leur manquent; à la directe des héritages, l'universalité par les jurisdictions; à la jurisdiction, la directe par les concessions bénéficiales et les inféodations des terres : c'est ainsi que ses conceptions et ses idées, s'entrechoquant sans cesse, font flotter le lecteur de l'une à l'autre, sans aucune direction constante.

Même inexactitude dans les autorités qu'il emploie pour expliquer comment les séniorats et les honneurs royaux se sont perpétués dans les familles. Ce passage de saint Léon,

prétexte de faire valoir, dans les derniers temps, la maxime *Nulle terre sans seigneur*, qui est bien vraie à l'égard de la jurisdiction..... mais non à l'égard des fiefs et des devoirs seigneuriaux, dont cette maxime n'entend point parler, comme l'ont fort bien prouvé plusieurs auteurs, entre autres Dominici, *de prærogativa allodiorum*, *cap.* 13 et 14, et Basnage, art. 162 de la coutume de Normandie. (Furgole, traité du franc-alleu, pag. 147.)

Nec quisquam ita careat propriis ut alter utatur alienis, ne regarde que les honneurs ecclésiastiques, et les regles que l'on doit suivre dans les causes personnelles des évêques; les conseils que ce pontife donna aux peres de Chalcédoine, assemblés pour réparer tous les maux du brigandage d'Éphese, parurent si sages à nos rois, qu'ils s'empresserent de les confirmer dans leurs ordonnances: mais, à l'égard des honneurs royaux, le titre et le texte, tout s'oppose à l'application qu'on pourroit leur en faire. Le titre: il n'y est question que de ceux qui ont été dépouillés de leur siege, et des personnes qui les ont remplacés: *De iis qui de sedibus suis fuerunt pulsi, et alii in eorum locum substituti*. Le texte: on y lit: 1° Nous apprenons que plusieurs d'entre nos freres ont été privés de leurs sieges, relégués en exil, et remplacés par d'autres: *Plurimos fratres sedibus suis pulsos et in exilium audivimus reportatos, atque in loco superstitum alios substitutos*. 2° Après avoir dit qu'il est juste de conserver à chacun son honneur, on ajoute qu'il ne l'est pas moins de rétablir d'abord dans leurs anciens droits ceux qui auparavant avoient déja travaillé pour la foi: *Nemini quidem honor suus perire debeat; sed illis qui pro fide laboraverunt, priùs cum omni privilegio suo oportet jus proprium reformari* (1). Or, vit-on jamais, dans les capitulaires, les comtes, les ducs et les graffions, traités de freres par nos rois? le mot *siege* employé pour désigner les districts et les cantons, et les fonctions de ces mandataires qualifiées de travaux pour la foi? *Qui priùs pro fide laboraverunt*. Pourquoi donc travestir ainsi ce passage, et, sous le prétexte de l'omission du mot *sacerdotes*, le détourner à des honneurs séculiers, lorsqu'il ne s'agit que des honneurs ecclésiastiques et des sieges épiscopaux?

C'est donc se livrer aux illusions, que de conclure à la féodalité universelle par les séniorats primitifs; toutes ces administrations ne désignent qu'une supériorité en général, qui ne peut s'appliquer à nos seigneuries actuelles, et les représenter que par les accessoires qui en déterminent les caracteres et l'espece.

Un pere de famille étoit sénieur par les droits de la nature; les évêques et les abbés, par l'autorité spirituelle qu'ils

(1) De his qui a sedibus fuerunt pulsi, et alii in illorum locum substituti.

Plurimos fratres sedibus suis pulsos et in exilium audivimus deportatos atque in loco superstitum alios substitutos. His primitus vulneribus adhibeatur medicina justitiæ, ne quisquam ita careat propriis ut alter utatur alienis, quem errorem omnes derelinquant. Nemini quidem honor perire debeat; sed illis qui pro fide laboraverunt priùs cum omni privilegio suo oportet jus proprium reformari. (Lib. 6 Capitul. ab Ansegiso abbate et Benedicto levita, cap. 337, page 980, tome 1 de Baluze.)

exerçoient ; un propriétaire, par la recommandation, la clientele, et le commandement des troupes ; les ducs et les comtes, par le double pouvoir de la justice et des armes ; les uns et les autres, par les concessions bénéficiales de leurs terres : le monarque étoit le sénieur de tous, par les titres et les droits de la couronne (1) ; enfin les esclaves, les serfs, avoient des sénieurs comme les hommes libres (2). Certainement tous ces séniorats se réunissent dans un point, parcequ'ils se rapportent tous à une idée commune et générale, la supériorité d'un homme sur un autre ; mais ils different par leur nature, leur objet, et leurs effets.

Il en faut dire autant des honneurs : ce mot, si fréquent dans nos annales, est trop équivoque pour servir de principe à une discussion réguliere ; il signifie tantôt les compositions plus fortes des personnes distinguées, tantôt les différents emplois dont on étoit revêtu, tantôt la ceinture militaire que tous les ingénus portoient indistinctement dans le royaume. Par honneur, on désignoit encore le respect dû aux églises et aux souverains, le rang et la dignité des évêques, des ecclésiastiques, des abbés, des grands seigneurs de la nation, des vassaux libres ou serfs du roi, des seigneurs et des églises.

Dans l'origine, tout bénéfice ne fut point essentiellement un honneur, et l'honneur ne fut pas toujours suivi de la concession d'un bénéfice : dans l'un ou l'autre de ces cas, l'honneur ne désigna pas toujours le pouvoir de la justice ; il y avoit des serfs qui étoient honorés en vasselage simplement, d'autres qui possédoient des bénéfices avec honneur (3). Cette distinction, chez les serfs, n'étoit que l'immunité personnelle, et le grade militaire qui leur étoit accordé : c'est à ce titre qu'ils prêtoient à l'empereur le serment de fidélité, comme le reste de ses sujets (4). Ainsi, parcequ'un fidele aura été le sénieur des hommes libres qui marchoient sous sa banniere, et que le comte l'étoit à pareil titre, on ne peut en conclure que leurs séniorats fussent les mêmes, et que le premier, comme le second, fût chargé de la justice civile et criminelle. De même, parceque les concessions bénéficiales établirent un séniorat et des vas-

(1) Voyez les Capitulaires *passim*.

(2) Fiscalini quoque et coloni et ecclesiastici atque servi, qui honorati beneficia et ministeria tenent, vel in vassallitico honorati sunt, cùm domini sui et caballos et arma et scutum et lanceam, spatam et senespasium habere possunt, omnes jurent, etc. (Capit. Pippini regis Italiæ, an. 793, cap. 36, p. 541, tom. 1 de Baluze.)

(3) *Atque servi qui honorati beneficia et ministeria tenent vel in vassallitico honorati sunt.* (Ibid.)

(4) Voyez les origines de du Buat, tome 1.

saux feudataires, il n'est pas vrai que tous les séniorats d'une part, et les vasselages de l'autre, aient eu le même fondement et la même origine. Enfin, parceque dans les honneurs il y en eut beaucoup qui contribuerent à étendre l'économie des fiefs, tels que les jurisdictions et les concessions bénéficiales, il ne s'ensuit pas que les uns et les autres aient été dans le royaume la source universelle de la féodalité.

L'auteur, après avoir suivi la maxime *Nulle terre sans seigneur* dans tous ses développements, termine sa discussion par ce point de vue général: « La maxime *Nulle terre sans seigneur* « n'a donc plus rien de sauvage; elle signifie seulement que « l'effet de l'alliance d'une multitude d'hommes rassemblés « par les loix contient un vœu par lequel chaque membre « de cette nation se consacre, lui et ses biens, au service de « la cause commune, sous la direction de ceux qui en sont « les organes ». S'il en est ainsi, le régime féodal aura donc été celui de toutes les nations du monde. Est-il en effet aucune contrée sur la terre où la société se soit formée sans aveu général de tous les individus? En existe-t-il aucune qui n'ait des représentants de l'autorité? Ce dévouement de tous les membres du corps politique, sous la direction des délégués du prince, est-il particulier à telle ou telle forme de gouvernement? N'est-il pas au contraire le fonds simple et naturel sur lequel tous les peuples de la terre ont diversifié leurs administrations, d'après leurs goûts, leurs intérêts, la position du climat, et les circonstances dans lesquelles ils se sont trouvés? Pourquoi donc avancer, comme il le fait ailleurs, que les loix de la confédération sociale ne peuvent nous éclairer sur la subordination des héritages entre eux, et que la féodalité a été inconnue aux Grecs, aux Romains, et à toutes les nations policées qui ont précédé l'ere de Charlemagne? Quoi! les Romains et les Grecs, les anciens empires de Babylone, d'Assyrie et d'Égypte, ceux des Indiens et des Perses, tous ces peuples, en un mot, qui avoient fait dans la civilisation des progrès qui nous étonnent encore, auroient ignoré la nature et les loix de la confédération politique?

Disons donc, pour rétablir les principes de la matiere, que les bénéfices du prince, en devenant héréditaires, ont formé la premiere branche du régime féodal; que les jurisdictions, en devenant patrimoniales, ont pu en former une autre; qu'une multitude d'alleux ont passé sous la loi des fiefs par les inféodations réelles ou fictives; que la plupart des hauts seigneurs établirent aussi des bénéfices, à l'exemple du prince; qu'ils ont ensuite inféodé leurs domaines, sous l'obligation du service militaire; que les vassaux, usant à leur tour des droits de leurs suzerains, ont soumis leurs bienfaits à de nouveaux démembrements, soit à la charge de l'hommage, soit à la charge d'un cens; que toutes ces inféodations formerent d'abord autant de rameaux isolés, qui s'arrêterent à leurs auteurs; qu'ensuite les confiscations, les achats, les successions et les alliances, secondées par la révolution des âges, les ont fait, pour la plupart, remonter jusqu'au roi, dans presque toutes nos provinces; mais que c'est une erreur que de vouloir, dans l'analyse de sa formation, faire descendre l'économie féodale du sein de la souveraineté et de la subordination des personnes et des biens à son domaine public. Les politiques distinguent la monarchie en deux especes, l'une royale et l'autre seigneuriale: elles different entre elles en ce que la premiere n'attribue pas au souverain, comme la seconde, la propriété des personnes et des biens de ses sujets. La monarchie royale n'a que la seigneurie publique ou le domaine suprême; la seigneuriale, au contraire, emporte tout à la fois la seigneurie publique et la seigneurie privée des uns et des autres. Ainsi, à moins de démontrer que, par les loix constitutives des sociétés, la souveraineté en France est essentiellement seigneuriale, c'est aller contre tous les principes, que d'asseoir la féodalité des héritages sur les obligations fédératives de tous les individus envers l'état (1).

Ainsi, quoique les ecclésiastiques du royaume soient tous soumis pour leurs biens à la jurisdiction des territoires; quoique la plupart d'entre eux exercent par leurs justices une portion de la puissance publique; en un mot, quoique réciproquement ils possedent des seigneuries jurisdictionnelles, et qu'ils soient soumis à leur empire comme les autres sujets du roi, ce n'est pas une raison d'en conclure la féodalité de leurs domaines, parceque les justices et les fiefs n'ont rien de commun, c'est-à-dire que celles-ci n'ont point été le principe et la source des autres.

Si l'on demande comment le clergé a possédé des fiefs, la réponse est facile. Plusieurs causes ont concouru à multiplier, dans les églises, ce genre d'administration, civile et militaire tout ensemble.

(1) Furgole, traité du franc-alleu, pages 9, 10, 11 et 15.
Cazeneuve, page 69.
Bodin, traité de la république.

La premiere fut l'obligation du service militaire, qui, dans les principes du gouvernement, regardoit tous les citoyens, c'est-à-dire les hommes libres qui composoient la nation françoise. Ce service étoit proportionné à la qualité et à l'étendue des terres en général; il n'y avoit, à cet égard, aucune distinction entre les bénéfices et les propriétés. Par la disposition des Capitulaires, celui qui possédoit quatre manses étoit obligé de marcher en personne à l'armée, sous les ordres du comte : ceux dont les facultés n'étoient pas aussi considérables, se réunissoient entre eux jusqu'à la concurrence de ces quatre manoirs; un d'eux marchoit aux frais de tous, et acquittoit ainsi le service dû pour ces possessions respectives (1). Ainsi, ceux qui possédoient un plus grand nombre de manses étoient obligés de fournir et d'équiper des hommes libres en proportion de cet excédent; dès-là même, au lieu de stipendier des hommes libres à chaque convocation, ils jugerent plus naturel de s'assurer le service de ces hommes par des concessions viageres.

Les premiers fiefs de nos églises n'ont pas une autre origine. Rien de plus commun, sous les deux premieres races de nos rois, que les bénéfices et les précaires des biens ecclésiastiques : c'est l'objet perpétuel des Capitulaires; de-là, ces réglements si multipliés sur les hommes des églises, sur les terres qu'ils tenoient d'elles en bénéfice, sur les obligations des possesseurs temporels de ces biens au service de l'armée et à la défense générale de l'état, sur les cens auxquels ils étoient assujettis envers elles, et dont le paiement est si souvent prescrit pour assurer la propriété de l'église sur ces différentes parties de son domaine (2).

(1) Et omnis homo liber qui quatuor mansos vestitos de proprio suo sive de alicujus beneficio habet, ipse se præparet et ipse in hostem pergat sive cum seniore suo; qui verò tres mansos de proprio habuerit, huic adjungatur unus qui unum mansum habeat et det illi adjutorium ut ille pro ambobus ire possit; qui autem duos mansos tantùm de proprio habet, jungatur illi alter qui similiter duos mansos habeat, et unus ex eis, altero illi adjuvante, pergat in hostem. (Capit. 1, an. 812, page 490, tome 1 de Baluze.)

(2) De hominibus nostris et episcoporum et abbatum qui vel beneficia vel talia propria habent, ut ex his, secundùm nostram jussionem, in hostem bene possint pergere. (Capitul. 1, an. 812, chap. 8, ibidem.)

Quia verò Carolus princeps, Pippini regis frater, qui primus inter omnes Francorum res ecclesiarum ab eis separavit atque divisit..... (Capitul. Caroli Calvi, tit. 27, cap. 17, tome 2, ibid.)

Statuimus quoque, cum consilio servorum Dei, propter imminentia bella et persecutiones cæterarum gentium quæ in circuitu nostro sunt, ut sub precario et censu aliquam partem ecclesiasticæ pecuniæ in adjutorium exercitûs nostri aliquanto tempore retineatur eâ conditione ut annis singulis duodecim denarii ad ecclesiam reddantur, et si moriatur ille..... ecclesia revestita sit, etc. (Carlomanni, capit. 2, an. 743, tome 1 de Baluze.)

At illi homines qui res ecclesiasticas per verbum domini regis tenent, sic ordinatum est ut illas ecclesias unde sunt. . . . . juxta quod de ipsis rebus tenent, emendare debeat et illos census vel illas decimas

La chartre de Louis le Débonnaire, pour la fondation de l'évêché de Hambourg, est aussi positive. Ce prince, sentant combien il étoit nécessaire de lier la constitution religieuse à la constitution politique de l'empire pour rendre sa domination plus respectable à ses peuples, s'empressa d'accomplir le vœu qu'avoit fait Charlemagne: il résolut donc d'établir un évêché à Hambourg, et d'y attacher la légation perpétuelle de toutes les contrées d'au-delà de l'Elbe. Pour lui assurer une dotation convenable, il y réunit à perpétuité le monastere de Turholt et son domaine. Parmi les terres qui le composent, on voit les bénéfices militaires possédés par ses hommes: *Homines quoque qui ejusdem cellæ beneficia habere noscuntur*. Pour que l'évêque ne rencontre aucun obstacle dans l'exercice de sa légation, et qu'il soit toujours en état de repousser les insultes des barbares, il les exempte de toute milice, expédition ou service quelconque (1).

Cet usage devint plus nécessaire encore au milieu des troubles qui, sous la deuxieme race, agiterent l'empire de la domination françoise; la guerre fut, pour ainsi dire, l'état naturel de ces siecles: exposées sans cesse aux déprédations dans ces temps malheureux, les églises n'eurent pas, suivant l'expression de nos auteurs, de ressources plus honorables et plus sûres, que de distribuer en bénéfices à des personnes puissantes une partie de leurs terres pour s'assurer la possession des autres (2). Ce fait est clairement exposé par les évêques de France dans la lettre qu'ils écrivent à Louis le Germanique pour l'engager à tourner ses armes contre les infideles, au lieu de s'en servir à ravager les états de son frere. « Si les recteurs, disent-ils, et les « chefs des églises ont disposé d'une grande partie de leurs « biens en faveur des hommes libres attachés à leur service, « ils ont aussi réglé, par une sage économie, qu'à mesure « que ce patrimoine s'accroîtroit par les charités et les offrandes des fideles, la milice du royaume en seroit augmentée dans la même proportion, afin de repousser les « mauvais desseins des barbares, opposer une digue puis-

ibidem dare pleniter debeant, et qui hoc non fecerit, ipsas res perdat. (Capitul. metense Pippini, an. 756, cap. 4, ibid.)

Ut beneficia imperatoris et ecclesiarum considerentur, ne fortè aliquis allodium suum restaurans beneficium destruat. (Capitul. 1, incerti anni, page 518, ibid.)

(1) Homines quoque qui ejusdem cellæ beneficia habere videntur ab omni expeditione vel militia vel qualibet occupatione absolvimus: at.... episcopus ad hanc Deo dignam peragendam..... legationem nullum in hoc patiatur impedimentum. (Præceptum de Paganis ad christianitatem invitandis, etc. page 682, tome 1 de Baluze.)

(2) Husson, à la suite de du Plessis.

santo

« sante à leurs entreprises, et pourvoir ainsi à la défense des « églises et à la tranquillité de l'état (1). »

La majeure partie de ces terres ne sont point retournées aux églises; mais, au moyen du cens par lequel on reconnut leur domaine, elles formerent, depuis l'hérédité des bénéfices, des fiefs de leur mouvance, comme les démembrements viagers des terres du fisc ont formé ceux de la couronne (2).

Les advocaties et les vidamies firent éclore une nouvelle branche d'inféodations ecclésiastiques. Les avoués ne furent dans l'origine que les patrons, les protecteurs, les défenseurs des églises. La foiblesse inséparable de ces établissements, le desir qu'eurent les fondateurs d'en perpétuer l'existence et de les rendre en quelque sorte éternels, comme la religion à laquelle ils étoient consacrés, furent les principes des advocaties particulieres. Il fut assez généralement reçu que les fondateurs prissent ces établissements sous leur protection et sous leur garde; et lorsqu'ils ne se sentirent pas assez forts pour les garantir contre la cupidité et l'avarice, ils eurent recours à l'autorité des grands ou à celle de nos rois pour déposer entre leurs mains ces gages précieux de leur dévotion et de celle de leurs ancêtres (3).

Rien n'étoit plus nécessaire aux églises que les advocaties: aussi les voyons-nous en usage dès l'origine du gouvernement françois. On en trouve la formule bien détaillée dans Marculphe, qui nous a conservé celles des actes les plus solemnels et les plus généralement pratiqués jusqu'à lui (4). Les conciles de France et d'Allemagne en firent des dispositions particulieres; celui de Mayence prescrivit aux évêques, aux abbés, et à tous les ordres du clergé, de prendre des avoués et des vidames (5). Charlemagne se rendit à

(1) Quibus consecratis Deo rebus, quod habent liberi homines ecclesiis servientes, per dispositionem rectorum ipsarum ecclesiarum adeò constituerunt apostolorum successores hoc ordinari, ut quia creverunt fidelium vota et increverunt infidelium mala, augeretur per dispensationem ecclesiasticàm regni militia ad resistendam malorum nequitiam, quatenus ipsæ ecclesiæ defensionem haberent et pacem, et christianitas obtineret tranquillitatem. Quapropter sicut et illæ res ac facultates de quibus vivunt clerici, ita et illæ sub consecratione immunitatis sunt, de quibus debent militare vassalli et pari tuitatione a regia potestate in ecclesiarum usibus debent manere. (Capitul. Caroli Calvi, tit. 27, cap. 7, pag. 108 et 109, tome 2 de Baluze.)

(2) Duodecim denarii ad ecclesiam reddantur; et si moriatur ille, ecclesia revestita sit; et iterùm si necessitas cogat aut princeps jubeat, precarium renovetur et rescribatur novum. (Capitul. 2 Carlomanni, an. 742, tome 1 de Baluze.)

(3) Ab initio fundatores privati ecclesias et cœnobia a se posita, ut in tuto essent, advocatiæ et tutelæ principum passim commendarunt. (Hauteserre, de ducibus et comitibus, cap. 6, page 21.)

(4) Marculphe, liv. 1, chap. 24.

(5) Omnibus igitur episcopis, abbatibus, cunctoque clero, perpetuò præcipimus vice-dominos, præpositos, advocatos sive defensores bonos habere. (Concil. Moguntinum, can. 50.)

Hauteserre, de ducibus, cap. 6.

ses vœux; en conséquence, il ordonna à toutes les églises de s'adresser désormais à l'empereur pour avoir des protecteurs et des patrons (1).

Quelque avantageuses que fussent les advocaties à la tranquillité des églises et à la conservation de leurs propriétés, cependant, comme il est dans la nature des choses humaines de dégénérer avec le temps, ces moyens si salutaires leur devinrent funestes. Nos rois, à qui cette prérogative appartient par les droits de leur couronne, et les hauts seigneurs qui se l'étoient arrogée à la suite des droits régaliens dont ils jouissoient, trop occupés pour remplir par eux-mêmes ces religieuses fonctions, en confierent l'exercice à leurs fideles ou aux grands de leur cour: alors les advocaties et les vidamies s'éloignerent insensiblement de leur institution primitive; et au lieu de servir de boulevard à la possession des églises, elles en précipiterent la ruine dans presque tous les états de l'Europe : delà ces réclamations universelles des conciles, des papes et des évêques; delà ces réglements multipliés des hauts seigneurs et de nos souverains sur les droits et les émoluments des avoués, jusqu'à l'époque de leur extinction dans le royaume (2).

Quoi qu'il en soit de tous ces détails, il faut distinguer deux époques dans les advocaties: dans la premiere, elles étoient assez ordinairement gratuites (3); dans la seconde, les églises furent obligées de reconnoître les services de leurs avoués par des concessions bénéficiales ou féodales de leurs domaines. Rien de plus ordinaire que ces sortes d'inféodations dans les monuments de ces siecles et dans les chartres des églises: c'est la remarque de tous nos auteurs. «Les an-«ciens avoués, dit Muratori, furent amplement récompensés «de leurs soins: indépendamment des privileges qui leur «furent accordés par les empereurs, ils reçurent des évêques, «des chapitres et des abbés, des bénéfices et des fiefs pour «prix de leurs labeurs. Ces dons furent toujours propor-

(1) Defensores ecclesiarum adversùs potentias sæcularium vel divitum ab imperatore sunt poscendi. (Lib. 5 Capitul. cap. 23, page 831, tome 1 de Baluze.)

(2) Mirum videatur quòd abbatibus implorandum foret Cæsarum præsidium, ut advocatos ministros suos in officio continerent: sed jam eò prolapsa res erat, advocatia speciem dominationis assumpserat. Quare luctandum sæpè monachis fuit cum advocatis suis, adeòque ad cautelam imploratum est imperiale subsidium, et pœnæ iis propositæ, si ultra pacta gravarent ecclesiam. (Muratori, Antiq. d'Italie, dissert. 63, page 293, tome 5.)

Voyez le recueil des fond. de Flandre par Aubert le Mire, tome 1, an. 1225 et *passim*.

Labante scilicet disciplinâ, numen præsidii causâ accitum in letum et exilium ecclesiis incubuit, et ovem lupo creditam coarguit exitus. (Hauteserre, de ducibus, page 32.)

(3) Et quidem hi melioribus sæculis gratuitam ecclesiis advocatiam impenderunt. (Hauteserre, ibid. page 24.)

« tionnés à l'opulence et aux facultés des églises. Lorsqu'a-
« vec l'agrément des souverains ils présiderent à leurs plaids,
« toujours défrayés par elles avec magnificence, ils perçurent
« encore le tiers dans les émoluments des justices : mais leur
« ambition insatiable ne fut jamais satisfaite ; ils deman-
« derent encore des châteaux, des dîmes, et des terres, sous
« l'obligation du vasselage. Enfin, leur avarice ne connut
« plus de bornes, lorsqu'ils furent chargés de défendre les
« églises contre leurs ennemis, de repousser par les armes
« les usurpateurs de leurs biens, et de conduire à la guerre
« leurs hommes et leurs soldats (1). »

Toutes ces concessions de terres bénéficiales, devenues héréditaires, et perpétuées dans les familles sous la loi de leur dépendance originaire, ont formé, avec le temps, une multitude de fiefs qui releverent des églises, comme les fiefs de la couronne relevent de la tour du Louvre.

La troisieme source des fiefs ecclésiastiques, ce sont les différentes concessions qui leur furent faites des grandes terres allodiales. On y distinguoit, suivant l'usage de ces temps, le manoir seigneurial et les terres données en casement ou en bénéfice à la famille militaire ; ensuite, les différents manoirs serviles occupés et cultivés par les colons : toutes ces différentes parties formoient ce qu'on appelloit alors l'intégrité de la glebe. C'est ainsi que Schilterus développe une chartre du roi Dagobert, qui contient les donations de ce prince à l'église de Strasbourg ; après avoir parlé des courtils ou manoirs principaux que ce prince et sa femme donnerent à cette église en domaine absolu, *tres curtes principales in jus et dominium sanctæ Dei genitricis transfunderent*, il ajoute : « On voit qu'il y avoit trois familles bien distinctes,

(1) Neque tantum antiquis ecclesiæ advocatis meritum apud Deum ob ritè munus quo fungebantur, curabatur, sed etiam accedebant temporales proventus; quippe veteres advocati ab omni publica expeditione atque aliis oneribus, ex indulgentia Cæsarum, immunes erant. Prœterea consuevere advocati quilibet ab episcopis, capitulis aut abbatibus, beneficio aliquo sive feudo donari in remunerationem laboris pro ecclesia suscipiendi.... Ad hæc, non modica fuit ejusmodi advocatis potestas, quandoquidem placita iis habere licebat, in quibus ex imperiali privilegio vassallis ac hominibus ecclesiarum jura dabant. Ut autem est humanæ cupiditatis nunquam satiari..... præter consueta stipendia, non pauci quotidie studebant ut ecclesiarum ubera quantis possent viribus exsugerent, hoc est nova beneficia, castella videlicet, decimas et prædia, ab episcopis et abbatibus clientelari jure sibi possidenda impetrarent..... Sed tunc præcipuè advocatorum fames atque importunitas invaluit cùm ad eum finem cœpti sunt eligi, ut armatâ manu ecclesiarum bona tuerentur et ad prælium prodirent tum contra hostes facillimos, tum adversùs alios imperatores aut cùm necessitas posceret, et cleri milites ac vassallos in bellum imperator acciret ut eis præessent ipsosque in aciem ductarent. (Muratori, Antiq. d'Italie, tome 5, page 290.)

Sæpius eisdem data in beneficium certa prædia ecclesiæ, quæ inde advocatiæ nomen habuerunt. (Hauteserre, de ducibus et comitibus, page 31.)

« attachées à ces manoirs: la premiere étoit celle des minis-
« tériaux, que l'on appelloit aussi la famille militaire ; elle
« étoit si noble et si belliqueuse, qu'on pouvoit la comparer
« à celle des propriétaires libres: la seconde étoit celle des
« censitaires, toujours soumise et toujours contente de ses
« devoirs : la troisieme étoit celle des hommes qui étoient
« tout à la fois et serfs et censitaires. Toutes étoient sous la
« domination de l'évêque, qui établit sur eux des chefs pour
« les gouverner (1) ».

Que les églises aient reçu en toute intégrité des particuliers, des hauts seigneurs et de nos rois, des terres de cette nature, c'est une vérité établie par tous les monuments de l'histoire, tels que les formules de Marculphe (2), de Lindenbroch (3), et les chartres de ces siecles : celles de Dagobert et d'Arnould, empereur de Constantinople et roi de Germanie, pour les églises de Strasbourg et de Treves ; de Childebert et de Lothaire, premier roi de Lorraine, pour le monastere de S. Denys; de Charles le Chauve, pour celui de Duneng; présentent un détail circonstancié de tout ce qui composoit alors la consistance de ces terres. On y voit les bourgs, les villages, les châteaux, les familles, les hommes et leurs enfants serfs ou libres, qui déservoient ces manses et en faisoient partie: *Castella, vicos et homines . . . . id est cum terris, ædificiis, incolabus, accolabus, mancipiis, mansum unum quem Valentinus . . . . ad deserviendum possidet cum uxore sua et infantibus, ad proprium largimur.* Le tout passe du domaine du roi dans celui des églises, pour en jouir par elles en propriété absolue, entiere et perpétuelle, comme le souverain les possédoit lui-même auparavant. *De nostro jure ac dominatione in potestatem ipsius loci transfundimus . . . . Re exquisitâ ad integrum . . . . quidquid fiscus noster tenuit jure proprietario volumus esse mansurum* (4).

Ces branches différentes, qui composoient la famille d'un

(1) His itaque curtibus subjecta familia trifariè secernitur: 1° Ministerialis, quæ etiam militaris dicitur, adeo nobilis et bellicosa ut nimirum liberæ conditioni comparetur; 2° verò censualis et obediens, permagnifica et sui juris contenta; 3° nihilominùs est quæ servilis et censualis dicitur: sed tamen omnes sub dominio episcopi et ab ipso rectoris constituti consistunt. (Schilterus, juris germanici, cap. 86.)

(2) Cedimus à præsente die..... atque de jure nostro in jure sancto ecclesiæ illius villâ mancipante illâ..... cum omni merito et territorio suo, cum terris, domibus, etc. (Marculphe, form. 4, liv. 2, et *passim*, tome 2 de Baluze.)

(3) Lindenbroch, 50 et 79 formules. (Tome 2 de Baluze.)

(4) Dedimus quoque eamdem abbatiam cum omni integritate suâ ad prælatos sedis ecclesiam in beatæ memoriæ Ludovici regis avique nostri necnon Carlomanni genitoris nostri, etc. animæque nostræ perpetuam commemorationem cum ecclesia, curtibus, adificiis, familiis, mancipiis utriusque sexûs, etc. Hæc igitur universa per hoc præsentis auctoritatis nostræ præceptum ad sæpe dictam sedem æternaliter

propriétaire et l'intégrité de ses domaines, étoient une suite de la maniere d'exploiter les biens et de les mettre en valeur. Aux uns, on donnoit des terres en bénéfices militaires; aux autres, en bénéfices roturiers : le maître se réservoit quelque partie de ses domaines, qu'il faisoit cultiver par des serfs ou par d'autres. Ce genre d'administration fit naître les domaines indominiqués, les domaines ingénus, et les manoirs serviles. On retrouve dans les capitulaires de nos rois, et particulièrement dans ceux de Charles le Chauve, la distinction de toutes ces manses: lorsqu'il ordonna des levées et des contributions dans tous les ordres de l'état pour repousser les Normands qui infestoient les bords de la Seine, il en régla la perception sur la valeur des manoirs indominiqués, des manoirs ingénus et des manoirs serviles (1).

Toutes ces terres, tenues en bénéfice, soit du souverain, soit des hauts seigneurs, ou des églises, ont produit dans le temps de l'anarchie, c'est-à-dire sous le regne de Charles le Simple, ce genre de possessions nouvelles connues depuis sous la dénomination des biens féodaux nobles et roturiers: les manoirs ingénus ont été la source des premiers, les manoirs serviles ont engendré les autres (2).

La quatrieme source des fiefs possédés aujourd'hui par les églises, sont les inféodations qu'elles ont faites elles-mêmes d'une partie de leur domaine, depuis l'introduction des coutumes féodales. Lorsque les bénéfices furent devenus héréditaires, sous les derniers successeurs de Charlemagne, par la foiblesse de ces princes et l'usurpation des grands, l'antique usage des concessions disparut insensiblement pour faire place à un genre de tenure qui eut le même objet sans en avoir la mobilité. Ces tenures sont connues

retinenda donamus (Tome 1 de le Mire, page 247, Fondat. de Flandre.)

Nos igitur mansum unum ex fisco nostro Valentinio, quem Valentinus nomine fiscalium ad deserviendum possidet, ipsumque cum uxore sua et infantibus eorum, ob amorem omnipotentis Dei ac beati Dionysii reverentiam, ad proprium largimur jure perpetuali, ac de jure nostro et dominatione in potestatem illius loci tradimus atque transfundimus. (An. 880, pag. 248, cap. 9, tome 2 de le Mire.)

Abbatiam beatæ Dei genitricis et Sanctæ Ragenfridis, quam ex suis propriis prædiis ac vernaculis construxit ipsa vivens, cœnobii ipsum scilicet dominium, cum omni integritate..... mansos scilicet 24, cum molendinis et pratis, etiamque cum omnibus familiis ibidem degentibus, tam insuper stabiliendo..... omnimodam decimam tam de villis indominicatis quàm beneficiis ex omni abbatia ad usum fratrum æternaliter largiendum. (Cap. 12, page 249, ibid.)

(1) Episcopi, abbates, comites et vassalli dominici ex suis honoribus de unoquoque manso indominicato donet denarios duodecim de manso ingenuali, quatuor denarios de censu indominicato et quatuor de facultate mansuarii, de servili verò manso duos denarios, de censu indominicato, et duos de facultate mansuarii. Exactio Normannis constituta tempore Caroli regis. (Capitul. Caroli Calvi, tom. 2 de Baluze, page 259.)

(2) Voyez Cazeneuve, Furgole, Dominici, Hauteserre, et le P. Daniel, traité de la milice françoise.

parmi nous sous le nom de fiefs. Les églises et les monasteres toujours gouvernés par la nécessité des temps, les évêques et les abbés entraînés par l'esprit militaire qui animoit la nation, se laisserent aller encore au torrent de ces nouveaux usages ; à l'exemple des particuliers et des grands, ils inféoderent une partie de leurs domaines, afin d'avoir, dans la personne de leurs vassaux, des soldats toujours armés pour leur défense : l'ambition et la cupidité, qui porterent le ravage et la déprédation dans leurs biens, leur en faisoient une loi.

C'est ainsi qu'Hérivée, archevêque de Reims, donna en fief à Eudes, son frere, plusieurs terres de son église, entre autres Châtillon et Baroches (1) qu'Odolrid inféoda pareillement à Thibaut Ier, comte de Chartres et de Blois; le château de Coucy, que saint Remi avoit autrefois donné à son église (2); que Fulberg, archevêque de Cambrai, investit Hugues d'Oisi de la châtellenie de Cambrai, qui depuis a passé dans le domaine de la couronne sous Philippe de Valois (3); que les évêques de Langres acquirent un si grand nombre de vassaux illustres, tels que les comtes de Champagne et de Bourgogne (4).

Ces opérations des églises n'avoient rien de contraire à l'ordre public (5). On a vu que cet usage fut universellement pratiqué dans les onzieme, douzieme et treizieme siecles, et qu'il y fut porté jusqu'au délire (6). Les vassaux eux-mêmes, quoique soumis au domaine et à la volonté d'un suzerain, profiterent de cette licence presque générale : ils démembrerent leurs fiefs par des sous-inféodations, et se firent des vassaux à leur tour. En qualité de libres propriétaires, les églises purent donc également pratiquer ces

(1) Mémoires d'Husson à la suite des œuvres de du Plessis, page 24.

(2) Ibidem.

(3) Ibidem.

(4) Et quant aux évêques de Langres, quoique le comté de Langres ne leur ait été donné qu'en 1179 par Hugues III, duc de Bourgogne, néanmoins ils avoient eu dès auparavant un domaine si considérable, que, par les démembrements qu'ils en avoient faits, ils s'étoient acquis pour vassaux les premiers seigneurs de France et de Bourgogne: car les comtes de Champagne tenoient d'eux en fief-lige les villes, châteaux, terres et seigneuries de Bar-sur-Aube, Bar-sur-Seine, Chaumont, Nogent, et Montigni en Bassigni, avec la garde de l'abbaye de Molesme, dont se trouve l'acte de foi et hommage que Thibaut, roi de Navarre et comte de Champagne, en rendit au mois de juillet 1239 à Robert de Torotte, lors évêque de Langres. (Mémoires d'Husson, ibid. page 24.)

(5) Plures aliæ occasiones per tot sæcula occurrere potuerunt quibus quandoque ecclesiis utile vel necessarium visum fuit bona ecclesiastica in feudum concedendi vel pro aliis commodis, vel pro liberanda ecclesia ab ære alieno, vel pro aliis commodis; nam ob utilitatem et necessitatem bona ecclesiastica alienari in totum posse constat; multò magis ergo in feudum dari queunt, si solemnitates canonicæ sunt adhibitæ. (Bohemerus, de feudis ecclesiæ, Thesaurus juris feudalis, tome 2, page 252, parag. 15.)

(6) Brussel, tome 1. Voyez ci-dessus.

usages. L'état et le souverain n'eurent aucun intérêt à s'y opposer, dans ces siecles où le service militaire se faisoit assez communément par la voie du vasselage ; les fiefs des églises à cette seconde époque, comme les bénéfices sous la premiere, augmenterent le nombre des soldats qu'elles devoient fournir à chaque convocation pour l'armée.

Enfin, la cinquieme et la derniere source des fiefs ecclésiastiques, furent les inféodations volontaires que des propriétaires libres firent aux églises de leurs domaines, comme nous l'avons vu pratiqué à l'égard du roi et des seigneurs. Les motifs qui inspirerent ces opérations, joints à la piété qui animoit nos ancêtres, favoriserent les prélats comme les autres classes de citoyens. La considération attachée à leurs titres, les grandes possessions de leurs églises, le nombre de leurs soldats, les rendirent à leur tour des protecteurs puissants. C'est à ces inféodations volontaires, secondées par toutes ces circonstances, qu'il faut rapporter encore la plupart de ces fiefs oblats et de dévotion, que l'on rencontre si fréquemment dans nos annales (1).

Ce fut par tous ces moyens divers que les églises eurent des hommes de guerre et des vassaux ; c'est ainsi qu'ils eurent des fiefs, sans que leurs glebes, qu'ils possédoient en alleu, fussent asservies à une glebe de mouvance ou à un sénieur suzerain. Cette prérogative ne leur étoit pas particuliere : quoique la féodalité eût étendu ses immenses rameaux assez universellement en Europe, et sur-tout en France, cependant il exista, dans le temps de sa plus grande vigueur, une multitude d'allodiaires, qui remplissoient comme elle les devoirs militaires par la voie de leurs vassaux, sans être eux-mêmes assujettis envers le prince à ces loix particulieres du régime féodal. La qualité de sujets et de citoyens, de leur part, celle de souverain, du côté du monarque, et le domaine public que tout état bien constitué a sur les personnes et sur les biens qui le composent, étoient les seuls titres de ces obligations. Ce point a été suffisamment éclairci par les exemples multipliés de ces grands propriétaires, qui, dans les 12ᵉ, 13ᵉ et 14ᵉ siecles, ne tenoient au régime féodal que par les démembrements de leurs propres domaines, et qui

(1) Voyez Cazeneuve, traité du franc-alleu.)

Quarta occasio et quidem ferè primaria eorum quæ hodie supersunt quærenda est in oblatione bonorum ecclesiis hâc intentione facta, ut rursus ab iisdem in feudum offerentibus darentur. Hæc eò majorem probabilitatis rationem habent, si consideremus episcopos paulatim ad tantam devenisse potentiam ut comites nobilesque, etc. (Bohemerus, de feudis ecclesiasticis, Thesaurus juris feudalis. Gottob. etc. tome 2, page 251.)

n'ont commencé à reconnoître l'autorité d'un suzerain qu'au moment des inféodations volontaires ou forcées de leurs héritages en faveur des hauts seigneurs ou du monarque lui-même. Auparavant qu'ils eussent consenti à dénaturer ainsi leurs antiques possessions, ils avoient des mouvances, et n'étoient dans celle de personne, suivant le langage des chartres : *Quod suum erat feodum, nostrum verò allodium* (1).

A quel titre l'inspecteur du domaine prononce-t-il donc que les églises n'ont pu former des fiefs? c'est qu'elles auroient par là même créé une puissance intermédiaire entre elles et la couronne. Mais s'agit-il ici de la subordination des héritages à des glebes de mouvance, ou bien de la juridiction? Au premier cas, le fief n'est point une puissance intermédiaire ; c'est une suite de la propriété sur laquelle le souverain conserve son domaine après comme avant l'inféodation. S'agit-il des justices? les évêques n'ont pu sans doute ni les créer, ni les établir sur les terres de leurs églises; c'est du roi seul qu'elles descendent, et c'est à lui qu'elles doivent remonter sans cesse comme à leur source légitime : *Principis sunt omnia quoad jurisdictionem.* Mais puisqu'il est démontré qu'entre les justices et les fiefs il n'y a rien de commun, que l'un n'est pas le principe de l'autre, et que ces prérogatives surajoutées aux héritages n'en ont pu compromettre les droits, c'en est assez pour conserver au clergé l'allodialité de ses possessions. Ainsi, que ces justices soient essentiellement féodales, ou qu'elles ne le soient pas, c'est une question absolument indifférente à celle qui nous occupe ; cependant, pour ne rien laisser derriere nous dans une affaire aussi importante, on va s'y livrer encore. C'est ainsi qu'envisageant le système du domaine sous toutes les faces, on sentira de plus en plus l'insuffisance de ses principes pour résoudre le problême de la féodalité universelle des héritages en France.

(1) Arnoldus comes notum facimus quòd vir nobilis n... curtem.... cum omni integritate justitiæ in scabinis, mansuariis..... et quidquid ad eam pertinere dignoscitur, quod suum erat feudum, nostrum verò allodium, ad utilitatem ecclesiæ in manus nostras legitimè resignavit. (An. 1259, cap. 62, tome 2 des fond. de Flandre.)

ARTICLE IV.

ARTICLE IV.

Rapports des justices avec la souveraineté.

L'INSPECTEUR du domaine soutient que la féodalité est une obligation indéclinable des justices; que les droits du souverain et la majesté de son trône seroient compromis, si toutes ces administrations, qui font actuellement partie de la propriété des sujets, ne lui étoient reportées par la voie des hommages, à l'instar des fiefs ordinaires. Si ces principes sont vrais, pourquoi voyons-nous autant de justices allodiales dans tous les âges de la monarchie et dans tous les ordres de la nation, à commencer par les églises?

Pour ne rien confondre, il faut, sous les deux premieres races, distinguer les justices en deux classes, les unes purement économiques et les autres royales. Les premieres étoient celles qui appartenoient à tout propriétaire d'alleux sur les hommes attachés à ses domaines ou domiciliés sur ses terres: elles consistoient à maintenir et à faire exécuter les réglements domestiques, faits par le chef de la famille pour l'amélioration de ses alleux et la conservation du bon ordre entre tous ceux qui y étoient établis. Les autres avoient pour objet l'état et la propriété des personnes, les causes criminelles, telles que le rapt, le meurtre, l'incendie, et tout ce qui regardoit la police générale; celles-ci étoient du ressort du comte qui en avoit l'exercice au nom du roi. La chartre de Louis le Débonnaire pour les Espagnols réfugiés dans ses états nous donne une juste idée de ces deux classes de justices, dont les unes étoient une suite de la propriété, et les autres appartenoient incontestablement au roi en vertu de son domaine suprême (1).

Les premieres n'ayant aucun rapport avec l'ordre public et la police générale, elles n'ont pas dû remonter au roi par la voie de la féodalité et de l'hommage. Quant aux autres, est-il vrai que les églises les aient possédées dès l'origine de la monarchie? Sur cela les publicistes sont partagés entre eux: les uns croient que les François les ont apportées des forêts de la Germanie; d'autres, que l'usage ne s'en est in-

(1) Ipsi verò pro majoribus causis, sicut sunt homicidia, raptus, incendia...... aliarum rerum invasiones, et undecumque a vicino suo aut criminaliter aut civiliter fuerit accusatus et ad placitum venire jussus, ad comitis sui mallum venire non recusent. Cæteras verò minores causas more suo, sicut hactenus fecisse noscuntur, inter sem utuò definire non prohibeantur. (Præcept. primum Ludovici Pii pro Hispanis, an. 815, cap. 2, page 550, tome 1 de Baluze.)

Voyez les Loix Anglo-normandes, tom. 2, page 174, et les origines, tome 3, liv. 11, chap. 1, 2 et 3.

troduit parmi eux qu'après leur établissement dans les Gaules ; il en est qui en fixent l'origine à la fin de la deuxieme race et au commencement de la troisieme. L'inspecteur du domaine s'est fait à lui-même un systême nouveau ; il distingue entre les églises et les délégués publics du gouvernement : dans les mains de ceux-ci, les justices des districts et des cantons n'étoient que des délégations et des offices, mais elles étoient des propriétés dans celles des églises ; à ce titre, elles ont formé des fiefs, au moins quant à la substance, parceque cette dénomination n'étoit pas encore connue. Quoi qu'il en soit de tous ces systêmes que nous abandonnons volontiers à la critique des auteurs, s'il est vrai que les églises aient possédé des justices, il est certain qu'elles les ont possédées en alleu, comme les héritages avec lesquels elles leur ont été transmises.

C'est un principe reconnu par tous les auteurs, que, sous les deux premieres races de nos rois, les fiefs n'existoient point ni quant au nom ni quant à la chose : l'inspecteur en convient lui-même, en disant qu'ils ont été ignorés de toutes les nations qui ont précédé l'ere de Charlemagne ; on ne connoissoit alors que deux manieres de posséder les biens, en bénéfice et en alleu. Nous avons suffisamment exposé la nature et les caracteres de ces deux possessions. Ainsi les justices territoriales, possédées par les églises sous ce premier période, doivent nécessairement rentrer dans l'une ou l'autre de ces concessions. Elles auront donc été données en all euou en bénéfice. Or la loi des concessions bénéficiales ne fut point celle des donations ecclésiastiques. Toutes les terres qui leur sont transmises passent du domaine du donateur sous celui de la religion, avec toute l'intégrité d'un domaine absolu : les terres, les hommes attachés à la glebe, comme en faisant partie, ou comme simples cultivateurs, ou comme domiciliés, c'est-à-dire les personnes serves ou libres, leur famille et leurs enfants, les justices et leurs émoluments, tout leur est accordé, sans restriction et sans réserve, en propriété absolue, pour le culte de la religon, la décoration des temples et la subsistance des ministres. A cet égard, nulle différence entre les héritages et les justices ; c'est pour en jouir sous la lói et avec toutes les prérogatives des antiques propriétés, à perpétuité, dans toute la plénitude du droit, comme le donateur ou le fisc les possédoit lui-même, avec la faculté pleine et entiere d'en disposer à leur volonté pour l'intérêt de l'église ou du monastere. Les seules clauses stipulées dans ces actes sont les services de prieres pour les avantages spirituels des princes et de leur famille, et la prospérité de l'empire. Tel est le résultat et le sommaire des formules que Marculphe nous a conservées (1), et de celles qui ont été recueillies par Lindenbroch et Baluze. Telles sont les anciennes chartres de nos rois, connues sous le nom d'*actorum veterum*, et toutes celles que nos collectionnaires ont rassemblées depuis (2).

C'est ainsi qu'en ont pensé tous nos auteurs. Il est de principe, dit le savant Muratori, que dans ces siecles où la féodalité n'étoit point connue, il n'y avoit que deux manieres de posséder les biens, en bénéfice et en alleu. Les premiers se reconnoissent par les clauses où il n'est question que d'usufruit et de jouissance viagere, les autres par celles où la propriété perpétuelle est accordée. Posséder avec ou en simple usufruit, voilà la loi des bénéfices. *En quæ beneficiario jure.* Posséder en propriété perpétuelle avec la faculté d'en disposer à sa volonté, voilà le droit des alleux. *Quædam verò perpetualiter possidendo et cui voluerit dimittendo en allodia.* En général, pour connoître si une chose est allodiale ou ne l'est pas dans les donations de nos rois, il faut examiner si la chose est donnée en propriété, si le donateur a transporté au donataire tout le droit qu'il avoit auparavant. Dans ce cas, dit-il encore, la chose est donnée en alleu, et par conséquent ce n'est ni un bénéfice ni un fief. *Quod quotiescumque occurrit, ea bona in allodium, non verò in beneficium aut feudum concessa fuisse patebit* (3). Ainsi en partant

(1) Statuentes ergo ut neque vos neque successores vestri, nec ulla publica judiciaria potestas, quocumque tempore in villas ubicumque in regno nostro ipsius ecclesiæ aut regiâ aut privatorum largitate collatas, aut ad audiendum altercationes ingredere, aut freda ac quaslibet causas exigere, nec mansiones aut paratas vel fidejussores tollere præsumatis. Sed quidquid exinde aut de ingenuis aut de servitutibus cæterisque nationibus quæ sunt suprà terras prædictæ ecclesiæ commanentes, fiscus aut de freda aut undecumque poterat sperare, ex nostra indulgentia profutura saluti in luminaribus ipsius ecclesiæ per manus agentium eorum proficiat in perpetuum. (Marculphe, liv. 1, form. 2, 3, 4, 15 et 16.)

(2) Quidquid igitur de præfatis ejusdem monasterii rebus jure fisci cedendum fuit et à decessoribus nostris comperimus collatum, et largitionis nostræ munere libenter volumus esse per universum eidem monasterio concessum, ut in remoto fisci dominatu ad luminaria basilicæ Sancti Martini concinnanda et ad sustentationem pauperum seu clericorum in eodem loco domino servientium. (Act. veterum 32, tome 2 de Baluze.)

Reliquas possessiones nominatæ ecclesiæ, quidquid ibidem per divinum amorem collatum est, vel quæ nos munere largitionis nostræ in nostra eleemosyna ibidem reddidimus..... et quidquid fiscus exinde sperare poterat. (Ibidem, 24, 28, 29 et 30, etc.)

Donationibus animadvertendum est, pleniter conferimus et regaliter firmamus ut regularis conservata perennibus temporibus religio..... nihilque in qualibet parte exigatur vel requiratur, sed quidquid exinde fiscus sperare potest, etc. (Dom Bouquet, tome 8, page 479, et tome 4, pages 640 et 125.)

(3) Proinde in regnum aliorumque donationibus animadvertendum est num pro-

des principes de l'inspecteur, comment révoquer en doute l'allodialité des justices possédées par les églises?

Sous la troisieme race de nos rois, c'est-à-dire lorsque la féodalité fut répandue dans le royaume, rien de plus ordinaire dans nos annales, que de voir les justices possédées en alleu, tant par les églises que par les autres seigneurs du royaume.

Quant aux églises, soit qu'on s'attache à la maniere dont elles expriment la propriété de leurs justices, soit qu'on considere la loi sous laquelle elles leur sont accordées, soit qu'on s'arrête aux clauses de réserve qui sont stipulées dans leurs chartres, tout annonce l'allodialité de ces prérogatives: 1°. la maniere dont elles les possedent. Dans un acte de vente passé au profit du comte de Flandre, par le couvent de Saint Corneille, ordre de Saint Benoît, du domaine et de la dîme d'une paroisse avec toutes ses dépendances, les religieux déclarent qu'obligés de s'en dépouiller pour l'acquittement de leurs dettes, ils transportent cette terre avec tous ses reliefs, ses droits, ses justices, ses redevances, ses hommages, et en général tous les services qui étoient dus à leur église, *cum omnibus juribus, justitiis, rationibus, homagiis et releviis.* Or quelle étoit l'état et la qualité de ces biens? Ils déclarent avec serment que c'étoit un alleu de leur droit et de leur propriété, qu'il étoit d'une condition parfaitement libre, et qu'ils n'en devoient aucun service à personne.. *Erant allodii nostri et proprii juris nostri, et tam liberæ conditionis quòd ex ipsis et pro ipsis nulli hominum in aliquo exactionis servitio tenebamur* (1).

S'agit-il des donations faites aux églises, jamais on n'y distingue entre les justices et les terres; les unes et les autres passent sous leur domaine en toute intégrité et sans partage. En effet, d'après la division originaire des biens en alleuxet en bénéfices, les fiefs qui s'établirent depuis, quoique différents des derniers, conserverent toujours avec eux

prietatis aut ad proprium mentio fiat, atque au concedens omnem in res datas sibi competentem ditionem, in alterum transtulerit. Quod quotiescumque occurrit, ea bona in allodium, non verò in beneficium aut feudum concessa fuisse patebit; illud insuper præcipuâ observatione dignum est non prædia tantùm, sed curtes etiam et castella atque oppida jure olim allodii possessa fuisse, ut chartæ ipsæ indicant. (Muratori, Antiq. d'Italie, tome 1, page 566.)

(1) *Et omnes justitias, justitiarias rationes, homagia et relevia, et omnia jura,* nobis et ecclesiæ nostræ in præmissis villis, territoriis competentia vendidimus..... illustrissimo viro Guidoni comiti Flandriæ ad opus sui et successorum ejus..... Juro quòd supradicta bona nostri erant allodii ac proprii juris nostri, et tam liberæ conditionis quòd de ipsis vel pro ipsis nulli hominum in aliquo exactionis servitio..... tenebamur, et etiam potestatem plenariam eamdem.... werpiendi et evidenter exfestucandi. (An. 1280, cap. 114, page 107, tom. 2 de le Mire.)

une analogie et des rapports communs par la dépendance seigneuriale dans laquelle ils sont restés à l'instar des bénéfices anciens, dépendance qui en gênoit la liberté et empêchoit qu'ils ne fussent possédés en propriété absolue, libre, et à l'instar des alleux primitifs. Or, dans les chartres de ces siecles, les formules qui accompagnent la donation des justices, sont celles de possession absolue, allodiale, libre et quitte de toute sujétion étrangere. Telles sont les chartres d'Ingelrand, vassal du comte de Flandre, pour le monastere de Ham; de Vauthier, pour une obédience du monastere de Cluny; de Gobert d'Arbois, pour l'abbaye de Sainte-Catherine, ordre de Cîteaux; de Louis VI, pour l'abbaye de Saint-Germain; d'Edouard, roi d'Angleterre, pour l'église de Bazas; du seigneur de Molesme, pour l'abbaye de Sainte-Marie.

Dans la premiere, la donation est faite en pure aumône et d'une maniere absolue. Les objets qui composent cette donation, sont des prés, des marais, des reliefs et des justices : *Cum releviis et justitiis in perpetuam eleemosynam integerrimè contulerunt.* Mais comme le tout est sous la mouvance du comte de Flandre, et qu'à ce titre il ne peut en diposer sans son agrément, il en fait entre ses mains un déguerpissement total : *In manu mea werpiverunt et à se penitùs abdicaverunt.* Alors le comte de Flandre, maître de tous ces biens, les remet au monastere, avec toute la liberté que les donateurs avoient desiré procurer à leur don. En conséquence, il lui abandonne tout le domaine et les droits qui lui appartenoient avec une liberté parfaite : *Prædictas possessiones et omne dominium, libertatem omnem et omnem prorsus justitiam, et quidquid etiam juris habebam in prædictis, quoquomodo dedi, tradidi et deliberavi perpetuò possidenda.* La seule chose que le comte se réserve sur ces biens, c'est l'advocatie ou la garde de cette église, qui lui appartenoit par le droit de sa couronne : *Advocatiâ verò memoratâ pro me meorumque successorum salute solummodò retentâ* (1). Dans la seconde, il s'agit d'une église que Vauthier avoit fondée et qu'il transporte à un monastere de Cluny, avec la justice qui lui appartenoit dans ce territoire; le tout est qualifié d'alleu libre dans la possession du monastere : *Ita enim liberum sit ipsum allodium et justitiam suæ libertatis*

(1) Ibidem, an. 1193, cap. 24, page 1142, tome 1.
Ibid. tom 2, an. 1280, chap. 114, etc.
Gallia christiana, tome 8, page 324, an. 1124.

retinebit ipsa ecclesia cum omnibus suis appenditiis. S'il se réserve quelque chose, c'est l'advocatie qu'il remet entre les mains de son frere; et cette advocatie n'est point celle d'un bien féodal, c'est celle d'un alleu: *Advocatus ejusdem allodii* (1). Dans la troisieme, Gobert, vassal du comte de Loss, donne à l'abbaye de Sainte-Catherine un courtil avec toutes ses dépendances, la totalité de la justice et les échevins, *Cum omni integritate justitiæ et scabinis ;* même déguerpissement du fief à la cour du seigneur: celui-ci, suzerain de cet héritage, le remet à l'église d'une maniere absolue, *Absolutè contulimus,* sans autre réserve que celle de la garde et de la protection du monastere. Quelle étoit, entre les mains et du vassal et du suzerain, la condition de cette terre et de sa justice ? C'étoit un fief dans les mains du vassal par l'inféodation du comte; c'étoit un alleu dans celles du suzerain par le droit de sa propriété originaire : *Quod suum erat feodum, nostrum verò allodium* (2). Dans la quatrieme, Louis VI donne à l'abbaye de Saint-Germain des terres avec toutes les justices civile et criminelle, *cum sanguine et latrone.* Loin de stipuler aucune clause féodale, il déclare sa donation parfaitement quitte et libre envers lui : *Omnino libera et quitta cum sanguine et latrone* (3). Dans la cinquieme enfin, la terre qui est donnée à l'abbaye de Molesme est un véritable alleu ; et pour qu'il soit à l'abri de toute domination, d'abord il ne s'y réserve rien, excepté une portion de dîmes ; ensuite il veut qu'avec lui passent les droits et les coutumes qui en font partie (1). *Allodium* ....

(1) Et ego prædictas possessiones et omne dominium, libertatem omnem et omnem prorsus justitiam.... abbati et monachis dicti loci dedi, tradidi et deliberavi perpetuò possidenda.... Ut autem idem locus et possessiones dicti monasterii quæ nunc habent et quæ in futuro, domino largiente, possidebunt, in eo comitatu quoquomodo in pace penitùs ac quiete et summa libertate permaneant, ipsius Ingelramni prece concessi pro salute animæ meæ...... ut omnis præfatæ ecclesiæ possessio præsens et futura libera ab omni successorum meorum ac suorum, videlicet Flandriæ comitum, seu hominum nostrorum subjectione efficiantur. Præmissa autem omnia concedo, statuo et confirmo, abdicans à me et à meis successoribus potestatem reclamandi. (Fond. de Flandre, tome 1, chap. 24, page 1142.)

(2) Arnoldus comes notum facimus quòd vir nobilis, Godbertus nomine, curtem..... cum omni integritate justitiæ in scabinis, mansuariis, in agris, et quidquid ad eam pertinere dignoscitur, quod suum erat feodum, nostrum verò allodium, ad utilitatem ecclesiæ Sanctæ Catharinæ, in præsentia hominum nostrorum, de assensu omnium hæredum suorum, in manus nostras liberè resignavit, sororum usibus in prænominata ecclesia conversantium profutura perpetuò. Nos verò ipsum locum constructioni monasterii aptum prospicientes, facilem et pium adhibuimus consensum, et locum cum omnibus suprà nominatis rebus ecclesiæ B. Catharinæ legitimè et absolutè contulimus pro nostra fratrumque tuitione statuentes. (Ibidem, an. 1619, chap. 62, page 84, tome 2.)

(3) Gallia christiana, tome 8, pag. 3, cap. 24, an. 1124.

(4) Illud molismense allodium B. Mariæ et fratribus ita liberum et ab omnium aliorum dominio solutum, ut ipsi obtineant et justitias et omnes reditus et consuetudinaria jura quæ ad illum allodium, nihil retinentes nisi hoc dominationis. (Gallia Christ. page 147, tome 4, an. 1075.)

ita liberum et ab omni aliorum dominio solutum, ut ipsi obtineant justitias, etc.

Quant aux réserves, jamais d'autres que celles des advocaties, du ressort et du domaine suprême : les premieres, sont la garde, la tutele, la protection du monastere ; les secondes, les appellations des justices particulieres ; les troisiemes, la puissance publique, dont la plupart des hauts seigneurs jouissoient dans les terres de leur domination. Aucune de ces clauses n'ayant rien de commun avec la féodalité des héritages, on voit de plus en plus quelle étoit la nature des justices, objets de toutes ces donations.

A l'égard des seigneurs laïques, les histoires de nos provinces et les recueils de nos églises nous montrent par-tout l'existence des justices allodiales dans le période même le moins favorable à la franchise des alleux : on a vu comment en Flandre, en Languedoc, en Bourgogne, en Dauphiné, la plupart des terres avoient passé sous la loi des fiefs, et les ressorts que firent jouer les hauts seigneurs pour engager les allodiaires de leurs districts à entrer dans leur vasselage : toutes ces terres ne consistoient pas seulement en glebes de mouvance comme nos simples fiefs actuels ; elles avoient encore, par les justices que leurs propriétaires exerçoient, ce caractere de grandeur qui constitue la féodalité, suivant le défenseur du domaine.

Telle fut, entre autres, la vicomté de Turenne jusqu'à la répudiation d'Eléonore, femme de Louis VII, et son mariage avec le roi d'Angleterre. Cette seigneurie, formée pour ainsi dire près du berceau de la monarchie, étoit, suivant Dominici, un des alleux anciens dont les propriétaires réunissoient dans leurs personnes le pouvoir de la justice et des armes (1). Les vicomtes de Turenne, dit le président de Thou, ne prétendoient la tenir que de Dieu et de S. Martial, et l'allodialité sous laquelle ils la posséderent est la source de tous les privileges qu'ils ont conservés (2).

Tels étoient encore, dans la Flandre, le comté de Cambrai, réuni à l'église de cette ville sous Pepin et Charlemagne ; en Berry, la terre de Boisbelle, ou Henrichemont ;

(1) Dominici, de prærog. allodiorum.

(2) Hujus ditionis quoniam jam crebra facta mentio..... antequam ulteriùs progrediamur, quædam de illa inserere pretium duxi. Ea in finibus Arvernorum, Cadurcorum et Lemovicum posita, his provinciis participat, et Turennam primariam arcem, a qua ditioni nomen, in Lemovicibus habet. Principes ab initio vicecomitatûs titulo eum tractum tenuerunt ac in pleno et supremo dominio, ita ut neminem superiorem, ne regem quidem, haberent. Quam prærogativam inter Francorum et Anglorum arma facilè tuebantur. Itaque Raymundus, qui Ludovici VII, Junioris vulgò dicti, tempore fuit, et ejus successores, supremo illo jure usi

en Normandie, le royaume d'Yvetot. Sans nous arrêter à ce titre imposant, on ne peut pas douter que cette terre ne soit une de ces anciennes seigneuries allodiales dont les propriétaires étoient revêtus du pouvoir militaire et de celui de la justice, quoique soumis d'ailleurs à la souveraineté du prince et au domaine public de la couronne (1).

Le Roussillon est de toutes nos provinces celle qui nous en fournit un plus grand nombre d'exemples; on y voit les terres de Reynès, de Polestras, de Tressera, de Forgues, de Milas, de Momer, de Parillas, le château de Joc et son territoire, la vicomté d'Evol et la Tour Château-Roussillon; toutes ces terres sont decorées de la justice, et aucune n'a jusqu'ici été asservie à la reconnoissance et à l'hommage féodal; toutes sont possédées en franc-alleu, soit parcequ'elles ont été données autrefois avec une clause expresse, soit parcequ'elles ont été cédées purement et simplement, c'est-à-dire sans aucune stipulation de féodalité (2).

C'est dans ces principes qu'ont été rédigées les différentes sentences intervenues à la cour du domaine, sur les prérogatives des seigneuries jurisdictionnelles d'Ortaffa, de Reynès, de Serrabona etc. La premiere fut rendue au profit du sieur d'Ortaffa contre le procureur du roi : celui-ci, à l'occasion des troubles qui s'étoient élevés dans le Roussillon, et sous le prétexte que la seigneurie d'Ortaffa avoit été reconnue au terrier du roi, voulut en obliger le possesseur aux devoirs vassalitiques; ce seigneur prouva que c'étoit par erreur que cette reconnoissance avoit été rendue, et défendit ainsi le franc-alleu de sa terre et de sa justice : *Item tenere et possidere in puro, libero et franco allodio......... in dicto castro et termino de Orteffa jurisdictiones quæ pertinent ad merum et mixtum imperium et altam jurisdictionem, prout hæc omnia in dicto instrumento......... fusiùs continentur.* Le procureur du roi fut débouté de sa demande et le motif

sunt quasi a Deo solo et B. Marcelli corpore quod in sacello Turennæ arcis colitur, neque præterea superiore illo dominio illud obtinentes. Immunitatis privilegium quod hodie Turennæ reguli retinent, originem habuit, quòd ditionis illius populares a vectigali annuo seu tributo quod rustici et cæteri infimi ordinis per totum regnum ærario pendunt, liberi sunt. (Histoire du président de Thou, liv. 5, page 129.)

Voyez Burchardi Struvii commentatio de allodiis imperii, page 35.

(1) Clotarius Galteri hæredes, et qui Yvetotum deinceps possederunt, ab omni Francorum regum ditione atque fide liberavit, liberosque prorsus fore suo syngrapho et regis scriptis confirmavit, ex quo factum est ut ejus pagi et terræ possessor regem se Yvetot hactenùs sine controversia nominaverit. (Robertus Gaguinus, liv. 2. Histoire de France, chap. 1.)

Dominici, de prærogativa allodiorum, page 170.

Fauchet, page 8, Antiq. francoises.

(2) *Voyez* le registre de la cour du domaine de Roussillon.

de

de la sentence est que tous ces objets sont libres et francs, ayant été donnés en alleu, sans servitude ni obligation féodale. *Libera, franca et allodialia fuisse et esse, et absque servitio et servitute in puro et libero et franco allodio donata et concessa* (1).

La seconde intervint entre le sieur de Saint-Feliu et le fermier du domaine pour la terre et jurisdiction de Reynès, que l'on vouloit assujettir à la reconnoissance féodale; sur les moyens respectifs des parties, restitution fut faite au seigneur des lods et ventes qu'il avoit été contraint de payer, et le fermier condamné aux dépens. (2).

La troisieme regarde les religieux de Serrabona et le commissaire du roi à la poursuite de ses droits dans les fiefs de Conflans. A cette époque, le Roussillon étoit sous la domination des rois d'Aragon. Le commissaire attaqua les religieux, et conclut à ce que le prieur et le couvent reconnussent tenir en fief du roi les manses, honneurs, revenus, cens, usages, biens, *hommes et femmes*, c'est-à-dire les biens et la jurisdiction qui composoient la seigneurie de Serrabona. Ce point ne peut-être équivoque d'après la reconnoissance du procureur du roi, qui, 150 ans après, certifie que les religieux, indépendamment de ces terres, possedent encore la justice civile et criminelle : *Cum jurisdictione civili et criminali dictis monasterio et priori et illius termino concessa.* Le dispositif de la sentence est qu'attendu que tous ces objets ont été donnés en franc-alleu, les religieux n'ont jamais été vassaux feudataires du roi dans la circonscription de ces biens, et que le commissaire de sa majesté n'a pu prouver que cette seigneurie fût du fief du roi, quoique située dans sa domination : *Licèt sint sita in regno ejus.* Il absout le prieur par sentence définitive, déclarant qu'aucun de ces objets n'est des fiefs du domaine (3).

(1) Item tenere et possidere in puro et franco allodio..... jurisdictiones quæ pertinent ad merum et mixtum imperium et altam jurisdictionem, prout hæc omnia in dicto instrumento fusiùs continentur..... Prædicta omnia et singula per dictum nobilem Joannem de Albert et de Grimane viduam, uti hæredem dictæ nobilis Victoriæ de Oris et de Orteffa, libera, franca et allodialia fuisse et esse et absque servitio et servitute in puro, libero et franco allodio donata et concessa, prout in dictis regiis concessionibus..... unâ datâ Barcinone 2 januarii 1387, et alterâ Valentiæ 1399; præsertim quia pro nunc mediantibus antiquis recognitionibus de contrario non constat, et proinde dictis regiis concessionibus, alio in contrarium non apparente, de jure est standum. His igitur et aliis meritis processûs et actorum attentis..... dictum nobilem Franciscum de Orteffa absolvit. (Registre de la cour de Roussillon, sentence du 13 mai 1693.)

(2) Nous, conseillers et commissaires, avons relaxé et relaxons ledit François de Bos, comte de Saint-Feliu, des fins et conclusions contre lui prises par ledit fermier..... lui réservant droit pour répéter la portion des lods payés pour raison dudit lieu de Reynès, condamnons le fermier à la moitié des dépens. (Ibid. an. 1690.)

(3) Unde ego Guillelmus Caroli judex,

Tels sont encore les différents jugements qui ont été rendus en faveur des monasteres de Saint-Martin de Canigou (1), de Ceuxa (2), de Campredon (3), et de Notre-Dame de Marceval (4). Dans toutes ces contestations, il s'agissoit d'assujettir à la féodalité des terres en justice : c'étoit donc un principe reçu aux douzieme, quinzieme, seizieme et dix-septieme siecles, que les héritages, pour être décorés de la justice, n'en sont pas moins des alleux, et que les justices elles-mêmes sont également susceptibles de cette prérogative.

Les publicistes et les jurisconsultes de cette province viennent à l'appui de ces autorités: non-seulement ils reconnoissent l'allodialité des terres et des justices, mais ils soutiennent encore que c'est là le droit commun de ces contrées, et qu'il ne peut être combattu que par des titres. Cancer et Menochius demandent si le roi, qui a donné un château sans aucune clause particuliere, est censé l'avoir donné en alleu et non en fief. Après avoir établi la présomption générale, ils se déterminent pour l'allodialité de la donation, quoique la jurisdiction y soit attachée, sans oublier néanmoins les droits du prince sur tous ces districts (5). Ce dernier, ainsi que Parisi, ne borne point l'allodialité aux justices castrales; il l'étend jusques aux comtés, aux baronnies, aux marquisats: la seule condition qu'ils exigent, est qu'il n'existe aucune trace d'inféodation et de service rendu; dans ce cas la donation n'étant restreinte par aucune clause, ils en concluent que ce n'est point un fief, mais un alleu (6).

petitione prædictâ et rationibus utriusque partis diligenter auditis, prædictum Bernardum nomine dicti monasterii à petitione dicti Bertrandi mota nomine domini regis, per definitivam sententiam absolvo, decernendo prædicta omnia et singula non fuisse de feudo domini regis..... et idcircò adjudico eadem debere teneri in feudum pro domino rege a dicto priore et successoribus ejusdem. (An. 1265, ibidem)

(1) Quare cùm usatica Barchinonæ et jura romana nullam præsumptionem inducant, prædicta omnia et singula fore de feudo domini regis licèt sint sita in regno ejus, dein nisi evidenter probetur prædicta feuda esse. (*Voyez* le registre intitulé *Liber feudorum*, fol. 63 et suiv.)

(2) Quare cùm usatica Barchinonæ et jura romana nullam..... attendens quòd omnia supradicta fuerunt in supradictum monasterium translata pro franco allodio ex donatione illustrium comitum, etc. pluribus et diversis militibus et aliis hominibus quos non inveni fore feudatorios..... Cùm etiam constet intentionem Bernardi Fretet nomine domini regis non fuisse fundatam super proposita quæstione, nec ipse prædicta vel aliqua eorumdem possit probare esse de feudo domini regis, etc. (Ibid. fol. 7.)

(3) Ibid. fol. 69.

(4) Ibid. fol. 65.

(5) Quæro an castrum simpliciter concessum intelligatur pleno jure concessum et non in feudum? Dico quòd tale castrum censetur cum plena proprietate, tam ratione dominii utilis quàm directi, et sic in allodium concessum. (Mémoire pour le Roussillon.)

(6) Marchiam esse feudum regale et dignitatis et in se continere jurisdictionem. Et quoniam de aliqua infeudatione dicti castri non constat, nec minùs de aliqua præstatione, minimè potest dici feudum, sed judicabitur ut res allodialis; et istis consideratis in casu præsenti cessabunt superiùs adducta concernentia feudum, et bene potuere isti comites præscribere et juris-

Sachez, dit Capeblanc, que la jurisdiction peut être conférée en trois manieres, ou en fief, ou en office, ou en alleu. Or qu'entend-il par alleu? C'est une donation en propriété du domaine direct et de l'utile : *Allodialis dicitur concessio quando directum et utile dominium in proprietatem est datum.* Il cite à ce sujet l'autorité de Chassanée et celle de *Regius de Ponte,* qui rapporte un long catalogue de fiefs possédés sous la franchise des alleux, c'est-à-dire des terres qui ont des mouvances et des justices, sans être elles-mêmes dans la mouvance de personne (1).

Ces principes ne sont point étrangers à nos auteurs françois. Salvaing, dans son traité de l'usage des fiefs en Dauphiné, distingue l'alleu ou la glebe allodiale, le fief et la jurisdiction. A l'égard des alleux, il montre que, sous le ressort des justices, ils n'en conservent pas moins leur franchise naturelle, parceque la directe des biens et la justice sont des droits différents. Quant aux jurisdictions, loin de les regarder comme une branche essentielle dans l'économie féodale, il ajoute qu'il y a même des terres en justices qui sont tenues en francalleu : telle est la seigneurie de Beaufort, possédée par les abbés de Saint-Antoine; telle étoit celle de Bressieux, mandement et dépendance, laquelle n'est devenue féodale que par degrés, et par les conventions des seigneurs sous les dauphins (2).

Suivant Loiseau, les villes possedent des justices en toute propriété, sans être obligées de les reporter au roi par la voie des hommages et des aveux : car ces justices, continue-t-il, ne sont ni seigneuriales ni royales. Elles ne sont point seigneuriales, parcequ'il n'y a point de fief auquel elles soient attachées; elles ne sont point royales, parcequ'elles ne sont point tenues ni du roi ni d'un seigneur qui soit obligé de les lui reporter : la main-morte qui les exerce les possede en

dictionem et merum et mixtum imperium cum prædictis qualitatibus tanto tempore possederunt et præscripserunt, in cujus contrarium memoria non exstat per quam præscriptionem nedum contra privatos et inferiorem, verùm et contra papam et supremum principem potuerunt illud præscribere cum dictis qualitatibus. (Ibid. et Parisi, consiliorum lib. 1, 23, et lib. 4 et 16.)

(1) Scias 1° quòd jurisdictio tripliciter conferri potest aut in allodium et naturam liberam, vel in feudum, aut in officium. Notant doctores..... in dubio quia principis concessio plenissimam habet interpretationem, et cùm extendi debet ad largam liberalitatem, præsumitur concessio in allodium. (Chassanæus in catalogo gloriæ mundi. Fr. Marca, decis. 86....)

Allodialis dicitur concessio quando directum et utile dominium in proprietatem est datum..... quòd semper in dubio præsumitur allodialis, et quòd præsumatur potiùs donata quàm concessa in feudum. Multa feuda teneri in liberam naturam enumerat Regius de Ponte concilio 3°, eo magis si præsumptiones quæ adjuvent concessionem, si nihil sit expressum de servitio vel fidelitate. (Capeblanc, de jure et officio baronum, partie 1, n° 32 et 33.)

(2) Salvaing, de l'usage des fiefs du Dauphiné.

toute propriété, et sans aucune obligation féodale (1).

Cette doctrine est fondée sur la disposition même de nos coutumes et de nos ordonnances. Quant aux premieres, celles de Nivernois et de Troyes reconnoissent, d'une part, l'existence des francs-alleux nobles, et de l'autre elles définissent le franc-alleu, celui où il y a seigneurie, haute justice, et dont le détenteur n'est tenu de faire ni foi ni hommage à personne (2). A l'égard des ordonnances, le préambule de l'édit du mois d'août 1692 porte qu'il y a actuellement un grand nombre de terres, tant nobles que roturieres, possédées en franc-alleu (3). Les derniers réglements pour la confection des papiers terriers supposent encore que le franc-alleu noble et roturier est légitimement établi. L'arrêt du conseil d'état, du 13 avril 1751, rendu sur le fait des amortissements, en regle la quotité sur les biens en franc-alleu noble et roturier; dès-là même il suppose encore l'existence de ces terres, et en reconnoît la franchise.

Il nous est impossible de suivre plus long-temps le cours de ces seigneuries; mais il résulte, de ces faits, que l'allodialité des jurisdictions n'a rien de contraire aux droits de la couronne. Des coutumes consacrées de siecle en siecle, et pratiquées solemnellement dans un royaume, doivent être regardées comme faisant partie de son droit public. En effet, et c'est la remarque de nos auteurs modernes, une nation se forme à elle-même son droit public tel qu'elle veut l'avoir, parcequ'il est l'effet naturel et nécessaire de sa tradition, de ses mœurs, de sa maniere d'être, et que tel est l'empire de ces principes que tout porte sur cette base dans l'ordre civil comme dans celui de la religion (4).

Mais comment l'allodialité des justices se concilie-t-elle avec les prérogatives du trône? C'est qu'à l'instar des alleux, elles sont toujours soumises au ressort et au domaine public: au ressort, par la voie des appels; au domaine public, par le droit d'inspection et de vigilance, qui appartient au souverain sur toutes les jurisdictions de son royaume. Ce droit consiste à en régler l'objet et l'exercice par la disposition des

(1) Loiseau, traité des seigneuries, chap. 16.

(2) Coutumes de Troyes, art. 53, et de Nivernois, art. 10.

(3) Et voulant traiter favorablement tous les possesseurs de terres en franc-alleu, tant noble que roturier, et assurer leur état et condition, etc.... confirmons tous les possesseurs de terres et héritages en franc-alleu. (Edit de Louis XIV, août 1692, recueil d'amortissement, tome 2, page 197.)

(4) L'abbé de Mably, observations sur l'histoire de France.

L'annotateur du traité du domaine, tome 1, liv. 3, chap. 2, page 161.

loix, à pourvoir aux dénis de justice des seigneurs ou de leurs juges, à punir les abus de leur administration, et les en dépouiller s'ils s'en servoient pour opprimer les hommes de leur district. En un mot, s'il s'agit de la police, toutes les seigneuries sont soumises à la police générale; s'il s'agit de la jurisdiction simplement, toutes sont subordonnées à celle du prince, et par la restriction de leurs pouvoirs dans tous les cas royaux, et par la nécessité du ressort et des appellations de degré en degré, jusqu'aux cours souveraines.

C'en est assez pour maintenir, sans altération et sans atteinte, ce principe fondamental de notre constitution, suivant lequel il n'y a qu'un roi, qu'une couronne, qu'une loi, qu'un peuple et qu'un état. Cet ordre graduel, qui assujettit toutes les seigneuries jurisdictionnelles à la puissance suprême, est bien supérieur aux hommages et aux obligations vassallitiques. Reportons-nous à cette époque de notre monarchie, connue sous le nom de gouvernement féodal. Alors les hauts seigneurs étoient dans l'hommage de nos rois; par-là ils reconnurent la souveraineté de la couronne sur les justices de leurs principautés. Or, quel fut durant ces siecles le fruit de ces formalités pompeuses? empêcherent-elles la souveraineté de leurs justices, et l'autorité royale jouit-elle alors de la plénitude de ses droits? Non sans doute: les hommages indiquerent bien la source dont elles étoient émanées; ils contribuerent encore à maintenir, quoique foiblement, l'unité de la couronne et de l'état, en rappellant sans cesse le souvenir de sa constitution primitive: mais jamais la puissance publique n'eut moins d'éclat et d'énergie que lorsque ces différents rameaux de la souveraineté ne communiquerent avec leur source que par ces infructueuses reconnoissances.

C'est pourquoi les successeurs de ces princes qui voulurent rendre à la couronne ses antiques prérogatives, tournerent toutes leurs vues du côté des justices et de leur indépendance. « Convaincus que le ressort et les appellations « dernieres étoient le seul moyen de recouvrer leur puis« sance usurpée, ils s'attacherent d'abord à rappeller l'esprit « de nos anciennes maximes; ce fut la politique de Philippe « Auguste et de ses successeurs. La distinction entre le sou« verain et le suzerain, si long-temps méconnue, fut rétablie. « Tous les possesseurs des seigneuries allodiales, qui ne pré« tendoient relever que de Dieu et de leur épée, virent « insensiblement disparoître leur indépendance; et si Phi-

« lippe le Bel et ses enfants ne les obligerent pas toujours à « leur rendre hommage comme suzerains, ils les forcerent « du moins à reconnoître leur jurisdiction. Les justices roya« les, en les comprenant dans leur ressort, les dépouillerent « en peu de temps de leurs prérogatives, et prépareront le « rétablissement de cette maxime, *qu'il n'y a point en France « de terre sans seigneur* (1) » : c'est-à-dire qui ne soit soumise à l'autorité des jurisdictions ; point de justice qui ne reconnoisse celle du roi, ou par la voie des hommages, ou par la voie du ressort. Aussi, à dater de Philippe Auguste, qui porta les premiers coups au régime féodal, voyons-nous les concessions faites aux églises, assujetties, par des clauses plus expresses, au dernier ressort et au domaine public, soit pour leurs glebes, soit pour les justices qui y étoient annexées. Les hauts seigneurs et les seigneurs subalternes furent également attentifs à stipuler ces droits d'appels et de ressort à leur justice, comme on peut le voir en parcourant les recueils de nos chartres (2).

L'inspecteur du domaine, toujours livré aux équivoques, confond la subordination des justices, et le lien qui les assujettit. Parceque les jurisdictions doivent être subordonnées à la couronne, et que la féodalité est par elle-même un lien de subordination, il en conclut que ce lien est nécessaire, et dans l'ordre des régales majeures. Pour dissiper ces obscurités, il faut distinguer dans la couronne deux domaines différents : le premier est le domaine public, qui lui appartient sur toutes les possessions et les personnes de ses sujets; l'autre est celui qu'on appelle propriété ou domaine direct. La féodalité est sans doute un lien nécessaire pour la conservation du domaine et de la propriété directe : mais il n'en est point question ici ; il s'agit uniquement des droits de la souveraineté et des prérogatives du trône. Or, les appellations et le ressort sont les seuls moyens de les maintenir, en entretenant dans les justices cette subordination salutaire qui les empêche de s'élever au rang des souverainetés, et de donner atteinte à l'intégrité de la couronne. C'est donc aller contre tous les principes, que de ranger la féodalité dans l'ordre des régales majeures. Les prérogatives véritablement régaliennes sont incessibles et incommuni-

(1) L'abbé de Mably, observations sur l'histoire de France, tome 1, livre 4, chap. 2, n° 2.

(2) Nihil retinentes, excepto alto dominio justitiæ. (Aubert le Mire, fondations, tome 1, an. 1292 et *passim*.) Excepto superioritate et ressortio. (Gall. christiana, Thesaurus novus anecdotorum, *passim*.

cables par essence : or, la féodalité est un droit commun à tous les ordres de la nation, depuis le souverain jusqu'au dernier de ses sujets. Le droit de ressort, au contraire, et celui des appellations suprêmes, ne peuvent appartenir qu'au souverain ; ils sont, par leur nature, incommunicables à tout autre, même sous la loi des fiefs : il n'y a donc que ces prérogatives qui soient véritablement dans la classe des régales majeures.

Ainsi le fantôme des souverainetés rivales et destructives que l'indépendance féodale des justices multiplieroit autour du trône, n'a plus rien d'imposant. L'allodialité ne peut jamais faire obstacle à la suprématie de ses droits ; elle n'est, dans les justices comme dans les héritages, qu'une indépendance de suzeraineté : et puisque les jurisdictions ont été assimilées dans nos mœurs aux propriétés patrimoniales, c'est, une conséquence naturelle qu'elles aient pu être données en fief ou en alleu, à l'instar de ces possessions vulgaires ; car il est de principe que tout ce qui peut subir la servitude des fiefs peut également recevoir la franchise des alleux.

Cette doctrine est clairement exposée dans les ouvrages des publicistes. Burchard Struvius, dans son traité des alleux de l'empire, demande si des terres à qui la jurisdiction, le mere et mixte empire sont annexés, et qui étoient déja reconnues comme fiefs, peuvent être possédées allodialement. Sa réponse est que l'empereur est le maître de donner la qualité d'alleu à une principauté féodale, sans nuire aux droits de sa couronne. La raison sur laquelle il se fonde, c'est qu'une principauté, pour cesser d'être féodale, n'en est pas moins sous le domaine éminent de l'empire. Il cite en exemple les terres que Mathilde, comtesse de Flandre, possédoit autrefois en Italie, et tous les comtés allodiaux qui, quoiqu'indépendants de la loi du vasselage, n'en demeurent pas moins sous le ressort de la couronne impériale. Mais, ajoute-t-il, à quoi bon tous ces exemples ? l'histoire des premiers âges de la monarchie françoise est plus éloquente encore. Avant que l'on connût les fiefs, les princes de cette nation n'étoient-ils pas soumis à ses rois ? Cependant ils exerçoient d'une part tous les droits de la justice, et, de l'autre, ils n'étoient liés par aucune des obligations féodales (1).

(1) Quòd enim imperator principatum aliquem ex feudali faceret allodialem ipsique liberam potestatem concederet, non inde statim sequeretur hunc non ampliùs ab imperatore dependere atque esse exemptum : sed licèt a nexu feudali fuerit libera-

Oliba dit qu'en Catalogne, comme en France, les rois ont donné aux églises des biens sur lesquels ils ne se sont réservé que la fidélité et quelques autres droits royaux, parceque la fidélité et le souverain domaine ne peuvent être séparés de la couronne. Il ajoute que les comtes de Barcelone, après avoir conquis cette province sur les Sarrasins, en distribuerent une partie aux églises en franc-alleu; et bien qu'ils les eussent donnés sans service ni redevance, cependant la fidélité et le souverain domaine furent de droit réservés dans ces actes, comme inséparables de la puissance suprême (1).

Si quelques uns de nos auteurs paroissent exiger la féodalité des justices, quoiqu'ils reconnoissent d'ailleurs l'allodialité des terres auxquelles elles sont attachées, c'est parcequ'ils ont confondu la féodalité avec le ressort, et le domaine direct avec le domaine suprême. C'est ainsi que Dumoulin a dit que la justice, quoique réunie au franc-alleu d'un château ou d'une terre, doit être reportée en fief à la couronne, parceque le roi ne peut détacher de la jurisdiction, ni en tout ni en partie, le domaine direct et celui des appellations dernieres: *Quia non potuit dominium directum nec jus supremarum appellationum jurisdictionis suæ in totum vel in minima parte addicere vel appropriare* (2). Ce n'est pas seulement en parlant des justices qu'il a donné dans cette équivoque; quoiqu'il ait reconnu le franc-alleu sous le district des jurisdictions, et qu'il le regarde comme un héritage essentiellement différent des fiefs ou des biens censuels, cependant il admet dans le souverain de la nation un domaine direct sur toutes les propriétés du royaume. Certainement ce domaine ne peut être celui de nos institutions féodales,

tus iste principatus, manet tamen sub dominio eminente imperii. Patet illud exemplo terrarum mathildianarum, quæ, licèt sine nexu erant feodali, suberant tamen dominio eminenti imperatoris. Patet illud exemplo tot comitatuum allodialium, qui, cùm liberâ potestate possidentur, subsunt tamen imperatori atque imperio. Patet illud exemplo civitatum imperialium, quæ libero jure possident territoria sua immediata, atque superioritatem nihilominùs imperatoris agnoscunt superiorem cum imperio. (Burchardus Struvius, de allodiis imperii, cap. 4, page 493.)

(1) Quia omnia sunt de dominio regis quoad supremam potestatem et supremum dominium, non potuit a se ratione supremæ potestatis et superioritatis separare, etc. Omnes præfati bona allodialia possidentes in regno tenentur præstare fidelitatem domino regi qui potest habere ipsum prælatum seu beneficiatum suspectum, et soli regi præstatur jusjurandum fidelitatis ratione supremæ jurisdictionis quam habet in toto regno in omnibus regni hominibus. (Oliba, tract. de jure fisci.)

(2) Jurisdictio competens inferiori a *rege in hoc regno nunquam est allodialis*, sed necesse est quòd recognoscatur a rege tanquam a supremo directo domino; et sic quantumcumque *sit unita castro vel tali* fundo allodiali, tamen feudalis est et in feudo recognoscenda a rege qui non potuit dominium directum nec jus supremarum appellationum jurisdictionis suæ in totum vel in minima parte addicere vel appropriare. (Dumoulin, coutume de Paris, tit. 1, parag. 46, n° 3.)

féodales, sans quoi il seroit tombé dans une contradiction grossiere. Qu'entend-il donc par ce domaine direct, si ce n'est la puissance absolue et indépendante qui constitue la seigneurie royale?

Il en est de même de la Thaumassiere, qui ne s'appuie que sur l'autorité de Dumoulin, et de Loiseau, qui reconnoît d'ailleurs l'indépendance féodale des justices possédées par les villes. Les uns et les autres n'ont point assez distingué le domaine suprême, l'autorité souveraine et le dernier ressort, d'avec le domaine direct et la féodalité réelle. Delà ces expressions exagérées de ces auteurs sur la féodalité nécessaire des jurisdictions particulieres.

Personne n'a mieux saisi ces rapports et ces différences, que l'annotateur du traité du domaine. Nous rapporterons en entier son passage : il est en quelque sorte la récapitulation de tous nos principes. Lefevre de la Planche, auteur de cet ouvrage, examine quelle est la nature d'une justice attachée à un franc-alleu ; il prononce que c'est un fief, malgré l'allodialité du territoire. Or, écoutons son commentateur.

« Voilà, dit-il, un exemple de ces obscurités que fait « naître une expression qui n'a pas une exacte précision : « une justice en franc-alleu, c'est-à-dire exempte de tout « ressort, seroit une souveraineté; nos mœurs ne comportent point cette idée, la monarchie seroit divisée : toute « justice ressortit donc nécessairement au roi. Mais il y a bien « de la différence entre le ressort de la justice et le droit de « directe, qui constitue la mouvance féodale: l'un est dans « l'ordre de la puissance publique, et se reporte au roi, comme « souverain, chargé de veiller sur toutes les parties de l'or- « dre public dans toute l'étendue de son royaume; l'autre « est dans l'ordre de la puissance privée, et n'intéresse que « le droit de suzeraineté. Ce droit peut être divisé, altéré, « anéanti, sans que la monarchie souffre de division. Or, le « roi n'a aucun droit de suzeraineté sur une justice attachée « à un franc-alleu; donc ce n'est point un fief, mais un des « droits du franc-alleu noble : c'est d'ailleurs un droit indi- « visible, impartable, parcequ'on ne pourroit y introduire « de partage qu'en changeant sa constitution (1) ».

Il est impossible, sans doute, de présenter la question dans un plus grand jour, et de la résoudre par des principes

(1) Traité du domaine par Lefevre de la Planche, tome 1. Note de l'éditeur, liv. 3, chap. 2, n° 13, page 162, tome 1.

plus conformes à ceux que nous venons d'exposer. Voilà le franc-alleu noble reconnu allodial, et par rapport à la glebe et par rapport à la justice, d'où il suit, 1° que la féodalité est constituée sur les biens par la réserve du domaine direct, qui en fait présumer la concession originaire; 2° que le franc-alleu est une propriété différente de celle des biens féodaux; 3° que les droits du roi, comme souverain, ne sont pas ceux de la suzeraineté et de la supériorité féodale; 4° que la jurisdiction attachée à des héritages en franc-alleu n'en soumet point les possesseurs aux servitudes des fiefs, et que l'allodialité des uns peut subsister sous l'empire des autres; 5° que ce n'est point une obligation indéclinable dans les justices d'être reportées en fief; que le nœud vassalitique n'est point nécessaire pour empêcher la souveraineté de ces prérogatives, et qu'il suffit à la couronne, pour maintenir l'unité et l'intégrité de son domaine, que toutes les justices particulieres relevent d'elle par la voie du ressort et des appellations.

De-là il suit enfin qu'à quelque époque que l'on considere les justices des églises et des monasteres, elles n'ont pu nuire à l'allodialité de leur patrimoine, ni en faire des fiefs sujets à la formalité des hommages et des dénombrements.

CHAPITRE SECOND.

Affranchissement des biens.

Les immunités dont l'église de France a joui dans la monarchie ne sont pas toutes du même ordre; pour en apprécier la nature, il est nécessaire de distinguer les temps.

Sous la premiere et la seconde race de nos rois, ces immunités eurent pour objet d'affranchir les églises et les monasteres de quelques charges générales de l'état; tel étoit le service militaire que les évêques furent dispensés de rendre en personne sous Charlemagne, et qui fut remplacé dans quelques églises par des contributions manuelles et des services de prieres. On voit en effet, par la chartre de Louis le Débonnaire, de l'an 817, les monasteres rangés en trois classes, suivant le genre de devoirs et d'obligations qui leur étoient imposés envers l'état. Dans la premiere sont tous ceux qui doivent au roi le service d'armée; dans la seconde, ceux qui lui doivent des présents; et dans la troisieme, ceux qui ne sont tenus qu'à des assistances spirituelles (1). Tels furent encore les différents privileges qui leur furent accordés dans l'ordre de la justice, pour eux et pour les hommes serfs et libres qui habitoient sur leurs terres. On les trouve exprimés dans cette clause, qui termine presque tous les diplômes de nos rois: *Ut nullus judex publicus ad causas audiendas, freda exigenda, paratas faciendas, homines distringendos ingenuos et servos, fidejussores tollendos ingredi audeat* (2). En général les églises, leurs biens et leurs ministres, étoient gouvernés par les loix romaines; c'est la disposition de la plupart des capitulaires (3).

Nous ne croyons pas devoir nous étendre sur la nature et le nombre de ces prérogatives, si fréquentes sous les deux premieres races, et qui ont persévéré sous la troisieme; encore moins remonterons-nous à l'ancien état des églises sous le gouvernement romain. Ce n'est point de ces immunités qu'il s'agit ici; elles étoient relatives aux charges naturelles de l'état, auxquelles les évêques contribuerent en général, quoique par des voies différentes, proportionnées à la qualité de leurs personnes, de leurs offices, et au degré de considération que leur concilioit le ministere dont ils étoient revêtus. Tous ces privileges sont étrangers à la contestation qui nous occupe; il ne s'agit ici que de la féodalité des héritages, et de savoir si les biens du clergé sont compris dans la classe des fiefs, ou s'ils composent une classe absolument distinguée de celle-là.

Ces biens, comme nous l'avons remarqué déja, peuvent être envisagés sous deux époques différentes, c'est-à-dire depuis l'établissement de la monarchie jusqu'à la fin de la seconde race, et depuis ce moment jusqu'à nous. Sous la premiere époque, l'exemption féodale ne fut point un privilege

(1) An. 827, Ludovicus serenissimus augustus, divinâ ordinante providentiâ, conventum fecit apud Aquis sedem regiam episcoporum; ubi, inter cæteras dispositiones imperii, statuit atque constitutum scribere fecit quæ monasteria in regno vel imperio suo dona et militiam facere possunt; quæ sola dona sine militia; quæ verò nec dona nec militiam, sed solas orationes pro saluté imperatoris et filiorum ejus et stabilitate imperii.... (Notitia de monast. scripta in eodem conventu aquisgranensi, pag. 590, tom. 1 de Baluze.)

(2) *Voyez* les formules de Marculphe, liv. 1, 3, 4, 5, etc.

(3) Et episcopus archidiaconum jubeat ut ei tabulas secundùm legem romanam quâ ecclesia vivit, scribere faciat. (Loi des Ripuaires, tit. 58, ch. 1, page 41, tome 1 de Baluze.)

Ut omnis ecclesiarum ordo secundùm legem romanam vivat, et sic inquirantur vel defendantur res ecclesiasticæ, vel emphyteuseos contractus, unde ecclesiæ damnum patiantur, non observetur, sed secundùm legem romanam destruatur et pœna non solvatur. (Capitul. Ludovici Pii excerpta ex lege Longobardorum, cap. 5, pag. 690, tom. 1 de Baluze.)

des possessions ecclésiastiques : c'étoit le droit commun de toutes les propriétés du royaume, parceque la féodalité n'existoit point encore ; on ne connoissoit alors que les alleux et les bénéfices, c'est-à-dire les propriétés anciennes que les Francs posséderent dans les Gaules après la conquête, telles qu'elles étoient fixées par le droit des nations, et les terres du fisc confiées à l'administration des comtes, et concédées par eux ou par nos rois pour un temps limité, sous l'obligation des services. C'est pourquoi, dès que les biens possédés par les églises jusqu'à l'introduction des fiefs, ne sont point sortis de leurs mains, qu'ils ont toujours été gouvernés et régis par les mêmes principes sous la garde et la tutele de nos rois ; cette franchise originaire qui les distingue et les isole du reste de nos héritages actuels, ne peut être regardée comme une immunité, parceque l'immunité suppose tout à la fois et un droit commun établi, et une dérogation à ses maximes.

A l'égard de ceux qui lui ont été donnés sous la seconde époque, et lorsque la féodalité commença à se répandre dans le royaume, il faut encore distinguer, dans la masse des biens où furent puisées les dotations nouvelles, deux classes d'héritages bien distinctes, c'est-à-dire les alleux qui existoient encore, et les terres qui avoient subi le joug de la féodalité. Que la féodalité n'ait pas soumis alors à ses loix tous les alleux du royaume, c'est une vérité que le clergé a établie déja, et que la foule de nos monuments ne permet pas de révoquer en doute : c'est pourquoi, s'il s'agit de ces héritages, l'allodialité sous laquelle ils furent donnés n'est point encore un privilege, parcequ'elle ne fut que la continuation de leur droit originaire. Il n'en est pas de même des biens qui, à cette époque, étoient assujettis déja à la féodalité : on ne peut pas douter que si, en passant aux églises, ils ont dépouillé les caracteres de servitudes qui leur avoient été imprimés, ce n'ait été par des clauses dérogatoires aux loix de leur état antérieur. Or quelles sont ces clauses? On peut les rappeller à trois principales : les premieres sont les donations en franc-alleu ; les secondes sont les franches aumônes ; les troisiemes, les amortissements royaux et seigneuriaux.

L'inspecteur du domaine, d'accord avec le clergé sur l'existence de ces formules, en combat les effets. Suivant lui, elles se réduisent tout au plus à dégager les biens des charges de la féodalité, c'est-à-dire des services et des droits pécuniaires qui l'accompagnent; mais la féodalité n'en subsiste pas moins, parceque ce droit est un apanage de la couronne, et dans l'ordre des régales majeures. « Le fief, dit il, « est un caractere de grandeur surajouté aux droits de la pro- « priété ordinaire; ce caractere est la jurisdiction ou l'exercice « d'une portion de la puissance publique. Cette prérogative, « de quelque maniere qu'on la possede, n'est jamais qu'un « emprunt; elle doit donc être reportée en fief à la source « dont elle dérive, autrement ce seroit une souveraineté; et « le roi, malgré toute sa puissance, ne peut pas davantage « créer de souveraineté dans son royaume, que l'être su- « prême ne peut créer un Dieu. »

Pour répondre à ces idées imposantes, il y a deux choses à examiner: la premiere, quelle est la nature de ces clauses? sont-elles véritablement résolutives de la mouvance? la seconde, cette opération a-t-elle pu se faire? et les principes du droit public, du gouvernement et du régime féodal, n'en suspendent-ils pas nécessairement l'énergie? C'est sous ces deux points de vues réunis que nous nous proposons de les analyser, pour établir d'une part la nature des affranchissements, et de l'autre l'allodialité des possessions ecclésiastiques dans cette seconde époque de la monarchie.

En effet, pour apprécier le caractere de ces *formules*, les opinions de nos publicistes, de nos jurisconsultes, ne suffisent pas. La question, ainsi présentée, tient à l'ancien droit public ecclésiastique du royaume, ou plutôt à celui de toutes les nations, qui, après avoir embrassé le christianisme, ont voulu, dans leurs états respectifs, assurer la durée de cette constitution par des monuments aussi durables qu'elle; ce droit public est l'effet des usages et des mœurs, et ces anciennes formules en sont l'expression fidele. Il est donc nécessaire de les interroger avant tout; et si la tradition que nous ont transmise les auteurs est intéressante et précieuse, elle le sera bien davantage encore, si, remontant sur leurs traces, nous arrivons à la source où ils l'ont puisée. Appuyés sur ces monuments du moyen âge, il nous sera bien plus facile alors de fixer l'incertitude des opinions modernes, et de les ramener à l'uniformité sur l'esprit et l'énergie de ces anciens usages.

La premiere chose qui frappe nos regards dans l'étude de ces monuments, depuis ceux que Marculphe nous a conservés, jusqu'aux treizieme et quatorzieme siecles, qui terminent, pour ainsi dire, toutes les donations ecclésiastiques, c'est la marche et la progression des formules, toujours graduée sur les intérêts et les mœurs des différents âges. Lorsqu'on ne connoissoit encore dans la nation que les bénéfices et les alleux, les formules de consécration ne portent d'autres caracteres que ceux qui sont opposés aux concessions bénéficiales (1). La religion, identifiée avec l'état, et devant se perpétuer comme lui dans la durée des siecles, dut trouver la même stabilité dans ces établissements: c'est pourquoi, tandis que le prince favorisoit d'une main ses fideles par des graces passageres et versatiles, de l'autre il consacroit à la religion, sous la loi des propriétés éternelles, les biens dont il l'enrichissoit. Par-tout, dans ce premier âge, les donations des églises portent l'empreinte de la propriété absolue, du domaine accompli, de l'hérédité perpétuelle: *In jus perpetuum, pleno jure, in hæreditatem perpetuam, in possessiones sempiternas.* Les bénéfices n'étant tout au plus que des possessions bornées à la vie des concessionnaires, les fideles ne pouvoient en disposer à leur volonté. Il en fut autrement des possessions ecclésiastiques: données avec toute la plénitude du droit, et à l'instar des hérédités anciennes, elles furent toujours régies au gré de leurs ministres, pour l'avantage et le bien de la religion. *In perpetuam hæreditatem contradidi, et, quidquid inde facere voluerint, liberrimam in omnibus habeant facultatem.* Toutes les chartres accordées aux églises dans ce premier période sont ainsi conçues, comme on peut le voir par le recueil de nos anciennes formules (2).

Lorsque les alleux commencent à dégénérer par les hypotheques, les rentes et les charges civiles dont ils furent grevés, les donations faites aux églises sont toutes terminées par une exemption absolue de ces droits; c'est avec une immunité entiere, une intégrité parfaite, en propriété perpétuelle, libre de toute inquiétude, sans réclamation ni contradiction, sans coutume et sans services: *Absque ullo onere, cum immunitate integra, in omni integritate libera ab omnibus consuetudinibus, absque omni calumnia, absque ulla omnino exactione, cum omni jure possideat ecclesia.* Telles sont les chartres de Robert duc de Bourgogne, et de Henri Ier roi de France, pour l'abbaye de S. Germain-des-Prés, de S. Be-

(1) Sicut fiscus noster tenuit et possedit absque ulla contradictione et minoratione teneat et possideat, et quidquid elegerint faciendi liberam et firmissimam per nostram auctoritatem habeant potestatem. (Le Mire, fondations, année 655 ou 660, tome 1, chap. 3, page 125.)

(2) *Voyez* Marculphe, Lindenbroch, Form. Collectanea act. veterum, Baluze, tom. 1 et 2.

nigne de Dijon, de S. Martin-des-Champs, de S. Pierre de Chartres, etc. par-tout on voit la libération de ces charges, que la puissance excessive des seigneurs multiplia sur les héritages, et qui, à l'aide des circonstances et du temps, changerent la nature des alleux, et les asservirent pour toujours (1).

Mais lorsque la féodalité eut commencé à se répandre en Europe, et particulièrement en France, que la plupart des alleux eurent vu flétrir la pureté de leur origine par les concessions en fiefs que les propriétaires en firent pour augmenter leur vasselage, il se fit un nouveau changement dans les formules des donations: toujours guidés par l'esprit qui avoit animé leurs ancêtres, les nouveaux bienfaiteurs des églises ne se contenterent plus d'énoncer dans leurs chartres la perpétuité, l'intégrité des objets, qui, maintenus dans leur ancienne franchise sous le domaine de leurs peres, alloient passer dans celui de la religion; c'est en hérédité, en alleu perpétuel, qu'ils les donnent, *in hæreditatem, in allodium perpetuum,* avec une liberté et une franchise absolue, *liberè et quietè, cum omni quittantia libera et quitta possideant.* C'est par la réunion de ces clauses que se terminent les chartres d'Ermengarde, vicomtesse de Narbonne, au monastere de Font-froid: *Dono et fundo per allodium francum Deo et beatæ Mariæ Fontis-frigidi, ut habeant integriter in sempiternum* (2): de Bernard, comte de Melgueil, à l'église de Saint Romain; on y lit qu'il s'est dépouillé de ses dons par un déguerpissement absolu, afin qu'elle puisse les posséder tous en intégrité et en alleu: *Solvimus, guerpimus, et in propria possessione per allodium Domino Deo et ecclesiæ Sancti Romani totum quod habemus, etc.* (3).

Dans les donations faites à l'abbaye de Francvaux par Raymond Gaucelin, cette attention à écarter tout ce qui pouvoit donner atteinte à l'allodialité des biens ecclésiastiques est marquée par des caracteres, qui, quoique différents, ont la même énergie; il déclare que tous les objets de sa donation seront, dans l'étendue de la seigneurie, libres à perpétuité, envers lui et ses successeurs, de toutes charges coutumieres, redevances, fiefs, et autres droits quelconques: *Ut nunquam dent in terra mea ac in meo districtu de*

(1) Dom Bouquet, année 1043, page 609, 604, 605, 606, 607, etc. Histoire de la ville de Paris, tome 3, page 39, année 980.

(2) Gallia christiana, tome 6, page 42, année 980.

(3) *Ibid.* Gallia christiana.

aliqua re mihi et successoribus meis usaticum nec feodum, nec aliquam aliam rem (1).

En remarquant dans le dispositif de nos chartres une diversité toujours relative aux mœurs et aux usages des différents siecles, en vain chercheroit-on cependant dans la succession de ces formules la même précision que dans celle des âges : tout ce qui tient aux mœurs et aux intérêts des hommes ne peut avoir une marche méthodique et précise, quoiqu'asservi d'ailleurs à des regles générales et constantes.

Enfin lorsque la féodalité, consacrée en quelque sorte par l'usage des inféodations actives et passives, volontaires ou forcées, des alleux, eut rendu cette espece de biens plus rare dans le royaume, et que les fideles furent obligés de puiser leurs bienfaits à la source des fiefs, il s'établit encore de nouvelles formules relatives tout ensemble à la qualité féodale des biens et à la franchise allodiale des dotations primitives : telles sont, avons-nous dit, les conversions des fiefs en francs-alleux par des clauses expresses et positives, les franches aumônes et les amortissements. Toutes ces formules, indifféremment employées sous la troisieme race dans les transports des biens féodaux aux monasteres et aux églises, forment le droit public ecclésiastique de ces siecles; par elles la féodalité fut éteinte, les héritages qu'elle s'étoit asservis, rappellés à leur franchise originaire, et les dotations nouvelles assimilées à l'ancien patrimoine de la religion. Toutes ces opérations, formées par le concours des parties intéressées dans la féodalité des biens, préparerent cette maxime fondamentale, consignée depuis dans les œuvres de Loysel et de nos publicistes, que *tenir en franc-alleu, franche aumône et amortissement, c'est tout un*. En effet, il étoit réservé à l'inspecteur du domaine d'en détourner la signification à des sens étrangers, en disant que l'énergie de ces formules se réduit à l'extinction de quelques charges secondaires qui diminue le domaine de la féodalité sans en altérer la substance; il est donc nécessaire de les soumettre à une discussion nouvelle, d'examiner encore les mœurs et les usages de ces temps et de justifier les conséquences que le clergé en a déduites en faveur de ses dotations dans ce second période.

(1) Histoire de Languedoc, tome 2, page 502, année 1172.

ARTICLE PREMIER.

Donations des biens féodaux en franc-alleu.

Puisque les biens étoient francs et libres par les droits de leur antique origine, que la constitution féodale ne s'est élevée que sur les débris des alleux, et que les conversions réelles ou fictives de ces héritages en fiefs sont le fruit des conventions synallagmatiques et volontaires des citoyens entre eux, la féodalité n'est donc point une prérogative essentielle du trône et dans l'ordre des régales majeures; il est donc naturel que le retour de toutes ces clauses en sens contraire ait opéré dans les fiefs une égale métamorphose. Si, dans les chartres de cette classe, on ignoroit la condition des héritages qui vont passer aux églises sous la loi des alleux, on pourroit se pardonner plus aisément d'hésiter encore sur la nature de ces concessions: mais lorsqu'on voit clairement énoncée la distinction des alleux et des fiefs, ceux-ci toujours opposés aux autres, les héritages qui étoient féodaux avant la donation, cesser de l'être alors, et devenir des alleux par la réunion de toutes les volontés; il est impossible de révoquer en doute l'effet de ces opérations et le caractere du patrimoine des églises. Or telle est la nature des chartres qui vont suivre, que par-tout où elles ont été employées, elles ont fait disparoître la féodalité et ses droits sur les biens qu'elle s'étoit assujettis.

Henri Ier, duc de Lorraine, confirme la donation de la terre de Valiampont, faite par François d'Archenes aux chevaliers de Jérusalem. Cette terre dépendoit du fief de Thienne. Le donateur l'abandonne en totalité avec une franchise absolue; il ne retient pour lui et ses successeurs, ni cens, ni domaine, ni justice: *Nihil sibi inde retinens, nec censum, nec dominium, ita quod non poterit ampliùs eos convenire.* Lui, sa femme et ses enfants la déguerpissent suivant l'usage, et la leur conferent librement et à titre d'aumône avec tout ce qu'ils possedent encore dans la mouvance de Thienne: *Cum omni libertate institutâ eleemosynâ conferentes.* Hugues d'Archenes, dont cette terre relevoit, y donne son consentement: *De laudamento Hugonis de quo idem Franco tenebat in feodum.* Wautier de Rosaire, autre seigneur dominant, de qui Hugues la tenoit en fief, y acquiesce également; et pour rendre sa renonciation plus authentique, il la reporte, du consentement de toutes les parties intéressées, dans l'ordre féodal, entre les mains du suzerain, Henri, duc de Lorraine; ce prince, d'accord avec tous les seigneurs, et voulant participer aux fruits de cette aumône, remet la terre en franc-alleu, entre les mains des Templiers, pour être possédée par eux en propriété perpétuelle : *Hæc omnia contuli, tanquam francum allodium perpetuo jure possidendum* (1).

Quarante ans après, Henri II donna le fief de Saint-Bernard à l'abbé et aux religieux du monastere de ce nom: on ne peut pas douter non plus qu'il n'ait éteint sur cette terre la féodalité et sa mouvance. Gosuin, chevalier, qui la tenoit en fief de Henri, la leur avoit vendue; mais comme le consentement du suzerain lui étoit nécessaire, il va se démettre à sa cour de cet héritage, sans réserve ni pour lui ni pour ses successeurs : par là le nœud féodal est certainement résolu entre lui et son suzerain; car dès que l'un cesse de posséder le fief, l'autre ne peut plus être son seigneur. Mais si la féodalité est éteinte par rapport à cet ancien vassal, ne revivra-t-elle point dans la possession des religieux? D'abord le duc de Lorraine renonce à tous les droits qu'il pouvoit y prétendre comme suzerain; ensuite, loin de stipuler la réserve de sa mouvance, c'est en pur alleu et en propriété libre et absolue qu'il le remet aux nouveaux acquéreurs : *In purum allodium contulimus liberè et absolutè possidendum.* Dans cette chartre comme dans l'autre, on voit l'opposition constante des fiefs et des alleux. Dans les mains des vassaux, c'est un fief: *Totum feodum quod de nobis tenebat.* Dans celles de l'église, c'est un alleu: *Hæc omnia tanquam francum allodium...... dictum feodum in purum allodium contulimus.* Si l'alleu ne signifie que propriété, pourquoi ces donations différentes et successives? A ce titre tout étoit égal entre le vassal et l'église donataire. Si l'héritage acquis par les religieux demeure encore assujetti à la mouvance féodale envers le duc de Lorraine, leur propriété n'est ni absolue ni sans réserve; leur domaine est nécessairement restreint et

(1) Omnia quæ tenent fratres Templi.... et quod colunt vel tenent de feodo de Thiennes in terra, pratis; etc. prædictus Franco, et uxor ejus, et filii ejus, cum integritate liberum dimiserunt et werpiverunt, nec censum, nec dominium in his rebus retinentes, sed omnia Deo et prædictis fratribus cum omni libertate institutâ eleemosynâ conferentes..... Hoc autem totum factum est de consensu et laudamento Hugonis de Archenes, de quo idem Franco ea tenebat in feodo, et de consensu Walteri de Rosaire, de quo præfatus Hugo hoc feodum tenebat. Præfatus verò Walterus hæc omnia in manu mea reportavit ad opus fratrum de consensu omnium qui aliquid juris habere dicebant... Ego verò pro remedio animæ meæ iisdem fratribus hæc omnia contuli, tanquam francum allodium perpetuo jure possidendum. (*Fond. de Flandre*, année 1209, chap. 106, page 129, tome 1.)

limité, et cependant le prince assure qu'il ne se réserve rien, si ce n'est la haute justice, c'est-à-dire l'effusion violente du sang, la mutilation des membres et l'homicide: *Nihil juris nobis vel posteris reservans.... præter hos tres articulos altæ justitiæ....... in ipso allodio reservando* (1).

Armand et Gertrude sa femme tenoient plusieurs boniers de terre en fief de Gilles le Brun, chevalier, seigneur de..... Ils les vendent à l'église de Beaupré, après avoir obtenu le consentement du suzerain. Il n'est pas douteux qu'il s'agit ici d'une propriété vraiment héréditaire, quoique féodale: *A me in feodum duo bonaria terræ, tanquam veri hæredes, vendiderunt de mea voluntate.* Or quelle est la nature de cette acquisition sous le domaine de l'église? Le vassal pouvoit sans doute la lui inféoder comme il pouvoit la lui vendre; au lieu de cela il remet le fief entre les mains de son seigneur, sans se réserver aucun droit: par là tous les rapports de vasselage sont éclipsés entre eux, et aucun ne s'établit entre le donateur et l'église. Le suzerain peut également conserver sa directe en substituant l'église à la condition du vendeur: mais rien de tout cela n'entre dans ses dispositions; l'église les possédera en alleu et à perpétuité. *Ego verò eamdem terram..... in allodium contuli perpetuò possidendam.* D'où vient ce genre de possession nouvelle? C'est que le lien féodal a été dissous par ce seigneur, et qu'un nouveau droit l'a remplacé: *Mutato jure feodali in allodium contuli.* Assurément cette clause annonce quelque différence entre l'ancienne propriété du vendeur et la possession actuelle de l'église: où se trouvera-t-elle? sera-ce dans la perpétuité et la stabilité de la possession? Mais ce fief étoit également une propriété du vassal, et c'est à ce titre qu'il en a disposé: *Tanquam veri hæredes vendiderunt.* C'est donc dans l'indépendance féodale qu'il faut la chercher. C'étoit un fief dans les mains du vendeur, *à me in feodum tenebat;* c'est un alleu dans celles de l'église, *in allodium perpetuò possidendum:* parceque le suzerain a substitué à la loi qui gênoit la pos-

(1) Totum feodum quod de nobis tenebat in pratis, aquis..... ad opus abbatis et conventûs de loco Sancti Bernardi, qui ab ipso Gosuino feodum præfatum titulo emptionis justè acquisiverat, in manus nostras quasi veri domini et superioris istius feodi reportavit, atque justo modo werpivit, nihil sibi juris, nihil suis hæredibus in dicto feodo ad præsens vel in posterum reservando. Nos verò ob remedium animæ nostræ, patris, matris..... dictum feodum præfatis abbati et conventui in purum allodium contulimus liberè et absolutè perpetuò possidendum, nihil juris nobis aut posteris nostris præter hos tres articulos altæ justitiæ, scilicet manifestam sanguinis effusionem, mutilationem membrorum et vitæ ablationem, si excessus delinquentium hoc exegerit, in ipso allodio reservando. (Aubert le Mire, année 1243, page 26, chap. 105, tome 1.)

session du premier celle de l'allodialité au profit du monastere : *Mutato jure feodali in allodium contuli perpetuò possidendum* (1).

Baudouin, comte de Namur, et vassal du comte de Flandre, vend à l'abbaye de Grand-Pré 160 boniers de terres, fond et superficie; c'est en alleu et pour en jouir avec une franchise et une liberté parfaite: *In allodium liberè et absolutè.* Mêmes formalités pour obtenir la ratification du suzerain, dont les 160 boniers relevoient en fief à cause de son comté de Namur. Voilà donc encore la conversion d'un fief en alleu; c'est ce qu'annoncent et la qualification féodale de ces terres avant la donation, et leur qualité d'alleu dans le domaine de l'église. Ici l'alleu est opposé au fief, la propriété libre et absolue à la propriété ordinaire. Or toutes ces différences sont inutiles et défectueuses, s'il n'est question que d'une propriété féodale; inutiles, parceque la vente, d'une part, et, de l'autre, le consentement du suzerain, exprimoient suffisamment la propriété de l'église; défectueuses, parceque la propriété féodale toujours grevée d'une domination étrangere, ne peut être une possession libre et absolue (2).

C'est ainsi que fut dotée par Philippe d'Alsace, comte de Flandre, l'abbaye de Loss, ordre de Cîteaux. Pierre de Bourg, chevalier, de concert avec sa femme, lui donnerent une terre qu'ils possédoient en fief sous la mouvance du comte: *Quam in territorio de Burgis de meo feodo tenebat.* Toutes les formalités d'usage sont exactement observées; consentement de la part du suzerain; déguerpissement de l'héritage par le fétu, symbole de l'expropriation totale.

Ils disposent encore d'une autre terre également dans la directe du comte; mais comme il y avoit entre eux et lui plusieurs seigneurs intermédiaires, Simon et Helvelin, il étoit nécessaire, pour la validité de l'aumône, que tous y intervinssent. En conséquence, les donateurs remettent le

(1) Ego AEgidius le Brun miles... notum facio quòd Arnulfus et Gertrudis uxor ejus, Henricus de N.... et uxor ejus, a me in feodum duo bonaria terræ sita in parochia de... possederunt, et dicti Arnulphus et Gertrudis uxor ejus, tanquam veri hæredes, prædictam terram de mea voluntate vendiderunt ecclesiæ beatæ Mariæ de Bello-Prato..... et in manu mea reportaverunt ad opus ecclesiæ. Ego verò eamdem terram, mutato jure feodali in allodium, contuli jam dictæ ecclesiæ perpetuò possidendum. (Année 1230, chap. 164, page 749, tome 1 de le Mire.)

(2) Dominus de Grandi-Prato cisterciensi ordini, cujus fundator Philippus frater noster, vendidimus benè et legitimè centum et sexaginta nemoris cum fundo bonaria..... idem nemus cum fundo suo in allodium liberè et absolutè pro remedio animæ nostræ et prædecessorum in dictam domum transferentes, promittentes quòd nos eidem domui super dicto nemore garandiam præstabimus. Hoc autem de consensu illustris domini comitis Flandriæ factum est et comitissæ, de quibus movet comitatus namurcensis. (An. 1238, chap. 99, page. 313, tome 1 de le Mire.)

fief entre les mains de Simon, celui-ci dans celles de Helvelin, qui le reporte à son rang entre les mains du chef suprême de la féodalité, avec une liberté entiere, *Helvelino dapifero reddidit qui à Simone receptam mihi liberam reddidit;* et comme il y avoit encore des personnes intéressées dans cette donation, Helvelin s'engage à acquitter la terre envers elles, *promittens coram me terram illam ecclesiæ prænominatæ acquietaturum contra....... omnes ad quorum dominium feodus ille pertinebat.* Après cette abdication générale de tous les vassaux, et la garantie d'un d'entre eux envers les créanciers de tous les ordres, le comte de Flandre remet cette terre au monastere, absolument libre, *ego autem à dapifero acceptam in manus abbatis et fratrum liberam contradidi;* et pour lui en assurer la propriété incommutable, il prend sur lui la garantie de ces clauses, *et obsidem me reliqui.*

Il est clair, d'après tous ces détails, qu'il s'agit encore ici de la conversion réelle d'un fief en alleu, c'est-à-dire de l'anéantissement de la féodalité : car, dès le commencement de son diplôme, ce prince annonce que sa donation est faite en alleu, *concedo in allodium liberum et possessionem perpetuam ecclesiæ;* et plus bas, on voit s'évanouir successivement tous les degrés de la féodalité, par la démission graduelle de tous les seigneurs de mouvance; *Simon verò Helvelino tradidit, ego verò ab Helvelino acceptam ecclesiæ liberam reddidi* (1).

Philippe d'Alsace confirme toutes les possessions de Saint-Nicolas de Furnes, ordre de Prémontré. On voit, dans l'énumération qu'il fait des propriétés de cette église, six parties différentes, tant en terres qu'en pâturages; toutes avoient été possédées en fief par autant de vassaux, qui, de concert avec leur suzerain, les avoient données après un déguerpissement total : mais telles furent les clauses de ces donations, que la féodalité s'éclipsa sur toutes au moment de

(1) Ego Philippus, Alsaticus flandrensis comes, concedo in allodium liberum et possessionem perpetuam ecclesiæ beatæ Mariæ de Loss, et fratribus de Clara-Valle, terram Petri de Burgis, quam in territorio de....... Burgis, de meo feodo tenebat, qui Petrus coram me veniens, terram prænominatam cum reditibus et quid de me tenebat cum virga mihi liberum reddidit, liberisque præsentibus qui et manus apposuerunt et cum patre werpiverunt.

Aliam quoque terram suam de feodo meo, quam de Simone de Neulin domino suo tenebat, in territorio suo de Burgis, eidem domino suo Simoni cum filiis prædictis reddidit et werpivit. Simon verò, à patre acceptam, Helvelino dapifero domino suo reddidit, qui à Simone receptam mihi liberam donavit, promittens coram me terram illam ecclesiæ prænominatæ acquietaturum contra filios Roberti Rufi, vel omnes ad quorum dominium feodus ille pertinebat. Ego autem à dapifero acceptam in manus abbatis et fratrum ecclesiæ de Loss liberam contradidi et obsidem me reliqui. (Fondations de Flandre, tome 1, ch. 69.)

leur réunion au patrimoine de l'église. On lit, dans la chartre de ce prince, que la premiere, possédée par Léon et Guy son frere, fut remise en propriété libre et perpétuelle, après avoir été dégagée par les suzerains du droit féodal et de ses redevances, *de jure feodi et de omni exactione libera facta, in liberum ac perpetuum jus cessit ecclesiæ;* que la seconde, possédée par Hugues, avoit été soustraite au joug de la féodalité, *quas ab Hugone redditas à jugo feodi absolvi;* que la troisieme, appartenant à Wautier, avoit été donnée par le prince et son pere, avec une libération absolue du droit et des profits des fiefs, *quas etiam ab omni jure feodi et ab omni exactione absolutas pater meus et ego tradidimus;* que l'église avoit reçu la quatrieme de Rodolphe, en hérédité perpétuelle et libre, après avoir été également débarrassée par le comte de la loi féodale, *quam absolvendo..... sæpius dictæ ecclesiæ in liberam ac perpetuam hæreditatem tradidi.* A l'égard de la cinquieme, appartenant à Baudouin, et consistant en 21 mesures, 11 étoient tenues en fief, et les autres ne l'étoient pas : l'église les possédoit toutes également, parceque le prince avoit rompu le lien féodal qui les asservissoit en partie. *Cujus undecim mensuras a nexu feodali absolvi.* Mais voulant remplacer le vuide que l'affranchissement de ces mesures faisoit dans sa mouvance, il en reçoit autant de Baudouin son vassal, qui les reprend ensuite par le même acte, pour les tenir de lui à titre de fief, suivant l'usage de ces temps. Enfin la sixieme, de 160 mesures, avoit appartenu à Wautier, fils d'Eustache, qui en avoit récemment disposé avec l'approbation de son suzerain. Au moyen de ces formalités, l'ancien état de cette terre avoit disparu, et elle avoit été réduite à la condition des propriétés libres de cette église, *in ecclesiæ, per manum meam, liberam redacta est possessionem;* et le donateur qui, par cette opération, étoit sorti de la vassalité du comte, n'y rentre que par une nouvelle inféodation : *Pro hac autem Walterus terram novam in concambium recepit* (1).

(1) Berqueria quæ erat Leonis et Widonis fratris ejus, quæ, tam per patrem meum quàm per me, de jure feodi et de omni exactione libera facta, in liberum ac perpetuum jus prædictæ cessit ecclesiæ; Berqueria de Husnam, quæ censualis atque perennis possessio est; sexaginta mensuras terræ quæ erant Hugonis filii Aloisii, quas ego ab Hugone redditas à jugo feodi absolvi et ecclesiæ in perpetuum liberè possidendas tradidi....... in Bercleia, sexaginta mensuras terræ, quæ erant Walteri, quas etiam à feodi jure et ab omni exactione absolutas pater meus et ego tradidimus; terram de.... trecentarum et viginti septem mensurarum quam absolvendo Radulphus mihi redditam sæpiùs dictæ ecclesiæ in liberam ac perpetuam hæreditatem tradidi; terram viginti et unæ mensurarum, quæ erat Balduini, cujus undecim mensuras à nexu feodali absolvi, et absolutas ecclesiæ reddidi, pro quibus totidem mensuras alias terræ ab ipso Balduino

Ici l'on voit se réunir, sur les fiefs, des opérations absolument contraires à celles qui avoient concouru à leur établissement ; c'est-à-dire que la féodalité ne s'est introduite sur ces terres, comme sur les autres, que par le consentement des vassaux à les tenir sous la loi des fiefs. Donc puisque ces héritages ont été donnés aux églises avec l'exemption, ou plutôt l'abrogation de cette loi, ils ne peuvent plus lui être assujettis désormais. Tout, quant à l'énergie, doit être égal entre ces formalités réciproques et successives : c'est le même droit établi d'un côté, c'est le même droit éclipsé et anéanti de l'autre ; ce sont les mêmes contractants qui font dégénérer les alleux, les mêmes qui les rappellent à leur droit originaire.

On lit, dans l'histoire de la maison de Béthune, qu'Ancelle de Hesdin et sa famille avoient donné à l'abbaye d'Eaucourt en Artois tout ce qu'ils possédoient dans le village de Courcelle-le-Comte : Ingelrand, seigneur immédiat de ces terres, y donne son attache au moyen d'une indemnité suffisante ; les suzerains, Thierri, comte de Flandre, sa femme et ses enfants, ratifient cette aumône, après avoir pris l'avis de leurs barons. Or quel est le résultat de ces formalités ? C'est l'anéantissement de la féodalité sur ces terres par la conversion du fief en alleu : *Prædictas possessiones de feodo allodium fecit* (1).

C'est ainsi que fut fondée, près de Valenciennes, l'abbaye de la Chaise-Dieu. Des religieux de Prémontré s'établissent dans une forêt ; elle relevoit en arriere-fief de Baudouin, comte de Hainaut : entre eux et lui il y avoit trois seigneurs dominants, Geoffroy d'Arschot, Wautier d'Aulnoy et Aleman de Pont : *Eamdem partem similiter in feodum tenebat a Godefrido Walterus........ de Waltero Almannus........* Voulant favoriser ces religieux, tous leur abandonnent, de concert, la forêt et leur mouvance ; ainsi Alleman reporte le fief entre les mains de Wautier, Wautier le remet dans celles de Godefroi, celui-ci dans celles du comte de Hainaut, qui le donne ensuite à l'abbé et à ses successeurs. Mais à quel titre ? C'est en propre alleu : *Tibi, Warine, tuisque successoribus in proprium allodium concessi.* Son motif est qu'il

in jus feodale recepi. Porrò centum et sexaginta fermè mensurarum terræ quæ erat Walteri filii Eustachii, inter hæc novissimum habet locum, eo quòd novissimè in ecclesiæ, per manum meam, liberam redacta est possessionem : pro hac autem Walterus terram novam in concambium recepit. (An. 1187, ch. 60, page 549, Aubert le Mire, tome 1.)

(1) Extrait des titres de l'abbaye d'Eaucourt en Artois. Histoire de la maison de Béthune, page 28.

est juste de soustraire pour toujours cet établissement au joug d'une domination séculiere : *Quoniam justum erat ut... deinceps a jure et dominio sæculari omnimodis alienaretur* (1). Cette chartre et la précédente nous montrent sous un seul point de vue le caractere des alleux et des fiefs, leur opposition constante, la nature féodale des terres avant la donation, et leur nouvel état dans le domaine des églises.

Un vassal, nommé Lippin, veut donner un fief à l'église de Léonse, et lui faire perdre tout à la fois sa qualité féodale; pour cela il offre à son suzerain de lui remettre un autre héritage qui, ne relevant de personne, peut aisément rétablir l'intégrité de sa mouvance : *Rogavit me uterque ut de feodo memorato hæreditatem facerem et illam ecclesiæ conferrem, et de hæreditate præfata facerem feodum.* Jeanne comtesse de Flandre, et suzeraine de cette terre, prend l'avis de ses barons; tous lui ayant répondu qu'il n'y avoit dans ces offres rien de contraire aux loix, elle accepte l'alleu qui lui est offert, et le rend par le même acte à son ancien vassal sous l'obligation de le reconnoître en fief : ensuite elle remet à l'église de Léonse, sous la loi des hérédités anciennes, le fief de son vassal (2). Ici se consomment deux opérations ensemble : le fief donné à l'église devient un alleu, *et de feodo memorato hæreditatem faciens illam contuli ecclesiæ;* l'alleu qui le remplace devient un fief, *et de hæreditate præfata facerem feodum.* Par ce changement du fief en hérédité ancienne, la féodalité est certainement éteinte; car, dans la possession de l'église, ce mot *hæreditas* doit avoir la même signification que dans celle du vassal: c'est une hérédité qu'elle reçoit, c'est une hérédité qu'il rend : or cette hérédité est un véritable alleu, c'est-à-dire un bien qui n'est asservi par aucune loi féodale, puisqu'avant de l'incorporer à la mouvance du suzerain, il a été nécessaire

(1) Nimirum *plurimam* partem viconiensis *sylvæ* tenebat de me in feodum comitissa uxor Godefridi de Arschot; eamdem partem tenebat similiter in feodum à Godefrido Walterus de Alneto...... ipsam etiam partem tenebat Almannus de Ponte de Waltero.... Igitur quoniam justum erat ut locus ille deinceps à jure et dominio sæculari omnimodis alienaretur....... ego Balduinus magnam partem jam dictæ *sylvæ* de *manu* Almanni in *manum* Walteri..... de manu Walteri *in manum* comitissæ...... de manu comitissæ in manum meam redditam, tibi, Warine, tuisque successoribus in proprium allodium pro salute animæ meæ concessi. (Fond. de Flandre, 2 vol. an. 1143, ch. 47, page 1165.)

(2) Rogavit me uterque ut de feodo memorato hæreditatem facerem et eam ecclesiæ conferrem, et de hæreditate præfata feodum facerem et illud darem Lippino tenendum de me loco *prioris feodi*; cùmque *homines mei adjurati per fidem* quam mihi debebant, dixissent per judicium quòd hoc possem facere, acquievi petitioni ipsorum, et de dicto feodo hæreditatem faciens, illam contuli ob remedium animæ meæ Leonsi ecclesiæ perpetuò possidendam. (An. 1230. Galand, traité du franc-alleu, page 16.)

de

de le convertir en fief: *Et de hæreditate præfata facerem feodum...... et de hæreditate præfata feodum faciens.*

Il résulte de cette chartre, 1°. que les alleux et les fiefs étoient deux classes de biens très distinctes, puisqu'on y voit la double et réciproque conversion des alleux en fiefs, et des fiefs en alleux : 2°. que si les fiefs, en devenant perpétuels et héréditaires dans les familles, se sont peu-à-peu rapprochés des propriétés, cependant on ne les confondit jamais avec les hérédités antiques ou les propriétés avitines, parceque si les familles des feudataires purent revendiquer ces biens dans la nouvelle constitution des fiefs, leur droit se réduisit à en forcer l'investiture; mais l'investiture ne cessa jamais d'être le titre constitutif et radical de la possession : 3°. que les églises à qui les biens ont toujours été donnés, par la nature même de leurs constitutions, sous la loi des hérédités anciennes et des biens patrimoniaux, ont dès-là même été soustraites au droit commun des fiefs.

Mais, pour présenter dans un seul tableau toutes les dispositions de ces chartres, elles consistent à réduire à la condition des propriétés libres, des biens qui, malgré leur stabilité éventuelle, n'étoient que des usufruits dans la possession des vassaux, *in liberam redacta est ecclesiæ possessionem;* à faire d'un bien féodal un héritage ancien, *et de feodo memorato hæreditatem faciens ;* à remplacer, par des inféodations nouvelles, le vuide que les aumônes ecclésiastiques faisoient dans les mouvances seigneuriales, *alias terras in jus feodale recepi ;* à soustraire au joug de la féodalité des héritages féodaux, *quas ab Hugone redditas a jugo feodi absolvi ;* à les libérer du droit féodal et de ses charges, *de jure feodi et de omni exactione libera facta ;* à rompre le nœud vassalitique, *à nexu feodali absolvi et absoluta ecclesiæ reddidi ;* à changer le droit des fiefs pour lui en substituer un nouveau, *mutato jure feodali in allodium contulimus;* à donner des terres de mouvance à l'instar et à la maniere des alleux, *hæc omnia in purum allodium contulimus, tanquam francum allodium contuli ;* à convertir le fief en alleu, *prædictas possessiones de feodo allodium fecit ;* à renoncer enfin pour soi et ses héritiers au cens, au domaine et à tous les droits dont les biens étoient grevés avant la donation, *nec censum nec dominium..... nihil juris nobis vel posteris reservando* (1).

(1) Voyez les chartres ci-dessus.

Or, on le demande, si l'on vouloit éclipser la féodalité des héritages et les rappeller à leur ancienne origine, pourroit-on employer des formules plus énergiques, des clauses plus efficaces? car enfin qu'est-ce que la féodalité, et comment s'établit-elle? Suivant tous les auteurs, la féodalité est la concession d'une chose immobiliere à la charge des services; elle a pour base un contrat synallagmatique qui réunit les intérêts de deux personnes sous les dénominations respectives de vassal et de suzerain: par cette espece de confédération, l'un a des droits à exercer, l'autre des obligations à remplir. L'héritage inféodé, qui en est tout à la fois le gage, le principe et le symbole, se divise alors par une fiction de droit en deux propriétés, la directe et l'utile: la premiere appartient à l'auteur de l'inféodation, la seconde à celui qui profite du bienfait: par-là il arrive que l'héritage féodal n'a jamais été entièrement détaché de sa glebe primitive ou du domaine du premier propriétaire. C'est sur ce principe que porte toute l'économie de nos loix féodales. La féodalité introduit donc un droit nouveau dans les propriétés absolument étranger à celui qui les regle dans l'ordre politique et dans celui des intérêts ordinaires, un lien qui en gêne la franchise dans les mains du vassal, un joug qui les tient constamment asservies, des droits et des redevances qui en altèrent encore le droit originaire, enfin une dénomination singuliere qui, en rappellant sans cesse et leur premier état et leur changement, ne peut point se confondre avec celle qu'ils portoient avant cette révolution. Donc lorsqu'il y a concours entre toutes les parties intéressées pour rompre ces entraves et détruire cet appareil, ouvrage de la féodalité et son caractere constitutif, il faut en conclure que la féodalité elle-même a disparu sous la loi de ces formules. Ainsi les donations en franc-alleu, premiere partie de la maxime de Loysel, sont opposées aux tenures féodales, ou résolutives de la mouvance; il ne s'agit plus maintenant que de prouver la continuation de ce droit dans les chartres de franche-aumône et d'amortissement, en montrant la conformité des unes et des autres avec ces formules originales.

ARTICLE II.

Donations en franche aumône.

Les aumônes dont nous avons à parler sont celles que Bractone et du Cange définissent des donations faites aux monasteres et aux églises, à la charge de services de prieres pour les donateurs, pendant leur vie et après leur mort (1). Ces dons, uniquement destinés au service des autels, à l'entretien des ministres, et au soulagement des pauvres, sont consacrés dans les chartres des églises, par les clauses de pure, de libre, de franche aumône, ou par d'autres équivalentes. Ces formules ne furent ni moins puissantes ni moins actives que celles des francs-alleux, pour anéantir l'ouvrage de la féodalité, et rétablir dans leur ancien état les biens dégénérés par elle. En suivant pas à pas ces fondations nouvelles, on y verra la continuation du droit public des églises, et la vérification de cette seconde partie de la maxime de Loysel, que *tenir en franc-alleu et franche aumône, c'est tout un en effet.*

Pour développer avec une certaine étendue ce point capital dans la défense du clergé, nous diviserons ces chartres en trois classes : dans la premiere, sont celles où les donateurs, vassaux et suzerains, renoncent unanimement et sans réserve à tous leurs droits sur les biens aumônés ; les secondes contiennent les donations anticipées des suzerains ; les autres sont celles où ils s'expriment d'une maniere plus positive sur la libération de la féodalité et de ses charges. Dans les unes et dans les autres, la féodalité fut véritablement éteinte, parcequ'il y eut concours de toutes les parties qui pouvoient y avoit intérêt.

Quant aux premieres, on ne peut pas douter de la qualité des biens qui y sont énoncés ; ce sont des fiefs ou des héritages tenus sous la directe d'un seigneur : *Quam ex me tenebat in feodo.* Ces biens ne peuvent être aliénés que par la disposition mutuelle des vassaux et des suzerains. Or, les premiers les donnent à l'église en aumône pure et libre,

(1) Tenementa quæ conceduntur per donationem ecclesiis cathedralibus, conventualibus, parochialibus, viris religiosis, ut, pro donatoris et suorum tam vivorum quàm mortuorum animabus, apud Deum orationibus et divinis officiis intercedant. (Du Cange, voce *Eleemosyna*, tom. 3, pag. 39.)

Quòd si res domino jure eleemosynarum legitimè *consecratæ sunt*, *ecclesiarum ejus* sunt, quia pauperibus et specialiter sibi servientibus legaliter data sunt. (Paschasius Ratbertus, in vita *Walæ*, abbatis corbeiensis.)

pour être possédés par elle à perpétuité, franchement et sans trouble : *In puram et liberam eleemosynam, liberè, quietè, pacificè possideant.* Ils les quittent à perpétuité de tout service et de toute charge ; ils ne s'y réservent ni droit, ni domaine, ni danger : *Nec mihi vel successoribus aliquod in eis dominium, vel dangerium dereliqui.* Ils reportent le fief entre les mains du suzerain, et c'est de leur part une expropriation totale : *In manus meas werpivit.* Quant aux suzerains, toujours sollicités de consentir ces donations, ils les ratifient tous, en adoptant les clauses stipulées par leurs feudataires, c'est-à-dire que c'est en aumône pure et libre qu'ils disposent de ces biens, afin que les églises les possedent en propriété franche et absolue : *In puram et liberam eleemosynam, purè, liberè et quietè possideant.* Loin de se réserver la directe de ces biens, on les voit, au contraire, transporter aux églises et le domaine et les droits qui leur appartiennent, *quodcumque jus habeo vel habere possum . . . . nullum jus retinendo, sed potiùs in dictos transferendo ;* abdiquer pour eux et leurs successeurs toute domination et puissance séculiere, *ita quod nihil juris sæcularis mihi vel meis hæredibus retinui ;* rendre aux habitants de ces terres une immunité absolue, *homines ab omnibus servitiis liberi et immunes in perpetuum remanebunt ;* renoncer à toutes les coutumes, usages, redevances et servitudes temporelles, *liberum ab omni reditu et omni servitio et exactione sæculari.* Enfin, la donation est consommée avec une quittance et une liberté parfaite, *cum omni quittantia et omni libertate ;* souvent même sans aucune réserve de jurisdiction, *nullam inde mihi jurisdictionem retinens.*

C'est ainsi que furent fondées, dotées ou confirmées, dans les douzieme et treizieme siecles, l'abbaye de Choques, par Jean, seigneur de ce territoire, et Robert de Carwent (1) ; l'abbaye de Bon-Repos, par Alain, vicomte de Rohan (2) ; celles de S. Victor et d'Erloy, par Bouchard et Matthieu de Montmorenci (3) ; l'abbaye de Ham, par Ingelrand, seigneur de Lillers, et le comte de Flandre, son suzerain (4) ; l'Abbaye de Cherlieu, par Henri et Anselme, seigneurs de

(1) Quia suprà dictus Carwent homo noster tantùm indefecerat, quòd in eadem decima nec ipse nec hæredes ejus de cætero aliquid juris poterat aut debeat inde reclamare, nos super præmissis intellectâ pleniùs veritate... de jam dicta decima investivimus ecclesiam eique concessimus liberaliter et benignè ut eamdem decimam in perpetuum possideat ab omni servitio et exactione penitùs liberam et exemptam. (Hist. de Bethune, année 1219, page 59.)

(2) Histoire de Bretagne, mémoires, tome 1, page 696.

(3) Histoire de la maison de Montmorenci, page 55, etc.

(4) Dachery spicilegium, tom. 3, pag. 18.

Loutrent (1); celle de Beaulieu, par Jean de Vergi, sénéchal de Bourgogne (2); l'abbaye de S. Laurent de Cordeillon, par Guillaume de Saliers (3); l'église de Chartres, par le comte de Vendôme (4); l'église de sainte Marie de Luçon, par Thibault, seigneur de S. Pierre, et Aimery, son suzerain (5); l'abbaye de la Blanche, par Pierre de Gasnape; l'abbaye de Beaupré, par Aléide, dame de Boulairs, et Marguerite, comtesse de Flandre (6).

Rien ne prouve encore plus clairement l'objet et l'efficace de ces clauses, dans l'intention des donateurs, que de les voir également employées pour terminer les débats d'une féodalité litigieuse. Une contestation s'étoit élevée entre l'église de sainte Genevieve de Paris, et Garnier de Roquemore, au sujet de la dîme de Maulni; un nommé Barthelemi l'avoit donnée en aumône à cette église. Trente ans après Garnier prétendit qu'elle appartenoit à son fief; Matthieu, seigneur de Marli, et Mathilde sa femme, comme seigneurs du territoire, interviennent pour terminer cette querelle: au moyen de 8 liv. parisis que l'église de Ste Genevieve consent à payer, Garnier lui quitte et donne en aumône son domaine, ses droits et ses prétentions: *Quittavit præfatæ ecclesiæ et donavit in eleemosynam, si quid juris et dominii habebat.* Les suzerains, de leur côté, dont elle auroit relevé en fief ou en arriere-fief, si elle eût appartenu à leur vassal, *de quorum dominio erat*, la quittent à leur tour, et renoncent également en aumône à leurs droits et leur domaine, en s'obligeant à la garantir pour eux et leurs héritiers (7). Ici la féodalité est clairement éteinte par rapport à Garnier, par la renonciation qu'il fait à ses droits litigieux, et l'indemnité qu'on lui accorde; elle l'est pareillement vis-à-vis des suzerains, puisqu'ils

(1) Histoire de Vergi, pages 177 et 190.

(2) *Ibid.* page 207.

(3) Gallia christiana, tome 2, page 93, an. 1200.

(4) Histoire de la maison de Châtillon, page 29.

(5) Cartulaire de l'église de Luçon, fol. 22 et 23.

(6) Locum verò prædictum et omnes eleemosynas, prout dictum est, eidem collatas, ab omni exactione, servitio et justitia sæculari volui et firmavi liberas esse in perpetuum et exemptas, nec mihi vel successoribus meis aliquid in eis dominium vel dangerium dereliqui, sed omnia libera et quieta omnibus decrevi temporibus permanere..... Præfatam eleemosynam et omnia alia in dictis litteris comprehensa, grata et rata habentes, tanquam terræ dominus confirmamus. (Le Mire, fondations de Flandre, tome 1, an. 1251, chap. 102, page 458.)

(7) Garnerius verò contendebat eam esse de feodo suo. Tandem nobis mediantibus hanc formam pacis convenerunt: Garnerius in præsentia nostra constitutus quittavit præfatæ ecclesiæ et donavit in eleemosynam, si quid juris et dominii habebat in decima illa, et fide interpositâ promisit præstare justam garantiam; ecclesia verò dedit illi pro quittatione octo libras parisiensis monetæ..... Nos verò, de quorum dominio erat, quittavimus eam et dedimus in eleemosynam prædictæ ecclesiæ quidquid juris et dominii in ea habebamus, et promisimus quòd tam nos quàm hæredes nostri præstaremus inde justam garantiam. (Histoire de Montmorenci, page 393, an. 1194.)

ont renoncé comme lui à tous les droits et au domaine de leur mouvance: *Nos verò, de quorum dominio erat, quittavimus eam et dedimus in eleemosynam quidquid juris et dominii in ea habebamus, etc.* (1). On ne doutoit donc point alors qu'à l'exemple des droits de propriétés ordinaires, la féodalité ne pût s'éteindre par l'aumône, ou autrement, sur une possession quelconque.

En un mot, dans toutes ces donations, on voit un concert parfait entre la volonté des vassaux et celle des suzerains, une correspondance et une identité singuliere entre les stipulations des uns et des autres, c'est-à-dire qu'il est toujours dans l'intention des premiers de communiquer à leurs aumônes la franchise la plus absolue, toujours dans la volonté des autres de se prêter à leurs desirs, quoique d'une maniere plus ou moins désintéressée. Donc, puisque, du côté des vassaux, il y avoit une renonciation absolue à toute stipulation de directe sous le bon plaisir de leurs suzerains, ceux-ci, en ratifiant leurs aumônes, et adoptant pour leurs droits les mêmes clauses de renonciation, ont également soustrait les héritages à la directe féodale de leur mouvance.

Nos rois ont pareillement adopté ces dispositions dans leur chartres: Saint Louis, pour l'abbaye de la Joie; Philippe le Hardi, pour S. Germain-des-Prés; et Philippe le Long, pour le monastere des Carmes de Paris.

Dans la premiere, il s'agit de dix arpents que Philippe de Nemours avoit détachés d'une terre qu'il tenoit en fief de la couronne. Le prince consent à la donation; et pour qu'elle puisse être faite en aumône, il la déclare absolument libre et quitte, envers lui et ses successeurs, de tous services et redevances: *Quittamus in perpetuum ab omni servitio et redhibitione, quantùm ad nos et hæredes nostros.... Libera et quieta ad dandum in eleemosynam* (2). Dans la seconde, après la clause ordinaire de l'aumône, de la possession quitte et libre, le prince déclare qu'il ne s'y réserve ni justice, ni domaine, ni propriété, ni possession, pour lui et ses successeurs, mais seulement le ressort: *Nihilque nobis successoribusque nostris justitiæ, dominii, proprietatis aut possessionis retinentes nisi solummodo ressortum* (3). Dans la troisieme,

(1) Ibidem.

(2) De fondatione Gaudii, an. 1230. Gallia christiana, tome 12, page 67.

(3) Possint tenere, habere et possidere pacificè et quietè in perpetuum sine aliqua contradictione nostri vel successorum nostrorum, nihilque nobis successoribusque nostris justitiæ, dominii, proprietatis aut possessionis retinentes, nisi solummodò ressortum et illud quod ad ressortum pertinere videtur..... nisi ratione ressorti vel aliorum casuum qui ad nos debent tam de jure communi quàm de consuetudine pertinere. (Histoire de l'abbaye de Saint-Germain-des-Prés, *pieces justificatives*, p. 66.)

on voit également la donation faite en pure et perpétuelle aumône, *in puram et perpetuam eleemosynam*, et avec les prérogatives qui l'accompagnent toujours, c'est-à-dire permission de posséder en main-morte, sans être obligé d'en vuider ses mains, ni payer aucune finance : *Sine coactione vendendi aut extra manum suam ponendi.* La raison qu'il en donne, c'est qu'il ne se réserve rien que son domaine suprême, la garde et le ressort : *Nos enim ibi nihil penitùs, nisi superioritatem, gardam et ressortum pro nobis et successoribus retinemus* (1).

Ces principes n'étoient point particuliers à la France ; c'étoient ceux de tous les états catholiques de l'Europe, parce que c'étoit le même esprit qui les inspiroit tous. C'est ainsi que Guillaume le Conquérant fonda le monastere de saint Cutbert : on y voit un manse royal, avec ses dépendances ; le tout est donné en aumône, pour être possédé librement et sans trouble, comme il en jouissoit lui-même, et depuis la conquête : *Cum omnibus libertatibus quas ego habui in ipso, dum illud post victoriam Angliæ in manu propria tenui* (2). C'est ainsi que sont conçues les chartres d'Henri Ier, d'Henri II et de leurs successeurs ; par-tout l'aumône est pure, franche, et libre de tout service et droits séculiers : *In liberam, puram et perpetuam eleemosynam solutum et quietum ab omni servitio sæculari, exactione et demanda* (3).

Mais si la féodalité ne s'est point évanouie par ces clauses, et que les églises aient toujours été assujetties aux déclarations par détail pour les biens roturiers, aux aveux, dénombrements et hommages pour les fiefs, comment concilier avec ces obligations cette unité parfaite entre la volonté des vassaux et celle des suzerains; le domaine absolu et sans réserve, accordé aux églises par les uns et par les autres ; la quittance, l'abandon du domaine, du droit, de la supériorité féodale, de la part du suzerain ; la renonciation perpétuelle et sans borne à toutes ces prérogatives,

(1) In puram et perpetuam eleemosynam..... cum suis pertinentiis habeant..... sine coactione vendendi aut extrà manum ponendi vel præstandi nobis successoribusque nostris quibuscumque propter hoc servitii. Nos enim inibi nihil penitùs, nisi superioritatem nostram, gardam et ressortum pro nobis nostrisque successoribus retinemus. (Hist. de la ville de Paris, t. 3, p. 218.)

(2) Ego Guillelmus, rex Anglorum jure hæreditario factus, do, concedo et confirmo Deo et sancto Cutberto, priori et monachis ibidem Deo servientibus, in puram ac perpetuam eleemosynam, hoc manerium meum regium ita benè, quietè et liberè cum consuetudinibus, sicut unquam sanctus Cutbertus alias terras suas meliùs et quietiùs habuit, cum omnibus consuetudinibus regiis et libertatibus quas ego habui dum illud post victoriam Angliæ in manu mea propria tenui. (Monasticon Anglicanum, tome 1, page 46.)

(3) *Ibid.* an. 1102, 1125, page 153, tome 1.

pour lui et ses successeurs ; cette stipulation formelle du ressort et du domaine public, qui, en déterminant la qualité des réserves faites par nos rois et les hauts seigneurs, fixe en même temps la nature et la franchise des donations dans l'ordre féodal? Il est donc vrai que la féodalité a été anéantie par ces clauses. Il y a plus: c'est qu'il suffiroit qu'elle n'eût pas été stipulée dans les chartres, pour en conclure qu'elle a été *éteinte*; car enfin, par la renonciation absolue des vassaux, l'engagement féodal étoit détruit, puisqu'il n'avoit été formé que par les loix de leurs tenures: donc l'héritage reprenoit, entre les mains du suzerain, sa franchise originaire, c'est-à-dire qu'il étoit un alleu parfait, comme avant l'inféodation qui en avoit altéré la franchise dans la possession du vassal; donc il falloit une inféodation nouvelle pour le faire dégénérer encore; donc, puisqu'elle ne fut point réservée dans la donation, l'héritage ne put être asservi à ses loix.

Les chartres qui contiennent les aumônes anticipées des suzerains, ne sont pas moins énergiques: on entend, par ces donations, la faculté générale que les seigneurs accordoient à leurs vassaux de démembrer leurs fiefs en faveur des églises. Cet usage fut assez communément pratiqué en Europe depuis le onzieme jusqu'au treizieme siecle: c'est ainsi qu'en userent Robert, comte de Flandre, envers le monastere de Ham (1); Charles le Bon, son successeur, envers celui d'Ardres et l'abbaye de Saint-Winox de Berg (2); Baudouin, pour l'abbaye de Saint-Bertin (3); Thierri d'Alsace, pour l'abbaye de Fismes (4); Robert de Marmion, pour le monastere de Barberi (5): *Ut qui in toto*

(1) Dederunt etiam libertatem ut si qui hominum suorum domino largiente aliquid de suis possessionibus prædictæ ecclesiæ ad *eleemosynam* conferre voluerint, absque reclamatione ipsius Ingelramni aut successorum suorum liberè id facere potuerunt.... Ut autem idem locus et possessiones dicti monasterii quæ nunc habent et quæ in futuro possidebunt domino *largiente* et habebunt in meo comitatu, quoquomodo in pace penitùs et quietè et summa libertate semper permaneant, ipsius Ingelramni prece..... concessi, pro salute animæ meæ et prædecessorum et successorum meorum, ut omnis possessio præfatæ ecclesiæ præsens et futura libera ab omni successorum meorum et suorum, videlicet Flandriæ comitum, seu hominum *nostrorum subjectione* efficiatur, et non sit de omnibus in cætero qui in ea quidquam reclamet vel loco, vel justitiam dicti monasterii quacumque ex causa violare præsumat. (An. 1093, ch. 24, page 1142, tome 1 de le Mire.)

(2) Ibid. An. 1125, ch. 45, page 376, tome 1, et an. 1127, ch. 35, page 522, *ibid.*

(3) Ibid. tome 3, an. 1119, ch. 39, page 323.

(4) Ibid. an. 1135, page 319, ch. 414.

(5) *Si quis autem de terris quibuscumque* ad feodum meum pertinentibus præfatæ abbatiæ terras sive reditus aliquos dedit aut dabit, ratam habeo illam donationem, ita tamen ut qui dabit tantùm det et tantùm sibi retineat, ut servitium quod debeo, persolvere possit, et beneficium religiosis collatum *liberum et ab omni servitio* permaneat absolutum. (Charta fund. Barberii. Gall. Christ., tome 2, page 85, an. 1181.)

comitatu

comitatu aliquid pro eleemosyna dare voluerit...... ut omnia bona à fidelibus data seu in posterum danda.

Dans ces chartres il y a deux especes de clauses à observer: les unes sont relatives à la qualité des aumônes, les autres aux services ordinaires des fiefs. Par les premieres, ils veulent que ces donations futures jouissent d'une franchise entiere et suprême; *libera et integra possidenda concedimus...... summâ libertate permaneant:* qu'elles demeurent à perpétuité libres de toute sujétion particuliere envers eux et leurs vassaux, conformément au desir des donateurs; *ipsius Ingelramni prece concessi, ut omnis possessio præsens et futura libera ab omni successorum meorum ac suorum, videlicet Flandriæ comitum, seu hominum nostrorum subjectione efficiatur........* et qu'elles ne soient plus obligées désormais aux redevances, aux services et à l'hommage; *nihil servitii, aut obsequii, vel debiti cujuscumque reservans.* Par les secondes, ils mettent des bornes à la libéralité de leurs vassaux, et leur prescrivent de s'arrêter au point où les devoirs de leurs fiefs pourroient être compromis par leurs aumônes: *Ratam habeo illam donationem, ita tamen ut qui dabit, tantùm det et tantùm sibi retineat, ut servitium quod debeo, persolvere possit, et beneficium religiosis collatum liberum et ab omni servitio permaneat absolutum* (1).

En réfléchissant sur le contexte de ces chartres, peut-on douter de la franchise de ces donations? Les portions de terres qui passent aux églises sont comme celles qui restent entre les mains des vassaux, les démembrements d'un fief: *Si quis autem de terris quibuscumque ad feodum meum pertinentibus...... terras ecclesiæ præfatæ dedit aut dabit.* Mais quelle différence dans la maniere de les posséder! Celles-ci continuent de rendre tous les services féodaux; *ut servitium...... persolvere possit :* celles-là au contraire en sont exemptes pour toujours; *et beneficium religiosis collatum liberum et ab omni servitio permaneat absolutum.* L'église n'étoit donc plus chargée de rien; les vassaux seuls répondoient des devoirs du fief en général, puisqu'il ne leur est enjoint de borner leurs largesses, qu'afin de pouvoir toujours acquitter ces services et de procurer à l'église une immunité totale: *Ut servitium...... persolvere possit, et beneficium religiosis collatum liberum et ab omni servitio permaneat absolutum.* La franche aumône des biens féodaux ne remettoit

(1) Gallia christiana, tome 2, page 85.

donc pas quelques charges indifférentes à la féodalité, mais la féodalité elle-même, le service féodal qui en étoit le caractere et la substance: *Ab omni servitio feodali permaneat absolutum.* Ainsi la féodalité étoit regardée alors comme nos hypotheques actuelles, qui, quoiqu'assises sur la totalité des biens d'un débiteur et les obligeant tous à leur surêté, peuvent cependant, par le consentement du créancier hypothécaire, être restreintes à une partie de ses domaines, pourvu qu'ils soient suffisants pour servir de gage à sa créance.

Ces donations anticipées, et les clauses qui les accompagnent, étoient un suite de ce qui se pratiquoit à l'époque des tenures bénéficiales. On retrouve ces dispositions dans les diplômes du roi Robert pour les prieurés de Sainte-Marie et de Saint-Martin de Poitiers: d'une part, ce prince accorde à tous ceux qui possedent des bénéfices, la faculté d'en disposer en faveur de ces monasteres; *quatenus omnes, quotiescumque de beneficiis suis pro redemptione peccatorum aliquid conferre ecclesiæ voluerint, liberam habeant facultatem concedendi:* et de l'autre, au prieur et aux religieux, celle de les posséder à perpétuité sous la loi des alleux; *et servitores in eadem ecclesia quæcumque collata sunt aut conferenda, jure allodii perpetualiter retinendi* (1).

Les coutumes des douzieme et treizieme siecles ne sont donc que la continuation des coutumes anciennes et du droit qui s'établit à leur suite: si d'ailleurs les bénéfices, qui n'étoient que des concessions viageres, ont pu être donnés aux églises sous la loi des hérédités anciennes, pourquoi n'auroit-on pas pu disposer également des fiefs qui, par la qualité de propriétés patrimoniales qu'ils avoient acquise, tenoient encore moins que les bénéfices à l'ancien domaine des seigneurs?

Enfin l'on ne doutera pas de l'efficace des franches-aumônes, lorsque l'on verra les biens féodaux assimilés aux alleux par l'énonciation expresse de ces formules.

Henri, duc de Brabant, confirme plusieurs donations faites à l'abbaye de...... ordre de Cîteaux. Parmi tous ces objets, on remarque trois manses possédés en fiefs par autant de

(1) Robertus Dei gratiâ....... quatenus omnes, quotiescumque de beneficiis suis, pro redemptione peccatorum suorum, aliquid conferre ecclesiæ sanctæ prioratûs sancti Martini voluerint, liberam facultatem habeant concedendi, *et prior successoresque ejus in eadem ecclesia* quæcumque collata sunt vel conferenda, jure allodii perpetualiter retinendi.... Præcipiendo ut, secundùm petitionem Wilhelmi comitis, hæreditatis jure supradictus *prior successoresque ejus habeant quidquid beneficiorum* liberalitate bonorum virorum fuerint collata. (Recueil des Historiens de France de dom Bouquet, tome 10, page 610, an. 1025.)

vassaux, Derzon, Guillaume de Bordes, Henri de Lens, qui les avoient donnés à ce monastere; *quem à nobis jure feodali habebat :* tous en font leur déguerpissement respectif entre les mains du suzerain; *quem in manibus nostris resignatum :* le prince le confere aux religieux à titre d'aumône; *titulo eleemosynæ :* son caractere est la libération absolue de la féodalité; *liberè contulimus ab omni jure et exactione exemptum.* En effet, le prince oppose ici la possession de ses vassaux à celle de l'église : la premiere est féodale; *quem à nobis jure feodali habebat :* la deuxieme ne l'est pas, parceque tel étoit le vœu de ses vassaux, qui ne l'avoient déguerpie que dans la vue de procurer cette franchise à l'église, que dès là même le contrat féodal étoit résolu, que la directe n'a point été rétablie sur ces biens, et que le duc de Brabant, leur suzerain, ne les a conférés qu'avec une exemption absolue de tout droit et de toute redevance quelconque; *ad petitionem ejus ab omni jure et exactione exemptum, ab omni jure et exactione liberrimè contulimus* (1).

Mêmes dispositions pour les religieuses du Val des Vierges, ordre de Cîteaux; Jean de Brienne leur accorde plusieurs dîmes seigneuriales qu'il tenoit en fief du duc de Brabant. Après la résignation qu'il en a faite à sa cour, sans aucune réserve quelconque, le duc le transporte au monastere en propriété perpétuelle, en aumône et en alleu : *In allodium et eleemosynam integraliter contulit perpetuò possidendum* (2).

Il en est de même encore des dîmes féodales possédées par Léon, châtelain de Bruxelles, sous la mouvance de Daniel, seigneur de Vanges, et par Gerard dans celle de Hugues, châtelain de Gand : ces vassaux en disposent respectivement à titre d'aumône en faveur des monasteres de Val-Duc et de Biloque, ordre de Cîteaux. D'après les résignations d'usage entre les mains des suzerains, ceux-ci les remettent

(1) Notum quòd nos conventui de Camera titulo eleemosynæ contulimus octoginta quinque bonaria terræ in quadam sylva jacentia, ab omni jure et exactione liberrimè possidenda....... Præterea mansum tredecim bonariorum terræ in memorata sylva jacentem, *quem supradictus* Derzo miles a nobis jure feodali habebat, in manibus nostris resignatum, ad petitionem ejus prædicto conventui liberè contulimus ab omni jure et exactione exemptum possidendum. (An. 1230, cap. 103, page 419, le Mire, tome 1.)

Similiter mansum terræ..... quem Wilhelmus de Bordes a nobis jure feodali habebat...... sæpe dicto conventui contulimus ab omni jure exemptum perpetuò possidendum. Duo etiam bonaria, Henrico de Lens collata, eodem modo præfato monasterio contulimus possidenda. (Tome 1 de le Mire, ibid.)

(2) Notum quòd vir nobilis..... Joannes de Brienne, *totam decimam quam a nobis* in feodum tenebat, in manus nostras liberè ad opus abbatissæ..... et conventûs Vallis Virginum Cisterciensis reportavit et werpivit. Nos igitur, divinæ retributionis obtentu, prænominatam decimam et jus patronatûs ipsius ecclesiæ integraliter in allodium et *eleemosynam dicto conventui*... contulimus perpetuò possidendum. (Ibid. an. 1136, cap. 99. pag. 993, tome 2.)

aux monasteres: le premier, sous la loi des alleux; *allodialiter contuli possidendum* (1): le second, en éteignant la féodalité qui en gênoit la possession légitime; *resignatum et a jure feodali penitùs absolutum.... in eleemosynam confero, in perpetuum liberè et pacificè possidendum* (2).

Philippe Raen, de Bruges, veut donner en aumône à l'église de Sainte-Marie une partie d'un fief qu'il tenoit dans la mouvance de Baudouin: pour cela il la reporte entre les mains de son seigneur. Celui-ci, animé des mêmes motifs, la remet à l'église, libre à jamais de toute domination et droit féodal que lui ou ses héritiers pourroient y revendiquer: *In manus nostras legitimè reportatum ab omni jugo dominationis meæ et hæredum meorum et omni jure feodali quod in ea unquam habui liberavi.* Il ne s'y réserve que la jurisdiction temporelle dans le cas où il auroit un jour occasion de l'y exercer: *Salvâ mihi et hæredibus meis debitâ jurisdictione temporali.* Le comte de Flandre, comme suzerain de toutes ces terres par les droits régaliens de sa principauté, ratifie cette aumône et l'abrogation de la féodalité faite par Baudouin, suzerain de cette terre, comme seigneur de Praet: *Collationem cujusdam fundi quem Philippus tenebat in feodum, et absolutionem factam..... ab omni dominatione et jure feodali, divini amoris intuitu, tanquam dominus superior approbamus* (3).

C'est dans les mêmes termes que Jeanne, comtesse de Flandre et de Hainaut, ratifia la vente qui avoit été faite à l'abbaye de Marquette, de plusieurs terres de sa mou-

(1) Ego Daniel de Vanges duxi significandum quòd Leonius, filius Leonii castellani bruxellensis, decimam de Leuves, quam a me tenebat in feodum, in manus meas ad opus abbatissæ et conventûs Vallis-Ducis... werpivit.... Ego verò eamdem decimam in manus præfatæ abbatissæ...... allodialiter contuli possidendam. (An. 1238, ch. 180, page 756, tome 1 de le Mire.)

(2) Ego verò, pro salute animæ meæ et pro animabus antecessorum et successorum meorum, præfatam decimam, in manu mea legitimè resignatam et a jure feodali penitùs absolutam, præfatis monialibus et hospitali earum in eleemosynam confero in perpetuum liberè et pacificè possidendam. (Ibid. tome 2, an. 1254, ch. 103, page 999.)

(3) Noverit universitas quòd cùm Philippus Raen de Brugis in eleemosynam contulerit beatæ Mariæ in Brugis quamdam partem feodi sui retro Wich, quam de nobis tenens ad usum fundi capellæ et cœmeterii ædificandi..... Ego verò, de consensu et mera voluntate uxoris meæ, divinæ pietatis intuitu, dictam partem feodi Philippi Raen ecclesiæ ad tales usus, ut prædictum est, collatam, et in manus meas legitimè reportatam, ab omni jugo dominationis meæ et hæredum meorum et omni jure feodali quod in ea unquam habui seu habere potui, liberavi penitùs et absolvi, salvâ mihi et hæredibus meis condebitâ jurisdictione temporali, si propter aliquas causas jurisdictionem temporalem contigerit aliquo tempore exercere.

Noverit universitas quòd.... collationem cujusdam fundi siti retro Wich factam a Philippo Raen Brugensi, quem fundum dictus Philippus tenebat in feodum a præfato domino de Praet, necnon absolutionem factam a dicto domino de Praet ab omni dominatione et jure feodali quæ in dicto feudo habebat...... divini amoris intuitu, tanquam dominus superior approbamus. (An. 1240, page 588, ch. 34, tome 2 de le Mire.)

vance : tous les objets lui sont remis par ses vassaux, et elle ne les rend à l'église qu'après avoir éteint le droit féodal auquel ils étoient asservis : *In manus nostras legitimè resignatos, quittos à jure feodali donavimus ipso dicto monasterio conferentes perpetuò, liberè et pacificè possidendos* (1).

Telle est encore la donation faite à l'église de Sainte-Marie. Guy de Hauteville est le premier donateur; Jean de Oudenarde, seigneur de Roset, est le second; Marguerite, comtesse de Flandre, est la troisieme : le déguerpissement de tous les objets est fait successivement par eux avec l'extinction absolue de la féodalité et de ses charges, pour que le suzerain puisse en disposer avec plus de liberté. *Quittamus, liberamus ac eximimus ab omni onere et servitio feodali, concedentes quòd præfata domina comitissa prædicta bona et jura, ab omni onere et servitio libera et exempta, sibi retineat et habeat, vel conferat et transferat ad ipsam ecclesiam ab ipsa pacificè et liberè in perpetuum possidenda.* Marguerite, suzeraine, maîtresse de tous ces objets par la renonciation des vassaux, les remet ensemble à l'église, libres et exempts du droit et du service féodal en pure et libre aumône. *In manus nostras legitimè reportatas, ab omni onere et servitio feodali exemptas, ecclesiæ Sanctæ Mariæ cisterciensis in puram et perpetuam eleemosynam contulimus* (2).

Ici la donation est faite par la comtesse de Flandre, avec les mêmes clauses sous lesquelles ses vassaux lui permettoient de garder les biens féodaux qu'ils avoient déguerpis : *Prædicta bona et jura ab omni onere et servitio libera et exempta sibi retineat........* Or ces expressions marquent de leur part la faculté qu'ils accordent à leur suzeraine, de les retenir comme une propriété absolue, sans être obligée de les conférer en fief à personne. Donc elles indiquent de sa part qu'elle n'a point rétabli vis-à-vis de l'église la féodalité dont ils étoient grevés dans les mains des donateurs ; donc ces formules, *ab omni onere et servitio feodali exemptas*, qui reviennent si souvent dans les chartres, annoncent la des-

(1) Ibid. an. 1236, ch. 133, page 577, tome 1.

(2) Et nos præfata omnia quæ prædictus Guido de nobis tenebat in feodum, quantùm in nobis est, quittamus, liberamus et eximimus ab omni onere et servitio feodali, concedentes quòd præfata domina comitissa prædicta bona et jura, ab omni onere et servitio libera et exempta, sibi retineat et habeat, vel conferat et transferat ad ipsam ecclesiam ab ipsa pacificè et liberè in perpetuum possidenda, quæ bona omnia in feodo dicti Guidonis excerpta, et a nobis ab omni onere et servitio liberata, præfatæ dominæ concedimus ut habeat, vel sibi retineat, vel conferat ecclesiæ cisterciensi, pro suo libitu voluntatis.

In manus nostras legitimè reportatas, ab omni onere et servitio feodali exemptas, ecclesiæ sanctæ Mariæ cisterciensis in puram et perpetuam eleemosynam contulimus. (Fond. de Flandre, tome 2, an. 1268, cap. 39, page 1237.)

truction de la féodalité et la franchise allodiale des aumônes: *Ab omni onere et servitio feodali exemptas in puram ac perpetuam eleemosynam contulimus.*

Marie et Anselme son époux donnent à l'église de Saint-Denys, *in Broqueria,* différentes terres qu'ils tenoient en fief de Baudouin, comte de Flandre et de Hainaut: ce prince y consent; il reçoit des donateurs la résignation absolue et sans réserve; ensuite il les transporte à l'église en aumône perpétuelle, comme un alleu propre de son domaine: *Tanquam meum proprium allodium ecclesiæ Sancti Dionysii, caritatis intuitu, in eleemosynam perpetuam contuli.* Certainement cette aumône est une véritable extinction de mouvance, soit qu'on s'attache à la teneur de ces clauses, soit que l'on considere les opérations qui la suivent. Par les premieres, le lien féodal a disparu, la terre a repris dans les mains du comte sa qualité d'alleu, et c'est à ce titre qu'elle a été donnée au monastere: *Tanquam meum proprium allodium contuli.* Quant aux circonstances qui la suivent, on voit le comte de Flandre remplacer le vuide de sa mouvance par des terres équivalentes qu'il reçoit de l'église, et qu'il redonne en fief à Anselme et sa femme, pour les avoir toujours dans son vasselage: *Quam quidem terram ab ecclesia mihi collatam dedi prædictis, scilicet Mariæ et Anselmo, in feodum et proprietatem.* Or en comparant cette double donation, celle qui est faite à l'église, et celle qui est faite aux vassaux bienfaiteurs, quelle différence! point de stipulation de fief sur la premiere, aumône absolue et allodiale; *in eleemosynam tanquam allodium meum contulimus:* inféodation positive au contraire, et constitution de fief sur la terre qui doit remplacer la mouvance; *contuli in feodum et proprietatem* (1).

C'est ainsi que fut fondée l'abbaye de Sainte Marie, ordre de Cîteaux. On y voit un manoir et ses dépendances, donné en aumône, libre de tout service et de toute charge, même quant à la justice. Le donateur, Jean Aletuck, qui le tenoit en fief, demande à Evrard, son suzerain, de ratifier cette aumône et d'en consentir les clauses: *Quatenus prædictam donationem laudaret..... et cùm eamdem curtem immunem ab omni servitio et onere faceret, et justitiam...... quam*

(1) Notum facio quòd Maria Clementia de Hondeny filia, et ejus sponsus nomine Anselmus, feodum quem a me tenebat in potestate de Hondeny in manum spontaneâ et benignâ voluntate suâ reportarunt.... nil juris vel proprietatis in ipso feodo sibi suisque hæredibus retinentes.... Ego verò feodum illud, tanquam meum proprium allodium, ecclesiæ sancti Dionysii, caritatis intuitu, in eleemosynam perpetuam contuli..... quam quidem terram ab ecclesiæ mihi collatam dedi prædictis, scilicet Mariæ et Anselmo, in feudum et proprietatem. (Le Mire, tome 1, an. 1200, ch. 77, page 559.)

ibidem habebat, quittam clamarte. Les hommes d'Evrard et les pairs de Jean sont convoqués; celui-ci, en présence de tous, remet entre les mains de son seigneur, et ses droits et ses devoirs: *Quidquid juris habebat, homagium quod debebat de dicto feodo similiter resignans.* Par-là la féodalité s'est éclipsée entre son seigneur et lui; mais comme elle n'est point rétablie sur l'église, et qu'il est nécessaire de dédommager le suzerain, il lui offre de nouvelles terres d'une valeur égale, les reprend en fief de lui, et se rend de nouveau son homme par cette nouvelle inféodation. *Alias terras recipit in feodum ab Evrardo, et statim de novo feodo novus homo factus fuit.* Après cette cérémonie, le suzerain remet, entre les mains du doyen de Tournai, le manoir et ses dépendances, entièrement affranchis, même quant à la justice du service et des charges: *Eamdem curtem cum appendititiis suis ab omni servitio et onere liberam fecit et immunem* (1).

Dans cette chartre, tout annonce la destruction absolue de la féodalité: la donation du vassal, parceque c'est pour procurer à l'église la franchise et la libération la plus absolue, qu'il remet à son seigneur, d'une maniere aussi désintéressée, son fief et son hommage; *homagium quod debebat similiter resignans:* celle du suzerain, parcequ'il suit ponctuellement, dans ses dispositions, celles de son vassal, en remettant à l'église le manoir et ses dépendances, quittes de tous devoirs et charges de vasselage; *ab omni servitio et onere liberam fecit:* la constitution d'un nouveau fief, parcequ'elle n'a pour but que de conserver à la mouvance seigneuriale la même étendue qu'elle avoit avant la donation.

Jusques-là on a vu que c'étoient les vassaux qui disposoient des fiefs de leurs seigneurs, et alors c'étoit à ceux-ci à ratifier les aumônes: mais quelquefois c'étoient les seigneurs eux-mêmes qui disposoient des fiefs de leurs hommes, et alors c'étoit à ceux-là à consentir les dons de leurs suzerains. Pour les

(1) Noverit universitas vestra quòd cùm Joannes ALETUCK, civis tornacensis, ob remedium animæ suæ contulisset in eleemosynam curtem suam.... cum suis appendiтiis.... ad construendum monasterium..... Idem Joannes volens hæc facere de consensu viri nobilis domini sui Evrardi de Vinea, a quo tenebat in feodum dictam curtem..... humiliter ei supplicavit quatenus prædictam donationem laudaret.... Et cùm eamdem curtem immunem ab omni onere et servitio faceret, et justitiam quam ibidem habebat quittam clamaret.... die igitur assignatâ.... conventis hominibus... Evrardi, paribus Joannis.......... præfatus Joannes resignavit in *manu* domini *sui* Evrardi quidquid juris habebat in curte et appenditiis, homagium quod debebat ei de dicto feodo eidem similiter resignans. Hujusmodi verò resignatione factâ, statim idem Joannes in recompensatione dicti feodi alias terras æquè vel magis valentes recepit in feodum ab eodem Evrardo, et statim de novo feodo novus homo ejus factus fuit. Postmodum Evrardus dictam curtem... in manu nostra posuit, et eamdem..... ab omni servitio et onere fecit liberam et immunem, et justitiam quam habebat ibidem, quittam clamavit. (Gall. Christ. tome 3, page 34; et Aubert le Mire, tome 3, nov. collec. an. 1223, cap. 396.)

engager à concourir à leurs vues, les seigneurs leur donnoient alors d'autres terres en remplacement de leurs fiefs, et, par-là, conservoient tout à la fois et les droits de leurs fideles et l'intégrité de leur mouvance. Ces donations, aussi franches que les premieres, prouvent de plus en plus le droit allodial des possessions ecclésiastiques.

C'est ainsi que Robert de Marmion en usa envers le monastere de Barberi. La plupart des terres qu'il lui donne sont des fiefs de ses vassaux; mais, pour indemniser ceux-ci de la perte qu'ils vont faire, il leur inféode d'autres parties de ses domaines: *Dono tres partes ecclesiæ Sancti Germani, quarum aliam Matthæus, pro quo dedi ei viginti acras terræ de dominio meo, et pro jure quod habebat prædictus Matthæus.* Il y joint le fief du seigneur de Chevestre, et le tenement de Raoul: *Dono etiam feodum Durandi Chevestri et tenementum Radulphi.* Ensuite il ratifie toutes les libéralités, faites par ses vassaux dans l'étendue de ses fiefs. Dans ce nombre sont la donation de Robert de Moë, celle de Gervais de Barberi, approuvée par Durville, son seigneur dominant. Toutes ces largesses, tant celles du duc que celles de ses hommes, sont scellées de son sceau en perpétuelle aumône: *In perpetuam eleemosynam.* Son caractere est l'exemption et l'immunité de tout service, hommage et reconnoissance: *Nihil in omnibus servitii, obsequii vel debiti cujuscumque reservans vel retinens.* La seule récompense qu'il attend, ce sont des prieres et des œuvres spirituelles pour lui et ses successeurs: *Hanc recompensationem solam...... mihi et hæredibus deposcens, ut prædictæ ecclesiæ fratres tam ego quam ipsi patronos apud Dominum habeamus et intercessores.* Après une liberté aussi étendue, que pouvoit-il rester au donateur, sinon le droit de patronage? car pour la féodalité, elle s'étoit évanouie par la récompense des vassaux, la donation absolue du seigneur, et la réserve seule des suffrages de l'église (1).

Pour terminer la liste de toutes ces chartres, arrêtons nous un moment sur un concordat passé entre le seigneur de Mareuil et le prieur de Maintenoy. Celui-ci avoit fait un échange avec Bernard, seigneur de Mareuil, qui lui avoit donné en retour des objets féodaux, comme mouvants de Simon, comte

(1) Hæc autem omnia libera et quitta ab omni servitio et exactione penitùs absoluta, dono et concedo et confirmo præfatæ abbatiæ Barberii in eleemosynam perpetuam, nihil in omnibus servitii et obsequii vel debiti cujuscumque reservans vel retinens, hanc recompensationem solam et unicam retributionem mihi et hæredibus deposcens ut prædictæ ecclesiæ fratres tam ego quàm ipsi patronos apud Dominum habeamus et intercessores. (Charta fund. Barberii, tom. 2, pag. 85, an. 1181. Gall. christ.)

de

de Pont : ce seigneur approuve le traité ; mais pour conserver le droit de l'église et l'intégrité de sa directe, il est stipulé entre toutes les parties que les objets donnés en échange par le prieur de Mareuil retourneront au fief du seigneur de Pont, *ad feodum prædictorum domini de Ponte revertantur*, pour y revêtir tous les caracteres des biens qui en ont été détachés, *sicut illa quæ nos dicto priori in excambium contulimus erant feodalia*. A l'égard de ceux qui avoient été détachés du fief et donnés aux religieux, ils retourneront sous la loi des aumônes : *Et quòd illa quæ nos dicto priori nomine conventûs ad dictum excambium contulimus ad eleemosynam revertantur*. Ici l'on voit des biens féodaux assimilés, par la donation, aux anciennes aumônes du monastere ; les terres détachées de ces aumônes, converties en fiefs ; l'aumône et le fief toujours opposés. *Ad feodum revertantur*, voilà la loi des biens démembrés du monastere, parcequ'ils doivent remplacer le vuide de la mouvance suzeraine, *sicut illa quæ contulimus erant feodalia*. *Ad eleemosynam revertantur*, voilà la loi des biens détachés de la mouvance, parcequ'ils doivent remplacer le vuide de l'aumône, *sicut illa quæ contulit erant eleemosynaria*. Donc la possession féodale et la possession en aumône sont deux tenures différentes, non seulement quant aux charges dont l'une est grevée et l'autre est exempte, mais quant à la loi féodale elle-même (1).

Pour nous résumer sur les dispositions de ces chartres, si la féodalité eût toujours persévéré sur les biens aumônés aux églises, à quoi bon ces clauses des vassaux et des suzerains, si conformes entre elles, et si diamétralement opposées à la constitution féodale? Pourquoi, du côté des premieres, cet abandon universel de leurs fiefs et de leurs droits? *Nihil juris vel proprietatis retinens*. Pourquoi ces résignations successives, ces déguerpissements absolus entre les mains de leur seigneur commun, chacun dans les degrés respectifs de

(1) Ego Bernardus de Marolio miles, et dominus de Villers, notum... quòd nobilis vir Simon comes Pontini, et Maria uxor ejus comitissa, ad instantiam et petitionem nostram, omnes conventiones et quoddam excambium factum inter nos et priorem de Mentenaio nomine abbatis et conventûs majoris monasterii turonensis, videlicet de hospitibus et reditibus, de terris communibus, de mariscis et de nemoribus sitis apud Villers et apud Caline...... sicut in litteris nostris continetur, per gratiam suam voluerunt, confirmarunt..... tali verò conditione quòd *omnia* quæ dictus prior nomine prædictorum abbatis et conventûs..... contulit nobis in prædictum excambium, ad feodum prædictorum, Simonis comitis et Mariæ, revertantur, sicut illa quæ nos dicto priori.... in prædictum excambium contulimus erant feodalia; et quòd illa quæ nos priori prænominato.... in dictum excambium contulimus, ad eleemosynam revertantur, sicut illa quæ dictus prior nobis in prædictum excambium contulit, erant eleemosynaria. (An. 1230, registre cartulaire, fol. 184, archives des finances de la généralité d'Amiens.)

leur vasselage? *In manus meas legitimè reportatas*. Pourquoi ce désintéressement absolu et cette expropriation totale de tous les seigneurs subalternes, pour anéantir leur domination féodale, *ab omni onere et servitio feodali*, lorsque les églises ne pouvoient point en profiter, et que la féodalité ou la supériorité suzeraine n'en subsistoit pas moins? C'est donc à dire qu'ils auront simplement voulu détruire des degrés subalternes de mouvances, pour rendre immédiate la directe du suzerain sur des terres qui auparavant ne relevoient de lui qu'en arriere-fief. Mais l'usage des sous-inféodations n'étoit-il pas généralement autorisé dans les mœurs de ces temps? N'est-ce pas ainsi que se formerent tous les degrés de la hiérarchie féodale ? Pour n'en citer qu'un exemple, lorsque Mathilde, comtesse de Flandre, voulut aliéner une partie de ses terres à Charles de Mimmerselle, ce fut à la charge du fief, de l'hommage lige, et du serment de fidélité : mais comme la terre qu'elle démembroit relevoit en fief de la duchesse de Luxembourg, elle dit que, pour donner plus de stabilité à son inféodation, elle se propose de la faire ratifier par elle. Pourquoi donc les vassaux n'ont-ils pas assujetti leurs dons à ces loix ? Pourquoi, dès que la féodalité devoit persévérer sur leurs héritages, s'en dépouillent-ils sans la stipuler à leur profit ? Pourquoi ne demandent-ils jamais aux suzerains la permission d'établir dans leur directe un nouveau degré, par la sous-inféodation de leur domaine en faveur de l'église ?

Du côté des suzerains, pourquoi ce silence absolu sur la stipulation de leur directe, dans un temps où l'on ne cherchoit qu'à l'accroître et à multiplier le nombre de ses vassaux ? D'où vient, au contraire, cette renonciation absolue et sans réserve aux droits qu'ils pouvoient réclamer sur ces démembrements de leurs fiefs? *Nihil juris retinens*. Pourquoi cette immunité singuliere du service féodal et des charges, *ab omni onere et servitio feodali;* cette libération absolue et cette extinction de la féodalité, *ab omni jure feodali absolutum;* cette métamorphose des biens féodaux en alleux, *quod meum erat feodum allodialiter contuli. . . . tanquam meum proprium allodium in eleemosynam dedi;* ces réserves toujours bornées au droit de ressort, aux services de prieres et aux suffrages de l'église, *nihil retinens nisi ressortum..... nihil nobis reservantes præter orationes fidelium;* cette garantie envers tous ceux qui pouvoient y avoir intérêt, *garantiam præstabimus;* cette subrogation de nouvelles terres à celles qui s'étoient éclipsées de la mouvance, *de novo feodo novus homo factus fuit?*

En un mot, pour concilier à ces dons une liberté plus entiere, on eut soin d'y appeller toutes les parties intéressées ; la femme, pour ses droits matrimoniaux ; les enfants, pour leur légitime ; les seigneurs immédiats et les suzerains, pour les prérogatives de leurs mouvances : tous sont présents à la donation ; tous, pour participer aux fruits de l'aumône, renoncent à leurs prétentions respectives ; tous, pour rendre plus absolue la liberté de leurs dons, et l'exprimer d'une maniere plus solemnelle, vont ensuite les déposer sur l'autel : *Super altare Deo obtuli.*

A cette époque, cependant, les mêmes mains qui répandoient ces largesses dans le sein des églises, prodiguoient en même temps des fiefs aux vassaux. Or, est-ce ainsi que les seigneurs en userent les uns envers les autres, lorsqu'ils établirent entre eux ces confédérations et cette réciprocité singuliere des droits suzerains et des obligations vassalitiques ? Qu'on lise les diplômes des empereurs et de nos rois, des hauts seigneurs du royaume, des princes d'Allemagne et d'Italie, jamais la féodalité n'y est sous-entendue, toujours elle y est exprimée par les clauses les plus énergiques : qu'ils fassent des inféodations nouvelles par le démembrement de leurs alleux, ou qu'à l'extinction d'une famille feudataire ils donnent à une autre des terres déja féodales, qu'ils veuillent se procurer de nouveaux vassaux, ou récompenser les anciens par l'augmentation de leurs tenures, c'est toujours sous la dénomination expresse du fief que l'investiture en est accordée, *in rectum feudum . . . . in incrementum feodi . . . . ratione perpetui feudi* (1) ; c'est sous la condition formelle de les relever en fief, *et relevabit omnia feuda ad dictam terram spectantia* (2) ; c'est à la charge de l'hommage, ou plane, ou ordinaire, ou lige, *pro homagio nobis ab ipso facto* (3). Par l'acceptation de ces clauses, tous ceux qui participent à ces concessions deviennent des vassaux feudataires : *Quando fecero tibi instantiam in sensu unius mei vassalli.* A ce titre, ils sont tenus au service et à la fidé-

(1) Fondations de Flandre, 2 vol. an. 1203, ch. 102, page 1206, et an. 1266, ch. 201, page 772, et ch. 207, page 776, an. 1286.

(2) Ibid. tome 1, an. 1285, ch. 207, page 776.

(3) Hæc omnia, sicut prædictum est, fideli homini nostro ligio Godefrido in rectum feudum contulimus tenendum a nobis..... econtra præfatus Godefridus ligius hominium sicut domino ligio suo promisit. (Ibid. tome 1, an. 1212, page 592, et an. 1266, ch. 201, page 772.)

lité du vasselage, *debes mihi fidelitatem facere;* ils s'obligent, par la religion du serment, à ne jamais celer la condition et le titre de leurs tenures, *et feudum vel ipsius conditionem non celabo;* à perdre même leur fief et leurs droits, s'ils manquent à ces obligations, *ex nunc spontaneâ et liberâ voluntate me amissioni feudi subjicio* (1). Enfin, lorsque les fiefs passent à de nouveaux feudataires par les donations, les échanges et les ventes, toujours on voit cesser le vasselage des anciens; et les seigneurs, également servis de leurs droits par les nouveaux acquéreurs, ne recourent jamais à des inféodations de nouvelles terres pour réparer les altérations de leur mouvance.

Quelle peut être la cause d'une conduite aussi extraordinaire, de la part des seigneurs, et d'une différence aussi frappante dans le dispositif de leurs chartres, si ce n'est que la féodalité a été toujours stipulée par les unes, et toujours abolie par les autres, pour continuer en faveur des églises le droit public, uniforme et constant, qui sépara pour jamais leurs possessions d'avec les propriétés vulgaires; droit public, parcequ'il eut pour base les mœurs et les coutumes de la nation; droit uniforme, parcequ'il fut consigné dans toutes les chartres, malgré la diversité de leur énonciation; droit constant, parceque, dans la premiere époque de l'allodialité générale des biens, tous ceux qui furent donnés à l'église le furent sous cette loi, et que, dans celle du systême féodal, on rapprocha par ces formules les nouvelles fondations de l'ancien patrimoine des églises; droit légitime par conséquent, puisqu'il fut l'ouvrage de la nation elle-même, et que ne s'agissant point ici de quelques opérations isolées et furtives, mais de monuments publics érigés de toutes parts à la stabilité du culte religieux par le concours de tous les ordres, un fait revêtu de toutes ces cisconstances devient lui-même une preuve démonstrative du droit établi?

Si les biens qui composoient le domaine de la féodalité furent assimilés par les aumônes aux anciennes possessions des églises, que doit-on penser de ceux qui, n'étant point féodaux, leur furent donnés sous la loi de ces formules? Allodiaux dans les mains des propriétaires, ne conserverent-ils pas ce caractere dans le domaine des églises? et s'il suffisoit qu'un bien féodal eût repris dans les mains du seigneur sa qualité primitive, pour qu'étant donné sans aucune stipula-

(1) Muratori, Antiquités d'Italie, tome 1, page 607.

tion de fief, il fût possédé en alleu, à plus forte raison les héritages qui n'avoient pas encore été asservis durent-ils conserver leur franchise, quand il n'y eut aucune stipulation de directe de la part des donateurs. Nous n'avons pas cru nécessaire de nous étendre sur ce genre de donations, qui furent d'autant plus fréquentes jusqu'au treizieme siecle, qu'il y avoit encore beaucoup d'alleux dans nos provinces, et par conséquent beaucoup d'héritages disponibles au gré des propriétaires; le clergé s'y est suffisamment arrêté dans son premier mémoire, et d'ailleurs il ne peut y avoir de difficulté que par rapport aux biens qui étoient féodaux avant la donation.

Il résulte de cette analyse, que les aumônes furent la loi universelle des propriétés des églises, et que leur objet principal fut d'abolir la féodalité et ses charges sur les biens qui leur étoient consacrés. Delà ces définitions des aumônes, répétées si souvent par les fondateurs: tantôt ils disent que c'est un principe de droit canonique, que les choses une fois dédiées à Dieu ne peuvent plus être employées à des usages profanes; *quòd semel res Deo donata non est ampliùs ad humanos usus redigenda* (1): tantôt ils expriment les effets des aumônes par ces mots barbares, une quittance absolue de tous les droits; *prædictam eleemosynam seu quittationem laudantibus* (2): souvent, en rappellant les titres d'une église et l'approbation de leurs prédécesseurs, ils disent que cette aumône a toute la liberté qu'une aumône peut et doit avoir; *cum omni libertate et quittantia quam eleemosyna potest et debet habere* (3): quelquefois, après avoir annoncé leur approbation absolue et leur renonciation aux réserves qu'ils auroient pu faire, ils disent que c'est la loi générale des aumônes; *liberam eleemosynarum lege* (4); *liberam eleemosynariè donaverunt;* et qu'en conséquence ils n'en attendent plus que des services de prieres, *nihil præsentis quæstûs et commodi in ea attendens, nisi æternam remunerationem* (5): ailleurs, ils déclarent que s'ils ont soustrait leurs offrandes à toute puissance et domination séculiere, c'est pour qu'elles demeurent quittes et libres

(1) An. 1205, page 124, tome 3, fond. de Flandre.

(2) Histoire de la ville de Paris, tome 3, page 85.

(3) Gallia christiana, tome 2, page 82, an. 1160.

(4) Hanc baronum meorum donationem solutam et quittam, et ab omni sæculari exactione et calumnia liberrimam, eleemosynarum lege perseveraturam, do et concedo, nihil præsentis quæstûs et commodi in eo attendens nisi æternam remunerationem. (Mémoires de l'histoire de Bretagne, tome 1, page 575, an. 1137.)

(5) Ibid. tome 1, page 585, an. 1142.

comme les aumônes ; *tanquam eleemosynam in perpetuum liberam esse concedimus* (1) : enfin, après avoir prononcé par l'aumône la liberté absolue de leurs dons, *burgum in quo habitantes homines immunes ab omni servitio quittavimus*, ils comparent cette liberté à celle du genre humain, par les mérites du Rédempteur : *In eadem libertate quâ Christus nos liberavit* (2).

Ces définitions des aumônes, puisées dans les titres mêmes des fondations, justifient la vérité de nos principes, c'est-à-dire que ces mots, *quietè et liberè*, qui terminent ces actes, ne signifient pas seulement une possession paisible, mais libre et quitte de tout service. Les franches aumônes n'introduisirent donc pas un droit nouveau dans les possessions ecclésiastiques : elles ne furent véritablement que la continuation du droit public, qui les avoit régies dans les deux premieres races de notre monarchie ; les bienfaiteurs des églises les employerent avec plus ou moins d'appareil, suivant que leur piété voulut marquer avec plus ou moins d'énergie la consécration absolue de leurs biens.

C'est donc en général une distinction minutieuse et superflue que celle des francs-alleux et des franches aumônes, des franches aumônes et des aumônes simples ; toutes ces formules ne furent, à proprement parler, que la récapitulation des usages pratiqués jusques-là dans les donations, et une expression différente du droit, toujours uniforme, des églises. En effet, on a vu, dans l'analyse de ces chartres, que les donations en franc-alleu et celles en franche aumône prirent indifféremment ces dénominations respectives. Qu'importe donc à l'énergie des aumônes la qualification qu'on leur donne? qu'importe même l'expression technique et nominale de la franche aumône, pourvu que, dans les mœurs publiques de ces siecles, ou dans les clauses qui accompagnent ces formules, ou dans la nature et la condition des héritages qui en sont l'objet, la liberté des dons soit suffisamment énoncée? Quoi! les biens donnés aux églises seront allodiaux dans les mains des fondateurs, et parceque la formule énoncée dans la chartre sera celle de l'aumône

(1) Domum Dei de Gohessia ab omni sæculari potestate et dominio tanquam in eleemosynam in perpetuum liberam esse concedimus. (Du Cange, glossaire, verbo *Eleemosyna*, charta Philippi Augusti, an. 1219.)

(2) In puram et perpetuam eleemosynam donavimus..... terram et burgum in quo omnes inhabitantes homines immunes ab omni servitio eidem ecclesiæ..... quittavimus..... cum omni dominio et jure; ut habeant in perpetuum et possideant liberè et pacificè in eadem libertate quâ Christus nos liberavit. (Mém. de l'histoire de Bretagne, tome 1, pag. 639, an. 1160.)

simple, c'en sera assez pour reléguer tous ces dons dans la masse des biens féodaux? Cette maniere d'envisager les donations est illusoire et vaine; car enfin il est de principe que la féodalité ne peut s'établir sur un bien allodial que par un acte synallagmatique, et des conventions formelles entre le concédant et le concessionnaire de l'héritage.

Aussi les feudataires, convaincus de cette vérité que le temps et les préjugés n'avoient point encore obscurcie, se sont-ils contentés souvent d'exprimer, d'une maniere quelconque, l'allodialité de leurs biens, sans employer la formule énonciative de la franche aumône : leurs libéralités n'en avoient pas moins tous les caracteres; elles étoient des aumônes par l'objet, les motifs et l'intention de leurs auteurs; elles étoient franches, par les clauses équivalemment résolutives de la féodalité réelle, par le silence des donateurs sur la réserve de leurs droits, et par le droit public qui continuoit à les régir d'une maniere conforme aux coutumes du premier âge. Rien de plus ordinaire dans les chartres des églises que ces sortes de donations. On lit, dans l'histoire de la maison de Bethune, que Jean d'Ypres, seigneur de Renengues, vendit à l'abbaye de Marciennes une dîme qu'il tenoit en fief de Guillaume de Bethune. Dans cette chartre, il n'est pas question d'aumône, ni de la part du vendeur, ni de la part des seigneurs dominants, ni de la part du suzerain : cependant la donation n'en est pas moins affranchie de la féodalité et de ses charges; car, après le déguerpissement de tous les seigneurs intermédiaires, de degré en degré, jusqu'au comte de Flandre, celui-ci remet la dîme à l'abbaye de Marciennes, libre, quitte et exempte à perpétuité de tout droit féodal et domaine temporel: *Ipse comes eamdem decimam ipsi ecclesiæ reddidit ab omni jure feodali exemptam et dominio temporali, a prædicta ecclesia liberè et quietè possidendam perpetuò* (1). Telle est encore la donation faite par Hugues de Gand à l'abbaye du Mont-Saint Eloi, ordre de saint Augustin (2).

Ce fut à la suite de ces usages, constamment observés dans

(1) Cùmque dictus Joannes in manus meas decimam ipsam.... reportasset... ego in manus Roberti comitis Bethuniæ fratris mei eamdem decimam quæ movebat de feodo quem tenebam de ipso, liberè reportavi; quam decimam de feodo comitis Flandriæ descendentem cùm idem advocatus ad opus prædictæ ecclesiæ in manus.... Thomæ comitis flandrensis et hainonensis similiter reportasset, ipse comes eamdem decimam ipsi ecclesiæ reddidit ab omni jure feodali exemptam et dominio temporali, a prædicta ecclesia liberè et quietè possidendam perpetuò. (An. 1237, hist. de la maison de Bethune, page 152.)

(2) Histoire de la maison de Guines, an. 1223, page 488.

tous les siecles de la monarchie, que les franches-aumônes furent regardées dans nos provinces comme des formules résolutives de la mouvance féodale. La Normandie fut des premieres à consacrer cette maxime par un arrêt de l'échiquier, de l'année 1157. Jourdain de Soqueville, sous prétexte de la garde et de la protection qui lui appartenoit sur l'abbaye du Mont Saint-Michel, voulut exiger de ses hommes, dans la terre d'Eventot, des redevances et des coutumes. La contestation portée au tribunal de cette province, composé de quatre barons, de Bayeux, d'Avranches, d'Hiesmes et de Coutances, il fut débouté de sa demande, et les religieux maintenus dans leur franchise. Le motif exprimé dans le dispositif de l'arrêt est que les donations en aumônes ne laissent plus au bienfaiteur d'autres droits à réclamer que des services de prieres, à moins qu'il n'ait été stipulé des réserves contraires (1).

Ces principes se sont maintenus jusques à nous par une tradition constante; on les retrouve dans les institutes de Litleton, c'est-à-dire dans les anciennes loix des François, que Guillaume porta en Angleterre après sa conquête. Le résultat de ces loix, depuis la section 133e jusqu'à la 137e, consiste à présenter la franche-aumône comme libre de toute *féaulté* et service envers le seigneur donateur, parceque les services spirituels auxquels elle assujettit les églises, tiennent lieu de tous les devoirs temporels dont l'héritage étoit chargé (2). Le seul droit qui subsiste sur ces biens, est celui de patronage, droit naturel, puisqu'il est fondé sur la reconnoissance, mais absolument étranger à la féodalité des héritages.

Du Cange (3), la Thaumassiere (4), Chopin (5), Boucheuil, Bacquet (6), le célebre Cochin (7), l'auteur des principes généraux du droit normand (8), les rédacteurs de l'an-

(1) Anno 1157, in assisia apud Cadomum, cùm Robertus abbas de monte sancti Michaelis conquereretur de Jordane de Soquevilla, quòd quasdam consuetudines et exactiones per vim capiebat in hominibus de Eventot, et volebat manu tenere eas et quasi tueri contra abbatem, eo quòd antecessores ejus dederant sancto Michaeli prædictam villam Eventot, definitum est in prædicta curia regis, utpote in assisia ubi erant barones quatuor comitatuum Bajocassini, Constantini, Eximini, Abricantini quòd ex quo aliquis in Normannia dat aliquam eleemosynam alicui abbatiæ, nihil omninò ibi potest retinere vel clamare præter orationes, nisi specialem habeat chartam de hoc quod vult retinere ducis Normanniæ, in cujus manu sunt omnes eleemosynæ ex quo donaverunt abbatiis vel locis religiosis. (Concil. Normanniæ, nova editio, pag. 81, et Brussel, tom. 2, pag. 813.)

(2) Litleton, sect. 133 jusqu'à la 137.

(3) Du Cange, glossaire, verbo *Eleemosyna*.

(4) La Thaumassiere, glossaire sur les coutumes de Beauvoisis.

(5) Chopin, de sacra politia, liv. 3, tit. 1, nomb. 10.

(6) Bacquet, traité du droit d'amortissement, page 172.

(7) Cochin, tome 1, pages 663 et 664.

(8) Ch. 6, sect. 4, art. 1.

cienne et de la nouvelle coutume de Normandie (1), les commentateurs de la coutume de Poitou et de celle de la Rochelle, l'annotateur du traité du domaine lui-même (2), ont adopté ces principes: c'est pour cela que la plupart d'entre eux regardent la franche-aumône comme le fondement d'une présomption légitime en faveur de l'allodialité des possessions ecclésiastiques, lorsque la directe n'est établie par aucun titre. Pour éviter l'ennui des répétitions, nous ne rapporterons point ici tous ces témoignages; il nous suffira d'observer que liés ainsi avec les monuments du droit public des églises, ils ne peuvent plus être regardés comme des opinions incertaines et hasardées, mais qu'ils sont l'expression sommaire des traditions primitives sur la franchise allodiale des biens aumônés: cela suffiroit sans doute pour écarter les sens étrangers auxquels l'inspecteur du domaine s'efforce de les détourner, parceque cette harmonie entre les monuments fondamentaux de cette tradition et les autorités des jurisconsultes qui en terminent la chaîne, ne peut être que l'ouvrage de la vérité.

Examinons cependant les difficultés qu'il oppose à la force de ces principes: les unes regardent l'énergie et la teneur de ces formules, les autres les témoignages des auteurs, d'autres enfin la nature et les principes de l'économie féodale.

Quant aux premieres, l'inspecteur du domaine distingue entre le seigneur donateur et le prince: « Tout ce que les « institutes de Litleton, les coutumes qui leur sont analo- « gues, et nos écrivains, nous apprennent des franches-au- « mônes, ne regardent que les droits des seigneurs; ce sont « des loix qui leur représentent les conditions sous lesquelles « ils ont contracté: à l'égard du prince, comme tenant le « premier rang dans l'ordre féodal, il ne peut point être « compris dans leurs dispositions ». Mais 1°. cette distinction entre le seigneur et le prince est absolument gratuite; il n'y en a pas les plus légers vestiges dans les institutes de Litleton; on y parle de l'aumône en elle-même, de son caractere et de ses effets, quelle que soit la qualité du donateur. Voici ses propres paroles dans la section 135: « Ceux qui tiennent « en franche-aumône sont obligés de droit, selon Dieu, de faire « des prieres pour les ames de leurs bienfaiteurs; c'est pour ce- « la qu'ils sont dispensés de la *féaulté* envers leurs seigneurs, « les prieres étant plus utiles que tout autre service; d'ailleurs

(1) Ancienne coutume de Normandie, ch. 115.

(2) Traité du domaine, de le Fevre de la Planche, tome 1, page 356.

« ces mots *franche-aumône* excluent toute idée de service « temporel (1) ». Or, on le demande, n'est-ce pas ici la substance même de l'aumône que l'on expose? s'agit-il de la qualité du donateur et du rang qu'il occupe dans la hiérarchie des fiefs? 2°. Quand les chartres des églises nous représentent les hauts seigneurs, qui, par les droits régaliens dont ils jouissoient, avoient en quelque sorte remplacé le souverain dans leurs principautés, renonçant toujours au droit et au domaine de leurs fiefs, les libérant de la directe seigneuriale, et les convertissant en alleux sous la loi des aumônes; quand l'ancienne coutume de Normandie nous apprend que *l'aumône est ce en quoi le prince ne retient rien de terrain, ni de juris diction, ni de dignité*, est-ce des simples donateurs qu'elles nous parlent? n'est-ce pas au contraire de ceux qui commandent les différentes branches de l'ordre féodal, tels que les grands du royaume, comme en étant la souche par les inféodations qu'ils firent de leurs alleux, et le roi, dont la suprématie féodale fut encore favorisée par la réunion des grands fiefs à la couronne? 3°. En supposant qu'il ne s'agit, dans les institutes de Litleton, que du donateur en général, ne seroit-il pas singulier que le prince ne fût pas compris sous cette dénomination, lui qui, par ses libéralités personnelles et la nécessité de son concours dans celles de ses sujets, mérite plus que personne le titre et la qualité de donateur.

Par rapport aux témoignages des auteurs, l'inspecteur du domaine prétend qu'ils se bornent à déterminer les caracteres qui font présumer la franche-aumône, sans prononcer sur la nature de ces formules; c'est ainsi qu'il écarte l'autorité du célebre Cochin: mais l'objet principal de ce jurisconsulte, et les idées qu'il nous donne de la franche-aumône, tout résiste à cette interprétation arbitraire; voici comme il s'exprime à la tête de cette consultation : *Il est question de savoir si la directe demeure sans effet pendant que l'église possede pour ne revivre avec effet que quand elle aliene* (2). Il regardoit donc les propriétés ecclésiastiques comme soustraites au joug de la féodalité, et régies par un droit différent, lorsqu'elles demeurent dans le domaine de l'église; donc il ne les a pas regardées comme

(1) Et par ceo ils ne feront à nul tems ascune fealtie à lour seignior, parceoque tiel divine service est melior par eux devant Dieu que ascuns leasons de fealtie, et auxi parceoque ceulx paroly *frank-aulmoigne* exclud le seignior d'avec ascun terrein ou temporel service, mes d'aver tant seulement divine et spiritual service fait par lui. (Litleton, sect. 135, édition de M. Howard.)

(2) Cochin, tom. 1, page 663.

une chose indifférente à la constitution des fiefs. Les notions qu'il nous donne de ces formules ne sont pas moins énergiques; par-tout il dit, en termes exprès, qu'elles operent une *liberté entiere et l'affranchissement de tout devoir féodal* (1). Donc il a tout à la fois déterminé les regles sur lesquelles la présomption de franche-aumône est fondée, et les propriétés caractéristiques de ces fondations.

Quant à la constitution des fiefs, son système est que la féodalité est une loi universelle, indestructible, et qui pese sans cesse sur les héritages qu'elle s'est asservis. Rien de plus arbitraire que ces idées; que l'on consulte les mœurs publiques de ces siecles, la nature des possessions ecclésiastiques, les vrais principes du régime féodal, on verra que rien ne s'opposoit à la destruction de la directe suzeraine au profit des églises, et que tout la favorisoit au contraire. Les mœurs publiques: pour peu qu'on soit versé dans la connoissance de nos capitulaires, on voit que la religion chrétienne fut tellement liée à la constitution politique du royaume, qu'elle répandit ses influences sur toutes les parties du gouvernement; la législation, l'administration de la justice, les guerres, les fêtes publiques, tout, malgré la licence de ces siecles, porta l'empreinte de ses institutions salutaires: servir Dieu, l'état et le souverain, fut l'abrégé de tous les devoirs. Guidé par ces principes, aussi anciens que la monarchie, chacun s'empressa de servir la religion par ses aumônes, comme le prince par le dévouement de sa personne. Travailler à en perpétuer la durée, c'étoit travailler pour l'état en général, qui ne voyoit dans la religion qu'un moyen de plus pour se former des sujets fideles, les lier plus étroitement à ses intérêts, et consacrer par une sanction nouvelle l'autorité du souverain: de-là ce concours de tous les ordres depuis le monarque jusqu'au dernier propriétaire, pour accroître le patrimoine des églises, et donner à la religion un appareil plus imposant par le nombre de ses édifices, la majesté de ses temples, et la pompe de ses cérémonies; Dieu, le culte public, et la nation par conséquent, en étoient les véritables propriétaires, sous la protection du monarque. Dans cet état des choses, faut-il donc s'étonner que, sous le regne de la féodalité, les biens aumônés aient été soustraits à ses loix? Si l'économie des fiefs en reçut quelques atteintes, un nouvel ordre vint réparer ces irrégularités passageres;

(1) Cochin, tome 1, page 663.

le service public des églises, comme le remarque Litleton dans les coutumes qu'il nous a conservées, remplaça les devoirs des fiefs, et ces services, dans les mœurs et les intérêts de ces temps, en furent regardés comme une compensation équivalente : *Et par ceo ils ne feront à nul temps ascune féaltie à lour seignior, parceoque tiel divine service est melior par eux devant Dieu que ascuns leasons de fealtie* (1).

La maniere dont l'église devoit posséder ses biens, favorisoit également l'usage des immunités féodales. La religion devant se perpétuer comme l'état dans la durée des âges, les aumônes qui lui furent faites ne purent point avoir la mobilité des possessions ordinaires : à cet égard il fallut faire plier les principes du régime féodal; car si les fiefs sont assimilés aujourd'hui aux biens héréditaires et patrimoniaux, cependant ils n'en sont pas moins sujets au droit de retour à la table du seigneur par la confiscation, la commise et l'extinction éventuelle de la famille du feudataire. D'un autre côté, les seigneurs ayant évidemment renoncé à leurs droits pécuniaires et aux services naturels des fiefs par les donations en franche-aumône, la féodalité, si elle eût persévéré sur ces héritages, n'étoit, pour ainsi dire, après toutes ces réductions, qu'un mot vuide de sens; or leur en auroit-il coûté beaucoup de faire le sacrifice du mot, lorsqu'ils avoient déja fait le sacrifice de la chose? les vrais principes de la constitution des fiefs acheveront de rendre cette vérité plus sensible.

On a vu, par le tableau que nous avons tracé de l'origine, de la formation, des progrès, de la nature et des effets de la féodalité, qu'elle n'a pris naissance que sur le déclin de la seconde race, qu'elle ne s'est établie que par degrés et à la suite des conventions réciproques des propriétaires entre eux, telles que les achats et les ventes, les concessions réelles et les oblations volontaires, les échanges, les institutions testamentaires et la prescription, en un mot que tout est de fait dans la matiere des fiefs, comme s'expriment les auteurs (2). Ainsi la féodalité n'est point dans l'ordre des régales majeures; ouvrage des intérêts et des mœurs, d'autres mœurs, d'autres intérêts l'ont pu détruire à leur tour : rien ne s'y opposoit ni du côté des vassaux, ni du côté des seigneurs, ni du côté du souverain; du côté

(1) Litleton, anciennes loix des François, sect. 1, 3 et 5.

(2) *Deinde feuda vel pacto constituuntur et contractu feudali, vel testamento et præscriptione : omnia hæc sunt facti.* (Burchardi Struvii de allodiis imperii commentatio, page 490.

Thesaurus juris feudalis, *passim.*

des vassaux, parceque les liens qui les attachoient à leurs seigneurs n'ayant été formés que par l'acceptation volontaire des terres qu'ils en avoient reçues, ils purent à leur gré en rompre tous les nœuds en renonçant à ces héritages par les *exfestucations* dont nous avons rapporté les exemples; du côté des seigneurs, parceque les biens une fois déguerpis à leur cour sous les formalités d'usage, la féodalité s'évanouissoit sur eux pour faire place au droit primitif des propriétés. Or quand les héritages eurent été rendus à leur premiere condition, les seigneurs furent absolument les maîtres d'en disposer en faveur des églises en pleine allodialité comme ils les possédoient eux-mêmes. En effet toutes ces diverses branches du systême féodal durent le plus souvent s'arrêter aux grands propriétaires et aux hauts seigneurs, comme étant seuls les auteurs et la souche de ces inféodations. La féodalité qui les asservissoit n'étoit point absolue; elle ne regardoit le plus souvent que leurs vassaux ou leurs hommes, en faveur desquels ils avoient démembré leurs anciennes propriétés: *Quod suum erat feodum, nostrum verò allodium.* La multitude d'alleux qu'on remarque à cette époque dans l'enceinte de leurs souverainetés en est la preuve; c'est pour cela qu'il existe encore parmi nous des héritages qui ont des mouvances sans être dans celle de personne. L'Allemagne, qui a reçu des Francs son gouvernement féodal, renferme encore aujourd'hui parmi les fiefs de l'empire un nombre considérable de comtés allodiaux: il y en a même qui, quoiqu'incorporés à des fiefs, n'en conservent pas moins leur franche allodialité; car, à l'extinction de la ligne masculine, il s'en fait une séparation d'avec les fiefs dans lesquels ils étoient confondus (1). Enfin rien ne s'y opposoit du côté du souverain, parceque la féodalité n'étant point un apanage du trône, elle ne remontoit pas toujours jusqu'à lui, et que si, par le concours des circonstances, il se trouvoit à la tête de quelques branches de ce systême, il auroit pu pratiquer dans ses domaines ce que les hauts seigneurs faisoient tous les jours dans le ressort de leurs principautés; car si l'extinction de la directe féodale ou censuelle ne préjudicioit point aux droits essentiels de ces souverainetés particulieres, à plus forte raison ne pouvoit-elle donner atteinte à l'unité de la couronne.

Au surplus, la question ainsi présentée tient à celle des

(1) Burchardus Struvius de allodiis imperii, ch. 5, page 680.

amortissements féodaux que nous avons annoncée déja, et qu'il nous reste à examiner dans l'article suivant.

ARTICLE III.

Amortissement des biens féodaux.

On a vu jusqu'ici que les donations des biens féodaux en franc-alleu avoient été résolutives de la mouvance féodale; que les franches-aumônes, indifféremment employées avec elles jusqu'au treizieme siecle, avoient produit les mêmes effets. Il ne nous reste plus qu'à montrer la conformité des amortissements avec ces deux formules pour vérifier cette troisieme partie de la maxime de Loysel, que *tenir en franc-alleu, franche-aumône et amortissement, c'est tout un en effet.*

« L'amortissement accordé aux églises n'est point la fa-« culté de posséder des héritages: un corps qui a dans l'état « une existence légale et civile, est revêtu par-là même de « tous les droits des citoyens; c'est donc la faculté de les pos-« séder sans trouble et sans pouvoir être obligé de les re-« mettre hors de ses mains. Ces troubles auxquels les églises « sont exposées ont leur source dans les droits des seigneurs « et dans ceux de l'ordre public, parceque l'immobilité de « ces biens dans leur domaine empêchent, du côté des pre-« miers, les retours éventuels des profits pécuniaires, et, du « côté de l'état, la mobilité ou le commerce perpétuel de ces « fonds; c'est au roi seul qu'il appartient de lever ces ob-« stacles, en forçant les seigneurs à consentir ces acquisi-« tions sous la réserve de leurs droits, parceque c'est à lui « seul à juger si elles sont préjudiciables ou non à l'intérêt « général de ses états. L'amortissement n'est donc que le « jugement de l'ordre public qui prononce sur les inconvé-« nients des possessions ecclésiastiques : il n'a donc aucun « rapport avec la féodalité réelle; les héritages acquis et « possédés sous cette loi continuent donc d'être ce qu'ils « étoient, fiefs ou alleux, nobles ou roturiers, assujettis aux « devoirs féodaux ou libres de ces charges ». Tel est en substance le système du domaine sur les amortissements.

Ces observations, quoique vraies pour la plupart, pechent néanmoins par leur trop grande généralité. L'amortissement fut sans doute l'intervention de l'ordre public qui procura aux églises la possession paisible de leurs acquisitions nouvelles: mais cela ne suffit pas; naturellement lié avec l'économie des fiefs et le droit public des églises, l'amortissement fut encore un droit féodal qui opéra la renonciation des seigneurs à leur mouvance, chacun dans les degrés respectifs de leur suzeraineté. Pour répandre sur cet article la clarté qu'il exige, il nous faut remonter à l'origine des amortissements, les suivre dans les révolutions qu'ils ont éprouvées par la force des intérêts et des usages, distinguer leurs rapports divers, établir leur conformité parfaite avec les donations en franc-alleu, et les formules de franche-aumône que les loix féodales introduisirent dans la consécration des biens.

L'amortissement, pris dans son acception la plus générale, signifie possession *en main-morte*. Le premier de ces termes indique le détenteur d'un héritage, l'autre que sa possession déroge au droit commun des possessions ordinaires. Cette dérogation fut la suite du double caractere des possessions ecclésiastiques, leur inaliénabilité et leur franchise féodale; la premiere fondée sur la constitution des églises; l'autre sur les mœurs publiques de ces siecles, qui, conformes à celles des précédents, établirent une identité parfaite entre le nouveau et l'ancien patrimoine des églises. A ce double titre, l'intervention de la puissance publique et de l'autorité féodale leur devint nécessaire, l'une pour faire cesser les obstacles que l'inamovibilité de leurs biens opposoit à leurs acquisitions, l'autre pour assurer aux églises l'allodialité de leurs héritages en faisant taire à jamais la féodalité compromise par ces possessions privilégiées : la réunion de ces deux intérêts forma l'amortissement total. Sous le premier rapport, ce droit est aussi ancien que la monarchie, parceque si les corps ecclésiastiques, revêtus de la sanction des loix, n'avoient point une incapacité absolue d'acquérir, ils en avoient une, relative aux inconvénients attachés à la nature de leurs possessions et qu'il fallut faire cesser. Sous le second, l'amortissement est plus moderne : il naquit avec les fiefs, parceque les services attachés à ces possessions du moyen âge firent naître de nouveaux intérêts et avec eux de nouveaux obstacles qu'il fallut lever encore. De-là les donations en franc-alleu, en franche-aumône, et toutes les clauses équivalemment résolutives de la mouvance: toutes n'étoient, dans la réalité, que l'amortissement politique et féodal des biens, puisque, dans toutes, l'intervention de la puissance publique d'une part, et celle du suzerain de l'autre, opérerent, soit du côté de l'ordre public, soit du côté de l'ordre féodal, la dérogation aux droits de l'un et de l'autre. Ainsi, long-temps avant Saint Louis, les églises possédoient *en main-morte :* ces expressions ne signifioient donc pas simplement une possession sans trouble, mais une possession dérogatoire aux obligations féodales qui grevoient les propriétés dans la main des donateurs ; à ce titre, les amortissements marchent de pair avec l'économie des fiefs, parceque, dans ce nouveau période, les biens féodaux et les alleux furent également consacrés à la dotation des églises. Ce n'est pas que l'amortissement, considéré comme une formule particuliere, distinguée des donations en franc-alleu et en franche-aumône, n'ait été souvent employé dans les chartres antérieures au regne de Saint Louis ; on en a la preuve dans celles de Gautier de Châtillon en 1125, de Hugues, vicomte de Châteaudun, en 1159, et de Richard, roi d'Angleterre, pour l'abbaye du Parc, en 1192, que nous nous proposons d'analyser. Cependant, si l'on ne veut s'attacher qu'à l'énonciation formulaire et nominale de l'amortissement, il est certain qu'il ne fut d'un usage ordinaire, dans les chartres, que depuis les établissements de Saint Louis ; ce furent les réclamations des seigneurs et les réglements qui les suivirent, qui firent insensiblement dominer cette formule dans les siecles suivants. Voici en deux mots les causes de cette révolution.

Dans tous les temps, les possesseurs de fiefs ne purent en disposer au profit des églises sans le consentement de leurs suzerains, mais presque toujours les donateurs se trouverent assez indulgents pour consentir ces libéralités. La stabilité que les anciens bénéfices acquirent dans les familles, l'hérédité qui caractérisa les fiefs qui leur succéderent, le droit général des propriétés ecclésiastiques, faciliterent ces dispositions : la faveur des franches-aumônes alla même si loin, qu'on a vu les seigneurs consentir à l'envi, dans l'étendue de leurs districts, les donations anticipées de leurs vassaux. Dans cet état des choses, les feudataires crurent pouvoir disposer de leurs fiefs, sans requérir au préalable le consentement de leurs suzerains ; les hauts seigneurs eux-mêmes, c'est-à-dire les comtes et les ducs, et ceux qui, à leur exemple, s'arrogeoient les droits régaliens dans leurs fiefs, se prêterent à ces usages, et n'appellerent pas toujours les seigneurs intermédiaires à ces aliénations qui *amenuisoient* leur mouvance ; on crut alors, et du côté des vassaux, et du côté des suzerains, avoir suffisamment pourvu à ce qu'exigeoient les obligations

gations des fiefs, par la garantie et l'indemnité à laquelle on s'engageoit respectivement envers tous ceux qui pouvoient y avoir intérêt. Rien de plus commun que ces clauses dans presque toutes les chartres de ces siecles; on les retrouve même dans des donations postérieures aux établissements de Saint Louis. Non seulement elles s'étendoient à toutes les contestations que l'on pouvoit susciter à l'église sur la propriété de ses acquisitions; mais, ce qui nous importe davantage, elles eurent encore pour objet d'indemniser les seigneurs de la diminution de leur directe : telles sont, entre autres, les chartres de Hugues de Champagny et de Guillaume de Maubranche envers le chapitre de Montermoyen. Pour assurer à perpétuité la franchise des objets qu'ils lui avoient vendus, on les voit s'obliger à les garantir envers les seigneurs depuis le dominant jusqu'au roi lui-même, de la féodalité, dans quelque degré qu'elle fût, et des droits qu'elle entraîne: *Feodo, refeodo, rachato, anniversario, et singulis aliis oneribus, servitutibus et servitiis* (1). Les églises continuoient de posséder; et leur propriété, affermie par le temps, étoit enfin respectée des seigneurs, qui se contentoient alors de l'indemnité offerte par leurs vassaux ou par elles. C'est ainsi que se terminerent en effet toutes les contestations qu'elles éprouverent pour les biens aumônés sans l'agrément préalable des suzerains. Ces usages, qui s'étoient multipliés, sur-tout dans les terres de la domination de nos rois, porterent une atteinte violente à la propriété féodale des seigneurs, et furent la premiere cause de leur réclamation : la seconde fut la perte qu'ils faisoient des profits pécuniaires dus aux mutations éventuelles des terres de leur mouvance.

En effet, quoique, long-temps avant Saint Louis, l'hérédité des fiefs fût déja consommée, et que le suzerain fût censé avoir investi, dans son premier vassal, toute sa postérité, il conserva néanmoins le droit de donner à chaque successeur une investiture nouvelle, et il ne le fit que moyennant une somme quelconque (2): de-là les profits pécuniaires aux mutations. Si nous ne pouvons pas déterminer d'une

(1) Promittens prædictas res et singulas dictæ ecclesiæ defendere in perpetuum, garantire in judicio... erga omnes dominos feodales, refeodales, medios et minores, et erga dominum regem et gentes suas ab omni impedimento facti et juris.... et onere debitorum, feodo, refeodo, rachato...... omnibus et singulis aliis oneribus, servitutibus et servitiis generalibus et specialibus quibuscumque. Garentire erga omnes gentes quietè et liberè, ab omni debito, obligatione.... servitio, servitute, feodo, refeodo, censu, censa, censiva, et quocumque alio onere generali et speciali. (La Thaumassiere, traité du franc-alleu de Berry, page 16.)

(2) *Voyez* Galand, traité du franc-alleu. Droits du prince et de l'état, tome 3, page 216.

maniere précise l'époque où ils ont commencé, on ne peut pas douter au moins qu'ils ne soient antérieurs au regne de Saint Louis, et qu'ils ne fussent alors généralement établis. Ces profits, d'abord arbitraires, furent ensuite fixés au revenu d'une année. Saint Louis et Alphonse comte de Poitiers furent les premiers à en donner l'exemple, l'un en 1235 (1), l'autre en 1269 (2). L'hérédité des fiefs entraîna bientôt la faculté de les aliéner. La vente en fut autorisée par un usage universel : mais le vassal acquéreur, qui ne méritoit pas les mêmes égards que l'héritier, ne fut pas traité aussi favorablement que lui; on en exigea des droits plus considérables. Ces sommes d'abord à merci, comme les premieres, furent réglées ensuite au cinquieme de la valeur des fiefs; les seigneurs se réserverent encore la faculté de ne reconnoître pour vassal qu'un homme à leur gré et capable des services: de-là le retrait féodal ou la prélation autorisée par nos coutumes. Tous ces droits étoient perdus pour les seigneurs, lorsque leurs fiefs étoient démembrés en faveur des églises; on ne connoissoit point encore la clause de l'*homme vivant et mourant*, stipulée quelquefois depuis pour conserver par une fiction de droit, sur les biens aumônés, la féodalité toujours éteinte auparavant dans les chartres des fondateurs. Dans ce conflit d'intérêts et d'usages, les seigneurs porterent leurs réclamations au pied du trône: Saint Louis, pour satisfaire tout à la fois aux prétentions légitimes de ceux-ci, aux desirs des vassaux donateurs, et aux usages pratiqués jusques-là dans les fondations, rendit, en 1270, cette célebre ordonnance, consignée au chapitre 145 de ses établissements. Il fut donc réglé qu'à l'avenir les églises seroient obligées de traiter avec les seigneurs féodaux, pour être maintenues dans la possession des héritages qu'elles auront acquis dans leurs fiefs; faute de quoi, ils seroient autorisés à se mettre en possession de ces biens et à les réunir à leur table, après l'an et jour de leur acquisition ou de la notification du con-

(1) Ibid. page 216.

(2) Scachent cil qui sont et qui à venir sont, que très haut et notre très chier sires Aufont, fiux du roi de France, coens de Poitiers et de Tholose, esgardé et confierré notre porfit et le commung porfit de sa comté de Poitiers, et especialement du vicomté de Thoars et des autres terres qui sont en ladite comté, en sa seigneurie et en son destroit, èsquiels étoient les rachapts à mercy, voulant et desirant pourvoir à la pés et à l'alégement de ses féaux, de notre volonté et de notre otroy, et de plusors autres qui à cet accort furent et l'estroierent desdits rachaz à mercy, a ordené en cette maniere, savoir que quand cil mourra qui du comte de Poitiers ou des barrons ou des vavassours tendra en fié, que notre sires li coens, ou cil de qui cil tendra, pourra tenir le fié en sa main, par an et par jour, tout aussint comme cil qui morz sera le peut tenir et exploiter. C'est à savoir issues de blés, de vins, de deniers de rachaz, de leurs doubles. (Galand, traité du franc-alleu, page 67.)

trat (1). Cette faculté accordée aux seigneurs de faire vuider les mains aux églises, ou de les maintenir à leur gré dans leurs acquisitions nouvelles, s'appella *amortissement*, et la permission qu'eurent les églises de les retenir dans leur domaine, *possession en main-morte*. A dater de cette ordonnance, la formule des amortissements devint plus fréquente dans les chartres des églises : par elle on désigna plus communément alors la consécration des biens, qui auparavant étoit exprimée par les formules de franc-alleu et de franche-aumône.

Cette exposition succincte de l'origine, de la nature, des progrès de l'amortissement, jusqu'au regne de Saint Louis, et des réglements qu'il fit à ce sujet, prouve au moins que le droit général des églises, et les mœurs publiques qui l'avoient établi, n'éprouverent alors aucune altération ; que tout se borna à rappeller l'exécution des anciennes loix qui avoient consacré et la propriété et la franchise des possessions ecclésiastiques. Il ne s'agit donc plus que de savoir si elles persévérerent encore, et si toutes les parties intéressées dans les biens, vassaux, seigneurs dominants et suzerains, en userent toujours de même, lorsqu'ils employerent la formule positive et nominale de l'amortissement.

Pour développer ce point fondamental de notre droit public ecclésiastique, toujours fideles au plan que nous nous sommes prescrit, nous interrogerons d'abord les monuments qui le contiennent : c'est ainsi qu'après avoir saisi les principes originaires de la tradition qui nous a été transmise par les jurisconsultes, les historiens, les publicistes, et les dispositions de nos ordonnances, nous pourrons en suivre les progrès jusqu'à l'époque où l'amortissement, détourné de sa route naturelle, a cessé de produire les mêmes effets dans la consécration des biens. On y verra que l'amortissement fut un droit véritablement féodal, c'est à-dire qu'il fut, comme auparavant les francs-alleux et les franches aumônes, non seulement l'intervention de la puissance publique, mais encore la renonciation des seigneurs à la mouvance de leurs biens ; que ces deux rapports marcherent toujours ensemble, au milieu des variations qu'ils éprouverent, l'un pour écarter les obstacles de l'ordre public, l'autre pour imposer silence

(1) Se aucun avoit donné à aucune relligion ou à aucune abbaye une piece de terre, li sires en qui fié se seroit, ne le soufferroit pas par droit, se il ne vouloit, mais le porroit bien penre en sa main ; mais cil à qui l'aumosne auroit été donnée, li doit venir au seigneur, et li doit dire en telle maniere : Sire, ce nous a été donné en aumosne, si il vous plaît nous le tenions, et si il vous plaît nous l'osterons de notre main dedans terme avenant. (Etabliss. de St. Louis, ch. 145.)

à l'ordre féodal ; qu'ainsi ces formules qui succéderent aux donations en franc-alleu et en franche aumône, sans en détruire l'usage, terminerent, sous la troisieme race de nos rois, le droit public des églises, commencé sous la premiere, continué sous la seconde, et fortifié sous le régime des fiefs, par toutes les formules résolutives de la directe féodale et censuelle.

Ainsi Jean de Stainwerch vend à l'abbaye de Saint-Augustin, diocese de Térouanne, aujourd'hui Saint-Omer, la tierce partie de la dîme qu'il possédoit en fief du comte de Flandre ; pour cela, il vient à sa cour, et, en présence de ses hommes et de ses pairs, il en fait le déguerpissement suivant les loix, et la reporte entre les mains des religieux. Pour rendre cette acquisition légitime et permanente, le prince en prononce l'amortissement : *Ab eadem ecclesia liberè penitùs in perpetuum jure hæreditario possidendam, ac etiam dictæ ecclesiæ amortimus et amortivimus.* Or, quels sont et la nature et les effets de cette formule? C'est la liberté et l'immunité absolue du droit féodal, de ses services, de ses redevances, et de ses charges: *Ab omni onere feodali et quocumque alio, aliquo servitio et exactione qualibet liberam penitùs et immunem.* Si le suzerain met des réserves à sa donation, elles n'ont aucun rapport avec la directe des héritages : elles consistent dans la garde, le ressort, et le domaine suprême : *Gardâ et superioritate in temporalibus nobis et hæredibus nostris et in aliis jure nostro salvis* (1). L'amortissement ne se réduit donc point à l'interposition de la puissance publique pour ratifier les acquisitions des églises dans l'état où elles se trouvent; il va jusqu'à effacer encore l'impression féodale et les services de la directe, *ab omni onere et servitio feodali :* il eut donc une relation nécessaire avec la féodalité des héritages.

Mêmes dispositions dans la chartre de Guy, comte de

(1) Notum quòd Joannes dictus de Stainwerch in præsentia hominum nostrorum pariumque *suorum*...... werpivit, resignavit legitimè, et ad legem, et totaliter reportavit tertiam partem decimæ de Los Thore in personam virorum religiosorum, abbatis et conventûs ecclesiæ *sancti* Augustini *juxta Morinos*.... quam tertiam partem decimæ idem Joannes tenebat in feodum à nobis... quam tertiam partem idem Joannes cum omnibus juribus ejusdem vendidit dictis religiosis pro trecentis libris parisiensibus; de quibus recognovit sibi fuisse satisfactum a religiosis in pecunia numerata, et tertiam eamdem partem decimæ cum omnibus juribus ejusdem ab *omni onere feodali* et quocumque alio atque aliquo servitio et exactione qualibet liberam penitùs et immunem eidem ecclesiæ reddidimus et reddimus..., ab eadem ecclesia *liberè et pacificè in* perpetuum jure hæreditario possidendam : ac etiam dictæ ecclesiæ amortimus et amortivimus, gardâ et superioritate in temporalibus nobis et hæredibus nostris flandrensibus *comitibus*, et *in aliis* rebus jure nostro salvis. (An. 1288, page 424, ch. 141, tome 3 de le Mire.)

Flandre, pour le chapitre de Saint-Pierre de Lille, qui lui avoit abandonné la jurisdiction et le domaine de la paroisse de Saint-Maurice: ce prince lui donne en retour la dîme toute entiere d'un canton; elle étoit auparavant possédée en fief par Robert, son vassal, dont il l'avoit achetée pour en faire une donation à l'église. Ici l'on voit et l'amortissement et son caractere: l'amortissement, *liberam et amortitam in perpetuum;* son caractere féodal, *ab omni onere et servitio et exactione temporalibus liberam, et etiam amortitam* (1).

Tel est encore celui du duc de Nevers, comte de Flandre, pour l'établissement d'une Chartreuse dans la forêt Saint Martin, près de Gerardmont. On lit, dans cette chartre, que Jean Ghilin, ayant voulu fonder une église dans un lieu appellé Rodendris, avoit acheté et fait amortir ce terrain, contenant un bonier et cinquante verges de terres, *in quodam loco, ut asserit, acquisito et amortizato erga viros religiosos;* qu'ensuite il pourvut à la subsistance de ces religieux par la donation d'une partie de ses biens, en terres, prés, bois, situés dans la paroisse de Lierde. Parmi tous ces héritages, qui se montent à vingt-huit ou trente boniers, les uns sont féodaux et les autres censuels: *Inter quæ est unum jornale terræ feodalis, quod idem Joannes tenet à nobis in feudo et homagio...... et de undecim bonariis..... nobis tenetur annuatim in undecim denariis parisiensibus, residuumque tenetur aliis personis in alio censu annuali.* Voilà bien clairement énoncée la qualité de ces héritages avant la donation et l'amortissement du duc de Nevers; mais, après ces deux actes du vassal et du suzerain, la féodalité ne subsiste plus. En effet, sur la demande que Ghilin fait au duc de Nevers de consentir à sa donation, et de sa grace spéciale amortir tous les objets, ce prince amortit et déclare amortis, pour lui et ses successeurs, ces terres, ces prés, ces bois, le fief et le cens auxquels ils sont assujettis envers lui: *Dictas terras, aquas, nemora, feodum censumque nostrum usque ad quantitatem prædictam, exceptis dumtaxat dictis bonario et quinquaginta virgatis terræ erga dictos religiosos acquisitis, tenore præsentium pro nobis successoribusque nostris amortizamus et amortizatas esse et manere perpetuò declaramus* .... Si

(1) Nos decimam de Wanebrechiis, quam à Roberto de N.... qui à nobis eam in feodum tenebat, acquisierint benè et ad legem secundùm usum patriæ, et in omnibus more servato, tradidimus et deliberavimus seu assignari fecimus, ab omni onere et servitio et exactione temporalibus liberam et etiam amortitam, in perpetuum à decano et capitulo dictæ ecclesiæ ipsius nomine dictæ ecclesiæ liberè possidendam. (Ibid, an. 1228, page 425, ch. 143.)

l'amortissement se bornoit à assurer la stabilité des possessions sans jamais pouvoir influer sur la directe féodale et censuelle, il eût été inutile au feudataire de demander l'amortissement du fief et du cens, et au suzerain de l'accorder par une clause spéciale; il suffisoit à l'un et à l'autre que l'amortissement des terres fût prononcé : cependant on demande et l'amortissement des objets, *terras, aquas, prata, nemora,* et encore celui de la directe féodale et censuelle, *feodum censumque nostrum amortizare* ..... *supplicavit* . . . . *feodum censumque nostrum amortizamus et amortizatos esse declaramus.* Voilà donc le fief amorti comme le cens. Or, que signifie l'amortisation d'un cens établi et levé sur des biens, si ce n'est son extinction et celle de la directe censuelle qu'il représente? Donc, puisque le fief est amorti sur les héritages féodaux comme le cens sur les héritages censuels, la directe féodale est également éclipsée. Les biens amortis dans cette chartre sont donc absolument soustraits à l'une et à l'autre directe; donc l'amortissement étoit féodal; donc il pouvoit éteindre la féodalité et ses droits, *terras, feodum censumque nostrum amortizamus* (1). A l'égard des terres qui sont exceptées de cette disposition, si le prince ne les amortit pas, c'est qu'elles l'avoient été déja: *In quodam loco, ut asserit, acquisito et amortizato erga dictos religiosos.* D'ailleurs, c'étoit l'emplacement et l'enceinte du monastere, sur lequel il ne peut y avoir aucune difficulté.

Marie de Bourgogne, princesse des Belges, transporte l'abbaye de Notre-Dame-des-Prés dans l'ancien domicile des religieuses hospitalieres de Douai; elle leur abandonne tout ce qui avoit appartenu à ce monastere, la maison, l'en-

(1) Cùm dilectus familiaris noster quamdam ecclesiam cum ædificiis ad hoc aptis... in quodam loco ab eodem Joanne, ut asserit, acquisito et amortizato, continentem unum bonarium et quinquaginta virgatas terræ vel circiter, in honorem beatæ Virginis, in ejusdem suorumque parentum peccaminum remissionem fundare velit, etc... affectet et intendat, et eamdem de bonis à Deo sibi collatis dotare; ad dotationem ejus perenniter assignare terras, prata, aquas, nemora sua........ continentes inter viginti octo et triginta bonaria, vel circiter, inter quæ est unum jornale vel circiter terræ feodalis, quod idem Joannes tenet à nobis in feudo et homagio, et undecim bonariis, bonariorum prædictorum, quæ est hæreditas non feodalis, sed à nobis tenetur annuatim in undecim denariis parisiensibus, residuumque hæreditatis præcedentis tenetur aliis personis in alio censu annuali.... nobisque idem supplicavit ut ad prædicta nostrum vellemus apponere consensum et assensum, dicta quatenus prata, aquas, nemora, feodum censumque nostrum pro nobis successoribusque nostris, de gratia speciali, amortizare et amortizata decernere ac declarare; et quia augmentationem cultûs divini et servitii, ut tenemur ex debito affectamus, ad fundationem et dotationem prædictas nostrum præbemus assensum, et dictas terras, nemora, prata, aquas, feodum censumque nostrum usque ad quantitatem prædictam, exceptis dumtaxat dictis bonario et quinquaginta virgatis terræ erga dictos religiosos et eorum ecclesiam acquisitis, tenore præsentium pro nobis et successoribus amortizamus, et amortizatas esse et manere perpetuò declaramus. (An. 1228, page 434, ch. 151, tome 3 de le Mire.)

ceinte, les forêts, le territoire, les propriétés, les revenus et les droits; ensuite, réunissant tous ces objets à un seul, elle les déclare, dès ce moment et à l'avenir, libres de tous droits humains et séculiers: *Hæc omnia in uno collocamus, liberaque ab omni jure humano etiam nunc reddimus, nunc pro tunc.* Ici on voit tout ensemble, et l'énonciation de l'amortissement et ses effets, et les motifs qui l'ont déterminé: l'amortissement, parceque la possession des religieuses est appellée un droit de *morte-main, hoc jus emortui mancipii.... volumus ac promittimus ratum habere;* ses effets, parceque la donatrice renonce, pour elle et ses successeurs, à tout droit de directe féodale et censuelle qu'elle auroit pu stipuler, *liberaque ab omni jure humano reddimus nunc pro tunc;* les motifs qui l'ont déterminée, parceque ces objets sont dédiés et consacrés à Dieu, *ut hæc omnia cedant in jus ecclesiæ, atque res Deo dicatæ, etc.* En un mot, nulle réserve, si ce n'est celle que la nature des possessions ecclésiastiques semble exiger du souverain, la garde et la protection, *sub nostra protectione seu tuitione accipimus* (1).

Parcourons, autant qu'il est possible, les différentes provinces de la France, afin de mieux connoître le droit établi en faveur des églises et la nature de l'amortissement, qui fut toujours réglé par ses maximes. Les Freres Prêcheurs d'Argenton avoient acquis un terrain dans la mouvance de Jean de Montmorenci, partie à titre gratuit, par la donation de Raoul, partie à prix d'argent, des héritiers de Guillaume. Jean, seigneur de Montmorenci, confirme cette acquisition; et revenant sur les dons qu'il avoit faits auparavant à ces religieux, il les ratifie de nouveau, en disant qu'il a renoncé à tous les droits et actions qu'il pouvoit y prétendre, *omne jus et actionem quam habebamus, concessimus;* il veut qu'ils possedent tous ces objets librement, pacifiquement, et quiétement, *liberè, pacificè et quietè;* avec toute la liberté ecclésiastique, *cum sua ecclesiastica libertate;* nulle réserve sur ces objets; renonciation absolue, au contraire, pour lui et ses successeurs, *nihil nobis et hæredibus nostris penitùs retinendo.* Or, toutes ces acquisitions gratuites et à prix d'argent

(1) Locis unà cum reditibus ac possessionibus, fundis, proprietate, aliisque rebus quæ ante hanc remunerationem debebantur, dicto loco Beguinnarum.... atque hæc omnia in uno collocamus, liberaque ab omni jure humano etiam nunc reddimus, nunc pro tunc ad usum fratrum et utilitatem ipsius ecclesiæ supradictorum religiosorum, ac eis succedentium, volumus, ut hæc omnia cedant in jus ecclesiæ, atque res Deo dicatæ et ipsi ecclesiæ, atque hoc jus emortui mancipii ex omni parte quàm commodissimè fieri poterit, volumus ac promittimus ratum habere.... Ipsam verò abbatiam sanctimonialium, domus, agros.... sub nostra protectione seu tuitione speciali accipimus. (Le Mire, fond. an. 1477, page 452, ch. 163, tome 3.)

avoient été amorties : *Sine coactione vendendi, vel extra manum ponendi, liberè, quietè et pacificè possidere possint.* L'amortissement emporte donc la renonciation à tous les droits des fiefs (1).

Matthieu de Neuilli et Marguerite sa femme ratifient, comme seigneurs de fief, la vente faite par Perrot de Garnier au doyen et archiprêtre de Chartres, de toute la dîme qu'il tenoit d'eux en fief; ils en accordent l'amortissement total, *prædictam decimam et prædictum feodum amortizamus;* ils renoncent en conséquence à tous les droits qu'ils pouvoient y réclamer à raison de leur fief et de leur justice, *quidquid juris habebamus ratione feodi capitulo dimittimus et quittamus.* Pouvoit-on exprimer d'une maniere plus positive l'objet, les effets de l'amortissement, c'est-à-dire la permission de posséder sans trouble et en exemption de mouvance? *Prædictam decimam amortizamus*, voilà la faculté accordée à l'église de posséder en main-morte. *Feodum prædictum amortizamus*, voilà l'effet de la main morte, l'immunité ou la résolution de la directe féodale. Si par cette formule la directe seigneuriale n'est pas abrogée sur la dîme, les seigneurs dominants peuvent donc encore y prétendre le droit féodal. Or, ils déclarent en termes exprès qu'ils ont quitté au chapitre, et renoncé pour son profit à tout le droit qu'ils pouvoient réclamer à titre de directe féodale : *Quidquid juris habebamus ratione feodi capitulo dimittimus et quittamus* (2).

Jean de Cabilon, comte d'Auxerre, ratifie, confirme, amortit toutes les acquisitions, tant en redevances qu'en fonds de terre, faites par l'abbaye du Mont-Saint-Michel dans ses fiefs, arriere-fiefs, et dans ses alleux, par vente, donation, ou aumône. *Laudamus, cedimus, concedimus, amortizamus jam dictis religiosis et eorum successoribus quidquid acquisierunt sive emptione, donatione, eleemosynâ, seu modo qualicumque, tam in terris, feodis, retrofeodis, allodiis nostris, et aliis ad dictum comitatum pertinentibus.* Voilà bien clairement énoncée la faculté de tenir en main-morte, et sans être obligé de déguerpir les héritages. *Amortizamus, amortizatos esse declaramus.*

Voyons actuellement quels en sont les effets. Le premier est une quittance absolue des droits, actions et réclamations quelconques, que lui et ses successeurs pouvoient exercer sur toutes les acquisitions des religieux dans l'étendue de son

(1) Histoire de Montmorenci, an. 1300 et an. 1320, page 140.

(2) Ibid. an. 1274.

comté:

comté ; *Cedentes, concedentes et quittantes in perpetuum dictis religiosis et eorum successoribus quidquid juris, reclamationis et actionis habemus, vel habere seu reclamare possumus, nos et successores nostri in omnibus et singulis possessionibus.* Le second, qui est une conséquence du premier, est la liberté et l'immunité absolue, entiere et perpétuelle, de toutes redevances, festages, services, prestations ou autres servitudes quelconques : *Ita quòd dicti religiosi et eorum successores ex nunc in perpetuum immunes sint et liberi et exempti penitùs et expressè ab omnibus redhibentiis, festagiis, servitiis, præstationibus et aliis servitutibus quibuscumque.* Le troisieme est que s'il arrivoit jamais que quelqu'une de ces acquisitions parût être sujette à des droits, dès ce moment il en prononce la nullité et l'extinction totale, par la renonciation la plus formelle : *Volumus esse nullius efficaciæ vel momenti. . . . nullum sit et inane penitùs . . . . . pro nobis et nostris renunciamus penitùs et expressè* (1).

Mêmes dispositions dans la chartre de Marguerite, reine de Jérusalem et de Sicile, et comtesse de Tonnerre : on y voit et la faculté de posséder en main-morte tout ce qu'ils avoient acquis jusqu'à ce jour, à quelque titre que ce fût, *cedimus et amortizamus* ; et la renonciation à tous les droits autorisés alors par le régime des fiefs, *dantes, cedentes, concedentes et quittantes in perpetuum quidquid juris, actionis..... habebamus* ; et l'immunité absolue des héritages de toutes prestations, services et redevances, *liberi, exempti et immunes ab omnibus redhibentiis, servitiis, præstationibus et aliis servitutibus quibuscumque ;* puis une ratification générale de cet amortissement, et quant à la substance, et quant à la forme, et sous quelque point de vue qu'on puisse le considérer : *Quibus juribus . . . . quidquid contra hujusmodi laudationum, concessionum, amortizationum substantiam, formam et modum . . . . . . dici possit renunciamus* (2).

(1) Joannes de Cabilone, comes Altissiodori et Tornoduri..... laudamus, cedimus, concedimus, admortizamus dictis religiosis et eorum successoribus quidquid ipsi vel eorum prædecessores acquisierunt usque ad hodiernum diem, sive sit emptione, donatione, eleemosynâ...., tam in terris, feodis, retrofeodis, allodiis nostris.... concedentes et quittantes in perpetuum dictis religiosis... quidquid juris, actionis et reclamationis habemus, vel habere vel reclamare possumus.... in omnibus et singulis possessionibus quâcumque ratione ipsi possideant, etc. ita quòd dicti religiosi et eorum successores ex nunc in perpetuum immunes sint et liberi et exempti penitùs et expressè ab omnibus redhibentiis, servitiis, præstationibus, festagiis et aliis servitutibus quibuscumque.... Verùm si aliquid de acquisitis hujusmodi apparere possit, pro quo nobis et nostris,.... aliquid juris.... in eis tribui videretur, volumus esse nullius efficaciæ vel momenti...., nullum sit et inane penitùs.... pro nobis et nostris successoribus renunciamus penitùs et expressè. (Cartul. de l'abbaye du Mont-Saint-Michel, fol. 24, an. 1315.)

(2) Cartul. du Mont-Saint-Michel, fol. 33, an. 1317.

La confirmation faite par le Bouteiller, sire de Luzarche, de la fondation d'une chapelle dans l'église de Sainte-Marie de Senlis, contient encore l'amortissement des biens qui lui ont été donnés dans sa mouvance : *Lesquelles choses mouvant de nous en fief et en hommage, nous avons amorties et amortissons.* Or quelle en est la nature ? Ce n'est pas seulement la faculté de les retenir sans être obligé d'en vuider ses mains; il déclare en outre qu'ils seront possédés par le chapelain, franchement et sans aucune redevance, soit envers lui, soit envers ses successeurs : *Voulons que les chapelains de ladite église tiennent et aient franchement sans aucune redevance à faire à nous et à nos successeurs.* Peut-on marquer d'une maniere plus formelle la féodalité de l'amortissement, sa relation constante avec le droit des fiefs, puisque par-tout la féodalité des biens avant la donation est énoncée dans les chartres, et toujours l'immunité et la libération de tout ce qui en constitue la nature par l'amortissement seigneurial (1)?

Eudes, duc de Bourgogne, fonde la Chartreuse de Beaune : les biens qui composent sa dotation sont donnés par lui revêtus de toute la liberté qu'il est possible d'accorder ; il ajoute à ses dons la permission d'acquérir 400 livres de rente annuelle dans les fiefs, arriere-fiefs de lui et de ses sujets, comme aussi de posséder sans trouble tout ce qui leur *adviendra* par vente, échange, aumône et donation, avec la faculté de retenir toutes ces acquisitions, de les réunir à leur domaine en hérédité perpétuelle, et de les posséder comme des biens propres : il abandonne encore la jurisdiction, l'autorité, la seigneurie et la justice haute, moyenne et basse sur tous ces objets; nulle réserve, si ce n'est celle de la haute-justice et des forteresses, *forsque en fortalités et haute-justice.* Ensuite, pour exprimer d'une maniere plus énergique encore la propriété absolue qu'il accorde à ce monastere, il annonce qu'il donne, quitte et déguerpit de tout en tout, ratifie, confirme en aumône perpétuelle, amortit pleinement à Dieu et aux religieux, dès ce moment et pour l'avenir, se démet et dessaisit de tous ces biens pour en revêtir et saisir les religieux, sans rien retenir ni réserver que les forteresses, la haute-justice et le ressort, *forsque en fortalités, haute-justice, ressort et baronnies tant seulement.* Comment méconnoître dans cette chartre l'amortissement et les divers caracteres que nous lui avons assignés? D'abord c'est un jugement de

(1) Lesquelles choses données mouvant de nous en fief et en hommage, nous avons amorties et amortissons : voulons que les chapelains de ladite église tiennent et aient franchement, sans nulle redevance à faire à nous et à nos successeurs, *et sans mettre hors de leurs mains.* (Gallia christ. tome 1, page 1480, an. 1300.)

l'ordre public qui prononce sur les inconvénients des possessions ecclésiastiques, parceque le duc de Bourgogne jouissoit des droits régaliens dans l'étendue de sa principauté, *et icelles choses eues et acquises, entrer en possession paisiblement sans contredit, de leur propre autorité.* 2°. C'est, de la part d'un seigneur féodal, la concession d'une propriété sans trouble par la renonciation du duc au droit de faire vuider les mains à l'église, et de la contraindre à la vente de ses acquisitions, *sans qu'ils puissent être contraints de vendre ou mettre hors de leurs mains.* 3°. C'est une opération féodale qui éteint la directe et ses droits sur les biens qui leur étoient asservis, parceque le suzerain renonce à tous ses droits, *ensemble tout le droit de propriété, possession, octrois, jurisdiction, autorité, seigneurie,* etc. parcequ'il ne se réserve que des choses qui n'ont aucun rapport avec la directe seigneuriale ou censuelle, telles que la haute-justice, les forteresses et le ressort; parcequ'enfin il libere pour jamais les religieux de l'obligation de faire à lui ou à d'autres par eux ou autrement, ni foi, ni hommage, ni service, *sans qu'ils puissent être contraints à faire à nous ou autres, pour cause de nous, par foi, ou par autre, loyauté, ou hommage, ou service, ou quelque finance de pécune ou autre chose;* en un mot, parceque ce sont des biens amortis, c'est-à-dire des aumônes consacrées à Dieu et à la religion, *quittons et déguerpissons en aumône perpétuelle......... amortissons à Dieu, à l'ordre, aux religieux* (1).

Une autre remarque à faire dans cette chartre, c'est qu'elle nous représente l'identité que nous avons annoncée entre les donations en amortissement, en franche aumône et en franc-alleu: identité entre les deux premieres, *ratifions en aumône perpétuelle et amortissons à Dieu, à l'ordre, aux religieux;* identité entre ces deux formules et celle de franc-alleu: car dans ce diplôme il y a deux parties; la premiere annonce la renonciation aux droits, l'affranchissement des biens, la libération de la féodalité et de ses charges, et par conséquent le franc-alleu de ces biens; la seconde qualifie d'aumône toute cette opération, *confirmons en aumône perpétuelle, selon ce qui dessus est dit:* or il n'y avoit d'exprimé que l'affranchissement des biens et l'immunité féodale, sans aucune qualification d'aumône; l'aumône et l'amortissement n'étoient donc qu'une seule et même opération, toutes les deux identiques avec le franc-alleu des héritages.

(1) Histoire de Bourgogne, tome 2, page 198, an. 1331.

Cette faveur des suzerains ne se borna pas aux amortissements actuels; elle s'étendit, comme dans les franches-aumônes, aux donations anticipées et aux acquisitions que les églises pourroient faire à l'avenir dans les terres des seigneurs: telle est la chartre de Perrenelle de Joigni, veuve de Pierre de Courtenai, pour les religieuses de Saint Dominique de Montargis. Il y a deux choses à remarquer dans cette chartre. La premiere est la confirmation de tous les cens, rentes, fonds de terre, qu'elles tenoient de la libéralité d'Anne de Montfort sa mere, et de Gaucher de Joigni son frere: *Volui, concessi et laudavi quidquid dictæ sorores habent, tenent et possident in tota terra..........* La seconde est la faculté indéfinie de posséder tout ce qu'elles pourront acquérir désormais par vente, échange, donation ou autre titre légitime: *Volui insuper et concessi quòd dictæ sorores in perpetuum possint se accrescere, possessiones ac reditus acquirere...... donatione, emptione...... etc....... in omnibus feodis, retrofeodis, censibus et censivis meis.* Toutes ces acquisitions, tant actuelles que futures, sont revêtues, chacune en particulier, de la formalité de l'amortissement: *In manu mortua in perpetuum teneant et possideant dictæ sorores pacificè et quietè.* Or quels sont les effets de cette formule sur ces différentes possessions? Quant aux premieres, qui sont des donations de sa famille, la dame de Joigni renonce à ses honneurs, cens, terrages, rachats, service féodal, et autres devoirs quelconques: *Possideant liberè, absolutè, absque ullo honore, censu, terragio, servitio feodali, redhibitione et exactione quacumque.* Quant aux autres, qui ne sont, par rapport à elles, que de simples acquisitions, elle ajoute à toutes ces exemptions celles des lods et ventes, et du quint denier: *Absque ventis, laudibus et quinto denario.... absque ullo honore, censu, terragio, servitio feodali, redhibitione et exactione quacumque.* Dira-t-on que l'amortissement n'est que la renonciation au droit de faire vuider les mains à l'église, ou tout au plus l'exemption de quelques droits pécuniaires? *In manu mortua pacificè possideant,* voilà au moins cette faculté de posséder sans trouble; *absque ventis, laudibus et quinto denario, redhibitione,* voilà l'exemption des droits pécuniaires: cependant la suzeraine renonce encore à ses honneurs et au service féodal pour les fiefs, au cens et au terrage pour les biens roturiers. L'amortissement opéroit donc l'extinction de la directe féodale. Comment en effet pourroit-elle persévérer encore, lorsqu'on n'a plus à prétendre ni les droits honorifiques qui constituent la féodalité des biens dans le premier âge, ni les profits utiles qui y furent ajoutés dans la seconde époque de sa formation (1).

L'amortissement accordé au monastere de Tyron par Hugues, vicomte de Châteaudun, est remarquable par ses détails. D'abord il amortit toutes les acquisitions que les religieux ont faites, ou qu'ils pourront faire à l'avenir dans ses domaines: *Admortizamus quidquid acquisierunt et acquirent in posterum in subterris et dominiis nostris, etiamsi ea quæ acquisierunt feodalia existant.* Ensuite, développant ces dispositions, il dit qu'il les quitte pour jamais des droits de rachat, vente, service d'armée, retrait, hommage, fidélité, montrée ou désignation du fief, lods, reliefs, et enfin de tous ceux qu'il pourroit exercer, faute d'hommes et aux mutations de vassal, renonçant à toute supériorité et justice: *Quittamus eis..... fidem, homagium, feudi designationem et consueta jura excessu, defectu domini vel hominis*, etc. Point d'autres réserves que celles des rentes et des cens pour lui et ses héritiers: *Solum reditum et censum...... tantummodo retinentes.* Mais cette clause n'est point l'annonce de la féodalité conservée: car 1°. il ne se réserve ces droits que dans la supposition où ils seroient dûs, *solum reditum et censum, si quem res acquisitæ debeant;* or un cens qui doit assurer la directe ou la mouvance doit être stipulé d'une maniere absolue. 2°. Pour effacer jusqu'au souvenir de la féodalité, il veut que par cela même qu'il a amorti tous ces objets, le cens, s'il en est dû, soit converti désormais en rente ordinaire, *censu tamen eo ipso in reditum converso.* C'est ainsi que les héritages étoient soustraits pour toujours aux loix particulieres du code féodal, et rentroient dans la classe des propriétés vulgaires (2).

Quand Richard, roi d'Angleterre, dota l'abbaye du Parc, ordre de Prémontré, en 1192, il voulut qu'elle possédât toutes ses terres dans la plénitude du droit, *summo jure*, avec la haute et basse justice, *merum et mixtum imperium.* Pour ses acquisitions passées ou futures, il les confirme et

(1) Et volui et concessi quòd omnia supradicta et singula in perpetuum in manu mortua teneant et possideant dictæ sorores pacificè et quietè, liberè et absolutè, absque ullo honore, censu, terragio, feodali servitio, redhibitione et exactione quacumque. Volui insuper quòd dictæ religiosæ possint se accrescere, possessiones ac reditus acquirere emptione, donatione, in omnibus feodis, retrofeodis, censibus et censivis meis in tota parochia de Milliaco, verè absque ventis, laudibus et quinto denario, volens et concedens ut quidquid acquisierint in tota dicta parochia, teneant et possideant in perpetuum in manu mortua dictæ sorores pacificè et quietè, liberè et absolutè, absque ullo honore, censu, terragio, servitio feodali, redhibitione et exactione quacumque. (Histoire de la maison de Courtenai, page 36, an. 1251.)

(2) Thesaurus novus anecdotorum, tome 1, page 647, an. 1192.

les amortit avec la clause de ne pouvoir être contraint à les mettre hors de ses mains, ou de payer aucune somme : *Absque eo quod quæcumque bona per præfatos acquisita seu acquirenda extra manum ponere, seu pro ipsis financiam solvere, seu alias servitutes compelli possint.* Quant à l'énergie de ces amortissements, on ne peut pas douter qu'elle ne soit féodale, puisque le prince y renonce absolument à ses droits pour lui et ses successeurs, *nihil nobis et nostris penitùs retinentes;* qu'il accorde à tous ces biens une franchise égale à celle dont ils jouissoient dans son domaine, et que toutes ses réserves se bornent à l'espoir des récompenses éternelles, *spe remunerationis æternæ dumtaxat exceptâ* (1).

Rien n'est plus propre encore à nous donner une juste idée de la nature et des effets de l'amortissement absolu, que ce qui se passoit dans les amortissements conditionnels des seigneurs. Guillaume le Roi avoit donné en perpétuelle aumône à l'abbaye de la Joie, des terres, des prés, des pâturages, tous relevants du fief de Derval, seigneur de Pluermel. Celui-ci confirme, ratifie et amortit toutes ces donations: *Volumus quòd præmissa in pace teneant amortita in futurum.* Mais en même temps il stipule que si ces biens viennent à sortir du domaine des religieux, ils seront tenus de lui et de ses successeurs, comme ils l'étoient avant qu'ils fussent amortis : *Quòd si dictæ moniales extra manum suam posuerint res prædictas, eædem res à nobis et successoribus nostris, prout consuetum erat ante amortizationem, ejusmodi tenebuntur.* On voit ici, 1°. une donation en aumône de la part du vassal; 2°. l'acquiescement du seigneur à cette aumône, par la voie de l'amortissement; 3°. l'effet naturel de cette formule, c'est-à-dire la cessation de la féodalité, puisqu'il y a cessation de tenure dans le domaine de l'église, et qu'elle ne renaîtra sur les héritages qu'en vertu de la stipulation du donateur, et lorsque ces biens seront rentrés dans la classe des propriétés commerçables : *Si dictæ moniales extra manum posuerint res prædictas, eædem res, prout consuetum erat, à nobis tenebuntur.*

(1) Admortizamus quidquid in futurum ipsi monachi Tyronenses præsentes et futuri acquisierunt et acquirent in posterum, pro se suoque monasterio, in subterris et dominiis nostris omnibus prædictis, etiamsi ea quæ acquisierunt feodalia existant, et acquittamus eis quæcumque rachata, venditiones, armaturas.... jure dominii retractionem, homagium, fidem, feudi designationem.... et consueta jura excessu, defectu domini vel hominis..... seu novâ domini mutatione nobis vel successoribus nostris... Ex acquisito debita vel debenda quamcumque justitiam et superioritatem.... in ipsum monasterium Tyronense transferimus et quittamus, solum reditum et censum, si quem res sic acquisitæ debeant, censu tamen eo ipso in reditum converso, nobis et successoribus nostris tantummodò retinentes. (An. 1159, Chopin, de legibus andensibus, page 305.)

On voit encore dans cette chartre que l'amortissement et l'aumône étoient la même opération; car le suzerain abandonne encore à l'église plusieurs parties de dîmes, pour être possédées par elle en aumône perpétuelle, avec abdication absolue de ses droits. Ici la formule de l'amortissement n'est pas prononcée; cependant la dîme n'en a pas moins toutes les prérogatives des biens qu'il vient d'amortir, puisqu'il renonce par une abdication formelle à tous les droits qu'il pouvoit y prétendre: *Præterea damus et concedimus eisdem... in puram et perpetuam eleemosynam quidquid in decimis percipiebamus..... omne jus quod habebamus in decimis in easdem transferentes* (1).

Enfin l'on ne doutera pas des véritables caracteres de l'amortissement, lorsque l'on verra un seigneur de mouvance commencer par éteindre la féodalité sur une terre de son vassal, afin de lui faciliter toutes les dispositions qu'il veut ou voudra faire au profit de l'église, ou en faveur de tout autre. C'est ainsi qu'en use Thibaut, comte de Bar, envers Jean, seigneur de Choiseul : ce vassal tenoit du comte en fief et en hommage la ville de Livernois avec ses dépendances, et vouloit en disposer en faveur de l'église de Langres; le comte lui accorde la faculté de l'aliéner à qui il voudra, en main-morte ou non, en main d'église ou en main d'autrui; et pour qu'il ne rencontre de sa part aucun obstacle, il anéantit sur ce fief sa directe, son hommage et ses droits: *Quittons ledit fief et l'hommage, pour faire toute sa volonté, l'assoulons et quittons de la féaulté et du service.* Certainement il n'est pas possible de marquer d'une maniere plus précise l'extinction de la mouvance et la résolution du contrat féodal. Donc puisque l'objet est de la donner en main-morte et en main d'église, cette donation emportoit nécessairement, dans les mœurs et les coutumes du temps, l'abrogation de la féodalité réelle (2).

(1) Noveritis quòd nos locum de Mostras cum terris, pratis, pascuis et pasturis sitis in nostro feodo in parochia de Pluermel, quæ quondam fuerunt magistri Guillelmi Regis... ab ipso abbatissæ et conventui de Gaudio..... legata seu data in perpetuam eleemosynam eidem abbatissæ et conventui amortimus, et volumus quòd præmissa in pace teneant amortita in futurum, ita tamen quòd si dictæ moniales extra manum suam posuerint res prædictas, eædem res à nobis et successoribus nostris, prout consuetum erat ante amortitionem, ejus modi tenebuntur. Præterea damus et concedimus eisdem monialibus in puram et perpetuam eleemosynam quidquid in decimis..... percipiebamus.... omne jus quod habebamus in decimis eisdem ob salutem animæ nostræ in easdem abbatissam et moniales transferentes. (Histoire de Bretagne, preuves, tome 1, page 1065.)

(2) Donnons, quittons et octroyons ledit fief et l'hommage de ladite ville et des appartenances, pour faire toute sa volonté, et l'assoulons et quittons de la féaulté et du service exqueix il étoit tenu à nous pour raison de ladite ville et appartenances, et voulons que lydit sire de Choiseul vende,

On voit, par toutes ces chartres et par une infinité d'autres qu'il nous est impossible d'analyser également, 1° que l'amortissement des biens ecclésiastiques est la faculté de posséder en main-morte, *in manu mortua*; que ce droit emporta, du côté des églises, celui de posséder sans trouble, *pacificè possidere*; sans pouvoir être contraint d'en vuider ses mains, *sine coactione vendendi*; par-là la puissance publique fut satisfaite, puisque cette prérogative des églises étoit son ouvrage: 2° que cette formule exempta les biens de toutes charges pécuniaires, *ab omni censu, terragio, ventis, laudationibus, quinto denario*; les libéra des droits et services féodaux, *ab omni jure et servitio feodali*; éteignit jusqu'à l'apparence de ceux qui auroient pu être réclamés par la nature du bien féodal, *si aliquid apparere possit pro quo nobis et nostris aliquid juris in eis tribui videretur volumus esse nullius efficaciæ*; que, par elles, les seigneurs renoncerent à toutes les jurisdictions et à toutes les prérogatives attachées à la mouvance, *quitto omnes jurisdictiones qualescumque... quidquid juris habebamus ratione feodi capitulo dimittimus*; qu'elle fut un abandon absolu de la directe féodale et censuelle, *feodum dimittimus*; la remise de la foi et de l'hommage, *sans qu'ils puissent être contraints à faire, à nous ou à autres, loyauté, hommage ou service*; la renonciation au droit de faire couvrir désormais le fief par la foi et l'hommage d'un vassal, *homagium, fidem et consueta jura excessu, defectu domini, vel hominis ..... quittamus*; un changement entier dans la nature du fief, par sa conversion en héritage, *il la convertit en héritage, et me la rendit assolve et deshériée de tout service de fief* (1); en un mot, l'absolution, si l'on peut ainsi parler, et la quittance de la féodalité et de ses droits, *l'assoulons et quittons de la féaulté et service, néant ne reclamerons de ores en avant.* Enfin, il est clair que l'amortissement, considéré comme une formule particuliere, fut employé avant le regne de saint Louis, dans le temps de la plus grande vigueur des franches aumônes; que, depuis ce prince, les franches aumônes persévérerent encore, et que souvent l'un et l'autre concoururent dans les mêmes chartres à consacrer les possessions des églises.

Que signifient tous ces caracteres, si ce n'est que le droit pu-

aliene ladite ville et ses appartenances en quelque main qu'il voudra, ou en main-morte ou en main d'église ou en main d'autruy, et repraigne d'autruy s'il lui plaît, et ladite vendue nous promettons avoir ferme et stable...... et que néant ne réclamerons de ores en avant. (Histoire de la maison de Dreux, page 1271, an. 1322.)

(1) Aubert le Mire, tome 3, an. 1273, ch. 53, page 606.

blic,

blic, qui avoit gouverné jusques là les propriétés des églises, persévéroit encore; que les amortissements furent un des moyens par lesquels il se propagea; qu'ainsi *tenir en amortissement, franc-alleu et franche aumône, c'est tout un.*

En effet, quelle différence y a-t-il entre ces formules des derniers siecles et celles des franches aumônes et des francs-alleux qui les ont précédés, entre toutes ces donations par affranchissement de biens asservis aux loix féodales, et les donations simples des anciennes propriétés, libres par leur condition originaire ? N'est-ce pas le même esprit qui les dirige? n'y voit-on pas les mêmes mœurs, les mêmes usages, les mêmes intérêts, concourir dans celles-ci à faire renaître la liberté de ces biens dégénérés, comme à conserver dans celles-là les prérogatives des autres? Il y eut donc, à l'époque des amortissements, comme à celle des franches aumônes et des francs-alleux, le même accord entre les mœurs publiques et les loix des possessions sacrées. L'amortissement, les francs-alleux et les franches aumônes, en furent donc la continuation. Toutes ces formules ne doivent donc être considérées que comme une seule et même opération identique dans son objet, dans ses circonstances, et dans ses résultats, malgré la différence de leur énonciation. Qu'importe donc que l'amortissement soit un jugement de l'ordre public, si d'ailleurs c'étoit encore un droit véritablement féodal exercé par tous les seigneurs pour consacrer les nouvelles acquisitions des églises, sous les loix de leur ancien patrimoine? Est-ce que, dans tous les temps, la puissance publique n'intervint point dans les donations ecclésiastiques; sous la premiere et la seconde race, par nos souverains, qui seuls l'exerçoient par les droits de leur couronne; sur la fin de la seconde, et long-temps sous la troisieme, par eux et les hauts seigneurs, chacun dans les terres de leur domination? et n'est-ce pas dans toutes ces époques que l'on voit s'établir la franchise du domaine des églises par la renonciation constante des seigneurs à leurs droits, à l'usage des précaires et des concessions bénéficiales sous la premiere époque, aux droits de coutumes qui commençoient à gêner la franchise des alleux sous la seconde, à la féodalité qui asservit les héritages sous la troisieme par toutes les formules d'affranchissement que nous avons rapportées.

Ainsi, quoique l'amortissement soit l'intervention de la puissance publique qui leve les obstacles attachés à la possession des églises, c'est s'abuser que de vouloir en apprécier l'énergie totale par cette seule considération. Si les seigneurs furent, sous le regne de saint Louis, rétablis dans les droits de la puissance publique qu'ils exerçoient à raison de leurs fiefs, ils le furent également dans les droits féodaux qui leur appartenoient au même titre; c'est-à-dire que les églises ne purent jouir, en exemption de féodalité, des biens qui leur étoient aumônés par les vassaux sans le consentement des seigneurs: à ce titre le droit d'amortir, dans lequel ils rentrerent, fut tout à la fois et le jugement de l'ordre public, et l'exercice de la puissance suzeraine, sans laquelle les monasteres et les églises ne pouvoient légitimement posséder en alleux les biens féodaux qui leur étoient aumônés. Pour réduire, à cette époque, l'amortissement à la simple intervention de l'ordre public, il faudroit que le cours des mœurs et des usages reçus dans la consécration des biens eût été interrompu alors, et que la réclamation des seigneurs, d'une part, et, de l'autre, les réglements du prince, eussent eu cette révolution pour objet. Mais, à cet égard, on peut assurer qu'il n'y eut aucun changement, et que tout fut égal entre le droit qui consacra sous les deux premieres races les possessions des églises, et celui qui continua de les régir depuis les établissements de S. Louis. En effet, lorsque ce prince rendit aux seigneurs la faculté de faire vuider les mains aux églises, il ne mit aucune entrave à celle qu'ils avoient eue auparavant de disposer de leurs biens en exemption de la féodalité et de ses charges; ses ordonnances n'eurent pour objet que de rappeller les donations à leurs vrais principes : les seigneurs furent donc les maîtres, comme ils l'étoient auparavant, de renoncer à leurs fiefs, avec le consentement de toutes les parties intéressées. Cette vérité est établie dans le fait par les monuments dont nous avons présenté l'analyse, et, dans le droit, par la disposition même de ces ordonnances. On y lit que si le vassal dispose des terres de son fief en faveur des églises, le seigneur seroit le maître de maintenir ou d'annuller la donation; *ne le soufferoit pas de droit se il ne vouloit, mais le porroit bien penre en sa main;* qu'en conséquence l'église donataire seroit obligée de se présenter devant le seigneur, pour lui offrir son héritage, ou le prier d'en consentir la donation : *Mais cil à qui l'aumosne auroit été donnée, si doit venir au seigneur, et si doit dire en telle maniere : Sire, ce nous a été donné en aumosne, si il vous plait nous le tenions, et si il vous plait, nous l'osterons de notre main dedans terme avenant.* Ce droit des seigneurs ne fut donc qu'un droit facultatif, dont ils purent user, et auquel ils purent renoncer dans le temps où les franches aumônes étoient réglées par les anciens principes. On voit encore, par ce texte des établissements de saint Louis, que les amortissemens ne furent, de la part des seigneurs, que la ratification des aumônes faites par les feudataires, ou plutôt de véritables aumônes, qui leur devenoient propres par le consentement qu'ils leur donnoient, soit à titre gratuit, soit en recevant des églises et des vassaux une indemnité quelconque: *Et si doit dire en telle maniere : Sire, ce nous a été donné en aumosne, si il vous plait nous le tenions, et si il vous plait nous l'osterons de notre main.*

Lorsque le régime féodal eut cessé dans le royaume par la ruine successive de ses principaux appuis, tels que le droit de guerre, l'indépendance des justices et la servitude des peuples; que l'autorité souveraine, rétablie dans ses droits, eut fait naître un nouvel ordre, il se fit sans doute une révolution nouvelle dans les loix des amortissements, mais leur nature n'en fut point altérée: toujours dirigées vers le même but, guidées par les mêmes mœurs, douées d'une égale énergie, ces formules produisirent alors tous les effets qu'elles produisoient auparavant. Rappellons-nous qu'il y a deux choses principales à considérer dans l'amortissement, les droits du seigneur féodal et ceux de l'ordre public; que les uns et les autres s'opposerent aux acquisitions des églises; les premiers, à cause de la diminution et de l'*appétissement* des mouvances interdits aux vassaux par la constitution des fiefs; les seconds, parceque l'immobilité des possessions ecclésiastiques, en soustrayant au commerce une multitude de biens, portoit préjudice à l'intérêt général de l'état. A la ruine du système féodal, et lorsque nos rois eurent prononcé qu'à eux seuls appartenoit le droit d'amortir dans le royaume, ces deux especes de droit se trouverent concentrées dans les mains du monarque: les uns assez généralement, parceque, la majeure partie des grands fiefs ou des hautes seigneuries ayant été reportée dans les mains de nos rois par les ventes, les confiscations, les conquêtes, les alliances et l'extinction de familles feudataires, le souverain se trouva insensiblement à la tête de l'ordre féodal dans presque toutes les provinces du royaume; les autres, d'une maniere absolue, parceque, le droit de ressort suprême une fois rétabli sur toutes les justices, et les droits de souveraineté anéantis dans toutes les seigneuries, nos rois, suivant les principes constitutionnels de la monarchie, furent seuls chefs de la puissance publique dans le royaume. Dans cet état des choses, il ne put y avoir d'amortissement féodal et seigneurial sans l'intervention de l'autorité souveraine, parcequ'on ne regarda comme amortissements légitimes que ceux qui, à l'abdication de la mouvance féodale, réunissoient encore l'acquiescement du roi, soit à titre de suzerain, soit à titre de chef de l'ordre public.

Dans cette nouvelle révolution, on ne voit encore, comme dans les précédentes, que le rétablissement des anciens principes qui vouloient que l'ordre légal et l'ordre féodal intervinssent pour mettre le sceau à la propriété et aux caracteres des possessions ecclésiastiques. Les seigneurs purent donc alors, comme autrefois, consentir la cession de leur mouvance, et le souverain ratifier les donations, soit du côté de l'ordre public, soit du côté de l'ordre féodal, s'il se trouvoit à la tête du systême auquel appartenoient les biens aumônés. L'amortissement acquit donc de nouveaux rapports sans perdre les anciens, il fut tout à la fois royal et seigneurial: royal, par l'intervention de la puissance publique; seigneurial, par l'exemption de la féodalité, sous laquelle la consécration des biens continua de s'opérer encore.

Aussi, après que Philippe le Hardi eut revendiqué le droit d'amortir, comme une prérogative du trône, voit-on les seigneurs continuer à donner aux églises sous la loi des amortissements: telles sont les chartres de Gaucher de Châtillon, seigneur de Porcien, en 1307, celle de le Bouteiller, seigneur de Luzarche, en 1315, et celles des Montmorenci, qui, dans les treizieme et quatorzieme siecles, amortissent encore comme second, troisieme et quatrieme seigneur. C'est pourquoi, lorsque Charles V déclara, par son ordonnance de 1372, qu'à lui seul appartenoit le droit d'amortir dans son royaume, ce ne fut que pour mettre le sceau aux amortissements des seigneurs, qui seuls ne pouvoient pas faire sortir les fonds du commerce, et leur communiquer la franchise des alleux, lorsqu'ils se trouvoient dans la mouvance du souverain. Voici comme il s'exprime: « *Au roi seul, et pour* « *le tout, appartenoit le droit d'amortir en tout son royaume,* « *à ce que les choses pussent être dites* amorties, et présup« posé que les pairs, barons et autres seigneurs sujets amor« tissent pour tant qu'il leur touchoit ce qui étoit tenu d'eux; « que toutefois ne pourroient les choses par eux amorties « avoir effet d'amortissement, jusqu'à ce que le roi les eût

« *amorties*; mais que pourroit le roi faire contraindre le pos-« sesseur à les mettre hors de leurs mains dans l'an, et iceux « mettre en son domaine ».

C'en est assez sans doute pour montrer qu'au milieu de ces vicissitudes que la destruction du régime féodal fit subir aux amortissements, ces formules n'en furent pas moins féodales et seigneuriales comme elles l'étoient auparavant, avec cette différence cependant que les seigneurs n'eurent plus alors la faculté de sceller d'une maniere irrévocable les nouvelles acquisitions des églises, parcequ'ils n'occupoient plus le dernier terme, soit dans l'économie des fiefs, soit dans l'ordre public. A cela près tout fut égal entre les donations en franc-alleu, en franche aumône et les formules d'amortissement, entre les amortissements anciens et les amortissements nouveaux; tous opérerent la cessation de la mouvance sur les biens aumônés : c'est ce qu'attestent la plupart des coutumes rédigées depuis cette révolution, telles, entre autres, celle de Meaux rédigée en 1509, celle de Blois en 1523, et celle de Bretagne. Par la premiere, article 102, il est dit que *aucuns droits ne sont dus pour les héritages amortis par le roi, sinon ceux qui sont réservés par l'amortissement*; par la seconde, article 33, « que au comté et bailliage de Blois... « il y a trois droits seigneuriaux récognitifs de la seigneurie, « c'est à savoir fiefs, cens et terrages........ parcequ'aucun ne « peut tenir l'héritage èsdits comtés, etc. sans qu'il le recon-« noisse tenir d'aucun seigneur à l'un de ces trois droits, si « lesdits héritages n'étoient bien et duement amortis, et que « les seigneurs y prétendant censive, terrage et féodalité, eus-« sent été payés de leur indemnité ». L'art. 108 ajoute : « Toutes « censives doivent être inféodées et avouées être tenues à foy « et hommage d'aucun seigneur, sinon qu'elles fussent amor-« ties et données par le prince ou autre seigneur auxquels « ladite coutume a appartenu ». Par la troisieme, art. 368, il est dit : « Gens d'église et autres en main-morte ne se peu-« vent accroître en fiefs qui se gouvernent séculièrement pour « les amortir sans la volonté de ceux de qui ils sont tenus et « l'autorité du prince, lequel, et non autre, les peut amor-« tir; et où ils ne seroient amortis, seront tenus, le seigneur, « le requérant, dans trente cinq ans, en vuider leurs mains « ou bailler homme *vivant et mourant* ». Ainsi quand la consécration réunissoit et le jugement de l'ordre public et le consentement du seigneur féodal, l'héritage étoit amorti et l'église n'étoit plus obligée alors à la formalité de *l'homme vivant et mourant*. Donc il étoit affranchi de la féodalité et de ses loix, puisque *l'homme vivant et mourant* n'est qu'une féodalité fictive inventée par les coutumes pour remplacer la féodalité réelle sur les possessions amorties.

C'est dans ces principes qu'ont été rendues les diverses ordonnances de nos rois pour les nouvelles acquisitions des églises. On y voit tout ensemble l'amortissement des biens, ses caracteres et ses effets, l'exemption de la foi et hommage, des aveux et dénombrements, des déclarations par détail, en un mot la cessation de la féodalité. Telles sont les ordonnances de Philippe le Long, en 1310, et de Charles V, en 1374. Par la premiere, les églises sont dispensées de faire aucun nouveau serment, de bailler aucune finance, de faire aucune reconnoissance nouvelle (1). Par la seconde, il est défendu aux sénéchaux de Carcassonne et de Toulouse de contraindre à l'avenir les églises à l'hommage de leur temporel, à moins qu'il ne parût par les registres qu'elles y étoient assujetties. Cette disposition restrictive eut pour fondement les acquisitions qui n'avoient point encore été revêtues de la formalité de l'amortissement, qui seul pouvoit faire cesser la directe féodale sur ces biens (2).

Les recherches qui furent faites sous François I, après environ deux siecles de silence, se terminerent encore de même; les dioceses composerent avec le roi pour une somme déterminée, et obtinrent des lettres d'amortissement par lesquelles leurs biens furent déclarés *amortis, indemnisés, à Dieu dédiés à toujours* (3). Sous le même regne, le procureur du roi de Péronne fit saisir deux terres appartenantes aux religieux de S. Vaast d'Arras, faute d'hommes, de droits et devoirs non faits et non payés. Mais, en considération d'un amortissement anciennement accordé à ces biens par sentence du gouverneur de la ville, les religieux en obtinrent main-levée, avec décharge absolue de tous ces droits: *Main levée à pur et à plain leur fut faite desdites seigneuries, sans que, pour raison d'icelles, ils ne leurs successeurs soient tenus bailler homme, ne les relever, ne droiturer en aucune maniere* (4).

Sous le regne de Charles IX, on fit des perquisitions séveres sur les nouveaux acquêts des églises; et en considération des sommes immenses données par le clergé, toutes ces

(1) Procès-verbal du clergé, de 1775, page 193.

(2) Præcipimus quatenùs dictos præfatos vel alias personas ecclesiasticas ad recognoscendum aliquas temporalitates..... de quibus non apparuerit per... registra... quod consueverunt facere, recognitionem vel homagium præstare compellatis. (Recueil d'amortissements, tome 1.)

(3) Lettre d'amortissement pour le diocese de Paris.

(4) Bacquet, traité de l'amortissement.

possessions nouvelles furent amorties et exemptées de la formalité des déclarations par détail : telles sont les lettres-patentes de 1566, enregistrées au parlement; elles défendent aux officiers du roi de procéder à aucune recherche du revenu annuel des ecclésiastiques, ni de les contraindre à en fournir aucune déclaration. Celles de 1571 et de 1572 eurent le même objet : le roi déclare expressément, dans les dernieres, qu'il n'avoit point entendu comprendre les ecclésiastiques dans des lettres données pour la confection de son papier terrier, et de celui des princes ses freres, pour les terres de leurs apanages (1). Celles de 1574 sont encore plus précises; on y voit une défense « d'exiger des bénéficiers des « déclarations, aveux et dénombrements de leurs biens amor- « tis, et dont ils sont en possession immémoriale de jouir « en pleine liberté sans être tenus d'en bailler, ni qu'ils en « aient baillé, depuis 40 ans, aucuns aveux ni dénombre- « ments; ains de les conserver et maintenir dans leurs liber- « tés, franchises, immunités et autres droits appartenants « et dépendants de leurs bénéfices ». Ces lettres furent enregistrées au parlement, et l'arrêt, absolument conforme à leurs dispositions, porte que les ecclésiastiques, *au nouvel avénement de chacun roi, seront tenus, quand ils en seront requis, bailler par déclaration ce qu'ils ont de nouvels acquêts; et s'ils n'ont aucune chose, main-levée de leur temporel leur sera accordée* (2).

Les lettres-patentes données par Henri III en 1575, et enregistrées au parlement le 29 août même année, ne sont pas moins énergiques. En confirmant les décharges, immunités et franchises accordées au clergé pour le regard des amortissements et nouveaux acquêts, il veut qu'ils en jouissent à l'avenir, sans qu'ils soient tenus bailler aucuns aveux et dénombrements ni déclarations de leurs justices, terres, seigneuries, domaines ou autres biens amortis, ni payer, pour raison d'iceux, aucuns droits de rachat et de reliefs qui pourroient lui être dûs par la disposition de quelques coutumes locales ou générales auxquelles il déroge par la plénitude de sa puissance. Mêmes dispositions dans celles du 25 août 1577. On les retrouve encore dans les lettres d'amortissement données au diocese de Sens, moyennant une somme de vingt-un mille livres : ce prince y déclare toutes les nouvelles acquisitions des églises, *amor-*

(1) Recueil d'amortissements, tome 1, page 87.

(2) Procès-verbal du clergé, de 1775, page 195.

ties et dédiées à Dieu à toujours et perpétuellement; en conséquence il les décharge *de bailler à l'avenir*, par déclaration, tenants et aboutissants, et par le menu, les biens qu'elles tenoient avant l'amortissement de l'année 1522 (1).

Sous le regne de Henri IV, le clergé fut également maintenu dans ses prérogatives : ce prince, par ses lettres-patentes de 1596, enregistrées au parlement, exempte, comme ses prédécesseurs, le clergé du royaume de donner aveu, dénombrement et déclaration, pour les biens amortis. Les motifs de cette loi sont les grandes sommes que le clergé avoit fournies par le moyen des aliénations, infiniment plus considérables que les acquisitions qu'il avoit faites depuis cinquante ans.

Les poursuites qui recommencerent contre le clergé malgré la disposition de ces loix et les contrats passés avec nos souverains, déterminerent les lettres-patentes de 1606, qui consacrent, d'une maniere encore plus formelle, l'immunité féodale des possessions amorties. Il y a trois choses à remarquer dans ces lettres, le préambule, le dispositif, et l'arrêt de la chambre des comptes qui les a enregistrées. Dans le préambule, le prince rappelle sommairement toutes les ordonnances rendues par nos rois sur le fait des amortissements, ainsi que les arrêts des cours où elles ont été vérifiées; il dit que c'est un droit commun observé dans le royaume, dans les parlements et dans les chambres des comptes, que les ecclésiastiques, pour leur domaine amorti, ne doivent aucun aveu et dénombrement, ni foi et hommage pour les choses qui sont mouvantes du roi. Dans le dispositif, il déclare que, voulant maintenir les ecclésiastiques dans leurs droits d'amortissement et dans les franchises qui leur ont été accordées à ce sujet par ses prédécesseurs, il les exempte de donner par déclaration, aveu et dénombrement, leurs terres, domaines et possessions, ni payer aucune finance. L'arrêt de la chambre des comptes, rendu l'année suivante, pour la vérification de ces lettres, distingue également entre les biens amortis, et ceux qui ne l'ont pas été. Quant aux premiers, il leur en accorde la main-levée, et ordonne que le clergé jouisse des prérogatives qui lui sont accordées par ces lettres: *Jouiront de l'effet et contenu d'icelles pour les terres et héritages amortis par les lettres-patentes.* Quant aux nouvelles acquisitions, il

(1) Recueil d'amortissements, tome 1, page 66.

leur

leur en fait également main-levée, à la charge toutefois d'en rendre hommage, aveu et dénombrement dans un an, parceque, n'ayant pas été amorties, elles ne pouvoient être possédées en exemption de féodalité, *quant aux terres et héritages qui n'ont encore été amortis* (1).

Enfin, en 1641, des lettres d'amortissement général déclarent amortis tous les biens acquis par les bénéficiers jusqu'à cette époque, *sans qu'on pût les forcer à en bailler déclaration ni payer finance* (2).

C'est dans ces principes qu'ont été rendus différents arrêts dans les cours de parlement, à la chambre des comptes et au conseil du roi, sur les plaintes de quelques ecclésiastiques poursuivis par les officiers du domaine sur le fait des prestations féodales pour les biens amortis. Nous nous dispenserons de les rapporter ici, et nous renvoyons au premier mémoire que le clergé a fourni dans cette affaire.

Il résulte de ces loix et de cette jurisprudence que l'exemption, accordée aux églises du royaume, de la foi et hommage, aveu et dénombrement pour les biens nobles, déclarations et censives pour les rotures, droits pécuniaires pour les uns et les autres, a toujours été motivée sur les amortissements et l'importance des dons accordés au roi par le clergé pour l'indemnité de sa mouvance; que c'étoit le droit commun des églises et celui des amortissements eux-mêmes, que les possessions du clergé fussent libérées de ces charges; que les amortissements n'étoient que les franches-aumônes elles-mêmes, *avons amorti et dédié à Dieu, à toujours;* que, *nonobstant les coutumes générales et locales*, les ecclésiastiques y ont été confirmés par nos rois: donc l'amortissement, depuis que l'exercice en fut réclamé par eux comme un apanage de leur couronne, ne fut point détourné de la route que nos anciennes institutions lui avoient tracée; donc il eut toujours, comme les donations en franc-alleu et en franche-aumône, un rapport d'opposition avec les fiefs; donc il continua d'opérer dans nos mœurs la cessation de la mouvance à l'instar de ces formules primitives.

Ainsi, quand l'auteur de la chronique du Bec dit qu'amortir n'est autre chose qu'affranchir une terre de la domination de son seigneur, *amortizatio nihil aliud est quàm terram domino tributalem reddere immunem ab illo:* quand Lauriere, expliquant ce passage, dit qu'à l'exemple de nos

(1) Recueil d'amortissements, tome 1, page 101.

(2) Recueil d'amortissements, tome 1, page 257.

peres, qui appelloient *mort-gage celui qui n'opéroit rien, qui ne s'acquittoit pas de ses issues, ou dont les fruits appartenoient au créancier en pure perte pour le débiteur, à la différence du gage vif,* on appella également gens de main-morte tous ceux qui possédoient des fonds amortis et affranchis de redevances, par opposition aux particuliers qui devoient desservir leurs héritages et payer les droits ; ailleurs, que l'amortissement *est une diminution ou abrégement du fief, et une extinction des droits et des profits féodaux, comme l'amortissement d'une rente en est l'extinction* (1) : quand Ragueau dit que « l'amortissement se fait par le souverain, du consen- « tement du seigneur dont l'héritage est tenu, afin qu'à l'a- « venir il ne doive ne relief, services, droitures, cens, ne re- « devance aucune, qu'il ne soit sujet à aucun exploit du sei- « gneur, amende, saisie, confiscation, ni aucuns droits ou « profits seigneuriaux (2) » : quand le Maître, distinguant entre les acquisitions des églises amorties et non amorties, dit « que les premieres sont sujettes aux charges féodales, et que « les secondes changent entièrement de nature, parcequ'un « des effets de l'amortissement est d'affranchir les biens rele- « vants du roi, de toutes les charges, et de les faire réputer allo- « diaux, en sorte qu'ils ne doivent ni foi, ni hommage, ni lods « et ventes, ni homme vivant et mourant, à moins que ces droits « n'aient été expressément réservés (3) » : quand d'Argentré appelle l'amortissement « un affranchissement perpétuel et « total de la loi du fief, à moins que la condition de l'hommage « n'ait été retenue, *Est emancipatio perpetua et manumissio à « lege feudi, nisi etiam homagii conditio retineatur, ut inter- « dum accidit;* que les biens amortis commencent à former un « territoire particulier soustrait à la loi et à la condition du « reste du fief; qu'ils ne sont plus du corps de la baronnie, « à moins de la stipulation restrictive de l'hommage, *Talia « feuda amortizata per se incipiunt territorium separatum fa- « cere, et separantur à lege et conditione reliqui feudi, nec am- « pliùs de corpore feudi et baroniæ dicuntur, nisi barones ho- « magium exceperint* (4) » : quand Bacquet, analysant l'énergie de cette formule, dit qu'elle produit trois effets principaux, savoir, 1°. « de ne pouvoir être obligé à vuider ses « mains de l'héritage amorti; 2°. de ne point être astreint, pour

(1) Lauriere, traité du droit d'amortissement, page 177.

(2) Ragueau, Indice des droits domaniaux et seigneuriaux, ou Glossaire du droit francois, au mot *Amortissement*.

(3) Le Maître, traité de l'amortissement, ch. 11.

(4) D'Argentré, sur l'ancienne coutume de Bretagne, art. 56, n°. 24, et art. 277.

« les héritages féodaux tenus immédiatement du roi et due- « ment amortis, à lui bailler *homme vivant et mourant*, lui « porter hommage, ni payer aucun droit, et, pour les héri- « tages roturiers, aucune censive ni redevance, s'il n'est ex- « pressément dit par l'amortissement; 3°. d'être exempté du « ban et arriere-ban, parceque les héritages amortis étant « estimés allodiaux, et comme tenus en francs-alleux, sont « francs, libres et exempts de tout service »: quand il dit ail- leurs qu'un héritage amorti « est hors de prophanité, voué « et consacré à Dieu; que de fait le roi, amortissant un hé- « ritage, use de ces mots, *Avons amorti et à Dieu dédié, « amortissons et à Dieu dédions;* qu'en ce faisant, les héri- « tages amortis sont estimés être tenus dans le meilleur droit, « et libres de tout service profane, *Optimo maximoque « jure ac conditione, nulli profanæ servituti obnoxia;* que les « évêques ne sont tenus qu'au serment de fidélité à leur sa- « cre, et non à l'hommage, comme les vassaux; que ce mot « *amortissement* ne signifie pas seulement dispense et per- « mission de posséder, mais aussi quittance, renonciation et « rémission générale du droit qu'on a en l'héritage amorti; « que les héritages amortis sont estimés allodiaux; partant, « francs et libres de prestation, de foi et hommage, censive, « et de tous droits (1) »: quand Chopin dit, dans son traité de la police sacrée, « que, par l'usage de la France reçu « dans la matiere féodale, les ecclésiastiques sont déchargés, « pour les fiefs dont ils jouissent, en vertu des lettres d'a- « mortissement, de la féodalité due au roi, c'est-à-dire du « serment qui résulte du contrat vassalitique (2) »; ailleurs, « que l'héritage une fois consacré à Dieu est par là même « soustrait à la domination profane, et que, devenu sacré « et inaliénable, il cesse pour toujours d'être assujetti envers « le roi aux profits ordinaires des fiefs; qu'en conséquence « l'église n'a plus que deux partis à prendre, ou de mettre le « fief hors de ses mains, ou de payer au roi le prix de son « amortissement (3) »: quand Galand, l'ennemi le plus déclaré

(1) Bacquet, traité du droit d'amortissement, ch. 48 et 50.

(2) Francorum feudisticâ lege novâ, clerici regiæ clientelæ vinculo solvuntur prædiorum nomine quæ semel in causam morticinæ professionis occiderint principali indulgentiâ. (Chopin, de sacra politia, lib. 3, tit. 1, n°. 11.)

(3) Quoties igitur res prædiariæ aliquo pacto transferuntur in ecclesias, conventus monasticos, etc. tunc regium jus est regiique dominii auctoritatem interponere ejusmodi pacto rerum translatitio, ut et hæ profanæ consecrentur numini principis concessu, et dominicæ pariter hujus indemnitati consulatur præmio quodam pecuniario. Cùm enim semel divino cultui dicatus fuerit ager, jam tum liberatur profano mortalium dominatu: saltem inalienabilis sacerque factus nulla deinceps producit adventitia feudi commoda regi omnium domino superiori; ideoque alterutrum eccle-

du franc-alleu, dit, à l'occasion des anciennes chartres d'amortissement, « que toutes emportoient la renonciation et « l'abdication absolue de tous droits sur les terres amorties (1): quand il répete, avec Mézerai, « qu'en France les héritages « relevants nuement du roi, comme dédiés à Dieu, sont, par « l'amortissement, affranchis de toutes charges, réputés al-« lodiaux, non sujets à l'hommage, lods et ventes, homme « vivant et mourant, ban et arriere-ban, si ce n'est que par « réservation en l'amortissement ils n'y soient obligés (2) »: quand Guyot donne à l'amortissement tous les effets que Bacquet lui attribue (3): quand on lit dans le grand Coutumier, « qu'amortissement étant fait au seigneur souverain « et au seigneur sujet de qui la chose qu'on veut amortir est « tenue, qu'ils soient consentants que la chose soit, qu'elle « puisse demeurer à toujours, sans redevances quelconques, « et de ce avoir lettres ou chartres de souverain, et du con-« sentement du seigneur moyen, et dès lors en avant, ni chet, « ni ne peut jamais le seigneur quelque droiture, ne quelque « exploit, amende, ne confiscation faire ne avoir; mais de-« meure à l'église, sans autre service ne droiture à autre sei-« gneur lay ne temporel de quelque chose »: quand il dit encore « que l'église est pure possesseresse sans moyen, et ne « tient que de Dieu; s'ainsi étoit que le don soit consenti et « amorti du prince dont en souveraineté ce est tenu; car alors « n'en doit l'église relief, service, ne redevance, supposé que « ce soit fief ou noble tenement (4) »: en un mot, quand tous les auteurs se réunissent pour regarder l'exemption totale de la féodalité, de ses services, de ses obligations et de ses droits, comme l'effet naturel et nécessaire de l'amortissement, on ne doit voir dans cette unanimité de suffrages que les chaînons d'une tradition ancienne, fondée dans l'origine sur le droit naturel et inhérent aux propriétés primitives, soutenue, à l'égard des églises dans les siecles des bénéfices, par une différence essentielle entre les propriétés des églises et ces concessions versatiles, continuée enfin, dans les siecles de la féodalité, par l'abolition de tous les caracteres qui en constituoient la nature. Cet accord et cette singuliere harmonie entre les mœurs primitives, celles du moyen âge, et la tra-

siis onus incumbit, vel acquisita in privatorum manu deferendi, vel, si maluerit princeps, indemnem servandi eum ipsum nummariâ aliquâ mortuæ manûs pensatione. (Chopin, de domanio, liv. 1, tit. 13, n°. 5.)

(1) Galand, traité du franc-alleu, page 233.

(2) Galand, ibid. ch. 16.
Mézerai, mémoire historique et critique, page 187.

(3) Guyot, Institutes féodales, p. 288.

(4) L'auteur du grand Coutumier, tit. 83.

dition des derniers siecles, est ici du plus grand poids; les monuments anciens, vivifiés par les témoignages de nos auteurs, acquierent une lumiere plus vive, et ceux-ci, rapprochés des monuments de notre histoire et des dépôts de nos anciennes mœurs, dépouillent à nos yeux ces caracteres de nouveauté qui peut-être les rendroient suspects, si l'on ne voyoit la source à laquelle ils tiennent et les principes qui les ont dirigés. C'est donc à juste titre que Loysel, rassemblant, au seizieme siecle, toutes les parties de notre droit public sur les possessions des églises, les a réduites à cette maxime simple et vraie, que *tenir en alleu, franche-aumône et amortissement, c'est tout un en effet*, et que Loiseau a répété, au dix-septieme, que *l'amortissement, la dédication et l'alleu exemptent de la seigneurie directe et féodale, sauf la justice du seigneur de territoire* (1).

Ce ne fut en effet que sous le dernier regne que les amortissements, resserrés dans leur énergie, cesserent de produire sur les biens féodaux les effets qui les avoient assimilés jusques-là aux formules primitives. La déclaration de 1724 fut l'époque et le principe de cette révolution. Louis XV, distinguant pour toujours l'amortissement et l'indemnité qui avoit toujours été le prix de la féodalité et de ses droits, statua qu'à l'avenir les églises, malgré les amortissements qui leur seroient accordés, et l'indemnité qu'il convertit en rente annuelle au profit de son domaine, n'en seroient pas moins assujetties à la prestation de *l'homme vivant et mourant*, pour leurs acquisitions futures. Par cette loi, les amortissements royaux commencerent à prendre une nouvelle direction. Dépouillés alors de leur ancienne énergie, tous leurs effets furent renfermés dans les bornes d'une possession paisible et d'une propriété incommutable, mais toujours asservie aux loix de la féodalité. Vint ensuite l'édit de 1749, qui coupa la racine de toutes les contestations que la nature des propriétés ecclésiastiques avoit fait naître en annullant pour toujours toutes les acquisitions qui seroient faites sans avoir été munies au préalable du sceau de l'autorité souveraine. Mais cette révolution, qui fit cesser l'ancien droit établi par les mœurs et les usages en faveur des églises, est un témoignage authentique de son existence sous la loi des amortissements antérieurs. La stipulation des droits seigneuriaux et de *l'homme vivant et mourant* malgré l'amortissement et l'indemnité, la conversion de celle-ci en rente annuelle au

(1) Loiseau, traité des seigneuries, ch. 12.

profit du domaine, que signifient-elles? sinon que l'amortissement alloit être réduit désormais au jugement de l'ordre public, qui levoit les obstacles attachés aux possessions des églises, et que l'indemnité, qui jusques-là avoit été le prix de la cessation de la féodalité et de ses charges, ne seroit plus que le prix du sacrifice que l'ordre public faisoit par la ratification de ces nouveaux acquêts. C'est donc *un nouvel ordre* que le législateur a voulu introduire, comme il s'en est expliqué lui-même, et par conséquent l'abrogation de celui qui avoit été jusqu'alors en usage. Ainsi l'indemnité étoit, avant cette révolution, un droit véritablement féodal, parceque l'amortissement étoit un droit féodal lui-même: l'un est une conséquence nécessaire de l'autre, c'est-à-dire que l'amortissement ayant opéré la cessation de la féodalité, il étoit naturel que l'indemnité qu'on exigeoit en fût une compensation équivalente.

Cette vérité deviendra plus sensible, si l'on considere la conduite des seigneurs envers les églises, à l'époque la plus brillante de la féodalité. Souvent ils consentoient gratuitement le transport absolu de leurs fiefs à l'église, et alors elles étoient libérées de la féodalité et de ses obligations, parceque le contrat féodal étoit résolu, *soluto omni jure feodali*; que le fief étoit converti en alleu, *mutato jure feodali in allodium contulimus.* Quelquefois les seigneurs ne consentoient les démembrements de leurs fiefs qu'autant qu'il en resteroit assez dans leurs mains pour en acquitter les services et établir la liberté parfaite de la portion des églises: *Ut servitium persolvere possit, et beneficium religiosis collatum liberum et ab omni servitio permaneat absolutum.* Telle est la chartre de Robert de Marmion, que nous avons déja rapportée, à laquelle on peut joindre encore celles de Guillaume, prince de Talmont, en 1042, et d'Henri III, roi d'Angleterre, au commencement du 13e siecle. Dans celles-ci, comme dans l'autre, le suzerain ne stipule une réserve de quelques portions de la glebe féodale, dans les mains des vassaux donateurs, que pour leur faire supporter tout le poids de la féodalité et des services: *Tantillo interdicto ut dominus suum non perdat servitium* (1)...... *quàm ut de residuo terræ suæ possit sufficienter fieri domino feodi servitium* (2)....... Donc les seigneurs qui ne consen-

(1) Addidi omnibus optimatibus meis subfermantibus, ut si quis voluerit monachis Deo servientibus de possessione sua dare vel vendere, non prohibeatur, sed potiùs commoneatur tantillo interdicto, ut dominus inde suum non perdat servitium. (Chartre de Guillaume, prince de Talmont, en 1042.)

(2) Nullus liber homo det de cætero et ampliùs alicui ecclesiæ, vel vendat de terra

toient le transport de leurs fiefs que moyennant une indemnité suffisante, ne l'exigeoient, ou des églises, ou des feudataires, que comme une compensation naturelle de l'apétissement de leur mouvance. En effet, quel fut l'usage des seigneurs, lorsqu'ils exigerent des dédommagements pour les démembrements de leurs fiefs? ce fut de recevoir de leurs vassaux d'autres biens disponibles, et d'une valeur proportionnée à ceux qu'ils perdoient par leurs aumônes, ou de se contenter de quelques sommes équivalentes. Or, ces deux especes d'indemnités étoient toujours relatives à la diminution de la directe féodale : la premiere, parceque les biens donnés en échange étoient tenus sous le vasselage du seigneur, comme l'avoient été les premiers, et qu'ainsi l'intégrité de la mouvance étoit rétablie; c'est ce qu'indiquent ces différents passages de chartres que nous avons analysées, *et de novo feodo novus homo factus fuit.... de feodo memorato hæreditatem facerem...... et de hæreditate præfata facerem feodum* : les secondes, parcequ'elles ne sont stipulées qu'en conséquence de la cessation de la féodalité et des services sur les biens aumônés.

C'est ainsi que Marguerite, comtesse de Flandre, et Guy son fils, consentirent à la remise de leur mouvance sur des dîmes vendues par Gerard de Gand à l'église de Tournai, au monastere de Saint-Pierre, ordre de saint Benoît, et à celui de Sainte-Marie, ordre de Cîteaux. Toutes étoient possédées en fief par Gerard, qui les tenoit dans leur mouvance : *Quas habebant a nobis in feodum.* Comment sont-elles possédées par ces trois églises? c'est en exemption et franchise absolue du service et des charges féodales : *Easdem decimas ab omni servitio feodali, vel onere penitùs liberamus.* Quel est le prix de cette franchise? c'est la somme d'argent qu'ils ont donnée pour racheter cette mouvance : *Quas decimas . . . . nos habebamus ab illustri domina Margaritâ; de manibus nostris acquisierunt, et redemerunt pro nobis millibus librarum, centum et quinquaginta libris, et decem solidis flandrensium novorum* (1).

On a vu plus haut que Marguerite, reine de Sicile et comtesse de Tonnerre, avoit amorti aux religieux de Saint-Michel de Tonnerre toutes les acquisitions qu'ils avoient faites par achat, donations, aumônes, ou échanges, dans

sua, quàm ut det residuo terræ suæ possit sufficienter fieri domino feodi servitium ei debitum quod pertinet ad feodum illud. (Chartre de Henri III, roi d'Angleterre.)

(1) Fond. de Flandre, tome 3, an. 1261, ch. 46, page 600.

ses fiefs et arriere-fiefs, jusqu'à ce jour, le tout en exemption et quittance absolue de toutes redevances, services, prestations quelconques, et encore avec une renonciation entiere à tous ses droits, pour elle et ses successeurs: *Amortizamus quidquid ipse vel eorum prædecessores acquisierunt ad hodiernum diem sive emptione, donatione, eleemosynâ, in terris, feodis, retro-feodis et allodiis nostris, concedentes et quittantes in perpetuum quidquid juris, actionis, reclamationis habemus vel habere poteramus; ita quòd ex hoc nunc in perpetuum immunes sint, liberi ac exempti penitùs et expressè ab omnibus redhibentiis, servitiis, præstationibus, etc.* Par-là, tous les services des fiefs sont abolis: or, quel est le prix de cette grace? c'est l'argent que les religieux lui ont payé: *Necnon pro quadam summa pecuniæ æquivalente . . . . et solutâ nobis integrè . . . . abbati et conventui sancti Michaelis admortizamus, etc.* Elle déclare en même temps que c'est en conséquence de l'ordonnance du roi Philippe, qui permet aux barons de recevoir cette somme, dont l'estimation a été fixée sur le pied de ces profits pour un certain nombre d'années: *Per ordinationem justè . . . . editam per dominum Philippum . . . . super acquisitis ecclesiarum . . . . liceat baronibus in quorum baroniis acquisita existunt hujus modi, pro reditibus dictorum acquisitorum rationabiliter æstimatis pro certis annis in dicta ordinatione contentis, certam quantitatem pecuniæ percipere et habere* (1).

C'est ainsi que Foulques, seigneur de Marcilli, et sa femme, en usent envers l'abbaye du Breuil; après avoir déclaré qu'ils renoncent à tous leurs droits sur les biens qu'ils viennent de lui donner, et qu'ils amortissent et donnent en main-morte tous ceux qu'elle avoit acquis dans leurs fiefs pour être possédés par eux librement, quittement et sans aucune contradiction, ils ajoutent que pour cela ils ont reçu quarante livres tournois, qu'ils regardent comme une compensation suffisante: *Pro hac confirmatione et concessione a me purè facta dicti religiosi dederunt mihi quadraginta libras turonenses in pecunia numerata de quibus me tenui pro payato.*

La chartre de la reine Mathilde pour le monastere des Bénédictines de Caen ne laisse aucune difficulté. On y voit des fiefs donnés par Alverede de Mathan et Fredesinde; le premier étoit vassal de Hébert, l'autre de Raoul. Mathilde,

(1) Cartulaire de l'abbaye de Saint-Michel, fol. 34 verso, an. 1347.

suzeraine

suzeraine de ces terres, voulant procurer à cette église l'exemption de la mouvance, se charge du consentement de ces seigneurs et de l'indemnité qui leur est due. Or, quel est l'effet de cette indemnité? c'est de racheter les services de ces fiefs: *Cujus terræ servitium ad opus ecclesiæ redemi de Haberto de Rio cujus feodum erat .... annuente eodem Radulpho de cujus feodo erat, cui Radulpho pro concessu suo dedi ego regina de pecunia mea* (1). Ce rachat opéroit la liberté absolue de l'héritage, et la cessation du droit féodal sur la propriété de l'église : *Ita quòd liberi sint et immunes ab omnibus servitiis ... ab omni jure et onere feodali.* Donc l'indemnité étoit toujours relative à la mouvance, comme étant le prix de l'amortissement féodal, et droit féodal elle-même.

C'est dans ces principes qu'ont été rendues les différentes déclarations pour l'amortissement des acquisitions nouvelles; c'est ainsi que nos jurisconsultes se sont expliqués sur la nature de ces formules. Par-tout l'amortissement est représenté comme opérant la franchise des obligations féodales, et l'indemnité comme en étant la récompense. En effet, si, dans le temps de la plus grande vigueur des fiefs, la féodalité a pu s'éteindre, ou gratuitement, ou par une indemnité équivalente, à plus forte raison put-elle s'évanouir encore lorsque les fiefs, dégénérés de leur ancienne grandeur, furent, à l'instar des emphytéoses, réduits pour ainsi dire à des intérêts civils et pécuniaires, par l'anéantissement de leur état politique.

Ainsi, pour offrir une idée complette de l'amortissement et de l'indemnité, il ne suffit pas de les envisager l'un et l'autre du côté de l'ordre public; pour en bien saisir les caracteres, il faut les envisager encore dans l'usage que les seigneurs en firent autrefois, lorsqu'ils concentroient dans leurs personnes les droits de l'ordre public et de l'ordre féodal : alors l'amortissement n'étoit pas borné à la seule intervention de la puissance publique. Ce n'est là qu'une partie du tableau, et même peu intéressante, dans la premiere époque de l'administration féodale : l'amortissement étoit encore, dans l'usage de ces siecles, le consentement du seigneur à la cessation de sa directe sur les biens aumônés à l'église. C'est l'exercice de ces deux droits que nos

(1) Dedit Alveredus de Mathan, concessit eidem ecclesiæ terram illam quam soror ejus habuerat in conjugio...... cujus terræ servitium ad opus ecclesiæ redemi de Haberto de Rio cujus feodum erat..... Fredezindus dedit eidem ecclesiæ Bernevillam, annuente eodem Radulpho, de cujus feodo erat, cui Radulpho pro concessu suo dedi ego regina de pecunia mea. (Neustria pia, page 618, an. 1300.)

souverains réclamerent dans la seconde époque des fiefs; droits de l'ordre public, comme souverains; droits de suzeraineté, comme chefs de la plupart des branches du systême féodal : ainsi, à cette époque, il n'y eut aucun changement dans le droit qui jusqu'alors avoit régi les donations; toute la révolution se borna à reculer d'un degré l'amortissement seigneurial, pour lui donner la sanction de l'ordre public, ou celle de la suprématie féodale.

Après avoir rétabli les principes du clergé sur les affranchissements des biens, il ne nous reste plus qu'à discuter les raisonnements par lesquels l'écrivain du domaine s'efforce d'en éluder les inductions. Quoique jusqu'ici nous ayons examiné les difficultés à mesure qu'elles se présentoient, nous croyons cependant devoir faire de celles-ci un article séparé, parcequ'elles attaquent tout à la fois les amortissements et les autres formules résolutives de la mouvance féodale et censuelle.

ARTICLE IV.

Examen des objections de l'inspecteur contre les affranchissements des biens ecclésiastiques.

« Il y a eu sur cette matiere, dit-il, un moment d'illusion « qui a entraîné le législateur, les cours, et les jurisconsultes : de-là ces notions qui se sont accréditées quelque « temps parmi nous sur l'énergie des amortissements, mais « qui sont dissipées aujourd'hui. Plusieurs causes se sont ré- « unies pour les former. La premiere fut que l'on confondit « l'immobilité des possessions sacrées avec la séquestration « des choses publiques; les circonstances qui accompa- « gnoient la premiere avec les motifs de leur consécration, « la consécration elle-même, effet de l'amortissement, « avec la cause qui en déterminoit la nécessité. La seconde « fut de regarder comme indemnités du droit féodal, les « sommes que le roi exigeoit dans les amortissements comme « chef de l'ordre public. La troisieme fut de confondre dans « le roi deux ministeres différents, celui qu'il exerce comme « souverain, et celui qu'il devoit exercer comme chef de la « suprématie féodale. La quatrieme est de n'avoir pas encore « assez distingué la qualité de seigneur médiat, que le roi a « toujours dans ces deux ordres par rapport à sa couronne, « à laquelle il devroit l'hommage, si l'identité de la personne « n'acquittoit la dette de plein droit. »

Pour dissiper tous ces prestiges, il suffit de remarquer, en général, que s'il y a eu de l'illusion dans cette matiere, ce n'est point une erreur d'un moment; qu'elle remonte à l'époque de la constitution des fiefs; qu'elle est liée avec le droit primitif des possessions en France; qu'elle ne porte ni sur des idées arbitraires, ni sur des raisonnements subtils; qu'elle a pour base les mœurs mêmes et les usages de la nation; que par conséquent elle tient à son droit public, parcequ'une nation se forme à elle-même celui qu'elle veut avoir.

Mais, pour suivre en détail les quatre sources de ces erreurs, nous observerons, quant à la premiere, que si les amortissements ont été regardés parmi nous comme des formules équivalentes au franc-alleu des héritages, ce n'est point pour avoir confondu l'effet avec la cause, et appliqué aux amortissements les circonstances qui accompagnent les biens dans le *domaine de l'église*: la théorie des amortissements a une base plus solide; elle porte sur la volonté des fondateurs de tous les ordres, qui, par des clauses positives, identiques dans leur objet, quoique diversifiées dans leur énonciation, ont voulu faire disparoître la féodalité et ses usages dans les biens qu'ils consacroient à la religion. Ainsi, dans cette matiere, c'est le fait des bienfaiteurs de tous les ordres, qui détermine le droit des églises et la qualité de leurs possessions. Il est possible sans doute, il est même vraisemblable que l'œuvre à laquelle les biens étoient destinés ait été pour les fondateurs un motif d'en user ainsi; mais qu'importent les raisons et les motifs qui ont pu donner cette direction à leurs volontés, si d'ailleurs il est prouvé qu'elles ont été dirigées ainsi pour communiquer à leurs dons toute la franchise dont ils étoient susceptibles? Ces motifs sont personnels aux fondateurs; mais ils sont étrangers à la théorie des amortissements, qui ne porte que sur les faits. Ainsi, quand nos rois ont prononcé l'immunité féodale des biens amortis, quand les cours ont enregistré ces loix avec les mêmes clauses, quand les auteurs ont assimilé les franches aumônes aux possessions allodiales, les amortissements aux unes et aux autres, ce n'est point par erreur, mais parcequ'ils avoient sous les yeux le droit des propriétés ecclésiastiques, établi par le concours de toutes les volontés, et propagé d'âge en âge par les mœurs publiques de la nation.

Quant à la deuxieme et à la troisieme, elles n'ont rien d'imposant, que parcequ'on applique aux siecles passés la jurisprudence et les loix des siecles postérieurs. Sans doute on fut très long-temps à n'exiger qu'une seule indemnité pour les biens *amortis*, quoique l'amortissement présentât un double caractere, comme jugement de l'ordre public et opération de l'ordre féodal. Mais, 1°. sous l'aristocratie des fiefs, quoique la puissance publique intervînt toujours dans les acquisitions des églises, jamais elle ne réclama d'indemnité qu'à titre de puissance suzeraine: l'amortissement, considéré sous son côté politique, n'étant point encore devenu fiscal, l'apetissement de la mouvance fut le seul intérêt qu'on eut à satisfaire. 2°. Lorsque nos rois eurent réclamé l'amortissement comme une prérogative de leur couronne, il devint insensiblement un objet de finance : ce fut alors qu'il fallut satisfaire tout à la fois et le souverain et le seigneur de fief. Cela s'opéra encore par une seule et même indemnité, parceque, l'amortissement accordé par nos rois aux églises réunissant toujours ces deux caracteres, il étoit naturel de liquider ensemble et de comprendre sous une même somme ce qui appartenoit à l'un et à l'autre ; mais, malgré cette confusion pécuniaire, on ne confondit jamais l'amortissement royal avec l'amortissement seigneurial, et ce qui étoit dû au premier avec ce que le second pouvoit exiger. Ces liquidations sommaires étoient relatives à ces droits : on en a la preuve dans les ordonnances de nos souverains, qui, en déterminant les sommes dues pour les biens amortis, les ont toujours proportionnées sur le degré de la mouvance, exigeant moins pour les arriere-fiefs que pour les fiefs, et plus pour ceux-ci que pour les alleux de leurs domaines (1).

Enfin, lorsque, sous le dernier regne, les amortissements, réduits au simple jugement de l'ordre public, furent devenus un droit purement fiscal, on distingua ces deux indemnités, et elles cesserent généralement d'être le prix de la cessation de la mouvance, parceque l'amortissement cessa lui-même de l'opérer. Mais qu'on ne s'y trompe point : ce réglement, qui sans doute eût pu avoir lieu beaucoup plutôt, n'est point le retour à l'ancien droit, et le rétablissement d'anciens principes ; ce n'est point pour dissiper des illusions passageres qu'il s'est fait, mais pour établir un nouvel ordre et en même temps l'abrogation des anciens usages : voilà ce qu'il falloit distinguer et ce que l'inspecteur confond sans

(1) Ordonnances de Philippe le Hardi, en 1275; de Philippe le Bel, en 1277; de Charles le Bel, en 1324. Recueil d'amortissements, tome 1.

cesse pour répandre l'obscurité et l'incertitude sur la nature des amortissements primitifs. Ce n'est pas en effet par ce qui se pratique dans un siecle que l'on doit juger de ce qui s'est fait dans un autre; chaque âge amene avec lui ses usages et ses loix, qui doivent subsister jusqu'à ce qu'ils soient abrogés par des réglements postérieurs.

D'ailleurs, comment l'inspecteur du domaine peut-il rapporter l'énergie que l'on a attribuée aux amortissements, à la confusion que l'on fit de l'indemnité due au roi comme souverain, avec celle qui lui appartenoit encore comme chef suprême de la hiérarchie des fiefs, puisque, dans ses principes, la féodalité est indestructible, et que l'indemnité, sous quelque point de vue qu'on l'envisage, ne peut jamais en arrêter les influences? Ainsi, quand nos auteurs auroient confondu ces deux indemnités ensemble, cette erreur n'auroit pu déterminer les notions qu'ils nous ont transmises sur l'énergie féodale des amortissements.

A l'égard de la quatrieme source d'illusion, c'est-à-dire de la différence qu'on n'a pas suffisamment saisie entre le roi et le souverain, entre les droits du monarque et ceux de sa couronne, elle suppose, comme un principe fondamental, que la féodalité est dans l'ordre des prérogatives régaliennes, et que si le roi pouvoit en disposer, sa couronne s'y opposoit sans cesse; supposition purement gratuite et démentie par tous les monuments et par l'inspecteur du domaine lui-même, lorsqu'il dit que la féodalité a été inconnue à toutes les nations qui ont précédé l'ere de Charlemagne. Nous ne rappellerons point ici les détails dans lesquels nous sommes entrés à ce sujet : il nous suffira, pour réfuter ce principe, de parcourir les divers degrés de l'échelle féodale, et de montrer comment la mouvance a pu s'éteindre sans compromettre les prérogatives du trône.

Ou le bien étoit allodial entre les mains du donateur, ou il étoit féodal. Au premier cas, point de doute que l'amortissement ne pût éteindre, non la féodalité, puisqu'elle n'existoit pas, mais la faculté qui appartenoit au propriétaire d'en stipuler les clauses. C'est ainsi qu'Évrard de Brienne, sire de Venisy, reconnoît en présence du seigneur de Montmorenci (1), haut justicier, qu'il a vendu et quitté en pur et franc-alleu, au couvent de Pontigny, six cents quarante-cinq arpents de bois, fonds et superficie, qu'il possédoit en alleu, vou-

(1) Histoire de la maison de Montmorenci, page 120 des preuves.

lant que les religieux et couvent en jouissent à perpétuité, franchement, quittement, en franc-alleu et en main-morte.

Si, au contraire, le bien étoit féodal, la féodalité s'arrêtoit alors ou à un seigneur ordinaire, ou à quelqu'un des hauts seigneurs, comme les comtes de Languedoc, de Champagne, etc. Dans la premiere supposition, si l'héritage ne pouvoit être affranchi par le feudataire, il pouvoit l'être par le suzerain, qui, étant l'unique auteur de l'inféodation, avoit, comme les simples allodiaires, la faculté d'en disposer en alleu après la démission de son vassal.

S'il s'agit des hautes seigneuries, ces principes leur seront applicables encore, parceque les hauts seigneurs, quoique sujets envers le prince aux devoirs vassalitiques, ne tenoient pourtant pas toutes leurs terres sous la mouvance réelle du souverain; ils avoient, à cet égard, les mêmes prérogatives que les seigneurs particuliers et les simples propriétaires, qui, quoique soumis à leur domination, n'étoient pas toujours assujettis envers eux à la féodalité réelle; placés entre le peuple et le monarque par les anciennes concessions des comtés et des duchés devenus héréditaires, les hauts seigneurs furent, à l'égard des habitants de leur principauté, ce que le roi étoit originairement vis-à-vis de toute la nation françoise: c'est la raison pour laquelle on distinguoit alors la France en pays *de l'obéissance le roi, et en pays hors de l'obéissance le roi*, comme nous l'apprenons par de Fontaines et Beaumanoir (1). Or nos souverains, bornés, en qualité de propriétaires, aux terres de leur fisc, comme les citoyens l'étoient par rapport à leurs alleux, n'exerçoient essentiellement sur leurs sujets que les droits de la souveraineté et du domaine public, bien différents de la suprématie féodale.

Il faut encore observer que, dans les treizieme, quatorzieme et quinzieme siecles, la vassalité et l'hommage se multiplierent beaucoup en Europe, sans que la féodalité s'établît sur les héritages. Bodin nous apprend, dans sa république, qu'il a eu entre les mains quarante-huit lettres de serment, ou traités d'alliances passés avec nos souverains Philippe de Valois, Jean, Charles V, Charles VII, et Louis XI, par autant de princes allemands qui se disoient vassaux et hommes liges du roi de France, sans rien tenir de la couronne que les pensions qui leur avoient été accordées (2).

(1) Droit public de la France, éclairci par les monuments, page 257. Etablissements de St. Louis, liv. 2, chap. 10 et suiv.

(2) Bodin, liv. 1 de la république, page 175.

Il y a plus : c'est que les fiefs à cette époque, comme encore aujourd'hui, n'étoient pas tous réglés par les mêmes loix ; on y distinguoit les inféodations réelles et les inféodations fictives. Les premieres étoient de véritables concessions des seigneurs, qui démembroient ainsi leurs propriétés, à la charge du vasselage et du service militaire ; les autres, au contraire, étoient des concessions libres des vassaux, qui, dans l'espoir d'une protection puissante, consentoient à tenir d'un seigneur leurs propriétés allodiales, comme si c'eût été des démembrements de leur domaine. La différence caractéristique et principale de ces inféodations est que, dans les premieres, c'est le seigneur, et que, dans les autres, c'est le vassal qui fait la loi. Dans celles-ci, le contrat féodal n'étoit donc proprement qu'une association réciproque dont les loix ne pouvoient pas être aussi rigoureuses que celles des fiefs ordinaires : aussi voyons-nous très souvent stipulé dans ces actes, que les vassaux ne seront assujettis qu'à l'offre de l'hommage, et non à sa prestation réelle ; qu'ils tiendront leurs terres aussi franchement que si elles n'eussent point été inféodées ; qu'ils ne pourront jamais en être dépouillés, et qu'à l'extinction de la ligne directe dans la famille du souverain, ils rentreront dans la propriété absolue de ces biens, pour en jouir en franc-alleu comme avant les lettres d'inféodation. Telles sont les chartres de Thibaut, comte de Bar, et de Jean du Bouchet, seigneur du Puy-Greffier (1). Dans toutes ces inféodations, disent les publicistes de l'empire, les vassaux ne doivent que la bouche et les mains, et c'est pourquoi ils sont encore en Allemagne masculins et féminins, à la différence des fiefs réels (2).

A l'appui de cette exposition simple et naturelle de l'économie des fiefs en France, établie déja par tous les monuments que nous avons rapportés, nous joindrons encore les coutumes de Catalogne et le commentaire de Pierre Albert, comme le précis de ces usages et des loix qui la régis-

(1) Nous Thibaut.... *faisons à savoir....* que nous avons reprins en fié et en homage de notre haut seigneur Henry, en accroissement dou fié que nous tenons de lui, le chastel de la Mothe.... franchement quant à rachapt et quint denier, et en telle seigneurie et telle franchise que nous tenons ce que nous tenons de lui en Lorraine..... (Galand, traité du franc-alleu, page 15.)

Noble et puissant Jean du Bouchet..... a dit et *déclaré* qu'il *étoit illec venu* pour faire l'offre de foy et hommage qu'il doit et est tenu de faire pour raison de ladite terre, *fié et seigneurie du franc-alleu*, laquelle foy et hommage il ne doit pas, et n'en est tenu faire aucune, mais seulement en faire l'offre. (Galand, page 11.)

(2) Hinc feuda isthæc oblata non solùm à doctoribus ad impropria referuntur, sed multa quoque singularia ipsis conceduntur, verbi gratiâ quòd vassallus leviori de causa feudo priori nequeat quod in dubio successio præsumatur promiscua, adeòque nec excludi queant. (*Joan. Koop. tractatus juris* publici, page 316.)

Thesaurus juris feudalis, *passim*.

soient alors. On y voit clairement énoncée cette distinction importante dans les droits du souverain, dans la condition des hauts seigneurs ou barons, et dans-celle de leurs hommes: les seigneurs sont représentés tout à la fois comme vassaux du roi pour une espece de biens, et propriétaires allodiaux pour une autre; leurs hommes sont distingués en deux classes, ceux qui appartiennent aux alleux du comte, et ceux qui dépendent de ses fiefs: *Sunt homines de allodio comitis, quidam verò de feudo quod tenet pro domino rege.* Le roi y est également considéré sous deux rapports, comme souverain et comme seigneur particulier dans ses états. Cette différence dans leurs qualités respectives en établit une autre dans les obligations des sujets et dans les droits du souverain. Lorsqu'il est question du service du roi comme souverain, tous doivent déférer à ses ordres: en vain le comte voudroit s'y opposer; ses hommes ne lui doivent plus rien, parcequ'ils sont à l'état et au prince avant d'appartenir à personne. Mais lorsqu'il s'agit de la suzeraineté du roi et des services qu'il a droit d'exiger en vertu du contrat féodal, ces obligations ne regardent plus indistinctement les feudataires des seigneurs. Possedent-ils des alleux? les services de leurs hommes envers le roi ne sont plus que ceux des citoyens et des sujets; ils ont leur principe dans les droits de l'état et de la couronne. Au contraire, s'agit-il d'un fief? est-il question d'en exiger les services? alors les hommes des alleux en sont exempts; mais tous ceux qui habitent dans les terres féodales des seigneurs, doivent les rendre, parceque, ces terres relevant du roi, tous les hommes de fiefs sont ses vassaux (1). Ces autorités sont d'autant moins épisodiques dans la contestation présente, que la féodalité a été réglée par les mêmes

(1) Barones qui sunt vassalli principis hujus terræ, habent homines quosdam sub se ratione feudorum quæ tenent pro principe hujus terræ, et isti tales homines sunt homines ipsius principis tam jure fidelitatis quàm jure generalis jurisdictionis quam ipse princeps habet in regno suo; et ipsi barones vassalli nunquam possunt habere illos homines contra ipsum principem, sed ipse dominus princeps potest illos tales homines contra ipsos barones vassallos. Habent etiam ipsi barones vassalli alios homines ratione allodiorum ipsorum vassallorum.... et isti homines tales non sunt homines principis, quia non sunt in ejus potestate, ita quòd de jure fidelitatis sive homagii non sint ei adstricti; tamen dicuntur esse in potestate ipsius principis ratione generalis jurisdictionis quam habet in regno suo; nam in omnibus hominibus regni sui habet imperium, omnia enim quæ sunt in regno sunt regis quantùm ad jurisdictionem: unde *si quis baro in terra principis* insurgit contra ipsum principem.... homines ejus quos etiam habet ratione sui allodii, non teneatur ipsum juvare...... multò ergo tenentur minùs ipsum juvare quos habet ratione feudorum......... Si verò princeps iste injustè daret damnum baroni auferendo ei feuda seu allodia sua, *tunc* baro, priùs inventâ jurisfaticâ in ipso domino suo, potest injungere hominibus sui allodii ut ipsum adjuvent contra principem ipsum.... et ipsi homines sui allodii tenentur ipsum dominum vassallum principem juvare, sicut moris est Cataloniæ. (Cap. *Barones* 40, in comment. Petri Alberti.)

principes

principes dans toutes les parties de l'Europe qui l'ont adoptée, et que ces coutumes ont fait la loi de quelques unes de nos provinces actuelles, lorsqu'elles étoient sous une domination étrangere.

Ainsi les hauts seigneurs des grands districts de la France, comme les seigneurs particuliers, comme les simples propriétaires, auront eu des alleux ou des biens absolument disponibles; c'est pourquoi, lors de l'aliénation ou des démembrements de leur mouvance, ils ont été parfaitement libres d'imposer silence à la féodalité sur des terres qui, par la renonciation absolue et les déguerpissements successifs de leurs vassaux, leur étoient dévolues tout entieres et sans partage. Le consentement du roi ne fut donc pas nécessaire pour détacher toutes ces branches de l'arbre dont elles faisoient partie: le seul intérêt qu'il pouvoit y avoir étoit comme chef de l'ordre public dans son royaume; encore, par une suite des usages que le temps et la puissance des hauts seigneurs avoient consacrés, il ne dut pas toujours intervenir dans ces opérations, parceque les seigneurs, en vertu de leurs droits régaliens, exerçoient eux-mêmes le domaine public dans le ressort de leurs principautés. A ce titre encore, lorsque la féodalité remontoit jusqu'au roi, ils purent exercer seuls l'amortissement féodal: cette faculté étoit une suite de l'autorité dont ils jouissoient; car enfin, si, par les droits de leur haute seigneurie, ils pouvoient faire la paix et la guerre, et exercer la justice au souverain (1), à plus forte raison purent-ils éteindre la féodalité sur les héritages aumônés aux églises, puisque cette prérogative n'appartient qu'au domaine particulier de la couronne, et que les autres tiennent à son domaine public. C'est pourquoi Philippe le Hardi et Philippe le Bel, en rappellant sur cela l'esprit et l'exécution des anciennes loix, ne crurent pas devoir retourner sur leurs pas; ils ratifierent au contraire toutes les aumônes de leurs barons, et imposerent silence à leurs officiers sur les biens qu'ils avoient amortis jusques-là sans leur consentement: l'attention même qu'ils eurent encore de conserver au comte de Nevers, à l'archevêque de Reims et aux évêques pairs, la faculté d'amortir, prouve que les hauts seigneurs de Flandre, de Languedoc, de Bourgogne, de Bretagne, de Normandie, et les princes de Dauphiné, n'avoient

(1) Galand, traité du franc-alleu, page 13.

Voyez encore Mezerai (abrégé de l'histoire de France) et Brussel.

Observations de l'histoire de France de l'abbé Mably, *loco citato suprà.*

encore reçu aucune atteinte dans cette partie de leur autorité (1).

Enfin, lorsque le monarque fut absolument rentré dans ses droits, et que la féodalité, franchissant toutes ces seigneuries intermédiaires, remonta jusqu'à lui, soit par les anciennes concessions bénéficiales, soit par la réunion des grands fiefs à la couronne, nos rois purent également se prêter aux usages de ces siecles, et faire disparoître à leur gré la féodalité des terres: ces biens n'étoient-ils pas, dans leur domaine, de véritables alleux comme ceux des deux premieres classes dans celui des donateurs? la féodalité qui les tenoit asservis, uniquement relative à la possession des feudataires, put-elle gêner leur propriété? étoit-elle donc autre chose que le gage et le symbole de cette propriété même? Si donc ils purent, sous les deux premieres races, disposer des terres de leur fisc sans la stipulation de la mouvance, ils furent aussi les maîtres de la faire évanouir sous la troisieme, sans donner atteinte aux prérogatives de leur trône: l'un est une conséquence nécessaire de l'autre; car si la féodalité n'avoit jamais pu s'évanouir, toujours et nécessairement elle auroit dû être stipulée sur les biens.

Ces principes étoient ceux de toute la France; on en peut juger par les Assises de Jérusalem. Ce recueil de loix données par nos princes aux peuples de l'Orient dans le temps des croisades, est d'autant plus précieux, qu'il est le résultat des usages, des mœurs et des coutumes observées en France et en Europe dans la constitution féodale. Or on lit, au chapitre 145 de ce recueil, 1°. que le prince peut disposer du domaine et des fiefs de la seigneurie, comme il lui plaît, *à service ou sans service;* que, dans le premier cas, il est le maître d'en fixer l'étendue, comme, dans le second, de les abolir entièrement, en attachant à ses dons la franchise la plus absolue; 2°. que toutes les dispositions du seigneur suprême qui termine la féodalité, doivent être fermes et stables à perpétuité. La raison qu'il en donne, c'est qu'il est le seul chef de la seigneurie, qu'il ne la tient d'aucun autre que de Dieu, qu'il ne doit à personne sur la terre ni hommage, ni service, ni aucune redevance, qui puissent contraindre sa volonté;

(1) Ordonnance de Philippe III, en 1277. Recueil d'amortissements, tome 1, page 5.

Quòd si comes nivernensis aliqua ecclesiis et piis locis caritative admortivit vel posuit in manibus burgensium vel personarum ignobilium ad remunerationem servitiorum, vel ob aliquam gratiam sine receptione alicujus pecuniæ, hoc sibi sustinebitur. Sed si aliquid admortivit, vel in manibus burgensium, vel personarum ignobilium posuit pro pecunia, dominus rex utendo jure suo potest et poterit ad eadem assignare. (Registre 3 du parlement, fol. 87.)

enfin que ses dispositions ne peuvent être génées par les droits de ses successeurs, lesquels ne pourront y déroger sous aucun prétexte ou dans aucune circonstance (1). Il est clair, par ces ordonnances, que la féodalité n'étoit point distinguée de ses services, que la destruction totale de ceux-ci entraînoit la destruction de celle-là, et que tous les deux pouvoient également s'éteindre, parceque le prince pouvoit donner à sa libéralité toute l'étendue qu'il vouloit, comme ne tenant sa seigneurie que de Dieu seul, et n'en devant ni foi ni hommage à personne.

C'est ce que l'auteur du traité du domaine a parfaitement observé. Il convient 1°. « que sous les deux premieres races « de nos rois il n'y a point eu de changement dans la condi- « tion des héritages, en sorte que la main-morte, dont la « jouissance remonte à ces premiers temps, ne peut con- « stamment être assujettie à aucune charge féodale ou cen- « suelle, parceque ces héritages n'ont point été enveloppés « dans la révolution qui depuis a causé un changement ab- « solu dans la condition des autres ; 2°. qu'il en est de même « de tous les biens donnés par nos rois par des vues de piété « pour fonder une église ou une abbaye, parceque les Assises « de Jérusalem, qui tirent leur origine de la même source « que notre jurisprudence françoise, autorisent, au chapitre « 145, cet abandon absolu que le souverain fait à l'église (2). Ecoutons actuellement son commentateur : « Lorsque l'on « donnera, dit-il, à un corps ecclésiastique un héritage que « le propriétaire tenoit en franc-alleu, il sera aisément re- « connu entre les mains de ce corps comme franc-alleu..... « de-là dérive ce qu'on dit ici, que quand c'est le roi qui est « donateur, on regardera aisément la tenure comme totale- « ment affranchie, parceque le roi possede son domaine en « franc-alleu, et confond la suzeraineté avec la propriété (3) ». Ainsi il est reconnu que la directe féodale n'est qu'un droit de propriété qui n'intéresse point les prérogatives du trône,

(1) Le chief signor dou royaume de Jerusalem peut donner dou domaine de la seigneurie, fié ou fiés, tel comme il veaut à service ou sans service; ceaus que il donne à service, il les peut donner pour tel service comme il veaut, et ceaus que il donne sans service, il les peut donner si franchement comme il veaut à l'église, ou à religion, ou à commune, ou à gent laie, et peut ôter tout le service que ly doit le fié que l'on tient de lui ou partie; et ce que le chief signor fait des choses devant dites, doit être ferme et stable, car il est de la seignorie seul seignor et chef, ne ne la tient d'aucun autre seignor fors que de Dieu, ne il ne doit à home ne à feme homage ne service, ne aucune autre redevance pourquoi il ne puisse faire les choses avant dites, et chacune d'elles et chose qu'il en fasse, ses heirs ne peuvent ne ne doivent rapeler ne défaire par raison ne par l'assise ou l'usage doudit royaume. (Assises de Jérusalem, ch. 145.)

(2) Traité du domaine, tome 1, liv. 5, ch. 4, pages 362 et 363.

(3) Ibid. note de l'éditeur.

et que le souverain a pu éclipser dans les biens qu'il consacroit aux églises.

Pour répandre une nouvelle lumiere sur ces principes, voyons ce qui se pratiquoit dans la manumission des serfs. Il en étoit alors de la servitude des biens, comme de celle des personnes; la féodalité, et tous les droits qu'elle entraîne à sa suite, gênoient la liberté des premiers, comme la servitude et les droits de main-morte anéantissoient la liberté des autres. Il y a plus: alors l'intégrité de la glebe, soit allodiale, soit féodale, comprenoit tout à la fois et les terres et les serfs qui y étoient attachés; c'étoit de cet ensemble que résultoit la consistance absolue d'une glebe féodale. Si donc les serfs ont pu être affranchis, non seulement quant aux effets, mais aussi quant à la liberté indéfinie de la personne et à la relaxation de tous les liens qui lui avoient fait perdre ses droits originaires, pourquoi cette révolution n'auroit-elle pas pu s'opérer sur la glebe? Tout n'étoit-il pas égal sous ce rapport entre les biens et les personnes? Or, en consultant les fastes de notre histoire, on voit que, dans tous les temps, la manumission des serfs s'est opérée chez les François et chez toutes les nations européennes, soit avant qu'elle tînt au système féodal, soit depuis qu'elle fut liée à sa constitution, et que la servitude des héritages et des personnes eût été marquée par des degrés de subordination proportionnés à ceux de la hiérarchie féodale. On lit dans les coutumes de Beauvoisis, recueillies par Beaumanoir: 1° que les serfs entrent, comme parties intégrantes, dans la composition du fief; *donc si je ly ai donné franchise, appetissé-je mon fief de tant comme je avois plus en luy quand il étoit serf:* 2° qu'un seigneur pouvoit affranchir son serf, lorsqu'il en avoit l'agrément du seigneur supérieur; *ne peut franchir son serf sans l'octroy de chelui de qui en tient ly sir:* 3° que, dans l'apetissement du fief par l'affranchissement de l'héritage et par la manumission du serf, tout est égal, et la chose elle-même, et les principes qui doivent la régler, et les peines qui suivent la transgression du vassal: la chose, *comme nous avons dit ichi dessus que aucun ne peut franchir son serf sans l'autorité de son par-dessus, et aussint ne puet nus donner abriegement de serviches de fief, ne franchise de hieritage, sans l'autorité de son pardessus:* les principes, parceque l'un et l'autre sont une diminution de la mouvance, qui ne peut se faire sans l'agrément du seigneur suzerain; *nul ne puet son fief changier, ou franchir son serf, sans l'octroy dou seigneur de qui il tenoit:* les peines, parceque le donataire de l'héritage affranchi et le serf mis en liberté sont autorisés à poursuivre en garantie l'auteur de ces affranchissements ; *ils puent suir le seigneur qui che leur bailla tout en cautele maniere que nous avons dit dessus cheux qui franchissent leurs serfs sans l'octroy de leurs seigneurs* (1). Ainsi les serfs purent recouvrer leur liberté absolue par la manumission des seigneurs et le consentement du suzerain: donc, puisque tout étoit égal entre les héritages et les serfs, que les uns et les autres composoient la substance de la glebe féodale, les uns comme les autres purent recouvrer une franchise absolue ; donc la féodalité réelle put s'éteindre, comme la féodalité serve, par le consentement de toutes les parties intéressées; donc la féodalité n'est point une qualité indélébile.

Ces maximes, consacrées par l'usage reçu et pratiqué dans l'économie des fiefs, le furent d'une maniere bien plus solemnelle encore par la grande révolution arrivée dans l'état des personnes, c'est-à-dire l'établissement des communes et des bourgeoisies royales. Ce fut au douzieme siecle, sous le regne de Louis le Gros, que se formerent ces corps municipaux, si favorables à la liberté des peuples. Le but de ces établissements fut de protéger les habitants des villes et des campagnes contre la puissance oppressive des seigneurs; avec eux, l'on vit disparoître insensiblement ces droits odieux qui avoient fait taire dans presque toutes nos provinces la nature et ses loix; par eux la mouvance des hauts-seigneurs et des seigneurs subalternes éprouva un abrégement véritable; la directe serve une fois éclipsée dans ces domaines, l'intégrité de la glebe féodale en fut altérée ; et telle fut encore la force de ces changements arrivés dans la condition des personnes, qu'elles et leurs héritages furent affranchis des servitudes qui leur étoient propres, en vertu des chartres de commune. La clause, *liberi et quieti cum omnibus rebus permaneant,* sans aucune stipulation qui en restreignît l'étendue, emporta de droit l'allodialité de ces

(1) Tout aussint comme nous avons dit ichi dessus, que aucun ne peut franchir son serf sans l'autorité de son par-dessus, et aussint ne peut nus doner abriegement de serviches de fief ne franchise de hieritages sans l'autorité de son par-dessus; et si aucun abriege le fief qui est tenu de li, ou franchit aucun hieritage, li chié de qui ché muet, a guaigné l'omage et est à plain serviche, et l'hieritage que il treuve franchi aisément, et le fié que il treuve donné à vilenage, tout aussint et ce chili qui sont seigneurs dutres fons veulent sievir chélui qui le fief leur abréga, ou qui leur bailla le fief en vilenage, ou qui leur franchit le vilenage qui mouvoit dou fief, ils pueent suir le seigneur qui che leur bailla se il leur convenancha, à garentir tout en cautele maniere que nous avons dit dessus cheux qui franchissent leurs serfs sans l'octroy de leurs seigneurs. (Beaumanoir, coutume de Beauvoisis, ch. 45.)

héritages (1). C'est sur ce principe que la plupart des villes et communautés qui se sont maintenues jusqu'ici dans l'allodialité de leurs biens, en font remonter l'origine ou la confirmation à l'époque de la concession de ces chartres (2). Un arrêt récent et solemnel, rendu à la grande direction pour la ville de Saint-Quentin, a consacré ces maximes : il a été jugé que les termes, *quieti et liberi cum omnibus rebus suis permaneant*, insérés dans leurs chartres de commune de l'an 1195, emportoient l'allodialité des héritages comme la franchise des personnes. Inutilement l'inspecteur du domaine observe que ces biens n'ont point *la justice attachée à leur glebe*; dès qu'il est démontré que la justice ne constitue pas le fief, cette observation est inutile et étrangere à la question qui nous divise. Mais d'ailleurs, en renfermant les effets de ces municipes dans l'abrogation de la directe serve, il s'ensuit toujours que les fiefs ont été abrogés alors, et par conséquent qu'ils ont pu l'être encore par l'anéantissement de la directe réelle, sans compromettre les droits de la couronne, parceque son domaine public ne s'en exerça pas moins sur les uns et sur les autres, et que la restitution de la liberté aux biens et aux personnes n'étoit qu'un retour au droit commun des premiers siecles de la monarchie.

Au reste, il faut distinguer dans les amortissements ceux qui regardent les corps et communautés laïques d'avec ceux qui concernent les églises. Les premiers sont peut-être restreints à l'interposition de la puissance publique, qui prononce sur les inconvénients des possessions immuables: mais lorsqu'il s'agit des églises, l'amortissement royal ne se borne point à ces effets; il emporte encore avec lui la concession de ces biens en franches aumônes, parcequ'il est la suite du droit commun, pratiqué, en faveur des églises, dans tous les âges. Les amortissements de la premiere classe ne sont qu'une diminution des droits de la mouvance; ceux de la seconde emportent l'extinction de tous les services, parceque ceux de l'église ont été regardés, dans tous les temps, comme substitués aux services temporels et ordinaires des fiefs (3). C'est ce que nous avons vu dans les Institutes de Litleton, et c'est ce qui fait dire à Cowel que les services de l'église sont

(1) La Thaumassiere, traité du franc-aleu de Berry, ch. 16.

(2) *Voyez* les ordonnances du Louvre, tome 11, préface.

Arrêt du conseil d'état du roi pour la communauté d'Ahun, 1 juillet 1684.

(3) Traité du domaine, de le Fevre de la Planche, tome 1, liv. 5, ch. 1, note de l'éditeur.

les services naturels des biens aumônés, qui d'ailleurs ne doivent ni foi ni hommage, ni aucune prestation temporelle. *Servitium liberæ et puræ eleemosynæ, si servitium esse credamus quod nec fidelitatem nec terrenum aliquod officium domino impendit* (1). Cette distinction entre ces deux classes est clairement présentée par l'annotateur du traité du domaine : « Ce qui nous intéresse, dit-il, c'est l'extinction « du service dû par celui qui, sous la protection d'une so- « ciété, possede les biens qui font l'obligation de ce service; « extinction, disons-nous, comme dans le cas de la franche- « aumône; diminution dans tout autre cas, où c'est un corps « ou une communauté qui possede (2). »

Ce n'est donc point s'écarter des vrais principes de notre constitution françoise, que de regarder la féodalité comme étrangere aux droits de la couronne, et de fonder sur la concession absolue de nos rois la franchise des possessions ecclésiastiques dans ce second période de la monarchie. Ainsi nos souverains purent, sans blesser les loix de l'état et les prérogatives du trône, faire à la religion le sacrifice de leur mouvance ; ils n'eurent point à redouter, comme le dit l'inspecteur, que les biens, libres du joug féodal auquel ils étoient attachés, ne formassent dans l'état autant de souverainetés rivales et destructives de la leur. Car enfin, si, jusqu'au siecle de Charlemagne, la couronne a pu se passer de la police des fiefs, soit en France, soit chez les nations civilisées de l'Europe; si les biens ont pu être soumis à la puissance publique et au domaine universel de la souveraineté, pourquoi ces liens, d'institution moderne, seroient-ils nécessaires aujourd'hui, et ne pourroient-ils se dissoudre sans donner atteinte à l'unité du pouvoir suprême? Est-ce que les alleux nobles, dont l'inspecteur reconnoît enfin l'existence, est-ce que les justices seigneuriales dont les auteurs et l'annotateur du Traité du domaine lui-même ne regardent point la féodalité comme un caractere nécessaire, forment des souverainetés dans l'état? Est-ce que nous ne voyons pas leurs propriétaires assujettis, comme les autres, aux loix et aux ordonnances du royaume; les premiers, aux impositions publiques et aux services d'armée, suivant les principes actuels de notre constitution militaire; les autres,

(2) Servitium liberæ et puræ eleemosynæ, si servitium esse credamus quod nec fidelitatem nec terrenum aliquod officium impendit, est ubi feudum abbati aut priori aut eorum conventui, decano et capitulo, magistro hospitali aut cuicumque corpori vel homini ecclesiastico ejusdem capaci datur. (Cowel, comment. de Litleton.)

(3) Traité du domaine, de le Fevre, tome 1, lib. 5, ch. 1, note de l'éditeur.

au ressort de la justice royale, par la voie des appels, les regles de l'ordre judiciaire, et la destitution des juges.

Ce qui en a imposé à l'inspecteur du domaine, c'est qu'il a confondu dans cette matiere le fait avec le droit, les mœurs de quelques siecles avec les loix constitutives de la monarchie, des principes de circonstances et de méthode avec les regles essentielles de l'ordre public. Sans doute il fut un temps où la féodalité devint un moyen nécessaire à l'unité de la couronne; c'est l'époque du gouvernement féodal: alors la France étoit divisée, pour ainsi dire, en autant de principautés qu'il y avoit de provinces; aucune ne tenant à la souveraineté que par la voie des hommages, elles étoient moins un royaume qu'une grande confédération dont le monarque étoit le chef (1). Dans cet état, la féodalité étoit sans doute nécessaire, irrévocable, parcequ'étant le seul moyen de subordination de toutes ces souverainetés rivales, l'unité du trône eût été bientôt rompue, si nos rois se fussent montrés indifférents sur la prestation de ces devoirs; et c'est alors que la couronne, distinguée du monarque et toujours au-dessus de lui, auroit désavoué ses opérations. C'est ce qui arriva, lorsque, par le traité de Bretigny, le roi Jean céda à Edouard III, roi d'Angleterre, « les honneurs, hommages, « vassausies, obéissance, loyautés, services, reconnoissance, « droitures, mere et mixte imper, et toute jurisdiction, res- « sort et avouaisons, sauve-garde, droit de patronage, et « toute seigneurie et souveraineté qui appartenoit à la cou- « ronne, ès terres que le roi d'Angleterre tenoit en France (2)». En un mot, la nécessité de la mouvance féodale pour la conservation des droits du trône n'est qu'une nécessité relative à la position où les seigneurs se trouvoient par rapport au roi dans les temps du régime féodal; alors les qualités principales de sujets dans les seigneurs, de souverain dans le monarque, avoient été remplacées par les relations accessoires de vassal et de suzerain: voilà comment le vasselage fut nécessaire, et ce qu'il falloit distinguer, pour ne pas ranger dans la classe des régales et des prérogatives du trône un usage qui ne doit son origine qu'à la nécessité des circonstances.

C'est par une suite de cette équivoque, que rapprochant

(1) *Voyez* Mezerai, discours sur les mœurs et coutumes des François, au temps de l'avénement de Hugues Capet à la couronne.

Brussel, liv. 1, page 131 et suiv.

(2) Traité de Bretigny, art. 1.

Bodin, traité de la république, page 171.

Voyez aussi le président Hénaut, abrégé de l'histoire de France, tome 1, page 307.

les

les droits du chef de l'empire de ceux de nos souverains, l'état des princes feudataires d'Allemagne de celui de nos évêques, l'inspecteur du domaine conclut au vasselage de ceux-ci par le vasselage des autres. « Comment, dit-il, les « évêques peuvent-ils refuser au roi la foi et l'hommage, « tandis que les corps confédérés de l'Allemagne ne refusent « point à l'empereur les hommages et les services? Cepen- « dant le roi est souverain dans toutes les parties de son « royaume, et l'empereur ne l'est point dans les états de « l'empire; tous ces corps exercent chacun dans leur district « une pleine et entiere souveraineté ». Ce coup-d'œil sur la constitution politique des deux empires est exact, et il n'a besoin que d'un nouveau développement pour fournir lui-même la solution de la difficulté : l'empereur est sans doute le chef de la confédération, et n'en est pas le souverain; c'est l'empire lui-même, c'est-à-dire le corps confédéré, parcequ'ils sont *essentiellement co-impérants*, et qu'ils exercent seuls dans leurs états la supériorité territoriale par la force de leurs droits, et non comme des délégués de l'empereur (1). En France, au contraire, les rois ne sont pas seulement les chefs de la nation, ils en sont encore les souverains; c'est dans leurs mains que résident la puissance et le domaine public: tous les citoyens du royaume, quels qu'ils soient, sont véritablement leurs sujets; aucun ne jouit du pouvoir souverain dans les terres de son domaine, soit fiefs, soit alleux: ce que l'on appelle en Allemagne supériorité territoriale, droits régaliens, souveraineté, n'appartient à personne dans le royaume; le roi l'exerce seul dans toute l'étendue de sa domination, sans émule et sans rivaux : un souverain et des sujets, voilà à quoi se réduit toute la constitution politique de la France. Faut-il donc s'étonner de voir les corps fédératifs d'Allemagne rendre des hommages et des services à l'empereur, lorsque ces hommages et ces services sont les seuls liens qui réunissent toutes ces souverainetés individuelles, pour ne composer qu'un seul corps, qu'une souveraineté, qu'une couronne, sous la dénomination d'empire romano-germanique? Mais en France, où le lien de la confédération générale est naturellement formé par la souveraineté du monarque et la sujétion essentielle de tous les citoyens, à quoi bon réclamer le vasselage des sujets? de quelle importance peut-il être pour les droits d'une

(1) Droit public germanique, tome 1, pages 189 et 161.

couronne fondée sur ces principes? La féodalité peut sans doute former de nouveaux liens; mais ils ne sont ni essentiels, ni nécessaires à la monarchie, parcequ'ils sont d'une date postérieure à son établissement, et que l'ordre établi par le gouvernement, et les ressorts de son administration, suffisent pour maintenir tous les sujets dans les bornes d'une dépendance légitime.

D'ailleurs c'est une vérité reconnue parmi les publicistes, qu'il ne faut pas juger des fiefs actuels de l'empire par la notion commune de ces possessions. Ce mot présente ordinairement une idée de dépendance qui ne leur convient plus: d'un côté, les révolutions qu'ont occasionnées dans ces provinces les longs démêlés des papes et des empereurs, les guerres des Guelfes et des Gibelins; de l'autre, les capitulations des états et le traité de Westphalie, leur ont fait changer de nature, et les ont mis dans une classe particuliere. Suivant eux, les états de l'empire possedent aujourd'hui leurs fiefs par droit d'hérédité, et non en vertu de l'investiture impériale: cette formalité n'est point proprement une collation, c'est plutôt la reconnoissance et la confirmation des droits de l'héritier. Il ne faut point apprécier les droits des états par leur serment, mais il faut apprécier leur serment par leurs droits. L'hommage des états n'est qu'un hommage simple; le serment de fidélité qu'ils prêtent à l'empereur et à l'empire tout ensemble, ne les engage à rien envers l'empereur en particulier; et en vertu de ce serment, ce chef suprême ne peut rien exiger d'eux que lorsqu'il agit au nom et pour les intérêts de l'empire: c'est pourquoi lorsqu'on dit que les états sont vassaux de l'empereur, cette proposition n'est vraie qu'autant que l'on réunit toujours le corps germanique et son chef (1).

Il ne nous reste plus qu'à rétablir la tradition de nos jurisconsultes et de nos publicistes, défigurée par les interprétations gratuites de l'écrivain du domaine. Deux choses se présentent à notre examen: la premiere, c'est la maxime générale de Loysel, qui a servi de base à notre discussion; la seconde, ce sont les autorités particulieres employées dans la défense du clergé.

Quant à la maxime de Loysel, qui dit que *tenir en franc-*

(1) Droit public germanique, tome 1, pages 189 et 161.
Histoire de l'empire, par Heiss.
Traité de Westphalie, par l'abbé de Mably.
Traité historique et politique du droit public de l'empire d'Allemagne, par le Coq de Villeroi.
Abrégé de l'histoire d'Allemagne, par M. Pfeffel.

alleu, franche-aumône et en main-morte, c'est tout un en effet, l'écrivain du domaine, distinguant ici *les effets et la théorie*, admet l'identité de ces trois formules sous le premier rapport, et la rejette sous l'autre. Si nous avons bien saisi le sens de ces expressions, elles signifient au moins que l'amortissement opere la même franchise que le franc-alleu, à l'exception de la directe ou de la mouvance : pourquoi donc réduire l'amortissement à la simple faculté de posséder sans troubles des héritages, *qui d'ailleurs restent ce qu'ils étoient, assujettis à des charges ou libres de ces droits?* Certainement les biens possédés en franc-alleu sont au moins exempts des charges féodales : donc si les franches-aumônes sont identiques avec les francs-alleux quant aux effets, si les amortissements ont la même conformité avec les franches-aumônes, l'exemption des charges féodales doit leur être commune à tous ; l'amortissement ne se borne donc point au jugement de l'ordre public, qui laisse subsister les biens amortis dans l'état où ils étoient auparavant. Que signifie ensuite cette disparité théorétique entre les amortissements, les franches-aumônes et les francs-alleux, si ce n'est que la féodalité subsiste dans les deux premieres tenures, et qu'elle n'a point lieu dans la troisieme? L'inspecteur reconnoît donc qu'il peut exister dans le royaume des francs-alleux, ou, ce qui est la même chose, des biens sur lesquels la féodalité n'a point d'empire; l'alleu est donc un héritage absolument opposé au fief : pourquoi donc combat-il ailleurs l'existence et la nature de ces biens, en disant que l'alleu ne signifie que propriété, et que la féodalité d'une terre n'empêche point sa dénomination de libre et de franc-alleu? pourquoi établit-il son systême de la directe universelle sur la nécessaire et indéclinable sujétion de tous les biens à la puissance et au domaine public de la couronne?

D'ailleurs le texte de Loysel résiste à cette interprétation : cet auteur n'a jamais admis cette différence entre la théorie et les effets de ces formules; appuyé sur les monuments de l'antiquité féodale, il a vu que les usages et les mœurs publiques avoient autorisé la franchise des possessions ecclésiastiques dans les deux classes d'héritages où elles furent puisées; dans les alleux qui existoient encore, parceque la directe n'y fut point stipulée; dans les biens féodaux, parceque les formules de franc-alleu, de franche-aumône et d'amortissement, l'avoient fait disparoître : c'est alors qu'il a réduit tous ces usages à cette énonciation sommaire : *Tenir en franc-alleu, franche-aumône et en main-morte, c'est tout un en effet;* c'est-à-dire que, dans la vérité, ces formules sont semblables, quoiqu'elles different dans les termes qui les expriment; et si par ces mots, *en effet,* il faut entendre les effets qui leur sont propres, l'auteur ne distinguant point entre eux et la mouvance, il est clair qu'il a voulu rendre par là, non l'énergie particuliere de ces formules, mais leur énergie absolue, non leur identité partielle, mais leur identité totale.

Il en est de même de la maxime de d'Argentré, qui dit que l'amortissement est une émancipation perpétuelle, et une manumission de la loi du fief; que les fiefs amortis commencent à former un territoire séparé, comme soustraits à la loi du fief dont ils ne font plus partie, à moins que l'hommage n'ait été réservé, *nisi barones homagium exceperint.* Y a-t il ici aucune distinction entre la théorie et les effets? Pouvoit-il exprimer d'une maniere plus énergique la conformité des biens amortis avec les propriétés primitives qu'en assimilant l'amortissement féodal à la manumission des serfs? *Est manumissio à lege feudi.* Inutilement l'inspecteur du domaine observe qu'il y a trop d'énergie dans ces expressions; quand on examine les témoignages des auteurs, il ne s'agit pas de prononcer sur l'exactitude de leur langage, mais de savoir ce qu'ils ont pensé, et quelles étoient les maximes reçues de leur temps. L'inspecteur est bien le maître sans doute de les restreindre: mais ses interprétations, purement arbitraires, et qui ne sont décidées que par la nécessité de son systême, ne peuvent en imposer à personne.

A l'égard des auteurs qu'il accuse d'être versatiles et contradictoires dans leurs principes, il est aisé de les concilier avec eux-mêmes et les uns avec les autres. Bacquet et Galand distinguent, il est vrai, entre la mouvance immédiate du roi et celle des seigneurs particuliers; ils prétendent que la féodalité disparoît par l'amortissement sur les terres de la premiere, et qu'elle peut subsister sur celles de l'autre: ainsi l'amortissement n'est, selon eux, qu'un simple jugement de l'ordre public, lorsqu'il s'agit de la mouvance des seigneurs, et un affranchissement total de la directe, lorsque les biens sont dans la mouvance du roi. Dans tout ceci la contradiction n'est qu'apparente; cette disparité dans leur langage a pour fondement les différents rapports que l'amortissement présente aujourd'hui. On a vu que les franches-aumônes et les amortissements primitifs dégageoient véritablement les biens aumônés de tous les droits des fiefs, à moins que, par des clauses particulieres, les donateurs, ou ceux qui y avoient intérêt, ne voulussent en restreindre l'énergie, et réduire la possession des églises à une propriété perpétuelle et incommutable. Or aujourd'hui que l'amortissement, considéré comme jugement de l'ordre public et de la puissance suzeraine, est entre les mains du roi, il est reçu que s'il peut forcer les seigneurs à consentir la propriété des églises, il ne nuit point cependant aux droits qu'ils ont de conserver leur directe sur les héritages amortis. Dès ce moment, par rapport à eux, l'amortissement se trouve borné dans ses effets, et réduit à la simple interposition de la puissance publique, qui prononce sur les inconvénients attachés à la possession des églises : mais lorsqu'il s'agit des biens dans la mouvance du roi, alors l'intérêt de la puissance publique et celui de la puissance suzeraine se trouvent réunis. L'amortissement accordé sans aucune réserve suit nécessairement la direction naturelle que les mœurs et le droit commun des églises lui ont tracée ; il est donc tout à la fois, et jugement de l'ordre public, et opération de la puissance féodale : à cet égard tout est identique entre les anciens et les nouveaux usages, parceque, dans tous les temps, l'amortissement féodal réunit l'exercice de ces deux droits, quoiqu'avec quelques variations dans la puissance qui l'accordoit.

A quoi bon nous opposer de préférence les autorités de Chopin, de le Maître, du grand Coutumier et de Dumoulin ? Les premiers ne disent-ils pas que les biens amortis sont déchargés pour toujours des obligations vassalitiques, *clientelari vinculo solvuntur* (1) ; *qu'ils sont réputés allodiaux ; qu'ils ne doivent ni foi, ni hommage, ni homme vivant et mourant* (2) ; *que le seigneur ne peut faire ni recevoir aucune droiture, ni exploit, ni amende, ni confiscation ; qu'ils demeurent à l'église, sans autre service ni droiture à aucun seigneur temporel, comme biens tenus sans moyen et de Dieu ; enfin qu'il n'est dû relief, ni service, ni redevance, s'ainsi que le don soit consenti du prince* (3) ? Ils accordent donc à l'amortissement la même énergie que Galand et Bacquet lui attribuent ; il n'y a donc aucune opposition entre eux : c'est pourquoi, s'ils exigent ailleurs *l'homme vivant et mourant*, s'ils disent que la féodalité n'en subsiste pas moins, et qu'aucun héritage

(1) Chopin, de sacra politia, tit. 1, n°. 11.

(2) Le Maître, traité du droit d'amortissement, ch. 11.

(3) Le grand Coutumier, tit. 83.

ne *se muet par l'amortissement*, c'est qu'à l'exemple de Bacquet et de Galand ils considerent les biens amortis sous la double circonstance de la mouvance du roi et de celle des seigneurs, parcequ'alors, les intérêts venant à se croiser, l'amortissement peut être plus ou moins resserré dans son énergie. C'est en effet dans ces termes que Chopin s'en explique : « Quant à moi, dit-il, je pense que toutes les fois que « le prince donne à une église, sans stipuler aucune réserve, « il ne peut plus rien exiger désormais qui ait rapport au lien « vassalitique ». *Mea autem fert opinio in iis quæ princeps templi conditor largitus ei sit absque ulla exceptione nullum reliquum peti posse clientelarem nexum, seu feudariam servitutem quam in lege feudi rex sibi ipse non reservavit* (1). Ensuite, distinguant les héritages amortis dans la mouvance du roi et dans celle des seigneurs, il convient que l'amortissement royal, dans ce dernier cas, ne peut qu'empêcher les contraintes que les seigneurs voudroient exercer contre les églises; mais que la mouvance féodale n'en subsiste pas moins lorsque les seigneurs n'ont pas consenti à son extinction, ou gratuitement, ou moyennant une indemnité suffisante : *Haud ideo tamen æstimatur princeps aliena patroni inferioris justa honoraria tollere, aut adventitia feudi commoda voluisse* (2). Ce que dit l'auteur du grand Coutumier, *que l'amortissement est tant faire au seigneur souverain et au seigneur sujet, qu'il soit consentant que la chose puisse demeurer à toujours sans redevance quelconque, qu'il faut un homme vivant et mourant lorsque le don n'a été ni consenti ni amorti*, est une preuve qu'il a aussi considéré l'amortissement sous ces deux rapports (3).

Quand Dumoulin dit encore que l'amortissement laisse subsister l'héritage dans son premier état, *non mutatur qualitas rei amortizatæ quæ semper remanet feudalis*, c'est qu'il ne considere alors l'amortissement que comme un droit royal qui peut bien gêner la volonté des seigneurs, mais qui ne peut les obliger à l'abdication de leur mouvance; c'est ce qui résulte de la suite de son texte, que l'inspecteur n'a pas rapportée. Il faut, dit ce savant feudiste, excepter de cette regle le cas où un seigneur abdiqueroit sans retour la chose féodale,

(1) Chopin, de domanio, liv. 1, tit. 13, n°. 10 et 11.

Voyez encore son traité *de legibus andensibus*, page 307, et celui *de sacra politia*, liv. 3, tit. 1, n°. 10.

(2) Enim verò si rex alienæ tantùm privatæque gratuletur bonorum donationi interpositæ eidem auctoritati, ut fieri assolet, tunc cessabit certè dominium patroni, coercitio in ecclesiam donatariam, ne acquisita de manibus deponere compellatur: haud ideo tamen æstimatur princeps aliena patroni inferioris justa honoraria tollere aut adventitia feudi commoda voluisse. (Chopin, de domanio, liv. 1, tit. 1, n°. 10.)

(3) Grand Coutumier, tit. 83.

et, transportant à l'église son domaine direct, n'auroit à l'avenir pas plus de droits sur les biens amortis que sur une terre allodiale et qui lui seroit étrangere, parcequ'alors ce ne seroit pas de sa part un simple amortissement, mais une véritable expropriation : *Excepto si ageretur de abdicando et in ecclesiam transferendo omne dominium directum et jus dominii; ita ut nihil retineret tanquam in re allodiali et prorsus aliena, quia ista non esset amortizatio, sed expropriatio de qua non quæritur* (1). Il est clair par ce passage, 1°. que Dumoulin n'a point regardé la féodalité comme un caractere tellement inhérent aux héritages, qu'elle ne pût s'effacer jamais, encore moins qu'elle fût dans l'ordre des prérogatives vraiment régaliennes; 2°. que l'amortissement peut être envisagé sous deux rapports, du côté de l'ordre public, et du côté de la directe féodale; que, sous le premier rapport, nos rois, par cela qu'ils amortissent un héritage situé dans la mouvance des seigneurs, n'éteignent pas toujours cette mouvance, parceque, juges de l'ordre public, ils peuvent exercer à cet égard tous leurs droits, sans nuire aux intérêts de personne; 3°. que la partie de son texte citée par l'inspecteur du domaine n'a trait qu'à la disposition de l'ordre public exercé aujourd'hui par nos souverains, à l'exclusion de tout autre; 4°. que lorsque l'amortissement n'est pas réduit par les circonstances à cette simple interposition de la puissance souveraine, alors il y a une expropriation véritable et une abdication absolue du fief, en vertu desquelles le bien devient allodial et étranger à la mouvance primitive du seigneur.

L'amortissement total est donc, dans les principes de cet auteur, et le jugement de l'ordre public et celui de la puissance suzeraine. Ces deux conditions, nécessaires pour établir la propriété et la franchise des biens aumônés, peuvent ne pas se réunir toujours, à cause de la diversité des intérêts qui s'y rencontrent; alors l'amortissement n'opere point tous les effets qu'il pourroit produire, et l'héritage, quoiqu'amorti par le prince, n'est pas émancipé pour cela de la loi du fief: mais lorsque ces intérêts se concilient entre eux, soit par le consentement des seigneurs particuliers, soit parceque la

(1) Non mutatur status et qualitas rei amortizatæ, quæ semper remanet feudalis vel censualis, et in dominio directo vel territorio domini, ut priùs, et nulla censetur fieri alienatio per amortizationem..... et ecclesiæ efficitur vassalla vel censuaria; ita quod in feudo etiam amortizato tenetur ad capitula fidelitatis.... excepto si ageretur de abdicando et in ecclesiam transferendo omne dominium directum et jus dominii, ita ut nihil retineret tanquam in re allodiali et prorsus aliena, quia ista non esset amortizatio, sed expropriatio de qua non quæritur. (Dumoulin, coutume de Paris, tome 1, parag. 31, n°. 78.)

puissance souveraine est seule puissance féodale, alors l'amortissement conserve toute son énergie, et produit à la fois et la stabilité et la franchise des possessions sacrées.

Mais, dit encore l'inspecteur du domaine, il faut distinguer l'exercice de la seigneurie et les effets de la mouvance d'avec la seigneurie et la mouvance elle-même; les amortissements auront pu faire disparoître les premiers, mais jamais ils n'ont pu éclipser les autres. C'est sur ce principe que Charles IX, à l'occasion des biens aliénés par le clergé, a réglé que ceux qui avoient été amortis seroient désormais sous la mouvance immédiate du souverain.

Pour répondre à cette difficulté, il suffit d'abord de distinguer les temps: autrefois l'amortissement étoit réel, c'est-à-dire qu'il opéroit la franchise absolue des héritages, en sorte que les fonds amortis, comme les francs-alleux, passoient, avec leurs prérogatives, à ceux qui les acquéroient des églises; c'est la remarque des auteurs, entre autres de Lauriere et Lefevre de la Planche: ils se fondent l'un et l'autre sur les ordonnances de Philippe de Valois du 13 juin et 23 novembre 1338, qui déclarent libres de toute finance envers le roi les acquisitions faites par une église dans les fiefs et les arriere-fiefs d'une autre, lorsqu'elles ont été duement amorties; mais depuis deux cents ans, continuent-ils, les amortissements sont devenus personnels, c'est-à-dire que l'héritage sortant de la main-morte rentre sous la loi de la directe à laquelle il appartenoit avant qu'il fût amorti (1). Les idées de fiscalité, qui insensiblement se mêlerent aux amortissements féodaux, entraînerent cette révolution; celle-ci fut suivie d'une autre; on distingua par la suite, comme on fait aujourd'hui, entre les effets de l'amortissement et la féodalité elle même, entre la féodalité réelle et la féodalité théorétique, comme s'exprime l'inspecteur. Toutes ces idées, comme on voit, sont d'institution moderne, et ne peuvent s'appliquer aux amortissements primitifs; car enfin, si, par la jurisprudence des fiefs, la féodalité et la mouvance, indestructibles par elles-mêmes, eussent de droit subsisté sur les héritages; les seigneurs qui ne vouloient que gratifier les églises, n'auroient pas eu besoin de stipuler le retour de ces biens à leur directe dans le cas d'une aliénation, comme on l'a vu pratiquer par le seigneur de Derval envers l'abbaye de la Joie. Ces exemples, qui sont rares dans les chartres, et la disposition absolue de toutes

(1) Traité du domaine, de le Fevre de la Planche, tome 1, page 354.

les

les autres, prouvent que l'on ne connoissoit point encore cette distinction inventée de nos jours entre la féodalité théorétique, toujours subsistante, ses effets passagers et la féodalité réelle. L'ordonnance de Charles IX n'a rien de contraire à ces maximes.

S'il est réglé que les biens amortis seront tenus désormais sous la mouvance, ce n'est pas que la féodalité eût toujours persévéré sur ces biens, malgré l'amortissement: car alors la directe des seigneurs n'ayant jamais été éclipsée, l'exercice leur en auroit été dévolu par les loix de la constitution féodale. Le vrai motif qui a déterminé ce réglement est donc que les biens amortis, étant absolument soustraits à la mouvance des seigneurs, n'étoient plus soumis qu'au domaine public du prince, qui, en permettant l'aliénation de ces biens, étoit libre par-là même de stipuler les conditions sous lesquelles ils seroient possédés à l'avenir par les nouveaux propriétaires. Cette réflexion acquiert une force nouvelle lorsqu'on pese et qu'on examine l'ensemble de ces dispositions. L'ordonnance de Charles IX embrasse, sans aucune exception, les héritages de l'ancien patrimoine des églises et leurs acquisitions nouvelles, ceux que le clergé de France possédoit dans les Gaules sous la domination romaine, et ceux qu'il possédoit encore jusqu'à la troisieme race avant l'introduction des fiefs, les biens qui lui furent donnés sous ce nouveau régime par des allodiaires qui ne reconnoissoient dans le souverain que son domaine public ou sa puissance suzeraine, et tous ceux qui avoient déja reçu l'empreinte de la féodalité réelle; tous, sans aucune exception, doivent passer sous la mouvance seigneuriale du roi, et cependant on ne peut pas dire que la féodalité ait jamais eu d'empire sur tous ces biens indistinctement, puisque ou elle n'existoit pas encore lorsqu'ils furent donnés aux églises, ou que tous n'avoient point encore ressenti ses influences.

Tout de même s'il est de principe aujourd'hui que les héritages aumônés aux églises repassent sous le joug de la directe après qu'ils sont rentrés dans le commerce, on n'en peut rien conclure contre leur franchise tant qu'ils sont dans leur domaine. Jugeons-en par ce qui se pratiquoit à l'égard des acquisitions faites par nos rois dans la mouvance des seigneurs. C'est une vérité attestée par nos écrivains et par les monuments de notre histoire, que ces fonds devenoient francs et allodiaux dans leurs domaines, et que la féodalité cessoit absolument de les asservir, lorsque gratuitement, ou par une indemnité proportionnée à la valeur de la mouvance, on leur en remettoit l'hommage et les services (1). Cependant rien de plus ordinaire que de voir stipulé dans ces actes le retour de ces fonds à la directe de leurs premiers maîtres, s'il arrivoit qu'ils passassent en d'autres mains: *Quòd si fortè dictum comitatum extra manum regiam posuerimus, quicumque dictum comitatum tenebit, sive filius sit noster, aut quicumque alius, abbati sancti Dionysii in Francia qui pro tempore fuerit, teneatur homagium facere* (2). Telle est la clause agréée par saint Louis lorsque l'abbé et le couvent de Saint-Denys abdiquerent en sa faveur l'hommage et la mouvance du comté de Clermont, qui relevoit d'eux auparavant. Si donc la féodalité renaît aujourd'hui sur les biens aliénés par les églises, ce n'est pas qu'elle ait toujours subsisté dans la théorie, mais parcequ'un nouvel ordre a été substitué au premier, et que les conditions sous lesquelles l'immunité de la directe avoit été accordée ayant cessé, l'ancien état de ces biens a été rétabli : c'est ainsi que Chopin s'en explique dans son savant traité du domaine. Supposons, dit-il, qu'un fonds amorti rentre dans le commerce: le nouvel acquéreur jouira-t-il de son amortissement? pourra-t-il revendiquer la franchise que cette formule lui avoit procurée? Après avoir discuté les raisons de part et d'autre, il se détermine contre l'acquéreur. Or quels sont ses motifs? c'est que la qualité de l'héritage est changée par le changement de possesseur privilégié: *Cum mutatione privilegiarii possessoris mutatur simul rei qualitas et conditio.* Il reconnoît donc que l'héritage n'étoit pas féodal dans la main de l'église, puisque la féodalité ne revit que par le changement éventuel et réel des circonstances, du possesseur et de la chose: *Mutatur simul rei qualitas et conditio.*

Pour rendre plus sensible la différence de ces deux états, il compare les biens affranchis en faveur des églises, mais qui cessent de l'être dans les mains d'un tiers acquéreur, à ceux du fisc, qui, tant qu'ils y sont attachés, jouissent d'une immunité parfaite, et qui cependant doivent supporter tous les impôts et toutes les charges de l'état lorsqu'ils passent dans la main des citoyens. Certainement, parceque les biens du domaine peuvent et doivent, en rentrant dans le commerce, supporter toutes les obligations que l'état impose à ses sujets, on ne dira pas qu'entre les mains du roi toutes ces charges existoient

(1) Galand, traité du franc-alleu, p. 34. (2) Ibid. page 29.

d'une maniere théorétique sur ces biens; ou, si l'on veut s'exprimer ainsi, on conviendra que cette sujétion, purement conditionnelle, ne peut nuire à la franchise des héritages, tant qu'ils demeurent dans le domaine du souverain (1).

Chopin ou son annotateur vont encore plus loin : pour montrer combien ce sommeil de la mouvance et cette féodalité théorétique ont peu d'activité et d'énergie, combien peu ils nuisent à la qualité franche et allodiale des biens amortis, ils ajoutent ensuite que si l'église, en mettant un héritage hors de ses mains, se réserve la directe et la supériorité féodale, alors la mouvance seigneuriale est interceptée : *Quòd terræ amortizatæ ecclesiis, si postea vendantur, aut alio modo cedantur, unquam sæculari, redibit in subjectionem antiqui dominii, nisi in vendendo ecclesia sibi rectum feodaleque dominium reservaverit* (2).

Enfin l'inspecteur du domaine termine sa réponse par l'examen de la possession des églises : les difficultés qu'il oppose sont, 1°. l'impossibilité où elles étoient de se créer des fiefs, et l'indéclinable obligation de reporter au souverain tous ceux qu'elles possedent ; 2°. l'imprescriptibilité des droits de la couronne ; 3°. les ordonnances et les déclarations qui ont été rendues contre elles dans les différents âges. Quant à la premiere, elle a été suffisamment résolue par tout ce que nous avons dit sur la nature, les caracteres et les progrès de la féodalité, et encore sur les différentes sources où les fiefs des églises ont pris naissance. Il en résulte que cette espece de possession fut le fruit naturel des usages consacrés autrefois pour le service militaire et l'administration économique des terres.

Mais pourquoi les églises n'auroient-elles pas pu former des fiefs? C'est, dit-on, parcequ'elles ne pouvoient point attacher les justices à leur glebe, et que ces émanations de la puissance publique doivent nécessairement être reportées

(1) In hunc locum commodè incidit quæstio de agris Deo dicatis assensu patroni, qui nullum in eos jus penes se tum receperit, ipsosne, si templi sacerdos profana homini dehinc manciparit, patronus revocare possit in pristinam feudi servitutem. Primâ quidem fronte videretur pro libertate respondendum quæ semel dicta nullo postmodum casu retractatur jure romano. Hæc.. contraria tamen sententia placuit senatui parisiensi arrestis festæ Pentecostis, anno 1586 : cum mutatione privilegiarii possessoris mutatur simul rei qualitas et conditio.... nec diversum suadet emptitiæ feudorum immunitatis ratio, quæsitaque sacris ecclesiis titulo oneroso regis morticinii. Haud idcircò enim talis immunitas transit ad privatum profanumque ecclesiæ successorem; pari quippe modo fiscus immunis est ab omni præstatione vectigalium : mercatores tamen qui de feudis fiscalibus mercari assuevere nullam immunitatem solvendi publici vectigalis usurpare possunt. (Chopin, de dominio, tit. 13, lib. 1, pag. 117.)

(2) Placitum curiæ die 23 martii, an. 1586.

Chopin, de Domanio, liv. 1, tit. 13, page 119.

au roi, comme à leur source. Ici il faut distinguer entre les hautes justices et les justices inférieures. Quant à celles-ci, elles ne dérivent point de la souveraineté; c'étoit la prérogative de tout propriétaire d'alleu, qui, d'après les usages reçus autrefois dans l'*administration* des biens, exerçoit une jurisdiction économique sur les personnes qui composoient sa famille (1).

A l'égard des hautes justices, sans doute qu'elles font partie du domaine public, et qu'à ce titre les églises n'ont pu les établir sur leurs terres. Mais que conclure de ces observations? que les glebes auxquelles elles sont attachées sont nécessairement féodales? Non sans doute; car il est démontré: 1° que la féodalité n'est point une charge indéclinable des justices, et qu'il suffit au souverain, pour maintenir l'unité de sa couronne, qu'elles lui soient assujetties par la voie du ressort et des appellations; 2° que la féodalité ne consiste point dans la justice, que l'une n'est point une suite de l'autre, que ces deux droits sont toujours séparables et souvent divisés, que la justice enfin peut exister sans le fief, et le fief sans la justice. Ainsi la jurisdiction que les églises exercent aujourd'hui dans leurs terres est une prérogative étrangere à la glebe, qui ne peut la rendre féodale, parceque, suivant la doctrine de tous nos auteurs, *fief et justice n'ont rien de commun*. Si l'on demande comment la jurisdiction a pu être attachée aux terres qui relevent des églises, et qui sont, à proprement parler, les seules terres féodales qu'elles possedent, nous dirons qu'elles sont le fruit des démembrements volontaires ou forcés qui se sont faits des glebes principales: volontaires, parceque, les justices étant assimilées dans nos mœurs aux propriétés vulgaires, les églises purent les inféoder comme le reste de leurs biens; forcées, parceque les abbés comtes, les commendataires laïques, les vidames et les avoués, qui les usurperent, avec une partie des biens, dans les neuvieme, dixieme, douzieme et treizieme siecles, obligerent enfin les églises à les reconnoître pour leurs vassaux. Delà ces réclamations fréquentes des conciles, et ces réglements multipliés de nos rois et des hauts seigneurs, pour borner le district de toutes ces administrations passageres, l'étendue de leurs justices, et les droits pécuniaires qu'ils s'arrogeoient dans les terres et sur les hommes des églises (2).

(1) *Voyez* la chartre pour les Espagnols, tome 1 des capitulaires de Baluze, et le tome 1 des anciennes loix des François, par M. Howard.

(2) Fond. de Flandre, d'Aubert le Mire, *passim*.

Quant aux droits de la couronne, il ne faut pas les confondre avec ceux du domaine; ces droits éminents consistent dans la souveraineté universelle, dans l'exercice absolu de la puissance publique, dans l'administration suprême de la justice, dans la protection générale des citoyens et des propriétés, dans le droit de faire des loix, dans celui de faire la paix ou la guerre: les autres sont ceux que le souverain exerce à titre de propriétaire et de seigneur féodal; ceux-là n'ont rien de commun avec les autres, et quelles que soient aujourd'hui les loix de leur administration, jamais elles n'empêcheront que la féodalité n'ait pu cesser sur les héritages consacrés aux églises par les franches aumônes et les amortissements. En effet, il est de principe que la loi actuelle de l'inaliénabilité du domaine n'est point absolue, qu'elle est nécessairement subordonnée à l'intérêt de la puissance publique, parcequ'alors c'est l'ordre public qui se considere lui-même dans l'aliénation de ces dons dont la conservation n'a d'autre objet que son utilité et ses besoins. Or, quel rang la religion tient-elle dans le royaume? N'est-ce pas celui d'une constitution qui, depuis l'origine de la monarchie, est individuellement liée avec sa constitution politique, qui en fait véritablement partie. On voit par tous nos monuments, et sur-tout par nos capitulaires, que nos souverains, depuis qu'ils eurent embrassé le christianisme, les firent concourir l'un et l'autre à l'intérêt général de la nation. Dans ce système, aussi ancien que la monarchie, les biens des églises ne sont que le patrimoine de la religion, et par conséquent de l'état au service duquel elle consacre éternellement ses ministres et son culte. Ainsi, nos rois en renonçant, en faveur des églises, à la suzeraineté qu'ils exerçoient sur ces biens, n'ont rien perdu de leurs droits, comme souverains ou comme seigneurs de fiefs; comme souverains, parceque, la féodalité n'intéressant point leur couronne, ils n'en sont pas moins les chefs suprêmes de l'ordre public; comme seigneurs féodaux, parceque la féodalité se réduisant aujourd'hui à des profits pécuniaires et éventuels, par la restauration de l'ordre légal, nos souverains ont pu en faire la remise par une libéralité particuliere, ou s'en dédommager par des sommes proportionnées à la perte de ces droits. En un mot, s'ils cessent d'être les suzerains ou les seigneurs directs de ces terres, ils en deviennent les avoués, les protecteurs uniques et essentiels, comme étant dans l'état à la tête de l'ordre public, dont la religion fait partie. C'est dans ces principes que

Louis XIV, par son édit du mois d'août 1667, a excepté de la disposition rigoureuse des ordonnances qu'il rendit pour l'inaliénabilité de ses domaines, les dons faits aux églises par ses prédécesseurs et par lui.

Les poursuites du gouvernement faites dans les différents regnes contre les églises, n'ont point arrêté le cours de leur possession; elles n'eurent d'autre objet que de réclamer la féodalité et ses droits sur les biens qui n'avoient pas encore reçu, par l'amortissement, le caractere de la consécration au culte religieux. Aussi lorsque le sceau de l'autorité publique et féodale leur eût été imprimé par nos rois, les édits, les déclarations, les lettres patentes et les arrêts des cours qui les ont enregistrés, s'empresserent-ils de prononcer solemnellement l'exemption de la foi et hommage, aveu et dénombrement pour ces biens (1).

L'ordonnance de Charles V rendue en 1573, les déclarations de Louis XIV et de Louis XV en 1664 et 1725, ne peuvent être opposées non plus à la possession du clergé. Le but du législateur dans la premiere est d'obliger les évêques à reconnoître la supériorité et le ressort suprême de la cour de parlement: *Cum ratione regalis nostræ superioritatis ac postremi ressorti nostræ superioris curiæ parlamenti Parisiis, omnis temporalitas tam judiciorum quàm alia.... a nobis et sub nostris superioritate et ressorto prædictis teneatur.* Dans ceci il n'y a rien qui ait rapport à la directe féodale des biens du clergé: c'étoit un usage alors dans presque toutes les provinces de France, que tout possesseur, quel qu'il fût, allodiaire ou vassal, prêtât le serment de fidélité au chef du territoire, à raison de son habitation et de la justice; mais cet usage, dont nous avons parlé déja, et dont il reste encore quelques vestiges en Dauphiné (2), quoique commun aux hommes de fief et à ceux du district, n'a jamais confondu la différence de leurs conditions respectives. Si, dans l'ordonnance de Charles V, ces devoirs, exigés des prélats, sont qualifiés d'hommages, cette expression ne signifie pas l'hommage féodal, celui qui caractérise un vassal feudataire; elle n'y est employée que pour marquer en général les obligations où sont les prélats de reconnoître la supériorité du roi et la souveraineté de sa cour: aussi le prince n'exige-t-il point absolument que cette reconnoissance se fasse par hommage; content d'en recommander l'exécution, il laisse aux

(1) *Voyez* suprà.

(2) *Voyez* Salvaing, traité de l'usage général des fiefs en Dauphiné, *suprà*.

évêques la liberté de s'en acquitter par *hommage, serment de fidélité*, ou autrement (1) : *Per homagium aut fidelitatis sacramentum, vel aliter*

Les déclarations de 1674 et de 1725 ne peuvent pas non plus être raisonnablement opposées à la possession des églises : les dispositions de ces loix, les contraintes auxquelles elles ont donné lieu, et les reconnoissances qui les ont suivies, l'ont troublée sans doute ; mais elles ne l'ont point interrompue dans son cours. Lorqu'elles ont été rendues, la question n'avoit point encore été soumise à une discussion réguliere : c'est la raison pour laquelle le souverain en a suspendu jusqu'ici l'exécution par plusieurs arrêts de son conseil. D'ailleurs, puisqu'il a accordé au clergé de son royaume la permission de mettre ses titres en regle, pour qu'il pût la juger en connoissance de cause, le fruit de cette grace seroit absolument perdu pour lui, si, dans le jugement de cette affaire, on pouvoit se faire de ces deux loix un motif de décision.

Le clergé peut donc réclamer à juste titre, pour la franchise de ses biens, la possession dans laquelle il s'est maintenu jusqu'à ce jour. Elle a pour fondement les coutumes et les mœurs de la nation dans les différents âges de la monarchie. Ces âges se réduisent à deux époques principales : l'une commence à Clovis, et finit avec la famille de Charlemagne ; l'autre embrasse tous les siecles qui se sont écoulés depuis cette révolution jusqu'au siecle de Louis XV. Dans la premiere, l'allodialité des biens ecclésiastiques a pour base la liberté naturelle des héritages, qui, sous quelque point de vue qu'on les considere, n'ont jamais été asservis à la féodalité réelle. Quant à leur glebe, parceque la féodalité, c'est-à-dire la séparation du domaine en direct et en utile, dont l'un demeure entre les mains du concédant, l'autre dans celles du concessionnaire, à la charge des services, n'étoit point encore connue, il n'y avoit alors que deux manieres de posséder : en bénéfice, et en propriété absolue. La premiere fut la loi des concessions faites par nos princes aux seigneurs laïques : la seconde fut la loi des églises. Quant à la justice, parceque l'influence de cette partie de la puissance publique sur les biens et les personnes n'a aucune analogie avec la directe des héritages, elle put être sans doute la matiere et l'objet de la féodalité, mais elle n'en peut être ni la source ni l'origine.

(1) *Voyez* les lettres de Charles V, 4 janvier 1373. Ordonn. du Louvre, tome 2, p. 654.

Dans la seconde époque, la plupart des terres qui furent données aux églises n'avoient point encore subi le joug de la féodalité, et celles qui y étoient asservies déja purent en être libérées, et le furent en effet par les affranchissements des seigneurs. Ces affranchissements se présentent sous trois formules principales, les donations en franc-alleu, les franches-aumônes, et les amortissements. Toutes ces formules étoient résolutives de la mouvance féodale : ce point de notre droit public est prouvé par les monuments de ces siecles, par les chartres des églises, les ordonnances de nos rois, et la tradition uniforme et constante de nos écrivains.

Telle est la force de cette possession, qu'elle met à l'abri de la féodalité et de ses influences la généralité des biens ecclésiastiques, et établit une présomption légitime en faveur de celles qui ne paroîtroient pas avoir été faites sous cette loi: ces principes dérivent des anciennes loix françoises. On lit, dans les institutes de Litleton, qu'il y avoit deux manieres d'acquérir la franche-aumône; les titres, et la prescription (1). On lit, dans l'ancienne coutume de Normandie, que tous les fiefs *qui par trente ans ont été tenus comme omosne, doivent être tenus comme omosne* (2). C'est aussi la disposition de la nouvelle coutume de cette province; l'article 141 porte: *Que si l'église a possédé par quarante ans en exemption de bailler homme vivant et mourant, ou de pourvoir à l'indemnité du seigneur, elle tiendra désormais le fief ou l'héritage en pure aumône, et ne sera tenue que de donner une simple déclaration au seigneur.* C'est ce qui fait dire à Basnage, son commentateur, que si c'est le seigneur qui donne à l'église, il est présumé de droit avoir donné en franche-aumône; mais que si c'est le censitaire, il faut à l'église une possession libre de quarante ans pour continuer de jouir avec la même prérogative. Suivant l'auteur du nouveau dictionnaire de cette coutume, il y a deux choses à remarquer sur cet article : la premiere, que cette disposition n'est pas bornée à la province, mais qu'elle est l'expression du droit public du royaume depuis l'origine de la monarchie; la seconde, que cette regle n'est pas seulement relative aux seigneurs, mais qu'elle s'applique au roi. «Le motif de cette « décision est que tout bien possédé par l'église, est, de droit, « réputé faire partie de sa fondation primitive, et lui appar-

(1) Anciennes loix des François, sec. 140.

(2) Ancienne coutume de Normandie, ch. 115.

« tient

« tient en franche-aumône, c'est-à-dire qu'il est de nature « à subsister dans sa main, sous la protection du souverain, « sans aucun assujettissement au vasselage. Ainsi, continue-« t-on, pour que l'église puisse être obligée à quelque devoir « de vasselage, soit envers le roi, soit envers les seigneurs, « il faut ou que le roi, ou que les seigneurs aient en main « des titres qui prouvent que, depuis quarante ans, les fonds « qu'elle possede ont été reconnus par elle à titre d'inféoda-« tion; sans cela on ne peut exiger d'elle ni aveu, ni dénom-« brement, ni autre acte de reconnoissance de vasselage: elle « ne doit qu'une déclaration, c'est-à-dire l'attestation de la « franchise de sa possession (1) ».

A ces autorités nous joindrons celles de Pallu, de Cochin, du nouvel auteur du Traité de la souveraineté. Pallu, dans son commentaire de la coutume de Tours, dit que ce n'est point à l'égard des églises que l'on doit agiter cette question, si le franc-alleu est présumé sans titre (2); le célebre Cochin, que la possession immémoriale et quarantenaire, dans laquelle sont les monasteres et les églises, de ne point rendre les devoirs de la féodalité, faisoit légitimement présumer que leurs héritages leur avoient été donnés en franche-aumône, c'est-à-dire, comme il s'en explique lui-même, avec une liberté entiere de tous devoirs féodaux; son autorité est d'autant plus précieuse qu'elle est fondée sur les moyens que nous venons d'établir. « Que l'on consulte, dit-il, ce qui nous reste « des anciennes fondations et dotations faites aux églises; « on trouvera qu'elles ont toutes été faites par les seigneurs « avec les clauses d'affranchissement. On doit présumer que « celles qui n'ont pas été faites de même, l'ont été. Quand « elles auroient été faites par des censitaires et des vassaux « qui ne pouvoient pas affranchir leurs héritages, on doit « présumer que les seigneurs ont approuvé les donations, et « les ont affranchies de tout devoir, et la preuve s'en tire de « leur possession (3) ».

Suivant l'auteur du Traité de la souveraineté du roi, c'est une maxime reçue dans le royaume, que l'église est censée « jouir de son domaine librement, toutes les fois qu'elle ne « paroît point avoir fourni au seigneur du territoire homme « vivant et mourant, rendu foi et hommage pour les fiefs,

(1) Dictionnaire de la coutume de Normandie, tome 3, verbo *Prescription*, page 553 et suiv.

(2) Pallu, commentaire sur la coutume de Tours.

(3) Cochin, treizieme consultation, tome 1 de ses œuvres, page 663.

« passé de déclarations pour les rotures; qu'alors elle ne doit « qu'une déclaration seche au seigneur du territoire (1) ».

Nous finirons par l'autorité du célebre Bacquet. Cet auteur, après avoir établi l'imprescriptibilité du droit d'amortissement et d'indemnité, y met cette restriction : « Il faut entendre ce que dessus, quand la féodalité est duement vérifiée, et qu'il appert que l'héritage contentieux est tenu et « mouvant du seigneur qui l'a fait saisir; mais si la féodalité « est déniée par les gens de main-morte, lesquels soutiennent « les héritages ou bien les droits par eux possédés n'être aucunement tenus en foi et hommage ni en censive, et « qu'ils ont franchement joui, par plus de cent ans, voire « deux cents ans, sans reconnoissance du seigneur, et que « leurs héritages sont francs et allodiaux, encore qu'ils soient « situés au-dedans de la seigneurie, châtellenie du gentilhomme qui les a fait saisir; en ce cas la prescription centenaire doit être reçue, et ne suffit de dire, Les héritages qui « appartiennent à gens de main-morte sont situés au-dedans « de ma châtellenie, ou bien les droits seigneuriaux qui lui « appartiennent sont perceptibles sur les héritages assis audedans de ma seigneurie ; partant lesdits héritages sont « tenus de moi en foi et hommage ou en censive, attendu « que mon fief est borné et limité : car cette maxime est reçue pour le droit de justice seulement, non pas pour les « autres droits seigneuriaux et féodaux, comme de foi et hommage et censive, lesquels il est besoin de vérifier ; autrement on présume les héritages allodiaux, si la coutume des « lieux n'est au contraire (2) ».

Ce qui ajoute à tous ces témoignages, c'est que ce n'est point une prescription que l'église de France invoque aujourd'hui ; c'est quelque chose de plus, une possession publique et constante, fondée sur les mœurs et les intérêts successifs de la nation. Il y a cette différence entre l'une et l'autre, que la premiere suppose une dérogation à des titres, et que l'autre fait légitimement présumer qu'ils n'ont jamais existé. Personne n'a développé ces différences avec plus de sagacité que l'annotateur du traité du domaine : « Il ne faut « pas confondre, dit-il, la prescription avec la force de la « possession exprimée par cette expression proverbiale, *possideo quia possideo*, dont le sens est que la possession se « défend par elle-même; que celui qui possede vis-à-vis de

(1) Traité de la souveraineté du roi, tome 1, page 647.

(2) Bacquet, traité du droit d'amortissement, page 172.

« tout autre que celui qui a des titres contraires, est véritable propriétaire; que si cette possession a été continuée par un long espace de temps, d'une maniere publique et solemnelle, elle devient tradition et coutume; si elle touche au droit public, elle fait partie des mœurs et du *sic vivitur* de la nation. En un mot, c'est le plus beau titre par lequel les hommes puissent défendre leurs droits. Les titres écrits sont des titres morts, qui ne reçoivent la vie que par la possession, qui en détermine le véritable sens, la véritable étendue; les loix elles-mêmes ne reçoivent leur caractere sacré que de l'exécution qui en renouvelle les préceptes à chaque moment: tout, dans l'ordre civil et dans l'ordre de la religion, c'est-à-dire dans l'ordre de la vérité même, tout roule sur la tradition qui transmet au siecle suivant l'enseignement du siecle précédent; l'écriture n'est que la rédaction du témoignage de son siecle : il n'y a donc rien, absolument rien, qui soit hors de la puissance d'une tradition ou d'une coutume de ce genre; et avec quelque énergie qu'une loi territoriale rejette la prescription, elle n'exclut pas cette autorité des mœurs et de la coutume (1)».

Donc, puisque l'allodialité des biens ecclésiastiques a été réglée de siecle en siecle par les usages et les mœurs, ce n'est point un droit nouveau que le clergé réclame aujourd'hui, c'est le droit antique de la nation, parcequ'il est l'ouvrage de tous les ordres qui la composent. Cette prérogative fait partie du droit public du royaume, parceque le droit public n'est autre chose qu'un corps de principes établis par les usages et les mœurs : ainsi, quelles que soient les dispositions des coutumes générales ou particulieres, ce droit n'en peut recevoir aucune atteinte, comme étant supérieur à leurs dispositions. En effet, pourquoi les prérogatives de la suzeraineté du roi sont-elles restreintes par les coutumes allodiales? c'est que nos mœurs en ont ainsi disposé; c'est que toutes ces différentes contrées, régies long-temps, pour la plupart, par les principes des loix romaines, ou par des usages étrangers à la féodalité, n'ont jamais reçu la maxime nouvelle, *Nulle terre sans seigneur*. Si donc, malgré la diffusion presque universelle de la féodalité dans le royaume, il existe pour ces provinces un droit public qui fait présumer la franchise de leurs héritages, le clergé peut à plus juste titre en invoquer un semblable pour l'universalité des siens. Celui

(1) Traité du domaine, de le Fevre de la Planche, tome 1, liv. 3, ch. 2, page 161, note de l'éditeur.

de ces provinces et de ces districts n'a pour lui que le temps et la condition primitive des terres; celui du clergé a la même base, et il y joint encore le concours uniforme et constant de toutes les volontés intéressées dans la condition des biens pour faire disparoître la féodalité qui en gênoit la franchise, et les restituer à leur premier état sous le domaine des églises.

Au reste, le clergé de France est bien éloigné de refuser au roi la foi et les hommages personnels, si, non content du serment de fidélité que les évêques lui font à leur sacre, il veut exiger encore ces nouveaux témoignages de sa soumission; convaincus que c'est aux ministres de la religion à donner l'exemple de tous les devoirs, les prélats et les ecclésiastiques du royaume saisiront toujours, avec empressement, tous les moyens qui pourront rendre leur obéissance plus sensible: mais ils supplient sa majesté de ne point confondre l'hommage de leurs personnes avec la condition et les droits de leurs héritages; car si, en vertu des hommages qu'elle exige aujourd'hui du clergé, elle n'imposoit pas silence à ses officiers sur ses possessions mêmes, bientôt ces hommages personnels, confondus par eux avec les hommages réels et féodaux, seroient un prétexte pour exiger d'autres droits de la part des églises. Indépendamment de ces droits onéreux, les recherches auxquelles ces formalités donneroient lieu, acheveroient de ruiner la plupart des bénéficiers par des frais immenses qui seroient en pure perte pour le roi, et qui, en diminuant les revenus des églises, altéreroient nécessairement ses ressources.

Lorsque Charlemagne, en se rendant aux vœux de la nation, défendit aux ecclésiastiques de servir en personne dans ses armées, les évêques, qui craignirent de perdre le rang et les honneurs attachés à la profession des armes dans une nation guerriere, porterent leurs réclamations au pied du trône: l'empereur les rassura, et les confirma de nouveau dans les honneurs et les dignités dont ils étoient en possession (1). Les évêques font aujourd'hui la même priere au roi. Chargés, par le devoir de leurs titres, de transmettre à leurs successeurs et à la nation même les biens qu'ils en ont reçus, avec la franchise et les droits qui leur ont été accordés, ils supplient sa majesté de maintenir, à l'exemple de

(1) Capitulare VIII Caroli magni, an. 803, sive capitula de immunitate episcoporum ac reliquorum sacerdotum ab expeditionibus bellicis data Wormatiæ in generali populi conventu. (Tome 1 de Baluze, page 406.)

ses ancêtres, les héritages de l'église dans toutes leurs prérogatives. L'allodialité, ou l'exemption des droits et de la mouvance féodale, est la plus précieuse; elle fait partie des fondations mêmes dont le droit est imprescriptible dans nos mœurs, suivant l'article XXXVI de nos libertés. Est-il en effet aucun propriétaire dans la nation qui puisse réclamer, en faveur de ses biens et de la loi qui les régit, une antiquité et une origine aussi respectable? L'antiquité des possessions ecclésiastiques, co-existante à celle de la religion chrétienne dans les Gaules, est supérieure à celle de la constitution françoise. Les titres de ses possessions sont tous émanés de la piété des fideles, de la libéralité des grands, et de la munificence de nos rois. La demande que le clergé fait aujourd'hui au roi, n'a d'ailleurs rien d'exorbitant, et n'intéresse point les droits de la couronne; l'allodialité est encore le droit d'une grande partie des biens du royaume: et aujourd'hui même, les biens assujettis à la foi et à l'hommage féodal ne sont pas tous asservis de droit à l'aveu et dénombrement par détail; les fiefs n'ayant été réglés par aucune loi constante, les usages et les coutumes de nos provinces varient à l'infini sur les obligations de ces biens.

RÉCAPITULATION.

Ainsi, pour nous résumer en deux mots, la réponse du clergé au mémoire du domaine a deux parties : la premiere est l'examen des observations préliminaires de l'inspecteur sur la question des foi et hommages, aveux et dénombrements auxquels on veut assujettir les biens des églises; la seconde est la discussion méthodique des principes du domaine sur la féodalité universelle des héritages en France.

Dans la premiere, on a vu que, pour assujettir le clergé aux devoirs que la féodalité entraîne, il ne suffisoit pas qu'il possédât des fiefs; qu'il faut distinguer deux sortes de mouvance, l'une active et l'autre passive. Le clergé a sans doute des mouvances: mais, par la nature et la condition de ses héritages, il n'est, à proprement parler, dans celle de personne; s'il tient au systême féodal par une extrémité, il n'y est point attaché par l'autre: tel fut le droit originaire de la constitution féodale, et tel est encore celui des francs-alleux nobles qui existent aujourd'hui dans le royaume.

2°. La protection que le roi accorde aux biens ecclésiastiques n'est point féodale par elle-même : dans les premiers temps de la monarchie, elle se bornoit à garantir les églises des vexations et des usurpations fréquentes auxquelles leur foiblesse les exposoit sans cesse ; dans les siecles postérieurs, où la police générale du royaume fut établie sur les vrais principes, et assujettie à une marche réguliere et constante, cette garde et cette protection se réduisit à des ordonnances salutaires, qui, à l'instar des biens des pupilles, séquestrerent, pour ainsi dire, les possessions des églises de la classe des biens profanes, et les assurerent sur une base plus solide, en assujettissant leurs aliénations et leurs échanges à des dispositions particulieres.

3°. Quant à l'époque de la contestation qui se renouvelle aujourd'hui, elle n'est point aussi ancienne que l'inspecteur le suppose : en suivant pas à pas le cours des ordonnances, édits, déclarations et lettres-patentes de nos rois, l'on voit que les demandes faites aux ecclésiastiques n'eurent pour objets que les droits pécuniaires des amortissements royaux, et non la féodalité des héritages aumônés et amortis aux églises. Si jamais la féodalité fut comprise dans ces recherches fréquentes, c'est qu'il s'agissoit de biens situés dans la mouvance de nos rois, et qui, faute d'avoir été consentis par le souverain et d'avoir acquitté les droits d'une indemnité suffisante, n'avoient pu acquérir encore la stabilité et la franchise de l'ancien patrimoine des églises et des monasteres.

4°. Les réclamations du clergé et les principes de sa défense regardent indifféremment le roi et les seigneurs ; il soutient également vis-à-vis de tous l'allodialité de ses possessions, lorsque, ni dans les chartres particulieres, ni dans les lettres d'amortissements du prince, on n'a point stipulé des réserves et des clauses qui aient pu restreindre le droit commun et général des possessions ecclésiastiques.

5°. Par rapport à l'intérêt que le clergé peut avoir dans la contestation présente, il se borne naturellement à défendre la franchise de ses héritages suivant le droit commun qui les régit, d'après les mœurs et les usages consacrés de siecle en siecle dans les chartres de ses fondations et dans les loix du royaume ; et si la formalité des aveux et dénombrements étoit pour le clergé un moyen plus sûr de maintenir la stabilité de ses possessions, ce seroit aussi les exposer à des droits onéreux et à des recherches inquiétantes sans profit pour le souverain.

La seconde partie de la défense du clergé, ou la discussion analytique des principes du domaine sur la féodalité universelle et absolue des héritages, est encore divisée en deux chapitres : dans le premier on discute l'état primitif des propriétés en France sous les deux premieres races; le second roule sur les affranchissements accordés aux nouvelles acquisitions des églises sous la troisieme.

Le premier contient le développement de la maxime *Nulle terre sans seigneur.* L'inspecteur prétend qu'elle est la récapitulation du droit public et général du royaume ; que les jurisdictions particulieres et les séniorats qui en ont préparé l'origine, remontent à l'époque de la constitution françoise : ainsi il a fallu discuter cette maxime en elle-même et dans les causes de son introduction.

Considérée en elle-même, elle présente deux sens. L'un est celui de la seigneurie de jurisdiction, l'autre est celui de la directe des héritages. Sous le premier aspect, elle est vraie, parcequ'il n'y a aucune terre, aucun héritage dans le royaume, qui ne soit soumis à la justice du territoire; mais elle n'a rien de commun suivant tous les auteurs avec la féodalité des biens : sous le second, elle a un rapport direct et nécessaire avec elle, mais elle est fausse dans sa généralité; et loin de tenir au régime politique de l'état, elle n'est qu'un accessoire indifférent aux droits du souverain, et dans l'ordre des intérêts civils et contractuels. L'inspecteur du domaine a souvent confondu ces rapports pour les faire servir tour-à-tour de supplément à ce qui manquoit à l'énergie de la jurisdiction seigneuriale et à la généralité de la seigneurie directe.

Passant ensuite aux causes introductives de la maxime *Nulle terre sans seigneur*, les jurisdictions et les séniorats; nous avons examiné l'influence des premieres sur les héritages qu'elles commandent, et cela dans deux époques différentes : l'une est celle de la condition actuelle des terres, l'autre est le moment où la féodalité leur a donné ses loix. Dans toutes les classes de biens qui composent aujourd'hui le système féodal, on voit, non seulement la subordination jurisdictionnelle et politique des propriétés, mais encore leur dépendance civile et contractuelle d'une glebe de mouvance, et le partage du domaine en deux mains différentes. L'économie de jurisdictions territoriales nous éclaire sur l'origine de la premiere, et nous laisse dans une ignorance absolue sur les autres, parceque s'il est question de la prérogative des justices, elle n'est point attachée à toutes les glebes féodales, et s'il s'agit des obligations qu'elles imposent, tous les biens sont soumis à son domaine sans être féodaux pour cela.

La féodalité, considérée dans une époque antérieure, n'est pas un problême plus facile à résoudre par le principe des jurisdictions et des districts. Depuis la fin de la seconde race, où les jurisdictions, devenues héréditaires et patrimoniales, ont, suivant l'inspecteur du domaine, engendré les fiefs et leur dénomination, on voit toujours, dans l'enclave ou le ressort de ces magistratures particulieres, telles que les comtés, les duchés, les marquisats etc. deux classes de biens distinctes et séparées, les alleux et les fiefs; par-tout ces héritages sont opposés les uns aux autres, comme régis par des loix et des principes contraires. La qualité de biens patrimoniaux et de propriétés héréditaires qui leur est commune aujourd'hui, établit bien entre eux une identité générique, mais ne peut en imposer sur leurs vrais caracteres; autrement les objets ne seroient plus distingués entre eux que par leur dénomination respective.

Pour mettre cette vérité dans un nouveau jour, nous avons parcouru sommairement les révolutions arrivées dans la nature des héritages. On a vu, malgré la diffusion des jurisdictions territoriales, la nécessité des inféodations positives pour dénaturer les alleux anciens, et les soumettre aux loix de la féodalité; opérations absolument inutiles dans le systême de l'inspecteur, puisque tous les propriétaires de ces héritages, ou jouissoient de la prérogative des justices, ou y étoient assujettis par les droits mêmes du territoire dans lequel ils étoient assis. On a vu les fiefs à leur tour reprendre la qualité des alleux primitifs par le consentement des parties intéressées, sans que, dans ces opérations réciproques, la justice territoriale ait contribué à la dégénération des uns et au rétablissement des autres.

Ce n'étoit point assez d'avoir discuté les jurisdictions en elles-mêmes et dans leur rapport avec l'état actuel des héritages; nous les avons envisagées encore dans les séniorats et les honneurs connus dès l'origine de la monarchie, rappellés sans cesse dans les capitulaires, et confirmés par une sanction générale dans le traité de Mersen. Dans le tableau que nous en avons tracé, nous avons parcouru rapidement leur antiquité, leur origine, leurs especes différentes, leurs progrès, leurs révolutions, leur influence dans le gouvernement,

ment, leurs caracteres et leurs effets. On a vu que les séniorats de famille et de recommandation n'avoient eu rien de commun avec la féodalité des héritages ; que les séniorats militaires et de jurisdiction, soit avant, soit après le traité de Mersen, n'avoient eu aucune influence sur leur condition primitive, puisque, dans ces deux époques, le district jurisdictionnel des sénieurs sur les personnes n'étoit pas toujours celui de la situation des propriétés ; que si les séniorats, établis par la concession des bénéfices, avoient quelques rapports avec le système féodal, jamais ils n'avoient été l'objet du réglement fait entre Charles le Chauve et ses freres, et que d'ailleurs la féodalité établie par cette voie avoit dû nécessairement se restreindre à ces concessions versatiles, lorsqu'elles eurent acquis la stabilité des possessions patrimoniales.

A ce sujet nous avons examiné l'origine des fiefs ou des mouvances ecclésiastiques : les anciens précaires, les concessions bénéficiales du patrimoine des églises, la nature, la consistance et l'administration économique des manoirs qui leur furent donnés, les advocaties et les vidamies particulieres, les cessions de mouvance, les inféodations positives auxquelles les prélats de tous les ordres furent obligés de se prêter pour avoir des vassaux et se défendre, enfin les oblations volontaires de ces biens que les possesseurs d'alleux firent aux églises, furent les sources fécondes et légitimes de leurs administrations féodales.

Pour terminer cette discussion sur l'énergie et les influences des jurisdictions territoriales, nous les avons considérées encore dans leur relation nécessaire avec la souveraineté : il résulte de cet examen, que les justices sans doute peuvent être féodales comme les biens ; mais que ce caractere ne leur est point essentiel, et que les prérogatives de la couronne, l'unité et l'intégrité, peuvent se maintenir et subsister sans lui ; que le droit de ressort et le domaine suprême, auxquels elles sont assujetties par leur nature et par les principes de notre constitution présente, suffisent pour conserver les droits du souverain et contenir la puissance des seigneurs dans les bornes légitimes.

Dans le second chapitre qui concerne les affranchissements, la question des immunités générales des églises a été écartée comme étrangere à celle qui nous occupe, et n'entrant point dans l'ordre de nos moyens ; puis parcourant les nouvelles dotations des églises, c'est-à-dire celles qui sont postérieures à l'établissement des fiefs, on a vu que l'affranchissement féodal n'avoit pas toujours été nécessaire à cette époque pour leur donner la franchise et la liberté des anciennes, parceque les alleux n'ayant pas encore dégénéré par-tout, les propriétaires qui les donnerent sans réserves féodales les transmirent dès lors avec une allodialité parfaite.

Les affranchissements connus sous le nom de franches-aumônes et d'amortissement ne furent absolument nécessaires que pour les biens dégénérés de leur condition primitive. Dans la féodalité il y a deux choses à distinguer, les droits pécuniaires et la directe, les services et la mouvance. Les franches-aumônes opérerent l'extinction des unes et des autres : ces formules n'ont pas d'autre objet; la maniere dont se faisoit le service des fiefs, les bornes dans lesquelles la féodalité étoit souvent restreinte, la qualité de chef suprême dont les hauts seigneurs jouissoient dans la plus grande partie des branches du système féodal, la nature d'alleux que les biens de leurs vassaux avoient dans leurs mains, le déguerpissement absolu que les feudataires en faisoient à leur cour avant que d'en gratifier les églises, favoriserent ces opérations.

Il en fut de même des amortissements; ces formules ne furent dans l'origine que la continuation des autres sous une expression différente. Si par la suite des temps et lorsque les hauts seigneurs virent s'évanouir leurs antiques prérogatives, l'amortissement devint un droit royal, il ne changea point de nature; les droits que nos souverains réclamerent comme chefs de l'ordre public, en multipliant les intérêts, donnerent à ces formules un nouvel objet, sans nuire à leur premiere énergie.

Par les amortissements sans réserves de la part de nos rois et des seigneurs, le fief fut amorti, et l'allodialité rétablie sur l'héritage destiné au service de la religion : par l'indemnité le roi et les seigneurs, qui ne voulurent rien perdre dans les droits pécuniaires des fiefs, en reçurent le remboursement absolu. Si par la suite on stipula *l'homme vivant et mourant,* ce fut pour maintenir, par cette féodalité symbolique, la féodalité réelle que les amortissements illimités opéroient suivant le droit public de ces temps.

Les chartres des onzieme, douzieme, treizieme et quatorzieme siecles, sont une expression fidele de l'efficacité de ces formules; les déclarations, édits et lettres-patentes de nos rois, ajoutent à la chaîne de ces traditions antiques, et les témoignages de nos publicistes n'en sont qu'une récapitulation sommaire. Qu'on envisage les amortissements royaux sous ce double point de vue, c'est à-dire comme jugement de l'ordre public et comme renonciation des seigneurs à leur droit féodal, on aura la théorie complette de ces formules, et l'on verra s'évanouir alors toutes les contradictions apparentes de nos jurisconsultes modernes sur leur signification et leur énergie.

Quant à la possession du clergé, elle est établie par l'antiquité, la nature, l'uniformité de ses titres, par la disposition des coutumes, par le suffrage de tous nos publicistes, et par la nouveauté même de la contestation qui s'éleve; il existe, sur l'allodialité des possessions ecclésiastiques, un droit public uniforme et constant, qui fait légitimement présumer que tout ce qui ne paroît pas avoir été donné sous cette loi, n'en a pas moins reçu cette prérogative: ainsi le droit que le clergé réclame aujourd'hui, n'est point un droit nouveau; c'est celui de ses antiques propriétés, c'est celui que la nation elle-même a établi dans l'église de France par ses usages et ses mœurs.

TABLE

DES SECTIONS ET CHAPITRES

DU MÉMOIRE SUR LES FOI ET HOMMAGES.

PREMIERE SECTION.

SECONDE SECTION.

TRANSACTION
PASSÉE ENTRE M. DE RÉVOL, ÉVÊQUE D'OLÉRON, ET LES BARNABITES,

Pour l'exécution de l'arrêt du conseil, du 13 mars 1780, relativement à la remise des biens et papiers appartenants au séminaire.

Du vingt-sept novembre mil sept cent quatre-vingt-un.

Nous Thomas Bilhere, prêtre du diocese d'Aire, licencié en droit de la faculté de Paris, vicaire général de M. l'évêque d'Oléron en Bearn, et fondé de la procuration de mondit seigneur évêque, faite et passée à Sainte-Marie d'Oléron le 6 août 1781, pardevant Capdepont, notaire royal de la ville d'Oléron ;

Et dom Eusebe de Lagarde, provincial de la congrégation des Barnabites en France, assisté de dom Sébastien Colomme, visiteur général, dom Patrice Farrell, et dom Antoine Martin, formant le conseil dudit provincial :

Dans la vue de terminer toutes les contestations qui divisent M. l'évêque d'Oléron, l'ordre des Barnabites, et les religieux qui sont actuellement au séminaire d'Oléron, sommes convenus de ce qui suit ;

SAVOIR:

Que nous, provincial et consulteurs de l'ordre des Barnabites en France, consentons remettre à M. l'évêque d'Oléron la direction du séminaire de Sainte-Marie d'Oléron, et l'administration des biens et revenus y attachés, qui nous avoient été confiées en 1708, et lui faire l'abandon de tous les biens et fonds dépendants de ce séminaire; pour, par M. l'évêque actuel et ses successeurs, confier la direction dudit séminaire, et l'administration de ses biens et fonds, à qui bon lui semblera; consentant que tous les revenus du séminaire de la présente année, tant ceux qui auroient été déja perçus, que ceux qui sont dus sur ladite année, et même ceux qui seroient encore dus des années précédentes, soient partagés par égale portion entre nous et les nouveaux administrateurs dudit séminaire, laquelle portion à nous appartenante demeurera compensée jusqu'à due concurrence, avec les dépens, dont la restitution sera ci-après stipulée; et en outre, qu'il sera permis à ceux de nos religieux qui sont actuellement dans le séminaire de Sainte-Marie d'Oléron, d'emporter avec eux les habits, linges, livres, petits meubles, et effets à leur usage, et servant uniquement à leurs personnes: en considération de quoi nous nous désistons, pour l'ordre des Barnabites, de toutes répétitions généralement quelconques que nous nous croyons dans le cas de faire des sommes que nous avons avancées pour les bâtiments et l'entretien de ce séminaire, comme pour les pensions que notre maison de Lescar y a payées pendant long-temps à nos peres qui en avoient la direction. Nous nous soumettons aussi à faire sortir nos religieux qui sont actuellement dans le séminaire, et d'en remettre les clefs à M. l'évêque aussitôt après que les présentes auront été ratifiées par le prélat, attendu que cette ratification en est une condition essentielle, sans laquelle elles n'auroient pas été faites, et à les obliger à se purger par serment, s'ils en sont requis, qu'ils n'emportent du séminaire que les objets ci-dessus mentionnés, et effets à eux appartenants; qu'ils n'ont point connoissance qu'il en ait été emporté, et qu'ils laissent tous les titres, papiers et effets appartenants au séminaire. Nous nous soumettons aussi à restituer à M. l'évêque, dans un délai de quatre mois, à compter de la signature des présentes, les dépens auxquels il a été condamné envers nous au parlement de Pau, et qu'il nous a payés, à l'exception néanmoins de tous ceux qui nous ont été adjugés par l'arrêt provisoire du parlement de Pau du 12 septembre 1777, coût dudit arrêt, frais de signification, et autres accessoires. Nous nous obligeons enfin à garantir le séminaire et les nouveaux administrateurs qui y seront préposés par M. l'évêque, de toutes les dettes que nos peres, directeurs de ce séminaire, auroient pu contracter depuis l'introduction, au parlement de Pau, de la demande qui y a été formée contre eux par M. l'évêque, le 18 novembre 1776, si aucunes y a.

Et moi Thomas Bilhere, prêtre, etc. pour M. l'évêque d'Oléron, en vertu de sa procuration ci-dessus datée, accepte pour M. l'évêque la remise ci-dessus faite par les provincial et consulteurs de l'ordre des Barnabites en France, de la direction du séminaire de Sainte-Marie et de l'administration de ses biens, et l'abandon, entre les mains du prélat, de tous les biens et fonds généralement quelconques du séminaire ; consentant, pour M. l'évêque, que tous les revenus du séminaire de la présente année, tant ceux qui auroient été déja perçus que ceux qui sont dus sur ladite année, et même ceux qui seroient encore dus des années précédentes, soient partagés par égale portion entre les nouveaux administrateurs du séminaire et les religieux Barnabites, à condition qu'il sera restitué à M. l'évêque par les religieux Barnabites, dans un délai de quatre mois, à compter de la signature des présentes, les dépens auxquels ledit seigneur évêque a été condamné envers eux au parlement de Pau, et qu'il leur a payés, à l'exception néanmoins de tous ceux qui leur ont été adjugés par l'arrêt provisoire dudit parlement, ainsi qu'il est dit ci-dessus, et le soumets à la compensation dès à présent de la moitié appartenant aux religieux Barnabites, et les dépens, dont la restitution a été stipulée plus haut en la maniere qu'il a été dit; consens, pour M. l'évêque, que les directeurs actuels du séminaire emportent les habits, linge, petits meubles, livres et effets qu'ils y ont à leur usage particulier et personnel, sauf à exiger d'eux leur serment, s'il est nécessaire, qu'ils n'ont rien emporté au-delà, qu'ils n'ont point connoissance qu'il ait été rien emporté, et qu'ils ont laissé tout ce qui pouvoit avoir été donné au séminaire, ou acheté des revenus dudit séminaire ; décharge, pour M. l'évêque, en madite qualité, les religieux Barnabites, directeurs du séminaire, et l'ordre des Barnabites, de toutes les dettes du séminaire, antérieures à l'introduction, au parlement de Pau, de la demande qui y a été formée par M. l'évêque d'Oléron contre les directeurs de ce séminaire, notamment du contrat de constitution au profit de la dame Mendite, dont le fonds et la rente sera désormais à la charge du séminaire et sous l'hypotheque de ses biens. Je renonce, pour M. l'évêque, à toutes demandes en reddition de compte, ou autres généralement quelconques, et à toutes répétitions qu'il croiroit être dans le cas de former et de faire contre les Barnabites, pour raison de la direction et administration du séminaire, et la possession et jouissance des biens en dépendants, aussitôt qu'ils en auront remis les clefs à M. l'évêque; les décharge en outre, toujours en madite qualité, de toutes demandes et répétitions qui pourroient être faites à l'avenir contre eux pour raison dudit séminaire, à l'exception seulement de celles qui auront pour objet des dettes contractées par les directeurs dudit séminaire depuis l'introduction, au parlement de Pau, de la demande formée contre eux par M. l'évêque d'Oléron, le 18 novembre 1776, le tout à la caution des biens du séminaire. Je m'oblige enfin de faire ratifier incessamment les présentes par M. l'évêque d'Oléron.

Nous consentons réciproquement qu'il soit incessamment passé de concert un jugement au bureau des affaires ecclésiastiques, qui termine toutes les contestations qui nous divisent, d'une maniere conforme aux présentes, sans dépens, et en payant, par celui qui demandera le jugement qui interviendra, le coût dudit jugement.

Pour la justification de mes pouvoirs et de ma qualité de fondé de procuration de M. l'évêque d'Oléron, j'ai remis au provincial de l'ordre des Barnabites en France copie collationnée de ma procuration, en brevet passé devant le notaire royal de la ville d'Oléron, présence de témoins, le 6 août dernier, ladite procuration duement contrôlée et légalisée.

Fait double, à Paris ce 14 novembre 1781. *Signés*, Bilhere, vicaire général du diocese d'Oléron; dom Eusebe de Lagarde, provincial des Barnabites; dom Sébastien Colomme, visiteur général et consulteur; dom Patrice Farrell, consulteur; dom Antoine Martin, consulteur.

Vu les conventions ci-dessus, nous les ratifions, et consentons qu'elles aient leur plein et entier effet. A Sainte-Marie d'Oléron, dans notre palais épiscopal, le 27 novembre 1781.

✠ FRANÇOIS, évêque d'Oléron.

Collationné, par nous écuyer, conseiller secrétaire du roi, maison, couronne de France et de ses finances, en la chancellerie près le parlement de Navarre.

Signé, MONCLA.

ARRÊT

ARRÊT

DU PARLEMENT DE PARIS,

Qui ordonne l'exécution de deux sentences de la sénéchaussée de Boulogne, et qu'en conséquence, vu la désobéissance du sieur Golio envers ses supérieurs, les habitants de Crémarest seront tenus de présenter à l'ordinaire le sujet par eux élu, autre que ledit sieur Golio, pour être admis à faire les fonctions de maître d'école, s'il en est jugé capable.

Du quinze juin mil sept cent quatre-vingt-deux.

Extrait des registres du parlement.

ENTRE François Golio, maître d'école en la paroisse de Crémarest, demandeur en requête visée en l'arrêt de la cour du 12 avril 1782, tendante à ce qu'il fût fait défenses d'exécuter deux sentences contre lui rendues en la sénéchaussée de Boulogne les 14 février et 4 mars précédents, qui lui font défenses de continuer ses fonctions de maître d'école, et de s'immiscer en ladite qualité dans aucune paroisse de la province, sans avoir préalablement satisfait aux réglements, et obtenu la permission des personnes qui ont le droit de les accorder, et, vu le refus par lui fait de se soumettre aux réglements, et sa désobéissance envers ses supérieurs, le condamnent en 6 liv. d'amende, et enjoignent aux habitants de Crémarest de s'assembler pour nommer un autre maître d'école, d'une part, et le procureur-général du roi, défendeur, d'autre part; et entre ledit François Golio, demandeur en requête du 26 avril dernier, tendante à ce qu'il fût fait par provision défenses d'exécuter les sentences de la sénéchaussée de Boulogne, des 14 février et 4 mars dernier, d'une part, et le procureur-général du roi, défendeur, d'autre part, sans que.... après qu'Anjollet, avocat du nommé Golio, et Joly de Fleury, pour le procureur-général du roi, ont été ouïs, LA COUR déboute la partie d'Anjollet de sa demande; faisant droit sur les conclusions du procureur-général du roi, ordonne que les sentences de la sénéchaussée de Boulogne, des 14 février et 4 mars dernier, seront exécutées par provision, selon leur forme et teneur, et que les habitants de Crémarest seront tenus de présenter à l'ordinaire le sujet par eux élu, autre que la partie d'Anjollet, pour être ledit sujet reçu, agréé, et admis à faire les fonctions, s'il en est jugé capable. FAIT en parlement le quinze juin mil sept cent quatre-vingt-deux. *Signé*, DU FRANC. Collationné, *signé* DE HANSY.

ARRÊT

DU GRAND CONSEIL,

Qui déclare abusive l'union faite de la cure de Saint Jean-Poutge et ses annexes, Pléhot et Lugagnan, à la grange de Vic-Fezenzac, ordre de Prémontré, par acte du 10 décembre 1466, et qui maintient le sieur Despiau, pourvu par M. l'archevêque d'Auch, dans la possession de ladite cure et de ses annexes.

Du huit février mil sept cent quatre-vingt-un.

LOUIS, par la grace de Dieu, roi de France et de Navarre, à tous ceux qui ces présentes lettres verront, SALUT. Savoir faisons, comme par arrêt cejourd'hui rendu en notre grand conseil, entre frere François de Maugre, prêtre et chanoine régulier de l'ordre de Prémontré, procureur-général dudit ordre, évoquant, demandeur, intervenant et appellant comme d'abus, suivant les commission et exploit des 4 novembre et 2 décembre 1775, d'une part, et frere Raimond Paris, prêtre, chanoine régulier de l'ordre de Prémontré, prieur-granger de Vic-Fezenzac, curé de Saint-Jean Poutge et de Pléhot son annexe, prétendant droit à ladite cure, appellant de sentence contradictoirement rendue en la sénéchaussée d'Auch le 10 septembre 1774, et encore appellant comme d'abus des provisions du titre donné par le sieur archevêque d'Auch à Jean Despiau, ci-après nommé, suivant ses lettres de relief d'appel et signification des 21 et 26 septembre 1774, évoqué, demandeur, défendeur et intimé, d'autre part; entre ledit Jean Despiau, appellant comme d'abus de lunion prétendue de la cure de Saint-Jean-Poutge et de Pléhot, son annexe, à la grange de Vic-Fezenzac, suivant ses lettres de relief d'appel et signification du 25 juin 1774 et du 10 janvier 1775, et encore appellant comme d'abus des provisions sur résignation, surprises en cour de Rome par ledit frere Paris le 4 juin 1769, et de celles également surprises sur dévolut en cour de Rome par le frere Jacques Mazeris-Lalanne, le 10 octobre 1773, évoqué, demandeur, défendeur et intimé, aussi d'autre part; et ledit frere Mazeris-Lalanne, prêtre, chanoine régulier de l'ordre de Prémontré, curé de Tabaux, et prétendant droit à ladite cure de Saint-Jean-Poutge, appellant de ladite sentence de la sénéchaussée d'Auch, et encore appellant comme d'abus des provisions accordées audit Despiau par le sieur archevêque d'Auch, et des provisions accordées en cour de Rome audit frere Paris, évoqué, demandeur, défendeur et intimé, aussi d'autre part.....

Vu, par notredit conseil, les lettres de relief d'appel et signification du 25 juin 1774 et du 10 janvier 1775, les provisions sur résignation obtenues en cour de Rome par ledit frere Paris le 4 juin 1769, celles obtenues sur dévolut en cour de Rome par le frere Mazeris-Lalanne le 10 octobre 1773, les provisions accordées au sieur Despiau par l'archevêque d'Auch le 26 mars 1774, l'acte d'union de 1466 de la cure de Saint-Jean-Poutge à l'oratoire de Vic, la sentence rendue sur productions respectives des parties et les conclusions de notre procureur en la sénéchaussée d'Auch, le 10 septembre 1774......... l'arrêt rendu en notre parlement de Toulouse, le 14 août 1775..... par lequel..... demeurant le désistement fait par Delort défaillant...... ledit Delort a été mis hors de l'instance.... commission obtenue, le 4 novembre 1775, par frere François Maugre....... la requête dudit Jean Despiau, du 14 mars 1778.... appointement reçu en notredit grand conseil, le premier avril 1778, entre lesdits Despiau, Paris et Maugre, par lequel le procès par écrit a été conclu.... la requête de Jean Despiau, du 8 juillet 1778, pour avertissement, écritures et productions..... la requête dudit frere Raimond Paris, du 18 décembre 1778......... la requête de Jean Despiau, curé de Saint-Jean-Poutge, du 12 juillet 1779... la requête de François Maugre, du 15 janvier 1780....... les requêtes de Jean Despiau, curé de Saint Jean-Poutge, du 16 janvier 1780..... du 12 février 1780.... du 23 février 1780.... du 4 mars 1780..... l'arrêt de notredit grand conseil, du 8 mars 1780, rendu entre ledit Jean Despiau, le frere Mazeris-

Lalanne, le frere Paris et le frere Maugre, par lequel notredit grand conseil a déclaré l'arrêt d'appointement de conclusions, du premier avril 1778, commun avec ledit frere Mazeris-Lalanne..... la requête de François Maugre, du 14 avril 1780.... les requêtes de Jean Despiau, du 6 mai 1780.... du 10 mai 1780..... du 27 mai 1780..... la requête du frere Mazeris-Lalanne, du 9 juin 1780.... la requête de frere Raimond Paris, du 10 juin 1780...... la requête dudit François Maugre, du 14 juin 1780..... les requêtes de Jean Despiau, prêtre et curé de la paroisse de Saint-Jean-Poutge et Pléhot son annexe, du 14 juin 1780.... du 5 septembre 1780, tendantes à ce qu'il plaise à notredit conseil permettre au demandeur de produire par production nouvelle, et d'ajouter à ses anciennes productions l'original de l'acte d'union, du 10 décembre 1466, et le recevoir aux fins et inductions qui en ont été tirées dans les requêtes, consultations et mémoires du demandeur.... la requête du frere Raimond Paris, du 30 septembre 1780.... les sommations générales et respectives des parties de satisfaire à tous les arrêts, réglements et ordonnances de notredit conseil...... les conclusions de notre procureur-général: ouï le rapport de notre amé et féal Mayou d'Aunoy, conseiller: tout vu et diligemment examiné:

Icelui notredit grand conseil, faisant droit sur le tout, en ce qui touche les appels comme d'abus interjettés par lesdits Raimond Paris, Jacques Mazeris-Lalanne et François Maugre, des provisions accordées par l'archevêque d'Auch audit Jean Despiau, le 26 mars 1774, de la cure de Saint-Jean-Poutge et de ses annexes, dit qu'il n'y a abus; en conséquence condamne lesdits Paris, Lalanne et Maugre, aux amendes de leurs appels comme d'abus: en ce qui concerne les appels comme d'abus interjettés par ledit Jean Despiau, tant de l'acte d'union de ladite cure de Saint-Jean-Poutge et de ses annexes de Pléhot et de Lugagnan à la chapelle et grange de Vic-Fezenzac, du 10 décembre 1466, que des provisions sur résignation, obtenues en cour de Rome par ledit frere Paris, le 4 juin 1769, ainsi que des provisions sur dévolut, obtenues en cour de Rome par ledit frere Mazeris-Lalanne, le 10 octobre 1773, dit qu'il y a abus; en conséquence ordonne que les amendes seront rendues : en ce qui touche l'appel simple interjetté par lesdits Paris, Lalanne et Maugre, de la sentence rendue en la sénéchaussée d'Auch, le 10 septembre 1774, a mis et met l'appellation au néant, ordonne que ce dont est appel sortira son plein et entier effet; ce faisant, a maintenu et gardé, maintient et garde ledit Despiau dans la possession et jouissance de ladite cure de Saint-Jean-Poutge et de ses annexes de Pléhot et de Lugagnan, dont est question, fruits, profits, revenus et émoluments en dépendants; a levé et ôté notre main et tous autres empêchements mis et apposés sur iceux; condamne ledit frere Paris à rendre et restituer audit Despiau les fruits et revenus de ladite cure et de ses annexes, à compter du jour de la prise de possession dudit Despiau; ordonne que dans huitaine, à compter du jour de la signification du présent arrêt à personne ou domicile, ledit Paris sera tenu de remettre audit Despiau les titres, baux, registres et tous renseignements concernant ladite cure: sur le surplus des demandes, a mis et met les parties hors de cour; condamne lesdits Paris, Maugre et Mazeris-Lalanne, en l'amende ordinaire, sur leur appel de ladite sentence, et en tous les dépens faits, tant en la sénéchaussée d'Auch, qu'en notre parlement de Toulouse et en notredit conseil; dépens compensés entre lesdits Mazeris-Lalanne, Paris et Maugre.

Si donnons en mandement, etc.... Donné à Paris en notredit grand conseil, le 8 février, l'an de grace mil sept cent quatre-vingt-un, et de notre regne le septieme. Collationné, *signé* Vandive. Par le roi, à la relation des gens de son grand conseil, *signé* Poursin. Scellé le 28 février 1781.

ARRÊT
DU PARLEMENT DE PARIS,

Qui déclare y avoir abus dans les provisions du prieuré de Saint-Laurent de Caminel, obtenues, en cour de Rome, par le sieur Duclos; et, sans avoir égard aux interventions et demandes des administrateurs du college de Limoges et de leur pourvu, déclare ledit prieuré avoir vaqué en régale; et, en conséquence, maintient le sieur le Blanc de Saint-Fleurien avec restitution de fruits.

Du dix-huit mai mil sept cent quatre-vingt-un.

Extrait des registres du parlement.

LOUIS, par la grace de Dieu, roi de France et de Navarre, au premier huissier de notre cour de parlement, ou autre notre huissier ou sergent sur ce requis, savoir faisons qu'entre Jean-Louis-Xavier le Blanc de Saint-Fleurien, prêtre du diocese de Cahors, pourvu en régale du prieuré simple et régulier de Saint-Laurent de Caminel, de l'ordre de saint Augustin, demandeur, suivant la requête insérée en l'arrêt de notredite cour, du 17 décembre 1776, et en plaid fait en conséquence le 3 mai suivant, d'une part; et Léonard Nicolas, prêtre, chanoine régulier de l'ordre de saint Augustin, congrégation de France, prieur de Saint-Jacques de Beziers; Jacques Duclos, prêtre habitué de Saint-André-des-Arts, et autres, etc. etc.

NOTREDITE COUR, faisant droit sur le tout, en tant que touche l'appel comme d'abus, interjetté par ledit Léonard Nicolas, de l'exécution des provisions de cour de Rome, obtenues par ledit Duclos le 20 janvier 1774, du prieuré de Saint-Laurent de Caminel, dit qu'il y a abus; donne acte audit Boudres des déclarations portées par sa requête du 12 mars dernier; et, sans s'arrêter aux interventions et demandes dudit Poujot, et des administrateurs du college de Limoges et dudit Nicolas, dont ils sont déboutés, ayant aucunement égard à celles dudit Jean-Louis-Xavier le Blanc de Saint-Fleurien, déclare ledit prieuré de Saint-Laurent de

Caminel avoir vaqué en régale; ce faisant, adjuge ledit prieuré audit le Blanc de Saint-Fleurien; condamne lesdits Nicolas Boudres et Duclos à lui en restituer les fruits depuis le décès de Maurice, dernier titulaire, si aucuns ont été par eux perçus; lui fait main-levée pure et simple de toutes saisies arrêts et oppositions qui ont pu être faites entre les mains des fermiers ou autres débiteurs et détenteurs des biens dudit prieuré, tant par ledit Nicolas que par lesdits Boudres et Rocques; ordonne que Boissonnet, sequestre, sera tenu d'en compter et vuider ses mains en celles dudit le Blanc de Saint-Fleurien; à quoi faire, contraint même par corps; quoi faisant, il en sera et demeurera bien et valablement déchargé; et adjugeant le profit du défaut, faute de comparoir, obtenu par ledit Nicolas contre ledit Rocques, joint à la cause par arrêt du 2 avril 1778, sur l'appel comme d'abus, interjetté par ledit Nicolas, des provisions de l'évêque de Cahors, obtenues par lesdits Boudres et Rocques, dit qu'il n'y a abus; condamne ledit Nicolas en l'amende; le condamne pareillement, et ledit Duclos, ledit Poujotet les administrateurs du college de Limoges, chacun à leur égard, en tous les dépens envers ledit le Blanc de Saint-Fleurien et ledit Boudres, et par eux faits contre toutes les parties en demandant et défendant, même en ceux réservés; ceux faits entre ledit Nicolas, ledit Poujot, les administrateurs du college de Limoges, ledit Duclos et ledit Rocques, compensés; sur le surplus des demandes, fins et conclusions, met les parties hors de cour. SI MANDONS mettre le présent arrêt à exécution. FAIT en parlement le 18 mai, l'an de grace mil sept cent quatre-vingt-un, de notre regne le huitieme. Collationné, *signé* JULLIANNE. Par la chambre, *signé* YSABEAU.

ARRÊT DU CONSEIL,

Portant que la requête de MM. les agents, en cassation de l'arrêt du parlement de Grenoble, qui, sur le refus de M. l'évêque de Die et du métropolitain, a commis un simple chanoine pour donner le visa *de la cure de Monestier-Clermont, sera communiquée au sieur Buissonnier.*

Du vingt-cinq juin mil sept cent quatre-vingt-quatre.

SUR la requête présentée au roi étant en son conseil par les agents généraux du clergé de France, contenant que la loi sacrée du dépôt qui leur est confié leur fait un devoir indispensable de porter au pied du trône leurs respectueuses réclamations contre un arrêt ou ordonnance du parlement de Grenoble, du 13 août 1782, qui attaque un des droits les plus essentiels et les plus inviolables du clergé. Après les refus de provisions consécutivement faits par tous les supérieurs hiérarchiques, et même par le plus ancien évêque de la province, et par deux conseillers-clercs de cette cour, au sieur Buissonnier, porteur d'une procuration *ad resignandum* par lui surprise pour une cure dans le diocese de Die, le parlement de Grenoble a commis un ecclésiastique, simple chanoine d'une église étrangere au diocese, à l'effet d'accorder les provisions ainsi refusées. « Il s'agit donc de la charge des « ames, donnée sans aucun concours de la jurisdiction spi- « rituelle, soit ordinaire, soit déléguée, et d'un simple por- « teur de procuration *ad resignandum*, exerçant, comme « pasteur en titre, les fonctions les plus importantes du saint « ministere, en vertu seulement des pouvoirs et de la mission « d'un tribunal laïque ». C'est ainsi que l'assemblée du clergé de 1782 a considéré cette affaire d'après le compte qui lui en a été rendu, et c'est sous ce point de vue que, la regardant comme *la cause du clergé de France, et même de l'église entiere,* la même assemblée a jugé qu'elle étoit de nature à être suivie au nom de tout le clergé. Dans le fait le sieur Buissonnier, ayant surpris en faveur une résignation de la cure de Monestier-Clermont, se pourvut en cour de Rome pour faire admettre cette résignation. Les provisions lui furent refusées par défaut d'envoi d'un certificat d'idonéité: il eut recours au parlement de Grenoble, qui, par arrêt du 19 mars 1781, reçut son appel comme d'abus, et le renvoya devant l'évêque métropolitain pour en obtenir des provisions. Le sieur évêque de Die, qui depuis quelques années avoit retiré à cet ecclésiastique les pouvoirs de confesser et de prêcher, ne crut pas devoir lui conférer un bénéfice à charge d'ames. Il lui refusa les provisions et motiva son refus sur la révocation de pouvoirs antérieure à la résignation. Sur le refus de l'évêque diocésain, le sieur Buissonnier eut recours au métropolitain, le sieur archevêque de Vienne. Le métropolitain répondit à la requête du résignataire, *qu'il n'y avoit pas lieu à lui accorder les provisions de la cure qu'il demandoit, ni même de procéder à l'examen de sa capacité, mœurs et doctrine.* Sur cette réponse, le sieur Buissonnier se pourvut de nouveau au parlement de Grenoble, qui le renvoya devant le plus ancien évêque de la province. Ce prélat fit la même réponse que le métropolitain. Le sieur Buissonnier eut encore recours au parlement. La matiere agitée et discutée à la grand'chambre, il y eut partage de voix, et la Tournelle ayant décidé le partage en faveur de cet ecclésiastique, deux conseillers-clercs du parlement furent successivement commis pour lui conférer le titre demandé. Les deux magistrats s'étant refusés à la demande, et ayant motivé leur refus par écrit, un arrêt ou ordonnance du 31 août 1782 a commis aux mêmes fins le sieur Mesnilgrand, chanoine de l'église de Grenoble. Celui-ci, n'ayant d'autres titres que ce mandat, et de plus étant étranger au diocese de Die, n'a pas hésité à donner des provisions de la cure au résignataire, en vertu, dit-il dans la collation, de la commission qui lui a été donnée par le parlement de Grenoble : *Virtute commissionis nobis a supremâ curiâ parlamenti gratianopolitani concessæ.* Ainsi, après tant de refus uniformes qu'il avoit éprouvés, le sieur Buissonnier, sans autre titre que celui qu'il tenoit de la main d'un simple chanoine, et en vertu de la seule commission d'une cour séculiere, s'est empressé de prendre possession de la cure de Monestier-Clermont, le 12 septembre 1782. Les irrégularités de cette procédure sont trop frappantes pour qu'il soit besoin d'y insister; il suffit de rappeller les regles inviolables que les constitutions ecclésiastiques et civiles ont établies sur cette matiere. Personne n'ignore que, successeurs des apôtres, les évêques ont seuls cette plénitude de la puissance spirituelle qui est la source dont émane tout exercice du pouvoir et de la jurisdiction que déploient les ministres de l'église dans la conduite des ames et dans la dispensation des sacrements; que chaque évêque a toute l'autorité de l'apostolat sur la partie du troupeau que l'église lui confie, et que c'est à l'ordinaire des lieux qu'il est réservé de donner le *regimen animarum* de toutes les cures de son diocese; que, comme il a le pouvoir d'accorder l'institution nécessaire pour l'administration spirituelle des paroisses lorsque le sujet lui paroît avoir les qualités requises, il a également le pouvoir de la refuser à celui qu'il juge et qu'il sait incapable d'un ministere si important, et que, dans tous les cas, la mesure de son autorité est la mesure même de ses obligations; mais que, comme il est possible que son refus ne soit pas toujours déterminé par des motifs aussi légitimes qu'ils doivent l'être, l'église, par une sage discipline, laisse, à l'ecclésiastique refusé, le droit de se pourvoir pardevant ses supérieurs dans l'ordre hiérarchique, c'est-à-dire pardevant le métropolitain, le primat ou les délégués du saint siege, qui seuls peuvent suppléer l'évêque diocésain: tels sont les grands principes sur la stabilité desquels repose le gouvernement spirituel de l'église, et l'on ne pourroit y donner atteinte sans en ébranler tout l'édifice, sans faire une plaie mortelle à tout l'épiscopat, parcequ'ils tiennent à l'essence même de la religion, et qu'ils sont établis pour être la base fondamentale de ce que l'église a de plus sacré dans son administration. Les agents généraux savent que dans un bénéfice ecclésiastique on distingue deux objets différents, savoir, les biens ou revenus du bénéfice et les fonctions attachées au titre; qu'à l'égard du premier objet, il est quelquefois susceptible de contestations dont le jugement peut être de la compétence des tribunaux séculiers, qui, dans certains cas, envoient en possession civile; que même, par rapport au second objet, il est aussi des cas où la voie de l'appel comme d'abus est ouverte dans les cours séculieres, pour le maintien des saints canons et des loix protectrices de la discipline ecclésiastique: mais c'est une regle de tous les temps et de tous les lieux, c'est sur-tout une maxime inviolable dans l'église gallicane, qu'à l'égard du droit d'exercer cette jurisdiction surnaturelle et divine qui constitue le *regimen animarum, et dont la collation est connue sous le nom d'institution canonique et autorisable*, il ne peut jamais émaner, comme il a été dit, que de l'autorité épiscopale, suivant les regles de la sainte hiérarchie; que, comme l'objet de ce droit, qui est spirituel, indique toujours sa source, de même le pouvoir de le conférer, qui appartient à l'évêque diocésain, annonce le supérieur qui seul a droit de suppléer ou réformer l'ordinaire; qu'ainsi on ne peut appeller du refus de l'ordinaire qu'au seul prélat que l'ordre hiérarchique lui donne pour supérieur, puisqu'autrement ce seroit renverser cet ordre, et par rapport à l'évêque diocésain, et par rapport au sujet soumis à son autorité; qu'il en est de même du métropolitain de l'ordinaire, ce métropolitain ne pouvant être réformé que par le pape, son supérieur hiérarchique, qui délegue des commissaires; et comme il convient à tout gouvernement d'avoir des regles qui empêchent les contestations de s'éterniser, l'une de ces regles, et la plus essentielle peut-être dans la discipline ecclésiastique, est qu'après trois jugements conformes, successivement émanés de l'ordinaire, du métropolitain et du pape, sur une matiere telle que celle dont il s'agit, l'affaire soit et demeure consommée sans retour. Il n'est plus en effet de supérieur après le pape, si ce n'est un concile. S'il arrivoit que les jugements ecclésiastiques fussent abusifs, l'autorité séculiere pourroit sans doute prononcer qu'il y a abus, et elle enverroit en possession du temporel; mais elle ne sauroit toucher à l'institution canonique, ni à rien de ce qui est spirituel, de sorte que la borne reste toujours immuable. Ces principes sont le résultat des loix ecclésiastiques et civiles. Il seroit superflu d'accumuler les autorités sur lesquelles ils sont appuyés; il suffit de rappeller celles qui les mettent au rang des loix de l'état. L'ordonnance de Blois, article 12; l'édit de Melun, article 14; l'ordonnance de 1629, article 21, et l'édit de 1695, articles 2 et 3, portent que ceux qui auront obtenu par prévention, ou autre impétration en cour de Rome, un bénéfice ayant charge d'ames, ne pourront entrer en possession ou jouissance dudit bénéfice, qu'après avoir obtenu le *visa* de l'archevêque ou évêque diocésain, ou de son vicaire-général, avec défense aux impétrants de se pourvoir ailleurs, et aux juges, d'avoir égard aux titres des pourvus qui ne seroient pas conformes à la loi. L'édit de janvier 1682, touchant l'usage de la régale, ordonne que les gradués, les présentés par les patrons, soit laïques, soit ecclésiastiques, même les pourvus en régale, seront tenus de se présenter devant l'ordinaire, pour en obtenir l'approbation et mission canonique, avant de pouvoir faire aucunes fonctions de leur ministere. L'ordonnance de 1671, article 2; l'ordonnance de Blois, article 64; l'édit de Melun, article 16; l'ordonnance de 1629, article 22; la déclaration de 1657, article 5; celle de 1666, article 6, et l'édit de 1695, article 6, ajoutent que, dans le cas où l'ordinaire refuseroit l'institution canonique, les cours et autres juges ne pourront contraindre les archevêques et évêques de donner des provisions de bénéfices dépendants de leur collation, ni prendre connoissance du refus, à moins qu'il n'y ait appel comme d'abus, auquel cas il est ordonné auxdites cours et juges de renvoyer pardevant les supérieurs ecclésiastiques desdits prélats et collateurs, suivant la déclaration de 1666. Lorsque les pourvus auront essuyé trois refus consécutifs des ordinaires et des supérieurs, ils ne pourront plus être reçus à faire poursuite pour le même bénéfice; et, selon l'article 7 de l'édit de 1695, lorsque les cours et autres juges auront permis aux pourvus de bénéfices à qui les archevêques et évêques auront refusé de donner le *visa*, d'en prendre possession pour la conservation de leurs droits, *ils ne pourront y faire aucunes fonctions spirituelles et ecclésiastiques en conséquence desdits arrêts et réglements.* Le même édit de 1695, article 9, porte que les juges ne pourront maintenir en possession d'un bénéfice ceux à qui les archevêques et évêques auront refusé des *visa*, si ce n'est en grande connoissance de cause et à la charge d'obtenir *visa desdits prélats ou de leurs supérieurs, avant de faire aucunes fonctions spirituelles et ecclésiastiques desdits bénéfices.* L'autorité ecclésiastique et l'autorité royale se sont donc réunies pour établir et reconnoître, 1°. que nul pourvu d'un bénéfice à charge d'ames ne peut exercer les fonctions spirituelles de son bénéfice, sans avoir préalablement obtenu l'institution canonique; 2°. que cette institution canonique est du ressort de la seule puissance spirituelle; 3°. qu'elle ne peut être donnée que par l'évêque diocésain ou l'archevêque métropolitain; 4°. qu'au refus de l'ordinaire ou des supérieurs hiérarchiques, elle ne peut être suppléée ni par d'autres prélats, ni par une autorité séculiere, quelle qu'elle soit, ni par un ecclésiastique du second ordre, en quelque dignité qu'il soit constitué; 5°. qu'après les refus consécutifs de l'ordinaire et de ses supérieurs dans l'ordre hiérarchique, le pourvu ne peut plus être reçu à faire poursuite du même bénéfice; 6°. que si l'autorité séculiere jugeoit abusifs ces refus et de l'ordinaire et de ses supérieurs, par une suite de ce jugement il pourroit arriver que le pourvu obtînt la possession du temporel et la jouissance des fruits de son bénéfice, mais que jamais ce jugement ne pourroit lui tenir lieu d'institution canonique. Ces regles, qui forment une partie si essentielle du droit public ecclésiastique, ont été maintenues par le souverain, toutes les fois qu'on a voulu y donner atteinte. Les agents généraux pourroient rapporter un grand nombre d'arrêts du conseil de Sa Majesté qui ont réprimé les entreprises faites contre ces maximes; ils se contenteront d'invoquer ceux qui ont un rapport plus immédiat à l'objet de leur réclamation actuelle. Un arrêt du conseil du 11 juillet 1670 a cassé l'arrêt du parlement de Bordeaux, du 23 février de la même année, qui, sur le refus du sieur évêque de Sarlat et du sieur archevêque de Bordeaux, du 23 février de la même année, d'accorder un *visa* au sieur Amaril, pour cause d'incapacité, l'avoit renvoyé pardevant le premier prêtre constitué en dignité pour recevoir l'institution canonique. Un autre arrêt du conseil, du 24 avril 1687, a cassé les arrêts et ordonnances du parlement d'Aix, des 13 février 1685, 28 juillet même année et 24 mai 1686, au sujet d'un refus de *visa* fait par le sieur évêque de Toulon au sieur Daniel, lequel avoit été renvoyé par ce parlement devant le premier prêtre constitué en dignité pour recevoir l'institution de la cure de la Segne. Un troisieme arrêt du conseil, du 3 mars 1704, a pareillement cassé un arrêt du parlement de Metz, qui avoit commis un chanoine en dignité, pour donner le *visa* au résignataire d'une cure du diocese de Verdun, sur le refus de l'évêque. Par un quatrieme arrêt du 19 mai 1737, le feu roi, auguste aïeul de S. M., a cassé deux arrêts du même parlement de Metz, des 19 et 26 juillet 1736, qui, sur le refus de l'ordinaire, d'accorder un *visa* au sieur Husson, l'avoit renvoyé pardevant le princier du chapitre de Metz, pour recevoir son *visa*. Par un cinquieme arrêt du 24 octobre 1770, le même prince a cassé un arrêt du parlement de Bordeaux, qui, sur le refus du sieur archevêque de Bordeaux et de tous les évêques suffragants de cette métropole, permettoit au sieur Girardeau de se retirer devant un dignitaire ecclésiastique pour en recevoir les provisions de la cure de Pian. Par un sixieme arrêt du 14 août 1771, Louis XV a cassé encore un arrêt du parlement de Paris, du 4 février 1766, lequel renvoyoit le sieur Dezalais devant le sieur Boucher, chantre de l'église Saint-Honoré, et conseiller en cette cour, pour obtenir de lui des provisions du prieuré-cure de Notre-Dame de Chalais, diocese de Poitiers. A l'exemple de ses augustes prédécesseurs, S. M. a senti, dès le commencement de son regne, que cet amour de l'ordre qui caractérise toutes ses actions, et qui assure le bonheur de son peuple, n'a jamais de motifs plus justes et plus pressants de se signaler, que lorsque des interversions semblables à celles dont il s'agit menacent de rompre cet heureux équilibre que sa sagesse est si attentive à maintenir. Le sieur Odobez, pourvu par résignation en cour de Rome de la cure de Saint-Pierre de Bresse, diocese de Chalon sur Saone, avoit essuyé, de la part de l'ordinaire, deux refus consécutifs de *visa*, pour cause d'incapacité. Ces deux refus avoient été confirmés, pour la même cause, par le sieur archevêque de Lyon, supérieur métropolitain. Sur l'appel comme d'abus du sieur Odobez, le parlement de Dijon avoit prononcé qu'il y avoit abus dans le refus, et avoit nommé un conseiller en cette cour pour examiner de nouveau le pourvu, et lui donner l'institution canonique, s'il le trouvoit capable. Conformément à cet arrêt, le magistrat commis avoit accordé au pourvu une prétendue institution canonique, en vertu de laquelle celui-ci n'avoit pas craint d'exercer les fonctions spirituelles. En vain le sieur procureur-général du parlement de Bourgogne, excité par le devoir de son ministere, s'étoit rendu opposant à cet arrêt; il avoit été débouté de son opposition par autre arrêt du 28 juin 1779, qui maintenoit le sieur Odobez dans le droit de faire toutes les fonctions curiales, en vertu du *visa* donné par le conseiller commis à cet effet. Mais, instruite et frappée de tant d'irrégularités, *et ne pouvant*, dit-elle, *laisser subsister des arrêts aussi contraires aux loix de son royaume, et voulant faire cesser une entreprise aussi manifeste sur la jurisdiction ecclésiastique*, S. M., par un arrêt de son conseil du 22 décembre 1775, casse et annulle les deux arrêts rendus en sa cour de parlement de Dijon, au profit du sieur Odobez, les 6 août 1771 et 28 juin 1774, ainsi que tout ce qui s'en étoit ensuivi et pourroit s'ensuivre. Ainsi les loix de l'église et de l'état, qui réprouvent comme nulle par défaut absolu de pouvoir, l'institution donnée, soit par un évêque non supérieur de l'ordinaire, ou par un ecclésiastique du second ordre en vertu d'une commission émanée de l'autorité séculiere, soit par cette autorité elle-même sur le refus du *visa* fait aux pourvus des bénéfices à charge d'ames, sont des loix aussi respectables par leur exécution constante, qu'inviolables par le sceau de l'autorité dont elles portent l'empreinte sacrée. C'est pour le maintien de cette sage législation que les agents généraux du clergé viennent réclamer la justice et la protection de S. M. Les arrêts ou ordonnances du parlement de Grenoble, contre lesquels ils sont forcés de porter leurs plaintes, commettent un simple ecclésiastique et un ecclésiastique étranger au diocese de Die pour donner l'institution canonique au sieur Buissonnier, sur les refus à lui faits par ses supérieurs hiérarchiques. C'est du sieur Mesnilgrand, chanoine de l'église de Grenoble, que, par arrêt ou ordonnance du parlement de Grenoble du 31 août 1782, le sieur Buissonnier tient les provisions de la cure de Monestier-Clermont, et la prétendue institution canonique, en vertu de laquelle il ne craint pas d'exercer cette jurisdiction spirituelle, qui, par la nullité ridicule du titre qui la confere, n'est, de la part du pourvu, qu'un abus funeste au salut de ses paroissiens, aux yeux desquels il ne peut jamais être un légitime et véritable pasteur. L'arrêt ou ordonnance du parlement de Grenoble, qui cause ce renversement, est plus contraire aux loix que ne l'étoient les arrêts du parlement de Dijon, cassés par l'arrêt du conseil du 22 décembre 1775. Dans l'affaire du sieur Odobez, le pape avoit admis la résignation faite en sa faveur, et lui avoit donné des provisions; mais, dans l'affaire du sieur Buissonnier, tous les supérieurs hiérarchiques lui ont constamment refusé toutes provisions. Le résignant, prédécesseur du sieur Buissonnier dans la cure de Monestier-Clermont, tient encore à cette cure par tous les liens spirituels qui l'y attachoient: le sieur Buissonnier ne peut produire en sa faveur aucun titre, aucune mission canonique, même aucune espece de collation; et jamais prise de possession ne réunit plus visiblement que la sienne tous les caracteres d'une véritable intrusion, et c'est, comme il a été dit, ce qui a fait juger à l'assemblée du clergé de 1782, que cette cause étoit moins celle de la province de Vienne que celle *du clergé de France,* et même *de l'église entiere,* et qu'elle étoit de nature à être suivie au nom de tout le clergé. Les droits pour le maintien desquels le clergé de France réclame l'autorité de S. M., sont les droits des premiers pasteurs, sont les droits qu'ils ont reçus du divin législateur, et des droits qu'ils ne peuvent ni méconnoître, ni dissimuler, ni changer, ni modifier. Le mal est pressant, il demande un remede aussi prompt qu'efficace; ce remede est dans les mains de S. M.: le clergé l'attend, avec autant de confiance que de respect, d'un monarque qui regarde comme un de ses titres les plus précieux celui de défenseur de l'église et de protecteur des loix ecclésiastiques.

Requéroient à ces causes les agents généraux du clergé qu'il plût à S. M., sans s'arrêter ni avoir égard à l'arrêt ou l'ordonnance du parlement de Grenoble, dont il est fait vu sous la date du 31 août 1782, tant dans les prétendues provisions de la cure de Monestier-Clermont, délivrées par le sieur Mesnilgrand au sieur Buissonnier le 9 du mois de septembre de la même année 1782, et enregistrées au greffe des insinuations ecclésiastiques du diocese de Die, le 27 du même mois de septembre, que dans la prise de possession dudit sieur Buissonnier, du 12 dudit mois de septembre, et aussi enregistrée au même greffe, sans pareillement s'arrêter à ce qui s'en est ensuivi ou pourroit s'ensuivre, faire très expresses inhibitions et défenses audit sieur Buissonnier de prendre le titre de curé de Monestier-Clermont, et de s'immiscer dans les fonctions curiales de ladite paroisse et sous telles peines qu'il appartiendra, et ordonner que l'arrêt qui interviendra sera exécuté, nonobstant toutes oppositions ou empêchements quelconques, pour lesquels ne sera différé, et dont, si aucuns interviennent, S. M. se réserve à elle et à son conseil la connoissance qu'elle interdira à toutes ses cours et juges. Vu ladite requête, signée l'abbé de Périgord et Rigault, avocat des sieurs agents généraux, et Damours et Despaulx, anciens avocats, ensemble les pieces suivantes, savoir, copie de l'arrêt rendu du propre mouvement de S. M. le 22 décembre 1775 pour la cassation des deux arrêts du parlement de Dijon, des 6 août 1771 et 28 juin 1774 dans l'affaire du sieur Odobez, et l'extrait duement délivré par le greffier du greffe des insinuations ecclésiastiques du diocese de Die, contenant les provisions données le 9 septembre 1782 au sieur Buissonnier par le sieur Mesnilgrand, et l'acte de prise de possession du 12 du même mois de septembre, dans lesquelles provisions et lequel acte est visée la commission du parlement de Grenoble, du 31 août 1782, en vertu de laquelle le sieur Mesnilgrand a donné lesdites provisions. Ouï le rapport, LE ROI, ÉTANT EN SON CONSEIL, a ordonné et ordonne que ladite requête sera communiquée audit sieur Buissonnier, pour y répondre dans le délai du réglement, pour, ce fait, ou faute de ce faire dans ledit délai, et icelui passé, être par Sa Majesté ordonné ce qu'il appartiendra. FAIT au conseil d'état du roi, Sa Majesté y étant, tenu à Versailles le vingt-cinq juin mil sept cent quatre-vingt-quatre. *Signé*, LE BARON DE BRETEUIL, avec paraphe.

ARRÊT

ARRÊT DU CONSEIL,

Qui casse un arrêt du parlement de Toulouse, par lequel M. l'abbé de Saint-Martin, pourvu, en cour de Rome, du prieuré de Montarnaud, sur résignation avec la clause sive per obitum, *a été maintenu comme préventionnaire dans ce bénéfice; les parties renvoyées au parlement de Paris.*

Du dix-sept octobre mil sept cent quatre-vingt-trois.

Extrait des registres du conseil d'état du roi.

SUR la requête présentée au roi en son conseil par Anne-Michel Guillemot de Saint-Souplet, prêtre du diocese de Paris, vicaire général de celui de Montpellier, pourvu du prieuré simple et séculier établi au diocese de Montpellier, sous l'invocation de Notre-Dame de Montarnaud, contenant qu'il est obligé de recourir à la justice de sa majesté contre un arrêt du parlement de Toulouse, qui excite trop justement les alarmes du clergé de France, en subordonnant nos loix canoniques et nos libertés aux formes arbitraires de la chancellerie de Rome. Le prieuré de *Montarnaud* étant devenu vacant, le 17 juin 1781, par la mort de l'abbé *de Bon*, le sieur évêque de Montpellier, collateur *ordinaire*, après s'être assuré de ce décès, a donné sa nomination au suppliant le 29 du même mois, et le suppliant a pris possession le 18 juillet suivant. Le surlendemain, le sieur *Bourguignon de Saint-Martin*, clerc tonsuré du diocese de Saint-Pons, a obtenu, pour le même bénéfice, le *visa* du même ordinaire, sur des provisions expédiées en sa faveur à Rome, le 24 juin, en vertu d'une *résignation* que l'abbé de Bon, son oncle, lui avoit passée le 16 juin, veille de sa mort; et le *visa* contient la juste réserve, *salvo nostro ac jure alieno.* Le sieur de Saint-Martin, après avoir de même pris possession le 21 juillet, a formé le 10 décembre suivant, à la sénéchaussée de Montpellier, sa demande en pleine maintenue, avec restitution de fruits; défenses au suppliant et à tous autres de le troubler: « Dommages-intérêts et dépens, attendu (porte « l'exploit) que le sieur de Saint-Martin est bien et canoni- « quement pourvu, *soit* sur résignation, *soit subsidiairement*, « à cause de mort, et par prévention sur l'ordinaire, dans

« le cas où l'abbé de Bon seroit décédé avant que sa résigna-« tion fût admise à Rome ». Le sieur de Saint-Martin, par la supplique insérée dans ses provisions, avoit en effet requis le prieuré, « comme vacant, *soit* par la résignation de l'abbé « de Bon ou de tout autre, *soit* par toute autre maniere quel-« conque, *soit* par la mort du titulaire, peut-être déja décédé « hors des états du saint siege; et ce par grace spéciale, avec « dérogation aux constitutions et ordonnances apostoliques, « ainsi qu'à toutes choses contraires ». Le décret a été expédié par ces trois mots si familiers à la cour de Rome, *concessum ut petitur;* et le surplus des provisions exprime une « absolu-« tion de toutes censures, avec ratification de tout ce qui ne « seroit pas exprimé, et dérogation à toutes regles, no-« tamment à celle *de verisimili notitia obitûs* »; en sorte que la collation faite sur la supposition d'une résignation sub-sistante par l'existence encore actuelle du résignant, devoit être aussi valable par sa mort, quoiqu'on n'en eût à Rome ni *connoissance vraisemblable*, ni aucun indice possible. Il est sur-tout à observer que, malgré la profusion de *clauses gracieuses et opportunes*, on ne les croyoit pas capables d'em-pêcher la péremption de la résignation, si la mort du titulaire ne permettoit plus de le représenter comme résignant; et le sieur de Saint-Martin le reconnoissoit pareillement par le li-belle de sa demande. Or, l'abbé de Bon est constamment dé-cédé à Saint-Pons, le 17 juin, pendant qu'on expédioit à Montpellier le courier extraordinaire, porteur de sa résigna-tion. L'événement fixe donc l'incertitude et l'alternative des provisions du sieur de Saint-Martin, qui, quoique délivrées, soit sur résignation, *sive per obitum*, et sans détermination du genre de vacance, *quoquo modo vacet*, se trouvent n'avoir de consistance que par l'effet de la prévention dévolue au pape sur le décès des titulaires. Le suppliant, en se rendant appellant comme d'abus de ces provisions, comme contraires aux regles auxquelles l'exercice de la *prévention obituaire* est assujetti, a, en vertu des lettres de relief du 15 décembre 1781, fait assigner le sieur de Saint-Martin au parlement de Toulouse, le 31 du même mois, pour procéder, tant sur cet appel que sur les demandes originaires qui seroient évo-quées, et contre lesquelles le suppliant en formoit pour lui-même de semblables. La cause a été instruite respective-ment par différents mémoires imprimés, et le succès sembloit d'autant plus assuré pour le suppliant, qu'il ne s'agissoit, pour ainsi dire, que de rendre commun avec lui un arrêt du

20 mars 1781, destiné à servir de réglement, par lequel le parlement de Toulouse avoit déclaré abusives d'autres provisions calquées sur le même protocole. Mais en profitant des dissensions étrangeres à la sagesse de cette cour, on indisposa une partie des magistrats, et contre le suppliant, et contre le sieur de Resseguier, second avocat général, qu'on avoit voulu dépouiller de la cause pour la faire passer à son collegue, auprès duquel le défenseur du sieur de Saint-Martin avoit plus d'accès. Après différentes remises, le sieur de Resseguier, portant la parole le 17 juin 1782, fixa l'acclamation de tout le barreau; et, contre ses conclusions, un arrêt du même jour « a déclaré n'y avoir point abus aux provisions du sieur « de Saint-Martin; évoquant l'instance originaire, maintient « le sieur de Saint-Martin au plein possessoire du prieuré, « condamne le suppliant en l'amende de 75 liv. envers le roi, « en celle de moitié moins envers le sieur de Saint-Martin, et « aux dépens ». Les moyens de cassation contre cet arrêt résultent des dispositions du droit canonique qui sont passées en force de *loix d'état*. Le suppliant n'examinera ici ni l'origine, ni la valeur de l'autorité que la cour de Rome exerce encore en France, en y dispensant les bénéfices ecclésiastiques, c'est-à-dire en investissant de titres dont la jouissance tient à l'état civil, lorsqu'en même temps, suivant l'article 47 des libertés de l'église gallicane, le pape, forcé de déférer à la premiere requisition qui frappe son oreille, ne doit rechercher et examiner ni les qualités de ceux qui se présentent, ni la consistance des bénéfices, ni les circonstances capables de faire refuser ou suspendre la concession. Au moins une administration aussi contraire au droit naturel et au choix éclairé des collateurs nationaux, doit-elle être resserrée dans ses plus exactes limites; en sorte qu'en conférant, soit sur résignation, soit obituairement, le pape détermine et sache lui-même le genre de sa collation; autrement la confusion des deux titres n'en forme aucun réel, parceque le pourvu d'un bénéfice ne pouvant être à la fois vivant et décédé, les provisions délivrées sur sa résignation sont fausses, s'il n'existe plus, et que *per obitum* ces mêmes provisions choquent toutes les loix, révoltent la nature même et l'humanité, en donnant la dépouille de celui qu'on doit toujours présumer vivant, tant qu'on n'est point assuré de sa mort. La seule incertitude de l'objet des provisions mixtes et anomales, expédiées au hasard de toute vacance, qui rendroit le bénéfice impétrable, *quoquo modo vacet*, suffiroit

donc pour les faire proscrire ; et le vice en est encore plus sensible. Dans l'une comme dans l'autre des dispositions par lesquelles le bénéfice est conféré, *soit* sur résignation, *sive per obitum*, la résignation d'un bénéfice n'est qu'une procuration ou un mandat qui autorise le porteur à remettre le titre entre les mains du pape, pour en faire revêtir celui à qui le résignant cede ses droits. Mais, par la raison que *prius est esse quàm agere*, et qu'un mort ne passe ni démission ni transport, on ne peut pas plus agir en son nom, ni faire pour lui ce qu'il ne pourroit faire lui-même : ainsi *morte mandantis mandatum extinguitur;* et l'on opposeroit vainement l'exemple des offices venaux, pour lesquels les procurations *ad resignandum* s'exécutent après le décès de ceux qui les ont données. La faveur due à ce qui intéresse les propriétés dans le commerce ordinaire, et la conservation des patrimoines, a fait, dans les chancelleries séculieres, prévaloir cette facilité sur les inconvénients dont elle est quelquefois susceptible ; au lieu que la nature des bénéfices ecclésiastiques ne permet pas à l'usufruitier de transmettre propriétairement et héréditairement ce dont il n'a qu'une jouissance personnelle. D'ailleurs, l'effet posthume des résignations d'office est motivé sur ce qu'elles sont censées admises par le roi au moment même où elles sont faites ; et cette fiction est inadmissible pour les opérations ultramontaines, qui, malgré l'activité des expéditionnaires, exigent au moins le temps de la course. Il peut y avoir d'autant moins de difficulté à cet égard, que la collation subsidiairement faite *per obitum* seroit inutile, si l'on pensoit qu'un bénéficier se survécût à lui-même pour faire exécuter une résignation après sa mort, comme une disposition testamentaire. L'on a même vu que, par la propre reconnoissance du sieur de Saint-Martin, consignée dans sa demande originaire, ainsi que par l'époque certaine du décès de l'abbé de Bon, ce seul objet de la *contestation en cause* étoit la validité des provisions, comme délivrées sur une *vacance obituaire* ; et c'est pareillement sous ce rapport que sa majesté ne peut hésiter de proscrire l'abus adopté par l'arrêt du 17 juin 1782. L'édit donné par Henri II au mois de juin 1550, appellé *des petites dates*, défend expressément toute *course ambitieuse* ou *anticipée* pour l'impétration des bénéfices; en sorte que, suivant l'article 10, une date retenue ou une commission donnée avant la vacation, loin de pouvoir servir de fondement à un titre canonique et légitime, sur-tout pour cause de mort, fait encourir les peines de nullité et de privation prononcées par la regle *de impetrantibus beneficia viventium;* et telle est évidemment la requisition envoyée à Rome par le sieur de Saint Martin, pour obtenir, *per obitum*, le bénéfice de son oncle, puisqu'elle a été rédigée, et que le courier qui en étoit porteur s'est mis en chemin pendant la vie du titulaire. Il n'étoit pas plus au pouvoir du pape d'admettre la demande *per obitum*, parcequ'il ne lui est permis de conférer sur ce genre de vacance que d'après la connoissance au moins vraisemblable de la mort du pourvu. Telle est une des conditions fondamentales sous lesquelles on peut faire recevoir en France ce qui dérive de la prévention obituaire du pape: savoir, *quòd omnes gratiæ quas de quibusvis beneficiis per obitum vacantibus in antea fecerit (dominus papa), nullius roboris vel momenti sint, nisi post obitum et ante datam* (la date) *gratiarum tantum tempus effluxerit, quod interim vacationes de locis ad notitiam ejusdem domini (papæ) verisimiliter potuerint pervenisse.* Ces dispositions embrassent *omnes gratias de quibusvis beneficiis per obitum vacantibus,* sans aucune exception des provisions par mort, accordées subsidiairement à la caducité d'une résignation: *Et ubi lex non distinguit, nec nos distinguere debemus.* Si donc anciennement la chancellerie romaine suivoit une pratique différente, *in antea fecerit,* cette pratique auroit été abrogée par la loi nouvelle, qui annulle irrévocablement, à l'avenir et pour toujours, ce qui n'y seroit pas conforme: *Nullius roboris vel momenti sint.* Les provisions du sieur de Saint-Martin ne lui conferent en effet le bénéfice *per obitum,* qu'en exprimant *déroger à cette loi*, parceque l'intervalle de temps entre la mort de l'abbé de Bon et la date de ces provisions n'a pas été suffisant pour que le pape ait pu vraisemblablement être instruit de la mort. On a donc reconnu l'autorité de la loi, en croyant qu'il fût nécessaire de la changer; et la cause se réduit à faire décider si ce changement peut dépendre de ce qu'on feroit exprimer dans les provisions de Rome, parceque la loi demeure entiere et toujours irritante, si la *dérogation* n'est qu'une entreprise abusive. L'article 43 du recueil si précieux et si sacré de nos *libertés* porte que « *l'église gallicane* n'est liée par les regles « de la chancellerie apostolique, même durant le pontifi- « cat du pape qui les a faites ou autorisées, sinon autant « qu'elle en reçoit volontairement l'exécution, comme elle « a fait des trois qu'on appelle *de publicandis resignationi-*

« *bus, de verisimili notitia obitûs*, et *de infirmis resignantibus*, « qui sont ratifiées et confirmées par les édits du roi et les « arrêts de ses parlements, et auxquelles *le pape ni son légat* « *ne peuvent déroger*, fors à celle *de infirmis resignantibus*, « dont on admet la dispense au préjudice même des gradués « nommés en leurs mois ». Sur quoi le célebre Pierre Pithou fait remarquer que « celles de ces regles qu'on a reçues en « France, y sont comme des loix faites par nos rois, qui les ont « adoptées, et non pas comme des regles de la chancellerie « romaine, et qu'elles sont tenues pour loix perpétuelles et « irrévocables ». Rebuffe, en commentant la même regle, *de verisimili, etc.* dans sa *Pratique des bénéfices*, glose premiere, dit que *Ista regula est utilis, fuitque recepta et registrata in parlamento parisiensi, anno* 1493, *die* 20 *novembris, et ubique in regno Franciæ recepta et in forum judicio ad unguem servatur, estque lex regni effecta;* « que par cette rai« son, si le pape vouloit la supprimer ou y porter atteinte, « elle ne seroit pas moins gardée en ce cas, *tanquam lex* « *regni, non tanquam papæ regula* ». Les regles de chancellerie romaine ne subsistant donc que pendant la vie du pape dont elles sont l'ouvrage, chaque pontife peut modifier ce qui n'a de force que par sa propre sanction: mais lorsque, par une espece d'incorporation et de naturalisation en France, par l'adjonction de la puissance séculiere, quelques unes de ces regles se trouvent érigées *en loix d'état*, elles sont coactives à ce titre pour les actes de Rome destinés à être exécutés en France, parceque la papauté et tous ses attributs ne donnent à ceux qui en sont revêtus, aucune autorité sur nos loix; et si l'église gallicane et les cours permettent encore de déroger à la regle *de infirmis resignantibus*, les motifs de cette tolérance ne sont susceptibles d'aucune extension arbitraire. L'exception spéciale de l'une des trois regles confirme, au contraire, notamment pour celle *de verisimili, etc.* l'obligation stricte et invariable de notre droit public. En vain quelques anciens jurisconsultes ont ils pensé que cette regle n'avoit d'autre but que de diriger la forme de l'impétration, suivant une préface qu'on attribuoit au pape Jean XXIII, et qui portoit : *Item, ut in habendis beneficiis ecclesiasticis fraudes evitentur, servetur conscientiæ puritas, et ambitionis via præcludatur, voluit et ordinavit quòd omnes gratiæ, etc.* D'où l'on concluoit que l'impétrant n'étoit coupable ni de course ambitieuse lorsqu'il avoit dépêché à Rome sur la juste cause d'une résignation à faire admettre, ni d'avoir voulu s'approprier le bénéfice d'un homme vivant, en ne requérant obituairement que pour le cas de la mort, ni d'avoir fraudé les droits des collateurs ordinaires, puisque la vacance par mort, comme celle sur résignation, donne également et légitimement ouverture à l'impétration. Rebuffe, qui, après avoir présenté la regle comme supérieure à la puissance du pape, tombe dans la contradiction d'admettre l'exception dérogatoire, croit que la dérogation ne seroit pas valable, si le porteur de la résignation savoit qu'elle se trouvât caduque par la mort du résignant, et il propose de se référer dans ce cas au serment du fondé de procuration. Il dit ensuite que ce tempérament n'étant pas sage, et ayant trop de danger, il faut, pour la validité de la collation accessoire *per obitum*, que, depuis la délivrance de la procuration, le courier ait pu arriver à Rome sans être instruit de la mort du résignant; en sorte qu'en dénaturant et intervertissant la lettre et l'esprit de la regle, on appliqueroit à l'ignorance de la mort du titulaire ce qui est nécessaire pour la connoissance de cette mort, et que la collation obituaire, qui ne peut être valable que par cette connoisance, le deviendroit précisément par une présomption contraire. Le suppliant ne peut trop insister, et sur la généralité de la loi, et sur le fait constant que les provisions du sieur de Saint-Martin, malgré leurs variantes, ne sont, par événement, susceptibles d'effets, que comme expédiées par prévention, *causâ obitûs :* ce caractere, sans lequel ces provisions n'en auroient aucun, les place donc dans la classe de ceux sur lesquelles Rebuffe observe bien plus judicieusement, glose 5, que, *præventiones papæ,* quelle qu'en soit l'ouverture, *non valent, nisi tantum tempus effluxerit quod interim vacationes verisimiliter potuerint pervenisse ad notitiam papæ.* Malgré tout ce dont on y surcharge les dispositions principales, la sagesse des maximes qui ont fait établir nos libertés, et qui en garantissent la conservation, ne laissent plus de retour aux subtilités dont il est trop étonnant que le sieur de Saint-Martin ait encore pu se servir, avec succès, au parlement de Toulouse. Les plus savants canonistes, tels que *Gomez*, *Dumoulin, Gohart*, et le rédacteur des mémoires du clergé, se réunissent pour expliquer que le motif du rétablissement de la regle *de verisimili*, ainsi que de son admission en France, a été de fixer le temps où les nominations aux bénéfices sont praticables sur le décès des pourvus; ce qui soumet à cette regle les provisions des collateurs françois comme celles du pape. La prétendue préface de Jean XXIII est depuis long temps regardée comme apocryphe; et, en tout cas, elle s'est anéantie, ainsi que la regle même, avec le regne de son auteur, déposé au concile de Constance. On ne voit aucun vestige de prorogation de cette même regle sous les sept pontificats qui se sont succedé rapidement dans le même siecle; mais lorsqu'Innocent VIII l'a publiée de nouveau, elle l'a été sans préambule. C'est dans cet état qu'elle a depuis acquis la force de *loi du royaume*, et tout ce qui résulteroit réellement de l'addition qui auroit été annexée à la regle seroit de lui donner un effet de plus, en la rendant obligatoire pour les impétrants comme pour les collateurs. La base et le résumé du systême par lequel, en écartant à son gré la loi *de verisimili*, le pape pourroit amalgamer dans une même provision deux collations inconciliables, et prévenir ainsi, non seulement la disposition des ordinaires, mais même la vacance des bénéfices, sont, comme on l'a vu, que le droit acquis au résignataire par la résignation, lui donne *justam arripiendi itineris causam.* Mais, 1° combien ne doit-on pas être en garde contre une opinion qui, dès le siecle de *Dumoulin*, n'étoit plus citée que comme *nimis supinus error! quæ dementia!* et que ses propres partisans reconnoissent avoir besoin de tant de distinctions et de restrictions? Quelle confiance même peuvent mériter encore aujourd'hui *Guimier*, *Probus*, *de Selve*, et leurs copistes, invoqués par le sieur de Saint-Martin (*grues quæ primam volantem sequuntur,* comme parle encore *Dumoulin*), qui n'ont pas craint de publier que le pape étoit l'ordinaire des ordinaires; que les évêques n'étoient que ses vicaires; qu'ils tenoient de lui, par délégation, le pouvoir de conférer; que ses clefs le rendoient maître de tous les biens de l'église, des intentions de tous les fondateurs, de toutes les constitutions apostoliques, etc.? C'et sur cette toute-puissance que l'on établit la validité des dérogations du pape à la regle *de verisimili* pour les collations obituaires, parcequ'autrement le *voyage*, malgré la prétendue *légitimité de sa cause*, seroit entrepris en pure perte, et la fausseté du principe doit en faire apprécier les conséquences. 2° L'exception de *justam habuit, etc.*, seroit tout au plus capable de justifier la course, et ne valideroit jamais la collation *per obitum*, faite sans connoissance vraisemblable du décès, et avec la connoissance bien plus juste de l'existence. 3° La cause du voyage étant seulement l'admission de la résignation, le courier parti dans la certitude de la vie du résignant, et sur une mission qui suppose

suppose cette vie, ne peut ni avoir et donner connoissance de la mort, ni changer son mandat, en demandant par mort ce qu'il est chargé d'obtenir sur résignation entre-vifs : de même que le résignataire ne peut donner commission pour se faire pourvoir *per obitum*, lorsqu'au moment de l'envoi l'existence du résignant et les loix les plus précises lui défendent de prévenir la vacance. Le courier dépêché sur la résignation n'a pas d'occasion plus favorable pour la collation obituaire, que ne l'auroit celui qui, se trouvant à Rome pour toute autre cause, ne peut, suivant une déclaration du roi rendue à ce sujet en 1718, requérir *per obitum*, sans justifier du décès. La supplique dressée d'avance pour obtenir accessoirement par mort, ainsi que les provisions accordées sur la possibilité de cette mort, sont donc radicalement nulles, puisque l'une suppose la mort lorsqu'on est assuré de la vie du titulaire, et que l'autre manque de la condition essentielle qui exige la connoissance de cette mort; et le sieur de Saint-Martin persuadera inutilement que sa conduite soit exempte d'avidité, de convoitise illicite; qu'il n'ait point desiré la mort de son oncle, en voulant seulement profiter, avec toute la célérité possible, de ce qui justifieroit, à cet égard, ses spéculations. La *pureté de sa conscience* ne change ni la commission donnée pour impétrer, *per obitum*, le bénéfice d'un homme qui vivoit lors de cette commission, ni la concession faite à cause de mort, sans que cette mort fût connue, ni les loix qui réprouvent les commissions et les concessions pareilles. Si l'impuissance du pape pour la dérogation aux loix reçues dans le royaume avoit besoin d'autre démonstration, on la trouveroit dans les fastes d'une jurisprudence devenue enfin aussi constante qu'universelle. *Louet*, lettre 5, sommaire 2, nombre 4, cite deux arrêts du parlement de Paris; l'un de 1544, qui a prononcé la nullité d'une dérogation à la regle; l'autre de 1589, qui semble avoir jugé le contraire, mais qui ne fut rien moins qu'unanime, parceque, dit l'arrêtiste, *l'abus prévalut sur la raison*, et qui d'ailleurs différoit d'espece, en prononçant sur une collation principalement faite *per obitum*, et pour un préventionnaire pourvu sur une démission pure et simple. Un arrêt de 1605, rapporté par le même auteur, lettre *B*, tome 15, nombre premier, a annullé des provisions de Rome accordées au préjudice d'un indult, *vérifié au grand conseil;* sur quoi *Louet* observe « qu'il y a lieu d'appeller comme d'abus des dérogations faites par notre saint « pere à ce qui est vérifié dans ce royaume, lesquelles sont

« de véritables entreprises de jurisdiction sur l'autorité du « roi et de ses cours ». En 1613, lors d'un arrêt du 11 mars, rendu contre un résignataire préventionnaire, et qu'on trouve au livre 4 des *Décisions notables de le Bret*, ce magistrat prouva que « la provision du pape contenoit en soi « plusieurs notables défauts, en ce qu'elle exprimoit que le « bénéfice vaquoit, soit *per resignationem*, soit *per obitum*, « soit *alio quovis modo*; car on ne peut pas dire que le bé- « néfice vaquât par résignation, vu que le résignant étoit « décédé avant l'expédition à Rome, et que la charge du « procureur finit par la mort de celui qui l'a commis : on ne « pouvoit dire aussi que le bénéfice vaquât par mort, « puisque c'eût été deviner; et qu'à l'égard des mots *vel alio* « *quovis modo*, ils sont contraires aux canons des conciles « de *Latran* et de *Basle*, qui obligent de déclarer en quelle « sorte et par quel moyen le bénéfice est vacant, à peine « de nullité, etc. ». Le 13 août 1765, pareil arrêt, qui a déclaré y avoir abus dans des provisions obtenues sur une résignation arrivée à Rome cinq jours après la mort du résignant, et dans lesquelles se trouvoit le subsidiaire *per obitum*, avec dérogation à la regle *de verisimili*. Le sieur avocat général *Séguier* employa les mêmes moyens de *le Bret*, en combattant la prétendue exception de *justam habuit*, et par la réfutation de Dumoulin, *huic repugnant verba et mens regulæ, ipsa æquitas, favor juris communis ac potestatis ordinarii, odium præventionum*, et par les termes de Gomez, qui, contre la distinction du *per obitum* accessoire et du *per obitum* principal, dit que la regle parlant indéfiniment *de obitu*, elle comprend *omnem modum per quem pervenitur ad illam vacationem*; vérité d'autant plus palpable, que c'est parceque la regle *de verisimili* s'applique au *per obitum* accessoire, et y résiste autant qu'au *per obitum* principal, que le pape déroge à cette regle, pour faire valoir sa provision. Au parlement de Rouen, arrêt du 31 juillet 1732, qui a maintenu le pourvu d'une cure conférée par le patron sur la vacance par mort, contre un résignataire qui s'étoit fait délivrer des provisions *per obitum*, avec l'addition *vel alio quovis modo vacet*, lorsque l'intervalle du temps, depuis la mort du résignant, n'avoit pas suffi pour qu'elle pût être connue à Rome. Le plaidoyer, inséré dans cet arrêt, en fait connoître les motifs; savoir, « qu'en laissant au pape la fa- « culté d'accoler dans une même provision tous les genres « possibles de vacances, on étendoit *odium præventionum*

« pendant la vie et après la mort des titulaires; que ce seroit « faire renaître les abus des réserves générales et particu-« lieres, si solemnellement réprouvées par la pragmatique « sanction, par le concordat même, et par le concile de « Trente; que le concordat restreignoit le pape à n'exercer « la prévention que sur la connoissance de la mort, et que « ni le *per obitum*, ni le *quovis modo*, ne pouvoient concou-« rir avec une résignation nulle et caduque; que si le rési-« gnant ne vit plus, le pape ne peut étendre ses dispenses « jusqu'à supposer la supplique d'un mort; et que s'il y a « lieu de conférer *per obitum*, le pape ne peut le faire que « conformément à la regle *de verisimili;* qu'autrement il suf-« firoit de se procurer, *quovis modo*, une signature à Rome, « pour braver toutes les regles, etc. ». Au grand conseil, sur une complainte entre un pourvu par l'ordinaire *jure libero*, et le porteur de provisions semblables à celles du sieur de Saint-Martin; le premier a été maintenu par arrêt du 4 août 1759, en développant ce que le suppliant vient de dire de la regle *de verisimili notitia obitûs;* et le second avoit épuisé ce qu'a dit le sieur de Saint-Martin sur *justam arripiendi itineris causam.* Le 30 septembre 1762, pareil arrêt du même tribunal en faveur d'un autre pourvu par l'ordinaire. Un résignataire, pourvu à Rome, *etiamsi per obitum*, deux jours après la mort du résignant. Et ces arrêts (recueillis par Denisart, au mot *résignation*) ont été d'autant plus réfléchis, que, lors du premier, le sieur Bailli-Ménager, avocat général au parlement de Rouen, sur les conclusions duquel étoit intervenu l'arrêt de 1732, joignit ses propres lumieres à celles des magistrats du grand conseil, et attesta que le parlement de Rouen avoit postérieurement rendu plusieurs autres arrêts conformes. Une particularité encore plus essentielle dans l'arrêt de 1762, et que Denisart n'auroit pas dû omettre, est que les provisions de Rome étoient incidemment attaquées par un appel comme d'abus, en ce qu'on auroit voulu en induire qu'à l'occasion d'une résignation le bénéfice fut à la fois impétrable *per obitum;* ce qui forme une identité plus parfaite avec la cause actuelle: et le grand conseil déclara qu'il n'étoit pas besoin de prononcer sur l'appel comme d'abus, parceque des provisions de cette espece étoient trop vicieuses pour avoir même l'apparence d'un titre canonique. Dans le semestre d'hiver, semblable arrêt du 24 mars 1763, sur une nomination de l'ordinaire, contre des provisions de Rome, obtenues sur résignation après la mort du résignant, et qui congloboient encore le *per obitum* accessoire, le *quovis alio modo vacet,* la dérogation à la loi *de verisimili* et à toutes autres regles, *cum aliis clausulis opportunis, expressis vel exprimendis.* Enfin, dans un procès jugé au même tribunal, par arrêt du 13 mai 1768, une provision expédiée sur résignation a été annullée, comme postérieure à la mort du résignant; et quoique le pourvu eût le *per obitum* enté sur la résignation, avec dérogation à la regle *de verisimili,* et toutes les *clauses opportunes,* il crut ne pouvoir se présenter que sous le titre de résignataire, en rendant lui-même hommage à la regle par laquelle la nullité de la clause obituaire paroissoit désormais incapable d'être remise en question. Le sieur de Saint-Martin a prétendu qu'on pensoit autrement au parlement de Toulouse: il n'en a rapporté absolument aucun exemple. Et quelle maxime cette cour pourroit-elle avoir pour mettre une portion de notre droit public à la discrétion de Rome et de ses dérogations bannales? *Mainard,* président au parlement de Toulouse, dans ses *Questions notables,* liv. 1, chap. 59, rapporte ce qui fut agité en 1579, sur la question de savoir « si une provision faite « sur une résignation, avec la clause *vel aliàs quovis modo,* « pouvoit s'étendre à la vacation par mort du résignant, « contre un autre qui, depuis cette provision, auroit été « pourvu par mort »; et il fut jugé pour la négative, malgré les considérations de Rebuffe, et autres, par arrêt du 13 septembre, « parceque la clause *quovis modo* est comme ac- « cessoire au titre de résignation, et mise plutôt par style et « forme ordinaire, *quasi in executoriis,* que par dispositive « principale et cumulative de titres divers; lesquels titres, « comme contraires, sont également principaux en leurs « cas, et dont, par ce moyen, l'un ne peut comprendre « l'autre; et si telle clause étoit rapportable à quelque effet, « ce ne pourroit être que *ad casus similes, ut si vacaret be-* « *neficium per incapacitatem renunciantis vel per ejus matri-* « *monium; non autem ad casum mortis, qui longè diversus* « *est à renunciatione* ». Et combien à plus forte raison est-il impossible qu'une collation sur la résignation d'un titulaire vivant ait à la fois son effet sur la vacance qui se trouveroit fortuitement opérée par sa mort! On a opposé le chapitre 45 du livre 1er d'un prétendu recueil d'*Arrêts remarquables,* publié sous le nom et après la mort de *Jean Catelan,* conseiller au parlement de Toulouse, dans lequel chapitre on estime que si le résignant a donné pour l'envoi à Rome un ordre particulier qu'il n'ait point révoqué, la regle *de verisi-*

mili n'a pas lieu à l'égard du résignataire, qui a demandé sans doute *etiamsi per obitum*, quoique le résignant soit décédé avant l'admission de sa procuration, et qu'il n'y ait pas le temps nécessaire pour la connoissance de sa mort; que si le mandat est révoqué avant le départ du courier, le résignataire demeure inhabile à obtenir le bénéfice qui deviendroit vacant par la mort du résignant, quoiqu'il eût le temps de la regle entre la mort et la provision; et que, si la procuration n'est révoquée qu'après que le courier s'est mis en route, la collation peut paroître valable, pourvu que le temps de la regle se trouve rempli. L'écrivain rapporte cependant les opinions contraires, et finit par reconnoître positivement que la bonne foi du résignataire, qui impétreroit subsidiairement *per obitum*, sur une procuration révoquée même après le départ du courier, ne le dispense pas de la regle, « parceque la révocation annullant le titre, annulle à la fois tous ses accessoires, parmi lesquels il faut « compter la collation *per obitum;* que l'objet principal et « le fondement de tout est la résignation, qui, emportée et « détruite par la révocation, entraîne nécessairement et fait « crouler tout le reste »: et la conséquence est nécessairement la même pour la résignation pareillement emportée et détruite par la mort du résignant. L'auteur ajoute que c'est ce qui a été jugé en la grand'chambre, au rapport de Catelan, par arrêt du 10 septembre 1672, dont il n'explique point l'espece; et il s'agissoit de provisions de Rome, qui, accordées à la fois sur résignation et sur toute vacance possible, même par mort, ont été déclarées nulles, quoique, la résignation ayant été révoquée après le départ du courier, à l'insu même du résignataire, et le bénéfice étant devenu vacant presque aussitôt après par la mort du résignant, la bonne foi fût entiere de la part du résignataire, qui avoit eu *justam arripiendi itineris causam.* L'arrêt tout récent, du 20 mars 1781, dont le suppliant a déja fait mention, est encore plus décisif. Le sieur Couturiant résigne sa cure, le 27 novembre 1778, au sieur Gelede, qui dépêche un courier à Rome; et, craignant que sa mort anéantisse sa résignation, il fait, le 1er décembre, entre les mains de l'ordinaire, une démission *en faveur* du même sieur Gelede, qu'il change le lendemain en une *pure et simple.* Sur ce dernier acte, l'ordinaire fait titre au sieur Gelede, qui, ayant pris possession le jour de la mort du sieur Couturiant, notifie ensuite les provisions de Rome, expédiées, tant sur la résignation primitive qu'à toutes fins, tant par le *quoquo modo vacet* et le *per obitum* accessoire. Le sieur Mocary dévoluta le bénéfice, en attaquant et les provisions de Rome sur la clause obituaire et la nomination de l'ordinaire, sur ce qu'il faut que la révocation de la résignation soit signifiée à celui à qui elle étoit donnée avant qu'on puisse faire une autre démission. Il succomba, par la raison que la clémentine *de renunciatione* est sans application pour la nomination que l'ordinaire fait du même sujet qui auroit été pourvu par le pape; et, quoique la maintenue du sieur Gelede terminât l'objet principal de la contestation, il n'a pas moins paru nécessaire de prononcer sur les provisions de Rome, qui ont été déclarées abusives dans la collation faite à l'occasion d'une résignation anéantie par le prédécès du résignant, et à cause de mort, *absque verisimili notitiâ obitûs*. Le parlement de Toulouse a-t-il donc entendu se réformer lui-même, et opérer une révolution subite, dont l'objet et les conséquences seroient également funestes, en cédant à ce qu'on a dit être d'usage dans les bureaux apostoliques? et quelle foi mériteroit cet usage, qui, toléré peut-être dans des siecles éloignés, où tant d'autres prestiges compromettoient la puissance séculiere, est depuis long-temps proscrit dans toutes les occasions et par tous les tribunaux? Qu'importe à des magistrats françois ce que l'on continueroit de faire à Rome par une suite d'anciennes erreurs et d'entreprises réelles sur l'autorité du roi et de ses cours? Et n'est-ce pas au contraire la prétendue perpétuité des abus qui doit le plus exciter le zele et la résistance des gardiens de nos loix et de nos libertés? La regle *de verisimili notitiâ obitûs* est une loi du royaume, loi purement temporelle, aussi perpétuelle et aussi irrévocable par l'admission et l'approbation de nos rois, que toutes les ordonnances émanées directement de leur trône. Les dispositions de cette loi sont générales et embrassent tous les cas. Nulle loi postérieure n'en a changé la force, n'en a borné l'étendue. Et quelle puissance étrangere contrarieroit et feroit méconnoître dans notre législation celle du souverain? S'il étoit vrai que le pape fût en possession de déroger à cette *loi du royaume*, rien ne prescriroit contre la stabilité de *l'autorité du roi et de ses cours;* rien ne couvriroit le vice, ni dans son origine, ni dans ses progrès: l'usage, quelquefois capable de changer ce qu'il auroit établi, ne l'est jamais de détruire une loi écrite, et sur-tout une loi fondée sur le droit commun et naturel: *Consuetudinis usûsque longævi non vilis auctoritas est* (dit la loi au code *Quæ sit longa consuetudo*)*; verùm non usque adeo sui valitura momento, ut aut rationem* *vincat aut legem;* et lorsque les différentes dispositions du titre premier de l'ordonnance de 1667 défendent si impérieusement à tous juges d'interpréter, de modérer, et encore plus de violer, par quelque considération que ce soit, ce dont le maintien forme et borne leur mission, en déclarant nul et de nul effet tout ce qu'ils feroient et prononceroient de contraire, croira-t-on qu'une signature de Rome doive avoir plus de force en France? et l'arrêt de 1782 blesseroit-il moins l'ordre légal, parcequ'il seroit conforme à la volonté du pape? Pour justifier de ce que dessus, le suppliant produisoit les pieces qui suivent. La premiere est emploi des différents arrêts que le suppliant a cités dans la présente requête, en indiquant les sources où il les a recueillis. La seconde est une copie en forme de pareil arrêt rendu au parlement de Rouen, le 31 juillet 1732. La troisieme est copie collationnée, 1°. de l'acte de résignation faite, le 16 juin 1781, par l'abbé de Bon, au sieur de Saint-Martin son neveu; 2°. des provisions de Rome obtenues sur cette résignation, le 24 du même mois, avec les mentions étant au dos; 3°. du *visa* du sieur évêque de Montpellier, expédié sur ces provisions le 20 juillet suivant; 4°. de l'acte de prise de possession du sieur de Saint-Martin, du 21 du même mois. La quatrieme, du 16 juin, est copie de la supplique dressée à Montpellier, pour le sieur de Saint-Martin, à l'effet d'obtenir les susdites provisions; au dos est le certifié véritable du banquier qui a été chargé de cette expédition. La cinquieme, du 17 du même mois, est l'extrait mortuaire de l'abbé de Bon. La sixieme, du 29 du même mois, est la nomination que le suppliant a obtenue du sieur évêque de Montpellier. La septieme, du 11 juillet suivant, est une consultation que le suppliant avoit eu l'attention de demander avant que de se mettre en possession. La huitieme, du 18 du même mois, est l'acte de sa prise de possession. Les neuvieme et dixieme, des 10 août et 4 septembre suivant, sont deux autres consultations que le suppliant a communiquées au sieur de Saint-Martin, et par lesquelles il espéroit empêcher toute contestation judiciaire. La onzieme, du 10 décembre suivant, est l'assignation donnée par le sieur de Saint-Martin au suppliant, en la sénéchaussée de Montpellier: en tête, sont l'extrait baptistaire du sieur de Saint-Martin, ses lettres de tonsure, la résignation, les provisions et la prise de possession ci-dessus produite. La douzieme, du 15 du même mois de décembre, sont les lettres de relief obtenues par le suppliant sur son appel comme d'abus de ces provisions. La treizieme, du 31 du même mois, est l'assignation donnée par le suppliant au sieur de Saint-Martin, en vertu de ces lettres. Les quatorzieme, quinzieme, seizieme et dix-septieme, sont quatre mémoires imprimés, le premier et le troisieme pour le sieur de Saint-Martin, le second et le quatrieme pour le suppliant. La dix-huitieme est copie signifiée au suppliant de l'arrêt du 17 juin 1782; ensuite est l'exploit de cette signification, faite le 28 du même mois. La dix-neuvieme et derniere est la quittance de l'amende consignée sur la présente demande en cassation. A CES CAUSES, requéroit le suppliant qu'il plût à sa majesté casser, révoquer et annuller l'arrêt du parlement de Toulouse, rendu contradictoirement entre lui et le sieur Bourguignon de Saint-Martin, le 17 juin 1782, avec tout ce qui s'en seroit suivi; évoquer le fond des contestations sur lesquelles cet arrêt est intervenu, et pour y être fait droit, les renvoyer soit au grand conseil de sa majesté, soit par-devant les sieurs maîtres des requêtes de l'hôtel au souverain, ou en telle autre cour qu'il plairoit à sa majesté de nommer avec toute attribution de connoissance et de jurisdiction exclusive : ordonner que les amendes et les dépens que le suppliant auroit été obligé de payer en exécution dudit arrêt, lui seroient rendus et restitués, tant par le receveur des amendes que par le sieur de Saint-Martin, chacun en ce qui les concerne; à quoi faire ils seroient contraints par toutes voies dues et raisonnables, même par corps, en vertu de l'arrêt à intervenir sur la présente requête, et sans qu'il en fût besoin d'autre; comme aussi que l'amende consignée par le suppliant, sur sa présente demande, lui seroit pareillement rendue et restituée par les mêmes voies, à l'égard du receveur de ladite amende : condamner ledit sieur de Saint-Martin au coût dudit arrêt à intervenir, et aux dépens faits pour son obtention, lesquels il plairoit à sa majesté liquider à la somme de 1200 livres, en ce non compris le contrôle, le sceau et les significations, sans préjudice au suppliant de tous ses autres droits et actions sur le fond, tant pour restitution de fruits, dommages, intérêts et dépens, qu'autrement, contre qui et ainsi qu'il appartiendra. VU ladite requête, signée d'Urmont, avocat du suppliant, Damours et Rigault, anciens avocats aux conseils, ensemble les pieces qui y sont énoncées et jointes. OUI le rapport du sieur de Colonia, chevalier, conseiller du roi en ses conseils, maître des requêtes ordinaire de son hôtel, à ce député, après en avoir communiqué au sieur de Marville, de la Porte, de Radonvilliers, Lambert,

Lambert, la Tour, et Dupleix de Bacquencourt, conseillers d'état et commissaires départis: le tout considéré, LE ROI, ÉTANT EN SON CONSEIL, a cassé et casse ledit arrêt du parlement de Toulouse, du 17 juin 1782, et tout ce qui s'en est ensuivi; ce faisant, a évoqué les demandes et contestations sur lesquelles ledit arrêt est intervenu; et pour procéder sur icelles, circonstances et dépendances, a renvoyé et renvoie les parties au parlement de Paris, lui attribuant à cet effet sa majesté toute cour, jurisdiction et connoissance qu'elle a interdite à ses autres cours et juges; ordonne que l'amende consignée par le sieur abbé de Saint-Souplet lui sera rendue: à ce faire, le receveur des amendes contraint; quoi faisant, il en sera bien et valablement quitte et déchargé. FAIT au conseil d'état privé du roi, le 17 octobre 1783.

ARRÊT

DU PARLEMENT DE ROUEN,

Qui fait défenses au sieur Maurey de se qualifier vicaire de Cerquigny; ordonne que les curés de ladite paroisse seront tenus de choisir un prêtre et de le présenter à l'évêque diocésain dans un mois du jour de la signification de l'arrêt aux fins d'obtenir les pouvoirs nécessaires pour exercer les fonctions de vicaire dans la paroisse, et condamne ledit Maurey et les curés de Cerquigny aux dépens.

Du vingt-deux août mil sept cent quatre-vingt-un.

Extrait des registres du greffe civil de la cour de parlement de Rouen.

ENTRE Me Jacques Olivier Maurey, prêtre, vicaire de la paroisse de Cerquigny, appellant des sentences rendues au bailliage de Beaumont-le-Roger les 16 novembre 1776 et 12 juillet 1777, d'une part; Me Jean-François de Monthieux, personnataire de ladite paroisse, intimé en appel, de seconde part; les sieurs curés de la premiere et seconde portion de ladite paroisse de Cerquigny, reçus parties intervenantes, de troisieme part; et M. l'évêque de Lisieux, aussi reçu partie intervenante, de quatrieme et derniere part. Vu, par la cour, l'arrêt d'icelle rendu entre les parties, le 28 mars 1778, par lequel, après que la cause a été mise au rôle, et qu'elle est venue à son tour, la cour, sur l'appel, a appointé les parties au conseil, et signifié de procureur à procureur le 9 décembre suivant, avec sommation de fournir suspects: les sentences dont est appel, ci-devant datées, rendues, savoir, la premiere entre Me Jacques-Olivier Maurey, prêtre, vicaire de la paroisse de Cerquigny, y demeurant, demandeur en requête par lui présentée au bailliage de Beaumont-le-Roger, le 23 octobre 1776, attestée souscrite d'ordonnance dudit siege du même jour, et aux fins de l'exploit de signification d'icelle, fait à son instance et requête par le ministere de Charles Fritut, huissier audit siege, en date du même jour 23 octobre lors dernier, au sieur Jean-François de Monthieux, titulaire du personnat de Cerquigny, en cette qualité gros décimateur de ladite paroisse, avec assignation à comparoir audit siege, le mardi 29 dudit mois d'octobre, pour répondre et procéder sur et aux fins de ladite requête, expositive que le sieur Maurey, depuis près de deux ans, réside, en sa qualité de vicaire, en ladite paroisse de Cerquigny; qu'il a été assez régulièrement payé de la portion congrue qui lui est accordée par les loix du royaume; mais que, par un événement inconcevable, il a éprouvé aujourd'hui le désagrément d'être obligé de recourir à l'autorité de la justice pour forcer ledit sieur de Monthieux, en sadite qualité de gros décimateur de ladite paroisse, à lui payer les honoraires qu'il est en droit d'exiger, et particulièrement le quartier de la pension échue du premier dudit mois d'octobre dernier, montant à la somme de 50 livres; qu'il est cependant incontestable que, par différentes déclarations du roi, et particulièrement par l'article 6 de l'édit du mois de mai 1768, la portion congrue des vicaires, comme celle des curés, est exigible sur les possesseurs des dîmes ecclésiastiques de quelqu'espece qu'elles soient, puisque cette loi charge même du paiement des honoraires ceux qui possedent les dîmes inféodées, en cas d'insuffisance des premieres; qu'il n'est pas moins constant que par la déclaration du roi, du 22 février 1724, les gros décimateurs ne peuvent s'acquitter de cette charge qu'entre les mains des vicaires: c'est ce qui résulte de l'article 3 de cette loi, ainsi qu'il est plus au long énoncé en l'exposé de ladite requête, tendante à ce qu'il plaise permettre à icelui sieur Maurey d'user de saisies et arrêts entre les mains des fermiers et débiteurs dudit sieur de Monthieux, pour sûreté de sa pension alimentaire, et au surplus lui permettre de même de faire assigner ledit sieur de Monthieux au lieu commun du bénéfice, conformément à l'article 3 du titre 2 de l'ordonnance de 1667, pour en venir provisoirement devant ledit siege, audit jour 29 octobre lors dernier, pour se voir condamner au paiement de la somme demandée; ce qui sera exécuté en cas d'appel, par provision, avec dépens, sauf audit sieur demandeur à prendre dans la suite telles autres conclusions qu'il appartiendra, comparant ledit sieur Olivier Maurey, demandeur, en personne, et par Me Hinoult, son procureur, d'une part; et messire Jean-François de Monthieux, en sadite qualité de titulaire du personnat et grosse dîme de Cerquigny, défendeur, de même en personne, et par Me Chambellan, son procureur, d'autre part; par laquelle il est dit, suivant les conclusions du procureur du roi, que les pieces seront remises sur le bureau, pour en être délibéré en la présence du procureur du roi: et, ledit jour 16 novembre 1776, reprenant la cause d'entre ledit Me Jacques-Olivier Maurey, demandeur, d'une part, et le sieur Jean-François de Monthieux, personnataire de la paroisse de Cerquigny, défendeur, d'autre part: vu les pieces, et le tout délibéré avec le sieur Robert Maignet, conseiller, lieutenant-particulier en ce bailliage, et en présence du procureur du roi, il est dit, suivant ses conclusions verbales et d'avis, de l'assistance de M. le Moine, avocat en ce siege, ayant été appellé, le sieur personnataire est et demeurera condamné à payer au sieur Maurey sa pension, jusques et compris le jour de la notification du 12 de ce mois, du certificat de M. l'évêque de Lisieux, du 30 octobre dernier, laquelle pension sera payée dans jeudi prochain, sinon permis de relever la présente aux frais du sieur personnataire, lequel demeure en outre condamné aux dépens; acte accordé de la lecture de la présente, audience séante; ordonne qu'elle sera exécutée des termes dont elle est conçue. La seconde, rendue audit siege, entre ledit Me Olivier Maurey, vicaire de la paroisse de Cerquigny, demandeur, aux fins de l'exploit fait à son instance et requête, par le ministere de Charles Fritut, huissier audit siege, en date du 4 dudit mois, délivré au sieur Jean-François de Monthieux, titulaire du personnat dudit lieu, portant signification à icelui d'un certificat donné audit sieur Maurey, en sadite qualité de vicaire de la paroisse de Cerquiguy, par les sieurs curés de ladite paroisse, attesté sous la date du premier mai 1776, avec assignation audit sieur de Monthieux à comparoir audit siege de Beaumont-le-Roger, provisoirement, le mardi suivant la date dudit exploit, pour se voir condamner à payer audit sieur demandeur, en sadite qualité, la somme de 176 liv. 13 s. 3 d. sauf à compter, pour sept mois et demi et trois jours de sa pension alimentaire, à raison de 200 liv. par an, due et échue du premier dudit mois de juillet exclusivement, ayant discontinué de le payer depuis le 12 novembre lors dernier, quoique ledit sieur Maurey ait continué ses fonctions de vicaire dans ladite paroisse de Cerquigny, aux offres de le prouver et vérifier, en cas de méconnoissance, avec dépens, auxquels ledit sieur du Monthieux demeurera condamné; voir dire en outre que la sentence à intervenir sera exécutée par provision, nonobstant et sans y préjudicier aux termes de l'ordonnance, sous telles réserves, demandes et reprises de fait et de droit dudit sieur demandeur, et à prendre dans la suite plus amples conclusions, les changer et restreindre, comparant ledit sieur Maurey, demandeur, en personne, et par Me Hinoult, son procureur, d'une part, et ledit sieur de Monthieux, en sadite qualité de personnataire de ladite paroisse de Cerquigny, ajourné, comparant de même en personne, et par Me Chambellan, son procureur, d'autre part; par laquelle, parties ouies, sans que les qualités puissent leur nuire et préjudicier, n'en ayant été fourni aucunes, ni même de conclusions par ledit Maurey, il est dit, avant faire droit, que les pieces seront remises sur le bureau, pour y être délibéré en présence du procureur du roi : et ledit jour 12 juillet 1777, en ladite chambre du conseil du prétoire royal, reprenant la cause d'entre Me Jacques-Olivier Maurey, prêtre, demandeur, d'une part, contre le sieur Jean-François de Monthieux, titulaire du personnat de Cerquigny, en cette qualité gros décimateur de ladite paroisse, d'autre part; vu les pieces respectivement produites par lesdites parties, et le tout délibéré avec le sieur Robert Maignet, conseiller du roi, lieutenant particulier en ce bailliage, et en présence du procureur du roi, et ouï icelui en ses conclusions, nous avons, d'avis uniforme, accordé acte audit sieur de Monthieux de ce qu'il consent payer la somme de 200 liv. pour les honoraires d'un vicaire en ladite paroisse de Cerquigny, lorsqu'il sera approuvé et muni de pouvoirs suffisants par l'ordinaire, de ce qu'il obéit payer au bénéfice du trésor ladite somme, pour autant et prorata qu'il n'y aura pas de vicaire approuvé en ladite paroisse, ce qu'il signera dans mardi prochain; ce faisant, ledit sieur Maurey débouté de sa demande, vu ce qui résulte de notre sentence du 16 novembre dernier, et icelui sieur Maurey condamné aux dépens, acte accordé de la lecture de la sentence, audience séante: et encore ledit jour 15 juillet 1777, au prétoire royal dudit lieu, ouï Mᵉ Duclos, avocat, parlant pour ledit sieur de Monthieux, lequel a dit qu'il plaise au siege lui accorder acte de ce qu'il se présente pour ratifier la sentence ci-dessus, et consent l'exécuter, sur quoi acte accordé audit sieur de Monthieux de sa présence et de ce qu'il déclare ratifier notre sentence rendue entre lui et ledit sieur de Maurey, par délibéré le 12 de ce mois, et de ce qu'il en consent l'exécution. Vu par ladite cour les pieces respectivement closes par lesdites parties composées des suivantes, savoir; de l'arrêt d'appointé, ci-devant énoncé et daté, arrêt de la cour, rendu le 11 mars 1689, entre Mᵉ Guillaume Foucher, prêtre, curé de la premiere portion du bénéfice cure de Cerquigny, appellant de la sentence rendue par le juge de Beaumont-le-Roger, le 18 janvier lors dernier, par laquelle, sur l'action intentée par ledit Foucher à l'encontre de Mᵉ François Dacher, titulaire du personnat dudit Cerquigny, et en cette qualité gros décimateur de ladite paroisse, pour le paiement de ladite portion congrue de Mᵉ Louis Talbot, prêtre, son vicaire, les parties auroient été renvoyées devant le sieur évêque de Lisieux, présent en personne, et comparant aussi par Mᵉ Jacques Douillard, son procureur, d'une part, et ledit sieur Dacher, intimé, d'autre part, par lequel il est dit: Notredite cour, par son jugement et arrêt, a mis et met l'appellation et ce dont est appel au néant; réformant, a condamné le gros décimateur à payer la somme de 150 liv. pour le vicaire, avec dépens modérés, du consentement des parties, à la somme de 60 liv., en outre le coût dudit arrêt. Requête présentée au lieutenant-général de Beaumont-le-Roger, le 23 octobre 1776, par le sieur Maurey, tendante à ce qu'il plaise lui permettre de conduire des saisies et arrêts entre les mains des fermiers et débiteurs dudit sieur de Monthieux, pour sûreté de la pension alimentaire du suppliant, et au surplus lui permettre de faire assigner ledit sieur de Monthieux au lieu commun du bénéfice, conformément à l'article 3 du titre 2 de l'ordonnance de 1667, pour en venir provisoirement au 29 dudit mois, à l'effet d'être condamné au paiement de la somme demandée; ce qui sera exécuté en cas d'appel, par provision, avec dépens, sauf audit sieur exposant à prendre dans la suite telles autres conclusions qu'il appartiendra; ladite requête souscrite d'ordonnance, d'ait acte et permis d'user de saisie et arrêt, et mandement aux fins d'icelle; ensuite de laquelle est l'exploit de signification faite d'icelle le même jour. Requête dudit Maurey audit sieur de Monthieux, avec assignation à comparoir le mardi 29 dudit mois audit siege de Beaumont-le-Roger, aux fins de ladite requête, ainsi qu'il est plus au long énoncé audit exploit contrôlé à Beaumont le 24 du même mois. Cédule de présentation mise au greffe dudit siege le 23 du même mois, par Me Hinoult, procureur pour le sieur Maurey, sur l'assignation ci-dessus. Autre cédule de présentation mise au greffe dudit siege le 29 dudit mois, par Me Chambellan, procureur, pour ledit sieur de Monthieux. Requête présentée audit siege par ledit sieur de Monthieux, le même jour, tendante à ce qu'il plaise lui accorder acte de l'énoncé en icelle, lui permettre de s'opposer à l'exécution de la sentence rendue audit siege ledit jour, la rapporter comme surprise, et remettre les parties au même et semblable état qu'elles étoient avant; permettre de signifier au procureur de partie pour en venir à bref délai; ladite requête souscrite d'ordonnance aux fins d'icelle, et signifiée de procureur à procureur le même jour, avec sommation d'audience. Certificat délivré au sieur de Monthieux le 30 du même mois par Jacques-Marie Caritat de Condorcet, évêque et comte de Lisieux, par lequel il atteste que le sieur Maurey, prêtre, demeurant en la paroisse de Cerquigny, n'est point vicaire de ladite paroisse de Cerquigny, et qu'il n'a même aucun pouvoir de prêcher et de confesser dans le diocese de Lisieux. Acte signifié à la requête du procureur du sieur Maurey, le 5 novembre suivant, portant sommation à celui du sieur de Monthieux de recevoir en communication par exception une piece d'écriture en papier, qui justifie sa qualité de vicaire en la paroisse de Cerquigny, et sommation d'audience à la huitaine, aux termes du renvoi. Ecrit fourni audit siege par ledit sieur de Monthieux le 12 du même mois, par lequel il conclut que ledit sieur Maurey devroit être jugé non recevable en son action vers le sieur personnataire de Cerquigny; que main-levée des arrêts faits aux mains de ses fermiers lui seroit accordée, lesquels arrêts seroient déclarés nuls et tortionnaires; ce faisant, que le sieur Maurey seroit condamné en 200 livres d'intérêts, avec dépens, sous toutes réserves. Pouvoirs donnés au sieur Olivier Maurey par le sieur évêque de Lisieux, en 1771, et continués, par différentes ordonnances des sieurs vicaires-généraux, jusqu'en l'année 1775, où il a été envoyé à la paroisse de Cerquigny. Lettre du sieur évêque de Lisieux, écrite le 2 avril 1776 au sieur Maurey à Cerquigny. Autre du 24 du même mois, aussi écrite au sieur Maurey, à Cerquigny, par le sieur évêque de Lisieux. Autre lettre du 3 mai suivant, aussi écrite par le sieur évêque de Lisieux audit sieur Maurey, à Cerquigny, au bas de laquelle est une réponse faite audit sieur évêque par ledit sieur Maurey. Quittance du receveur des dîmes et autres impositions du diocese de Lisieux, donnée au sieur vicaire de Cerquigny le 23 mars 1777, pour sa part et portion de toutes les impositions des décimes, suivant l'arrêté des sieurs commissaires, et ce, sous le terme d'octobre 1776 et février 1777. Sentence dont est appel, du 16 novembre 1776, ci-devant indicte et datée. Quittance du sieur Maurey, en date du 21 novembre dudit an, par laquelle il reconnoît avoir reçu du sieur Chambellan, huissier, la somme de 107 liv. 5 s. 3 d. savoir, celle de 23 liv. 6 s. 8 d. pour un mois 12 jours de sa pension alimentaire, en sa qualité de vicaire de ladite paroisse, ladite somme, à compter et à valoir sur ladite pension alimentaire, et le surplus montant à 83 liv. 18 s. 6 d. pour les frais et dépens à lui adjugés par sentence de Beaumont-le-Roger les 12 et 16 dudit mois, sous ses réserves expresses de se pourvoir contre ladite sentence, aux chefs qu'elle peut lui faire griefs, et sous toutes ses autres réserves, demandes, reprises et prétentions de fait et de droit. Certificat délivré au sieur Maurey par les prêtres, curés de la paroisse de Notre-Dame de Cerquigny, contenant attestation qu'ayant choisi, au mois de juillet 1774, Me Jacques Olivier Maurey, pour faire les fonctions de vicaire en leur paroisse, et, en conséquence, lui ayant donné pour cela les pouvoirs qui dépendoient d'eux pour exercer lesdites fonctions en leur lieu et place, ils n'ont cessé de le reconnoître depuis ce temps pour leur vicaire, qu'ils le reconnoissent encore tel aujourd'hui, et le prient de vouloir bien leur aider comme il l'a fait jusques ici dans leurs fonctions, pour lesquelles ils l'ont commis et le commettent encore, autant qu'il dépendoit d'eux, et leur peut appartenir; ledit certificat signé Ambroise, curé de Cerquigny, le 1 mai 1776, et contrôlé à Beaumont-le-Roger, le 4 juillet 1777. Exploit fait commettre requête du sieur Maurey, le 4 juillet audit an, contenant signification faite dudit certificat, et acte d'affirmation de voyage du sieur de Monthieux, avec assignation à lui commise, à comparoir provisoirement le mardi lors prochain, à Beaumont-le-Roger, à l'audience de cause, pardevant le sieur lieutenant, pour être condamné à lui payer en sadite qualité la somme de 176 liv. 13 s. 3 d., sauf à compter, pour sept mois et demi de sa pension alimentaire, à raison de 200 livres par an, due et échue du premier dudit mois exclusivement, ayant de coutume de le payer depuis le 12 novembre lors dernier, quoiqu'ayant toujours continué ses fonctions de vicaire dans ladite paroisse de Cerquigny, offert prouver en cas de néance, avec dépens; voir dire, en outre, que la sentence à intervenir sera exécutée par provision, nonobstant l'appel, et sans y préjudicier, aux termes de l'ordonnance, sous toutes réserves, demandes et reprises de fait et de droit dudit sieur Maurey, et à prendre, lors de la plaidoierie et dans la suite, de plus amples conclusions, les changer ou restreindre, ainsi qu'il est plus au long énoncé audit exploit, contrôlé à Beaumont-le-Roger le 6 du même mois. Cédule de présentation mise au greffe dudit siege le 4 dudit mois, par Mᵉ Hinoult, procureur, pour le sieur Maurey. Autre cédule de présentation, mise au greffe dudit siege par Mᵉ Chambellan, procureur, pour ledit sieur de Monthieux, le 8 du même mois. Qualités de la sentence rendue audit siege entre les parties, le 12 dudit mois, produites le même jour de procureur à procureur, avec sommation de les accorder, et rendre dans le délai; ladite sentence dont est appel, ci-devant énoncée et datée. Plaidoyer fait à l'audience dudit siege par Mᵉ Duval, avocat de Mᵉ Maurey, le 8 du même mois, par lequel, pour les causes et moyens y référés, y persiste aux conclusions par lui prises en l'exploit introductif d'instance, et signifié de procureur à procureur, le 14 août suivant, avec sommation d'arrêter et contredire ledit plaidoyer dans le temps de droit. Acte d'affirmation de voyage pris au greffe dudit siege le 12 juillet audit an, par ledit Mᵉ Maurey, aux fins de requérir un huissier d'interjetter appel de la sentence ci-dessus. Exploit de signification d'icelui, fait, à la requête dudit Mᵉ Maurey, audit sieur de Monthieux, le 12 du même mois, par lequel il déclare se porter pour appellant des sentences contre lui rendues au profit dudit sieur de Monthieux audit siege de Beaumont-le-Roger, les 16 novembre lors dernier, et 16 juillet suivant, et de tout ce qui s'en est ensuivi, pour torts et griefs à lui faits par icelles, ainsi qu'il est plus au long énoncé audit exploit, contrôlé audit lieu le même jour. Acte de voyage pris au greffe des affirmations du parlement de Rouen, le 18 dudit mois, par ledit Mᵉ Olivier Maurey, pour consulter et délivrer des lettres d'appel contre le sieur de Monthieux. Lettres d'appel obtenues en la chancellerie du palais à Rouen, le 23 du même mois,

mois, par ledit sieur Maurey, contre les sentences ci-devant énoncées et datées. Exploit de signification desdites lettres, fait à requête dudit sieur Maurey, le 29 du même mois, par Fritut, huissier, audit sieur de Monthieux, avec assignation à comparoir, aux délais de l'ordonnance, en la cour de parlement de Rouen, pour répondre et procéder sur et aux fins desdites lettres d'appel, ainsi qu'il est contenu audit exploit, contrôlé à Beaumont-le-Roger le 31 du même mois. Cédule de présentation, mise au greffe de la cour le 22 d'août suivant, par Mᵉ Lanon l'aîné, procureur dudit sieur de Monthieux, sur ledit exploit d'assignation. Autre cédule de présentation, mise au greffe de la cour le 27 septembre suivant, par Mᵉ Lernault, procureur, pour ledit Mᵉ Olivier Maurey. Extrait de production manuelle, faite par le bureau des huissiers de la cour. Requête du procureur dudit sieur de Monthieux, le 20 octobre suivant. Des copies des sentences dont est appel, aux fins de l'audience en grand'chambre, après le délai, sous les réserves dudit sieur de Monthieux d'appeller de son chef desdites sentences, s'il y échoit. Avenir signifié de procureur à procureur, le 10 novembre suivant, aux fins, par les parties, de faire tenir leurs avocats prêts de plaider à la prochaine audience de grand'chambre. Sommation d'audience aussi faite de procureur à procureur, le 29 du même mois. Requête presentée à la cour, le 30 décembre suivant, par les sieurs Guillaume Pierre et Ambroise Aubri, prêtres, curés de la premiere et seconde portion de la paroisse de Cerquigny, par laquelle, pour les causes y énoncées, il conclut qu'il plaise à la cour les recevoir parties intervenantes au procès d'entre lesdits sieurs de Monthieux et Maurey; et faisant droit sur leur intervention, leur accorder les conclusions qu'ils prendront à l'audience, et ordonner que la présente sera signifiée au procureur des parties pour en venir; ladite requête duement souscrite d'ordonnance de viennent les parties, et signifiée le même jour de procureur à procureur. Cédule de présentation, mise au greffe de la cour par Mᵉ Lernault, procureur, pour lesdits sieurs curés de Cerquigny, le 19 janvier 1778. Sommation faite de procureur à procureur, le 18 juin suivant. Acte signifié par ledit procureur des sieurs curés, le 12 février 1779, au procureur dudit sieur de Monthieux, par lequel il déclare que le procès d'entre les parties est tombé, par le partage général, en grand'chambre, et a été distribué au sieur le Boullenger, conseiller en icelle, avec sommation de clore au greffe de la cour; faute de quoi, que le délai de fournir griefs ne commencera que du jour qu'on y aura satisfait. Requête imprimée, présentée à la cour par ledit sieur de Monthieux, le 15 mai 1779, par laquelle il conclut à ce qu'il plaise à la cour, sans avoir égard à l'intervention de Mes Guillaume Pierre et Ambroise Aubry, faisant droit sur l'appel interjeté par Me Maurey, mettre l'appellation au neant; ordonner que les sentences dont est appel, seront exécutées selon leur forme et teneur; ce faisant, le débouter des fins de sa demande incidente, et le condamner en tous les dépens; ladite requête souscrite d'ordonnance d'ait acte et soit signifié à partie, et signifiée le même jour de procureur à procureur. Autre requête présentée à la cour par ledit sieur Maurey, le 25 février audit an, tendante à ce qu'il plaise à la cour mettre l'appellation et ce dont est appel au néant; corrigeant et réformant, déclarer le sieur de Monthieux, gros décimateur de Cerquigny, non recevable, ou en tout cas mal fondé; en conséquence, le condamner à payer au sieur Maurey la portion congrue de vicaire, depuis le 12 novembre 1776, selon qu'elle est fixée par l'édit du roi du mois de mai 1768, pour ce qui est échu jusqu'au dernier jour de décembre 1777, et depuis cette époque et à l'avenir, conformément aux lettres-patentes du 12 mai 1768; le condamner en outre en 3000 livres d'intérêts d'indue vexation, et aux dépens des causes principale et d'appel; à laquelle fin, appointer en droit sur la demande en intérêts formée par la présente, la joindre à la demande principale pour être fait droit sur le tout par un seul et même arrêt; ladite requête souscrite d'ordonnance d'ait acte et soit signifié, et signifiée le même jour de procureur à procureur, avec sommation d'audience. Mémoire imprimé, fourni en la cour le 14 août suivant par lesdits sieurs curés de Cerquigny, par lequel ils concluent à ce qu'il plaise à la cour leur accorder acte de ce qu'ils donnent adjonction à l'appel et aux conclusions prises par le sieur Maurey, leur vicaire; ce faisant, déclarer le sieur de Monthieux non recevable et mal fondé dans ses prétentions et soutiens; autoriser lesdits sieurs curés à exercer toutes poursuites et diligences contre le sieur de Monthieux, pour le contraindre au paiement de la pension de leur vicaire, aux fins de leur recours, et récompense dans le cas où ils auroient été obligés d'en faire l'avance; au surplus, les maintenir et garder dans le droit de choisir leur vicaire dans le nombre des prêtres approuvés par l'évêque diocésain, pour les établir et conserver aussi long-temps qu'ils le jugeront convenable, et condamner ledit sieur de Monthieux aux dépens depuis le jour de leur intervention; à la suite duquel *mémoire est une consultation imprimée* de Me Hervieu, avocat en la cour, du 18 juin audit an, et signifiée de procureur à procureur ledit jour 14 août suivant. Inventaire des pieces produites à la cour par ledit sieur de Monthieux, par lequel il conclut comme en la requête ci-dessus énoncée et signifiée aussi de procureur à procureur, le 21 juin audit an 1779. Autre imprimé, intitulé: Solution fournie à la cour par ledit sieur Maurey, le 19 juillet audit an, par lequel il conclut comme en sa requête ci-devant énoncée et signifiée aussi de procureur à procureur le même jour. Autre imprimé intitulé: Observations fournies en la cour par ledit sieur de Monthieux, le 6 mars 1780, par lequel il persiste aux conclusions par lui prises au procès, et signifié le même jour de procureur à procureur, à la suite duquel est un extrait d'un arrêt rendu à la cour de parlement de Rouen, le 9 mars 1660, entre Me Charles Mordant, prêtre, curé de la paroisse de Saint-Germain de Lisieux, appellant de sentence rendue par le bailli d'Evreux, ou son lieutenant au siege d'Orbec, le 5 novembre 1653, renvoyé en la cour par autre sentence du 12 dudit mois, appellant aussi d'autre sentence donnée au même siege le 17 août 1633, et de tout ce qui a été fait en conséquence; et encore appellant comme d'abus de sentence rendue par l'official de Lisieux, sur la requisition du promoteur de ladite officialité, le 21 août 1755, et demandeur en haro et prise à partie, d'une part, et Me Louis Fustel, prêtre, chanoine, archidiacre de ladite église cathédrale de Saint-Pierre de Lisieux, official, et Me Mainier, promoteur en ladite officialité, intimés et défendeurs en haro et prise à partie, d'autre; les doyen, chanoines et chapitre de l'église de Saint-Pierre de Lisieux, d'autre; en la présence de Me Nicolas Desfriches, prêtre, curé de Saint-Jacques de Lisieux, et Me François Thierré, prêtre, curé de Saint-Desir du fauxbourg de ladite ville, donnant adjonction audit Mordant audit appel comme d'abus et prise à partie, d'une autre part, lequel arrêt prononce: Vu par la cour l'arrêt d'icelle d'appointement entre les parties de clore leurs pieces au greffe, par inventaire, a envoyé et envoie les parties hors de cour et de procès; ordonne que ledit réglement fait par l'official sera exécuté selon sa forme et teneur; fait défenses audit Mordant et autres curés d'exiger aucuns droits, que conformément audit réglement, sur les peines au cas appartenant. Autre imprimé fourni en la cour par lesdits sieurs curés de Cerquigny, le 24 avril suivant, par lequel ils protestent de nullité de l'écrit d'observations du sieur personnataire, qui leur a été signifié, et persistent à leurs conclusions respectives, et signifié aussi le même jour de procureur à procureur. Ordonnances du sieur évêque de Lisieux. Expédition imprimée d'un arrêt du conseil d'état du roi, du 2 octobre 1779, en faveur du sieur Daguin, curé de Digny, diocese de Chartres, et du sieur Bourget, prêtre du même diocese; ordonne l'exécution de la déclaration du 14 août 1562, et de l'édit du mois d'avril 1695, et fait défenses à tous prêtres non pourvus, et possesseurs légitimes de bénéfices à charge d'ames, d'exercer, hors le cas d'extrême nécessité, les fonctions de confesseurs, sans l'autorisation spéciale, préalable et actuelle de l'archevêque ou évêque diocésain. Requête présentée à la cour par ledit sieur de Monthieux, le 6 avril 1780, par laquelle il conclut à ce qu'il lui plaise recevoir et joindre la présente et pieces y attachées, ci-devant énoncées au procès, pour, en jugeant et y ayant égard, lui accorder les conclusions par lui prises par son écrit de réponse à griefs; à laquelle fin, ordonner qu'elle sera signifiée, et pieces nouvelles communiquées au procureur des parties; ladite requête souscrite d'ordonnance d'ait acte, et soient la présente et pieces y jointes communiquées à partie, pour y fournir contredits dans le délai de l'ordonnance, signifiée de procureur à procureur le même jour. Requête présentée à la cour par ledit sieur évêque de Lisieux, le 27 juin suivant, par laquelle il conclut, pour les causes y énoncées, à ce qu'il plaise à la cour le recevoir partie intervenante dans le procès d'entre les sieurs curés et vicaire de Cerquigny et le sieur de Monthieux; ordonner que les parties lui communiqueront, pour, après ladite communication, être pris telles conclusions qu'il appartiendra, et pour le faire ainsi juger, ordonner que la présente sera signifiée, tant au procureur du personnataire, qu'à celui des curés de Cerquigny, et à celui du sieur Maurey, pour en venir à l'audience; ladite requête souscrite d'ordonnance d'ait acte et soit signifié aux parties pour en venir, et signifiée de procureur à procureur, avec sommation d'audience à la prochaine de grande chambre. Cédule de présentation mise au greffe de la cour par Me Renard, procureur, pour le sieur évêque de Lisieux, le 28 du même mois. Arrêt de la cour, rendu entre les parties le 30 du même mois, par lequel il est dit: Notre cour, oui notre procureur général, du consentement des parties, a reçu et reçoit la partie d'Avenel (le sieur évêque de Lisieux) intervenante ; ce faisant, ordonne qu'elle aura communication des pieces du procès, pour être par elle pris telles conclusions qu'il appartiendra, sans préjudice des fins de non-recevoir; défenses au contraire, et signifié le premier juillet suivant, de procureur à procureur. Autre requête présentée à la cour par ledit sieur Maurey et les sieurs curés de Cerquigny, le 18 juillet suivant, par laquelle ils concluent à ce qu'il plaise à la cour joindre l'intervention du sieur évêque de Lisieux au principal, appointé et distribué au sieur le Boullenger des Rocques; ensemble, déclarer l'arrêt d'appointé, la distribution, et tout ce qui s'en est ensuivi, commun avec lui; ordonner que la présente sera signifiée aux procureurs des parties pour en venir; ladite requête souscrite d'ordonnance de viennent les parties, et signifiée le même jour de procureur à procureur, avec sommation d'audience. Arrêt de la cour, rendu entre lesdites parties le 28 du même mois, par lequel il est dit : La cour, ouï le procureur général du roi, du consentement des parties, a joint l'intervention au principal; ensemble, a déclaré l'arrêt d'appointé, la distribution, et tout ce qui a été fait, commun avec la partie de Renard (le sieur évêque de Lisieux), et signifié le vingt novembre suivant, de procureur à procureur. Mémoire imprimé, fourni en la cour par ledit sieur évêque de Lisieux, le 27 octobre audit an, par lequel il conclut à ce qu'il plaise à la cour dire à bonne cause l'intervention dudit sieur évêque de Lisieux; et y faisant droit, faire défenses au sieur Maurey de prendre la qualité de vicaire de la paroisse de Cerquigny; ordonner que les sieurs Pierre et Aubry seront tenus de se retirer dans tel bref délai qu'il plaira à la cour fixer, pardevers le sieur évêque de Lisieux, pour obtenir de lui un prêtre muni de pouvoirs nécessaires pour remplir les fonctions de vicaire dans ladite paroisse; condamner lesdits sieurs Pierre, Aubry et Maurey solidairement aux dépens, signifié de procureur à procureur le même jour; et à la suite est une consultation aussi imprimée, donnée par Me Ducastel, avocat en la cour, le 28 octobre audit an. Requête présentée à M. l'évêque de Lisieux le premier avril 1780, par le seigneur patron du bourg et paroisse de Notre-Dame de Cerquigny, et plusieurs habitants dudit lieu, expositive que, de droit, il doit y avoir un vicaire dans leur paroisse; que cependant, depuis plus de deux ans, il ne s'y trouve point de prêtre qui ait cette qualité, ce qui les prive des secours spirituels qu'ils doivent en attendre, pourquoi ils concluent qu'il lui plaise leur envoyer un sujet muni des pouvoirs nécessaires pour remplir lesdites fonctions de vicaire dans leurdite paroisse. Autre requête présentée à la cour par ledit seigneur évêque de Lisieux, le 21 décembre 1780, par laquelle il conclut qu'il plaise, vu l'énoncé en icelle, la recevoir et joindre au procès, ensemble la piece y jointe ci-dessus énoncée, pour, en jugeant et y ayant égard, accorder au suppliant les conclusions qu'il a prises par son mémoire signifié le 7 novembre précédent; à laquelle fin, ordonner qu'elle sera signifiée, et la piece y attachée communiquée aux procureurs des parties pour y fournir contredits, s'ils avisent que bien soit, dans le délai de l'ordonnance; ladite requête souscrite d'ordonnance d'ait acte, et soient la présente et pieces y jointes communiquées à parties, pour y fournir contredits dans le délai, et signifiée le même jour de procureur à procureur, avec sommation d'en prendre communication par les mains du sieur rapporteur, aux fins susdites. Certificat donné par le sieur Adrien-Joseph Derleville de Poligny, écuyer, sieur de Maubuisson, en la paroisse de Cerquigny, et autres habitants de ladite paroisse, par lequel ils attestent qu'ayant entendu dire que plusieurs paroissiens sollicités auroient eu la foiblesse ou mauvaise complaisance de signer, il y a quelques mois, une requête en forme de plainte, expositive de faits controuvés et imaginés contre lesdits sieurs curés et vicaire de Cerquigny, mais capable de faire illusion et de surprendre la religion du prélat auquel elle a été adressée, ils certifient que lesdits sieurs curés et vicaire se sont toujours comportés et se comportent en dignes ministres de Dieu, gouvernant leur paroisse avec toute l'édification possible, qu'ils ne l'ont laissée jusqu'ici manquer nullement des secours qu'ils lui doivent, faisant exactement les prônes, instructions et catéchismes, soit par eux-mêmes, soit par le sieur Maurey, leur vicaire; que personne de la paroisse n'est mort sans recevoir les sacrements, à moins qu'on n'ait été absolument surpris, et sans aucune faute de leur part, ce qu'ils ont signé en grand nombre, le premier novembre 1780. Autre certificat desdits sieurs Derleville de Poligny, seigneur de Maubuisson, et des autres habitants de ladite paroisse de Cerquigny, en date du 25 décembre suivant, par lequel ils disent qu'ayant eu, depuis leur certificat arrêté et signé, l'occasion de prendre lecture d'un mémoire imprimé, et signifié le 27 novembre précédent aux sieurs curés et vicaires de Cerquigny, de la part du seigneur évêque de Lisieux, dans lequel ils auroient remarqué que la requête en question, en forme de plainte, souscrite du seigneur et patron, et de quelques habitants de ladite paroisse, et adressée au sieur évêque, expose, entre autres choses, que Mᵉ Aubry est curé habituellement infirme, ce qui le met presque toujours dans l'impossibilité de remplir ses fonctions, et que, dans les intervalles où ses infirmités lui laissent quelques treves, toujours de courte durée, il ne peut se transporter que dans les maisons qui touchent pour ainsi dire à l'église; eux, au contraire, certifient et attestent, comme chose de notoriété publique, que ledit Mᵉ Aubry, loin d'être valétudinaire, jouit et a toujours joui de la santé la plus parfaite; qu'il remplit exactement toutes ses fonctions, et que non seulement il est en état de visiter les malades les plus éloignés de l'église, mais encore qu'il n'a cessé de le faire, même plusieurs fois dans cette année, avec régularité, autant qu'il en a été ou est requis, et que besoin est: ce qu'ils ont signé. Extrait mortuaire de Jacques-Philippe des Mollends, vivant de son bien, décédé le 13 février 1780, en la paroisse de Rotes, âgé de 64 ans, lequel, muni des sacrements, a été inhumé dans le cimetiere de ladite église, par Mᵉ Aubry, curé de Cerquigny, en présence du sieur Maurey, vicaire de ladite paroisse de Cerquigny, et du sieur curé des Rotes. Ecrit intitulé: Résumé fourni en la cour par lesdits sieurs curés et vicaire de Cerquigny, le 27 janvier 1781, par lequel ils concluent à ce qu'il plaise à la cour, sans avoir égard à l'intervention de M. l'évêque, dans laquelle il sera déclaré non recevable, ou en tout cas mal fondé, accorder aux sieurs curés et vicaire les conclusions par eux prises au procès, et condamner le sieur évêque de Lisieux aux dépens, depuis le jour de son intervention, et signifiée de procureur à procureur le même jour; à la suite duquel sont les certificats et extrait mortuaire ci-devant énoncés, imprimés. Requête présentée à la cour, le 28 mars suivant, par lesdits sieurs curés et vicaire de Cerquigny, par laquelle ils concluent qu'il plaise recevoir et joindre la présente, et pieces y attachées, au procès, à l'appui du mémoire par eux signifié le 27 janvier précédent; ordonner qu'elles seront communiquées aux procureurs des parties, pour y fournir contredits s'ils avisent que bien soit; ladite requête souscrite d'ordonnance d'ait acte, et soient la présente et pieces y jointes communiquées à parties, pour y fournir contredits dans le délai, et signifiée de procureur à procureur le même jour. Déclaration faite par Me Roulland, procureur en la cour, le 7 avril suivant, aux procureurs du sieur évêque de Lisieux et du sieur de Monthieux, qu'il fonde et occupe au lieu et place de Me Lernault, pour le sieur Maurey et les sieurs curés de Cerquigny. Imprimé intitulé : Réponse fournie en la cour par ledit sieur évêque de Lisieux, le 18 juin dernier, par lequel il persiste aux conclusions par lui prises par son mémoire signifié le 27 octobre précédent, et signifié de procureur à procureur le même jour. Inventaire des pieces produites à la cour par ledit seigneur évêque de Lisieux, par lequel il prend les mêmes conclusions que dans le mémoire susdit, et signifié de procureur à procureur, le 20 juillet dernier, et généralement tout ce que lesdites parties ont respectivement clos, mis, écrit et produit pardevers la cour. Conclusions du procureur général du roi, et oui le rapport du sieur le Boullenger, conseiller, rapporteur; le procès, s'étant trouvé partagé le 22 août 1781, a été porté en la premiere des enquêtes, le 29 mars 1783, et l'arrêt a passé à l'avis de M. le compartiteur, ainsi qu'il suit. La cour, sans avoir égard à l'intervention des curés de Cerquigny, faisant droit sur l'appel dudit Maurey, a mis et met l'appellation au néant; ordonne que ce dont est appel sortira effet; condamne l'appellant en 12 livres d'amende envers le roi; faisant droit sur l'intervention de l'évêque de Lisieux, et y ayant aucunement égard, a fait et fait défense audit Maurey de se qualifier de vicaire de Cerquigny; ordonne que les curés de ladite paroisse seront tenus de choisir un prêtre, et de le présenter à l'évêque, dans un mois du jour de la signification du présent arrêt, aux fins d'obtenir les pouvoirs nécessaires pour exercer les fonctions de vicaire dans ladite paroisse; a condamné et condamne ledit Maurey et les curés de Cerquigny, chacun en droit soi, aux dépens envers ledit de Monthieux et l'évêque de Lisieux; et sur le surplus des demandes et conclusions des parties, les a mis et met hors de cour. A Rouen en parlement, le 22 août 1781. *Signé* Bream. Collationné, *signé* Chapelle le jeune.

ARRET

ARRÊT

DU PARLEMENT DE PARIS,

Qui déclare n'y avoir abus dans la révocation et l'obédience signifiées par l'abbé de Sainte-Genevieve au frere de Villers, prieur curé de Choconin; en conséquence, ordonne que dans le délai de quinzaine, à compter du jour de la signification de l'arrêt, ledit Villers sera tenu de se retirer dans la maison qui lui a été indiquée et d'y vivre selon les regles de son ordre.

Du vingt février mil sept cent quatre-vingt-trois.

Extrait des registres du parlement.

LOUIS, par la grace de Dieu, roi de France et de Navarre: au premier huissier de notre cour de parlement, ou autre notre huissier ou sergent sur ce requis; savoir faisons qu'entre François-Charles Le-Normand de Villers, prêtre, chanoine régulier, profès de l'ordre de saint Augustin, congrégation de France, ci-devant prieur-curé de Notre-Dame de Choconin, diocese de Meaux, appellant comme d'abus de l'ordonnance du sieur abbé de sainte Genevieve, portant révocation de sa personne dudit prieuré-cure, en date du 20 décembre 1782, d'une part, et Me André-Guillaume de Gery, abbé de sainte Genevieve, au mont de Paris, supérieur général des chanoines réguliers de l'ordre de saint Augustin, congrégation de France, chef et général de l'ordre du Val des écoliers, intimé, d'autre part: et entre ledit sieur abbé de sainte Genevieve, demandeur en requête du 29 janvier dernier, à ce qu'il fût dit qu'il n'y avoit abus dans l'ordonnance dont il s'agissoit; qu'il plût ordonner que la révocation portée par ladite ordonnance seroit exécutée; en conséquence, que, dans trois jours de la signification de l'arrêt à intervenir à personne ou domicile, ledit Le-Normand de Villers seroit tenu de se retirer dans la maison de saint Acheul-lès-Amiens, qui lui a été indiquée par ladite révocation, et d'y vivre selon les regles, statuts et constitutions de ladite congrégation de France; qu'il fût condamné en l'amende de son appel comme d'abus, et aux dépens des causes d'appel et demandes, même en ceux du provisoire resté indécis, et défendeur, d'une part; et ledit sieur Le-Normand de Villers, défendeur et demandeur en requête du 17 du présent mois de février, à ce que, sans s'arrêter ni avoir égard aux requêtes et demandes du sieur abbé de sainte Genevieve, dans lesquelles il seroit déclaré non recevable, ou dont en tout cas il seroit débouté, il fût dit qu'il y avoit abus dans l'ordonnance dont est appel; en conséquence, que ledit sieur abbé de sainte Genevieve fût condamné aux dépens des causes d'appel et demandes, même en ceux faits sur le provisoire resté indécis, d'une part:

Après que Courtin, avocat de Le-Normand de Villers, et de Bonnieres, avocat de l'abbé de sainte Genevieve, ont été ouis pendant trois audiences; ensemble Joly de Fleury, pour notre procureur général.

Lequel a dit que frere François-Charles Le-Normand de Villers, prêtre, chanoine régulier, profès de la congrégation de France, a été pourvu en 1771 ou 1772 du prieuré-cure de Notre-Dame de Choconin, diocese de Meaux.

Que, sur la fin de l'année derniere, M. l'évêque de Meaux et l'abbé de sainte Genevieve penserent qu'il étoit nécessaire, pour le bien de la religion, de le retirer de ce prieuré-cure, et de l'envoyer dans une maison de sa congrégation.

Que ce fut M. l'évêque de Meaux qui excita le zele de l'abbé de sainte Genevieve, et qui lui demanda avec instance la révocation du frere de Villers.

Que cette révocation ne pouvant s'opérer sans le consentement de M. l'évêque de Meaux, il envoya ce consentement à M. l'abbé de sainte Genevieve, à l'effet de transférer le frere de Villers dans telle maison de sa congrégation qu'il jugeroit à propos.

Que ce consentement est du 6 décembre dernier.

Que, le 10 du même mois, l'abbé de sainte Genevieve ayant assemblé les supérieurs majeurs de la congrégation, il leur a fait part de la demande que lui faisoit M. l'évêque de Meaux de révoquer le frere de Villers; qu'il a exposé les motifs sur lesquels le prélat fondoit cette demande; que l'assemblée les a trouvés justes; qu'il a ensuite déduit les raisons qui le déterminoient à condescendre à la demande du prélat, raisons que l'assemblée a unanimement approuvées.

Qu'avant de mettre en usage le consentement de M. l'évêque de Meaux, l'abbé de Sainte-Genevieve crut devoir faire auprès du frere de Villers un dernier effort de charité, et l'engager de nouveau à se soumettre ; en conséquence il lui écrivit la lettre qui a été lue à l'audience, et dont voici la teneur :

Je suis de plus en plus convaincu, mon cher prieur, qu'il est impossible que vous restiez à Choconin ; je vous exhorte donc, je vous prie avec toutes sortes d'instances, et même, puisqu'il faut en venir là, je vous enjoins, tant en vertu de l'obéissance que vous me devez comme à votre supérieur général, qu'en vertu du vœu particulier que vous avez fait au sujet des bénéfices, de vous retirer de celui de Choconin ; je vous déclare que si d'ici au 16 de ce mois, pour tout délai, vous ne me donnez pas des preuves de votre soumission, j'userai contre vous du droit que me donnent les loix de l'état et les statuts de la congrégation. Je le ferai avec regret, soyez-en assuré ; mais je le ferai cependant, parceque le bien de la religion l'exige. Je suis, avec une véritable douleur d'être obligé d'employer contre vous une autorité que vous avez vous-même contribué à me confier, etc.

Que cette lettre annonçoit le projet de la révocation prochaine du frere de Villers, s'il ne se soumettoit pas.

Qu'elle n'eut aucun succès.

Qu'en conséquence, le 20 du même mois de décembre, révocation par l'abbé de Sainte-Genevieve, du frere de Villers, et obédience pour se rendre dans l'abbaye de Saint-Acheul-lès-Amiens.

Que le consentement de M. l'évêque de Meaux, la révocation et l'obédience ayant été signifiées le 24 décembre dernier au frere de Villers, il a interjetté appel comme d'abus de la révocation et de tout ce qui a suivi.

Qu'à l'audience ses principaux moyens d'abus ont été que l'ordonnance de l'abbé de Sainte-Genevieve étoit contraire à l'ancien usage de l'église exposé dans un des canons du concile de Nicée, au droit commun établi dans l'édit de 1686, aux statuts tant anciens que nouveaux de la congrégation ; qu'on a inféré des nouveaux statuts que l'abbé de Sainte-Genevieve ne pouvoit prononcer la destitution d'un prieur-curé, si elle n'étoit provoquée par le procureur général de l'ordre, et si la révocation n'étoit faite pour de justes causes ; qu'on a enfin prétendu que l'ordonnance de l'abbé de Sainte-Genevieve étoit contraire aux loix du royaume.

Qu'on a répondu, de la part de l'abbé de Sainte-Genevieve, que son ordonnance étoit fondée sur les statuts tant anciens que nouveaux de la congrégation ; que différentes lettres-patentes et décisions du conseil avoient dérogé au droit commun, relativement à l'inamovibilité des prieurs-curés dépendants de la congrégation de France; que l'abbé de Sainte-Genevieve n'avoit pas besoin de la requisition du procureur général de l'ordre ; qu'il étoit dispensé par les loix de rendre compte des motifs qui le forçoient de révoquer un prieur-curé; en un mot, qu'il avoit l'attache de ses assistants et le consentement de M. l'évêque de Meaux, seules obligations qu'il devoit remplir. D'après le récit de ces faits, M. l'avocat général a ajouté que cette cause pouvoit être envisagée sous quatre points de vue différents.

Il a rappellé d'abord l'origine des prieurés-cures de l'ordre de saint Augustin.

Il a examiné ensuite le vœu d'obéissance que tout chanoine régulier a fait.

Il a consulté les statuts tant anciens que nouveaux de la congrégation.

Il a discuté enfin les différentes décisions sur la matiere.

Passant d'abord à l'origine des prieurés-cures, il a dit, en substance, que dans l'origine les prieurés-cures de l'ordre de saint Augustin n'étoient point des titres inamovibles, mais seulement de simples obédiences d'un ou plusieurs religieux envoyés par leur supérieur dans des paroisses dont l'administration leur étoit confiée par les archevêques ou évêques diocésains; que les supérieurs leur faisoient rendre compte de leur administration, les rappelloient au cloître quand ils le jugeoient à propos, et en députoient d'autres à leur place pour administrer les mêmes paroisses.

Que, par la suite des temps, ces députés, révocables à la volonté du supérieur, se sont formé, de ces prieurés, des titres de bénéfices; qu'ils s'en sont attribué et approprié les revenus, et qu'ils ont fait tous leurs efforts pour secouer le joug de la dépendance primitive.

Que ces prieurés-cures sont enfin devenus, et par l'usage et par la loi, des bénéfices en titres.

Que les pourvus de ces prieurés-cures, aujourd'hui devenus des bénéfices en titres, ne peuvent méconnoître la nature premiere de ces bénéfices. Ils ne doivent pas moins être soumis maintenant à leur supérieur général, qu'ils l'étoient autrefois.

Lors donc qu'un religieux est nommé à un prieuré-cure, il ne peut et ne doit l'accepter qu'avec l'intention de le posséder; suivant la pureté de l'origine de ces bénéfices, qu'il est dans l'obligation d'avoir sans cesse devant les yeux.

Examinant ensuite les devoirs d'un religieux et l'obéissance qu'il doit à ses supérieurs, il dit:

Qu'il n'est aucun religieux qui, en se consacrant à Dieu au pied des saints autels, ne jure une obéissance parfaite au supérieur général de l'ordre dans lequel il s'engage.

Il a puisé, dans les constitutions de la congrégation de France, le genre d'obéissance que le frere de Villers a voué à son supérieur général; le chapitre 6ᵉ *de obedientia* porte:

Quemadmodum terrenis opibus per abdicationem proprii cujuslibet, corporisque voluptatibus per continentiæ et castitatis votum renunciamus, ita etiam voluntatem propriam et nosmetipsos per obedientiam abnegamus; cujus hæc præcipua vis est, ut domicilia, ministeria, officia nostra eligere non jam nostrum sit, sed eorum quibus hanc in nos potestatem liberâ mente concessimus.

Que ce texte est clair et précis: l'exécution de la loi d'obéissance qu'il renferme doit être imprimée sur le front de tous ceux qui ont promis de vivre suivant ces constitutions, et gravée dans le cœur des profès pénétrés des devoirs auxquels ils se sont soumis.

Passant aux statuts tant anciens que nouveaux de la congrégation de France,

Il a observé d'abord que les nouvelles constitutions, chap. 12ᵉ de la part. 5ᵉ, article 13, portent:

Erga parochorum revocationem summâ prudentiâ ac moderatione opus est. Suam hâc in re auctoritatem ne exerceat præpositus generalis, nisi in iisdem casibus in quibus destitutionis depositionisque pœnam sacri canones pronunciant, et quamvis sine strepitu juris forensibusque formalitatibus agere possit, caveat tamen ne quid in re tanti momenti pronunciet, de quo non solùm episcopo diœcesano (sine cujus consensu in scriptis accepto nullus parochus revocari potest), sed etiam congregationi ipsi per capitulum generale repræsentatæ rationem reddere non possit.

Qu'il falloit, d'après ce texte des constitutions, pour autoriser le supérieur général à révoquer un prieur-curé:

Beaucoup de prudence et de modération.

Il lui est recommandé de ne point faire usage de son droit, si ce n'est dans des cas où les canons prononcent la peine de la destitution.

Mais en même temps il n'est point astreint à remplir de formalités.

Il doit se munir du consentement de l'évêque diocésain.

Il doit être en état de rendre compte des motifs de sa conduite au chapitre général assemblé.

Nulle disposition qui l'oblige à déduire au religieux qu'il révoque, les causes qui l'ont déterminé, ni à justifier sa conduite aux yeux du public.

Quels inconvénients, en effet, n'entraîneroit pas l'éclat d'une telle justification?

Dans un autre endroit des constitutions, au chapitre *de promovendis ad beneficia cum animarum regimine conjuncta,*

On lit:

Sicut verò neminem ad beneficia promoveri debere, nisi quem ministerio pastorali idoneum judicet congregatio, sapienter hisce legibus nostris constitutum est; ita etiam ejusdem congregationis et parochiarum ipsarum bono maximè congruit, hanc superioribus auctoritatem relinqui, quâ eos qui ministerii sui dignitatem fœdâ vitiorum labe et pravitate morum dedecorant, à regimine animarum removere, et ad commune domicilium revocare possint.

Ne tamen idcircò ad arbitrium et nutum amovibiles, contra tituli pastoralis naturam, reddantur pastores nostri, hos auctoritati superiorum limites sapienter constituendos duximus: 1°. *Ut à solo præposito generali, de consilio et assensu assistentium, jus revocationis exerceri possit:* 2°. *Ut revocationi expressè scripto consentiat episcopus diœcesanus :* 3°. *Ut non fiat nisi justis de causis.*

Qu'il est donc encore prouvé, par ce texte, que le supérieur général peut exercer le droit de révocation, et que les seules formalités qu'il ait à remplir sont de prendre l'avis et l'attache de ses assistants, de se munir du consentement de l'évêque, et de ne révoquer que pour de justes causes.

Mais que nulle part on ne voit qu'il soit obligé de rendre compte au religieux qu'il révoque, des motifs qui le déterminent; il lui suffit de les avoir déposés dans le sein des assistants et de l'évêque.

Qu'il n'est pas possible de résister à la force de ces textes.

Qu'à l'égard de deux autres textes opposés de la part du frere de Villers,

L'un est tiré du chapitre 8 *de pœnis pro varietate culparum infligendis.*

Et on y lit:

Gravissimas illas interdicti, privationis vocis activæ et pas-

sivæ, ab officio vel beneficio destitutionis, vel detentionis pœnas pronunciare solius sit præpositi generalis de consilio et assensu assistentium, requirente et quasi promotoris vices agente congregationis procuratore generali.

Qu'il ne s'agit, dans ce chapitre, que de la discipline intérieure de la congrégation et des corrections paternelles.

Qu'on y distingue les fautes légeres, les fautes graves, les fautes très graves; et voilà pourquoi, quand il est question de peines très graves, de priver de voix active et passive, et de destituer d'office et de bénéfice un religieux accusé, le supérieur général, de l'avis et du consentement des assistants, sur la requisition du procureur général, faisant les fonctions de promoteur, ne doit prononcer qu'après avoir rempli toutes les formes prescrites par ce chapitre.

Mais il en est autrement, lorsqu'il s'agit de la révocation d'un prieur-curé qui n'est point accusé; elle doit se faire sans forme ni figure de procès, *sine strepitu juris forensibusque formalitatibus.*

Que cet article ne peut pas détruire le droit accordé au supérieur général de révoquer les prieurs-curés sans les formes prescrites dans le chapitre 8e.

Que, dans un autre endroit, il est dit que dans le cas où un religieux est soupçonné de fautes très graves qui méritent des peines séveres, il faut envoyer le visiteur de la province, ou quelqu'un des supérieurs voisins, pour prendre, avec prudence et sagesse, les informations nécessaires, etc.

Que cet article n'a pas encore d'objet direct à la cause, parceque le frere de Villers n'a point d'accusateur connu; il n'étoit donc pas nécessaire de prendre contre lui la voie de l'instruction et de la procédure.

L'abbé de Sainte-Genevieve, à la vérité, n'a exprimé aucune cause dans son ordonnance de révocation : mais ce supérieur n'étoit pas obligé d'en exprimer; et s'il en eût exprimé, il y auroit eu abus dans sa révocation. Le frere de Villers ne peut donc pas se plaindre: qu'il se rappelle ses vœux, qu'il se rappelle la soumission qu'il a promise à son supérieur général, il sentira qu'il doit lui obéir.

Qu'ainsi, d'après les constitutions de la congrégation de France, il n'est pas possible de refuser au supérieur général la faculté de révoquer un prieur-curé, ni de lui contester le droit qu'il a de le faire, sans être obligé de déduire, au religieux qu'il révoque, les causes de sa conduite.

Que cette faculté, qui, dans l'origine, par la nature de

la constitution des bénéfices, par le vœu d'obéissance prononcé par les religieux, ne pouvoit éprouver de difficulté; et le droit du supérieur général, qui vient d'être renouvellé par les nouveaux statuts de la congrégation de France, étoit déja consacré par les anciennes constitutions.

Elles portoient,

Diligenter serventur constitutiones et capitulorum generalium decreta de non acceptandis beneficiis sine præpositi generalis consensu, et dimittendis ad ejus arbitrium.

Ces regles anciennes de la congrégation de France ont été approuvées par des décisions sans nombre.

C'est le dernier objet qui a été parcouru.

D'abord, une décision du conseil d'état du 15 avril 1679, porte « que, conformément à l'article 5 des statuts généraux, les chanoines réguliers de la congrégation de Sainte-« Genevieve, pourvus de cures ou autres bénéfices, ayant « charge d'ames, pourront être révoqués et retirés de leurs « bénéfices, et envoyés dans des monasteres par le chapitre « ou supérieur général, pour fautes par eux commises, *même « pour le bien et avantage de l'ordre, s'il y échéoit*, du consen-« tement des évêques dans le diocese desquels les bénéfices « sont situés, et non autrement. »

Par une seconde décision du conseil, du premier août 1679, il a été ordonné qu'aucun chanoine régulier ne pourra être pourvu d'aucun bénéfice qu'il n'ait fait apparoir l'attestation de vie et mœurs, et du consentement par écrit du supérieur général; et en outre que ceux qui seroient révoqués, retirés et envoyés dans des monasteres, seroient tenus d'obéir; à faute de quoi, leurs bénéfices seroient vacants pour y être pourvu à l'ordinaire.

D'après ces décisions, lettres-patentes du mois d'octobre 1679.

Les motifs dont le roi veut bien rendre compte sont importants à rappeller.

« Le gouvernement des cures régulieres, y est-il dit, fai-« sant une partie considérable de la discipline ecclésiastique, « nous avons jugé digne de nos soins de travailler à rétablir, « dans les paroisses affectées aux chanoines réguliers de saint « Augustin, l'ancien ordre qui étoit observé pour l'institution « et révocation de ceux qui en étoient et seroient ci-après « pourvus, afin qu'étant réglées suivant les statuts des con-« grégations dont elles dépendent, elles ne pussent à l'ave-« nir être desservies que par des religieux qui édifiassent le

« public

« public par leur doctrine, par leur bonne vie et par leurs « bonnes mœurs. »

Le roi rappelle ensuite les deux décisions des 15 avril et premier août 1679, et il ajoute :

« Ce que nous aurions estimé d'autant plus nécessaire, « que c'est un moyen d'empêcher que les religieux ennuyés « de la discipline réguliere ne se fassent pourvoir par faveur « ou autrement, pour secouer *le joug de l'obéissance due à « leur supérieur* ».

En conséquence il veut, d'après ces motifs :

« Que les chanoines réguliers pourvus de cures ou prieu- « rés-cures de leur ordre *puissent, sans aucune monition pré- « cédente et sans forme ni figure de procès*, être retirés et ré- « voqués de leurs bénéfices, et envoyés en des monasteres « par le chapitre ou supérieur-général, pour fautes par eux « commises, et scandales *connus à l'évêque et à leurs supé- « rieurs, ou même pour le bien et avantage de l'ordre, du con- « sentement des évêques ou archevêques* ».

Mais ce n'est pas tout encore. Par une déclaration du mois de janvier 1686, le roi a ordonné que toutes les cures dépendantes des chapitres et communautés seroient à l'avenir desservies par des curés ou vicaires perpétuels en titre.

Cette disposition sembloit comprendre tous les prieurés-cures de la congrégation de France.

Sur les représentations de l'abbé de Sainte-Genevieve, le roi, par une décision du 22 juillet de la même année, déclara que son intention n'avoit point été de comprendre les cures fondées dans les églises des abbayes de la congrégation de France, accoutumées d'être desservies par des prêtres amovibles, chanoines réguliers, approuvés par l'archevêque ou évêque diocésain.

Et par des lettres-patentes du mois d'octobre 1686, registrées en la cour le 19 février 1687, le roi a consacré de nouveau la révocabilité des prieurs-curés.

Dans le préambule de ces lettres-patentes, le roi rappelle les décisions de son conseil, du 15 avril et premier août 1679, concernant la desserte des cures régulieres de l'ordre, et la révocabilité des pourvus.

Il rappelle aussi les lettres-patentes du mois d'octobre 1679, concernant la révocabilité des prieurs-curés, et il déclare en ces termes :

« Notre intention n'a point été de comprendre dans notre « déclaration du mois de janvier dernier, les cures fondées

« dans les églises des abbayes de ladite congrégation qui sont « unies à la mense capitulaire desdites abbayes, et dont l'u- « nion a été confirmée par lettres-patentes, ou qui ont accou- « tumé, depuis un temps immémorial, d'être desservies par « des prêtres amovibles, chanoines réguliers, approuvés par « l'archevêque ou évêque diocésain. Voulons et nous plaît que « lesdites cures ou vicairies perpétuelles continuent d'être des- « servies en la maniere accoutumée, à la charge que, dans les « abbayes tenues en commende, les chapitres, et, dans celles « possédées en titre, les abbés présenteront aux archevêques « et évêques, chacun dans leur diocese, l'un des chanoines « réguliers de la communauté, pour en recevoir la charge « des ames, et ce nonobstant la disposition générale de no- « tredite déclaration du mois de janvier dernier, que nous « n'entendons avoir lieu à cet égard, et que nous voulons au « surplus être exécutée selon sa forme et teneur ».

Que la cour a donc consacré elle-même, par son enregistrement de ces lettres-patentes, la dérogation au droit commun sur l'inamovibilité des cures.

Qu'à la vérité, ces lettres-patentes ne parlent que des prieurés-cures unies à la mense capitulaire des abbayes de la congrégation de France.

Mais les différentes décisions pour la révocabilité de toutes les cures en général de la congrégation de France, sont rappellées dans ces lettres-patentes.

La cour a donc approuvé le droit qu'invoque aujourd'hui l'abbé de Sainte-Genevieve. Voilà une loi connue et un réglement décisif contre la prétention du frere de Villers.

Ce n'est pas le seul : lors de la déclaration pour la congrégation de Chancelade, du 22 octobre 1710, registrée en la cour le 18 mars 1711, concernant la révocation des chanoines réguliers de cette congrégation, l'assemblée du clergé de France représenta qu'il conviendroit, pour le bien des cures possédées par les chanoines réguliers de Chancelade, que ces religieux pussent être révoqués par l'abbé supérieur majeur, sans aucune monition précédente, sans forme ni figure de procès, du consentement des évêques, comme le roi l'avoit ordonné pour les cures possédées par les réguliers de la congrégation de France, par ses lettres-patentes du mois d'octobre 1679, et, pour ceux de l'ordre de Prémontré, par celles du 9 août 1700. Le roi déclare ensuite que desirant établir pour Chancelade la regle subsistante pour la congrégation de France et pour l'ordre de Prémontré, les chanoines réguliers de Chancelade pourront être révoqués par leur supérieur du consentement de l'évêque.

La cour, en enregistrant ces lettres-patentes pour Chancelade, a donc encore reconnu le droit de l'abbé de Sainte-Genevieve, supérieur-général de la congrégation de France, et celui de l'abbé de Prémontré.

D'après cela M. l'avocat-général a ajouté en substance: Faut-il parler des lettres-patentes de 1714, qui portent confirmation des décrets du chapitre général des chanoines réguliers de la congrégation de France, où l'on rappelle celles de 1679, qui concernent la révocabilité des prieurs-curés dépendants de cette congrégation?

Faut-il rappeller la déclaration de 1770, dans laquelle, article 3, il est dit?

« Que les chanoines réguliers qui sont actuellement pour« vus, ainsi que ceux qui seront pourvus à l'avenir d'aucun « bénéfice à charge d'ames, pourront en être révoqués et re« tirés par leur supérieur-général, du consentement, et non « autrement, des archevêques et évêques dans le diocese des« quels seront situés lesdits bénéfices; dérogeant, à cet effet, « à la disposition de notre édit du mois de janvier 1686 ».

Quels ont été les motifs de cette décision? on les trouve dans le préambule de cette déclaration. C'est afin, y est-il dit,

« De conserver les droits des différents ordres des congré« gations, de concilier la desserte des paroisses avec l'accom« plissement des vœux de religion, l'intérêt des paroissiens « avec celui des ordres et congrégations, et l'obéissance due « aux supérieurs religieux avec celle qui est due aux arche« vêques et évêques supérieurs ordinaires et imprescriptibles « de toutes les cures de leur diocese ».

Faut-il rappeller encore la déclaration de 1773, concernant les réguliers? Elle porte, article 21:

« Les articles 2 et 3 de notre déclaration du 22 août 1770 « seront exécutés à l'égard de tous les religieux de notre « royaume sans exception, qui seront susceptibles d'être pré« sentés à des bénéfices à charge d'ames: voulons en consé« quence qu'ils ne puissent les accepter sans le consentement « par écrit de leur supérieur, dont ils feront apparoir à l'ar« chevêque ou évêque diocésain, le tout à peine de nullité; « permettons audit supérieur de révoquer les religieux qui « sont actuellement pourvus de bénéfices à charge d'ames, « ou qui pourront en être pourvus à l'avenir, pourvu tou« tefois, et non autrement, qu'ils en aient préalablement

« obtenu le consentement des archevêques et évêques dans « le diocese desquels lesdits bénéfices sont situés ».

Qu'il paroît difficile de résister à tant de décisions.

Que la révocation d'un curé est contraire au droit commun à la vérité.

Qu'aussi les différentes décisions, déclarations et lettres-patentes ont-elles eu pour objet de déroger spécialement au droit commun.

Que, lors des lettres-patentes de 1679, le roi pesa dans son conseil s'il étoit plus avantageux à l'église de suivre le droit commun, que d'admettre une exception.

Que le pouvoir accordé au supérieur-général fut tempéré par la nécessité du consentement de l'ordinaire, et l'on reconnut alors que le concours de l'ordinaire et du supérieur-général ne se rencontreroit que pour le bien de l'église et des peuples.

Pourroit-on prétendre que cette étendue de pouvoir présenteroit des inconvénients? ne seroit-ce pas faire injure au prélat et à l'abbé de Sainte-Genevieve, supérieur-général de la congrégation de France, qui se sont toujours distingués par leur zele et par leur vertu?

Qui ne sait que, dans ces sortes d'actes rigoureux, ils ne se conduisent par aucun mouvement humain, mais par ceux de leur conscience, dirigée par les loix de Dieu et de l'église?

Quel a donc été le motif de l'exception introduite et de la dérogation au droit commun? la gloire de la religion et le maintien de la discipline réguliere.

Personne ne connoît mieux que le supérieur-général les talents et la capacité de ses religieux: lorsqu'il ne les trouve pas en état de remplir certaines fonctions, ou qu'il juge qu'ils ne peuvent plus les remplir avec fruit, n'est-il pas juste qu'il les remplace, particulièrement lorsqu'il s'agit de l'administration des paroisses, qui ne doit être confiée qu'à des ministres capables de conduire les ames avec la sagesse, la prudence et l'édification qu'exige la rigueur d'un ministere aussi redoutable, et qui soient, suivant les paroles de l'évangile, *la lumiere du monde et le sel de la terre?*

Qu'il n'y avoit donc point d'abus dans la révocation faite par l'abbé de Sainte-Genevieve du frere de Villers, parce-qu'elle étoit faite conformément aux statuts tant anciens que nouveaux de la congrégation de France; parceque, suivant les déclarations et lettres-patentes registrées en la cour, l'abbé de Sainte-Genevieve a pu et dû faire cette révocation de la maniere qu'il l'a faite, sans forme ni figure de procès, sans être tenu de donner au religieux qu'il a révoqué les causes de sa conduite, et de la justifier aux yeux du public; parcequ'il l'a fait de l'avis et avec l'attache de ses assistants, du consentement de M. l'évêque de Meaux; enfin parcequ'on doit rendre justice aux intentions du prélat et de l'abbé de Sainte-Genevieve.

D'après ces motifs, M. l'avocat-général a pensé qu'il n'y a point d'abus dans la révocation.

L'arrêt intervenu porte :

NOTREDITE COUR, faisant droit sur l'appel comme d'abus interjetté par la partie de Courtin, sans s'arrêter à la requête de ladite partie de Courtin, dont elle est déboutée, dit qu'il n'y a abus; en conséquence ordonne que dans le délai de quinzaine, à compter du jour de la signification du présent arrêt, ladite partie de Courtin sera tenue de se retirer dans la maison qui lui a été indiquée, et d'y vivre selon les regles de son ordre; condamne la partie de Courtin en l'amende suivant l'*ordonnance*, et en tous les dépens. SI MANDONS mettre le présent arrêt à exécution. FAIT en parlement, le vingt février mil sept cent quatre-vingt-trois, et de notre regne le neuvieme. Collationné, *signé* JOLIMET. Par la chambre, *signé* YSABEAU.

ARRÊT

DU PARLEMENT DE BORDEAUX,

Qui, entre autres choses, déclare n'y avoir abus dans les procédures, décret et jugement de l'official de Saintes, contre le sieur David, curé de la paroisse de Saint-Bonnet.

Du dix-neuf juillet mil sept cent quatre-vingt-trois.

Extrait des registres du parlement.

ENTRE Me Jean-Baptiste David, prêtre et curé de la paroisse de Saint-Bonnet, appellant d'une permission d'informer et décret d'ajournement contre lui décerné par le lieutenant-criminel du sénéchal de Saintes, le 28 décembre 1780, etc.

Et Me François Fourchaux, conseiller du roi et lieutenant-particulier au sénéchal de Saintes, intimé sur les appellations.

Et Mᵉ Pierre-Louis de la Rochefoucauld, évêque de Saintes, demandeur en entérinement de sa requête du 20 juin 1783.

Ouïs Garat, avocat, assisté de Rateau, procureur dudit David; Roulet, avocat, assisté de Cailheton, procureur de Fourchaux; et Seze, avocat, assisté de Dupré, procureur dudit sieur de la Rochefoucauld; ensemble Dufaure Lajarte, pour le procureur-général du roi, qui a fait lecture des différentes informations.

La cour, ayant égard à la requête de la partie de Seze, l'a reçue et reçoit intervenante dans l'instance sur l'appel comme d'abus interjetté par la partie de Garat, de la procédure, jugement et décret d'ajournement personnel décerné par l'official de Saintes les 14 et 15 février 1781; déclare n'y avoir abus dans lesdites procédures, décret et jugement; condamne ladite partie de Garat en 75 livres d'amende, à raison dudit appel comme d'abus, et sur l'appel interjetté par ladite partie de Garat, du décret d'ajournement personnel contre elle décerné par le lieutenant-criminel du sénéchal de Saintes, le 28 décembre 1780, à la requête de la partie de Roulet, a mis et met hors de cour, renvoie ladite partie de Garat devant les premiers juges, pour le procès lui être fait et parfait suivant la rigueur des ordonnances, jusqu'à sentence définitive inclusivement, sauf l'appel en la cour; condamne ladite partie de Garat en 12 livres d'amende envers le roi, à raison de son appel simple, et aux dépens envers les parties de Roulet et de Seze. Fait à Bordeaux, en parlement, le 19 juillet 1783, M. Dupaty président.

ARRÊT

DU PARLEMENT DE PARIS,

Qui déclare n'y avoir abus dans le refus fait par M. l'évêque de Poitiers d'unir les biens et revenus des menses conventuelles des prieurés de la Maison-Dieu de Parthenay, de Notre-Dame du Bois d'Allonne, de la Vayolle et de Puychevrier, à l'hôpital de Parthenay; sauf aux officiers municipaux de la ville de Parthenay à se pourvoir par les voies et ainsi qu'il appartiendra, pour être procédé, si faire se doit, à l'union des revenus de la Maison-Dieu de Parthenay, à l'hôtel-Dieu de Parthenay: supprime les termes injurieux répandus dans le mémoire imprimé desdits officiers municipaux contre M. l'évêque de Poitiers, et condamne lesdits officiers municipaux aux dépens.

Du trente-un août mil sept cent quatre-vingt-quatre.

Extrait des registres du parlement.

LOUIS, par la grace de Dieu, roi de France et de Navarre, au premier huissier de notre cour de parlement, ou autre notre huissier ou sergent sur ce requis; savoir faisons qu'entre les officiers municipaux et habitants de la ville de Parthenay en Poitou, appellants, suivant l'arrêt de notredite cour, du 14 août 1782, et exploit fait en conséquence le 21 du même mois, comme d'abus de la réponse de M. de Beaupoil de Saint-Aulaire, évêque de Poitiers, ci-après nommé, contenant un prétendu refus de satisfaire à la sommation qu'ils lui avoient fait faire par procès-verbal dressé par Gervais et Conjour, notaires royaux en la sénéchaussée de Poitiers, le 16 juillet audit an 1782, ladite réponse insérée au même procès-verbal, d'une part; et M. Martial-Louis de Beaupoil de Saint-Aulaire, évêque de Poitiers, intimé, d'autre part; et entre mondit sieur de Beaupoil de Saint-Aulaire, évêque de Poitiers, demandeur en requête du 31 mars 1783, tendante à ce qu'il lui fût donné acte du désistement fait par lesdits officiers municipaux et habitants de la ville de Parthenay, par acte extrajudiciaire du 27 dudit mois de mars, tant du bénéfice de l'arrêt de notredite cour, par eux obtenu contre lui par défaut, faute de comparoir, le 18 décembre précédent, ainsi que de l'exploit du 22 dudit mois de mars, de la signification qu'ils lui en avoient fait faire, avec assignation, pour voir taxer les dépens adjugés par icelui, de la déclaration faite par lesdits officiers municipaux et habitants par le même acte extrajudiciaire; en conséquence, en recevant mondit sieur l'évêque de Poitiers, en tant que de besoin étoit ou seroit, opposant audit arrêt du 18 décembre lors dernier, et que, faisant droit sur l'opposition, icelui arrêt du 18 décembre, et exploit de signification d'icelui, fussent déclarés nuls et de nul effet; et en ce qui touchoit l'appel comme d'abus interjetté par lesdits officiers municipaux de la ville de Parthenay en Poitou, par leur requête insérée en l'arrêt de notredite cour, du 14 août 1782, relevé par le même arrêt et exploit du 21 dudit mois d'août, de la réponse de M. l'évêque de Poitiers, insérée au procès-verbal fait le 16 juillet précédent par Mes Gervais et Conjour, notaires royaux à Poitiers, à la requête et requisition de Me Pierre-Paul Alloneau, lieutenant-particulier, assesseur civil et criminel au siege ducal, et se disant maire en exercice de la ville de Parthenay, et Jean-François Cornuau, notaire et procureur au même siege, et se disant l'un des échevins de la maison commune de ladite ville de Parthenay en Poitou, et se disant encore lesdits sieurs Alloneau et Cornuau représentant le corps municipal et agissant pour le général des habitants de ladite ville de Parthenay en Poitou, tant en leursdites qualités d'officiers municipaux, que comme députés par assemblée et délibération de leur corps de ville, lesdits officiers municipaux et habitants de la ville de Parthenay en Poitou fussent déclarés purement et simplement non recevables dans leurdit appel, ou en tout cas il fût dit qu'il n'y avoit abus, et ils fussent condamnés en l'amende de 75 livres, et aux dépens des causes d'appel et demandes, d'une part, et lesdits officiers municipaux et habitants de la ville de Parthenay, défendeurs, d'autre part : et entre lesdits officiers municipaux et habitants de la ville de Parthenay, demandeurs en requête du 31 juillet 1783, tendante à ce que, sans s'arrêter ni avoir égard aux requêtes et demandes de M. l'évêque de Poitiers, du 31 mars précédent, dans lesquelles il seroit déclaré purement et simplement non recevable, ou dont en tout cas il seroit débouté, il fût dit qu'il y avoit abus dans ladite réponse, et en conséquence qu'ils fussent renvoyés devant M. l'archevêque de Bordeaux, à l'effet de procéder par lui à l'union, suivant les formes

formes canoniques, soit à l'hôpital général, soit à l'hôtel-Dieu de ladite ville de Parthenay, des biens et revenus et de quatre établissements, de la Maison-Dieu, de Notre-Dame du Bois d'Allonne, de la Vayolle et de Puy-Chevrier, et que M. l'évêque de Poitiers fût condamné aux dépens des causes de l'appel et demandes, et défendeur, d'une part; et M. l'évêque de Poitiers, défendeur et demandeur en requête signifiée le 31 août présent mois, huit heures et demie du matin, et avant la grande audience de neuf heures, employée pour réponse à celle desdits officiers municipaux et habitants de Parthenay, du 31 juillet 1783, ensemble pour fins de non recevoir et défenses contre la demande y portée, et tendante à ce que, sans s'arrêter ni avoir égard auxdites requêtes et demandes desdits officiers municipaux et habitants de la ville de Parthenay, dans lesquelles ils seroient déclarés non recevables, ou en tout cas déboutés, les conclusions par lui ci-devant prises par sa requête du 31 mars 1783 lui fussent adjugées avec dépens, d'autre part: et entre M. l'évêque de Poitiers, demandeur en requête dudit jour 31 août, huit heures et demie du soir, tendante à ce que les conclusions par lui ci-devant prises lui fussent adjugées, et icelles augmentant, il fût ordonné que les termes injurieux répandus dans un précis imprimé chez Simon et Nyon, imprimeurs pour lesdits officiers municipaux et habitants de la ville de Parthenay, contre M. l'évêque de Poitiers, distribué ledit jour 30 août, à l'entrée de la grande audience de neuf heures et pendant icelle, et analysées dans ladite requête de M. l'évêque de Poitiers, dudit jour 30 août, signifiée à huit heures et demie du soir, seront et demeureront supprimés comme faux et injurieux à M. l'évêque de Poitiers, sauf à M. le procureur-général à prendre telles conclusions qu'il jugeroit à propos, et que lesdits officiers municipaux et habitants de la ville de Parthenay fussent condamnés en tous les dépens, et défendeurs, d'une part; et les officiers municipaux et habitants de la ville de Parthenay défendeurs et demandeurs en requête signifiée cejourd'hui 31 août, avant l'audience de neuf heures du matin, employée pour fins de non recevoir, et défenses contre les requêtes et demandes de M. l'évêque de Poitiers, du 31 août présent mois, et tendante à ce que, sans s'arrêter ni avoir égard aux requête et demandes de M. l'évêque de Poitiers, dans lesquelles il seroit déclaré non recevable, ou dont en tout cas il seroit débouté, les conclusions par eux ci-devant prises leur fussent adjugées, et que M. l'évêque de Poitiers fût condamné aux dépens, d'autre part.

Après que Camus, avocat des officiers municipaux et habitants de Parthenay, Treillard, avocat de l'évêque de Poitiers, ont été ouïs pendant quatre audiences; ensemble Joly de Fleuri pour notre procureur-général:

NOTREDITE COUR donne acte aux parties de Treillard du désistement des parties de Camus, de l'arrêt par défaut, faute de comparoir, obtenu par lesdites parties de Camus le 18 décembre dernier, et de la signification dudit arrêt du 22 mars aussi dernier; reçoit ladite partie de Treillard opposante à l'exécution dudit arrêt; faisant droit sur l'opposition, déclare ledit arrêt et la signification d'icelui comme non avenue; en ce qui touche l'appel comme d'abus interjetté par lesdites parties de Camus, dit qu'il n'y a abus; les condamne en l'amende, suivant l'ordonnance, sauf aux parties de Camus à se pourvoir, par les voies et ainsi qu'il appartiendra, pour être procédé, si faire se doit, à l'union des revenus de la Maison-Dieu à l'hôtel-Dieu de Parthenay; ordonne que les termes injurieux répandus dans le précis imprimé des parties de Camus seront et demeureront supprimés; sur le surplus des demandes, fins et conclusions des parties, les met hors de cour; condamne les parties de Camus aux dépens des causes d'appel et demandes. SI MANDONS mettre le présent arrêt à exécution, de ce faire te donnons pouvoir. DONNÉ en notredite cour de parlement, le trente-un août, l'an de grace mil sept cent quatre-vingt-quatre, et de notre regne le onzieme. Collationné, *signé* LUTTON. Et plus bas : Par la chambre, *signé* DUFRANC.

ARRÊT DU CONSEIL,

Qui casse un arrêt du parlement de Bordeaux, en ce que l'interdit encouru par le sieur David, curé de Saint-Bonnet, a été levé, et ledit David renvoyé à ses fonctions.

Du quatorze mars mil sept cent quatre-vingt-trois.

Extrait des registres du conseil d'état du roi.

Sur la requête présentée au roi étant en son conseil par Pierre-Louis de la Rochefoucauld-Bayers, évêque de Saintes, contenant qu'il seroit dans l'obligation de recourir à sa majesté contre un arrêt du parlement de Bordeaux, du 28 avril 1781, qui ne peut être que le fruit de la surprise faite à la religion de cette cour. Dans le fait, le sieur David, curé de Saint-Bonnet, au diocese de Saintes, fut accusé de faits graves, comme refus de sacrements, insulte publique faite en chaire à l'un de ses paroissiens, scenes d'emportement et de violence, au milieu des plus saintes fonctions du ministere, et au grand scandale de toute la paroisse. Le lieutenant criminel de Saintes ayant donné acte de la plainte, ayant permis d'informer, et l'information ayant été faite, décréta ce curé d'ajournement personnel. Le promoteur du diocese revendiqua son justiciable, et le lieutenant criminel prononça le renvoi, en ordonnant que l'instruction seroit continuée conjointement. L'official décréta aussi, comme il le devoit, le sieur David d'ajournement personnel, le 15 février 1781, ajoutant au décret que ledit David demeureroit interdit de toutes fonctions curiales et sacerdotales. Ce curé appella au parlement de Bordeaux de la procédure du lieutenant criminel, et interjetta en même temps appel comme d'abus de celle de l'official. Il présenta requête tendante à ce qu'il plût au parlement le relever de son interdit, et le renvoyer à ses fonctions. Sur cette requête, la chambre de la tournelle a rendu, le 28 avril 1781, un arrêt ainsi conçu : « Entre Jean-« Baptiste David, prêtre et curé de la paroisse de Saint-Bon-« net, diocese de Saintes, appellant incidemment comme « d'abus d'un décret contre lui donné par l'official du dio-« cese le 15 février dernier, et demandeur en requête ten-« dante à ce qu'il plaise à la cour le relever de son interdit,

« et le renvoyer à ses fonctions, d'une part; et le sieur François Fourchaux, d'autre part. La cour ordonne que, sur les « appels simples et comme d'abus, les parties viendront plaider; cependant, ayant égard à la requête du curé de « Saint-Bonnet, du consentement du procureur général du « roi, a levé et leve l'interdit par lui encouru, et le renvoie « à ses fonctions ». C'est contre cet arrêt que réclame l'évêque de Saintes. On voit qu'il renferme l'entreprise la plus caractérisée sur la jurisdiction épiscopale. Comme il n'appartient qu'à l'autorité spirituelle de décerner des censures, il n'appartient aussi qu'à elle d'en relever. C'est pourquoi il n'y a point d'appel simple d'une censure devant le juge laïque, parceque celui-ci n'a point ni ne peut avoir, par le pouvoir qu'il tient de sa majesté, le droit de connoître des censures. Il est vrai que si un juge ecclésiastique abuse de son pouvoir en prononçant des censures, on peut se pourvoir devant les cours laïques, par appel comme d'abus : mais ces cours ne sont pas juges de la validité ou de l'invalidité des censures; elles déclarent seulement qu'il y a ou qu'il n'y a pas abus. Il est encore vrai que si les cours déclarent qu'il y a abus dans la prononciation des censures, ces censures deviennent nulles; mais ce n'est pas que le magistrat séculier en ait relevé, c'est qu'une censure ne peut avoir d'effet qu'autant qu'elle a été prononcée par un jugement légal. La nullité de la censure ne vient donc pas alors de l'absolution du magistrat, mais de la nullité du jugement qui l'avoit prononcée. Ce principe est si certain, que quand le magistrat séculier est saisi d'une cause d'appel comme d'abus, si une partie est excommuniée ou interdite, et si le magistrat juge, avant de prononcer sur le fond, que cette partie doive être relevée de son excommunication ou de son interdit, il la renvoie devant le supérieur ecclésiastique qui a prononcé la censure, pour en avoir l'absolution, et, à son refus, devant les supérieurs dans l'ordre hiérarchique, sans que, pour ce refus, on puisse interjetter aucun appel comme d'abus. Telle est la regle invariable, regle consacrée par la disposition des loix émanées du souverain. L'article 41 de l'édit de 1695 est précis sur ce point. « Lorsque nos cours, porte cet article, « après avoir vu les charges et informations faites contre les « ecclésiastiques, estimeront juste qu'ils soient absous *à cautele*, elles les renvoyeront aux archevêques ou évêques qui « auront procédé contre eux, et, en cas de refus, à leurs supérieurs dans l'ordre de l'église, *pour en recevoir l'absolu-*

« *tion, sans que lesdits ecclésiastiques puissent en conséquence* « *faire aucunes fonctions ecclésiastiques, ni en prétendre d'au-* « *tre effet que d'ester à droit* ». Cet ordre si sage, si propre à maintenir les droits respectifs des deux puissances, a été entièrement renversé par l'arrêt du parlement de Bordeaux du 28 avril 1781. Cet arrêt, qui met entre les mains du juge laïque le pouvoir de relever d'un interdit, et de renvoyer un prêtre, un curé, dans des fonctions ecclésiastiques, dit, en propres termes, que *la cour a levé et leve l'interdit encouru (par ledit sieur David), et le renvoie à ses fonctions*. Cette innovation dangereuse mérite toute l'attention de sa majesté, et doit être promptement réprimée, comme l'ont toujours été les entreprises de ce genre, lorsqu'on en a porté des plaintes au pied du trône. En 1730, les sieurs *Sanson*, curé d'Olivet, *Couet*, curé d'Arvay, *Gaucher*, chanoine de Saint-Vrain, tous du diocese d'Orléans, avoient été dépouillés de leurs bénéfices, et interdits de toutes fonctions curiales et ecclésiastiques; dans le même temps, le sieur *Lair*, curé de Saint-Barthelemi à Paris, avoit été décrété d'ajournement personnel, par sentence de l'official du 10 juillet 1730, et cependant interdit de ses ordres. Ces quatre ecclésiastiques s'étoient pourvus au parlement de Paris, et avoient obtenu des arrêts de défenses illimitées, en vertu desquels ils étoient rentrés dans leurs bénéfices et dans leurs fonctions, au mépris de leur interdit. Ces arrêts de défenses illimitées parurent à l'assemblée du clergé de 1730, des atteintes funestes portées à l'autorité épiscopale et à la discipline ecclésiastique. Le clergé fit des remontrances au roi, et par arrêt du conseil du 23 septembre 1730, l'arrêt de défenses qu'avoit obtenu le sieur *Lair*, curé de Saint-Barthelemi, fut cassé et annullé. Le 2 octobre de la même année, le 21 avril et le 2 juin 1731, le sieur évêque d'Orléans obtint pareillement trois autres arrêts du conseil, par lesquels sa majesté fit défenses aux sieurs Sanson, Couet et Gaucher, d'exercer aucune fonction curiale et ecclésiastique, jusqu'à ce que ce prélat ou les supérieurs dans l'ordre de la hiérarchie les eussent relevés de leur interdit. Le conseil de sa majesté prononça dans cette occasion, comme il avoit prononcé en 1646; et ce jugement de 1646 est d'autant plus remarquable, que le conseil réforma ses propres arrêts. Voici le fait: en l'année 1644, le P. *Deidan*, supérieur des freres prêcheurs de Bordeaux, les PP. *Barbou* et *Rousseau*, jésuites, le P. *Damase*, récollet, ayant été interdits par le sieur archevêque de Bordeaux, s'étoient fait relever de leur interdit, par arrêts surpris au conseil, les 7 et 14 octobre de la même année. Les agents généraux du clergé se présenterent pour demander la rétractation de ces arrêts; ils rappellerent les regles canoniques et la jurisprudence constante des tribunaux. Sur quoi le conseil rendit, le 16 mars 1646, un arrêt qui remit ces religieux dans l'état où ils étoient avant l'arrêt qui avoit levé leur interdit, et, le même jour, un autre arrêt qui rétracta pareillement un arrêt rendu en faveur du pere *Maria*, jésuite, qui avoit été interdit de ses fonctions. Le conseil de sa majesté, constant dans ses principes, ne laissera donc pas subsister l'arrêt du parlement de Bordeaux du 28 avril 1781. Cet arrêt confond les deux autorités, il rompt les liens de la subordination, il assure l'impunité à un prêtre scandaleux, il occasionne la profanation de ce qu'il y a de plus sacré; il détruit, par contre-coup, le respect dû à la religion et à ses ministres; il est, en un mot, le renversement des principes les plus essentiels et des loix les plus inviolables. On peut juger de ces effets funestes par la conduite que tient le sieur David depuis qu'il a obtenu l'arrêt du 28 avril 1781. Il a repris toutes les fonctions curiales; il s'y est même immiscé sans faire signifier l'arrêt; il a annoncé le plus grand mépris pour l'autorité épiscopale; il a levé l'étendard de l'anarchie; il a entièrement perdu la confiance de ses paroissiens. Cette paroisse, qui contient environ douze cents habitants, est dans un abandon déplorable; les paroissiens, pour n'être pas privés des sacrements, sont réduits à l'alternative, ou de participer à des fonctions sacrileges, s'ils s'adressent à leur curé, ou d'aller chercher les secours spirituels dans des paroisses étrangeres, et quelquefois éloignées. Oui, sans doute, si le parlement de Bordeaux eût prévu toutes ces conséquences, il n'eût pas rendu l'arrêt dont l'évêque de Saintes est forcé de se plaindre; il eût fait ce que fit le parlement de Paris dans plusieurs occasions. C'est ainsi qu'en 1719 et 1721 le sieur *Bernard des Giles*, prieur d'Artenay, décrété et interdit par l'official d'Orléans, ayant obtenu des arrêts de défenses, cette cour le renvoya devant l'official métropolitain, *pour lui être pourvu sur la main-levée provisoire de ses fonctions.* C'est ainsi qu'en 1726 le même parlement suivit les mêmes regles, dans l'affaire du sieur Gillet, chanoine de Saint Flour. Cet ecclésiastique avoit été décrété d'ajournement personnel en 1725, par le prévôt de Langeac; il avoit appellé de ce décret, et obtenu des arrêts de défenses. Ne doutant pas que le décret n'emportât l'interdit de ses fonctions, il présenta au parlement une nouvelle requête, à l'effet d'y être renvoyé. Sur cette demande intervint, le 9 février 1726, un arrêt qui ordonna que le sieur Gillet se retireroit pardevant le sieur évêque de Saint-Flour, *pour être relevé de son interdit.* Ces deux arrêts du parlement de Paris se trouvent, l'un au procès-verbal de l'assemblée de 1730, page 335, et l'autre au rapport d'agence de 1735, pages 37 et 38. Aux motifs si puissants que l'évêque de Saintes vient de présenter à la sagesse de sa majesté, il ajoutera une observation qui est encore du plus grand poids : c'est que, suivant l'énoncé même de l'arrêt du 28 avril 1781, il paroît que cet arrêt a été rendu sans avoir vu les charges et informations; delà, une nouvelle infraction aux loix et ordonnances du royaume. L'édit de décembre 1680 défend aux cours de donner aucuns arrêts de défenses, qu'après avoir vu les informations, lorsque les décrets auront été décernés par les juges ecclésiastiques; et l'article XL de l'édit de 1695 porte : « Nos cours ne pourront faire défenses d'exécuter des décrets, même ceux « d'ajournements personnels, décernés par les juges d'église, « ni élargir les prisonniers, sans avoir vu les procédures et « informations sur lesquelles ils auront été rendus ». Cette condition a été sagement prescrite par le législateur, qui n'a pas voulu qu'on pût arrêter l'effet des jugements par des arrêts dedéfenses, sans un examen préalable et approfondi des raisons qui ont porté les juges à les rendre. Quoique l'arrêt du 28 avril 1781 ne soit pas proprement un arrêt de défense, il en a cependant les principaux caracteres; il détruit en partie les opérations du juge d'église; il soustrait un curé à la peine de l'interdit prononcé contre lui par l'official pour des faits graves et attestés; il renvoie provisoirement dans des fonctions saintes un homme que l'official en avoit jugé incapable. Le parlement devoit donc exprimer, dans l'arrêt, qu'il avoit vu les charges et informations, et cette omission est une nullité, un vice radical, une véritable contravention. L'évêque de Saintes a donc toutes sortes de motifs qui lui font espérer un remede aussi prompt qu'efficace au mal qu'il est de son devoir de mettre sous les yeux de sa majesté. Requéroit, à ces causes, l'évêque de Saintes, qu'il plût à sa majesté casser et annuller l'arrêt rendu au parlement de Bordeaux le 28 avril 1781, lequel, sur la requête du sieur Jean-Baptiste David, curé de la paroisse de

Saint-Bonnet, a levé et leve l'interdit par lui encouru, et le renvoie à ses fonctions, et faire défenses audit sieur David d'y donner aucune suite. Vu ladite requête signée Rigault, avocat de l'évêque de Saintes, et Damours et Durmont, anciens avocats; ensemble ledit arrêt du parlement de Bordeaux, du 28 avril 1781, et autres pieces: Oui le rapport, LE ROI, ÉTANT EN SON CONSEIL, a cassé et annullé ledit arrêt du parlement de Bordeaux, du 28 avril 1781, en ce que, par ledit arrêt, l'interdit encouru par le sieur David, curé de S. Bonnet, a été levé, et ledit sieur David renvoyé à ses fonctions; fait sa majesté défenses audit sieur David de donner aucune suite audit arrêt. Fait au conseil d'état du roi, SA MAJESTÉ Y ÉTANT, tenu à Versailles le 14 mars 1783. *Signé* AMELOT.

LETTRES PATENTES

DU ROI,

Portant réglement sur le genre des preuves que les décimateurs seront tenus de faire, lorsqu'ils seront obligés ou admis à prouver leur possession de la dîme du gros millet et autres fruits.

Données à Versailles le seize mars mil sept cent quatre-vingt-trois.

Avec l'arrêt de registre du cinq avril mil sept cent quatre-vingt-trois.

Rapport p. 203

LOUIS, par la grace de Dieu, roi de France et de Navarre, à tous ceux qui ces présentes lettres verront, SALUT. Le grand nombre de contestations qui s'étoient élevées depuis quelque temps dans le ressort de notre cour de parlement de Toulouse, tant sur la nature et perception de la dîme d'une espece de blé appellé gros millet, blé de Turquie ou d'Espagne, que sur la perception de plusieurs autres dîmes, nous avoient engagés à adresser deux fois à notre parlement des lettres-patentes, dont les premieres plus générales, et les dernieres plus restreintes, ont été l'occasion de remontrances et de mémoires que nous avons fait examiner avec soin, en même temps que nous avons recueilli tous les renseignements et éclaircissements que pouvoit exiger une matiere aussi importante. C'est d'après cet examen que nous avons cru

cru devoir ne nous occuper, quant à présent, que du genre des preuves qui pourroit être exigé des décimateurs, lorsqu'ils seront obligés ou admis à prouver leur possession de la dîme dudit gros millet et autres fruits; et nous nous sommes portés d'autant plus volontiers à faire connoître finalement nos intentions sur cet objet, que si, en réglant la forme de ces preuves, et d'une maniere fixe et invariable, nous ne remplissons pas tout ce que nous nous étions proposé dans nosdites lettres-patentes, nous sommes au moins assurés de faire cesser dès-à-présent le plus grand nombre des contestations qui étoient la suite d'une jurisprudence incertaine sur cette espece de preuves, et qui sont également nuisibles au bien de la religion et à la tranquillité de nos sujets. A CES CAUSES, et autres à ce nous mouvant, de l'avis de notre conseil, et de notre certaine science, pleine puissance et autorité royale, nous avons dit, déclaré et ordonné, et, par ces présentes signées de notre main, disons, déclarons et ordonnons, voulons et nous plaît ce qui suit :

ARTICLE PREMIER.

Les dîmes continueront d'être perçues en chaque paroisse ou dîmaire, suivant la coutume des lieux, et à la cote accoutumée en iceux; et où ladite coutume seroit obscure et incertaine, l'usage observé dans les lieux circonvoisins sera suivi, sans que les différences ou variations, soit dans la quotité desdites dîmes, soit dans la maniere de les percevoir, puissent tirer à conséquence contre les décimateurs, ni porter préjudice au fond de leur droit.

ARTICLE II.

La preuve de possession en matiere de dîmes ne pourra être ordonnée, s'il y a titre ou jugement suffisant sur le genre ou sur l'espece de fruit dont il s'agira.

ARTICLE III.

Lorsque les décimateurs seront obligés ou admis à la preuve de leur possession de la dîme, ils seront tenus de prouver que, depuis trente ans avant la demande, ils ont perçu la dîme sur la majeure partie des possesseurs des fonds du dîmaire, s'il s'agit de fruits non sujets à la dîme dans les lieux circonvoisins; et, s'il s'agit de fruits sujets à la dîme dans les lieux circonvoisins, sur la majeure partie seulement des possesseurs de fonds du dîmaire, sur lesquels les fruits dont il s'agira auront été cultivés, sauf dans l'un ou l'autre cas aux décimables à prouver le contraire.

ARTICLE IV.

Les anciens fermiers, ainsi que les anciens dîmeurs, solatiers ou autres anciens préposés à la perception de la dîme, pourront être entendus comme témoins dans les enquêtes qui auront été ordonnées, si ce n'est toutefois qu'ils se trouvent actuellement domestiques aux gages du décimateur, et sans préjudice des autres reproches qui seroient proposés contre eux.

ARTICLE V.

Les dispositions de nos présentes lettres seront exécutées nonobstant tous usages, arrêts ou réglements qui y seroient contraires, auxquels nous avons dérogé et dérogeons par ces présentes, et ce à peine de nullité ou telle autre qu'il appartiendra. SI DONNONS EN MANDEMENT à nos amés et féaux conseillers, les gens tenant notre cour de parlement à Toulouse, que ces présentes ils aient à enregistrer, et le contenu en icelles garder et observer, et faire exécuter selon sa forme et teneur : CAR TEL EST NOTRE PLAISIR; en témoin de quoi nous avons fait mettre notre scel à cesdites présentes. DONNÉ à Versailles, le seizieme jour du mois de mars, l'an de grace mil sept cent quatre-vingt-trois, et de notre regne le neuvieme. *Signé* LOUIS. *Et plus bas :* Par le roi, AMELOT.

EXTRAIT DES REGISTRES DU PARLEMENT.

VU par la cour, toutes les chambres assemblées, les lettres-patentes données par le roi, à Versailles, le 16 mars dernier, signées LOUIS, *et plus bas,* Par le roi, AMELOT; scellées du grand sceau de cire jaune, portant réglement sur le genre des preuves que les décimateurs seront tenus de faire, lorsqu'ils seront obligés ou admis à prouver leur possession de la dîme du gros millet et autres fruits. Vu aussi l'ordonnance de soit montré au procureur général du roi, délibérée aux chambres assemblées le 22 dudit mois de mars, signée DE PIBRAC, ensemble les conclusions du procureur général du roi, aux fins du registre desdites lettres-patentes.

LA COUR a ordonné et ordonne que les susdites lettres

patentes seront enregistrées dans ses registres, pour être exécutées, sans néanmoins, sous le bon plaisir du roi, que les preuves de possession de la dîme du gros millet et autres menus fruits puissent être ordonnées dans aucun cas, que sur la majeure partie des possesseurs des fonds du dîmaire; ordonne que copies collationnées des susdites lettres-patentes et du présent arrêt seront envoyées dans tous les bailliages, sénéchaussées et autres justices royales du ressort de la cour, pour y être lues, publiées et enregistrées, à la diligence des substituts du procureur général du roi, qui en certifieront la cour dans le mois. PRONONCÉ à Toulouse, en parlement, le 5 avril 1783. Collationné, *signé* LEBÉ. M. DE PIBRAC, rapporteur. Contrôlé, *signé* VERLHAC.

LETTRES PATENTES

DU ROI,

Par lesquelles sa majesté leve la modification mise dans l'arrêt de la cour, du 5 avril 1783, qui ordonne l'enregistrement de la déclaration du roi, du 16 mars précédent, concernant les preuves en matiere de dîmes.

Données à Versailles le huit mai mil sept cent quatre-vingt-trois.

Avec l'arrêt de registre du six mars mil sept cent quatre-vingt-quatre.

LOUIS, par la grace de Dieu, roi de France et de Navarre, à nos amés et féaux conseillers les gens tenant notre cour de parlement à Toulouse, SALUT. Nous nous sommes fait représenter l'arrêt par vous rendu le 5 du présent mois, par lequel, en procédant à l'enregistrement de notre déclaration du 16 mars dernier, concernant les preuves en matiere de dîmes, vous auriez ordonné que, sous notre bon plaisir, les preuves de possession de la dîme du gros millet et autres menus fruits ne pourront être ordonnées dans aucun cas que sur la majeure partie des possesseurs des fonds du dîmaire; nous avons reconnu que cette disposition de votre arrêt est directement opposée à nos intentions exprimées par l'article 3 de notredite déclaration, ainsi qu'aux dispositions des ordonnances, et à la jurisprudence établie dans tout notre royaume, et nous nous sommes convaincus que nous ne pouvons la laisser subsister. A CES CAUSES et autres à ce nous mouvant, de l'avis de notre conseil et de notre certaine science, pleine puissance et autorité royale, nous avons, par ces présentes signées de notre main, dit et ordonné, disons et ordonnons, voulons et nous plaît que, sans avoir égard à la disposition de votre arrêt d'enregistrement du 5 du présent mois, qui sera regardée comme nulle et non avenue, l'art. 3 de notre déclaration du 16 mars dernier sera exécuté selon sa forme et teneur, ainsi que le surplus de notredite déclaration et de votre arrêt d'enregistrement dudit jour 5 du présent mois. SI VOUS MANDONS que ces présentes vous ayez à enregistrer, et le contenu en icelles garder, observer et exécuter selon sa forme et teneur; CAR TEL EST NOTRE PLAISIR: en témoin de quoi nous avons fait mettre notre scel à cesdites présentes. DONNÉ à Versailles le huitieme jour du mois de mai, l'an de grace mil sept cent quatre-vingt-trois, et de notre regne le neuvieme. *Signé*, LOUIS. Et plus bas: Par le roi, *signé* AMELOT.

LETTRES DE JUSSION.

LOUIS, par la grace de Dieu, roi de France et de Navarre, à nos amés et féaux conseillers les gens tenant notre cour de parlement de Toulouse, SALUT. Nous avons adressé, le 10 mai dernier, nos lettres-patentes du 8 du même mois, qui levent la modification par vous insérée dans l'arrêt que vous avez rendu le 5 dudit mois de mai, pour l'enregistrement de nos autres lettres-patentes du 26 mars précédent, concernant les preuves en matiere de dîme. Vous avez vu, par la réponse que nous avons faite aux remontrances que vous nous avez adressées sur nosdites lettres, les justes motifs que nous avions de ne pas laisser subsister ladite modification; et notre intention étant que l'enregistrement de nosdites lettres-patentes qui levent ladite modification, ne soit plus long temps différé: A CES CAUSES, et autres à ce nous mouvant, de l'avis de notre conseil, et de notre certaine science, pleine puissance et autorité royale, nous vous mandons et ordonnons, par ces présentes signées de notre main, que, sans aucun retardement, et sans attendre de nous autre plus exprès et plus absolu commandement que cesdites lettres que nous voulons vous servir de premiere et finale jussion, vous ayez, toutes affaires cessantes, à procéder à la vérification et enregistrement de nosdites lettres-patentes du 8 mai dernier, levant et ôtant, comme nous levons et ôtons par cesdites présentes, tous prétextes, considérations qui pourroient vous en empêcher : CAR TEL EST NOTRE PLAISIR. DONNÉ à Versailles le dixieme jour du mois de décembre, l'an de grace mil sept cent quatre-vingt-trois, et de notre regne le neuvieme. *Signé*, LOUIS. Et plus bas : Par le roi, le baron DE BRETEUIL.

EXTRAIT DES REGISTRES DU PARLEMENT.

VU par la cour, toutes les chambres assemblées, les lettres-patentes données par le roi, à Versailles, le 8 mai 1783, signées LOUIS, et plus bas, Par le roi, AMELOT ; scellées du grand sceau de cire jaune, par lesquelles sa majesté déclare nulle et comme non avenue, la modification mise dans l'arrêt de la cour du 5 avril lors dernier, qui ordonne l'enregistrement de la déclaration du roi du 16 mars précédent, concernant les preuves en matiere de dîme (lequel arrêt est par erreur, dans lesdites lettres-patentes, daté du 5 du susdit mois de mai), sa majesté voulant que l'article 3 de la susdite déclaration soit exécuté suivant sa forme et teneur, ainsi que le surplus d'icelle, et arrêt d'enregistrement, sur lesquelles il fut par la cour délibéré et adressé des remontrances à sa majesté.

Vu aussi les lettres-patentes données par le roi, après les susdites remontrances, à Versailles, le 10 décembre 1783, signées LOUIS, et plus bas, Par le roi, le baron DE BRETEUIL, scellées du grand sceau de cire jaune, portant premiere et finale jussion, pour que, sans retardement et toutes affaires cessantes, il soit par la cour procédé à l'enregistrement des susdites lettres-patentes dudit jour 8 mai 1783 ; les ordonnances de soit montré au procureur-général du roi, mises sur le repli des susdites deux lettres-patentes des 21 mai 1783 et 19 janvier dernier, signées DE PIBRAC ; ensemble les conclusions du procureur-général du roi, aux fins du registre desdites lettres-patentes.

LA COUR, toutes les chambres assemblées, a ordonné et ordonne que lesdites lettres-patentes et lettres de jussion seront, du très exprès commandement du roi, enregistrées dans ses registres, pour être exécutées selon leur forme et teneur, et sera très respectueusement remontré audit seigneur roi,

Que la contrariété que présente la seconde partie de l'article 3 de la déclaration du 16 mars 1783, avec les dispositions de l'article premier de ladite déclaration, de l'article 50 de l'ordonnance de Blois, et de l'article 29 de l'édit du mois de février 1580, auxquels sa majesté n'a point dérogé, avoit fait espérer à son parlement qu'elle agréeroit la modification mise à l'enregistrement de ladite déclaration.

Que les dîmes insolites ou de menus fruits ne pouvant être établies que par titre particulier, ou par une possession suffisante pour suppléer le titre, le droit acquis, par ces moyens, à certains décimateurs, ne sauroit profiter aux autres, à la faveur du voisinage, parceque ces sortes de dîmes s'acquerroient ainsi de proche en proche contre le droit commun.

Que la perception de ces dîmes et la fixation de la cote d'icelles devant être décidées en chaque paroisse ou dîmaire par l'usage des lieux, les preuves doivent être faites sur le plus grand nombre des possesseurs des fonds en dépendants, pour pouvoir lier l'universalité des décimables, parcequ'un droit général dérivant d'une coutume locale ne peut s'établir que par le fait de la majeure partie, et non du petit nombre, souvent déterminé par l'ignorance, la facilité, ou par d'autres motifs.

Que l'assujettissement volontaire ou forcé de quelques possesseurs de fonds d'une paroisse à payer pendant trente ans la dîme d'une espece de fruits, quoique sujets à la dîme dans les lieux circonvoisins, ne sauroit acquérir aux décimateurs de cette paroisse un droit que le défaut de possession sur le reste des décimables leur dénieroit suivant la maxime de droit, qui fait de la possession la mesure de la prescription.

Et par ces considérations sera, en tout temps, très humblement supplié ledit seigneur roi de révoquer lesdites lettres-patentes du 8 mai 1783, et lettres de jussion du 10 décembre suivant.

Ordonne ladite cour que copies collationnées des susdites lettres-patentes, lettres de jussion et du présent arrêt, seront envoyées dans tous les bailliages, sénéchaussées et autres justices royales du ressort de la cour, pour y être lues, publiées et enregistrées à la diligence des substituts du procureur-général du roi, qui en certifieront la cour dans le mois. PRONONCÉ à Toulouse, en parlement, le six mars mil sept cent quatre-vingt quatre. Collationné, *signé* ROUZAUT. M. DE PIBRAC, rapporteur. Contrôlé, *signé* VERLHAC.

ARRÊT

DU GRAND CONSEIL,

Qui condamne M. de Saint-Chamand à se désister, au profit de M. l'évêque de Lescar, des dîmes d'Austou et d'Ilos, aliénées en 1644 à titre d'engagement, en remboursant, par M. l'évêque de Lescar, tant le prix principal du contrat d'engagement que le montant des autres sommes légitimement payées depuis.

Du premier mars mil sept cent quatre-vingt-deux.

LOUIS, par la grace de Dieu, roi de France et de Navarre, à tous ceux qui ces présentes lettres verront, SALUT. Savoir faisons, comme par arrêt cejourd'hui rendu en notre grand conseil, entre notre amé Marc-Antoine de Noé, évêque et seigneur de Lescar, demandeur suivant les requêtes, ordonnances et exploits d'assignation en notre parlement de Pau, des 26 et 27 août 1773, et requérant que la marquise de Saint-Chamand soit condamnée à rendre et délaisser en faveur du demandeur, en la qualité qu'il procede, la dîme de deux vics du Bourdalat de Gan, appellés d'Ilos et d'Austou, avec restitution des fruits, sans préjudice à ladite marquise de Saint-Chamand de communiquer, pour son remboursement, le cas y échéant, les titres justificatifs des paiements faits par le baron de Rebenac, et décharge de l'évêché, avec dépens, d'une part; et Amand de Saint-Chamand, marquis de Saint-Chamand de Rebenac, fils et héritier de ladite marquise de Saint-Chamand de Rebenac, sa mere, ayant repris l'instance au lieu et place, défendeur, et évoquant ladite instance par commission et exploit d'assignation en notredit conseil, des 14 septembre et 29 octobre 1779, d'autre part: et entre ledit marquis de Saint-Chamand auxdits noms, demandeur suivant la requête du 17 janvier 1781, tendante à ce qu'il plaise à notredit conseil déclarer ledit évêque de Lescar purement et simplement non-recevable et mal fondé dans sa demande, ou dont en tout cas l'en débouter, et le condamner aux dépens, d'une part; et l'évêque de Lescar, défendeur, d'autre part: et entre l'évêque de Lescar, demandeur suivant la requête du 15 juin 1781, tendante à ce qu'il plaise à notredit conseil, sans s'arrêter ni avoir égard aux requêtes et demandes dudit marquis de Saint-Chamand, dans lesquelles il sera déclaré purement et simplement non-recevable, ou dont en tout cas il sera débouté, adjuger au demandeur les fins et conclusions par lui prises par sa requête en notredit parlement de Pau, du 26 août 1773, et icelles expliquant, corrigeant et augmentant, condamner ledit marquis de Saint-Chamand à se désister et départir à son profit, en sadite qualité d'évêque de Lescar, des droits de dîmes des deux vics du Bourdalat de Gan, appellés d'Ilos et d'Austou; faire défenses audit marquis de Saint-Chamand, et à tous autres, de le troubler, lui et ses successeurs évêques de Lescar, leurs fermiers ou préposés, dans la jouissance et perception de la dîme sur lesdits lieux d'Ilos et d'Austou, et pour l'avoir fait, condamner ledit marquis de Saint-Chamand à la restitution des fruits par lui pris et perçus, à compter du jour de la demande, jusqu'au jour du délaissement desdites dîmes, et ce, suivant l'état qui en sera fourni par le demandeur, sauf à le débatre, s'il y a lieu, et l'estimation qui en sera faite par experts dont les parties conviendront, sinon qui seront pris et nommés d'office pardevant notre plus prochain juge des lieux qu'il plaira à notredit conseil de commettre à cet effet; condamner ledit marquis de Saint-Chamand aux intérêts du montant desdites restitution et estimation, à compter du jour de la demande; comme aussi donner acte au demandeur des offres qu'il a toujours faites et qu'il réitere de payer et rembourser audit marquis de Saint-Chamand, tant le prix principal dudit contrat d'aliénation, que toutes les autres sommes qu'il justifiera avoir été payées légitimement; et condamner ledit marquis de Saint-Chamand aux dépens faits, tant en notre parlement de Pau qu'en notredit conseil, d'une part; et ledit marquis de Saint-Chamand, défendeur, d'autre part: et entre ledit marquis de Saint-Chamand, demandeur, suivant la requête du 15 janvier dernier, tendante à ce qu'il plaise à notredit conseil, sans s'arrêter ni avoir égard aux requêtes et demandes dudit évêque de Lescar, adjuger au demandeur les conclusions par lui ci-devant prises, et condamner ledit évêque de Lescar aux dépens, d'une part; et l'évêque de Lescar, défendeur, d'autre part: et entre l'évêque de Lescar, demandeur, suivant la requête

quête du 27 février aussi dernier, tendante à ce qu'il plaise à notredit conseil, sans s'arrêter ni avoir égard aux requêtes et demandes dudit marquis de Saint-Chamand, dans lesquelles il sera déclaré non-recevable, ou dont en tout cas il sera débouté, adjuger au demandeur les fins et conclusions par lui ci-devant prises, avec dépens; et où notredit conseil y trouveroit quelque difficulté, ce qu'il n'y a pas lieu de présumer, subsidiairement seulement, parcequ'il est de la prudence de défendre en cour souveraine à toutes fins, ordonner que le marquis de Saint-Chamand sera tenu, conformément à la sommation qui en a été faite à son procureur, à la requête de celui du demandeur, le 25 février présent mois, de communiquer dans le jour, ou dans autre délai qu'il plaira à notredit conseil fixer, les originaux des titres et privileges en vertu desquels ledit marquis de Saint-Chamand jouit de la dîme ecclésiastique des deux vics d'Ilos et d'Austou, qu'il est incapable, comme laïque, de posséder autrement qu'à titre d'inféodation, et dont il ne peut avoir la jouissance qu'en vertu d'un titre précaire, tel qu'un engagement ou une antichrese, et dont ses auteurs ne pouvoient avoir acquis la propriété que par une inféodation antérieure au concile de Latran, tenu en 1179, faute de quoi leur détention ne peut être considérée que comme une usurpation; comme aussi ordonner que dans le même délai ledit marquis de Saint-Chamand sera tenu de communiquer au procureur du demandeur les originaux des titres justificatifs de l'engagement des dîmes dont il s'agit, fait par notre amé de Sallettes, évêque de Lescar, au baron de Rebenac, et notamment l'original du contrat d'engagement du 29 mai 1644, ledit contrat étant une piece commune à l'évêque de Lescar et au marquis de Saint-Chamand, lesquels titres justificatifs dudit engagement le marquis de Souvré, représenté aujourd'hui par le marquis de Saint-Chamand, a déclaré par Arnaud, son fondé de procuration, par son acte extrajudiciaire du 20 juin 1764, signifié aux fermiers des dîmes de l'évêché de Lescar, en la personne de Bat fils, l'un d'eux, avoir en sa possession, et dont il a offert d'en justifier en temps et lieu; sinon, et à faute par ledit marquis de Saint-Chamand à se désister et départir au profit du demandeur, en sa qualité d'évêque de Lescar, de ladite dîme ecclésiastique des deux vics d'Ilos et d'Austou, faire défenses audit marquis de Saint-Chamand, et à tous autres, de troubler le demandeur et ses successeurs évêques de Lescar, leurs fermiers ou préposés, dans la jouissance et perception de la dîme, sur lesdits vics d'Ilos et d'Austou, et pour l'avoir fait, condamner ledit marquis de Saint-Chamand à la restitution des fruits par lui pris et perçus, à compter du jour de la demande jusqu'au jour du délaissement desdites dîmes, et ce, suivant l'état qui en sera fourni par le demandeur, sauf à débattre s'il y a lieu, et l'estimation qui en sera faite par experts dont les parties conviendront, ou qui seront pris et nommés d'office pardevant notre juge plus prochain, juge des lieux, qu'il plaira à notredit grand conseil de commettre à cet effet; condamner en outre ledit marquis de Saint-Chamand aux intérêts du montant desdites restitution et estimation, à compter du jour de la demande, le tout en remboursant préalablement par le demandeur, suivant ses offres, audit marquis de Saint-Chamand, tant le prix principal du contrat d'engagement dont il s'agit, que toutes les autres sommes qu'il justifiera avoir été payées légitimement, et condamner ledit marquis de Saint-Chamand en tous les dépens faits, tant en notre parlement de Pau qu'en notredit conseil, d'une part, et le marquis de Saint-Chamand, défendeur, d'autre part, sans que les qualités puissent nuire ni préjudicier; après que Desnos, avocat de l'évêque de Lescar, assisté de Gelez, son procureur, a conclu en ses requêtes et demandes, et a été oui; que Mille, avocat du marquis de Saint-Chamand, assisté de Chaillou, son procureur, a aussi conclu en ses requêtes et demandes, et a été oui; que de Vaucresson, pour notre procureur général, a pareillement été oui, et que la cause a été plaidée pendant huit audiences. ICELUI NOTREDIT GRAND CONSEIL, faisant droit sur la demande de la partie de Desnos, formée en notre parlement de Pau, évoquée en notredit conseil par l'arrêt du 16 février 1780, sans s'arrêter aux demandes de la partie de Mille, dont notredit conseil l'a déboutée, condamne ladite partie de Mille à se désister et départir, au profit de la partie de Desnos, en qualité d'évêque de Lescar et de ses successeurs audit évêché, des droits de dîmes des deux vics du Bourdalat de Gan, appellés d'Ilos et d'Austou; ensemble, à rendre et restituer à ladite partie de Desnos le montant des fruits desdites dîmes qu'il a perçues, à compter du jour de la demande, suivant l'état qui en sera fourni par ladite partie de Desnos, sauf à la partie de Mille à le débattre s'il y a lieu, et sur l'estimation qui en sera faite par experts dont les parties conviendront, pardevant notre amé et féal le lieutenant général de la sénéchaussée de Pau, que notredit conseil commet à cet effet, sinon qui seront par lui pris et nommés d'office ; la condamne pareillement à payer les interêts du montant desdites restitutions, à compter du jour de la demande, à la charge par ladite partie de Denos, suivant ses offres, de rendre et rembourser à ladite partie de Mille, tant le prix principal du contrat d'engagement dont est question, que le montant des autres sommes qui ont été légitimement payées depuis, et encore à la charge, par la partie de Desnos, de faire compensation jusqu'à due concurrence sur les intérêts et restitution des fruits à elle ci-dessus adjugés, des intérêts de la somme principale prêtée par l'auteur de la partie de Mille, et ce depuis le jour de la demande en désistement de ladite partie de Desnos, jusqu'au jour du délaissement qui sera fait par ladite partie de Mille ; sur le surplus des demandes, a mis et met les parties hors de cour ; condamne la partie de Mille aux dépens, faits tant en notre parlement de Pau qu'en notredit conseil. Si donnons en mandement à notre amé et féal conseiller trouvé sur les lieux, ou en cas d'absence, refus ou autre légitime empêchement, notredit conseiller préalablement requis, à notre amé et féal le lieutenant général en la sénéchaussée de Pau, qu'à ce faire commettons, il fasse, pour l'exécution du présent arrêt, circonstances et dépendances, tout ce qui sera requis et nécessaire ; donnons en outre mandement au premier des huissiers de notre grand conseil, en ce qui est exécutoire en notredite cour, et suite et hors d'icelle, au premier notredit huissier, ou autre huissier ou sergent sur ce requis, le présent arrêt il mette à exécution ; de ce faire te donnons plein et entier pouvoir, sans pour ce demander placet ni *pareatis*. Donné en notredit grand conseil, à Paris, le premier jour de mars, l'an de grace 1782, et de notre regne le huitieme. Collationné, *signé* Souchu de Rennefort. Par le roi, à la relation des gens de son grand conseil, signifié à procureur le 16 mars 1782.

ARRÊT DU CONSEIL,

Qui déboute M. le marquis de Saint-Chamand de sa demande en cassation de l'arrêt du grand conseil, rendu le premier mars 1782, en faveur de M. l'évêque de Lescar.

Du vingt-quatre mars mil sept cent quatre-vingt-trois.

Extrait des registres du conseil d'état privé du roi.

SUR la requête présentée au roi en son conseil par Amand de Saint-Chamand, marquis de Saint-Chamand-Rebenac, contenant qu'il est forcé de porter au pied du trône sa juste réclamation contre un arrêt du grand conseil de sa majesté, contradictoirement rendu entre lui et le sieur de Noé, évêque de Lescar, le premier mars 1782. Ce n'est que par des contraventions directes et formelles aux loix du royaume, que cet arrêt a dépouillé le suppliant d'un bien qui lui a été transmis par ses ancêtres, et que sa maison possédoit depuis plus de cent trente ans; pour mettre dans leur jour ces contraventions, il faut commencer par rendre compte du fait et de la procédure. FAIT. Le droit de percevoir la dîme dans les deux vics ou villages d'Austou et d'Ilos a été l'objet de la contestation, de l'aveu même du sieur évêque de Lescar. La maison de Rebenac, depuis l'année 1644, jouissoit de ce droit publiquement et paisiblement, lorsqu'au mois d'août 1773 ce prélat, dont tous les prédécesseurs avoient jusques-là gardé le plus profond silence, s'est proposé de faire cesser tout-à-coup une possession aussi ancienne, et de substituer dans la propriété du droit dont il s'agit, l'évêché de Lescar à la mere du suppliant. Il s'est adressé à cet effet au parlement de Pau, où il a demandé que la marquise de Saint-Chamand fût condamnée à lui rendre et délaisser, avec restitution des fruits, la dîme des deux vics d'Austou et d'Ilos, sauf à elle à communiquer, pour son remboursement, le cas y échéant, les titres justificatifs des paiements faits par les barons de Rebenac à la décharge de l'évêché. La marquise de Saint-Chamand étant décédée avant la discussion de l'affaire en cette cour, le suppliant, son fils, assigné en reprise d'instance, n'a pas cru que la contestation pût être décidée au parlement de Pau. Il étoit instruit qu'indépendamment d'autres taxes payées par ses ancêtres pour raison de la dîme d'Austou et d'Ilos, la dame sa mere avoit été contrainte au paiement de celle imposée par la déclaration du 18 juillet 1702, qui, en confirmant les acquéreurs et possesseurs de biens d'église dans la jouissance de ces biens, à titre de propriété incommutable, les avoit assujettis à payer le sixieme de la valeur de leurs acquisitions; et comme la loi avoit été adressée au grand conseil pour la faire exécuter avec une attribution exclusive, il a pensé qu'il ne pouvoit plaider ailleurs que dans ce tribunal. La demande en évocation de l'instance y ayant été accueillie par un arrêt signifié au sieur évêque de Lescar, ce prélat avoit d'abord formé le projet d'élever un réglement de juges; mais ensuite, mieux conseillé, il a reconnu la compétence du grand conseil, et a consenti d'y procéder. C'est là que, se livrant à la plus ample discussion, les défenseurs du sieur évêque de Lescar ont développé, à l'appui de la demande par lui formée au parlement de Pau, un plan de défenses qui n'avoit été qu'ébauché en cette cour. Il est essentiel de mettre ce plan sous les yeux de sa majesté. A la fin du seizieme siecle, la reine de Navarre, Jeanne d'Albret, alors souveraine de Bearn, fit saisir et incorporer à son domaine une grande partie des fonds appartenants à l'évêché de Lescar. En conséquence ces fonds consistants, est-il-dit, en deux moulins, un bateau et des vignes, furent vendus par des commissaires nommés par cette princesse. En 1644 le sieur de Sallettes, alors évêque de Lescar, voulant faire revenir à son siege des biens de la plus grande importance, et qui forment aujourd'hui un objet de plus de 40,000 liv. de rente, se pourvut au parlement de Pau, où il obtint, le 13 mai 1644, un arrêt qui, du consentement du sieur procureur-général, l'autorisa à engager les dîmes d'Austou et d'Ilos en faveur de celui qui feroit la condition meilleure, à la charge d'employer le prix qui proviendroit de cet engagement au rachat qu'il se proposoit de faire. C'est en exécution de cet arrêt que, suivant les défenseurs du sieur évêque de Lescar, les dîmes ont passé dans la maison du suppliant, non pas à titre de propriété incommutable, mais à titre de simple antichrese, espece d'engagement qui suppose, disent-ils, la faculté du rachat perpétuel. A l'appui d'une pareille assertion, il auroit fallu produire sans doute l'acte même d'engagement, et, d'après cette production, on auroit pu juger si la nature en est telle qu'on l'annonce; mais c'est ce que ni le suppliant ni la dame sa mere n'ont pu obtenir du sieur évêque de Lescar. Ce qui a été produit de la part de ce prélat, et au parlement de Pau et au grand conseil, n'a été autre chose qu'une copie informe d'un acte daté du 29 mai 1644, par lequel il paroît que le sieur de Sallettes *engagea* au sieur baron de Rebenac les dîmes d'Austou et d'Ilos, moyennant, est-il dit, 10,800 liv. somme très considérable alors, eu égard à la valeur numéraire des especes. Le sieur évêque de Lescar a bien senti lui-même la frivolité d'une demande en retrait qui n'étoit point accompagnée de la production de l'acte d'aliénation. Pour suppléer, du moins en apparence, au défaut de cette production, il a représenté trois pieces auxquelles il a voulu attribuer la même force qu'à l'acte même. La premiere est l'arrêt du parlement de Pau, en date du 13 mai 1644, dont il a été parlé ci-dessus. La seconde est la copie collationnée, non sur la minute ou sur la grosse, mais seulement sur une autre copie collationnée d'un acte daté du 29 mai 1644, par lequel le sieur baron de Rebenac décharge le sieur de Sallettes de la garantie stipulée au prétendu contrat d'engagement, et où les parties annoncent *des conditions à part écrites*, dont on ne voit encore nulle trace. La troisieme piece est un acte extrajudiciaire du 20 mai 1764, signifié à des fermiers de l'évêché de Lescar par le sieur Arnaud, fondé de pouvoirs du marquis de Souvré, l'un des auteurs du suppliant, dans lequel acte ce particulier s'oppose à ce que ces fermiers perçoivent la dîme dans le vic d'Austou, attendu qu'elle appartient audit sieur marquis de Souvré, comme en étant engagiste. En vain le suppliant a-t-il démontré au grand conseil l'insuffisance de ces trois pieces pour remplacer l'acte d'engagement; en vain a-t-il établi que, quand même on pourroit s'écarter des regles de l'ordre judiciaire, au point de regarder des pieces simplement énonciatives, et qui d'ailleurs n'éclaircissent rien, comme équivalentes à cet acte même : la demande du sieur évêque de Lescar n'en devoit pas moins être rejettée comme contraire à la déclaration du mois de juillet 1702, ainsi qu'à l'édit de 1708. Le système de ce prélat a prévalu; on en a cru ses défenseurs et sur l'existence et sur la nature d'un acte dont ils excipoient, mais qu'ils ne représentoient pas; enfin on a tout supposé à l'avantage du sieur évêque de Lescar, et, le premier mars 1782, il est intervenu un arrêt définitif dont voici les dispositions : « Icelui notredit grand con-« seil, faisant droit sur la demande de la partie de Desnos (le « sieur évêque de Lescar), formée en notre parlement de

« Pau, évoquée en notredit conseil par l'arrêt du 16 février « 1780, sans s'arrêter aux demandes de la partie de Mille (le « suppliant), dont notredit conseil l'a déboutée, condamne « ladite partie de Mille à se désister et départir, au profit de « la partie de Desnos, en qualité d'évêque de Lescar, et de « ses successeurs audit évêché, des droits de dîmes des deux « vics du Bourdalat de Gan, appellés d'Ilos et d'Austou, « ensemble à rendre et restituer à ladite partie de Desnos le « montant des fruits desdites dîmes qu'il a perçues, à comp- « ter du jour de la demande, suivant l'état qui en sera fourni « par le sieur évêque de Lescar; sauf au suppliant à le débat- « tre, s'il y a lieu, et sur l'estimation qui en sera faite par ex- « perts..... condamne pareillement le suppliant à payer les « intérêts du montant desdites restitutions, à compter du jour « de la demande, à la charge par le sieur évêque de Lescar, « suivant ses offres, de rendre et rembourser au suppliant tant « le prix principal du contrat d'engagement dont est ques- « tion, que le montant des autres sommes qui ont été légiti- « mement payées depuis, et encore à la charge par ledit « sieur évêque de faire compensation jusqu'à due concur- « rence sur les intérêts et restitutions de fruits à lui ci-dessus « adjugés, des intérêts de la somme principale prêtée par « l'auteur du suppliant, et ce depuis le jour de la demande « en désistement du sieur évêque de Lescar, jusqu'au jour du « délaissement qui sera fait par le suppliant..... et condamne « ce dernier aux dépens ». Tel est l'arrêt contre lequel le suppliant est forcé de se pourvoir. MOYENS. Le premier moyen résulte du défaut de représentation du titre sur lequel étoit fondée la demande du sieur évêque de Lescar. Il est constant entre les parties, et l'arrêt même le prouve, que ce titre n'a point été représenté: non seulement ce prélat n'en a pas fait donner copie dès l'origine de l'instance, ainsi que la loi l'exigeoit; mais même, durant tout le cours de l'instruction au grand conseil, il n'a pas été possible au suppliant d'en obtenir ou la signification ou la communication: les seules pieces qui aient paru de la part du sieur évêque de Lescar, sont celles dont il est parlé ci-devant; mais elles sont visiblement insuffisantes pour indiquer la nature et les véritables clauses du titre dont il s'agit, et à plus forte raison pour tenir lieu de ce titre, que rien ne peut remplacer. Qu'est-ce que porte en effet la premiere de ces pieces, qui est l'arrêt du parlement de Pau, du 13 mai 1644? la permission au sieur de Sallettes, alors évêque de Lescar, d'engager les dîmes des deux vics du Bourdalat de Gan, appellés d'Austou et d'Ilos, en faveur de celui qui lui fera la meilleure condition : tels sont les termes mêmes de cet arrêt, et les seuls qui puissent avoir rapport à l'objet actuel de la contestation. Mais, indépendamment de ce que ce même arrêt laisse douter si l'acte qu'il permet a été passé ou non, et s'il l'a été conformément à la permission donnée, il n'en résulte, on ne dit pas seulement aucune preuve, mais même on peut dire aucun éclaircissement qui puisse faire connoître quelles ont été les vraies conventions de cet acte. Inutilement le sieur évêque de Lescar, prenant le mot *engager* dans l'acception la plus favorable à sa cause, a-t-il prétendu que ce mot annonçoit un *engagement* à titre d'antichrese, qui suppose, a-t-il dit, la faculté du rachat perpétuel. Un mot isolé, susceptible de différents sens, et dont rien ne détermine la véritable signification, a-t-il pu indiquer d'une maniere certaine les clauses d'un acte? Le verbe *engager*, suivant le langage même des loix, est très souvent synonyme du verbe aliéner, et le premier, quand il est pris généralement, ne signifie pas autre chose que le second : ainsi l'arrêt du parlement de Pau, du 13 mai, n'a jamais pu suppléer au défaut de représentation du contrat. L'acte du 29 mai 1644 laisse une incertitude au moins égale relativement à la nature et aux clauses du titre primitif. On y trouve encore, il est vrai, les termes d'engagement, mais toujours aussi peu déterminé, quant au sens dans lequel il faut le prendre. Cet acte contient même, de la part du sieur baron de Rebenac, en faveur du Sr de Sallettes, une décharge de garantie qu'il n'est guere possible de concilier avec un engagement tel que celui qu'on prétend avoir été stipulé. Si l'on en croit l'exposé qui s'y trouve, le sieur de Sallettes étoit obligé à la garantie par le titre primitif, et on l'en décharge par celui-ci. La jouissance du baron de Rebenac ne doit commencer, suivant le second acte, qu'au premier janvier 1645, et suivant l'autre, elle devoit commencer plutôt. C'est, ajoutent les parties, le même jour 29 mai 1644, que le titre primitif a été passé, et, d'un autre côté, elles parlent de *conditions à part écrites* qui ne paroissent point. Ainsi, en se rapportant à ce second acte, il faudroit supposer quelque chose de bien singulier, savoir qu'il avoit été passé trois actes le même jour, relativement au même objet, et que les deux derniers, dont l'un contient des conventions secretes qui ne sont point représentées par le sieur évêque de Lescar, semblent détruire, du moins en partie, l'effet du précédent, que ce prélat ne rapporte pas davantage;

vantage ; d'après cela l'acte du 29 mai 1644 n'est-il pas une piece absolument incapable de tenir lieu de celui qui formoit le véritable titre? Enfin si, dans un exploit de signification faite le 20 juin 1764, à la requête du nommé Arnaud, se disant procureur fondé du sieur marquis de Souvré, l'un des auteurs du suppliant, pour empêcher que les fermiers de l'évêché de Lescar ne continuassent d'enlever, comme ils l'avoient fait l'année précédente, une partie de la dîme du vic d'Austou, il a été déclaré à ceux-ci que cette dîme appartenoit audit sieur marquis de Souvré, comme engagiste dudit vic, dudit seigneur évêque et de son chapitre, que résulte-t-il de cette troisieme et derniere piece? ces dernieres expressions, parcequ'on y trouve le mot engagiste, désignent-elles, avec plus de clarté que celles des actes précédents, l'espece d'aliénation qui a été faite dans l'origine? est-on fondé à prétendre qu'aux yeux de la justice ce mot seul suffit pour prouver que cette dîme a été donnée aux auteurs du suppliant, comme un simple gage du prêt par eux fait à l'évêché? et d'ailleurs peut-on exciper de la déclaration faite dans un simple acte extrajudiciaire, par un particulier qui n'a ni signé cet acte, ni exhibé sa procuration, et qui, s'il avoit réellement les pouvoirs qu'il annonçoit, les a probablement excédés, puisque, le sieur marquis de Souvré étant alors en possession de la dîme depuis plus de cent vingt ans, il suffisoit, pour remplir son objet, de déclarer qu'elle lui appartenoit, sans ajouter à quel titre? Telles sont les pieces qui ont été produites au parlement de Pau de la part du sieur évêque de Lescar, et dont le suppliant a fait tirer des copies informes qu'il joindra à la présente requête. Ce prélat n'en a pas rapporté d'autres au grand conseil, et cependant sa demande y a été adoptée; mais n'est-ce pas par une contravention caractérisée que ce tribunal a rendu son jugement? Tout demandeur doit signifier ou communiquer le titre qui fait la base de sa demande; si cette regle, la premiere et l'une des plus importantes de l'ordre judiciaire, doit être rigoureusement observée, c'est sans contredit lorsqu'il est question d'un retrait, espece de demande qui, plus que tout autre, exige la représentation du titre primitif, dont l'existence, l'étendue et l'objet doivent être parfaitement connus de la justice. « Les demandeurs (porte l'ordonnance de 1667, tit. « 11, art. 6) seront tenus de faire donner, dans la même « feuille ou cahier de l'exploit, copie des pieces sur lesquelles « la demande est fondée, ou des extraits, si elles sont trop

« longues; autrement les copies qu'ils donneront dans le « cours de l'instance n'entreront en taxe, et les réponses qui y « seront faites seront à leurs dépens et sans répétition ». Ces dispositions, qui font, comme on le voit, une obligation indispensable au demandeur de signifier, soit au commencement, soit au moins dans le cours de l'instance, le titre de la demande, ont toujours été, non seulement observées à la rigueur, mais même étendues plus loin par le grand conseil même, toutes les fois qu'il a été question en ce tribunal du retrait des biens ecclésiastiques. Jamais, suivant Denisart, les gens d'église n'ont été admis à exercer le retrait qu'en représentant le titre de l'aliénation en original; telle est, dit-il, la jurisprudence du grand conseil. Il cite à ce sujet, au mot *Retrait* des biens d'église, cinq arrêts rendus en 1725, 1726, 1732, 1733 et 1738, contre les religieux du Relecq, ceux de Perray-Neuf, les Jésuites de Saintes, le prieur de Ligné et les religieux d'Ourcamps, arrêts qui ont tous jugé *in terminis* qu'il étoit nécessaire de représenter l'original du titre; le second et le troisieme de ces arrêts sont sur-tout remarquables en ce qu'ils font voir que le grand conseil n'a eu aucun égard à des copies extraites en forme du registre des aliénations ecclésiastiques, déposé au secrétariat de l'évêché des lieux, ayant formellement débouté, par l'un, les religieux de Perray-Neuf de leur demande, faute de représenter l'original du titre, et ordonné, par l'autre, que les Jésuites de Saintes le rapporteroient. Ainsi le grand conseil, en adoptant la demande du sieur évêque de Lescar, fondée sur un titre non représenté, a contrevenu à la premiere des regles qui constituent l'ordre judiciaire, à l'ordonnance de 1667, et même à sa propre jurisprudence : il en résulte un premier moyen de cassation. Un second moyen se tire d'une contravention plus formelle à la déclaration du mois de juillet 1702, ainsi qu'à l'édit du mois de juillet 1708 : par une premiere déclaration du premier octobre 1675, relatée dans le préambule de celle de 1702, et donnée en conséquence des conventions arrêtées entre le roi et le clergé par contrat du 11 décembre de la même année 1675, tous les détenteurs de biens ecclésiastiques indistinctement furent confirmés, relativement à toutes sortes d'aliénations et d'engagements, dans leur possession et jouissance pour le temps de trente années, à la charge de payer le huitieme du prix des objets aliénés et engagés. Le baron de Rebenac, alors propriétaire des dîmes dont il s'agit, paya, ainsi que les autres, ce huitieme denier. L'expiration des trente années étant prochaine, et les ecclésiastiques étant à la veille d'user de la faculté qui leur avoit été réservée de racheter ou de retraire à cette expiration les biens qui leur avoient appartenu, il fut passé, le 2 juillet 1702, un nouveau contrat, par lequel le clergé, expressément convoqué à cet effet, céda au roi tout le droit qu'il pouvoit avoir au rachat ou retrait de ces biens; en conséquence, le 18 du même mois de juillet, le roi, usant de cette cession, au lieu d'exercer le retrait, ainsi qu'auroit fait le clergé, imposa, par une nouvelle déclaration, aux possesseurs des biens ecclésiastiques une nouvelle taxe, au moyen de laquelle le souverain les maintint à perpétuité dans leur jouissance. Voici les propres termes de l'art. premier de cette déclaration : « Voulons et « nous plaît...... que tous les détenteurs des biens, droits et « revenus, de quelque nature qu'ils soient, dépendants des « archevêchés, évêchés, abbayes, prieurés, chapitres, cures, « chapelles, prévôtés, commanderies, hôpitaux, hôtels-Dieu, « maladreries, aumôneries, colleges, fabriques, monasteres, « congrégations, communautés ecclésiastiques, et de tous « autres bénéfices payant et non payant décimes, sans au- « cuns excepter, qui ont été vendus, aliénés, baillés en « échange ou engagés à faculté de réméré dans des termes « qui sont expirés, soit à prix d'argent ou rentes en deniers, « pains, ou autres especes rachetables ou non rachetables, « depuis l'année 1556 jusqu'à présent, soient et demeurent « maintenus et confirmés, comme par ces présentes nous les « maintenons et confirmons dans la possession et jouissance « desdits biens à perpétuité et à titre de propriété incommu- « table, en nous payant par chacun d'eux, sur les quittances « du garde de notre trésor royal, le sixieme denier du prix « desdites aliénations, ou de la juste valeur desdits biens, au « cas que le prix desdites aliénations ne puisse être justifié « par les contrats, et les deux sous pour livre sur les quittances « de celui qui sera par nous chargé de l'exécution des pré- « sentes, le tout suivant les rôles que nous ferons pour cet « effet arrêter en notre conseil, *sans que lesdits ecclésiastiques « ou bénéficiers puissent jamais être reçus* à racheter ni rete- « nir lesdits biens, pour quelque cause et sous quelque pré- « texte que ce soit ». L'art. 3 de la même déclaration ajoute « que, dans le cas où quelques uns des détenteurs n'au- « ront pas acquitté le huitieme denier dont il a été parlé pré- « cédemment, ils seront tenus de payer le quart du prix ou « de la juste valeur des biens, pour tenir lieu au roi de ce

« qu'ils auroient dû payer, tant en exécution de cette dé-« claration, que de celle du trente-un octobre 1675 ». Au mois de mars 1703, les rôles ordonnés furent arrêtés au conseil. La maison de Rebenac y fut imposée à la taxe, ainsi que les autres possesseurs; et comme elle justifia sans doute qu'elle avoit déja payé celle portée par la déclaration du 31 octobre 1675, on ne lui demanda, aux termes de l'article premier de la nouvelle déclaration, que le sixieme denier. Voici de quelle maniere est conçu l'extrait de ces rôles, qui fut signifié, le 18 décembre 1703, à la dame comtesse de Rebenac, avec commandement de payer la somme fixée et les 2 sous pour livre d'icelle: « De l'évêché « de Lescar, diocese de Lescar, article 358, Arnaud de la « Barte, vicomte de Rebenac, sénéchal de Béarn, ou ses « successeurs, propriétaires et possesseurs des dîmes des « vics d'Ilos et d'Austou du Bourdalat de Gan, ci-devant pos-« sédés par le sieur de la Barte de Rebenac, aliénés moyen-« nant 8100 livres, suivant l'extrait d'adjudication, du...... « 1644, pour en jouir comme dessus, paieront pour le sixieme « denier la somme de 1350 livres ». La dame de Rebenac satisfit à ce commandement; la quittance qui lui fut donnée n'est datée que du 14 mai 1710. Le suppliant rapporte la signification qui lui fut faite de l'arrêt du conseil portant nomination d'un préposé au recouvrement de la taxe de la commission prise sur cet arrêt, de l'extrait du rôle arrêté au conseil de l'ordonnance du sieur intendant de Béarn qui en ordonne l'exécution, de l'exploit de commandement, et enfin de la quittance du préposé. Il est donc évident que l'arrêt du grand conseil n'a adopté la demande du sieur évêque de Lescar, qu'en contrevenant littéralement à la loi. Comment en effet a-t-il été possible de condamner le suppliant à se désister et départir d'un droit de dîmes dans lequel ses ancêtres ont été maintenus et confirmés à perpétuité et à titre de propriété incommutable comme propriétaire de ces dîmes aliénées à leur profit, suivant un acte d'adjudication dont l'extrait a été rapporté? A la vue de la loi, ainsi que des pieces produites, le droit et le fait, le principe et son application à l'espece sont également incontestables, tous raisonnements à ce sujet seroient superflus; et le suppliant, pour écarter jusqu'au moindre doute, relativement à cette seconde contravention, n'a besoin que de mettre les dispositions mêmes de cette loi avec ses pieces sous les yeux du conseil. Ce n'est donc que surabondamment qu'il va réfuter le systême auquel ont eu recours les gens d'affaires du sieur évêque de Lescar. Plus la déclaration de 1702 étoit contraire à la demande de ce prélat, plus ses défenseurs ont fait d'efforts pour en détourner l'application : ils ont soutenu, d'un côté, que les dîmes n'avoient pas été comprises dans la déclaration de 1702, et, de l'autre, que celles dont il s'agit ayant été engagées à titre d'antichrese, titre qui suppose la faculté du rachat perpétuel, la jouissance, aux termes de l'article 2 de la même déclaration, n'en avoit été prorogée que pour trente ans. La premiere de ces objections est détruite par les termes mêmes de cette déclaration, qui maintient et confirme à perpétuité tous détenteurs dans la jouissance des biens, droits et revenus ecclésiastiques, de quelque nature qu'ils soient, et qui, après une confirmation aussi étendue, y ajoute encore une nouvelle force par ces expressions, *sans que lesdits ecclésiastiques ou bénéficiers puissent être reçus à racheter ni retirer lesdits biens pour quelque cause et sous quelque prétexte que ce soit;* et dans le cas même où des dispositions si claires auroient besoin d'interprétation, ne faudroit-il pas les entendre dans le même sens qu'elles ont été entendues au conseil? ne faudroit-il pas dire que puisque les dîmes dont il s'agit ont été imposées au rôle arrêté en conséquence de la déclaration de 1702, elles étoient en effet comprises dans cette déclaration? Dès long-temps on est revenu de cette opinion erronée, que les dîmes sont de droit divin. Or si c'est, comme on n'en peut douter, de l'autorité du souverain qu'elles sont établies, il est hors de doute que la même autorité qui est le principe de leur établissement, peut en confirmer la jouissance au profit de qui elle juge à propos; sur-tout lorsque le souverain, en confirmant, moyennant une taxe considérable, la possession des dîmes au lieu de les racheter, n'a fait qu'user du droit qui lui avoit été cédé par le clergé, relativement à ce rachat. Il résulte de là que ce n'est pas, à proprement parler, de l'évêché de Lescar que la maison de Rebenac tient les dîmes d'Austou et d'Ilos, mais qu'elle les tient du roi même, à qui par cette raison elle a rendu, comme on le verra bientôt, la foi et hommage pour ces mêmes dîmes. Le sieur évêque de Lescar a voulu se prévaloir encore de l'article 2 de la déclaration de 1702; mais quand pour donner, dans le droit, plus d'étendue à l'exception portée par cet article, on essaieroit de confondre des actes très différents les uns des autres, il seroit toujours vrai de dire que, dans le fait, l'article opposé n'est point applicable, puisque, si le conseil avoit cru qu'il eût été question d'antichrese, le baron de Rebenac, dans le rôle qui fut arrêté, auroit été taxé au huitieme denier en exécution de cet article, et non pas au sixieme en exécution de l'article premier. Enfin aujourd'hui encore rien n'est moins prouvé que ce caractere d'antichrese donné, par les défenseurs du sieur évêque de Lescar, au titre primitif, qu'il ne représente pas: on a vu toute l'incertitude que laissent, relativement aux véritables clauses de ce titre, les trois pieces produites pour le remplacer. Quant à la copie dénuée de toute authenticité, qu'on dit être celle du même titre, si le défaut absolu de forme ne suffisoit pas pour la rejetter totalement, cette copie seroit inconcevable: tout annonce que c'étoit tout au plus un projet d'acte, ou qu'en tout cas ce ne peut être la copie de l'acte même qui a été fait. 1°. Comme le suppliant l'a déja dit, ce seroit une singularité inadmissible qu'il y eût eu, entre le sieur de Sallettes et le baron de Rebenac, trois actes en un jour, relativement au même objet; savoir, celui que les défenseurs du sieur évêque de Lescar prétendent être l'original de la copie informe qu'ils rapportent, celui du 29 mai 1644, où le premier est relaté sous la même date, et enfin les conventions à part écrites, aussi énoncées dans le second. 2°. Le titre primitif, probablement très différent de la copie représentée, n'a pas dû être une convention privée et libre entre le sieur de Sallettes et le baron de Rebenac. Ce devoit être une adjudication publique au profit de celui qui feroit la condition meilleure, ainsi que le parlement de Pau l'avoit ordonné, et comme il est annoncé dans le rôle arrêté au conseil. 3°. Il est dit, dans la copie informe dont il s'agit, que le sieur de Sallettes avoit demandé au Parlement de Pau la permission d'engager au seigneur et baron de Rebenac les dîmes d'Austou et d'Ilos; et loin de choisir et désigner son acquéreur, le sieur de Sallettes, comme on le voit par l'arrêt même de ce parlement, avoit demandé mot pour mot ce qui a été ordonné, savoir la permission d'engager en faveur de celui qui feroit la meilleure condition. 4°. La décharge de garantie stipulée au second acte ne s'accorde pas avec le premier, s'il est tel que l'annonce la copie qui en a été produite. 5°. Il y a dans cette copie plusieurs lacunes; et ce qui semble annoncer, comme on le disoit, un simple projet, c'est que les noms de baptême et de famille du baron de Rebenac, l'une des deux parties contractantes, ont été laissés en blanc. En un mot si on examine attentivement la copie informe représentée par le sieur évêque de Lescar, si on en rapproche les différentes parties, soit les unes des autres, soit des pieces de la production de ce prélat, on demeure pleinement convaincu que ce ne peut être la copie du titre passé entre le sieur de Sallettes et le baron de Rebenac. Il n'existe donc aucune preuve, ni même aucune présomption fondée, que les dîmes dont il est question aient passé aux ancêtres du suppliant à titre d'antichrese, ou de tout autre engagement emportant de sa nature la faculté du rachat perpétuel, et dès lors il ne peut y avoir aucun doute relativement à l'application de l'article premier de la déclaration de 1702. Quant aux dispositions de l'édit de 1708, l'article premier porte « que « tous les propriétaires possesseurs des dîmes inféodées et « patrimoniales, qui en ont joui paisiblement par eux et « leurs auteurs, pendant cent ans, à quelque titre que ce « soit, soient duement maintenus et confirmés à perpétuité, « eux, leurs veuves, enfants, héritiers ou ayant causes, dans « la propriété, possession et jouissance incommutable des- « dites dîmes, sans que, pour raison d'icelles, ils puissent à « l'avenir être troublés et inquiétés par les ecclésiastiques « et bénéficiers, sous quelque cause et prétexte que ce soit, « dans ladite propriété, possession et jouissance ». D'après cet édit, une possession de cent ans a toujours été regardée par les jurisconsultes comme un titre qui, en fait de dîmes, décidoit irrévocablement de la propriété même à l'égard des laïques. Ainsi, attendu le silence des actes rapportés par le sieur évêque de Lescar, et leur insuffisance absolue pour éclaircir le titre auquel le suppliant possédoit, la seule possession de ce dernier remontant, de l'aveu même de ce prélat, à plus de cent trente ans, devoit le mettre à l'abri de toute espece de trouble. Possédées pendant un espace de temps aussi considérable, les dîmes d'Austou et d'Ilos étoient devenues pour le suppliant une propriété incommutable qu'on ne pouvoit lui envoyer sous quelque prétexte que ce fût; et si, pour faire regarder ces dîmes comme inféodées, il ne suffisoit pas de la présomption de la loi, aux yeux de laquelle la possession centenaire leur donne ce caractere, il y auroit une preuve d'inféodation non équivoque. Les seigneurs de Rebenac, indépendamment d'une possession avouée de plus de cent trente ans, et pendant laquelle il n'y a eu aucune réclamation de la part des évêques de

Lescar, ont fait différents actes en qualité de propriétaires des dîmes d'Austou et d'Ilos; ils les ont portés dans les aveux et dénombrements par eux rendus au roi pour raison de leurs terres, mouvantes de la couronne, de sorte que ces dîmes, mises au nombre des biens à eux appartenants, et pour lesquels ils doivent foi et hommage, font partie depuis long-temps des objets dénombrés et relevant dudit domaine. On mettra sous les yeux du conseil un de ces aveux et dénombrements, revêtu de toute l'authenticité possible, et publiés dans les différents lieux de la situation des biens, et notamment en la ville de Gan, d'où dépendent les vics d'Austou et d'Ilos, sans oppositions, ni de la part des évêques de Lescar, ni de celle de qui que ce soit. L'édit de 1708 se joint donc à la déclaration de 1702, pour faire proscrire la demande formée au grand conseil contre le suppliant, et par conséquent l'arrêt qui adopte cette demande contrevient à l'une aussi-bien qu'à l'autre de ces loix. Ainsi le second moyen de cassation qui s'éleve contre l'arrêt du grand conseil est au moins aussi solide, aussi décisif, que le premier, et l'on peut même dire qu'il est sans réplique. Le suppliant doit donc attendre avec confiance le succès de sa réclamation; il a d'autant plus lieu d'espérer, que la somme originairement déboursée par la maison de Rebenac, pour l'acquisition des dîmes dont il s'agit, a été pour l'évêché de Lescar une ressource infiniment précieuse, en procurant au sieur de Sallettes le moyen de racheter des fonds excellents, dont cet évêché jouit encore aujourd'hui, et qui font un objet de plus de 40000 livres de rente. Une autre considération non moins importante, c'est que le domaine même est intéressé à ce que ces dîmes restent dans les mains des seigneurs de Rebenac, puisqu'étant comprises dans les aveux et dénombrements donnés par ces seigneurs pour raison de leurs terres mouvantes en plein fief de la couronne, ces mêmes dîmes font partie d'objets relevant immédiatement du roi; tout concourt donc, tout se réunit, pour faire accueillir favorablement la demande du suppliant. Pour justifier du contenu en la présente requête, le suppliant y joindra les pieces suivantes. Les premiere, seconde, troisieme et quatrieme, sont des copies informes; savoir, copie de l'arrêt du Parlement de Pau, obtenu par le sieur de Sallettes, le 13 mai 1644; copie de celle représentée par le sieur évêque actuel de Lescar, du prétendu engagement du 29 mai 1644, de l'acte passé le même jour entre ledit sieur

de

de Sallettes et le sieur baron de Rebenac, et copie de l'acte extrajudiciaire du 20 juin 1764, signifié à la requête du sieur Arnaud se disant fondé de procuration du marquis de Souvré aux fermiers de la dîme de Gan. La cinquieme est la signification faite, le 18 décembre 1703, à la comtesse de Rebenac, de différentes pieces, et, entre autres, de l'extrait du rôle arrêté au conseil, relativement à la taxe y énoncée. La sixieme, en date du 14 mai 1710, est la quittance de ladite taxe donnée par le sieur Renoir, préposé au recouvrement d'icelle. La septieme est un exemplaire imprimé de la déclaration de 1702, donnée à l'occasion des biens d'église aliénés ou usurpés. La huitieme est un exemplaire imprimé de l'édit du roi, du mois de juillet 1708, portant confirmation de tous les laïques, ecclésiastiques et bénéficiers propriétaires et possesseurs des dîmes inféodées, dans la propriété desdites dîmes, en payant finance. La neuvieme est la copie collationnée d'un aveu et dénombrement donné, le 23 août 1753, par le sieur Letellier, comte de Rebenac, au parlement, chambre des comptes de Navarre, pour la terre de Rebenac et autres objets mouvants du roi. La dixieme est la requête signifiée le 27 août 1773, contenant la demande formée audit parlement par le sieur évêque de Lescar. La onzieme est un mémoire imprimé, fourni par le suppliant au grand conseil. La douzieme est un précis imprimé, aussi fourni par le suppliant. La treizieme est la copie signifiée au suppliant, le 20 mars 1782, de l'arrêt dudit grand conseil, du premier dudit mois de mars, contre lequel il réclame. La quatorzieme et derniere est la quittance de consignation d'amende. REQUÉROIT A CES CAUSES le suppliant qu'il plût à S. M. casser, révoquer et annuller l'arrêt rendu en son grand conseil, le premier mars 1782, entre le suppliant, d'une part, et le sieur Marc-Antoine de Noé, en sa qualité d'évêque de Lescar, d'autre, et signifié au suppliant, du 20 mars même mois, ensemble de tout ce qui a suivi ou pourroit s'ensuivre; ce faisant, évoquer à soi et à son conseil les demandes et contestations sur lesquelles ledit arrêt est intervenu; et pour faire droit aux parties, renvoyer lesdites demandes et contestations, circonstances et dépendances, en telle autre cour qu'il plaira à S. M., auquel effet lui attribuer toute cour, jurisdiction et connoissance, et icelle interdire à ses autres juges; ordonner au surplus que l'amende consignée par le suppliant lui sera rendue; à quoi faire le receveur des amendes et tous autres seront contraints par toutes voies; quoi faisant, ils en seront et demeureront bien et valablement quittes et déchargés. Vu ladite requête, signée Jardin, avocat du suppliant, et Chery et Duprat, anciens avocats, ensemble les pieces y énoncées et jointes, la quittance de consignation d'amende dudit sieur de Saint-Chamand, du 24 août 1782; la requête dudit sieur de Saint-Chamand, au bas de laquelle est l'ordonnance du conseil, dudit mois, qui commet le sieur de Nanteuil, maître des requêtes, rapporteur. Oui le rapport dudit sieur de Nanteuil, chevalier, conseiller du roi en ses conseils, maître des requêtes ordinaire de son hôtel, commissaire à ce député, après en avoir communiqué aux sieurs de Marville, de la Porte, le Fevre d'Ormesson, le Bellanger, Vidaud, de Cotte, et Dupleix, commissaires aussi à ce députés: Le roi en son conseil a débouté et déboute le suppliant de sa demande en cassation, et l'a condamné en l'amende. Fait au conseil d'état privé du roi, tenu à Versailles, le 24 mars 1783. Collationné, *signé* Laurent, avec paraphe.

COPIE de la lettre écrite par M. Joly de Fleury, contrôleur général des finances, à M. l'abbé de Périgord, agent général du clergé.

A Paris, le 27 septembre 1781.

J'ai reçu, monsieur, la lettre que vous m'avez fait l'honneur de m'écrire, le 24 de ce mois, sur la contribution demandée aux curés du diocese d'Agen, qui se trouvent dans la jurisdiction de Clermont, pour fournir aux réparations de la nef d'une église du canton : l'importance de cette affaire, à laquelle je vous prie de croire que je donnerai une attention particuliere, m'engage à faire passer, dès aujourd'hui, à M. l'intendant de Bordeaux, des ordres, en exécution desquels la levée de l'imposition personnelle sur ces ecclésiastiques demeurera suspendue jusqu'à ce qu'il en ait été autrement ordonné. C'est ce que vous desirez de moi dans ce moment, et je suis flatté de pouvoir vous donner ces preuves de ma déférence et du sincere et inviolable attachement avec lequel j'ai l'honneur d'être,

Monsieur,

votre très humble et très obéissant serviteur.

Signé Joly de Fleury.

COPIE de la lettre écrite par M. Rouillé d'Orfeuil, intendant de la généralité de Champagne, à MM. les agents généraux du clergé.

A Paris, le 26 janvier 1783.

MESSIEURS,

J'AI reçu la lettre que vous m'avez fait l'honneur de m'écrire, le 15 de ce mois, au sujet des représentations qui vous ont été faites par M. le curé de Rambecourt.

Cet ecclésiastique s'est déja pourvu devant moi pour obtenir sa radiation du rôle des réparations de la nef de l'église de Chassericourt, et j'ai envoyé dans le temps sa requête à mon subdélégué à Vitry, en lui marquant de se procurer les éclaircissements convenables et de m'en faire part. Comme je n'ai point encore reçu sa réponse, je lui mande à l'instant de faire rayer du rôle dont il s'agit l'imposition de M. le curé de Rambecourt, si toutefois elle n'a pour objet que les dîmes qu'il possede dans le territoire de Chassericourt, parceque, suivant les articles 21 et 22 de l'édit de 1695, que vous voulez bien me rappeller, et dont mon subdélégué a lui-même une parfaite connoissance, les ecclésiastiques ne doivent pas contribuer, pour raison de leurs dîmes, aux dépenses de nefs des églises.

Je suis avec respect,

MESSIEURS,

votre très humble et très obéissant serviteur.

Signé ROUILLÉ D'ORFEUIL.

ARRÊT DU CONSEIL,

Qui ordonne que, faute par le sieur Pillion, adjudicataire du bail emphytéotique de la terre des Bordes, de s'être conformé à ce qui est prescrit par l'article V de la déclaration du 13 août 1766 concernant les défrichements, il ne pourra jouir d'aucune des exemptions accordées par ladite déclaration, au-delà des termes y portés, et ordonne que l'arrêt de prolongation, par lui obtenu le 27 août 1782, sera rapporté et regardé comme non avenu.

Du vingt-sept mai mil sept cent quatre-vingt-trois.

Extrait des registres du conseil d'état.

VU, au conseil d'état du roi, l'arrêt rendu en icelui le 27 août 1782, sur la requête du sieur Michel-François Pillion, bourgeois de Paris, adjudicataire du bail emphytéotique de la terre des Bordes, paroisse de la Queue, en Brie, faisant partie du marquisat d'Ormesson, par lequel sa majesté, ayant aucunement égard à ladite requête, auroit prorogé en faveur du sieur Pillion, pendant cinq années, à compter du premier octobre 1781 jusqu'à pareille époque de l'année 1786, les exemptions et privileges accordés aux entrepreneurs de défrichements, par l'article 5 de la déclaration du 13 août 1766, auroit enjoint sa majesté au sieur intendant et commissaire départi en la généralité de Paris de tenir la main à l'exécution de l'arrêt, sur lequel toutes lettres patentes seroient, en tant que besoin, expédiées. La requête présentée au conseil par le sieur Lombart, prêtre, curé de la paroisse de la Queue, en Brie, employée pour réponse à celle insérée en l'arrêt ci-dessus, tendante, pour les causes y contenues, à ce qu'il plaise à sa majesté le recevoir opposant audit arrêt, lequel demeurera comme nul et non avenu; et sans y avoir égard, débouter le sieur Pillion de toutes ses demandes; ce faisant, ordonner qu'il paiera au sieur Lombart la dîme en plein de tous les objets de la transaction du 30 juillet 1767, de l'accord et arbitrage de 1774, des novales, et généralement de tous les fruits décimables de la baronnie des Bordes; condamner le sieur Pillion en 3000 livres de dommages-intérêts, et aux dépens; ladite requête signée Voilquin, avocat dudit Lombart; l'acte de signification de ladite requête étant ensuite, en date du 31 octobre 1782. Autre requête présentée au conseil par ledit sieur Pillion, employée pour réponse à celle ci-dessus, tendante, pour les causes y contenues, à ce qu'il plaise à sa majesté débouter ledit sieur Lombart de son opposition à l'arrêt du conseil du 27 août 1782, et de toutes ses demandes, et ordonner l'exécution pure et simple de cet arrêt, avec dépens, ladite requête signée Despaulx, avocat dudit sieur Pillion; l'acte de signification de ladite requête étant ensuite, en date du 25 février 1783. Autre requête présentée au conseil par ledit sieur Lombart, employée pour réponse à celle ci-dessus, tendante, pour les causes y contenues, à l'adjudication de ses précédentes conclusions, avec dommages, intérêts et dépens; ladite requête signée Voilquin, avocat dudit sieur Lombart; l'acte de signification de ladite requête étant ensuite, du 18 mars 1783. Autre requête présentée au conseil par ledit sieur Pillion, employée pour réponse à la requête ci-dessus et aux mémoires imprimés qui lui ont été signifiés de la part dudit sieur Lombart, les 18 et 30 mars 1783, tendante, pour les causes y contenues, à l'adjudication de ses précédentes conclusions, avec dépens; ladite requête signée Despaulx, avocat du sieur Pillion; l'acte de signification de ladite requête étant ensuite, en date du 28 avril 1783. Vu aussi les pieces énoncées, jointes auxdites requêtes; savoir, à celle signifiée le 31 octobre 1782, un bail de la baronnie des Bordes, passé sous le nom du sieur Nézer, le 31 mai 1765; la transaction passée le 30 juillet 1767 entre le sieur Nézer, et le curé de la Queue; une sentence du châtelet de Paris, du 9 septembre 1772, qui condamne le sieur Pillion à payer au sieur curé de la Queue la dîme y énoncée; une seconde sentence du châtelet, du 12 juin 1773, qui, sur l'opposition à la premiere, admet le sieur curé de la Queue à la preuve; un mémoire du sieur curé en cette occasion; une requête présentée au parlement le 17 novembre 1774, sur l'appel de la derniere sentence du châtelet; l'arrêt du parlement du 2 septembre 1773, confirmatif de la derniere sentence du châtelet; l'avis arbitral de 1774, en faveur du sieur curé, contre le sieur Pillion; une convention entre le sieur Pillion et le sieur Lombart, du 25 août 1782; un certificat du dîmeur du sieur Lombart, du 25 septembre suivant : à celle signifiée le 5 février 1783, la grosse de l'arrêt du conseil du 27 août 1782; à celle signifiée le 28 avril 1783, le procès-verbal de publication de la déclaration faite par le sieur Nézer au greffe de la justice royale de Brie-Comte-Robert, pour les défrichements; ledit procès-verbal en date du 7 septembre 1766; l'adjudication faite au sieur Pillion du bail emphytéotique des Bordes, par acte du 10 décembre 1771; une lettre écrite au sieur Pillion le 7 décembre 1775, au sujet de la perte de ses bestiaux, et généralement tout ce qui a été fait et produit par les parties. Tout vu et considéré : Oui le rapport du sieur Moreau de Beaumont, conseiller d'état ordinaire et au conseil royal des finances, LE ROI, EN SON CONSEIL, faisant droit sur l'instance, a reçu et reçoit le sieur curé de la Queue opposant à l'arrêt du conseil du 27 août 1782, lequel sera rapporté et regardé comme non avenu; déboute sa majesté le sieur Pillion de toutes ses demandes, fins et conclusions; et le condamne tant auxdépens de l'instance qu'au coût du présent arrêt, suivant la liquidation qui en sera faite par le sieur intendant et commissaire départi de la généralité de Paris, que sa majesté commet à cet effet. Ordonne en outre sa majesté que, faute par le sieur Pillion de s'être conformé à ce qui est prescrit par l'article 5 de la déclaration de 1766, il ne pourra jouir d'aucune des exemptions accordées par ladite déclaration, audelà des termes y portés. Enjoint sa majesté audit sieur intendant et commissaire départi de la généralité de Paris de tenir la main à l'exécution du présent arrêt. Fait au conseil d'état du roi, tenu à Versailles le 27 mai 1783. Collationné, *signé* LE MAITRE. Contrôlé à Paris le 6 juin 1783, *signé* GELIN.

ARRÊT

DU PARLEMENT DE PARIS,

Qui condamne les sieurs Richard et Quin à payer au curé de Mingot la dîme sur un terrain par eux prétendu défriché et qui étoit ci-devant planté en bois.

Du vingt février mil sept cent quatre-vingt-un.

Extrait des registres du parlement.

LOUIS, par la grace de Dieu, roi de France et de Navarre, au premier huissier de notre cour de parlement, ou autre notre huissier ou sergent sur ce requis; savoir faisons que comme d'une sentence rendue au bailliage de Nivernois et siege présidial de la ville de Saint-Pierre-le-Moutier, le premier juillet 1778, entre Edme Rousset, licencié en théologie, prêtre et curé de la paroisse de Mingot, demandeur en maintenue et garde, suivant sa requête et ordonnance du 5 décembre 1771, et exploit du 12 février 1772, d'une part; et Pierre Richard, notaire et procureur, et Jean Quin, marchand cabaretier, demeurant au bourg et paroisse de Châtillon-en-Bajois, défendeurs, d'autre part: et entre lesdits Richard et Quin, demandeurs en requête des 4 avril et 20 juin audit an 1772, signifiée les 16 avril et 20 juin de la même année, d'une part; et ledit Rousset, défendeur, d'autre part, et demandeur, suivant sa requête signifiée le 7 août de la même année, d'une part; et lesdits Richard et Quin, défendeurs, d'autre part, et demandeurs en requête du 24 novembre 1777, signifiée le même jour, d'une part; et ledit Rousset, défendeur, d'autre part, sans que les qualités puissent leur nuire ni préjudicier: par laquelle sentence dudit jour premier de juillet 1778, rendue sur les productions respectives des parties, ensemble sur les conclusions du substitut de notre procureur général audit bailliage de Nivernois et siege présidial de Saint-Pierre-le-Moutier, ayant égard aux preuves résultantes de l'enquête faite par lesdits Richard et Quin, et sans s'arrêter à celle faite par ledit Rousset, curé de Mingot, lesdits Richard et Quin auroient été renvoyés de la demande contre eux formée par ledit Rousset, et sur toutes les autres demandes les parties auroient été mises hors de procès, ledit Rousset auroit été condamné aux dépens, laquelle sentence dudit jour premier juillet 1778 seroit exécutée, aux charges de l'ordonnance, eût été appellé à notredite cour de parlement de Paris, en laquelle le procès par écrit auroit été conclu et reçu pour juger en la maniere accoutumée, par arrêt rendu en icelle, le 2 décembre 1778, entre Jean-Edme Rousset, licencié en théologie, prêtre, curé de la paroisse de Mingot, appellant de sentence contre lui rendue au bailliage royal de Saint-Pierre-le-Moutier, le premier juillet 1778, d'une part, et Pierre Richard, contrôleur des actes au bourg et paroisse de Châtillon-en-Bajois, et Joseph Quin, cabaretier au même bourg et paroisse, intimés, d'autre part, si bien ou mal avoit été appellé, les dépens respectivement requis par les parties, et l'amende pour nous; et auroient été lesdites parties appointées à fournir griefs, réponses à griefs, salvations, faire productions nouvelles, et sur icelles fournir de contredits, de salvations, le tout dans le temps de l'ordonnance, et sauf à faire collation. Vu ledit procès, composé des productions principales et respectives des parties, sur lesquelles la sentence du bailliage royal de Nivernois et siege présidial de Saint-Pierre-le-Moutier, dudit jour premier juillet 1778, et dont étoit appel en notredite cour, avoit été rendue; griefs fournis par ledit Jean-Edme Rousset, prêtre, licencié ès loix, prieur et curé de la paroisse de Mingot, appellant de la sentence ci-devant datée et visée le 16 mai 1779, signifiée le même jour; l'arrêt de notredite cour, portant appointement de conclusions, tendantes à ce qu'en procédant au jugement du procès d'entre les parties, par l'arrêt de notredite cour qui interviendroit, faisant droit sur l'appel interjetté par ledit Rousset de la sentence du bailliage de Saint-Pierre-le-Moutier, dudit jour premier juillet 1778, l'appellation et ce dont est appel fussent mis au néant; émendant, il fût déchargé des condamnations contre lui prononcées par icelle, et qu'au surplus les autres fins et conclusions par lui prises èsdits griefs, et celles qui seroient par lui prises ci-après audit procès, lui fussent adjugées, et que lesdits Richard fussent condamnés en tous les dépens des causes principale et d'appel, sauf les autres droits et actions dudit Rousset, et à prendre par lui dans la suite telles fins et conclusions qu'il appartiendroit. Réponses auxdits griefs et fournis par Pierre Richard, notaire royal et contrôleur des actes au bourg et paroisse de Châtillon-en-Bajois, et Joseph Quin, cabaretier, et demeurant aux mêmes bourg et paroisse, le 26 juin 1779, signifiées ledit jour audit Jean-Edme Rousset, en exécution et pour satisfaire de leur part au susdit arrêt d'appointement de conclusion dudit jour 2 décembre 1778, tendant à ce qu'en procédant au jugement du procès d'entre les parties, sans s'arrêter aux demandes et conclusions dudit Rousset, dans lesquelles il seroit déclaré purement et simplement non recevable, ou dont en tout cas il seroit débouté, faisant droit sur l'appel par lui interjetté de ladite sentence rendue sur productions respectives, ledit jour premier juillet 1778, au bailliage royal de Nivernois et siege présidial de Saint-Pierre-le-Moutier, l'appellation fût mise au néant; il fût ordonné que ladite sentence sortiroit son plein et entier effet; et qu'au surplus les autres fins et conclusions prises èsdites réponses à griefs par lesdits Richard et Quin leur fussent adjugées, et que ledit Rousset fût condamné aux dépens des causes d'appel et demandes. Requête desdits Pierre Richard et Joseph Quin, intimés, du 30 juin 1779, signifiée le même jour audit Rousset, icelle tendante à ce qu'en procédant au jugement du procès d'entre les parties, étant au rapport de notre amé et féal conseiller en notredite cour de parlement de Paris, première chambre des enquêtes, Me Augustin-Jean-Antoine de Gars de Courcelles, par l'arrêt qui interviendroit, il fût donné acte auxdits Richard et Quin, en tant que de besoin étoit ou seroit: 1° de ce que ledit Rousset, après avoir soutenu, dans les premiers écrits signifiés à Saint-Pierre-le-Moutier, que lesdits Richard et Quin n'étoient point dans le cas de jouir de l'exemption de dîme accordée par notre déclaration du 13 août 1766, parceque le terrain pour le défrichement duquel ils la prétendoient, étoit un bois futaie qu'ils n'avoient fait que changer de nature en le mettant en blé, et qu'on ne pouvoit mettre au rang des terres incultes, avoit reconnu, *folio* 6 de sa requête du 9 avril 1774, que les premiers juges avoient rejetté ce moyen, en ordonnant, par leur appointement de contrariété du 3 février 1773, qu'il seroit prouvé par témoins qu'ils n'avoient pas ensemencé en gros blés en 1770,

et

et en petits blés en 1771, pour être récoltés en ladite année mil sept cent soixante et onze, une aussi grande quantité de terre, outre l'héritage essarté, qu'ils étoient dans l'usage d'ensemencer dans leur domaine; 2° de l'acquiescement donné par ledit Jean-Edme Rousset à ce jugement, en faisant procéder de sa part à son enquête, et de ce qu'en conséquence il s'étoit désisté formellement de ce prétendu moyen, soit en ne le reproduisant plus dans l'instruction par écrit que cette affaire avoit éprouvée depuis devant les premiers juges, soit en déclarant littéralement, au folio 5 recto de son avertissement, signifié le 10 de juillet 1777, que cette contestation présentoit sur le fond la seule question de savoir si lesdits Richard et Quin avoient dû jouir, en 1771, de l'exemption de la dîme dans l'héritage qu'ils avoient fait défricher, lorsqu'ils avoient négligé de cultiver une partie des terres qui devoient être ensemencées de petit blé dans cette même année; 3° de ce que, relativement à cette même question, ledit Rousset, au folio 6 verso de sondit avertissement, avoit reconnu que l'usage de la paroisse de Mingot et de tous les environs étoit de diviser les terres d'un domaine par tournures, que la premiere année on ensemençoit en gros blés, que la seconde on semoit au moins les deux tiers en petits blés, qu'on appelloit des trémois, et que, ces petits blés étant récoltés, on laissoit les terres se reposer jusqu'à l'année suivante, qu'on les labouroit pour les remettre en gros blés: ce faisant, sans s'arrêter ni avoir égard aux demandes et conclusions dudit Pierre Rousset, dans lesquelles il seroit déclaré purement et simplement non recevable, ou dont en tout cas il seroit débouté, faisant droit sur l'appel par lui interjetté de la sentence rendue sur productions respectives au bailliage royal de Nivernois et siege présidial de Saint-Pierre-le-Moutier le premier de juillet 1778, l'appellation fût mise au néant; il fût ordonné que ladite sentence dont étoit appel sortiroit son plein et entier effet, et que ledit Rousset fût condamné en l'amende ordinaire de 12 livres, et aux dépens des causes d'appel et demandes, comme aussi à ce que, sur ladite requête et demande, les parties fussent appointées en droit, et joint au procès d'entre elles, il fût donné acte auxdits Richard et Quin de ce que, suivant et pour satisfaire de leur part à l'ordonnance de notredite cour, qui seroit apposée au bas de leur requête, ils employoient pour écritures, avertissement et productions, le contenu en leurdite requête, avec ce qu'ils avoient précédemment dit, écrit et produit, et ce qu'il plairoit à notredite cour suppléer de droit et d'équité, sans préjudice de leurs autres droits et actions, et sauf à prendre par eux, dans la suite, telles fins et conclusions qu'ils aviseroient, au bas de laquelle requête et demande dudit jour 30 juin 1779 auroit été apposée l'ordonnance de notredite cour, du même jour, par laquelle il auroit été réservé à faire droit en jugeant. Requête dudit Jean-Edme Rousset, licencié ès loix, prêtre, prieur et curé de la paroisse de Mingot, appellant, du 9 juillet 1779, signifiée le même jour auxdits Pierre Richard et Joseph Quin, tendante à ce qu'en procédant au jugement du procès d'entre les parties, par l'arrêt qui interviendroit, il fût, en tant que de besoin, donné acte audit Jean-Edme Rousset des déclarations faites par lesdits Richard et Quin, dans leurs différentes requêtes de causes principales, notamment dans celle signifiée le 6 avril 1772, que le terrain dont il s'agissoit étoit en bois futaie lorsqu'ils l'avoient fait essarter, mais qu'il n'en étoit pas moins dans le cas de jouir de l'exemption accordée par la loi; faisant droit sur l'appel interjetté par ledit Rousset de la sentence du bailliage de Saint-Pierre-le-Moutier, du premier juillet 1778, l'appellation et ce dont étoit appel fussent mis au néant; émendant, il fût déchargé des condamnations contre lui prononcées au principal; faisant droit sur la demande formée en cause principale, aux fins des requête et exploit des 5 décembre 1771 et 12 février 1772, sans s'arrêter aux demandes et conclusions prises et formées en cause principale par lesdits Richard et Quin, dans lesquelles ils seroient déclarés purement et simplement non recevables, ou dont en tout cas ils seroient déboutés, lesdits Richard et Quin fussent solidairement condamnés à lui payer la somme de 40 livres, pour la valeur de vingt-trois gerbes de blé, orge de dîme due sur l'héritage énoncé en sa requête du 5 de décembre 1771, si mieux n'aimoient, suivant l'estimation qui en seroit faite par experts convenus ou nommés d'office, aux intérêts de ladite somme de 40 livres, ou de celle qui seroit fixée par lesdits experts, à compter du jour de la demande; faisant pareillement droit sur la demande incidente dudit Rousset, portée en sa requête de cause principale, du 9 avril 1774, il fût ordonné que les termes injurieux et calomnieux répandus contre lui dans les requêtes signifiées en cause principale par lesdits Richard et Quin, le 29 décembre 1773 et 8 février 1774, seroient rayés par le greffier de notredite cour, tant dans les grosses que dans les copies, qui, à cet effet, seroient rapportées au greffe d'icelle, défenses fussent faites auxdits Richard et Quin de plus à l'avenir se servir d'expressions qui pussent attaquer l'honneur et la probité dudit Rousset; et, pour l'avoir fait, il fût ordonné qu'ils seroient tenus de se rétracter des fausses imputations qui lui avoient été faites par lesdits Richard et Quin, et déclarer, en présence de tous les paroissiens de Mingot, à l'issue de la messe, que c'étoit témérairement qu'ils avoient cherché à insinuer qu'il avoit suborné les témoins entendus dans l'enquête qu'il avoit fait faire en cause principale, et le nommé Houry, qu'ils reconnoissoient ledit Rousset pour homme de probité et incapable de pareils faits, et qu'ils fussent solidairement condamnés en 1000 livres de dommages et intérêts, applicables, de son consentement, aux pauvres les plus nécessiteux de sa paroisse, et en tous les dépens des causes principales, d'appel et demande, sous la réserve expresse faite par ledit Rousset de ses autres droits, actions et conclusions, même d'interjetter appel de la sentence du 3 février 1773, aux chefs qui lui faisoient préjudice; comme aussi sur sadite requête et demande, les parties fussent appointées en droit et joint au procès d'entre elles, acte fût donné audit Rousset de ce que, suivant et pour satisfaire de sa part à l'ordonnance de notredite cour, qui seroit apposée au bas de sadite requête, il employoit pour avertissement, écritures et productions, le contenu en sadite requête, avec ce qu'il avoit précédemment dit, écrit et produit, et ce qu'il plairoit à notredite cour suppléer de droit et d'équité; ce faisant, ses conclusions lui fussent adjugées avec dépens, sur laquelle requête et demande dudit jour 9 juillet 1779, et par ordonnance de notredite cour, étant au bas d'icelle, du même jour, les parties auroient été appointées en droit et joint au procès d'entre elles, et acte auroit été donné audit Jean-Edme Rousset le 20 juillet 1779, signifié le même jour audit Richard et audit Quin, en exécution et pour satisfaire de sa part au susdit arrêt de notredite cour, dudit jour 22 décembre 1778, portant appointement de conclusion, et tendante à ce qu'en procédant au jugement du procès d'entre les parties, l'appellation et la sentence rendueentre les parties au bailliage de Nivernois et siege présidial de Saint-Pierre-le-Moutier, le 3 février 1773, fussent, en la disposition ci-après désignée, et aux inductions qui en avoient été tirées par lesdits Richard et Quin, mises au néant; émendant, les conclusions ci-devant prises par ledit Rousset, ainsi que celles par lui prises ci-après, lui fussent adjugées, et qu'au surplus les autres fins et conclusions dudit Rousset lui fussent adjugées, et que lesdits Richard et Quin fussent condamnés en tous les dépens des causes principales, d'appel et demandes, sans préjudice de ses autres droits et actions dudit Rousset. Réponses à salvations formées par Pierre Richard et Joseph Quin, le 4 de septembre 1779, signifiées le même jour audit Jean-Edme Rousset, en exécution et pour satisfaire de leur part à l'arrêt d'appointement de conclusions ci-devant datées, et tendantes à ce qu'en procédant au jugement du procès d'entre les parties, les fins et conclusions précédemment prises en icelui par lesdits Richard et Quin, et celles par eux ci-après prises audit procès, leur fussent adjugées avec dépens, sauf leurs autres droits et actions, et à prendre telles fins et conclusions qu'ils aviseroient. Requête desdits Richard, notaire royal et contrôleur des actes aux bourg et paroisse de Châtillon-en-Bajois, et Joseph Quin, cabaretier aux mêmes bourg et paroisse, du 7 septembre 1779, signifiée le même jour audit Jean-Edme Rousset, tendante à ce qu'en procédant au jugement du procès d'entre les parties, étant au rapport dudit Me de Gars de Courcelles, conseiller, les fins et conclusions précédemment prises en icelui par lesdits Richard et Quin leur fussent adjugées, et icelles expliquant et y augmentant en tant que de besoin, faisant droit sur les appels dudit Rousset, curé de Mingot, et sur ses requêtes et demandes, en tant que touchoit l'appel par lui interjetté de la sentence définitive du premier juillet 1768, et les demandes par lui formées sur ledit appel, les fins et conclusions ci-devant prises par lesdits Richard et Quin leur fussent adjugées avec dépens; en tant que touchoit l'appel de la sentence interlocutoire, rendue contradictoirement entre les parties le 3 février 1773, ledit Rousset fût déclaré purement et simplement non recevable dans ledit appel, et condamné en l'amende de 75 livres; et où notredite cour feroit difficulté de considérer le terrain défriché par lesdits Richard et Quin comme terrain inculte avant ledit défrichement, nonobstant l'acquiescement formel dudit Rousset au susdit jugement du 3 février 1773, qu'il avoit reconnu pour tel, ce que lesdits Richard et Quin n'estimoient pas, en ce cas, et subsidiairement seulement, avant faire droit, il leur fût donné acte de ce qu'en expliquant les déclarations qu'ils avoient trop vaguement faites en cause principale sur la nature et la dénomination dudit héritage, ils articuloient et mettoient en fait que les quatorze boisselées ou environ de terrain auxquelles ils avoient donné le nom de bois de futaie, parcequ'en effet c'en étoit autrefois, ne contenoient plus, lorsqu'ils les avoient fait essarter, que quelques arbres très vieux, tous couronnés, deshonorés, rabougris et pourris, et n'étoient, pour ainsi dire, dans tout leur contenu, qu'un terrain couvert de ronces et d'épines, ou autres accrues inutiles; il fût ordonné que ledit Rousset seroit tenu d'avouer ou de dénier ledit fait; en cas d'aveu, n'y ayant plus de difficulté sur le défaut de rapport et l'inutilité dudit terrain, les conclusions ci-devant prises au procès par lesdits Richard et Quin leur fussent adjugées; et en cas de déni, il leur fût permis de faire preuve par témoins, devant le juge dont étoit appel, ou devant tel autre qu'il plairoit à notredite cour commettre, sauf audit Jean-Edme Rousset à faire la preuve contraire, pour, les enquêtes faites et rapportées en notredite cour, être, par lesdits Richard et Quin, pris telles conclusions, et par notredite cour ordonné ce qu'il appartiendroit; et dans tous les cas, que ledit Rousset fût condamné en tous les dépens; comme aussi à ce que, sur ladite requête et demande, les parties fussent appointées en droit et joint au procès d'entre elles, acte fût donné auxdits Richard et Quin de ce que, suivant et pour satisfaire de leur part à l'ordonnance de notredite cour, qui seroit apposée au bas de leurdite requête, ils employoient pour avertissement, écritures et productions, le contenu en leurdite requête, avec ce qu'ils avoient précédemment dit, écrit et produit, et ce qu'il plairoit à notredite cour suppléer de droit et d'équité; ce faisant, leurs conclusions leur fussent adjugées avec dépens, sans préjudice de leurs autres droits et actions, et sauf à prendre par eux dans la suite telles autres fins et conclusions qu'il appartiendroit, sur laquelle requête et demande dudit jour 7 septembre 1779, et par ordonnance de notredite cour, étant au bas d'icelle, du même jour, les parties auroient été appointées en droit et joint au procès d'entre elles, et acte auroit été donné auxdits Richard et Quin de l'emploi porté par leurdite requête. Requête dudit Jean-Edme Rousset, licencié ès loix, prêtre, prieur de la paroisse de Mingot, du 5 janvier 1780, signifiée le même jour auxdits Richard et Quin, contenant production nouvelle reçue par ordonnance de notredite cour, étant au bas d'icelle, du même jour; icelle employée avec les pieces y énoncées et produites par icelle, pour être lesdites requête et pieces, aux inductions qui en avoient été tirées, et celles qu'il plairoit à notredite cour suppléer de droit et d'équité, communiquées auxdits Richard et Quin, à l'effet d'y être par eux, si bon leur sembloit, fourni de contredits dans le temps de l'ordonnance, et tendante ladite requête à ce qu'en procédant au jugement du procès d'entre les parties, les fins et conclusions précédemment prises audit procès par ledit Rousset lui fussent adjugées, avec dépens. Contredits de production nouvelle, fournis par lesdits Richard et Quin le 29 février 1780, signifiés le même jour audit Jean-Edme Rousset, en exécution et pour satisfaire de leur part à l'ordonnance de notredite cour, apposée au bas de la requête de production nouvelle, signifiée de la part dudit Rousset le 5 janvier audit an 1780, et tendante à ce qu'en procédant au jugement du procès d'entre les parties, les fins et conclusions précédemment prises en icelui par lesdits Richard et Quin leur fussent adjugées, avec dépens. Requête desdits Richard et Quin, du premier mars 1780, signifiée le même jour audit Rousset, contenant production nouvelle reçue par ordonnance de notredite cour étant au bas d'icelle, du même jour, employée avec les pieces y énoncées et produites par icelle, pour être lesdites requêtes et pieces, aux inductions qui en avoient été tirées, et celles qu'il plairoit à notredite cour suppléer de droit et d'équité, communiquées audit Rousset, à l'effet d'y être par lui, si bon lui sembloit, fourni de contredits dans le temps de l'ordonnance, et tendante à ce qu'en procédant au jugement du procès d'entre les parties, les fins et conclusions précédemment prises en icelui par lesdits Richard et Quin leur fussent adjugées, et que ledit Rousset fût condamné aux dépens. Contredits de production nouvelle, servant de salvations de plus amples griefs fournis par ledit Jean-Edme Rousset, le premier mai 1780, signifiés le même jour auxdits Richard et Quin, en exécution et pour satisfaire de sa part à l'arrêt de notredite cour, du 22 décembre 1778, portant appointement de conclusions, et à l'ordonnance de notredite cour, apposée au bas de la requête de production nouvelle desdits Richard et Quin, du premier mars 1780, et tendante à ce qu'en procédant au jugement des parties, les fins et conclusions ci-devant prises en icelui par ledit Jean-Edme Rousset lui fussent adjugées, avec dépens. Trois requêtes dudit Jean-Edme Rousset, curé de Mingot, des 18 et 19 juillet 1780, et signifiées les mêmes jours et an auxdits Richard et Quin, employées, savoir, la premiere, en exécution et pour satisfaire, de la part dudit sieur Rousset, à l'ordonnance de notredite cour, apposée au bas de sa requête du 9 juillet 1779, pour contredits contre la production faite en vertu d'icelle par lesdits Richard et Quin, par leur requête du 10 juillet 1779; la seconde, en exécution et pour satisfaire, de la part dudit Rousset, à l'ordonnance d'en droit et joint, apposée au bas de la requête desdits Richard et Quin, du 30 juin 1779, pour écritures, avertissement et production; et la troisieme, en exécution et pour satisfaire à l'ordonnance d'en droit et joint, apposée au bas de la requête desdits Richard et Quin, du 30 juin 1779, pour contredits contre la production faite en exécution d'icelle par lesdits Richard et Quin, avec ce qui avoit été précédemment dit, écrit et produit de la part dudit Rousset, et ce qu'il plairoit à notredite cour suppléer de droit et d'équité, tendante à ce qu'en procédant au jugement du procès d'entre les parties, les fins et conclusions précédemment prises en icelui par ledit Rousset lui fussent adjugées, avec dépens; au bas desquelles requêtes desdits jours 18 et 19 juillet 1780 auroit été apposée l'ordonnance de notredite cour du même jour, portant, ait acte. Trois autres requêtes dudit Jean-Edme Rousset, des 24 juillet et 9 août 1780, signifiées les mêmes jours et an auxdits Richard et Quin, employées; savoir, la premiere, en exécution et pour satisfaire de sa part à l'ordonnance de soit communiqué, apposée au bas de la requête desdits Richard et Quin, et ci-devant datée, pour contredits contre la production nouvelle y portée; la seconde, en exécution et pour satisfaire à l'ordonnance d'en droit et joint, apposée au bas de la requête desdits Richard et Quin, du 7 septembre 1779, pour contredits contre la production faite par lesdits Richard et Quin, en exécution de ladite ordonnance; et la troisieme et derniere, en exécution et pour satisfaire, de la part dudit Rousset, à l'ordonnance d'en droit et joint, apposée au bas de la requête desdits Richard et Quin, du sept septembre mil sept cent soixante et dix-neuf, pour avertissement, écritures et production; lesdites requêtes employées en outre par ledit Rousset, avec ce qu'il avoit précédemment dit, écrit et produit, et ce qu'il plairoit à notredite cour suppléer de droit et d'équité, et tendantes lesdites requêtes à ce qu'en procédant au jugement du procès d'entre les parties, les fins et conclusions ci devant prises en icelui par ledit Rousset lui fussent adjugées avec dépens, au bas desquelles requêtes desdits jours 24 juillet 1780 et 9 août suivant auroit été apposée l'ordonnance de notredite cour du même jour, portant, ait acte. Salvations de production nouvelle du premier mars 1780, servant de réponses à salvations d'autre production nouvelle du 6 janvier de la même année, de réponses à salvations de plus amples griefs, et de contredits de production nouvelle du 20 juillet 1780, fournis par Pierre Richard et Joseph Quin, le premier août 1780, signifiés le même jour audit Jean-Edme Rousset, suivant et pour satisfaire à l'arrêt de notredite cour, du 12 décembre 1778, et aux ordonnances étant au bas des requêtes de productions nouvelles signifiées par les parties les 5 janvier, premier mars et 20 juillet 1780. Instance entre ledit Jean-Edme Rousset, prieur-curé de la paroisse de Mingot, demandeur en requête du 16 juillet 1779, tendante aux fins y portées et ci-après visées, d'une part; et lesdits Richard et Quin, défendeurs, d'autre part: et entre lesdits Richard et Quin, demandeurs en requête du 17 juillet audit an 1779, d'une part; et ledit Rousset, défendeur, d'autre part. La requête dudit Jean-Edme Rousset, prieur-curé de la paroisse de Mingot, du 16 juillet 1779, signifiée le même jour audit Richard et Quin, tendante à ce qu'il fût reçu, en tant que de besoin, appellant de la sentence du bailliage de Saint-Pierre-le-Moutier, du 3 février 1773, en ce qu'il étoit dit par icelle, sans nous arrêter au surplus des moyens plaidés par Me Beaudreuil, avocat dudit curé de Mingot, à ce que ledit Richard et Quin prétendoient en induire que ledit Rousset ne pouvoit faire valoir au procès le moyen par lui employé en cause principale avant ladite sentence, résultant de ce que le terrain défriché par lesdits Richard et Quin étoit avant le défrichement une piece de bois futaie; ce faisant, l'appellation et ladite sentence fussent, en cette disposition seulement et aux inductions qui en avoient été tirées par lesdits Richard et Quin, mises au néant; émendant, les conclusions ci-devant prises au procès par ledit Rousset lui fussent adjugées, et que lesdits Richard et Quin fussent condamnés en tous les dépens; sauf les autres droits et actions et moyens dudit Rousset, et sous la réserve de prendre par la suite telles autres fins et conclusions qu'il aviseroit; au bas de laquelle requête et demande dudit jour 16 juillet 1779 auroit été apposée l'ordonnance de notredite cour du même jour, par laquelle il auroit été ordonné que les parties en viendroient au premier jour à l'audience. La sentence rendue au bailliage royal de Nivernois et siege présidial de Saint-Pierre-le-Moutier, ledit jour 3 février 1773, entre ledit Jean-Edme Rousset, licencié en théologie, prêtre, curé de Mingot, et demandeur en maintenue et garde, suivant les requêtes et ordon-

nances

nances du 5 décembre 1771, et exploit du 12 février de la même année, d'une part; et Pierre Richard, notaire et procureur, et Joseph Quin, cabaretier, demeurants aux bourg et paroisse de Châtillon en Bajois, défendeurs, d'autre part: et entre ledit Richard et Quin, demandeur en requête des 4 avril et vingt juin 1771, d'une part; et ledit Rousset, défendeur, d'autre part, et demandeur, suivant sa requête signifiée le 7 août de la même année, d'une part; et lesdits Richard et Quin, défendeurs, d'autre part, et demandeurs en requête du 24 novembre 1772, signifiée le même jour, d'une part; et ledit Rousset, défendeur, d'autre part: par laquelle sentence dudit jour 3 février 1773, rendue contradictoirement entre lesdits Richard, Quin et ledit sieur Rousset, et sur les conclusions du substitut de notre procureur-général au bailliage de Nivernois et siege présidial de Saint-Pierre-le-Moutier, sur ce qu'il avoit été soutenu par Me Beaudreuil, avocat pour ledit Rousset, que lesdits Richard et Quin n'avoient pas ensemencé en gros blés en l'année 1770, et en petits blés en l'année 1771, pour être récoltés en l'année 1771, une aussi grande quantité de terre, outre l'héritage essarté dont étoit question, qu'il étoit d'usage d'ensemencer dans leur domaine; et sur la soutenance faite au contraire par Milaseur, pour lesdits Richard et Quin, et sans s'arrêter au surplus des moyens plaidés par ledit Beaudreuil, avocat dudit Rousset, les parties auroient été déclarées contraires en faits; il auroit été ordonné que ledit Rousset feroit preuve de ceux par lui articulés, sauf auxdits Richard et Quin la preuve contraire, dans les délais de l'ordonnance, qui ne compteroient que du jour de la signification de ladite sentence à domicile; dépens réservés: laquelledite sentence seroit exécutée, nonobstant opposition ou appellations quelconques. La requête desdits Richard et Quin, dudit jour 17 juillet 1779, signifiée le même jour audit Rousset, employée pour fins de non recevoir, et défenses contre les appel et demande portés en la requête dudit curé de Mingot, dudit jour 16 juillet 1779. Arrêt rendu en notredite cour le 17 juillet 1779, obtenu par ledit Rousset, curé de Mingot, par lequel il auroit été ordonné que l'appointement seroit reçu, et suivant icelui ledit Rousset auroit été reçu appellant, l'appel auroit été tenu pour bien relevé, et pour faire droit aux parties sur lesdits appel et demande, elles auroient été appointées sur l'appel au conseil; et sur les demandes en droit, et joint au procès d'entre les parties, auroient été les fins de non recevoir jointes, et les défenses au contraire réservées, dépens réservés. Productions des parties en exécution dudit arrêt. Requête dudit Jean-Edme Rousset, incidemment appellant, du premier septembre 1779, signifiée le même jour auxdits Richard et Quin, employée en exécution et pour satisfaire de sa part à l'appointement au conseil en droit et joint dudit jour 17 août 1779, pour causes et moyens d'appel, avertissement, écritures et productions, et tendante à ce qu'en procédant au jugement du procès d'entre les parties, étant au rapport dudit Me de Gars de Courcelles, conseiller, faisant droit tant sur les appels principaux qu'incidents, les fins et conclusions précédemment prises au procès par ledit Rousset lui fussent adjugées, et que lesdits Richard et Quin fussent condamnés aux dépens, sauf les autres droits, actions et conclusions dudit Rousset : au bas de laquelle requête dudit jour premier septembre 1779 auroit été apposée l'ordonnance de notredite cour, du même jour, portant, ait acte. Instance entre Pierre-Richard, notaire royal et contrôleur des actes aux bourg et paroisse de Châtillon en Bajois, et Joseph Quin, marchand cabaretier, demeurant au même bourg, et demandeurs en requête du 19 juillet 1779, d'une part; et Jean-Edme Rousset, licencié ès loix, prêtre, prieur et curé de la paroisse de Mingot, défendeur, d'autre part. La requête desdits Richard et Quin, dudit jour 19 juillet 1779, signifiée le même jour audit Rousset, icelle tendante à ce qu'en venant par les parties plaider la cause d'entre elles sur l'appel incident interjetté par ledit Rousset, par requête du 16 juillet 1779, de sentence du bailliage royal et siege présidial de Saint Pierre-le-Moutier, du 3 février 1773, en ce que, par icelle, il étoit dit, sans nous arrêter au surplus des moyens plaidés par Me Beaudreuil, avocat dudit Rousset, il fût ordonné que lesdites parties viendroient pareillement plaider sur ladite requête desdits Richard et Quin, laquelle ils employoient pour fins de non recevoir contre ledit appel; ce faisant, et attendu que ledit Rousset, par une requête du 9 avril 1774, et par son avertissement donné en cause principale, et après avoir exécuté ladite sentence, avoit réduit la question au seul point de savoir si lesdits Richard et Quin avoient emblavé une plus ou moins grande quantité de terre qu'ils étoient dans l'usage d'emblaver, ce qui étoit de sa part un nouvel acquiescement à ladite sentence, ledit Rousset fût déclaré purement et simplement non recevable dans sondit appel, et condamné en l'amende de 75 liv. et aux dépens, sous la réserve de prendre par la suite par lesdits Richard et Quin telles conclusions qu'il appartiendroit, et d'augmenter ou diminuer celles prises par leurdite requête, au bas de laquelle requête dudit jour 19 juillet 1779 auroit été apposée l'ordonnance de notredite cour du même jour, par laquelle il auroit été ordonné que les parties en viendroient au premier jour à l'audience. Arrêt rendu en notredite cour, le 16 février 1780, obtenu par lesdits Richard et Quin, par lequel les parties, sur la demande, auroient été appointées en droit à écrire, produire et contredire dans le temps de l'ordonnance et joint au procès d'entre les parties, conclu et appointé par l'arrêt du 22 décembre 1778 et 10 juillet 1779; dépens réservés. Productions des parties, en exécution dudit arrêt. Requête desdits Pierre Richard et Joseph Quin, du 24 février 1780, signifiée le même jour audit Rousset, employée en exécution et pour satisfaire de leur part aux différents arrêts intervenus au procès, et notamment à celui dudit jour 16 février 1780, pour avertissement, écritures et productions plus amples, fins de non recevoir contre l'appel incident dudit Rousset de la sentence de Saint-Pierre-le-Moutier, du 3 février 1773, et en réponse aux prétendues causes et moyens d'appel du 17 juillet audit an 1779, avec ce qu'ils avoient précédemment dit, écrit et produit, et ce qu'il plairoit à notredite cour suppléer de droit et d'équité, et tendante ladite requête à ce qu'en procédant au jugement du procès d'entre les parties, sans s'arrêter ni avoir égard à tout ce qui avoit été dit, écrit et produit de la part dudit curé de Mingot, les fins et conclusions ci-devant prises audit procès par lesdits Richard et Quin leur fussent adjugées avec dépens, au bas de laquelle requête dudit jour 24 février 1780 auroit été apposée l'ordonnance de notredite cour du même jour, portant, ait acte. Trois requêtes du curé de Mingot, des 24 et 28 juillet 1780, signifiées les mêmes jours et an auxdits Richard et Quin, employées, savoir, la premiere, en exécution et pour satisfaire de sa part à l'arrêt de notredite cour, du 17 juillet 1779, portant appointement au conseil sur l'appel et sur la demande en droit et joint pour contredits contre la production faite en exécution dudit arrêt par lesdits Richard et Quin, par leur requête du 24 février 1780; la seconde, en exécution et pour satisfaire à l'arrêt de notredite cour, du 6 février audit an 1780, pour contredits contre la production faite par ledit Richard et Quin, en exécution dudit arrêt : lesdites requêtes employées en outre par ledit curé de Mingot, avec ce qui avoit été par lui ci-devant dit, écrit et produit, et ce qu'il plairoit à notredite cour suppléer de droit et d'équité, et tendantes à ce qu'en procédant au jugement du procès d'entre les parties, les fins et conclusions précédemment prises en icelui par ledit Rousset, curé de Mingot, lui fussent adjugées avec dépens; au bas desquelles requêtes desdits jours 24 et 28 juillet 1780 auroit été apposée l'ordonnance de notredite cour, portant, ait acte. Requête dudit Jean-Edme Rousset, du 18 juillet 1780, signifiée le même jour auxdits Richard et Quin, tendante à ce qu'en procédant au jugement du procès d'entre les parties, les fins et conclusions précédemment prises en icelui par ledit Rousset lui fussent adjugées, et icelles reprenant, corrigeant, augmentant et réunissant, il lui fût, en tant que de besoin étoit ou seroit, donné acte des aveux et déclarations faits et réitérés par lesdits Richard et Quin dans leurs différentes écritures signifiées en cause principale, que le terrain dont il s'agissoit au procès étoit, avant le défrichement, un bois futaie, qu'ils y avoient coupé du bois, qu'avant ce défrichement les arbres dont le terrain étoit planté produisoient du gland, de la faîne, etc. notamment de la déclaration faite par eux en cause principale, par leur requête du 6 avril 1772, que le terrain dont il s'agissoit étoit en futaie lorsqu'ils l'avoient fait essarter, mais qu'il n'en étoit pas moins dans le cas de jouir des exemptions accordées par la loi ; acte fût pareillement donné audit Rousset des aveux faits et réitérés en notredite cour par lesdits Richard et Quin par leurs différentes écritures, notamment de l'aveu fait par leurs réponses à salvations, folio 42 et 43, en ces termes: « Sans doute « Richard et Quin, propriétaires du terrain en question, en « connoissoient parfaitement la nature et n'avoient pas pu se « tromper en déclarant et répétant plusieurs fois que c'étoit « un bois futaie; c'en étoit un en effet, quel qu'il fût, etc. »; ce faisant, faisant droit sur les appels principal et incident interjettés par ledit Rousset des sentences du bailliage de Saint-Pierre-le-Moutier, en ce qui concernoit l'appel interjetté par ledit Rousset, incidemment et en tant que de besoin, de la sentence du 3 février 1773, l'appellation et ce dont étoit appel fussent mis au néant, en ce qu'il étoit dit par icelle, sans nous arrêter au surplus des moyens plaidés par Me Beaudreuil, avocat dudit curé de Mingot, et en ce que lesdits Richard et Quin prétendoient en induire que ledit Rousset ne pouvoit faire valoir au procès les moyens par lui employés en cause principale avant ladite sentence, résultant de ce que le terrain défriché par lesdits Richard et Quin étoit avant le défrichement un bois futaie; en ce qui concernoit l'appel principal interjetté par ledit Rousset de la sentence du premier juillet 1778, que l'appellation et ce dont étoit appel fussent mis au néant; émendant, ledit Rousset, curé de Mingot, fût déchargé des condamnations contre lui prononcées par icelle au principal; faisant droit sur la demande formée par ledit curé de Mingot au bailliage de Saint-Pierre-le-Moutier, aux fins des requêtes, ordonnances et exploits des 5 décembre 1771 et 12 février 1772, sans s'arrêter aux demandes et conclusions formées et prises, tant en cause principale qu'en notredite cour, par lesdits Richard et Quin, ces derniers fussent condamnés à payer audit curé de Mingot la dîme du terrain défriché, dont étoit question au procès, pour les années 1771 et les suivantes, échues pendant les contestations, et celles à échoir jusqu'à l'arrêt qui interviendroit, et ce à raison de 40 liv. par chacune desdites années, si mieux ils n'aimoient à dire d'experts qui seroient convenus ou nommés d'office, aux intérêts de ladite somme de 40 liv. ou de celle qui seroit fixée par lesdits experts, à compter du jour de la demande; que lesdits Richard et Quin fussent pareillement condamnés à servir et payer la dîme en nature, pour les années à venir, de leurdite piece de terre, et dont il s'agissoit au procès, comme de leurs autres héritages sujets à la dîme envers ledit curé de Mingot, et ce aux peines de droit; faisant pareillement droit sur la demande incidente dudit curé de Mingot, portée en sa requête signifiée en cause principale le 9 avril 1774, il fût ordonné que les termes injurieux et calomnieux répandus contre lui dans les requêtes signifiées en cause principale par lesdits Richard et Quin, les 29 de décembre 1773 et 8 février 1774, et autres écrits postérieurs, seroient rayés par le greffier de notredite cour, tant dans les grosses que dans les copies, qui, à cet effet, seroient rapportées au greffe de notredite cour; que défenses fussent faites auxdits Richard et Quin de plus à l'avenir se servir d'expressions qui pussent attaquer l'honneur et la probité dudit Rousset, et, pour l'avoir fait, il fût ordonné qu'ils seroient tenus de se rétracter des fausses imputations par eux faites audit Rousset, et déclarer en présence des paroissiens de Mingot, à l'issue de la messe paroissiale, que c'étoit témérairement et calomnieusement qu'ils avoient cherché à insinuer que lui Rousset avoit suborné les témoins et un nommé Houry, qu'ils le reconnoissoient pour homme de probité et incapable de pareils faits, et que lesdits Richard et Quin fussent condamnés solidairement en 1000 liv. de dommages-intérêts applicables, de son consentement, aux pauvres les plus nécessiteux de la paroisse de Mingot, et qu'ils fussent en outre condamnés en tous les dépens des causes principale, d'appel et demandes; il fût ordonné que ledit arrêt à intervenir seroit imprimé et affiché aux frais et dépens desdits Richard et Quin, au nombre de deux cents exemplaires, tant dans la paroisse de Mingot que dans les paroisses circonvoisines; comme aussi à ce que, sur la demande dudit curé de Mingot, les parties fussent appointées en droit, et joint au procès d'entre elles, il lui fût donné acte de ce que, suivant et pour satisfaire de sa part à l'ordonnance de notredite cour, qui seroit apposée au bas de sadite requête, il employoit pour avertissement, écritures et production, le contenu en icelle, avec ce qui avoit été précédemment dit, écrit et produit au procès, et ce qu'il plairoit à notredite cour suppléer de droit et d'équité, sous la réserve de tous les autres droits et actions dudit Rousset, au bas de laquelle requête et demande dudit jour 18 juillet 1780 auroit été apposée l'ordonnance de notredite cour du même jour, par laquelle les parties auroient été appointées en droit, et joint au procès d'entre elles; et acte auroit été donné audit Rousset de l'emploi porté par icelle. Autre requête dudit Jean-Edme Rousset, curé de Mingot, du 9 août 1780, signifiée le même jour auxdits Richard et Quin, icelle employée en exécution et pour satisfaire à l'ordonnance de notredite cour, apposée au bas de sa requête du 18 juillet audit an 1780, pour contredits contre la production faite par lesdits Richard et Quin, en vertu de la même ordonnance, avec ce qui avoit été précédemment dit, écrit et produit de la part dudit Rousset, et ce qu'il plairoit à notredite cour suppléer de droit et d'équité, et tendante à ce qu'en procédant au jugement du procès d'entre les parties, les fins et conclusions ci-devant prises en icelui par ledit Rousset contre lesdits Richard et Quin lui fussent adjugées avec dépens, au bas de laquelle requête dudit jour 9 août 1780 auroit été apposée l'ordonnance de notredite cour, du même jour, portant, ait acte. Requête desdits Richard et Quin, du 30 août 1780, signifiée le même jour audit Rousset, tendante à ce qu'en procédant au jugement du procès entre les parties, les conclusions par eux ci-devant prises en icelui leur fussent adjugées, et y augmentant, que ledit Rousset fût condamné aux dépens réservés par l'arrêt de notredite cour et en ceux de la demande, au bas de laquelle requête dudit jour 30 août 1780 auroit été apposée l'ordonnance de notredite cour, par laquelle il auroit été réservé à y faire droit en jugeant. Requête dudit Jean-Edme Rousset, du 27 janvier 1781, signifiée le même jour auxdits Richard et Quin, icelle employée en exécution et pour satisfaire, de la part dudit Rousset, à l'ordonnance de notredite cour, posée au bas de la requête desdits Richard et Quin, du 4 août 1780, signifiée le même jour audit Rousset, contenant production nouvelle reçue par ordonnance de notredite cour, étant au bas d'icelle du même jour, employée avec les pieces y énoncées et produites par icelle, pour être lesdites requête et pieces, aux inductions qui en avoient été tirées, communiquées audit Rousset, à l'effet d'y être par lui, si bon lui sembloit, dans le temps de l'ordonnance, et tendante ladite requête à ce qu'en procédant au jugement du procès d'entre les parties, les fins et conclusions précédemment prises en icelui par lesdits Richard et Quin leur fussent adjugées avec dépens. Autre requête desdits Richard, notaire, et Quin, cabaretier, demeurants aux bourg et paroisse de Châtillon en Bajois, du 9 août 1780, signifiée le même jour audit Rousset, tendante à ce qu'en procédant au jugement du procès d'entre les parties, et reprenant les conclusions par eux ci-devant prises, et y augmentant, sans s'arrêter ni avoir égard aux requête et demandes dudit Rousset, dans lesquelles il seroit purement et simplement déclaré non recevable, ou dont, en tout cas, il seroit débouté par l'arrêt qui interviendroit, il fût, en tant que de besoin étoit ou seroit, donné acte auxdits Richard et Quin de ce que ledit Rousset, après avoir soutenu dans ses premiers écrits, signifiés à Saint-Pierre-le-Moutier, qu'ils n'étoient point dans le cas de jouir de l'exemption de dîme accordée par notre déclaration du 13 août 1766, parceque le terrain pour le défrichement duquel ils en prétendoient, étoit un bois futaie qu'ils n'avoient fait que changer de nature en le mettant en blé, et qu'on ne pouvoit mettre au rang de terres incultes, avoit reconnu, folio 6 verso de sa requête du 9 janvier 1774, que les premiers juges avoient rejetté ce moyen en ordonnant, par leur appointement de contrariété, du 3 février 1773, qu'ils feroient preuve par témoins qu'ils n'avoient pas ensemencé en gros blés en 1770, et en petits blés en 1771, pour être récoltés en ladite année 1771, une aussi grande quantité de terre, outre l'héritage essarté qu'ils étoient dans l'usage d'ensemencer dans leur domaine; 2°. de l'acquiescement donné par ledit Rousset audit jugement, en faisant procéder de sa part à son enquête, et de ce qu'en conséquence il s'étoit désisté formellement dudit prétendu moyen, soit en ne le reproduisant plus dans l'instruction par écrit que cette affaire a éprouvée, et depuis devant les premiers juges, soit en déclarant littéralement, folio 5 recto de son avertissement signifié le 18 juillet 1777, que cette contestation présentoit sur le fond la question de savoir si lesdits Richard et Quin avoient dû jouir en 1771 de l'exemption de la dîme dans l'héritage qu'ils avoient fait défricher, lorsqu'ils avoient négligé de cultiver une partie des terres qui devoient être ensemencées de petits blés dans cette même année; 3°. de ce que, relativement à cette derniere question, ledit Rousset, au folio 6 verso de son avertissement, avoit reconnu que l'usage de la paroisse de Mingot et de tous les environs étoit de diviser les terres d'un domaine par tournures; que, la premiere année, on ensemençoit en gros blés; que, la seconde, on ensemençoit au moins les deux tiers en petits blés qu'on appelloit des trémois, et que les petits blés étant récoltés, on laissoit reposer les terres jusqu'à l'année suivante qu'on les labouroit pour les mettre en gros blés : faisant droit sur l'appel interjetté par ledit Rousset, tant en principal qu'incident, en tant que touchoit celui de la sentence interlocutoire du 3 février 1773, il y fût déclaré non recevable, et condamné en l'amende de 75 liv.; en tant que touchoit celui de la sentence définitive du premier juillet 1778, l'appellation fût mise au néant; il fût ordonné que ce dont étoit appel sortiroit son plein et entier effet, et que ledit Rousset fût condamné en l'amende ordinaire de 12 liv. et en tous les dépens des causes d'appel et demandes; et où notredite cour feroit la moindre difficulté de considérer le terrain défriché par lesdits Richard et Quin comme terrain inculte avant ledit défrichement, nonobstant l'acquiescement formel dudit Rousset au susdit jugement du 3 février 1771, qui l'avoit reconnu pour tel, ce que lesdits Richard et Quin n'estimoient pas; en ce cas, et subsidiairement seulement, il leur fût donné acte de ce qu'en expliquant les déclarations qu'ils avoient trop vaguement faites en cause principale sur la nature et la dénomination dudit héritage, ils articuloient et mettoient

mettoient en fait que les quatorze boisselées de terre ou environ, auxquelles ils avoient donné le nom de bois de futaie, parcequ'en effet c'en étoit un autrefois, ne contenant plus, lorsqu'ils l'avoient fait essarter, que quelques arbres très vieux, tous couronnés, déshonorés, rabougris et pourris; que, depuis la coupe de plusieurs autres arbres vendus il y avoit vingt ans sur ce terrain, par le sieur Joseph Rebuget, curé d'Allays, auquel il appartenoit, il n'étoit plus repoussé de souche aucun bois taillis, et que ces quatorze boisselées n'étoient en leur entier, que ce terrain sans produit, couvert de ronces et d'épines et autres accrues inutiles; il fût ordonné que ledit Rousset seroit tenu d'avouer ou contester ledit fait; en cas d'aveu, n'y ayant plus de difficulté sur le défaut de rapport et inutilité dudit terrain, les fins et conclusions précédemment prises au procès par lesdits Richard et Quin leur fussent adjugées, et, en cas de déni, il leur fût permis d'en faire preuve par témoins devant les juges de Saint-Pierre-le-Moutier, ou tels autres qu'il plairoit à notredite cour commettre, sauf audit Rousset à faire la preuve contraire, pour, les enquêtes faites et rapportées en notredite cour, être, par lesdits Richard et Quin, pris telles conclusions, et par notredite cour ordonné ce qu'il appartiendroit; comme aussi à ce que, sur leurdite requête et demande, les parties fussent appointées en droit, et joint au procès d'entre elles; il fût donné acte audit Richard et Quin de ce que, suivant et pour satisfaire de leur part à l'ordonnance de notredite cour, qui seroit apposée au bas de leurdite requête, ils employoient pour avertissement, écritures et productions, le contenu en leurdite requête, avec ce qu'ils avoient précédemment dit, écrit et produit, et ce qu'il plairoit à notredite cour suppléer de droit et d'équité; au bas de laquelle requête et demande dudit jour 9 août 1780 auroit été apposée l'ordonnance de notredite cour, du même jour, par laquelle les parties auroient été appointées en droit, et joint au procès d'entre elles, et acte auroit été donné auxdits Richard et Quin de l'emploi porté par icelle. Requête dudit Jean-Edme Rousset, du 14 août 1780, signifiée le même jour auxdits Richard et Quin, employée en exécution de l'ordonnance d'en droit et joint, apposée au bas de la requête desdits Richard et Quin, du 9 août 1780, pour contredits contre la production desdits Richard et Quin, faite en exécution de ladite ordonnance, avec ce qu'il avoit ci-devant dit, écrit et produit, et ce qu'il plairoit à notredite cour suppléer de droit et d'équité, et tendante à ce qu'en procédant au jugement du procès d'entre les parties, les fins et conclusions ci devant prises en icelui par ledit Jean-Edme Rousset lui fussent adjugées avec dépens. Autre requête dudit Rousset dudit jour 14 août 1780, signifiée le même jour auxdits Richard et Quin, employée en exécution et pour satisfaire à l'ordonnance d'en droit et joint, apposée au bas de la requête desdits Richard et Quin, du 9 août 1780, pour avertissement, écritures et production, avec ce qu'il avoit précédemment dit, écrit et produit, et ce qu'il plairoit à notredite cour suppléer de droit et d'équité, et tendante à ce qu'en procédant au jugement du procès d'entre les parties, sans s'arrêter ni avoir égard à la demande portée en la requête susdatée, dans laquelle lesdits Richard et Quin seroient déclarés non recevables, ou dont, en tout cas et subsidiairement, ils seroient déboutés, les fins et conclusions dudit Rousset lui fussent adjugées, et que lesdits Richard et Quin fussent condamnés aux dépens; au bas de laquelle requête et demande dudit jour 14 août 1780, auroit été apposée l'ordonnance de notredite cour, du même jour, par laquelle acte auroit été donné audit Rousset de l'emploi porté par sadite requête; et au surplus il auroit été réservé à faire droit, en jugeant. Contredits de production nouvelle du 14 août 1780, fournis par ledit Jean-Edme Rousset, signifiés le même jour en exécution et pour satisfaire de sa part à l'ordonnance de, soit communiqué, apposée au bas de la requête de Richard et Quin, du 4 août 1780, et tendante à ce qu'en procédant au jugement des parties, sans s'arrêter ni avoir égard à tout ce qui avoit été dit, écrit et produit de la part desdits Richard et Quin, les fins et conclusions précédemment prises audit procès par ledit Rousset lui fussent adjugées avec dépens. Requête dudit Jean-Edme Rousset, du 22 janvier 1781, signifiée le même jour auxdits Richard et Quin, employée pour contredits contre la production nouvelle desdits Richard et Quin, portée en leur requête du 4 août 1780, et tendante à ce qu'en procédant au jugement du procès d'entre les parties, les fins et conclusions précédemment prises en icelui par ledit Rousset lui fussent adjugées avec dépens. Requête desdits Richard et Quin, du 30 décembre 1780, signifiée le même jour audit Rousset, contenant productions nouvelles reçues par ordonnance de notredite cour, étant au bas d'icelle, du même jour, employée avec les pieces y énoncées et produites par icelle, pour être lesdites requête et pieces communiquées audit

Rousset, à l'effet d'y être par lui fourni de contredits dans hui, attendu l'état du procès, et tendante à ce qu'en procédant au jugement du procès d'entre les parties, les fins et conclusions précédemment prises en icelui par lesdits Richard et Quin leur fussent adjugées avec dépens. Autre requête desdits Richard et Quin du 26 août 1780, signifiée le même jour audit Rousset, contenant production nouvelle reçue par ordonnance de notredite cour, étant au bas d'icelle, du même jour, employée avec les pieces y énoncées et produites par icelles, pour être communiquées audit Rousset, à l'effet d'y être par lui fourni de contredits dans le jour, attendu l'état du procès, et tendante en ce qu'en procédant au jugement du procès d'entre les parties, les fins et conclusions précédemment prises par lesdits Richard et Quin contre ledit Rousset leur fussent adjugées avec dépens. Requête dudit Rousset, du 21 janvier 1781, signifiée le même jour auxdits Richard et Quin, employée en exécution et pour satisfaire de sa part à l'ordonnance de, soit communiqué, apposée au bas de la requête de Richard et Quin, du 26 août 1780, pour contredits contre la production nouvelle y portée, avec ce qu'il plairoit à notredite cour suppléer de droit et d'équité, et tendante à ce qu'en procédant au jugement du procès d'entre les parties, les fins et conclusions précédemment prises en icelui par ledit Rousset lui fussent adjugées avec dépens, au bas de laquelle requête dudit jour 27 janvier 1781 auroit été apposée l'ordonnance de notredite cour, portant, ait acte. Autre requête dudit Rousset du 27 janvier 1781 signifiée le même jour auxdits Richard et Quin, employée en exécution, et pour satisfaire de sa part à l'ordonnance de, soit communiqué, apposée au bas de la requête desdits Richard et Quin, du 30 décembre 1780, pour contredits contre la production nouvelle y portée, et ce qu'il plairoit à notredite cour suppléer de droit et d'équité, et tendante à ce qu'en procédant au jugement du procès d'entre les parties, les fins et conclusions ci-devant prises en icelui par ledit Rousset lui fussent adjugées avec dépens. Requête desdits Richard et Quin, du 5 janvier 1781, signifiée le même jour audit Rousset, contenant production nouvelle reçue par ordonnance de notredite cour, étant au bas d'icelle, employée avec les pieces y énoncées et produites par icelle pour être communiquées audit Rousset, à l'effet d'y être par lui fourni de contredits dans le jour, attendu l'état du procès, et tendante à ce qu'en procédant au jugement du procès d'entre les parties, les fins et conclusions précédemment prises en icelui par lesdits Richard et Quin leur fussent adjugées avec dépens. Requête dudit Rousset, du 22 janvier 1781, signifiée auxdits Richard et Quin, employée en exécution et pour satisfaire de sa part à l'ordonnance de, soit communiqué, apposée au bas de la requête desdits Richard et Quin, du 26 août 1780, avec ce qu'il avoit précédemment dit, écrit et produit, et ce qu'il plairoit à notredite cour suppléer de droit et d'équité, et tendante à ce qu'en procédant au jugement du procès d'entre les parties, les fins et conclusions ci-devant prises en icelui par ledit Rousset lui fussent adjugées avec dépens, au bas de laquelle requête dudit jour 22 janvier 1781 auroit été apposée l'ordonnance de notredite cour du même jour, portant, ait acte. Sommations de satisfaire par les parties aux différents arrêts, ordonnances et réglements intervenus audit procès, et suivant iceux écrire, produire et contredire dans le temps de l'ordonnance, et le tout joindre au conseiller rapporteur. Conclusions de notre procureur-général. Ouï le rapport de Me de Gars de Courcelles, conseiller; tout joint, vu, considéré et diligemment examiné:

NOTREDITE COUR, par son jugement et arrêt, faisant droit tant sur l'appel interjetté par Edme Rousset, curé de la paroisse de Mingot, de la sentence contre lui rendue au bailliage de Saint-Pierre-le-Moutier, au profit de Pierre Richard et Jean Quin, le premier juillet 1778, que sur l'appel incidemment interjetté par ledit Rousset d'autre sentence rendue audit bailliage de Saint-Pierre-le-Moutier, entre lui et lesdits Richard et Quin, le 3 février 1773, a mis et met les appellations et ce dont a été appel au néant; émendant, décharge ledit Rousset des condamnations contre lui prononcées par lesdites sentences; faisant droit au principal, sans s'arrêter ni avoir égard aux requêtes et demandes desdits Richard et Quin, dont ils sont déboutés, ayant aucunement égard à celle dudit Rousset, condamne lesdits Richard et Quin à payer audit Rousset la dîme du terrain appellé le buisson Gonneau, par eux défriché, et dont est question, pour les années 1771 et suivantes, jusques et compris l'année derniere 1780, et ce à raison de 40 livres pour chacune desdites années, si mieux n'aiment lesdits Richard et Quin, à dire d'experts dont les parties conviendront pardevant le plus prochain juge royal des lieux, autre que celui dont est appel, que notredite cour commet à cet effet, ou qui seront par lui pris et nommés d'office, ce qu'ils seront tenus d'opter dans quinzaine, à compter du jour de la signification du présent arrêt à personne ou domicile, sinon déchus de l'option ; les condamne aux intérêts de la somme à laquelle monteront lesdites années de dîmes échues, à compter des différentes demandes ; les condamne en outre à servir et payer la dîme dudit terrain dont est question en nature pour les années à venir, comme de leurs autres héritages sujets à la dîme envers ledit Rousset ; ordonne que les termes injurieux répandus dans les différentes écritures desdits Richard et Quin seront et demeureront supprimés ; condamne lesdits Richard et Quin en tous les dépens des causes principales, d'appels et demandes ; sur le surplus des demandes, fins et conclusions, met les parties hors de cour ; l'exécution du présent arrêt et la taxe des dépens adjugés par icelui à notredite cour, premiere chambre des enquêtes, réservés. SI MANDONS mettre le présent arrêt à exécution. DONNÉ en parlement, le 20 février, l'an de grace 1781, et de notre regne le septieme. Collationné, *signé* BERTHELOT. Par la chambre, *signé* DUFRANC.

ARRÊT

DU GRAND CONSEIL,

Qui condamne le sieur du Fau à payer à l'archiprêtre de Lavardens la dîme sur un terrain par lui prétendu défriché, et qui étoit ci-devant planté en bois.

Du dix-sept juillet mil sept cent quatre-vingt-trois.

LOUIS, par la grace de Dieu, roi de France et de Navarre, à tous ceux qui ces présentes verront, SALUT. Savoir faisons comme par arrêt cejourd'hui rendu en notre grand conseil, entre notre amé Matthieu Guiraudez de Saint-Mezard, prêtre, docteur en théologie, archiprêtre de Lavardens, en Armagnac, y demeurant, demandeur en requête du 19 décembre 1781, tendante à ce que, faute par Jean Macrany du Fau d'avoir satisfait à la sommation du demandeur, du 15 dudit mois de décembre 1781, et en conséquence d'avoir repris en qualité d'héritier de Jacques du Fau, son oncle, et en son lieu et place, les instances et contestations qui étoient ci-devant pendantes au parlement de Toulouse, elles fussent tenues pour reprises avec lui esdits noms et qualités qu'il procede; en conséquence, il fût ordonné que les parties procéderont suivant les derniers errements, comme avant ledit arrêt du parlement de Toulouse, du 29 mars 1773, cassé par ceux de notre conseil d'état, du 24 avril 1775 et 11 mai 1781, et en cas de contestations, ledit Jean Macrany du Fau fût condamné aux dépens, sans préjudice de tous les droits et actions dudit demandeur, et sauf à lui à prendre par la suite telles autres fins et conclusions qu'il jugera à propos, d'une part; et notre amé Jean Macrany du Fau, bourgeois dudit Lavardens, héritier de feu Jacques du Fau, son oncle, défendeur, d'autre part: entre ledit sieur de Saint-Mezard, ès noms et qualités qu'il procede, demandeur ès requête du 28 dudit mois de décembre 1781, tendante à ce que pour le jugement des contestations d'entre les parties renvoyées ès notre conseil par les arrêts de notre conseil d'état, des 24 avril 1775 et 11 mai 1781, l'arrêt d'appointement du parlement de Toulouse, intervenu le 11 mai 1782, fût tenu pour dernier errement; en conséquence il fût ordonné que les parties y satisferoient, et remettront au greffe leurs anciennes productions, ajouteront à icelles, écriront et produiront dans huitaine ce que bon leur semblera; et en cas de contestation, les contestants fussent condamnés aux dépens, sans préjudice des droits et actions dudit demandeur, et de dire et conclure par la suite ce qu'il jugera à propos, d'une part, et ledit Jean Macrany du Fau, défendeur, d'autre part; entre ledit de Saint-Mezard, ès noms et qualités qu'il procede, demandeur en requête du 4 janvier 1782, tendante à ce qu'il fût ordonné que les parties feront diligence pour faire juger le fonds des contestations pendantes entre elles, et renvoyées en notredit conseil par les arrêts de notre conseil d'état, des 24 avril 1775 et 11 mai 1781, et cependant par provision et sans préjudice du droit des parties au principal, sans s'arrêter à l'opposition formée par ledit Jean Macrany du Fau, par acte extrajudiciare, du 8 février 1776, ledit Jean Macrany du Fau fût condamné à rendre et restituer audit demandeur les sommes qu'il a été contraint de payer en exécution de l'arrêt dudit parlement de Toulouse, du 20 mars 1773, tant pour frais de procédures faites en la sénéchaussée d'Auch, et taxés par exécutoire, du 30 septembre 1774, que pour le coût et signification dudit arrêt, que pour les dépens adjugés par icelui, et taxés par exécutoire, du 10 janvier 1774, montant les dites deux sommes à celle de 1250 liv. 6 sous, avec les intérêts d'icelle, à compter du jour du paiement qui en a été fait, sans préjudice d'autres sommes aussi payées par ledit demandeur, pour les épices, conclusions et coût de ladite sentence, et autres frais, sans préjudice de tous les autres droits et actions dudit demandeur, et ledit Macrany du Fau condamné aux dépens, d'une part; et ledit Jean Macrany du Fau, défendeur, d'autre part. Vu, par notre conseil, la sentence contradictoirement rendue le 14 fév. 1772, en la sénéchaussée d'Auch, entre ledit Matthieu Guiraudez de Saint-Mezard, et Jacques du Fau, sur les conclusions de notre procureur, par lesquelles, sans s'arrêter aux preuves respectivement offertes, non plus qu'aux fins de non valoir et de non recevoir par ledit du Fau, ledit du Fau a été relaxé de l'assignation à lui donnée, demande à lui faite, fins et conclusions contre lui prises par ledit Guiraudez de Saint-Mezard, lequel a été condamné aux dépens, ladite sentence duement scellée et signifiée le 18 février 1772. L'arrêt du parlement de Toulouse, rendu entre les parties et sur les conclusions de notre procureur général, le 29 mars 1773, par lequel arrêt, sans avoir égard à l'appel dudit Guiraudez de Saint-Mezard, dont il a été débouté, l'appellation a été mise au néant; il a été ordonné que ce dont est appel sortira son plein et entier effet, et seroit exécuté selon sa forme et teneur, et ledit Guiraudez de Saint-Mezard a été condamné en l'amende du fol appel, et aux dépens; ledit arrêt duement collationné, signé et scellé, et signifié le 31 mars 1773. L'arrêt de notre conseil d'état, du 4 juillet 1774, rendu sur la requête dudit Matthieu Guiraudez de Saint-Mezard, par lequel, nous étant en notre conseil, avant faire droit sur ladite requête, il a été ordonné que notre procureur général au parlement de Toulouse enverroit au greffe, sous deux mois, pour tout délai, les motifs de l'arrêt du 29 mars 1773, pour, ce fait et rapporté, être statué ce qu'il appartiendra; ledit arrêt de notredit conseil duement collationné, signé, scellé et signifié, le 14 août 1774, par exploit d'Antoine Guillard, huissier au parlement de Toulouse, à la requête dudit Guiraudez de Saint-Mezard, à notre procureur général au parlement; ladite signification faite en vertu de la commission obtenue le même jour, ladite commission duement signée et scellée le 27 juillet audit an 1774. Autre arrêt de notre conseil d'état privé, rendu le 24 avril 1775, sur la requête dudit Guiraudez de Saint-Mezard, insérée en l'arrêt du conseil d'état, du 4 juillet lors dernier, par lequel, nous étant en notre conseil, ayant égard à ladite requête, avons cassé l'arrêt du parlement de Toulouse, du 29 mars 1773, et tout ce qui s'en est ensuivi; en conséquence, les demandes et contestations sur lesquelles ledit arrêt étoit intervenu, ont été évoquées, et icelles, circonstances et dépendances, ont été renvoyées en notredit grand conseil, pour y être fait droit aux parties, ainsi qu'il appartiendra, lui attribuant à cet effet toute cour, jurisdiction et attribution qui a été interdite à ses autres cours et juges, il a été ordonné que l'amende consignée par ledit Guiraudez de Saint-Mezard lui sera rendue; à ce faire, les receveurs des amendes seront contraints; quoi faisant, ils en seront bien et valablement quittes et déchargés; ledit arrêt duement collationné, signé et scellé, et signifié en vertu de la commission obtenue le même jour, scellée le 14 novembre 1775. Commission de notredit conseil obtenue, le 24 février 1776, par ledit Guiraudez de Saint-Mezard, aux fins de faire assigner en notredit conseil Macrany du Fau, et tous autres qu'il appartiendra, pour y procéder sur le fonds des contestations entre les parties ci-devant pendantes au parlement de Toulouse, sur l'appel interjetté par le demandeur de la sentence de la sénéchaussée d'Auch, du 14 février 1772; lesdites contestations renvoyées en notredit conseil, par l'arrêt du conseil d'état, du 24 avril 1775, circonstances et dépendances; comme aussi se voir condamner à payer et rembourser, rendre et restituer audit demandeur, même provisoirement, toutes les sommes que ledit demandeur auroit été forcé de payer audit Jacques du Fau, et audit François Macrany du Fau, son héritier, en exécution dudit arrêt du parlement de Toulouse, du 29 mai 1773, avec intérêts, frais et dépens, et se voir condamner aux dépens; et il a été fait défenses de faire poursuites et procédures ailleurs qu'en notredit conseil, à peine de nullité, cassation de procédure, 1500 livres d'amendes, dépens, dommages et intérêts; ladite commission duement signée et signifiée, le 14 mars 1776, à la requête dudit de Saint-Mezard, audit Jean Macrany du Fau; ledit exploit signé et contrôlé. L'arrêt de notre conseil d'état, rendu le 11 mai 1781, sur les productions respectives des parties, au rapport de notre amé et féal de Mazerot, commissaire nommé, par lequel arrêt, nous étant en notre conseil, faisant droit sur l'instance, sans s'arrêter à ladite opposition, en a débouté ledit Dufau, et a ordonné que l'arrêt du 24 avril 1775 sera exécuté, et ledit

dit du Fau a été condamné aux dépens; sur le surplus des autres demandes, les parties ont été mises hors de cour. La commission obtenue en notredit conseil, le 24 avril 1781, par ledit Guiraudez de Saint-Mezard, à l'effet de faire assigner en notredit conseil Jean Macrany du Fau, et tous autres qu'il appartiendra, pour voir dire que ledit du Fau, en qualité d'héritier de Jacques du Fau, son oncle, sera tenu de reprendre les instances et contestations qui étoient ci-devant pendantes au parlement de Toulouse, entre ledit demandeur et ledit Jacques du Fau, sur l'appel interjetté par ledit demandeur de la sentence de la sénéchaussée d'Auch, du 14 février 1771, lesdites demandes et contestations, avec leurs circonstances et dépendances, renvoyées en notredit conseil par les arrêts de notre conseil d'état, du 14 avril 1775, et 11 mai 1781, sinon voir dire que lesdites instances et contestations seront tenues pour reprises avec ledit Jean Macrany du Fau; ce faisant, voir dire qu'il sera tenu de procéder en notredit conseil, sur lesdites instances et contestations, en exécution desdits arrêts de notredit conseil d'état de renvoi, et que les fins et conclusions prises par ledit demandeur lui seront adjugées, ensemble celles qu'il avisera de prendre, et se voir aussi condamner à payer, rendre et restituer au demandeur les droits de dîmes par lui dues, pour toutes les années échues depuis la premiere demande, la derniere année en nature, et les précédentes suivant l'estimation à dire d'experts, qui seront convenus ou nommés d'office, aux intérêts du montant de ladite restitution et dommages intérêts dudit demandeur; comme aussi se voir condamner, même provisoirement, à rendre et restituer audit demandeur les sommes qu'il se trouve avoir été obligé de payer audit du Fau, pour frais et dépens à lui adjugés par ladite sentence de ladite sénéchaussée d'Auch, et arrêt du parlement de Toulouse, cassé par lesdits arrêts de notre conseil d'état, avec intérêts desdites sommes, à compter du jour qu'ils sont dûs, et en tous les dépens faits tant en la sénéchaussée d'Auch qu'au parlement de Toulouse et en notredit conseil, et cependant il a été fait défenses de faire poursuites et procédures ailleurs qu'en notredit conseil, à peine de nullité, cassation de procédures, 1500 livres d'amende, dépens, dommages et intérêts; ladite commission duement collationnée, signée et scellée; la signification faite de ladite commission par exploit de Pierre Dutaut, bailli royal de Cassera, du 15 octobre 1781, à la requête dudit Guiraudez de Saint-Mezard, audit Jean Macrany du

Fau, pour répondre et procéder sur et aux fins de la susdite commission; et en outre, comme de raison, à fin de dépens, contenant itératives défenses de celles portées en ladite commission, et sommation de payer et rembourser audit demandeur les sommes qu'il lui a payées et ci-détaillées, ledit exploit duement signé et contrôlé le 17 octobre 1781. La requête et demande dudit Guiraudez de Saint-Mézard, ès noms et qualités qu'il procede, du 19 décembre 1781, ci-devant détaillée et expliquée, au bas de laquelle est la signification du même jour 19 décembre 1781, à Gelez, procureur. L'arrêt de notredit conseil, rendu contradictoirement entre les parties le 22 décembre 1781, par lequel notredit conseil, faute par ledit Macrany du Fau d'avoir repris l'instance, l'a tenue pour reprise avec lui, aux qualités qu'il procede; ledit arrêt duement collationné, signé, et signifié, le 19 janvier 1782, à Gelez, procureur. La requête dudit Guiraudez de Saint-Mezard, du 28 décembre 1781, contenant demande ci-devant expliquée et détaillée, au bas de laquelle est la signification du même jour 28 décembre 1781, à Gelez, procureur. L'arrêt de notredit conseil, rendu contradictoirement entre les parties le 2 janvier 1782, par lequel notredit conseil a reçu, pour derniers errements, l'arrêt d'appointement du parlement de Toulouse, du 11 mai 1772; en conséquence, il a été ordonné que les parties remettroient au greffe leurs anciennes productions, ajouteront à icelles, écriront et produiront dans huitaine ce que bon leur sembleroit; ledit arrêt duement collationné, signé, scellé et signifié, le 12 janvier 1782, à Gelez, procureur. La requête dudit Guiraudez de Saint-Mezard, du 4 janvier 1782, contenant demande ci-devant mentionnée, au bas de laquelle est la signification d'icelle, du même jour 4 janvier 1782, à Gelez, procureur. La requête dudit Guiraudez de Saint-Mezard, du 19 janvier 1782, tendante à ce qu'il fût donné acte audit demandeur de ce que, suivant et pour satisfaire à l'arrêt d'appointement de notredit conseil, du 2 janvier 1782, il emploie pour écriture et production le contenu en ladite requête, avec les pieces y jointes, et celles par lui remises au greffe, aux fins et inductions qui en ont été tirées, et celles qu'il plairoit à notredit conseil suppléer de droit et d'équité par ses lumieres supérieures; ce faisant, procédant au jugement de l'instance, faisant droit sur l'appel interjetté par ledit demandeur de la sentence de la sénéchaussée d'Auch, du 14 février 1772, et sans s'arrêter aux demandes, fins et conclusions dudit du Fau, dans lesquelles il sera déclaré non-recevable, ou dont en tout cas il sera débouté, mettre l'appellation et ce dont est appel au néant; corrigeant et réformant, condamner ledit du Fau à payer, rendre et restituer audit demandeur les droits de dîmes de grains que ledit sieur du Fau, son oncle, et lui, ont recueillis sur les terrains en question, ci-devant plantés en bois, depuis et compris l'année 1769 jusqu'alors, ainsi que de ceux qu'il pourra y recueillir par la suite, la derniere année en nature, et les précédentes suivant l'estimation qui en seroit faite par experts dont les parties conviendroient pardevant le plus prochain notre juge des lieux qu'il plaira à notredit conseil de commettre à cet effet, sinon qui seront par ledit commissaire pris et nommés d'office; condamner pareillement ledit du Fau aux intérêts du montant de ladite restitution, et de rendre et restituer audit demandeur, tant les sommes qu'il se trouvera avoir été obligé de payer, soit audit du Fau, soit à son oncle, pour frais et dépens à lui adjugés par ladite sentence de la sénéchaussée d'Auch, et par ledit arrêt du parlement de Toulouse, avec les intérêts desdites sommes, à compter des paiements qui en ont été faits; enfin, ledit du Fau fût condamné aux dommages-intérêts dudit demandeur, et en tous les dépens; subsidiairement seulement dans le cas où notredit conseil feroit difficulté, quant à présent, d'adjuger audit demandeur les conclusions ci-dessus, ce qu'il n'y a pas lieu de présumer, il lui fût donné acte de ce qu'il articule et met en fait, et offre de prouver, tant par titres que par témoins, que des trois bois défrichés par ledit défunt du Fau, celui appellé de la Lanne étoit, il y a moins de 40 ans, en nature du bois garni, et à haute futaie, et que ledit défunt du Fau en fit lui-même l'exploitation; que celui appellé de la Tuilerie servoit et étoit employé au chauffage de la tuilerie, qu'on faisoit annuellement travailler; que la partie des bois de la Lanne, qu'il a défrichée depuis 1762, étoit à haute futaie, et aussi peuplée que la partie qui reste encore à défricher; comme aussi que la partie du bois de la Tuilerie qu'il a défrichée depuis la même récolte, étoit d'aussi belle venue et aussi peuplée que la partie de ce même bois qui existe encore en nature; que celui appellé de la Grange fut exploité peu d'années avant le défrichement dont il s'agit, en nature de bois taillis, et que ledit du Fau lui-même donna à défricher depuis 1762 à des paysans, sans autre rétribution pour ledit défrichement, que le bois qui étoit sur pied, qu'il leur céda, ainsi que la moitié de la récolte, provenant de la premiere année dudit défrichement, en se réservant les anciens baliveaux à son profit; il fût ordonné que ledit du Fau seroit tenu d'avouer ou de nier lesdits faits ; et en cas de dénégation de sa part, il fût permis audit demandeur de faire la preuve, tant par titres que par témoins, pardevant le plus prochain notre juge des lieux qui sera commis à cet effet, et dans tel temps qu'il plairoit à notredit conseil, sauf audit du Fau la preuve contraire s'il avise bon être, et dans le même délai, pour, les enquêtes faites et rapportées en notredit conseil, être ordonné ce qu'il appartiendra, sans préjudice au demandeur de tous ses autres droits et actions, et sous la réserve expresse de prendre par la suite telles autres fins et conclusions qu'il appartiendra ; au bas de laquelle est la signification du même jour 15 janvier 1782, à Gelez, procureur. L'arrêt de notredit conseil, du 25 janvier 1782, qui a joint ladite requête. L'arrêt de notredit conseil, du 27 février 1782, rendu par défaut contre ledit Macrany du Fau, et pour le profit, a joint au fond les demandes provisoires dudit Guiraudez de Saint-Mezard ; ordonne que sur icelles les parties écriront et produiront dans trois jours, et joint, et les dépens ont été réservés ; ledit arrêt duement collationné, signé et signifié, le 9 mars 1782, à Gelez, procureur. La requête dudit Guiraudez de Saint-Mézard, du 23 mars 1782, tendante à ce qu'il fût donné acte de ce que, suivant et pour satisfaire audit arrêt de jonction et appointement, du 27 février 1782, il emploie pour écritures et productions le contenu en ladite requête, avec les pieces y jointes, qu'il plaira à notredit conseil suppléer de droit et d'équité ; ce faisant, procédant au jugement de l'instance d'entre les parties, et adjugeant audit demandeur les conclusions qu'il a prises par sa requête de production principale, du 4 janvier 1782, ledit du Fau fût condamné à payer et rembourser audit demandeur la somme de 1711 liv. 6 s. 3 d. que ledit demandeur a été contraint de lui payer pour les dépens adjugés audit du Fau, tant par ladite sentence de la sénéchaussée d'Auch, que par ledit arrêt du parlement de Toulouse, des 14 février 1772 et 29 mars 1773, sans préjudice de celle de 155 livres 10 s. aussi payée par ledit demandeur pour les épices et conclusions de ladite sentence, et dont il fait toutes réserves; ledit du Fau fût pareillement condamné aux intérêts de ladite somme de 1711 liv. 6 s. 3 d. à compter du jour des paiements qui en ont été faits, et de tout ce qui se trouvera être dû audit demandeur, et en tous les dépens faits à ce sujet, sans préjudice d'autres droits et actions dudit demandeur, au bas de laquelle est la signification du même jour 23 mars 1782, à Gelez, procureur. L'arrêt de notredit conseil, du premier mai 1782, qui a joint ladite requête. La requête dudit Macrany du Fau, du 17 mai 1782, tendante à ce qu'il lui fût donné acte de ce que, suivant et pour satisfaire à l'arrêt d'appointement de notredit conseil, du 2 janvier 1782, il emploie, pour avertissement, écritures et productions, le contenu en ladite requête, avec les pieces y énoncées, qu'il plairoit à notredit conseil suppléer de droit et d'équité; ce faisant, procédant au jugement d'entre les parties, sans s'arrêter à l'appel interjetté par ledit Guiraudez de Saint-Mézard, de la sentence d'Auch, du 14 février 1772, il fût déclaré purement et simplement non recevable, et subsidiairement l'appellation fût mise au néant; il fût ordonné que ce dont est appel sortiroit son plein et entier effet, condamner l'appellant en l'amende; attendu la mauvaise contestation dudit Guiraudez de Saint-Mézard, le condamner en 1000 livres de dommages et intérêts, ou en telle autre somme qu'il plaira à notredit conseil arbitrer; il fût pareillement condamné aux dépens de la cause d'appel et demande, sauf et sans préjudice des autres droits et actions du demandeur, au bas de laquelle est la signification du même jour 17 mai 1782, à Foisy, procureur. L'arrêt de notredit conseil, du 7 juin 1782, qui a joint ladite requête à l'instance. La requête dudit Guiraudez de Saint-Mézard, du premier juillet 1782, tendante à ce qu'il lui fût donné acte de ce que, pour réponses et contredits contre la production dudit du Fau, faite par requête signifiée le 17 mai, il emploie le contenu en ladite requête, ensemble les pieces y énoncées et produites par production nouvelle, qu'il plairoit à notredit conseil suppléer de droit et d'équité; ce faisant, procédant au jugement du procès d'entre les parties, sans s'arrêter ni avoir égard aux demandes, fins et conclusions dudit du Fau, dans lesquelles il sera déclaré purement et simplement non recevable, ou dont en tout cas il sera débouté, il fût adjugé audit demandeur les conclusions qu'il a prises par ses requêtes signifiées les 19 janvier et 23 mai 1782, sans préjudice de tous ses autres droits et actions, et sauf audit demandeur à prendre par la suite telle autre conclusion qu'il appartiendra; au bas de laquelle est la signification du même jour premier juillet 1782, à Gelez, procureur. L'arrêt de notredit conseil, du 3 juillet 1782, qui a joint ladite requête à l'instance. La requête dudit Guiraudez de Saint-Mézard, du 5 juillet mil sept cent quatre-vingt-deux, tendante à ce qu'il plaise à notredit conseil recevoir par production nouvelle les pieces énoncées en ladite requête, aux fins et inductions qui ont été tirées; il fût permis audit demandeur de les ajouter à ses productions; ce faisant, il lui fût adjugé les fins et conclusions par lui prises, avec dépens; au bas de laquelle est la signification d'icelle à Gelez, procureur. Mémoire imprimé, signifié le 14 août 1782, à Gelez, procureur, par ledit Guiraudez de Saint-Mézard, contre ledit Jean Macrany du Fau, du 20 novembre 1782, tendante à ce qu'il lui fût donné acte de ce que, pour réponses plus amples fins de non recevoir, à la requête du 19 janvier 1782, au mémoire signifié le 14 août de ladite année, salvations à la requête de contredits du premier juillet de ladite année mil sept cent quatre-vingt-deux, ensemble pour contredit contre les cinq productions dudit de Saint-Mézard, il emploie le contenu en ladite requête, avec ce qu'il avoit dit, écrit et produit, et ce qu'il plairoit à notredit conseil suppléer de droit et d'équité; ce faisant, procédant au jugement du procès d'entre les parties, sans s'arrêter aux différentes conclusions prises par le sieur de Saint-Mézard, dans lesquelles il seroit déclaré non recevable, ou dont en tout cas débouté, il fût adjugé audit demandeur les fins et conclusions par lui précédemment prises au procès, avec dépens, tant des causes principales que d'appel, sans préjudice de tous les autres droits et actions dudit demandeur, au bas de laquelle est la signification à Foisy, procureur. L'arrêt de notredit conseil, du 22 nov. 1782, qui a joint ladite requête à l'instance. La requête dudit Guiraudez de St-Mézard, du 20 décembre 1782, tendante à ce qu'il fût donné acte de ce que, pour réponse et salvations à la requête de l'adversaire signifiée le 20 novembre 1782, contenant salvations à la requête de contredits dudit demandeur, il employoit le contenu en ladite requête, ensemble ce qu'il a ci-devant dit, écrit et produit, et ce qu'il plaira à notredit conseil suppléer de droit et d'équité; ce faisant, procédant au jugement du procès d'entre les parties, il fût adjugé audit demandeur les fins et conclusions par lui ci-devant prises, avec dépens faits tant en causes principales et cassation, que d'appel, au bas de laquelle est la signification du même jour 20 décemb. 1782, à Gelez, procureur. La requête dudit Macrany du Fau, du 26 février 1783, tendante à ce qu'il lui fût donné acte de ce que, suivant et pour satisfaire à l'arrêt d'appointement de notredit conseil, du 7 février 1782, il emploie pour écriture et production, ensemble pour fins de non recevoir, et en tant que de besoin, pour défense à la demande dudit Guiraudez de Saint-Mézard, portée par sa requête du 4 janvier 1782, le contenu en ladite requête, avec les pieces énoncées en ladite production, qu'il plaira à notredit conseil recevoir, aux fins et inductions qui ont été tirées, et celles qu'il plairoit à notredit conseil suppléer de droit et d'équité; ce faisant, procédant au jugement de l'instance, sans s'arrêter ni avoir égard à la demande incidente dudit Guiraudez de Saint-Mézard, portée en sa requête signifiée le 4 janvier 1782, à fin de restitution provisoire de la somme de 1150 liv. 6 s. qu'il a payée pour les dépens auxquels il a été condamné, tant en la sénéchaussée d'Auch, qu'au parlement de Toulouse, le déclarer purement et simplement non recevable dans sadite demande, ou en tout cas l'en débouter et le condamner aux dépens, au bas de laquelle est la signification du même jour 26 fév. 1783, à Foisy, procureur. L'arrêt de notredit conseil, du 28 fév. 1783, qui a joint ladite requête à l'instance. La requête dudit Guiraudez de Saint-Mézard, du 10 mars 1783, tendante à ce qu'il lui fût donné acte de ce qu'en tant que de besoin pour contredits contre la production faite contre ledit Macrany du Fau, par sa requête du 26 février 1783, en exécution de l'arrêt de notredit conseil, du 27 février de ladite année 1773, il employoit le contenu en ladite requête et les pieces y produites, qu'il plairoit à notredit conseil recevoir, aux fins et inductions qui en ont été tirées; ce faisant, en adjugeant audit demandeur les fins et conclusions par lui prises, condamner ledit du Fau à rendre et restituer audit demandeur les sommes par lui payées et de lui exigées en vertu des arrêts et exécutoire du parlement de Toulouse, et sentence de la sénéchaussée d'Auch, confirmée par ledit arrêt, avec intérêts, à compter du jour du paiement, ou, en tout cas et subsidiairement seulement, à compter du jour des demandes, attendu le refus fait par ledit du Fau de lui rendre et restituer lesdites sommes sur la premiere sommation à lui faite cejourd'hui, et par ledit demandeur; et condamner ledit du Fau en tous les dépens, tant des causes principales que d'appel, et demande et faits, tant en ladite sénéchaussée qu'au parlement et en notredit conseil, même en ceux réservés par les précédents arrêts, sans préjudice d'autres droits et actions; au bas de laquelle est la signification à Gelès, procureur. L'arrêt de notredit conseil, du 12 dudit mois de mars 1783, qui a joint ladite requête à l'instance. Le mémoire imprimé et signifié le onze juillet mil sept cent quatre-vingt-trois pour ledit Macrany du Fau, contre ledit Guiraudez de Saint-Mézard. Les sommations générales et respectives de satisfaire à tous les arrêts et réglements de notredit grand conseil, intervenus audit procès, et suivant iceux, écrire, produire et contredire dans le temps de l'ordonnance. Conclusions de notre procureur-général : Ouï le rapport de notre amé et féal Mathias-Bernard Goudin, conseiller : tout vu et diligemment examiné, ICELUI NOTREDIT GRAND CONSEIL, faisant droit sur le tout, ensemble sur les conclusions de notre procureur-général, ayant aucunement égard aux requêtes et demandes dudit Matthieu Guiraudez de Saint-Mézard, sans s'arrêter à celles dudit Jean Macrany du Fau, dont il est débouté, faisant droit sur l'appel interjetté par ledit Guiraudez de Saint-Mézard de la sentence de la sénéchaussée d'Auch, du 14 février 1772, a mis l'appellation et ce dont est appel au néant; émendant, condamne ledit Macrany du Fau à payer, rendre et restituer audit Guiraudez de Saint-Mézard les droits de dîmes des grains et fruits décimables que ledit feu Jacques du Fau et ledit Macrany du Fau ont recueillis sur les terrains en question, ci-devant plantés en bois, mentionnés et désignés en l'exploit de demande dudit Guiraudez de Saint-Mézard, du 3 juillet 1770, et ce depuis et y compris l'année 1769, jusques et compris la présente année, suivant l'estimation qui en sera faite sur l'état que ledit Macrany du Fau sera tenu d'en fournir dans quinzaine, à compter du jour de la signification du présent arrêt à personne ou domicile, sinon sur celui qui en sera fourni par ledit Guiraudez de Saint-Mézard, sauf à débattre lesdits états, s'il y échet, et par experts dont les parties conviendront pardevant notre amé et féal le lieutenant-général de la sénéchaussée d'Auch, ou autre officier dudit siege, suivant l'ordre du tableau que notredit conseil a commis et commet à cet effet, sinon qui seront par lui pris et nommés d'office, et pour les grains, suivant les fortleaux du marché le plus prochain des lieux; condamne ledit Macrany du Fau aux intérêts du montant de la valeur et estimation de ladite dîme, à compter du jour des demandes pour ce qui en étoit échu lors d'icelles, et à continuer à l'avenir la prestation de ladite dîme, suivant l'usage; fait défenses audit Jean-Macrany du Fau d'enlever à l'avenir ses récoltes desdits terrains ci-devant en bois, avant que ledit Guiraudez de Saint-Mézard ait perçu ladite dîme, sous les peines portées par les arrêts et réglements,

ments, comme aussi sans s'arrêter ni avoir égard à l'opposition formée par ledit Jean Macrany du Fau, par acte extrajudiciaire du 8 février 1776, condamne ledit Macrany du Fau à rendre et restituer audit Guiraudez de Saint-Mézard les sommes qu'il justifiera avoir été contraint de payer en exécution de ladite sentence de la sénéchaussée d'Auch, et de l'arrêt dudit parlement de Toulouse, tant pour les épices et conclusions de ladite sentence et frais de procédures en ladite sénéchaussée, taxés par exécutoire du 30 septembre 1774, que pour le coût et signification dudit arrêt, et pour les dépens adjugés par icelui, taxés par exécutoire du 10 janvier 1774, le tout suivant que ledit Guiraudez de Saint-Mézard en justifiera par les quittances à lui données; condamne ledit du Fau aux intérêts du montant desdites sommes, à compter du jour des paiements d'icelles; condamne ledit Macrany du Fau en tous les dépens envers ledit Guiraudez de Saint-Mézard, faits tant en ladite sénéchaussée d'Auch qu'au parlement de Toulouse et en notredit conseil, même en ceux réservés; sur le surplus des demandes, fins et conclusions des parties, a mis et met lesdites parties hors de cour et de procès, et sera l'amende dudit appel rendue. SI DONNONS, etc. DONNÉ en notredit grand conseil, à Paris, le dix-septieme jour de juillet, l'an de grace mil sept cent quatre-vingt-trois, et de notre regne le dixieme. Collationné, *signé* SOUCHU DE RENNEFORT. Par le roi, à la relation des gens de son grand conseil. *Signé* POURRIS. Scellé le 30 juillet 1783, signifié à Me Gelez le 6 août 1783.

ARRÊT

DU GRAND CONSEIL,

Qui condamne le sieur Sabail à payer au curé de Caussade la dîme sur un terrain par lui prétendu défriché, et qui étoit ci-devant planté en bois.

Du trois mars mil sept cent quatre-vingt-cinq.

LOUIS, par la grace de Dieu, roi de France et de Navarre, à tous ceux qui ces présentes lettres verront, SALUT. Savoir faisons comme par arrêt cejourd'hui rendu en notre grand conseil, entre notre amé *Jean Lanés*, docteur en théologie, prêtre, curé de Caussade en basse Riviere, diocese de Tarbes, demandeur en requête du 17 novembre 1781, tendante à ce qu'il plaise à notredit conseil, sans s'arrêter à l'opposition formée par notre amé Sabail à l'exécution de l'arrêt par défaut de notredit conseil, du 18 juin 1776, et insérée en sa réponse étant au pied du commandement à lui fait le 5 juillet audit an, ordonner que ledit arrêt sera exécuté selon sa forme et teneur; ce faisant, et par provision, condamner ledit Sabail à payer et rembourser audit demandeur la somme principale de 942 livres 19 s. 9 d., portée audit arrêt, et le condamner aux intérêts de ladite somme, à compter du jour des paiements qui lui ont été faits, et de tous les temps qu'ils se trouveront lui être dûs, et condamner ledit Sabail aux dépens, sans préjudice de tous ses droits et actions, d'une part; et notre amé *François Sabail, lieutenant de Riviere-Basse, en Armagnac*, défendeur, d'autre part; et entre ledit Me Jean Lanés, prêtre, docteur en théologie, curé de Caussade en basse Riviere, diocese de Tarbes, demandeur aux fins de la commission de notredit conseil, et assignation en conséquence, des 24 février et 8 mars 1776, et d'autre exploit de réassignation, du 5 juillet audit an, fait en vertu d'arrêt par défaut de retention de notredit conseil, du 18 juin précédent, et aussi demandeur en requête du 28 novembre 1781, tendante à ce qu'il plût à notredit conseil tenir pour derniers errements l'arrêt d'appointement de notre parlement de Toulouse., intervenu entre les parties, le 13 août 1772, ensemble l'ordonnance du 12 juin 1773, portant jonction de l'appel incident du demandeur audit appointement, pour derniers errements; ordonner que les parties y satisferont, et remettront au greffe leurs anciennes productions, ajouteront à icelles, écriroient et produiroient dans huitaine ce que bon leur sembleroit, et en cas de contestation, condamner les contestants aux dépens, d'une part; et ledit François Sabail, lieutenant de Riviere-Basse en Armagnac, défendeur, d'autre part; et entre ledit Sabail, demandeur en requête du 12 décembre 1781, tendante à ce qu'il plaise à notred. conseil, sans avoir égard aux offres réelles faites par le demandeur audit Lanés, le 18 novemb. 1781, pour éviter aux poursuites et contraintes dudit Lanés, et lesquelles n'ayant point été acceptées, seront regardées comme nulles et non avenues, réitérant, en tant que de besoin, l'opposition formée par le demandeur le 5 juillet 1776 à l'arrêt de notredit conseil, surpris par défaut le 18 juin 1776 par ledit Lanés, et signifié ledit jour 5 juillet 1776, recevoir le demandeur opposant audit arrêt du 18 juin 1776; faisant droit sur ladite opposition, déclarer ledit arrêt et la procédure sur laquelle il est intervenu, nuls et de nul effet, au principal, sans s'arrêter ni avoir égard, quant à présent, à la demande provisoire dudit Lanés, en remboursement de la somme de 942 livres 19 s. 9 d., portée audit arrêt, et réitérée, avec les intérêts, par sa requête du 17 novembre 1781, joindre ladite demande provisoire au fond, et au cas de contestation, condamner ledit Lanés aux dépens de l'incident, d'une part; et ledit Lanés, défendeur, d'autre part; et entre ledit Me Lanés, demandeur en requête du 16 janvier 1782, tendante à ce qu'il plaise à notredit conseil donner acte au demandeur de ce que, suivant et pour satisfaire audit arrêt d'appointement de notredit conseil, du premier décembre 1781, il emploie pour écritures et productions le contenu en ladite requête, avec les pieces y jointes, en celle par lui remise au greffe de notredit conseil, aux fins et inductions qui en ont été tirées, et celles qu'il plaira au conseil suppléer de droit et d'équité; ce faisant, procédant au jugement de l'instance, sans s'arrêter à l'appel interjetté de la sentence de la sénéchaussée de Lectoure, du 22 février 1772, et faisant droit sur l'appel incident de ladite sentence interjettée par le demandeur, mettre l'appellation et ce dont est appel au néant; réformant, donner acte audit demandeur, en tant que de besoin, et sans aucune approbation préjudiciable des aveux et reconnoissances dudit Sabail, portée par sa réponse étant au bas de la signification à lui faite par ledit demandeur, par exploit du 11 avril 1772; en conséquence, adjuger au demandeur les fins et conclusions prises par son exploit d'assignation en la sénéchaussée de Lectoure, du 2 juillet 1771; en conséquence, condamner ledit Sabail à payer et restituer audit demandeur tous les arrérages de la dîme des fruits par lui recueillis sur les héritages dont il s'agit, depuis et compris ladite année 1771, ensemble la demi-comporte de millot mentionnée audit exploit de demande, le tout à dire d'experts, et aux intérêts du montant desdits arrérages, et subsidiairement où notredit conseil y pourroit faire quelque difficulté, autoriser ledit demandeur à prouver, tant par titres que par témoins, dans tel délai qu'il plaira à notredit conseil de fixer, pardevant notre plus prochain juge des lieux qu'il plaira à notredit conseil de commettre à cet effet, autre que celui qui a rendu la sentence dont est appel, et en tel délai qu'il plaira à notredit conseil de fixer, qu'avant l'extirpation et conversion en terre labourable des deux pieces de terres dont il s'agit, elles produisoient des fruits; que l'une desdites pieces de terre étoit en bois taillis, et l'autre garnie et complantée d'une aunaie et de quelques saules et peupliers, sauf audit Sabail la preuve contraire, s'il avise que besoin soit, dans le même délai, pour, les enquêtes faites et rapportées, être ordonné ce qu'il appartiendra; condamner ledit Sabail en tous les dépens faits tant en notredit parlement de Toulouse qu'en notredit conseil d'état, et même à restituer audit demandeur toutes les sommes qu'il a payées audit Sabail, en vertu des arrêts et exécutoires de notre parlement de Toulouse, sans préjudice au demandeur de tous ses autres dus droits et prétentions, et sous la réserve expresse dudit demandeur à prendre par la suite telles autres fins et conclusions qu'il appartiendra, d'une part; ledit Sabail, défendeur, d'autre part; et entre Jean-Baptiste et Antoine Lanés freres, au nom et comme héritiers ayant repris au lieu et place dudit Jean Lanés, par acte mis au greffe du conseil le 20 novembre 1782, tendante à ce qu'il plaise à notredit conseil recevoir par production nouvelle dans l'instance d'entre les parties, étant au rapport de notre amé et féal Goudin, conseiller, les pieces ci-dessus énoncées et produites aux fins et inductions qui en résultent, avec ce qu'il plaira au conseil suppléer de droit et d'équité, d'une part; et ledit Sabail, défendeur, d'autre part; et entre ledit Sabail, demandeur en requête du 10 janvier 1783, tendante à ce qu'il plaise à notredit conseil, faute par lesdits Jean-Baptiste et Antoine Lanés, se disant héritiers institués dudit feu Jean Lanés, curé de Caussade, d'avoir satisfait à la sommation du demandeur, et en conséquence d'avoir justifié et communiqué au demandeur, sous le récépissé de son procureur, le testament dudit feu Lanés, qui les institue ses seuls héritiers, leur acceptation de cette hérédité, la sentence ou acte d'envoi en possession, et généralement toutes les pieces justificatives de leurs qualités de seuls héritiers dudit feu Lanés, curé de Caussade, les déclarer purement et simplement non recevables dans la reprise par eux faite au greffe de notredit conseil, le 23 septembre 1782, en ladite qualité d'héritiers institués de feu Lanés, curé de Caussade, ainsi que dans les fins et conclusions par eux prises, et les condamner aux dépens de l'incident, d'une part; et lesdits Jean-Baptiste et Antoine Lanés, défendeurs, d'autre part; et entre lesdits Lanés, demandeurs en requête du 11 janvier 1783, tendante à ce qu'il plaise à notredit conseil, sans s'arrêter ni avoir égard à la demande dudit Sabail, portée par sadite requête, le déclarer purement et simplement non recevable dans sa susdite demande, ou en tout cas l'en débouter; ordonner qu'il sera passé outre au jugement du procès, et le condamner aux dépens de l'incident, d'une part; et ledit Sabail, défendeur, d'autre part; et entre ledit Sabail, demandeur en requête du 29 janvier audit an, tendante à ce qu'il fût donné acte audit Sabail de ce que, sous toutes réserves et protestations de droit, et notamment de déduire et développer plus particulièrement ses moyens, lorsqu'il auroit pris communication du procès, et cependant, pour éviter la forclusion dont il est menacé de la part desdits Lanés, satisfaire aux arrêts d'appointement de notredit conseil, des premier décembre 1781 et 6 février 1782, il emploie le contenu en la présente requête; ce faisant, procédant au jugement de l'instance, adjuger audit demandeur les fins et conclusions par lui ci-devant prises, et condamner lesdits Lanés aux dommages-intérêts, et en tous les dépens, sous la réserve expresse, de la part des demandeurs, de prendre par la suite telles autres conclusions qu'il appartiendroit, d'une part; entre lesdits Lanés auxdits noms, demandeurs en requête du vingt-sept juin mil sept cent quatre-vingt-trois, tendante à ce qu'il plaise à notredit conseil, sans s'arrêter ni avoir égard aux demandes, fins et conclusions dudit Sabail, dans lesquelles il sera déclaré non recevable, ou dont en tout cas il sera débouté, adjuger aux demandeurs les fins et conclusions ci-devant prises tant par eux que par ledit feu Lanés, curé de Caussade; ce faisant, condamner ledit Sabail à rendre et restituer auxdits demandeurs toutes les sommes qui lui ont été payées par ledit feu Lanés, en vertu des arrêts et exécutoires de notre parlement de Toulouse, et les intérêts, à compter du jour des paiements, ou en tout cas du jour des demandes; au surplus donner acte aux demandeurs, en tant que de besoin, de la déclaration faite par ledit Fortane, curé actuel dudit Caussade, et successeur dudit feu Lanés, étant au pied de l'assignation à lui donnée en notredit conseil le 17 octobre dernier, en vertu de commission du 23 septembre précédent, et réitérée par ses défenses signifiées en notredit conseil le 7 février 1783, qu'il a été payé par ledit Sabail, à la récolte de 1781, de la dîme par lui reçue sur tous les héritages et continents; en conséquence condamner ledit Sabail en tous les dépens faits tant en notre parlement de Toulouse qu'en notredit conseil d'état et en notredit conseil, même en ceux par eux faits contre ledit Fortane, curé actuel de ladite paroisse, et en ceux occasionnés par la sommation dudit Sabail, du 8 janvier 1783, pour la justification des qualités prises par les demandeurs par leur acte de reprise du 23 septembre 1782, sans préjudice aux demandeurs de tous leurs droits et actions, d'une part; et ledit Sabail, défendeur, d'autre part; et entre ledit Sabail, demandeur en requête du 12 janvier 1784, tendante à ce qu'il plaise à notredit conseil adjuger audit Sabail les conclusions par lui ci-devant prises, et icelles reprenant, corrigeant et augmentant, sans s'arrêter ni avoir égard aux conclusions, requête et demandes, tant des héritiers que dudit feu Lanés, au lieu et place duquel ils ont repris l'instance, dans lesquelles requêtes et conclusions et demandes lesdits héritiers Lanés seront déclarés non recevables et mal fondés, ou dont, en tout cas, ils seront déboutés; en tant que touche la procédure et demande faite et formée par lesdits héritiers Lanés contre ledit Fortane, curé actuel de Caussade, par commission et exploit d'assignation en notredit conseil, des 7, 17 et 23 octobre 1782, à l'effet de le rendre partie dans l'instance, déclarer ladite commission, assignation, demande et procédures, frustratoires, illusoires et nulles; condamner lesdits héritiers Lanés aux dépens; en tant que touche l'appel du demandeur de ladite sentence de la sénéchaussée de Lectoure, du 22 février 1772, mettre l'appellation et ce dont est appel au néant; émendant et corrigeant, déclarer ladite sentence, ensemble la procédure qui l'a précédée et suivie, nulles et incompétemment faites et rendues, sauf auxdits héritiers Lanés à se pourvoir, si bon leur semble, par action nouvelle pardevant les juges qui en doivent connoître, les défenses et moyens du demandeur réservés au contraire; et où notredit conseil ne se détermineroit pas à prononcer sur ledit appel par la voie de la nullité et de l'incompétence, comme en cour souveraine on peut défendre à toutes fins, en ce cas donner acte au demandeur de l'aveu et reconnoissance faite par ledit feu Lanés par son exploit introductif d'instance, du 2 juillet 1771, que pour éviter tout procès, il a restitué au demandeur la dîme qu'il avoit exigée sur les deux pieces de terre dont est question, l'année lors précédente, comme aussi les aveux et déclarations et reconnoissances faites par le demandeur relativement à l'état des lieux avant leur défrichement et extirpation; en conséquence déclarer les poursuites faites par ledit feu Lanés pour parvenir à l'exécution de ladite sentence, nulles et frustratoires, et en conséquence renvoyer les parties en la sénéchaussée de Lectoure, pour y procéder en conséquence de la preuve acquise sur le fond de leurs contestations; et en cas encore où notredit conseil feroit quelque difficulté de prononcer ainsi, en ce cas mettre l'appellation de ladite sentence et ce dont est appel au néant; émendant, et faisant ce que le premier juge auroit dû faire, donner acte au demandeur des aveux et reconnoissances faits tant par ledit feu Lanés que par ses héritiers, que les terrains défrichés par le demandeur n'étoient point avant leur exploitation des bois taillis de haute futaie, mais des terrains non cultivés; en conséquence, et sans s'arrêter à la preuve offerte par ledit feu Lanés et ses héritiers, et renvoyer le demandeur des demandes formées contre lui en la sénéchaussée de Lectoure, et portées par exploit du 12 février 1771, ou en tout cas y déclarer lesdits héritiers Lanés purement et simplement non recevables, ou les en débouter; condamner lesdits héritiers Lanés en tous les dépens des causes principales, d'appel et demande, faits tant à Lectoure, en notre parlement de Toulouse qu'en notredit conseil, et ordonner que l'amende seroit rendue; en tant que touche l'appel incident dudit feu Lanés, de la même sentence, déclarer lesdits héritiers Lanés purement et simplement non recevables dans ledit appel, et les condamner en l'amende de 75 liv. ou en tout cas mettre l'appellation au néant, et condamner lesdits héritiers Lanés en l'amende ordinaire de 12 liv. et en tous les dépens; et comme en cour souveraine on doit sur tous les objets défendre et conclure à toutes fins, dans le cas où, ce qu'il n'y a pas lieu de présumer, notredit conseil pourroit faire quelques difficultés d'adjuger au demandeur ses fins et conclusions ultérieures ci-dessus, à raison de la nature et qualité du terrain contentieux avant l'extirpation et défrichement, en ce cas donner acte au demandeur de ce qu'il dénie formellement les faits allégués et avancés, tant par ledit feu Lanés que ses héritiers, savoir, 1°. qu'avant l'extirpation et défrichement les deux pieces de terre dont il s'agit produisoient des fruits et récoltes abondantes; 2°. que celle des trois mesures étoit en bois taillis, dont il avoit été fait plusieurs coupes depuis quarante ans, et dont l'une avoit produit dix-sept pistoles; 3°. que la piece de deux mesures étoit garnie et complantée d'une aunaie et de saules, peupliers, bois de haute futaie, employés soit à faire du bois de chauffage ou autrement; il soit donné acte au demandeur de ce qu'il articule au contraire, et met en fait, 1°. qu'avant l'extirpation et défrichement la piece de deux mesures étoit un marais et couverte d'eaux stagnantes, qu'il a fallu combler et dessécher à grands frais; 2°. qu'il n'y avoit sur le terrain que cinq à six peupliers et de petits aunes répandus çà et là, absolument incapables d'être employés à faire des cerceaux, ni de parvenir à la grosseur nécessaire et propre à faire des sabots; 3°. que dans le pays on donne indifféremment le nom d'auniere à des héritages couverts d'aunes et haute futaie, et proprement dit et à des héritages tels que celui des trois mesures dont il s'agit; 4°. que le terrain des trois mesures étoit avant le défrichement un lot absolument inculte, sur lequel se trouvoient seulement quelques aunes répandus çà et là, incapables, par la foiblesse du terrain, de s'élever, des ronces, quelques saules, et autres morts bois, dont le germe étoit apporté par les eaux de la riviere d'Adour dans le temps de débordement; ordonner que lesdits héritiers Lanés seroient tenus d'avouer ou de désavouer lesdits faits; en cas d'aveu, adjuger au demandeur ses précédentes conclusions sur le fond des contestations, et les condamner en tels dommages et intérêts qu'il plaira à notredit conseil fixer, et en tous les dépens des causes principales, d'appel et demande, même en ceux faits tant en la sénéchaussée de Lectoure, en notre parlement de Toulouse, qu'en notredit conseil; en cas de dénégation desdits faits, avant faire droit, permettre au demandeur d'en faire preuve, tant par titres, en notredit conseil, que par témoins, devant le plus prochain juge royal des lieux, qu'il plairoit à notredit conseil commettre, et ce, dans le délai qu'il plairoit à notredit conseil fixer, à compter du jour de la signification de l'arrêt à intervenir à personne ou domicile desdits héritiers Lanés, sauf aux héritiers à faire, si bon leur semble, dans le même délai et pardevant le même commissaire, la preuve contraire, pour, les enquêtes faites et rapportées, être par les parties requis, et par notredit conseil ordonné ce qu'il appartiendroit; audit cas réserver les dommages et intérêts et les dépens jusqu'après le jugement de l'interlocutoire, sous toutes réserves, d'une part; et lesdits Jean-Baptiste et Antoine Lanés,

Lanés, défendeurs, d'autre part; et entre lesdits Lanés audit nom, demandeurs en requête du 28 juillet 1784, tendante à ce que, sans s'arrêter aux requêtes et demandes dudit Sabail, dans lesquelles il seroit déclaré non recevable, ou dont en tout cas il seroit débouté, ni aux nouveaux faits par lui articulés par la requête du 10 janvier 1784, qui seroient déclarés non pertinents et inadmissibles, et adjuger aux demandeurs les fins et conclusions par eux prises, notamment par la requête du 16 janvier 1782, et icelles expliquant, en ce qui touche l'appel interjetté par ledit Sabail de ladite sentence de la sénéchaussée de Lectoure, du 22 février 1772, mettre l'appellation au néant, et faisant droit sur l'appel incident interjetté par les demandeurs, mettre pareillement l'appellation et ce dont étoit appel au néant; émendant et corrigeant, faisant ce que le premier juge auroit dû faire, ou en tout cas en statuant par jugement nouveau, donner acte aux demandeurs, en tant que de besoin, sans néanmoins aucune approbation préjudiciable des aveux et reconnoissances dudit Sabail, portés par sa réponse, étant au bas de la signification à lui faite par le demandeur de ladite sentence, par exploit du 11 avril 1772, notamment que l'intention dudit Sabail n'avoit jamais été de contredire que le fonds dont il s'agissoit ne fût dans l'état que ledit feu Lanés l'avoit indiqué, et qu'il y avoit une auniere qui, à sa succession, produisoit quelques aunes pour faire des sabots; en conséquence, et adjugeant aux demandeurs les fins et conclusions dudit Lanés, portées par son exploit d'assignation du 2 juillet 1771, condamner ledit Sabail à restituer aux demandeurs tous les arrérages de la dîme des fruits par lui recueillis sur les héritages dont est question, désignés audit exploit de demande, depuis et compris ladite année 1771 jusqu'au 8 avril 1782, jour du décès dudit Lanés, la demi-comporte de millot, mentionnée audit exploit de demande, le tout suivant l'état qui en sera fourni par le demandeur, sauf à débattre, s'il y échet, et suivant l'estimation qui en seroit faite par experts dont les parties conviendroient pardevant notre plus prochain juge des lieux qu'il plairoit à notredit conseil commettre, autre que celui qui a rendu ladite sentence dont est appel, sinon qui seroit par lui pris et nommé d'office; et condamner ledit Sabail aux intérêts du montant de ladite estimation, à compter du jour de la premiere demande, et subsidiairement, où notredit conseil y pourroit faire quelque difficulté et ne trouveroit pas sa religion suffisamment instruite, ce qu'il n'y a pas lieu de présumer, en ce cas autoriser les demandeurs à faire preuve, tant par titres que par témoins, dans tel délai qu'il plairoit à notredit conseil de fixer, et pardevant le plus prochain juge des lieux, qu'il plairoit à notredit conseil de commettre, autre que celui qui a rendu la sentence dont est appel, les faits par lui ci-devant articulés et insérés dans sa requête signifiée en ladite sénéchaussée de Lectoure, ce 14 novembre 1771, qu'avant l'extirpation et conversion en terres labourables des deux pieces de terre dont il s'agit, elles produisoient des fruits; que l'une desdites pieces de terre étoit en bois taillis et l'autre garnie de bois de différentes especes, comme aunes, saules et peupliers bas et de haute futaie, et sauf audit Sabail à faire la preuve contraire, si bon lui semble, dans ce même délai, et pardevant le même commissaire, pour, les enquêtes faites et rapportées, être par notredit conseil ordonné ce qu'il appartiendroit; dans tous les cas condamner ledit Sabail à rendre et restituer aux demandeurs la somme de neuf cents quarante-deux livres dix-neuf sous neuf deniers que ledit feu Lanés a été contraint de lui payer pour les dépens auxquels ledit Lanés a été condamné envers lui par arrêt de notredit parlement de Toulouse du 10 juillet 1773, par celui de notredit conseil d'état du 24 avril 1775, et que ledit Lanés a été contraint de lui payer en vertu des exécutoires de notredit parlement de Toulouse; savoir, celle de 49 liv. 14 sous 11 den. suivant la quitance dudit Sabail du 17 juillet 1773, et celle de 893 liv. 4 sous 10 den. suivant autre quitance du 28 février 1774 avec les intérêts des deux sommes à compter du jour des paiements qui en ont été faits par ledit Lanés, suivant la jurisprudence de notredit conseil, et condamner ledit Sabail en tous les dépens faits tant en la sénéchaussée de Lectoure qu'en notredit parlement de Toulouse, aux frais et coût dudit arrêt de notre conseil d'état du 24 avril 1775, ceux faits en notredit conseil, même en ceux faits sur le provisoire, et qui ont été réservés, dans lesquels dépens seront compris ceux faits contre ledit Fortane curé de Caussade, et ceux occasionnés par la sommation et requête dudit Sabail des 8 et 10 janvier 1783, sauf et sans préjudice auxdits demandeurs de tous leurs autres droits, d'une part; et ledit Sabail, défendeur, d'autre part. Après que notre procureur général a conclu; et a été oui, et vu le rapport de notre amé et féal Mathias-Bernard Goudin, conseiller : tout vu et diligemment examiné: ICELUI NOTREDIT GRAND CONSEIL, ayant aucunement égard aux requêtes et demandes desdits Jean-Baptiste et Antoine Lanés ès noms qu'ils procedent, faisant droit sur l'appel interjetté par ledit François Sabail de la sentence de la sénéchaussée de Lectoure du 22 février 1772, ensemble sur celui interjetté par ledit Jean Lanés de ladite sentence, a mis et met les appellations et ce dont est appel au néant; émendant et statuant par jugement nouveau, sans s'arrêter aux requêtes et demandes dudit François Sabail dont il est débouté, ni aux faits par lui articulés, faisant pareillement droit sur les conclusions de notre procureur général, a déclaré *et déclare les héritages dont est question, mentionnés et désignés en l'exploit de demande dudit Jean Lanés du 2 juillet* 1771, à prendre dans la piece appellée Talopis : savoir, la partie du côté du nord, de la continence d'environ trois mesures, et la partie du midi et du levant, de deux mesures *ou environ, sujets à la dîme; en conséquence,* condamne ledit Sabail à payer et restituer auxdits Jean-Baptiste et Antoine Lanés èsdits noms la dîme des fruits décimables par lui récoltés sur lesdits héritages, depuis et compris la récolte de l'année 1771, jusques et compris celle de l'année 1781, laquelle a précédé le 8 avril 1782, jour du décès dudit Jean Lanés, ensemble la demi-comporte de millot comprise dans ledit exploit de demande dudit jour 2 juillet 1771; le tout suivant l'état qui en sera fourni par lesdits Jean-Baptiste et Antoine Lanés dans un mois, à compter du jour de la signification du présent arrêt à personne ou domicile, sauf audit Sabail à débattre ledit état dans le même délai, s'il y a lieu, et suivant la fixation du produit qui en sera fait par experts dont les parties conviendront pardevant notre amé et féal notre juge de Castelnau, que notredit conseil a commis et commet à cet effet, sinon qui seront par lui pris et nommés d'office, lesquels experts feront ladite estimation et fixation sur les mercuriales du marché le plus prochain des lieux; condamne ledit Sabail aux intérêts du montant de ladite estimation à compter du jour des demandes pour ce qui en étoit échu lors d'icelles; comme aussi condamne ledit Sabail à rendre et restituer auxdits Jean-Baptiste et Antoine Lanés èsdits noms la somme de 942 livres 19 sous 9 deniers au paiement de laquelle ledit Jean Lanés a été contraint en vertu des exécutoires de notre parlement de Toulouse pour les dépens auxquels ledit Jean Lanés a été condamné par l'arrêt de notredit parlement de Toulouse du 10 juillet 1773, suivant les quittances dudit Sabail du 17 juillet 1773 et 28 février 1774, ensemble les intérêts de ladite somme à compter du jour des paiements qui en ont été faits sur la demande formée par lesdits Jean-Baptiste et Antoine Lanés, à ce que le présent arrêt soit déclaré commun avec ledit Fortane curé actuel de Caussade; ensemble sur le surplus des demandes, fins et conclusions des parties, a mis et met lesdites parties hors de cour, condamne ledit Sabail en tous les dépens envers lesdits Jean-Baptiste et Antoine Lanés, faits tant en la sénéchaussée de Lectoure qu'en notredit parlement de Toulouse et en notredit conseil, même en ceux réservés, dans lesquels entreront ceux faits par ledit Lanés contre ledit Fortane, et seront les amendes rendues. Si donnons en mandement etc. DONNÉ en notredit conseil à Paris le 3 de mars 1785, et de notre regne le onzieme. Collationné, *signé* SOUCHU DE RENNEFORT. Par le roi, à la relation des gens de son grand conseil, *signé* POURSIN. Scellé le 4 mai 1785, et signifié le 22 avril précédent à Me CHAILLOU, procureur adverse, par GAUDET.

ARRÊT

DU GRAND CONSEIL,

Qui ordonne, au profit du curé de Neuville, des prieur et religieux de Saint-Benoît sur Loire, et du curé d'Atray, le paiement de la dîme sur des terres dépendantes de l'ordre de Saint-Lazare.

Du six septembre mil sept cent quatre-vingt-trois.

LOUIS, par la grace de Dieu, roi de France et de Navarre, à tous ceux qui ces présentes lettres verront, SALUT. Savoir faisons comme par arrêt cejourd'hui rendu en notre grand conseil entre notre amé Charles Pasquier, bachelier en droit, prêtre, curé de la paroisse de Neuville, les prieur et religieux Bénédictins du couvent de Saint-Benoît-sur-Loire, et Jean-Baptiste Perrin, curé de la paroisse d'Atray, demandeurs, suivant la requête présentée au juge de Neuville, et ordonnance étant au bas, en date du 5 novembre 1781, et assignation du 7 décembre audit an, tendante à ce qu'il leur fût permis de faire assigner audit siege le nommé de la Porte, fermier de la ferme de la Borde-Martin-Atrap, paroisse d'Atray, pour se voir condamner à payer aux demandeurs, savoir, audit curé de Neuville la dîme de tous les grains récoltés sur cent mines ou environ de terres situées sur la paroisse de Tillay-Saint-Benoît, et audit curé d'Atray sur quatre-vingts mines de terre et le manoir de ladite ferme de la Borde, située sur la paroisse d'Atray, suivant l'usage du pays, dans la huitaine de la signification de la sentence à intervenir, sinon et faute de ce faire dans ledit temps, et icelui passé, sans qu'il soit besoin d'autre jugement ni sentence, qu'il fût condamné à payer aux demandeurs, savoir, au premier la somme de 120 livres, au second celle de 180 livres, et au troisieme celle de 150 livres, y compris la dîme appellée dîme de charnage, à prendre sur ledit charnage, si mieux n'aime ledit de la Porte à dire d'experts qui seront convenus entre les parties ou nommés d'office en la maniere ordinaire, et qu'il fût en outre condamné aux dépens, sous la réserve des autres droits et actions des demandeurs, d'une part; et notre très cher et bien amé frere Louis-Stanislas-Xavier de France, Monsieur, grand-maître de nos ordres militaires et hospitaliers de Notre Dame de Mont-Carmel, de Saint-Lazare de Jérusalem, comme ayant pris le fait et cause dudit de la Porte, fermier de la Borde, évoquant et demandeur, suivant son exploit d'assignation en notredit conseil, du 20 décembre 1781, fait en vertu de commission générale du 4 novembre 1775, et requérant que les différentes bulles des papes, revêtues de lettres-patentes duement registrées en notredit conseil, accordées aux ordres de Mont-Carmel et de Saint-Lazare de Jérusalem, portant exemption du paiement de toute espece de dîmes sur les terres et domaines desdits ordres, soit qu'ils soient possédés par eux ou par leurs fermiers, et les privileges d'imprescriptibilité, ensemble les arrêts de notredit conseil, des 26 février 1714 et 5 août 1732, seroient exécutés selon leur forme et teneur, en conséquence que le demandeur audit nom seroit maintenu et gardé dans le droit et possession de l'exemption du paiement d'aucunes especes de dîmes sur les terres et domaines appartenants auxdits ordres et à la commanderie de Boigny, commanderie magistrale desdits ordres, et notamment sur les héritages dépendants de ladite ferme de la Borde-Martin-Atrap; que défenses seroient faites auxdits prieur et religieux de Saint-Benoît-sur-Loire, audit Pasquier, audit Perrin, et à tous autres, de plus à l'avenir troubler les demandeurs, leurs ordres et leurs fermiers, dans ladite exemption; et pour l'avoir fait, se voir lesdits défendeurs condamnés à rendre et restituer auxdits ordres et aux demandeurs audit nom la dîme qu'ils peuvent avoir prise et perçue sur les héritages et terres de ladite ferme de la Borde, suivant l'estimation qui en sera faite par experts en la maniere accoutumée, avec les intérêts, et aux dépens, d'autre part; et entre notre très cher et bien amé frere Monsieur, intervenant et demandeur, suivant la requête présentée à notredit conseil le 8 novembre 1782, tendante à ce qu'il plaise ordonner que la bulle des papes Pie IV, du 4 des nones de mai 1565, commençant par ces mots, *Inter assiduas*, et du pape Pie V, du 7 des calendes de février 1566, commençant par ces mots, *Sicuti bonus agricola*; la bulle du cardinal de Vendôme légat *à latere* en France, donnée à Paris aux nones de juin 1658, laquelle rappelle et confirme la bulle de Pie IV et Pie V; les lettres-patentes du mois d'avril 1764; les autres lettres-patentes en forme de jussion, du 4 août 1668; l'arrêt de notredit conseil, du 18 mai 1769, portant enregistrement desdites bulles et lettres - patentes; les lettres - patentes en forme d'édit du mois de septembre 1770, aussi duement enregistrées en notredit conseil; les arrêts de notredit conseil, des 26 février 1714, 5 août 1732, et 31 juillet 1778, seront exécutés selon leur forme et teneur; en conséquence maintenir et garder le demandeur audit nom de grand-maître dans l'exemption du paiement de toutes especes de dîmes des fruits qui se récoltent sur les terres et domaines dépendants desdits ordres et de ladite commanderie de Boigny, et notamment sur les terres et domaines dépendants de la ferme de la Borde-Martin-Atrap, dépendante de ladite commanderie, soit que lesdits domaines et terres soient possédés par le demandeur, lesdits ordres et commanderie, soit par leurs fermiers; faire défenses auxdits prieur et religieux de Saint-Benoît, et auxdits Pasquier et Perrin, et à tous autres, de plus à l'avenir troubler le demandeur en sadite qualité, lesdits ordres et leurs fermiers, dans le droit, possession et jouissance de ladite exemption de toutes dîmes; pour l'avoir fait, qu'ils fussent condamnés à rendre et restituer au demandeur audit nom et desdits ordres la dîme des grains de charnage qui a été par eux prise et perçue, chacun en droit soi, sur les terres et domaines dépendants de ladite commanderie de Boigny, sur les paroisses de Tillay Saint-Benoît, Atray, Neuville, et tous autres, à compter de leur récolte de 1781, sur l'état qu'ils seroient tenus d'en donner, sauf au demandeur à débattre, s'il y échet, la derniere année en nature, et les précédentes sur l'estimation qui en seroit faite par experts et gens à ce connoissant, dont les parties conviendront devant notre plus prochain juge des lieux qu'il plairoit à notredit conseil de commettre, sinon qui seroient par lui pris et nommés d'office, aux intérêts du montant de ladite restitution, à compter du jour de la perception desdites dîmes, suivant l'ordonnance; les condamner en outre en 3000 liv. ou telle autre somme qu'il plairoit à notredit conseil fixer, applicable, du consentement des demandeurs, aux pauvres desdites paroisses; et faisant droit sur la demande en profit de défaut de comparoir, levée au greffe de notredit conseil contre ledit Pasquier, curé de Neuville, et renvoyée à l'audience par arrêt de notredit conseil, du 30 août dernier, déclarer l'arrêt à intervenir commun avec ledit Pasquier, pour être également exécuté contre lui selon sa forme et teneur, et condamner lesdits prieur et religieux de Saint-Benoît et lesdits Perrin et Pasquier en tous les dépens, et lesdits prieur et religieux de Saint-Benoît, et ledit Perrin, curé d'Atray, défendeurs, et aussi ledit Pasquier, curé de Neuville, défendeurs et défaillants, d'autre part; et entre les prieur et religieux de Saint-Benoît, et ledit Perrin, curé d'Atray, demandeurs en requête du 24 mai 1783, tendante à ce qu'il plaise à notredit conseil condamner les fermiers de la Borde-Martin-Atrap à payer aux demandeurs, savoir, auxdits prieur et religieux de Saint-Benoît la dîme à eux due sur cent vingt mines ou environ, situées sur la paroisse de Tillay-Saint-Benoît, et audit Perrin, curé d'Atray, celle à lui due sur quatre-vingts mines de terre et le manoir de ladite ferme de la Borde, située sur ladite paroisse d'Atray, suivant l'usage du pays, dans la huitaine de la signification de l'arrêt à intervenir; sinon, et faute de ce faire dans ledit temps, et icelui passé, sans qu'il soit besoin d'autre, condamner lesdits fermiers à payer aux demandeurs, savoir, auxdits religieux de Saint-Benoît la somme de 180 livres, et audit curé d'Atray celle de 150 livres, compris la dîme appellée dîme de charnage, à prendre sur ledit manoir, avec les intérêts desdites sommes, à compter du jour de la demande par eux formée en notredit bailliage de Neuville, par requête, ordonnance et exploit d'assignation des 5 novembre et 7 décembre 1781, si mieux n'aiment lesdits fermiers à dire d'experts dont les parties conviendroient, ou qui seroient par notredit conseil pris et nommés d'office, ce qu'ils seroient tenus d'opter dans la huitaine du jour de la signification de l'arrêt à intervenir, sinon déchus de ladite option, et ledit arrêt exécuté purement et simplement, pour les sommes ci-dessus, et intérêts d'icelles échus et à échoir, et condamner en outre lesdits fermiers en tous les dépens faits par les demandeurs, tant à notre bailliage de Neuville qu'en notredit conseil, d'une part; et notre très cher et bien amé frere, Monsieur, défendeur, d'autre part; et entre lesdits prieur et religieux de Saint-Benoît, et ledit Perrin, curé d'Atray, demandeurs en requêtes des 2 et 16 juillet dernier; la premiere tendante à ce qu'il plaise à notredit conseil maintenir et garder les demandeurs dans le droit et possession immémoriale où ils sont de tous les temps et depuis plusieurs siecles, par eux et leurs prédécesseurs, de percevoir la dîme des fruits décimables recueillis sur les terres et héritages qui composent ladite ferme, situées dans l'étendue de leur dîmerie, avec défenses de les y troubler; ce faisant, condamner les possesseurs desdits héritages et terres, par eux et leurs fermiers, à payer aux demandeurs la dîme des fruits décimables par eux recueillis sur lesdites terres et héritages de ladite ferme, tant pour ladite année 1781, ainsi qu'ils y ont précédemment conclu, que pour l'année derniere 1782, suivant les dépens qu'ils en fourniroient, sauf à débattre, s'il y échet, ou suivant l'estimation à dire d'experts convenus ou nommés d'office, ensemble aux intérêts du montant de ladite restitution ; à continuer à l'avenir le paiement de ladite dîme, tant qu'ils seroient possesseurs et détenteurs desdites terres et héritages, et condamner les contestants aux dépens; la deuxieme tendante à ce qu'il plaise à notredit conseil donner acte aux demandeurs de ce qu'ils articulent et mettent en fait que de temps immémorial, depuis plusieurs siecles, et notamment depuis plus de quarante ans avant ledit exploit de demande, ils ont toujours et sans aucun trouble perçu, par eux et leurs prédécesseurs ou leurs fermiers, la dîme de tous les fruits décimables et sujets à dîme qui ont été recueillis sur toutes les terres appartenantes à l'ordre de Saint-Lazare et commanderie de Boigny, dépendante de la ferme de la Borde, faisant partie de ladite commanderie, et dont est question, et que ladite dîme n'avoit jamais cessé d'être payée, perçue, ni été refusée par les

fermiers

fermiers de ladite commanderie sur toutes les terres et héritages dépendants de ladite ferme, si ce n'est aux années dernieres 1781 et 1782; dans le cas où lesdits faits ne seroient déniés d'une maniere aussi précise qu'ils l'ont ci-dessus articulé, les tenir pour constants et avérés; en conséquence qu'il fût adjugé dès à présent aux demandeurs leurs fins et conclusions; et où ils seroient déniés, permettre aux suppliants d'en faire preuve, tant par titres que par témoins, pardevant notre juge le plus prochain des lieux qu'il plairoit à notredit conseil de commettre, et dans tel délai qu'il plairoit à notredit conseil de fixer, sauf la preuve contraire dans le même délai; dans tous les cas, condamner les contestants aux dépens, d'une part; et notre très cher et bien amé frere Monsieur, audit nom, défendeur, d'autre part; et entre notre très cher et bien amé frere Monsieur, audit nom, demandeur en requête du 25 juillet 1783, tendante à ce qu'il plaise à notredit conseil, sans s'arrêter auxdites requêtes et demandes desdits prieur et religieux de Saint-Benoît, et lesdits Perrin et Pasquier, dans toutes lesquelles ils seront, chacun à leur égard, déclarés purement et simplement mal fondés, ou dont en tout cas ils seront déboutés, adjuger au demandeur les fins et conclusions ci-devant prises, et condamner les adversaires aux dépens, d'une part; et lesdits prieur et religieux de Saint-Benoît, et ledit Perrin, curé d'Atray, défendeurs, d'autre part; et entre lesdits prieur et religieux de Saint-Benoît, ledit Perrin, curé d'Atray, demandeurs en requête du premier du présent mois d'août, tendante à ce qu'il plaise à notredit conseil condamner le grand maître desdits ordres, à cause de sa commanderie magistrale de Boigny, et comme ayant pris fait et cause de Jacques de la Porte, fermier de la ferme de la Borde, dépendante de ladite commanderie, à payer, rendre et restituer, savoir, audit Perrin, l'un des demandeurs, les dîmes de tous grains et fruits décimables, recueillis ès années 1781 et 1782, sur 80 mines de terres labourables, ou environ, dépendantes de ladite ferme, et situées en la paroisse d'Atray, ensemble la dîme de charnage sur le principal manoir de ladite ferme, aussi située en ladite paroisse d'Atray, et auxdits prieur et religieux les dîmes de tous les grains et fruits décimables, recueillis èsdites années 1781 et 1782, sur 120 mines de terres labourables, ou environ, aussi dépendantes de ladite ferme, située en la paroisse de Tillay-Saint-Benoît, de paiement desquelles dîmes a été injustement et induement refusé aux demandeurs, savoir, à la récolte de 1781, par le nommé Jean Jaget, fermier actuel de ladite commanderie, pour lesquelles dîmes les demandeurs ont bien voulu se restreindre, savoir, ledit Perrin, l'un des demandeurs, à la somme de 150 livres pour chacune des deux années 1781 et 1782, y compris ladite dîme de charnage sur le principal manoir de ladite ferme, et lesdits religieux de Saint-Benoît, aussi demandeurs, à la somme de 180 livres, pour chacune des deux années 1781 et 1782, si mieux n'aimoit ledit grand maître desdits ordres, suivant l'estimation qui en seroit faite par experts dont les parties conviendroient pardevant le plus prochain juge des lieux qu'il plairoit à notredit conseil de commettre à cet effet, sinon qui seroient par lui pris et nommés d'office, ce qu'il seroit tenu d'opter dans la huitaine, à compter du jour de la signification de l'arrêt à intervenir, faite à personne ou à domicile, sinon déchu de ladite option, et ledit arrêt exécuté purement et simplement pour lesdites sommes, et aux intérêts du montant de ladite estimation, ou de ce qui se trouveroit dû, ou à compter du jour des demandes; condamner pareillement ledit grand maître, et ledit Jean Jaget, son fermier des terres de ladite ferme de la Borde, à rendre et restituer aux demandeurs, par ledit fermier, les dîmes de tous grains et fruits décimables, recueillis, ou qui seroient à recueillir en la présente année, sur les terres de ladite ferme, et audit Perrin, curé d'Atray, l'un des demandeurs, celle de charnage sur le principal manoir de ladite ferme, le tout en nature, et pour lesquelles dîmes le demandeur déclare pareillement se restreindre; savoir, ledit Perrin, curé d'Atray, à la somme de 150 livres, y compris ladite dîme de charnage, et lesdits prieur et religieux de Saint-Benoît sur Loire, à celle de 180 livres, si mieux n'aimoit ledit grand maître, suivant l'estimation à dire des mêmes experts convenus ou nommés d'office, ce qu'il seroit pareillement tenu d'opter dans le même délai ci-dessus, sinon déchu de ladite option, et ledit arrêt executé purement et simplement pour lesdites sommes, et aux intérêts du montant de ladite estimation, ou de ce qui se trouveroit dû, à compter du jour des demandes; que ledit grand maître fût pareillement condamné, ou ses fermiers, à continuer à l'avenir aux demandeurs le paiement desdites dîmes sur lesdites terres de la ferme de la Borde, situées èsdites paroisses d'Atray et de Tillay-Saint-Benoît; faire défenses auxdits fermiers d'y troubler à l'avenir les demandeurs, et, pour l'avoir fait, qu'ils fussent condamnés en tels dommages intérêts qu'il plairoit à notredit conseil d'arbitrer, et déclarer l'arrêt qui interviendra commun avec ledit Pasquier, curé de Neuville, pour ce qui peut le concerner, et sauf à lui à se pourvoir, ainsi qu'il avisera; et où notredit conseil pourroit faire la moindre difficulté, ce qu'il n'y a pas lieu de présumer, en ce cas et subsidiairement seulement, à ce qu'il fût donné acte aux demandeurs de ce qu'ils articulent et mettent en fait en tant que de besoin, et offrent de prouver, tant par titres que par témoins, que de temps immémorial et depuis plusieurs siecles, soit avant, soit depuis l'acte d'échange, du 11 décembre 1706, fait entre de Nerestang, grand maître desdits ordres, et Jacques de Perrette, seigneur de Maire, et notamment depuis plus de quarante ans avant la demande des demandeurs, ils étoient en possession, tant par eux que par leurs prédécesseurs ou leurs fermiers, de percevoir, sur toutes lesdites terres dépendantes de ladite ferme de la Borde, les dîmes de tous les grains et fruits décimables qui se recueillent sur lesdites paroisses d'Atray et Tillay-Saint-Benoît; ledit Perrin, curé d'Atray, celle de charnage sur ledit manoir de ladite ferme, située en ladite paroisse d'Atray; et que lesdites dîmes n'ont jamais cessé d'être perçues sur toutes lesdites terres et héritages, ni refusées par les fermiers de ladite ferme de la Borde, si ce n'est auxdites années dernieres 1781 et 1782, et en ladite présente année; dans le cas où lesdits faits en seroient déniés, les tenir pour constants et avérés; en conséquence qu'il fût adjugé aux demandeurs leurs fins et conclusions, et en cas de déni, permettre aux suppliants d'en faire preuve, tant par titres que par témoins, dans ledit délai qui seroit fixé par notredit conseil, sauf la preuve contraire dans le même délai, et dans tous les cas condamner ledit grand maître aux dépens faits par les demandeurs, tant à notredit bailliage de Neuville qu'en notredit conseil, d'une part; et notre très cher et bien amé frere Monsieur, audit nom, défendeur, d'autre part; sans que les qualités puissent nuire ni préjudicier: après que Desnos, avocat desdits prieur et religieux de Saint-Benoît, et dudit Perrin, curé d'Atray, assisté de Foisy, leur procureur, a conclu en sa requête et demande, et a été oui; que Chaillou, procureur de notre très cher et bien amé frere Monsieur, a aussi conclu en ses requêtes et demandes, a été oui; et que notre amé et féal de Vaucresson, pour notre procureur général, a pareillement été oui; la cause plaidée pendant dix audiences, et qu'il en a été délibéré par notredit conseil, au rapport de notre amé et féal de Moutillet, conseiller, suivant l'arrêt de notredit conseil, du 22 août dernier, ICELUI NOTREDIT GRAND CONSEIL a reçu la partie de Chaillou en sa qualité de grand maître des ordres de Saint Lazare et de Notre-Dame de Mont-Carmel, partie intervenante, lui donne acte de sa prise de fait et cause pour son fermier de la métairie de la Borde et dépendances; faisant droit sur son intervention, sans s'arrêter à ses requêtes et demandes, condamne ladite partie de Chaillou, en sadite qualité, à faire payer, rendre et restituer, par ses fermiers, aux parties de Desnos, la dîme de tous les fruits décimables qui ont été recueillis pendant les années 1781 et 1782, ensemble de ceux de la présente année 1783, savoir, audit Jean-Baptiste Perrin, curé de la paroisse d'Atray, sur 80 mines de terres labourables dépendantes de ladite ferme, situées dans l'étendue du territoire d'Atray et paroisse dudit lieu, et la dîme de charnage sur le principal manoir de ladite ferme, et aux prieur et religieux de l'abbaye de Saint-Benoît sur Loire, autres parties de Desnos, les dîmes des grains et fruits décimables, recueillis sur cent vingt mines de terres labourables dépendantes de ladite ferme, situées dans l'étendue du territoire de la paroisse de Tillay-Saint-Benoît, sinon à lui payer pour chacune année du montant desdites dîmes, savoir, audit Perrin, curé d'Atray, la somme de 150 livres, pour le tout, y compris la dîme de charnage, et auxdits prieur et religieux de Saint-Benoît sur Loire la somme de 180 livres pour chacune année desdites dîmes, si mieux n'aime ladite partie de Chaillou, suivant l'estimation qui en sera faite par experts dont les parties conviendront pardevant notre amé et féal le lieutenant général du bailliage d'Orléans, que notredit conseil a commis et commet à cet effet, sinon qui seront par lui pris et nommés d'office, ce que ladite partie de Chaillou sera tenue d'opter dans quinzaine, à compter du jour de la signification du présent arrêt, sinon et ledit temps passé, ordonne que le présent arrêt sera exécuté pour les sommes ci-dessus fixées; condamne en outre ladite partie de Chaillou, ou ses fermiers, aux intérêts du montant desdites restitutions, à compter du jour des demandes ; condamne pareillement ladite partie de Chaillou, ou ses fermiers desdites métairies, à continuer à l'avenir auxdites parties de Desnos le paiement desdites dîmes sur lesdites terres de la ferme de la Borde, situées dans ledit territoire des paroisses d'Atray et de Tillay-Saint-Benoît; fait défenses auxdits fermiers d'y troubler lesdites parties de Desnos, et adjugeant le profit dudit défaut levé au greffe de notredit conseil contre ledit Pasquier, curé de Neuville, déclare le présent arrêt commun avec ledit Pasquier, en ce qui peut le concerner; sur le surplus des demandes, fins et conclusions des parties, a mis et met lesdites parties hors de cour; condamne la partie de Chaillou en tous les dépens faits tant au bailliage de Neuville qu'en notredit conseil. SI, etc. FAIT et donné à Paris en notre grand conseil, le 6 septembre, l'an de grace 1783, et de notre regne le dixieme. Collationné, *signé* SOUCHU DE RENNEFORT. Par le roi, à la relation des gens de son grand conseil, *signé* POURSIN.

ARRÊT DU CONSEIL,

Qui ordonne que les articles XXI et XXII de l'édit du mois d'avril 1695 seront exécutés selon leur forme et teneur; en conséquence décharge des décimateurs ecclésiastiques de la province de Champagne, des sommes auxquelles ils ont pu être imposés, à raison de leurs dîmes, pour les réparations des presbyteres des paroisses dans lesquelles ils perçoivent la dîme.

Du huit octobre mil sept cent quatre-vingt.

Extrait des registres du conseil d'état.

LE roi étant informé qu'il s'est élevé des difficultés dans la province de Champagne à l'occasion des contributions pour les réparations de quelques presbyteres, auxquelles plusieurs décimateurs ecclésiastiques ont été assujettis pour leurs dîmes par des ordres du sieur intendant et commissaire départi pour l'exécution des ordres de sa majesté en ladite province, et sa majesté voulant faire cesser toute contestation à ce sujet; oui le rapport du sieur Moreau de Beaumont, conseiller d'état ordinaire et au conseil royal des finances: SA MAJESTÉ ÉTANT EN SON CONSEIL, sans s'arrêter auxdites ordonnances, a ordonné et ordonne que les articles XXI et XXII de l'édit du mois d'avril 1695 seront exécutés selon leur forme et teneur; décharge en conséquence sa majesté lesdits décimateurs des sommes auxquelles ils ont pu être imposés à raison de leurs dîmes, pour les réparations des presbyteres des paroisses dans lesquelles ils perçoivent la dîme; enjoint sa majesté au sieur intendant et commissaire départi pour l'exécution de ses ordres dans la province et frontieres de Champagne, de tenir la main à l'exécution du présent arrêt. FAIT au conseil d'état du roi, sa majesté y étant, tenu à Versailles, le 8 octobre 1780. *Signé*, LE BARON DE BRETEUIL.

COPIE d'une lettre écrite par M. l'intendant de Champagne à M. de Périgny, son subdélégué à Joinville, touchant l'exemption des préciputaires pour les réparations des presbyteres.

Châlon, le 12 octobre 1781.

C'EST avec raison, monsieur, que MM. les agents du clergé prétendent que les préciputs sur les dîmes ne doivent pas contribuer aux dépenses des réparations des presbyteres. Ces préciputs doivent être assimilés aux dîmes elles mêmes, ils sont dans la même classe que les dîmes inféodées. Il a été décidé par le ministre des finances que ces dernieres ne pouvoient être assujetties, lorsque les décimateurs ecclésiastiques en avoient été affranchis par l'arrêt du conseil du 8 octobre de l'année derniere. Ainsi les préciputs sur les dîmes doivent jouir de la même faveur. Je vous prie donc de ne point faire contribuer ces préciputs dans aucune dépense de presbytere; et si le chapitre de Joinville a été imposé pour cet objet dans le rôle du presbytere d'Évêqueville, vous voudrez bien lui faire restituer le montant de cette imposition.

Je suis très parfaitement,

MONSIEUR,

votre très humble et très obéissant serviteur.
Signé ROUILLÉ D'ORFEUIL.

COPIE de la lettre écrite de Versailles par M. le garde des sceaux à M. l'abbé de Périgord.

le 16 juillet 1782.

JE vous envoie, monsieur, copie de la lettre que j'ai adressée à M. de Beaumont, le 29 du mois dernier, au sujet de l'assujettissement des coupes des futaies des bois appartenants aux gens de main-morte, à la formalité des lettres patentes.

On ne peut rien ajouter aux sentiments avec lesquels je vous suis, monsieur, bien véritablement attaché.

COPIE de la lettre écrite par M. le garde des sceaux à M. de Beaumont, conseiller d'état.

le 29 juin 1782.

J'ai reçu, monsieur, la lettre que vous avez pris la peine de m'écrire le 19 de ce mois. Les motifs que vous m'exposez, qui ont engagé à s'écarter de la disposition impérative de l'ordonnance de 1669, en dispensant de la formalité des lettres patentes pour les coupes des bois de hautes futaies appartenants aux gens de main-morte, me paroissent mériter la plus grande attention, et je ne vous dissimulerai pas qu'ils affoiblissent considérablement dans mon esprit le scrupule qui m'avoit engagé à réclamer l'exécution littérale de l'ordonnance.

Je vois que, la plupart du temps, la modicité des objets exige que l'on accorde la dispense dont il s'agit, et que, même lorsque les objets sont plus considérables, le bien de l'aménagement et l'intérêt des communautés exige que l'on évite des formalités dispendieuses, qui peuvent encore donner lieu à des contestations toujours onéreuses.

De-là je conclus qu'il est nécessaire de laisser à la sagesse de l'administration à juger des circonstances dans lesquelles il est indispensable de s'en tenir à la regle, et de celles où le bien même du public veut que l'on dispense de sa rigueur. Ainsi, je m'en rapporterai, à l'avenir, à votre prudence; et ce sera d'autant plus volontiers, que je connois votre exactitude, votre attachement aux bons principes, et je suis en cela d'accord avec M. de Fleury et avec tous ceux qui vous connoissent.

COPIE de la lettre écrite par M. de Beaumont, conseiller d'état, à M. l'abbé de Périgord.

le 19 juillet 1782.

Je reçois, monsieur, la lettre que vous me faites l'honneur de m'écrire relativement à l'exécution de la disposition de l'ordonnance de 1669, qui assujettit à la formalité des lettres patentes les coupes de futaies des bois appartenants aux gens de main-morte. J'ai lu, avec toute l'attention qu'il exigeoit, le mémoire que vous avez donné, et dans lequel vous êtes entré dans les détails des inconvénients que vous exposez, qui résulteroient de cet assujétissement; je m'en suis expliqué avec M. le garde des sceaux et M. de Fleury, qui m'ont fait connoître leurs intentions, auxquelles je me conformerai avec la plus grande exactitude, comme je le dois. C'est, monsieur, sur un objet de ce genre, tout ce qui peut dépendre de moi.

Je suis avec respect,

MONSIEUR,

votre très humble et très obéissant serviteur.

DE BEAUMONT.

ARRÊT DU CONSEIL,

Qui, avant faire droit sur la requête en cassation d'un arrêt rendu par le parlement de Bretagne, en faveur de la communauté des habitants et des boulangers de Saint-Malo, contre le chapitre cathédral, au sujet de la bannalité, ordonne que le procureur général de cette cour enverra, dans deux mois, au greffe du conseil, les motifs de l'arrêt.

Du vingt-neuf novembre mil sept cent soixante et dix-neuf.

Extrait des registres du conseil d'état privé du roi.

Sur la requête présentée au roi, en son conseil, par les doyen, chanoines et chapitre de l'église cathédrale de Saint-Malo, contenant que l'intérêt le plus sensible et le plus légitime du chapitre le met dans la nécessité de réclamer l'autorité de sa majesté contre un arrêt du parlement de Bretagne, du 11 août 1778, rendu en faveur des boulangers de Saint-Malo, et la communauté des habitants de la même ville. Cet arrêt, par une contravention formelle et littérale à l'édit de 1695, article 49, prive le chapitre de Saint-Malo d'un droit de bannalité dont il jouissoit et étoit en possession de temps immémorial; et cette contravention est d'autant plus caractérisée, que ce droit de bannalité se trouve confirmé par les titres les plus solemnels, émanés de l'autorité souveraine, qu'il a été reconnu de tous les temps par des transactions, des arrêts non attaqués, et qui subsistent, et spécialement par un arrêt contradictoire du conseil d'état, du 14 octobre 1746, dont l'exécution étoit invoquée par les suppliants, dans l'instance même qui vient d'être jugée au parlement de Bretagne. Cette cour n'a certainement pas eu le pouvoir d'y donner atteinte, sans donner en même temps atteinte à l'autorité même du conseil d'état, et sans compromettre son arrêt. Dans le fait, l'évêque et le chapitre de Saint-Malo sont seigneurs temporels de cette ville, et à ce titre ils y ont droit de bannalité de four: ce droit est aussi ancien que le chapitre même; il en est fait mention dans le procès verbal des commissaires qui mirent à exécution la bulle de sécularisation de l'église de Saint-Malo, dressé en 1321, et il y est mis au nombre des biens que possédoit cette église

en

en ces termes, *furnus villæ pro triginta libris*, le four de la ville évalué à la somme de trente livres. Une transaction passée entre le chapitre et les habitants de Saint-Malo, au sujet des contestations qui s'étoient élevées sur plusieurs droits, s'exprime ainsi en parlant des habitants: *Item, feront abattre leurs fours, et plus n'en feront sans le congé de la seigneurie.* Le droit de bannalité est d'autant plus certain, qu'il n'a jamais été contesté en lui-même, et il n'a été question dans tout ce qui s'est passé dans la suite, que d'en fixer la nature et l'étendue, pour qu'il ne fût pas onéreux; c'est ce qui a été fait. On voit, dans un édit, déclaration ou réglement de la reine Anne, du 8 novembre 1513, rendu sur le procès verbal des demandes et défenses, dires et raisons alléguées respectivement par le chapitre et les habitants de Saint-Malo, au sujet de différents chefs et droits contestés entre eux, une décision nette et précise de cette souveraine législatrice, au sujet de ce droit de bannalité, dans les termes suivants, article quatorze: « *Item*, touchant la demande du « devoir de four à ban que prétendent lesdits gens d'église, « est ordonné qu'ils prendront à l'avenir pour cuisson et « buyailles six deniers par boisseau seulement, et pourra « chacun des habitants en ladite ville, pour son estorement « et fait, y avoir un four en sa maison, auquel il pourra « faire cuire son pain nécessaire, tertres et pâtés pour lui « et sa famille seulement, sans en pouvoir vendre et sans « y cuire le pain de ses voisins : ains soient en celui cas « ceux qui le feront, perpétuellement privés d'avoir « four ». Cet édit ou déclaration est d'autant plus solemnel, que le législateur y déclare qu'il a examiné et fait examiner en son conseil tous les titres, moyens et raisons respectifs des parties sur chaque chef, avant de donner sa décision; que les procureurs fondés du chapitre et des habitants ont volontairement et sans aucune contrainte acquiescé, consenti, et eu pour agréable le présent arrêt, sentence et ordonnance, sans aucune chose avoir proposé au contraire: il est d'autant plus inattaquable, qu'il est adressé au parlement et autres cours de Bretagne pour l'enregistrer et le faire exécuter, et partant, ajoute l'édit, « ont été et sont tous « éteints jugements, procès, appellations et autres exploits « entre lesdites parties, rejetés et mis hors de cour, les dé- « pens compensés d'une part et d'autre ». Deux observations sur cet édit. La premiere, que le droit de bannalité de four, appartenant aux suppliants à Saint-Malo, est bien plutôt un droit de propriété qu'une servitude odieuse, telle que la caractérisent les parties adverses. Et en effet le droit de bannalité de four, à l'ordinaire, comme il se trouve dans bien des endroits, est le droit qu'ont certains seigneurs d'obliger leurs vassaux et les habitants de leur seigneurie de faire cuire leur pain à leurs fours particuliers, et de les empêcher même d'en faire construire, ce qui peut paroître contraire à la liberté naturelle, et entraîner une gêne inévitable. C'est le contraire pour la bannalité de Saint-Malo; il est permis à tout habitant, à tout boulanger, d'avoir un four en sa maison pour faire cuire son pain et celui de sa famille: ce qui lui est défendu seulement, c'est d'en faire cuire pour le vendre; ce n'est que le pain de son commerce qu'il est obligé de faire cuire au four bannal, c'est le seul pain de son commerce qui est soumis à la bannalité. La seconde observation, c'est que n'y ayant point de jurande, ni de communauté de boulangers à Saint-Malo, tout boulanger y est simple habitant, comme tout habitant peut y être boulanger. Ces deux observations auront leur application dans la suite, et l'on ajoute seulement ici que le droit de bannalité est reconnu et consigné dans l'aveu fait au roi par le chapitre, le 23 mai 1558, reçu à la chambre des comptes de Bretagne par arrêt du 23 juin 1575. Quoique, depuis le 8 novembre 1513, jusqu'à 1773, époque du procès jugé par l'arrêt attaqué, il n'y ait eu aucune contestation sur le droit de bannalité en soi, quelques boulangers particuliers ont voulu s'y soustraire, et ont en différents temps commis des contraventions qui ont donné lieu à des arrêts du parlement de Bretagne, et à des jugements, qui tous, en conformité de l'édit, ont condamné les contrevenants, et dont il est nécessaire de rendre un compte sommaire. En 1565, le 30 octobre, le sieur de Bergeau, conseiller au parlement de Bretagne, fut commis par arrêt de cette cour, du 15 du même mois, rendu entre le chapitre et les habitants de Saint-Malo, au sujet de certains droits, péage, port, etc. Il se rendit à Saint-Malo, et dressa son procès verbal des dires et raisons des parties, dans lequel il atteste « que lesdits habitants confesserent que « lesdits chanoines et chapitre ont droit prohibitif à tous « lesdits habitants d'avoir four à cuire pain en leurs maisons « de ladite ville, fors pour leur famille seulement, sans en « pouvoir vendre ni en accommoder leurs voisins »; et en conséquence son ordonnance porte: « Nous, du consente« ment desdits habitants, ordonnâmes que lesdits chanoines

« et leurs fermiers pourroient prendre, etc. et aussi que les-« dits habitants ne pourroient avoir four que pour cuire leur « pain pour leur famille, sans en pouvoir vendre ni accom-« moder leurs voisins, et déclarâmes que ledit four à ban et « public appartient auxdits chanoines et chapitre, privati-« vement à tous autres habitants ». Rien de plus important dans cette matiere, qu'un pareil aveu de la part des habitants, et une ordonnance qui en donne acte, et dans laquelle est visé l'édit de la reine Anne. En 1623, un nommé l'Ecuyer, boulanger à Saint-Malo, ayant contrevenu à cet édit, il fut condamné par sentence du siege de Saint-Malo, dont il interjetta appel, et sur cet appel, arrêt du parlement de Bretagne, du seize juin mil six cent vingt-trois, qui mit l'appellation au néant, et la cour fait défenses audit l'Ecuyer et autres boulangers dudit Saint-Malo ayant et tenant fours particuliers en ladite ville, de cuire à leurs fours du pain que pour l'usage et provision de leurs familles seulement, sans en cuire pour autres, vendre et débiter, à peine, en cas de contravention à l'avenir, de démolition desdits fours, et d'être privés perpétuellement d'en avoir ni tenir en ladite ville, et pour le regard du pain qu'ils voudroient exposer en vente, ordonne qu'ils le cuiront aux fours à ban de ladite ville, sans que les fermiers desdits fours à ban puissent apporter aucuns consentements, ni faire pactions avec lesdits boulangers pour lesdites cuissons au préjudice des droits desdits chanoines et chapitre, ni prendre et exiger plus grand salaire, pour la cuisson dudit pain, que ce qui leur est attribué par les réglements, à peine de concussion; et a permis auxdits chanoines et chapitre d'informer des contraventions à l'arrêt qui seroit publié aux carrefours de la ville de Saint-Malo et ailleurs où il appartiendra; l'Ecuyer condamné aux dépens des causes principale et d'appel. Cet arrêt, signifié dans le temps, et dont l'expédition originale en parchemin sera jointe, a eu toujours sa pleine exécution jusqu'à présent. En 1626 Noël Foulques, boulanger à Saint-Malo, ayant pareillement contrevenu, fut assigné par le chapitre pour être condamné à faire démolir son four, et en des dommages et intérêts, et sur l'assignation par arrêt du parlement de Bretagne, les parties ayant été renvoyées aux requêtes du palais, et ledit Foulques, pour éviter la condamnation, ayant consenti à la démolition de son four, sentence des requêtes du palais du 26 septembre 1626, qui lui donne acte de sa déclaration, et en conséquence il démolit son four. Par arrêt du 9 novembre 1694, le parlement de Bretagne a confirmé une sentence de Saint-Malo du premier septembre 1693, qui avoit condamné les possesseurs de fours particuliers d'opter dans trois jours, ou de cuire moyennant une certaine redevance envers le chapitre, ou de s'abstenir de toutes cuissons; faute de quoi et ledit temps passé, leur fait défenses de cuire pour le public. On voit, par cette disposition, qu'avant et à l'époque de l'arrêt, le chapitre n'ayant alors que cinq fours bannaux, qui n'étoient pas suffisants, attendu l'accroissement du peuple, pour le service public, avoit bien voulu accorder, moyennant une légere redevance représentative du droit de bannalité, aux possesseurs et propriétaires des fours particuliers, la permission d'y cuire et faire cuire pour le public le pain nécessaire à sa consommation, permission dont profitoient les boulangers en portant à ces fours particuliers leur pain destiné pour le commerce, et cette disposition de l'arrêt confirme de plus en plus le droit de bannalité du chapitre, puisqu'elle défend, à défaut de paiement de la redevance représentative du droit de bannalité, à tous possesseurs et propriétaires de four particulier de cuire ni faire cuire pour le public. Des lettres patentes du mois de février 1721, données pour l'accroissement de la ville de Saint-Malo, enregistrées au parlement de Bretagne, confirment également le chapitre dans le droit de four bannal, et y assujettissent les habitants de ces nouveaux accroissements de la même maniere que ceux du surplus de la ville. Un titre plus formel encore, s'il se peut, se trouve dans un arrêt du conseil d'état contradictoire avec les habitants et la communauté de Saint-Malo du 14 octobre 1746. La communauté de Saint-Malo, toujours empressée de saisir les occasions de diminuer les droits du chapitre, avoit élevé différentes contestations au sujet des fours bannaux et du poids public, prétendant que ces fours bannaux n'étoient point en nombre suffisant dans la ville, attendu l'augmentation des habitants, et que d'ailleurs le droit de cuisson du pain qu'on y percevoit étoit trop fort. Ces contestations portées au conseil, il y fut rendu un premier arrêt le 16 mai 1744, par lequel sa majesté ordonna que les parties se pourvoiroient devant le sieur intendant de Bretagne, à l'effet de les entendre, dresser procès verbal de leurs dires et contestations, et sur icelles donner son avis, pour, le tout vu et rapporté à sa majesté, être par elle réglé et ordonné ce qu'il appartiendroit. Ce procès verbal fut dressé, et il contenoit toutes les raisons des parties. L'avis fut envoyé; c'est sur le vu et l'examen du tout qu'a été rendu l'arrêt contradictoire du conseil d'état du 14 octobre 1746, qui regle, article premier, que le sieur évêque et le chapitre de ladite ville seront tenus d'avoir dans différents quartiers de la ville autant de fours qu'il en sera nécessaire pour le service du public; article 4, que les fermiers des fours bannaux prendront seulement le seizieme de la pâte, sa majesté leur défendant d'en prendre davantage; art 6, que lesdits fermiers des fours bannaux seront responsables de la mauvaise cuisson du pain; et article 7, que chaque habitant de Saint-Malo pourra avoir dans sa maison un four pour son service seulement, conformément à l'édit de la reine Anne de mille cinq cent treize. Rien assurément ne constate mieux que cet arrêt le droit de bannalité du chapitre, et il paroîtra sans doute singulier que la communauté et les boulangers de Saint-Malo, qui ne l'ont jamais attaqué, et qui n'auroient pu l'attaquer qu'au conseil, s'ils croyoient être en droit de le faire, aient attendu jusqu'en 1773 pour le critiquer au parlement de Bretagne. C'est enfin en conséquence de cet arrêt, dont l'exécution avoit été confiée au sieur intendant de Bretagne, que dans une instance jugée en 1769 par ce magistrat en faveur du chapitre contre trois particulieres nommées la Borel, la Leroy et la Lemaître, boulangeres à Saint-Malo, qui refusoient de payer au chapitre les redevances annuelles auxquelles elles étoient obligées envers lui pour jouir du droit de bannalité, et en faveur desquelles la communauté de Saint-Malo étoit intervenue, ledit sieur intendant rendit son ordonnance contradictoire le 10 juillet 1769, conçue en ces termes: « Nous, attendu le « décès de la nommée Leroy, et ce qui résulte, tant de la « déclaration contenue dans le mémoire fourni par le cha- « pitre, que de l'acte signifié le 4 août 1764 par la nommée « Guillemette Plessis, présentement fermiere du four précé- « demment occupé par ladite Leroy, laquelle s'est obligée « de payer audit chapitre une redevance annuelle de 50 liv. « avons mis les parties hors d'instance; au surplus, sans nous « arrêter au mémoire de la communauté de ladite ville de « Saint-Malo, ni à la requête desdites Borel et Lemaître, des « conclusions de laquelle nous les avons déboutées, ayant « égard au mémoire du chapitre de ladite église cathédrale « de Saint-Malo, et attendu ce qui résulte des soumissions

« faites par les possesseurs et propriétaires de différents fours « particuliers, de payer audit chapitre des redevances annuel- « les, pour avoir la liberté de faire cuire auxdits fours pour le « public, avons condamné lesdites Borel et Lemaître à payer « audit chapitre, savoir, ladite Borel la somme de 700 livres « pour les sept années échues le premier septembre 1765, « pendant lesquelles elle a fait cuire pour le public, au four « qu'elle occupe, à raison de 100 liv.es par an, même pareille « somme de 100 liv. par an pour chacune des années suivan- « tes, au cas qu'elle y ait fait usage du même droit, et ladite « Lemaître la somme de 160 liv. pour les deux années échues « ledit jour premier septembre 1765, et pour même cause, à « raison de 80 liv. par an, même pareille somme de 80 liv. « pour chacune des années échues depuis, au cas pareille- « ment qu'elle ait joui du même droit; comme aussi, attendu « qu'outre les fours occupés par lesdites Borel et Lemaître, il « y en a en différents quartiers de la ville de Saint-Malo une « quantité suffisante pour le service des habitants de ladite « ville, ne pourront lesdites Borel et Lemaître faire cuire « dans la suite auxdits fours pour le public, qu'à la charge « de payer audit chapitre les redevances annuelles ci-dessus « fixées ». De ces titres il résulte bien constamment que de toute ancienneté le chapitre a eu le droit de bannalité de four dans l'enceinte de la ville de Saint-Malo, et le droit et l'exercice de ce droit, ainsi que la plupart des seigneurs qui en ont le titre, sur tous les habitants à qui il étoit défendu d'avoir des fours et de faire cuire leur pain ailleurs qu'aux fours bannaux; mais que, par son édit du 8 novembre 1513, la reine Anne a bien voulu restreindre et modifier l'exercice de cette bannalité en faveur des habitants de Saint-Malo, aux termes de leurs conclusions, et a décidé que l'habitant pourroit avoir un four particulier et y cuire le pain de sa consommation, avec l'exemption de toute bannalité, et elle n'a laissé sujets à cette bannalité que ceux qui, comme les boulangers, fabriquent du pain pour le vendre. Tel est l'état réel et le caractere spécifique et distinctif de la bannalité qui appartient au chapitre de Saint-Malo; les titres antérieurs à l'édit ne servent plus qu'à prouver l'origine immémoriale du droit. Cet édit seul en détermine la nature et l'exercice; par cette loi les boulangers seuls ou ceux qui cuisent pour vendre au public, y sont sujets: d'où il suit que soustraire les boulangers ou ceux qui cuisent pour le public à cette bannalité, ce ne seroit plus la modifier et la restreindre; ce seroit la détruire et l'anéantir; les fours bannaux n'auroient plus d'objet, la bannalité n'auroit plus d'exercice, plus de sujets; ce seroit en un mot dépouiller entiérement le chapitre d'une propriété précieuse et qui lui coûte cher, aussi ancienne que la ville; propriété déja restreinte et modifiée par un édit solemnel, et d'autant plus respectable, qu'émané de l'autorité souveraine, il a été rendu par voie de jugement et de législation après des débats les plus vifs et l'instruction la plus complette. Passons à présent à ce qui a donné lieu au procès jugé par l'arrêt dont la cassation est demandée. Pour se soustraire à toute redevance envers le chapitre, et éluder l'exécution de l'ordonnance du sieur intendant, du 10 juillet 1769, quelques uns d'entre les boulangers ayant à leur tête le sieur de la Hurie, l'un des propriétaires et possesseurs d'un four particulier qu'il voudroit ériger en four bannal, ont imaginé qu'en Bretagne les boulangers sont exempts de tout droit de bannalité pour le pain qu'ils vendent au public, et ils ont tiré ce prétendu droit commun d'un arrêt du parlement de Bretagne, du 19 août 1751, rendu en faveur des boulangers de la ville de Vannes. Cette idée frivole a séduit quelques possesseurs de fours particuliers, et 17 des 60 boulangers qu'il y a à St-Malo, au point qu'il n'a plus été possible au chapitre de tirer aucune rétribution des permissions qu'il avoit accordées. Dans cette position, le chapitre n'a eu d'autre moyen pour conserver son droit que celui de se conformer à l'arrêt du conseil d'état de 1746, en faisant construire les nouveaux fours bannaux ordonnés par cet arrêt; ce qu'il n'avoit différé de faire jusqu'alors qu'à la priere des possesseurs de fours particuliers, à qui il avoit accordé des permissions. Le chapitre a commencé par obtenir des lettres-patentes enregistrées au parlement de Bretagne, qui l'ont autorisé à acquérir un terrain propre à cette construction; l'acquisition faite, le chapitre a fait bâtir quatre nouveaux fours, qui, joints aux cinq anciens, font le nombre de neuf fours bannaux, qui sont plus que suffisants pour le service des boulangers et de ceux qui veulent vendre du pain au public: car, on l'a déja observé, il n'y a point de corps de jurande ni de boulangers à Saint-Malo; tout habitant peut l'être. Le chapitre n'a rien épargné pour la solidité et la sûreté de ses fours; on y a pratiqué et rassemblé toutes les commodités imaginables; on les a garnis de tous les ustensiles nécessaires, non seulement pour la cuisson, mais encore pour pétrir et façonner les pâtes; il s'est trouvé au milieu de la cour, qui est vaste, une source abondante d'excellente eau, on y a fait un puits, on y a ménagé des étuves où l'on peut faire dessécher cent boisseaux de blé à la fois; en sorte qu'il est vrai de dire que ce bâtiment, qui a coûté au chapitre près de 30,000 livres, renferme tous les avantages qui peuvent attirer la foule aux nouveaux fours. La construction ayant été finie dans le commencement de janvier 1773, le chapitre fit afficher le bail des nouveaux fours; il annonça par l'affiche que les fours particuliers pour lesquels il avoit accordé des permissions, cesseroient de cuire pour le public au commencement du nouveau bail, c'est-à-dire le premier mars 1773. Le chapitre, pour le plus grand avantage du public, a eu l'attention d'affermer ces nouveaux fours à deux fermiers différents, pour exciter par leur concurrence leur émulation et leur exactitude; ces baux sont des 22 janvier et 4 février 1773. Pour se mettre en regle, le chapitre a dénoncé, par exploit du 2 mars suivant, le tout, ainsi que l'arrêt du conseil de 1746, aux boulangers et aux propriétaires des fours particuliers, avec déclaration qu'il entendoit jouir de son droit exclusif de bannalité de four, à compter du premier mars 1773 préfix, avec sommation auxdits boulangers et propriétaires de fours particuliers de se conformer audit arrêt; ce faisant, de cesser, à compter dudit jour premier mars, de cuire ni gratuitement, ni à titre lucratif, aucun pain, soit pour vendre, soit pour leurs voisins, sous les peines de droit, saufauxdits propriétaires de fours particuliers d'y cuire, si bon leur sembloit, le pain nécessaire pour leur usage et celui de leur famille seulement. Le premier mars, jour indiqué pour le commencement de la ferme des nouveaux fours bannaux et pour la cessation des fours particuliers, le procureur fiscal du chapitre a fait faire, par des huissiers, la visite des fours particuliers, pour savoir s'ils avoient cessé de cuire pour le public; tout s'y trouva en regle, à l'exception du four appartenant au sieur Tillard de la Hurie, dont le fermier, nommé Langevin, déclara, dans le procès verbal, d'après les ordres précis du sieur de la Hurie, que son four ne cesseroit point de travailler, et qu'il y cuiroit dans l'après-midi, ce qui arriva; et le sieur de la Hurie lui-même, déclara l'après-midi, dans le procès verbal, qu'il continueroit de faire travailler son four, prétendant que le chapitre n'avoit pas droit de l'empêcher. Cette réponse du sieur de la Harie a forcé le chapitre de le faire assigner devant les juges de Saint-Malo, pour voir confisquer son pain cuit en contravention,

contravention, et se voir condamner à démolir son four. Avant les délais de l'assignation, le sieur de la Hurie avoit cabalé et attiré dans sa cabale plusieurs boulangers et boulangeres, sous le nom desquels il se pourvut au parlement de Bretagne, et y a obtenu sur requête non communiquée, sur les prétextes les plus faux, un arrêt, le 30 du même mois de mars 1773, qui a maintenu les boulangers de Saint-Malo dans le droit d'exemption de bannalité de four, commun à tous les boulangers de la province; en conséquence les a autorisés à avoir dans la ville de Saint-Malo des fours particuliers pour y faire cuire le pain qu'ils débitent, avec défenses au chapitre de Saint-Malo, et à tous autres, de les troubler dans l'usage des fours particuliers pour leur commerce. Dès que cet arrêt est venu à la connoissance du chapitre, il en a demandé le rapport; et comme le sieur de la Hurie et ses confreres en abusoient pour multiplier leurs fraudes et leurs contraventions au droit de bannalité, le chapitre a continué ses poursuites en la justice de Saint-Malo, et y a obtenu différentes sentences contre les réfractaires, dont il paroît inutile de rendre compte. Le chapitre se bornera à exposer un fait qui caractérise bien l'esprit de révolte et de sédition des boulangers réfractaires; c'est que, par acte signifié au greffe de la jurisdiction de Saint-Malo, du 3 mai 1773, et signé de quinze d'entre eux, ils ont imaginé de déclarer, dans les termes les plus injurieux au chapitre et aux juges, qu'ils entendoient unanimement discontinuer de faire le commerce de boulanger, et que dès ce moment ils renonçoient à façonner et cuire aucun pain pour débiter et vendre en leur nom et pour leur compte, jusqu'à ce qu'autrement il eût été pourvu, et qu'ils requéroient en conséquence que leurs noms, écrits sur les registres de police comme marchands boulangers, en fussent extraits. Le procureur fiscal, étonné d'une pareille conduite, et d'une démission combinée aussi dangereuse, a cru devoir en rendre plainte, et les juges, pour prévenir le désordre, et pour l'intérêt public, ont, par ordonnance du même jour, décrété d'ajournement personnel quinze de ces réfractaires. Ils ont interjetté appel du décret, et de suite ont donné leur requête au parlement, pour faire exécuter, par provision, le précédent arrêt du 30 mars, et en tout événement, faire ordonner que toutes choses demeureroient en état, sous leurs offres de mettre leurs appels en état dans six mois, ou jusqu'à ce qu'il en eût été autrement ordonné; sur quoi, par arrêt du cinq mai mil sept cent soixante et treize, il a été ordonné que les parties viendroient plaider, à la premiere audience, toutes choses demeurant en état pendant quinzaine seulement. La communauté et les habitants de Saint-Malo, toujours avides des occasions qui se présentent pour contester au chapitre ses droits les plus incontestables, n'ont pas manqué d'intervenir en faveur des boulangers, et les uns et les autres ont demandé la provision sur le fondement de l'arrêt de 1751, qui a exempté les boulangers de Vannes de la bannalité de four: mais ils ont été trompés dans leur attente; et, par arrêt contradictoire du 28 juillet 1773, rendu sur les conclusions du ministere public, après avoir entendu les plaidoyers solemnels des avocats de toutes les parties, pendant quatre audiences, les boulangers et la communauté des habitants de Saint-Malo ont été déboutés de leur demande; il a été ordonné que, pendant le cours du procès, la bannalité de four s'exécuteroit dans la ville de Saint-Malo au profit du chapitre; en conséquence, il a été enjoint auxdits boulangers et aux habitants de suivre, par provision, les fours bannaux du chapitre pour la cuisson dudit pain de leur commerce, et les appellations des sentences ont été jointes au fond. Pendant l'instruction du fond, deux boulangeres, nommées Françoise Dupont et Hélene Hamonneau ont reconnu les droits du chapitre, et se sont désistées de leurs demandes. Comme il ne s'agit pas, sur une demande en cassation, de moyens du fond, qui d'ailleurs se trouvent employés dans les mémoires imprimés des parties qui seront joints à la présente requête, il suffira de donner ici une analyse des principaux, autant qu'il est nécessaire pour l'intelligence de l'arrêt attaqué. Le premier moyen des boulangers a été tiré d'un arrêt du parlement de Bretagne de 1751, rendu en faveur des boulangers de Vannes. Cet arrêt, dit-on, forme le droit commun en Bretagne, et fixe la jurisprudence: il permet aux boulangers de Vannes d'avoir des fours particuliers pour le pain qu'ils vendent, et les oblige à suivre le four bannal pour le pain qu'ils consomment, d'où les boulangers concluent qu'il doit en être de même à Saint-Malo. Le chapitre a fait sentir dans un mémoire l'illusion de ce moyen; son droit de bannalité est précisément le contraire et l'inverse de la bannalité de Vannes. A Saint-Malo, il est permis à tout habitant, à tout boulanger, d'avoir un four, et d'y faire cuire son pain pour sa consommation; mais il est expressément défendu au boulanger, comme à l'habitant, de cuire du pain pour vendre et pour son commerce ; ainsi à Saint-Malo c'est le boulanger, en sa qualité de boulanger et de vendeur de pain, qui est assujetti à la bannalité, et il n'y est pas sujet pour le pain de sa consommation personnelle et particuliere : au contraire, à Vannes, le boulanger n'est point sujet à la bannalité comme boulanger et pour le pain de son commerce, mais il l'est pour le pain de sa consommation personnelle et particuliere, en sorte que le droit de bannalité à Saint-Malo est l'inverse du droit de bannalité à Vannes : c'est le titre qu'il faut consulter. Le chapitre de Saint-Malo a un titre précis contre les boulangers, il jouit de son droit depuis près de 400 ans, et il y a été maintenu dans toutes les occasions, et jusqu'en mil sept cent soixante et treize les boulangers l'ont reconnu et payé. Si l'engagiste du domaine de Vannes avoit eu un pareil titre, une pareille possession à Vannes, il y auroit sans doute été maintenu ; mais l'arrêt de Vannes ne peut jamais être applicable pour Saint-Malo, et d'ailleurs cet arrêt particulier peut d'autant moins fixer une jurisprudence universelle pour la province et en faire un droit commun, qu'il est de fait que, dans plusieurs villes de la province, les boulangers sont sujets à la bannalité du four. Au surplus, cet arrêt avoit été invoqué bien inutilement lors de l'arrêt qui, sur le vu des titres du chapitre, lui avoit accordé la provision. Pour second moyen les boulangers opposoient qu'ils n'étoient pas nommés en termes exprès dans l'édit de la reine Anne : mais la réponse du chapitre étoit tranchante ; c'est qu'il n'y a jamais eu de jurande ni de communauté de boulangers formant un corps à Saint-Malo, distingué du simple habitant : tout habitant y peut être boulanger, cuire et vendre du pain ; mais tout boulanger et tout habitant ne peut en cuire pour son commerce et pour le vendre, qu'en le faisant cuire aux fours bannaux. Voilà en quoi consiste le droit de bannalité du chapitre, reconnu et exercé depuis près de 400 ans ; et il est d'autant plus étonnant que les boulangers viennent après un si long temps objecter qu'ils ne sont pas spécifiquement appellés boulangers dans l'édit de la reine Anne, qu'ils sont expressément dénommés sous cette qualification dans les arrêts du parlement de Bretagne de 1623 et 1694, et que c'est en cette qualité de boulangers qu'il leur est défendu de cuire du pain pour leur commerce chez eux et ailleurs qu'aux fours bannaux. Il est vrai que le sieur de la Hurie a cru être en droit de former et a formé opposition à ces deux arrêts de 1623 et 1694, en ce qu'ils contiennent des défenses précises aux boulangers : mais le chapitre l'a soutenu non recevable dans une pareille opposition, d'ailleurs très inutile quand elle auroit été recevable; et l'arrêt de 1778, qui est l'arrêt attaqué, n'a point eu d'égard à cette opposition. Enfin la communauté de Saint-Malo et les boulangers ont soutenu que la fixation d'un seizieme pour le droit de cuisson étoit exorbitante et onéreuse au public, qu'elle devoit être réduite à six deniers comme du temps de la reine Anne en 1513, et ils ont supposé que ce droit de cuisson, sur le pied du seizieme, produisoit un revenu de plus de 20000 liv. Cette allégation étoit de bien mauvaise foi. D'un côté ce droit de cuisson, sur le pied du seizieme, a été fixé par l'arrêt du conseil de 1746, contradictoire avec la communauté : d'un autre côté cette fixation au seizieme est moins forte relativement au taux de l'argent et au prix du boisseau de bled, qui ne valoit, en 1513, que sept sous; que c'étoit alors celle de six deniers, qui forme un treizieme du prix. Enfin c'est une supposition bien gratuite d'avancer que le produit des fours bannaux du chapitre lui produit plus de 20000 liv. La communauté et les boulangers savent parfaitement que le chapitre ne les a jamais affermés plus de 2200 liv. par an; et dans tout le cours de l'instance, soit dans ses écritures, soit dans son mémoire imprimé, il a offert à la communauté de lui en passer bail pour 2200 liv. Si c'étoit le zele du bien public qui animât ceux qui dirigent les affaires de communautés, se seroient-ils refusés à l'acceptation d'une offre aussi avantageuse ! C'est dans cet état qu'est intervenu l'arrêt du parlement de Bretagne du 11 août 1778, signifié le 27, par lequel « sans s'arrêter aux « demandes du chapitre de Saint-Malo, en rapport du juge- « ment du 30 mars 1773 dont il est débouté, dans l'appel « de la sentence du 3 mai 1773, portant décret d'ajourne- « ment personnel, a renvoyé lesdits Pierre Herissé, Botres, « et autres y dénommés, à se pourvoir contre icelui, ainsi « qu'ils verront, dans toutes les autres appellations relevées « par lesdits René Daguet, Louis le Chaptois, et autres bou- « langers de Saint-Malo, et par ledit Tillard de la Hurie, « dans l'opposition à l'arrêt du 16 juin 1623, à l'ordonnance « du commissaire departi du 10 juillet 1769, dans les de- « mandes, fins et conclusions des maire et échevins de Saint- « Malo, sans avoir égard aux désistements de Françoise Du- « pont et Hélene Hamonneau des 25 et 26 octobre 1773.

« La cour, faisant droit sur les conclusions du procureur gé« néral du roi dans son opposition audit arrêt du 16 juin « 1623, et en tant que besoin à celui du 9 novembre 1694, a « mis et met lesdites appellations et ce dont a été appellé « au néant; corrigeant et réformant, a déchargé lesdits « René Daguet, Louis le Chaptois et autres boulangers de « Saint-Malo, et ledit Tillard, des condamnations énoncées « contre eux par les sentences appellées; ordonne que l'ar« rêt rendu le 19 août 1751 pour les boulangers de la ville « de Vannes contre les engagistes de la même ville, et les « arrêts et réglements de la cour concernant les boulan« gers et la cuisson du pain qu'ils vendent au public, se« ront bien et duement exécutés dans la ville de Saint« Malo; en conséquence a maintenu et maintient lesdits « René Daguet, Louis le Chaptois, et autres boulangers de « ladite ville de Saint-Malo, dans la faculté d'avoir des « fours particuliers pour y cuire le pain de leur commerce, « et ledit de la Hurie et tous autres particuliers, dans la « liberté de les affermer aux boulangers de ladite ville de « Saint-Malo; fait défenses aux chanoines et chapitre d'icelle « et à tous autres d'y troubler lesdits boulangers et pro« priétaires de fours particuliers, et le chapitre a été con« damné aux dépens ». D'après ces faits et ces réflexions, il est facile de développer les ouvertures et les moyens de cassation qui se présentent contre l'arrêt attaqué. Premier moyen de cassation. L'arrêt du parlement de Bretagne du 11 août 1778 a formellement et directement contrevenu à l'article 49 de l'édit du mois d'avril 1695, conçu en ces termes: « Voulons que lesdits ecclésiastiques jouissent de « tous les droits, biens, dîmes, justices, et de toutes autres « choses appartenantes à leurs bénéfices; faisons défenses à « toutes personnes de leur y donner aucun trouble ni em« pêchement; enjoignons à nos cours et juges de les y « maintenir sous notre protection, quand même ils ne rap« porteroient que des titres et preuves de possession, et « sans que les détenteurs des héritages qui peuvent être « sujets aux droits prétendus par lesdits ecclésiastiques, puis« sent alléguer d'autres prescriptions que celle de droit. » Or la possession du chapitre de son droit de bannalité de four, depuis près de quatre cents ans, étoit certaine. Elle étoit avouée jusqu'en mil sept cent soixante et treize par les boulangers; elle avoit même été jugée valable dans cette année même, époque du procès, par l'arrêt contradictoire du parlement de Bretagne, du 28 juillet 1773, qui a ordonné que, pendant le cours du procès, la bannalité de four s'exécuteroit dans la ville de Saint-Malo, au profit du chapitre, et en conséquence il a été enjoint aux boulangers et habitants de Saint-Malo de suivre par provision les fours bannaux du chapitre, pour la cuisson du pain de leur commerce. Cette possession seule suffisoit, suivant l'édit, indépendamment de tout titre ; cependant le chapitre, croyant prévenir tout procès, a bien voulu prouver la légitimité de sa possession par une infinité de titres très anciens et les pieces les plus authentiques, sans que les habitants et les boulangers en aient rapporté un seul pour la contredire. Il ne restoit donc au parlement de Bretagne de pouvoir que pour déférer à l'injonction qui lui étoit faite de maintenir le chapitre dans sa possession ; il ne pouvoit se soustraire à cette injonction que dans le seul cas où cette possession auroit été vicieuse, dans le seul cas où ses titres auroient été attaqués par les voies de droit permises, et où ils auroient succombé sous les efforts d'une procédure réguliere. Mais ses titres n'ont point été attaqués ; les habitants et les boulangers de Saint-Malo, malgré l'amertume de leur critique et de leurs injures contre le chapitre, n'ont osé se livrer à cet excès. Il y a plus ; c'est que, comme on vient de le dire, l'arrêt du 28 juillet 1773 a adopté les titres du chapitre, et lui a adjugé la provision, et il a débouté les boulangers et les habitants qui la demandoient. Comment donc l'arrêt de 1778 a-t-il pu donner atteinte à la possession du chapitre, qui se suffiroit à elle-même, et qui d'ailleurs étoit conforme aux titres auxquels le parlement avoit été forcé de souscrire en 1773 ? Il est vrai que les adversaires du chapitre ont répété dans le cours du procès ce qu'ils avoient fait plaider inutilement en 1773, lors de l'arrêt qui a adjugé la provision au chapitre, que l'arrêt de 1751, rendu en faveur des boulangers de Vannes, formoit un titre d'exemption de bannalité pour les boulangers de Saint-Malo ; mais le chapitre a établi, dans son mémoire imprimé, par les raisons les plus solides, que cet arrêt de 1751 ne formoit aucun préjugé contre lui, et qu'à tous égards il étoit étranger à l'espece de la contestation, et ne pouvoit former de préjugé. 1°. Ce n'est pas un arrêt de réglement qui ait introduit et fixé une jurisprudence universelle pour la province, et qui ait décidé que tout boulanger en général, et par sa seule qualité de boulanger, dût être exempt du droit de bannalité de four, et la preuve en résulte de ce que même actuellement les boulangers d'une partie des villes de la province sont sujets à la bannalité de four; elle résulte même de ce que depuis cet arrêt, comme auparavant et jusqu'en 1773, le chapitre a joui à Saint-Malo de son droit de bannalité, et que les boulangers de Saint-Malo ne l'ont pas contesté. 2°. Cet arrêt de 1751 n'est par lui-même qu'un arrêt particulier, et ne fait loi que pour ceux contre qui il a été rendu: et qu'a-t-il jugé? rien autre, si ce n'est que l'engagiste du domaine de Vannes n'ayant aucun titre de bannalité contre les boulangers, ces derniers ne pouvoient être sujets à la bannalité, qui, de droit commun, ne peut avoir lieu sans titre. Quel rapport, quelle application peut donc avoir cet arrêt avec la bannalité du chapitre de Saint-Malo? On l'a déja dit, la bannalité de Saint-Malo est précisément le contraire de celle de Vannes et des autres bannalités ordinaires. A Vannes, suivant l'arrêt de 1751, il est permis aux boulangers d'avoir des fours particuliers pour y cuire le pain qu'ils vendent au public, et ils sont obligés de suivre le four bannal pour celui de leur consommation particuliere; à Vannes, les habitants ne peuvent avoir de fours particuliers, et sont obligés de cuire au four bannal. Au contraire, à Saint-Malo, ce n'est pas l'habitant qui est sujet à la bannalité; c'est l'état de boulanger, et non la personne de boulanger, qui est sujet au droit: ce n'est pas même en quelque façon l'état de boulanger, ce n'est que la cuisson du pain de son commerce; c'est cette cuisson seule qui est sujette à la bannalité. Cette bannalité à Saint-Malo ne consiste que dans le droit exclusif et prohibitif de cuire du pain pour être vendu, et celui des habitants, quand ils ne veulent pas avoir de four chez eux: telle est la loi consacrée par l'édit de 1513 et le réglement qu'il contient. Or il est de toute impossibilité d'appliquer à cette bannalité l'arrêt de 1751; car comment le rendre commun avec les boulangers de Saint-Malo? Leur défendra-t-on d'avoir chez eux des fours pour y cuire le pain nécessaire pour eux et leur famille? ils en ont le droit par l'édit. Leur permettra-t-on d'avoir des fours particuliers pour cuire le pain des autres habitants et celui qu'ils feront pour vendre? c'est précisément ce qui leur est défendu par le même édit. Pour pouvoir opposer au chapitre cet arrêt de 1751, et le déclarer commun pour Saint-Malo, il auroit donc fallu dénaturer son droit de bannalité, le rendre contraire à ce qu'il est, et le faire semblable à celui de Vannes, dont il est l'inverse; c'est cependant de cet arrêt de 1751 que paroît être parti le parlement de Bretagne pour priver le chapitre non seulement de sa possession immémoriale par contravention à l'édit de 1695, mais même de son droit de bannalité en général, de l'anéantir entièrement au préjudice de ses titres émanés de l'autorité souveraine; en quoi son arrêt est attentatoire, ce qui va être démontré dans un second moyen de cassation. Ce second moyen est tiré de la contravention qui forme un véritable attentat à la disposition précise et littérale de l'édit de 1513, qui a réglé avec la plus grande connoissance de cause, et fixé d'après l'examen et la discussion la plus scrupuleuse des moyens du chapitre et de la communauté des habitants de Saint-Malo, la bannalité du chapitre de la maniere la moins onéreuse et la plus avantageuse aux habitants, puisqu'elle est réglée selon leurs vœux et prétentions. Cet édit, ce réglement, qui faisoit la loi du parlement, auquel il a été enjoint de s'y conformer, et des parties, qui, dans le corps du réglement même, en ont consenti l'exécution avec promesse de n'y point contrevenir, a permis à tout habitant, ce qui comprend tout boulanger, d'avoir un four dans sa maison pour y cuire le pain de sa consommation et celle de sa famille; mais il leur est expressément défendu d'y cuire le pain destiné pour être vendu au public, et de cuire le pain de commerce ailleurs qu'aux fours bannaux du chapitre. Cet édit, ce réglement, émané de l'autorité souveraine et législative, a été suivi des arrêts du parlement de Bretagne, de 1623 et 1694, d'un arrêt contradictoire du conseil d'état, de 1746, et de l'ordonnance contradictoire du sieur intendant de Bretagne, de 1769, dont il n'y a point d'appel, et dont l'appel n'auroit pu être porté qu'au conseil, qui tous ont confirmé et maintenu le chapitre dans son droit de bannalité contre les boulangers de Saint-Malo, tel qu'il a été réglé par l'édit. Cet édit, ces réglements, n'ont jamais été attaqués par aucune voie de droit; ils subsistent et doivent avoir toute leur activité. Cependant le parlement, par son arrêt de 1778, a privé le chapitre de son droit de bannalité; il l'a totalement anéanti, et par là il a rendu inutiles et sans effet l'édit, le réglement, les arrêts d'où dérivoit ce droit de bannalité. Le parlement n'a pu le décider ainsi sans contrevenir à ces loix, et sans être en opposition avec l'autorité souveraine dont elles sont émanées, et qui faisoient la loi du parlement même. Pour éluder un moyen de cassation aussi victorieux, et qui sans doute étoit prévu, les boulangers et la communauté de Saint-Malo ont imaginé dans le cours du procès un système pitoyable: ils ont prétendu

que

que l'édit et le réglement de quinze cent treize ne faisoient point mention du mot boulanger, et ne faisoient par conséquent point loi contre les boulangers; et comme les arrêts de 1623 et 1694, qui en eux-mêmes n'étoient que la suite et l'exécution de l'édit et du réglement, avoient nommément défendu aux boulangers de cuire pour le public le pain de leur commerce, ils ont engagé le procureur général à former opposition à ces arrêts, opposition qui a été accueillie par l'arrêt; d'où ils ont conclu que ces arrêts ne pouvoient former un titre contre eux. Le chapitre leur a enlevé facilement cette déplorable ressource. 1°. A Saint-Malo il n'y a jamais eu de jurande, ni de corps ou communauté de boulangers: tout habitant est libre de faire le commerce du pain; il est permis à l'habitant non boulanger, comme à l'habitant boulanger, d'avoir un four et d'y cuire du pain pour lui et pour sa famille, exempt du droit de bannalité: mais il est défendu à tout habitant quelconque de cuire dans son four particulier, ni ailleurs qu'aux fours bannaux, le pain de commerce et destiné pour être vendu au public. Qu'est-ce qu'un boulanger? c'est celui qui cuit du pain pour le vendre au public: or par l'édit il est défendu à tout habitant de cuire du pain pour le public ailleurs qu'aux fours bannaux dudit chapitre. N'est-il pas de la derniere évidence que sous le terme générique d'habitant, le boulanger est désigné et compris? c'est le boulanger lui-même qui est l'objet de la défense faite par l'édit, c'est sa cuisson pour le public qui l'assujettit au droit de bannalité. Il est permis à tout habitant boulanger ou non de cuire chez lui son pain nécessaire à sa consommation; toute la défense, et c'est en quoi consiste le droit de bannalité, n'est que pour l'habitant boulanger qui cuit pour le public, et qui ne peut cuire son pain de commerce qu'aux fours bannaux. Est-il donc étonnant que l'édit n'ait pas employé le terme spécifique de boulanger, après avoir dit que tout habitant qui cuit du pain pour le public, c'est-à-dire le boulanger, ne pourra faire cuire le pain de son commerce ailleurs qu'aux fours bannaux? C'est une pure subtilité d'avoir imaginé ce faux-fuyant, et ce ne peut être que par un défaut de réflexion qu'il a été proposé en justice, sur-tout après les arrêts du parlement de Bretagne de 1623 et 1694, l'arrêt du conseil de 1746, et l'ordonnance de 1769, contradictoire avec les habitants, et tant d'autres décisions; et enfin l'aveu des boulangers, ou, ce qui est la même chose, des habitants qui vendoient du pain depuis 400 ans. Cette défense de cuire pour le public ailleurs qu'aux fours bannaux du chapitre regardoit spécialement les boulangers de Saint-Malo. 2°. Par rapport à l'opposition du procureur général aux arrêts de 1623 et 1694, reçue par l'arrêt de 1778, sans approfondir les motifs de cette opposition, ni si elle est fondée et recevable contre des arrêts contradictoires rendus depuis cent cinquante ans, pleinement exécutés, et qui n'intéressoient en rien l'ordre public, il est certain qu'elle étoit au moins inutile et frustratoire. Et en effet ces deux arrêts, qui n'étoient en eux-mêmes que la suite de l'édit de 1513, ne formoient point le titre fondamental du droit de bannalité du chapitre; c'étoit l'édit: ainsi l'opposition à ces arrêts, si elle étoit admissible, n'enlevoit au chapitre que ces deux titres, et laissoit subsister l'édit de 1513, le réglement qu'il a fait au sujet du droit de bannalité du chapitre, l'arrêt du conseil de 1746, l'ordonnance contradictoire du sieur intendant de Bretagne, et les autres titres invoqués par le chapitre, de 1769. Ces titres non attaqués et subsistants croiseront toujours l'exécution de l'arrêt de 1778; et, abstraction faite, si l'on veut, des arrêts de 1623 et de 1694, auxquels le procureur général a formé opposition sans droit et sans intérêts, ils ne forment pas moins en faveur du chapitre un titre de bannalité contre les boulangers, à Saint-Malo, qui les assujettit pour la cuisson du pain qu'ils vendent au public, droit que le parlement de Bretagne n'a pu anéantir sans contrevenir à l'édit, et sans être en opposition avec l'autorité souveraine et législative qui a réglé ce droit, et avec l'autorité du conseil qui a rendu l'arrêt contradictoire de 1746, et sans renverser contre tout l'ordre judiciaire l'ordonnance du sieur intendant de 1769, dont il n'y a point eu d'appel, et dont en tout cas l'appel n'auroit pu être porté qu'au conseil. En un mot, l'édit et le réglement qu'il contient laissent aux habitants et boulangers de Saint-Malo la liberté d'avoir des fours particuliers pour cuire le pain de leur consommation seulement: mais il leur défend de cuire le pain pour être vendu au public, dans leurs fours particuliers, ni ailleurs qu'aux fours bannaux du chapitre; et cette défense, cette restriction favorable au public, est anéantie par l'arrêt de 1778, qui, en restituant les boulangers contre cette disposition de l'édit, non seulement les maintient dans la faculté d'avoir des fours particuliers pour y cuire le pain de leur commerce, mais autorise de plus les propriétaires ayant des fours particuliers à les affermer aux boulangers de la ville, avec défenses au chapitre de troubler dans cette possession lesdits boulangers et les propriétaires de fours particuliers; ce qui anéantit à forfait le droit de bannalité du chapitre à tous égards, et caractérise de plus en plus l'opposition à l'autorité souveraine. Tout se réunit donc ici en faveur du chapitre contre l'arrêt qu'il attaque, tout démontre la justice et la nécessité de le casser. Pour justifier du contenu en la présente requête, les suppliants y joindront les pieces suivantes.

La premiere, du 9 mai 1321, est le procès verbal des commissaires qui ont mis à exécution la bulle de sécularisation du chapitre de Saint-Malo, dans lequel il est fait mention du droit de bannalité du chapitre.

La seconde, du 28 juillet 1362, est un extrait de la transaction passée entre le chapitre et les habitants de Saint-Malo, au sujet du droit de bannalité, portant que les habitants seront tenus d'abattre leurs fours, et n'en pourront avoir à l'avenir, sans le congé de la seigneurie.

La troisieme, du 8 novembre 1513, est l'édit de la reine Anne, portant réglement contradictoire au sujet dudit droit de bannalité du chapitre.

La quatrieme est l'aveu rendu au roi le 23 mai 1558, reçu le 23 juin 1575, dans lequel est porté le droit de bannalité du chapitre. La cinquieme, des 4 octobre et 7 novembre 1565, est le procès-verbal du sieur Bergeau, commissaire nommé à cet effet par le parlement de Bretagne, au sujet des droits du chapitre, et dans lequel est son ordonnance contradictoire, qui, du consentement des habitants de Saint-Malo, confirme que le droit de bannalité du chapitre est prohibitif et exclusif à toute cuisson de pain, pour être vendu au public, ailleurs qu'aux fours du chapitre. La sixieme, du 16 juin 1623, est la grosse en parchemin de l'arrêt du parlement de Bretagne, contradictoire avec un nommé l'Ecuyer, boulanger de Saint-Malo, de cuire du pain pour l'exposer en vente, ailleurs qu'aux fours bannaux du chapitre, au bas duquel est la signification. La septieme, du 26 septembre 1626, est une sentence contradictoire des requêtes du palais, qui contient pareilles défenses aux boulangers. La huitieme est un emploi de l'arrêt du parlement de Bretagne, du 9 novembre 1694, qui contient pareilles défenses aux boulangers. La neuvieme, du mois de février 1721, sont des lettres patentes enregistrées au parlement de Bretagne, concernant l'agrandissement de la ville de Saint-

Malo, lesquelles confirment le droit de bannalité du chapitre de Saint-Malo. La dixieme, du 14 octobre 1746, est l'arrêt contradictoire du conseil d'état, qui confirme le droit de bannalité du chapitre, regle le droit de cuisson au seizieme, et à cet effet ordonne qu'il sera construit de nouveaux fours bannaux, jugés nécessaires pour le service du public. La onzieme, du 10 juillet 1769, est l'ordonnance contradictoire du sieur intendant de Bretagne, qui condamne plusieurs boulangers de Saint-Malo au paiement du droit de bannalité, avec défenses de cuire pour le public ailleurs qu'aux fours bannaux du chapitre. La 12e, du 19 fév. 1773, est l'acte signifié à la requête du chapitre, par lequel il a déclaré aux propriétaires des fours particuliers auxquels il avoit permis de cuire pour le public, qu'au moyen de la construction des nouveaux fours, il entendoit jouir de son droit, et retirer ses permissions, au moyen de quoi il les sommoit de cesser toute cuisson pour le public à leurs fours particuliers, à commencer du premier mars 1773. La treizieme et la quatorzieme étant ensuite l'une de l'autre, des 29 et 30 mars 1773, est copie de l'arrêt sur requête non communiquée, surpris par quelques boulangers, qui les maintient dans l'exemption du droit de bannalité de four, et les autorise à avoir dans la ville de Saint-Malo des fours particuliers, pour y cuire le pain qu'ils vendent au public; au bas est l'exploit de signification dudit arrêt. La quinzieme, du 5 avril 1773, est la requête présentée par le chapitre au parlement, pour faire ordonner le rapport dudit arrêt. La seizieme, du 3 mai 1773, est la requête en plainte du procureur fiscal de Saint-Malo, au sujet de la déclaration faite au greffe de la jurisdiction par quatorze ou quinze boulangers, qu'ils n'entendoient plus se mêler du métier de boulangers, et menaçoient de ne plus vendre de pain au public. La dix-septieme, du même jour, est la sentence de la jurisdiction de Saint-Malo, portant décret d'ajournement personnel contre ces particuliers. Les dix-huitieme, dix-neuvieme et vingtieme, étant ensuite l'une de l'autre, des premier, 3 et 5 mai 1773, sont copies signifiées des lettres d'appel interjetté des sentences de Saint-Malo par lesdits particuliers, de leur requête pour obtenir la provision, ou en tout cas un sursis pendant six mois, et de l'arrêt rendu sur leur requête, qui a sursis pour quinzaine seulement. La vingt-unieme, du 30 juin 1773, est la requête du chapitre au parlement, pour faire ordonner le rapport dudit arrêt. La vingt-deuxieme, du 28 juillet 1773, est l'expédition en parchemin de l'arrêt contradictoirement rendu entre les boulangers, la communauté de ville de Saint-Malo et le chapitre, sur les conclusions des gens du roi, qui a débouté lesdits boulangers et les habitants de leur requête, et a ordonné que pendant le procès la bannalité de four s'exécuteroit dans la ville de Saint-Malo au profit du chapitre; en conséquence, a enjoint auxdits boulangers et habitants de suivre, par provision, les fours bannaux du chapitre, pour la cuisson du pain de leur commerce. La vingt-troisieme est un imprimé, contenant le précis des moyens des boulangers. La vingt-quatrieme est le mémoire imprimé du chapitre, signifié le 2 avril 1778. La vingt-cinquieme, du 11 août 1778, signifiée le 27 dudit mois, est la copie de l'arrêt définitif, dont la cassation est demandée. La vingt-sixieme et derniere, du 29 avril 1779, est la quittance de consignation pour parvenir à ladite cassation. A CES CAUSES, requéroient les suppliants qu'il plût à sa majesté casser, révoquer et annuller l'arrêt du parlement de Bretagne rendu au profit des boulangers et de la communauté de ville de Saint-Malo le 11, signifié le 27 août 1778, ainsi que ce qui peut s'en être ensuivi; en conséquence, renvoyer les parties en telle cour qu'il plaira à sa majesté, pour y procéder sur les contestations dont il s'agit, comme avant ledit arrêt, si mieux n'aime sa majesté, attendu qu'il s'agit de l'exécution d'un édit et d'un arrêt contradictoire du conseil d'état, évoquer lesdites contestations, et en retenir la connoissance au conseil; ordonner que l'amende consignée par les suppliants leur sera rendue, et condamner les contestants en tous les dépens. VU ladite requête signée Roux, avocat des suppliants, et Bootoux et Jardin, anciens avocats; ensemble les pieces y énoncées et jointes par icelle, la quittance de consignation d'amende faite par lesdits doyen, chanoines et chapitre de l'église cathédrale de Saint-Malo, le 29 avril 1779; la requête desdits doyen, chanoines et chapitre, au bas de laquelle est l'ordonnance du conseil du 3 mai audit an, qui commet le sieur de Ballainvilliers, maître des requêtes, pour rapporteur. OUI le rapport dudit sieur de Ballainvilliers, chevalier, conseiller du roi en ses conseils, maître des requêtes ordinaire de son hôtel, commissaire à ce député, après en avoir communiqué aux sieurs de Beaupré, de Fleury, l'abbé Bertin, d'Ormesson, Larboust, de Radonvilliers, et Bellanger, conseillers d'état, commissaires aussi à ce députés: LE ROI, EN SON CONSEIL, a ordonné et ordonne, avant faire droit sur ladite requête, que son procureur général au parlement de Bretagne envoiera au greffe du conseil, dans deux mois pour tout délai, les motifs de l'arrêt dudit parlement du 11 août 1778, pour, ce fait et rapporté, être statué ce qu'il appartiendra. Fait au conseil d'état privé du roi, tenu à Versailles le 29 novemb. 1779. Collationné, *signé* MAGNYER.

ARRÊT DU CONSEIL,

Qui casse l'arrêt du parlement de Bretagne, et évoque les contestations d'entre le chapitre de Saint-Malo, les maire et échevins et les boulangers de cette ville, concernant la bannalité des fours.

Du quinze janvier mil sept cent quatre-vingt-un.

Extrait des registres du conseil d'état privé du roi.

VU, au conseil d'état privé du roi, l'arrêt rendu en icelui le 29 novembre 1779, sur la requête y insérée, présentée par les doyen, chanoines et chapitre de l'église cathédrale de Saint-Malo, et tendante à ce qu'il plût à sa majesté casser, révoquer et annuller l'arrêt du parlement de Bretagne rendu, au profit des boulangers et de la communauté de la ville de Saint-Malo, le 11, signifié le 27 août 1778, ainsi que tout ce qui peut s'en être ensuivi; en conséquence, renvoyer les parties en telle cour qu'il plaira à sa majesté, pour y procéder sur les contestations dont il s'agissoit comme avant ledit arrêt, si mieux n'aimoit sa majesté, attendu qu'il s'agissoit de l'exécution d'un édit et d'un arrêt contradictoire du conseil d'état, évoquer lesdites contestations, et en retenir la connoissance au conseil, et ordonner que l'amende consignée par lesdits doyen, chanoines et chapitre, leur seroit rendue; par lequel arrêt sa majesté auroit ordonné, avant faire droit sur ladite requête, que son procureur général au parlement de Bretagne envoieroit au greffe du conseil, dans deux mois pour tout délai, les motifs de l'arrêt dudit parlement, du 11 août 1778, pour, le tout fait et rapporté, être statué ce qu'il appartiendroit; ledit arrêt collationné et signé Magnyer. La commission sur ledit arrêt, donnée en grande chancellerie le même jour, icelle signée, Par le roi en son conseil, Magnyer, avec grille et parafe, et scellée le 12 janvier

1780. L'exploit de signification desdits arrêt et commission, fait par Jamay, huissier au parlement de Rennes, le 17 février suivant, à la requête desdits doyen, chanoines et chapitre de l'église cathédrale de Saint-Malo, au sieur procureur général dudit parlement, à ce qu'il n'en ignorât; ledit exploit contrôlé à Rennes le même jour. Les motifs de l'arrêt rendu audit parlement, le 11 août 1778, entre la communauté de la ville de Saint-Malo, les boulangers et le chapitre de l'église cathédrale de la même ville, envoyés au greffe du conseil par ledit procureur général dudit parlement, le 26 septembre 1780. OUI le rapport dudit sieur de Ballainvilliers, chevalier, conseiller du roi en ses conseils, maître des requêtes ordinaire de son hôtel, commissaire député en cette partie, après en avoir communiqué aux sieurs de Beaupré, de la Porte, l'abbé Bertin, d'Argouges, de Larboust, d'Ormesson, l'abbé de Radonvilliers, Bellanger, Vidaud, Lambert et Dupleix, conseillers d'état, commissaires aussi à ce députés. LE ROI, EN SON CONSEIL, ayant égard à la requête des doyen, chanoines et chapitre de l'église cathédrale de Saint-Malo, a cassé et casse l'arrêt du parlement de Bretagne, du 11 août 1778, et tout ce qui s'en est ensuivi; ce faisant, a évoqué et évoque les demandes et contestations sur lesquelles ledit arrêt est intervenu, et a ordonné et ordonne que dans deux mois les parties écriront et produiront sur le fond desdites demandes et contestations, pour, au rapport du sieur de Maussion, maître des requêtes, que sa majesté a commis et commet à cet effet, y être statué ainsi qu'il appartiendra; ordonne que l'amende consignée par lesdits doyen, chanoines et chapitre, leur sera rendue; à ce faire le receveur des amendes contraint; quoi faisant, il en sera bien et valablement déchargé. FAIT au conseil d'état du roi, tenu à Versailles le 15 janvier 1781. Collationné, *signé* MAGNYER.

ARRÊT DU CONSEIL,

Qui, faisant droit sur un incident, déboute les boulangers et la communauté des habitants de Saint-Malo, de leurs demandes provisoires concernant la bannalité.

Du quatorze janvier mil sept cent quatre-vingt-deux.

Extrait des registres du conseil d'état privé du roi.

Vu, au conseil d'état privé du roi, la demande incidente formée par René Bacquet, Louis le Chaptois, Louis Tassard, Pierre Hérissé, Alain Botrel, Gilles Gondué, René Vallée, Charles du Hamel, Jacques Cagier, Jacques Angenard, et autres, tous marchands boulangers de la ville de Saint-Malo, et le sieur Louis Tillard de la Hurie, demeurant dans la même ville, demandeurs en requête du 3 juillet 1781, d'une part; les doyen, chanoines et chapitre de l'église cathédrale de Saint-Malo, défendeurs, d'autre part; et les maire et échevins et communauté de ladite ville de Saint-Malo, encore d'autre part.

La requête desdits René Bacquet, Louis le Chaptois, Louis Tassard, Pierre Hérissé, Alain Botrel, Gilles Gondué, René Vallée, Charles du Hamel, Jacques Cagier, Jacques Angenard, et autres, tous marchands boulangers de la ville de Saint-Malo, et de Louis Tillard de la Hurie, demeurant dans la même ville, tendante à ce que, pour les causes y contenues, il plût à sa majesté les autoriser provisoirement à faire cuire le pain de leur commerce dans tels fours qu'ils jugeront à propos; faire défenses aux doyen, chanoines et chapitre de l'église cathédrale de Saint-Malo, à leurs officiers et à tous autres, de les troubler dans ladite faculté, à peine de tous dépens, dommages et intérêts, et sous telles autres peines qu'il appartiendra; ordonner que l'arrêt à intervenir sera exécuté nonobstant opposition ou autres empêchements quelconques, pour lesquels ne sera différé, et condamner lesdits doyen, chanoines et chapitre de l'église cathédrale de Saint-Malo, aux coût, sceau et signification dudit arrêt à intervenir; au bas de laquelle requête signée Fenouillot du Closey, avocat, est l'ordonnance du sieur rapporteur, du 3 juillet 1781, portant, soit communiquée à la partie,

tie, au domicile de son avocat, pour y répondre dans trois jours pour tout délai.

Signification desdites requête et ordonnance, faite le 7 dudit mois de juillet, par Desestre, huissier ordinaire du roi en ses conseils.

Requête présentée au conseil par les doyen, chanoines et chapitre de l'église cathédrale de Saint-Malo, employée avec les pieces y jointes pour réponse à la précédente, et tendante à ce qu'il plût à sa majesté ordonner que l'arrêt contradictoire du parlement de Rennes, du 28 juillet 1773, seroit exécuté selon sa forme et teneur; ce faisant, que jusqu'au jugement définitif de la contestation, les boulangers et boulangeres de la ville de Saint-Malo seroient tenus de faire cuire aux fours bannaux du chapitre le pain de leur commerce, avec défenses de le faire cuire aux fours particuliers de ladite ville; comme aussi défenses fussent faites par provision au sieur Tillard de la Hurie, et à tous autres propriétaires et possesseurs de fours particuliers dans ladite ville de Saint-Malo, d'y admettre les boulangers et autres habitants; et condamner ledit René Bacquet et consorts, et ledit sieur de la Hurie, aux dépens de l'incident; au bas de laquelle requête signée Roux, avocat, est l'ordonnance dudit sieur rapporteur, du 24 août 1781, portant, aient acte de l'emploi, au surplus en adjugeant sera fait droit et soit signifiée.

Signification desdites requête et ordonnance, faite le 29 dudit mois d'août, par Lelong, huissier ordinaire du roi en ses conseils.

Requête présentée au conseil par les maire, échevins et communauté de Saint-Malo, tendante à ce qu'il plût à sa majesté autoriser provisoirement les boulangers de Saint-Malo à faire cuire le pain de leur commerce dans tels fours qu'ils jugeroient à propos, avec défenses aux doyen, chanoines et chapitre de l'église de Saint-Malo, à leurs officiers et à tous autres, de les troubler dans ladite faculté, à peine de tous dépens, dommages et intérêts, et sous telles autres peines qu'il appartiendroit, avec dépens; au bas de laquelle requête signée Fenouillot du Closey, est l'ordonnance dudit sieur rapporteur, portant, aient acte de l'emploi; au surplus en jugeant sera fait droit, et soit signifiée; ladite ordonnance en date du 21 novembre 1781.

Signification desdites requête et ordonnance, faite le 23 dudit mois de novembre, par Desestre, huissier ordinaire du roi en ses conseils.

Requête présentée au conseil par les doyen, chanoines et chapitre de la cathédrale de Saint-Malo, employée pour réponse à la précédente, et tendante à ce que leurs précédentes conclusions leur fussent adjugées; au bas de laquelle requête, signée Roux, avocat, est l'ordonnance dudit sieur rapporteur, du 22 décembre dernier, portant, aient acte de l'emploi, et soit signifiée.

Signification desdites requête et ordonnance, faite le 29 dudit mois de décembre, par Desestre, huissier ordinaire du roi en ses conseils.

Vu aussi les pieces respectivement produites par les parties, et jointes auxdites requêtes; savoir, de la part des boulangers, arrêt de réglement du parlement de Bretagne, du 22 août 1775, concernant la taxe du pain dans toute la province; pancarte du prix du pain dans la ville de Saint-Malo; copie de la lettre écrite, le 4 juin 1773, par les juges consuls de Saint-Malo, au procureur-général du parlement de Bretagne; copie de l'arrêt du conseil, du 15 janvier 1781, qui casse celui du parlement de Bretagne, du 11 août 1778; acte extrajudiciaire du 25 avril 1781, par lequel le chapitre entend exercer provisoirement la bannalité; procès-verbal de saisie chez Antoine Hinet, boulanger; sentence de la jurisdiction de Saint-Malo, qui prononce la confiscation des objets saisis; procès-verbal du 4 mai 1781, pour constater l'insuffisance des fours bannaux; autre procès-verbal du 5 du même mois, aux mêmes fins; autre procès-verbal du 7; sentence qui déclare les saisies bonnes et valables; avis des médecins de Saint-Malo, du 11 mai 1781.

De la part du chapitre de Saint-Malo, extrait du procès-verbal de la sécularisation du chapitre de Saint-Malo; transaction passée entre le chapitre et la communauté de Saint-Malo; l'édit de la reine Anne, de 1513; extrait d'un aveu rendu au roi par le chapitre de Saint-Malo; procès-verbal dressé par un commissaire du parlement de Bretagne, relativement au droit de fours bannaux; arrêt du parlement de Bretagne, de 1623, rendu contre un boulanger de Saint-Malo; sentence des juges de Dinant pour la démolition d'un four; sentence des requêtes du palais, à Rennes, qui ordonne la démolition d'un four; arrêt du parlement de Rennes, qui confirme une sentence qui fait défenses aux boulangers de Saint-Malo de faire aucune cuisson pour le public; lettres-patentes de 1721 pour l'agrandissement de la ville de Saint-Malo; arrêt du conseil sur la bannalité et le droit de cuisson; ordonnance du sieur intendant de Bretagne, qui fait défenses de cuire le pain de commerce dans les fours particuliers; arrêt du parlement de Paris, au profit des religieux de l'abbaye Saint-Germain-des-Prés, sur la bannalité; arrêt du parlement de Bretagne, du 28 juillet 1773, qui a adjugé la provision au chapitre; arrêt définitif du parlement de Bretagne, du 11 août 1778, qui proscrit la bannalité; arrêt du conseil du 29 novembre 1779, qui ordonne l'envoi des motifs; arrêt du conseil du 15 janvier 1781, qui casse l'arrêt du parlement de Rennes, du 11 août 1778; procès-verbal de descente des juges de police de Saint-Malo aux fours bannaux; imprimé, contenant la description locale des nouveaux fours bannaux; autre imprimé, extrait d'un rapport sur lequel a été rendue l'ordonnance du bureau de la police de Saint-Malo, touchant la police du pain; certificat du juge de police de la ville de Saint-Malo; *mémoire imprimé pour les* boulangers de Saint-Malo, non signifié; *mémoire imprimé* pour le chapitre de Saint-Malo, signifié le 29 décembre 1781 par Desestre, huissier ordinaire du roi en ses conseils, et généralement tout ce qui a été produit pardevers le sieur de Maussion, chevalier, conseiller du roi en ses conseils, maître des requêtes ordinaire de son hôtel, commis rapporteur de l'instance par l'arrêt du 15 janvier 1781, lequel en a communiqué aux sieurs de Saint-Prest et Fumerond de la Berliere, maîtres des requêtes de quartier au conseil : tout considéré: LE ROI, EN SON CONSEIL, faisant droit sur l'incident, a débouté et déboute les boulangers et les maire, échevins et communauté de Saint-Malo, de leurs demandes; ordonne que l'arrêt du parlement de Rennes, du 28 juillet 1773, sera exécuté; condamne les boulangers, les maire, échevins et communauté de Saint-Malo, aux dépens; tous dépens entre les boulangers et les maire, échevins et communauté, compensés. FAIT au conseil d'état privé du roi, tenu à Versailles le 14 janvier 1782. Collationné, *signé* MOREAU, avec grille et paraphe.

ARRÊT DU CONSEIL,

Portant évocation d'une instance particuliere entre le chapitre de Saint-Malo et un des boulangers de cette ville qui refusoit de se soumettre provisoirement à la bannalité.

Du dix décembre mil sept cent quatre-vingt-deux.

Extrait des registres du conseil d'état privé du roi.

SUR la requête présentée au roi en son conseil par les doyen, chanoines et chapitre de l'église cathédrale de Saint-Malo, contenant que les habitants de Saint-Malo ont le droit de faire cuire chez eux le pain destiné à leur consommation personnelle : mais les boulangers et ceux qui font cuire du pain pour autrui, sont obligés de le porter aux fours bannaux du chapitre, qui est seigneur de Saint-Malo conjointement avec le sieur évêque de ladite ville. Cette bannalité avoit été anéantie par un arrêt du parlement de Rennes, du 11 août 1778, obtenu par les boulangers et les maire et échevins de Saint-Malo, et par le sieur Tillard de la Hurie, propriétaire d'un four en ladite ville; mais cet arrêt a été cassé par un arrêt du conseil du 15 janvier 1781, par lequel sa majesté a en même temps évoqué le fond et l'a retenu au conseil. Les parties ont satisfait à cet arrêt, par leurs requêtes respectives. Dans le cours de l'instruction, les boulangers avoient demandé, par une requête du 3 juillet 1781, d'être autorisés provisoirement à faire cuire le pain de leur commerce dans tels fours qu'ils jugeroient à propos, et qu'il fût fait défenses aux suppliants et à leurs officiers de les y troubler. Les maire et échevins, de leur côté, avoient adhéré aux conclusions des boulangers; mais, par un arrêt du 14 janvier 1782, ils ont, les uns les autres, été déboutés de leur demande provisoire, et condamnés aux dépens.

Au préjudice de cet arrêt, Antoine Hinet, dit la Vallée, l'un des boulangers de Saint-Malo, a affecté de faire cuire le pain de son commerce dans un four dont il est propriétaire. Après plusieurs avertissements inutiles, les suppliants ont été obligés de faire saisir, par procès verbal du 26 août dernier, le pain qui étoit dans son four, et l'ont en même temps fait assigner en la jurisdiction de Saint-Malo, pour en voir prononcer la confiscation. Elle fut en effet prononcée par une sentence du même jour: mais en même temps il fut donné acte aux suppliants de leur déclaration, qu'ils vouloient bien en faire la remise audit Hinet, à la charge par lui de payer 24 livres à l'Hôtel-Dieu de Saint-Malo; ce qu'il promit de faire, porte ladite sentence: mais, au lieu de s'acquitter de sa promesse, et de remplir l'obligation qu'il en avoit contractée, il a depuis interjetté appel de la sentence au parlement de Rennes, où il a fait assigner les suppliants le 17 septembre 1781, en vertu des lettres de relief d'appel, du 4 du même mois. Les suppliants sont obligés de demander l'évocation de cet appel au conseil, et cette demande en évocation ne paroît pas susceptible de difficulté. Il a été observé qu'en exécution de l'arrêt du conseil du 15 janvier 1781, qui a cassé celui du parlement de Rennes, du 11 août 1778, et évoqué le fond, les parties sont en instance au conseil, sur la question de savoir si les boulangers de Saint-Malo sont obligés de faire cuire aux fours bannaux des suppliants le pain de leur commerce. Par la sentence de la jurisdiction de Saint-Malo, du 26 août dernier, rendue contre Antoine Hinet, il a été décidé qu'il y étoit tenu. Si l'appel de cette sentence étoit porté au parlement de Rennes, cette cour et le conseil de sa majesté seroient donc saisis de la même question; ce qui n'est pas praticable. Mais, de plus, le parlement de Rennes ayant jugé, par son arrêt du 11 août 1778, que les boulangers de Saint-Malo n'étoient pas astreints à la bannalité des fours des suppliants, et son arrêt ayant été cassé par celui du conseil du 15 janvier 1781, c'est une raison de plus pour que cette cour ne puisse pas connoître l'appel de la sentence de la jurisdiction de Saint-Malo. Ainsi tout se réunit en faveur de l'évocation à laquelle les suppliants se proposoient de conclure. Pour justifier de ce que dessus, les suppliants joignent : 1° une copie de l'arrêt du conseil, du 15 janvier 1781, qui, en cassant celui du parlement de Rennes, a évoqué le fond de la contestation; 2° une copie de l'arrêt du conseil, du 14 janvier 1782, qui a débouté les boulangers de leur demande provisoire; 3° le procès verbal de la saisie faite sur Antoine Hinet, le 26 août 1782; 4° la sentence de la jurisdiction de Saint-Malo, du même jour; 5° l'assignation donnée aux suppliants au parlement de Rennes, à la requête dudit Hinet, le 17 septembre suivant, pour procéder sur l'appel de ladite sentence. REQUÉROIENT, A CES CAUSES, les suppliants, qu'il plût à sa majesté évoquer à soi et à son conseil l'appel interjetté au parlement de Rennes, par Antoine Hinet, de la sentence de la juridiction de Saint-Malo, du 26 août 1782; ordonner que sur ledit appel, circonstances et dépendances, les parties procéderont au conseil; leur faire défenses de procéder ailleurs, à peine de nullité, cassation de procédure, et de tous dépens, dommages et intérêts; ce faisant, sans s'arrêter à l'appel dudit Hinet, ordonner que ladite sentence du 26 août 1782, sera exécutée suivant sa forme et teneur, et condamner ledit Hinet aux dépens. Vu ladite requête signée Roux, avocat des suppliants; ensemble, les pieces y jointes et justificatives de ce que dessus. Ouï le rapport du sieur de Maussion, chevalier, conseiller du roi en ses conseils, maître des requêtes ordinaire de son hôtel, lequel en a communiqué aux sieurs Bertin, de Larboust, d'Ormesson, de Radonvilliers, Bellanger, de la Tour, de Bacquencour, conseillers d'état, commissaires à ce députés. Le roi, en son conseil, ayant égard à ladite requête, a évoqué à soi et à son conseil l'appel interjetté au parlement de Rennes, par Antoine Hinet, de la sentence de la jurisdiction de Saint-Malo, du 26 août 1782; ordonne que, sur ledit appel, circonstances et dépendances, les parties procéderont au conseil; leur fait défenses de procéder ailleurs, à peine de nullité, cassation de procédure, et de tous dépens, dommages et intérêts. Fait au conseil d'état privé du roi, tenu à Versailles le 10 décembre 1782. *Signé*, Laurent. Et à côté, Collationné.

ARRÊT

DU PARLEMENT DE PARIS,

Qui déclare nuls et de nul effet les contrats de vente et aliénations faites en 1611 de biens, dîmes et patronage dépendants de l'abbaye de Saint-Mesmin, et condamne le sieur Lenoir de Mézieres, tiers détenteur, à s'en désister au profit de M. l'abbé Chapt de Rastignac, abbé de Saint-Mesmin, et à lui remettre les titres, cueilloirs, déclarations et terriers desdits biens.

Du onze mai mil sept cent quatre-vingt-quatre.

Extrait des registres du greffe du parlement de Paris.

LOUIS, par la grace de Dieu, roi de France et de Navarre, au premier huissier de notre cour de parlement, ou autre notre huissier ou sergent sur ce requis, savoir faisons que comme d'une sentence rendue par les gens tenant les requêtes de notre palais à Paris, le 13 février 1692, entre Nicolas Gédoin, notre conseiller et aumônier, abbé commendataire de Saint-Mesmin de Micy-lès-Orléans, seigneur châtelain dudit Saint-Mesmin, terres et seigneuries en dépendantes, demandeur aux fins de l'exploit du 10 juin 1686, et défendeur, d'une part; et Antoine Duchon, écuyer, défendeur et demandeur aux fins de ses défenses, du 23 juillet audit an, d'autre part; et encore entre ledit Gédoin, demandeur en lettres de rescision par lui obtenues en la chancellerie du palais à Paris, et requête à fin d'entérinement d'icelles des 7 et 17 août 1686, d'une part; et ledit Antoine Duchon, écuyer, sieur de Mézieres, défendeur, d'autre part; et encore entre ledit Gédoin, prenant le fait et cause de Pierre Dandin et sa femme, de la veuve Jean Reaudin, vigneron de la paroisse de Saint-André, et de Guillaume Grimault, vigneron, demeurant à Saint-Hilaire-Saint-Mesmin, tuteur des enfants de François Thomas, demandeurs, savoir, lesdits Dandin et sa femme, et la veuve Reaudin, par exploit du dernier juillet 1686, et ledit Grimault, par exploit du 7 août, évoqué en notredite cour par sentence du 21 mars 1691, et ledit Gédoin, en requête du 28 février 1687, d'une part; et ledit Duchon, défendeur, d'autre part; et entre ledit Duchon, demandeur en requête du 11 septemb. 1689, d'une part; et ledit Gédoin, défendeur, d'autre part; et entre ledit Gédoin, demandeur en requête susdatée, par laquelle sentence rendue sur productions respectives entre les susdites parties, faisant droit sur le tout, sans avoir égard aux demandes dudit Nicolas Gédoin, portées par exploit et requête des 10 juin 1686 et 28 février 1687, ni aux lettres de rescision par lui obtenues en chancellerie le 7 août 1688, dont il a été débouté, et ayant égard à celles dudit Antoine Duchon, ledit Duchon a été maintenu et gardé en la possession et jouissance du droit de haute, moyenne et basse justice en la paroisse de Saint-Avit de Mézieres, cédée par le contrat du 2 avril 1611, d'y créer des officiers, de percevoir les censives; défenses ont été faites audit sieur Gédoin et à tous autres de l'y troubler; en conséquence les saisies censuelles faites à la requête dudit Duchon, sur Pierre Dandin et sa femme, la veuve Jean Reaudin, Guillaume Grimault, tuteur des enfants de François Thomas, par exploit du 6 de juillet 1686, ont été déclarées bonnes et valables; ce faisant, a déclaré les fruits saisis acquis au profit dudit Duchon, si mieux n'aimoit ledit Gédoin rembourser audit Duchon la somme de 3000 liv. payée par ses auteurs, en exécution dudit contrat du 2 avril 1611, et laisser jouir pendant trente années ledit Duchon desdits droits de justice et censive, conformément à notre déclaration du mois d'octobre 1675, ce que ledit Gédoin sera tenu d'opter dans huitaine pour toute préfixion et délai, à compter du jour de la signification de ladite sentence, sinon et à faute de ce faire dans ledit temps, et icelui passé, en demeureroit déchu, et ladite sentence exécutée purement et simplement en vertu d'icelle et sans qu'il en soit besoin d'autre ni jugement, ledit Gédoin a été condamné en tous les dépens envers ledit Duchon; il a été dit que ladite sentence seroit exécutée quant au possessoire, nonobstant oppositions ou appellations quelconques, et sans y préjudicier.

Eut été appellé de ladite sentence en notredite cour de parlement, à Paris, en laquelle le procès par écrit auroit été conclu et reçu pour juger en la maniere accoutumée, par arrêt rendu en icelle le 12 mai 1692, entre Nicolas Gédoin, notre conseiller et aumônier, abbé commendataire de l'abbaye de Saint-Mesmin de Micy-lès-Orléans, seigneur châtelain dudit Saint-Mesmin, terres et seigneuries en dépendantes,

dantes, appellant d'une sentence rendue aux requêtes de notre palais, le 13 de février 1692, d'une part; et Antoine Duchon, écuyer, intimé, d'autre part; par lequel arrêt susdaté les parties auroient été appointées à fournir griefs, réponses, salvations, faire productions nouvelles, et sur icelles fournir et contredits et salvations dans le temps de l'ordonnance, et sauf à faire collation. Vu par notredite cour, en la premiere chambre des enquêtes, ledit procès composé des productions principales et respectives des parties, sur lesquelles ladite sentence des requêtes de notre palais dudit jour 13 février 1692, et dont est appel, avoit été rendue. Acte du 16 avril 1682, fait et reçu au greffe de notredite cour, par lequel Augustin-Emmanuel de Grouches de Chepy, abbé commendataire de l'abbaye de Saint-Mesmin de Micy-lès-Orléans, seigneur châtelain dudit Saint-Mesmin, terres et seigneuries en dépendantes, auroit déclaré reprendre et auroit repris le procès pendant et indécis en notredite cour, lors en la quatrieme chambre des enquêtes, au rapport de feu Me de Longueil, conseiller en icelle, entre feu Nicolas Gédoin, notre conseiller et aumônier, abbé commendataire de ladite abbaye de Saint-Mesmin de Micy-lès-Orléans, appellant d'une sentence des requêtes de notre palais, à Paris, du 13 de février 1692, d'une part, et feu Antoine Duchon, intimé, d'autre part, au lieu et place dudit feu Gédoin, et auroit offert de procéder audit procès suivant les derniers errements, en la maniere accoutumée. Autre acte du 18 janvier 1723, aussi fait et reçu au greffe de notredite cour, par lequel Jacques Duchon l'aîné, chevalier, seigneur, baron de Mézieres; demoiselle Françoise Duchon, fille majeure; Jean-Baptiste Duchon d'Arras, chanoine de l'église d'Orléans, auroient déclaré qu'ils reprenoient, comme en effet ils auroient repris, au lieu et place dudit défunt Antoine Duchon, leur pere, le procès pendant en notredite cour entre lui et défunt Nicolas Gédoin, abbé de Saint-Mesmin, sur l'appel par lui interjetté d'une sentence des requêtes de notre palais, du 13 février 1692, et auroient offert de procéder audit procès, suivant les derniers errements, sans néanmoins de leur part aucune approbation de la procédure, ni courir aucunes fins de non recevoir. Acte du 19 septembre 1775, fait et reçu au greffe de notredite cour, par lequel Armand-Anne-Auguste-Antoine-Sicaire de Chapt de Rastignac, abbé commendataire de l'abbaye royale de Saint-Mesmin de Micy-lès-Orléans, auroit repris les instances, procès et contestations pendantes et indécises en notredite cour, entre le feu sieur de Chepy, vivant abbé de Saint-Mesmin, sur l'appel interjetté par ledit Chepy de sentence des requêtes du palais, contre lui rendue le 13 février 1692, demandes et incidents en dépendants, et auroit offert de procéder sur le tout, suivant les derniers errements. Instance d'entre Armand-Anne-Auguste-Antoine-Sicaire de Chapt de Rastignac, prêtre, docteur de la maison et société de Sorbonne, abbé commendataire de l'abbaye royale de Saint-Mesmin de Micy-lès-Orléans, ayant repris par acte reçu au greffe de notredite cour, les 19 septembre 1775 et 6 septembre 1777, au lieu et place de Nicolas Gédoin, notre conseiller et aumônier, et d'Augustin-Emmanuel de Grouches de Chepy, vivant abbé de ladite abbaye de Saint-Mesmin de Micy-lès-Orléans, l'appel d'une sentence des requêtes du palais, du 13 février 1692, demandeur aux fins des commission et exploit des 20 et 22 septembre 1775, d'une part; et Samuel Lenoir de Mézieres, payeur des rentes de l'hôtel-de-ville de Paris, seigneur de Mézieres, défendeur, d'autre part; et entre ledit Lenoir de Méziere, demandeur en requête du 10 février 1779, tendante entre autres choses à fin d'intervention, d'une part; et l'abbé de Rastignac, èsdits noms; Marie-Magdelaine Tourtier de Bardy; Aimée Tourtier de Confeu, demoiselle majeure, fille et héritiere de Françoise-Magdelaine Duchon de Mézieres, à son décès épouse de Guillaume Tourtier de Confeu, laquelle étoit fille et héritiere d'Antoine Duchon; Élie Drouet, écuyer, sieur des Fontaines; Marie-Magd. Doillet de Saint-Agnan, son épouse, avant veuve de Charles-Jacques-François Longuet, écuyer, tuteurs conjointement des enfants mineurs dudit feu Longuet et de ladite défunte de Saint-Agnan; Marc de la Font, seigneur d'Ysy, chevalier de l'ordre royal et militaire de Saint-Louis; Marie-Charlotte Longuet, son épouse, à cause d'elle; Claude Longuet, fille majeure; lesdits mineurs Longuet par représentation de Charles-Jacques-François Longuet, leur pere; et lesdites Marie-Charlotte et Claude Longuet, héritieres de François-Charles Longuet et de Catherine Duchon, leurs pere et mere, aïeul et aïeule, laquelle Catherine Duchon étoit fille et héritiere dudit Antoine Duchon, défendeurs, chacun à leur égard, d'autre part. La commission du 20 septemb. 1775, obtenue en la chancellerie de notre palais, à Paris, par Armand-Anne-Augustin-Antoine-Sicaire de Rastignac, prêtre, docteur de la maison et société de Sorbonne, abbé commendataire de l'abbaye royale de Saint-Mesmin de Micy-lès-Orléans, prévôt de Restigni en l'église de Saint-Martin de Tours, et seigneur des châtellenies de Rastignac et de la Chapelle-Blanche, ayant repris, au lieu dudit abbé de Chepy, par acte reçu au greffe de notredite cour, le 19 septembre 1775, aux fins d'assigner à certain et compétent jour, en notredite cour de parlement de Paris, les enfants, héritiers et représentants, donataires et bien tenans du sieur de Gardiolle, vivant propriétaire du domaine de Mézieres, leurs tuteurs ou curateurs, s'ils sont mineurs, et tous autres qu'il appartiendroit, pour voir dire qu'ils seroient tenus de reprendre, au lieu et place dudit feu de Gardiolle, les instances, procès et contestations pendantes et indécises en notredite cour, entre ledit feu de Chepy, vivant abbé de l'abbaye de Saint-Mesmin, et ledit feu de Gardiolle, sur l'appel interjetté par ledit feu abbé de Chepy, de sentence des requêtes du palais, rendue contre lui au profit dudit de Gardiolle, le 13 février 1692, demandes et incidents en dépendants, et de procéder en icelle, suivant les derniers errements, sinon que le tout demeureroit pour repris avec eux, et que les conclusions ci-devant prises et celles que ledit Sicaire de Chapt voudroit prendre, lui seroient adjugées; comme aussi d'assigner, à certain et compétent jour, en notredite cour de parlement, le sieur Lenoir, payeur des rentes, aujourd'hui propriétaire du domaine de Mézieres, pour voir déclarer commun avec lui l'arrêt qui interviendroit entre ledit Sicaire de Chapt et les héritiers et représentants dudit de Gardiolle, sur l'appel de la sentence dudit jour 13 février 1692, et incidents en dépendants; répondre en outre et procéder sur telles autres fins et conclusions qu'il appartiendroit, avec dépens. L'exploit du 2 septembre 1775, fait en vertu de ladite commission, à la requête de l'abbé de Rastignac, et contenant signification d'icelle audit Lenoir, propriétaire actuel du domaine de Mézieres, avec assignation à comparoir en notredite cour, dans le délai porté audit exploit, pour répondre et procéder sur et aux fins de ladite commission, circonstances et dépendances, et procéder en outre sur le tout, ainsi que de raison, à fin de dépens. Quatre actes faits et reçus au greffe de notredite cour. Le premier, du 22 mai 1776, par lequel Marie-Magdelaine Tourtier de Bardy, et Aimée Tourtier de Confeu, demoiselles majeures, demeurantes à Orléans, filles et héritieres de Françoise-Magdelaine Duchon de Mézieres, à son décès épouse de Guillaume Tourtier de Confeu, chevalier, seigneur du Mesnil, laquelle étoit fille et héritiere de Jacques Duchon, seigneur de Mézieres, qui étoit fils et héritier d'Antoine Duchon, auroient déclaré reprendre le procès pendant et indécis en la premiere chambre des enquêtes, et ci-devant en la quatrieme chambre, et qui étoit au rapport de feu Mᵉ de Longueil, conseiller en la quatrieme chambre des enquêtes, entre ledit feu Nicolas Gédoin, alors notre conseiller et aumônier, abbé commendataire de l'abbaye de Saint-Mesmin de Micy-lès-Orléans, appellant de sentence des requêtes du palais, du 13 de février 1692, au lieu duquel Augustin-Emmanuel de Grouches de Chepy, successeur à ladite abbaye, avoit repris par acte reçu au greffe de notredite cour, le 16 avril 1722, et depuis Armand-Anne-Auguste-Antoine Sicaire de Chapt de Rastignac, prêtre, docteur de la maison et société de Sorbonne, actuellement pourvu de ladite abbaye de St.-Mesmin de Micy-lès-Orléans, par autre acte reçu au greffe de notredite cour, du 19 septembre 1775, d'une part, et ledit Antoine Duchon, intimé, d'autre part; ensemble tous les incidents dépendants dudit procès; et auroient offert de procéder sur le tout, suivant les derniers errements. Le second, du 6 septembre 1777, par lequel Armand-Anne-Auguste-Antoine Sicaire de Chapt de Rastignac, prêtre, docteur de la maison et société de Sorbonne, abbé commendataire de l'abbaye royale de Saint-Mesmin de Micy-lès-Orléans, prévôt de Restigné en l'église de Saint-Martin de Tours, auroit déclaré qu'en persistant dans la reprise par lui ci-devant faite par acte reçu au greffe de notredite cour le 19 de septembre 1775, il avoit repris et reprenoit d'abondant les procès, instances et contestations pendantes en notredite cour, entre ledit Nicolas Gédoin, vivant abbé de l'abbaye de St.-Mesmin, et ledit Antoine Duchon, sur l'appel interjetté par ledit Gédoin de la sentence des requêtes du palais, rendue contre lui au profit dudit Duchon, le 13 février 1692, demandes et incidents en dépendants, et auroit offert de procéder sur le tout, suivant les derniers errements. Le troisieme, du 17 février 1778, par lequel Marc de la Font, seigneur d'Ysy, chevalier de l'ordre royal et militaire de Saint-Louis, capitaine au régiment de la Marche, prince actuellement de Conti, et Marie-Charlotte Longuet, son épouse, à cause d'elle, et Claude Longuet, fille majeure; lesdites dame de la Font et demoiselle Longuet, filles et héritieres de feu François-Charles Longuet et Catherine Duchon, leurs pere et mere, laquelle demoiselle Catherine Duchon étoit fille et héritiere d'Antoine Duchon, auroient déclaré reprendre le procès pendant et indécis en la premiere chambre des enquêtes, qui étoit ci-devant en la quatrieme chambre des enquêtes, entre feu Nicolas Gédoin, notre conseiller et aumônier, abbé commendataire de l'abbaye de Saint-Mesmin de Micy-lès-Orléans, appellant de sentence des requêtes du palais, du 13 février 1692, au lieu duquel Augustin-Emmanuel de Grouches de Chepy, successeur à ladite abbaye, avoit repris, par acte reçu au greffe de notredite cour, le 16 avril 1722, et depuis Armand-Anne-Auguste-Antoine Sicaire de Chapt de Rastignac, prêtre, docteur de la maison et société de Sorbonne, actuellement pourvu de ladite abbaye royale de Saint-Mesmin de Micy-lès-Orléans, par autre acte reçu au greffe de notredite cour, le dix-neuf septembre mil sept cent soixante et quinze, d'une part; ledit feu Antoine Duchon, intimé, d'autre part; ensemble les incidents dépendants dudit procès; et auroient offert de procéder sur le tout, suivant les derniers errements. Et le quatrieme du 18 mars 1778, par lequel Elie Drouet, veuve du sieur des Fontaines, et Marie-Magdelaine Doillet de Saint-Aignan, son épouse, avant veuve de Charles-Jacques-François Longuet, écuyers, tuteurs conjointement des enfans mineurs dudit défunt Longuet, auroient déclaré qu'ils reprenoient et auroient repris eux et elles l'instance pendante et indécise en la premiere chambre des enquêtes, qui étoit ci-devant en la quatrieme chambre des enquêtes, au rapport de Me de Longueil, conseiller en ladite quatrieme chambre des enquêtes, entre défunt Nicolas Gedoin, notre conseiller et aumônier, abbé commendataire de l'abbaye de Saint-Mesmin de Micy lès Orléans, et appellant de la sentence des requêtes du palais du 13 février 1692, au lieu duquel Augustin-Emmanuel de Grouches de Chepy, successeur à ladite abbaye, auroit repris par acte reçu au greffe de notredite cour le 16 avril 1722; et depuis Armand-Anne-Auguste-Antoine-Sicaire de Chapt de Rastignac, prêtre, docteur de la maison et société de Sorbonne, actuellement pourvu de ladite abbaye royale de Saint-Mesmin de Micy lès Orléans, par autre acte reçu au greffe de notredite cour le 19 septembre 1775, d'une part; et ledit défunt Antoine Duchon, intimé, d'autre part; ensemble tous les incidents en dépendants; et auroient offert de procéder sur le tout, suivant les derniers errements. Arrêt du 30 janvier 1779, par lequel notredite cour auroit ordonné que, tant sur l'assignation donnée en notredite cour audit Lenoir, à la requête dudit abbé de Rastignac, aux fins des commissions des 20 et 22 septembre 1775, et sur celles qui seroient données aux héritiers de Gardiolle, en vertu de la même commission, que sur le procès ci-devant pendant en la quatrieme chambre des enquêtes d'icelle, auroit ordonné pareillement que l'acte de reprise dudit procès mis par l'abbé de Rastignac au greffe de notredite cour le 19 septembre 1775, ensemble ladite commission du 20 du même mois, seroient réformés en ce qu'il y étoit dit que la sentence des requêtes du palais a été rendue avec l'abbé de Chepy, au profit dudit de Gardiolle, et que l'appel de ladite sentence a été interjetté par ledit abbé de Chepy; en conséquence qu'il y seroit substitué que ladite sentence a été rendue entre Nicolas Gédoin, abbé de Saint-Mesmin, au profit d'Antoine Duchon, et que l'appel en a été interjetté par l'abbé Gédoin et repris par l'abbé de Chepy, et que les parties seroient tenües de procéder sur ladite réformation, dépens réservés. Ladite requête dudit Lenoir de Mézieres du 12 février 1779, signifiée le même jour, datée par erreur du 10 dudit mois, dans les qualités ci-devant visées du réglement ci-après, employées pour fins de non recevoir et défenses contre la demande en déclaration d'arrêt commun contre lui, formée à la requête de l'abbé de Rastignac, et portée par ladite commission et exploit des 20 et 22 septembre 1775, sur laquelle il a été ordonné que ledit arrêt du trente janvier 1779, que les parties procéderoient en notredite cour, et tendante ladite requête à ce qu'il fût donné acte audit Lenoir de son consentement, que l'arrêt qui interviendroit sur l'appel interjetté par ledit feu Gédoin abbé de l'abbaye de Saint-Mesmin fût déclaré commun avec lui, pour être exécuté selon sa forme et teneur; comme aussi il fût reçu partie intervenante dans le procès pendant actuellement en notredite cour sur ledit appel, lors au rapport de notre amé et féal conseiller en notredite cour, premiere chambre des enquêtes d'icelle, Me Jacques Duval d'Epremesnil, entre leditabbé de Rastignac, d'une part; Marie-Magdelaine Tourtier de Bardy et Aimée Tourtier de Confeu, demoiselles majeures, filles et héritieres de Françoise-Magdelaine Duchon de Mézieres, à son décès épouse dudit Guillaume Tourtier de Confeu, chevalier seigneur du Mesnil, laquelle étoit fille et héritiere de Jacques Duchon, Seigneur de Mézieres, qui étoit fils et héritier d'Antoine Duchon; Elie Drouet, écuyer, sieur des Fontaines, et Marie-Magdelaine Doillet de Saint-Aignan son épouse, avant veuve de Charles-Jacques-François Longuet, écuyer, tuteurs conjointement des enfants mineurs dudit défunt Longuet, lequel feu Longuet étoit fils et héritier de François-Charles Longuet et Catherine Duchon ses pere et mere, laquelle Catherine Duchon étoit fille et héritiere dudit Antoine Duchon; Marc de la Font, seigneur d'Ysy, chevalier de l'ordre royal et militaire de Saint-Louis, capitaine au régiment de la Marche, prince actuellement de Conti, et Marie-Charlotte Longuet son épouse, à cause d'elle; et Claude Longuet, demoiselle majeure; lesdites la Font et Longuet, filles et héritieres dudit feu Francois-Charles Longuet, et de ladite Catherine Duchon, fille et héritiere dudit Antoine Duchon; il fût donné acte audit Lenoir de Mézieres, de l'emploi par lui fait du contenu en sa requête pour moyen d'intervention; en conséquence, statuant sur l'appel de la sentence dudit jour treize février 1692, ledit abbé de Rastignac, ès noms qu'il agissoit, fût déclaré non recevable purement et simplement dans ledit appel; subsidiairement seulement, l'appellation fût mise au néant; il fût ordonné que ce dont est appel, sortira son plein et entier effet; ledit de Rastignac fût condamné en l'amende ordinaire de 12 liv. et en tous les dépens faits ou à faire par ledit Lenoir de Mézieres envers et contre toutes les parties, tant en demandant et défendant, que des interventions et demandes, même en ceux réservés par l'arrêt du 30 janvier 1779; au bas de laquelle requête dudit jour 12 février 1779 auroit été apposée l'ordonnance de notredite cour, par laquelle il auroit été ordonné que les parties en viendroient au premier jour à l'audience. Arrêt du 20 des mêmes mois et an, rendu entre ledit Sicaire de Chapt de Rastignac, d'une part; ledit Lenoir de Mézieres et lesdits héritiers représentant Duchon, d'autre part : par lequel, sans que les qualités y énoncées puissent nuire ni préjudicier aux parties, notredite cour auroit reçu ledit Lenoir de Mézieres partie intervenante, lui auroit donné acte de l'emploi porté par sa requête pour moyen d'intervention; au principal sur les demandes, auroit appointé les parties en droit et joint au procès dont il s'agit, conclu par arrêt du 12 mars 1692, pour leur être, sur le tout, conjointement fait droit. Productions des parties: celles desdits Lenoir de Mézieres par requête signifiée le 23 avril 1779, en exécution de l'arrêt du 10 février précédent; ladite requête aussi employée pour avertissement et écritures, avec ce qu'il avoit dit, écrit et produit par sa requête du 12 février 1779, et tendante à ce qu'en procédant au jugement du procès d'entre les parties, il plût à notredite cour lui adjuger les conclusions par lui prises par sa susdite requête du 12 février avec dépens, au bas de laquelle requête auroit été apposée l'ordonnance de notredite cour, qui auroit donné acte de l'emploi y porté; celle de Marie-Magdelaine Tourtier de Bardy, Aimée Tourtier de Corbin, Elie Drouet sieur des Fontaines, Marie-Magdelaine Doillet de Saint-Aignan, Marc de la Font, et Charlotte Longuet son épouse, Claude Longuet fille majeure, tous ès noms et qualités que, chacun à leur égard, ils procédoient par requête signifiée le 4 mai 1779, en exécution dudit arrêt d'appointement en droit et joint du vingt fevrier mil sept cent soixante et dix-neuf ; ladite requête, aussi employée pour avertissement et écritures, et tendante à ce qu'il leur plût, en tant que de besoin, donner acte de ce qu'ils sommoient et dénonçoient les interventions et demandes dudit Lenoir de Mézieres audit abbé de Rastignac, à ce qu'il n'en ignore; en conséquence, procédant au jugement du procès d'entre les parties, ledit abbé de Rastignac fût déclaré non recevable dans son appel de la sentence du treize février 1692, ou, en tout cas, l'appellation fût mise au néant; il fût ordonné que ce dont est appel sortiroit son plein et entier effet; ledit abbé de Rastignac fût condamné en l'amende ordinaire de 12 livres, et en tous les dépens des causes d'appel et demandes, même en ceux faits et à faire vis-à-vis dudit Lenoir de Mézieres, au bas de laquelle requête dudit jour 4 mai 1779, auroit été apposée l'ordonnance de notredite cour qui auroit donné acte à ladite Tourtier de Bardy et consorts, des emplois y portés ; et auroit réservé à faire droit sur la demande y contenue, en jugeant. Requête d'Armand-Anne-Auguste-Antoine Sicaire de Chapt de Rastignac ès noms, du 22 janvier 1780, signifiée à Marie-Magdelaine Tourtier et consorts, et audit Lenoir de Mézieres, employée pour satisfaire à l'arrêt d'appointement de conclusion intervenu entre le feu Gédoin, abbé de Saint-Mesmin, et le feu Antoine Duchon, héritier de Jacques Duchon, le 12 mars 1692, pour griefs contre la sentence des requêtes du palais, rendue entre eux, le 13 février précédent, et tendante

à

à ce qu'en procédant au jugement du procès d'entre les parties, faisant droit, par l'arrêt qui interviendroit, sur l'appel de ladite sentence interjetté par ledit Gédoin, au lieu duquel ledit Sicaire de Chapt avoit repris le procès, l'appellation et la sentence dont est appel fussent mises au néant; émendant, ledit Chapt audit nom fût déchargé des condamnations prononcées par icelle contre ledit abbé Gédoin, au profit dudit Duchon, au principal, en ajoutant et rectifiant aux conclusions prises au procès par lesdits Gédoin et de Chepy, abbés de Saint-Mesmin, ses prédécesseurs, sans avoir égard aux demandes formées par ledit Duchon, aux requêtes du palais, dans lesquelles lesdits Tourtier et consorts, ses représentants, seroient déclarés non recevables, ou dont en tout cas ils seroient déboutés; les contrats de vente et actes passés devant Dubois, notaire royal à Orléans, entre Antoine Rose, évêque de Clermont, alors abbé de Saint-Mesmin, Claude Fumet, bourgeois à Orléans, et Jacques Duchon, des 2 avril et 22 septembre 1611, fussent déclarés nuls et de nul effet; et où notredite cour y feroit quelque difficulté, et ne voudroit pas se déterminer par les moyens de nullité, en ce cas, et non autrement, les lettres de rescision obtenues par surabondance de droit en la chancellerie de notre palais à Paris, le 16 août 1686, par le feu Gédoin contre lesdits actes et contrats, fussent entérinées; ce faisant, les parties fussent mises au même et semblable état qu'elles étoient auparavant; dans les deux cas, ledit Lenoir de Mézieres fût condamné à se désister au profit dudit de Chapt, audit nom, des droits seigneuriaux appartenants à l'abbaye de Saint-Mesmin, dans la paroisse de Saint-Avit de Mézieres, et qui ont été aliénés par lesdits actes et contrats, et spécialement le droit de châtellenie, si aucuns y avoient, les droits de justice, haute, moyenne et basse; la dîme de tous les grains, vins, laines, charnage, pois, chanvre, et de toutes autres sortes de fruits croissants en ladite paroisse; le droit de mesurer les vins, grains, et autres choses; le droit de patronage et présentation de la cure de Saint-Avit de Mézieres, à chaque vacance d'icelle, par mort, résignation ou autrement; plus, les censives dépendantes tant du moulin que de la grange de Micy, étant à droit de lods et ventes, ou tels autres droits qu'elles ont, que l'abbé de Saint-Mesmin a droit de prendre et de percevoir, dans l'étendue des paroisse et finage de Mézieres, sur les maisons, terres, prés, bois, buissons, vignes, bruyeres, et généralement tous les droits aliénés par ledit abbé, au profit desdit Fumet et Duchon, par les actes desdits jours 2 avril et 23 septembre 1611, autres néanmoins que ceux qui pouvoient appartenir audit Duchon avant les actes, et dont ledit Lenoir justifieroit la propriété par titres valables et authentiques, pour, par ledit de Chapt de Rastignac et ses successeurs, abbés de Saint-Mesmin, exercer les droits de justice et de patronage, et jouir des autres droits et redevances ci-dessus, comme choses à eux appartenantes; défenses fussent faites audit Lenoir, et à tous autres, de s'immiscer dans l'exercice et jouissance des droits à l'avenir, directement, ni indirectement; ledit Lenoir de Mézieres fût pareillement condamné à rendre audit de Chapt tous les titres, cueilloirs, déclarations, terriers, et autres papiers relatifs aux objets portés par le contrat du 2 avril 1611, qui ont pu être remis alors audit Fumet; ensemble, les aveux et dénombrements et reconnoissances censuelles qui ont été passés depuis lesdites aliénations, relativement auxdits objets; et dans le cas où ledit Lenoir et ses prédécesseurs auroient laissé prescrire aucuns desdits droits par leur négligence à en demander des reconnoissances, ledit Lenoir fût condamné à indemniser ledit de Chapt de ceux desdits droits qui seroient prescrits, suivant l'estimation qui en seroit faite par experts dont les parties conviendroient pardevant le plus prochain juge royal des lieux qu'il plairoit à notredite cour commettre à cet effet, sinon qui seroient par lui pris et nommés d'office, sans s'arrêter à la réserve apposée dans ledit acte du 2 avril 1611, portant que les abbés de Saint-Mesmin ne conserveroient les droits de justice, de dîme et de censive sur la métairie de Beaulieu, qu'autant que ladite métairie de Beaulieu demeureroit en leurs mains; ladite condition fût déclarée nulle et de nul effet; en conséquence ledit Chapt fût maintenu et gardé purement et simplement dans la libre possession et jouissance desdits droits, tels qu'ils appartenoient à ladite abbaye, aux offres que faisoit ledit Chapt de payer au curé de Saint-Avit de Mézieres sa portion congrue, conformément à nos édits et déclarations; déclarant au surplus ledit Chapt que quoique la somme de 3000 liv. qui a pu être payée, pour raison de ladite acquisition, par Claude Fumet ou par Jacques Duchon, n'eût pas tourné au profit de l'abbaye de Saint-Mesmin, attendu que les réparations auxquelles elle avoit été employée étoient à la charge personnelle dudit Rose, et que par cette raison ledit de Chapt ne soit pas tenu de la rembourser, il consentoit néanmoins de rembourser ladite somme de 3000 livres audit Lenoir de Mézieres, comme représentant Claude Fumet et Duchon; ledit Lenoir de Mézieres et les héritiers et représentants Duchon fussent condamnés en tous les dépens, tant des causes principales que d'appel et demandes; comme aussi à ce que, sur lesdites requête et demandes, les parties fussent appointées en droit et joint, au profit d'entre elles; il fût donné acte audit de Chapt, de ce que, pour satisfaire de sa part à l'ordonnance de notredite cour, qui seroit apposée au bas de sadite requête, il employoit pour avertissement, écritures et productions, le contenu en icelle, avec ce qu'il avoit ci-devant dit, écrit et produit; au bas de laquelle requête dudit jour 22 janvier 1780 auroit été apposée l'ordonnance de notredite cour, par laquelle les parties auroient été appointées en droit et joint au procès d'entre elles, et acte auroit été donné audit de Chapt des emplois y portés. Les lettres de rescision obtenues en la chancellerie du palais à Paris, par ledit abbé Gedoin, le 7 août 1686, contre les actes et contrats des 2 avril et 22 septembre 1611; les deux actes desdits jours 2 avril et 22 septembre 1611. Instance d'entre les prieur et religieux de l'abbaye royale de Saint-Mesmin de Micy lès Orléans, de la congrégation des Feuillants, ordre de Cîteaux, demandeurs en deux requêtes des 30 janvier et 7 février 1781, tendantes à fin d'intervention au procès d'entre les ci-après nommés, et autres conclusions y portées, d'une part; et Lenoir de Mézieres, Marie-Magdelaine Tourtier de Bardy, Aimée Tourtier de Confeu et consorts, héritiers et représentants d'Antoine Duchon et Armand-Anne-Auguste-Antoine-Sicaire de Chapt de Rastignac, abbé commendataire de ladite abbaye de Saint-Mesmin, défendeurs, d'autre part; et entre ledit Lenoir et les demoiselles Tourtier et consorts, demandeurs en deux requêtes du même jour 10 février 1781, d'une part; et ledit abbé de Rastignac, défendeur, d'autre part. Deux sentences des requêtes du palais des 28 juin et dernier août 1624: la premiere desquelles contradictoire entre Daniel de Vassan, abbé de l'abbaye de Saint-Mesmin, d'une part, et Jacques Duchon, écuyer, sieur de Mézieres, d'autre part; laquelle a condamné de son consentement ledit Duchon à délaisser audit de Vassan, abbé de Saint-Mesmin, les droits dont est question et mentionnés au contrat du 2 avril 1611, en le remboursant par ledit de Vassan, dans un mois pour tout délai, de la somme de 3000 liv. tournois, pour laquelle ils ont été aliénés, ainsi qu'il étoit contenu par ledit contrat, frais et loyaux coûts, et à faute de ce faire dans ledit temps, et icelui passé, ledit Duchon, sieur de Mézieres, en demeureroit seigneur incommutable; en conséquence, et ledit temps passé, a fait main levée à Dumeau de l'opposition formée par ledit Duchon aux criées de sa maison poursuivie en la prévôté d'Orléans, à la requête dudit Dumeau, sergent, et sans dépens: et la deuxieme aussi contradictoire entre les mêmes parties, faute par ledit de Vassan d'avoir satisfait à la susdite sentence du 28 juin précédent, et d'avoir fait le remboursement de la somme de 3000 liv. pour les droits mentionnés au contrat du 3 avril 1611, dans le temps porté par ladite sentence, a ordonné que ledit Duchon de Mézieres demeureroit seigneur incommutable desdits droits. L'arrêt rendu en notredite cour le 29 avril 1625, contradictoire entre ledit de Mézieres et ledit de Vassan, par lequel l'appellation fût mise au néant sur l'amende; il a été ordonné que ce dont avoit été appellé sortiroit son effet; a condamné ledit de Vassan aux dépens de la cause d'appel. Ladite requête desdits prieur et religieux de l'abbaye royale de saint-Mesmin de Micy lès Orléans, de la congrégation des Feuillants, ordre de Cîteaux, du 30 janvier 1781, tendante à ce qu'ils fussent recus parties intervenantes au procès pendant en notredite cour, entre l'abbé de Chapt de Rastignac, abbé commendataire de l'abbaye royale de Saint Mesmin, ledit Lenoir, les héritiers Duchon et autres; il leur fût donné acte de l'emploi par eux fait de leur requête pour moyen d'intervention; ils fussent pareillement reçus tiers opposants, tant à l'arrêt du 29 avril 1625, qu'aux sentences des requêtes du palais des 20 et 31 août 1624, rendus entre Daniel de Vassan lors abbé de Saint-Mesmin, et Jacques Duchon; faisant droit sur l'opposition, les procédures sur lesquelles lesdites sentences et arrêt avoient été rendus, fussent déclarés nuls et de nul effet; faisant droit au principal, les héritiers et représentants de Jacques Duchon fussent déboutés des demandes par lui formées, et sur lesquelles lesdites sentences et arrêt avoient statué; il fût donné acte auxdits religieux de Saint-Mesmin de ce qu'au surplus ils se joignoient et adhéroient aux conclusions prises au procès par ledit abbé de Rastignac, contre lesdits Lenoir, Duchon et autres; ledit Lenoir et les héritiers Duchon fussent condamnés en tous les dépens: au bas de laquelle requête, signifiée les 30 janvier et 3 février 1781, auroit été apposée l'ordonnance de notredite cour, qui auroit ordonné que les parties en viendroient à l'audience. Autre requête desdits prieur et religieux de Saint-Mesmin, signifiée, le 7 février 1781, audit Lenoir de Mézieres, et aux demoiselles Tourtier de Bardy et Tourtier de Confeu et consorts, en présence dudit de Chapt, tendante à ce qu'en ajoutant aux conclusions par eux prises par leur requête du 30 janvier précédent, ils fussent pareillement reçus tiers opposants à la sentence des requêtes du palais, rendue entre ledit Gedoin et ledit Antoine Duchon le treize février mil six cent quatre-vingt douze; faisant droit sur l'opposition, la procédure sur laquelle elle étoit intervenue fût déclarée nulle et de nul effet; au principal, sans avoir égard aux demandes formées par ledit Duchon, en l'instance sur laquelle elle avoit statué, dans lesquelles les demoiselles Tourtier et consorts, ses héritiers et représentants, seroient déclarés non recevables, ou dont, en tout cas, ils seroient déboutés, les actes et contrats de vente passés devant Dubois, notaire royal à Orléans, entre Antoine Rose, évêque de Clermont, alors abbé de Saint-Mesmin, Claude Fumet, bourgeois à Orléans, et Jacques Duchon, les 2 avril et 23 septembre 1611, fussent déclarés nuls et de nul effet; au surplus, les conclusions prises par ledit de Rastignac au procès d'entre lui, ledit Lenoir de Mézieres, les héritiers d'Antoine Duchon, relativement à la nullité desdits contrats ou à l'entérinement des lettres de rescision obtenues contre iceux par ledit Gedoin, en la chancellerie du palais, le 7 août 1686, et au désistement des droits et biens aliénés par lesdits contrats au profit dudit abbé de Rastignac, ledit Lenoir de Mézieres et les héritiers Duchon, ou ceux d'entre eux qui succomberoient, fussent condamnés aux dépens envers lesdits religieux de Saint-Mesmin, envers toutes les parties; au bas de laquelle requête dudit jour 7 février 1781 auroit été apposée l'ordonnance de notredite cour, qui auroit ordonné que les parties en viendroient à l'audience. La requête dudit Lenoir de Mézieres du 10 février 1781, signifiée à l'abbé de Rastignac, aux prieur et religieux de Saint-Mesmin, en présence des héritiers Duchon, et tendante à ce que les prieur et religieux de Saint-Mesmin fussent déclarés purement et simplement non recevables dans leur intervention et demandes, ainsi que dans leur opposition aux arrêt du 29 avril 1625 et sentences des requêtes du palais des vingt-un juin et trente août mil six cent vingt-deux, et condamnés aux dépens; et dans le cas où il y auroit quelques difficultés, il fût donné acte audit Lenoir de ce qu'il sommoit et dénonçoit lesdites oppositions aux demoiselles Tourtier de Bardy, de Confeu, Corbin, et autres héritiers Duchon, à ce qu'ils n'en ignorassent, eussent à intervenir, prendre le fait et cause dudit Lenoir, sinon ils fussent condamnés à l'acquitter, garantir et indemniser de tous événements; dans tous les cas l'abbé de Rastignac, les prieur et religieux de son abbaye, et les héritiers Duchon, qui succomberoient, fussent condamnés en tous les dépens faits et à faire par ledit Lenoir, tant en demandant, défendant, que des sommations et dénonciations; au bas de laquelle requête dudit jour 10 février 1781 auroit été apposée l'ordonnance de notredite cour, par laquelle il auroit été ordonné que les parties en viendroient à l'audience. La requête de Marie-Magdelaine Tourtier de Bardy, Aimée Tourtier de Confeu, filles majeures, et consorts, ès qualités qu'ils procedent, du 10 février 1781, signifiée le même jour aux religieux de Saint-Mesmin, tendante à ce que les prieur et religieux de Saint-Mesmin fussent déclarés purement et simplement non recevables dans leur intervention et demandes, ainsi que dans leur opposition à l'arrêt du 29 avril 1625, et aux sentences des requêtes du palais, des 21 juin et 31 août 1682, et condamnés aux dépens : au bas de laquelle requête dudit jour 10 février 1781 auroit été apposée l'ordonnance de notredite cour, qui auroit ordonné que les parties en viendroient au premier jour à l'audience. Arrêt du 19 de janvier 1682, rendu entre lesdits religieux de l'abbaye de Saint-Mesmin, d'une part, et ledit Lenoir et les demoiselles Tourtier de Bardy et Tourtier de Confeu, d'autre part, par lequel notredite cour auroit reçu les prieur et religieux de l'abbaye de Saint-Mesmin parties intervenantes; et pour faire droit sur le surplus de leurs demandes, auroit appointé les parties en droit et joint au procès pendant entre ledit Lenoir, les héritiers Duchon, l'abbé de Chapt de Rastignac, et autres, étant lors au rapport de Me Duval d'Epremesnil, conseiller, pour être sur le tout fait droit conjointement. Productions en exécution dudit arrêt : celles desdits prieur et religieux de Saint-Mesmin, par requête signifiée, le 8 janvier 1782, audit Lenoir de Mézieres, auxdites demoiselles Tourtier et consorts, et autres; ladite requête aussi employée pour fins de non recevoir, et, en tant que de besoin, pour défenses contre la demande portée par la requête dudit Lenoir, du 10 février 1781, ensemble pour avertissement, écritures et productions, en exécution dudit arrêt d'appointement en droit et joint, du 19 de janvier 1782, et tendante à ce que, sans s'arrêter à ladite demande, dans laquelle ledit Lenoir seroit déclaré purement et simplement non recevable, ou dont en tout cas il seroit débouté, en ce qui concernoit lesdits religieux de Saint-Mesmin, les conclusions qu'ils avoient prises par leurs requêtes signifiées les 30 janvier et 17 de février 1781 leur fussent adjugées; ledit Lenoir, les héritiers Duchon, ou ceux d'entre eux qui succomberoient, fussent condamnés aux dépens faits par lesdits religieux; au bas de laquelle requête, dudit jour 8 février 1782, auroit été apposée l'ordonnance de notredite cour, qui auroit donné acte des emplois y portés. Requête de l'abbé de Rastignac, du 15 février 1782, signifiée ledit jour auxdits religieux de Saint-Mesmin, employée pour contredits contre la production par eux faite par leur requête du 8 février de la même année, et tendante à ce que les conclusions par lui ci-devant prises lui fussent adjugées, avec dépens. Autre requête dudit abbé de Chapt de Rastignac, du 18 fév. 1782, signifiée le même jour, employée aux risques, périls et fortune de qui il appartiendroit, pour défenses aux demandes desdits prieur et religieux de l'abbaye de Saint-Mesmin, portées par leur requête à lui signifiée les 3 et 7 février 1781, et contre la demande dudit Lenoir, portée par sa requête du 10 février 1781, ensemble pour avertissement, écritures, et contenant productions, en exécution de l'arrêt du 19 janvier 1782, et tendante à ce que, sans s'arrêter à la demande dudit Lenoir, portée par sa requête du 10 février 1781, dans laquelle il seroit déclaré non recevable, ou dont en tout cas débouté, en ce qui concernoit ledit de Chapt de Rastignac, il leur fût donné acte de la déclaration faite par lesdits religieux de Saint-Mesmin dans leur requête à lui signifiée le 3 fév. 1781, qu'ils se joignoient à lui et adhéroient aux conclusions par lui prises au procès; en conséquence, les conclusions qu'il avoit prises, et celles qu'il jugeroit encore à propos de prendre par la suite, lui fussent adjugées; ledit Lenoir et les autres parties qui succomberoient, fussent condamnés en tous les dépens faits par ledit de Chapt contre toutes les parties; au bas de laquelle requête dudit jour 18 février 1782 auroit été apposée l'ordonnance de notredite cour, par laquelle il auroit été donné acte audit de Chapt de Rastignac, des emplois y portés, et auroit été réservé à faire droit sur la demande y contenue, en jugeant. Requête des religieux de l'abbaye de Saint-Mesmin, du 20 février 1782, signifiée à l'abbé de Rastignac, employée pour contredits contre la production par lui faite en exécution de l'arrêt d'appointement en droit et joint, du 19 de janvier 1782, par requête du 18 de février suivant, ensemble aux risques de qui il appartiendroit, pour défenses à la demande en jugeant y portée, et tendante à ce qu'il plût à notredite cour adjuger auxdits religieux de l'abbaye de Saint-Mesmin les conclusions qu'ils avoient ci-devant prises au procès, avec dépens; au bas de laquelle requête auroit été apposée l'ordonnance de notredite cour, qui auroit donné acte des emplois y portés. Requête de l'abbé de Chapt de Rastignac, signifiée le 25 novembre 1782 aux demoiselles Tourtier et consorts, employée pour contredits contre la production faite par lesdites demoiselles Tourtier et consorts, par leur requête signifiée le 4 mai 1779, en exécution de l'arrêt d'appointement en droit et joint, du 20 février précédent, ensemble pour fins de non recevoir, et défenses contre la demande y portée en jugeant, et tendante à ce que, sans s'arrêter à ladite demande dont elles seroient déboutées, ni à tout ce qu'elles avoient ci-devant dit, écrit et produit au procès d'entre les parties, les conclusions ci-devant prises par ledit de Rastignac en icelui lui fussent adjugées; lesdits Tourtier et consorts fussent condamnés aux dépens; au bas de laquelle requête auroit été apposée l'ordonnance de notredite cour, qui auroit donné acte des emplois y portés. Requête dudit de Chapt de Rastignac, du 26 novembre 1782, signifiée auxdits Tourtier et consorts, et audit Lenoir, contenant production en exécution de l'arrêt du 20 février 1779, et employée, aux risques de qui il appartiendroit, pour fins de non recevoir, et défenses contre la demande dudit Lenoir de Mézieres, portée par sa requête du 12 février 1779, ensemble pour avertissement, écritures, et pour contredits contre la production faite en exécution dudit arrêt susdaté, par la requête du 23 avril 1779, et tendante, celle dudit de Chapt à ce que, sans s'arrêter ni avoir égard à la demande dudit Lenoir de Mézieres, portée par sa requête dudit jour 12 février 1779, à fin de confirmation de la sentence des requêtes du palais, du 13 février 1692, dans laquelle il seroit déclaré non recevable, ou dont en tout cas il seroit débouté, les fins et conclusions que ledit de Chapt avoit prises contre toutes les parties, par sa requête signifiée le 22 janv. 1780, lui fussent adjugées, et en condamnant ledit Lenoir ou celles des

des parties qui succomberoient, aux dépens par lui faits au procès contre les uns et les autres, et ils fussent pareillement condamnés aux dépens réservés par les arrêts de notredite cour, des 30 janvier 1779 et 19 février 1780 : au bas de laquelle requête est l'ordonnance de notredite cour du même jour 26 novembre 1782, qui auroit donné acte audit de Chapt des emplois y portés, et auroit réservé d'y faire droit sur la demande y portée, en jugeant. Requête dudit Lenoir de Mézieres, du 19 avril 1784, signifiée audit abbé de Rastignac, employée en exécution de l'ordonnance d'en droit et joint étant au bas de la requête dudit abbé de Chapt de Rastignac, du 22 janvier 1780, pour fins de non recevoir, et défenses contre la demande réglée y portée, avertissement, écritures et productions, et contredits de l'emploi de production y portée, et tendante à ce que, sans s'arrêter ni avoir égard à ce qui avoit été dit, écrit et produit de la part dudit abbé de Rastignac, les conclusions ci-devant prises par ledit Lenoir de Mézieres lui fussent adjugées avec dépens. Requête d'Elie Drouet et consorts, ès noms, du 19 avril 1784, signifiée audit abbé de Rastignac, employée en exécution de l'ordonnance d'en droit et joint, étant au bas de la requête dudit abbé de Rastignac, du 22 janvier 1780, pour fins de non recevoir, et défenses contre la demande réglée y portée, et tendante à ce que les conclusions ci-devant prises par ledit Drouet et consorts leur fussent adjugées avec dépens, au bas desquelles requêtes ci-dessus, desdits Lenoir, Drouet et consorts, auroit été apposée l'ordonnance de notredite cour, qui auroit donné acte des emplois y portés. Deux requêtes de l'abbé de Chapt de Rastignac, du 20 avril 1784, signifiées, l'une audit Lenoir, et l'autre auxdits Drouet et consorts, et employées, la premiere pour contredits contre l'emploi de production porté par la requête dudit Lenoir, du 19 dudit mois d'avril, et la derniere aussi pour contredits contre l'emploi de production porté par la requête desdits Drouet et consorts, du 19 dudit mois d'avril, et tendantes lesdites deux requêtes à ce que, sans s'arrêter ni avoir égard à tout ce qui avoit été dit, écrit et produit de la part dudit Lenoir et desdits Drouet et consorts, il plût à notredite cour adjuger audit abbé de Chapt de Rastignac les conclusions qu'il avoit ci-devant prises avec dépens, au bas desquelles deux requêtes auroit été apposée l'ordonnance de notredite cour, qui auroit donné acte des emplois y portés. Requête de Magdelaine Tourtier de Bardy et consorts, du 21 avril

1784, signifiée aux religieux de Saint-Mesmin, employée en exécution de l'arrêt du 19 janvier 1782, pour contredits contre la production faite en exécution d'icelui, par lesdits prieur et religieux de Saint-Mesmin, par leur requête du 8 février 1782, et tendante à ce qu'en procédant au jugement du procès d'entre les parties, il plût à notredite cour adjuger auxdits Tourtier et consorts les fins et conclusions qu'ils avoient prises ci-devant, avec dépens; au bas de laquelle requête auroit été apposée l'ordonnance de notredite cour, qui auroit réservé d'y faire droit en jugeant, et donné acte de l'emploi y porté. Cinq requêtes dudit Lenoir de Mézieres, du même jour 21 avril 1784, signifiées le même jour audit abbé de Saint-Mesmin, et les autres audit abbé de Chapt de Rastignac, employées, la premiere, en exécution de l'arrêt du 19 janvier 1782, pour contredits contre la production faite en exécution d'icelui par les prieur et religieux de St.-Mesmin, par leur requête du 8 février 1782, et tendante à ce que les conclusions ci-devant prises par ledit Lenoir contre lesdits religieux lui fussent adjugées, avec dépens; la seconde, en exécution du même arrêt dudit jour 29 janvier 1782, pour contredits contre la production faite en exécution d'icelui par ledit de Rastignac, par sa requête du 18 février suivant, et tendante à ce que les précédentes conclusions dudit Lenoir lui fussent adjugées, avec dépens; la troisieme, pour fins de non recevoir et défenses contre la demande en jugeant, portée par la requête dudit abbé de Rastignac, du 26 novembre 1782, et tendante à ce que, sans s'arrêter ni avoir égard à ladite demande, dans laquelle ledit de Rastignac seroit déclaré non recevable purement et simplement, ou dont en tout cas il seroit débouté, les conclusions ci-devant prises par ledit Lenoir lui fussent adjugées avec dépens; la quatrieme, en exécution de l'arrêt du 20 février 1779, pour contredits contre la production ci-devant faite en exécution d'icelui par ledit abbé de Rastignac, par sa requête du 26 novembre 1782, et tendante à ce que les conclusions ci-devant prises par ledit Lenoir lui fussent adjugées avec dépens; et la cinquieme, pour défenses à la demande en jugeant, portée par la requête dudit abbé de Rastignac, du 18 février 1782, tendante à ce que, sans s'arrêter à ladite demande, dans laquelle ledit de Rastignac seroit déclaré purement et simplement non recevable, ou dont en tout cas il seroit débouté, les conclusions prises par ledit Lenoir lui fussent adjugées avec dépens: au bas desquelles cinq requêtes auroit été apposée l'ordonnance de notredite cour, qui auroit donné acte des emplois y portés. Quatre requêtes des demoiselles Tourtier et consorts, ès noms, du 21 avril 1784, signifiées le même jour, employées, la premiere, en exécution de l'arrêt du 19 janvier 1782, pour contredits contre la production faite en exécution d'icelui par ledit abbé de Rastignac, par sa requête du 18 février 1782; la seconde, pour défenses à la demande en jugeant, portée par la même requête dudit abbé de Rastignac, du 18 février; la troisieme, en exécution de l'arrêt du 20 février 1779, pour contredits contre la production faite en exécution d'icelui par ledit abbé de Rastignac, par sa requête du 26 novembre 1782; et la quatrieme, pour défenses à la demande en jugeant, portée par la requête de l'abbé de Rastignac, dudit jour 26 novembre 1782; et tendantes au surplus lesdites requêtes à ce qu'il plût à notredite cour, en procédant au procès d'entre les parties, sans s'arrêter à tout ce qui avoit été dit, écrit et produit de la part dudit abbé de Rastignac, non plus qu'à ses différentes requêtes et demandes, dans lesquelles il seroit déclaré purement et simplement non recevable, ou dont en tout cas il seroit débouté, les conclusions ci-devant prises par lesdits Tourtier et consorts contre ledit de Rastignac leur fussent adjugées avec dépens: au bas desquelles requêtes dudit jour 21 avril 1784 auroit été apposée l'ordonnance de notredite cour, qui auroit donné acte auxdites demoiselles Tourtier et consorts des emplois y portés, fins de non recevoir, servant d'avertissement, et, en tant que de besoin, de réponses à griefs, et de plus amples contredits de production, fournis par ledit Lenoir de Mézieres, le 21 avril 1784, signifiés aux demoiselles Tourtier et consorts, et audit de Chapt de Rastignac, en exécution et pour satisfaire aux arrêts d'appointement intervenus contre les parties, et tendants à ce que les conclusions y portées lui fussent adjugées avec dépens. Requête dudit Lenoir de Mézieres, du 22 avril 1784, signifiée à l'abbé de Rastignac et aux héritiers et représentants d'Antoine Duchon, employée en exécution de l'arrêt du 19 de janvier 1782, pour plus amples fins de non recevoir, avertissement, écritures et production avec le contenu en ses écritures, du 21 dudit mois d'avril dernier, et tendante à ce qu'en procédant au jugement du procès d'entre les parties, et distribué au rapport de notre amé et féal conseiller en notredite cour, premiere chambre des enquêtes d'icelle, Me Augustin-Charles-Pascal Lambert, les prieur et religieux de l'abbaye de Saint-Mesmin fussent déclarés purement et simplement non recevables dans l'intervention et demande portées par leur requête du 30 janvier 1781, ainsi que dans leur opposition, tant aux sentences des requêtes du palais des vingt-huit juin et trente août mil six cent vingt-quatre, qu'à l'arrêt de notredite cour qui les a confirmées, du 29 avril 1625; ils fussent pareillement déclarés purement et simplement non recevables dans leur tierce opposition à la sentence des requêtes du palais du 13 février 1692, ainsi que dans les demandes portées par leur requête du 7 février 1781, et condamnés en l'amende de leur tierce opposition; ils fussent en outre, ainsi que ledit abbé de Rastignac, chacun à leur égard, condamnés en tous les dépens faits et à faire envers et contre toutes les parties, même en ceux réservés par les différents arrêts de notredite cour: au bas de laquelle requête dudit jour 22 avril 1784, auroit été apposée l'ordonnance de notredite cour qui auroit donné acte audit Lenoir de Mézieres des emplois faits par icelle, et auroit réservé à faire droit sur la demande en jugeant. Autre requête dudit Lenoir de Mézieres, du 22 avril 1784, signifiée audit abbé de Chapt et auxdites demoiselles Tourtier de Bardy, de Confeu et consorts, icelle tendante à ce qu'en rectifiant, corrigeant et augmentant aux conclusions par lui ci-devant prises, sans s'arrêter ni avoir égard à la demande en déclaration d'arrêt commun formée contre lui par ledit abbé de Chapt, ni à toutes ses autres demandes, en tant qu'elles pouvoient concerner ledit Lenoir, dans toutes lesquelles demandes ledit Chapt seroit déclaré purement et simplement non recevable, ou dont en tout cas il seroit débouté, il fût ordonné que l'arrêt contradictoire de notredite cour, du 29 avril 1625, entre Daniel Vassan, lors abbé de Saint-Mesmin, et Antoine Duchon, lors seigneur de Mézieres, seroit exécuté selon sa forme et teneur; il fût pareillement ordonné que l'article premier de notre déclaration du 18 juillet 1702 seroit exécuté selon sa forme et teneur; en conséquence, défenses fussent faites audit de Chapt, abbé de Saint-Mesmin, et à tous autres, de troubler ledit Lenoir dans la propriété, possession et jouissance des droits de justice, censives, et autres mentionnés au contrat du 2 avril 1611; ledit de Chapt fût condamné aux dépens envers ledit Lenoir, même en ceux par lui faits contre les autres parties, et en ceux réservés par les différents arrêts de notredite cour; comme aussi à ce que, sur ladite requête et demande, les parties fussent appointées en droit et joint au procès d'entre les parties; fût donné acte audit Lenoir de ce que, pour satisfaire de sa part à l'ordonnance de notredite cour qui seroit apposée au bas de sadite requête, il employoit pour avertissement, écritures et production, le contenu en icelle, avec ce qu'il avoit ci-devant dit, écrit et produit, et ce qu'il plairoit à notredite cour suppléer de droit et d'équité: au bas de laquelle requête dudit jour 22 avril 1784, auroit été apposée l'ordonnance de notredite cour qui auroit appointé les parties en droit et joint, et auroit donné acte audit Lenoir des emplois y portés. Deux requêtes de l'abbé de Chapt de Rastignac, du 23 avril 1784, signifiées audit le Lenoir, employées, la premiere, pour contredits contre l'emploi de production fait par la requête du 22 avril 1784, en exécution de l'arrêt de notredite cour du 19 janvier 1782, ensemble pour défenses contre la demande en jugeant portée par la même requête, et tendante à ce que, sans s'arrêter ni avoir égard à ladite demande, dans laquelle ledit Lenoir seroit déclaré purement et simplement non recevable, ou dont en tout cas il seroit débouté, les conclusions ci-devant prises par l'abbé de Rastignac lui fussent adjugées avec dépens; et la seconde, en exécution de l'ordonnance étant au bas d'autre requête dudit Lenoir, du 22 dudit mois d'avril dernier, pour contredits contre l'emploi de production fait par lui en exécution de ladite ordonnance, ensemble pour défenses contre la demande portée par ladite requête, et pour écritures et production, et tendante à ce que, sans s'arrêter à ladite requête et demande, dans lesquelles ledit Lenoir seroit déclaré purement et simplement non recevable, ou dont en tout cas il seroit débouté, les conclusions ci-devant prises par ledit de Chapt de Rastignac lui fussent adjugées, avec dépens. Requête des demoiselles Tourtier de Bardy et de Confeu, et consorts, du 24 avril 1784, signifiée aux religieux de Saint-Mesmin, audit de Chapt, audit Lenoir, employée avec le contenu en sa requête du 22 janvier 1780, en exécution, tant de l'ordonnance d'en droit et joint étant au bas de la requête dudit de Rastignac, du 22 janvier 1780, que de l'arrêt du 19 janvier 1782, pour plus amples fins de non recevoir et défenses, avertissement, écritures et production, et, en tant que de besoin, pour réponses aux prétendus griefs dudit abbé de Rastignac, et tendante à ce qu'en procédant au jugement du procès redistribué audit Me Lambert, conseiller, il fût ordonné que l'article premier de notre déclaration du 22 juillet 1702 seroit exécuté selon sa forme et teneur; en conséquence, que ledit abbé de Rastignac et les prieur et religieux de Saint-Mesmin fussent déclarés purement et simplement non recevables dans leurs différentes demandes, intervention, oppositions aux sentences des requêtes du palais, des 28 juin et 31 août 1624, et à l'arrêt confirmatif de notredite cour, du 29 avril 1625, ainsi que lesdits religieux dans la tierce opposition par eux formée à la sentence des requêtes du palais, du 13 février 1692, et condamnés en l'amende de 75 liv.; et subsidiairement seulement, et parcequ'en cour souveraine il est prudent de conclure à toutes fins, dans le cas où, relativement auxdites demoiselles Tourtier et consorts, notredite cour ne se détermineroit pas par le mérite des fins de non recevoir, audit cas seulement, faisant droit sur l'appel interjetté par l'abbé Gedoin de la sentence dudit jour 13 février 1692, et repris par ledit abbé de Rastignac, l'appellation fût mise au néant; il fût ordonné que ce dont étoit appel sortiroit son plein et entier effet, et ledit abbé de Chapt de Rastignac fût condamné en l'amende ordinaire de 12 liv. et lui, ainsi que les prieur et religieux de l'abbaye de Saint-Mesmin, fussent condamnés en tous les dépens des causes d'appel, demandes, intervention, oppositions, et tierces oppositions, faits et à faire par lesdites demoiselles Tourtier et consorts vis-à-vis dudit Lenoir, même en tous les dépens réservés par les différents arrêts de notredite cour : au bas de laquelle requête dudit jour 24 avril 1784, auroit été apposée l'ordonnance de notredite cour, par laquelle il auroit été donné acte auxdites demoiselles Tourtier et consorts, des emplois faits par icelle, et auroit été réservé à faire droit sur les demandes y contenues, en jugeant. Requête de l'abbé de Rastignac, du 26 avril 1784, employée en exécution de l'ordonnance étant au bas de la susdite requête desdites demoiselles Tourtier et consorts, du 24 dudit mois d'avril, pour contredits contre la production par eux faite par ladite requête, ensemble pour fins de non recevoir, et défenses contre la demande en jugeant y portée, et tendante à ce que, sans s'arrêter à ladite demande des demoiselles Tourtier et consorts, ni à ce qui avoit été dit, écrit et produit de leur part, les conclusions ci-devant prises par ledit abbé de Rastignac lui fussent adjugées, avec dépens; au bas de laquelle requête auroit été apposée l'ordonnance de notredite cour, qui auroit donné acte des emplois y portés. Deux requêtes des prieur et religieux de l'abbaye royale de Saint-Mesmin du même jour 26 avril mil sept cent quatre-vint quatre, signifiées, l'une audit Lenoir, l'autre auxdites demoiselles Tourtier et consorts, employées, la premiere en exécution de l'ordonnance d'en jugeant, étant au bas de la requête dudit Lenoir du 22 avril dernier, pour contredits contre l'emploi de production fait par ladite requête, et tendante à ce que, sans s'arrêter à tout ce qui avoit été dit, écrit et produit de la part dudit Lenoir, en ce qui pouvoit concerner lesdits religieux de Saint-Mesmin, les conclusions par eux ci-devant prises au procès leur fussent adjugées avec dépens, et la seconde en exécution de l'ordonnance de notredite cour, étant au bas de la requête des demoiselles Tourtier de Bardy, de Confeu et consorts, du 24 avril dernier, pour contredits contre la production faite par ladite requête, et ensemble pour défenses à la demande en jugeant y portée, et tendante à ce que, sans s'arrêter auxdites production et demandes, dans lesquelles lesdites demoiselles Tourtier et consorts seroient déclarés non recevables purement et simplement, ou dont, en tout cas, ils seroient déboutés, les conclusions ci-devant prises par lesdits prieur et religieux de l'abbaye de Saint-Mesmin leur fussent adjugées avec dépens; au bas desquelles requêtes dudit jour 26 avril 1784, auroit été apposée l'ordonnance de notredite cour, qui auroit donné acte des emplois y contenus. Requête de Marie-Magdelaine Tourtier de Bardy et Aimée Tourtier de Confeu, demoiselles majeures, comme héritieres et représentant Antoine Duchon, du 28 avril 1784, employée, en tant que de besoin, pour satisfaire à l'arrêt de conclusions du 12 mars 1692, et à tous les autres réglements intervenus depuis, et pour plus amples fins de non recevoir et défenses, et réponses à griefs contre ladite requête de l'abbé de Rastignac du 22 janvier 1780, et contre les intervention, opposition et tierce opposition des religieux de l'abbaye de Saint-Mesnin, et tendante à ce qu'en procédant au jugement du procès d'entre les parties, en rectifiant, corrigeant et augmentant par lesdites demoiselles Tourtier aux conclusions ci-devant prises, en tant que touchoient les intervention et opposition et tierce opposition formées par les prieur et religieux de l'abbaye de Saint-Mesmin, par leurs requêtes des 30 janvier et 7 février 1781, sans s'arrêter à leurs requêtes et demandes, dans lesquelles ils seroient déclarés purement et simplement non recevables, ou dont, en tout cas, ils seroient déboutés, ils fussent pareillement déclarés purement et simplement non recevables dans leur opposition aux sentences des requêtes du palais des 28 juin et 31 août 1684, et à l'arrêt confirmatif de notredite cour du 29 avril 1625, ainsi que dans leur tierce opposition à la sentence des requêtes du palais du 13 février 1692; subsidiairement seulement ils en fussent déboutés et condamnés en l'amende de leur tierce opposition; en tant que touchoit l'appel dudit abbé Gedoin de la sentence dudit jour 13 février 1692, repris par ledit abbé de Rastignac, relativement à la disposition de ladite sentence qui, sans avoir égard aux requêtes et demandes dudit abbé Gedoin, ni aux lettres de rescision par lui obtenues le 7 août 1688, dont il a été débouté, et qui, ayant égard à celles d'Antoine Duchon, l'a maintenu et gardé dans la possession et jouissance desdites haute, moyenne et basse justice en la paroisse de Saint-Avit de Mézieres, cédée par le contrat du 2 avril 1611, d'y créer des officiers, de percevoir les censives, avec défenses audit abbé Gedoin et tous autres de l'y troubler; en conséquence déclarer lesdites saisies censuelles, faites à la requête dudit Duchon sur les particuliers y dénommés, bonnes et valables; sans s'arrêter aux requêtes et demandes dudit abbé de Rastignac, dans lesquelles il seroit déclaré non recevable, ou dont, en tout cas, il seroit débouté, il fût déclaré, pareillement, purement et simplement non recevable dans ledit appel, ou en tout cas l'appellation fût mise au néant; il fût ordonné que ladite disposition sortiroit son plein et entier effet; et ledit abbé de Rastignac fût condamné en l'amende ordinaire de 12 liv. : en tant que touchoit l'appel, relativement à la deuxieme disposition de ladite sentence qui, conformément au consentement prêté par ledit Duchon dans le cours de l'instance, et notamment par sa requête du 15 janvier 1692, accordoit audit abbé Gedoin la faculté de rembourser, dans huitaine, audit Duchon, la somme de 3000 liv. payée par ses auteurs, en exécution dudit contrat dudit jour 2 avril 1611, faute par ledit abbé Gedoin d'avoir accepté les offres et consentement dudit Duchon, et d'avoir fait l'option à lui déférée par la disposition de ladite sentence dans le délai y porté, et attendu que les divers objets portés au contrat du 2 avril 1611 avoient été depuis vendus par ledit Duchon audit Gardiolles, qui avoit été maintenu dans la propriété desdits objets, et en vertu et par l'effet des dispositions de notre déclaration

tion de 1702, et qu'ils avoient encore passé depuis dans les mains dudit Lenoir fils, en qualité de tiers acquéreur, lesquelles ventes anéantissent et font cesser les offres et consentement que ledit Duchon avoit bien voulu faire, et qui ne pouvoient plus se réaliser depuis ladite vente; sans s'arrêter aux offres faites par ledit abbé de Rastignac, à fin de remboursement de 3000 liv. prix desdits objets, ni à ses requêtes et demandes, dans lesquelles il seroit pareillement déclaré non recevable, ou dont en tout cas il seroit débouté, il fût ordonné que l'arrêt contradictoire, intervenu en notredite cour, du 29 avril 1625, entre Daniel de Vassan, lors abbé de Saint-Mesmin, et Antoine Duchon, lors seigneur de Mézieres, ensemble l'article premier de notre déclaration du 18 juillet 1702, seroient exécutés selon leur forme et teneur; en conséquence, et dans le cas où, comme il y avoit lieu de le présumer, notredite cour maintiendroit ledit Lenoir de Mézieres dans la possession et jouissance des droits de justice, censives et autres objets énoncés audit contrat dudit jour 2 avril 1611, avec défenses audit abbé de Chapt de Rastignac, et aux prieur et religieux de ladite abbaye, de l'y troubler, ledit Lenoir fût déclaré purement et simplement déchu de la faculté et option qui avoient été accordées audit abbé Gedoin par la sentence dudit jour 13 février 1692, d'après les offres et consentement dudit sieur Duchon; l'abbé de Rastignac, les prieur et religieux de l'abbaye de Saint-Mesmin, fussent, chacun à leur égard, condamnés en tous les dépens des causes d'appel, intervention et demandes, oppositions et tierces oppositions, en ceux faits et à faire dudit Lenoir de Mézieres, même en ceux réservés; au bas de laquelle requête auroit été apposée l'ordonnance de notredite cour, qui auroit réservé à faire droit sur la demande y contenue, en jugeant. Requête dudit abbé de Rastignac du 30 avril 1784, signifiée auxdites demoiselles Tourtier, employée pour fin de non recevoir, et, en tant que de besoin, pour défenses contre la demande en jugeant portée par la requête des héritiers Duchon du 28 dudit mois d'avril, et tendante à ce que, sans s'arrêter à ladite demande dans laquelle ils seroient déclarés non recevables, ou dont en tout cas ils seroient déboutés, les conclusions ci-devant prises par ledit abbé de Rastignac lui fussent adjugées avec dépens; au bas de laquelle requête auroit été apposée l'ordonnance de notredite cour, qui auroit donné acte de l'emploi y porté. Mémoire imprimé, signifié le 29 avril 1784, intitulé : Mémoire pour M. l'abbé de Chapt de Rastignac, prêtre du diocese de Périgueux, docteur de la maison et société de Sorbonne, et vicaire général du diocese d'Arles, prévôt de Restigni en l'église de Saint-Martin de Tours, abbé commendataire de l'abbaye royale de Saint-Mesmin de Micy-lès-Orléans, et pour les prieur et religieux de la même abbaye, contre Samuel Lenoir de Mézieres, payeur des rentes, et les héritiers et représentants des sieurs Duchon et de Gardiolles. Autre mémoire imprimé, signifié le même jour, 29 avril 1784, intitulé, Observations pour les abbé, prieur et religieux de l'abbaye royale de Saint-Mesmin, contre le sieur Lenoir de Mézieres, et les héritiers et représentants les sieurs Duchon et de Gardiolles. Sommations générales et respectives des parties de satisfaire à tous les arrêts, ordonnances et réglements de notredite cour, intervenus audit procès; et suivant iceux, écrire, produire et contredire dans le temps de l'ordonnance, et le tout joindre au sieur conseiller rapporteur. Acte de rédistribution dudit procès. Conclusions de notre procureur général. Oui le rapport de M. Augustin-Charles-Pascal Lambert, conseiller : tout joint, vu, considéré, et diligemment examiné.

Notredite cour, par son jugement et arrêt, faisant droit sur l'appel interjetté par Nicolas Gédoin, abbé de St.-Mesmin de Micy-lès-Orléans, au lieu duquel le procès a été repris par Augustin Emmanuel de Grouches de Chepy, aussi abbé de Saint-Mesmin, par acte reçu au greffe de notredite cour, du 16 avril 1722, et au lieu desquels Gédoin et de Chepy le procès a encore été repris par Armand-Anne-Auguste-Antoine Sicaire de Chapt de Rastignac, aussi abbé de Saint-Mesmin, par deux actes de reprise reçus au greffe de notredite cour, les 19 septembre 1775 et 6 septembre 1777, de la sentence rendue aux requêtes du palais, le 13 fév. 1692, entre ledit Gédoin et Antoine Duchon, au lieu duquel le procès a aussi été repris par Jacques Duchon de Mézieres, Françoise Duchon, fille majeure, et Jean-Baptiste Duchon d'Arras, enfants et héritiers dudit Antoine Duchon, par acte reçu au greffe de notredite cour, du 18 janvier 1723, et au lieu desquels Jacques Duchon et consorts le procès a encore été repris par Marie-Magdelaine Tourtier de Bardy, Aimée Tourtier de Confeu, filles et héritieres de Françoise-Magdelaine Duchon de Mézieres, à son décès femme de Guillaume Tourtier de Confeu, laquelle étoit fille et héritiere dudit Jacques

Duchon, et par Marc de la Font d'Yzy, et Marie-Charlotte Longuet, son épouse; Claude Longuet, fille majeure; Elie Drouet des Fontaines, et Marie-Magdelaine Doillet de Saint-Aignan, son épouse, avant veuve de Jacques-François Longuet, conjointement tuteurs des enfants mineurs d'elle et dudit Longuet, héritiers de François-Charles Longuet et de Catherine Duchon, par actes remis au greffe de notredite cour, des 22 mai 1776, 17 février et 18 mars 1778; faisant pareillement droit sur les interventions au procès de Samuel Lenoir de Mézieres et des prieur et religieux de Saint-Mesmin, ensemble sur toutes les requêtes et demandes des parties, en ce qui touche les interventions et demandes desdits prieur et religieux de Saint-Mesmin, y ayant aucunement égard, sans s'arrêter aux requêtes et demandes desdits Tourtier et consorts, représentants dudit Antoine Duchon et dudit Lenoir de Mézieres, non plus qu'aux fins de non recevoir dont ils sont déboutés, reçoit lesdits prieur et religieux de Saint-Mesmin tiers opposants aux sentences des requêtes du palais des vingt-huit juin et trente-un août 1624, et à l'arrêt confirmatif d'icelles du 29 avril 1625, rendus entre Daniel de Vassan, lors abbé de Saint-Mesmin, et Jacques Duchon; faisant droit sur ladite opposition, déclare les procédures sur lesquelles lesdites sentences et arrêt ont été rendus, nuls et de nul effet; au principal déboute lesdits Tourtier et consorts, représentants dudit Jacques Duchon, des demandes par lui formées et sur lesquelles lesdites sentences et ledit arrêt ont été rendus; donne acte auxdits prieur et religieux de Saint-Mesmin de leur adhésion aux conclusions prises par ledit de Chapt de Rastignac, abbé actuel de Saint-Mesmin; ce faisant, en ce qui touche l'appel de ladite sentence des requêtes du palais, audit jour 13 février 1692, ayant aucunement égard aux requêtes et demandes dudit abbé de Rastignac, sans s'arrêter à celles desdits Tourtier et consorts et dudit Lenoir de Mézieres, propriétaire actuel de la terre de Mézieres, non plus qu'à leurs fins de non recevoir, dont ils sont déboutés, a mis et met l'appellation et ladite sentence des requêtes du palais, dudit jour 13 fév. 1692, de laquelle a été appellé, au néant; émendant, décharge ledit abbé de Rastignac des condamnations prononcées par ladite sentence contre ledit Gédoin, lors abbé de Saint-Mesmin, au profit d'Antoine Duchon, lors propriétaire de ladite terre de Mézieres; au principal déclare nuls et de nul effet les contrats de vente et actes passés devant Dubois, notaire à Orléans, entre Antoine Rose, évêque de Clermont, lors abbé de Saint-Mesmin, Claude Fumet et Jacques Duchon, les 2 avril et 22 septembre 1611; en conséquence condamne ledit Lenoir de Mézieres, détenteur actuel des objets dont est question, à se désister au profit dudit de Chapt de Rastignac, abbé de Saint-Mesmin, des droits seigneuriaux appartenants à l'abbaye de Saint-Mesmin, dans la paroisse de Saint-Avit de Mézieres, aliénés par lesdits contrats et actes, et spécialement le droit de châtellenie, si aucun y a, les droits de haute, moyenne et basse justice; la dîme de tous les grains, vins, laines, charnage, pois, chanvres et de toutes autres sortes de fruits croissants en ladite paroisse; le droit de mesurer les grains, vins et autres choses; le droit de patronage et présentation de la cure de Saint-Avit de Mézieres, à chaque vacance d'icelle; plus les censives dépendantes, tant du moulin que de la grange de Micy, étant à droit de lods et ventes, ou à tel autre droit qu'elles sont, que l'abbé de Saint-Mesmin a droit de prendre et percevoir dans l'étendue des paroisse et finage de Mézieres, sur les maisons, terres, prés, bois, buissons, vignes, bruyeres, et généralement tous les droits aliénés par ledit Rose, abbé de Saint-Mesmin, au profit desdits Fumet et Duchon, par les actes desdits jours 2 avril et 22 septembre 1611, autres néanmoins que ceux qui pouvoient appartenir audit Duchon avant lesdits actes, pour, par ledit de Chapt de Rastignac et ses successeurs abbés de St.-Mesmin, exercer lesdits droits de justice et patronage et jouir des autres droits et redevances comme de choses à eux appartenantes; fait défenses audit Lenoir de Mézieres, et à tous autres, de s'immiscer dans l'exercice et jouissance desdits droits, à l'avenir, directement ni indirectement; condamne ledit Lenoir de Mézieres à rendre audit abbé de Rastignac tous les titres, cueilloirs, déclarations, terriers et autres papiers relatifs aux objets portés par le contrat dudit jour 2 avril 1611, qui ont pu être remis alors audit Fumet, ensemble les aveux, dénombrements et reconnoissances censuelles qui ont été passés depuis lesdites aliénations, relativement auxdits objets, sans s'arrêter à la réserve apposée dans ledit acte du 2 avril 1611, portant que les abbés de Saint-Mesmin ne conserveront les droits de justice, de dîmes et de censives sur la métairie de Beaulieu qu'autant que ladite métairie de Beaulieu demeurera entre leurs mains; déclare ladite réserve nulle et de nul effet; en conséquence maintient et garde ledit de Rastignac, abbé de

Saint-Mesmin, dans la libre possession et jouissance des droits tels qu'ils appartiennent à ladite abbaye, aux offres par lui faites de payer au curé de Saint-Avit de Mézieres sa portion congrue, conformément à nos édits et déclarations; condamne ledit abbé de Rastignac, suivant ses offres, à rendre et rembourser audit Lenoir de Mézieres, comme étant aux droits desdits Fumet et Duchon, la somme de 3000 liv. qui a été payée, soit par ledit Fumet, soit par ledit Duchon, lors de l'acquisition faite par l'acte dudit jour 2 avril 1611; condamne lesdits Tourtier et consorts, représentants dudit Duchon, et ledit Lenoir de Mézieres, chacun à leur égard, en tous les dépens des causes principales, d'appel et demandes, et intervention, tant envers ledit abbé de Rastignac qu'envers lesdits prieur et religieux de Saint-Mesmin, et même en ceux réservés par les différents arrêts de notredite cour; en ce qui touche les interventions, requêtes et demandes dudit Lenoir de Mézieres, à l'encontre desdits Tourtier et consorts, représentants dudit Duchon, les condamne à acquitter, garantir et indemniser ledit Lenoir de Mézieres des condamnations contre lui ci-dessus prononcées, au profit dudit abbé de Rastignac et desdits prieur et religieux de Saint-Mesmin; condamne en outre lesdits Tourtier et consorts, représentants dudit Duchon, en tous les dépens envers ledit Lenoir de Mézieres, même en ceux par lui faits à l'encontre desdits abbé de Rastignac, prieur et religieux de St.-Mesmin, et en ceux auxquels il est ci-dessus condamné envers eux; sur le surplus des demandes, fins et conclusions des parties, les met hors de cour et de procès; l'exécution du présent arrêt et la taxe des dépens adjugés par icelui à notredite cour, premiere chambre des enquêtes, réservées. SI MANDONS mettre le présent arrêt à due, pleine et entiere exécution, selon sa forme et teneur; de ce faire lui donnons pouvoir et commission. FAIT et donné en notredite cour de parlement le onze mai, l'an de grace mil sept cent quatre-vingt-quatre, et de notre regne le onzieme. Collationné, *signé* BERTHELOT. Scellé, *signé* DE PILLE. Par la chambre, *signé* DUFRANC.

ARRÊT DU CONSEIL,

Qui, sans s'arrêter aux requêtes et demandes de l'inspecteur général du domaine, maintient les abbé, prieur et religieux de Saint-Faron de Meaux, dans la propriété, possession et jouissance, tant de la haute, moyenne et basse justice, que de la seigneurie directe et droits en dépendants dans le fauxbourg de Saint-Faron lès Meaux, sur les territoires de Penchard et Neufmoutier.

Du sept août mil sept cent quatre-vingt-un.

Extrait des registres du conseil d'état du roi.

Vu, au conseil d'état du roi, l'arrêt rendu en icelui, le 15 sept. 1778, sur la requête de l'inspecteur général des domaines de la couronne, tendante à ce qu'il plût à sa majesté déclarer que la haute, moyenne et basse justice, la seigneurie directe et tous les droits en dépendants, dans le lieu de Neufmoutier et Penchard, sont dans le domaine de la couronne, à cause des comtés de Champagne et de Brie, faire défenses aux abbé et religieux de saint Faron de Meaux de s'attribuer aucuns desdits droits, et de prendre la qualité de seigneurs; déclarer nulles, comme non avenues, toutes les provisions qu'elles pourroient avoir données pour l'exercice desdits droits; faire défenses aux pourvus de faire aucunes fonctions desdits offices, à peine de nullité, de tous dépens, dommages et intérêts; ordonner que dans tel délai qu'il plairoit au conseil de prescrire, lesdits abbé et religieux seroient tenus de représenter les titres en vertu desquels ils s'attribuent des droits de directe et de justice dans le fauxbourg de Saint-Faron, pour, lesdits titres communiqués à l'inspecteur général, être par lui requis, et par le conseil ordonné ce que de raison, sinon et à faute de ce faire dans ledit délai, et icelui passé, ordonner que lesdits droits de directe et de justice seroient mis dans la main du roi, et exercés en son nom; défenses aux abbé et religieux d'en faire aucun exercice, et à toutes personnes de les reconnoître comme seigneurs; ordonner que le sieur Decan seroit tenu de faire ses offres sur la concession du terrain énoncé dans sa demande, pour être ledit terrain mis en vente sur lesdites offres, comme enchere reçue, et être, après trois publications en la forme ordinaire, adjugé par l'intendant au plus offrant et dernier enchérisseur, sauf une quatrieme publication, et l'adjudication définitive au château des Tuileries, par les commissaires pour les ventes et reventes des domaines; ladite requête signée Lorry : par lequel arrêt sa majesté auroit ordonné que ladite requête seroit communiquée aux abbé et religieux de l'abbaye de Saint-Faron de Meaux, pour y répondre dans le délai du réglement. Exploit de signification dudit arrêt au sieur Paris de Soulanges, prêtre, licencié en droit, abbé commendataire de l'abbaye de Saint-Faron de Meaux, pour y répondre dans le délai du réglement. Exploit de signification dudit arrêt, tant au sieur Paris de Soulanges, prêtre, licencié en droit, abbé commendataire de l'abbaye de Saint-Faron de Meaux, et aux prieur et religieux Bénédictins de ladite abbaye; ledit exploit en date du 14 décembre 1778. Autre arrêt rendu au conseil d'état du roi, le 9 février 1779, sur la requête du sieur Claude-Antoine Decan, écuyer, conseiller de sa majesté, lieutenant général de police de la ville de Meaux, seigneur d'Holonne, tendante à ce qu'il plût à sa majesté, attendu la connexité de demandes et contestations dont il s'agit avec l'instance introduite au conseil de sa majesté, entre l'inspecteur général des domaines de la couronne, et les religieux de l'abbaye de Saint-Faron de Meaux, évoquer au conseil, tant les demandes formées contre ledit sieur Decan par lesdits religieux aux requêtes du palais, par exploit des 29 décembre 1775, 25 juin, 12 juillet et 26 septembre 1776, que celles formées en la mairie d'Holonne par le procureur fiscal de ladite mairie, contre les nommés Michel Hémardy, Sébastien Millet, et autres particuliers, le 2 septembre 1778, et depuis évoquées aux requêtes du palais par sentence du 3 décembre 1778; ordonner que sur lesdites demandes, circonstances et dépendances, les parties procéderoient au conseil; leur faire défenses de procéder ailleurs, et à tous autres juges, notamment à ceux des requêtes du palais, d'en connoître, à peine de nullité, cassation de procédures, 1000 livres d'amende, et de tous dépens, dommages et intérêts; ce faisant, recevoir ledit sieur Decan partie intervenante dans l'instance introduite au conseil entre l'inspecteur général du domaine de la couronne, et les abbé et religieux de l'abbaye de Saint-Faron de Meaux; et pour faire droit sur les demandes évoquées, ordonner qu'elles demeureroient jointes à l'instance, pour être statué sur le tout au conseil de sa majesté, conjointement ou séparément, ainsi qu'il appartiendroit; ladite requête signée Cochu, avocat du suppliant : par lequel arrêt sa majesté auroit ordonné que ladite requête seroit communiquée aux abbé et religieux de Saint-Faron de Meaux, pour y répondre dans le délai de réglement; ledit arrêt signifié le 26 février 1779, à Mᵉ Michel, procureur au parlement, et encore au domicile desdits abbé et religieux de Saint-Faron, par exploit du 5 mars 1779. Requête des abbé, prieur et religieux de l'abbaye royale de Saint-Faron de Meaux, pour satisfaire à l'arrêt de communiqué, du 5 septembre 1778, et tendante à ce qu'il plût à sa majesté, sans s'arrêter aux demandes, fins et conclusions prises par l'inspecteur général du domaine de la couronne, dans lesquelles il seroit déclaré non recevable, ou dont en tout cas il seroit débouté, garder et maintenir lesdits abbé, prieur et religieux de Saint-Faron, et leurs successeurs, à cause de l'abbaye royale de Saint-Faron-lès-Meaux, dans la possession et jouissance, tant de la haute, moyenne et basse justice, que de la seigneurie et de tous les droits dépendants de ladite justice et seigneurie, dans le fauxbourg de Saint-Faron-lès-Meaux, et dans les lieux et territoires de Neufmoutier et de Penchard; faire défenses à l'inspecteur général du domaine, et à tous autres, de donner auxdits abbé, prieur et religieux, aucun empêchement et trouble en leurdite possession et jouissance, et condamner tous les contestants aux dépens; ladite requête signée Rigault, avocat des suppliants, et signifiée, le 12 juin 1779, au sieur Lorry, inspecteur général du domaine. Autre requête de l'inspecteur général du domaine de la couronne, tendante à ce qu'il plût à sa majesté, faisant droit sur ses précédentes conclusions, déclarer la haute, moyenne et basse justice du fauxbourg de Meaux, nommé le bourg de Saint-Faron, paroisse de Saint-Thibault, et des lieux de Penchard et Neufmoutier, être dans le domaine de la couronne, n'empêchant être, s'il plaisoit à sa majesté, le grand maire de l'abbaye de Saint-Faron, maintenu et gardé dans l'exercice de la jurisdiction sur lesdits territoires, telle qu'il l'a précédemment exercée, à la charge par lui de prendre des provisions de sa majesté, lesquelles lui seroient expédiées sur le vu du brevet de nomination de l'abbé de Saint-Faron, et adressées au bailli de Meaux ou autres officiers de sa majesté, ayant le droit de ressort sur ladite jurisdiction, par lequel il seroit reçu et installé

tallé audit office, s'il n'y avoit pas de raison d'indemnité, après avoir prêté le serment requis et accoutumé; ordonner qu'il seroit à cet effet expédié des lettres nécessaires, par lesquelles seroit déterminée l'étendue et circonscription du territoire sur lequel s'exerceroit ladite *jurisdiction*; ordonner que le procureur d'office et les autres officiers de la même jurisdiction seroient tenus de prendre de semblables provisions; celles du procureur, adressées au bailli et juge du ressort; celles des greffiers et huissiers, adressées au grand maire de l'abbaye, et au moyen desdites provisions ledit grand maire auroit la connoissance même des cas royaux dans l'étendue de ladite jurisdiction; ladite requête signée Lorry, et signifiée le 10 juillet 1779 à Me Rigault, avocat des abbé, prieur et religieux de Saint-Faron. Autre requête desdits abbé, prieur et religieux de l'abbaye royale de Saint-Faron de Meaux, pour satisfaire à l'arrêt de communiqué du 19 février 1779, et tendante à ce qu'il plût à sa majesté, sans s'arrêter aux demandes, fins et conclusions prises par le sieur Decan, dans lesquelles il seroit déclaré non recevable, ou dont en tout cas il seroit débouté, ordonner que, tant sur les demandes formées aux requêtes du palais par lesdits abbé, prieur et religieux de Saint-Faron, par exploits des 29 décembre 1775, 25 juin, 12 juillet et 26 septembre 1776, que sur celles formées en la justice d'Holonne par le procureur fiscal de ladite justice contre les nommés Michel Hemard, Sébastien Millet, et autres particuliers, le 2 septembre 1778, et depuis évoquées aux requêtes du palais, par sentence du 3 décembre 1778, circonstances et dépendances, les parties continueroient de procéder auxdites requêtes du palais, et par appel au parlement de Paris, suivant les derniers errements; subsidiairement et dans le cas où sa majesté feroit difficulté de l'ordonner ainsi, quant à présent, surseoir et réserver à faire droit sur la demande et évocation dudit sieur Decan, jusqu'après le jugement définitif de l'instance introduite au conseil de sa majesté entre le sieur inspecteur général du domaine, et les abbé, prieur et religieux de Saint-Faron, en conséquence de l'arrêt de soit communiqué, du 15 septembre 1778, et dans tous les cas condamner le sieur Decan aux dommages et intérêts et aux dépens; ladite requête signée Dumesnil de Merville, pour l'absence de Me Rigault, avocat des suppliants, et signifiée le 15 octobre 1779 à Me Cochu, avocat du sieur Decan. Autre requête dudit sieur Claude-Denis-Antoine Decan, en réponse à la précédente, et tendante à ce qu'il plût à sa majesté lui donner acte des offres par lui ci-devant faites, et qu'il réitéroit, de déposer et consigner par provision, et sauf à répéter en définitif, s'il y avoit lieu, entre les mains du receveur du domaine, établi en la ville de Meaux, la somme de 1300 liv. pour les droits résultants du contrat du 30 août 1769, sauf à parfaire, s'il y échet, comme aussi de payer au domaine de sa majesté un sou de cens annuel pour chaque arpent de terre appartenant aux gens de main-morte et deux sous de pareil cens pour chaque arpent de terre possédé par les laïques, tant dans le terroir vacant, dont il a demandé à sa majesté la concession, que dans les territoires de Neufmoutiers, Penchard et Montbout, et au surplus adjuger au suppliant ses précédentes conclusions, avec dépens; ladite requête signée Cochu, avocat du suppliant, et signifiée le 11 mars 1780 à Me Rigault et au sieur Lorry, inspecteur général du domaine. Autre requête des abbé, prieur et religieux de l'abbaye de Saint-Faron de Meaux, en réponse à la précédente, et tendante à ce qu'il plût à sa majesté, sans s'arrêter aux nouvelles demandes du sieur Decan, portées par sa requête dudit jour 11 mars dernier, dont il seroit débouté, adjuger aux suppliants les conclusions par eux précédemment prises; et condamner le sieur Decan en tels domages-intérêts qu'il plairoit à sa majesté, et aux dépens; ladite requête signée Dumesnil de Merville, avocat des suppliants, et signifiée, le 17 janvier 1781, à Cochu, avocat du sieur Decan. Autre requête des abbé, prieur et religieux de l'abbaye royale de Saint-Faron de Meaux, en réponse à celle de l'inspecteur général du domaine, du 10 juillet précédent, et tendante à ce qu'il plût à sa majesté, sans avoir égard aux nouvelles demandes de l'inspecteur général du domaine, portées par sa requête du 10 juillet 1779, dont il seroit débouté, adjuger aux suppliants leurs précédentes conclusions, avec dépens; ladite requête signée Rigault, avocat, et signifiée le 17 janvier 1781 au sieur Lorry, inspecteur général du domaine de la couronne. Autre requête dudit sieur Lorry, tendante à ce qu'il plût à sa majesté déclarer que tous droits de seigneurie et de justice dans les bourgs de Saint-Faron, Neufmoutiers et Penchard, appartiennent à sa majesté; faire défenses aux abbé et religieux de Saint-Faron de plus à l'avenir prendre qualité de seigneurs desdits lieux, ni d'y prétendre aucun droit de seigneurie et de justice, sauf la jouissance des redevances et rentes foncieres qui peuvent leur être dues sur aucuns héritages desdits cantons, dans laquelle l'inspecteur général du domaine n'empêche être lesdits abbé et religieux maintenus; lui donner acte de ce que sur le surplus de ses précédentes requêtes il s'en rapportoit à sa majesté; ladite requête signée Lorry, et signifiée à MM. Cochu et Rigault, avocats, le 29 mars 1781. Autre requête des abbé, prieur et religieux de Saint-Faron, en réponse à la précédente, et tendante à ce qu'il plût à sa majesté, sans s'arrêter ni avoir égard aux demandes, fins et conclusions, avec dépens; ladite requête signée Rigault, avocat des suppliants, et signifiée le 28 avril 1781 audit sieur Lorry, inspecteur général du domaine de la couronne. Autre requête du sieur Decan, écuyer, contenant production nouvelle de pieces qui seront ci-après visées, et tendante à ce qu'il plût à sa majesté lui adjuger ses précédentes conclusions, avec dépens; ladite requête signée Cochu, avocat, et signifiée le premier mai 1781 à Me Rigault, avocat, et au sieur Lorry, inspecteur général du domaine. Autre requête dudit sieur Decan, contenant production nouvelle de pieces qui seront ci-après visées, et tendante à ce qu'il plût à sa majesté adjuger audit sieur Decan les conclusions par lui ci-devant prises, et comme aussi ordonner que les termes injurieux répandus dans la requête des abbé et religieux de Saint-Faron, signifiée au sieur inspecteur général du domaine le 28 avril dernier, seroient et demeureroient supprimés, et les condamner en tels dommages et intérêts qu'il plairoit à sa majesté, et en tous les dépens; ladite requête signée Cochu, avocat des suppliants, et signifiée le 6 juillet 1781 à Me Rigault, avocat, et au sieur Lorry, inspecteur général du domaine de la couronne. Autre requête des abbé, prieur et religieux de l'abbaye royale de Saint-Faron, en réponse à celle du sieur Decan, dudit jour 6 juillet 1781, et tendante à ce qu'il plût à sa majesté, sans s'arrêter ni avoir égard aux fins et conclusions dudit sieur Decan, dans lesquelles il seroit déclaré non recevable, ou dont en tout cas il seroit débouté, adjuger auxdits abbé et religieux de Saint-Faron leurs précédentes conclusions, avec dommages et intérêts et dépens; ladite requête signée Rigault, signifiée le dix-sept juillet 1781 à Me Cochu, avocat dudit sieur Decan, pieces jointes; savoir, de la part des abbé, prieur et religieux de Saint-Faron de Meaux, copie collationnée par les notaires royaux à Meaux, intitulée: Extrait du papier terrier de la terre de Neufmoutiers et Penchard, fait par Me Nicolas Pellier, notaire au bailliage de Meaux, commissaire à la confection d'icelui, par Me Pierre de Bullion, prêtre, abbé commendataire de l'abbaye de Saint-Faron lès Meaux, et pour haut et puissant prince messire Rémond Bérenger de Lorraine-Harcourt, aussi abbé commendataire de ladite abbaye, commencé le 17 juin 1758, contenant différentes déclarations des tenements et possessions qui sont dans la mouvance et seigneurie de ladite abbaye. Autre extrait du papier terrier de la seigneurie de Penchard, contenant déclaration d'héritages chargés de cens emportant lods et ventes, saisine et amende dans la censive de l'abbaye de Saint-Faron; lesdites déclarations en date des 9 avril, 11 mai 1599, 10 et 26 juillet 1606. Autre copie collationnée d'un extrait du papier terrier de la terre et seigneurie de Penchard, faite en vertu de lettres à terrier, du 24 mai 1662, contenant déclaration de différents héritages qui y sont dits en la censive de l'abbé de Saint-Faron. Autre copie collationnée de différents contrats de vente et baux à cens d'héritages, situés dans la censive de l'abbé de Saint-Faron et Neufmoutiers. Autre copie collationnée de lettres du mois de novembre 1359, portant confirmation d'amortissements détaillés en faveur de Jean Rose, bourgeois de Meaux, accordées par les abbé et religieux de Saint-Faron, le jour et fête de saint Gilbert, en octobre 1351, sur cent arpents de terre, et une maison à acquérir en la justice haute, moyenne et basse de Neufmoutiers et de Chauconnieres. Autre copie collationnée, intitulée : Extrait de la grosse en parchemin du papier terrier des maisons et héritages situés au fauxbourg de St.-Faron de Meaux, et terroir dudit fauxbourg, dépendants de la censive de MM. les prieur et religieux de Saint-Faron, en vertu des lettres de terrier par eux obtenues le 27 juillet 1577. Copie collationnée de différents contrats de vente et d'héritages, situés en la prairie de St.-Faron, chargés de cens envers les religieux de St.-Faron, ledit cens emportant lods et ventes. Autre copie collationnée d'une sentence arbitrale, rendue entre les jurés et les échevins de la commune de Meaux, et les religieux de Saint-Faron, le vendredi avant la fête de Toussaint de l'année 1318, qui adjuge auxdits religieux de Saint-Faron la saisine de la justice du lieu contentieux, dont une a été faite, et des lieux de semblable condition, généralement par-tout le très fond et les termes de la paroisse de Saint-Thibault de Meaux. Autre copie collationnée d'une ordonnance de la chambre des comptes, du 8 juin 1507, pour la réception des foi et hommages dus au roi, ensuite de laquelle ordonnance est autre copie collationnée d'un procès verbal fait en vertu de l'ordonnance du bailli de Meaux, commissaire délégué pour la réception desdites foi et hommages, dans lequel procès verbal du 6 juillet 1509, l'abbé et les religieux de Saint-Faron, répondant à la sommation qui leur est faite de fournir la foi et hommage, déclarent qu'ils ne tiennent aucuns fiefs du roi, ni d'aucun autre seigneur, qui leur aient été duement amortis, et ne sont tenus d'en faire hommage audit seigneur, ni autres droits, et que, depuis deux cents ans, ils n'ont fait acquisition d'aucuns fiefs. Autre copie collationnée d'une déclaration du temporel de l'abbaye de Saint-Faron de Meaux, fournie au bailli de Meaux par les religieux et abbé de ladite abbaye de Saint-Faron de Meaux; ladite déclaration, en date du 26 novembre 1547, portant qu'il appartient auxdits abbé et religieux, à cause de leur fondation, la justice haute, moyenne et basse du bourg et paroisse de Saint-Thibault, autrement dit le bourg de Saint-Faron, qui s'étend jusques aux murs de la ville de Meaux; *item*, qu'il leur appartient, et sont seigneurs de Neufmoutiers, près ledit Meaux, auquel lieu, et en tout le terroir, ils ont toute justice, haute, moyenne et basse; plus, les censives dudit lieu; *item* enfin, qu'ils sont seigneurs de Penchard, auquel ils ont tout droit de justice, haute, moyenne et basse, et sont lesdits habitants responsables pardevant le grand maire desdits religieux audit Saint-Faron. Plan figuratif du terroir de Penchard. Copie non signée sur papier mort, d'une chartre du mois d'avril 1234, écrite en langue latine, par laquelle Gilon de Sainte-Celine donne à l'église de Saint-Faron *totam terram, censum et compigrarem, et omnia quœ habebat apud novum monasterium triam Bardoli et Montionem, et duodecim denarios annui censûs, quos ei debebat Joannes Pisces, civis Meldensis, cum omnibus modis et commodis et justitiâ eorumdem.* Autre copie, sur papier mort, d'une chartre donnée en 1234, par Thibault, comte de Champagne et de Brie, dans laquelle on lit: *Nos Theobaldus* etc. etc. *quittamus in perpetuum dictœ ecclesiœ feodum illud quod habebamus in rebus suprà dictis, et etiam retrofeodum quod habebamus in omnibus quœ Gilo de sanctâ Celiniâ, clericus, et filia dictotorum Roberti et uxoris ejus, et ejusdem filius maritus tenebant ab eodem Roberto in feodum in rebus et locis suprà dictis.* Autre copie, sur papier non timbré, d'extraits tirés du registre des ensaisinements faits au nom du sieur de Soulanges, abbé de Saint-Faron, pour des acquisitions faites à Neufmoutiers et à Penchard, du nombre desquels ensaisinements celui du premier mars 1765 a été donné aux sieurs Decan pere et fils. Autre copie, sur papier non timbré, d'extrait de pareils ensaisinements, dont quatre; savoir, ceux des mois de septembre 1769 et octobre 1774 regardent également le sieur Decan, lieutenant de police de Meaux. Six copies collationnées, délivrées par le greffier du bailliage de Meaux, d'extraits du rôle des assises tenues par le bailli de Meaux les 22 novembre 1666, 2 mai 1667, 3 mai et 22 novembre 1683, 10 avril 1690, 22 novembre 1700, par lesquels il appert que le maire de Neufmoutiers, le lieutenant, le procureur fiscal, le greffier, le grand maire de Saint-Faron, le lieutenant, le procureur fiscal et le greffier ont été appellés par les officiers royaux auxdites assises. Expédition ou copie collationnée d'une requête présentée au maire de Saint-Faron et Neufmoutiers par le sieur Decan, au bas de laquelle est l'ordonnance portant acte de la plainte et permission d'informer sur les faits contenus en icelle. Expédition délivrée par le greffier du bailliage de Meaux, des provisions données les 24 et 27 mars 1741, par le sieur de Bessy, abbé commendataire de l'abbaye de Saint-Faron, pour les offices de maire des grandes mairies et justices de Saint-Faron, Neufmoutiers et Penchard, avec la sentence de réception et d'enregistrement au greffe du bailliage. Autre expédition de semblables provisions, données par le sieur de Soulanges, abbé commendataire actuel de l'abbaye de Saint-Faron, les 15 février et 6 mars 1775, aussi avec la sentence de réception et d'enregistrement. Autre expédition d'un acte de notoriété, donné sur la requête des officiers municipaux de la ville de Meaux, qui porte que, conformément à la coutume locale de Meaux, les héritages situés en ladite ville de Meaux ont été, jusqu'à l'arrêt du conseil du 22 mars 1774, exempts des droits de lods et ventes lors des mutations desdits héritages, que jusqu'à cet arrêt le receveur du domaine n'en a jamais perçu, que les seigneurs particuliers n'ont aucun droit de les exiger; au bas duquel acte de notoriété est un certificat signé de la Barre, greffier du bailliage de Meaux, par lequel ce greffier certifie que, sur la feuille d'audience du 8 janvier 1776, il ne se trouve aucun acte de notoriété sur la matiere ci-dessus. Deux expéditions de contrats de vente ensaisinés, l'un le 8 janvier 1731, et l'autre le 25 mai 1777, par le procureur de l'abbaye de Saint-Faron, et encore par le receveur du domaine du roi à Meaux, pour les quatre derniers articles, le 15 janvier 1778. Et de la part du sieur Decan, copie signifiée à son domicile d'une demande contre lui formée à la requête des abbé, prieur et religieux de l'abbaye de Saint-Faron, aux requêtes du palais, le 29 décembre 1775, à fin de déclaration à leur terrier, pour les biens possédés par ledit sieur Decan dans les territoires de Neufmoutiers et de Penchard. Autre copie signifiée au domicile dudit sieur Decan d'une demande pareillement formée par lesdits abbé et religieux de Saint-Faron, aux requêtes du palais, le vingt-cinq juin mil sept cent soixante et seize, à l'effet de lui faire arracher des arbres plantés, 1°. sur une piece de terre d'un arpent à Neufmoutiers, échangé par contrat du dix mars mil sept cent soixante et sept, et sur une autre piece de terre au même terroir de la continence d'un arpent 57 perches et demie, appartenant audit abbé de Saint-Faron. Autre copie d'une demande formée par lesdits abbé et religieux de Saint-Faron, contre ledit sieur Decan, à fin de bornage des seigneuries de Penchard et d'Holonne. Autre demande formée par lesdits abbé, prieur et religieux de St.-Faron, contre ledit sieur Decan, par exploit du vingt-six septembre mil sept cent soixante et seize, en paiement des lods et ventes et droits seigneuriaux, à eux dus sur les héritages possédés par le sieur Decan, dans l'étendue de la seigneurie de Penchard. Autre demande formée en la mairie d'Holonne, le 2 septembre 1778, par le procureur fiscal de ladite mairie, contre plusieurs particuliers, à l'occasion du délit des chaumes. Copie d'une sentence des requêtes du palais du 3 décembre 1778, qui évoque ladite demande. Copie collationnée de l'arrêt de soit communiqué, rendu sur la requête de l'inspecteur général du domaine du 15 septembre 1778, et de l'exploit de signification d'icelui, du 14 décembre suivant. Copie collationnée des provisions et sentences de réception des maire et juge de Neufmoutiers, données au sieur Beauquerre, par l'abbé de Saint-Faron, les 9 octobre et 4 novembre 1630. Autre copie collationnée des provisions de l'office de maire de la grande mairie et justice de l'abbaye de Saint-Faron, Neufmoutiers, Penchard, et autres terres dépendantes de ladite abbaye, données par l'abbé de Soulanges au sieur le Pelletier, le 15 février 1775. Autre copie collationnée d'un bail à loyer, passé par le préposé de Julien Alaterre, adjudicataire des fermes et de celles du domaine, au profit de Louis Raoul, laboureur à Meaux, le 16 février 1769, des oudins du roi en la prairie de Meaux, le long du brasset de Saint-Faron, ancien lit de la riviere de Marne. Copie signée de Me Cochu, avocat du sieur Decan, d'une sentence rendue au bailliage de Meaux, le 17 avril 1673, entre le fermier général des domaines de France, et les abbé et religieux de l'abbaye de Saint-Faron de Meaux, qui condamne ces derniers à payer au domaine la somme de 40 liv. par chacun an, avec une pinte d'hypocras, un plat de poisson, au domaine du roi. Copie collationnée, duement légalisée, du terrier de la seigneurie d'Holonne, qui énonce différents héritages situés à Penchard, chargés de cens envers la seigneurie d'Holonne. Autre copie collationnée d'une demande formée au bailliage de Meaux, le 25 novembre 1776, par le sieur Camus, seigneur de Choconin, contre les abbé et les religieux de Saint-Faron, en complainte possessoire sur le canton de la Couture-au-Lard. Autre copie collationnée d'une demande formée contre lesdits abbé et religieux, par les abbé et chanoines réguliers de notre Dame de Chaage, par exploit du 29 mars 1781, à l'effet de faire retirer des plantations faites par M. l'abbé de Saint-Faron sur une partie du chemin appellé le chemin de Reims, qui est sur le territoire et la seigneurie de Chaillonie. Autre copie collationnée d'un contrat de vente d'une piece de terre de trois arpents, située en la prairie de Saint-Faron de Meaux, lequel contrat a été ensaisiné par le préposé des receveurs généraux des domaines, le 26 août 1776. Autre expédition de l'acte de notoriété du 8 janvier 1776, dont la teneur a été ci-devant rapportée. Autre copie d'un extrait des registres des ensaisinements du domaine de Meaux, qui énonce différents héritages situés dans l'étendue du territoire de Saint-Faron, chargés de cens envers les seigneurs de qui ils meuvent. Oui le rapport du sieur Moreau de Beaumont, conseiller d'état ordinaire, et au conseil royal des finances.

Le roi en son conseil, sans s'arrêter ni avoir égard aux requêtes et demandes de l'inspecteur général du domaine, dont sa majesté l'a débouté et déboute, a maintenu et maintient les abbé, prieur et religieux de Saint-Faron de Meaux, eux et leurs successeurs, dans la propriété, possession et jouissance, tant de la haute, moyenne et basse justice, que de la seigneurie directe, et de tous les droits en dépendants dans le fauxbourg de Saint-Faron-lès-Meanx, et sur les territoires de Penchard

Penchard et Neufmoutiers; avant faire droit sur les demandes de Claude-Denis-Antoine Decan, à fin de concession des terrains appellés Montbout et la Noue aux bœufs, sa majesté a ordonné et ordonne qu'en présence des seigneurs et propriétaires des terrains limitrophes auxdits terrains susdésignés, ou eux duement appellés, il sera, par le sieur intendant et commissaire départi en la généralité de Paris, ou tel de ses subdélégués qu'il lui plaira commettre, procédé à la reconnoissance des limites de seigneurie, et à un procès-verbal de bornage, et fait telle application de titres, qui sera jugée nécessaire; lors duquel procès-verbal de reconnoissance, les parties pourront faire tels dires et requisitions qu'elles jugeront à propos, pour, le tout fait et rapporté au conseil avec l'avis du sieur intendant, et communiqué à l'inspecteur général du domaine, être par sa majesté statué ce qu'il appartiendra; sans s'arrêter au surplus des demandes dudit Decan, dont sa majesté l'a débouté et déboute, a ordonné et ordonne sa majesté que, sur les demandes formées aux requêtes du palais, tant par les abbé, prieur et religieux de l'abbaye de Saint-Faron de Meaux, par exploits des 29 décembre 1775, 25 juin, 12 juillet et 26 septembre 1776, que par le procureur fiscal de la mairie d'Holonne le 2 septembre 1778, et depuis évoquées aux requêtes du palais par sentence du 3 décembre 1778, circonstances et dépendances, les parties continueront de procéder aux requêtes du palais, suivant les derniers errements; condamne ledit Decan aux dépens faits contre lui par les abbé, prieur et religieux de l'abbaye de Saint-Faron de Meaux. FAIT au conseil d'état du roi, tenu à Versailles, le 7 août 1781. Collationné, *signé* BOYETET DES BORDES.

COPIE de la lettre écrite par M. de Bonnaire de Forges, maître des requêtes, à MM. les agents généraux du clergé.

A Paris, le 9 janvier 1784.

MESSIEURS,

SUR le renvoi que M. le contrôleur général m'a fait de la lettre que vous lui avez écrite le 11 décembre dernier, j'ai aussitôt fait part aux administrateurs des domaines, des plaintes qu'elle contenoit, et je leur ai fait connoître qu'ils eussent à faire payer, sans aucun retardement, aux curés et aux vicaires d'Antibes, leurs portions congrues et rétributions ordinaires. Ils viennent de me marquer qu'ils ont aussitôt donné des ordres à leur directeur à Aix, afin que tout ce qui revient à ces prêtres leur soit acquitté sans difficulté; que le changement de leur directeur dans cette province étoit cause du retard qu'avoit éprouvé le paiement, parcequ'il ignoroit la lettre écrite à ce sujet à son prédécesseur, en conséquence des ordres de M. de Fleury. Je m'empresse, messieurs, d'avoir l'honneur de vous informer de ceux donnés par les administrateurs des domaines à leur directeur, et d'après lesquels le curé et les vicaires d'Antibes peuvent se présenter pour toucher ce qui leur revient: ils n'éprouveront aucune difficulté.

Je suis avec respect,

MESSIEURS,

votre très humble et très obéissant serviteur.

DE BONNAIRE DE FORGES.

COPIE de la lettre écrite par M. de Bonnaire, maître des requêtes, à MM. les agents généraux du clergé de France.

A Paris le 16 mars 1784.

MESSIEURS,

M. le contrôleur général m'a remis la lettre que vous lui avez écrite le 5 de ce mois touchant le paiement, pour l'année 1782, d'une somme de 120 l. à laquelle sont portés les honoraires du prédicateur qui a prêché pendant le carême l'année derniere dans la paroisse d'Antibes, depuis qu'on a supprimé la rétribution de l'avent pour la réunir à celle du carême. J'ai en conséquence donné des ordres pour que cette partie privilégiée soit acquittée sans aucun retardement. Ainsi on peut se présenter au directeur de l'administration des domaines à Aix: il ne fera aucune difficulté de payer ces 120 livres, en lui fournissant les pieces nécessaires pour l'ordre de sa comptabilité, et il continuera d'en user de même à l'avenir à la fin de chaque station. C'est avec bien de l'empressement que j'ai l'honneur de vous en prévenir.

Je suis avec respect,

MESSIEURS,

votre très humble et très obéissant serviteur.

DE BONNAIRE DE FORGES.

COPIE de la lettre écrite par M. de Bellisle, chancelier de M. le duc d'Orléans, à M. l'abbé de Périgord.

Palais Royal le 16 août 1785.

J'ai l'honneur de vous prévenir, monsieur, que je viens d'envoyer, par ordre de monseigneur le duc d'Orléans, à M. le baron de Breteuil, le brevet du roi en original, du 12 juin 1784, qui accorde à S. A. S. la conservation de la chasse sur toutes les terres appartenantes aux gens de main-morte situées dans toute l'étendue du duché de Valois, en lui marquant de sa part qu'elle n'est plus dans l'intention d'en faire usage. Monseigneur m'a chargé aussi, monsieur, de vous dire qu'il s'est déterminé à renoncer à cette faveur, moins pour prévenir les réclamations que le clergé pourroit faire, que pour donner à ce respectable corps des preuves de son attention à ne rien faire qui puisse lui déplaire, et qu'il s'est seulement borné à donner des ordres aux officiers des capitaineries de son apanage de tenir la main à l'exécution des ordonnances, pour obliger les gens de main-morte à nommer, pour la conservation et l'usage de leurs chasses, un garde-tireur de la qualité requise par les réglements, pour remédier aux abus excessifs qui se sont glissés dans le plus grand nombre de leurs possessions, relativement à la chasse. Je suis bien reconnoissant, monsieur, de l'exemplaire du mémoire du clergé sur les foi et hommages, et de la réponse de l'inspecteur du domaine, que vous avez eu la bonté de m'envoyer. Je suis fâché que cette grande affaire ne puisse pas se terminer sous votre agence.

J'ai l'honneur d'être avec respect,

MONSIEUR,

votre très humble et très obéissant serviteur.

BELLISLE.

COPIE de la lettre écrite par M. Bertier, intendant de la généralité de Paris, à MM. les agents généraux du clergé.

A Étampes le 5 septembre 1784.

MESSIEURS,

Il résulte des éclaircissements que je me suis procurés sur la demande du sieur Crochot, curé de Germigny, tendante à la radiation de la taille à laquelle il a été imposé cette année au rôle de sa paroisse, pour la maison qu'il a achetée à vie, et qu'il occupe en attendant la reconstruction de son presbytere, qu'il y a lieu à la décharge de cette imposition, qui n'a été faite que par erreur. Je viens, en conséquence, d'en prononcer la non-valeur au profit des collecteurs, et je vais donner les ordres nécessaires pour que ce curé ne soit plus imposé à l'avenir pour la maison dont il s'agit.

Je suis avec respect,

MESSIEURS,

votre très humble et très obéissant serviteur.

BERTIER.

COPIE de la lettre écrite par M. Julien, intendant de la généralité d'Alençon, à MM. les agents généraux du clergé.

A Alençon ce premier septembre 1782.

MESSIEURS,

Je suis surpris des difficultés que, par la lettre que vous m'avez fait l'honneur de m'écrire le 28 du mois dernier, vous me marquez être faites aux ecclésiastiques de cette ville par l'adjudicataire du tarif. Cette imposition n'étant que représentative de la taille personnelle, dont tout ecclésiastique est exempt, j'aurois peine à croire que l'adjudicataire suivît sa prétention; il en seroit certainement débouté par les officiers de l'élection, juges de cette question. Je ferai au surplus dire à cet homme de cesser ses poursuites, afin de prévenir un procès dans lequel il succomberoit certainement, mais qui n'en seroit pas moins désagréable pour l'ecclésiastique qui auroit à y défendre.

Je suis avec respect,

MESSIEURS,

votre très humble et très obéissant serviteur.

JULIEN.

LETTRES PATENTES.

Confirmatives de l'acquisition faite par les religieuses Ursulines de Toulon, de deux parties de rentes constituées sur l'ancien college des secrétaires du roi à Aix.

Du mois de mai mil sept cent quatre-vingt-un.

LOUIS, par la grace de Dieu, roi de France et de Navarre, comte de Provence, Forcalquier et terres adjacentes, à tous présents et à venir, SALUT. Nos cheres et bien-amées les supérieure et religieuses du couvent de Sainte-Ursule de la ville de Toulon nous ont représenté qu'il leur appartient deux parties de rente, l'une de 150 liv. et l'autre de 500 liv. sur l'ancien college de nos secrétaires, établi en la chancellerie près notre cour des comptes, aides et finances d'Aix; que la premiere a été acquise par contrat de constitution du 30 juin 1770, sur le pied du denier vingt au principal de 300 livres, avec hypotheque, tant sur l'augmentation de finances, créée par l'édit du mois de février de la même année, et par affectation spéciale des gages provenants de cette augmentation, que sur les biens présents et à venir, et sur les états des offices des membres qui composent et composeront par la suite ledit college; qu'il a été stipulé dans le même acte que ladite rente seroit franche de toutes taxes, subsides et impositions mises et à mettre, notamment des vingtiemes et 2 sous pour livre d'iceux; que la seconde partie de rente de 500 livres a pareillement été constituée aux exposantes par ledit college de nos secrétaires le 13 novembre 1770, moyennant la somme de 10,000 liv. de principal, avec les mêmes clauses, affectation et hypotheque; que l'emploi desdites deux sommes a été stipulé dans les contrats de constitution, et qu'il a été aussi stipulé, dans la quittance de finance du trésorier de nos parties casuelles, que ladite communauté des Ursulines de Toulon seroit subrogée à tous les droits, privileges et affectations portés par ledit édit du mois de février 1770; qu'en faisant ladite acquisition elles étoient très persuadées qu'elles acquéroient lesdites deux parties de rente, comme leur étant constituées sur nous; que cependant on leur fait des difficultés qui leur font craindre qu'on ne leur oppose que l'acquisition par elle faite desdites deux parties de rente est contraire à la disposition de l'article 14 de l'édit de 1749, qui fait défenses aux gens de main-morte d'acquérir des rentes constituées sur particuliers; que cette considération les fait recourir à notre autorité, et nous supplier de vouloir bien confirmer ladite acquisition. A CES CAUSES, de l'avis de notre conseil, qui a vu lesdits deux contrats des 30 juin et 13 novembre 1770, ci attachés sous le contrescel de notre chancellerie, nous avons confirmé et approuvé, et par ces présentes signées de notre main, approuvons et confirmons l'acquisition faite par lesdites exposantes desdites parties de rente dont il s'agit; voulons que les contrats portant constitution desdites rentes soient exécutés en toutes leurs charges, clauses et conditions; dérogeons à cet effet, en tant que de besoin, aux dispositions de l'édit du mois d'août 1749, et à tous autres édits, déclarations, arrêts et réglements à ce contraires. Si donnons en mandement à nos amés et féaux conseillers, les gens tenant notre cour de parlement à Aix, que ces présentes ils aient à enregistrer, et du contenu en icelles faire jouir et user les exposantes pleinement, paisiblement et perpétuellement, cessant et faisant cesser tous troubles et empêchements à ce contraires, car tel est notre plaisir; et afin que ce soit chose ferme et stable à toujours, nous avons fait mettre notre scel à cesdites présentes. Donné à Marly au mois de mai, l'an de grace mil sept cent quatre-vingt-un, et de notre regne le huitieme. *Signé* LOUIS. Visa, *signé* Hue de Miroménil. Et plus bas : Par le roi, comte de Provence. *Signé* Amelot.

ARRÊT

DU PARLEMENT DE PARIS,

Qui ordonne qu'une rente due aux religieuses de l'Hôtel-Dieu de Péronne, sur particuliers, sera payée sans aucunes retenues d'impositions royales.

Du neuf avril mil sept cent quatre-vingt-cinq.

LOUIS, par la grace de Dieu, roi de France et de Navarre, au premier huissier de notre cour de parlement, ou autre huissier ou sergent sur ce requis, savoir faisons qu'entre Me Pierre Renault, procureur au bailliage de Péronne, et dame Marie-Anne-Louise-Charlotte de Meaux, son épouse, héritiere bénéficiaire et biens tenant de feu sieur Antoine de Meaux, son pere, appellants de sentence du présidial de Laon, du 2 mai 1783, et de l'exécutoire de dépens adjugés par icelle du 7 août suivant, d'une part; et les dames supérieure et religieuses de l'Hôtel-Dieu de Péronne, intimés, d'autre part.

Notredite cour, faisant droit sur le tout, sans s'arrêter aux requêtes et demandes desdits Pierre Renault et Marie-Anne-Louise-Charlotte de Meaux, sa femme, dont ils sont déboutés, a mis et met l'appellation au néant; ordonne que ce dont a été appellé sortira son plein et entier effet, les condamne en l'amende ordinaire de douze livres; les condamne en outre à payer auxdites supérieure et religieuses de l'Hôtel-Dieu de Péronne les arrérages de la rente de 75 livres dont il s'agit, *sans aucune retenue d'impositions royales,* et aux dépens des causes principales, d'appel et demandes, que lesdites supérieure et religieuses de l'Hôtel-Dieu de Péronne pourront employer en frais et mises d'exécution de leurs créances; sur le surplus des demandes, fins et conclusions, met les parties hors de cour. Si mandons mettre le présent arrêt à exécution. Fait en parlement le 9 avril, l'an de grace 1785, et de notre regne le onzieme. Collationné, *signé* Langlet. Par la chambre, *signé* Lebret. Et scellé le 23 avril audit an, *signé* Remi. Signifié à procureur le 25, *signé* Russeau.

Je, soussigné, procureur au parlement et des dames religieuses de l'Hôtel-Dieu de Péronne, certifie le présent extrait conforme, quant au dispositif, à la grosse de l'arrêt dudit jour 9 de ce mois. A Paris, ce 28 avril 1785, *signé* Mollion.

SENTENCE

DE L'ÉLECTION DE LANGRES,

Qui condamne le régisseur des aides à délivrer au curé de Coiffy, toutes les fois qu'il se présentera au bureau des aides, des expéditions nécessaires pour la vente en gros des vins provenants de son bénéfice, en exemption des droits de gros et autres y joints, tant que ledit curé n'aura que des vins du bénéfice.

Du vingt-six juin mil sept cent quatre-vingt-deux.

A tous ceux qui ces présentes lettres verront, les président, lieutenant, conseillers du roi en l'élection de Langres, salut. Savoir faisons qu'entre Me Claude-Antoine Henriot, prêtre, curé de Coiffy le bas, demeurant audit lieu, demandeur aux fins des requêtes et exploit du 25 du présent mois, tendantes à ce qu'il fût donné acte de ce qu'il prenoit pour refus fait par le buraliste de Coiffy, et des ordres allégués par ledit buraliste pour trouble dans le droit et possession où il est de disposer, à titre de privilege, des vins provenants des vignes et dîmes de son bénéfice; en conséquence, qu'il seroit gardé, maintenu dans lesdits droits et possession; qu'il seroit fait défenses audit défendeur et à ses préposés de plus l'y troubler; et sous le mérite de ses offres de payer les droits dus à la vente des vins de privilege, il nous plût ordonner que ledit défendeur seroit tenu de faire délivrer, par ses préposés et commis au bureau de Coiffy, les expéditions nécessaires chaque fois qu'il se présenteroit audit bureau pour y déclarer la vente de partie de ses vins, et y demander une expédition; sinon qu'il seroit autorisé à enlever lesdits vins en vertu de notre sentence à intervenir, laquelle seroit signifiée, tant au bureau de la direction des aides qu'au bureau particulier de Coiffy, et sans qu'il soit nécessaire de faire des sommations; que le défendeur seroit condamné en ses dommages-intérêts et aux dépens, dans lesquels seroient compris ceux de la sommation du 3 du présent mois, comparant par Me Antoine Noël, son procureur, qui s'est présenté cejourd'hui, d'une part.

Contre Me Henri Clavel, régisseur pour le roi des droits d'aides et autres y joints, défendeur, comparant par Me Claude Boudard, son procureur, d'autre part.

Parties ouïes par Me Clément, avocat, assisté de Noël, pour Me Henriot, curé de Coiffy, Boudard, procureur de Me Henri Clavel.

Sans avoir égard aux demandes de la partie de Boudard, judiciairement faites, dont nous l'avons débouté, faisant droit sur les demandes et requêtes de la partie de Clément, nous avons condamné la partie de Boudard à faire délivrer à la partie de Me Clément, toutes les fois qu'elle se présentera au bureau des aides de Coiffy, des expéditions nécessaires pour la vente en gros des vins provenants de son bénéfice, en exemption de droits de gros et autres y joints, tant que ladite partie de Clément n'aura que des vins de bénéfice; condamnons la partie de Boudard aux dépens, même en ceux de la sommation que nous avons liquidée à la somme de 21 livres 18 s. 9 d. non compris le scel, contrôle et signification des présentes. SI MANDONS, etc.

DONNÉ et fait à Langres, par nous Antoine-Alexis Moreau Dumésnil, avocat en parlement, conseiller du roi, président en l'élection de Langres; François-Joseph Durautiere, aussi avocat, conseiller du roi, lieutenant audit siege; Claude Gallois,

Gallois, et Jacques Igniard, avocat au parlement, conseillers du roi élus en ladite élection, cejourd'hui 26 juin 1782, extraordinairement, pour expédition. *Signé*, BEGUINOT. Scellé à Langres le 20 desdits mois et an.

ARRÊT

DE LA COUR DES AIDES DE PARIS,

Confirmatif de la sentence de l'élection de Langres, du 26 juin 1782, rendue en faveur du curé de Coiffy.

Du trente et un juillet mil sept cent quatre-vingt-quatre.

LOUIS, par la grace de Dieu, roi de France et de Navarre, au premier huissier ou sergent sur ce requis, savoir faisons qu'entre Henri Clavel, régisseur de la régie générale, appellant de sentence de l'élection de Langres, du 26 juin 1782, aux fins des lettres et exploit des 7 et 14 septembre suivant, d'une part; Claude-Antoine Henriot, prêtre, curé de Coiffy et de la Neuville, intimé, d'autre part; et entre ledit Henri Clavel, régisseur, demandeur en requête du 20 janvier 1784, tendante à ce que l'appellation et ce dont étoit appel fussent mis au néant; émendant, il fût déchargé des condamnations contre lui prononcées par la sentence susdatée; faisant droit au principal, attendu qu'il n'avoit jamais entendu troubler ledit Henriot dans le privilege à lui accordé sur le vin provenu du crû de son bénéfice, mais seulement s'opposer à ce qu'il vendît comme vin du crû de son bénéfice, ce qui n'en provenoit pas, et étoit sujet alors aux droits de gros, sans s'arrêter ni avoir égard à la demande formée par ledit Henriot contre lui, par exploit du 25 juin 1782, en l'élection de Langres, il y fût déclaré purement et simplement non recevable, ou en tout cas il en fût débouté; faisant droit sur la demande dudit Henri Clavel, sans s'arrêter ni avoir égard à la sommation faite à la requête dudit Henriot audit régisseur en la personne de son receveur à Coiffy, le 3 juin 1782, non plus qu'aux offres y contenues, lesquelles seroient déclarées nulles et insuffisantes, à défaut par ledit Henriot de s'être muni d'un congé, et d'avoir acquitté les droits de gros sur les deux muids de vin par lui vendus au nommé Maitrot ledit jour 3 juin 1782, il fût condamné en l'amende de 100 livres, conformément aux réglements relatifs aux droits de gros, et aux dépens des causes principales, d'appel et demandes, d'une part; ledit Henriot, défendeur, d'autre part; et entre ledit Claude-Antoine Henriot, curé de Coiffy, demandeur en requête du 20 février 1784, tendante à ce que, sans s'arrêter ni avoir égard à la requête dudit régisseur, du 20 janvier précédent, et demandes y portées, dans lesquelles il seroit déclaré purement et simplement non recevable, ou dont en tout cas il seroit débouté, acte lui fût donné à lui Henriot, de la déclaration faite par ledit régisseur qu'il n'avoit jamais entendu le troubler dans le privilege à lui accordé sur le vin du crû de son bénéfice; et attendu qu'il n'en avoit pas d'autre en 1781, ledit Henri Clavel fût pareillement déclaré purement et simplement non recevable dans son appel, condamné en l'amende de 75 livres, ou qu'en tout cas l'appellation fût mise au néant; il fût ordonné que ce dont étoit appel sortiroit son plein et entier effet, et l'appellant condamné en l'amende ordinaire de 12 livres, et aux dépens des causes d'appel et demande, d'une part; ledit Henri Clavel, régisseur, défendeur, d'autre part; et entre ledit Clavel, régisseur, demandeur en requête du 3 mars de la même année 1784, tendante à ce que, sans s'arrêter ni avoir égard aux requêtes et demandes dudit Henriot, dans lesquelles il seroit déclaré purement et simplement non recevable, ou dont en tout cas il seroit débouté, les conclusions par lui Clavel ci-devant prises par sa requête dudit jour 20 janvier précédent, lui fussent adjugées, avec dépens, d'une part; ledit Henriot, curé de Coiffy, défendeur, d'autre part : et encore entre ledit Henriot, demandeur en requête du premier avril 1784, tendante à ce que, sans s'arrêter ni avoir égard aux requêtes et demandes dudit régisseur, du 3 mars précédent, dans lesquelles il seroit déclaré purement et simplement non recevable, ou dont en tout cas, et subsidiairement seulement, il fût débouté, les conclusions prises par le sieur Henriot, par sa requête du 20 janvier aussi précédent, lui fussent adjugées, et que ledit Clavel fût condamné aux dépens, d'une part; ledit Henri Clavel, défendeur, d'autre part: sans que les qualités puissent nuire ni préjudicier aux parties, après que Parisot, avocat de Henriot, et Boudet, avocat du régisseur, ont été ouis, pendant une audience, ensemble Dambray, avocat général, pour notre procureur général.

NOTREDITE COUR, sans s'arrêter aux requêtes et demandes

de la partie du sieur Boudet, a mis et met l'appellation au néant, ordonne que la sentence dont est appel sortira son plein et entier effet, condamne l'appellant en l'amende ordinaire de 12 livres, et aux dépens des causes d'appel et demandes. Si te mandons, etc. DONNÉ à Paris, en la chambre de la cour des aides générale, le 31 juillet, et l'an de grace 1784, de notre regne le onzieme. Collationné par la cour des aides, *signé* BARON DES BORDES. Scellé le 7 août 1784, *signé* DE CHAVANNES, et signifié à procureur le 9 dudit et à parties, par exploit du même. Contrôlé à Paris le 11, par BLOIS.

COPIE de la lettre écrite par M. de la Boullaye, intendant général des impositions, à MM. les agents généraux du clergé.

A Paris, le 24 mars 1785.

J'AI reçu, messieurs, la lettre que vous me faites l'honneur de m'écrire en faveur des filles de l'Union Chrétienne de la ville de Mende, à raison d'un droit d'amortissement que réclame contre elles l'administrateur des domaines : je m'empresse de vous marquer que leurs représentations ont été accueillies. Je serai toujours très charmé de trouver l'occasion de concourir à quelque chose qui vous soit agréable.

J'ai l'honneur d'être avec un respectueux attachement,

MESSIEURS,

votre très humble et très obéissant serviteur.
DE LA BOULLAYE.

COPIE de la lettre écrite par M. Necker, directeur général des finances, à MM. les agents généraux du clergé.

A Paris, le 27 novembre 1780.

J'AI reçu, messieurs, la lettre que vous m'avez fait l'honneur de m'écrire relativement aux poursuites qui paroissent avoir été dirigées contre plusieurs fabriques du diocese de Chalon, pour les obliger à faire contrôler les délibérations portant nomination de marguilliers.

Les fermiers généraux, auxquels j'ai fait part de vos représentations sur cet objet, s'étant empressés, messieurs, de prescrire à leurs employés d'abandonner les demandes qu'ils avoient formées; et s'agissant, à ce moyen, d'affaires qui se trouvent terminées ainsi que vous le desiriez, il ne m'a pas paru qu'elles fussent susceptibles d'aucunes autres suites.

J'ai l'honneur d'être,

MESSIEURS,

votre très humble et très obéissant serviteur.

NECKER.

ARRÊT DU CONSEIL,

Qui déboute les curés du diocese de Vienne de leur demande à fin d'être autorisés à s'assembler et à nommer leur représentant au bureau diocésain.

Du vingt-quatre avril mil sept cent quatre-vingt-un.

Extrait des registres du conseil d'état.

SUR la requête présentée au roi en son conseil, par les curés du diocese de Vienne, contenant qu'en déférant avec respect à l'arrêt du conseil rendu sur la requête du syndic diocésain de Vienne, le 6 juin dernier, ils esperent qu'ils obtiendront sans peine, de sa majesté, la justice qu'ils sollicitoient au parlement de Grenoble. Les suppliants, privés de jouir long-temps du droit incontestable qui leur appartient de nommer leurs députés au bureau diocésain, ont jugé que la mort du sieur Charvet, curé de Saint-Michel, arrivée au mois de septembre 1772, leur offroit une occasion naturelle d'exercer leur droit; mais le sieur archevêque de Vienne, persuadé que la possession où il étoit de nommer à cette place de député lui en avoit acquis le droit, y nomma le sieur Bonnardet, curé de Condrieu, par acte du 3 du même mois de septembre. Les suppliants crurent devoir réclamer, auprès du sieur archevêque, contre cette nomination faite à leur préjudice: ils députerent l'un d'eux à ce prélat, à l'effet de demander la permission et le concours de son autorité, pour s'assembler et procéder à l'élection d'un député au bureau diocésain pour remplacer le sieur Charvet. Le sieur archevêque de Vienne, à qui cet acte fut présenté, en ordonna le rapport au bureau prochain, par une ordonnance du 16 du même mois; et le bureau s'étant assemblé le 18, rendit une ordonnance par laquelle il déclara n'y avoir lieu à la susdite demande, ayant nommé à la place vacante en question, selon la possession où il étoit d'y nommer depuis 120 ans, ainsi qu'aux autres places dudit bureau. On sera peut-être étonné de cette derniere ordonnance, après avoir vu que le sieur archevêque de Vienne avoit nommé, le 3 septembre, à cette place de député des curés; mais on cessera de l'être lorsqu'on saura que, dans l'intervalle du 16 au 18 janvier, on profita de l'honnêteté de son éloignement pour toute contestation, pour lui faire renoncer à sa nomination, et que, le jour du bureau, avant de rendre l'ordonnance, les membres qui le composoient nommerent à la place du sieur Bonnardet le sieur Veyret curé de Saint-Geoire. La possession articulée dans l'ordonnance est bien éloignée de la vérité, et n'est pas conforme au contenu des registres dans lesquels on voit les dernieres nominations faites par le sieur archevêque, et agréées seulement par le bureau: cependant le bureau ayant seulement fait connoître sa résistance à l'exercice du droit des suppliants, ils prirent le parti de se pourvoir au parlement de Dauphiné, comme venoit de le faire avec succès et dans les mêmes circonstances les curés du diocese de Grenoble à la mort de leur dernier député au bureau diocésain. En conséquence, après avoir prévenu de leurs démarches le sieur archevêque de Vienne, qui ne les désapprouva point, ils présenterent leur requête au parlement, par laquelle ils demanderent que, sans avoir égard à la nomination faite par le bureau diocésain de Vienne, après le décès du sieur Charvet, curé de Saint-Michel, il leur fût permis de faire eux-mêmes ladite nomination, et, à cet effet, de s'assembler pardevant le sieur archevêque de Vienne, et, en cas de refus de sa part, d'indiquer et autoriser ladite assemblée; qu'il fût ordonné qu'elle seroit tenue pardevant qui il plairoit au parlement de nommer. Cette requête, qui fut répondue le 27 mars, d'une ordonnance de soit montré à partie, fut signifiée le 23 avril suivant au sieur Piolle, syndic du bureau diocésain, qui répondit qu'il convoqueroit au plutôt le bureau diocésain, qui seul pouvoit faire une réponse légale sur une pareille affaire. Cette réponse ayant paru trop vague aux suppliants, ils sommerent le sieur Piolle, le 24, d'assembler le bureau, et lui déclarerent qu'ils attendroient jusqu'au premier mai. Le bureau s'étant assemblé le 3, le sieur Piolle fit signifier aux suppliants la délibération qui y avoit été prise, par laquelle il déclaroit que l'ordonnance du parlement ne concernoit point le bureau, et observoit que les suppliants auroient dû se pourvoir au conseil. Cette réponse devoit sans doute paroître surprenante. Il étoit singulier que le bureau prétendît ne devoir pas être appellé à une demande que ses prétentions seules avoient fait naître. L'observation contre la compétence du parlement n'étoit pas mieux fondée; car quoique des contestations semblables aient été quelquefois évoquées au conseil, à la sollicitation des prélats ou des bureaux diocésains, et par des motifs particuliers, il n'en résultoit pas que le parlement de Grenoble fût incompétent. Nombre d'exemples, et sur-tout celui des curés du diocese de Grenoble, qui étoit tout récent, autorisoit les suppliants à s'y pourvoir. Quoi qu'il en soit, les suppliants présenterent une seconde requête, où après avoir établi incontestablement leur droit à la nomination de leurs représentants, et la nécessité d'avoir au bureau diocésain plusieurs députés de leur corps, attendu le nombre de curés qui se trouvoient dans le diocese, et son étendue dans trois provinces, ils conclurent à la nomination de deux députés. Cette requête fut répondue, le 14 du même mois de mai, d'une ordonnance de soit montré au sieur Veyret pour y répondre dans le jour. Les suppliants communiquerent cette requête en original au sieur Veyret, qui déclara s'en rapporter à tout ce qui avoit été fait par le bureau; et ce d'autant mieux, dit-il, qu'il y avoit arrêt du conseil de 1771, qui ordonnoit que l'administration du bureau des décimes demeureroit en l'état où elle étoit à cette époque, jusqu'à l'assemblée prochaine du clergé en 1775. Cette réponse, qui prouvoit de plus en plus la persévérance du bureau à se maintenir dans la nomination illégale qu'il avoit faite, et celle du sieur Veyret à se regarder comme régulièrement nommé, ne pouvoit arrêter les suppliants. L'arrêt dont il excipoit, quoiqu'inconnu alors aux suppliants, prouvoit pour eux et non pour le bureau, comme ils le montreront. Ils se pourvurent donc une troisieme fois au parlement, qui, sur leur requête, rendit le 15 mai une ordonnance, par laquelle il leur permit de procéder à la nomination d'un député de leur corps, pour assister au bureau diocésain pardevant le sieur archevêque de Vienne; et, en cas de refus de sa part, d'indiquer et autoriser l'assemblée pardevant le sieur de Vaulserre, doyen de l'église de Saint-Maurice de Vienne. Les suppliants firent signifier cette ordonnance le 18 au sieur archevêque de Vienne, et le supplioient d'assembler les curés de son diocese par députés d'archiprêtrés; et le 22, l'huissier qui avoit fait cette signification, s'étant rendu au palais archiépiscopal pour recevoir la réponse, ne put voir que le sieur Piolle, qui lui déclara, on ignore pourquoi, n'avoir rien à répondre. Ce silence ayant marqué aux suppliants le refus que ce bureau engageoit le sieur archevêque à faire, ils présenterent l'ordonnance au sieur doyen de l'église de Saint-Maurice, qui déclara, le 23, ne pouvoir accepter la commission qui lui avoit été confiée. Les suppliants se pourvurent une quatrieme fois au parlement, qui, le 8 juin, rendit, sur la requête des suppliants, une ordonnance portant permission de s'assembler pardevant le plus ancien curé de la ville de Vienne. Le sieur Benoît, plus ancien curé, avoit accepté cette commission, et indiqué l'assemblée au 14 juillet, lorsque le sieur Piolle lui fit signifier le 6 un arrêt du conseil du 6 juin précédent, qui paroît avoir été rendu du propre mouvement de sa majesté; mais que la commission du grand sceau, qui le suit encore, avoit été réellement rendue sur la requête présentée par le syndic du bureau diocésain de Vienne. Par cet arrêt, sa majesté, sans s'arrêter aux ordonnances du parlement de Grenoble, qu'elle a barrées et annullées, ainsi que tout ce qui pouvoit s'être ensuivi, a évoqué à elle et à son conseil les requêtes et demandes sur lesquelles ordonnances sont intervenues; a ordonné que, sur les requêtes et demandes, les parties seroient tenues de remettre, dans un mois, leurs mémoires, titres et pieces, entre les mains du sieur contrôleur général, pour, à son rapport, être statué par sa majesté ainsi qu'il appartiendra. Les suppliants se soumettent avec respect à cet arrêt, bien assurés de trouver, dans le tribunal auguste qui veut bien se rendre juge de leur demande, toute la justice dont elle est susceptible: ainsi, il ne leur reste plus qu'à établir la légitimité de leur réclamation; ce qu'ils vont faire très brièvement. Le bureau diocésain de Vienne, par la demande qu'il a faite de faire évoquer la demande des suppliants, fait enfin connoître quel est leur véritable parti; mais il est assez singulier qu'en prétendant combattre leur demande, il se soit moins attaché à établir son prétendu droit qu'à produire des raisons pour la distraire du tribunal où elle étoit introduite. Le moyen le plus essentiel que le syndic propose, est une prétendue possession dans laquelle il suppose que le bureau a été depuis 120 ans de nommer à la place de députés des curés; mais on défie de rapprocher une preuve qui établisse, non pas le droit, car le bureau n'en a point, mais la possession. Les registres de ce bureau prouvent que le sieur archevêque de Vienne a nommé le député, et que le bureau n'a fait que l'agréer et le recevoir. Si de pareils titres sont capables d'attribuer un droit, il faut annoncer qu'il est facile d'en acquérir; mais celui des suppliants n'est point douteux, soit qu'on s'arrête à la maxime universellement adoptée que tout représentant doit être choisi par ceux qu'il représente, soit qu'on s'attache au sentiment des jurisconsultes. Sous le premier point de vue on voit évidemment que le député des curés au bureau diocésain ne peut être légalement nommé par d'autres que les curés, et que ce seroit dénaturer sa mission que de lui donner une autre cause; ce seroit sur-tout exposer les intérêts qui lui sont confiés, que d'en attribuer la nomination et destitution à ceux auprès desquels il est député : car alors il ne peut être censé parfaitement libre dans son opinion, ayant à délibérer dans l'imposition des décimes avec des décimateurs, dont les intérêts sont si souvent en opposition avec ceux des curés, et de qui il tient la place amovible. Le bon sens répugne à une aussi étrange mission. Sous le second rapport, il suffira de citer M. d'Héricourt, ancien canoniste, n'ayant jusqu'ici contrarié ce qu'il dit dans ses loix ecclésiastiques, part. 4, ch. 5, n°. 30 : « Dans chaque diocese le bureau des « décimes est composé de l'évêque, des députés des curés, « des abbés, des communautés régulieres, des chapitres sécu« liers et du syndic diocésain du clergé. Suivant le droit com« mun, le député des abbés doit avoir été nommé par le plus « grand nombre des abbés; il faut suivre la même regle pour « les députés des communautés régulieres et pour celui des « curés. Les députés peuvent être révoqués par ceux qui les « ont constitués. Il y a quelques dioceses où les évêques pré« tendent se rendre maîtres de ces places, pour en disposer en « faveur de qui ils jugent à propos. Il est de l'intérêt du second « ordre de veiller sur ce point à la conservation de ses « droits ». Cette doctrine est celle de tous nos jurisconsultes; elle est même fondée sur plusieurs réglements de l'assemblée du clergé, faits pour préférer les dioceses, entre autres sur celui de 1635 pour le diocese d'Aix, et celui de 1650 pour le diocese d'Evreux. A ces preuves on doit ajouter celle tirée de l'arrêt même que le sieur Veyret a invoqué à contre-sens dans sa réponse à la requête qui lui a été communiquée le 14 mai dernier: cet arrêt du conseil, rendu le 5 mars 1771, portant réglement

réglement provisoire pour le bureau des décimes de Troyes, ordonne, art. 1, que le bureau sera composé, avec les membres qui y sont nommés, de deux conseillers députés des curés; art. 4, que les curés s'assembleront par doyennés, qu'ils nommeront un député de leur district, que les députés des différens districts se rendront à l'évêché au jour indiqué par le sieur évêque, et y procéderont à la nomination des deux députés des curés au bureau diocésain. Les suppliants n'ajouteront rien à des motifs aussi tranchants que ceux qu'ils viennent de déduire, le bureau diocésain n'ayant d'ailleurs rien mis en avant pour infirmer leur droit, et ne comptant uniquement que sur sa prétendue possession, laquelle, fût-elle certaine, est évidemment abusive. REQUÉROIENT A CES CAUSES les suppliants qu'il plût à sa majesté leur donner acte de ce que, pour satisfaire à l'arrêt du conseil du 6 juin 1773, signifié aux suppliants le 6 juillet suivant, à la requête du sieur Charles Piolle, syndic général du clergé et syndic du bureau diocésain de Vienne, ils emploient le contenu en la présente requête et aux pieces qui y sont jointes; en conséquence, sans s'arrêter ni avoir égard à l'ordonnance du bureau diocésain de Vienne, du 18 janvier 1773, ni à la délibération par lui prise le 3 mai suivant, qui seront déclarées nulles et comme non avenues, maintenir et garder les suppliants dans le droit de s'assembler lors de la vacance de la place de leurs députés au bureau diocésain, soit pardevant le sieur archevêque de ladite ville, soit pardevant telle autre personne qu'il plaira à sa majesté, à l'effet de nommer auxdites places à mesure qu'elles viendront à vaquer; et attendu le décès du sieur Charvet, curé de Saint-Michel, dernier député des suppliants au bureau diocésain, sans avoir égard aux nominations faites depuis la réclamation des suppliants, soit par le bureau diocésain, soit par le sieur archevêque de Vienne, qui seront déclarées nulles et de nul effet, permettre aux suppliants de s'assembler dans le mois par députés d'archiprêtrés, pardevant le sieur archevêque de Vienne, et en cas de refus de sa part, pardevant telle personne qu'il plaira à sa majesté, pour procéder à la nomination d'un député à la place du sieur Charvet, et d'un second, vu le nombre des curés du diocese de Vienne, qui est de 445, et l'étendue du même diocese sur trois provinces; faire défenses aux membres du bureau diocésain et à tous autres de troubler les suppliants dans l'exercice de leur droit de nomination; et pour l'avoir fait, condamner ledit bureau aux dépens, et notamment au coût de l'arrêt qui interviendra. Vu ladite requête signée Godescard de Lisle, avocat des suppliants; ensemble l'imprimé de l'arrêt du conseil du 5 mars 1771, portant réglement provisoire pour le bureau des décimes du diocese de Troyes; le certificat du sieur Pascal, doyen de l'église de Gap et ancien syndic général du diocese, du 12 mai 1773; l'acte de députation des suppliants auprès du sieur archevêque de Vienne, du 18; la lettre écrite aux suppliants, du 17 du même mois, de la part du sieur archevêque de Vienne, par le sieur Tixier son secrétaire; l'acte de députation des suppliants, du 18 mars suivant, à l'effet de réclamer contre l'ordonnance du bureau; la premiere requête présentée par les suppliants au parlement de Grenoble, souscrite de son ordonnance de soit montrée à partie, du 27 du même mois de mars; la commission délivrée le même jour sur ladite ordonnance; l'exploit de signification faite au sieur Piolle, le 13 avril suivant, desdites requêtes et ordonnance et commission, et sa réponse étant au bas d'icelui; l'exploit de réplique des suppliants à la réponse dudit sieur Piolle, du lendemain 14; la copie, signifiée aux suppliants le 5 mai suivant, de la délibération prise par le bureau diocésain, le trois du même mois; la seconde requête, présentée au parlement par les suppliants, souscrite de son ordonnance de soit montrée au sieur Veyret, du quatorze mai, et la réponse du sieur Veyret, étant au bas d'icelle; la troisieme requête présentée au parlement par les suppliants, souscrite de son ordonnance, portant permission de s'assembler et de procéder à la nomination d'un député diocésain, soit pardevant le sieur archevêque de Vienne, soit, à son refus, pardevant le doyen de l'église de Saint-Maurice, du 15 mai; la commission délivrée sur ladite ordonnance le même jour; l'exploit de notification qui en a été faite, le 18 du même mois, au sieur archevêque de Vienne, sans réponse de sa part, et le refus, étant au bas d'icelui, du sieur doyen de l'église de Saint-Maurice, d'accepter la commission à lui donnée, le 23 du même mois; la derniere requête des suppliants au parlement, souscrite de l'ordonnance de s'assembler pardevant le plus ancien curé de la ville de Vienne, du 8 juin suivant; la commission expédiée le même jour sur ladite ordonnance; et enfin la copie, signifiée aux suppliants le 6 juillet, de l'arrêt du conseil du 6 juin précédent, qui évoque la demande des suppliants. Les curés du diocese de Vienne représentent à sa majesté et à son conseil, que, par égard pour leur nouveau prélat, et dans l'espérance qu'il engageroit le bureau diocésain à réparer les torts qu'il a envers eux, ils n'ont pas mis beaucoup d'activité dans la poursuite de l'affaire évoquée par arrêt du 6 juin 1773; que d'ailleurs ils espéroient que dans le synode diocésain, annoncé depuis plusieurs années, quoique convoqué seulement pour le mois d'août 1779, ils réclameroient efficacement, et recouvreroient leur droit à la nomination de leurs représentants au bureau diocésain, droit que leurs prédécesseurs exerçoient anciennement en synode, ces saintes assemblées étant alors aussi fréquentes qu'elles sont rares aujourd'hui; mais que le double espoir qu'ils avoient conçu vient de leur être enlevé, la place vacante par la démission du sieur Veyret ayant été donnée, sans la participation des curés, au sieur Bonardel, curé de Condrieu, et le sieur archevêque de Vienne ayant renvoyé indéfiniment le synode convoqué, en sorte qu'ils sont aujourd'hui plus que jamais dans la nécessité de solliciter l'arrêt qui doit mettre fin à la possession abusive dans laquelle prétend être le bureau diocésain de Vienne. Leur confiance en la bonté de leur cause est d'autant mieux fondée, qu'ils ont découvert, dans l'un des procès verbaux des assemblées du clergé, une délibération qui décide la question *in terminis*, et leve toute difficulté; c'est celle de l'assemblée de 1770, dont voici l'objet: « Il ne nous a pas « paru convenable, disent messieurs les commissaires, que « les conseillers du bureau qui sont censés représenter les « différents corps ecclésiastiques, soient nommés par l'évê- « que seul.... les plaintes des intéressés lui deviennent per- « sonnelles, de là les reproches de partialité et d'abus de « pouvoirs. Nous ne pouvons adopter non plus l'usage de « quelques dioceses d'attribuer au bureau le droit de se re- « nouveller lui-même..... lors de la vacance d'une place, la « classe à laquelle il appartient d'y nommer a plus d'intérêt « que toute autre à la remplir dignement; ce seroit cepen- « dant la seule qui n'y concourroit pas, puisqu'alors elle se- « roit privée d'un représentant dans le bureau. La forme de « nommer les députés dans le synode a en sa faveur des rai- « sons plausibles et des autorités respectables; nous la trou- « vons prescrite dans les instructions des commissaires du « pape de 1586. La décision de l'assemblée de 1605 pour « Saint-Flour attribue au synode le droit de nommer les « membres du bureau; cette forme est cependant sujette à

« des inconvénients.... L'assemblée générale des bénéficiers « paroîtroit réunir les caracteres de justice et d'utilité qui « doivent vous déterminer: mais outre l'inconvénient de la « confusion dans les délibérations, inséparable d'une as- « semblée aussi nombreuse, elle auroit le désavantage que « les classes ne conserveroient pas l'égalité qui doit régner « entre elles; et ce qui est important à établir, n'est pas tant « le concours de tous les contribuables que la balance des « différentes classes : le seul moyen possible sera dès lors « de les convoquer séparément et d'autoriser tous les mem- « bres qui les composent à se trouver aux assemblées en « personne, ou par leurs fondés de pouvoirs. Cette forme est « aussi exacte que l'assemblée générale; elle conserve égale- « ment le principe par lequel nous voulons que chaque dé- « puté soit choisi par ceux dont il est le représentant....... « Le droit des curés d'avoir un représentant au bureau dio- « césain, est si évident et si constant, qu'il n'a pas besoin de « preuve: ils sont, dans presque tous les dioceses, la classe la « plus nombreuse des bénéficiers.... Nous croyons pouvoir, « sans nous écarter de notre principe, leur accorder deux « représentants dans les dioceses où il y a plus de deux cents « curés. La forme de les élire qui nous a paru la moins su- « jette à inconvénient, est celle-ci. Il n'y a presque pas de « diocese qui ne soit divisé en différents cantons, sous le « nom d'archiprêtrés, de doyennés, ou autre dénomination « connue. Sur l'ordre qui en seroit donné par l'évêque, les « curés s'assembleroient et nommeroient un député de leur « canton: ces députés se réuniroient ensuite dans une assem- « blée convoquée et présidée par l'évêque, et en sa pré- « sence nommeroient leur représentant au bureau ». Vient ensuite le projet de loi, dont voici le texte, article 6 : « Les « curés s'assembleront par doyennés ou par archiprêtrés, « ou par telle autre division, comme il est en usage dans « le diocese : ils nommeront un député de leur district. Les « députés des différents districts se rendront chez l'arche- « vêque ou l'évêque au jour indiqué par lui, et y procé- « deront en sa présence à la nomination du député des curés « au bureau diocésain ». Article 8 : « Dans les dioceses où il « y a plus de deux cents curés, les deux députés des curés se- « ront nommés en même temps, et dans la forme prescrite « par l'art. 6». Lecture faite du projet de réglement, il a été unanimement adopté. (Procès verbal de l'assemblée de 1770, tome 8 de la collection, seconde partie, page 1863 et suivantes). La derniere assemblée a très expressément reconnu la sagesse de ce réglement. (*Ibidem*, page 2514.) Le clergé a donc unanimement décidé : 1° Que c'est n'avoir point de représentant au bureau diocésain, que de ne concourir pas à la nomination ; ainsi il est vrai de dire, au langage même des bénéficiers décimateurs, que les curés du diocese de Vienne n'ont point eu de représentant au bureau diocésain depuis au moins cinquante ans, puisqu'il y a un demi-siecle révolu qu'ils n'ont point été assemblés, et qu'ils n'ont jamais exercé leur droit de nomination que dans ces assemblées. 2° Que le clergé a unanimement adopté ce principe, que chaque député doit être choisi par ceux dont il est le représentant. Ce principe est de droit naturel ; la prétendue possession du bureau diocésain de Vienne est donc abusive, de l'aveu même du clergé. 3° Enfin, le clergé a unanimement délibéré que dans les dioceses où il y a plus de deux cents curés, ils doivent avoir deux députés au bureau diocésain : il a donc décidé que les curés du diocese de Vienne doivent avoir deux représentants au bureau diocésain, puisqu'ils sont au nombre de quatre cents quarante-cinq ; et c'est sans doute, d'après ce réglement, que les curés du diocese de Gap, beaucoup moins nombreux puisqu'il n'y a que deux cents vingt-une paroisses, ont aujourd'hui deux députés. Les curés du diocese de Vienne ont donc lieu d'espérer que les conclusions qu'ils ont ci-devant prises ne souffriront aucune difficulté. *Signé*, GODESCARD DE LISLE, avocat.

VU aussi les observations des agents généraux du clergé, et celles du bureau diocésain. OUI le rapport du sieur Moreau de Beaumont, conseiller d'état ordinaire et au conseil royal des finances. LE ROI, EN SON CONSEIL, sans s'arrêter ni avoir égard à ladite requête, a débouté et déboute les curés du diocese de Vienne de leurs demandes. FAIT au conseil d'état du roi tenu à Versailles le 24 avril 1781. Collationné, *signé* LE MAITRE, avec parafe.

ARRÊT DU CONSEIL,

Qui, sans s'arrêter à un arrêt du parlement de Bretagne, rendu le 19 août 1783, sur la requête des abbé, prieur et religieux de l'abbaye du Relecq, ordonne qu'il ne sera rien innové dans l'administration des décimes du diocese de Léon concernant les décimes, et qu'il en sera usé comme par le passé, tant pour la levée des décimes que pour les quittances du receveur, la communication du département, et généralement tout ce qui a rapport à l'administration des décimes, avec défenses de se pourvoir ailleurs qu'au conseil pour raison de ce.

Du dix août mil sept cent quatre-vingt-quatre.

Extrait des registres du conseil d'état du roi.

SUR la requête présentée au roi en son conseil par le syndic du clergé du diocese de Saint-Pol-de-Léon en Bretagne, contenant que le titre dont il est revêtu, et la délibération qui vient d'être prise par la chambre diocésaine, lui imposent également l'obligation de recourir à la justice de sa majesté, contre un arrêt du parlement de Rennes du 19 août 1783. Cet arrêt, en ordonnant l'exécution des articles 13 et 14 de la déclaration du 17 août 1750, et en faisant une loi au receveur des décimes du diocese de Léon de faire chaque année, avant la fin du mois de décembre, imprimer le département des impositions de cet évêché, pour l'année suivante, avec spécification des sommes qui doivent être portées à la caisse générale du clergé, et de celles imposées pour les dettes et charges du diocese, ainsi que de la somme imposée sur chaque contribuable avec l'évaluation du revenu sur lequel elle est assise, comme aussi d'afficher cet imprimé au greffe du bureau diocésain, et d'en donner des exemplaires à tous les imposés qui en demanderont, contrevient de la maniere la plus directe et la plus formelle aux délibérations et réglements des assemblées générales du clergé, qui ont été approuvés et confirmés par le souverain, et notamment à l'arrêt émané de son propre mouvement du 6 mai 1768.

FAITS.

Les abbé, prieur et religieux de l'abbaye du Relecq, ordre de Cîteaux, au diocese de Léon, ne se sont adressés au parlement de Rennes, pour former les demandes qu'ils ont fait accueillir par l'arrêt du 19 août 1783, que parcequ'ils ont reconnu combien étoient mal fondées celles qu'ils ont portées d'abord au bureau diocésain. Leur requête, en ce bureau, tendoit à faire modérer le taux des décimes auxquelles ils sont imposés; la chambre, sur le tableau seul qu'ils ont présenté de leurs biens, et qui ne pouvoit laisser aucun doute sur la légitimité de leur taxe, a arrêté le 5 septembre 1781 « qu'attendu que le revenu de la mense abbatiale « étoit reconnu monter à la somme annuelle de 17038 liv. « 10 sous 11 den. et celui de la mense conventuelle à la « somme aussi annuelle de 9091 liv. 2 sous 4 den. les impo- « sitions respectives des deux menses tiendroient d'autant « que, par l'instruction de l'assemblée générale du clergé « de France, tenue à Paris en 1760, et les tableaux et cadas- « tres qui l'avoient suivie, et qui étoient mis sous les yeux des « commissaires du bureau, il étoit constaté, 1°. en recourant « aux diverses classes figurées dans lesdits cadastres, que l'im- « position du sieur abbé du Relecq, au lieu de 4259 liv. 12 s. « 8 d. n'étoit assise et perçue, dans le fait, que sur le pied « beaucoup inférieur de 2986 liv. 2°. que de même, à l'égard « de l'imposition particuliere à la mense conventuelle, faite « sur le pied déclaré de 9091 liv. 2 s. 4 d. sa quote aux « décimes portée, pour les deux termes, à 933 liv. 6 den. « seroit même au huitieme de 1136 liv. 7 sous 9 den. au lieu « du septieme, taux vrai et généralement déterminé par la- « dite instruction du clergé de France, pour les menses con- « ventuelles quelconques ».

Convaincus de la justice de cet arrêté, et voyant qu'ils ne pouvoient parvenir à le faire révoquer en prenant les voies légales, les abbé et religieux du Relecq se sont tracé un autre plan de conduite; ils ont commencé par demander au receveur des décimes du diocese un exemplaire du département ou tableau des impositions. Ce receveur a offert de le leur communiquer sans déplacer, suivant les délibérations et réglements du clergé général, confirmés par l'arrêt du conseil du 6 mai 1768. Ils ne cherchoient qu'un prétexte pour se soustraire à la jurisdiction des chambres des décimes. Ils ont

affecté d'ignorer ou d'oublier que la déclaration du 17 août 1750 étoit demeurée sans exécution, et sur le fondement que cette déclaration avoit été adressée aux cours pour y être enregistrée, ils ont présenté leur requête au parlement de Rennes, en y exposant, à leur maniere, l'objet de leurs plaintes par rapport à leur imposition aux décimes, comme si cette cour eût été compétente pour connoître d'un pareil objet, et en finissant par invoquer la déclaration de 1750: le suppliant ne discutera pas ici ces exposés, ce seroit un hors d'œuvre inutile, ne s'agissant point d'examiner le mérite de la demande en diminution du taux, auquel les abbé et religieux du Relecq sont imposés sur le rôle des décimes. Il se contentera de rappeller que ces abbé et religieux déclaroient nettement, dans leur requête au parlement, *qu'ils venoient solliciter un arrêt semblable à celui qu'avoit rendu le parlement de Paris le 3 mars 1768*, et qui avoit ordonné l'exécution des articles treize, quatorze et quinze de la déclaration du dix-sept août mil sept cent cinquante. Mais au lieu de faire connoître que, sur les représentations des sieurs agents généraux du clergé, il étoit intervenu, le 6 mai 1768, un arrêt du conseil qui avoit fait tomber celui du parlement de Paris, en ordonnant qu'il ne seroit rien innové dans l'administration des décimes, et qu'il seroit procédé comme par le passé pour la levée desdites décimes, pour les quittances des receveurs, pour la *communication des départements*, et généralement pour tout ce qui avoit rapport à ladite administration, ils assuroient en termes exprès *que tous les efforts du haut clergé n'avoient pu faire abroger les dispositions des articles* 13 *et* 14 *de la déclaration de* 1750, qu'ils appellent *une loi précieuse*, *ni faire rétracter le réglement du parlement de Paris.* « C'est d'après des exposés si « faux et si déplacés, qu'ils concluoient à ce qu'il plût au par« lement ordonner que les articles 13 et 14 de la déclaration « du 17 août 1750 seroient bien et duement exécutés dans « le diocese de Léon; ce faisant, ordonner au receveur des « décimes de ce diocese de faire chaque année, avant la fin « du mois de décembre, imprimer le département des impo« sitions de cet évêché pour l'année suivante, où seroient « spécifiées les sommes qui devoient être portées à la caisse « générale du clergé, et celles imposées pour les dettes et « charges du diocese, ainsi que la somme imposée sur chaque « contribuable, avec l'évaluation du revenu sur lequel elle est « assise, d'afficher cet imprimé au greffe du bureau diocé-
« sain,

« sain, et d'en donner des exemplaires à tous les imposés « qui en demanderoient ».

Sur cette requête il y eut un soit montré au sieur procureur-général de sa majesté, *qui consentit les fins et conclusions d'icelle;* et sans autre forme de procès, le parlement a rendu le 19 août 1783 son arrêt, qui est exactement conforme aux demandes et conclusions des abbé et religieux de l'abbaye du Relecq.

Cet arrêt ayant été signifié le 8 septembre dernier au receveur des décimes, avec sommation et commandement d'y obéir, ce receveur a répondu qu'il se réservoit d'en donner avis au sieur évêque de Léon et aux sieurs commissaires de la chambre diocésaine. L'assemblée du bureau diocésain ayant été convoquée pour le 2 du mois de décembre 1783, le suppliant, en sa qualité de syndic du clergé, a rendu compte de la requête des abbé et religieux du Relecq et de l'arrêt du parlement qu'ils avoient obtenu le 19 août précédent; l'affaire mise en délibération, la chambre a d'autant moins hésité sur le parti qu'elle avoit à prendre, que déja, par un arrêt de son conseil, du 7 juin 1768, sa majesté avoit cassé un arrêt du même parlement de Rennes, rendu le 7 mai de la même année, sur la requête du sieur de Villeneuve, abbé commendataire de l'abbaye de Saint-Gildas de Rhuis, au diocese de Vannes, laquelle requête tendoit précisément aux mêmes fins que celle des abbé et religieux du Relecq, sur laquelle ils venoient d'obtenir un semblable arrêt, et avoit ordonné que les délibérations et réglements des dernieres assemblées du clergé de France continueroient d'être exécutés suivant leur forme et teneur; qu'en conséquence il ne seroit rien innové dans l'administration des décimes du diocese de Vannes concernant lesdites décimes, circonstances et dépendances, et qu'il en seroit usé comme par le passé, tant pour la levée des décimes que pour les quittances du receveur, la communication des départements, et généralement tout ce qui avoit rapport à l'administration des décimes, ce qui ne faisoit qu'exprimer les dispositions mêmes de l'arrêt du conseil du 6 mai 1768: la chambre a donc arrêté, par sa délibération du même jour 2 décembre 1783, que le suppliant, en sa qualité de syndic du clergé, se pourvoiroit au conseil pour faire révoquer l'arrêt du parlement de Rennes, du 19 août 1783. C'est pour remplir la mission qui lui est donnée par cette délibération, que le suppliant réclame la justice de sa majesté. Les faits qu'il vient d'exposer suffiroient seuls pour établir la légitimité de sa réclamation. Quelques observations qu'il va y ajouter acheveront de démontrer qu'il n'en fut jamais de plus juste et de plus pressante.

MOYENS.

Le suppliant ne s'arrêtera point à faire voir que les bureaux diocésains et les chambres supérieures ecclésiastiques, qui sont établis pour connoître de tout ce qui concerne l'imposition et le recouvrement des décimes, ont pour ces matieres une attribution générale et exclusive qui ne permet point aux juges ordinaires ni aux parlements d'en prendre directement ou indirectement connoissance, et que le maintien de cet ordre est aussi nécessaire pour les intérêts de sa majesté, à raison de la perception des deniers qui servent aux dons gratuits, et dont il assure et facilite la levée, que pour l'intérêt des contribuables eux-mêmes, qui trouvent les juges de leurs prétentions ou de leurs plaintes dans la personne des commissaires pris du corps ecclésiastique. Le point essentiel, celui qui doit fixer ici l'attention du conseil de sa majesté, c'est que la déclaration du 17 août 1750, qui est l'unique fondement de l'arrêt contre lequel le suppliant réclame, n'a pas eu son exécution; à peine cette déclaration eut-elle été publiée, que le clergé obtint, sur ses représentations, l'arrêt du conseil du 23 décembre 1751, par lequel sa majesté déclara que l'inégalité dont il s'agissoit se trouveroit plutôt entre les dioceses respectivement qu'entre les contribuables d'un seul et même diocese, et sursit en conséquence à l'imposition qui étoit ordonnée. L'arrêt du conseil et les lettres-patentes expédiées sur le contrat passé entre le roi et le clergé, en l'année 1755, rétablirent les choses dans le même état où elles étoient avant la déclaration de 1750, et à l'égard de la communication du département des impositions aux contribuables, les assemblées générales du clergé de 1755 et 1760 réglerent qu'il seroit dressé un tableau qui seroit communiqué aux parties intéressées, mais sans déplacer. Malgré ce réglement il fut fait diverses tentatives en conséquence des art. 13 et 14 de la déclarat. de 1750. D'un côté, comme il est rapporté dans le procès-verbal de l'assemblée du clergé de l'année 1765, t. 8, part. 2 de la nouvelle collection des procès-verbaux, page 1570 et suivantes, le curé de la paroisse de Surtainville, au diocese de Coutances, ayant exigé une copie en forme du tableau des impositions que l'assemblée de 1755 avoit jugé devoir être dressé, et ayant interjetté, à la chambre supérieure des décimes de Rouen, appel de l'ordonnance du bureau diocésain qui ne lui accordoit la communication du tableau qu'aux termes du réglement fait par les assemblées de 1755 et 1760, appel auquel cent quarante curés avoient adhéré, l'assemblée générale de 1765 renouvella ce réglement, et prit des mesures pour prévenir les suites d'un soulévement aussi scandaleux. D'un autre côté, comme on le voit au rapport d'agence de l'année 1770, page 143 et suivantes, le parlement de Paris ayant rendu en 1768 un arrêt en forme de réglement, par lequel il étoit ordonné que les articles 10 et 14 de l'édit de janvier 1599, et les articles 13, 14 et 15 de la déclaration du 17 août 1750, seroient exécutés selon leur forme et teneur, et qui en conséquence portoit, entre autres choses, que les receveurs des décimes feroient imprimer chaque année, aux frais du diocese, avant la fin du mois de décembre, le département des impositions du diocese pour l'année suivante, qu'ils le feroient afficher au greffe du bureau diocésain, et en délivreroient des exemplaires aux bénéficiers qui en demanderoient, les sieurs agents généraux du clergé firent leurs représentations à sa majesté, rappellerent les délibérations des assemblées générales du clergé, observerent que la déclaration du 17 août 1750 n'avoit point été exécutée, même dans le temps auquel elle paroissoit destinée, et que si les départements n'avoient pas été imprimés et distribués aux bénéficiers, comme le prescrivoit l'article 13 de cette déclaration, sa majesté avoit trouvé bon que le clergé se conformât à ses usages et n'introduisît aucune nouveauté dans son administration. Ces représentations donnerent lieu à l'arrêt en commandement du 6 mai 1768, qui se trouve parmi les pieces justificatives, à la suite du rapport d'agence de l'année 1770, page 270, et qui doit être regardé comme un réglement émané de la puissance royale. Sa majesté commence par y déclarer « qu'elle s'est fait rendre compte de l'exécution des « mesures prises par les assemblées du clergé de France des « années 1755, 1760 et 1765, pour perfectionner l'adminis- « tration des décimes, et qu'elle a reconnu qu'il y auroit de « grands inconvénients à changer les regles que les assem- « blées ont établies; que d'ailleurs une partie des réglements « antérieurs ne pouvoit être exécutée à cause des change- « ments survenus depuis, et qu'elle a jugé nécessaire en

« maintenant par provision l'usage actuel des diverses cham« bres diocésaines pour ladite administration, d'y pourvoir « à l'avenir par un nouveau réglement, après avoir entendu « ce que l'assemblée alors prochaine du clergé pourroit lui « observer dans les mémoires qu'elle remettroit à sa ma« jesté à ce sujet. C'est d'après ces motifs que sa majesté « ordonne qu'à l'effet de parvenir à un nouveau réglement « pour l'administration des décimes, il lui sera donné, par la « prochaine assemblée du clergé, des mémoires concernant « tout ce qui y a rapport; et cependant ordonne que, par « provision et jusqu'audit réglement, *il ne sera rien innové « dans ladite administration, circonstances et dépendances; « qu'en conséquence il sera procédé comme par le passé, pour « la levée des décimes*, les quittances des receveurs, la *com« munication des départements*, et généralement tout ce qui « a rapport à ladite administration : voulant sa majesté *que « le contenu au présent arrêt soit exécuté nonobstant toutes « choses à ce contraires* ». Cet arrêt a donc mis le sceau, du moins par provision, aux réglements des assemblées générales du clergé, et singulièrement à celui qui veut que le tableau des impositions ne soit communiqué aux contribuables, qu'à condition qu'il ne sera pas déplacé. Il n'a été fait aucun réglement postérieur qui ait changé l'ordre ainsi établi; celui que porte l'arrêt du 6 mai 1768, a toujours fait respecter depuis ceux des assemblées du clergé, des années 1755, 1760 et 1765, et fait loi dans tous les dioceses du clergé de France. Or il est évident que l'arrêt du parlement de Rennes, du 19 août 1783, contre lequel le suppliant se pourvoit, est directement et formellement contraire à cette loi. Il suffit, pour s'en convaincre, de comparer les dispositions de l'un avec celles de l'autre. L'arrêt du parlement de Rennes ordonne que les articles 13 et 14 de la déclaration du 17 août 1750 seront bien et duement exécutés dans le diocese de Léon, et en conséquence ordonne aux receveurs des décimes de ce diocese de faire chaque année, avant la fin du mois de décembre, imprimer le département des impositions de cet évêché pour l'année suivante, où seront spécifiées les sommes qui doivent être portées à la caisse générale du clergé, et celles imposées pour les dettes et charges du diocese, ainsi que la somme imposée sur chaque contribuable, avec l'évaluation du revenu sur lequel elle est assise; d'afficher cet imprimé au greffe du bureau diocésain, et d'en donner des exemplaires à tous les imposés qui en demanderont; tandis que l'arrêt du conseil du 6 mai 1768, combiné avec les réglements des assemblées du clergé, de 1755, 1760 et 1765, qu'il rappelle et maintient, ordonne, en exécution de ces réglements, qu'il ne sera rien innové dans l'administration des décimes, circonstances et dépendances, notamment par rapport à la communication des départements, *nonobstant toutes choses à ce contraires*, c'est-à-dire nonobstant et la déclaration du 17 août 1750, et l'arrêt du parlement de Paris, du 3 mars 1768, à l'occasion duquel le souverain a ainsi expliqué ses intentions. La contravention est donc aussi directe que manifeste, et par conséquent il est impossible de laisser subsister l'arrêt du parlement de Rennes.

Au surplus, en déférant cet arrêt à la sagesse de sa majesté, le suppliant ne fait que renouveller une pareille demande qui a déja été favorablement accueillie par l'arrêt du conseil du 7 juin 1768, dont il a déja été ci-devant parlé. On voit, par cet arrêt du conseil qui se trouve parmi les pieces justificatives du rapport de l'agence de 1770, page 271, que le sieur de Villeneuve, abbé commendataire de l'abbaye de Saint-Gildas de Rhuis, au diocese de Vannes, croyant avoir à se plaindre de l'imposition faite sur lui par le bureau diocésain, y avoit formé des demandes inadmissibles et mal fondées; qu'au lieu de se pourvoir à la chambre supérieure des décimes contre ce qui avoit été fait au bureau diocésain, il alla présenter requête au *parlement de Rennes*, où il conclut « à ce qu'il fût ordonné que les articles 10 et 14 de « l'édit de 1599, et les articles 13, 14 et 15 de la déclaration du « 17 août 1750, seroient exécutés selon leur forme et teneur; « qu'en conséquence il fût enjoint au receveur de faire im- « primer chaque année, aux frais du diocese, avant la fin « du mois de décembre, le département des impositions des « années suivantes, de le faire afficher au greffe du bureau « diocésain, et d'en délivrer des exemplaires aux bénéficiers « qui en demanderoient; qu'il fût ordonné que ce départe- « ment contiendroit les sommes que le clergé devoit porter « à la caisse générale du clergé, dans le cours de l'année, « comme aussi séparément celles qui devoient être imposées « pour les dettes et charges particulieres du diocese, et la « somme à laquelle chaque contribuable seroit imposé, en- « semble l'évaluation du revenu sur lequel chaque taxe se- « roit assise; qu'il fût enjoint au même receveur de mettre, « dans les quittances qu'il délivreroit aux contribuables, dé-

« claration expresse des taxes particulieres imposées sur les « bénéfices, tant pour les décimes ordinaires que pour les « deniers extraordinaires, et des titres en vertu desquels les- « dits deniers se leveroient; qu'il fût ordonné que l'arrêt qui « interviendroit seroit enregistré au bureau diocésain de « Vannes, et que du coût d'icelui et de la signification qu'il « conviendroit d'en faire au bureau diocésain et au receveur « des décimes, le sieur de Villeneuve en seroit remboursé « par ce dernier sur les deniers de sa caisse ». Ces conclusions étoient semblables à celles qui ont été prises par les abbé et religieux du Relecq au même parlement, du moins quant à l'impression, à l'affiche et à la communication du département des impositions, en exécution des articles 13 et 14 de la déclaration du 17 août 1750; elles étoient appuyées sur les mêmes prétextes que ceux auxquels les abbé et religieux ont eu recours. L'abbé commendataire de Saint Gildas de Rhuis est parvenu à obtenir, sur sa simple requête, le 7 mai 1768, au parlement de Rennes, un arrêt qui ordonnoit que les articles treize, quatorze et quinze de la déclaration du dix-sept août 1750, seroient bien et duement exécutés selon leur forme et teneur, par le receveur des décimes du diocese de Vannes, et c'est précisément de la même maniere qu'a été rendu et que prononce l'arrêt de la même cour, du 19 août 1783, rendu sur la requête des abbé et religieux du Relecq: ainsi les deux especes sont absolument les mêmes. Or, sur la requête présentée au conseil par le syndic du clergé du diocese de Vannes, et motivée tant par les réglements des assemblées du clergé, que par l'arrêt du conseil, du 6 mai 1768, il est intervenu, le 7 juin de la même année 1768, un arrêt du conseil qui, « sans s'arrêter à celui du par- « lement de Bretagne du 7 mai 1768, a ordonné que les déli- « bérations et réglements des dernieres assemblées du clergé « de France continueroient d'être exécutés suivant leur forme « et teneur; en conséquence, qu'il ne seroit rien innové dans « l'administration des décimes du diocese de Vannes, con- « cernant lesdites décimes, circonstances et dépendances; « et qu'il en seroit usé comme par le passé, tant pour la levée « des décimes que pour les quittances du receveur, la *com- « munication des départements*, et généralement tout ce qui « a rapport à l'administration des décimes; ordonnant sa « majesté que les procès et différends qui pourroient s'élever « au sujet de ladite administration, seroient portés et jugés « au bureau diocésain de Vannes, en premiere instance, et,

« par appel ; en la chambre supérieure ecclésiastique de « Tours, avec défenses aux parties de faire ailleurs, pour « raison de ce, aucunes poursuites ni procédures, et à tous « juges d'en connoître, à peine de nullité, cassation de pro- « cédures, et de tous dépens, dommages et intérêts ; et au « surplus il fût ordonné que l'arrêt seroit exécuté nonobstant « opposition et tous autres empêchements quelconques, « pour lesquels ne seroit différé, et dont, si aucuns interve- « noient, sa majesté s'étoit réservé, et à son conseil, la « connoissance qu'elle interdisoit à toutes ses cours et autres « juges ». C'est un arrêt semblable que le suppliant sollicite, d'après les mêmes faits et sur les mêmes moyens ; il y a même une circonstance qui semble donner à sa réclamation un nouveau poids que n'avoit pas celle du syndic du clergé du diocese de Vannes. L'arrêt du parlement de Rennes, obtenu par l'abbé de Saint-Gildas de Rhuis, étoit *du 7 mai* 1768, et par conséquent avoit été rendu avant que celui du conseil du 6 du même mois de mai 1768 eût pu être connu en Bretagne ; de sorte que l'arrêt de cassation du 7 juin suivant doit être regardé comme ayant été déterminé principalement par les délibérations et réglements des assemblées du clergé, dont il ordonne en effet l'exécution. Mais l'arrêt du 19 août 1783, contre lequel le suppliant réclame, est d'une date bien postérieure. Ce dernier a donc été rendu non seulement dans un temps où les délibérations et réglements des assemblées du clergé des années 1755, 1760 et 1765, faisoient la regle, mais encore dans un temps où l'arrêt du propre mouvement du 6 *mai* 1768, qui avoit mis l'attache du souverain à ces délibérations et réglements, avoit une exécution publique et notoire dans tous les dioceses du clergé de France. Enfin, à tant de motifs aussi pressants que justes, le suppliant pourroit ajouter les considérations les plus puissantes. S'il étoit possible que l'arrêt dont il se plaint devînt un préjugé stable et permanent, bientôt toute l'administration des décimes seroit troublée et bouleversée, la fermentation se répandroit dans les esprits ; les contribuables, qui croiroient être imposés trop haut, exigeroient ce qu'ont demandé et obtenu les abbé et religieux du Relecq au parlement de Rennes ; ils refuseroient le paiement de leurs décimes ; les caisses particulieres seroient en souffrance ; et le mal, gagnant de proche en proche, entraîneroit les suites les plus funestes. Mais le suppliant se contentera d'observer une circonstance qui mérite une attention particuliere. L'arrêt du 19 août

1783, par sa disposition générale, fait une loi au receveur des décimes du diocese de Saint-Pol-de-Léon, de faire imprimer, *avant la fin du mois de décembre*, le département des impositions pour l'année prochaine, et d'en donner des exemplaires à tous les imposés qui en demanderont. Il n'est que trop à craindre que les abbé et religieux du Relecq ne cherchent à se prévaloir de cette disposition, et que, par la vivacité de leurs poursuites, ils ne donnent lieu à de nouvelles contestations: le suppliant espere donc que sa majesté daignera écouter favorablement sa réclamation, et apporter au mal un remede aussi prompt qu'efficace.

Et pour justifier du contenu en la présente requête, le suppliant y joindra les pieces suivantes; savoir, la premiere, une copie de l'arrêt du conseil du 6 mai 1768, prise sur l'imprimé qui est parmi les pieces justificatives, à la suite du rapport de l'agence de 1770; la seconde, une copie du dispositif de l'arrêt du conseil du 7 juin 1768, qui casse l'arrêt du parlement de Rennes du 7 mai précédent, rendu dans la même espece que celui du 19 août 1783, duquel il s'agit; la troisieme, la signification faite de la part des abbé et religieux du Relecq, le 8 septembre 1783, au receveur des décimes du diocese de Léon, tant de l'arrêt du parlement de Rennes, du 19 août 1783, que de la requête desdits prieur et religieux du Relecq, sur laquelle ledit arrêt est intervenu.

Requéroit, à ces causes, le suppliant, qu'il plût à sa majesté, sans s'arrêter ni avoir égard à l'arrêt du parlement de Rennes, du 19 août 1783, lequel demeurera comme nul et non avenu, ainsi que tout ce qui s'en est ensuivi ou pourroit s'ensuivre, ordonner que les délibérations et réglements des assemblées générales du clergé de France, et l'arrêt du conseil du 6 mai 1768, continueront d'être exécutés selon leur forme et teneur; qu'en conséquence il ne sera rien innové dans l'administration des décimes du diocese de Saint-Pol-de-Léon concernant lesdites décimes, circonstances et dépendances, et qu'il sera procédé comme par le passé, tant pour la communication des départements, que pour la levée des décimes, et généralement pour tout ce qui a rapport à l'administration desdites décimes, comme aussi que les procès et différends qui pourront s'élever au sujet de ladite administration, seront portés et jugés au bureau diocésain de Saint-Pol-de-Léon, en premiere instance, et, par appel, en la chambre supérieure ecclésiastique de Tours; faire défenses

fenses aux parties de faire poursuites ni procédures ailleurs, et à tous juges d'en connoître, à peine de nullité, cassation de procédures, et de tous dépens, dommages et intérêts, et ordonner que l'arrêt qui interviendra sur la présente requête sera exécuté nonobstant oppositions et tous autres empêchements généralement quelconques, pour lesquels ne sera différé, et dont, si aucuns interviennent, S. M. se réservera la connoissance, et icelle interdira à toutes ses cours et autres juges. Vu ladite requête signée Rigault, avocat du suppliant, et Despaulx et Jardin, anciens avocats; vu pareillement les pieces énoncées et jointes. Oui le rapport du sieur Moreau de Beaumont, conseiller d'état ordinaire et au conseil royal des finances.

Le roi, en son conseil, ayant égard à ladite requête, et sans s'arrêter à l'arrêt du parlement de Bretagne du 19 août 1783, a ordonné et ordonne que les délibérations et réglements des assemblées du clergé de France, concernant les décimes, continueront d'être exécutés suivant leur forme et teneur; en conséquence, qu'il ne sera rien innové dans l'administration des décimes du diocese de Saint-Pol-de-Léon concernant lesdites décimes, circonstances et dépendances, et qu'il en sera usé comme par le passé, tant pour la levée des décimes, que pour les quittances du receveur, la communication du département, et généralement tout ce qui a rapport à l'administration des décimes. Ordonne sa majesté que les procès et différends qui pourroient s'élever à ce sujet, seront portés et jugés, en premiere instance, au bureau diocésain de Saint-Pol-de-Léon, et, par appel, en la chambre supérieure ecclésiastique de Tours. Fait sa majesté très expresses défenses aux parties de faire ailleurs, pour raison de ce, aucunes poursuites et procédures, et à tous juges d'en connoître, à peine de nullité, cassation desdites procédures, et de tous dépens, dommages et intérêts; et sera le présent arrêt exécuté nonobstant oppositions, et tous autres empêchements généralement quelconques, pour lesquels ne sera différé, et dont, si aucuns interviennent, sa majesté s'est réservé, à elle et à son conseil, la connoissance, qu'elle interdit à toutes ses cours et autres juges. Fait au conseil d'état du roi tenu à Versailles le 10 août 1784. *Signé*, Bergeret, avec parafe. Collationné, avec parafe.

ARRÊT DU CONSEIL,

Portant évocation de l'instance pendante aux requêtes du palais, entre le receveur des décimes du diocese d'Amiens et les créanciers du curé de Contres, et renvoi de cette affaire au bureau diocésain d'Amiens.

Du dix août mil sept cent quatre-vingt-quatre.

Extrait des registres du conseil d'état.

SUR la requête présentée au roi en son conseil par le syndic du diocese d'Amiens, contenant que le sieur Langlet, receveur des décimes de ce diocese, pour parvenir à se faire payer d'une somme de 415 livres due pour décimes par le sieur de Ribeaucourt, curé de la paroisse de Contres, a fait saisir le 17 décembre 1783, entre les mains des nommés Joseph et Hyacinthe Retourné et Joseph Reusse, tous trois fermiers et laboureurs, demeurant en cette paroisse, les deniers et autres choses qu'ils pouvoient devoir ou qu'ils devroient ci-après audit sieur de Ribeaucourt, avec assignation pardevant la chambre diocésaine, aux fins d'y venir faire leurs déclarations. Ces saisies ont été dénoncées le même jour au sieur de Ribeaucourt, aussi avec assignation pardevant cette chambre, pour les voir déclarer bonnes et valables. Les nommés Retourné et Reusse ont déclaré entre autres choses, par leurs écritures du 8 janvier dernier, qu'il y avoit déja entre leurs mains différentes saisies formées par d'autres créanciers du sieur de Ribeaucourt. D'un autre côté le sieur Louis Miannay, ancien curé de la paroisse de Contres, et l'un des créanciers saisissants, a fait assigner, au bailliage d'Amiens, le receveur des décimes, par exploit du 13 du même mois de janvier dernier. Ce receveur, qui, pour raison des décimes, ne peut reconnoître d'autre jurisdiction que celle de la chambre diocésaine, a présenté, le 14 dudit mois de janvier, sa requête à cette chambre : il a invoqué les édits qui attribuent aux chambres des décimes, à l'exclusion de tous autres juges, la connoissance de tous les différends qui concernent les décimes, circonstances et dépendances, et quelle que soit la qualité des personnes entre lesquelles ces différends s'élevent, et il a demandé en conséquence la permission d'y faire assigner les opposants, pour voir dire qu'attendu son privilege (pour décimes et comme pour deniers royaux) il touchera, par préférence à eux, les causes de la saisie, tant en principal qu'intérêts et frais, accessoires, et dépens; et que la sentence à intervenir seroit déclarée commune avec eux et les fermiers. Sur cette requête il a été rendu, le 14 janvier dernier, par la chambre diocésaine, une ordonnance qui permet au receveur des décimes de faire assigner pardevant cette chambre les parties saisissantes et opposantes, avec défenses à elles de procéder ailleurs; comme aussi avec défenses aux nommés Rètourné et Reusse de vuider leurs mains, à peine d'être responsables des deniers dus pour décimes par le sieur de Ribeaucourt. Cette ordonnance a été signifiée le 21 du même mois aux nommés Retourné et Reusse, et l'assignation permise a été donnée le même jour 21 janvier au sieur Miannay, et le 30 au sieur Carteron, procureur au parlement de Paris, qui sont l'un et l'autre du nombre des créanciers saisissants. Mais le sieur Miannay a fait dénoncer, par exploit du 9 février dernier, au receveur des décimes, des lettres de *committimus* obtenues par le sieur Carteron en la chancellerie du palais à Paris, le 31 janvier précédent, et l'assignation à lui donnée le 5 dudit mois de février, en conséquence de ses lettres, à comparoir, dans les délais de l'ordonnance, aux requêtes du palais, à l'effet que ledit receveur des décimes n'en ignore, et qu'il ait à surseoir à toutes poursuites, jusqu'à ce qu'il ait été statué sur la demande du sieur Carteron. Deux jours après, c'est-à-dire le 11 du même mois de février, le sieur Carteron lui-même a fait assigner le receveur des décimes aux requêtes du palais, pour procéder sur le renvoi de la demande formée contre lui par ce receveur à la chambre diocésaine; ensemble, sur la demande renvoyée, circonstances et dépendances. Tels sont les faits qui mettent le suppliant dans la nécessité de recourir à sa majesté. Sa qualité de syndic du clergé du diocese lui fait un devoir de veiller principalement au maintien de la compétence du bureau diocésain, en matiere de décimes; elle lui impose par conséquent l'obligation de prendre dans cette affaire le fait et cause du receveur des décimes, puisqu'il est question de cette compétence. Il demande que l'assignation donnée à ce receveur aux requêtes du palais, de la part du sieur Carteron, le 11 février dernier, ainsi que la dénonciation qui lui en avoit déja été faite le 9 du même mois de la part du sieur

Miannay, soient déclarées nulles, et qu'il soit fait défenses auxdits sieurs Miannay et Carteron de faire aucunes poursuites ailleurs qu'au bureau diocésain, pour raison du fait dont il s'agit. Les édits et lettres patentes concernant l'attribution qui constitue la compétence des chambres des décimes, ne permettent pas de laisser subsister une pareille assignation, et les arrêts du conseil qui ont donné l'exécution de ces loix, achevent de démontrer la justice et la nécessité de la réclamation du suppliant. En premier lieu, sans remonter aux premiers édits qui ont établi et formé les chambres des décimes, il suffit de consulter celui du 28 janvier 1599. L'article 35 de cet édit porte : « D'autant que, par les « contrats faits entre les rois nos prédécesseurs et ledit clergé « même, par celui par nous fait au mois de mai 1596, et « lettres patentes vérifiées en nos cours souveraines, nous « avons établi en huit villes de notre royaume la jurisdiction « que souloient exercer les syndics généraux du clergé, pour « connoître des différends procédants desdits décimes, taxes « et paiement d'icelles, contraintes, exécutions, emprison- « nements, circonstances et dépendances, en interdisant « toute connoissance à nos généraux des aides, présidents et « élus des élections de notre royaume, et de tous autres ju- « ges, comme particulièrement est déclaré par notre édit du « mois de mars dernier, vérifié en notre cour de parlement « de Paris; nous, desirant faciliter le paiement desdites dé- « cimes, avons ordonné et ordonnons que les juges, commis « et députés èsdits bureaux, auront la connoissance des de- « niers desdites décimes, paiement d'icelles, et de tous les « différends qui en proviendront, circonstances et dépen- « dances d'iceux, sans aucune chose excepter ni réserver; « pourvoiront par toutes voies dues et raisonnables au paie- « ment d'icelles décimes, soit contre lesdits ecclésiastiques, « receveurs particuliers des décimes, receveurs généraux « provinciaux, ou leurs commis ou autres; auront aussi la « connoissance de toutes les levées des décimes qui se feront « sur lesdits ecclésiastiques ». Voilà donc une attribution très clairement, très formellement faite aux chambres des décimes, pour connoître des deniers des décimes, de toutes les levées de ces deniers, du paiement desdites décimes, de tous les différends qui en proviendront, circonstances et dépendances d'iceux, sans aucune chose excepter ni réserver; et pour prendre cette connoissance, non seulement entre les contribuables et les receveurs, soit généraux, soit particuliers, ou leurs commis, mais même entre tous ceux qui sont obligés d'en répondre, et tous autres qui peuvent avoir quelques intérêts à y démêler. La jurisdiction de ces chambres est donc parfaitement formée, les matieres qui doivent y être portées sont fixées, les parties qui sont tenues de la reconnoître sont bien désignées. Cette jurisdiction est d'ailleurs une jurisdiction royale, comme toutes celles qui émanent du souverain; c'est ce qui faisoit dire à l'assemblée générale du clergé, de l'an 1661, que « puisque lesdits bureaux « étoient établis dans les dioceses par permission du roi, en « forme de justice royale, et que tel étoit l'usage de tous « les dioceses, il étoit constant, tant en la question du droit « qu'en celle du fait, que lesdits bureaux diocésains avoient « le pouvoir, en gardant l'ordre et la forme du droit, de faire « exécuter leurs ordonnances et commandements en ce qui « concerne les décimes et autres deniers qui se levent sur le « clergé, circonstances et dépendances, par corps et par « emprisonnement des personnes des officiers desdites déci- « mes, receveurs, contrôleurs et autres ». Enfin, il est incontestable que la jurisdiction donnée ainsi aux chambres des décimes leur appartient exclusivement et privativement à tous autres juges, comme la connoissance des tailles et des aides, comme celle des eaux et forêts appartient aux maîtrises et aux tables de marbre. C'est d'après cet ordre jurisdictionnel, que quand des bénéficiers contribuables aux décimes, leurs fermiers, créanciers ou débiteurs, ont élevé des contestations vis-à-vis des dioceses ou des receveurs des décimes, le conseil de sa majesté a toujours renvoyé ces contestations aux bureaux diocésains et chambres supérieures ecclésiastiques, et annullé les procédures qui avoient été faites ailleurs. Le suppliant pourroit citer plusieurs arrêts qui prouvent que le souverain n'a jamais souffert qu'on donnât aucune atteinte à la jurisdiction de ces bureaux ou de ces chambres. Tels seroient les arrêts des 25 juin 1752, et 25 juin 1754, rendus en faveur du syndic du diocese de Sens; tel l'arrêt du propre mouvement, du 6 mai 1768, donné pour maintenir cette jurisdiction et toute l'administration des décimes dans l'état primitif; tels les arrêts des 11 mars 1776, 5 mai 1778, et 23 mars 1779, rendus, le premier, contre le sieur Guirbaldy, caution solidaire du sieur Coignac, ci-devant commis à la recette des décimes du diocese de Rodez; le second, contre le chapitre de l'église cathédrale de Rodez, et le troisieme, tant contre le même sieur Guirbaldy que contre le sieur Cassan, qui étoit pareillement caution solidaire du sieur Coignac: mais pour éviter les détails trop longs que demanderoit l'explication des circonstances dans lesquelles sont intervenus ces divers arrêts, qui se trouvent d'ailleurs sous les yeux du conseil, le suppliant se contentera de rapporter l'arrêt du 6 septembre 1768, qui a été rendu précisément dans l'espece actuelle, et pour la matiere et pour les parties. L'abbé commendataire de l'abbaye de Saint-Wast de Mareuil, au diocese d'Amiens, se trouvant reliquataire de plusieurs termes de décimes, fut poursuivi par le sieur Langlet, receveur des décimes de ce diocese. Le receveur se vit obligé de passer à la saisie des revenus de l'abbaye ; il obtint au bureau diocésain une sentence qui condamna l'un des fermiers à vuider ses mains dans les siennes, jusqu'à concurrence de ce qui pourroit être dû pour décimes par l'abbé de Mareuil. Les religieux de l'abbaye, qui étoient du nombre des opposants sur ces fermiers, prirent en la chancellerie du palais à Paris, le 22 juillet 1768, des lettres par lesquelles il leur étoit permis de faire assigner au parlement le receveur des décimes ; et, en conséquence de ces lettres, ils lui firent en effet donner assignation en cette cour. Le syndic du clergé du diocese se pourvut au conseil de sa majesté: il invoqua l'édit de 1599, et quelques uns des arrêts ci-dessus rappellés; et sur sa requête, le conseil, toujours attentif à maintenir la compétence des chambres des décimes, n'hésita point à rendre l'arrêt du 6 septembre 1768, par lequel sa majesté a évoqué et évoque à soi et à son conseil l'assignation à lui donnée au parlement à la requête des prieur et religieux de Saint-Wast, par exploit du 6 août 1768, décharge le sieur Langlet de ladite assignation, fait défenses auxdits prieur et religieux de faire, pour raison du fait dont il s'agissoit, aucunes poursuites ni procédures contre ledit sieur Langlet, en sa qualité de receveur des décimes, au parlement de Paris ni ailleurs, qu'au bureau diocésain d'Amiens, et, par appel, à la chambre supérieure ecclésiastique de Paris, à peine de nullité, de cassation de procédures, et de tous dépens, dommages et intérêts. Telle est donc la législation; telle est la jurisprudence du conseil. En partant de-là, on voit ce qu'il faut penser de l'assignation qui a été donnée au receveur des décimes du diocese d'Amiens, par le sieur Carteron, le 11 février dernier, aux requêtes du palais, et de la dénonciation faite de cette assignation le 9 du même mois à ce receveur, de la part du sieur Miannay. Il est sensible que cette assignation et cette dénonciation sont absolument nulles. On a vu ci-dessus que la demande portée par la requête que le sieur Langlet a présentée au bureau diocésain le 14 janvier dernier, a uniquement pour objet un recouvrement de deniers de décimes dues par le sieur de Ribeaucourt, en qualité de curé de la paroisse de Contres. Cette requête tend à ce qu'attendu le privilege de ces deniers, qui est le même que celui des deniers royaux, il soit ordonné que le receveur des décimes touchera, par préférence aux saisissants et opposants, ès mains des tiers saisis, les causes de sa saisie, tant en principal qu'intérêts et frais, accessoires et dépens. Ce privilege est constant; l'article 3 de l'édit du mois de janvier 1599 y est précis: « Tous fermiers, y est-il dit, tant généraux que particuliers, des « terres et revenus des ecclésiastiques, et ceux qui à quelque « titre ou prétexte que ce fût, prennent les fruits dépendants « des bénéfices, pourront être contraints, comme pour nos « propres deniers, au paiement des décimes ». Il ne s'agit point vis-à-vis des opposants, et en particulier vis-à-vis des sieurs Carteron et Miannay, de faire entre eux et le receveur des décimes un ordre ou une distribution sur les deniers et revenus saisis qui sont affectés spécialement et par privilege au paiement des décimes, et moins encore sur les autres revenus patrimoniaux, ou le mobilier du sieur de Ribeaucourt; il est seulement question de juger entre eux et le receveur le privilege et la préférence pour les décimes sur les revenus saisis du bénéfice même. Or, il est manifeste qu'à cet égard la chambre diocésaine a une attribution et une compétence exclusive, par l'article 3 et l'article 35 de l'édit du 28 janvier 1599. Il ne peut donc y avoir le moindre nuage sur la justice de la réclamation du suppliant. Requéroit, à css causes, le suppliant, qu'il plût à sa majesté lui donner acte de ce qu'il prend le fait et cause du sieur Langlet, receveur des décimes du diocese d'Amiens, sur l'assignation à lui donnée aux requêtes du palais à Paris, de la part du sieur Carteron, procureur au parlement, par exploit du 11 février 1784, ainsi que sur la dénonciation faite audit receveur le 9 dudit mois de février, de la part du sieur Miannay, de pareille assignation à lui donnée de la part dudit sieur Carteron, le 5 dudit mois de février; ce faisant, sans s'arrêter ni avoir égard aux assignation et dénonciation, qui seront cassées et annullées, ainsi que tout ce qui s'en est ensuivi ou pourroit s'ensuivre, ou icelles, en tant que de besoin, évoquant, et déchargeant d'icelles ledit sieur Langlet, ordonner que lesdits sieurs Carteron et Miannay, et tous autres, seront tenus de procéder, pour raison du fait dont il s'agit, au bureau diocésain d'Amiens, suivant les derniers errements, avec défenses de faire, pour raison du même fait, aucunes poursuites ni procédures contre ledit receveur des décimes, aux requêtes du palais à Paris, ni ailleurs qu'audit bureau diocésain, et par appel à la chambre supérieure ecclésiastique de Paris, à peine de nullité, cassation de procédures, et de tous dépens, dommages et intérêts; comme aussi ordonner que l'arrêt qui interviendra sera exécuté nonobstant opposition et tous autres empêchements quelconques, pour lesquels ne sera différé, et dont, si aucuns interviennent, il plaira à sa majesté se réserver, à elle et à son conseil, la connoissance, qui sera interdite à toutes ses cours et autres juges. Vu ladite requête signée Rigault, avocat du suppliant, ensemble les pieces suivantes: 1° La requête présentée le 14 janvier 1784 par le sieur Langlet, receveur des décimes du diocese d'Amiens, à la fin de laquelle requête est l'ordonnance dudit bureau diocésain du même jour 14 janvier dernier, et la signification faite d'icelle, le 21 du même mois, aux nommés Retourné et Reusse, tiers saisis. 2° La signification faite le 21 dudit mois de janvier, de la même ordonnance, au sieur Miannay, avec assignation au bureau. 3° Pareille signification faite, le 30 dudit mois de janvier, au sieur Carteron, procureur au parlement, avec pareille assignation. 4° Dénonciation faite le 9 février suivant, à la requête du sieur Miannay, au sieur Langlet, tant des lettres de *committimus*, obtenues par le sieur Carteron, le 31 janvier 1784, en la chancellerie du palais, que de l'assignation donnée de la part dudit sieur Carteron, le 11 du même mois de février, audit sieur Langlet, en conséquence desdites lettres de *committimus*. 5° Copie de l'arrêt du conseil du 6 septembre 1768, rendu sur la requête du syndic du diocese d'Amiens. Vu autre requête présentée au roi en son conseil, le 11 du mois de mars dernier, par laquelle il a demandé qu'il lui fût donné acte de ce qu'il prenoit le fait et cause du sieur Langlet, receveur des décimes de ce diocese, sur l'assignation à lui donnée aux requêtes du palais à Paris, de la part du sieur Carteron, procureur au parlement, par exploit du 11 février 1784, ainsi que sur la dénonciation faite audit receveur le 9 dudit mois de février, de la part du sieur Miannay, ancien curé de la paroisse de Contres, de semblable assignation à lui donnée de de la part dudit sieur Carteron le 5 dudit mois de février; et que sans s'arrêter ni avoir égard auxdites assignation et dénonciation, qui seroient cassées et annullées, ainsi que de tout ce qui s'en est ensuivi ou pourroit s'ensuivre, ou icelles, en tant que de besoin, évoquant, et déchargeant d'icelles ledit sieur Langlet, il fût ordonné que lesdits sieurs Carteron et Miannay, et tous autres, seroient tenus de procéder, pour raison du fait dont il s'agissoit, au bureau diocésain d'Amiens, suivant les derniers errements, avec défenses de faire, pour raison du même fait, aucunes poursuites et procédures contre ledit receveur des décimes, aux requêtes du palais à Paris, ni ailleurs qu'audit bureau diocésain, et, par appel, à la chambre ecclésiastique de Paris, à peine de nullité, cassation de procédure, et de tous dépens, dommages et intérêts. Tandis que le suppliant poursuivoit arrêt sur cette requête, le sieur Miannay, par suite de l'assignation à lui donnée aux requêtes du palais, de la part du sieur Carteron, a présenté en ce tribunal une requête, sur laquelle il a obtenu, le 26 mars dernier, une sentence qui a ordonné que, sur la demande par lui formée au bailliage d'Amiens, ensemble sur toutes les demandes relatives à la contribution des deniers saisis sur le sieur de Ribeaucourt, curé actuel de la paroisse de Contres, circonstances et dépendances, les parties procéderont auxdites requêtes du palais suivant les derniers errements, avec défenses aux officiers du bailliage d'en plus connoître, et aux parties de faire poursuites et procédures ailleurs qu'auxdites requêtes du palais, à peine de nullité, cassation de procédures, 500 liv. d'amende, et de tous dépens, dommages et intérêts. Cette sentence ayant été signifiée avec assignation, par exploit du 7 du présent mois d'avril, au sieur Langlet, receveur des décimes du diocese d'Amiens, celui-ci en a donné connoissance au suppliant. Toute cette procédure n'étant pas moins contraire aux édits qui constituent et forment l'attribution faite aux chambres des décimes, que la procédure du sieur Carteron, contre laquelle le suppliant s'est pourvu par sa requête du 11 mars dernier, et l'une n'étant même qu'une suite de l'autre, le suppliant croit devoir réclamer l'autorité des mêmes loix pour faire réprimer la même entreprise. Ce seroit un hors d'œuvre inutile de rappeller ici les dispositions de ces loix, qui font voir que les chambres des décimes sont établies pour connoître, entre toutes personnes, des deniers des décimes, de toutes les levées de ces deniers, du paiement desdites décimes, et de tous les différends qui en proviennent, circonstances et dépendances d'iceux, sans aucune chose excepter ni réserver; de sorte que s'agissant, dans ce qui fait l'objet de la sentence des requêtes du palais, du 26 mars dernier, et dans l'assignation donnée en conséquence par le sieur Miannay, du recouvrement des décimes dues par le sieur de Ribeaucourt, il n'y a que le bureau diocésain qui puisse prendre connoissance de cette matiere. Le suppliant ayant demandé par sa précédente requête la cassation, non seulement de l'assignation donnée par le sieur Carteron au receveur des décimes du diocese, mais encore de la dénonciation de celle que ce procureur a fait pareillement donner au sieur Miannay, ainsi que de tout ce qui pourroit s'ensuivre, il pourroit même se dispenser de former une nouvelle demande à l'occasion de la procédure faite par le sieur Miannay. Ce n'est donc que pour plus grande régularité qu'il présente cette requête, par laquelle il espere que le conseil reconnoîtra qu'il est besoin d'un remede aussi prompt qu'efficace, puisqu'aux termes de la sentence des requêtes du palais, et de l'assignation donnée en conséquence, le receveur des décimes n'a que jusqu'au 22 du présent mois d'avril. Requéroit, à ces causes, le suppliant, qu'il plût à sa majesté lui donner acte de ce que, sur la signification qui a été faite le 7 du présent mois d'avril 1784 au sieur Langlet, receveur des décimes du diocese d'Amiens, de la sentence des requêtes du palais à Paris, obtenue le 26 mars précédent, par le sieur Miannay, ancien curé de la paroisse de Contres, ensemble sur l'assignation donnée de la part dudit sieur Miannay, le même jour, audit sieur Langlet, il prend le fait et cause dudit Langlet en sadite qualité de receveur des décimes; ce faisant, sans s'arrêter ni avoir égard à ladite sentence ni à ladite assignation, qui seront cassées et annullées, ainsi que tout ce qui s'en est ensuivi ou pourroit s'ensuivre, ou évoquant, en tant que de besoin, ladite assignation, et déchargeant d'icelle ledit sieur Langlet, ordonner que ledit Miannay sera tenu de procéder, pour raison du fait dont il s'agit, au bureau diocésain d'Amiens, suivant les derniers erremens; lui faire défenses de faire, pour raison de ce fait, aucunes poursuites ni procédures contre ledit sieur Langlet, auxd. requêtes du palais ni ailleurs, qu'audit bureau diocésain, et, par appel, à ladite chambre supérieure ecclésiastique de Paris;

à peine de nullité, cassation de procédures, et de tous dépens, dommages et intérêts ; comme aussi ordonner que l'arrêt qui interviendra sera exécuté nonobstant oppositions et tous autres empêchements, pour lesquels ne sera différé, et dont, si aucuns interviennent, il plaira à sa majesté se réserver, à elle et à son conseil, la connoissance, qui sera interdite à toutes ses cours et autres juges. Vu ladite requête, signée Rigault, avocat du suppliant ; ensemble la sentence des requêtes du palais, du 26 mars 1784, signifiée audit sieur Langlet le 7 du présent mois d'avril, et l'assignation à lui donnée le même jour 7 avril, de la part du sieur Miannay. Vu aussi autre requête présentée au roi en son conseil, par le syndic du diocese d'Amiens, contenant que depuis sa précédente requête d'ampliation, par laquelle, en prenant le fait et cause du sieur Langlet, receveur des décimes de ce diocese, il s'est pourvu contre la sentence des requêtes du palais à Paris, obtenue le 26 dudit mois de mars dernier par le sieur Miannay, ainsi que contre l'assignation donnée en conséquence le même jour audit sieur Langlet, on ne cesse de faire les poursuites les plus vives. D'un côté le sieur de Ribeaucourt, curé de la paroisse de Contres, a présenté au parlement de Paris sa requête, tendante à ce qu'il soit reçu appellant, tant comme de nullité qu'autrement, de la sentence rendue contre lui au bailliage d'Amiens le 3 décembre 1783, et de tout ce qui a précédé et suivi, et à ce que, par provision, sans préjudice à ses droits, au principal, il lui soit fait main-levée provisoire des saisies-arrêts et oppositions faites par le sieur de Beaufort, et tous autres, ès mains des fermiers de sa cure, jusqu'à concurrence des deux tiers des revenus d'icelle, comme aussi à ce qu'il lui soit permis de faire assigner au même tribunal tous opposants et saisissants, tant sur lui que sur ses fermiers. Sur cette requête il a été rendu, le 31 janvier dernier, un arrêt qui reçoit le sieur de Ribeaucourt opposant, et, sur le provisoire, ordonne que les parties en viendront à l'audience du mardi 10 février. Cet arrêt n'a été signifié que le 4 du présent mois de mai au sieur Langlet, receveur des décimes, quoique le jour indiqué pour l'audience fût celui du 10 février dernier. D'un autre côté, sur les poursuites continuées par le sieur Miannay en conséquence de l'assignation du 26 mars, ledit sieur Miannay a fait rendre, le 22 avril dernier, aux requêtes du palais, une sentence par défaut vis-à-vis du sieur Langlet, receveur des décimes, de même que vis-à-vis d'autres défaillants, laquelle, pour le profit et par provision, sans préjudice des droits des parties, au principal, ordonne que sur les fruits et revenus de ladite cure de Contres, dont les fermiers se sont reconnus débiteurs, et qui sont échus jusqu'à ce jour, ledit sieur Miannay sera payé par privilege et préférence à tous, nonobstant toutes oppositions faites ou à faire de la part de qui que ce soit, de la somme de 1200 livres, pour les trois années échues le 15 du présent mois, de la pension de 400 livres qu'il s'est réservée sur ladite cure lors de la résignation qu'il en a faite au sieur de Ribeaucourt, l'un des défaillants; ensemble, de pareille somme de 400 livres pour chaque année, en deux termes, de six mois en six mois, à ce faire les fermiers débiteurs et tiers saisis contraints, etc., et condamne les défaillants aux dépens. Cette sentence vient d'être signifiée, le 7 du présent mois de mai, au receveur des décimes. Le conseil voit donc combien il est intéressant et urgent d'arrêter le cours des procédures qui grossit chaque jour. Le suppliant n'a pas besoin de rappeller ici les motifs de cassation qu'il a établis dans sa requête du 11 mars dernier, contre l'assignation donnée aux requêtes du palais à Paris, le 11 février 1784, de la part du sieur Carteron. Ces motifs, puisés dans les loix constitutives et conservatrices des chambres diocésaines, et notamment dans les dispositions de l'édit de 1599, s'élevent avec plus de force encore contre l'arrêt provisoire du 31 janvier dernier, et l'assignation donnée en conséquence le 4 du présent mois de mai, ainsi que contre la sentence du 22 avril dernier, signifiée le 7 du présent mois de mai. Il s'offre même dans cet arrêt un motif de plus pour déterminer la sagesse du conseil. Voilà la grand'chambre du parlement qui se saisit d'une branche, tandis que les autres branches sont aux requêtes du palais, et au bailliage d'Amiens. Il est temps que la justice suprême daigne faire cesser ces diversions si nuisibles à l'intérêt commun de toutes les parties. REQUÉROIT, A CES CAUSES, le suppliant, qu'il plût à sa majesté lui donner acte de ce que, sur la signification faite de l'arrêt du parlement de Paris, du 31 janvier dernier, rendu sur la requête du sieur de Ribeaucourt, curé de la paroisse de Contres, et sur l'assignation donnée le 4 du présent mois de mai au sieur Langlet, receveur des décimes du diocese d'Amiens, ainsi que sur la signification pareillement faite audit sieur Langlet le 7 dudit mois de mai, de la sentence des requêtes du palais à Paris, du 22 avril précédent, obtenue par le sieur Miannay, il prend le fait et cause dudit sieur Langlet, en sa qualité de receveur des décimes ; ce faisant, sans s'arrêter ni avoir égard audit arrêt du 31 janvier dernier, à ladite assignation du 4 du présent mois de mai, à la sentence des requêtes du palais du 22 avil, et à la signification d'icelle, du 7 mai, ainsi qu'à tout ce qui s'en est ensuivi ou pourroit s'ensuivre, et évoquant, en tant que de besoin, les demandes sur lesquelles ledit arrêt et ladite sentence sont intervenus, ordonner que le sieur de Ribeaucourt et le sieur Miannay seront tenus de procéder, pour raison des faits dont s'agit, au bureau diocésain d'Amiens, suivant les derniers errements; faire défenses aux sieurs de Ribeaucourt et Miannay de faire, pour raison desdits faits, aucunes poursuites ni procédures contre ledit sieur Langlet, en sa qualité de receveur des décimes, audit parlement, auxdites requêtes du palais, ni ailleurs, qu'audit bureau diocésain, et, par appel, à la chambre supérieure ecclésiastique de Paris, à peine de nullité, cassation de procédures, et de tous dépens, dommages et intérêts; comme aussi ordonner que l'arrêt qui interviendra sera exécuté nonobstant oppositions ou empêchements quelconques, pour lesquels ne sera différé, et dont, si aucuns interviennent, sa majesté se réservera la connoissance, à elle et à son conseil, et interdira icelle à toutes ses cours et juges. Vu ladite requête, signée Rigault, avocat du suppliant, ensemble les pieces suivantes; savoir, 1° la signification faite le 4 du présent mois de mai au sieur Langlet, receveur des décimes, de l'arrêt du parlement du 31 janvier précédent, avec l'assignation portée par le même exploit; et 2° la signification au même sieur Langlet, le 7 dudit mois de mai, de la sentence des requêtes du palais, du 22 avril précédent. Oui le rapport du sieur Moreau de Beaumont, conseiller d'état ordinaire et au conseil royal des finances. Le roi, en son conseil, ayant égard auxdites requêtes, a donné et donne acte au syndic du diocese d'Amiens de ce qu'il prend le fait et cause du sieur Langlet, receveur des décimes dudit diocese; ce faisant, sans s'arrêter ni avoir égard à l'assignation donnée audit sieur Langlet aux requêtes du palais à Paris, à la requête du sieur Carteron, procureur au parlement, le 11 février 1784, non plus qu'à la dénonciation de ladite assignation faite audit Langlet le 9 février suivant, à la requête du sieur Miannay, précédent curé de la paroisse de Contres; à la sentence des requêtes du palais, obtenue le 26 mars dernier, par ledit sieur Miannay; à l'assignation donnée en conséquence le 7 avril suivant audit receveur, et à la signification à lui pareillement faite, le 7 mai dernier, de la sentence des requêtes du palais, obtenue le 22 avril précédent par ledit sieur Miannay; et enfin, à l'arrêt du parlement de Paris, rendu sur la requête du sieur de Ribeaucourt, curé actuel de ladite paroisse de Contres, le 31 janvier précédent, et à l'assignation donnée en conséquence le 4 mai dernier audit sieur Langlet, sa majesté a évoqué et évoque à elle et à son conseil les instances pendantes aux requêtes du palais à Paris, entre le sieur Carteron, procureur au parlement, le sieur Miannay, précédent curé de la paroisse de Contres; le sieur de Ribeaucourt, curé actuel de la même paroisse; et ledit sieur Langlet, receveur des décimes du diocese d'Amiens. Fait défenses sa majesté auxdits sieurs Carteron, Miannay, Ribeaucourt, et à tous autres, de faire, pour le fait dont il s'agit, contre ledit sieur Langlet, en sadite qualité de receveur des décimes du diocese d'Amiens, aucunes poursuites et procédures aux requêtes du palais à Paris ni ailleurs, qu'au bureau diocésain d'Amiens, en premiere instance, et, par appel, en la chambre supérieure ecclésiastique de Paris, à peine de nullité, cassation de procédures, et de toutes pertes, dépens, dommages et intérêts; et sera le présent arrêt exécuté, nonobstant toutes oppositions et tous autres empêchements généralement quelconques, pour lesquels ne sera différé, et dont, si aucuns interviennent, sa majesté se réserve, à elle et à son conseil, la connoissance, qu'elle interdit à toutes ses cours et autres juges. FAIT au conseil d'état du roi tenu à Versailles le 10 août 1784. Collationné, *signé* BERGERET.

COPIE de la lettre écrite par M. de Trimond, intendant de Montauban, à MM. les agents généraux du clergé de France.

A Montauban, le premier août 1784.

MESSIEURS,

J'AI reçu la lettre que vous m'avez fait l'honneur de m'écrire, le 21 du mois dernier, au sujet du sieur la Peyriere fils, qui avoit été nommé premier consul de la ville de Cahors, et qui a réclamé pour être dispensé d'en remplir les fonctions, attendu qu'il en a le privilege en sa qualité de receveur des décimes du diocese de Cahors. Ce particulier m'a adressé le mois dernier ses représentations; je les ai mises sous les yeux du ministre, et sur le compte qui en a été rendu, sa majesté a bien voulu dispenser le sieur la Peyriere des fonctions de la charge de premier consul, et y a nommé en même temps, à son lieu et place, le sieur Duc, président de l'élection de Cahors.

Je suis avec respect,

MESSIEURS,

votre très humble et très obéissant serviteur.
DE TRIMOND.

ARRÊT
DU CONSEIL D'ÉTAT
DU ROI,

Portant défenses aux curés du diocese de Nancy de s'assembler sans permission expresse de sa majesté, et évocation de diverses demandes formées au bailliage et au parlement de Nancy.

Du vingt-trois avril mil sept cent quatre-vingt-un.

Extrait des registres du conseil d'état.

LE ROI, s'étant fait représenter les lettres-patentes du mois de janvier 1778, confirmatives de la bulle d'érection de l'évêché et diocese de Nancy, duement enregistrées, et l'arrêt rendu en son conseil le 7 septembre suivant, portant création d'une chambre ecclésiastique et bureau diocésain pour le même évêché et diocese de Nancy, et sa majesté étant informée que, sous le prétexte qu'avant l'érection dudit évêché, il existoit dans le diocese de Toul, dont une portion du territoire a été distraite et démembrée pour former celui du susdit évêché et diocese de Nancy, des places de doyens ruraux, quelques curés du diocese de Nancy ont prétendu que ces places avoient continué d'être telles qu'elles étoient auparavant dans celui de Toul; que ce sont même des offices à vie, et dont les pourvus ou possesseurs ne peuvent être révoqués ou destitués que dans les cas de droit; qu'un certain nombre desdits curés, dont plusieurs néanmoins se sont ensuite sagement rétractés, ont donné pouvoir à quelques uns d'entre eux de faire les démarches et poursuites judiciaires tendantes à la maintenue des prétendus offices de doyens ruraux dans le diocese de Nancy; et que l'un de ces curés, se disant doyen de Port dans ledit diocese, après avoir assigné au bailliage de Nancy un de ses confreres qui lui avoit refusé ladite qualité, et avoir tenté d'engager le sieur évêque de Nancy dans cette premiere contestation, s'est rendu opposant à fin de nullité des différents actes de jurisdiction émanés dudit sieur évêque, en ce que par lesdits actes il a paru supposer l'inexistence des doyens et doyennés susdits, et son diocese divisé par cantons ou districts, et qu'il a fait assigner en conséquence ledit sieur évêque de Nancy au parlement de Nancy. Sa majesté, considérant que, par le démembrement du diocese de Toul, fait pour former celui de Nancy, et par la distraction faite aussi pour former ou compléter celui de Saint-Diez, les doyennés anciens dudit diocese de Toul ont été divisés et séparés à perpétuité dudit diocese; de maniere qu'une portion desdits anciens doyennés est dans un de ces trois dioceses, et d'autres portions dans chacun des deux autres; que d'ailleurs dans l'état antérieur à l'érection desdits évêchés de Saint-Diez et de Nancy, chacun des six archidiacres de Toul avoit sous son inspection un certain nombre des susdits doyennés anciens, des curés de leur arrondissement ou cantons et des doyens; et que, par ladite érection d'évêchés, trois desdits archidiacres ont perdu la totalité ou la majeure partie du territoire ou district de leur archidiaconé, un d'eux une portion, et que l'archidiacre de Port est du nombre de ceux desdits archidiacres qui ont éprouvé ce retranchement; qu'ayant été pourvu à l'indemnité desdits archidiaconés, le sieur évêque de Toul a été autorisé à faire dans son diocese actuel une répartition nouvelle de son territoire en districts et arrondissements relatifs à chacun des six archidiaconés susdits, dont les pourvus sont dignitaires dans sa cathédrale; qu'il est d'autant plus nécessaire que dans le diocese de Nancy, ainsi que dans celui de Saint-Diez, il soit fait aussi une nouvelle répartition du territoire diocésain, par arrondissements ou districts, qu'il n'y a point d'archidiacres dans ledit diocese de Nancy, et que les deux archidiaconés que la bulle d'érection et les lettres-patentes confirmatives d'icelle autorisent à y établir, ne peuvent l'être que lorsqu'on aura pu pourvoir à leur dotation; que dans cette position, et ainsi que l'indique l'article 5 susdit

dit de l'arrêt du conseil du 7 septembre 1778, le sieur évêque de Nancy n'a pu prendre que les précautions provisoires qu'il a prises, et pour l'administration actuelle de son diocese, et sa distribution en cantons ou districts particuliers. Sa majesté considérant aussi que les curés dudit diocese de Nancy, non plus que ceux du diocese de Saint-Diez, n'ont élevé, lors de la fulmination et publication des bulles d'érection desdits évêchés et dioceses, aucune prétention relative aux anciens doyennés en eux-mêmes, et encore moins comme étant des offices à vie, et que, s'ils en eussent élevé, c'eût été au commissaire apostolique, nommé par la bulle d'érection, à y statuer conformément au pouvoir qui lui en est attribué par la derniere bulle, dont l'exécution est à cet égard si spécialement autorisée par les lettres du mois de janvier 1778; que lesdites lettres-patentes, en rappellant le pouvoir donné audit commissaire de prononcer *définitivement* sur tous les points de contestation qui pourroient s'élever à l'occasion de l'érection dudit évêché, circonstances et dépendances, réservent de confirmer, s'il y a lieu, les décrets qui pourroient être rendus en conséquence par ce commissaire; que s'il étoit question de juger si les anciens doyennés existent ou non dans ledit diocese de Nancy, ce seroit au moins le cas de prendre l'avis dudit commissaire apostolique, ou d'y faire statuer par ce commissaire et ceux que sa majesté jugeroit à propos de nommer; enfin que c'est un point de droit public dans le royaume, que dans chaque diocese les curés ne font point corps; qu'ils ne peuvent, sans y être spécialement autorisés par sa majesté, ni s'assembler, ni se syndiquer et agir en nom collectif par l'entremise de députés ou fondés de pouvoir; et qu'autant de fois qu'ils l'ont entrepris, leurs assemblées ont été déclarées illicites, et les actes qu'ils avoient faits, annullés, soit par sa majesté en son conseil, soit par les arrêts de ses cours de parlement. A quoi sa majesté voulant pourvoir, vu les lettres-patentes et l'arrêt d'enregistrement d'icelles; ensemble copie de la procuration du 17 mai 1779; l'acte de l'évocation des pouvoirs, signifié au sieur Grandjean, curé d'Amance, le 10 mars 1781; l'exploit d'assignation au bailliage de Nancy, du 15 des mêmes mois et an, avec copie de pieces, donné à la requête dudit sieur Grandjean au sieur évêque de Nancy; l'exploit d'intimation sur opposition à fin de nullité, signifié le 9 du présent mois d'avril à la requête aussi du sieur Grandjean: Ouï le rapport, et tout considéré : LE ROI, ÉTANT EN

SON CONSEIL, a fait et fait expresses inhibitions et défenses aux curés du diocese de Nancy de s'assembler, de former aucune association, de signer aucune procuration, et de s'imposer aucune contribution de deniers sous prétexte de contestation à entreprendre ou à soutenir en commun, sans y être autorisés par permission expresse de sa majesté; en conséquence a déclaré nulles et de nul effet toutes délibérations et procurations qui auroient pu être prises par le passé, ou qui pourront l'être dans la suite. Ce faisant, sa majesté a évoqué à elle et à son conseil les demandes formées tant au bailliage de Nancy qu'à son parlement de Nancy, par le sieur Grandjean, curé d'Amance, se disant doyen de Port, contre le sieur Ragot, curé de Saint-Roch, à Nancy, et contre le sieur évêque de Nancy, comme aussi l'opposition à fin de nullité, sur laquelle le sieur évêque de Nancy a été intimé; a ordonné et ordonne que les parties procéderont sur lesdites demandes et oppositions à fin de nullité en son conseil, à l'effet d'y être statué par sa majesté, ou renvoyé au commissaire apostolique, ainsi qu'il appartiendra; desquelles demandes et oppositions à fin de nullité sa majesté se réserve et à son conseil la connoissance, et icelle interdit à toutes ses cours et autres juges; ordonne sa majesté que le présent arrêt sera signifié, de son ordre et exprès commandement, audit sieur Grandjean, à ce qu'il ait à s'y confirmer, à peine de désobéissance. Ordonne au surplus sa majesté que l'arrêt rendu en son conseil le 7 septembre 1778, sera exécuté suivant sa forme et teneur; et que les arrondissements et districts ou cantons marqués par le sieur évêque de Nancy, conformément à l'article 5 dudit arrêt, et qu'il a fixés ou pourroit fixer provisoirement pour les autres parties d'administration ou jurisdiction dans son diocese, subsisteront jusqu'à ce qu'il en soit autrement ordonné par qui de droit, et ce nonobstant oppositions, demandes, appels et empêchements quelconques, pour lesquels ne sera différé, et dont, si aucuns interviennent, sa majesté s'est réservé et à son conseil la connoissance, icelle interdisant à toutes ses cours et autres juges. FAIT au conseil d'état du roi, sa majesté y étant, tenu à Versailles le vingt-trois avril mil sept cent quatre-vingt-un, *signé* SÉGUR.

LOUIS, par la grace de Dieu, roi de France et de Navarre, à notre huissier ou sergent premier requis, nous te mandons et commandons, par ces présentes signées de notre main, que l'arrêt ci-attaché sous le contre-scel de notre chancellerie, cejourd'hui rendu en notre conseil d'état, nous y étant, tu signifies, de notre ordre et exprès commandement, au sieur Grandjean, curé d'Amance, et à tous autres qu'il appartiendra, à ce qu'ils n'en prétendent cause d'ignorance; et fasses au surplus, pour l'exécution dudit arrêt, tous exploits, significations et autres actes requis et nécessaires, sans pour ce demander autre congé ni permission. CAR TEL EST NOTRE PLAISIR. DONNÉ à Versailles le vingt-troisieme jour d'avril, l'an de grace mil sept cent quatre-vingt-un, et de notre regne le septieme. *Signé* LOUIS. Et plus bas: Par le roi, *signé* SÉGUR. Et scellé.

EXTRAIT de la lettre écrite par M. le garde des sceaux à M. l'abbé de Périgord.

A Paris, le 21 septembre 1781.

J'AI reçu, monsieur, avec votre lettre du 16 de ce mois, la délibération prise en l'assemblée des curés du diocese d'Aire, le 16 janvier dernier, pour la nomination d'un syndic général, et copie de deux lettres, l'une de M. l'évêque d'Aire aux archiprêtres de son diocese, l'autre du promoteur à M. le coadjuteur d'Aire. . . . .

. . . .

Je prends le parti d'écrire à M. l'intendant d'Auch de faire dire au sieur Curnans, curé de Garsin, et au sieur de Nozeilles, archiprêtre de Marsan, que le roi leur défend de se qualifier syndic général des curés du diocese d'Aire, ni aide du syndic, et d'en faire aucunes fonctions.

Par rapport à la déclaration concernant les assemblées des curés, je compte qu'elle sera présentée, après la Saint-Martin, au parlement de Paris.

On ne peut rien ajouter aux sentiments avec lesquels je vous suis, monsieur, bien véritablement attaché.

Signé MIROMESNIL.

DÉCLARATION
DU ROI,

Qui renouvelle les défenses aux curés du royaume de s'assembler sans permission.

Donnée à Versailles le neuf mars mil sept cent quatre-vingt-deux.

Registrée en parlement le douze mars mil sept cent quatre-vingt-deux.

Rapport p 307

LOUIS, par la grace de Dieu, roi de France et de Navarre, à tous ceux qui ces présentes lettres verront, SALUT. Nous avons été informés que les curés à portion congrue des dioceses de Provence et du Dauphiné se sont assemblés, qu'ils ont pris dans leurs assemblées des délibérations communes, qu'ils ont nommé des syndics et des députés pour en suivre l'exécution, et qu'ils se sont cru permis d'établir une espece de contribution pour subvenir aux frais qui pourroient être faits par leurs députés, que même ceux du diocese de Vienne ont fait imprimer des mémoires remplis d'expressions contraires au respect qu'ils doivent aux évêques leurs supérieurs, desquels mémoires nous avons ordonné la suppression. C'est en cet état qu'après nous être fait représenter en notre conseil les ordonnances et réglements par lesquels il est défendu à tous ceux qui ne forment point corps ou communauté de s'assembler, sans en avoir obtenu notre permission, nous avons pensé qu'il seroit de notre sagesse de prévenir de semblables abus, en renouvellant les dispositions des ordonnances et réglements anciennement donnés à ce sujet. A CES CAUSES et autres à ce nous mouvant, de l'avis de notre conseil et de notre certaine science, pleine puissance et autorité royale, nous avons dit, déclaré et ordonné, et, par ces présentes signées de notre main, disons, déclarons et ordonnons, voulons et nous plaît que les anciennes ordonnances et réglements soient exécutés; en conséquence faisons défenses aux curés des villes, bourgs et villages de notre royaume, pays, terres et seigneuries de notre obéissance, de former entre eux aucune assemblée, de prendre des délibérations communes, de nommer des syndics et députés pour suivre l'effet desdites délibérations, et de convenir d'aucune contribution, même volontaire, pour subvenir aux frais desdits syndics, députés, ou autres représentants (le tout sous les peines portées par lesdites ordonnances), sans avoir obtenu de nous une autorisation expresse; sans préjudice toutefois des assemblées synodales et autres assemblées ordinaires duement établies et autorisées par les réglements, statuts et usages de leurs dioceses respectifs, lesquelles continueront d'avoir lieu, comme par le passé, sous l'autorité et inspection des ordinaires des lieux. SI DONNONS EN MANDEMENT à nos amés et féaux conseillers les gens tenant notre cour du parlement à Paris, que ces présentes ils aient à enregistrer, et le contenu en icelles garder, observer et faire exécuter selon sa forme et teneur : CAR TEL EST NOTRE PLAISIR: en témoin de quoi nous avons fait mettre notre scel à cesdites présentes. DONNÉ à Versailles le neuvieme jour de mars, l'an de grace mil sept cent quatre-vingt-deux, et de notre regne le huitieme. *Signé* LOUIS. Et plus bas: Par le roi, *signé* AMELOT. Et scellée du grand sceau de cire jaune.

Registrée, ouï et ce requérant le procureur général du roi, pour être exécutée selon sa forme et teneur; et copies collationnées de ladite déclaration envoyées aux bailliages et sénéchaussées du ressort, pour y être lue, publiée et registrée : enjoint aux substituts du procureur général du roi, esdits sieges, d'y tenir la main, et d'en certifier la cour dans le mois, suivant l'arrêt de ce jour. A Paris, en parlement, les grand'chambre et Tournelle assemblées, le douze mars mil sept cent quatre-vingt-deux.

Signé DUFRANC.

Enregistrée au parlement de Rennes le 21 *août* 1782.

LETTRE circulaire de MM. les agents généraux du clergé à messeigneurs les archevêques et évêques, pour établir, conformément aux vues de l'assemblée de Melun, une correspondance périodique et réguliere entre MM. les syndics des dioceses et les agents généraux du clergé.

A Paris, ce 26 octobre 1783.

MONSEIGNEUR,

Depuis que nous avons l'honneur d'être chargés des affaires du clergé, nous n'avons eu que trop d'occasions d'observer que les ecclésiastiques succombent souvent dans les procès qu'ils sont obligés d'intenter ou de soutenir. Ces pertes fréquentes seroient à nos yeux la juste punition de la témérité s'ils ne réclamoient devant les tribunaux que des prétentions outrées ou des droits équivoques; mais de simples défauts de forme suffisent quelquefois pour faire échouer ceux mêmes qui, avec des intentions pures, défendent des droits légitimes. Ces plaideurs malheureux, frappés de la force des raisons qui leur promettoient la victoire, s'étonnent de leur défaite; et ne pouvant pas l'attribuer à des vices de procédure qu'ils ignorent, leurs plaintes sont d'autant plus vives, qu'elles leur sont inspirées par la justice de leur cause. Cette idée affligeante par elle-même, le devient encore plus par les conséquences que l'on voudroit en tirer. Ceux à qui un zele trop ardent ou une haine inconsidérée tiennent les yeux ouverts sur les succès ou les désavantages du clergé, ne voient pas avec indifférence ces condamnations réitérées: ils pensent, ou du moins ils disent que la multitude de ces jugements défavorables est sans doute liée à quelque cause supérieure, et qu'elle pourra avoir un jour des suites plus funestes encore pour le clergé. Il est important, MONSEIGNEUR, d'écarter ces préventions fâcheuses: elles décourageroient la bonne foi; elles répandroient des craintes dont la droiture deviendroit la victime, et par cela même elles opéreroient réellement tout le mal dont elles paroissent seulement nous menacer.

Nous sommes bien loin de croire à ces sinistres présages: quand ils ne seroient pas souverainement déraisonnables en eux-mêmes, le motif qui les dicte suffiroit pour les décréditer. Les passions ne surent jamais choisir le véritable point de vue d'où l'on doit considérer les objets pour en juger sainement. Et quelle pourroit être cette cause ennemie et puissante occupée à nous nuire? Le cœur généreux du roi, sa religion sincere, nous promettent ses bontés; son caractere et ses vertus nous sont garants de sa justice; sa sagesse éclairée, les soins qu'il doit au maintien de son autorité, c'est-à-dire au maintien de l'ordre, de la tranquillité et de la félicité de ses sujets, nous répondent de sa protection: les lumieres et l'intégrité des magistrats sont connues et révérées dans la nation; et l'église gallicane, qui se plaît à les voir soutenir ses libertés, faire observer ses canons et sa discipline, les croira toujours disposés à réprimer avec fermeté les entreprises que pourroient hasarder contre nous la cupidité ou l'irréligion: enfin la loi, dont l'impartialité fait la force, la loi veille à la conservation de nos biens. Sans doute, aux yeux de la loi, nos possessions, pour appartenir au premier corps du royaume, pour être destinées par la piété à l'entretien des ministres des autels; par la charité, au soulagement des pauvres; par l'humanité et la reconnoissance, au rétablissement des familles; par le patriotisme, aux besoins pressants de l'état, n'en sont pas moins respectables que celles des individus: sans doute, dans la lettre et dans l'esprit de la loi, il est inviolable à notre égard, comme à l'égard de chaque citoyen, ce droit sacré de propriété, qui est tellement la base et la fin de toute société, que l'infraction de l'un entraîneroit nécessairement la ruine de l'autre. Si nous succombons malgré tant de soutiens, avec tant de secours qui nous sont offerts de toutes parts, il est à croire que nos défaites viennent de notre propre foiblesse, ou de quelque vice passager survenu à notre administration. Notre amour pour l'honneur et la gloire du clergé, notre zele pour ses intérêts, ont long-temps repoussé cette conséquence mortifiante: mais le même sentiment qui la rejettoit d'abord, nous y a ramenés, parceque le mal est plus facile à guérir, lorsque l'on en connoît la cause, et parceque la facilité de la guérison est plus grande encore, lorsque la cause du mal n'est que dans nous-mêmes.

En suivant la marche de vos affaires, nous avons cru appercevoir, dans la maniere dont elles sont commencées ou poursuivies, des défauts capables de rendre souvent inutiles les efforts des particuliers, l'activité de vos agents, et le crédit même de vos assemblées.

Tous les titulaires des bénéfices ne sont qu'usufruitiers:

par les loix du royaume il nous est défendu d'acquérir; par les interprétations forcées, les extensions illimitées qu'on cherche quelquefois à donner à ces loix, il ne nous est presque plus possible d'améliorer: notre jeunesse est consacrée à des études abstraites, longues et pénibles; dans l'âge mûr, les détails multipliés du gouvernement des dioceses, de la conduite des paroisses, absorbent tous nos moments, épuisent toute notre vigilance; le désintéressement est une des vertus qui nous est le plus recommandée; les héritiers de nos biens nous sont inconnus, et les spéculations économiques doivent nous être étrangeres. Dans cette classe de citoyens, quoiqu'on puisse compter quelques uns de ces génies heureux qui savent réunir tous les talents et franchir tous les obstacles, il doit être rare de rencontrer des personnes qui aient acquis, pour le maniement des affaires temporelles, l'intelligence, la sagacité, et tous ces autres talents utiles ou dangereux, que les besoins de la subsistance ou du superflu doivent exciter, entretenir et perfectionner dans les autres classes de la société: delà il est aisé de voir que, dans les divers combats que nous avons à soutenir, tout le désavantage doit être de notre côté, et ce désavantage doit porter plus souvent encore sur la partie la plus intéressante du clergé; sur ceux qui se consacrent uniquement aux pénibles fonctions de notre état, et dont la piété n'ayant jamais osé soupçonner l'injustice, n'a pu prévoir la nécessité de préparer des armes pour la combattre.

Par le concours de toutes ces circonstances, il doit arriver, et il arrive en effet chaque jour, que parmi les bénéficiers, plusieurs dénaturent une bonne cause par le mauvais choix des moyens; d'autres étouffent des moyens décisifs sous la mal-adresse et l'irrégularité de la procédure; quelques uns négligent de réclamer ou de défendre leurs droits, parcequ'ils les ignorent; d'autres les abandonnent par indifférence, par pusillanimité, par la crainte de lutter contre une partie puissante, souvent même par une piété peu éclairée, ou par une générosité mal entendue: quelquefois aussi, par un sentiment contraire que rien ne peut justifier, il en est qui balancent l'objet contesté et les frais d'un procès, avec les fruits de la victoire; et parcequ'ils ne trouvent pas dans ceux-ci des compensations suffisantes, ils ne veulent pas risquer un capital dont la privation les gêneroit, pour se conserver un modique revenu, dont la perte sera pour eux très légere: comme si un bénéficier pouvoit abandonner les plus

plus petits intérêts de son bénéfice, sans trahir sa conscience et son devoir; comme si le dépositaire négligent n'étoit pas un dépositaire infidele, et que les pertes des particuliers pussent être légeres lorsqu'elles préparent l'affoiblissement du corps entier.

Si nous voyons des bénéficiers perdre leurs droits, parcequ'ils ne savent ou ne veulent pas les défendre, il en est qui ne sont pas moins dangereux, parcequ'ils érigent en droits des prérogatives peu importantes et des prétentions illégitimes. A Dieu ne plaise que nous soupçonnions aucun ecclésiastique de projetter des injustices et de tenter des usurpations! mais l'amour propre, l'intérêt personnel, le zele même, lorsqu'il n'est pas écouté dans le silence des passions, peuvent nous écarter de la vérité et de la justice. Dans ces dispositions fâcheuses, un bénéficier peut former des demandes mal fondées, et il n'est pas étonnant qu'elles soient rejettées avec sévérité. Quand ces condamnations méritées n'auroient d'autre effet que de punir ceux qui les provoquent, nous aurions encore à gémir du mal qu'ils s'attirent par leur imprudence. Mais n'est-il pas à craindre que ces jugements ne se bornent pas à réprouver l'indiscrétion et la témérité des particuliers? Ne peuvent-ils pas faire naître, dans quelques tribunaux, l'occasion d'établir une jurisprudence inquiétante pour le corps entier du clergé? Nous seroit-il facile alors de réclamer contre les atteintes que l'on nous porteroit? et pourrions-nous espérer de réclamer avec succès dans le moment où la défaveur de la cause perdue, en frappant plus vivement les juges, doit jetter sur nos représentations des nuages qui en dérobent toute l'équité?

Ces négligences, ces erreurs, ces fautes, qui font échouer les particuliers, si nous en étions informés à propos, peut-être que, dirigés par les conseils, appuyés par le crédit de ceux de nosseigneurs qui seroient retenus à Paris, nous pourrions, ou les prévenir, ou les réparer; peut-être du moins pourrions-nous en arrêter les suites: mais le plus souvent l'exercice de notre ministere devient impossible ou inutile, parceque les instructions qu'on nous donne sont inexactes, incomplettes, ou nous parviennent trop tard; et c'est là un autre défaut essentiel dans la poursuite des affaires du clergé, le peu de concert des provinces avec vos agents.

Il n'est que trop vrai, MONSEIGNEUR, que souvent dans les procès que soutiennent les bénéficiers, ils nous écrivent, non pas lorsque leurs affaires commencent, mais lorsque leurs affaires s'embarrassent : indignés de l'injustice de leurs adversaires, pénétrés de la bonté de leur propre cause, ils se persuadent d'abord pouvoir seuls la défendre; ils n'ont, s'imaginent-ils, qu'à proposer leurs raisons, qu'à montrer la vérité, ils la feront triompher par sa seule évidence : mais bientôt on les égare dans les détours de la chicane, on les éblouit par les sophismes, on les intimide par le crédit, on les fatigue par les délais, on les déplace par des appels, on les excede par la dépense : alors l'inquiétude, le dégoût, s'emparent d'eux; alors ils s'empressent de recourir à vos agents: mais déja de fausses démarches ont détérioré leurs affaires; déja peut-être un arrêt fatal a rendu le mal irrémédiable; et quand même la ressource qu'ils embrassent pourroit encore les sauver, ils l'affoiblissent par l'insuffisance et l'inexactitude des instructions qu'ils nous envoient. Dans le compte qu'ils nous rendent, ils omettent souvent des circonstances essentielles; presque jamais nous ne recevons une copie des titres qui donnent lieu à la contestation; presque jamais on ne nous communique les pieces de la premiere procédure qui a été commencée sur les lieux; on oublie des observations plus importantes encore. La perte d'un procès est souvent peu de chose par elle-même et par son objet; mais elle peut être fatale à tout l'ordre ecclésiastique, si les motifs qui ont dicté le jugement paroissent s'écarter des maximes anciennes, si la condamnation a été précédée de plusieurs autres jugements rendus dans la même espece et dans les mêmes principes, si l'uniformité de ces arrêts tend à rendre incertaine dans un diocese, dans tout un ressort, la jurisprudence qui jusqu'à présent nous avoit rassurés et protégés. Il est donc de la plus grande importance de connoître ces détails; et presque jamais ces détails ne nous sont assez développés. En vain cherchons-nous à y suppléer par notre attention à rapprocher les différentes affaires du même diocese ou de la même province; nous pouvons seulement comparer celles qui sont sous nos yeux; et quelques unes ayant été déterminées loin de nous sans que nous en ayons été avertis, d'autres ayant été portées ici sans que nous l'ayons su, plusieurs fils de la trame nous manquent, et le systême d'innovation nous échappe. Pour obtenir tous les éclaircissements nécessaires, nous sommes obligés d'écrire des lettres particulieres : mais, dans l'intervalle de ces lettres et des réponses, nous perdons un temps précieux; l'instant décisif s'écoule, et nous ne pouvons plus donner à nos démarches la direction que nous leur aurions imprimée, si nous avions connu plutôt la véritable situation des choses.

En vous exposant, MONSEIGNEUR, les obstacles qui nous privent de l'avantage dont nous serions le plus flattés, du plaisir d'aider efficacement les bénéficiers qui veulent bien nous adresser leurs plaintes, nous vous rappellerons ce que la plupart de nosseigneurs ont pu remarquer dans les assemblées du clergé; c'est que les mêmes fautes qui arrêtent notre activité rendent quelquefois inutile le crédit des assemblées elles-mêmes. Nous avons déja eu l'honneur d'assister aux séances de trois assemblées consécutives, et nous avons observé que les bureaux se sont plaints constamment de ce que, par l'insuffisance des instructions et des éclaircissements, la plupart des affaires qui leur étoient envoyées n'étoient pas en état d'être travaillées ou achevées avec succès.

D'après les réflexions que nous venons d'avoir l'honneur de vous proposer, sans doute, MONSEIGNEUR, vous serez persuadé que, pour expliquer les pertes fréquentes dont nous sommes témoins chaque jour, il n'est pas nécessaire d'avoir recours à des causes étrangeres, et que ces revers fâcheux sont une suite naturelle des fautes que les bénéficiers commettent dans la poursuite des affaires.

Nous avons cru, MONSEIGNEUR, devoir vous développer ces fautes avec quelque étendue, parceque c'est avoir déja fait un grand pas vers la réforme, que de s'appliquer à bien connoître les abus. Cependant en fixant votre attention sur nos maux, nous aurions craint de ne faire qu'augmenter votre douleur et la nôtre, si nous n'avions en même temps conçu l'espoir d'y apporter des remedes efficaces: animés et soutenus par le besoin de vous être utiles, nous avons mis toute notre application à les trouver; nous avons médité vos réglements, approfondi vos délibérations, et, comme nous l'avions prévu, nos recherches n'ont pas été infructueuses. Cette source féconde nous a fourni la plupart de nos idées sur cet important objet, et dès lors nous n'avons pas balancé à les soumettre à vos lumieres. En vous proposant notre projet, nous rendons au clergé un bien qui lui appartient; et quand ces raisons n'autoriseroient pas notre confiance, nous osons espérer qu'elles seroient justifiées du moins par la pureté de nos intentions.

Si l'on ne peut douter, MONSEIGNEUR, que les maux

dont nous cherchons avec vous le remede, ne tiennent souvent à la maniere dont les bénéficiers engagent ou suivent leurs procès, à l'impossibilité où ils se mettent d'être secourus par vos agents et vos assemblées, il nous semble que tout sera réparé dès que l'on pourra prévenir les fautes des particuliers, que l'on aura écarté de la carriere de vos agents les obstacles qui gênent leur marche, et que vos assemblées auront la facilité de déployer toute l'autorité que doivent leur donner leur zele et leurs lumieres.

Cette révolution si desirable, MONSEIGNEUR, peut s'opérer par un moyen que le clergé tient dans ses mains, par un établissement qui déja subsiste dans tous les dioceses; il ne s'agit que de le perfectionner, ou plutôt il ne faut que le diriger par des réglements faciles vers le but pour lequel il a été sagement institué: vos syndics, MONSEIGNEUR, vos chambres diocésaines peuvent rendre ce service signalé, et mériter de tous les membres du clergé une reconnoissance éternelle. Les syndics des dioceses, comme nous l'apprennent les délibérations de plusieurs de vos assemblées, ont été établis pour solliciter et pour suivre les affaires qui intéressent les dioceses dans tous les tribunaux où elles sont portées. Par l'art. 50 de l'édit d'avril 1695, *les syndics sont chargés de poursuivre, comme parties principales et intervenantes, les affaires qui regardent la religion, le service divin, l'honneur et la dignité des personnes ecclésiastiques des dioceses qui les ont nommés.* Ce que nous demandons aujourd'hui à MM. les syndics, ce que nous espérons de leur zele, ce que nous attendons de leurs talents, c'est qu'ils veuillent remplir ces intéressantes fonctions dans toute leur étendue.

Pour cela, MONSEIGNEUR, nous souhaiterions que chaque syndic pût prendre connoissance, dans le principe, des affaires qui surviennent aux bénéficiers de son diocese, soit qu'on intente des poursuites contre eux, soit qu'ils forment eux-mêmes de nouvelles demandes: d'après cette instruction, les syndics emploieroient leurs lumieres, leur sagacité, le conseil des personnes éclairées, pour examiner la nature, la cause et le prétexte des contestations; ils sépareroient les affaires importantes d'avec celles qui ne le sont pas; les affaires dont l'objet est léger, dont les suites sont indifférentes, d'avec celles qui sont ou peuvent devenir considérables par les préjugés ou l'opiniâtreté des parties, par leur rapport plus ou moins direct avec l'intérêt général du diocese, de la province ou du clergé; ils distingueroient les demandes et les prétentions injustes, mal fondées, et que l'on doit abandonner entièrement; celles qui sont hasardées ou frivoles; celles qui sont intéressantes et légitimes, et, parmi ces dernieres, celles qu'il est nécessaire de suivre avec célérité, et celles qu'il seroit prudent, à raison des lieux, des personnes ou d'autres circonstances, de renvoyer à des temps plus favorables; ils adresseroient leurs avis aux particuliers; ils tâcheroient de réprimer la témérité, de régler le zele indiscret, de modérer les passions violentes, d'étayer la foiblesse. Lorsqu'ils verroient que les bénéficiers sont forcés, par la vexation, de se défendre devant les tribunaux, ou par le devoir, d'y porter leurs plaintes les premiers, ils dirigeroient, autant qu'il leur seroit possible, le commencement de la procédure; ils en suivroient les progrès; ils s'informeroient avec soin du jugement et de ses suites; et selon la nature, l'importance et l'intérêt de l'affaire, ils aideroient celui qui auroit combattu pour nos droits, d'une protection puissante ou d'autres secours efficaces, comme ils y sont autorisés par plusieurs assemblées, et spécialement par le réglement de 1715.

Après avoir exercé toute leur activité dans leurs districts respectifs, nous voudrions que les syndics en étendissent la sphere par une correspondance étroite avec vos agents: cette correspondance embrasseroit tous les objets que nous avons suffisamment développés; elle nous instruiroit des détails essentiels des affaires, des principaux points de vue sous lesquels elles peuvent être envisagées, des circonstances qui méritent l'attention du clergé; elle nous feroit connoître la différence des coutumes, la variété des usages, la diversité des arrêts, et les motifs des cours qui les ont rendus. Les contestations jugées dans les ressorts les plus éloignés nous deviendroient par-là aussi familieres que celles dont la décision est portée ou renvoyée aux tribunaux de la capitale. Ainsi nous aurions sous les yeux toutes les branches de votre administration; et celle-ci, dirigée par des maximes constantes, par des principes uniformes, par la sagesse et les lumieres de notre conseil, présenteroit enfin ce concert du tout et des parties, cet heureux accord, seul capable de simplifier les affaires, d'en dissiper les équivoques et les obscurités, d'en faciliter l'expédition, et sur-tout d'en diminuer le nombre, parcequ'il rendroit le corps du clergé plus imposant encore et plus respectable. La correspondance réglée des syndics avec nous ne contribueroit pas seulement à rendre plus efficace notre sollicitation dans l'intervalle des assemblées; elle nous procureroit aussi l'avantage précieux d'être plus utiles aux assemblées elles-mêmes. Instruits par cette correspondance de l'état des dioceses, des troubles qui s'élevent dans les uns, des entreprises qui se forment dans les autres, du nombre et de la nature des poursuites auxquelles les bénéficiers sont exposés; aidés de toutes ces connoissances, nous pourrions préparer le travail des assemblées, leur donner les éclaircissements dont elles auroient besoin; et si nous ne pouvions sur le champ fournir tous ceux qu'elles desireroient, les rapports suivis entre les syndics et nous offriroient un moyen toujours facile de faire venir des provinces les renseignements nécessaires. Par ce travail préparatoire des agents, les infractions à vos privileges et à vos droits seroient plus sensibles aux yeux des assemblées; les faits seroient plus sûrs: elles verroient ce qui est une affaire générale et ce qui n'est qu'une affaire particuliere; ce qui est une exception passagere à la jurisprudence ancienne, et ce qui paroît établir une jurisprudence nouvelle; ce qui doit arrêter leur attention, et ce qu'il seroit plus avantageux de négliger ou de dissimuler: de là résulteroit un intérêt proportionné à la nature des affaires, aux dangers dont leurs suites pourroient nous menacer; les griefs seroient mieux déterminés, les démarches plus actives, les demandes plus pressantes; il y auroit moins de motifs aux refus, moins de prétextes aux délais; et vos assemblées, qui se sont toujours signalées par leurs lumieres, leur prudence et leur zele, mériteroient de plus en plus les bontés du souverain, dont elles éclaireroient la justice, l'approbation de leur corps, qu'elles représenteroient avec tant de dignité, et l'amour des particuliers, qu'elles serviroient si efficacement.

Plus nous sommes sensibles, MONSEIGNEUR, à ce qui touche la gloire et les droits du clergé, et disposés à suivre avec ardeur les moyens d'augmenter l'une et de conserver les autres, plus nous sommes attachés à un projet qui nous paroît réunir ces avantages. Nous convenons qu'il doit multiplier les détails et les soins de MM. les syndics; mais nous sommes bien éloignés de craindre que cette raison ne soit ici un obstacle. Dans le choix des syndics, nous savons que les dioceses ne donnent communément la préférence qu'à ceux dont le zele est le plus connu, dont le dévouement a été le mieux prouvé : en présentant à des hommes de ce caractere un plan qui assure la défense du clergé par une vigilance soutenue et une application suivie, nous sommes sûrs de leur plaire, puisque nous multiplions pour eux les occasions de justifier et de reconnoître la confiance dont leurs supérieurs et leurs confreres les ont honorés. Quelques moyens très faciles nous paroissent suffire, MONSEIGNEUR, pour remplir nos vues et pour en déterminer l'exécution : nous ne craignons pas de vous proposer ces moyens; nous vous présentons avec confiance toutes les idées que nous croyons utiles à vos intérêts, parceque nous sommes sûrs de ne les apprécier que d'après le jugement qu'en auront porté votre sagesse et votre prudence.

Nous souhaiterions, 1° qu'après la réception de la présente lettre, chacun de nosseigneurs les évêques, ou, en son absence, un de messieurs les vicaires généraux, ou le syndic du diocese, convoquât une assemblée de la chambre ecclésiastique, dans laquelle il seroit fait lecture de notredite lettre. Dans cette assemblée l'on minuteroit une lettre circulaire qui seroit envoyée par le syndic, et, en son nom, à tous les bénéficiers séculiers et réguliers du diocese : l'objet de cette lettre seroit de leur demander s'ils ont quelque procès, quel en est le sujet, contre quelles personnes, à quel tribunal il a été porté, à quel point en est la procédure, quels moyens d'attaque ou de défense ils ont adoptés, s'ils sont demandeurs ou défendeurs, s'ils sont intimés ou appellants : dans la même lettre, on détermineroit telle époque préfixe pour y répondre, et cette réponse seroit adressée à M. le syndic.

Nous souhaiterions, 2° qu'après l'époque déterminée pour les réponses, il y eût une nouvelle assemblée de la chambre diocésaine, dans laquelle le syndic liroit un mémoire sur les différentes affaires ecclésiastiques auxquelles il croiroit que le clergé général peut ou doit prendre intérêt; MM. les conseillers de la chambre, aidés de l'avis des personnes qu'ils jugeroient à propos d'appeller à ces assemblées extraordinaires, y ajouteroient telles observations qu'ils jugeroient convenables, d'après lesquelles le mémoire de M. le syndic seroit rédigé, mis au net, et nous seroit envoyé par lui à telle autre époque aussi préfixe : ce mémoire nous instruiroit de chaque affaire, de la sentence ou de l'arrêt qui seroit intervenu, de l'appel, s'il avoit lieu, de toutes les circonstances essentielles dont nous avons fait ci-devant le détail; et s'il étoit nécessaire de suivre ici le procès, M. le syndic nous enverroit les titres et les pieces.

3° Regrettant vivement de n'avoir pu profiter plutôt de l'activité de cette correspondance, pour nous en dédommager promptement, nous desirons, MONSEIGNEUR, et il nous paroît possible que l'assemblée diocésaine, pour la lecture de notre lettre, soit fixée à quinze jours après sa réception; que l'époque pour la réponse à la lettre circulaire de M. le syndic soit fixée au premier janvier prochain, et que cette réponse soit constamment renouvellée de trois mois en trois mois, à dater dudit mois de janvier; que la seconde assemblée de la chambre diocésaine, pour la lecture du mémoire de M. le syndic, et les observations des conseillers sur ledit mémoire, soit fixée au premier février prochain, et se tienne par la suite, pour le même objet, de trois mois en trois mois, à dater dudit mois de février; que le mémoire de M. le syndic et tout son rapport nous parviennent à l'époque du premier avril prochain, pour tout délai, et que la correspondance soit régulièrement suivie de trois mois en trois mois, à dater dudit mois d'avril 1784.

Nous avons déja eu l'honneur de vous annoncer, MONSEIGNEUR, et nous avons celui de vous rappeller encore que ce projet, ainsi que les principaux moyens de son exécution, ne sont qu'une suite des réglements de vos assemblées, et leur appartiennent presque tout entiers. Le plan nous paroît avoir été tracé sur-tout par l'assemblée de Melun. Vous savez, MONSEIGNEUR, que nous devons à cette assemblée l'établissement des syndics diocésains; qu'elle a jeté les premiers fondements de notre administration temporelle; que, par la sagesse et la profondeur de ses vues, elle s'est assurée une place distinguée dans nos annales. Nous finissons, en vous rapportant l'extrait de la délibération prise par cette assemblée.

« Le 22 septembre, la compagnie ayant délibéré sur le « réglement qu'il faudroit tenir ci-après au maniement des « affaires du clergé, ordonna qu'il seroit établi, à la suite de « la cour, deux agents qui auroient charge des affaires du « clergé; que chacun d'eux poursuivroit en cour les affaires « de son département; qu'il y auroit dans chaque diocese « un syndic diocésain, et dans chaque province un syndic « métropolitain;

« métropolitain; que les syndics des dioceses s'adresseroient « aux agents, et les bénéficiers particuliers aux syndics, dans « toutes les affaires qui pourroient intéresser le diocese « directement ou indirectement, et que les agents donne- « roient avis au syndic métropolitain de tout ce qui s'entre- « prendroit contre l'ordre ecclésiastique, lequel syndic fe- « roit passer l'avis à chaque syndic diocésain.

« Lorsqu'il se présentera quelque affaire qui intéresse tout « le clergé, les syndics diocésains et le métropolitain s'as- « sembleront dans l'endroit qu'ils jugeront le plus conve- « nable, afin que toutes les provinces soient unanimes en ce « qui concerne la cause commune de l'église; et le syndic « métropolitain avertira les deux agents des résolutions qui « auront été prises dans la province. Quand il sera besoin « que les provinces s'avertissent l'une l'autre, les syndics « métropolitains s'avertiront réciproquement de tout ce qu'ils « penseront appartenir à la cause de l'église, afin que les « provinces soient toujours unies et unanimes en ce qui sera « de sa défense ».

Cette délibération, MONSEIGNEUR, nous fait connoître combien l'assemblée de Melun desiroit que les agents et les syndics des dioceses eussent entre eux une correspondance étroite et réglée sur les différentes affaires qui peuvent survenir dans les dioceses : peut-être qu'en entrant dans son esprit, il seroit avantageux au clergé de rétablir les syndics métropolitains; mais, sans nous arrêter sur cet article, qui demanderoit une plus grande discussion, il nous paroît du moins que le plan que nous avons l'honneur de vous proposer est parfaitement conforme aux intentions de cette célebre assemblée, et que c'est le seul moyen de donner à l'établissement des syndics diocésains l'énergie, l'activité et l'utilité qu'en espéroit l'assemblée de Melun.

Si notre projet, MONSEIGNEUR, a l'avantage de mériter votre approbation, nous espérons que vous voudrez bien le seconder par votre autorité, en assurer et en faciliter l'exécution et faire prendre dans votre chambre diocésaine les délibérations nécessaires pour son établissement.

Cette lettre n'étant relative qu'à des affaires ecclésiastiques, n'ayant pour objet que de relever et de réparer, s'il se peut, quelques vices de notre administration, vous penserez sans doute comme nous, MONSEIGNEUR, qu'elle ne doit être communiquée qu'aux seules personnes dont le ministere vous paroîtroit nécessaire pour l'exécution du projet que nous soumettons à vos lumieres.

Nous avons l'honneur d'être avec respect,

MONSEIGNEUR,

Vos très humbles et très obéissants serviteurs,
Les agents généraux du clergé de France.

LETTRE circulaire de MM. les agents généraux du clergé à MM. les syndics des dioceses, pour établir entre eux, conformément aux vues de l'assemblée de Melun, une correspondance périodique et réguliere.

A Paris, ce 26 *octobre* 1783.

En parcourant, monsieur, les affaires qui ont précédé notre agence, et observant avec attention celles qui sont survenues dans les dioceses depuis que les intérêts du clergé nous ont été confiés, nous avons vu avec peine que les bénéficiers succomboient fréquemment dans les différents procès qu'ils avoient à soutenir; et messieurs les syndics, plus à portée que nous d'en être instruits, ont dû être plus frappés encore de toutes ces pertes. Nous avions d'abord pensé qu'elles tenoient à des causes passageres, et nous aimions à espérer que dans la suite nous verrions les succès réparer, ou du moins balancer les revers: mais le temps et l'expérience, qui seuls pouvoient nous instruire, nous ont enfin détrompés; et nous ne pouvons pas nous dissimuler que ces condamnations, bien loin de diminuer, semblent se multiplier chaque jour. L'intérêt seul de nos confreres qui en ont été les victimes, suffiroit pour exciter tout notre zele; mais nous voyons attachées à ces pertes fréquentes, des suites plus funestes encore, et qu'il est essentiel de prévenir. Si elles tombent sur les pasteurs, après avoir altéré la paix qui doit régner entre eux et les fideles, elles leur ravissent souvent cette considération personnelle qui, pour les peuples, est la mesure ordinaire de la déférence et du respect: si elles dépouillent les bénéficiers riches, en les privant du superflu elles enlevent à l'indigent, au malheureux, un patrimoine sur lequel ils ont le droit de compter, et qui auroit été à sa destination plus sûrement que ne le pensent ou ne le disent nos injustes détracteurs. En retranchant à la masse de nos biens, elles diminuent les moyens de soutenir nos charges particulieres et publiques; elles amenent des changements funestes dans la jurisprudence qui nous gouverne, parcequ'un arrêt qui semble ne détacher d'un bénéfice qu'un modique revenu, frappe quelquefois d'un même coup les possessions de tout un diocese, et peut-être d'une province entiere. Enfin elles peuvent faire penser à des esprits faciles à prévenir, que nos droits sont, ou mal fondés, ou mal défendus. Et qui ne voit combien ce préjugé nous seroit fatal s'il venoit à s'établir, combien il seroit capable d'exciter la cupidité, d'encourager l'envie à nous livrer des attaques plus vives et plus nombreuses?

Frappés de ces dangers, et dans la crainte qu'ils ne s'augmentent encore, nous nous sommes appliqués à découvrir, et la cause de nos pertes, et les remedes qu'on peut y apporter; nous avons l'honneur d'écrire à nosseigneurs les archevêques et évêques une lettre circulaire, qui vous sera sans doute communiquée, dans laquelle nous leur proposons et leur soumettons nos idées sur cette importante matiere. Nous sommes pleinement convaincus que leur sagesse et leur expérience verront bien mieux que nous et toute l'étendue du mal, et tous les moyens de l'écarter ou d'en arrêter les progrès; mais nous n'avons pas cru que cette persuasion intime nous acquittât envers le clergé. Dans un corps, toutes les parties doivent concourir au bien général: quelque sécurité que puissent nous inspirer les talents reconnus des chefs, ce n'est pas moins un devoir pour chaque membre de desirer d'être utile, de faire tous ses efforts pour le devenir; et ce devoir est d'autant plus pressant pour nous, que nous avons reçu de l'ordre ecclésiastique une portion plus étendue et une marque plus signalée de sa confiance.

Nous avons pensé que le mal prenoit sa source dans la maniere dont plusieurs bénéficiers commençoient ou suivoient les affaires; le remede, nous nous flattons de l'avoir trouvé dans MM. les syndics des dioceses.

Un bénéficier peut être entraîné dans de fausses démarches par ses propres erreurs, par des passions étrangeres, par des avis intéressés; alors séduit par des apparences trompeuses, il soutient des prétentions illégitimes, qui sont bientôt repoussées par la justice. D'autres deviennent quelquefois les victimes de l'inexpérience de leurs défenseurs; des vices de procédure, des défauts de forme, font méconnoître un droit qui auroit triomphé, si l'on avoit combattu pour lui avec de meilleures armes.

Il en est qu'une premiere condamnation décourage, quoiqu'ils en connoissent, et peut-être même parcequ'ils en connoissent l'injustice. Les cours supérieures réformeroient sans doute ces sentences contraires aux vrais principes : mais ils sont effrayés des soins, des longueurs, et sur-tout des dépenses d'un appel; ils abandonnent l'objet contesté et les frais qu'ils ont déja faits, parcequ'il faudroit en faire d'autres pour les recouvrer; et ils se laissent dépouiller par une économie qui leur devient funeste.

Plusieurs ignorent les principes qui dirigent les tribunaux, et n'ont pas assez d'usage pour se placer dans ces circonstances où il seroit important pour eux, tantôt de hâter, tantôt de différer le jugement qu'ils attendent. Quelque attention qu'on ait apportée à la rédaction de nos loix, elles se ressentent nécessairement de l'imperfection attachée aux ouvrages des hommes : quelquefois le texte ne présente pas, avec assez de clarté, les intentions du législateur; de cette obscurité naissent des interprétations diverses, et cette variété d'interprétations amene insensiblement des jurisprudences différentes: ainsi dans un tribunal on voit rejetter telle demande qui auroit été favorablement accueillie dans une autre cour, et peut-être par d'autres magistrats de la même cour.

Dans les affaires des particuliers qui ont quelque rapport avec l'intérêt général du clergé, l'activité des agents, les lumieres de leurs conseils, le zele des prélats que leurs affaires appellent à la capitale, le crédit de nos assemblées, préviendroient souvent des jugements défavorables. Les bénéficiers se privent de toutes ces ressources, ou parcequ'ils négligent de s'adresser à nous, ou parcequ'ils y recourent trop tard, ou parcequ'ils ne nous envoient que des instructions insuffisantes.

Est-il étonnant, monsieur, que des efforts si foibles et si mal concertés ne résistent pas à la vigilance, au crédit et à l'activité des moyens de nos parties adverses?

S'il se trouvoit, monsieur, dans chaque diocese des personnes à qui leur place donnât une autorité respectable, assurât une grande considération; si les vœux et les suffrages qui les auroient désignées ou choisies pour cette place, commandoient à tous les bénéficiers la plus entiere confiance en ces mêmes personnes; si on les voyoit réunir les lumieres et la prudence, l'activité et la sagesse, le zele et l'expérience; si elles étoient spécialement distinguées et caractérisées, pour ainsi dire, par leur attachement pour le clergé et leur dévouement à ses intérêts; si, par leur position et leurs moyens personnels, il leur étoit facile de s'informer exactement des entreprises dont les dioceses sont menacés, des affaires qu'on y a suscitées; de modérer l'ardeur, de réprimer la témérité de ceux qui voudroient élever des prétentions équivoques ou injustes; d'exciter, d'enhardir ceux que la crainte, l'indolence, la parcimonie, retiendroient dans une inaction pernicieuse, au moment où on leur contesteroit des objets essentiels; de diriger les procédures par leurs avis, par leurs conseils; de connoître les sentences rendues dans les jurisdictions inférieures; de faire interjetter les appels lorsqu'ils les jugeroient nécessaires; de saisir les occasions où les procès doivent être entamés, différés ou abandonnés; de distinguer les affaires isolées de celles qui sont plus ou moins liées aux privileges, aux prérogatives, à l'intérêt général du clergé; de nous faire part de ces dernieres affaires; de nous en instruire en détail par l'envoi des pieces, par leurs réflexions, par leurs observations sur le nombre des affaires du même genre, sur les arrêts favorables ou contraires rendus dans des circonstances semblables, sur la jurisprudence actuelle des cours dont ils ressortissent, sur les principes qui décident le plus communément les juges: si leur sollicitude s'étendoit à tous ces objets, nous avons lieu de croire qu'alors ces négligences et ces fautes des particuliers, dont nous gémissons, seroient souvent prévenues, et peut-être disparoîtroient entièrement.

Ce que notre zele nous fait desirer de plus avantageux pour l'administration du clergé, nous le voyons dans la personne de MM. les syndics: cette place importante dans chaque diocese, c'est celle que remplissent MM. les syndics; ces talents utiles, ces qualités précieuses, MM. les syndics les possedent; et ces fonctions, que nous n'avons fait qu'indiquer, sont les mêmes fonctions auxquelles MM. les syndics ont été destinés dès leur origine. Aucun de vous n'a perdu de vue la délibération de cette célebre assemblée de Melun, qui créa notre administration temporelle, et qui crut l'établir sur une base solide, en instituant les syndics des dioceses. Nous vous rapporterons l'extrait de cette délibération; vous verrez que les réflexions dont nous venons d'avoir l'honneur de vous faire part, n'en sont que le développement.

« La compagnie, dit cette assemblée, après avoir délibéré « sur le réglement qu'il faudroit tenir au maniement des af- « faires du clergé, ordonne qu'il seroit établi à la suite de la « cour deux agents généraux qui auroient charge des affaires « du clergé.

« Qu'il y auroit dans chaque diocese un syndic diocésain, « et dans chaque métropole un syndic métropolitain; que « les syndics métropolitains s'adresseroient aux agents, et les « bénéficiers particuliers aux syndics, dans toutes les affaires « qui pourroient intéresser le diocese directement ou indi- « rectement; et que les agents donneroient avis aux syndics « métropolitains de tout ce qui s'entreprendroit contre l'or- « dre ecclésiastique, lequel syndic feroit passer l'avis à cha- « que syndic diocésain.

« Lorsqu'il se présentera quelque affaire qui intéresse tout « le clergé, les syndics diocésains et les métropolitains s'as- « sembleront dans l'endroit qu'ils jugeront le plus convena- « ble, afin que toutes les provinces soient unanimes en ce « qui concerne la cause commune de l'église; et le syndic « métropolitain avertira les deux agents des résolutions qui « auront été prises dans la province.

« Quand il sera besoin que les provinces s'avertissent l'une « l'autre, les syndics métropolitains s'avertiront réciproque- « ment de tout ce qu'ils penseront appartenir à la cause de « l'église, afin que les provinces soient toujours unies et una- « nimes en ce qui sera de sa défense ».

Les syndics métropolitains ne subsistent plus; mais les syndics diocésains en exercent les principales fonctions: ils sont les agents de chaque diocese; ils sont nos coopérateurs nécessaires: sans leur concours nous ne pouvons arriver au but que le clergé nous a marqué aux uns et aux autres. La délibération que nous venons de mettre sous vos yeux, nous apprend, monsieur, combien l'assemblée de Melun desiroit que les syndics prissent communication des affaires des bénéficiers, et en examinassent attentivement la cause, la nature et les suites; qu'ils adoptassent des regles sûres et constantes pour les diriger ou les conduire; que les bénéficiers se concertant avec les syndics, les syndics avec les agents, ils contribuassent tous à établir dans notre administration un heureux accord de toutes les parties, afin que tous, comme le dit cette sage assemblée, *soient unis et unanimes en ce qui sera de la défense de l'église.*

Nous savons, monsieur, qu'en vous proposant une observation plus exacte d'un réglement aussi respectable par ses avantages et son ancienneté, nous augmentons pour vous le travail : mais nous connoissons trop MM. les syndics, pour être effrayés de cette difficulté; nous leur procurons des occasions d'exercer leur zele, de déployer leurs talents, de se faire connoître plus avantageusement aux assemblées provinciales, aux assemblées générales, et de se rendre plus chers, plus précieux encore aux bénéficiers et à tout l'ordre ecclésiastique. Des considérations aussi puissantes ne nous permettent pas de douter de l'empressement avec lequel MM. les syndics s'appliqueront à seconder nos vues, et à concourir avec nous pour un objet dont ils sentent toute l'importance.

Pour assurer d'une maniere fixe et uniforme la correspondance des bénéficiers avec les syndics, des syndics avec les agents généraux, nous avons l'honneur de présenter à nosseigneurs les évêques un plan dont l'exécution nous a paru facile : s'il est adopté tel que nous le proposons, ou avec les changements que leur sagesse et leur expérience leur feront juger convenables, nous ne doutons pas que vous ne fassiez tous vos efforts pour concourir au succès que nous en espérons.

Nous vous prions, monsieur, de vouloir bien nous accuser la réception de la présente lettre.

Nous avons l'honneur d'être, monsieur, vos très humbles et très obéissants serviteurs,

les agents généraux du clergé de France.

EXTRAIT
DU PROCÈS VERBAL
DE L'ASSEMBLÉE GÉNÉRALE
DU CLERGÉ,

Tenue à Paris, au couvent des Grands-Augustins, ès années 1785 et 1786.

Du lundi 26 septembre 1785 à neuf heures du matin.

Monseigneur l'archevêque de Narbonne, président.

MESSIEURS les anciens agents, à la fin de la lecture de leur rapport d'agence, ont rappellé une lettre circulaire qu'ils ont eu l'honneur d'écrire à nosseigneurs les évêques et aux syndics diocésains, en date du 26 octobre 1783, dans laquelle lesdits sieurs anciens agents, d'après les vues de l'assemblée de Melun, ont exposé un projet qui leur a paru devoir rendre plus utile aux bénéficiers, aux dioceses et au clergé général, l'établissement des syndics diocésains, et proposent en conséquence :

1°. Que chaque bénéficier qui seroit obligé de soutenir et d'entreprendre quelque procès pour la défense des biens et des droits de son bénéfice, rende compte de l'objet et des circonstances de ce procès au syndic du diocese dans lequel ledit bénéfice seroit situé.

2°. Que, sur les instructions envoyées par les bénéficiers, chaque syndic diocésain, après avoir distingué les affaires auxquelles il croira que le diocese ou le clergé général peut ou doit prendre intérêt, proposera sur lesdites affaires un mémoire à la chambre diocésaine, pour y être fait par elle telles observations qu'elle jugera convenables; que, sur lesdites observations, le mémoire sera rédigé et mis au net par le syndic diocésain, et sera par lui envoyé aux agents généraux en exercice, à une époque fixe, pour recevoir sur ledit mémoire, et communiquer ensuite aux bénéficiers intéressés les avis et consultations du conseil d'agence.

3°. Que

3°. Que pour produire plus sûrement l'effet qu'on peut attendre de la correspondance entre les bénéficiers et les syndics, et entre les syndics et les agents généraux, les époques des envois des mémoires susdits seront régulièrement de trois mois en trois mois, à commencer du premier janvier de chaque année.

4°. Que ladite correspondance ne pourra jamais empêcher que les bénéficiers et les syndics diocésains ne recourent directement aux agents généraux toutes les fois que ce recours leur paroîtra nécessaire ou plus utile pour l'expédition des affaires.

SUR QUOI la matiere mise en délibération par monseigneur l'archevêque de Narbonne, l'assemblée, après avoir témoigné à MM. les anciens agents sa satisfaction de leur zele pour les intérêts du clergé, a pensé que le projet proposé dans ladite lettre circulaire du 26 octobre 1783, étoit conforme à l'esprit de la délibération du 22 septembre de l'assemblée de Melun, et que l'exécution dudit projet seroit très avantageuse pour la défense des propriétés, droits, privileges et immunités des bénéficiers des dioceses et du clergé général, préviendroit les contestations mal fondées, et procureroit plus de moyens pour soutenir celles qui seroient justes; en conséquence la présente assemblée a délibéré,

1°. D'inviter et exhorter les syndics diocésains à écrire, un mois après la réception de la copie de la présente délibération, et sous le bon plaisir et l'autorisation de nosseigneurs les évêques et des chambres diocésaines, une lettre circulaire aux bénéficiers de leurs dioceses respectifs, pour les engager à faire part auxdits syndics diocésains des procès que lesdits bénéficiers pourroient être obligés de soutenir ou d'intenter pour les biens et droits de leurs bénéfices.

2°. D'inviter et exhorter les bénéficiers à faire part aux syndics de l'objet et des circonstances desdits procès dans les détails qu'ils croiront les plus intéressants pour leur défense et pour celle du clergé général.

3°. D'inviter et exhorter pareillement les syndics diocésains, d'après les détails qu'ils auront reçus des bénéficiers, à distinguer avec une attention particuliere les affaires auxquelles ils croiront que le diocese ou le clergé général peut ou doit prendre intérêt, rédiger sur lesdites affaires un mémoire instructif pour l'envoyer aux agents généraux à une époque fixe, et pour recevoir sur les différents objets les avis et consultations du conseil d'agence.

4°. Pour que ladite correspondance entre les bénéficiers et les syndics, entre les syndics et les agents généraux, procure plus sûrement l'effet qu'on en doit attendre, l'assemblée a pensé que les époques des envois des mémoires susdits devoient être de trois mois en trois mois, à commencer au premier janvier de chaque année.

Le tout sans que ladite correspondance puisse jamais empêcher que les bénéficiers et les syndics diocésains ne recourent directement aux agents généraux toutes les fois que ce recours leur paroîtra nécessaire ou plus utile pour l'expédition des affaires.

5°. Enfin a été délibéré que MM. les agents en exercice enverroient, dans le courant du mois prochain, aux différents dioceses du clergé de France, copie de la présente délibération, et ensemble un projet de lettre circulaire que les syndics diocésains adresseront aux différents bénéficiers de leurs dioceses respectifs.

Messieurs les anciens agents ont ajouté qu'ils pensoient que le projet de correspondance seroit encore plus utile et peut-être plus conforme au vœu de l'assemblée de Melun, si le clergé prenoit les moyens d'établir, dans chaque ville des parlements d'où ressortissent les dioceses du clergé de France, des syndics de ressort, auxquels, dans les vues ci-dessus indiquées, s'adresseroient les syndics diocésains, et qui s'adresseroient à leur tour à MM. les agents généraux pour toutes les affaires importantes.

Sur quoi la matiere mise en délibération par monseigneur l'archevêque de Narbonne, l'assemblée a délibéré que cette proposition méritant un mûr examen, elle seroit renvoyée à la commission du temporel, pour en être fait rapport à l'assemblée lors de la reprise de ses séances.

Fin des Pieces Justificatives.

TABLE
DES PIECES JUSTIFICATIVES.

TABLE,

PAR ORDRE ALPHABÉTIQUE,

Des principales matieres contenues dans le Rapport et dans le recueil des Pieces justificatives.

A

D

E

F

G

I

J

L

Fin de la table des matieres.

Errata du Rapport.

Pages.	*Lignes.*	
50,	5,	28 août 1778; *lisez*, 28 avril 1778.
56,	8,	huitieme; *lisez*, septieme.
58,	20,	au profit des bénéficiers; *lisez*, au profit des bénéfices.
146,	13,	29 mars 1783; *lisez*, 22 août 1781.
203,	36,	16 mai 1784; *lisez*, 6 mars 1784.
235,	27,	16 juillet dernier; *lisez*, 16 juillet 1782.
241,	23,	14 janvier 1781; *lisez*, 15 janvier 1781.
308,	4,	24 août 1784; *lisez*, premier août 1784.

Errata des Pieces justificatives.

Page xvij, *ligne* 26, de nos libéralités; *lisez*, de nos libertés.

Original en couleur

NF Z 43-120-8

www.ingramcontent.com/pod-product-compliance
Lightning Source LLC
LaVergne TN
LVHW020955300926
849160LV00007B/156

* 9 7 8 2 0 1 2 7 6 5 2 3 8 *